PROFETAS MENORES

CARL FRIEDRICH KEIL

Comentario al texto hebreo
del
Antiguo Testamento
por C. F. Keil y F. J. Delitzsch

Traducción y adaptación de Xabier Pikaza

EDITORIAL CLIE
C/ Ferrocarril, 8
08232 VILADECAVALLS
(Barcelona) ESPAÑA
E-mail: clie@clie.es
http://www.clie.es

Publicado originalmente en alemán por Carl Friedrich Keil, bajo el título *[Biblischer Commentar über das Alte Testament] Biblischer Commentar über die zwölf kleinen Propheten,* von Carl Friedrich Keil. Editorial: Dörffling und Franke, Leipzig, 1888.

Traducido y adaptado por: Xabier Pikaza Ibarrondo

"Cualquier forma de reproducción, distribución, comunicación pública o transformación de esta obra solo puede ser realizada con la autorización de sus titulares, salvo excepción prevista por la ley. Diríjase a CEDRO (Centro Español de Derechos Reprográficos) si necesita fotocopiar o escanear algún fragmento de esta obra (www.conlicencia.com; 917 021 970 / 932 720 447)".

© 2021 Editorial CLIE, para esta edición en español.

COMENTARIO AL TEXTO HEBREO DEL ANTIGUO TESTAMENTO
Profetas Menores
ISBN: 978-84-18204-10-4
Depósito Legal: B 8663-2021
Comentarios bíblicos
Antiguo Testamento
Referencia: 225142

Querido lector:

Nos sentimos honrados de proporcionar este destacado comentario en español. Durante más de 150 años, la obra monumental de Keil y Delitzsch ha sido la referencia estándar de oro en el Antiguo Testamento.

El Antiguo Testamento es fundamental para nuestra comprensión de los propósitos de Dios en la tierra. Hay profecías y promesas, muchas de las cuales ya de han cumplido, como el nacimiento y la vida de Jesucristo, tal y como se registra en el Nuevo Testamento. Algunas se están cumpliendo ahora, mientras que otras se realizarán en el futuro.

Los autores, Keil y Delitzsch, escribiendo cuando lo hicieron, solo podían imaginar por la fe lo que sucedería cien años después: el renacimiento de Israel como nación y el reagrupamiento del pueblo judío en la Tierra. Este milagro moderno continúa desarrollándose en nuestros días. Desde nuestra perspectiva actual podemos entender más plenamente la naturaleza eterna del pacto de Dios con su pueblo.

Según nuestro análisis, los escritos de Keil y Delitzsch parecen haber anticipado lo que vemos hoy en Tierra Santa. Donde su interpretación es menos clara, es comprensible dada la improbabilidad, desde el punto de vista natural, de que la nación hebrea renaciera y su pueblo se reuniera.

En resumen, le encomendamos este libro de referencia, solo añadiendo que lo involucramos desde la perspectiva de la realidad de lo que ahora sabemos acerca del Israel moderno. De hecho, el Señor está comenzando a levantar el velo de los ojos del pueblo judío.

Sé bendecido con el magnífico comentario de Keil y Delitzsch, ya que estamos ayudando a que esté disponible.

John y Wendy Beckett
Elyria, Ohio, Estados Unidos

CONTENIDO

CONTENIDO V
INTRODUCCIÓN DEL TRADUCTOR 1
INTRODUCCIÓN DEL AUTOR 13

OSEAS

El profeta... 21
El tiempo de su ministerio.. 26
El libro 29

Comentario

1, 1–3,5. Adulterio de Israel 34
  1, 1–9. Toma para ti una prostituta.......................................42
  2, 1–25. No tendré misericordia de sus hijos.........................53
  3, 1–5. La adúltera y su nuevo matrimonio...........................70
4, 1–6, 3. Depravación de Israel y su riesgo de castigo 77
  4, 1-19. Pecados de Israel y visitación de Dios......................77
  5, 1–6, 3. Juicio de Dios y conversión del pueblo..................87
6, 4–11, 11. Israel ha madurado para la destrucción 100
  6, 4-7, 16. La corrupción incurable......................................100
  8, 1-9, 9. El juicio como consecuencia de la idolatría...........114
  9, 10-11, 11. Degeneración de Israel y ruina del reino 126
11, 12–14, 10. Apostasía de Israel y fidelidad de Dios 146
  11, 12–12, 14 (= 12, 1-15). Yo soy Yahvé, tu Dios, desde la tierra de Egipto 146
  13, 1-15. Pecó Efraín por culpa de Baal 155
  14, 1-10. No nos librará Asiria, no montaremos a caballo 164

JOEL

El profeta...171
El libro 172

Comentario

1, 1–2, 27. Juicio de Dios y llamada al arrepentimiento 181
   1, 1-20. Plaga de langostas y sequía. Lamento por la devastación 182
   2, 1-17. Oración penitencial para evitar el juicio 191
   2, 18-27. Destrucción de las langostas. Bendición del pueblo 202

2, 28–3, 21. Efusión del Espíritu. Juicio y gloria de Israel 211
   2, 28-32 (=3, 1-5). Efusión del Espíritu de Dios y anuncio del juicio   211
   3,1-21 (=4, 1–21). Juicio sobre los paganos y glorificación de Sión   220

AMÓS

El profeta 233
El libro 236

Comentario

1, 1–2, 16. El juicio que se acerca 239
   1, 3–2, 3. Los pecados de los pueblos 241
   2, 4-16. Los pecados de Judá y de Israel 249

3, 1-6, 14. Profecías referentes a Israel 256
   3, 1–15. Anuncio del juicio 256
   4, 1-13. Impenitencia de Israel 263
   5, 1-6, 14. Destrucción de Israel. Una elegía, tres "ayes" 274

7, 1-9, 15. Visiones 301
   7, 1–17. Primeras visiones. Oposición al profeta en Betel 301
   8, 1–14. Israel madura para el juicio 310
   9, 1–15. Destrucción del reino pecador, nuevo Reino de Dios 315

ABDÍAS

El profeta 333
El tiempo de la profecía 335

Comentario

1, 1–9. Pregón de ruina sobre Edom 344
1, 10-16. La causa de la ruina de los edomitas 354
1, 17- 21. El reino de Yahvé establecido sobre Sión 362

JONÁS

El profeta 373
El libro 374

Comentario

1, 1–16. Misión de Jonás. Huida y castigo 382
1, 17–2, 10 (=2, 1–11).Oración y liberación de Jonás 391
3, 1–10. Predicación de Jonás en Nínive 398
4, 1–11. Descontento y corrección de Jonás. 405

MIQUEAS

El profeta 413
El libro 415

Comentario

1,1-2, 13. Destierro de Israel y restauración 418
   1, 1–16. Juicio sobre Samaría y Judá 418
   2, 1–13. Culpa y castigo de Israel. Restauración futura. 431
3, 1-5,14. Degradación de Sión y su más alta exaltación 441
   3, 1–12. Pecado de los líderes, destrucción de Jerusalén 441
   4, 1–14. Glorificación de la casa del Señor y restauración de Sión 447
   5, 1-14. Y tú, Belén de Efrata. 466
6, 1–7, 20. El camino de la salvación 479
   6, 1–16. Exhortación al arrepentimiento y amenaza divina. 479
   7, 1–20. Oración penitencial de la Iglesia y promesa divina 489

NAHÚN

El profeta 503
El libro 505

Comentario

1, 1–14. El juicio sobre Nínive, decretado por Dios 509
2, 1–14. Conquista, saqueo y destrucción de Nínive 518
3, 1–19. Pecado e inevitable destrucción de Nínive 530

HABACUC

El profeta 549
El libro 553

Comentario

1, 1-2, 20. Juicio sobre los malvados 554
    1, 1–17. Castigo de Judá a través de los caldeos 554
    2, 1–20. Destrucción del poder impío del mundo 566
3, 1-19. Oración para obtener compasión en medio del juicio 588

SOFONÍAS

El profeta 611
El libro 614

Comentario

1, 1-18. Juicio sobre todo el mundo y en particular sobre Judá 618
2, 1-3, 8. Exhortación al arrepentimiento ante el juicio 630
3, 9-20. Conversión de las naciones, glorificación de Israel 647

AGEO

El profeta 657
El libro 657

Comentario

1, 1-15. La Construcción del templo 663
2, 1-23. Gloria del nuevo templo y bendición del pueblo 674

ZACARÍAS

El profeta 701
El libro 702

Comentario

1, 1-6. Introducción 707
1, 7-6, 15. Visiones nocturnas 711

1, 7-17. Primera visión: Los jinetes 711
1, 18-21 (= 2, 1-4). Segunda visión: Cuatro cuernos y cuatro herreros   720
2, 1–13 (=3, 5–17). Tercera visión: El hombre con el cordel de medir   723
3, 1–10. Cuarta visión: El sumo sacerdote Josué ante el ángel del Señor 730
4, 1–14. Quinta visión: El candelabro con los dos olivos........................741
5, 1–11. Sexta visión: El rollo volador y la mujer en la efa.....................753
6, 1–8. Séptima visión: Los cuatro carros..760
6, 9-15. La corona sobre la cabeza de Josué..768

7,1-8, 23. Respuesta a la pregunta sobre el ayuno 775
7, 1–14. Días de ayuno de Israel y obediencia a la palabra de Dios.   775
8, 1–23. Renovación y cumplimiento del pacto de gracia....................782

9, 1-14, 21. Futuro de los poderes del mundo y reino de Dios................792
9, 1-10, 12. Destrucción del mundo pagano y liberación y
glorificación de Sión   793
11, 1–17. Israel bajo el Buen Pastor y el Pastor Loco............................821
12, 1–13, 6. Victoria de Israel, conversión y santificación 844
13, 7–14, 21. Purificación de Israel, glorificación de Jerusalén 859

MALAQUÍAS

El profeta...883
El libro 887

Comentario

1, 1–2, 9. El amor de Dios y el desprecio de su nombre.......................889
2, 10-16. Condena de los matrimonios con mujeres paganas y de los divorcios..906
2, 17–4, 6. El día del Señor..913

INTRODUCCIÓN DEL TRADUCTOR

El autor ha dicho en este comentario lo esencial sobre los Doce Profetas, que en el canon hebreo forman un único libro, que ha de ser leído por tanto en unidad, aunque las traducciones antiguas (desde los LXX) y las versiones modernas han dividido en doce libros "menores" (por su extensión, no por su importancia). Este libro de los Doce Profetas es quizá más completo y temáticamente variado no solo del Antiguo, sino también del Nuevo Testamento, es decir, de toda la Biblia cristiana, por la riqueza histórico-religiosa de sus aportaciones y por la variedad de su contenido teológico. Eso se debe a la multiplicidad de sus autores, y al largo espacio de tiempo en que fueron proclamados, elaborados y escritos los libros, desde el siglo VIII a. C., hasta, por lo menos, el siglo IV a. C., cada libro con su propio tema y perspectiva, en un contexto de revelación unitaria y múltiple de Dios a su pueblo.

Este libro de los Doce Profetas, cuyo comentario de C. F. Keil he traducido y adaptado al castellano, ha sido y sigue siendo uno de los más importantes, no solo de la Biblia, sino de la historia judía y cristiana, desde un punto de vista exegético y teológico. Su lectura es obligada para un teólogo y ministro del evangelio (no solo de las iglesias reformadas, sino también de la católica y de la ortodoxa) y para todo aquel que quiera conocer de primera mano la Biblia del Antiguo Testamento, partiendo de su texto original hebreo. Sus claves de composición y lectura siguen siendo las mismas que he puesto de relieve en la introducción a los volúmenes anteriores de los profetas, aunque será bueno recordarlas de nuevo.

1. C. F. Keil ha escrito este comentario como filólogo y teólogo cristiano, interpretando los libros de los Doce Profetas desde el trasfondo de la Revelación de Dios, en la que se incluye el Antiguo y el Nuevo Testamento. Su obra se sitúa, según eso, en la línea de una *exégesis canónica,* es decir, desde una visión de conjunto de la Biblia entendida como Palabra de Dios, de forma que cada uno de sus textos debe interpretarse desde el conjunto de la revelación divina.

2. C. F. Keil actualiza los libros de los Doce Profetas desde la tradición histórica del antiguo oriente y desde la identidad del pueblo israelita, fijándose de un modo preciso en el texto original hebreo, que él toma como canónico y normativo, no solo para los judíos, sino también para los cristianos. Su interpretación quiere ser y es "total", pues tiene en cuenta no solo a los rabinos judíos, sino también a los santos Padres de la Iglesia primitiva, con los representantes de la tradición posterior, en especial la de los grandes maestros del origen de la Reforma, desde el siglo XVI al XIX.

3. El autor opta, como he dicho, por el texto del canon hebreo, aunque apela también con frecuencia a las variantes del texto griego de los LXX, pero considerándolo siempre como secundario. En sentido ya más "teológico", su interpretación de conjunto se abre hacia la plenitud del mensaje de Jesús y del Nuevo Testamento en general, tal como ha sido ratificado por Pablo, realizando, según eso, una exégesis "canónica cristiana" (no judía) de la Biblia israelita, pues, a su juicio, la revelación más honda de los Doce Profetas se cumple y entiende en línea cristiana con Jesucristo.

4. El comentario es siempre fiel a los textos originales, y en ese sentido introduce y guía a través de las exigencias de una de exégesis "literaria" extraordinariamente profunda y precisa, aunque siempre abierta al mensaje religioso para el momento actual. A fin de que la lectura de la obra sea fructífera resultará importante un conocimiento básico del hebreo, aunque no resulta imprescindible, pues el argumento básico se puede leer sin necesidad de dominarlo de un modo directo. Por eso, apelando siempre al texto hebreo, escrito en su grafía original (el alefato) he transcrito con cierta frecuencia sus palabras fundamentales en alfabeto latino, para que de esa manera el lector no especialista en lenguas semíticas pueda comprender mejor el texto y comentario.

5. Este es, ante todo, un comentario exegético–literario, con fondo teológico, pero implica, al mismo tiempo, un hondo estudio histórico, pues el autor se ha esforzado por situar los temas y los textos dentro de su ambiente social, político y cultural, en el tiempo del surgimiento y primer despliegue de los imperios mundiales, desde la dominación asiria (siglo VIII a. C.) hasta la conquista "helenista" de Alejandro Magno (siglo IV a. C.). Asume, pues, la tradición griega, pero insistiendo siempre en el carácter semita, es decir, hebreo de la revelación del Antiguo Testamento, que forma parte del único Testamento o Revelación de Dios para los cristianos. Ciertamente, en este campo se ha dado un importante

avance en el estudio y conocimiento de la historia, pero la presentación del autor sigue siendo básicamente fiable.

6. En su introducción, el autor ha situado el tiempo y contexto de los doce libros de los profetas menores, y lo ha hecho de un modo que sigue siendo básicamente fiable, tanto en línea histórica como exegética. Pero una exégesis bastante extendida de la actualidad (a comienzos del siglo XXI), tanto en línea más tradicional (confesional) como más renovadora en línea histórico-crítica, tiende a situar algunos de los libros de los Doce Profetas en un contexto cultural y cronológico algo distinto, pues los ciento cincuenta años que han pasado desde la primera edición de este comentario hasta la actualidad han podido ayudarnos a cambiar algunas perspectivas, aunque el trasfondo teológico-religioso siga siendo el mismo. Por eso, para el lector interesado, quiero añadir en esta introducción un esquema histórico algo distinto que está siendo utilizado entre los exegetas actuales, tanto en línea tradicional como "moderna".

7. En la introducción general del autor, y después en la introducción de cada profeta, podrán ver los lectores la perspectiva de historia en la que el autor se ha situado. Evidentemente, ella será fundamental para entender el conjunto de estos libros, con sus comentarios más precisos sobre cada tema y sobre cada libro. Será normal que el conjunto de los lectores asuman sin más el fondo histórico y la aportación teológica del autor. Pero podrá haber algunos que desearán comparar la visión de C. F. Keil con la que actualmente utilizan muchos historiadores y biblistas, cristianos o no cristianos. En general, ellos sitúan de esta forma los libros y los temas de los Doce Profetas:

a. C.	Profeta	Obra
Amós 2.ª mitad siglo VIII a. C.	Natural de Tecoa, junto a Belén, es el primero cuyo libro se recuerda. De origen campesino, es testigo de la **justicia de Dios** contra los ricos opresores.	La profecía nace "madura" con Amós, originario del reino del Sur (Judá), pero que proclama la palabra de Dios en los santuarios del Norte (Israel), especialmente en Silo (cf. 7, 12-17). Sus temas básicos son: **a. Justicia social**: Dios no se manifiesta ni actúa por el culto, sino como garante de la justicia social, a favor de los más pobres. **b. Denuncia política**: Anuncia la caída del reino de Israel, que se encuentra en su máximo esplendor, con el rey Jeroboán.

Profetas menores

a. C.	Profeta	Obra
Oseas 2.ª mitad siglo VIII a. C.	Vincula su experiencia personal, quizá simbólica (**acoge y ama a su esposa adúltera**), con la de Dios, que perdona y acoge también a los israelitas adúlteros (que se prostituyen con otros dioses)	Proviene del Norte (Israel) donde actúa como representante de la tradición de la alianza de Dios con el pueblo. Denuncia la injusticia social (como Amós), pero sobre todo la idolatría de aquellos que abandonan la alianza de Yahvé y rinden culto a los baales (dioses cósmicos). **(a) Atribuye a Yahvé unos rasgos vinculados al culto a los baales**: matrimonio con su pueblo, capacidad fecundadora, don del trigo, el vino y el aceite. **(b) Presenta a Dios como padre (esposa) del pueblo**. Su pensamiento ha influido en Jeremías y en la tradición del Deuteronomio.
Miqueas Finales siglo VIII a. C.	Profeta **campesino**, de Moresti, al sur de Judá. Vincula una fuerte conciencia de justicia social (como Amós), con el descubrimiento de la soberanía de Dios (como Oseas e Isaías).	De clase baja, como Amós, protesta contra la opresión religiosa y social de los sacerdotes y terratenientes de Jerusalén. (a) Como Amós y Oseas, **eleva su amenaza contra los reinos de Israel**, diciendo que pueden caer en manos de los asirios. (b) Parece haber anunciado la llegada **de un gobernante bueno,** capaz de liberar a Israel de los asirios y guiarle en la fidelidad a Dios (5, 1). (c) Su libro incluye también la **profecía del "triunfo final" y de la paz de Sión** (4, 1-4), una esperanza compartida también por Is 2, 2-4.
Nahún 668-654	Profeta rural judío. Representante de una justicia "justiciera", cercana a la venganza.	Ha evocado de forma impresionante la **caída de Nínive** (capital de Asiria), ciudad opresora, que se elevaba amenazante contra Israel. Es heraldo de una **justicia universal**, representada por el Dios de Israel.
Sofonías 640-609	Apoya la reforma de Josías. Recoge y condensa toda la tradición profética.	Condena la idolatría de Judá/Jerusalén, y apoya la reforma de Josías. Eleva sus **oráculos contra las naciones enemigas** del entorno de Judá y contra Jerusalén, pero promete una restauración del pueblo de Dios.
Habacuc 610-605	En tiempos de crisis. Vincula la fe en Dios con la salvación total, personal y social.	Se opone a la opresión de los injustos, e **invita a los judíos a tener confianza en Dios** (solo la fe salva: 2, 4). Recoge un **impresionante himno antiguo a Yahvé,** Dios del poder y la justicia cósmica (Hab 3).

Introducción del traductor

a. C.	Profeta	Obra
Ageo Finales siglo V a. C.	Profeta de la restauración y reconstrucción del templo de Jerusalén.	En torno al 515 a. C. promueve y logra que se culmine la reconstrucción del Templo de Jerusalén, bajo el liderazgo del Gobernador Zorobabel y del Sacerdote Josué. El templo como clave de la religión israelita.
Zacarías A pesar de C. F. Keil, su libro parece tener dos partes.	– **Zac 1-8**, de finales del siglo V, se centra en la reconstrucción del templo, lo mismo que Ageo. – **Zac 9-14**, del IV a. C. Colecciones de visiones de tipo apocalíptico.	– Colección de visiones de gran fuerza poética, que describen la restauración de Israel tras el exilio. Zacarías insiste como Ageo en la reconstrucción del templo, que será la sede y signo de la presencia y protección de Dios hacia Israel. – Colección heterogénea de oráculos proféticos, que retoman y elaboran motivos de profetas anteriores. Zac 14 presenta, a modo de compendio, una visión apocalíptica del fin de la historia, con un combate final contra Judá/Jerusalén y victoria de Dios sobre todos sus enemigos.
Joel Siglo V a. C. Una liturgia penitencial.	Es el **profeta del día de Yahvé**, es decir, del gran juicio de la historia, simbolizada en una plaga de langosta (Jl 1, 1–2, 11).	Su libro aparece como una liturgia penitencial del pueblo (2, 12-17), al que Dios responde anunciado su salvación (2, 18-28). Ese Dios promete la **venida del Espíritu** sobre todos los israelitas (3,1-5) y la **condena de los enemigos de Israel** (4, 1-17), con la restauración de Judá (4, 18-21). Ofrece ya rasgos apocalípticos.
Abdías Siglo V a. C. Profecía contra los idumeos.	**Profeta postexílico**, difícil de datar. Podría ser de antes del exilio, como defiende C. F. Keil. Su pequeño libro condena a los idumeos, parientes de los israelitas.	Su texto, de dura venganza, responde al hecho de que, según la tradición, los idumeos ayudaron a los babilonios en la destrucción de Jerusalén (587 a. C.). Más tarde, muchos de ellos fueron "convertidos" y circuncidados a la fuerza por los macabeos, entre ellos el padre de Herodes (siglo I a. C.), y ayudaron a los rebeldes de la guerra del 67–70 d. C., pero la tradición judía les toma como signo de todos los enemigos de Dios, que serán destruidos en el juicio.

a. C.	Profeta	Obra
Jonás IV-III a. C.	Parece una **parábola profética,** más que el libro de un profeta histórico, como supone C.F. Keil	Obra de gran hondura **profética** y teológica, en la que, en contra de una línea de exclusivismo judío (dominante en la reforma de Esdras-Nehemías, en torno al 400 a. C.), se presenta la **vocación universal del profetismo israelita**, con el testimonio de la "conversión" de Nínive, ciudad enemiga (signo de maldición).
Malaquías Siglo IX–III a. C. Es el culmen de la profecía israelita.	El último de los profetas libros proféticos. C.F. Keil defiende su existencia histórica, pero no ha convencido a todos.	Malaquías significa **ángel o mensajero de Dios** (cf. Ml 3, 1), y puede ser un nombre simbólico. Condena la "impureza" del culto, quizá en los años de la reforma de Nehemías/Esdras, hacia el 400 a. C. Su aportación más conocida es la promesa de la **venida escatológica de Elías** (3, 1-2.22-23), para restaurar al pueblo antes de la llegada definitiva (apocalíptica) de Dios.

Quien siga leyendo los comentarios de C. F. Keil, descubrirá que su visión de la historia de los profetas resulta ligeramente distinta de la que yo acabo de presentar, en sintonía con muchos exegetas reformados (y católicos), que pueden hoy estudiar con más documentación el tiempo y contexto de los profetas. Pero, bien miradas, las divergencias son de tipo menor, de manera el lector puede recibir con gran confianza no solo las aportaciones teológicas del libro de C. F. Keil, sino también su visión histórica, para criticar incluso, cuando lo vea conveniente, eso que he llamado la opinión mayoritaria de un tipo de exégesis y teología bíblica de la actualidad.

En ese contexto, C. F. Keil ha querido insistir en el cumplimiento cristiano de la gran profecía de los Doce Profetas, destacando, de un modo especial, los libros de Zacarías y Malaquías, que han sido y son los que más han influido en la historia de Jesús y en el despliegue de la primera teología cristiana. Ciertamente, desde la publicación de los comentarios de C. F. Keil se han escrito cientos de obras sobre los profetas menores, tanto desde una perspectiva de conjunto como desde el análisis concreto de los temas y los libros, como podrá seguir viendo el lector en la bibliografía que adjunto, de modo orientativo.

Solo me queda decir que he procurado que traducción y presentación del texto resulte accesible a una gran mayoría de lectores, sin perder su profundidad. Por eso me he permitido condensar algunos argumentos más difíciles, elaborados de una forma quizá demasiado técnica por C. F. Keil, difícil de entender en la actualidad.

Introducción del traductor

Observará el lector que no he realizado una traducción y edición crítica (en el sentido puramente académico del término), pues ello exigiría cotejar y actualizar todas las fuentes utilizadas por el autor. Por eso he dejado las citas de los comentaristas de su tiempo (en la segunda mitad del siglo XIX) tal como aparecen en su texto, sin necesidad de actualizarlas críticamente. He realizado según eso una traducción y actualización teológico-exegética, para aquellos que quieran penetrar con la ayuda de C. F. Keil en la vida y mensaje interior de los Doce Profetas.

Como he dicho, se han escrito después de C. F. Keil cientos de obras sobre el tema. Pero puedo decir, sin miedo a equivocarme, que esta sigue siendo en conjunto la más más honda y fiable en un sentido teológico-exegético (más que puramente histórico). Esta es una obra no solo para comprender a los Doce Profetas Menores, sino también para dialogar con ellos y para introducirse de un modo orante y comprometido en el mensaje esencial de los profetas.

Sigue, como he dicho, una bibliografía actualizada en la que, como es normal, insisto en los libros que ya existen sobre el tema en lengua española.

Xabier Pikaza

BIBLIOGRAFÍA ACTUALIZADA

Obras generales

Achtemeier, E. R. y F. Murphy, *Introduction to Apocalyptic Literature, Daniel, The Twelve Prophets*, The New Interpreter's Bible, Vol. VII, Abingdon, 1996.
Amsler, S. (ed.), *Les prophètes et les livres prophétiques*, Desclée, Paris, 1985.
Asurmendi, J., *El profetismo, desde sus orígenes a la época moderna*, Desclée de Brouwer, Bilbao 1987.
Baltzer, K., *Die Biographie der Propheten*, Neukirchener V., Neukirchen, 1975.
Beaucamp, E., *Los Profetas de Israel*, Verbo Divino, Estella 1988.
Blenkinsopp, J., "Profetismo y profetas" en Comentario Bíblico Internacional, Verbo Divino, Estella, 1999, 867-971.
Breton, S., *Vocación y misión. Formulario profético*, Gregoriana, Roma, 1987.
Brueggemann W., *La imaginación profética*, Sal Terrae, Santander 1986
Carrillo A., *La Espiritualidad de los profetas de Israel*, VD, Estella 2009
Collado, V., *Las escatologías de los profetas. Estudio literario comparativo*.
Crenshaw, J., *Los falsos profetas. Conflicto en la religión de Israel*, Desclée de B.Bilbao, 1986.
González Blanco, R., *Los profetas, traductores de Dios*, Sígueme, Salamanca 2004.
González Núñez, A., *Profetas, sacerdotes y reyes en el Antiguo Israel*, Casa de la Biblia, Madrid 1962.
Heschel, A. J. *Los profetas* I-III, Paidós, Buenos Aires 1973.
Jaramillo, P., *La injusticia y la opresión en el lenguaje figurado de los profetas*, Verbo Divino, Estella 1992.
Kipper, B. , *Profetas Preexílicos*, Liga de Estudios Bíblicos, São Paulo 2006.
Monloubou, L., *Los profetas del Antiguo Testamento*, Verbo Divino, Estella 1989.
Nápole, G., *Escuchar a los profetas hoy*, Claretianas, Buenos Aires 2008.
Neher, A. *La esencia del profetismo*, Salamanca, 1975.
Payne, J. B., *Enciclopedia de Profecía Bíblica* I-II, Clie Terrassa 1999.
Pikaza, X., *Gran diccionario de la Biblia*, Verbo Divino, Estella 2005.

Ramis, R., *Qué se sabe de los profetas,* Verbo Divino, Estella 2010. Ravas, I. G., *Los Profetas,* Paulinas, Bogotá 1992.
Ropero, A. (ed.), *Diccionario enciclopédico de la Biblia,* Clie, Barcelona 2013.
Sicre, J. L. *Los dioses olvidados. Poder y riquezas en los profetas Pre.exílicos,* Cristiandad, Madrid 1979.
- *Profetismo en Israel,* Verbo Divino, Estella 1992.
- *Introducción al profetismo bíblico,* Verbo Divino, Estella 2012.
Von Rad, G., *Teología del Antiguo Testamento* II, Sígueme, Salamanca 1984.
Yates, Kyle M. *Los Profetas del Antiguo Testamento,* Casa Bautista, El Paso Texas 1981.

Sobre los 12 profetas

Ábrego de Lacy, J. M., *Los Libros proféticos,* IEB 4, Verbo Divino, Estella, 1993.
Alonso Schökel y J. L. Sicre, *Profetas* II, Cristiandad, Madrid 1980.
Asurmendi, J, *Profetas Menores* II, BAC, Madrid 2015.
Floyd, Michael H., *Minor prophets, 1–2,* Eerdmans, Philadelphia 2000.
House, P. R., *The Unity of the Twelve.* JSOT Supplement Series, Schefield 1990.
Jaramillo, P., *Profetas menores,* PPC, Madrid 1993.
Jones, B. A., *The Formation of the Book of the Twelve: a Study in Text and Canon,* SBL, Schefield 1995.
McComiskey, Th. E. (ed.), *The Minor Prophets: An Exegetical and Expository Commentary,* Baker, Grand Rapids 2009.
Morgan, G. C., *Profetas menores,* Clie, Terrasa 1990.
Morris, Carlos A. *Los Mensajes Mayores de los Profetas Menores,* Clie, Barcelona, 1986.
Nogalski, J.D. - Sweeney, M. A. (eds.), *Reading and Hearing the Book of the Twelve,* Atlanta Ga 2000.
Redditt, P. L. y A. Schart, *Thematic Threads in the Book of the Twelve,* Beihefte ZATW, Walter de Gruyter, Berlin 2003.
Robinson, J. L., *Los Doce Profetas Menores,* Casa Bautista, El Paso 1955.
Rosenberg, A.J. (ed.), *The Twelve Prophets: Hebrew Text and English Translation,* Soncino Books of the Bible, 2004.
Schaefer, K, *Doce Profetas y Daniel,* Verbo Divino, Estella 2014.
Schart, A., *Die Entstehung des Zwölfprophetenbuchs. Neubearbeitungen von Amós im Rahmen schriftenübergreifender Redaktionsprozesse,* Walter de Gruyter, Berlin 1998.
Shepherd, Michael B., *The Twelve Prophets in the New Testament,* Peter Lang, Berlin 2011.
Wolf, H. W., *Dodekapropheton* (BKAT, XIV): *1, Hosea; 2, Joel und Amós; 3, Obadja und Jona; 4, Micha; 6, Haggai; 7, Sacharja,* 1961ss.
Zenger, E., *Das Zwölfprophetenbuch,* en *Einleitung in das Alte Testament,* Kohlhammer, Stuttgart 2006.

Temas particulares

Asurmendi, J. M., *Amós y Oseas*, Verbo Divino, Estella 1990.
Alonso Díaz, J., *Amós. De pastor a profeta*, La Casa de la Biblia, Madrid 1966.
Álvarez Barredo, M., *Relecturas deuteronomísticas de Amós, Miqueas y Jeremías*, Carthaginensia, Murcia 1993.
Amsler, S., *Los últimos profetas. Ageo, Zacarías, Malaquías y otros*, Verbo Divino, Estella 1996.
Coggins, R. y Han, J. H., *Six Minor Prophets Through the Centuries: Nahún, Habakkuk, Zephaniah, Haggai, Zechariah, and Malachi*, Wiley & Sons, 2011.
Mejía, J., *Amor, pecado, alianza. Una lectura del profeta Oseas*, UCA, Buenos Aires 1975.
Mora, V. *Jonás*, CB 36, Verbo Divino, Estella 1984.
Ruiz González, G., *Isaac Abarbanel y su comentario al libro de Amós*, Comillas, Madrid 1984.
 - *Comentarios hebreos medievales al libro de Amós*, Comillas, Madrid 1987.
Schwantes, M., *Ageo*, Aurora, Buenos Aires 1987.
Simián Jofré, H., *El desierto de los dioses: teología e historia en el libro de Oseas*, Almendro, Córdoba 1993.
Wolff, H. W., *La hora de Amós*, Sígueme, Salamanca 1984.
 - *Oseas hoy. Las bodas de la ramera*, Sígueme, Salamanca 1984.
Zorrila, H., *Miqueas: Portavoz del campesinado. Una voz que no puede ser silenciada*, Semilla, Guatemala 1995.

INTRODUCCIÓN DEL AUTOR

En nuestras ediciones de la Biblia hebrea, el libro de Ezequiel viene seguido por el libro de los *doce profetas* (τῶν δώδεκα προφητῶν, cf. Sir 49, 10), llamado por los rabinos *Los Doce* (שְׁנֵים עָשָׂר), a los que se les viene llamando desde tiempo inmemorial *Los Doce Profetas Menor*es (*qetannîm,* minores), porque sus profecías, tal como han sido transmitidas hasta nosotros en forma escrita, son menos voluminosas, en comparación con los libros mayores de los profetas Isaías, Jeremías y Ezequiel[1].

Cuando se compiló el canon, estos doce escritos fueron reunidos, formando un único volumen. Esto se hizo a fin de que no se perdiera alguno de ellos, a causa de su menor tamaño, en el caso de que se editaran por separado, como observa Kimchi en su *Praef. Comm. in Ps,* citando una tradición rabínica. Ellos fueron reconocidos, por tanto, como un libro μονόβιβλος τό δωδεκα πρόφητον (cf. mi *Lehrbuch der Einleitung in d. A. T.* &156 y 216, nota 10 ss.). Sus autores vivieron y trabajaron como profetas en diferentes momentos, desde el siglo IX a. C. hasta el V a. C. De esa forma, estos libros proféticos ofrecen no solo los testimonios proféticos más antiguos, sino también los últimos, en relación con la historia futura de Israel y del Reino de Dios y también con el desarrollo progresivo de ese testimonio.

Según eso, cuando los miramos en conexión con los escritos de los profetas mayores, ellos incluyen todos los elementos esenciales de la palabra profética, por medio de la cual Dios ha equipado a los israelitas para los tiempos futuros que estarán marcados por el conflicto con las naciones del mundo, enriqueciéndoles así con la luz y poder de su Espíritu, de manera que (a diferencia de los pueblos incrédulos) sus siervos fueran capaces de anunciar la destrucción de los imperios pecadores, y la dispersión del pueblo israelita rebelde entre las naciones, anunciando también, para consuelo de los creyentes, la liberación y conservación de una semilla santa, con el triunfo eventual (final) de su reino sobre los poderes hostiles.

---

1. Así observa Agustín en *De Civit. Dei,* 18, 29: Se llaman menores porque su volumen es más breve en comparación que los que se llaman mayores, porque escribieron volúmenes de un tamaño más grande. Compárese con esto la noticia de b. Bathra 14b, en Delitzsch, *Comentario a Isaías* XXI.

En la disposición de los doce libros, el principio cronológico ha determinado el orden en que aparecen los profetas del tiempo preasirio y del tiempo de los asirios, de forma que ellos se sitúan los primeros (desde Oseas a Nahún), siendo los más antiguos. Después siguen los profetas del tiempo de los caldeos (Habacuc y Sofonías); y, finalmente, la serie acaba con los tres profetas que son posteriores a la cautividad (Ageo, Zacarías y Malaquías), que aparecen en el orden en que ellos actuaron[2].

De todas formas, dentro del primero de esos grupos no se sigue estrictamente el criterio cronológico, sino que el orden viene también determinado por la naturaleza del contenido de los libros. Jerónimo afirmaba en este punto que los profetas que no pusieron en el título de sus libros el tiempo en que ellos profetizaron debieron actuar en el mismo tiempo que lo hicieron los autores de los libros anteriores, en lo que se ofrece la fecha de su composición, (*Praef. In 12 Proph.*). Pero esta afirmación no se apoya en base sólida, sino que proviene de una mera conjetura, que además resulta errónea, pues Malaquías no profetizó en el tiempo de Darío Hystaspes, como lo hicieron los autores de los dos libros anteriores.

Por otra parte, hay profetas de los que se puede afirmar que el puesto que ocupan en el conjunto de los doce profetas no es tampoco correcto. Joel y Abdías no comenzaron a profetizar bajo Ozías de Judá y Jeroboán II de Israel, sino que comenzaron su misión antes de ese tiempo. Así Abdías profetizó antes de Joel, como es obvio por el hecho de que Joel 2, 32 introduce en su anuncio de salvación las palabras que utiliza Abdías 17: "Y en el Monte Sión habrá liberación", y lo hace de un modo que es equivalente a una cita directa, utilizando la expresión "como el Señor ha dicho".

Ciertamente, Oseas debería situarse cronológicamente después de Amós, y no antes que él si se observara un orden estricto. Ciertamente, según el encabezamiento de los libros, tanto Oseas como Amós profetizaron bajo Ozías y Jeroboán II. Pero Oseas continúo profetizando por un largo tiempo después de Amós, que había comenzado su ministerio antes que él.

El orden adoptado para ordenar los libros de los primeros profetas menores parece haber sido más bien el siguiente: Oseas fue colocado a la cabeza, porque su libro es el más extenso, como sucede en las cartas de san Pablo, en las que se coloca al principio la carta a los Romanos, a causa de su mayor amplitud. Después siguieron las profecías que no tenían una fecha en su encabezamiento, y fueron ordenadas de tal modo que un profeta del reino de Israel se emparejó siempre con uno del reino de Judá, es decir, Oseas con Joel, Amós con Abdías, Jonás con Miqueas y Nahún el galileo con Habacuc el levita.

En casos particulares influyeron también otras consideraciones. Así, Joel se emparejó con Oseas, a causa de su mayor apertura y Abdías con Amós porque

---

2. Cf. Delitzsch, *Isaías* 25.

su libro era más pequeño (incluso el más pequeño de todos); y Joel fue colocado antes de Amós porque este último comienza su libro con una cita de Joel 3, 16: "Yahvé rugirá desde Sión…". Hay también otra circunstancia que puede haber llevado al emparejamiento de Abdías con Amós, y es el hecho de que el libro de Abdías puede ser tomado como una expansión de Am 9, 12: "que ellos puedan poseer el resto de Edom".

A Abdías le sigue Jonás, antes que Miqueas, no solo porque Jonás vivió en el reino de Jeroboán II, que era contemporáneo de Amasías y de Ozías, mientras que Miqueas no apareció hasta el reinado de Jotán, y también, posiblemente, porque Abdías comienza con las palabras "hemos oído noticias de Judá, y un mensajero es enviado entre las naciones", y ese mensajero fue de hecho Jonás (Delitzsch).

En el caso de los profetas del período segundo (tiempo de exilio) y tercero (del postexilio), los organizadores del libro conocían bien el orden cronológico, de forma que fue ese orden el que determinó la colocación de los libros en el conjunto. Ciertamente, en los libros de Nahún y de Habacuc no se menciona la fecha de la composición; pero, partiendo de la naturaleza de sus profecías, es evidente que Nahún, que profetizó la destrucción de Nínive, capital del Imperio asirio, debió haber vivido (o por lo menos trabajado) antes que Habacuc, que profetizó sobre la invasión caldea.

Y finalmente, cuando pasamos a los profetas posteriores a la cautividad, en el caso de Ageo y de Malaquías, en la fecha de su composición se indica no solo el año, sino también los meses. Y por lo que respecta a Malaquías, el autor de la colección de los doce libros sabía que Malaquías era el último de los profetas, por el hecho de que la colección fue completada, si no en el tiempo de su vida y con su colaboración, sino ciertamente muy poco después de su muerte. Este es el orden cronológico correcto, en la medida en que se puede deducir, con una tolerable certeza a partir del contenido de los distintos libros, y teniendo en cuenta la relación de unos profetas con otros. Este es pues el orden de surgimiento de los libros, y la relación en la que están unos con otros, incluso en el caso de aquellos profetas en cuyos libros no se indica la fecha de la composición:

1. Abdías, en el reinado de Jorán, rey de Judá, entre	889 y 854 a. C.
2. Joel, en el reinado de Josías, rey de Judá, entre	875 y 848
3. Jonás, en el reinado de Jeroboán II de Israel, entre	824 y 780
4. Amós, en el reinado de Jeroboán II de Israel y Ozías de Judá, entre	810 y 783
5. Oseas, en el reinado de Jeroboán II de Israel y de Ozías, rey de Judá, entre	790 y 725
6. Miqueas, en el reinado de Jotam, Acaz y Ezequías de Judá, entre	758 y 710

7. Nahún, en la segunda mitad del reinado de Ezequías, entre	710 y 699
8. Habacuc, en el reinado de Manasés o Josías, entre	650 y 628
9. Sofonías, en el reinado de Josías, entre	628-623
10. Ageo, en el reinado de Darío Hystaspes	519
11. Zacarías, en el reinado de Darío Hystaspes	519
12. Malaquías, en el reinado de Artajerjes Longimano, entre	433 y 424

De un modo consecuente, la literatura de los escritos proféticos no comienza solo en el momento en que Asiria se elevó como poder imperial y asumió un aspecto amenazador contra Israel, es decir, bajo Jeroboán, hijo de Josías, rey de Israel, y bajo Ozías, rey de Judá, o en torno al año 800 a. C., como se supone de ordinario, sino unos 90 años antes, bajo el rey Jorán de Judá y el rey Jorán de Israel, mientras Eliseo vivía todavía en el reino de las diez tribus. Pero también en ese caso el crecimiento de la literatura profética se encuentra íntimamente conectado con el surgimiento de la teocracia.

El reinado de Jorán, hijo de Josafat, fue de gran importancia para el reino de Judá, que formaba el tronco y corazón del reino de Dios del Antiguo Testamento desde el tiempo en que las diez tribus se separaron de la casa de David, pues los israelitas de Judá fueron los que poseyeron el templo de Jerusalén, que el mismo Señor había santificado como lugar de presencia de su Nombre, y también la casa real de David, a quien Dios había prometido una existencia duradera, para siempre, una promesa que certificaba no solo su propia preservación, sino también el cumplimiento de las promesas divinas que Dios había hecho a Israel.

Jorán había tomado como esposa a Atalía, hija de Ajab y de Jezabel, la adoradora fanática de Baal; y a través de ese matrimonio introdujo en Judá la impiedad y el libertinaje de la dinastía de Ajab. Él caminó en la línea de los reyes de Israel, haciendo lo que era malo a los ojos del Señor, como lo hacía la casa de Ajab.

Mató a sus hermanos con la espada, y condujo a Jerusalén y a Judá a la idolatría (2 Rey 8, 18-19; 2 Cron 21, 4-7. 11), Después de su muerte y de la de su hijo Ajacías, su mujer Atalía tomó el mando, y mató a todos los herederos reales, a excepción de Joás, niño de un año, que fue escondido en unas habitaciones privadas, por la hermana de Ajacías, casada con Yoyada, el sumo sacerdote, escapando así de la muerte.

De esa manera, la casa real de David, divinamente escogida, estuvo en gran peligro de extinguirse si el Señor no hubiera preservado para ella un retoño, a causa de la promesa que había hecho a su siervo David (2 Rey 11, 1-3; 2 Cron 22, 10-12). A sus pecados siguió inmediatamente el castigo. En el reinado de Jorán no solo se reveló Edom de Judá, y lo hizo con tal fortuna que no pudo ser ya sometido nunca más, y además Yahvé mismo suscitó el espíritu de los filisteos y de los árabes de Petra, de tal manera que ellos lograron entrar en Jerusalén y se llevaron todos los tesoros del palacio, y tomaron cautivas a todas las mujeres e hijos del rey, a excepción de Ajacías, el hijo más joven (2 Rey 8, 20-22; 2 Cron 21, 8-10. 16. 17).

Jorán mismo fue afligido pronto con una enfermedad dolorosa y repugnante (2 Cron 21, 18-19); su hijo Ajacías fue asesinado por Jehú tras menos de un año de reinado, con todos sus hermanos (parientes) e hijos de los gobernantes de Judá; y su mujer Atalía fue destronada y ejecutada tras un reinado de seis años (2 Rey 9, 27-29; 11, 13 ss.; 2 Cron 22, 8-9 y 23, 2 ss.).

Con el exterminio de la casa de Ajab en Israel, y de sus parientes en Judá, se suprimió en ambos reinos la adoración pública de Baal; y de esa forma se detuvo el despliegue externo de la corrupción creciente de tipo religioso y moral. Pero el mal no fue radicalmente curado. Incluso Joás, que había sido rescatado por el sumo sacerdote Yoyada, y colocado sobre el trono, se dejó llevar por los impulsos de los gobernantes de Judá, y tras la muerte de su liberador, tutor y mentor no solo restauró la idolatría en Jerusalén, sino que permitió que apedrearan al profeta Zacarías, hijo de Yoyada, que condenaba esta apostasía respecto del Señor (2 Cron 24, 17- 22).

Amasías, su hijo y sucesor, tras haber derrotado a los idumeos en el valle de la Sal, trajo los dioses de esa nación a Jerusalén y los puso allí para que fueran adorados (2 Cron 25, 14). Se alzaron conspiraciones contra ambos reyes (Jorán de Israel, y Jorán de Judá), de tal forma que los dos cayeron en manos de bandas de asesinos (2 Rey 12, 21; 14, 19; 2 Cron 24, 25-26; 25, 27). Los dos reyes siguientes de Judá, es decir Ozías y Jotán, se abstuvieron ciertamente de la idolatría más grosera, y mantuvieron el culto de templo de Yahvé en Jerusalén; además, ellos lograron elevar el reino a un puesto de gran poder terreno, a través de la organización de un ejército poderoso y de la fortificación de Jerusalén y de otras ciudades de Judá.

Pero la apostasía interior del pueblo respecto del Señor y de su ley creció en esos reinados, de forma que bajo Ahaz el torrente de la corrupción rompió todos los diques. La idolatría se extendió por todo el reino, introduciéndose incluso en los patios del templo y la maldad alcanzó una altura antes desconocida (2 Rey 16; 2 Cron 28).

Así por un lado, el reinado impío de Jorán puso las bases para el decaimiento interior del reino de Judá, y sus propios pecados y los de su mujer Atalía fueron signo de la disolución religiosa y moral de la nación que, sin embargo, se detuvo por un tiempo a causa de la gracia y fidelidad del Dios de la alianza, para estallar después en el tiempo de Ahaz con una fuerza terrible, conduciendo al reino a los límites de la destrucción, y alcanzando su mayor altura de maldad bajo el rey Manasés, de manera que el Señor no pudo ya retenerse, de forma que pronunció el juicio de rechazo en contra del pueblo de su posesión (2 Rey 21, 10-16). Por otro lado, el castigo infligido sobre Judá por los pecados de Jorán, castigo que se expresó en la rebelión de los idumeos y en el saqueo de Jerusalén por los filisteos y los árabes, fue el preludio de la elevación de la impiedad de los imperios de las naciones por encima y el contra del reino de Dios, con el fin, si fuera posible, de destruirlo.

Así podemos ver claramente la gran importancia que tuvo la rebelión de Edom en contra del reino de Judá, por la observación que hizo el historiador sagrado, añadiendo que "Edom se rebeló contra la casa de Judá hasta el día de hoy" (2 Rey 8, 22; 2 Cron 21, 10), es decir, hasta la disolución del reino de Judá, porque las victorias de Amasías y de Ozías en contra de los idumeos no culminaron en su sometimiento; y eso se muestra aún más claramente en la descripción contenida en el profeta Abdías 10–14, donde se habla de los gestos hostiles de los idumeos en contra de Judá con ocasión de la toma de Jerusalén por los filisteos y los árabes. Ello muestra claramente que los idumeos no quedaron satisfechos con haberse liberado del odioso yugo de Judá, sino que intentaron destruir, con orgullo maligno, al pueblo de Dios.

Por su parte, en el reino de las diez tribus, Jehú había extirpado la adoración de Baal, pero no se había apartado de los pecados de Jeroboán, el hijo de Nabat. Por eso, también en ese reino, el Señor comenzó a "cortar partes de Israel", y el rey Hazael de Siria le atacó por todos los costados. Por la oración de Joacaz, su hijo y sucesor, Dios tuvo una vez más compasión sobre las diez tribus de su reino, y envió liberadores, que fueron los dos reyes, Joás y Jeroboán II, de manera que se liberaron del yugo de los sirios, y Jeroboán fue capaz de restaurar las fronteras antiguas del reino (2 Rey 10, 28–33; 13, 3–5. 23–25; 14, 25). Sin embargo, dado que este nuevo despliegue de gracia no consiguió los frutos de arrepentimiento y de retorno al Señor, el juicio de Dios estalló de nuevo sobre el reino pecador tras la muerte de Jeroboán y lo llevó a su destrucción.

Así se muestra la gran importancia que tuvo el reinado de Jorán de Judá, que estaba vinculado a la casa de Ahab de Israel y que se mantuvo en sus caminos impíos. A partir de estos hechos podemos descubrir sin duda de un modo más preciso los principios del cambio que vino a darse desde ese tiempo en adelante en el desarrollo de la profecía; es decir, en el hecho de que desde entonces el Señor comenzó a elevar profetas en medio de su pueblo, para que discernieran en el presente los gérmenes del futuro, interpretando desde esa luz los acontecimientos de su propio tiempo, imprimiéndolos en los corazones de sus propios paisanos, tanto por escrito como a través de las palabras de sus bocas.

La diferencia entre los *prophetae priores* (profetas anteriores), cuyos dichos y hechos están recordados en los libros históricos, y los *prophetae posteriores,* que compusieron escritos proféticos especiales, consiste por eso no tanto en el hecho de que los primeros eran profetas de "acciones irresistibles" y los últimos eran profetas de "palabras convincentes" (Delitzsch), como en el hecho de que los primeros mantenían el derecho del Señor ante el pueblo y ante sus gobernantes civiles, tanto por la palabra como por los hechos, ejerciendo por tanto una influencia inmediata sobre el desarrollo del reino de Dios en sus propios tiempos; por el contrario, los profetas posteriores se centraron en las circunstancias y relaciones de sus propios tiempos a la luz del plan divino de la salvación en su totalidad. De esa manera, ellos proclamaban el juicio de Dios, tanto el más cercano como más remoto, ocupándose así de la salvación futura y anunciando el progreso interior del reino de Dios, en conflicto con los poderes del mundo, y a través de esas predicciones preparaban el camino de la revelación de la gloria del Señor en su Reino o la venida del Salvador para establecer un reino de justicia y de paz.

Esta distinción ha sido reconocida también por G. F. Oehler, que descubrió que la razón para la composición de los libros proféticos separados fue el hecho de que la profecía adquirió una importancia que se extendía mucho más allá de los tiempos presentes; en esa línea se despertó en las mentes proféticas la conciencia de que los consejos divinos de salvación no podían cumplirse en la generación presente, pues la forma actual de teocracia debía romperse a pedazos, a fin de que, a través de una fuerte transformación judicial, pudiera brotar, a partir de un resto, rescatado y purificado, la futura iglesia de la salvación.

Desde ese fondo se explica el hecho de que las palabras de los profetas se pusieran por escrito a fin de que, cuando se cumplieran, ellas pudieran probar a la generación futura la justicia y fidelidad del Dios de la alianza, de manera que ellas pudieran servir como una lámpara para los justos, capacitándoles para entender los caminos del reino de Dios en medio de la oscuridad de los tiempos del juicio. Todos los libros proféticos están al servicio de esta misma finalidad, por grande que sea su diversidad en la presentación de la palabra profética que contienen, una diversidad que se explica por la individualidad de los autores y por las circunstancias especiales entre las que vivieron y trabajaron.

Para una bibliografía de los escritos exegéticos sobre los Profetas Menores, cf. mi *Lehrbuch der Einleitung*, p. 273 ss.

OSEAS

El profeta

Oseas, הוֹשֵׁעַ significa ayuda, liberación o, si se toma el término abstracto en sentido concreto, el que ayuda, es decir, el Salvador, en griego Ὡσηέ (LXX) o Ὡσηέ (Rom 9, 20), en la Vulgata Oseas. Este Oseas era hijo de Beēri. Conforme al encabezado del libro (Os 1, 1), profetizó en los reinados de Ozías, Jotán, Ajaz y Ezequías de Judá, y en el de Jeroboán, hijo de Joás, rey de Israel.

Como prueba claramente la naturaleza de sus oráculos, profetizó no solo sobre temas del reino de las diez tribus, sino que fue un súbdito de ese reino. Eso lo muestra no solo el hecho de que sus discursos proféticos tratan del reino de las diez tribus, sino también el estilo y lenguaje peculiar de sus profecías que muestran con frecuencia un colorido arameo, como en el caso de formas como אמאסאך, 6, 6; חכּי (infinitivo), 11, 9; קימוֹשׁ por קמוֹשׁ, 9, 6; קאם por קם, 10, 14; תרגלתּי, 11, 3; אאכיל por אוֹכיל, 11, 4; תּלוּא, en 11, 7; יפריא por יפרה, 13,15; con palabras como רתת, 13,1; אהי por איה, 13,10, 13, 14).

Así lo indica todavía con más fuerza el buen conocimiento que Oseas muestra de las circunstancias y localidades del reino del Norte, tal como aparece en pasajes como Os 5, 1; 6, 8–9; 12, 12; 14, 6, y el hecho de que Os 1, 2 se refiera al reino de Israel como "la tierra" y el hecho de que llame al rey de Israel "nuestro rey" (7, 5). Por otra parte, en contra de lo que suponen Jahn y Maurer, el dato de que mencione en el encabezamiento a los reyes de Judá (1, 1) y de que aluda también a ellos (cf. 1, 7; 2, 2; 4, 15; 5, 5. 10. 12-14; 6, 4. 11; 8, 14; 10, 11; 12, 1. 3) no se puede tomar como prueba de que él era judío.

La circunstancia de que aluda a los reyes de Judá (1, 1), y que lo haga antes de hablar del rey Jeroboán de Israel, no es prueba alguna de que él pertenezca externamente al reino de Judá, sino solo del hecho de que, como todos los restantes profetas verdaderos, mantiene una vinculación interna con el reino de Judá. Dado que la ruptura de las diez tribus respecto de la casa de David fue en el sentido más profundo una apostasía respecto de Yahvé (cf. *Comentario* a 1 Rey 12), los profetas solo reconocieron a los gobernantes legítimos del reino de Judá como verdaderos reyes del pueblo de Dios a cuyo trono se había prometido una duración perpetua, aunque ellos, externamente, rindieran obediencia a los reyes del reino de Israel, hasta que el mismo Dios destruyera el gobierno autónomo que él mismo había concedido a las diez tribus, en gesto de ira, para castigar a la semilla de David que se había separado de él (13, 11).

Desde esta perspectiva ha datado Oseas la fecha de su ministerio conforme a los reinados de los reyes de Judá, de quienes ofrece una lista completa, colocándolos en el primer lugar. Por el contrario, él menciona solo el nombre de un rey de Israel, es decir, del rey en cuyo reinado comenzó su carrera profética, y no solo para indicar con más precisión el comienzo de su ministerio como suponen Calvino y Hengstenberg, sino también por la importancia que Jeroboán II tuvo en relación con el reino de las diez tribus.

Antes de que podamos lograr una interpretación correcta de las profecías de Oseas, resulta necesario que, como muestran claramente Os 1, 1-11 y Os 2, determinemos con precisión el tiempo en que apareció el profeta, pues él no solo predijo el derrumbamiento de la casa de Jehú, sino también la destrucción del reino de Israel. Para eso no basta la referencia a Ozías, porque durante los 52 años de reinado de este rey de Judá la identidad y circunstancias del reino de las diez tribus sufrieron grandes alteraciones.

Cuando Ozías ascendió al trono, Dios había tenido misericordia de las diez tribus de Israel y les había concedido su ayuda a través de Jeroboán, de manera que tras haber logrado vencer en algunas batallas a los sirios, él fue capaz de romper el dominio que ellos habían alcanzado sobre Israel, restaurando las antiguas fronteras del reino (2 Rey 14, 25-27). Pero esta elevación de Israel no duró mucho tiempo. En el año 37 del reinado de Ozías, el rey Zacarías de Israel, que era hijo y sucesor de Jeroboán, fue asesinado por Salum, tras un reinado de solo seis meses, y con él desapareció la casa de Jehú. A partir de ese momento o, mejor dicho, a partir de la muerte de Jeroboán, el año 27 de Ozías, su reino fue derrumbándose rápidamente, hasta llegar a su completa ruina.

Pues bien, si Oseas se hubiera limitado simplemente a indicar el tiempo de su misión a través de los reinados de los reyes de Judá, dado que el tiempo de su ministerio duró hasta el tiempo del rey Ezequías, podríamos haber asignado su comienzo a los años finales del reinado de Ozías, cuando había comenzado a mostrarse el declive del reino de Israel, de manera que podía haber previsto con facilidad su ruina. Pues bien, a fin de mostrar que el Señor revela a sus siervos unos acontecimientos incluso antes de que ellos sucedan (cf. Is 42, 9), era conveniente que se indicara con gran precisión el tiempo de la aparición de Oseas como profeta, nombrando para ello el reinado de Jeroboán.

Jeroboán reinó al mismo tiempo que Ozías a lo largo de 25 años, y murió el año 27 del reinado de ese Ozías, que le sobrevivió como rey unos 25 años más, de forma que murió el año 2 del reinado de Pekah, rey de reino de las diez tribus (cf. 2 Rey 15, 1. 32). Según eso, es evidente que Oseas comenzó su ministerio profético durante los 25 años en los que Ozías y Jeroboán reinaron al mismo tiempo, es decir, antes del año 27 del primero, y continuó profetizando hasta poco antes de la destrucción del reino de las diez tribus, dado que profetizó hasta el tiempo de Ezequías, en cuyo sexto año de reinado fue conquistada Samaría por Salmanasar, siendo destruido el reino de Israel.

El hecho de que solo se mencione a Jeroboán entre todos los reyes de Israel puede deberse al hecho de que la casa de Jehú, a la que él pertenecía, había sido llamada a reinar por el profeta Eliseo, por mandato de Dios, con el fin de desarraigar el culto de Baal en Israel, y que por esa razón Jehú recibió la promesa de que sus hijos se sentarían sobre el trono por cuatro generaciones (2 Rey 10, 30); en esa línea, Jeroboán, biznieto de Jehú, fue el último rey por medio del cual el Señor envió alguna ayuda a las diez tribus (2 Rey 14, 27).

Durante el reinado de Jeroboán alcanzó su mayor gloria el reino de las diez tribus. Tras su muerte se extendió un tiempo de larga agonía, y su hijo Zacarías solo fue capaz de mantener el trono durante medio año. Los seis reyes que le siguieron murieron todos, uno tras otro, por conspiraciones, de manera que la sucesión ininterrumpida y regular de los reyes cesó con la muerte de Jeroboán. A ninguno de ellos le habló Dios por medio de un profeta, y solo dos pudieron reinar por un tiempo más dilatado: Menajem, por diez años, y Pekah por veinte.

Por otra parte, las circunstancias por la que Oseas se refiere varias veces a Judá en sus profecías no implican en modo alguno que él fuera del reino de Judá. La opinión expresada por Maurer, según la cual un profeta israelita no se hubiera preocupado por Judá o que habría condenado con menos dureza sus pecados está fundada en una suposición poco bíblica, según la cual todos los profetas se hallaban influidos por simpatías y antipatías subjetivas como meros *morum magistri* (maestros de costumbres); en contra de eso, los profetas proclamaban solo la verdad, como instrumentos en manos del Espíritu de Dios, sin ningún tipo de respeto humano.

Si Oseas hubiera sido enviado desde Judá al reino de Israel (como el profeta de 1 Rey 13 o el profeta Amós), esto hubiera sido ciertamente mencionado sin duda en el encabezamiento, como en el caso de Amós, donde se cita la patria del profeta. Pero casos como estos eran excepciones pues, en aquel tiempo, eran más numerosos los profetas en Israel que en Judá.

En ese tiempo, en el reinado de Jeroboán, estaba viviendo y trabajando en su reino el profeta Jonás (2 Rey 14, 25); por otra parte, Eliseo, que había educado a grupos numerosos de jóvenes profetas para el servicio del Señor, en las escuelas de Gilgal, Betel y Jericó, había muerto hacía poco tiempo. El hecho de que un profeta que había nacido y realizada su ministerio en Israel aludiera en sus profecías al reino de Judá puede explicarse fácilmente por la importancia que ese reino tenía para Israel en su conjunto, tanto por las promesas que había recibido como por su mismo desarrollo histórico.

Las promesas que Dios había concedido a la casa de David, dentro del reino de Judá, constituían una razón firme para la esperanza de los hombres piadosos de todo Israel, dándoles la seguridad de que el Señor no abandonaría para siempre a su pueblo. El anuncio de los castigos que azotarían también a Judá a causa de su apostasía eran un aviso, dirigido a los judíos infieles, para que no se apoyaran falsamente en las promesas gratuitas de Dios, y para que tomaran en serio la severidad y exigencia del juicio de Dios.

Esto explica también el hecho de que mientras, por un lado, vincula la salvación de las diez tribus a su conversión a Yahvé su Dios y a David su rey (Os 1, 7; 2, 2), teniendo que advertir a los judíos que no pequen como hacen los israelitas (4, 15), Oseas amenace por otro lado a Judá, anunciando que sufrirá la misma ruina que Israel, a consecuencia de su pecado (cf. Os 5, 5. 10; 6, 4. 11, etc.).

Teniendo eso en cuenta, no pueden aceptarse las conclusiones que Ewald deduce de estos pasajes, según las cuales, al principio, Oseas solo se ocupó de Judá de un modo superficial, de manera que únicamente después, tras haber realizado su función en la parte norte del reino, vino a interesarse por Judá, completando allí su mensaje y vocación profética. Esta opinión va en contra del hecho de que ya en Os 2, 2 el profeta había anunciado indirectamente la expulsión de Judá de su propia tierra; más aún, esa opinión se funda en el falso prejuicio según el cual el profeta concebía sus percepciones y juicios subjetivos como inspiraciones de Dios.

Conforme al encabezamiento de su libro, Oseas ejerció su oficio profético a lo largo de sesenta o sesenta y cinco años (27/30 años bajo Ozías, 31 bajo Ajaz y el resto bajo Ezequías). Este dato concuerda con el contenido del libro. Os 1, 4 anuncia como algo próximo el derrocamiento de la casa de Jehú, cosa que sucedió once o doce años después de la muerte de Jeroboán, el año 39 del reinado de Ozías (2 Rey 15, 10.13). Por otra parte, conforme a la explicación más probable de este pasaje, Os 10, 14 menciona la expedición de Salmanasar en Galilea, cosa que ocurrió (conforme a 2 Rey 17, 3) al comienzo del reinado de Oseas, el último de los reyes de Israel.

Finalmente, la nueva invasión de los asirios que el profeta Oseas anuncia en forma de amenaza no puede ser otra que la expedición de Salmanasar en contra del rey Oseas, que se había rebelado en contra de él, expedición que culminó en la toma de Samaría, después de tres años de asedio, con la destrucción del reino de las diez tribus, en año 6 del reinado de Ezequías en Judá (año 721 a. C.).

Los reproches contenidos en Os 7, 11 (llaman a Egipto, van a Asiria) y en 12, 1 (pactan con los asirios, mandan presentes a Egipto) nos sitúan en el mismo período, pues se refieren claramente al tiempo del rey Oseas quien, a pesar del juramento de fidelidad que había realizado con Salmanasar, quería comprar la ayuda del rey de Egipto, enviándole regalos, a fin de que le ayudara a sacudir el yugo de los asirios.

La historia no conoce ninguna alianza anterior entre Israel y Egipto, y la suposición de que, con estos reproches, el profeta se está refiriendo simplemente a la existencia de dos partidos políticos (uno a favor de los asirios, otro a favor de los egipcios) no puede compaginarse con el resto del pasaje. Esa opinión no puede apoyarse tampoco en Is 7, 17, ni en Zac 10, 9-11, al menos por lo que se refiere a los tiempos en que reinaba Menajem. Tampoco se puede inferir de Os 6, 8 y 12, 11 que el ministerio activo del profeta no se extendió más allá del reinado de Jotán, con el argumento de que, conforme a estos pasajes, Galaad y Galilea, que habían sido conquistadas y despobladas por Tiglatpileser, a quien Ajaz llamó a su ayuda (2 rey 15, 29), se hallaban todavía en posesión de Israel (Simson).

No es en modo alguno cierto que Os 12, 11 presuponga que Galilea se hallaba en manos de Israel, pues las palabras de ese verso pudieron haber sido proclamadas también después que los asirios hubieran conquistado esa tierra, al este del Jordán. En este caso, el libro de Oseas, que incluye la suma y sustancia de lo que el profeta había proclamado durante un largo período de tiempo, debe contener por necesidad alguna alusión histórica a los acontecimientos que habían sido realizados ya antes de que el libro fuera preparado (Hengstenberg).

Por otra parte, la actitud de conjunto de Asiria respecto de Israel (cf. 5, 13; 10, 6; 11, 5) parece situarnos en los tiempos de Menajem y Jotán, e incluso antes de la opresión asiria, que comenzó con Tiglatpileser en el tiempo de Ajaz. Según todo eso, no hay razón alguna para acortar el tiempo del trabajo activo de nuestro profeta. Una carrera profética de sesenta años no es algo inusitado. También Eliseo profetizó al menos durante cincuenta años (cf. 2 Rey 13, 20-21). Esto prueba simplemente, conforme a la justa visión de Calvino, "la indomable y gran fortaleza y constancia con la que Oseas había sido dotado por el Espíritu Santo".

Nada más se conoce con certeza de la vida histórica de este profeta[3]. Pero su "vida interna" pervive en sus escritos, por los que podemos ver claramente que él tuvo que superar intensos conflictos interiores. Ciertamente, Os 4, 4-5 y 9, 76-8 no ofrecen una indicación segura de que tuviera que padecer hostilidades violentas y conspiraciones secretas, como supone Ewald, pero la visión de los pecados y abominaciones de sus paisanos que él tuvo que denunciar, anunciando su castigo, y el despliegue de los juicios de Dios contra el reino de Israel, que estaba madurando para la destrucción, tuvieron que llenar su alma de angustia, sacudiéndola con todo tipo de dolores, por la liberación de su pueblo.

---

3. Los datos que aporta la tradición son muy escasos y poco seguros. Según el Pseudepifanio, *De vitis prophet.* c. xi., el Pseudo-Doroteo, *De prophetis*, y según un escolio que aparece en Efrén, el Sirio, *Explan. in Hos.*, él provenía de *Belemoth, Belemōn* o *Beelmoth*, de la tribu de Isacar, donde habría muerto y fue enterrado. Por otra parte, conforme a una tradición extendida entre los habitantes de Tesalónica, encontrada en שלשלת הקבלה, murió en Babilonia. Conforme a una leyenda árabe, murió cerca de Trípolis, una ciudad de Armenia. Otros árabes se refieren también a otra tumba en la que él habría sido enterrado, al este del Jordán, cerca de Ramot de Gaalad; cf. Simson, *Der Prophet Hosea*, p. 1ss.

El tiempo de su ministerio

Cuando Oseas recibió la vocación profética, el reino de las diez tribus de Israel había sido elevado a una altura de gran poder mundano por Jeroboán II. Incluso, antes de eso, bajo el rey Joás, el Señor había tenido compasión de los hijos de Israel, y había vuelto su rostro hacia ellos, a causa de su pacto con Abrahán, Isaac y Jacob, de tal forma que Joás había sido capaz de recuperar las ciudades que Hazael, rey de Siria, había conquistado a su padre Joacaz, y las había incorporado de nuevo a Israel (2 Rey 8, 23-25). El Señor envió otra vez su ayuda a los israelitas a través de Jeroboán, el hijo de Joás.

Dado que Dios no había decidido arrancar y borrar el nombre de Israel bajo los cielos, él hizo que los israelitas vencieran en la guerra, de manera que ellos fueron capaces de conquistar de nuevo Damasco y Hamat, que habían pertenecido a Judá bajo David y Salomón, restaurando así las antiguas fronteras de Israel, desde la provincia de Hamat al norte hasta el mar Muerto, conforme a la palabra de Yahvé, Dios de Israel, que él había proclamado a través de su siervo el profeta Jonás (2 Rey 14, 25-28).

Pero este despertar del poder y de la grandeza de Israel fue solo el despliegue final de su gracia divina, a través del cual Dios quiso liberar de nuevo a su pueblo de sus malos caminos, conduciéndole al arrepentimiento. Pero las raíces de la corrupción, que el pueblo de Israel llevaba consigo desde su comienzo, no habían sido exterminadas ni por Joás ni por Jeroboán. Estos reyes no se separaron de los pecados de Jeroboán, hijo de Nabat, que había hecho pecar a Israel, como tampoco lo habían hecho sus predecesores (2 Rey 13, 11; 14, 24).

Ciertamente, Jehú, el fundador de esta dinastía, había desarraigado de Israel el culto de Baal, pero no había rechazado los becerros de oro de Betel y de Dan, por los cuales Jeroboán, hijo de Nabat, había llevado a pecar a Israel (2 Rey 10, 28-29). Y tampoco sus sucesores se ocuparon de caminar por la ley de Yahvé, el Dios de Israel con todo su corazón.

Tampoco llevaron a la conversión del pueblo los severos castigos que el Señor infligió al pueblo y al reino, entregando a Israel en manos del poder de Hazael, rey de Siria y de su hijo Benadad, en el tiempo de Jehú y de Joacaz, haciendo que ellos fueran derrotados en todas sus fronteras, y empezando a separar esas zonas de Israel (2 Rey 10, 32-33; 13, 3). Tampoco el amor y la gracia que Dios manifestó hacia ellos durante los reinados de Joás y de Jeroboán, liberándoles de la opresión de los sirios y restaurando la grandeza anterior del pueblo, fueron suficientes para que el rey y el pueblo abandonaran la adoración de los becerros de oro.

A pesar de que fuera el mismo Yahvé el que era adorado bajo el símbolo de becerro, este pecado de Jeroboán fue una transgresión de la ley fundamental del pacto que el Señor había hecho con Israel, de manera que suponía un alejamiento grave respecto de Yahvé, el Dios verdadero. Por otra parte, Jeroboán, el hijo de Nabat, no se contentó simplemente con introducir imágenes o símbolos de Yahvé, sino que desterró de su reino a los levitas que se oponían a sus innovaciones, tomando a personas que eran del pueblo común (no de los hijos de Leví) para hacerles sacerdotes, llegando tan lejos en su innovación que mandó cambiar el tiempo de la celebración de la fiesta de los Tabernáculos del séptimo al octavo mes (1 Rey 12, 31-32), con el fin exclusivo de agrandar el "foso" religioso que separaba a los dos reinos, moldeando totalmente a su servicio las instituciones religiosas de su reino.

De esa manera, la religión del pueblo vino a convertirse en una institución política, en oposición directa a la idea del reino de Dios. Por su parte, el santuario de Yahvé quedó transformado en santuario del rey (Am 12, 13). Pues bien, las consecuencias de este culto a las imágenes fueron todavía peores. A través de la representación de Dios invisible e infinito bajo símbolos visibles y terrenos, la gloria del único Dios vino a quedar situada entre los límites de lo finito, de manera que el Dios de Israel quedó situado en un plano de igualdad respecto a los dioses de los paganos.

Este nivelamiento externo fue seguido, por necesidad inevitable, por un alejamiento también interno de Dios. El Dios Yahvé, adorado bajo el símbolo de un toro, no era ya esencialmente diferente del *baal* de los paganos, que rodeaban al pueblo de Israel. De esa manera, la diferencia entre el culto de los israelitas y el de los paganos vino a ser meramente formal, expresada en el modo material en que los israelitas adoraban a Yahvé, siguiendo la revelación de Moisés, pero sin verdadera separación respecto a los paganos.

En esa línea, los paganos estaban dispuestos a ofrecer al Dios nacional de Israel el mismo reconocimiento que ellos concedían a los diversos baales, como modos distintos de revelación de la divinidad que era una y la misma. Por su parte, los israelitas estaban acostumbrados a una gran tolerancia respecto a los baales, de manera que este culto a Yahvé vino a convertirse en algo puramente externo.

> Externamente, el culto a Yahvé seguía predominando. Pero en lo interior la adoración de los ídolos cobró casi la misma importancia, volviéndose incluso predominante. De esa forma, cuando se borraron las diferencias entre las dos religiones, sucedió que la religión vino a recibir el tipo de fuerza espiritual que era propia del espíritu de la nación (no del Espíritu del verdadero Dios). En este contexto, a causa de la corrupción de la naturaleza humana, no fue la religión de Yahvé la que descendió de su altura para transformar a los hombres, sino que fueron los hombres los que quisieron elevarse a la altura de la santidad de Dios, pero no del Dios verdadero, sino del que ellos mismos estaban inventado. De esa manera, la enseñanza voluptuosa y sensual de la idolatría se fue apoderando de los hombres, de los que había provenido (cf. Hengstenberg, *Christologie* I, 197 ss.).

Esto parece explicar el hecho de que, mientras las profecías de Amós y de Oseas muestran que la adoración de Baal prevalecía todavía en Israel bajo los reyes de la casa de Jehú, a pesar de que, conforme al relato del libro de los Reyes, Jehú había desarraigado el culto de Baal, exterminando la casa real de Ahab (1 Rey 10, 28). Eso significa que Jehú se había limitado a romper la supremacía externa de la adoración de Baal, instituyendo de nuevo la adoración de Yahvé, como religión de Estado, pero bajo el símbolo de los toros y becerros.

Según eso, esta adoración de Yahvé era en sí misma una idolatría de Baal porque, aunque legalmente los sacrificios se ofrecieran a Yahvé y aunque su nombre fuera confesado externamente y sus fiestas fueran observadas (Os 2, 13), en el corazón de los fieles Yahvé se había convertido en un Baal, de manera que el mismo pueblo le llamaba "nuestro Baal" (Os 2, 16) y observaba los días de los baales (2, 13).

Esta apostasía interior respecto al Señor, a pesar de que el pueblo le continuara venerando externamente y siguiera apelando a su alianza, tenía por necesidad un influjo muy desmoralizador sobre la vida nacional. Con la ruptura de esta ley fundamental de la alianza, que prohibía la fabricación y culto a las imágenes hechas por hombres (dada la importancia que esta ley tenía) vino a perderse no solo la reverencia que se debía a la santidad de la ley de Dios sino al mismo Dios.

Y en esa línea la falta de fidelidad respecto a Dios vino a convertirse en falta de fidelidad respecto a los hombres. Con el abandono del amor a Dios en todos los corazones, vino a perderse al mismo tiempo el amor hacia los hombres. Y el adulterio espiritual se transformó en fuente de adulterio carnal, con todas las otras formas de voluptuosidad que estaban vinculadas a la idolatría en aquella zona de Asia. Esto llevó a la ruptura de todos los lazos de amor y de castidad.

> No hay en la tierra verdad, ni lealtad, ni conocimiento de Dios. El perjurar, el engañar, el asesinar, el robar y el adulterar han irrumpido. Uno a otro se suceden los hechos de sangre (Os 4, 1-2).

Ningún rey de Israel pudo poner fin a esta corrupción. Suprimiendo la adoración de los toros, ese rey hubiera puesto en riesgo la misma existencia del reino. Pues una vez que se retirara el muro de división entre el reino de Israel y el de Judá se ponía en peligro la misma distinción política entre Israel y Judá. Esto era lo que había temido el fundador del reino de las diez tribus (1 Rey 12, 27), dado que la familia real que ocupaba el trono no había recibido ninguna promesa de Dios que garantizara su permanencia en el reino.

Fundado desde el principio sobre una rebeldía en contra de la casa real de David, a la que el mismo Dios había escogido, el reino de las diez tribus llevaba desde el principio dentro de sí un espíritu de rebelión y revolución, y con ese espíritu los gérmenes de una autodisolución interna. Bajo esas circunstancias, ni el reino de Jeroboán II, tan largo y tan próspero en algunos rasgos externos, podía curar unos males tan profundos, hallándose condenado a aumentar la apostasía y la inmoralidad, pues el pueblo (que despreciaba la bondad y misericordia de Dios) interpretaba la prosperidad material como una recompensa por su justicia ante Dios, recibiendo así una confirmación de su autoseguridad y de sus pecados.

Esta era la ilusión que los falsos profetas querían fortalecer a través de nuevas predicciones de continua prosperidad (cf. Os 9, 7). La consecuencia de ello fue que, cuando Jeroboán murió, los juicios y castigos de Dios vinieron a desencadenarse contra la nación incorregible.

Primero vino, ante todo, una anarquía de doce años, y solo después de eso logró subir al trono Zacarías, el hijo de Jeroboán. Pero solo seis meses después fue asesinado por Salum, quien a su vez fue asesinado tras un reinado de un mes por Menahem, que reinó diez años sobre Samaría (2 Rey 15, 14. 17). En su reinado invadió la tierra el rey asirio Pul, que solo abandonó la tierra tras el pago de un gran tributo (2 Rey 15, 19-20).

A Menahem le sucedió su hijo Pekaías, el año cincuenta del reinado de Ozías. Pero tras un reinado de apenas dos años fue a su vez asesinado por el jefe de los carros de combate, Pekah, el hijo de Romelías, que conservó el trono durante 20 años (2 Rey 15, 22-27), pero que aceleró la ruina de su reino, pues formó una alianza con el rey de Siria para atacar a su reino hermano de Judá (Is 7). En esas circunstancias, el rey Ahaz de Judá llamó en su ayuda a Tiglatpileser, rey de Asiria, que no solo conquistó Damasco y destruyó el reino de Siria, sino que tomó una parte del reino de Israel, es decir, toda la tierra al este del Jordán, y llevó a sus habitantes al exilio (2 Rey 15, 29). Por su parte, Oseas, hijo de Elah, conspiró contra Pekah, y le mató, el año cuarto del reinado de Ahaz.

Después de eso vinieron ocho años de anarquía y confusión sobre el reino, de manera que Oseas solo consiguió tomar las riendas del poder el año doce de Ahaz. Poco tiempo después, él cayó bajo sujeción de Salmanasar, rey de Asiria, a quien debió pagar tributo. Pero, poco tiempo después, confiando en la ayuda de Egipto, rompió el pacto de fidelidad con el rey de Asiria, de manera que Salmanasar volvió, conquistó toda la tierra, incluida la capital, y llevó a Israel cautivo a Asiria (2 Rey 15, 30; 17, 1-6).

El libro

Habiendo sido llamado en un tiempo en que era necesario proclamar a su pueblo la palabra de Dios, Oseas tuvo que ocuparse de ofrecer su testimonio contra la apostasía y corrupción de Israel, proclamando el juicio de Dios. La impiedad y la maldad se habían vuelto tan grandes que resultaba inevitable la destrucción del reino, de forma que la nación degenerada tuvo que ser entregada bajo el poder de los asirios, que eran los representantes del poder pagano del mundo.

Pero, dado que no se complace en la muerte de los pecadores, sino en que se conviertan y vivan, el Señor Dios no quiso exterminar. las tribus rebeldes de su pueblo (quitándoles totalmente la posesión de la tierra), ni quiso expulsarlas para siempre de su rostro, sino que se humillaran a través de un duro y largo castigo, a fin de que él pudiera llevarlas de nuevo al conocimiento de su gran pecado, haciendo que se arrepintieron, a fin de que él pudiera tener de nuevo misericordia de ellas, salvándolas así de la destrucción definitiva.

De un modo consecuente, en el libro de Oseas se alternan las promesas con las amenazas y anuncios de castigo, y eso no solamente como expresión de esperanza general de la llegada de días mejores, alimentada por el amor siempre misericordioso de Yahvé, que perdona incluso a los infieles y quiere que se conviertan los descarriados, sino también por un anuncio claro y distinto de una eventual restauración del pueblo. Oseas anuncia esta restauración del pueblo, que será corregido por el castigo y que retornará en tristeza y arrepentimiento al Señor su Dios y a David su rey (Os 3, 5), un anuncio que se funda en el carácter inviolable de la alianza de gracia divina y que llega hasta el extremo de pensar que el Señor redimirá a su pueblo del infierno y le salvará de la muerte, destruyendo incluso la muerte y el infierno (Os 13, 14).

Dado que Yahvé se ha desposado con Israel en su alianza de gracia, pero Israel, como esposa infiel, ha roto su alianza con Dios y se ha convertido en prostituta, siguiendo a los ídolos, Dios, en virtud de la santidad de su amor, debe condenar esa infidelidad y esa apostasía. Pero su amor no tiende a destruir, sino a salvar lo que estaba perdido. Este amor se expresa de forma ardiente en la llama de su ira santa, que se manifiesta en todos los discursos amenazadores de Oseas. Esta ira del Dios de Oseas no se manifiesta, sin embargo, como el fuego destructor de Elías, que quema de un modo tan fuerte, sino que, de un modo contrario, se expresa como un soplo de gracia y misericordia divina. De esa forma, la misma ira de Dios aparece como expresión del más hondo dolor de Dios por la perversidad de la nación, que se niega a tomar conciencia del hecho de que su salvación depende solo de Yahvé, su Dios, y solo de él, y que no quiere reconocerlo ni a través de los castigos divinos ni a través de la amistad con la que Dios ha querido atraer a su pueblo con cuerdas de amor.

Este dolor de amor de Dios por la infidelidad de Israel llena de tal modo la mente del profeta que su rica y viva imaginación brilla perpetuamente a través de los cambios de imágenes y de figuras para abrir los ojos de los miembros de la nación pecadora para que contemplen el abismo de destrucción en el que pueden caer, y puedan así ser rescatados de su ruina. La más honda simpatía de Dios por su pueblo concede a las palabras de Oseas unos tonos de excitación, por los que él, la mayor parte de las veces, se limita a evocar brevemente sus pensamientos, en vez de elaborarlos, pasando con rapidez de una figura a otra, de una comparación a otra, avanzando a través de breves sentencias y de visiones de tipo oracular,

El libro

más que a través de discursos elaborados con calma, de manera que sus discursos resultan con frecuencia oscuros y poco inteligibles[4].

Este libro no contiene una colección de discursos separados, tal como ellos habían sido proclamados al pueblo, sino que recoge y desarrolla un sumario general de los pensamientos básicos de Oseas, tal como están contenidos en sus discursos públicos. Este libro puede dividirse en dos partes, cap. 1-3 y 4-14, que ofrecen el núcleo de sus empeños proféticos, más condensados en la primer parte, más elaborados en la segunda.

En la primera parte, que contiene el "comienzo de las palabras de Yahvé por medio de Oseas" (1, 2), el profeta describe ante todo, a través de la forma simbólica del matrimonio, contraído por mandato de Dios, con una mujer adúltera, el adulterio espiritual de las diez tribus de Israel, es decir, su rechazo de Dios, en forma de idolatría, con sus consecuencias: es decir, el rechazo de las tribus rebeldes, que abandonan a Dios, que volverán eventualmente a convertirse, alcanzando de nuevo el favor de Dos (1, 2; 2, 3).

En ese contexto, Oseas anuncia en palabras proféticas simples no solo los castigos y penalidades que les enviará Dios para que el pueblo reconozca las ruinosas consecuencias de su pecado, sino también las manifestaciones de misericordia por las que el Señor logrará la verdadera conversión de aquellos que se humillen por los sufrimientos, con las bendiciones que alcanzarán a través del pacto de justicia y gracia que establecerán de nuevo con Dios (2, 4-23). Finalmente, esta respuesta de Dios a su pueblo quedará confirmada por una visión pictórica ofrecida en 3, 1-5.

En la segunda parte, estas verdades quedan expandidas de una forma aún más elaborada, por la que se pone más de relieve la condena de la idolatría y de la corrupción moral de Israel y el anuncio de la destrucción del reino de las diez tribus. Esta segunda parte expone solo de manera más breve el anuncio salvador de la eventual restauración y bienaventuranza del pueblo.

Tampoco esta parte puede dividirse en discursos separados, pues no hay ningún indicio fiable de esas partes, lo mismo que sucede en Is 40-66. Pero, lo mismo que esos capítulos de Isaías, esta parte de Oseas 4-14 puede dividirse en tres secciones largas, aunque desiguales, en cada una de las cuales el discurso profético comienza con una acusación general contra la nación, para describir después el

---

4. Jerónimo dice que su discurso *commaticus est et quasi per sententias loquens* (es cortado, como si hablara por breves sentencias) y Ewald descubre en su estilo "una gran riqueza de lenguaje, que se expresa en forma germinal, como de semillas, y a pesar de que contiene muchas figuras fuertes, que indican no solo un gran atrevimiento y originalidad poética, en la línea del lenguaje de su tiempo, él muestra una gran ternura y calor humano en su lenguaje". Su dicción contiene muchas palabras y formas peculiares, como נאפופים (Os 2, 4), אהבו הבו (4, 18), גהה (5,13), שעריריה (6,1; 11, 10), הבהבים (8,13), תלאובת (13.5). Incluye también construcciones peculiares, como: לא על (7, 16), אל־על (Os 11,7), מריבי כהן (4,4) y otras muchas.

castigo venidero y terminar con una visión prospectiva del último rescate de la nación castigada.

Al mismo tiempo, entre esas tres partes puede observarse cierto progreso, aunque no en la línea que supone Ewald, quien piensa que el discurso de Os 4, 1-9, 9 avanza desde la acusación como tal a la contemplación del castigo que se juzga necesario, para pasar después, a través a unas visiones retrospectivas de los buenos días antiguos, al destino futuro de la Iglesia, en amor duradero, para establecer así las prospectivas venideras más brillantes y las esperanzas más firmes. Ese progreso no es tampoco el que propone De Wette, cuando afirma que la ira se vuelve más y más amenazadora a partir de Os 8, cuando la destrucción de Israel viene a presentarse de manera cada vez más clara ante los ojos de los lectores. Al contrario, la relación de las tres secciones entre sí es más bien la siguiente.

- *La primera sección* de esta segunda parte (4, 1-6, 3) describe en toda su magnitud la degradación religiosa y moral de Israel, con el juicio que se deriva de esta corrupción, de manera que al final se indica la conversión y salvación que siguen a este juicio.
- *La segunda,* que es la más larga (6, 4-11, 11), consta de tres unidades menores?: (a) La primera (6, 4-7, 16) pone de relieve la incorregibilidad de la nación pecadora, con la persistente obstinación de Israel en la idolatría y en la infidelidad, a pesar de las advertencias y castigos de Dios. (b) La segunda (8, 1-9, 9) expone el juicio que merecen los transgresores como algo que es inevitable y terrible. (c) Finalmente, la tercera, (9, 10-11, 11), tras indicar la infidelidad que Israel ha mostrado ante su Dios desde los días más antiguos, el profeta indica que el pueblo merece la destrucción y la desaparición de la faz de la tierra de forma que solo la misericordia de Dios puede lograr que se aminore la ira, hacienda que sea posible la restauración del pueblo.
- *La tercera sección* (Os 12-14) muestra que el pueblo de Israel está maduro para el juicio, a causa de haber preferido los modos de vida cananeos, a pesar del gran amor paciente de Dios y de la fidelidad que él ha mostrado siempre, actuando como ayuda y redención para su pueblo (12, 1-14, 13). A todo esto se añade una llamada solemne para volver al Señor, y todo ello termina con una promesa: el Dios fiel de la alianza volverá a desplegar la plenitud de su amor hacia aquellos que se vuelvan a él con una confesión sincera de su culpa y derramará sobre ellos las riquezas de su bendición (14, 1-9).

Esta división del libro se distingue, ciertamente, de todos los intentos que se han hecho previamente. Pero ella tiene garantías de ser correcta por la triple repetición de la promesa de Dios (6, 1-3; 9, 9-11y 14, 2-9) en torno a la cual se despliega cada una de las tres secciones de la segunda parte. Y dentro de estas secciones encontramos también pausas que nos permiten dividir el texto en grupos menores, que toman la forma de estrofas, aunque esta agrupación final de las palabras del profeta no desemboca en la creación de estrofas uniformes[5].

De lo que he dicho se sigue claramente que el mismo Oseas escribió la quintaesencia o la práctica totalidad de estas profecías, como testimonio del Señor en contra de la nación degenerada, hacia el final de su carrera profética, formando con ellas el libro que lleva su nombre. La preservación de este libro, tras la destrucción del reino de las diez tribus, se puede explicar del modo más simple diciendo que, a causa de la relación que había entre los profetas de Yahvé de un reino y del otro, estas profecías fueron llevadas a Judá poco después de su composición, y allí se abrieron camino entre los círculos de los profetas, siendo así conservadas. En ese contexto descubrimos, por ejemplo, que Jeremías utilizó una y otra vez este libro de profecías, como muestra Aug. Kueper, *Jeremias librorum ss. interpres atque vindex*, Berlin 1837, p. 67 seq. Para los escritos exegéticos sobre Oseas cf. mi *Lehrbuch der Einleitung*, p. 275. Para otras observaciones véase el *Comentario* que sigue.

---

5. Todos los intentos que se han hecho para dividir este libro en profecías distintas, perteneciendo a períodos diferentes, van en contra del contenido del grupo como tal. Para ello se quieren convertir las simples secciones en discursos proféticos estrictamente dichos, determinando de un modo arbitrario (por simples conjeturas y presupuestos) el comienzo y fin de cada discurso. Así, por ejemplo, se dice que la *hodesh* o luna nueva de Os 5, 7 se refiere al reinado de Salum, que solo ocupó el trono durante un mes.

OSEAS 1, 1–3, 5
ADULTERIO DE ISRAEL

Tanto el Pentateuco (Ex 34, 15-16; Lev 17, 7; 20, 5-6; Num 14, 33; Dt 32, 15-21) como el desarrollo posterior del Cantar de Salomón y del Salmo 45 presentan la relación entre el Señor y la nación que él escogió como un matrimonio que Yahvé había contraído con Israel. En esa línea, el hecho de que las diez tribus de Israel cayeran en idolatría aparece como prostitución y adulterio, de las formas que siguen.

- *En la primera sección* (Os 1, 2–2, 3), Dios manda al profeta que se case con una mujer adúltera, y que tenga hijos adúlteros, y da nombre a los hijos nacidos del profeta a través de esa mujer, nombres que indican los frutos de la idolatría, es decir, el rechazo y repudio de Israel de parte de Dios (Os 1, 2-9), negando así la promesa añadida de una eventual restauración en favor de la nación (2, 1-3).
- *En la segunda sección* (2, 4-23) el Señor anuncia que él pondrá fin a la prostitución, es decir, a la idolatría de Israel, de manera que a través de castigos despertará en el pueblo el deseo de volver a él (2, 4-15), de manera que él dirigirá de nuevo al pueblo a través del desierto, de manera que a través de la renovación de sus misericordias y bendiciones del pacto, el mismo Dios se casará de nuevo con el pueblo en justicia, misericordia y verdad (2, 16-23).
- *En la tercera sección* (3, 1-5) Dios manda al profeta que ame de nuevo a una mujer querida por su marido, esto es, a una que ha cometido adulterio, asegurando de esa forma su amor, de tal forma que sea imposible para ella actuar de nuevo como prostituta. Y la explicación que se da para esto es que los israelitas vivirán durante un largo tiempo sin rey y sin sacrificios, y sin culto divino, pero que ellos volverán después, buscarán a Yahvé su Dios y a David su rey, y se regocijarán en la bondad del Señor al final de los días.

Según eso, la caída de las diez tribus respecto del Señor, su expulsión en el exilio y la rehabilitación de aquellos que reconozcan sus pecados (en otras palabras: la culpa y castigo de Israel y la restauración del favor divino) forman el tema común de las tres secciones, conforme al esquema que sigue: la primera sección describe simbólicamente en toda su magnitud el pecado, el castigo y la eventual restauración de Israel; la segunda sección explica una vez más la culpa, el castigo y la restauración, con la renovación del estado de gracia, en palabras proféticas simples; finalmente, la tercera parte desarrolla de nuevo estos temas de una forma simbólicamente nueva. Tanto en la primera como en la tercera parte, el anuncio profético aparece encarnado de un modo simbólico, de manera que a partir de aquí se puede plantear la pregunta: ¿el matrimonio del profeta con la mujer adúltera, ordenado por Dios por dos veces, ha de verse como un matrimonio que sucedió realmente, o solo como una experiencia interior del profeta, como una representación parabólica?[6] Los partidarios de un matrimonio externamente consumado se apoyan sobre todo en las mismas palabras del texto. Las palabras de Os 1,2 (vete y toma a una mujer prostituta) y de Os 1, 3 (entonces él fue y tomó a Gomer... que concibió) son tan precisas y tan carentes de ambigüedad que resulta imposible tomarlas con buena conciencia como si ellas re refirieran a algo que no hubiera sucedido históricamente. Pero el mismo Kutz, que ha planteado el argumento de esta forma se siente obligado a admitir que algunas de las acciones simbólicas de los profetas (por ejemplo Jer 25, 15 y Zac 11, 1) no tuvieron por qué realizarse de hecho de un modo real e histórico. Situados ante ese tema, debemos indicar que las palabras del texto, en sí mismas, no son suficientes para decidir a priori si ese matrimonio del profeta con la prostituta fue una acción objetiva realizada en el mundo externo o si se trató más bien de una especie de intuición interna del mismo profeta[7].

6. En esta línea se puede comparar la discusión más precisa del tema realizada por John Marck, *Diatribe de muliere fornicationum*, Lugd. B. 1696, retomada en su *Comment. in 12 proph. min.*, ed. Pfass. 1734, pp. 214 ss. y por Hengstenberg, *Christologie* I, 205 ss., donde tras un panorama histórico de las diferentes interpretaciones que se han dado al tema, defiende la opinión de que se trató de un matrimonio real, no simbólico o interior. Por el contrario, Kurtz (*Die Ehe des Pro- pheten Hosea*, 1859) forma parte de aquellos que piensan que el matrimonio que aquí se evoca fue consumado de hecho en sentido interno y externo.

7. Kurtz afirma que las acciones proféticas han de tomarse en principio como reales, a no ser en dos casos bien concretos: (1) No son reales aquellas en las que la misma narración indica expresamente que nos hallamos ante un hecho visionario o ante una ficción parabólica. (2) No puede ser tampoco reales aquellas en las que el acontecimiento descrito resulta físicamente imposible, a no ser que se tenga que acudir a un milagro. Pero de hecho, sin tener en cuenta la naturaleza arbitraria del segundo argumento, que no se puede aplicar, porque resulta claro que los profetas realizaron y experimentaron milagros, las acciones simbólicas recordadas por ejemplo en Jer 25 y en Zac 11 no se pueden tomar tampoco en principio como imposibles.

Veamos los dos casos. (a) Un viaje como aquel que se ordena a Jeremías en Jer 25 (que vaya donde los reyes de Egipto, de los filisteos, de los árabes, de los edomitas, de los amonitas y de los sirios, y también de Media, Elam y Babilonia), no puede decirse que sea absolutamente imposible, por muy improbable que sea. (b) Por otra parte, en el caso de Zacarías, tampoco se puede decir que sea imposible tomar dos cayados de pastor y darles el nombre simbólico de Belleza o de Concordia, ni se puede decir que sea físicamente imposible la matanza de tres malos pastores en un mes (Zac

La referencia al profetas Isaías y a sus hijos (cf. Is 7, 3 y 8, 3-4) como casos análogos puede citarse como apoyo para una visión según la cual ese matrimonio del profeta fue de tipo externo. Pero un examen más minucioso de la semejanza entre los dos pasajes de Isaías y este de Oseas nos indica que hay una gran diferencia entre ambos casos.

Ciertamente, Isaías pone a sus dos hijos unos nombres que tienen significados simbólicos, y él lo hace probablemente por mandato divino, pero nada nos lleva a concluir que Isaías se hubiera casado por mandato de Dios, y por otra parte el texto no nombra siquiera el nacimiento del primer hijo. Según eso, de un modo consecuente, todo lo que se puede inferir de Isaías es que los nombres de los hijos del profeta Oseas no implican ninguna prueba en contra de la realidad externa del matrimonio en cuestión.

Por otra parte, no puede tomarse como decisiva la objeción según la cual el mandamiento de casarse con una prostituta, en el caso de que fuera un matrimonio real, se opondría a la santidad divina y a la ley según la cual los sacerdotes no podían casarse con prostitutas. Porque lo que se aplica a los sacerdotes no puede transferirse sin más a los profetas. Además, la afirmación según la cual el matrimonio con una prostituta es algo inmoral no puede aplicarse a este caso, pues se apoya simplemente en una falsa visión de lo que es un mandamiento divino, por el cual estaría prohibido casarse con una mujer que había sido prostituta.

Por otra parte, no sabemos si los hijos de prostitución que Oseas debía tomar para sí eran los tres niños que ella había concebido con él (cf. Os 1, 3.6.8), pues en ese caso, los niños concebidos por el profeta serían designados como "hijos de la prostitución". Tampoco sabemos si la mujer continuaría actuando como prostituta después de haberse casado con el profeta, dando a luz unos hijos ilegítimos, pues eso no puede apoyarse en el texto.

El mandato divino ("toma una mujer prostituta, y ten hijos de prostitución") no implica que la mujer con la que el profeta se casó hubiera sido ya antes prostituta, ni sabemos si fue llamada "mujer prostituta" simplemente para indicar que, siendo ya mujer legal del profeta, había caído después en adulterio haciéndose prostituta. Lo que el texto quiere indicar es más bien que el profeta debía tomar consigo, junto con la mujer prostituta, a los hijos que ella había tenido, unos hijos que ella había engendrado como prostituta antes de casarse con el profeta.

Por tanto, si asumimos que el profeta recibió el mandato de tomar a esta mujer y a sus hijos con el propósito que indicó ya Jerónimo (para rescatarla de su conducta errada y para hacer que sus hijos abandonados pudieran recibir una disciplina y cuidado paterno), ese mandamiento no habría ido en modo alguno

---

11), a pesar de los argumentos contrarios de Kurtz, que se esfuerza en decir que no puede existir realmente una vara con el nombre de Belleza y otra con el nombre de Concordia.

en contra de la santidad de Dios, sino que habría correspondido más bien al amor compasivo de Dios que recoge al pecador perdido y que quiere su salvación.

Por otra parte, no se puede afirmar que a través de un mandamiento como este y por la obediencia del profeta que lo cumple, al comienzo de su ministerio profético, se habrían frustrado todos los beneficios que estaban vinculados con su ministerio profético. En el caso de que la mujer con la que Oseas se casó hubiera llevado antes una vida desordenada, si el profeta hubiera declarado de un modo libre y abierto que él la había tomado como mujer con la intención de liberarla de esa vida, según el mandato de Dios, ese mismo matrimonio, cuya vergüenza y deshonor había asumido el profeta para obedecer al mandamiento de Dios, y para mostrar su gran amor hacia el pueblo (superando así la deshonra de ese acto), hubiera sido un motivo de conversión, un ejemplo práctico y constante dirigido al pueblo, un sermón que no hubiera ido en contra de su trabajo como profeta, sino que lo hubiera favorecido.

Con esa conducta, el profeta estaba haciendo aquello que el mismo Dios hacía con Israel, para revelar a la nación su pecado, de una manera tan impresionante que todos pudieran conocer su gloria y su capacidad de superar los pecados. Pues bien, a pesar de eso, por más satisfactorio que fuera el mandamiento divino para expresar la forma de actuar de Dios, no podemos afirmar sin más que se tratara de un hecho externo, por la simple razón de que el texto no prueba (ni niega) que se tratara de un hecho externo.

Conforme al sentido más preciso de las palabras, el profeta debía tomar una mujer prostituta con la simple finalidad de engendrar hijos por medio de ella, unos hijos cuyos nombres debían expresar ante el pueblo los frutos desastrosos de su prostitución espiritual. La conducta de la mujer tras el matrimonio no preocupa ya al profeta; lo que le preocupa son los hijos de la prostitución que el profeta debía tomar consigo al tomar a la mujer.

En el caso de que el matrimonio debiera tomarse como un hecho histórico, la conducta posterior de la mujer tendría que haber sido un tema principal de la profecía. Por eso, el hecho de que el texto no trate de la conducta posterior de la mujer, sino de los nombres de sus hijos, está indicando que resulta improbable que se haya tratado de un matrimonio externamente consumado del profeta con esa mujer.

Este argumento queda totalmente confirmado por el hecho de que en Os 3, 1, Yahvé dice al profeta "vete de nuevo, ama a una mujer amada por el marido, pero que comete adulterio", y por el de que el profeta, para cumplir ese mandamiento divino, "compra a la mujer por un cierto precio" (Os 3, 2). La expresión indefinida *íssâh*, una mujer, en vez de "tu mujer" o, por lo menos "la mujer" y, más aún, el caso de comprar a la mujer resultan suficientes por si mismos para refutar la idea que el profeta se casa de nuevo, de un modo directo, con la mujer anterior (con Gomer), que le ha sido infiel y que se ha marchado de su lado, para reconciliarse de nuevo con ella.

Por otra parte, Ewald sostiene (con el apoyo de Kurtz) que la afirmación "y yo la tomé conmigo", conforme al sentido más simple de las palabras, no puede referirse a cualquier adúltera que ha abandonado a su marido, sino que debe referirse a una ya conocida, de manera que debe aplicarse a lo dicho atrás en Os 1, 1-11. Pero esto que dice Ewald es un paralogismo, y con paralogismos o argumentos sin base como este podemos introducir en el texto de la Escritura todo lo que queramos.

El sufijo de ואכרה, "y yo la tomé" (1, 2) se refiere simplemente a la mujer querida de su amigo, mencionada en Os 1, 1, y no prueba en modo alguno que la mujer amada por ese amigo, es decir, la adúltera, sea la misma Gomer mencionada en Os 1, 1-11. El carácter indefinido de *'issâh* sin artículo no queda en modo alguno superado o negado por el hecho de que el curso posterior de la narración se refiera de nuevo a esta mujer, ni por los ejemplos aducidos por Kurtz (יקח-לב en Os 4, 11 y הלך אחרי-צו en 5, 11), pues cualquier lingüista sabe que estos ejemplos tienen un sentido totalmente distinto.

Ciertamente el indefinido אשה recibe sin duda una definición más precisa por medio de los predicados אהסבת רע ומנאפת, de manera que ya no podemos afirmar que se trata de una adúltera cualquiera, pero en ningún sentido se puede suponer que se está refiriendo sin más a lo dicho en Os 1, 1-11. Una mujer amada por su amigo, es decir, por su marido, y que comete adulterio, aunque sea amada por su marido, y a pesar del amor que él le muestra, es una mujer que de hecho comete adulterio. Por medio de las palabras אהבת y מנאפת, el amor del amigo (o marido) y el adulterio de la mujer están representados como contemporáneos, lo mismo que la frase explicativa que sigue: "como Yahvé ama a los hijos de Israel, y ellos se vuelven a sus dioses".

Si la palabra *'isshâh*, definida de esa forma, tuviera que referirse a Gomer (mencionada en Os 1, 1-11), el mandato divino tendría que haber sido expresado así: "vete y ama de nuevo a la mujer amada por su marido que ha cometido adulterio", o "ama de nuevo a tu mujer, que es amada por su marido, a pesar de que ella ha cometido adulterio". Pero es evidente que este pensamiento no responde a las palabras del texto, como lo muestran los dos participios citados (אהבת y מנאפת), pues es imposible que uno tenga el sentido de futuro o presente y el otro el sentido de pluscuamperfecto.

En contra de estos argumentos, Kurtz ha intentado probar la posibilidad de algo imposible. Él observa, ante todo, que no estamos justificados para dar a la palabra "ama" el sentido de "ama de nuevo" como hace Hofmann, porque el marido no ha cesado de amar a su mujer, a pesar de su adulterio porque, para todo esto, el único sentido es *restitue amoris signa* (restaura los signos de amor); por eso, aquí, el texto no puede referirse sin más al amor, sino a las manifestaciones de amor.

Por otra parte, la idea de "de nuevo" no puede introducirse en el texto de una forma tan arbitraria como él supone. No hay nada en el texto que pruebe que el marido haya dejado de amar a su mujer, a pesar de su adulterio; esto es simplemente una inferencia que se quiere deducir de Os 2, 11, a través de la identificación del profeta con Yahvé, y de la asunción tácita de que el profeta ha dejado de ofrecer a Gomer las expresiones de su amor, sobre lo cual no se dice lo más mínimo en Os 1, 1-11.

Esta presuposición, y la inferencia que se deduce de ella, solo serían admisibles si se hubiera establecida de hecho la identidad de la mujer (amada por su marido y adúltera) con Gomer, mujer del profeta. Pero, dado que eso no ha sido probado, el argumento se mueve en un círculo vicioso, admitiendo como algo probado algo que es precisamente lo que debe ser probado.

Incluso concediendo que "ama" significa "ama de nuevo" o "manifiesta de nuevo tu amor a una mujer amada por su marido, pero que comete adulterio", esto no significa sin más "vete con tu primera mujer y pruébale de nuevo de palabra y obra la continuidad de tu amor", dado que, de acuerdo con las leyes más simples de la lógica "una mujer" no significa lo mismo que "tu mujer".

En esa línea, conforme a las leyes más sanas de la lógica, la identidad de la *'isshâh* de Os 3, 1 con *Gomer* de 1, 3 no puede ser inferida por el hecho de que la expresión de Os 3, 1 es "vete y ama a una mujer", y no "vete, y toma a tu mujer"; o por el hecho de que en Os 1, 2 la mujer es llamada simplemente una "prostituta" y no "una adúltera", mientras en 3, 1 ella aparece como una adúltera, no como una prostituta.

Las palabras "ama a una mujer", en cuanto distinta de "toma a una mujer" puede entenderse simplemente (sin contar con su conexión con Os 1, 2) como implicando que aquí se alude a la realización de un matrimonio; pero ellas no indican en modo alguno "la restauración de un lazo de matrimonio que había existido previamente", como supone Kurtz. Y la distinción entre 1, 2, donde la mujer se describe como "prostituta" con 3, 1, donde ella aparece como "adúltera" nos lleva a pensar en la distinción entre Gomer y la mujer adúltera más que en su identidad.

Según eso, las palabras de Os 3, 2 [la traje (la compré) por quince piezas de plata, etc.] nos llevan a pensar que la mujer de Os 1, 1-11 y la de 3, 1-5 son distintas. El verbo *kârâh* (כרה), comprar o adquirir en comercio, significa que la mujer no pertenecía previamente al profeta. La única forma en que Kurtz es capaz de evitar esta conclusión es tomar las quince piezas de plata mencionadas en 3, 2 no como precio de pago por comprar a la mujer como esposa, sino (en oposición total a ואמר אליה, en 3, 3), como coste de su mantenimiento, como precio que el profeta dio a la mujer por el período de su "detención" en el que ella debía permanecer sin ir con ningún otro. Pero resulta evidente desde el principio la naturaleza arbitraria de esta explicación.

Conforme al sentido normal de las palabras, el profeta tomó a la mujer y la llevó consigo por quince piezas de plata y una *ephah* y media de cebada, es decir, la compró como mujer, y le dijo: "Tú deberás habitar conmigo por muchos días, no tendrás que actuar como prostituta…".

No hay en el texto ningún indicio de que el profeta le asignara un dinero como comida, cosa que tampoco se puede inferir de 2, 9. 11, porque aquí el texto no se refiere a la mujer del profeta, sino a Israel personificada como prostituta y adúltera. Por otra parte, lo que se afirma aquí sobre Israel no puede aplicarse sin más para explicar la descripción simbólica de Os 3, 1-5, como lo pone de relieve el simple hecho de que la conducta de Yahvé hacia Israel se describe en Os 2 de un modo muy distinto al que se aplica al profeta en Os 3, 3.

En Os 2, 7 la mujer adúltera (Israel) dice: "yo iré y volveré con mi primer marido, porque entonces me iba mejor que ahora"; y Yahvé responde a esto (2, 8-9): "pero ella no había descubierto que era yo quien le daba el trigo y el vino nuevo…, por tanto, yo volveré y le quitaré mi trigo, y también mi vino…". En esa línea, conforme a la visión de Kurtz, el profeta tomó de nuevo a su mujer y, dado que ella sintió remordimiento, le asignó de nuevo lo necesario para su mantenimiento por muchos días. De todo esto se deduce que no podemos identificar la mujer de la que se habla en Os 3, 1-5 con Gomer, la mujer mencionada en Os 1, 1-11. La mujer amada por su compañero (es decir, por su esposo) y que cometía adulterio es una persona distinta de la hija de Diblathaim, con la que el profeta tuvo tres hijos (1,1-11). Si, según eso, el profeta contrajo y consumó el matrimonio mandado por Dios, nosotros deberíamos adoptar la explicación que ofrecían ya los comentaristas antiguos, diciendo que, en el intervalo entre lo que cuenta Os 1, 1-11 y 3, 1-5, Gomer había fallecido o había sido expulsada por su marido, porque no se había arrepentido, de manera que Oseas tuvo que casarse con otra. Pero solo estaríamos obligados a adoptar una solución como esta en el caso de que se haya demostrado (o se pueda demostrar) que ha existido un matrimonio externamente establecido entre el profeta y esa mujer. Pero eso no se ha podido demostrar, de manera que no estamos obligados a introducir en el texto cosas que el texto no indica ni supone, en modo alguno.

Si, por tanto, de acuerdo con el texto, debemos entender los mandamientos divinos de Os 1, 1-11 y de Os 3, 1-5 como refiriéndose a dos matrimonios sucesivos y distintos, por parte del profeta, con una mujer poco casta, desaparece toda probabilidad de que el mandamiento de Dios y la ejecución del profeta deban referirse a hechos que acontecen de un modo externo. Incluso en el caso de que (por necesidad) el primer mandamiento (Os 1, 1-11) debiera entenderse de un modo externo, diciendo que se trataba de algo digno de Dios, esa visión no se podría aplicar al mandato del segundo matrimonio (3, 1-5).

La supuesta finalidad de Dios, cuando mandaba que se realizara tal matrimonio, solo podría alcanzarse a través de un casamiento real. Pero si Oseas no había roto antes su matrimonio anterior no sería fácil explicar su segundo matrimonio como algo que él debía realizar por mandato de Dios. Y el mismo hecho de un mandato divino para contraer el segundo matrimonio, si se supone que ese matrimonio debía ser consumado externamente, sería poco conciliable con la santidad de Dios.

Puede suponerse que Dios mandara a un hombre casarse con una prostituta, con el fin de rescatarla de su vida de pecado y de reformarse; pero es contrario a la santidad de Dios el mandar que el profeta se case con una mujer que había roto ya la promesa del matrimonio o que la rompería más tarde, a pesar del amor de su marido, porque Dios, como aquel que es santo, no puede en modo alguno sancionar el adulterio[8].

Según eso, no tenemos más remedio que entender los matrimonios de Oseas como acontecimientos internos, es decir, como sucesos espirituales e interiores, en los que Dios le dirige su palabra. Eso significa que no podemos tomarlos como una realidad externa, físicamente consumada. El camino o forma de actuar de Dios se le revela al profeta a través de una experiencia interna, y de esa forma se solucionan los problemas que suscita una comprensión externa de los hechos.

Estas escenas recogen experiencias interiores del profeta, en su relación con Dios, y de esa forma se superan los problemas que suscita el hecho de tener que decidir si son actos dignos o indignos de Dios. El propósito del profeta es el de poner de relieve el significado de esos símbolos en el corazón de los oyentes, porque solo se trata de eso, de imprimir y mostrar en el interior de los hombres el sentido de esos hechos que el profeta explicará simbólicamente en su predicación.

De esa forma se resuelven los problemas que puede plantear el texto: ¿por qué el profeta ha de tomar consigo no solo a la prostituta, sino también a los hijos de la prostitución, un tema al que el texto no evoca ya nunca más? ¿Qué sucede con Gomer: ha muerto o ha sido simplemente abandonada cuando Dios manda al profeta que se case de nuevo, una segunda vez, con una mujer? Esas preguntas no pueden responderse de un modo externo. En ambos casos lo que importa no es el hecho, sino la cosa significada.

Pues bien, si, de acuerdo con lo dicho, tomamos los matrimonios del profeta como signo de una experiencia interior, que tuvo lugar en su propia vivencia

---

8. Esta objeción en contra de un matrimonio externamente consumado del profeta no puede rechazarse diciendo, como hace Rivetus, que "las cosas que son deshonestas en sí mismas no pueden tomarse como honestas en visión imaginaria", pues hay una diferencia esencial entre actos que son puramente simbólicos y la realización externa de ellos. La instrucción que se da al profeta de pecar de un modo simbólico, con el fin de mostrar al pueblo su carácter abominable y el castigo que merece ese pecado no va en contra de la santidad de Dios; pero sí iría en contra de esa santidad el mandato de cometer ese pecado. Dios, como el Santo, no puede abolir las leyes de moralidad, ni puede mandar que se haga algo que es de hecho inmoral sin contradecirse a sí mismo o negar su santidad.

espiritual, esos matrimonios no deben entenderse solo como parábolas que expresan la conducta del pueblo, o como meras ficciones poéticas sin más significado que eso. Eso iría en contra de las palabras como tales, en contra de la afirmación básica de la profecía, según la cual "Dios dijo al profeta".

Estamos pues ante una experiencia interior de tipo muy real. Esa experiencia profética interna tiene la misma realidad y verdad que la externa. Una simple ficción poética no tiene verdad alguna, sino que es una imaginación subjetiva. En contra de eso, la "palabra de Yahvé" tiene una gran realidad, como muestra todo el libro de Oseas.

1,1–9. Toma para ti una prostituta

1, 1

דְּבַר־יְהוָה אֲשֶׁר הָיָה אֶל־הוֹשֵׁעַ בֶּן־בְּאֵרִי בִּימֵי עֻזִּיָּה
יוֹתָם אָחָז יְחִזְקִיָּה מַלְכֵי יְהוּדָה וּבִימֵי יָרָבְעָם בֶּן־יוֹאָשׁ מֶלֶךְ יִשְׂרָאֵל׃

¹ La palabra de Yahvé que vino a Oseas hijo de Beerí, en los días de Ozías, Jotam, Acaz y Ezequías, reyes de Judá, y en los días de Jeroboán hijo de Joás, rey de Israel.

Os 1, 1 contiene el encabezamiento de todo el libro, cuyo contenido hemos discutido en esta introducción, defendiéndolo en contra de las objeciones que se han elevado en contra de su autenticidad o sentido, de manera que no tenemos razones para rechazar su integridad y autenticidad. La palabra siguiente de Os 1, 2, en la que se ofrece el título del libro (תְּחִלַּת דִּבֶּר־יְהוָה, *techillath dibber-Yahve*), supone que hay un encabezamiento en el que se anuncia el tiempo del ministerio del profeta; pues bien, este es el encabezamiento.

La forma externa de Os 1,2, que algunos, como Hitzig, piensan que no puede ser auténtica, pues se opone en conjunto en 1, 1, indica solo que estamos ante dos frases independientes, con finalidades distintas. La referencia temporal con la que se inicia Os 1, 1 no va en modo alguno en contra de 1, 2, porque Os 1, 1 constituye el encabezamiento de todo el libro, mientras las primeras palabras de Os 1, 2 se refieren solo a las profecías de Os 1-3.

1, 2

² תְּחִלַּת דִּבֶּר־יְהוָה בְּהוֹשֵׁעַ פ וַיֹּאמֶר יְהוָה אֶל־הוֹשֵׁעַ לֵךְ
קַח־לְךָ אֵשֶׁת זְנוּנִים וְיַלְדֵי זְנוּנִים כִּי־זָנֹה תִזְנֶה הָאָרֶץ מֵאַחֲרֵי יְהוָה׃

² El principio de la palabra de Yahvé por medio de Oseas. Yahvé dijo a Oseas: Ve, toma para ti una mujer dada a la prostitución, e hijos de prostitución; porque la tierra se ha dado enteramente a la prostitución, apartándose de Yahvé.

Con el fin de poner ante los ojos del pueblo pecador el juicio al que Israel se ha expuesto por su apostasía respecto del Señor, Oseas tiene que casarse con una prostituta, y concebir hijos por medio de ella, unos hijos cuyos nombres indicarán los malos frutos que provienen del hecho de apartarse de Dios. El matrimonio que el profeta ha de contraer por mandato de Dios tiene la finalidad de poner de relieve el hecho de que el reino de Israel se ha separado del Señor su Dios, hundiéndose en la idolatría. Oseas ha de comenzar su ministerio profético poniendo de relieve este hecho.

תחלת דבר יי: literalmente, "al principio de la palabra de Yahvé", es decir "al comienzo de lo que ha dicho Yahvé…". דבר no es un infinitivo, sino un perfecto. Por su parte, תחלת es un acusativo de tiempo (Gesenius, 118, 2). Por medio del estado constructo, la cláusula siguiente está subordinada a תחלת como una expresión de sustantivo (cf. Gesenius, 123, 3, nota. 1; Ewald, 332, c.). דבר con ב (בהושע), no significa hablar a una persona a través de alguien (ב no tiene el sentido de אל), sino "hablar con" (literalmente "en") una persona, poniendo así de relieve el carácter interior y la urgencia de esa palabra de Yahvé a Oseas (cf. Num 12, 6. 8; Hab 2, 1; Zac 1, 9, etc.).

Toma para ti (קח־לך), es decir "cásate con" (una mujer). אשת זנונים tiene un sentido más fuerte que el de זונה: "una mujer de prostitución", una mujer cuyo negocio o medio de vida consiste en eso. Con la mujer, Oseas debe tomar también los hijos de prostitución. El significado es este: no se trata de tomar primero a la mujer y de engendrar luego con ella hijos de prostitución, lo que exigiría que los dos objetos estuvieran conectados con קח por una zeugma, en el sentido de *accipe uxorem et suscipe ex ea libe*ros (Drus.), o también *sume tibi uxorem forn. et fac tibi filios fornicarios* (Vulg.): "toma una mujer y concibe por ella hijos de fornicación". Los hijos concebidos por el profeta con una prostituta casada con él no podrían llamarse *yaldē zenūnīm* (ילדי זנונים), dado que no serían como tales hijos ilegítimos, sino hijos legítimos de una mujer que había sido prostituta, ni se puede suponer que los tres hijos nacidos de la mujer (cf. Os 1, 3.6.8) habían nacido del adulterio, de forma que el profeta no era su padre, en el sentido de Os 1, 3: "él tomó a Gomer y ella concibió y engendró para él un hijo".

Esta forma de evitar la dificultad (que va en contra del sentido del texto) puede defenderse apelando a la conexión interna entre la figura (signo) y el hecho de fondo. Ciertamente, esta conexión "requiere necesariamente que tanto los hijos como la madre estén en la misma relación legal respecto al marido y padre", como ha puesto de relieve Hengstenberg. Pero esa conexión no requiere que la madre haya sido una casta virgen antes de casarse con el profeta, ni que los hijos que ella dio a luz para su marido fueran concebidos en adulterio, siendo después adoptados por el profeta como suyos.

El matrimonio que el profeta iba a contraer simbolizaba la relación que ya existía entre Yahvé e Israel, y no el modo en que esta vino a existir. La "mujer

Adulterio de Israel

de prostitución" no representa la nación de Israel en su estado de virgen cuando estableció con Dios el pacto del Sinaí, sino la nación de las diez tribus en su relación con Yahvé en el tiempo del profeta, cuando la nación, tomada como un todo, había venido a convertirse en una prostituta, de manera que sus diversos miembros aparecían como hijos de prostitución.

La referencia a los hijos de prostitución, al lado de la "mujer de prostitución" indica de un modo incuestionable que el mandamiento divino del matrimonio no se refería a un matrimonio fáctico, externo, sino que era simplemente una representación simbólica de la relación en la que los israelitas idólatras estaban con el Señor su Dios. Así lo muestra claramente la frase explicativa "porque la tierra se ha dado enteramente a la prostitución" (כִּי־זָנֹה תִזְנֶה הָאָרֶץ). Por su parte, הארץ, "la tierra" significa la población de la tierra (cf. Os 4, 1). זנה מאחרי יי, adulterar respecto a Yahvé, es decir, separarse de él (cf. Os 4, 12).

1, 3

³ וַיֵּלֶךְ וַיִּקַּח אֶת־גֹּמֶר בַּת־דִּבְלָיִם וַתַּהַר וַתֵּלֶד־לוֹ בֵּן׃

³ Fue, pues, y tomó a Gomer, hija de Diblaim, la cual concibió y le dio a luz un hijo.

Gomer aparece en Gen 10, 2-3 como nombre de un pueblo, pero nunca como nombre de varón o de mujer y, partiendo de la analogía con los nombres de sus hijos, podemos decir que ha sido escogido por el sentido que tiene el nombre. Gomer significa perfección, algo que está completo en un sentido pasivo, y no tiene el significado de destrucción o muerte (caldeo, Marck), sino el hecho de que esta mujer es plenamente perfecta en su prostitución, es decir, que ha llegado hasta el límite final de ella.

Tampoco Diblaim aparece en ningún otro lugar como nombre propio, excepto en los nombres de lugar moabitas en Num 33, 46 (*'Almon-diblathaim*) y en Jer 48, 22 (*Beth-diblathaim*). Ese nombre está formado a partir de *debhēlâh*, conforme al modelo de *'Ephraim*, en el sentido de *debhēlīm*, pasteles de higos: "Hija de pasteles de higos", en el sentido de alguien al que le gustan los pasteles de higos, como "amante de los pasteles de uvas" (Os 3, 1), alguien entregado a una vida de delicias[9].

La interpretación simbólica de estos nombres no puede negarse por el hecho de que ellos no han sido explicados en el texto, en la línea de lo que acontece con los hijos en Os 1, 4. Esto puede deberse al hecho de que esta mujer no recibe aquí

---

9. Esta es en esencia la interpretación dada por Jerónimo: "Oseas ha presentado a Gomer como tipo de Israel: una mujer que es perfecta en la fornicación, y que es hija perfecta del placer (*filia voluptatis*), que así aparece muy dulce y agradable para aquellos que se gozan de ella".

sus nombres por primera vez, sino que se supone que ellos son conocidos para los oyentes del profeta o los lectores de su libro.

1, 4

⁴ וַיֹּ֤אמֶר יְהוָה֙ אֵלָ֔יו קְרָ֥א שְׁמ֖וֹ יִזְרְעֶ֑אל כִּי־ע֣וֹד מְעַ֗ט
וּפָקַדְתִּ֛י אֶת־דְּמֵ֥י יִזְרְעֶ֖אל עַל־בֵּ֣ית יֵה֑וּא וְהִ֨שְׁבַּתִּ֔י מַמְלְכ֖וּת בֵּ֥ית יִשְׂרָאֵֽל׃

⁴ Entonces Yahvé le dijo: Ponle por nombre Jezreel, porque dentro de poco castigaré a la casa de Jehú a causa de la sangre derramada en Jezreel, y haré cesar el reinado de la casa de Israel.

El profeta está inspirado por Dios en el tema de dar nombres a sus hijos, porque los hijos, como fruto del matrimonio, igual que el matrimonio mismo, son signos instructivos de la idolatría del Israel de las diez tribus. El primer nombre es *Jezreel,* tomado de la fértil llanura de ese nombre, en la parte norte del río Kishon (cf. Jos 17, 16), sin referencia al sentido apelativo del nombre que es "Dios muestra", sentido que aparece por vez primera en el anuncio de la salvación de Os 2, 24-25. En este caso, como muestra con claridad la explicación siguiente, ese nombre se toma a causa de la importancia histórica que esa llanura poseía para Israel, y eso no solamente como lugar donde se ejecutó el último juicio de castigo de Dios contra el reino de Israel (como supone Hengstenberg), sino también a que ahora sería rápidamente vengada a causa de la casa de Jehú. En la ciudad de Jezreel, que estaba en la llanura de su nombre, Ahab había llenado previamente la medida de su pecado por el asesinato impío de Nabot, cargando sobre si la culpa y maldición de sangre por la que había sido amenazado con el exterminio de toda su casa (1 Rey 21, 19). Entonces, a fin de vengar la sangre de todos sus siervos los profetas, derramada por Ajab y Jezabel, el Señor mandó que Elías ungiera a Jehú como rey, con el encargo de destruir toda la casa de Ajab (3 Rey 9, 1).

Jehú obedeció ese mandato y no solo mató al hijo de Ajab, el rey Jorán, haciendo que su cuerpo fuera arrojado a la parte de tierra que pertenecía a Nabot el jezraeilita, apelando al mismo tiempo a la palabra del Señor (2 Rey 9, 21-26), sino que ejecutó también el juicio divino sobre Jezabel, y sobre los setenta hijos de Ajab, y sobre todo el resto de la casa de Ajab (2 Rey 9, 30–10, 17), recibiendo a causa de eso la siguiente promesa de Yahvé: "Dado que has obrado bien ejecutando lo que es recto a mis ojos, dado que has hecho a la casa de Ajab según todo lo que estaba en mi corazón, tus hijos se sentarán sobre el trono de Israel durante cuatro generaciones (2 Rey 10, 30).

Por eso, resulta evidente que la culpa de sangre de Jezreel, que debía ser vengada sobre la casa de Jehú, no ha de buscarse en el hecho de que Jehú exterminara de hecho a la casa de Ajab, ni como supone Hitzig en el hecho de que él no se contentara con matar solo a Jorán y a Jezabel, sino a que hubiera matado a Azarías de Judá y a sus hermanos (2 Rey 9, 27; 10, 14), dirigiendo la masacre descrita en 2 Rey 10, 11. Porque un acto que es alabado por Dios y por el que él mismo dio una promesa a quien lo había realizado no puede ser en sí mimo un acto de culpabilidad de sangre.

Y la matanza de Azarías y de sus hermanos por Jehú, aunque no estuviera expresamente ordenada por Dios, no aparece expresamente condenada en el relato histórico, porque la familia real de Judá había caído también en la impiedad de la casa de Ajab, por sus conexiones matrimoniales con aquella dinastía; y Azarías y sus hermanos, como los hijos de Atalía, una hija de Ajab, pertenecían por descendencia y por disposición religiosa a la casa de Ajab (2 Rey 8, 18. 26-27), de manera que, conforme a la disposición divina, tenían que perecer con ella.

Muchos exegetas piensan, por tanto, que la "sangre de Jezrael" significa simplemente la multitud de actos de injusticia y crueldad que los descendientes de Jehú habían cometido en Jezrael, "o los pecados graves de todo tipo cometidos en el palacio, en la ciudad y en la nación en general, que debían ser expiados por sangre, y demandaban por tanto un tipo de castigo de sangre (Marck). Pero no tenemos motivos alguno para generalizar de esa manera la ideas de דְּמֵי (*demē*, sangres).

Esta opinión no puede fundarse en la suposición de que Jezrael era la residencia real de los reyes de la casa de Jehú, pues ella va en contra de 2 Rey 15, 8. 13, donde aparece claro que la residencia real de los reyes Jeroboán II y Zacarías estaba en Samaría. La culpa de sangre (דְּמֵי, *demē*) cometida en Jezreel solo puede ser aquella que contrajo Jehú en Jezreel, es decir, los crímenes de sangre recordados en 2 Rey 9 y 10, por los que Jehú conquistó su trono, pues no hay otros que la Biblia recuerde en este sentido. Estamos, pues, ante una aparente discrepancia.

- Por un lado, en 2 Rey el mismo Dios manda a Jehú que extermine la familia real de Ahab, prometiéndole el reino hasta la cuarta generación.
- Pero, en el texto que comentamos, el mismo acto al que nos referimos aparece condenado por Dios, como un crimen de sangre, que debe ser castigado.

Pero esta discrepancia puede resolverse fácilmente distinguiendo entre el hecho en cuanto tal y los motivos por los que Jehú los realizó. (a) Por el hecho en cuanto tal (es decir, por haber cumplido el mandamiento divino de exterminar a la familia de Ajab), Jehú no pudo ser considerado como un criminal. (b) Pero incluso las cosas mandadas por Dios pueden convertirse en crímenes en el caso de que aquel que las está realizando no las cumple solamente como expresión de una voluntad de Dios, sino que actúa también por motivos perversos y egoístas, es decir, cuando él abusa del mandamiento divino, convirtiéndolo en ocasión para expresar y cumplir los deseos de su mal corazón.

Jehú actuó sin duda por esos motivos egoístas, como aparece claro por la exposición de la historia de 2 Rey 10, 29. 31. Ciertamente, Jehú exterminó de Israel el culto a Baal, pero él no abandonó los pecados de Jeroboán, el hijo de Nabat. No destruyó los becerros de oro de Betel y de Dan, y no caminó según la ley de Yahvé, Dios de Israel, con todo su corazón. Así lo dice Calvino: "Por lo que toca a Jehú la masacre de los sacerdotes de Baal fue un crimen; pero por lo que toca a Dios fue una venganza justa".

Aunque Jehú no utilizó el mandato de Dios como un pretexto para realizar los planes ambiciosos de su corazón, la masacre misma se convirtió en un acto de pecado de sangre que exigía venganza, por el hecho de que él no lo tomó como estímulo para caminar según la ley de Dios con todo su corazón, sino que siguió adorando a los becerros, en la línea del pecado fundamental de todos los reyes del reino de las diez tribus. Por esa razón, la posesión del trono le fue prometida solo hasta la cuarta generación.

Por otra parte, no se puede argumentar en contra de esto que "el pecado aquí evocado no se puede tomar como el crimen principal de Jehú y de su casa", ni tampoco el hecho de que "el acto sangriento aquí aludido, al que la casa de Jehú debió su trono no aparece en ningún otro lugar como causa de la catástrofe que iba a caer sobre la casa real de Jehú, porque por lo que se refiere a los reyes de la familia de Jehú el pecado al que siempre se alude en los libros de los Reyes consiste en el hecho de que ellos no se separaron de los pecados de Jeroboán (2 Rey 13, 2. 11; 14, 24; 15, 9; cf. Hengstenberg).

Este es el pecado al que se alude en el libro de los Reyes: los hijos de Jehú no se separaron de los pecados de Jeroboán I, es decir, de la adoración de los becerros de oro. Solo por estar relacionado con este crimen de los becerros de oro, el pecado de venganza de sangre de Jehú en Jezreel vino a convertirse en pecado de sangre, que el mismo Dios debía vengar.

Oseas no quería nombrar aquí todos los pecados del reino de las diez tribus, sino condensarlos en el pecado de la apostasía (de la separación del templo de Jerusalén y de la adoración de los becerros de oro). Pues bien, en nuestro caso, ese pecado de Jeroboán I, mantenido por todos los reyes que le siguieron, aparece aquí condenado y representado bajo la imagen de la prostitución.

Por eso, lo que aquí se amenaza no es simplemente la caída de la dinastía existente de Jehú, sino también la caída de las tribus del reino de Israel. Obviamente, el reino de la casa de Israel no se identifica con la dinastía de Jehú, sino con la soberanía real de Israel. Y todo esto será destruido por Dios pronto, מעט, es decir, *en un breve tiempo*. El exterminio de la casa de Jehú vino a darse poco después de la muerte de Jeroboán, cuando su hijo fue asesinado, en conexión con la conspiración de Salum (2 Rey 15, 8).

Y con la casa de Jehú cayó también la fuerza del reino, unos cincuenta años antes de su destrucción completa. Porque de los cinco reyes que siguieron a

Zacarías solo uno, es decir, Menahem murió de muerte natural y fue sucedido por su hijo. Todos los restantes fueron destronados y asesinados por conspiradores, de tal manera que la destrucción de la casa de Jehú puede tomarse como el comienzo del fin del reino, el comienzo del proceso de su descomposición (Hengstenberg, cf. observaciones *Comentario* a 2 Rey 15, 10).

1, 5-6

⁵ וְהָיָה בַּיּוֹם הַהוּא וְשָׁבַרְתִּי אֶת־קֶשֶׁת יִשְׂרָאֵל בְּעֵמֶק יִזְרְעֶאל׃
⁶ וַתַּהַר עוֹד וַתֵּלֶד בַּת וַיֹּאמֶר לוֹ קְרָא שְׁמָהּ לֹא רֻחָמָה
כִּי לֹא אוֹסִיף עוֹד אֲרַחֵם אֶת־בֵּית יִשְׂרָאֵל כִּי־נָשֹׂא אֶשָּׂא לָהֶם׃

⁵ Aquel día quebraré el arco de Israel en el valle de Jezreel. ⁶ Concibió Gomer otra vez y dio a luz una hija. Dios dijo a Oseas: Ponle por nombre Lo-ruhama, porque no me compadeceré más de la casa de Israel, ni los perdonaré.

La indicación de tiempo בַּיּוֹם הַהוּא (en aquel día) no se refiere a la destrucción de la casa de Jehú, sino a la del reino de Israel, pues así lo indica lo que sigue. El "arco de Israel" es su poder (pues el arco, como arma de guerra principal, es un epíteto para indicar toda la fuerza militar sobre la que se apoya la existencia del reino (Jer 49, 35) y es también, en general, un símbolo de fuerza (cf. Gen 49, 24, 1 Sam 2, 4). Pues bien, toda esa fuerza será rota en piezas en el valle de Jezreel.

En ese fondo resulta evidente la paronomasia entre Israel y Jezreel. Una vez más, el nombre de Jezreel no aparece aquí por su significado etimológico (en el sentido de "dispersión", para indicar la dispersión del pueblo de Israel entre las naciones), sino simplemente por su realidad histórica, como gran llanura en la que, desde tiempo inmemorial hasta la actualidad, se han dado todas las grandes batallas por la posesión de la tierra de Israel y de su entorno (cf. v. Raumer, *Pal.* pp. 40, 41). La nación que el Señor escogerá como instrumento de su juicio (Egipto, Asiria, Babilonia…) no aparece nombrada aquí. Pero el cumplimiento de esta promesa mostrará que el profeta está aludiendo a los asirios, a pesar de que los libros de los Reyes no digan que los asirios vencieron aquí su batalla decisiva sobre Israel. Y lo que dice Jerónimo, al indicar que esa batalla fundamental se dio en esta llanura es solo una inferencia introducida en este pasaje (no se olvide que la tradición apocalíptica sitúa aquí la batalla del fin de los tiempos en Har–Maguedón, en este valle, junto a Meguido).

Con el nombre del primer hijo (Jezreel), de un solo golpe, el profeta ha colocado ante el rey y ante el reino en general la destrucción que les espera. Sin embargo, a fin de precisar mejor la amenaza y de cortar toda esperanza de liberación, el profeta anuncia en 1, 6 un nuevo nacimiento, el de una hija llamada "No-Compadecida", porque no me compadeceré…El segundo nacimiento es el de una mujer, no para simbolizar una raza más degenerada, o una mayor necesidad de ayuda de parte de la nación, sino para expresar mejor la totalidad del castigo de la nación, en varones y mujeres.

La hija se llamará לֹא רֻחָמָה, es decir, *lōʾ ruchâmâh*, lit., *ella no es compadecida,* pues רֻחָמָה no puede ser un participio, con una מ apocopada, dado que לֹא no aparece nunca en conexión con un participio (Ewald, 320, c.). Esa palabra es más bien la tercera persona femenina del perfecto en forma pausal. La niña recibirá ese nombre para indicar que el Señor no continuará (אוֹסִיף) mostrando compasión con la nación rebelde, como ha hecho hasta ahora, incluso bajo Jeroboán II (cf. 2 Rey 13, 23; Gen 18, 26).

A fin de reformar el sentido de לֹא ארחם, el texto añade la frase כי נשׂא וגו׳. Esto no puede entenderse en otro sentido que en el de כִּי־נָשֹׂא אֶשָּׂא לָהֶם, no les quitaré la culpa, no les perdonaré más (cf. Gen 18, 24. 26, etc.). El sentido no es "me separaré de ellos" (les quitaré todo, cf. Hengstenberg), y esa idea no puede apoyarse en Os 5, 14, porque allí aparece el objeto al que se alude por el contexto, mientras que aquí no. El sentido es, por tanto, el de "yo los destruiré".

1, 7

⁷ וְאֶת־בֵּית יְהוּדָה אֲרַחֵם וְהוֹשַׁעְתִּים בַּיהוָה אֱלֹהֵיהֶם וְלֹא אוֹשִׁיעֵם בְּקֶשֶׁת וּבְחֶרֶב וּבְמִלְחָמָה בְּסוּסִים וּבְפָרָשִׁים׃

⁷ Pero de la casa de Judá tendré misericordia: los salvaré por Yahvé, su Dios. No los salvaré con arco, ni con espada, ni con guerra, ni con caballos ni jinetes.

Con esta referencia a la suerte distinta que espera a Judá, el profeta corta de los israelitas toda la falsa confianza en Dios que ellos podían tener. Al descubrir la liberación prometida al reino de Judá, por medio de Yahvé, su Dios, Israel tiene que aprender que Yahvé no es ya su Dios, pues él ha roto su alianza con la raza idolátrica de los israelitas. La expresión "por Yahvé, su Dios", en vez del pronombre en primera persona (por mí, como, por ejemplo en Gen 19, 24), aparece aquí con énfasis especial para mostrar que Yahvé solo extiende su ayuda todopoderosa a los que le reconocen y adoran como su Dios[10].

Las palabras que siguen, es decir, "no les salvaré con arco…" sirven también para poner de relieve el castigo con el que Dios amenaza a los israelitas. Estas palabras indican que Dios no necesita armas de guerra o fuerzas militares para ayudar y salvar, porque estos recursos terrenos, en los que Israel confía (Os 10, 13), no pueden ofrecer defensa, ni liberación de los enemigos que vendrán para atacarla.

---

10. "Aquí se debe mantener la antítesis entre los falsos dioses y Yahvé, que era el Dios de la casa de Judá. Esto es precisamente como si el profeta les dijera: Ciertamente, vosotros apeláis al nombre de Dios, pero no adoráis a Dios, sino al Diablo. Porque vosotros no tenéis parte en Yahvé, es decir, en el Dios que es el creador del cielo y de la tierra. Porque él habita en su templo de Jerusalén. Él ha vinculado su fidelidad con David." (Calvino).

Adulterio de Israel

La palabra בְּמִלְחָמָה, *milchâmâh*, guerra, está vinculada con arco y espada, pero no se limita a indicar unas armas de guerra, sino que incluye todo lo que pertenece a ella: la inteligencia de los comandantes, la bravura de los héroes, la fuerza el mismo ejércitos etc. En ese contexto se mencionan de un modo especial caballos y caballeros, porque ellos constituyen la fuerza principal de un ejército en aquel tiempo.

En un primer momento, la amenaza contra Israel y la promesa hecha a Judá se refieren ante todo, como indica claramente Os 2, 1-3, al tiempo que vendrá inmediatamente, cuando estalle el fuego del juicio contra el reino de las diez tribus, es decir al ataque próximo contra Israel y Judá por parte del poder imperial de Asiria, poder ante el que sucumbirá Israel, mientras Judá será milagrosamente salvada (2 Rey 19; Is 37, 1). Pero, en un sentido más amplio, este pasaje se aplica a todos los tiempos, es decir, a todos los que olvidan al Dios vivo, sobre los que caerá la destrucción, pues no podrán apoyarse en la misericordia de Dios en momentos de necesidad.

1, 8-9

⁸ וַתִּגְמֹל אֶת־לֹא רֻחָמָה וַתַּהַר וַתֵּלֶד בֵּן׃
⁹ וַיֹּאמֶר קְרָא שְׁמוֹ לֹא עַמִּי כִּי אַתֶּם לֹא עַמִּי וְאָנֹכִי לֹא־אֶהְיֶה לָכֶם׃

⁸ Después de haber destetado a Lo-ruhama, Gomer concibió y dio a luz un hijo.

⁹ Y dijo Dios: Llámalo Lo-ammi, porque vosotros no sois mi pueblo ni yo seré vuestro Dios.

Aquí se menciona el hecho de que Gomer concibió una vez más, después de haber destetado a la hija anterior. Con esa referencia no se quiere buscar solo un cambio de expresión, para poner de relieve la paciencia constante de Dios con la nación rebelde, como supone Calvino, sino al contrario, aquí se destaca la sucesión ininterrumpida de calamidades indicadas con los nombres de los niños. Tan pronto como el Señor deja de mostrar su compasión con las tribus rebeldes (cuando Gomer desteta a su hija), el estado de rechazo continúa, de manera que los hijos de Israel no son ya más "mis hijos", y Dios no les pertenece ya más.

En la frase final, el texto pasa del lenguaje indirecto al directo, en primera persona: "y no seré vuestro Dios", es decir, "no formaré ya más parte de vosotros" (cf. Sal 118, 6; Ex 19, 5; Ez 16, 8). Aquí no necesitamos suplir la palabra *Elohim* (no seré más vuestro *Dios*). Ni tenemos que ampliar (y debilitar) el sentido de לֹא אֶהְיֶה לָכֶם diciendo "no os ayudaré más, no vendrá más en vuestra ayuda". Para el cumplimiento de estas palabras, cf. 2 Rey 17, 18.

1, 10-11 (=11, 1-2)

וְהָיָה מִסְפַּר בְּנֵי־יִשְׂרָאֵל כְּחוֹל הַיָּם אֲשֶׁר
לֹא־יִמַּד וְלֹא יִסָּפֵר וְהָיָה בִּמְקוֹם אֲשֶׁר־יֵאָמֵר לָהֶם

לֹא־עַמִּ֣י אַתֶּ֔ם יֵאָמֵ֥ר לָהֶ֖ם בְּנֵ֥י אֵֽל־חָֽי׃
² וְ֠נִקְבְּצוּ בְּנֵֽי־יְהוּדָ֤ה וּבְנֵֽי־יִשְׂרָאֵל֙ יַחְדָּ֔ו וְשָׂמ֥וּ לָהֶ֛ם רֹ֥אשׁ
אֶחָ֖ד וְעָל֣וּ מִן־הָאָ֑רֶץ כִּ֥י גָד֖וֹל י֥וֹם יִזְרְעֶֽאל׃

[10] Con todo, el número de los hijos de Israel será como la arena del mar, que no se puede medir ni contar. Y en el lugar donde se les dijo: "Vosotros no sois mi pueblo" se les dirá: "Sois hijos del Dios viviente". [11] Se congregarán los hijos de Judá y de Israel, nombrarán un solo jefe y se levantarán de la tierra, porque grande será el día de Jezreel.

Estos versos son en la Biblia hebrea el comienzo de Os 2. Por el contrario, en las traducciones suelen corresponder a Os 1, 10-11. A la acción simbólica que describe el juicio que caerá golpe tras golpe sobre las diez tribus, desembocando en la destrucción del reino y en el destierro de sus habitantes se añade aquí, de un modo abrupto el anuncio salvador de la restauración final de aquellos que se vuelvan al Señor[11].

1, 10 (= 2, 1). Parece como si la promesa que se hizo a los patriarcas (anunciando el crecimiento innumerable de Israel) quedara abolida con el rechazo de las 10 tribus de Israel que aquí se predice. Pero esta impresión, que podría confirmar el carácter impío de su confianza, se supera aquí con la proclamación de la salvación, que podríamos destacar introduciendo un "a pesar de ello" (=con todo). La coincidencia casi verbal entre este anuncio de salvación con las promesas patriarcales (especialmente con Gen 22, 17 y 32, 13) sugiere naturalmente la idea de que "los hijos de Israel" (cuyo crecimiento innumerable aquí se anuncia) son todos los descendientes de Jacob o Israel, formando un todo. Pero si nos fijamos en la segunda frase, según la cual aquellos que son llamado "no-mi-pueblo" se llamarán entonces "hijos-del-Dios-vivo", y si tenemos en cuenta la distinción establecida en Gen 32, 11 entre los hijos de Israel y los de Judá, esta idea resulta insostenible. Debemos asumir, por tanto, que el profeta solo tiene en su mente una parte de la nación entera, es decir, aquella de la que se ocupaba antes, afirmando ahora, en relación con esa parte, que la promesa en cuestión se cumplirá un día.

La forma en que esto se cumplirá aparece en la siguiente frase. En el lugar donde los hombres se llamaban a sí mismos לֹא־עַמִּי, es decir, *lō'-'ammi*, ellos se llamarán "hijos del Dios viviente". Por su parte, בלמקום אשר no significa en vez de,

---

11. La división adoptada por el texto hebreo, donde estos dos versos están separados de los anteriores, y se unen a los siguientes, del cap. 2, se opone a la disposición general de las proclamaciones proféticas, que comienzan siempre con la condena de los pecados, describiendo después el castigo o juicio, para concluir con el anuncio de la salvación. La división adoptada por los LXX y por la Vulgata, y seguida por Lutero (y por Reina-Valera), donde estos dos versos forman parte del capítulo anterior, de forma que el nuevo comienza con Os 1, 3, a causa de su semejanza con Os 1, 4, resulta todavía más inadecuada, porque corta la estrecha conexión que existe entre Os 2, 2 y Os 2, 3 de un modo aún más antinatural.

Adulterio de Israel

o "en lugar de", como en latín *loco,* sino en el "lugar geográfico" (cf. Lev 4, 24. 33; Jer 22, 12; Ez 21, 35; Neh 4, 14). Este lugar debe ser la tierra de Palestina (donde sucede también el rechazo) o la tierra del exilio, donde este nombre recibirá su nueva verdad. La corrección de esta visión, que es la que ofrece el texto caldeo, está probada por Gen 32, 11, donde se habla de la venida desde la tierra del exilio, por donde se puede deducir que el cambio se producirá en la tierra del exilio.

A Yahvé se le llama אֵל־חָי, *El Chai,* el Dios viviente, en oposición a los ídolos que el pueblo idolátrico de Israel se había construido. Y la frase "hijos del Dios viviente" expresa el pensamiento de que Israel volverá a establecer una relación auténtica con el Dios verdadero, y llegará a la culminación de su llamada divina. De esa manera, toda la nación será llamada y elevada al rango de hijos de Yahvé, siendo admitida en la alianza con el Señor (comparar Dt 14, 1; 32, 19 con Ex 4, 22).

1,11 (=2, 2). La restauración de Israel será seguida por el retorno al Señor. La reunión, es decir, la conexión y unidad de Judá y de Israel presupone que Judá se encontrará en la misma situación de Israel, es decir, que será rechazada también por el Señor. El objeto de la unión será el nombramiento de una "cabeza" y la capacidad de elevarse sobre la tierra. Las palabras de estas dos frases nos hacen retomar el motivo de la salida de las diez tribus de Egipto.

La expresión "nombrar un jefe", que recuerda la de Num 14, 4, donde la congregación rebelde intenta nombrar un jefe para para volver a Egipto, remite a Moisés, y la frase "elevarse sobre la tierra" está tomada de Ex 1, 10 donde encontramos también la palabra הארץ con el artículo definido. La corrección de esta interpretación queda asegurada por encima de toda duda a través de Ex 2, 14-15, donde la restauración de Israel se interpreta como un camino que lleva a través del desierto a la tierra de Canaán. De esa forma se establece un paralelo entre el camino final de la salvación y lo que sucedió al salir de Egipto en los tiempos antiguos.

Ciertamente, el destierro de los hijos de Israel fuera de Canaán no se predice aquí *disertis verbis,* es decir, con palabras explícitas. Pero se deduce de un modo muy claro del destierro en la tierra de los enemigos con el que el mismo Moisés había amenazado al pueblo en caso de una apostasía continuada (Lev 26 y Dt 28). De hecho, Moisés había descrito el destierro del Israel rebelde entre los paganos en diversos lugares, con muchas palabras, como un retorno a Egipto (Dt 28, 68), presentando así a Egipto como el tipo del pueblo pagano, en medio del cual sería dispersado Israel de nuevo.

Partiendo de estas amenazas contenidas en la Ley del Pentateuco, Oseas amenaza también al pueblo infiel de Efraim (de las 10 tribus de Israel) con una vuelta a Egipto en Os 8, 13 y 9, 3. En estos pasajes, Egipto aparece como tipo de los países paganos en los cuales será dispersado Israel a causa de su apostasía del Señor. En esa línea, en el pasaje del que tratamos, Canaán, como tierra a la que Israel ha de volver saliendo de Egipto, es el tipo de la tierra del Señor.

Pues bien, de igual forma, en el pasaje del que aquí tratamos, Canaán, que es la tierra a la que Israel ha de volver saliendo de Egipto, es un tipo de la tierra del Señor. En esa línea, el camino a través del cual el Señor guiará a su pueblo hacia Canaán constituye una representación figurada de la reunión de Israel con su Dios y de la culminación de su camino, con el gozo pleno de las bendiciones de la salvación, que están figuradas en los frutos y productos de la tierra de Canaán (cf. también Os 2, 14-15).

Hay otra cosa que debe ser destacada: el uso de la palabra אֶחָד, *'echâd*, un solo príncipe o rey. La división de la nación en dos reinos ha de cesar, y la casa de Israel ha de volver de nuevo a Yahvé, y a su rey David (Os 3, 5). La razón que se da para esta promesa (porque es o será grande el día de Jezrael) causa no pocas dificultades, y ellas no se pueden superar dando un significado distinto al nombre Jezreel, partiendo de la diferencia que habría entre este verso y Os 1, 4-5.

El día de Jezreel solo puede ser el día en que el poder de Israel quedó roto en el valle de Jezreel, de forma que el reino de la casa de Israel quedó destruido. Este día se llama "grande", es decir, importante, glorioso, a causa de sus efectos y consecuencias en relación con Israel. La destrucción del poder de las tribus, la destrucción de su reino y su expulsión al exilio, forman el gran momento de cambio partiendo del cual es (será) posible la conversión del pueblo rebelde de Israel y su reunión con Judá.

El sentido "apelativo" de יזרעאל (=lugar de siembra del nuevo pueblo) del que no veíamos alusión en Os 1, 4-5, sigue estando también aquí en el trasfondo, pero ahora aparece ya evocado de un modo más preciso, de manera que en el juicio que Dios realizará sobre Israel en el valle de Jezreel, ese valle (como indica su nombre) se convertirá en el lugar en el Dios sembrará su semilla para la renovación de Israel.

2, 1–25. No tendré misericordia de sus hijos

2, 1 (=2, 3)

³ אִמְרוּ לַאֲחֵיכֶם עַמִּי וְלַאֲחוֹתֵיכֶם רֻחָמָה׃

¹ Decid a vuestros hermanos: Ammí, y a vuestras hermanas: Rujama.

Como he dicho al comentar los dos versos anteriores, en el texto hebreo, Os 2, 3 corresponde a 2, 1 en los LXX, Vulgata y Reina-Valera. Este verso retoma el motivo anterior de 1, 11-12, e invierte el mensaje de 1, 4-5. El profeta ve en espíritu a la "nación favorecida del Señor y pide a sus miembros que se junten gozosamente unos con otros con el nuevo nombre que Dios les ha dado (Hengstenberg). La promesa se expresa con el nuevo nombre de los hijos del profeta. Así como los nombres de mal sentido proclamaban el juicio del rechazo de Dios, de un modo inverso, los nuevos nombres (con una simple alteración de letras), a través de la omisión del "no" (לא) indican la nueva promesa de Dios para su pueblo.

Estos nombres evocan el cumplimiento de la profecía, el hecho de que la promesa patriarcal de la multiplicación innumerable del pueblo va a realizarse a través del perdón y de la restauración de Israel, como nación del Dios viviente. Estos nombres muestran con mucha claridad que no hemos de fijarnos solo en el retorno de las diez tribus desde la cautividad a Palestina, su tierra nativa.

Los libros históricos (Esdras, Nehemías y Ester) mostrarán simplemente el retorno de una parte de las tribus de Judá y de Benjamín, con algunos sacerdotes y levitas, bajo Zorobabel y Esdras, de forma que el número de los pertenecientes a las diez tribus que pudieron juntarse con los que volvían, o que volvieron más tarde a Galilea tras mucho tiempo, formaba solo una pequeña fracción del número de aquellos que habían sido llevados cautivos (cf. observaciones a *Comentario* a 2 Rey 17, 24). En esa línea, la unión de unos pocos provenientes de las diez tribus a Judá no podía tomarse como unión de los hijos de Israel y de los hijos de Judá, y mucho menos el cumplimiento de la profecía de que "ellos nombrarían para sí mismos una cabeza".

El hecho de que la unión de Judá con Israel se efectuaría a través de su unión bajo una cabeza, bajo Yahvé, su Dios, y bajo David, su rey, indica que ese cumplimiento solo puede realizarse en los tiempos mesiánicos, de manera que hasta el momento actual solo se ha realizado de una manera muy pequeña y parcial, pero que puede tomarse como anticipo y garantía del cumplimiento pleno que se realizará en los últimos tiempos, cuando cese el endurecimiento del pueblo en su conjunto, de forma que todo Israel se convierta a Cristo (Rom 11, 25-26). No resulta en modo alguno difícil evocar la aplicación que 1 Ped 2, 10 y Rom 9, 25-26 han hecho de nuestra profecía, en armonía con lo que vamos comentando aquí. Cuando Pedro cita las palabras de esta profecía en su primera carta, que casi todos los comentadores modernos piensan justamente que ha sido escrita a una comunidad de cristianos de origen gentil, y cuando Pablo cita las mismas palabras (Os 2, 1 con 1, 10) como prueba de la llamada de los gentiles para ser hijos de Dios en Cristo, aquí no tenemos meramente una aplicación a los gentiles de lo que se dice de Israel, o simplemente un revestimiento veterotestamentario de las palabras de los apóstoles del Nuevo Testamento, como suponen Huther y Wiesinger, sino que estamos ante un argumento basado en el pensamiento básico de esta profecía.

A través de su apostasía respecto a Dios, Israel se ha hecho igual que los gentiles, y se ha separado del pacto de gracia con el Señor. De un modo consecuente, la readopción de los israelitas como hijos de Dios constituye una prueba práctica de que Dios ha adoptado a los gentiles como sus hijos. "Dado que Dios ha prometido adoptar de nuevo a los hijos de Israel, él debe adoptar también a los gentiles. De lo contrario, su resolución no sería más que un mero capricho, algo que no puede pensarse de Dios" (Hengstenberg).

Más aún, aunque el hecho de formar parte de la nación del pacto del Antiguo Testamento se apoya ante todo en un tipo de descendencia lineal, esa no es la única perspectiva. Al contrario, desde el mismo principio, los gentiles eran también recibidos en la ciudadanía de Israel y en la congregación de Yahvé a través del rito de la circuncisión y de esa forma podían participar en los dones de la alianza, es decir, en la pascua como comida de alianza (Ex 12,14).

Aquí nos hallamos ante una profecía práctica de la recepción eventual de todos los gentiles en el reino de Dios, cuando ellos alcancen por Cristo la fe en el Dios viviente. Más aún, a través de la adopción en la congregación de Yahvé a través de la circuncisión, los gentiles creyentes se convertían en hijos de Abrahán y recibían una parte en las promesas de los patriarcas. Y, conforme a la multitud de los hijos de Abrahán, predicha en Rom 9-10, este dato no puede restringirse a la multiplicación actual de los descendientes de Israel ahora condenados al exilio; al contrario, el cumplimiento de esta promesa tiene que haber implicado también la incorporación de los gentiles creyentes en la Congregación del Señor (Is 44, 5).

Esta incorporación comenzaba con la predicación del evangelio entre los gentiles por medio de los apóstoles. Esto ha seguido realizándose a lo largo de todos los siglos en los que la Iglesia se ha ido extendiendo por el mundo. Ella recibirá su cumplimiento final cuando la plenitud de los gentiles entre en el Reino de Dios. Y como el número de los hijos de Israel va creciendo continuamente de esa manera, esa multiplicación se completará cuando los descendientes de los hijos de Israel, que siguen endurecidos en sus corazón, vuelvan a Jesucristo como su mesías y redentor (Rom 11, 25-26).

2,2-3 (=2, 4-5)

⁴ רִיבוּ בְאִמְּכֶם רִיבוּ כִּי־הִיא לֹא אִשְׁתִּי וְאָנֹכִי לֹא אִישָׁהּ
וְתָסֵר זְנוּנֶיהָ מִפָּנֶיהָ וְנַאֲפוּפֶיהָ מִבֵּין שָׁדֶיהָ׃
⁵ פֶּן־אַפְשִׁיטֶנָּה עֲרֻמָּה וְהִצַּגְתִּיהָ כְּיוֹם הִוָּלְדָהּ וְשַׂמְתִּיהָ
כַמִּדְבָּר וְשַׁתִּהָ כְּאֶרֶץ צִיָּה וַהֲמִתִּיהָ בַּצָּמָא׃

² ¡Acusad a vuestra madre, acusadla! Porque ella ya no es mi mujer, ni yo soy su marido. Que quite sus fornicaciones de delante de su cara y sus adulterios de entre sus pechos. ³ No sea que yo la desnude por completo y la ponga como en el día en que nació. No sea que la vuelva como un desierto, que la deje como una tierra reseca y la mate de sed.

Lo que el profeta anunciaba en Os 1, 2-2, 1, parcialmente a través de un acto simbólico y también en parte a través de un discurso directo, viene a ser más desarrollado en la sección que ahora comienza. La estrecha conexión entre el pasaje anterior y él viene a expresarse de un modo formal por el simple hecho de que, así como el final de la primera sección terminaba con un resumen del anuncio de la salvación, así la nueva sección comienza con una llamada a la conversión.

Como dice apropiadamente Rückert, estos dos motivos nos ayudan a entender el tema de fondo, por el que Israel en cuanto tal aparece como una mujer adúltera. El mismo Señor hará que cese su conducta adúltera, es decir, la idolatría de los israelitas. Privándoles de las bendiciones que ellos han recibido hasta ahora, pensando que ellas provenían de sus ídolos, Dios conducirá a la nación idólatra a la reflexión y a la conversión, y derramará la plenitud de las bendiciones de su gracia de la manera más copiosa sobre aquellos que han sido humillados y que han sido mejorados (=corregidos) a través del castigo.

La amenaza y el anuncio del castigo se extienden de Os 2, 2 a Os 2, 13. La proclamación de la salvación comienza en Os 2, 14 y llega a su final en 2, 23. Esa amenaza de castigo se divide en dos estrofas, es decir, en Os 2, 2-7 y 2, 8-13. En la primera destaca la condena de su conducta pecadora; en la segunda se desarrolla el castigo de un modo más completo.

¡Acusad a vuestra madre…! porque ella no es mi esposa y porque yo no soy su marido… Así comienza Os 2, 2. Yahvé es quien habla, y el mandato de abandonar a la prostituta se dirige a los israelitas, que están representados como hijos de la mujer adúltera. Esta distinción entre madre e hijos forma parte del revestimiento figurativo del pensamiento, porque, de hecho, la madre no tiene existencia fuera de sus hijos. La nación o reino, en cuanto unidad ideal, aparece como madre; por el contrario, los miembros de la nación aparecen como hijos de esa madre.

El mandato dirigido a los hijos para que contiendan o razonen con su madre, a fin de que ella abandone su adulterio, presupone que aunque la nación como un todo se había hundido en la idolatría, los miembros individuales del pueblo habían sido esclavizados por la idolatría, de forma que no habían perdido la capacidad de escuchar los avisos de Dios y de convertirse. El Señor no solo había reservado para sí aquellos siete mil fieles del tiempo de Elías, que no habían inclinado sus rodillas ante Baal, sino que en todos los tiempos se habían dado en Israel muchos individuos justos en medio de una masa corrompida, y ellos habían escuchado la voz del Señor y habían rechazado la idolatría.

Por eso, los hijos tenían razón para enfrentarse contra su madre, porque ella no era ya por más tiempo la esposa de Yahvé; por otra parte, ellos sabían que la ruptura del matrimonio de la madre con el Señor y la disolución del pacto moral de gracia conduciría de un modo inevitable a una disolución externa y al rechazo el mismo pueblo. Según eso, era un deber de los más fieles de la nación el intento de evitar la destrucción próxima del pueblo y de hacer todo lo que pudieran para lograr que la mujer adúltera abandonara sus pecados.

El objeto de esta disputa y petición está introducido con la palabra (ותסר, *que quite* sus prostituciones…). Su idolatría queda descrita así como prostitución y adulterio. La prostitución se vuelve adulterio allí donde una mujer casada comete prostitución. Israel había realizado una alianza con Yahvé, su Dios; por lo tanto, su idolatría venía a convertirse en ruptura de la fidelidad que el pueblo debía a su Dios, como un acto de apostasía frente a Dios, un acto que era más culpable que la idolatría de los paganos. La prostitución era atribuida al rostro, el adulterio a los pechos, porque en esas partes se manifiesta mejor la falta de castidad de una mujer, y en ellas se expresa de una forma más osada y vergonzosa la falta de vergüenza de los israelitas que practicaban la idolatría.

La exigencia de arrepentirse está reforzada por una referencia al castigo: "No sea que yo la desnude por completo..." (2, 3). En el primer hemistiquio del verso, la amenaza de castigo corresponde a la representación figurativa de una adúltera; en el segundo se pasa de la figura al hecho. En el matrimonio al que aquí se alude, el marido ha redimido a la esposa de la más honda miseria, para unirse con ella. Cf. Ez 16, 4, donde la nación está representada por una niña desnuda, cubierta con las suciedades del parto; pero el Señor la tomó consigo, cubrió su desnudez con magníficos vestidos y ornamentos costosos, haciendo pacto con ella. Pues bien, en este momento, el Señor quitará esos vestidos que adornaban a su esposa apóstata durante el matrimonio, y la pondrá de nuevo en estado de desnudez.

El día del nacimiento de la esposa era el tiempo de la opresión y esclavitud en Egipto, cuando ella fue entregada sin ayuda alguna en manos de sus opresores. La liberación de esta esclavitud fue el tiempo del noviazgo, y el tiempo del matrimonio fue el momento en que el Señor hizo el pacto con la nación que había liberado de Egipto. Las palabras que evocan la vuelta al desierto han de tomarse como referidas no a la tierra de Israel, que sería devastada, sino a la nación como tal, que vendría a convertirse en desierto, es decir, que volvería a un estado en el que se vería privada de la comida que es indispensable para el mantenimiento de la vida.

La tierra reseca es una tierra sin agua, en la que los hombres perecen de sed. No es necesario decir que estas palabras no se refieren al paso de Israel por el desierto, en tiempo antiguo, porque en aquel tiempo el Señor alimentó a su pueblo con maná del cielo y les dio para beber el agua de la roca.

2, 4-6 (=2, 6-8)

⁶ וְאֶת־בָּנֶיהָ לֹא אֲרַחֵם כִּי־בְנֵי זְנוּנִים הֵמָּה׃
⁷ כִּי זָנְתָה אִמָּם הֹבִישָׁה הוֹרָתָם כִּי אָמְרָה אֵלְכָה אַחֲרֵי מְאַהֲבַי נֹתְנֵי לַחְמִי וּמֵימַי צַמְרִי וּפִשְׁתִּי שַׁמְנִי וְשִׁקּוּיָי׃
⁸ לָכֵן הִנְנִי־שָׂךְ אֶת־דַּרְכֵּךְ בַּסִּירִים וְגָדַרְתִּי אֶת־גְּדֵרָהּ וּנְתִיבוֹתֶיהָ לֹא תִמְצָא׃

⁴ No tendré misericordia de sus hijos, porque son hijos de prostitución. ⁵ Pues su madre se prostituyó, la que los dio a luz se deshonró, porque dijo: Iré tras mis aman-

tes, que me dan mi pan y mi agua, mi lana y mi lino, mi aceite y mi bebida. 6 Por tanto, cerraré con espinos su camino, la cercaré con seto y no hallará sus caminos.

2, 4. "Y no tendré misericordia…". Este verso retoma el motivo de Os 2, 3, pero constituye una sentencia independiente. בְּנֵי זְנוּנִים (*benē zenūnīm*, hijos de prostitución) vuelve al motivo de וְיַלְדֵי זְנוּנִים ((*yaldē zenūnīm* de 1, 2). Hijos significa aquí miembros de la nación y son llamados "hijos de prostitución" no solamente por su origen, sino también porque han heredado la naturaleza y conducta de su madre.

El hecho de que se mencione a los hijos de un modo especial después (y al lado) de la madre, cuando en realidad madre e hijos son los mismos, sirve para insistir en la amenaza, y para poner a los israelitas en guardia contra un tipo de seguridad carnal, en la que los individuos imaginan que, no compartiendo el pecado y culpa de la nación en su totalidad, ellos se liberarán del castigo que les amenaza.

2, 5. "Porque su madre se prostituyó…". כִּי, *kī* (porque) y los sufijos de הוֹרָתָם אִמָּם (*'immām*, su madre, y *hōrâthâm*, les desnudaré), aparecen como una cláusula puramente explicativa y confirmativa de la frase final de 2, 4; pero si miramos el desarrollo general del pensamiento es obvio que Os 2, 5 no se limita a presentar la expresión "hijos de prostituta", sino que explica el pensamiento fundamental del pasaje, es decir, que los hijos de la prostituta, que son los israelitas idólatras, no encontrarán misericordia.

Pues bien, dado que la madre y los hijos son los mismos, si aplicamos esta imagen figurativa a su fundamento básico, el castigo de los hijos se aplica también a la madre. De esa manera, la descripción de la prostitución de la madre sirve para explicar la razón del castigo por la que se ha amenazado a la madre en 2, 3. Y esto nos vale para introducir también la palabra que sigue en 2, 5: "Pues su madre se prostituyó…".

El *hifil* הֹבִישָׁה, en 2, 5, que en cuanto a su forma proviene de *yâbhēsh*, tiene un significado que deriva de בּוֹשׁ, y aquí no se utiliza en el sentido ordinario de "ser avergonzado", sino en el sentido transitivo de *actuar de un modo vergonzoso*, como en 2 Sam 19, 5. Para explicar el sentido de esta palabra en el segundo hemistiquio se describe de manera más minuciosa el sentido de coquetear con los ídolos.

La idea de engaño expresada por la mujer (אמרה, en perfecto, indica una forma de hablar o de pensar que se extiende del pasado al presente), suponiendo que son los ídolos los que le dan comida (pan y agua), vestido (lana y lino) y las otras delicias de la vida (aceite y vino, es decir, mosto y licores que embriagan), es decir, todo aquello que conduce al lujo y a las cosas que son superfluas (algo que encontramos también en Jer 44, 17-18). Esto es algo que surgió de la visión de las naciones paganas del entorno, que eran ricas y poderosas, de manera que los israelitas lo atribuyeron a los dioses de los paganos.

Un pensamiento como ese solo pudo surgir en un momento en que el corazón de los israelitas se había alejado ya del Dios vivo. Porque, mientras un hombre se mantiene en unión vital auténtica con Dios "él contempla con los ojos de la fe la mano de las nubes de Dios, de las que él recibe el agua, la mano del Dios que le guía y de la que depende todo, incluso aquello que aparentemente es más independiente y poderoso" (Hengstenberg).

2, 6. El hecho de vallar el camino, reforzado por la figura similar de edificar un muro para cortar el paso, nos está poniendo ante una situación en la que la mujer no podrá seguir realizando su adulterio con los ídolos. El tema nos sitúa ante un contexto de penuria y tribulación (comparar Os 5, 15 con Dt 4, 30; Job 3, 23; 19, 8 y Lam 3, 7), especialmente ante la penuria y angustia del exilio en el que, a pesar de que Israel se hallaba rodeado de unas naciones idolátricas y tenía por tanto más oportunidades externas para practicar la idolatría, el pueblo aprendió la falta de sentido de todo tipo de confianza en los ídolos, pues ellos eran incapaces de ayudar; en ese contexto, los israelitas aprendieron a volverse al Señor, que hiere y cura (6, 1).

2, 7-10 (=2, 9-12)

⁹ וְרִדְּפָה אֶת־מְאַהֲבֶיהָ וְלֹא־תַשִּׂיג אֹתָם וּבִקְשָׁתַם וְלֹא תִמְצָא
וְאָמְרָה אֵלְכָה וְאָשׁוּבָה אֶל־אִישִׁי הָרִאשׁוֹן כִּי טוֹב לִי אָז מֵעָתָּה׃
¹⁰ וְהִיא לֹא יָדְעָה כִּי אָנֹכִי נָתַתִּי לָהּ הַדָּגָן וְהַתִּירוֹשׁ
וְהַיִּצְהָר וְכֶסֶף הִרְבֵּיתִי לָהּ וְזָהָב עָשׂוּ לַבָּעַל׃
¹¹ לָכֵן אָשׁוּב וְלָקַחְתִּי דְגָנִי בְּעִתּוֹ וְתִירוֹשִׁי בְּמוֹעֲדוֹ וְהִצַּלְתִּי
צַמְרִי וּפִשְׁתִּי לְכַסּוֹת אֶת־עֶרְוָתָהּ׃
¹² וְעַתָּה אֲגַלֶּה אֶת־נַבְלֻתָהּ לְעֵינֵי מְאַהֲבֶיהָ וְאִישׁ לֹא־יַצִּילֶנָּה מִיָּדִי׃

⁷ Seguirá a sus amantes, pero no los alcanzará; los buscará, pero no los hallará. Entonces dirá: Regresaré a mi primer marido, porque mejor me iba entonces que ahora. ⁸ Ella no reconoció que yo era quien le daba el trigo, el vino y el aceite, quien multiplicaba la plata y el oro que ofrecían a Baal. ⁹ Por tanto, volveré y tomaré mi trigo a su tiempo y mi vino en su estación; le quitaré mi lana y mi lino que le había dado para cubrir su desnudez. ¹⁰ Ahora descubriré su locura delante de los ojos de sus amantes, y nadie la librará de mis manos.

2,7. Aquí se desarrolla el pensamiento anterior (seguirá a sus amantes...). Su situación de desamparo empezará haciendo que crezca su celo por la idolatría, pero pronto le hará ver que los ídolos no le ofrecen ayuda. El fracaso en alcanzar o encontrar a sus amantes, a los que busca con celo (וְרִדְּפָה, de *riddēph*, *piel*, en sentido intensivo: perseguir ansiosamente) indica el fracaso en lograr aquello que se busca, es decir, la liberación anticipada de la calamidad que el Dios vivo ha enviado como castigo.

Esta triste experiencia despierta el deseo de volver al Dios fiel de la alianza, y al reconocimiento de que la prosperidad y todos los bienes vienen de la relación con él. El pensamiento de que Dios llenará a la nación idolátrica con disgusto por haber coqueteado con dioses ajenos, quitándole todas sus posesiones, y llevándole al descubrimiento de que todas las posesiones de las que había disfrutado no venían de los ídolos, queda reforzado en 2, 8.

2, 8. (Y ella no reconoció…). Aquí aparecen el trigo, el mosto y el aceite con artículo definido, para indicar los frutos que Israel recibía año tras año. Esas posesiones eran el fundamento de la riqueza de la nación, y a través de ellas se multiplicaban el oro y la plata. El pecado consistía en ignorar que era Dios el que les daba esas bendiciones.

En la mente del pueblo se había grabado la idea de que era Yahvé el que les había dado la tierra, de manera que entre las obras poderosas de Dios se recordaba la forma en que Dios había concedido la posesión de la tierra de Canaán a los israelitas. No fue solo Moisés el que había recordado a los israelitas, de la manera más solemne, que era Dios quien había dado la lluvia a la tierras, el que había multiplicado y bendecido sus cosechas y sus frutos (cf. por ejemplo Dt 7, 13; 11, 14-15); este era un tema que se recordaba perpetuamente a través de la ofrenda de las primicias en las fiestas.

Las palabras עָשׂוּ לַבַּעַל, *'asū labba'al*, han de tomarse como frase de relativo, aunque falte la partícula אֲשֶׁר, *'asher*, pero no en el sentido de "que ellos han convertido en Baal" (que han hecho con ello imágenes de Baal: cf. texto caldeo, Hitzig, Ewald y otros). Ciertamente, עשה ל aparece en ese sentido en Is 44, 17, pero la falta de artículo en Isaías y en Gen 12, 2; Ex 32, 10 impiden que aquí se tome esa palabra en ese sentido; por otra parte, לַבַּעַל no puede interpretarse de esa forma. Según eso, עשה ל tiene aquí el sentido de "ofrecer a" (aplicar para algo), como en 2 Cron 24, 7, donde aparece en un contexto semejante. El uso de esta palabra tiene de fondo el sentido de "preparar para algo", mientras que el sentido que propone Gesenius ("que ellos han ofrecido a Baal") no puede aplicarse así, pues עשה indica simplemente la preparación para el sacrificio del altar, lo que no se puede aplicar en el caso de la plata y del oro.

Ellos han aplicado el oro y la plata a Baal, pero no simplemente para utilizarlos para la preparación de ídolos, sino para el mantenimiento y extensión de la adoración a los ídolos, e incluso tomándolos como dones de Baal, insistiendo así más en la adoración celosa de ese dios falso. Por בַּעַל no ha de entenderse simplemente el dios Baal de los cananeos y fenicios, en el sentido estricto de la palabra, que Jehú había exterminado de Israel (aunque no del todo, como es evidente por la alusión a una Ashera en Samaría, durante el reinado de Joacaz, 2 Rey 13, 6); בַּעַל es aquí una expresión que alude a todos los ídolos, incluyendo los becerros de oro a los que se llama dioses en 1 Rey 14, 9 (y que son comparados con dioses reales).

Oseas 2, 11-13 (= 2, 13-15)

2, 9. (Por lo tanto, volveré y tomaré mi trigo…). Dado que los israelitas no han tomado las bendiciones recibidas como dones de su Dios, y las ha tomado para ensalzar su propia gloria, el Señor les privará de ellas. Las palabras אָשׁוּב וְלָקַחְתִּי han de vincularse, de manera que אָשׁוּב tiene la fuerza de un adverbio, pero no en el sentido de simple repetición, como otras veces, sino con la idea de retorno, como en Jer 12, 15: tomar de nuevo, en el sentido de quitar. Mi trigo…, es el trigo y el mosto que yo les había dado. En aquel tiempo, es decir, en el tiempo en que esperaban el trigo y el vino nuevo, esto es, en el tiempo de la cosecha, cuando los hombres se sienten seguros de recibir y poseer la cosecha, el verdadero Dios se la quitará.

Si Dios toma repentinamente esos dones, eso implica no solo que la pérdida es más penosa, sino que el hecho viene a presentarse como un castigo, más que cuando los hombres venían ya preparados desde antes para una mala cosecha. Por la forma en que quita al pueblo los frutos del campo, Dios quiere indicar que es él y no Baal el que da y quita los dones de la agricultura.

Las palabras "mi lino que les había dado para cubrir su desnudez" no dependen de הִצַּלְתִּי, sino que se vinculan con צַמְרִי וּפִשְׁתִּי, pues son un modo conciso de decir "esas cosas que sirven para cubrir su desnudez". La frase así formulada sirve para intensificar la amenaza, mostrando que, si Dios quita sus dones, la nación quedará en una situación de penuria extrema y de desnudez ignominiosa (עֶרְוָתָהּ, de *'ervâh, pudendum,* lo que avergüenza).

2, 10 (Y ahora descubriré su locura…). El ἅπ. λεγ. נַבְלֻתָהּ de נבלוה, literalmente, algo que está podrido, de נבל, estar seco, devastada, indica probablemente, como dice Hengstenberg, una situación en que el cuerpo ha sufrido muchas violencias (*corpus multa stupra passum*), de manera que puede traducirse libremente, como en los LXX por ἀκαθαρσία (impureza, un tipo de locura).

"Ante los ojos de los amantes…", es decir, no solo en el sentido de que ellos están obligados a mirar, sin poder evitarlo, sino en el sentido en que ella, la mujer, vendrá a ser para ellos un objeto de aborrecimiento, del que ellos querrán liberarse, volverse a un lado (cf. Nah 3, 5; Jer 13, 26). De esa forma se expresa en concreto la verdad general que ha expuesto Hengstenberg: "Quienquiera que abandone a Dios por el mundo, será puesto en vergüenza por Dios ante el mismo mundo, y la vergüenza será mayor cuanto más cerca haya estado antes de Dios". Al añadir "nadie" se cortan de raíz todas las esperanzas de que la amenaza de castigo pueda ser evitada (cf. Os 5, 14).

2, 11-13 (= 2, 13-15)

¹³ וְהִשְׁבַּתִּי כָּל־מְשׂוֹשָׂהּ חַגָּהּ חָדְשָׁהּ וְשַׁבַּתָּהּ וְכֹל מוֹעֲדָהּ׃
¹⁴ וַהֲשִׁמֹּתִי גַּפְנָהּ וּתְאֵנָתָהּ אֲשֶׁר אָמְרָה אֶתְנָה הֵמָּה לִי אֲשֶׁר נָתְנוּ־לִי מְאַהֲבָי וְשַׂמְתִּים לְיַעַר וַאֲכָלָתַם חַיַּת הַשָּׂדֶה׃

¹⁵ וּפָקַדְתִּי עָלֶיהָ אֶת־יְמֵי הַבְּעָלִים אֲשֶׁר תַּקְטִיר לָהֶם וַתַּעַד
נִזְמָהּ וְחֶלְיָתָהּ וַתֵּלֶךְ אַחֲרֵי מְאַהֲבֶיהָ וְאֹתִי שָׁכְחָה נְאֻם־יְהוָה׃ פ

¹¹ Haré cesar todo su gozo, sus fiestas, sus nuevas lunas, sus sábados y todas sus solemnidades. ¹² Haré talar sus vides y sus higueras, de las cuales dijo: Este es el salario que me dieron mis amantes. Las convertiré en un matorral y se las comerán las bestias del campo. ¹³ La castigaré por los días en que quemaba incienso a los baales, cuando se adornaba con sortijas y collares y se iba tras sus amantes olvidándose de mí, dice Yahvé.

El castigo anterior ha sido descrito de manera más minuciosa en Os 2, 11-13, dejando a un lado el ropaje para así presentar los hechos de un modo más directo.

2, 11. "Haré cesar todo su gozo…". Los días de fiesta eran días gozo, en los que Israel debía regocijarse ante el Señor su Dios. Para poner de relieve este carácter de las fiestas se pone en primer lugar כָּל־מְשׂוֹשָׂהּ, "todo su gozo", y después se citan las diversas festividades. Viene primero חַגָּהּ, que se refiere a las tres festividades principales del año: Pascua, Pentecostés y Tabernáculos, que tenían el carácter de חַג, es decir, de festividades por excelencia, días de conmemoración de los grandes hechos de misericordia que el Señor había realizado a favor de su pueblo.

Después se cita el día de la luna nueva de cada mes, y el sábado de cada semana. Finalmente, todas las fiestas quedan citadas como כָּל־מוֹעֲדָהּ, porque מוֹעֵד, מוֹעֲדִים es la expresión general de todas las estaciones festivas y de todos los días de fiesta del año (cf. Lev 23, 2.4). Como paralelo para los hechos aquí indicados, cf. Am 8, 10; Jer 7, 34 y Lam 1, 4 y 5, 15.

2, 12. El Señor hará que cesen todas las alegrías festivas retirando los frutos del campo, que son los que regocijan el corazón de los hombres. Primero se citan el vino y los higos, que son los productos más escogidos de la tierra de Canaán, como frutos representativos de los ricos medios de subsistencia con los que el Señor había bendecido a su pueblo (cf. 1 Rey 5, 5; Joel 2, 22, etc.). La devastación de esos dos frutos indica la destrucción de las posesiones y de los medios de gozo de la vida (cf. Jer 5, 17; Joel 1, 7.12), porque Israel los había tomado como un regalo de los ídolos.

עֶתְנָה, forma suavizada de אֶתְנַן (cf. Os 9, 1), como שִׂרְיָה, en Job 41, 18, de שִׁרְיֹן 1 Rey 22,34; cf. Ewald, 163, h), significa el salario de la prostitución (Dt 23, 19). Esta derivación resulta disputada e incierta, porque parece que el verbo תנה no ha sido utilizado ni en hebreo ni en otros dialectos semitas en el sentido *de dedit, dona porrexit*, dio, ofreció dones (Gesenius), y la palabra no puede derivarse de תָּנַן, extenderse.

Por otra parte, las formas תָּנָה, הִתְנָה (Os 8, 9-10) parecen probablemente un denominativo de אֶתְנָה. De un modo consecuente, Hengstenberg piensa que se trata de una forma imperfecta, que deriva de la pregunta que hace la prostituta: מה תתן לי, *qué me darás*, y de la respuesta del hombre, אתן לך, te daré (Gen 38, 16.18), una palabra que se utilizaba en los burdeles para este tipo de precios.

Las viñas y los huertos de higos, cuidadosamente vallados y cultivados, se convertirán en bosque tupido, es decir, quedarán privadas de sus vallas y de todo cultivo, de forma que serán presa de las bestias salvajes. El sufijo añadido a שמתים y a אכלתם se refiere גפן ותאנה (*el vino y la higuera*), y no meramente al fruto. Cf. Is 7, 23 y Miq 3, 12, donde se utiliza una figura semejanza para indicar la devastación completa de la tierra.

2, 13. De esa manera, el Señor quitará al pueblo sus festividades de alegría. Los días de los baales eran los días sagrados y los tiempos festivos indicados en este contexto, eran días que Israel debía santificar y celebrar en honor del Señor su Dios, pero que se celebraban en honor de los baales, en gesto de caída y de idolatría. No hay razón para pensar que se trata de unos días especiales de fiesta dedicados a Baal, añadidos a los días de fiesta de Yahvé prescritos por la ley. De igual forma que Israel había cambiado a Yahvé por Baal, así había convertido las fiestas de Yahvé en días de Baal (cf. Os 4, 13; 2 Rey 17, 11).

Os 2, 8 menciona solo a הבעל, pero aquí se citan los בעלים en plural, porque Baal era adorado bajo diversas formas, de forma que el término de בעלים (*Beâlīm*) empezó a utilizarse en plural para evocar los diversos ídolos de los cananeos (cf. Jc 2, 11; 1 Rey 18, 18, etc.). En el segundo hemistiquio, esta falsa adoración de los ídolos aparece bajo la imagen de la coquetería externa de una muchacha, que apela a todo tipo de ornamentos externos para excitar la admiración de sus amantes (cf. Jer 4, 30 y Ez 22, 40 s.).

No hay razón para pensar en anillos para las orejas ni en ornamentos especiales en honor de los ídolos. La antítesis de adornarse para sí mismos es aquí "olvidar a Yahvé", que es el pecado más fuerte del pueblo. Sobre יהוה נאם, cf. Delitzsch sobre Is 1, 24.

2, 14-17 (= 2, 16-19)

¹⁶ לָכֵן הִנֵּה אָנֹכִי מְפַתֶּיהָ וְהֹלַכְתִּיהָ הַמִּדְבָּר וְדִבַּרְתִּי עַל־לִבָּהּ׃
¹⁷ וְנָתַתִּי לָהּ אֶת־כְּרָמֶיהָ מִשָּׁם וְאֶת־עֵמֶק עָכוֹר לְפֶתַח תִּקְוָה וְעָנְתָה שָּׁמָּה כִּימֵי נְעוּרֶיהָ וּכְיוֹם עֲלֹתָהּ מֵאֶרֶץ־מִצְרָיִם׃ ס
¹⁸ וְהָיָה בַיּוֹם־הַהוּא נְאֻם־יְהוָה תִּקְרְאִי אִישִׁי וְלֹא־תִקְרְאִי־לִי עוֹד בַּעְלִי׃
¹⁹ וַהֲסִרֹתִי אֶת־שְׁמוֹת הַבְּעָלִים מִפִּיהָ וְלֹא־יִזָּכְרוּ עוֹד בִּשְׁמָם׃

¹⁴ A pesar de ello voy a seducirla; la llevaré al desierto y hablaré a su corazón. ¹⁵ Le daré sus viñas desde allí, y haré del valle de Acor una puerta de esperanza. Y allí cantará, como en los días de su juventud, como en el día de su subida de la tierra de Egipto. ¹⁶ En aquel tiempo, dice Yahvé, me llamarás Ishi, y nunca más

me llamarás Baali. ¹⁷ Porque quitaré de su boca los nombres de los baales, y nunca más se mencionarán sus nombres.

En este verso se introduce, casi tan abruptamente como en Os 2, 1, la promesa de que el Señor conducirá de nuevo a la nación rebelde, paso a paso, a la conversión y a la unión consigo mismo, el Dios justo. Así aparecen aquí dos estrofas: la primera habla de la promesa de conversión (Os 2, 14-17); la segunda habla de la seguridad de la renovación de las misericordias de la alianza.

2, 14-15. לכן, a pesar de ello (no *utique, profecto*, en el sentido de "precisamente", sino "a pesar de", con לכן, *lâkhēn*, cf. Os 2, 6.9), expresión que conecta ante todo con Os 2, 13. "Dado que la mujer ha olvidado a Dios, Dios le llama para que se recuerde de nuevo, ante todo por el castigo (Os 2, 6-9); y después, cuando ella ha respondido ya, Dios "yo volveré" (2, 7), por la manifestación de su amor (Hengstenberg).

En contra de lo que supone Hitzig, el verso 2, 14 no evoca una huida del pueblo desde Canaán al desierto, con el fin de escapar de los enemigos; esto resulta suficientemente claro y no necesita una prueba especial. La huida del pueblo al desierto, para volver de allí de nuevo a Canaán, supondría un rechazo de la herencia que el Señor le había concedido, es decir, la tierra de Canaán.

Más que de una huida del pueblo aquí se trata de un rechazo de Dios, que hace que el pueblo tengo que dejar la herencia que el mismo Dios le había concedido (es decir, la tierra de Canaán). Este rechazo aparece como una expulsión de Canaán a Egipto, la tierra de la esclavitud, de la que Dios había redimido al pueblo en tiempos antiguos.

פתה, en *piel* significa persuadir, convencer por palabras. Aquí se utiliza en un sentido bueno, en la línea de convencer por medio de palabras amistosas. El desierto al que el Señor conducirá a su pueblo no puede ser otro que el desierto de Arabia, por el que pasa el camino que lleva de Egipto a Canaán.

Dirigir por el desierto no es castigar, sino redimir de la esclavitud. El pueblo no ha de quedar en el desierto, sino que es llevado allí para ser transformado y conducido de nuevo a Canaán, la tierra de las viñas. La descripción resulta plenamente simbólica: lo que tuvo lugar en los tiempos antiguos será repetido, en todo aquello que es esencial, en el tiempo que ha de venir.

Egipto, el desierto de Arabia y la tierra de Canaán tienen un sentido tipológico. Egipto es signo de la tierra de la cautividad en la que Israel ha sido oprimido en sus antepasados a través de los poderes paganos del mundo. El desierto arábigo, como lugar de paso entre Egipto y Canaán, aparece aquí por la importancia que ha tenido en la marcha de Israel bajo la guía de Moisés, como período o estado de prueba y tentación, tal como aparece en Dt 8, 2-6, donde se dice que Dios humilló a su pueblo, probándole por un lado a través de necesidades para alcanzar el conocimiento de su necesidad de ayuda, y, por otro lado, enseñándole a confiar en su omnipotencia, a través de la milagrosa liberación en el tiempo de penuria (por el maná, por el hecho de que sus vestidos no envejecieran, por las corrientes de aguas…), a fin de que él (el mismo Dios) pudiera crear en el pueblo un corazón amante para cumplir sus mandamientos y para vincularse fielmente a él.

Canaán, la tierra prometida a sus padres como posesión perpetua, con sus ricos productos, es un tipo de la herencia que Dios ha concedido a su Iglesia y de las bendiciones que se reciben gozando los dones del Señor, que se refieren tanto al cuerpo como al alma. דבר על לב, hablar al corazón, con palabras amorosas y de consuelo (cf. Gen 34, 3; 50, 21); no se restringe a las palabras confortadoras de los profetas, sino que indica un consuelo a través de las acciones, por las manifestaciones de amor de Dios, por las que se mitiga. El mismo amor se muestra en los dones renovados de las posesiones de las que había sido privada la nación infiel.

De esa forma podemos entender mejor el tema de Os 2, 15. Por … משם נתתי, "a partir de entonces yo daré", se expresa el pensamiento de que, tras entrar en la tierra prometida, Israel recibirá y gozará inmediatamente la posesión y gozo de ricas bendiciones. Manger ha explicado correctamente el sentido de משם diciendo "tan pronto como haya dejado el desierto", o quizá mejor: "tan pronto como haya alcanzado el borde (de la tierra)". "Sus viñas" son las viñas que el pueblo poseía antiguamente, y que habían pertenecido en justicia a la mujer fiel, a pesar de que después le habían sido sustraídas por su infidelidad (2, 12).

El valle de Akor, que estaba situado al norte de Gilgal y Jericó (cf. Js 7, 26), está mencionado por el profeta no a causa de su situación en la frontera de Palestina, ni a causa de su fecundidad, de la que no se conoce nada, sino por alusión a lo que se cuenta en Js 7, donde aparece el sentido del nombre Akor, que es *turbación*. Esto resulta obvio por la afirmación según la cual este valle vendrá a convertirse en puerta de esperanza.

A causa del pecado de Acán, que tomó parte de los despojos de Jericó, que habían sido dedicados al exterminio, Dios dejó de ayudar al ejército, que se dirigió en contra de Hai, siendo derrotado. Pero, respondiendo a la oración de Josué y de los ancianos, Dios mostró a Josué no solo la causa de la calamidad que había recaído sobre toda la nación, sino la forma de superar el exterminio y de recibir de nuevo el favor perdido de Dios.

Recibiendo el nombre de Akor, este valle vino a convertirse en memorial de la forma en que el Señor restaura su favor a la Iglesia tras la expiación de la culpa por el castigo del transgresor. Y este tipo de procedimiento se repetirá ahora con todas sus características esenciales. Y de esa forma el Señor convertirá el Valle de la Turbación en Puerta de la Esperanza, es decir, él expiará los pecados de su Iglesia y cubrirá a los creyentes con su gracia, a fin de que el pacto de comunión con él no sea ya más roto por ellos.

De esa forma, desplegará de tal forma su gracia con los pecadores que la compasión se manifestará incluso en medio de la ira, de manera que, a través del juicio y de la misericordia, los pecadores perdonados se unirán cada vez de manera más firme y profunda con él. Por su parte, la Iglesia responde a este movimiento del amor de Dios, que se revela a sí mismo por medio de la justicia y la misericordia. Dios responderá al sentido profundo de este lugar, donde él vendrá a encontrar a su pueblo con la riqueza de sus bendiciones salvadoras.

ענה no significa "cantar", sino "responder". Y, por su parte, שׁמה, remitiendo a משׁם, no ha de tomarse como equivalente a שׁם. La palabra confortadora de Dios es un *sermo realis* (discurso eficaz). En esa misma línea, la respuesta de la Iglesia ha de ser una respuesta práctica y un reconocimiento agradecido y una aceptación profunda de las manifestaciones del amor divino, tal como había sucedido en los días de la juventud de la nación, es decir, en el tiempo en que ella fue conducida de Egipto a Canaán. En aquel tiempo, Israel respondió al Señor, después de haber sido redimida por Egipto, con el canto de alabanza y de agradecimiento del mar Rojo (Ex 15) y con la disposición a ratificar el pacto con el Señor en el monte Sinaí, manteniendo y cumpliendo sus mandamientos de un modo generoso (Ex 24).

2, 16. En aquel momento, una vez más, la Iglesia establecerá una relación justa con su Dios. Este pensamiento se expresa en el hecho de que la esposa no llamará ya a su esposo *baal*. Esa palabra (baal) no se toma aquí como expresión de "señor" (maestro) en cuanto distinto de אישׁ, *'īsh,* hombre, es decir, esposo, pues *ba'al* (baal) no significa simplemente "señor" (en sentido limitado), sino propietario, posesor, en una línea que se puede aplicar también al esposo. En ese sentido se pueden identificar, en línea humana, las dos palabras, la del baal y la de Hombre-marido (אישׁ) (cf. 2 Sam 11, 26; Gen 20, 3).

Pues bien, en contra de eso, en este contexto, especialmente a partir de los *Beʿālīm* de Os 2, 19, la palabra baal ha de tomarse aquí con el sentido de un nombre propio de Dios como "marido amoroso". Llamar o nombrar indica la naturaleza de la relación que un hombre tiene con otros hombres o cosas.

La Iglesia llama a Dios su "marido", cuando está en una relación justa con él. De esa manera le llama, cuando le reconoce y le ama, tal como él se ha revelado a sí mismo, como su auténtico Dios. Pero ella le llama *baal* cuando coloca a Dios en el mismo nivel que a los *baales*, sea al adorar a otros dioses junto a Yahvé, sea al olvidar la esencial distinción que existe entre Yahvé y los baales, confundiendo así la adoración de Dios y la adoración idolátrica, la religión de Yahvé y la religión de los baales.

2, 17. (Y yo quitaré de su boca…). Tan pronto como Israel deje de llamar baal a Yahvé, cesará por sí misma la costumbre de tomar en la boca (de nombrar) a los baales. Esto se menciona aquí como obra de Dios, lo que significa que la abolición del politeísmo y de la religión mixta (de Yahvé y de los baales) es una obra de la divina gracia, que renovará el corazón de los hombres, y les llenará de un aborrecimiento tan grande contra las formas más groseras o refinadas de idolatría que los hombres no se atreverán ya más a tomar en sus labios los nombres de los ídolos. Esa divina promesa se apoya en el mandamiento de Ex 23, 13: "No mencionaréis los nombres de otros dioses", una prohibición que se repite casi palabra por palabra en Zac 13, 2.

2, 18–23 (= 2, 20-25)

²⁰ וְכָרַתִּי לָהֶם בְּרִית בַּיּוֹם הַהוּא עִם־חַיַּת הַשָּׂדֶה וְעִם־עוֹף הַשָּׁמַיִם וְרֶמֶשׂ הָאֲדָמָה וְקֶשֶׁת וְחֶרֶב וּמִלְחָמָה אֶשְׁבּוֹר מִן־הָאָרֶץ וְהִשְׁכַּבְתִּים לָבֶטַח:
²¹ וְאֵרַשְׂתִּיךְ לִי לְעוֹלָם וְאֵרַשְׂתִּיךְ לִי בְּצֶדֶק וּבְמִשְׁפָּט וּבְחֶסֶד וּבְרַחֲמִים:
²² וְאֵרַשְׂתִּיךְ לִי בֶּאֱמוּנָה וְיָדַעַתְּ אֶת־יְהוָה: ס
²³ וְהָיָה ׀ בַּיּוֹם הַהוּא אֶעֱנֶה נְאֻם־יְהוָה אֶעֱנֶה אֶת־הַשָּׁמָיִם וְהֵם יַעֲנוּ אֶת־הָאָרֶץ:
²⁴ וְהָאָרֶץ תַּעֲנֶה אֶת־הַדָּגָן וְאֶת־הַתִּירוֹשׁ וְאֶת־הַיִּצְהָר וְהֵם יַעֲנוּ אֶת־יִזְרְעֶאל:
²⁵ וּזְרַעְתִּיהָ לִּי בָּאָרֶץ וְרִחַמְתִּי אֶת־לֹא רֻחָמָה וְאָמַרְתִּי לְלֹא־עַמִּי עַמִּי־אַתָּה וְהוּא יֹאמַר אֱלֹהָי: פ

¹⁸ En aquel tiempo haré en favor de ellos un pacto con las bestias del campo, con las aves del cielo y las serpientes de la tierra. Quitaré de la tierra el arco, la espada y la guerra, y te haré dormir segura. ¹⁹ Te desposaré conmigo para siempre; te desposaré conmigo en justicia, juicio, benignidad y misericordia. ²⁰ Te desposaré conmigo en fidelidad, y conocerás a Yahvé. ²¹ En aquel tiempo yo responderé, dice Yahvé; responderé a los cielos, y ellos responderán a la tierra, ²² y la tierra responderá al trigo, al vino y al aceite, y ellos responderán a Jezreel. ²³ La sembraré para mí en la tierra; tendré misericordia de Lo-ruhama y diré a Lo-ammi: ¡Tú eres mi pueblo!, y él dirá: ¡Dios mío!

2, 18. Con la completa abolición de la idolatría y de la falsa religión, la Iglesia del Señor conseguirá el gozo de una paz imperturbable. Dios hará entonces un pacto con las bestias, cuando les imponga la obligación de no dañar más a los hombres.

לָהֶם, *lâhem,* es un *dat. comm.,* es decir, un dativo a favor de los hombres. Los tres tipos de bestias que aquí se citan son peligrosas para los hombres, y aparecen en Gen 9, 2 como "bestias del campo", para oponerlas a los animales domésticos. חַיַּת הַשָּׂדֶה, son bestias (vivientes) que viven en libertad en los campos, sean animales salvajes, de presa, o animales que devoran y estropean los frutos del campo. Por "aves del cielo" se entienden aquí sobre todo los pájaros de presa. Finalmente, רֶמֶשׂ, *remes,* no se refiere solo a los reptiles, sino a todo lo que se mantiene en actividad, los animales más pequeños de la tierra que se mueven por ella con gran velocidad.

La expresión "romper o quitar de la tierra el arco, la espada y la guerra" está indicando la extinción no solo de los instrumentos de guerra, sino de la misma guerra, con su exterminio sobre la tierra. La palabra מִלְחָמָה, *milchâmâh*, está conectada por zeugma con אֶשְׁבּוֹר (suprimir, quitar). Esta promesa se apoya en Lev 26, 3 y se expande en Ez 34, 25. (cf. paralelo en Is 2, 4.11; 35, 9 y Zac 9, 10).

2, 19-20. (Y me casará contigo...). ארש לו, casarse, desposarse, se aplica solo a la boda de una doncella, no a la restauración matrimonial de una viuda o de una mujer divorciada, y se distingue generalmente del hecho de tomar una mujer (Dt 20, 7). Por eso, la palabra אֲרַשְׂתִּיךְ, se refiere, como observa Calvino, a un matrimonio totalmente nuevo.

Era ya una gracia inmensa que una mujer infiel a su marido anterior fuera tomada de nuevo en matrimonio, pues ella podía haber sido expulsada en justicia para siempre. En este caso se daba la mayor razón para el divorcio, pues la doncella de Israel había vivido por años en adulterio. Pero la gracia de Dios es aún más fuerte que la ley del adulterio, y Dios no solo olvida, sino que perdona el pasado (Hengstenberg).

El Señor hará pues ahora un nuevo pacto de matrimonio con su Iglesia, tal como se hace con una virgen intachable. Esta es la gracia totalmente nueva e inesperada que Dios le anuncia: "Yo me desposaré contigo". Es una gracia y promesa que se repite por tres veces, cada vez con nuevas palabras que expresan el carácter indisoluble de la nueva relación, como expresa la palabra לעולם, "para siempre", mientras que el pacto anterior había sido roto y destruido por la propia culpa de la mujer.

En las frases que siguen tenemos una descripción de los atributos que Dios desplegará a fin de que el matrimonio (el pacto) se vuelva indisoluble. Son estos: (1) justicia y juicio; (2) gracia y compasión; (3) fidelidad. Estas son las palabras fundamentales: צֶדֶק (con el sentido de צִדְקָךְ) se vincula con frecuencia con בְּמִשְׁפָּט, que significa justicia y rectitud.

צֶדֶק, *tsedeq*, "ser recto", expresa la rectitud interior y es un atributo de Dios, pero también de los hombres justos, tanto en el ejercicio judicial como en la vida diaria. Por su parte, מִשְׁפָּט, *mishpât,* es el derecho objetivo, tanto en el juicio formal como en la vida ordinaria.

Pues bien, Dios se desposa con la Iglesia en rectitud y justicia, no se limita a cumplir una justicia externa y cumplir las obligaciones que él ha asumido al realizar el pacto (Hengstenberg), sino que purifica a la iglesia a través del justo juicio, limpiándola de toda mancha de falta de santidad y de falta de piedad que ella pueda tener (Is 1, 27), de forma que el mismo (Dios) pueda limpiar a la Iglesia de toda forma de pecado que ella cometa contra el pacto.

Pero, en la situación actual de pecaminosidad de la naturaleza humana, la justicia y el juicio son insuficientes para asegurar la existencia duradera del pacto. Por eso, el mismo Dios promete actuar con la Iglesia con misericordia y compasión. Pues bien, como incluso el amor y la compasión de Dios tienen sus límites, el Señor añade "en fidelidad o constancia y firmeza", mostrando así que él no apartará de ella su misericordia.

La palabra אמונה (*emuna* o fidelidad), se refiere a la fidelidad de Dios, lo mismo que en Sal 89, 25, no a la fidelidad de los hombres (Hengstenberg). Así lo requiere el paralelismo de las sentencias. En la fidelidad de Dios encuentra la Iglesia la garantía de que el pacto, fundado en la rectitud y juicio de Dios, en su misericordia y compasión, durará para siempre. La consecuencia de esta unión será que la Iglesia conocerá a Yahvé (2, 20). Este conocimiento será real. "Aquel que conoce a Dios de esta manera, no podrá dejar de amarle y de serle fiel" (Hengstenberg). Fuera de esta alianza no podrá haber salvación.

2, 21-22. Entonces Dios escuchará todas las oraciones que subirán hacia él desde la Iglesia (el primer אֶעֱנֶה ha de tomarse en sentido absoluto, cf. lugar paralelo de Is 58, 9), de manera que todas las bendiciones del cielo y de la tierra descenderán y llenarán de favores a su pueblo. Por una prosopopeya, el profeta presenta a los cielos como rogando a Dios, a fin de que el mismo Dios les permita dar a la tierra todo lo que ella necesita para asegurar su fertilidad; en esa línea se añade que los cielos cumplen los deseos de la tierra y la tierra ofrece sus productos a la nación[12].

De esa forma se expresa el pensamiento de que todas las cosas del cielo y de la tierra dependen de Dios, de manera que sin su consentimiento no desciende sobre la tierra ni una gota de agua, ni la tierra produce ninguna planta, de manera que, sin la fertilidad de la bendición divina, toda la tierra quedaría baldía (Calvino). Esta promesa se apoya en Dt 28, 12, y forma la antítesis de la amenaza de Lev 26, 19 y de Dt 28, 23-24, donde se dice que Dios hará que los cielos sean como bronce y la tierra como hierro para aquellos que desprecian su nombre.

En la última frase, el profeta vuelve al principio del discurso: "Responderán a Jezreel". La bendición que fluye de los cielos a la tierra llega hasta Jezreel, la nación que Dios siembra. El nombre de Jezreel que simbolizaba el juicio que iba a estallar sobre el reino de Israel, conforme al significado histórico de la palabra en Os 1, 4.11, se utiliza aquí en el sentido primario de la palabra, refiriéndose a la nación en cuanto perdonada y reunificada por Dios.

2, 23. Todo lo anterior resulta evidente por la explicación que se da en 2, 23. "Yo sembraré…". זרע no significa esparcir o desparramar (ni siquiera en Zac. 10, 9, cf. Koehler en comentario a ese pasaje), sino simplemente *sembrar*. El sufijo femenino de זְרַעְתִּיהָ se refiere *ad sensum* a la esposa que Dios ha vinculado en matrimonio consigo, para siempre, es decir, a la Iglesia favorita de Israel, que viene a convertirse ahora en verdadera Jezreel, como rica siembra de Dios.

---

12. Como observa Umbreit: "es como si escucháramos las elevadas armonías de los poderes vinculados de la creación haciendo que resuenen sus melodías, que están sostenidas e impulsadas por la armonía eterna del Espíritu creador y organizador de todo".

Con este cambio en el despliegue y camino de Israel cambiará también el sentido de los otros ominosos nombres de los hijos de Israel, que serán cambiados en lo contrario, para indicar así la misericordia de Dios y la restauración vital del pueblo que se une ahora a Dios, superando el juicio y rechazando la idolatría. Por lo que toca al cumplimiento de la promesa, cf. las observaciones realizadas sobre Os 1, 11 y 2, 1, que pueden aplicarse aquí, dado que esta sección constituye una ampliación de aquella.

3, 1–5. La adúltera y su nuevo matrimonio

Aquí se repite el tema anterior, pero con una aplicación nueva. En un segundo matrimonio simbólico, Oseas pone de relieve el amor fiel de Dios (que es por lo tanto amor que castiga y reforma) hacia la nación rebelde y adúltera de Israel.

Por mandato de Dios, el profeta toma una mujer que vive en continuo adulterio, a pesar del amor fiel que él le muestra, y la coloca en una posición en la que ella ha de verse obligada a renunciar a sus amantes, a fin de que pueda retornar hacia él. Os 3, 1-3 contiene la acción simbólica. Os 3, 4-5 ofrecen la explicación, con un anuncio de la reforma que quiere promover el profeta con su conducta.

3, 1

¹ וַיֹּאמֶר יְהוָה אֵלַי עוֹד לֵךְ אֱהַב־אִשָּׁה אֲהֻבַת
רֵעַ וּמְנָאָפֶת כְּאַהֲבַת יְהוָה אֶת־בְּנֵי יִשְׂרָאֵל וְהֵם פֹּנִים
אֶל־אֱלֹהִים אֲחֵרִים וְאֹהֲבֵי אֲשִׁישֵׁי עֲנָבִים׃

¹ Me dijo otra vez Yahvé: Ve y ama a una mujer amada de su compañero y adúltera; así ama Yahvé a los hijos de Israel, aunque ellos se vuelven a dioses ajenos y aman las tortas de pasas.

El carácter puramente simbólico de esta mandamiento divino resulta evidente por la naturaleza del mismo mandamiento, pero de un modo más especial por el epíteto peculiar aplicado a la mujer.

עוֹד no está conectado con וַיֹּאמֶר, pues eso va en contra de los acentos, sino que pertenece a לֵךְ, y se coloca antes a causa del énfasis. Amar a la mujer, como muestra claramente el cumplimiento del mandato divino en 3, 2, equivale de hecho a tomar una mujer. Y en este caso se escoge אָהֵב, *'âhabh*, en vez de *lâqach*, simplemente para indicar desde el comienzo el tipo de unión que se le pide al profeta.

A la mujer se la presenta como amada por su compañero (amigo), como una persona que está cometiendo adulterio. רֵעַ tiene el sentido de amigo o compañero, con el que alguien mantiene un tipo de vinculación y relación. No suele indicar simplemente un compañero sin más, sino un compañero con el que uno mantiene relación de intimidad muy profunda (cf. Ex 20, 17-18; 22, 25, etc.). El רע (compañero) de una mujer a la que ama solo puede ser el marido o amante. Esa palabra se utiliza sin duda en Jer 3, 1.20 y en Cantar con referencia a un marido, pero nunca a un fornicador o a un amante adúltero.

Por su parte, el segundo calificativo que se emplea aquí, "cometiendo adulterio", que forma una antítesis clara respecto a אהבת רע, requiere que en este caso se entienda en relación a un marido. Porque una mujer solo se vuelve adúltera cuando es infiel a su amante marido, y va con otros hombres, pero no cuando abandona a los que son sin más sus amantes para vivir solo con su marido. Si el epíteto se refiere al amor que muestra un amante, de manera que la mujer rompe su matrimonio yendo con él, esto debería haberse expresado con un perfecto o con un pluscuamperfecto.

Por los participios אהבת y מנאפת, el texto supone que el amor del compañero y el adulterio de la mujer son continuos, siendo contemporáneos con el amor que el profeta ha de manifestar hacia la mujer. Esto se opone a la afirmación hecha por Kurtz según la cual tenemos ante nosotros a una mujer que estaba ya casada en el momento en que al profeta se le mandó que la amara, pues esa afirmación va en contra de la construcción gramatical y hace que tenga que cambiarse el participio en un pluscuamperfecto, y porque durante el tiempo en que el profeta amaba a la mujer que había tomado, el רע que desplegaba su amor hacia ella podría haber sido solo su marido, es decir, el mismo profeta, con el cual ella mantuvo la más honda intimidad, fundada sobre el amor, es decir, a través de una relación de matrimonio.

La certeza de esta visión, según la cual ese רע es el mismo profeta adquiere una certeza total por la explicación del mandato divino que sigue. Así como Yahvé ama a los hijos de Israel a pesar de que (o mientras) ellos se inclinan hacia otros dioses, es decir, rompen su matrimonio, así tiene que amar el profeta a la mujer que comete (o cometerá) adulterio, a pesar de su amor, porque el adulterio solo podía darse cuando el profeta había mostrado hacia la mujer el amor que se le había mandado, es decir, cuando se había vinculado con ella por matrimonio.

El epíteto particular que aquí se aplica a la mujer solo puede explicarse por el hecho que se quiere poner de relieve a través de la misma acción simbólica, algo que, como he destacado en la introducción, resulta irreconciliable con la afirmación de que el mandato de Dios se refiere a un matrimonio que debe consumarse de un modo real y externo.

Las palabras כאהבת יי remiten a Dt 7, 8 y והם פנים וגו a Dt. 31, 18. La última frase (y aman las tortas de pasas) no se aplica a los ídolos que deberían aparecer así como amantes de tortas de pasas que se les ofrecían pasas (Hitzig), sino que es una continuación de פנים, indicando la razón por la que Israel se volvía hacia otros dioses. Uvas y tortas de uvas pasas (sobre אֲשִׁישֵׁי, de *'ăshîshâh*, cf. comentario a 2 Sam 6, 19) son una comida muy delicada, y representa de un modo figurado aquella adoración idolátrica que atrae a los sentidos y que sacia los impulsos y deseos carnales de los hombres. Compárese el tema con Job 20, 12, donde el pecado se describe de un modo figurado como una comida que es חַיַּת הַשָּׂדֶה dulce, como miel nueva en la boca, pero que se convierte luego en hiel y veneno en el vientre. Amar tortas de pasas significa entregarse en manos de la sensualidad. Porque Israel ama eso, se vuelve hacia los dioses. "La religión solemne y austera de Yahvé aparece como comida simple, pero saludable; por el contrario, la idolatría es una comida atrayente, que solo buscan un tipo de epicúreos y personas de gusto depravado" (Hengstenberg).

3, 2

² וָאֶכְּרֶהָ לִּי בַּחֲמִשָּׁה עָשָׂר כָּסֶף וְחֹמֶר שְׂעֹרִים וְלֵתֶךְ שְׂעֹרִים׃

² Entonces la compré para mí por quince siclos de plata y un homer y medio de cebada.

אכרה, con *dagesh lene* o *dirimens* (Ewald, 28, b), de כרה, *kârâh*, cavar, lograr algo cavando y, en sentido más extenso, adquirirlo (cf. Dt 2, 6), obtenerlo por contra (Job 6, 27; 40, 30). Quince כֶּסֶף (monedas de plata) son quince siclos de plata. En textos en los que se evoca una cantidad de monedas suele omitirse la palabra siclo (cf. Gesenius, 120, 4, nota. 2).

Según Ez 45, 11, el *homer* (חֹמֶר) contiene diez *batos* o *efas*, y un *letek* (ἡμίκορος, LXX) era medio *homer*. En consecuencia, el profeta dio quince siclos de plata y quince efas de cebada. Esta es una suposición muy natural, especialmente si comparamos el tema con 2 Rey 7, 1; 16, 18, donde se dice que en aquel tiempo una *efa* de cebada tenía el valor de un siclo, en cuyo caso todo el precio de la compra alcanzaba una suma por la cual, según Ex 21, 32, se podía comprar un esclavo, de manera que el pago se hizo la mitad en moneda y la mitad en cebada. Resulta imposible determinar la razón por la que la compra se hizo de esa manera. De un modo general podemos decir que la suma de precio fue la indicada para poner de relieve la condición "servil" de la que provenía Israel, pues el precio de la compra de la mujer (de Israel) se compara con el precio de un esclavo, según el cómputo de Ecl 21, 32 y Zac 11, 12. Por otra parte, el hecho de que el precio se pagara parte en moneda y parte en especie (con un tipo de comida que resultaba despreciable en la antigüedad, *vile hordeum*, cebada vil, como en Num 5, 15) tenía como finalidad el poner de relieve la baja condición social de la mujer.

Más aún, el precio pagado no se tomaba como dinero de compra, por el que la mujer sería dada por parte de sus padres, pues no se puede demostrar que en Israel existiera la costumbre de comprar una mujer a los padres (cf. mi *Bibl. Archologie*, II. 109, 1). En este caso nos hallamos ante un "presente matrimonial", un dinero que el novio pagaba, pero no a los padres, sino a la misma novia, en el momento en que se obtenía su consentimiento. Pues bien, si la mujer quedaba satisfecha con quince siclos y con quince *efas* de cebada, ella tenía que haberse encontrado en un estado de profunda necesidad.

3, 3

³ וָאֹמַ֣ר אֵלֶ֗יהָ יָמִ֤ים רַבִּים֙ תֵּ֣שְׁבִי לִ֔י לֹ֤א תִזְנִי֙ וְלֹ֣א תִֽהְיִ֣י לְאִ֑ישׁ וְגַם־אֲנִ֖י אֵלָֽיִךְ׃

³ Le dije: Tú serás (=te sentarás) para mí durante muchos días; no fornicarás ni te entregarás a otro hombre, y también yo seré para ti.

En lugar de conceder la plena comunión conyugal como esposa a la mujer que él ha adquirido para sí mismo, el profeta la pone en un estado de detención, en el que ella queda excluida de toda relación con otros hombres. Sentarse es equivalente a permanecer quieta, y לִי indica que ello se debe al marido, como algo que él le impone a ella a causa del amor que le tiene, para reformarla y para así conseguir que ella se vuelva una esposa fiel.

היה לאיש, ser para un hombre, es decir tener relación sexual o conyugal con él. Los comentaristas tienen opiniones distintas sobre el hecho de si el profeta está incluido en esa prohibición de tener relaciones con esa mujer. Probablemente él no está incluido en esa prohibición, pues su relación está indicada de un modo preciso en la última frase (y yo también seré para ti).

La distinción entre זנה y היה לאיש, está en el hecho de que la primera palabra evoca una relación con varios amantes, y la segunda evoca una relación conyugal (aquí de tipo adúltero) con un solo hombre. Las últimas palabras (y también yo seré para ti) no pueden significar otra cosa, sino que el profeta actuará con la mujer de la misma manera que han de actuar los otros hombres, es decir, sin tener relación conyugal con ella.

Las otras explicaciones que se han dado a estas palabras, según la cuales וְגַם, *vegam*, se traduce "y sin embargo" o "y entonces" resultan arbitrarias. El paralelo que aquí se traza no es entre el profeta y la esposa, sino entre el profeta y los otros hombres. En otras palabras, aquí el profeta no dice que durante el período de la detención de la mujer él no contraerá matrimonio con ninguna otra mujer, sino que él declara que no tendrá relación conyugal con ella, como no la tendrá ningún otro hombre.

Esto es lo que requiere la explicación del símbolo en Os 3, 4. Según una interpretación antigua, la idea expresada en este verso sería la siguiente: que el Señor esperaría con paciencia y con largo sufrimiento, aguardando la reforma de su nación antigua, y que no le haría desesperarse adoptando o eligiendo para sí alguna otra nación, en lugar de ella. Pero no encontramos ningún indicio que favorezca esta interpretación, ni aquí ni en Os 3, 4-5. Todo lo que se dice aquí es que el Señor no solo dejará de lado toda relación de su pueblo con los ídolos, sino que suspenderá por un largo tiempo su propia relación con Israel.

Adulterio de Israel

3, 4

⁴ כִּי֩ יָמִ֨ים רַבִּ֜ים יֵשְׁב֣וּ ׀ בְּנֵ֣י יִשְׂרָאֵ֗ל אֵ֥ין מֶ֙לֶךְ֙ וְאֵ֣ין שָׂ֔ר
וְאֵ֥ין זֶ֖בַח וְאֵ֣ין מַצֵּבָ֑ה וְאֵ֥ין אֵפ֖וֹד וּתְרָפִֽים׃

⁴ Porque muchos días estarán los hijos de Israel sin rey, sin príncipe, sin sacrificio, sin estatua, sin efod y sin terafines.

La explicación de esta imagen está introducida por כי, porque ofrece la razón de la acción simbólica. Los objetos que serán eliminados de la vida de los israelitas forman tres parejas, aunque solo las dos últimas se encuentran formalmente conectadas entre sí por la omisión de אין antes de תרפים, formando así una pareja, mientras que las cosas anteriores que se negarán a los israelitas aparecen una después de la otra, con la repetición de אין en cada uno de los casos.

Así como rey y príncipe van unidos, así también el sacrificio y el memorial (=estatua). Rey y príncipe son los representantes y portadores del gobierno civil, mientras que los sacrificios y el memorial representan la adoración y culto de la nación. מצבה, estatua o monumento, suele conectarse con el culto idolátrico.

Las estatuas solían estar consagrados a Baal (Ex 23, 24), y por esa razón solían estar prohibidos por la ley (Lev 26, 1; Dt 16, 22; cf. *Comentario* a 1 Rey 14, 23). Pero ellas estaban ampliamente extendidas en el reino de Israel (2 Rey 3, 2; 10, 26-28; 17, 10), y fueron erigidas también en Judá bajo los reyes idólatras (1 Rey 14, 23; 2 Rey 18, 4; 23, 14; 2 Cron 14, 2; 31, 1). Ciertamente, el *efod* y los *terafim* formaban parte del aparato de la oración, pero son especialmente nombrados como medios que se empleaban para investigar el futuro.

El efod era una especie de vestido para el pecho y la espalda del sumo sacerdote, al que se vinculaban los Urim y los Tumim, y era un medio por el que Yahvé comunicaba sus revelaciones al pueblo, y solía utilizarse para preguntar la voluntad de Dios (1 Sam 23, 9; 30, 7); y por esa razón fue un utensilio utilizado de un modo idolátrico (Jc 17, 5; Jc 18, 5). Los terafim eran una especie de "penates", a los que se adoraba como portadores de protección.

El profeta menciona objetos conectados con la adoración de Yahvé y también objetos de los ídolos, a causa de que ambos se hallaban mezclados en Israel, como deidades oraculares que revelaban los acontecimientos futuros (cf. mi *Bibl. Archol.* 90). Esos datos aparecen aquí conectados con el propósito de mostrar el pueblo que el Señor suprimiría la adoración de Yahvé y la de los ídolos, y al mismo tiempo la existencia de un gobierno civil independiente.

Con la destrucción de la monarquía (cf. en Os 1, 4) o la disolución del reino no solo quedó abolida la adoración de Yahvé, sino que se puso fin a la idolatría de la nación, pues el pueblo descubrió la falta de valor de los ídolos, cuando su poder quedó destruido por el juicio, viendo que ellos no podían liberarles; y a pesar del hecho de que, cuando fueron llevados al exilio ellos quedaron inmersos en un mundo de idolatría, el dolor y la miseria en que ellos habían quedado hundidos les llenó de aborrecimiento contra la idolatría (cf. en Os 2, 7).

La amenaza quedó cumplida en la historia de las diez tribus, cuando ellas fueron desterradas en la cautividad asiria, en la que permanece la mayor parte de los israelitas hasta el día de hoy, sin una monarquía, sin adoración a Yahvé y sin sacerdocio. Porque es evidente que con la palabra Israel se está aludiendo a las diez tribus, no solo por la estrecha relación entre esta profecía y Os 1, 1-11, donde Israel se distingue expresamente de Judá (Os 1, 7), sino también por la perspectiva que ofrece Os 3, 5, donde se dice que los hijos de Israel volverán a David, su rey, lo que indica claramente la separación de las diez tribus respecto de la casa de David. Al mismo tiempo, el destierro de Judá se presupone también en Os 1, 7.11, y de esa forma lo que se dice de Israel se transfiere implícitamente a Judá; por eso, lo que se dice en este verso de Israel, es decir, de las diez tribus, debe ampliarse, refiriéndose al exilio de los judíos en el tiempo de los babilonios y de los romanos, lo mismo que al del tiempo del rey Asa (2 Cron 15, 2-4). El profeta Azarías predijo esto para el reino de Judá de una forma que ofrece un apoyo firme a la profecía de Oseas.

3, 5

⁵ אַחַ֗ר יָשֻׁ֙בוּ֙ בְּנֵ֣י יִשְׂרָאֵ֔ל וּבִקְשׁוּ֙ אֶת־יְהוָ֣ה אֱלֹהֵיהֶ֔ם וְאֵ֖ת דָּוִ֣ד מַלְכָּ֑ם וּפָחֲד֧וּ אֶל־יְהוָ֛ה וְאֶל־טוּב֖וֹ בְּאַחֲרִ֥ית הַיָּמִֽים׃

⁵ Después volverán los hijos de Israel, buscarán a Yahvé, su Dios, y a David, su rey; y temerán a Yahvé y a su bondad al fin de los días.

Esta sección, como la anterior, culmina con el anuncio de una eventual conversión de Israel, que no está indicada en la acción simbólica anterior, sino que se añade para completar la interpretación del símbolo. "Buscando a Yahvé su Dios" está conectado con la búsqueda de David, su rey. Pues así como la separación de las diez tribus de la casa de David fue simplemente la consecuencia y efecto de una apostasía interior respecto de Yahvé y quedó explicitada en la adoración de los becerros de oro, de igual manera, el verdadero retorno al Señor no podrá realizarse sin un retorno a David, su rey, pues Dios ha prometido el reino para siempre a David y a su descendencia (2 Sam 7, 13.16). Por eso, David es el único rey verdadero de Israel, su rey.

David recibió la promesa de la continuidad definitiva de su gobierno no para su persona, sino para su descendencia, es decir, para su familia. Por eso, en razón de esa promesa, la totalidad de la casa real de David queda frecuentemente incluida bajo la expresión "rey David", de manera que podemos imaginar que la palabra David no se introduce aquí como expresión de su persona individual, sino refiriéndose a la familia davídica. Pues bien, a pesar de ello, aquí no podemos pensar en algunos representes históricos de la dinastía de David como Zorobabel y otros semejantes, pues el retorno de los israelitas al rey David no se realizaría hasta אַחֲרִית הַיָּמִים, *'achârîth hayyâmîm* (el fin de los días).

Esta expresión (el fin de los días) no está indicando un tipo de futuro en general, sino que evoca siempre el futuro definitivo del reino de Dios, que comienza con la llegada del Mesías (cf. *Comentario* a Gen 49, 1; Is 2, 2). Por su parte, la expresión פָּחֲדוּ אֶל־יְהוָה, *pâchad 'el Yehovâh,* el temor o temblor ante Yahvé es una expresión pregnante que significa "volver a Yahvé con temblor", es decir, sea temblando ante la santidad de Dios, a causa de la propia pecaminosidad e indignidad, sea con angustia y dolor por la conciencia de la propia incapacidad. Esa expresión se utiliza aquí en el último sentido, como muestran claramente dos textos paralelos: Os 5, 15 (en su aflicción me buscarán) y Os 11, 11 (ellos temblarán como un pájaro). Así lo exige también la expresión ואל־טובו, que ha de entenderse, conforme a Os 2, 7, como evocando la bondad de Dios, tal como se manifiesta en sus dones.

La aflicción les llevará a buscar al Señor y a su bondad, que es inseparable de él (Hengstenberg). Comparar con Jer 31, 12, donde la bondad de Dios se manifiesta como trigo, como vino nuevo y aceite, como ovejas y vacas, que son los dones que provienen de la bondad del Señor (Za 9, 17; Sal 27, 13; 31, 20). A aquel que tiene al Señor como su Dios no le faltará ninguna cosa.

OSEAS 4, 1- 6, 3
DEPRAVACIÓN DE ISRAEL Y SU RIESGO DE CASTIGO

El adulterio espiritual de Israel con las consecuencias que el profeta ha expuesto en parte anterior (Os 1,1-3, 5), se expande y desarrolla a lo largo de todo el resto del libro, de una forma más elaborada y detallada, no solo con respecto a su verdadera naturaleza (es decir, a la apostasía religiosa y a la depravación moral que dominaba en las diez tribus), sino también en sus consecuencias inevitables, es decir, en la destrucción del reino y en el rechazo del pueblo; y todo esto se dice también con una referencia explícita hacia Judá. A eso se añade aquí una solemne llamada al retorno al Señor, con la promesa de que el Señor tendrá compasión de los penitentes de Israel y renovará su alianza con ellos.

Todo esto se expone en tres secciones: (a) Os 4, 1-6, 3. Depravación de Israel y su riesgo de castigo. (b) Os 6, 4-11, 11. Israel ha madurado para el juicio de la destrucción. (c) Os 11, 12-14, 10. Apostasía de Israel y fidelidad de Dios. Comenzamos así con la primera sección en la que el profeta demuestra la necesidad de juicio, exponiendo los pecados y las locuras de Israel, se divide en dos partes que comienzan de la misma forma: "Escucha la palabra del Señor" (Os 4, 1) y "Escuchad esto" (Os 5, 1).

La distinción entre las dos partes está en el hecho de que en Os 4 el reproche por los pecados nos hace pasar de Israel como un todo a los pecados de los sacerdotes en concreto, mientras que en Os 5, 1-15 se pasa de la ruina del sacerdocio a la depravación de toda la nación, con el anuncio de la perversidad de toda la nación, terminando finalmente en 6, 1-3 con el mandato de volver al Señor. De todas formas, el contenido de los dos capítulos está dispuesto de tal forma que resulta difícil dividirlo en estrofas.

4, 1-19. Pecados de Israel y visitación de Dios

4, 1-2

¹ שִׁמְעוּ דְבַר־יְהוָה בְּנֵי יִשְׂרָאֵל כִּי רִיב לַיהוָה
עִם־יוֹשְׁבֵי הָאָרֶץ כִּי אֵין־אֱמֶת וְאֵין־חֶסֶד וְאֵין־דַּעַת אֱלֹהִים בָּאָרֶץ׃
² אָלֹה וְכַחֵשׁ וְרָצֹחַ וְגָנֹב וְנָאֹף פָּרָצוּ וְדָמִים בְּדָמִים נָגָעוּ׃

> ¹ Oíd la palabra de Yahvé, hijos de Israel, porque Yahvé contiende con los moradores de la tierra, pues no hay verdad, ni misericordia, ni conocimiento de Dios en la tierra. ² El perjurio y la mentira, el asesinato, el robo y el adulterio prevalecen, y se comete homicidio tras homicidio.

Os 4, 1-5 forma la primera estrofa y contiene, por así decirlo, el tema, la suma y sustancia de toda la exposición posterior con la amenaza del castigo y del juicio. La palabra se dirige aquí al Israel de las diez tribus, como muestra claramente Os 4, 15. El Señor tiene una controversia con el pueblo y tiene que acusarle y juzgarle, porque la verdad, el amor/misericordia y el conocimiento de Dios han desaparecido de la tierra.

4.1. כִּי אֵין־אֱמֶת וְאֵין־חֶסֶד, porque no hay *'emeth* ni *chesed*, palabras que aparecen frecuentemente asociadas, no solo porque son atributos divinos, sino también virtudes humanas. Ellas se utilizan aquí en ese segundo sentido, como en Prov 3, 3. No hay *'ĕmeth*, es decir, fidelidad, tanto en palabras como en obras, de manera que nadie confía en nadie (cf. Jer 9, 3-4). *Chesed* no significa amor humano en general, sino amor a los inferiores, y a aquellos que necesitan ayuda y compasión. La verdad y el amor se condicionan mutuamente.

> La verdad no puede mantenerse sin misericordia; y la misericordia sin verdad o fidelidad hace que los hombres sean negligentes, de manera que una virtud ha de estar vinculada a la otra (Jerónimo).

Ambas tienen sus raíces en el conocimiento de Dios, del que provienen (Jer 22, 16; Is 11, 9). En esa línea, el conocimiento de Dios no es simplemente "el descubrimiento de su naturaleza y voluntad" (Hitzig), sino la experiencia de su amor, de la fidelidad y compasión de Dios, que se apoyan en la experiencia de su corazón. Ese conocimiento no solo produce temor de Dios, sino también amor y fidelidad hacia los hermanos (cf. Ef 4, 32; Col 3, 12). Aquí faltan esas virtudes, por eso crece la injusticia.

4, 2. La enumeración de los pecados y crímenes más importantes comienza en infinitivo absoluto, para destacar con más énfasis los pecados que se evocan: אָלֹה, de *'âlâh*, jurar, en combinación con כַּחֵשׁ, *kichēsh*, significa jurar en falso (como אלוה שוא en Os 10,4; cf. pasaje semejante en Jer 7, 9). Pero en este contexto no podemos tomar *kichēsh* como subordinado a *'âlâh*, ni vincularlos entre sí, como si formaran una sola idea.

El jurar se refiere a no cumplir el segundo mandamiento, y וְגָנֹב, robar, se refiere al octavo. Los infinitivos que siguen enumeran los pecados contra el quinto, el séptimo y el sexto mandamiento. Con פָּרָצוּ, *pârâtsū*, el discurso continúa utilizando tiempos finitos (Lutero sigue aquí a los LXX y a la Vulgata, y conecta este verbo con lo que precede, pero está equivocado).

Los perfectos, פָּרָצוּ y נָגָעוּ, *nâgâ'û,* no son pretéritos, sino que expresan un acto ya completado, extendiéndose desde el pasado al presente. *Pârats,* que es rasgar, romper, significa en este caso una ruptura violenta con otras personas, con la finalidad de robar y asesinar, "enriquecerse como פריצים, es decir, actuar como asesinos y ladrones" (Hitzig), de manera que un asesinato sigue inmediatamente a otro (Ez 18, 10). בְּדָמִים, *dâmîm,* sangres derramadas con violencia, hecho sangriento, crimen capital.

4, 3-5

³ עַל־כֵּן ׀ תֶּאֱבַל הָאָרֶץ וְאֻמְלַל כָּל־יוֹשֵׁב בָּהּ בְּחַיַּת הַשָּׂדֶה וּבְעוֹף הַשָּׁמָיִם וְגַם־דְּגֵי הַיָּם יֵאָסֵפוּ:
⁴ אַךְ אִישׁ אַל־יָרֵב וְאַל־יוֹכַח אִישׁ וְעַמְּךָ כִּמְרִיבֵי כֹהֵן:
⁵ וְכָשַׁלְתָּ הַיּוֹם וְכָשַׁל גַּם־נָבִיא עִמְּךָ לָיְלָה וְדָמִיתִי אִמֶּךָ:

³ Por lo cual se enlutará la tierra y se extenuará todo morador de ella; las bestias del campo, las aves del cielo y aun los peces del mar morirán. ⁴ ¡Que nadie acuse ni reprenda a otro! Tu pueblo es como los que resisten al sacerdote (=disputan con el sacerdote). ⁵ Tropezarás por tanto en pleno día, y de noche tropezará contigo el profeta, y a tu madre destruiré.

4, 3. Los crímenes anteriores llevan a la ruina. Las palabras de este verso muestran no solo que la creación inanimada sufre a consecuencia de los pecados y crímenes de los hombres, sino que la depravación moral de los hombres causa la destrucción física de otras criaturas. Como Dios ha dado al hombre el dominio sobre todas las bestias y sobre toda la tierra, a fin de que utilice ese dominio para gloria de Dios, así castiga él la maldad de los hombres con la peste, o con la devastación de la tierra.

El lamento de la tierra y la devastación de los animales son el resultado natural de la falta de lluvia y de la gran sequía que se extiende, como en el tiempo de Ahab a lo largo del reino de las diez tribus (1 Rey 17, 18), y a juzgar por Am 1, 2 y 8, 8 algo semejante ocurrió repetidamente con la continua idolatría del pueblo. Los verbos no están en futuro, en cuyo caso el castigo sería solo objeto de amenaza, sino en aoristo, expresando algo ya sucedido, y que continuará sucediendo.

כָּל־יוֹשֵׁב בָּהּ (todo morador de ella): no se refiere a los hombres, sino a los animales, como muestra la expresión posterior, בחיה וגו. La ב se utiliza para enumeración de individuos, como en Gen 7, 21; 9, 10. Los peces son mencionados al final, e introducidos con un וגם, de tipo enfático, para mostrar que la sequía se extenderá de tal manera que incluso los lagos y otras corrientes de agua se secarán. האסף, ser recogidos, ser expulsados, desaparecer o perecer, como en Is 16, 10; 60, 20; Jer 48, 33.

4, 4. A pesar del estallido del juicio divino, el pueblo se muestra incorregible en sus pecados. אַךְ no ha de tomarse como una antítesis tácita, como diciendo que dada la gran perversidad era mucho lo que había que castigar, pues esta idea sería inútil. La primera frase contiene un argumento que muestra la desesperación de la maldad.

Debe rechazarse la idea de que el segundo אִישׁ, *'ish,* ha de tomarse como un objeto, pues esa idea no se puede defender ni por la expresión אִישׁ בְּאִישׁ de Is 3, 5, ni apelando a Am 2, 15, y no tiene ningún significado desde la perspectiva de la segunda parte del verso. Por eso no hay necesidad de probar que la frase no significa "cada uno que tiene un sacerdote acusa al sacerdote en vez de acusarse a sí mismo por la calamidad que le sucede", como supone Hitzig, pues עַם significa la nación, y no un individuo.

Por su parte, וְעַמְּךָ tiene un sentido adversativo, dando la razón del argumento anterior en el sentido de "dado que tu pueblo…", o simplemente "tu pueblo son seguramente aquellos que disputan con el sacerdote". La expresión inusual מְרִיבֵי כֹהֵן, los que disputan con el sacerdote, es análoga a la de "los que se mueven por la frontera" (Os 5, 10), y puede explicarse, como suponen Lutero, Grocius y otros, partiendo de la ley que aparece en Dt 17, 12-13, según la cual toda disputa legal debía ser resuelta en último término por un sacerdote y juez como tribunal supremo, de tal forma que quien intente resistir al veredicto de ese tribunal deberá ser condenado a muerte.

El sentido de la frase es que Israel se parece a aquellos a quienes la ley describe como rebeldes contra los sacerdotes (Hengstenberg, *Beit.* II, 55). El sufijo "tu nación" no se refiere al profeta, sino a los hijos de Israel, la suma de los cuales constituyen la nación, a la que se dirige directamente el siguiente verso.

4, 5. La palabra כָּשַׁלְתָּ, de *kshal,* no se utiliza aquí con referencia al pecado, como supone Simson, sino al castigo, y significa caer, en el sentido de perecer, como en Os 14, 2; Is 31, 3, etc. הַיּוֹם no es "hoy", o el día en que deba darse el castigo, sino "de día", pues así lo exige la antítesis con לַיְלָה, como en Neh 4, 16. נָבִיא, sin artículo, de un modo indefinido y general, se refiere a los falsos profetas, no de Baal, sino de Yahvé que es adorado bajo la imagen de los becerros, que practicaban la profecía como un negocio, y que según 1 Rey 22, 6, eran muy numerosos en el reino de Israel.

La afirmación de que el pueblo caerá de día y los profetas de noche no nos permite interpretar el día y la noche de un modo alegórico, como si el día fuera el tiempo en que es visible el camino del derecho, y la noche como el tiempo en que ese camino está escondido u oscurecido, sino que como muestra el paralelismo de las frases, día y noche significan todos los tiempos, tiempos en que han de caer pueblo y profetas. "No habrá tiempo sin matanza, ni para los individuos, ni para la nación en su conjunto, ni para los falsos profetas" (Rosenmüller). En la segunda parte del verso se anuncia la destrucción de toda la nación y del reino (וְעַמִּי, de *'em,* es toda la nación, como en Os 2, 2; Heb 4, 1).

4, 6-10

⁶ נִדְמ֥וּ עַמִּ֖י מִבְּלִ֣י הַדָּ֑עַת כִּֽי־אַתָּ֞ה הַדַּ֣עַת מָאַ֗סְתָּ וְאֶמְאָֽסְאךָ֙
מִכַּהֵ֣ן לִ֔י וַתִּשְׁכַּח֙ תּוֹרַ֣ת אֱלֹהֶ֔יךָ אֶשְׁכַּ֥ח בָּנֶ֖יךָ גַּם־אָֽנִי׃
⁷ כְּרֻבָּ֖ם כֵּ֣ן חָֽטְאוּ־לִ֑י כְּבוֹדָ֖ם בְּקָל֥וֹן אָמִֽיר׃
⁸ חַטַּ֥את עַמִּ֖י יֹאכֵ֑לוּ וְאֶל־עֲוֺנָ֖ם יִשְׂא֥וּ נַפְשֽׁוֹ׃
⁹ וְהָיָ֥ה כָעָ֖ם כַּכֹּהֵ֑ן וּפָקַדְתִּ֤י עָלָיו֙ דְּרָכָ֔יו וּמַעֲלָלָ֖יו אָשִׁ֥יב לֽוֹ׃
¹⁰ וְאָֽכְלוּ֙ וְלֹ֣א יִשְׂבָּ֔עוּ הִזְנ֖וּ וְלֹ֣א יִפְרֹ֑צוּ כִּֽי־אֶת־יְהוָ֥ה עָזְב֖וּ לִשְׁמֹֽר׃

⁶ Mi pueblo fue destruido porque le faltó conocimiento. Por cuanto desechaste el conocimiento, yo te echaré del sacerdocio; puesto que olvidaste la ley de tu Dios, también yo me olvidaré de tus hijos. ⁷ Cuanto más aumentaban, más pecaban contra mí; pues también yo cambiaré su honra en afrenta. ⁸ Del pecado de mi pueblo comen, y en su maldad levantan su alma. ⁹ Lo mismo será con el pueblo que con el sacerdote: los castigaré por su conducta y les pagaré conforme a sus obras. ¹⁰ Comerán, mas no se saciarán; fornicarán, mas no se multiplicarán, porque dejaron de servir a Yahvé.

4, 6. La segunda estrofa, que empieza aquí (4, 6-10), desarrolla el pensamiento anterior. El que habla en 4, 6 sigue siendo Yahvé que dice "mi nación", es decir, la nación de Yahvé. Esta nación perece por falta de conocimiento de Dios y de su salvación. הַדָּעַת, *hadda'ath* (el conocimiento) aparece con artículo definido, frente a *da'ath Elōhîm* (conocimiento de Dios) de Os 4, 1. Israel podía haber adquirido este conocimiento a partir de la ley, en la que Dios revelaba a su pueblo su consejo y su deseo (Dt 30, 15), pero no lo ha hecho, sino que ha rechazado el conocimiento y ha olvidado la ley de Dios, de manera que, a consecuencia de ello, será rechazado y olvidado por Dios.

Por אַתָּה, *'attâh* (tú), el texto no se está refiriendo a los sacerdotes, custodios de la ley y promotores del conocimiento divino de la nación, sino a toda la nación de las diez tribus, que aceptó la adoración de las imágenes erigidas por Jeroboán, con su sacerdocio ilegal (1 Rey 12, 26-33), a pesar de todas las amenazas y juicios de Dios, por los que el pueblo fue destruido, dinastía tras dinastía, sin abandonar los pecados de Jeroboán. Por eso, el Señor rechazará su sacerdocio (es decir, privará a Israel del privilegio de ser nación sacerdotal, cf. Ex 19, 6; Israel perderá ese privilegio y será ante Dios como el resto de las naciones paganas.

Según Olshausen (*Heb. Gramm.* p. 179), la forma anómala אמאסך es solo un error del copista, en vez de אמאסך; pero Ewald (247, e) la toma como una forma aramea pausal, en el sentido de "tus hijos", los hijos de la comunidad nacional, tomada como una madre; esos hijos son los miembros individuales de la nación.

4, 7. כרבם, "cuanto más aumentaban/crecían", no se refiere solo al crecimiento numérico de la nación (Os 9, 11), sino también a su crecimiento como nación poderosa, al aumento de su riqueza y prosperidad, a consecuencia de lo cual aumentaba la población. El crecimiento progresivo de la grandeza de la nación iba vinculado al aumento de su pecado.

Dado que la nación atribuía las bendiciones de su prosperidad a sus propios ídolos, pensando que eran ellos los que promovían esa prosperidad (Os 2, 7), y miraba esas bendiciones como fruto y recompensa de su idolatría, ella se fortalecía en su ilusión y se separaba cada vez más del Dios vivo. Por eso, Dios cambiaría la gloria de Efraín, es decir, su grandeza y riqueza, en vergüenza. La palabra כבודם se ha escogido aquí probablemente a causa de su asonancia con כרבם. Para interpretar el hecho como tal, cf. Os 2, 3. 9-11.

4, 8. Con este reproche pasamos del pecado de toda la nación al pecado del sacerdocio. Es evidente que aquí se trata de eso, no solo por el contenido de este verso, sino aún más por el comienzo del verso siguiente. חַטַּאת עַמִּי, *chatta'th 'ammī* (el pecado de mi pueblo) es la ofrenda pecadora del pueblo, la carne que los sacerdotes debían comer, para expiar por los pecados del pueblo (cf. Lev 6, 26, y las referencias a esta ley en Lev 10, 17).

Pues bien, el cumplimiento de este mandamiento se había convertido en un pecado de parte de los sacerdotes, pues ellos dirigían su alma hacia la transgresión del pueblo, es decir, la deseaban y fomentaban. En otras palabras, ellos deseaban que aumentaran los pecados del pueblo a fin de recibir una cantidad mayor de carne sacrificial para comer.

Evidentemente, el profeta utiliza la palabra חַטָּאת, *chattâ'th,* que significa tanto pecado como ofrenda por el pecado, en un sentido doble, mostrando así que la comida de la carne sacrificial por el pecado era el gran pecado del pueblo, pues esa carne estaba dedicada a los ídolos. נשא נפש אל, elevar o dirigir el alma hacia algo, desear o suspirar por algo, como en Dt 24, 15. El sufijo singular añadido a נַפְשׁוֹ, *naphshō* (su alma) ha de tomarse en un sentido distributivo: de ellos, de cada una de las almas[13].

4.9. Dado que los sacerdotes habían abusado de su oficio con el fin de llenar sus estómagos, ellos deberán perecer con la nación. Los sufijos en las últimas frases se refieren a los sacerdotes, aunque el castigo con el que se les amenaza ha de caer también sobre el resto del pueblo. Esto explica el hecho de que en Os 4, 10 la primera frase se aplica todavía a los sacerdotes, mientras que en la segunda frase la profecía se dirige una vez más a toda la nación.

4, 10. La primera frase se refiere todavía a los sacerdotes, a causa de la relación de ואכלו con יאכלו de Os 4, 8, tema que responde a la amenaza de Lev 26, 16. La siguiente palabra הִזְנוּ, *biznū*, significa practicar la prostitución, no simplemente seducir para la prostitución y se refiere a toda la nación, y ha de

---

13. Es evidente que el culto sacrificial se realizaba en Israel de acuerdo con la ley de Moisés, y que los sacerdotes israelitas estaban todavía en posesión de los derechos que el Pentateuco había ratificado para los sacerdotes levíticos.

tomarse en sentido literal, como lo requiere la antítesis con לֹא יִפְרֹצוּ. *Pârats* significa extenderse, aumentar el número, como en Ex 1, 12 y Gen 28, 14. En la última frase, שמר se vincula con Yahvé: han dejado de servir, de seguir a Yahvé. Por eso, Dios dejará de bendecir a todos, de manera que los que comen (sacerdotes) no quedarán satisfechos y los que cometen prostitución no crecerán.

4, 11-14

¹¹ זְנוּת וְיַיִן וְתִירוֹשׁ יִקַּח־לֵב׃
¹² עַמִּי בְּעֵצוֹ יִשְׁאָל וּמַקְלוֹ יַגִּיד לוֹ כִּי רוּחַ זְנוּנִים הִתְעָה וַיִּזְנוּ מִתַּחַת אֱלֹהֵיהֶם׃
¹³ עַל־רָאשֵׁי הֶהָרִים יְזַבֵּחוּ וְעַל־הַגְּבָעוֹת יְקַטֵּרוּ תַּחַת אַלּוֹן
וְלִבְנֶה וְאֵלָה כִּי טוֹב צִלָּהּ עַל־כֵּן תִּזְנֶינָה בְּנוֹתֵיכֶם וְכַלּוֹתֵיכֶם תְּנָאַפְנָה׃
¹⁴ לֹא־אֶפְקוֹד עַל־בְּנוֹתֵיכֶם כִּי תִזְנֶינָה וְעַל־כַּלּוֹתֵיכֶם כִּי תְנָאַפְנָה
כִּי־הֵם עִם־הַזֹּנוֹת יְפָרֵדוּ וְעִם־הַקְּדֵשׁוֹת יְזַבֵּחוּ וְעָם לֹא־יָבִין יִלָּבֵט׃

¹¹ Fornicación, vino y mosto quitan el juicio. ¹² Mi pueblo consulta a su ídolo de madera, y el leño le responde; porque un espíritu de fornicación lo hizo errar, y dejaron a su Dios por fornicar. ¹³ Sobre las cimas de los montes sacrificaron, y quemaron incienso sobre los collados, y debajo de las encinas, álamos y olmos, pues buena es su sombra. Por tanto, vuestras hijas fornicarán y vuestras nueras cometerán adulterio. 14 No castigaré a vuestras hijas cuando forniquen, ni a vuestras nueras cuando cometan adulterio; porque ellos mismos se van con rameras, y con malas mujeres sacrifican. Por tanto, el pueblo sin entendimiento caerá.

La alusión a la prostitución lleva a la descripción de la conducta idolátrica del pueblo en esta tercera estrofa (Os 4,11-14) que se introduce con una sentencia general.

4, 11-12. זְנוּת, *zenûth* es la prostitución, la conducta licenciosa en el sentido literal de la palabra, algo que se vincula siempre con un tipo de destrucción. La verdad profunda de esto es que destruye el poder mental, como se muestra en la locura de la idolatría en la que ha caído la nación. שאל בעצו se vincula con ביהוה, que es preguntar por una revelación divina a los ídolos hechos de madera (Jer 10, 1; Hab 2, 19), es decir, a los *terafim* (cf. Os 3, 4 y Ez 21, 26). Este reproche queda intensificado por la antítesis con "mi nación", es decir, la nación del Dios vivo, mientras que sus leños son las maderas convertidas en ídolos del pueblo.

La frase siguiente (y el leño le responde...), con un verbo de futuro (יַגִּיד, de *higgîd*, como en Is 41, 22-23, etc.), se refiere según Cirilo de Alejandría a la práctica de la rabdomancia, que él considera invención de los caldeos y que describe como el gesto por el que se dejaban caer dos varas mantenidas en lo alto, mientras se recitaban diversos encantamientos. La respuesta oracular se deducía de la forma en que caían las varas, a un lado o al otro, a la derecha o a la izquierda.

El tipo de encantamiento y oráculo es semejante al que se utilizaba en otros tipos de varas oraculares[14].

El pueblo actúa así porque está poseído por un espíritu de prostitución. En esa línea, el רוּחַ זְנוּנִים, *rūăch zenūnīm,* espíritu de prostitución aparece representado por un poder demoníaco que se ha apoderado de la nación. *Zenūnīm* incluye probablemente una prostitución carnal y espiritual, pues la idolatría (especialmente la de Ashera) estaba conectada con una gran licencia sexual. El objeto no expresado de התעה puede suplirse fácilmente por el contexto. זנה מתחת אל, que se distingue de זנה מאחרי (Os 1, 2), significa prostituirse apartándose de Dios (como una forma de romper la relación con Dios).

4, 13. Los altos de los montes y colinas eran los lugares favoritos de la adoración idolátrica, pues los hombres pensaban que ellos se encontraban allí más cerca del cielo y de la divinidad (cf. Dt 12, 2). Por una comparación con esos y otros pasajes (cf. Jer 2, 20 y 3, 6) resulta evidente que las palabras siguientes (debajo de las encinas…) no están indicando que en el pico de los montes hubiera encinas y que allí celebraban su culto los fornicadores, sino que, junto a los picos de los montes y colinas, también los bosques de encinas de los valles se tomaban como lugares de adoración.

De esa forma, al citar en concreto a las encinas, a los álamos blancos y a los olmos (לִבְנֶה אֵלָה) el autor está concretando las expresiones generales de Dt 12, 2; 1 Rey 14, 23; Jer 2, 20 y 3, 6) en las que se alude a todo tipo de árboles verdes. El autor selecciona a estos árboles porque en las tierras ardientes de oriente ellos ofrecen un lugar de sombra refrescante que llena la mente de un temor sagrado. על־כן, por tanto, por esta razón, es decir, no porque la sombra de los árboles invite al misterio, sino porque los lugares para la adoración sagrada erigidos precisamente allí ofrecían una oportunidad para ello. Por tanto, las hijas y las nueras se entregaban allí a la prostitución. La adoración de la diosa de la naturaleza cananea y babilonia estaba asociada con la prostitución y con la relación con muchachas jóvenes y con mujeres (cf. Movers, *Phönizier,* i. pp. 583, 595 ss.).

4, 14. Dios no castigará a las hijas y a los jóvenes por su prostitución, porque los mayores actuaban todavía de forma peor. "Tan grande era el número de fornicaciones que el castigo no podía aplicarse pues no se podía esperar en la enmienda" (Jerónimo). Con las palabras כי הם, se está indicando que Dios se aleja de la nación impía, porque carece de sentido dirigirse a ella o exigirle que se convierta, con indignación por su pecado, de manera que el texto sigue en tercera persona: "porque ellos mismos se van con rameras, y con malas mujeres sacrifican…" (los que pecan no son los sacerdotes, como supone Simson, sino los padres y maridos).

---

14. Según Herodoto IV, 67, este tipo de adivinación era muy común entre los escitas (cf. comentario a Ez 21, 26). Otra descripción de la rabdomancia (de *rabdos,* vara) ha sido descrita por Abarbanel, según Maimónides y Moisés Mikkoz: cf. Marck y Rosenmüller sobre este pasaje.

פרד, *piel*, en sentido intransitivo, significa separarse, irse a un lado, con el propósito de estar a solas con las prostitutas. La frase "sacrificando con prostitutas הקְדֵשׁוֹת (mujeres sagradas, *qedēshōth*, como las *hetairai*, cf. Gen 38, 14) puede indicar que había una costumbre de que los padres de familia venían con sus mujeres para ofrecer los sacrificios anuales, y las mujeres participaban en las comidas sacrificiales (1 Sam 1, 3).

Pues bien, acercarse al altar con hetairas en vez de ir con sus propias mujeres era el clímax de un tipo de "licencia desvergonzada". Una nación que se había hundido en un pecado tan bajo y que había perdido toda dignidad debía perecer. לבט (cf. יִלָּבֵט) tiene el mismo sentido que el árabe *lbṭ*, echar a la tierra, o en *nifal*, arrojar algo para su destrucción, destruirse (Prov 10, 8. 10).

4, 15-19

¹⁵ אִם־זֹנֶה אַתָּה יִשְׂרָאֵל אַל־יֶאְשַׁם יְהוּדָה וְאַל־תָּבֹאוּ הַגִּלְגָּל וְאַל־תַּעֲלוּ בֵּית אָוֶן וְאַל־תִּשָּׁבְעוּ חַי־יְהוָה׃
¹⁶ כִּי כְּפָרָה סֹרֵרָה סָרַר יִשְׂרָאֵל עַתָּה יִרְעֵם יְהוָה כְּכֶבֶשׂ בַּמֶּרְחָב׃
¹⁷ חֲבוּר עֲצַבִּים אֶפְרָיִם הַנַּח־לוֹ׃
¹⁸ סָר סָבְאָם הַזְנֵה הִזְנוּ אָהֲבוּ הֵבוּ קָלוֹן מָגִנֶּיהָ׃
¹⁹ צָרַר רוּחַ אוֹתָהּ בִּכְנָפֶיהָ וְיֵבֹשׁוּ מִזִּבְחוֹתָם׃ ס

¹⁵ Si tú, Israel, fornicas, que al menos no peque Judá. ¡No entréis en Gilgal, ni subáis a Bet-avén, ni juréis: Vive Yahvé! ¹⁶ Porque como novilla indómita se apartó Israel; ¿los apacentará ahora Yahvé como a corderos en ancho prado? ¹⁷ Efraín es dado a ídolos, ¡déjalo! ¹⁸ Su bebida se corrompió, fornicaron sin cesar; han amado sus escudos, han amado su vergüenza. ¹⁹ ¡Un viento los llevará en sus alas, y se avergonzarán de sus sacrificios!.

Comienza una nueva sección en la profecía, con el siguiente argumento: aunque Israel persista en su idolatría, Judá no debería participar en el pecado de Israel. Este es el tema de la cuarta estrofa que sigue, Os 4, 15-19.

4, 15. אשם, volverse culpable participando en la prostitución, es decir, en la idolatría de Israel. Esto se realizaba haciendo peregrinaciones a los lugares de la adoración idolátrica de aquel reino, es decir, a Gilgal, no al Gilgal que está en el valle del Jordán, al sur, sino a un Gilgal más al norte, sobre las montañas, actualmente Jiljilia, al sudoeste de Silo (Seilun, cf. Dt 11, 30 y 2 Rey 4, 38). En el tiempo de Elías y de Eliseo era la sede de una escuela de profetas (2 Rey 2, 1; 4, 38); pero después se convirtió en sede de una forma de adoración idolátrica, cuyo origen y naturaleza desconocemos (cf. O 9, 15; 12, 12, Am 4, 4; 5, 5).

Bethaven no es el lugar de ese nombre, mencionado en Js 7, 2, que estaba situado al sudeste de Betel, sino que, como muestran Am 4, 4 y 5, 5, era un nombre que Oseas había adoptado de Am 5, 5 para referirse a Betel (actualmente Beitin), para mostrar que Betel, la casa de Dios, se había convertido en *Bethaven*, la casa de los ídolos, pues allí había sido colocado uno de los becerros de oro (1 Rey 12, 29).

Jurar por el nombre de Yahvé había sido mandado por la ley (Dt 6, 13; 10, 20; cf. 4, 2); pero este juramento debía estar fundado en la fidelidad a Yahvé, como expresión de su adoración. En contra de eso, los adoradores de los ídolos no debían poner en su boca el nombre de Yahvé.

Este mandamiento de no jurar por la vida de Yahvé está conectado con los avisos y advertencias precedentes. Ir a Gilgal para adorar a los ídolos y jurar por el nombre de Yahvé son dos cosas que se oponen. La confesión de Yahvé se vuelve idolatría en la boca de los idólatras, un tipo de idolatría que es más peligrosa que la impiedad abierta, pues conduce a un adormecimiento de las conciencias.

4, 16. Aquí se da la razón para la advertencia anterior, indicando el castigo que ha de caer sobre Israel. סורר, indómita, opuesta a toda corrección (Dt. 21, 18; cf. Zac 7, 11). Si Israel se hubiera sometido al yugo de la ley divina, podría haber tenido lo que deseaba, y Dios le hubiera alimentado como a un cordero. Pero ahora Dios le abandona, de tal manera que se convierte en presa de lobos y de bestias salvajes; Dios lo deja en libertad, pero en libertad para el destierro y la dispersión entre las naciones.

4, 17. חבור עצבים, "dado a los ídolos", atado a ellos, de manera que no puede quedar liberado. Efraín, la más poderosa de las diez tribus, aparece con frecuencia en los profetas como signo y compendio de todas ellas. הנח־לו, como en 2 Sam 16, 11 y 2 Rey 28, 18: deja que haga lo que quiera, que permanezca como está. Todo intento de separar a la nación de la idolatría resulta vano. Esa expresión, הנח־לו, *hannach-lō,* no ha de entenderse necesariamente como si esta palabra estuviera dirigida a los profetas, sino que está tomada del lenguaje de la vida ordinaria y significa simplemente: deja que siga en la idolatría, pues el castigo no tardará.

4, 18-19. סר de סור, corromperse, degenerarse, como en Jer 2, 21. סבא es probablemente un vino fuerte, que emborracha (cf. Is 1, 22; Nah 1, 10); aquí significa el efecto de ese vino, que es la intoxicación. Otros exegetas toman סר, *sâr,* en el sentido usual de separarse, en la línea de 1 Sam 1, 14, y entienden la sentencia de un modo condicional: "Cuando su intoxicación cesa, ellos cometen prostitución". Pero Hitzig ha indicado con gran precisión que es la misma embriaguez la que conduce a la vida licenciosa, y no a la templanza. Por otra parte, el reforzamiento de הִזְנוּ con el infinitivo absoluto va en contra de esa explicación. En esa línea, en Os 4, 10, el *hifil* הִזְנוּ se utiliza en sentido enfático.

Sea como fuere, el significado de la última parte del verso es un tema disputado, especialmente en relación con la palabra הֵבוּ que solo aparece aquí, y que no puede ser otra cosa que un imperativo de יהב (הבו en vez de הבו), o una contracción de אהבו. Todas las restantes explicaciones son arbitrarias. Por otra parte, no podemos tomar la palabra como un imperativo regido por קלון, con lo que se confunde totalmente el sentido de la frase, que debería ser: "Amar a sus escudos, lo que es una vergüenza".

Según eso, preferimos tomar הבו como una contracción de אהבו, y אהבו הבו como una construcción en forma *pealal*, según la cual la se repite la última parte del verbo plenamente formado, con la persona verbal como forma independiente (Ewald, 120), es decir: "han amado sus escudos, han amado su vergüenza", una traducción que responde plenamente al contexto.

Los príncipes están figurativamente representados como escudos (como en Sal 47, 10), como fundamento y protectores del Estado. Ellos aman la vergüenza, en la medida en que aman el pecado que lleva a la vergüenza. Esta vergüenza arderá de forma inevitable contra el reino. La tempestad se ha alzado ya contra el reino, se abalanzará con sus alas Sal 18, 11; 104, 3) y les arrastrará (Is 57, 13).

צרר, atar, poseer. *Rŭach*, viento o tempestad, aparece como término figurativo en el sentido de *destrucción*, como רוח קדים en Os 13, 15 y Ez 5, 3-4. אותה se refiere a Efraín, representado como una mujer, como el sufijo que se pone a מגניה en Os 4, 18. יבשו מזבחותם, quedar expuesto a la vergüenza en cada uno de sus sacrificios, es decir, ser engañados por su confianza en los ídolos (*bōsh* con *mim*, como en Os 10, 6: בְּשָׁנָה; cf. también Jer 2, 36; 12, 13, etc.) o descubrir que los sacrificios ofrecidos a Yahvé mientras que su corazón está unido a los ídolos no salvan de la ruina.

La formación plural זבחות se pone en lugar de זבחים, pero hay muchas formas análogas, y esto no nos permite alterar la lectura de la palabra y poner מזבחותם, como hacen los LXX (ἐκ τῶν θυσιατηρίων), como propone Hitzig. La incoherencia de esta propuesta está suficientemente demostrada por el hecho de que no hay nada que justifique la omisión de la partícula מן, que sería necesaria en ese caso. Y las citas que propone Hitzig para justificar esa omisión (cf. Zac 14, 10; Sal 68, 14 y Dt 23, 11) están fundadas en interpretaciones falsas.

5, 1–6, 3. Juicio de Dios y conversión del pueblo

Con las palabras "oíd esto…" se retoma el motivo de los pecados de Israel. Ellas se dirigen especialmente a los sacerdotes y a la casa del rey, es decir, al rey y a su corte, anunciando a los líderes de la nación el castigo que seguirá a su apostasía de Dios y a su idolatría, por las que ellos han arrojado al pueblo y al reino en manos de la destrucción.

5,1-2

1 שִׁמְעוּ־זֹאת הַכֹּהֲנִים וְהַקְשִׁיבוּ׀ בֵּית יִשְׂרָאֵל
וּבֵית הַמֶּלֶךְ הַאֲזִינוּ כִּי לָכֶם הַמִּשְׁפָּט כִּי־פַח הֱיִיתֶם
לְמִצְפָּה וְרֶשֶׁת פְּרוּשָׂה עַל־תָּבוֹר׃

Depravación de Israel y su riesgo de castigo

² וְשַׁחֲטָה שֵׂטִים הֶעְמִיקוּ וַאֲנִי מוּסָר לְכֻלָּם

¹ Sacerdotes, oíd esto, casa de Israel, estad atentos, casa del rey, escuchad: Contra vosotros es el juicio, pues habéis sido un lazo en Mizpa, una red tendida sobre Tabor. ² Haciendo víctimas han bajado hasta lo profundo; por tanto, los castigaré a todos ellos.

5, 1. La primera estrofa está formada por 5, 1-2. En 5, 1, con la palabra זֹאת, *esto*, el profeta adelanta el tema de 5, 4 (y retoma el motivo de Os 4, vinculándose así a todo lo anterior). Además de dirigirse a los sacerdotes y a la casa del rey (en la que se incluye la familia real, con sus consejeros y siervos), el profeta habla aquí a toda la casa de Israel, es decir, al pueblo de las diez tribus, tomadas como una familia, que está llamada a escuchar, porque aquello que se anunciará a continuación se aplica a todo el pueblo y al reino en su conjunto. No hay nada que nos obligue a entender la casa de Israel en un sentido restringido, refiriéndose solo a los jefes de la nación y a los ancianos.

כִּי לָכֶם הַמִּשְׁפָּט, *kî lâkem hammishpât*, significa "porque vosotros sois los que tenéis que conocer y defender el derecho", y no "vosotros sois los que tenéis que escuchar la reprensión" (como supone Hitzig), porque en este contexto *mishpât* no significa ni "mantenimiento de la justicia", ni tampoco reproche, sino el juicio que Dios va a ejecutar, es decir, τὸ κρίμα (LXX). El pensamiento de fondo es el siguiente: el juicio caerá sobre vosotros, y *lâkhem* se refiere principalmente a los sacerdotes y a los que forman parte de la casa del rey, como pone de relieve la frase explicativa que sigue.

No se puede fijar con certeza quién es el rey al que se refiere el texto. Probablemente es Zacarías o Menajem. O quizá son ambos, pues Oseas profetizó en el tiempo de esos dos reyes, y en este libro ofrece la quintaesencia de sus discursos. Ir a Asiria se refiere más a Menahem que a Zacarías (cf. 2 Rey 15, 19-20). La figura empleada (trampa para pájaros y red extendida para cazar pájaros) solo puede referirse a los gobernantes de la nación, que están representados como una trampa y una red, y los pájaros son sin duda el pueblo en general, que va a caer en la red de la destrucción donde serán cazado (cf. Os 9, 8)[15].

Mizpah, en paralelo con Tabor solo puede ser la colina de *Mizpah* de Galaad (cf. Jc 10, 17; 11, 29) o *Ramah-Mizpah*, que probablemente se hallaba sobre el lugar de la moderna es-Salt (cf. Dt. 4, 43), de manera que mientras el Tabor representa

---

15. Jerónimo ha dado una explicación muy buena de esta figura: "Yo os he instituido como vigilantes entre los pueblos, y os colocado en la plaza de honor más alta, a fin de que gobernéis al pueblo errante; pero habéis caído en una trampa, de manera que sois hombres perseguidos más que vigilantes".

a la tierra al occidente del Jordán, *Mizspah*, que tiene una situación semejante, representa a la tierra que está al este del Jordán[16].

Ambos lugares se citan aquí porque eran especialmente propicios para la caza de pájaros, porque el Tabor se encuentra aún rodeado de densos bosques. La suposición de que esos lugares se citen aquí porque han sido utilizados como lugares de sacrificios, en conexión con la adoración idolátrica, no puede inferirse de este verso, aunque parece probable a partir de otros pasajes.

5, 2. La acusación anterior queda ratificada por una presentación de la corrupción moral de la nación. El significado de la primera parte del verso, que resulta difícil de precisar y que ha sido interpretado de maneras muy diferentes tanto por expositores antiguos como modernos, ha sido bien estudiado por Delitzsch (*Comentario* sobre Sal 101, 3), quien lo traduce así: "Ellos entienden bien, desde el mismo principio, cómo extender las transgresiones".

El sentido de transgresión está bien establecido para la palabra שׂטים por el uso de סטים en Sal 101, 3, donde Hengstenberg, Hupfeld y Delitzsch afirman que aparece el significado propio de transgresión (cf. la reflexión filológica de Ewald en 146, e). Sin embargo, en el salmo aludido, la expresión עשׂה סטים muestra también que *shachătâh* es un infinitivo *piel* y *sētīm* el acusativo de objeto.

De aquí se deduce que *shachătâh* no significa matanza, ni sacrificios cruentos, ni puede utilizarse en lugar de שׁחתה en el sentido de actuar de un modo injurioso, sino que debe interpretarse en la línea *shâchûth* en 1 Rey 10, 16-17, con el significado de tender, de extenderse, de manera que no hay necesidad de tomar שׁחט en el sentido de שׂטה, como piensa Delitzsch, a pesar de que en esa línea se podría interpretar el cambio de עלוה por עולה en Os 10, 9.

שׂטים, de שׂטה (volver a un lado, Num 5, 12.19) son literalmente digresiones o excesos, en la línea de *hiznâh* que aparece en Os 5, 3 como el pecado más significativo de Israel. Han bajado hasta lo más profundo..., han extendido sus excesos, han ido demasiado lejos..., un pensamiento que responde al contexto en el que se formula esta amenaza. "Yo Yahvé les estoy castigando a todos ellos, tanto a los dirigentes como al pueblo"..., es decir, yo les castigaré a todos (cf. Os 5, 12), porque conozco bien su idolatría. De esa forma se prepara el camino para los dos versos siguientes.

5, 3-5

³ אֲנִי יָדַעְתִּי אֶפְרַיִם וְיִשְׂרָאֵל לֹא־נִכְחַד מִמֶּנִּי כִּי עַתָּה
הִזְנֵיתָ אֶפְרַיִם נִטְמָא יִשְׂרָאֵל׃

---

16. Así como el Tabor, por ejemplo, se eleva como una colina solitaria en forma de cono (cf. Jc 4, 6), así también es-Salt está edificada a los lados de una colina elevada, que se eleva sobre un pequeño valle solitario, en cuya cumbre hay una gran fortificación (cf. Seetzen en Burckhardt, *Reisen in Syrien*, p. 106).

Depravación de Israel y su riesgo de castigo

⁴ לֹא יִתְּנוּ מַעַלְלֵיהֶם לָשׁוּב אֶל־אֱלֹהֵיהֶם כִּי רוּחַ זְנוּנִים
בְּקִרְבָּם וְאֶת־יְהוָה לֹא יָדָעוּ׃
⁵ וְעָנָה גְאוֹן־יִשְׂרָאֵל בְּפָנָיו וְיִשְׂרָאֵל וְאֶפְרַיִם יִכָּשְׁלוּ בַּעֲוֹנָם
כָּשַׁל גַּם־יְהוּדָה עִמָּם׃

³ Yo conozco a Efraín, e Israel no me es desconocido; tú, Efraín, ahora te has prostituido, y se ha contaminado Israel. ⁴ No piensan en convertirse a su Dios, pues en medio de ellos hay un espíritu de fornicación y no conocen a Yahvé. ⁵ La soberbia de Israel testificará en su contra; Israel y Efraín tropezarán por su pecado, y Judá tropezará también con ellos.

5. 3-4. Por la palabra עתה, ahora…, se está indicando que la prostitución de Efraín se eleva contra ellos, como algo que no puede negarse. No se trata, como supone Hitzig de un hecho que ha tenido lugar una vez y para siempre, como si se estuviera refiriendo a la elección de un rey por la que se hubiera decidido la ruptura del reino y se ratificara la idolatría anterior.

נטמא, pervertidos por la prostitución, es decir, por la idolatría. Sus malas obras no les permiten volver a Dios, porque esas obras son meramente una consecuencia del carácter y estado de su corazón, y sus corazones se ha asentado sobre el demonio de la prostitución (cf. Os 4, 12), y no tienen conocimiento del Señor de modo que no pueden convertirse. Esto significa que el poder demoníaco de la idolatría ha tomado posesión completa de su corazón, impidiendo que pueda expresarse el conocimiento del verdadero Dios. La traducción "ellos no dirigen sus acciones hacia esto" es incorrecta, y no puede mantenerse apelando al uso de נתן לב en Jc 15, 1 y 1 Sam 24, 8 o Jc 3, 28.

5, 5. Dado que el sentido de "responder", de testificar en contra de una persona, ha sido bien establecido en otros casos, podemos mantener también aquí ese sentido para ענה ב (cf. Num 35, 30; Dt 19, 18; Is 3, 9). Y dado que ענה בפנים aparece también en Job 16, 8 con el mismo sentido, podemos aplicar también aquí ese significado, como han hecho Jerónimo y otros. Ese sentido puede establecerse también en este caso, dado que la explicación fundada en los LXX, καὶ ταπεινωθήσεται ἡ ὕβρις, "la soberbia de Israel será humillada," no puede reconciliarse con el sentido de בפניו.

Según eso, el "orgullo de Israel" no es la soberbia de Israel, sino aquello en lo que se gloría Israel, aquello que es la gloria para Israel. En esa línea podríamos citar la condición floreciente del reino, conforme a Am 6, 8; pero esa gloria solo puede dar testimonio contra el pecado de Israel cuando ella desaparece o decae por el pecado. Por eso, en vez de "la gloria de Israel", deberíamos evocar aquí la destrucción o caída de esa gloria de Israel, sentido que sería muy improbable en nuestro caso.

De esta forma, tanto aquí como en Os 7, 14, de acuerdo con Am 8, 7, debemos identificar la verdadera gloria de Israel con el mismo Yahvé, que es la eminencia y gloria de Israel. Desde ese fondo podemos conseguir el siguiente pensamiento, que responde muy bien al texto: "Ellos no conocen a Yahvé, no se ocupan de él, de manera que él (Yahvé) dará testimonio en contra de ellos al juzgarles, destruyendo su falsa gloria (cf. Os 2, 10-14), en contra del rostro de Israel, es decir, elevando un testimonio en contra de su rostro.

Este pensamiento aparece de forma clara y sin ambigüedad en Os 7, 10. Israel tropezará en su pecado, es decir, caerá y perecerá (cf. Os 4, 5). También Judá caerá con Israel, a causa de su participación en el pecado de Israel (Os 4, 15).

5, 6-10

⁶ בְּצֹאנָם וּבִבְקָרָם יֵלְכוּ לְבַקֵּשׁ אֶת־יְהוָה וְלֹא יִמְצָאוּ חָלַץ מֵהֶם׃
⁷ בַּיהוָה בָּגָדוּ כִּי־בָנִים זָרִים יָלָדוּ עַתָּה יֹאכְלֵם חֹדֶשׁ אֶת־חֶלְקֵיהֶם׃
⁸ תִּקְעוּ שׁוֹפָר בַּגִּבְעָה חֲצֹצְרָה בָּרָמָה הָרִיעוּ בֵּית אָוֶן אַחֲרֶיךָ בִּנְיָמִין׃
⁹ אֶפְרַיִם לְשַׁמָּה תִהְיֶה בְּיוֹם תּוֹכֵחָה בְּשִׁבְטֵי יִשְׂרָאֵל הוֹדַעְתִּי נֶאֱמָנָה׃
¹⁰ הָיוּ שָׂרֵי יְהוּדָה כְּמַסִּיגֵי גְּבוּל עֲלֵיהֶם אֶשְׁפּוֹךְ כַּמַּיִם עֶבְרָתִי׃

⁶ Con sus ovejas y con sus vacas andarán buscando a Yahvé, mas no lo hallarán: ¡Se ha apartado de ellos! ⁷ Contra Yahvé prevaricaron, porque han engendrado hijos de extraños; ahora serán consumidos en un solo mes ellos y sus heredades. ⁸ ¡Tocad el sofar en Gabaa y la trompeta en Ramá! ¡Sonad la alarma en Bet-avén! ¡Detrás de ti, Benjamín! ⁹ Efraín será asolado en el día del castigo; entre las tribus de Israel hice conocer la verdad. ¹⁰ "Los príncipes de Judá han sido como los que traspasan los linderos; ¡pero sobre ellos derramaré a raudales mi ira!

5, 6-7. Por todo lo anterior, Israel no será capaz de evitar el juicio amenazador a través de sacrificios. Yahvé se apartará de los hombres de esta generación impía, y les visitará con su juicio. Este es el pensamiento general que se irá desarrollando en esta estrofa (Os 5, 6-10), que aquí empieza. El ofrecimiento de sacrificios no les ayudará, porque Dios se ha separado de ellos, y no escucha sus oraciones y no se complace con los sacrificios que los israelitas le ofrecen con una piedad falsa, sin arrepentimiento de sus pecados (cf. Os 6, 6; Is 1, 11; Jer 7, 21; Sal 50, 7. 8). La razón para esto la ofrece Os 5, 7.

בָּגָדוּ, de *bâgad*, es actuar de un modo infiel, prevaricar, un término que se aplica con frecuencia a la infidelidad de una mujer hacia su marido (cf. Jer 3, 20; Mal 2, 14; Ex 21, 8) y que evoca el sentido conyugal de la relación de Israel con Yahvé. En esa línea se sitúa la figura que sigue: בָּנִים זָרִים, *hijos extraños*, son aquellos que no pertenecen a la casa (Dt 25, 5), es decir, a la familia legítima, pues que no han brotado de una relación conyugal. De hecho, esta expresión es equivalente a la בני זנונים de Os 1, 2 y 2, 4, aunque en sí misma la palabra *zâr* no evoca expresamente un adulterio.

Israel debería haber concebido y dado a luz hijos de Dios, manteniendo el pacto con el Señor; pero al apostatar de Dios ha engendrado una generación adúltera, hijos a quienes el Señor no puede reconocer como suyos. "La luna nueva les devorará", es decir, devorará a quienes no actúan de un modo fiel. El sentido no es "ellos serán destruidos en la próxima luna nueva", pues la palabra *luna nueva* recibe aquí el sentido de la fiesta, aludiendo al día en el que se ofrecían sacrificios (1 Sam 20, 19; Is 1, 13-14), de manera que la luna nueva está evocando los sacrificios que se ofrecían con esa ocasión.

El significado es por tanto el siguiente: vuestra fiesta sacrificial, vuestra adoración hipócrita no os traerá salvación, sino al contrario, será prueba de vuestro pecado. חלקיהם no son las porciones sacrificiales, sino las porciones hereditarias de Israel, las porciones o lotes de tierra que correspondían a cada una de las diferentes familias y clanes, de cuyos productos se ofrecían sacrificios a Dios[17].

5, 8. El profeta ve en espíritu el juicio que está ya cayendo sobre la nación rebelde y por esa razón proclama la palabra de llamada: "tocad la bocina/sofar en (שׁוֹפָר)..."[18]. El toque de la trompeta (חֲצֹצְרָה) era una señal por la que se anunciaban la invasión de los enemigos u otras calamidades (Os 8, 1; Jer 4, 5; 6, 1; Joel 2, 1; Am 3, 6), a fin de avisar al pueblo del peligro que les amenazaba. Estas palabras implican, por tanto, que los enemigos han invadido la tierra.

Gibeah (de Saul; cf. Jc 18, 28) y *Ramah* (de Samuel; cf. Js 18, 25) son dos lugares elevados, en la frontera norte de la tribu de Benjamín, que eran apropiados para dar señales, a causa de su situación más alta. Los habitantes de estas ciudades especiales, que no pertenecían a las diez tribus de Israel, sino a la de Judá, aparecen aquí para poner de relieve que el enemigo ha conquistado ya el reino de las diez tribus, de forma que ha llegado hasta el límite norte de Judá.

הריע, hacer una señal, ha de entenderse en el sentido de dar un signo de alarma, en el contexto de guerra ya evocado, como en Joel 2, 1 y en Num 10, 9. *Bet–haven* es Bethel (Beitin), como en Os 4, 15, sede de la adoración idolátrica de los becerros de oro. La palabra בית ha de tomarse aquí en el sentido de בבית (en la casa, según Gesenius, 118, 1).

Las difíciles palabras (אַחֲרֶיךָ בִּנְיָמִין, detrás de ti Benjamín, no pueden indicar la situación o actitud de Benjamín en relación con Betel o con el reino de Israel, ni que la invasión empezará por Benjamín, como supone Simson. En este contexto no se puede pensar en una indicación meramente geográfica o histórica. Estas palabras están tomadas más bien del antiguo canto de guerra de Débora (Jc 5, 14), pero en un sentido diferente al que allí habían tenido.

---

17. Por este verso, resulta claro que en el reino de las diez tribus se cumplían las fiestas prescritas en la ley de Moisés, en los lugares de adoración de Betel y Dan.

18. El *sofar* era un instrumento de pastores, hecho de cuerno; por su parte, la trompeta (*chātsōtserâh*) está hecha de bronce o plata y se utilizaba en tiempo de guerra o de fiestas (Jerónimo).

En el canto de Débora, esas palabras significaban que Benjamín marchó detrás de (en ayuda) Efraín, es decir, que se unió a Efraín en el ataque contra el enemigo. Por el contrario, aquí significan que el enemigo está llegando detrás de Benjamín, es decir, el juicio anunciado ha comenzado ya en la parte de atrás de Benjamín.

Aquí no hay necesidad de suplir otras palabras y decir: "el enemigo se eleva detrás de ti, oh Benjamín", como proponía Jerónimo, o "la espada amenaza", como sugiere Hitzig, pues lo que viene detrás de Benjamín está implícito en las palabras "haz sonar el cuerno…", etc., pues esas señales anuncian lo que está viniendo ya contra Benjamín, que es la guerra, la invasión de los enemigos.

Según eso, no hay necesidad de suplir ninguna palabra, como sería "está" o "viene". De esa manera, en Os 5, 8, el profeta no solo anuncia que los enemigos invadirán Israel, sino que las huestes por las que Dios castigará a su pueblo rebelde han invadido ya el reino de Israel, y que se encuentran ya en la frontera de Judá, para castigar también a este reino por sus pecados. Esto es evidente por Os 5, 9. 10, que ofrece una explicación práctica de Os 5, 8.

5, 9-10

⁹ אֶפְרַיִם לְשַׁמָּה תִהְיֶה בְּיוֹם תּוֹכֵחָה בְּשִׁבְטֵי יִשְׂרָאֵל הוֹדַעְתִּי נֶאֱמָנָה׃
¹⁰ הָיוּ שָׂרֵי יְהוּדָה כְּמַסִּיגֵי גְּבוּל עֲלֵיהֶם אֶשְׁפּוֹךְ כַּמַּיִם עֶבְרָתִי׃

⁹ Efraín será asolado en el día del castigo; entre las tribus de Israel he dado a conocer la verdad. ¹⁰ Los príncipes de Judá han sido como los que traspasan los linderos; ¡pero sobre ellos derramaré a raudales mi ira!

El reino de Israel sucumbirá totalmente con este castigo. Vendrá a convertirse en un desierto, será devastado no solo por un tiempo, sino de un modo permanente. El castigo con el que aquí se le amenaza será נאמנה, *seguro,* verdadero. Esta palabra ha de ser interpretada como en Dt 28, 59, donde se aplica a las plagas duraderas, con las que Dios castigará la apostasía obstinada de su pueblo.

Por medio del perfecto הודעתי (que he dado a conocer), lo que aquí se proclama, aparece como un acontecimiento que ha sido ya completado. בְּשִׁבְטֵי, *beshibhtē,* no significa *en o entre las tribus,* sino de acuerdo con ב ענה, en Dt 28, 5 *contra o sobre las tribus* (Hitzig). Eso indica que Judá tampoco escapará del castigo por los pecados.

La expresión poco usual כְּמַסִּיגֵי גְּבוּל, *massīgē gebhūl,* está formada y debe interpretarse desde Dt 19, 14: "No debes cambiar los mojones de la tierra de tu prójimo" o desde Dt 27, 17: "Maldito sea el que cambia los mojones del prójimo". Pues bien, los príncipes de Judá se han convertido en transgresores de lindes o mojones, no por un tipo de invasión hostil del reino de Israel (Simson), porque la frontera entre Israel y Judá no había sido determinada de esa forma, de manera que un cambio de fronteras pudiera tomarse como un crimen horrendo, sino removiendo las fronteras del derecho que había sido determinado por Dios, es decir (conforme a Os 4, 15), participando en la culpa de Efraín, que era la idolatría.

Eso significa que los israelitas habían removido las fronteras entre Yahvé y Baal, entre el Dios verdadero y los ídolos, entre el Dios auténtico y los dioses falsos. Si es maldito el que cambia las fronteras con la tierra de su prójimo mucho más maldito será el que cambia las fronteras con Dios (Hengstenberg). Sobre los hombres que hacen eso caerá la ira de Dios, del modo más severo. כמים, como una corriente de agua, de un modo así de impetuoso.

Sobre la figura de fondo, cf. Sal 69, 25; 79, 6; Jer 10, 25. Se anuncian así severos juicios en contra de Judá, que serán realizados por los asirios, dirigidos por Tiglatpileser y Senaquerib. Pero no se anuncia contra Judá un juicio definido, como aquel que vendrá sobre el reino de Israel, que será destruido del todo por los asirios.

5, 11-15

11 עָשׁוּק אֶפְרַיִם רְצוּץ מִשְׁפָּט כִּי הוֹאִיל הָלַךְ אַחֲרֵי־צָו׃
12 וַאֲנִי כָעָשׁ לְאֶפְרָיִם וְכָרָקָב לְבֵית יְהוּדָה׃
13 וַיַּרְא אֶפְרַיִם אֶת־חָלְיוֹ וִיהוּדָה אֶת־מְזֹרוֹ וַיֵּלֶךְ אֶפְרַיִם אֶל־אַשּׁוּר וַיִּשְׁלַח אֶל־מֶלֶךְ יָרֵב וְהוּא לֹא יוּכַל לִרְפֹּא לָכֶם וְלֹא־יִגְהֶה מִכֶּם מָזוֹר׃
14 כִּי אָנֹכִי כַשַּׁחַל לְאֶפְרַיִם וְכַכְּפִיר לְבֵית יְהוּדָה אֲנִי אֲנִי אֶטְרֹף וְאֵלֵךְ אֶשָּׂא וְאֵין מַצִּיל׃
15 אֵלֵךְ אָשׁוּבָה אֶל־מְקוֹמִי עַד אֲשֶׁר־יֶאְשְׁמוּ וּבִקְשׁוּ פָנָי בַּצַּר לָהֶם יְשַׁחֲרֻנְנִי׃

[11] Efraín es oprimido y quebrantado en el juicio, porque quiso andar en pos de las vanidades. [12] Yo, pues, seré para Efraín como polilla, y como carcoma para la casa de Judá. [13] Efraín verá su enfermedad; y Judá, su llaga. Entonces Efraín irá a Asiria; enviará embajadores al gran rey (Jareb). Pero él no os podrá sanar, ni os curará la llaga. [14] Porque yo seré para Efraín como un león, y como un cachorro de león para la casa de Judá: Yo mismo arrebataré y me iré; tomaré, y no habrá quien libre. [15] Voy a volverme a mi lugar, hasta que reconozcan su culpa y busquen mi rostro. Y en su angustia me buscarán con diligencia.

Israel y Judá no podrán quedar liberados de los juicios anteriores hasta que en su gran desgracia busquen a Dios. Este es el pensamiento que se expande en la presente estrofa: Os 5, 11-15.

5, 11. A través de los participios עָשׁוּק רְצוּץ (*'âshūq* y *râtsūts*), la calamidad queda representada como una condición duradera que el profeta ha visto en espíritu, como algo que ya ha comenzado. Las dos palabras están conectadas entre sí como en Dt 28, 33, para indicar que la sujeción completa de Israel bajo el poder y opresión de sus enemigos representa un castigo por haberse apartado del Señor.

רְצוּץ מִשְׁפָּט no significa "justicia rota" o "injuriado en su deseo" (Ewald y Hitzig), sino más bien "roto en piezas por el juicio" de Dios, con un *genitivum efficientis*, genitivo de acción, como *mukkēh Elōhīm* in Is 53, 4. Porque los hombres debían haber caminado conforme al mandamiento de Dios.

Para הלך אחרי cf. Jer 2, 5 y 2 Rey 18, 15. Por su parte צָו *tsav*, vanidad, es un estatuto humano, y así aparece aquí y en Is 28, 10.13, los otros dos únicos lugares en los que aparece la palabra, indicando algo que está en antítesis a las palabras y mandamientos de Dios. El verdadero estatuto de Dios es aquel que ha sido revelado por el reino de Dios, desde principio a fin, en contra de la adoración de los becerros de oro, que es la raíz de todos los pecados, que han conducido a la disolución y ruina del reino.

5, 12. La polilla y la carcoma/gusano son figuras empleadas por Dios para representar los poderes destructores. La polilla devasta los vestidos (Is 50, 9; 51, 8; Sal 39, 2); el gusano arruina tanto la madera como la carne. Ambos peligros están conectados nuevamente en Job 13, 28, como cosas que destruyen carne, vestidos y madera, y que lo hacen de forma lenta pero firme, y que, como dice Calvino, representan *lenta Dei judicia*, los lentos juicios de Dios.

En esa línea, Dios viene a presentarse como poder destructor del pecador a través del gusano de la conciencia y del castigo, cosas que tienen como fin la reforma de personas para bien, pero que conducen de manera inevitable a su ruina, cuando los hombres se endurecen. La predicación de la ley por los profetas ha endurecido el gusano en la conciencia de Israel y de Judá. El castigo consiste en el cumplimiento de las maldiciones contenidas en la Ley, es decir, en las plagas y en las invasiones de los pueblos enemigos.

5, 13. Los dos reinos eran incapaces de defenderse de este castigo con la ayuda de poderes terrenos, como ha puesto de relieve Os 5, 13. *Y Efraín vio su enfermedad...* A través de los imperfectos con *waw* de relación (וילך וירא), se pone de relieve que los intentos de Efraín y de Judá por salvarse a sí mismos de la destrucción vienen a presentarse como una consecuencia de la venida de Dios para castigarles por su pecado (como supone Os 5, 12). Esta palabra ha de verse (por lo que toca al cumplimiento histórico) no como algo que pertenece solo al presente, sino también al pasado y futuro, de manera que los intentos de obtener una curación de los daños se sitúa también en el presente (¿en el pasado?) y en el futuro.

מָזוֹר, *mâzōr*, no significa una venda que se pone en la herida, o la cura de las heridas (Gesenius, Dietrich), sino que deriva de זוּר, presionar para que salga el pus, etc. (cf. Del. sobre Is 1, 6), y significa literalmente aquello que se presiona para que se expulse el mal, para que quede limpio el absceso. Aparece con ese significado no solo aquí, sino también en Jer 30, 13, de donde deriva el significado de vendar.

Sobre la figura aquí empleada, es decir, sobre la enfermedad del cuerpo político, cf. Delitzsch, *Comentario* Is 1, 5-6. Es evidente, que esta no es una enfermedad que ha de vincularse solo con la anarquía y guerra civil (Hitzig), como resulta claro por el simple hecho de que Judá (que fue liberada de esos males) aparece tan enferma como Efraín. La verdadera enfermedad de los dos reinos fue la apostasía del Señor, es decir, la idolatría, con su consecuencia de corrupción moral, injusticia, crímenes y vicios de todo tipo, que destruyeron la energía vital y la verdadera riqueza de ambos reinos, y engendraron guerra civil y anarquía en el reino de Israel.

Efraín buscó la ayuda de los asirios, es decir, de un rey al que se llama *Jareb*, pero sin conseguirla. El nombre Jareb, es decir, guerrero, que aparece aquí y en Os 10, 6, es un epíteto formado por el mismo profeta y aplicado al rey de Asiria, no al de Egipto, como ha supuesto Teodoreto. La omisión de artículo delante de מלך, *melek*, rey, puede explicarse por el hecho de que estrictamente hablando Jareb es un apelativo, como למואל מלך en Prov 31, 1.

No es necesario que supongamos *Yehūdâh* como sujeto de וַיִּשְׁלַח, *vayyishlach*. La omisión de toda referencia a Judá en la segunda parte del verso puede deberse al hecho que la profecía se refiere primero y principalmente a Efraín, y que Judá se menciona solo de pasada. El ἅπ. λεγ. יגהה de גהה, en siríaco avergonzarse, huir, se utiliza en el sentido básico de remover, expulsar.

5, 14-15. Ninguna esperanza puede esperarse de Asiria, porque el Señor Dios ha castigado a su pueblo. Sobre la figura del león que toma su presa y la desgarra en pedazos, sin dejar que se libere, cf. Os 13, 7 e Is 5, 29. אשא significa llevar la presa, como en 1 Sam 17, 34. Para el hecho mismo comparar con Dt 32, 39.

La primera frase de Os 5, 15 ha de entenderse desde la figura del león. Así como el león se retira a su lugar (a su guarida), así Dios se retirará a su lugar, el cielo, privando a los israelitas de su presencia gratuita, que socorre y libera, hasta que ellos hagan penitencia, de manera que no solamente se arrepientan, sino que el arrepentimiento vaya unido al castigo reparador.

La expresión "y en su angustia me buscarán…" recuerda la de בַּצַּר לְךָ en Dt 4, 30. En el fondo de la palabra יְשַׁחֲרֻנְנִי (buscar con diligencia) puede subyacer un tipo de *daimon* o espíritu, vinculado al amanecer (cf. Os 6, 3), en sentido de temprano, celosamente, urgentemente, como muestra de un modo indudable el paralelo con Os 6, 3. Para el tema de fondo, comparar Os 2, 9 y Dt 4, 29-30.

6, 1-3

¹ לְכוּ וְנָשׁוּבָה אֶל־יְהוָה כִּי הוּא טָרָף וְיִרְפָּאֵנוּ יַךְ וְיַחְבְּשֵׁנוּ׃
² יְחַיֵּנוּ מִיֹּמָיִם בַּיּוֹם הַשְּׁלִישִׁי יְקִמֵנוּ וְנִחְיֶה לְפָנָיו׃
³ וְנֵדְעָה נִרְדְּפָה לָדַעַת אֶת־יְהוָה כְּשַׁחַר נָכוֹן מוֹצָאוֹ וְיָבוֹא כַגֶּשֶׁם לָנוּ כְּמַלְקוֹשׁ יוֹרֶה אָרֶץ׃

¹ ¡Venid y volvámonos a Yahvé! Porque él arrebató, pero nos sanará; él hirió, pero nos vendará. 2 Él nos dará vida después de dos días; al tercer día nos levantará, y viviremos delante de él. 3 Conozcamos y persistamos en conocer a Yahvé. Segura como el alba será su salida; vendrá a nosotros como la lluvia; como la lluvia tardía, regará la tierra.

Ante la amenaza anterior, el profeta añade esta estrofa, con el mandato de volver al Señor y con la promesa de que el Señor levantará de nuevo a su nación derrotada, apresurándose otra vez con su gracia. La separación de estos tres versos, con la división de los capítulos, va en contra del despliegue del texto, es decir, de la conexión de esta estrofa con la precedente, cosa que resulta clara por la alusión a lo anterior que hallamos en 6, 1 (venid y volvamos…), es decir, a lo ya dicho en 5, 15 (yo iré y volveré…), lo mismo que en טרף וירפאנו (Os 6, 1), donde se alude a las palabras semejantes de Os 5, 13-14.

6, 1-2. La mayoría de los comentadores, siguiendo el ejemplo del texto caldeo y de los LXX, donde se interpola לאמר, λέγοντες, antes de לכו, han tomado los tres primeros versos como una llamada al retorno al Señor, que unos israelitas del exilio dirigen a otros. Pero resulta más simple y más en armonía con el estilo general de Oseas, donde abundan las rápidas transiciones, tomar las palabras como una llamada dirigida por el mismo profeta, desde el contexto del exilio.

La promesa de 6, 3 se entiende así mucho mejor, como llamada profética, más que como palabra dirigida por unos exilados a otros. Así como la duración del castigo impulsa a buscar al Señor (Os 5, 15), así también el motivo del retorno al Señor se funda en el conocimiento del hecho de que el Señor puede y quiere curar las heridas que él mismo ha infligido.

El pretérito מֶרֶף, *târaph,* comparado con el futuro en *'etrōph* de 5, 14, presupone que el castigo ha comenzado ya. El יך siguiente es también un pretérito con el *waw* consecutivo omitido. Los asirios no pueden curar (Os 5, 13); pero el Señor, que se ha manifestado a sí mismo como médico de Israel en el tiempo de Moisés (Ex 15, 26) y que ha prometido curar a su pueblo en el futuro (Dt 32, 39), puede hacerlo sin duda.

La alusión que incluye la palabra ירפאנו a ese pasaje del Dt 32, 19 resulta indudable en 6, 2. Las palabras "él nos dará vida a los dos días…" son una aplicación especial de esa declaración general (yo mato y doy vida) a este caso particular. Aquello que el Señor promete allí para todos los hombres lo aplica aquí a su pueblo, cumpliéndolo de un modo especial en las diez tribus de Israel. Por las dos expresiones (después de dos días y al tercer día) se pone de relieve la rapidez y la certeza de la curación de Israel.

Dos o tres días son un período de duración muy corto, y el hecho de poner seguidos los dos cómputos de tiempo, uno tras el otro, expresa la certeza de que lo que ha suceder sucederá en un espacio breve de tiempo, como puede observarse en los llamados "dichos numéricos" de Am 1, 3; Job 5, 19; Prov 6, 16; 30, 15.18 donde el número final y más grande expresa de un modo más hondo aquello que ha de acontecer. הקים, resucitar a los muertos (Job 14, 12; Sal 88, 11; Is 26, 14.19). "Que podamos vivir ante él", es decir, bajo el resguardo de su protección y de su gracia (cf. Gen 17, 18).

Los primeros expositores judíos y cristianos han tomado los números de días (después de dos días, y al tercer día) de un modo cronológico. En esa línea, los rabinos han supuesto que la profecía se refiere a las tres cautividades, egipcia, babilonia y romana (que aún no ha terminado), o a los tres períodos del templo de Salomón, del templo de Zorobabel y del que erigirá el mesías. Por otra parte, muchos Padres de la Iglesia y muchos comentadores luteranos antiguos han encontrado en estos números una predicción de la muerte y resurrección del Señor al tercer día.

Compárese, por ejemplo, la *Bibl. illustrata* de Calovio (*ad locum*) donde él defiende esta alusión con una serie interminable e innegable de argumentos que son por otra parte muy débiles. En esa obra, Calovio ataca fieramente no solo a Calvino (que interpretó esas palabras como referidas a la liberación de Israel de la cautividad y aplicadas también a la restauración de la Iglesia "en dos días", es decir, en un tiempo muy breve), sino también a Grocio, quien pensó que estas palabras aludían, por un lado, a los israelitas, que serían pronto liberados de su miseria de muerte, tras su conversión, y además al tiempo de la resurrección, en el que Cristo recuperó su vida y la Iglesia pudo abrirse a la esperanza.

Pero en el texto de Oseas no podemos hallar ninguna alusión directa a la muerte y resurrección de Cristo, pues eso va en contra del contexto de Oseas. Estas palabras se aplican ante todo a la próxima liberación de Israel, superando su forma de vida actual y su rechazo de Dios, una liberación que se realizaría poco después de su conversión al Señor. La restauración de la vida no puede aplicarse sin más a la vuelta de los exilados a su tierra, no puede cerrarse en ese plano.

Esa restauración solo podrá darse después de la conversión de Israel al Señor su Dios, desde una perspectiva de fe en la redención realizada a través de la muerte redentora de Cristo y de su resurrección de la tumba. En esa línea, estas palabras de Oseas pueden aplicarse a este gran acontecimiento de la historia de la salvación, pero sin poder afirmar que esa resurrección de Cristo ha sido directa o indirectamente predicha por Oseas.

Oseas no predice ni siquiera la resurrección de los muertos, sino simplemente la restauración espiritual y moral de Israel a la vida, lo que (sin duda) tiene como complemento necesario el despertar de los que están físicamente muertos. Y en ese sentido, este pasaje puede ser incluido entre aquellas profecías mesiánicas que contienen el germen de la esperanza de una vida tras la muerte, lo mismo que Is 26, 19-21 y la visión de Ez 37, 1-14.

6, 3. Como he dicho, los dos versos anteriores no se refieren directamente, en primer lugar, al cumplimiento histórico de la resurrección de Jesús, y así lo muestra Os 6, 3. Las palabras ונדעה נר corresponden a לכו ונשובה en Os 6, 1. El objeto de נדעה es por tanto את־יהוה, y ese sentido de נדעה queda fortalecido por el añadido de נרדפה לדעת, "persistamos en conocer…" a Yahvé. El conocimiento de Yahvé hacia el que caminan los liberados, queriendo obtenerlo de un modo celoso, es un conocimiento práctico que consiste en el cumplimiento de los mandamientos divinos, y en el crecimiento en el amor de Dios con todo el corazón.

Este conocimiento produce frutos, de forma que el Señor se elevará ante Israel como el alba, y descenderá a su encuentro como lluvia que fertiliza la tierra. מוצאו, su elevación (es decir, la de Yahvé) se explica así con la figura del nacimiento de la aurora (para יצא aplicado a la salida del sol, cf. Gen 19, 23 y Sal 19, 7). Aquí se menciona la aurora en vez del sol, como heraldo del día de la salvación (cf. Is 58, 8; 60, 2). Esta salvación que emerge cuando el Señor aparece está representada en la última frase como lluvia de agua que fertiliza la tierra.

יורה no puede tomarse como un participio *kal*, sino más bien como imperfecto *hiphil*, en el sentido de rociar. En Dt 11, 14 (cf. 28, 12 y Lev 26, 4-5), la lluvia tanto la temprana como la tardía aparecen entre las bendiciones que el Señor concederá a su pueblo, cuando sus fieles le sirvan con todo el corazón y toda el alma. Esta es la promesa que el Señor cumplirá, realizándola con su nación, muy pronto, vivificándola con su agua fertilizadora. Esto se realizará a través del mesías, como muestran claramente Sal 72, 6 y 2 Sam 23, 4.

OSEAS 6, 4–11, 11
ISRAEL HA MADURADO PARA LA DESTRUCCIÓN

La sección central de la primera parte de este libro (Os 2, 2-23) había elaborado y desplegado el anuncio simbólico del juicio contenido en Os 1. De un modo semejante, en la segunda parte, tras la descripción más breve de la corrupción y culpabilidad de Israel, contenida en Os 4-5, en esta segunda sección intermedia (6, 4-11,11) encontramos un despliegue más extenso de la apostasía religiosa y de la corrupción moral, más intensa, del pueblo y del juicio que ha de caer sobre el reino y sobre el pueblo pecador.

Esta sección vincula la condena del pecado y la amenaza del castigo, pero lo hace de tal manera que, en este momento, el desarrollo de esas verdades queda indicado de una forma más clara por el hecho de que en la primera sección (6, 3-7, 16) se insiste más en la descripción de la depravación religiosa y moral de la nación y de sus príncipes; la segunda sección (7, 1-9, 9) pone más de relieve la amenaza del juicio; la tercera (9, 10– 11, 11) señala la forma en que, desde tiempo inmemorial, Israel ha resistido a la acción salvadora de Dios, de manera que solo la compasión gratuita de ese Dios ha podido preservar al pueblo de su aniquilación. Cada una de estas divisiones puede ser subdividida a su vez en tres estrofas.

6, 4-7, 16. La corrupción incurable

Como en Os 2, 4, el discurso del profeta comienza con la denuncia de la corrupción incurable de los israelitas. Os 6, 4-11 forma la primera estrofa que dividimos en tres secciones (6, 4-7; 6, 8-9 y 6, 10-11).

6, 4-7

⁴ מָה אֶעֱשֶׂה־לְּךָ אֶפְרַיִם מָה אֶעֱשֶׂה־לְּךָ יְהוּדָה וְחַסְדְּכֶם
כַּעֲנַן־בֹּקֶר וְכַטַּל מַשְׁכִּים הֹלֵךְ׃
⁵ עַל־כֵּן חָצַבְתִּי בַּנְּבִיאִים הֲרַגְתִּים בְּאִמְרֵי־פִי וּמִשְׁפָּטֶיךָ אוֹר יֵצֵא׃
⁶ כִּי חֶסֶד חָפַצְתִּי וְלֹא־זָבַח וְדַעַת אֱלֹהִים מֵעֹלוֹת׃
⁷ וְהֵמָּה כְּאָדָם עָבְרוּ בְרִית שָׁם בָּגְדוּ בִי׃

⁴ ¿Qué haré contigo, oh Efraín? ¿Qué haré contigo, oh Judá? Vuestra lealtad es como la nube de la mañana y como el rocío que muy temprano se desvanece. ⁵ Por esta razón yo los despedazaré por medio de los profetas; los mataré con los dichos de mi boca, y mi juicio saldrá como la luz. ⁶ Porque misericordia quiero yo, y no sacrificios; y conocimiento de Dios, más que holocaustos. ⁷ Pero ellos violaron el pacto, cual Adán. Allí me traicionaron.

El discurso del profeta comienza de repente, como en Os 2, 4, sin una introducción, poniendo de relieve la incurabilidad de los israelitas.

6, 4. El mismo contenido del verso (¿qué haré contigo...?) pone de relieve que no puede conectarse con lo anterior, como han hecho Lutero y otros comentaristas antiguos. אֶעֱשֶׂה, de *âsâh*, no tiene aquí el sentido de hacer el bien, pues ese sentido no puede conciliarse con lo que sigue. El *chesed* de los israelitas (חַסְדְּכֶם), que es como el rocío de la mañana que se desvanece pronto, no puede aludir a la gracia de Dios, pues la nube de la mañana que se desvanece rápidamente constituye, según 13, 3, una representación figurativa de aquello que es evanescente y que perece pronto, no es signo de Dios.

Este verso no contiene una respuesta general de Yahvé que "no acoge a los penitentes, porque el amor que ellos le muestran es solo ficticio", como supone Hitzig, sino que expresa el pensamiento de que Dios ha ensayado ya todo tipo de castigos para lograr que Israel vuelva ser un pueblo fiel, pero todo ha sido en vano (cf. Is 1, 5-6), porque la piedad de Israel resulta tan evanescente y pasajera como una nube de mañana, que se dispersa cuando sale el sol. Partiendo del sentido que חֶסֶד tiene en 6, 6, la palabra חַסְדְּכֶם ha de aplicarse a la buena voluntad de los hombres hacia otros hombres, una buena voluntad que brota del amor de Dios (como en 4, 1) y que los israelitas no muestran.

6, 5. עַל־כֵּן, *'al-kēn*, por tanto, porque vuestro amor se desvanece una vez y otra, y por eso Dios debe castigar de un modo perpetuo. חצב ב no significa lucha entre profetas (como supone Hitzig, siguiendo a los LXX, Syr., y otros); pues ב es instrumental, como en Is 10, 15, y חָצַבְתִּי de *châtsabh*, significa destruir, no meramente expulsar, desgarrar. Los נְבִיאִים, *nebhī'îm*, no pueden ser los falsos profetas, sino los verdaderos, pues ellos están en paralelo con *las palabras de mi boca* (de Dios).

A través de esos profetas, Dios ha formado y dirigido a la nación o, como Jerónimo y Lutero traducen (con *dolavi*), ha modelado a Israel como el carpintero modela una pieza de madera para darle forma. Dios ha querido modelar así a Israel, para convertirla en una nación santa, conforme a su llamada.

"Los mataré con las palabras de mi boca...", es decir, "no solamente haré que se proclame sobre ellos de palabra la muerte y destrucción", sino que haré que venga de hecho sobre ellos esa muerte y destrucción, como por ejemplo en el tiempo de Elías, porque Dios tiene el poder de matar y dar vida (cf. Is 11, 4; 49, 2).

Conforme a la puntuación y división de palabras de los masoretas, la última frase no tiene un sentido apropiado. מִשְׁפָּטֶיךָ puede referirse solo a los juicios infligidos sobre la nación, pero ni el sufijo singular de כם (Is 10, 4), ni אוֹר יֵצֵא, con el verbo singular regido por el כ de semejanza, omitido antes de אוֹר, permiten que hagamos esa explicación. Según eso, ni אוֹר יֵצֵא puede tener el significado de "avanzar hacia la luz", ni אוֹר puede estar delante de לָאוֹר.

Por eso, a fin de encontrar el sentido de las palabras, debemos acudir a las versiones antiguas, por las que se supone un original distinto, que decía: מִשְׁפָּטִי כָאוֹר יֵצֵא, "mi juicio brotará como luz[19]". Así dice Dios: "Mi juicio penal se desplegará como la luz (del sol), es decir, los juicios que yo imponga sobre los pecadores serán tan claros y transparentes como el sol, de forma que todos podrán observarlos y traerlos al corazón" (cf. Sof 3, 5). La división masorética de las palabras se impuso quizá a partir de una comparación poco apropiada de este versículo con Sal 37, 6.

6, 6-7. La razón por la que Dios se vio obligado a castigar de esa manera se aclara en estos versos. חֶסֶד, *chesed*, es el amor hacia el prójimo, que se manifiesta en la justicia, el amor que tiene sus raíces en el conocimiento de Dios y que, por tanto, está vinculado a ese conocimiento, tanto aquí como en Os 4, 1.

Sobre el tema en cuanto tal, cf. las observaciones realizadas por el profeta Samuel en 1 Sam 15, 22 y los paralelos en Is 1, 11-17; Miq 6, 8; Sal 40, 7-9 y 50, 8, pasajes en los que no se condenan los sacrificios como tales sino solo los sacrificios realizados sin piedad con los que los perversos piensan que podrán cubrir y hacer que se perdonen sus pecados, sacrificios que son rechazados porque desagradan a Dios y porque son abominación ante sus ojos.

Esto queda claro también por las antítesis de Os 6, 7, es decir, por sus reproches contra su transgresión de la alianza. הֵמָּה (ellos) son Israel y Judá, no los sacerdotes, a cuyos pecados se alude primero en Os 6, 9. כְּאָדָם, "como Adán" no significa "según la costumbre de los hombres" o "como los hombres ordinarios", porque esta explicación podría admitirse solo si הֵמָּה se refiriera a los sacerdotes o profetas y si se estableciera un contraste entre los gobernantes y los hombres, como en Sal 82, 7, pero esta frase (como Adán) se refiere al mismo Adán, es decir, al primer hombre que transgredió el mandamiento de Dios que decía "no comas del árbol del conocimiento".

Este mandamiento era de hecho un pacto que Dios había realizado con el primer hombre, un pacto cuya finalidad era que Adán (el ser humano) mantuviera la vinculación vital con el Señor, lo mismo que Israel debía mantener fiel al pacto de Dios (cf. Job 31, 33, con el *Comentario* de Delitzsch). La expresión local "allí"

---

19. En algunos manuscritos antiguos, la Vulgata tiene *judicium meum* (mi juicio), en lugar de *judicia tua* (tus juicios), que aparece en la edición Sixtina. Cf. Kennicott, *Diss. gener.*, ed. Bruns. p. 55 ss.

(שָׁם) evoca el lugar en el que aconteció la apostasía, como en Sal 14, 5. Ese tema no se precisa más, pero se refiere, sin duda, a Betel, con el motivo de la adoración idolátrica. No hay base para entender esa partícula en sentido temporal, como "entonces".

6, 8-9

⁸ גִּלְעָד קִרְיַת פֹּעֲלֵי אָוֶן עֲקֻבָּה מִדָּם׃
⁹ וּכְחַכֵּי אִישׁ גְּדוּדִים חֶבֶר כֹּהֲנִים דֶּרֶךְ יְרַצְּחוּ־שֶׁכְמָה כִּי זִמָּה עָשׂוּ׃

⁸ Galaad es una ciudad de malhechores, y sus huellas son de sangre. ⁹ Como se esconden los merodeadores, así se esconden los sacerdotes. Asesinan en el camino de Siquem; ciertamente hicieron infamia.

El profeta cita unos pocos ejemplos como prueba de esa infidelidad en estos dos versos.

6, 8. Galaad no es una ciudad, porque nunca se menciona como ciudad en el Antiguo Testamento, y su existencia no se puede probar por Jc 12, 7 y Gen 31, 48-49. Galaad es, más bien, un distrito, es decir, una zona espacial de Israel, y aquí se cita, con toda probabilidad, en ese sentido como sucede con frecuencia, para el conjunto de la tierra de Israel al este del Jordán[20]. Oseas llama a Galaad "ciudad" de malhechores en el sentido de lugar de reunión de malvados, con el fin de presentar a toda la tierra como llena de malhechores (como una ciudad que está llena de hombres).

עֲקֻבָּה, denominativo de עָקֵב, en el sentido de objeto lleno de señales de sangre. Pero esta sangre no se puede tomar como sangre de sacrificios idolátricos, como piensa Schmieder, sino que se trata de sangre de asesinato y de muerte de hombres. Resulta totalmente arbitrario relacionar, como hace Hitzig, esa sangre con la sangre del asesinato de Zacarías, o con la de una masacre que estaría relacionada con ese asesinato, o referirla como hacen otros a los acontecimientos sangrientos por los que Jehú aseguró su trono.

---

20. La afirmación del *Onomasticon* (cf. Γαλαάδ), según la cual existía también una ciudad llamada Galaad, situada en la zona de montaña que Galaad, el hijo de Makir, hijo de Manasés, había tomado de los amoritas, del que dice Jerónimo que tomó su nombre la ciudad edificada en esa tierra, no ofrece ninguna prueba de la existencia de una ciudad con ese nombre en el tiempo de los israelitas. Tanto Eusebio como Jerónimo han inferido la existencia de esa ciudad por las afirmaciones del Antiguo Testamento, más especialmente de los pasajes que hemos citado, es decir, de Jer 22, 6 (Galaad, *tu mihi initium Libani*, tú eres para mí el comienzo del Líbano) y de Num 32, 39-43, como prueban las palabras "él tomó a Galaad". Por otra parte, en relación con las ruinas citadas de Jelaad y Jelaud, que según Burckhardt (pp. 599, 600) están situadas sobre la montaña llamada Jebel Jelaad o Jelaud, no existe ninguna garantía de que esos nombres provengan de la antigüedad, ni hay prueba de que el mismo Burckhardt haya visitado esas ruinas.

Los hechos sangrientos de Jehú tuvieron lugar en Jezrael y Samaría (2 Rey 9-10), y Hitzig solo ha podido trazar una conexión ente esos acontecimientos y Galaad a través de una falsa interpretación del epíteto que se aplica a Sellum (al llamarle *Ben-yâbhēsh*, en el sentido de hijo o ciudadano de Jabesh de Galaad).

6, 9. Los sacerdotes toman la delantera realizando esos crímenes, con la finalidad de robar a los viajeros y de matarles. חַכֵּי, escrito así en vez de חַכֵּה (Ewald, 16, b), es una forma irregular de infinitivo, en lugar de חַכּוֹת (Ewald, 238, e). גְּדוּדִים אִישׁ, *'ish gedūdīm*, hombre de bandas armadas, bandido de caminos, que se agazapa en espera de viajeros[21].

La compañía (חֶבֶר, *chebher*, tropa) de los sacerdotes se reúne como un solo hombre. Ellos asesinan en el camino (*derekh*, acusativo adverbial) de Siquem, un lugar de los montes de Efraín, entre el Ebal y el Garizim, que actualmente se llama Nablus (cf. *Comentario* a Js 17, 7), que fue seleccionada como ciudad de refugio y ciudad levítica (Js 20, 7; 21, 21).

Muchos intérpretes modernos han pensado que aquí se está aludiendo a los sacerdotes de Siquem, que utilizaban los privilegios de su ciudad con el fin de encubrir los crímenes que hacían para beneficio propio, sea con los fugitivos que huían de allí (a quienes mataban, bajo la dirección de malvados que estaban mal dispuestos hacia ellos: Ewald) sea con otros viajeros, tanto por avaricia como por crueldad.

Pero, sin tener en cuenta el hecho de que aquí se confunden las ciudades levíticas con las ciudades sacerdotales (porque Siquem era solo una ciudad levítica y no sacerdotal), esta conclusión se funda en el presupuesto equivocado de que los sacerdotes que Jeroboán tomó del pueblo bajo, tenían lugares de morada especial, asignados a ellos, como los que había indicado el Levítico para sus sacerdotes.

El camino de Siquem se menciona así como lugar de ladrones y de atracos sangrientos, a causa de que ese camino iba hacia Samaría, la capital, y también por el hecho de que el camino que llevaba del norte hacia Betel, que era el lugar de adoración principal de las diez tribus, pasaba a través de esa ciudad.

La mayoría de los peregrinos que venían a Betel para las fiestas pasaban por ese camino; y los sacerdotes que habían sido tomados de las partes bajas del pueblo parece que se escondían en ese camino para robar a esos caminantes, y en caso de resistencia para matarles. El כִּי que sigue pone de relieve la maldad de esos

---

21. El primer hemistiquio ha sido totalmente malinterpretado por los LXX, que han confundido כְּחַכֵּי con כֹּחֲךָ, y han traducido la frase como καὶ ἡ Ἰσχύς ἀνδρὸς πειρατοῦ· ἔκρυψαν (חבו o חבאו en vez de חבר) ἱερεῖς ὁδόν. Jerónimo ha traducido también כְּחַכֵּי de un modo extraño, *et quasi fauces* (כְּחִכֵּי) *virorum latronum participes sacerdotum* (como si la sangre de los ladrones fuera compartida por los sacerdotes). En cambio, Lutero ha comprendido correctamente el sentido de la frase, traduciéndola de un modo simple: "Y los sacerdotes con sus acompañantes son como salteadores que esperan el paso de la gente".

actos criminales. Por su parte, זִמָּה, *zimmâh*, infamia, se refiere probablemente a un crimen antinatural, como en Lev 1, 17; 19, 20.

6, 10-11

¹⁰ בְּבֵית יִשְׂרָאֵל רָאִיתִי (שַׁעֲרִירִיָּה) [שַׁעֲרוּרִיָּה] שָׁם זְנוּת לְאֶפְרַיִם נִטְמָא יִשְׂרָאֵל׃
¹¹ גַּם־יְהוּדָה שָׁת קָצִיר לָךְ בְּשׁוּבִי שְׁבוּת עַמִּי׃ פ

¹⁰ En la casa de Israel he visto algo horrible. Allí se prostituyó Efraín; se contaminó Israel. ¹¹ También para ti, oh Judá, está preparada una cosecha, cuando yo restaure de la cautividad a mi pueblo.

6, 10. Israel ha añadido así abominación tras abominación. La casa de Israel es el reino de las diez tribus. שערוריה, un crimen horrible, con el significado de abominaciones y crímenes de todo tipo. En el segundo hemistiquio, זְנוּת, *zenûth*, que es la prostitución espiritual y literal aparece como principal de los pecados. Efraín no es aquí el nombre de una tribu, como supone Simson, sino que significa todas las tribus de Israel.

6, 11. Al fin se cita a Judá, para que no se piense que ella es mejor o menos culpable. Ella aparece más bien como nombre absoluto (גַּם־יְהוּדָה), que será precisado por el siguiente לָךְ. El sujeto de *shâth* (שָׁת) no puede ser ni Israel ni Yahvé. Hitzig propone que se trata de Israel: "Israel ha preparado una cosecha para ti"; pero esa lectura no ofrece un sentido aceptable, en armonía con el contexto. Y la segunda lectura (la referida a Yahvé) ha de excluirse, porque el mismo Yahvé es el que aparece como el que habla.

Shâth se utiliza aquí en sentido pasivo, como en Job 38, ss. (cf. Gesenius, 137, 3). קָצִיר, cosecha, es un término figurativo para el juicio, lo mismo que en Joel 3, 13; Jer 51, 33. Como Judá ha pecado lo mismo que Israel, ella no puede escapar del castigo (cf. Os 5, 5.14). שׁוּב שְׁבוּת no significa nunca traer de nuevo a los cautivos, sino que en todos los casos significa invertir la cautividad, y esto en el sentido figurativo de una *restitutio in integrum,* de una restitución universal (cf. *Coment.* a Dt 30, 3).

עַמִּי, *'ammî*, mi pueblo, es decir, el pueblo de Yahvé, que no es solo el Israel de las diez tribus, sino el pueblo de la alianza en su totalidad (con Judá). De un modo consecuente, שְׁבוּת עַמִּי, *shebhûth 'ammî*, es la miseria en la que Israel (las doce tribus) ha caído, por haberse separado de Dios, por los pecados del pueblo, no simplemente por el exilio asirio o babilonio. Pues bien, Dios solo puede invertir esta situación por medio del juicio a través del cual los impíos son destruidos y los penitentes convertidos.

De un modo consecuente, el pensamiento de fondo del pasaje es este: "Cuando Dios se decida a castigar, él desarraigará la impiedad, y hará que su pueblo recupere su auténtico destino, de forma que Judá será también visitado por el juicio".

En esta línea debemos rechazar la explicación de Rosenmüller, Maurer y Umbreit: "Cuando Israel haya recibido su castigo, recibiendo de nuevo la gracia de Dios por la restauración, el castigo merecido vendrá también sobre Judá". Se debe rechazar también la opinión de Schmieder quien interpreta la cosecha como cosecha de alegría. Ambas opiniones se fundan en una mala interpretación de *shūbh shebhūth*, como si significara el retorno de los cautivos, y en el primer caso nos hallamos ante una limitación arbitraria de *'ammī* a las diez tribus.

Este verso no dice nada sobre el tiempo y manera en que Dios "volverá" (invertirá) la cautividad del pueblo, y castigará a Judá. Esto deberá ser determinado por otros pasajes, que anuncian la vuelta del exilio de ambos grupos, Israel y Judá, y de una eventual restauración de aquellos que se conviertan al Señor su Dios. El retorno completo de la cautividad del pueblo de la alianza no tendrá lugar hasta que Israel como nación se convierta a Cristo, su salvador.

7, 1-3

¹ כְּרָפְאִי לְיִשְׂרָאֵל וְנִגְלָה עֲוֹן אֶפְרַיִם וְרָעוֹת
שֹׁמְרוֹן כִּי פָעֲלוּ שָׁקֶר וְגַנָּב יָבוֹא פָּשַׁט גְּדוּד בַּחוּץ׃
² וּבַל־יֹאמְרוּ לִלְבָבָם כָּל־רָעָתָם זָכָרְתִּי עַתָּה סְבָבוּם
מַעַלְלֵיהֶם נֶגֶד פָּנַי הָיוּ׃
³ בְּרָעָתָם יְשַׂמְּחוּ־מֶלֶךְ וּבְכַחֲשֵׁיהֶם שָׂרִים׃

¹ Cuando yo cure a Israel, se pondrá al descubierto la iniquidad de Efraín y las maldades de Samaría; porque obran con engaño. Mientras el ladrón se mete adentro, la pandilla despoja afuera, 2 y no consideran en su corazón que yo mantengo el recuerdo de toda su maldad. ¡Ahora los tienen cercados sus propias acciones; están delante de mí! 3 Con su maldad alegran al rey, y a los gobernantes con sus mentiras.

7, 1-3. La primera estrofa (Os 7, 1-7) sigue exponiendo la depravación de Israel. La naturaleza peligrosa de la herida se manifiesta a menudo cuando se intenta curarla. Así también la corrupción de Israel solo aparece de verdad cuando Dios se esfuerza por curarla.

El primer hemistiquio de 7, 1 no se refiere al futuro, ni la curación ha de entenderse como castigo, en la línea de Hitzig, sino que aquí se alude a los intentos que Dios realiza para detener la corrupción, en parte por la predicación de arrepentimiento, con el reproche de los profetas, y en parte por el castigo por el que se quiere promover la reforma. Estas palabras no contienen una amenaza de castigo, sino una visión de la corrupción moral del pueblo, que se ha vuelto incurable.

Tampoco aquí se entiende Efraín como una tribu particular, sino que es sinónimo de todo Israel, el pueblo o reino de las diez tribus. Aquí se menciona especialmente Samaría como capital del reino, y sede especial de la corrupción de las diez tribus, lo mismo que otros profetas cuando vinculan con frecuencia a Judá con Jerusalén. A la lamentación por el carácter incurable del reino sigue una noticia explicativa sobre los pecados y crímenes cometidos.

שֶׁקֶר, de *sheqer*, estar dentro, yacer... Esta palabra indica el engaño, tanto en palabras como en obras, tanto en relación con Dios como en relación con los hombres: los ladrones y los bandidos de caminos no tienen miedo de la venganza de Dios. *Accedit ad haec facinora securitas eorum ineffabilis*, se añade a estos crímenes la seguridad inefable de sus autores (Marck).

Ellos no tienen en cuenta que Dios recuerda sus malos hechos y les castigará. Están rodeados de crímenes, y los realizan sin vergüenza ni temor ante el mismo rostro de Dios. Estos pecados deleitan o alegran tanto al rey como a los gobernantes. Tan profunda es la maldad de los gobernantes de la nación que, en vez de practicar la justicia y la rectitud, ellos no solo no castigan los pecados de los malhechores, sino que se alegran de que los cometan.

7, 4-7

⁴ כֻּלָּם מְנָאֲפִים כְּמוֹ תַנּוּר בֹּעֵרָה מֵאֹפֶה יִשְׁבּוֹת מֵעִיר מִלּוּשׁ בָּצֵק עַד־חֻמְצָתוֹ׃
⁵ יוֹם מַלְכֵּנוּ הֶחֱלוּ שָׂרִים חֲמַת מִיָּיִן מָשַׁךְ יָדוֹ אֶת־לֹצְצִים׃
⁶ כִּי־קֵרְבוּ כַתַּנּוּר לִבָּם בְּאָרְבָּם כָּל־הַלַּיְלָה יָשֵׁן אֹפֵהֶם בֹּקֶר הוּא בֹעֵר כְּאֵשׁ לֶהָבָה׃
⁷ כֻּלָּם יֵחַמּוּ כַּתַּנּוּר וְאָכְלוּ אֶת־שֹׁפְטֵיהֶם כָּל־מַלְכֵיהֶם נָפָלוּ אֵין־קֹרֵא בָהֶם אֵלָי׃

⁴ Todos ellos son adúlteros. Son como un horno encendido por el panadero que cesa de avivar el fuego después que está hecha la masa, hasta que esté leudada. ⁵ En el día de nuestro rey, los gobernantes se enfermaron con el calor del vino; y él extendió su mano a los burladores. ⁶ Porque como un horno aplican su corazón a planear intrigas: Toda la noche dormita el furor de ellos, y al amanecer arde como llama de fuego. ⁷ Todos ellos arden como un horno y devoran a sus jueces. Todos sus reyes han caído; no hay entre ellos quien me invoque.

Al tema anterior se añade aquí (Os 4-7) la pasión con la que el pueblo se hizo esclavo de la idolatría y sus gobernantes se entregaron en manos del engaño.

7, 4. כֻּלָּם, *kullâm*, todos, no se refiere al rey y a los príncipes, sino a toda la nación. נאף es adulterio espiritual, idolatría, apostasía del Señor. Se puede hablar también de un adulterio literal pues la adoración de Baal promovía un tipo de licencia sexual. En esta carrera apasionada de idolatría, la nación se parece a un horno que el panadero calienta en la tarde, y deja encendido toda la noche, mientras la masa se eleva con la levadura, y entonces, por la mañana lo calienta con más fuerza, a fin de que esté preparado para hacer los panes.

בערה מאפה, calentura de panadería, calentura de panadero. בֹּעֵרָה ha sido acentuado como *milel*, sea a causa de los masoretas que no querían que תנור se construyera como un femenino (Gesenius, *Lehrgeb*. p. 546; Ewald, *Gramm*. p. 449, nota 1), sea a causa de que no querían que el *tiphchah* ocupara otro lugar en el corto espacio que quedaba entre el *zakeph* y el *athnach* (Hitzig). העיר, excitar, aquí en el sentido de activar el fuego. Sobre el uso del participio en el lugar del infinitivo con verbos que conservan el principio y el fin, cf. Ewald, 298, b.

7, 5. Tanto el rey como los príncipes están dedicados al engaño. El *día de nuestro rey* puede ser el día de su nacimiento o el de su ascenso al trono, o un día especial en el que él daba un banquete a sus nobles. יום aparece aquí del modo más simple como acusativo adverbial de lugar. En ese día especial el príncipe bebe de tal forma que se pone enfermo por la excitación del vino.

החלו, generalmente enfermar, aquí es enfermarse uno a sí mismo. Hitzig sigue las versiones antiguas y deriva esa palabra de חלל, y la toma como equivalente de החלו, es decir, *ellos comienzan*, lo que da un sentido muy insípido al texto. La difícil expresión מָשַׁךְ יָדוֹ אֶת־לֹצְצִים, "extendió su mano con los burladores" apenas puede entenderse de otra forma que la sugerida por Gesenius (Lex.), "el rey va rodeado de burladores", es decir, se hace amigo de ellos, frase que podemos comparar con שות ידו עם (Ex 23, 1). Los burladores son personas propensas a la embriaguez, en la línea de Prov 20, 2 donde se dice que el vino es "burlador".

7, 6 desarrolla aún más el argumento precedente. כי introduce la explicación y el fundamento del símil del horno, que en 7, 5 está subordinado al pensamiento anterior y ha de tomarse como un paréntesis explicativo. Las palabras de כי קרבו a בארבם forman una sentencia. קרב se construye con ב *loci* (de lugar), como en Jc 19, 13; Sal 91, 10: Ellos han acercado su corazón (a la contienda).

La expresión "como un horno" (כתנור) contiene un símil condensado. Pero no es el corazón mismo el que se compara con el horno, en el sentido de "ardiendo como un horno en llamas con bajos deseos", como Gesenius supone, porque la idea de presentar un horno como un *'ōrebh* (cf. בארבם) hubiera sido inapropiado e ininteligible. "El horno es más bien *'orbâm* (su emboscada), aquello que los malvados tienen en común, las intrigas que realizan, mientras que el combustible es *libbâm*, es decir, su corazón, su propia disposición" (Hitzig).

El que maneja el horno es el *machinator doli*, maquinador de engaños, el que enciende el fuego en ellos, es decir, aquí no se evoca una persona particular, que dirige a las demás y promueve la conspiración, sino la misma pasión de la idolatría. Esta pasión duerme durante la noche, es decir, ella descansa hasta que llega la oportunidad y el tiempo apropiado para realizar los malos deseos del corazón, o hasta que los malos deseos del corazón han madurado para realizarse. Este tiempo se describe en armonía con la figura de fondo, es decir, con la mañana en la que el horno estalla en grandes llamaradas (la palabra הוּא está evocando el *tannûr* más remoto como sujeto).

7, 7. Este verso nos pone de nuevo ante el sentido literal del tema. Las palabras "arden como un horno" retoman el motivo de 7, 4 (adúlteros como un horno), de manera que aquí se insiste de nuevo en el fruto de esa conducta: "devoran a sus jueces, hacen que caigan sus reyes…". Estos jueces no son los *sârîm* de 7, 5 (שָׂרִים) quienes aparecen como guardianes supremos de la ley, sino los mismos reyes como administradores de la justicia, como en Os 13, 10, donde aparecen los *shōphetîm* como sinónimos de מלך, palabra que se aplica, al mismo tiempo, al rey y a los príncipes.

La frase "todos sus reyes han caído" no añade ningún dato nuevo a lo que precede, y no afirma que los reyes han caído, además de (o al lado de) los jueces, sino que retoma lo ya dicho, con la finalidad de indicar que nadie llama al Señor en el contexto de la caída de los reyes. El sufijo בהם no se refiere a los reyes caídos, sino a la nación en su totalidad, es decir, a aquellos que han devorado a sus jueces. El pensamiento es este: en la pasión en la que todos están inflamados de idolatría, y en la que los príncipes caen lo mismo que los reyes, ni unos ni otros reflexionan sobre la caída de los reyes, ni advierten que Israel ha olvidado el camino que conduce a la salvación, pues Israel está cayendo de cabeza en el abismo de la destrucción, sin darse cuenta de que solo la conversión al Señor puede ayudarles y salvarles.

El profeta tiene aquí en su mente los tiempos que siguen a Jeroboán II, cuando Zacarías fue destronado por Salum, Salum por Menahem, hijo de Pekaía, y Menahem por Pekah, y todo esto en la más rápida sucesión (2 Rey 15, 10.14. 25), sin tener en cuenta los once años de anarquía entre Zacarías y Salum (cf. *Comentario* a 2 Rey 15, 8-12). Al mismo tiempo, la expresión "todos sus reyes han caído" muestra claramente no solo que las palabras no pueden limitarse a esos acontecimientos, sino que incluyen todas las revoluciones anteriores, mostrando todavía más claramente que no existe ningún fundamento para interpretar todas estas revoluciones como algo que se produce simplemente por el deseo particular de alguno de los reyes (Zacarías, Salum…) o de otros (como piensan, dando nombres distintos, Hitzig o Schmidt), pues lo que está al fondo, la causa de todas las perturbaciones, es la idolatría que conduce a la falta de orden y a la lucha de todos contra todos.

7, 8-10

⁸ אֶפְרַ֙יִם֙ בָּעַמִּ֣ים ה֣וּא יִתְבּוֹלָ֑ל אֶפְרַ֕יִם הָיָ֥ה עֻגָ֖ה בְּלִ֥י הֲפוּכָֽה׃
⁹ אָכְל֤וּ זָרִים֙ כֹּח֔וֹ וְה֖וּא לֹ֣א יָדָ֑ע גַּם־שֵׂיבָה֙ זָ֣רְקָה בּ֔וֹ וְה֖וּא לֹ֥א יָדָֽע׃
¹⁰ וְעָנָ֥ה גְאֽוֹן־יִשְׂרָאֵ֖ל בְּפָנָ֑יו וְלֹא־שָׁ֙בוּ֙ אֶל־יְהֹוָ֣ה אֱלֹהֵיהֶ֔ם וְלֹ֥א בִקְשֻׁ֖הוּ בְּכָל־זֹֽאת׃

⁸ Efraín se ha mezclado con los demás pueblos; Efraín es como torta no volteada. ⁹ Gente extraña ha devorado su fuerza, y él no lo sabe. Ya se ha cubierto de canas, y él no lo sabe. ¹⁰ La soberbia de Israel testificará en su contra. Con todo, ellos no se vuelven ni buscan a Yahvé, su Dios.

7, 8. En la estrofa que empieza aquí (Os 7, 8-16) la profecía pasa de la corrupción interna del reino de las diez tribus a su malvada política externa, y a la actitud injuriosa que ha tomado en contra de las naciones paganas, poniendo de relieve las desastrosas consecuencias de esa forma de actuar.

יתבולל, de בלל, mezclar, no es un futuro en el sentido de "será dispersado entre los gentiles", porque, según el contexto, la consecuencia de la maldad anterior no es el castigo de la dispersión de Israel entre las naciones, sino el estado en que se encontraba Israel en ese momento. El Señor había separado a Israel de entre las naciones, a fin de que fuera una nación santa para él (Lev 20, 24.26). Como había dicho Balaam, Israel debía ser un pueblo que habitara aparte, por su especial dedicación a Dios (Num 23, 9).

Pero en oposición a este objetivo de su divina llamada, las diez tribus se habían mezclado con las naciones, es decir, con los paganos, habían aprendido sus formas de actuar y habían servido a sus ídolos (cf. Sal 106, 35-36). La mezcla con las naciones desembocó en la adopción de costumbres paganas, no en la penetración de los gentiles en los bienes de Israel (Hitzig), ni simplemente en un tipo de alianzas que los israelitas hacían con las naciones paganas, porque esas cosas externas eran simplemente la consecuencia de una apostasía interior de Israel respecto a su Dios, que expresaba la mezcla interna que Israel había realizado ya con el paganismo del entorno. De esa forma, Israel se había convertido ya en una "torta no volteada", que se estaba quemando por la parte del fuego. עגה, una torta que se cuece sobre cenizas ardientes o sobre piedras al fuego, que, si no se vuelve, se quema por un lado y no se cuece por el otro.

7, 9 explica el sentido de la figura anterior. Así como el fuego hace que se queme una torta cocida sobre cenizas, a no ser que se le dé la vuelta, de igual manera, los poderes extranjeros tienen tal influjo sobre Israel, sea a través de guerras, sea a través de su paganismo, que el pueblo de Israel corre el riesgo de quedar totalmente destruido. "Se ha cubierto de canas…; es decir, el cuerpo político, representado por el rey, ha venido a estar recubierto de signos de una gran vejez, de tal forma que está maduro para la destrucción.

El objeto de לא ידע puede suplirse con facilidad a través de las frases anteriores, es decir, indicando que los extranjeros devoran su fuerza, que el pueblo se está volviendo anciano (está perdiendo fuerza). La traducción de las frases finales (y él no lo sabe) está determinada por והוא, *él,* de tipo enfático: Él no conoce, no percibe la caída o desaparición de su fuerza.

7, 10. La primera frase es una repetición de 5, 5. El testimonio que el "orgullo de Israel" (es decir, Yahvé, en el que debía fundarse el pueblo de Israel) eleva ante la faz de Israel consiste en el debilitamiento y la destrucción del reino, tal como se describe en 7, 9. Pues bien, a pesar de todo esto, los israelitas no se vuelven al Señor, que es el único que podría salvarles, sino que siguen buscando la ayuda de los enemigos naturales (egipcios, asirios...).

7, 11-14

¹¹ וַיְהִי אֶפְרַיִם כְּיוֹנָה פוֹתָה אֵין לֵב מִצְרַיִם קָרָאוּ אַשּׁוּר הָלָכוּ׃

¹² כַּאֲשֶׁר יֵלֵכוּ אֶפְרוֹשׂ עֲלֵיהֶם רִשְׁתִּי כְּעוֹף הַשָּׁמַיִם אוֹרִידֵם אַיְסִרֵם כְּשֵׁמַע לַעֲדָתָם׃ ס

¹³ אוֹי לָהֶם כִּי־נָדְדוּ מִמֶּנִּי שֹׁד לָהֶם כִּי־פָשְׁעוּ בִי וְאָנֹכִי אֶפְדֵּם וְהֵמָּה דִּבְּרוּ עָלַי כְּזָבִים׃

¹⁴ וְלֹא־זָעֲקוּ אֵלַי בְּלִבָּם כִּי יְיֵלִילוּ עַל־מִשְׁכְּבוֹתָם עַל־דָּגָן וְתִירוֹשׁ יִתְגּוֹרָרוּ יָסוּרוּ בִי׃

¹¹ Efraín es como paloma tonta, sin discernimiento: claman a Egipto, acuden a Asiria. ¹² Cuando vayan allá, tenderé sobre ellos mi red, los haré caer como aves del cielo, los castigaré conforme a lo anunciado en sus asambleas. ¹³ ¡Ay de ellos! porque se apartaron de mí; destrucción vendrá sobre ellos, porque contra mí se rebelaron. Yo los redimiría, pero ellos hablan mentiras contra mí. ¹⁴ No clamaron a mí de corazón, cuando se lamentaban sobre sus lechos. Por trigo y mosto se congregaron, y se han rebelado contra mí.

7, 11-12. Los perfectos en 7, 11 describen la conducta de Israel como un hecho ya cumplido, y así aparecen introducidos por un yhiäy>w: como consecuencia necesaria de una obstinada impenitencia. El punto de comparación entre Israel y una simple paloma no está en el hecho de que la paloma olvida su lugar de habitación y de descanso, de manera que va revoloteando por doquier (Ewald); ni en el hecho de que, intentando escapar del halcón que les persigue, ellos caen en manos del cazador de palomas, sino en el hecho de que volando en busca de comida no se dan cuenta de la red que está extendida en torno a esa comida (Rosenmller).

אֵין לֵב ha de entenderse como un predicado de Efraín, a pesar de los acentos, y no de יוֹנָה פוֹתָה, *yōnâh phōthâh* (una paloma incauta), dado que *phōthâh* no requiere precisión o explicación. Eso es lo que hace Efraín cuando busca ayuda de Egipto o de Asiria.

Estas palabras no se refieren al hecho de que hubiera en Israel dos partidos, uno a favor de Asiria, otro de Egipto. Ni significa que unas veces toda la nación buscaba el apoyo de Asiria, para liberarse de los egipcios, y otras veces el apoyo de Egipto para liberarse de los asirios. La situación era más bien esta: estando duramente oprimido por Asur, en un momento dado, el pueblo buscaba la ayuda de Egipto contra los asirios; pero en otros momentos ellos buscaron la ayuda y amistad de otros posibles aliados falsos (Hengstenberg, *Christologie* I, 190).

Porque lo que amenazaba a Israel era el peso del "rey de los reyes" (Os 8, 10), es decir del rey de Asur, y esto era algo que ellos querían burlar, en parte utilizando sus artes de coquetería (Os 8, 9) y en parte buscando la ayuda de Egipto. Pues bien, al obrar de esa manera, ellos no se daban cuenta de que habían caído en manos de la red destructora, es decir, del poder de Asiria.

El Señor preparaba para ellos su castigo a través de esta red. Cuando más intenten avanzar, Dios extenderá contra ellos con más fuerza su red, como un cazador de pájaros, y les bajará de nuevo a la tierra, como a los pájaros que vuelan, les hará bajar del aire donde volaban con libertad, arrojándolos sobre la tierra, en la red de la cautividad o del exilio.

איסירם, una formación rara de *hifîl* con *yod* móvil, como en Prov 4, 25 (cf. Ewald, 131, c). "Conforme a lo anunciado en sus asambleas…", es decir, de acuerdo con las amenazas contenidas en la Ley (Lev 26, 14; Dt 28, 15), es decir, con las amenazas repetidas con frecuencia en las reuniones de los israelitas a través de los profetas, sobre los juicios que caerían sobre los rebeldes, cuyo castigo se cumpliría ahora en Efraín.

7, 13-14

¹³ א֣וֹי לָהֶם֙ כִּֽי־נָדְד֣וּ מִמֶּ֔נִּי שֹׁ֥ד לָהֶ֖ם כִּי־פָ֣שְׁעוּ בִ֑י וְאָנֹכִ֣י אֶפְדֵּ֔ם וְהֵ֕מָּה דִּבְּר֥וּ עָלַ֖י כְּזָבִֽים׃
¹⁴ וְלֹֽא־זָעֲק֤וּ אֵלַי֙ בְּלִבָּ֔ם כִּ֥י יְיֵלִ֖ילוּ עַל־מִשְׁכְּבוֹתָ֑ם עַל־דָּגָ֧ן וְתִיר֛וֹשׁ יִתְגּוֹרָ֖רוּ יָס֥וּרוּ בִֽי׃

¹³ ¡Ay de ellos! porque se apartaron de mí; destrucción vendrá sobre ellos, porque contra mí se rebelaron. Yo los redimiría, pero ellos hablan mentiras contra mí. ¹⁴ No clamaron a mí de corazón, cuando se lamentaban sobre sus lechos; Por trigo y mosto se congregaron, y se han rebelado contra mí.

7,13. Así exclama el Señor anunciando el castigo. נָדְדוּ, de *nâdad*, que se aplica al vuelo de los pájaros que escapan, evoca las figuras empleadas en 7, 11.12. שֹׁד, *shōd*, destrucción, se aplica como una explicación literal de אוֹי, *'ōi* (ay).

El imperfecto אֶפְדֵּם, *ephdēm*, no puede tomarse como referido a la redención de Egipto, porque no tiene sentido de pretérito. Se trata más bien de un voluntativo u optativo. "Yo les hubiera redimido (aún), pero ellos piensan que no puedo, y no lo haré". Estas son las mentiras que ellos utilizan en contra de Yahvé, en parte con sus bocas y en parte con sus acciones, por el hecho de que ellos no buscan en él su ayuda, como precisa 7, 14.

7, 14. Ellos gritan al Señor, pero ese grito no brota de su corazón, sino (con כי tras לא) que se lamentan y ululan (יילילו, cf. Gesenius, 70, 2, nota) sobre sus camas, en gesto de desesperación incrédula y tristeza, pero sin verdadero arrepentimiento de corazón. Así lo indica lo que sigue. יִתְגּוֹרָרוּ, de *hithgōrēr*, reunirse, juntarse (Sal 56, 7; 59, 4.15). (Sal 56, 7; 59, 4; Is 54,15); aquí juntarse en reuniones para conseguir trigo y vino nuevo, porque lo único que desean es llenar su vientre. De esa forma, ellos se apartan de su Dios. La construcción de סוּר con בְ, en vez de con מִן o מֵאַחֲרֵי, es una construcción pregnante: separarse y volverse en contra de Dios.

7, 15-16

¹⁵ וַאֲנִי יִסַּרְתִּי חִזַּקְתִּי זְרוֹעֹתָם וְאֵלַי יַחְשְׁבוּ־רָע׃
¹⁶ יָשׁוּבוּ ׀ לֹא עָל הָיוּ כְּקֶשֶׁת רְמִיָּה יִפְּלוּ בַחֶרֶב שָׂרֵיהֶם מִזַּעַם לְשׁוֹנָם זוֹ לַעְגָּם בְּאֶרֶץ מִצְרָיִם׃

¹⁵ Aunque yo los enseñé y fortalecí sus brazos, traman el mal contra mí. ¹⁶ Volvieron, pero no hacia lo alto; fueron como arco que yerra. Sus príncipes cayeron a espada por la soberbia de su lengua: ¡esto será motivo de burla en la tierra de Egipto!

7, 15. יסר no significa aquí castigar, sino instruir, de manera que זרועתם (sus brazos) ha de tomarse como objeto de los dos versos. Por analogía con Sal 18, 35, "enseñar y fortalecer sus brazos" equivale a mostrar cómo y dónde se puede adquirir la fuerza. Pero el Señor no se ha contentado simplemente con instruir. Él ha fortalecido sus brazos y les ha dado el poder de luchar y de vencer a los enemigos (2 Rey 14, 25-26). Y sin embargo, ellos piensan mal de él y le rechazan, no solo diciendo mentiras (7, 13), sino apartándose de él, por su idolatría y por la adoración de los becerros, por lo que ellos han negado la gloria que le deben, negando prácticamente su divinidad.

7, 16. Esta actitud ante el Señor ha quedado ratificada en las dos sentencias alegóricas de 7, 16, en las que se anuncia la ruina que caerá sobre sus príncipes. Ellos dan y dan vueltas alrededor, pero no se elevan. עָל, adverbio o sustantivo con el significado de altura, como en 11, 7; 2 Sam 23, 1; aquí no se refiere por tanto el Altísimo, es decir, a Dios, aunque dirigirse hacia la altura significa de hecho dirigirse hacia Dios.

Dado que no se han dirigido hacia la altura, ellos se han vuelto como un arco mentiroso, cuya cuerda ha perdido su elasticidad, de manera que no acierta en el blanco cuando dispara (cf. Sal 78, 57). De un modo semejante, Israel no llega a su destino. Por eso, sus príncipes caerán. Esos príncipes se mencionan aquí como aquellos que son causantes de la enemistad contra Dios y de todas las miserias en las cuales han hundido al pueblo y al reino.

זַעַם, furia o soberbia, aquí desafío o ira. Esto es lo que muestran los príncipes con su ira, cuando ellos hablan en contra de Yahvé (Os 7, 13), de forma que así blasfeman de un modo amenazante en contra de la omnipotencia y de la fidelidad

Israel ha madurado para la destrucción

del Señor. Respondiendo a las diferencias dialectales en el modo de pronunciar, aquí tenemos זוּ, en lugar de זֶה, no en lugar de זֹאת (Ewald, 183 a).

Esto que les pasará, es decir, la muerte por espada, será objeto de burla contra ellos en la tierra de Egipto, no porque ellos vayan a caer en Egipto o vayan a perecer por la espada de los egipcios, sino porque ellos ponen su confianza en Egipto; por eso, cuando sean derrotados, serán objeto de burla de los mismos egipcios (cf. Is 30, 3.5).

8, 1-9, 9. El juicio como consecuencia de la idolatría

El juicio que viene, es decir, la destrucción del reino de las diez tribus, se predice ahora en tres estrofas que contienen una numeración directa de los pecados de Israel (9, 1-7), una referencia a la caída del reino que está a punto de comenzar (8, 8-14) y una advertencia en contra de la falsa seguridad del pueblo (9, 1-9).

8, 1-3

¹ אֶל־חִכְּךָ שֹׁפָר כַּנֶּשֶׁר עַל־בֵּית יְהוָה יַעַן עָבְרוּ בְרִיתִי וְעַל־תּוֹרָתִי פָּשָׁעוּ׃
² לִי יִזְעָקוּ אֱלֹהַי יְדַעֲנוּךָ יִשְׂרָאֵל׃
³ זָנַח יִשְׂרָאֵל טוֹב אוֹיֵב יִרְדְּפוֹ׃

¹ Lleva a tu boca la trompeta, pues un águila viene sobre la casa de Yahvé, porque traspasaron mi pacto y se rebelaron contra mi Ley. ² A mí clamará Israel: Dios mío, te hemos conocido. ³ Israel desechó el bien: el enemigo lo perseguirá.

8, 1. La profecía se eleva con un salto vigoroso, como en 8, 5, para predecir el juicio. La primera sentencia es una exclamación, y por eso no tiene verbo. El mandato viene de Yahvé, como muestran los sufijos en la última sentencia, y está dirigido al profeta, que debe hacer que suene la trompeta, como heraldo de Yahvé, para anunciar al pueblo el juicio próximo. La segunda sentencia incluye el alarmante mensaje que ha de ser proclamado: como el águila, así viene el enemigo en contra de la casa de Yahvé. La imagen del águila que se abalanza sobre su presa, con la rapidez del rayo, evoca la amenaza conocida de Moisés en Dt 28, 49.

La casa de Yahvé no es el templo de Jerusalén (Jerónimo, Teodereto de Ciro), pues ello iría en contra del contexto; no es tampoco el templo principal de Samaría, con cuya ruina quedaría arruinado todo el reino de Israel (Ewald, Símaco), pues los templos erigidos para los becerros de oro en Dan y Betel suelen llamarse *Bēth bâmōth* (de los ídolos), no *Bēth Yehōvâh* o de Yahvé. Esa casa de Yahvé no es tampoco la tierra de Yahvé, ni aquí ni en Os 9, 15 (Hitzig), pues una tierra no es una casa. En contra de eso, la casa de Yahvé era Israel, como porción y lote de la congregación del Señor como en Os 9,15; Num 12, 7; Jer 12, 7; Zac 9, 8. Cf. οἶκος Θεοῦ en Heb 3, 6 y 1 Tim 3, 15.

8, 2. La ocasión para el juicio era la transgresión del pacto y de la ley del Señor, que se describe de un modo más detallado en 1 Tim 3, 4. En su angustia ellos clamarán y pedirán la ayuda de Yahvé, diciendo cada uno, con triste lamento, que le conocen. Israel está en aposición al sujeto implicado en el verbo. Ellos dicen que conocen a Yahvé en la medida en que él se ha revelado a toda la nación, y de esa forma, el hecho de que invoquen el nombre de Yahvé, es una prueba de que pertenecen al pueblo de Dios.

8, 3. Pero este conocimiento de Dios, mirado simplemente como una relación histórica con él, no puede traer salvación. Israel ha desechado a Dios, por eso Dios les desechará, como el mismo Dios responde a quienes le gritan.

טוב no significa aquí Yahvé como el Dios más alto (Jerónimo) o como "el Dios bueno" (Sims.), ni la buena Ley de Dios (Schmieder), sino el bien o la salvación que Dios ha garantizado a la nación a través de su pacto de gracia, la gracia que él concede a los que guardan su alianza. Pero, dado que Israel ha despreciado ese bien, el enemigo le perseguirá.

8, 4

⁴ הֵ֣ם הִמְלִ֗יכוּ וְלֹ֣א מִמֶּ֔נִּי הֵשִׂ֖ירוּ וְלֹ֣א יָדָ֑עְתִּי כַּסְפָּ֣ם וּזְהָבָ֗ם עָשׂ֤וּ לָהֶם֙ עֲצַבִּ֔ים לְמַ֖עַן יִכָּרֵֽת׃

⁴ Ellos establecieron reyes, pero no escogidos por mí; constituyeron príncipes, mas yo no lo supe; de su plata y de su oro hicieron ídolos para sí, para ser ellos mismos destruidos.

Estos hechos son la prueba de que Israel ha renunciado a su Dios. El establecimiento de reyes y de príncipes, pero no de parte de Yahvé, ni con su conocimiento, es decir, sin haberle preguntado, se refiere básicamente a la fundación del reino bajo Jeroboán I. Sin embargo, el pecado no se limita a eso, sino que incluye al mismo tiempo la persistencia obstinada de Israel en su actitud impía a lo largo de toda la historia posterior, siempre que hubo un cambio o usurpación del gobierno.

No va en contra de eso el hecho de que el profeta Ajías anunciara a Jeroboán I que él sería rey sobre las 10 tribus (1 Rey 11, 30), ni el hecho de que Jehú fuera ungido rey sobre Israel por mandato de Eliseo (2 Rey 9), de manera que ambos recibieran el reino por expresa voluntad de Yahvé. En esa línea, no podemos decir que haya aquí (en Oseas) una visión distinta de la que aparece en el libro de los Reyes, en el que se ponen de relieve los diversos cambios de gobierno y las anarquías que dominaron en ese reino de las diez tribus (Simson). Ni la promesa divina del trono (Jeroboán I), ni la unción de Eliseo (Jehú) por mandato de Dios son garantía de que Dios quisiera que ellos gobernaran como lo hicieron, de un modo criminal, mostrándose ambos culpables.

El camino que siguieron ambos para tomar el trono no iba en la línea de la voluntad de Dios, sino que fue extremadamente impío (cf. *Comentario* a 1 Rey

11, 40). Jeroboán había estado ya antes planeando una rebelión contra Salomón (1 Rey 11, 27), y dirigió la reunión de las diez tribus, cuando ellas se separaron de la casa de David (1 Rey 121, 2 ss.). Sobre Jehú se dice expresamente en 2 Rey 9, 14 que él conspiró en contra de Jorán.

Por su parte, los restantes usurpadores, en la línea de los dos que acabamos de evocar, abrieron su camino hacia el trono a través de una serie de conspiraciones, de manera que el pueblo no se rebeló simplemente contra el auténtico heredero del trono a la muerte de Salomón, haciendo rey a Jeroboán, sino que inició el camino de todas las conspiración siguientes, tan pronto como su rebelión tuvo éxito.

Todo esto no vino de Yahvé sino que fue una rebelión en contra de él, una transgresión en contra de su pacto. A esto debe añadirse el pecado siguiente, es decir, la institución del culto de los becerros de oro, de parte de Jeroboán, a la que se unieron todos los reyes de Israel. Fue en este contexto donde se dio la fabricación de ídolos de oro y plata, por lo que Israel renunció completamente a la ley de Yahvé. Ciertamente, no se utilizó la plata en la construcción de los becerros de oro, pero ella se mantuvo en el mantenimiento de su culto.

למען יכרת: es decir, para que ellos, los ídolos de oro y plata, pudieran ser destruidos, como se dice de manera más precisa en 8, 6. למען describe las consecuencias de esta conducta que, aunque no se diga, son sin embargo inevitables, como si ellas fueran buscadas de un modo directo.

8, 5-8

⁵ זָנַח עֶגְלֵךְ שֹׁמְרוֹן חָרָה אַפִּי בָּם עַד־מָתַי לֹא יוּכְלוּ נִקָּיֹן׃
⁶ כִּי מִיִּשְׂרָאֵל וְהוּא חָרָשׁ עָשָׂהוּ וְלֹא אֱלֹהִים הוּא כִּי־שְׁבָבִים יִהְיֶה עֵגֶל שֹׁמְרוֹן׃
⁷ כִּי רוּחַ יִזְרָעוּ וְסוּפָתָה יִקְצֹרוּ קָמָה אֵין־לוֹ צֶמַח בְּלִי יַעֲשֶׂה־קֶּמַח אוּלַי יַעֲשֶׂה זָרִים יִבְלָעֻהוּ׃
⁸ נִבְלַע יִשְׂרָאֵל עַתָּה הָיוּ בַגּוֹיִם כִּכְלִי אֵין־חֵפֶץ בּוֹ׃

⁵ Tu becerro, Samaría, te hizo alejarte. Se encendió mi enojo contra ellos: no pudieron alcanzar la purificación ⁶ Porque ese becerro es de Israel; un artífice lo hizo. No es Dios, por lo que será deshecho en pedazos el becerro de Samaría. ⁷ Porque sembraron vientos, segarán tempestades. No tendrán mies ni su espiga dará harina; y si la da, los extranjeros la comerán. ⁸ ¡Devorado será Israel! Pronto será entre las naciones como vasija que no se estima,

8, 5-6. זָנַח, *zânach* (disgusto, alejarse) remite a 8, 3. Así como Israel sintió disgusto por aquello que es bueno, así se disgustó Yahvé por el becerro de Samaría. Ciertamente, *zânach* se utiliza aquí de un modo intransitivo, con el sentido de oler mal, de ser repugnante. Pero esto no altera el significado, que resulta obvio por el contexto, que el becerro disgusta a Yahvé.

El becerro de Samaría no es un ídolo de oro colocado en la ciudad de Samaría, pues no hay alusión para algo así en la historia. Samaría se menciona aquí simplemente en lugar del reino, y el becerro es aquel que ha sido colocado en Betel, en el lugar de adoración más famoso de este reino, que es el único que aparece también en 10, 5.15. A causa de ese becerro se ha encendido la ira de Yahvé en contra de los israelitas, que adoran al becerro y no pueden dejar de hacerlo.

Este es el pensamiento de fondo del texto, que expresa el disgusto de Dios por esas abominaciones. El tema es por cuánto tiempo serán incapaces los israelitas de נקיון, es decir, de purificar el camino ante el Señor, abandonando las abominaciones de la idolatría (cf. Lam 19, 4). No se trata, pues, de "quedar libres del castigo", como supone Hitzig. A לא יוכלו, *no pudieron*, debe añadirse "alcanzar", como en Is 1, 14; Sal 101, 5.

La palabra "porque" (כי, *kī*, de 8, 6) viene después como una explicación de la frase principal de 8, 5 (sobre el enojo de Yahvé por el becerro). Ese becerro de Samaría es una abominación para el Señor y no forma parte del auténtico Israel, pues lo ha construido un simple artífice.

Por su parte, והוא es un predicado, que recibe más énfasis por la partícula ו, *et quidem*, en el sentido de *este*. Según eso, este becerro será destruido del mismo modo que fue destruido el becerro del Sinaí, quemado y hecho polvo (cf. Ex 32, 20; Dt 9, 21). El ἅπ. λεγ. שבבים, del árabe *sabb*, cortar, significa pedazos, ruinas.

8, 7. Esta será la cosecha de Israel por su conducta impía. Con esta imagen (sembrar vientos, cosechar tempestades...), que ha sido utilizada de manera frecuente y variada (Os 10, 13; 12, 2; Job 4, 8; Prov 22, 8), se expresa la amenaza a través de un pensamiento general, tomado de la vida. La cosecha responde a la siembra (cf. Gal 6, 7-8). Del viento brota la tempestad.

El viento es una representación figurada de la conducta humana, la tempestad es signo de destrucción. En vez de רוּחַ lo que se cosecha es עולה, עמל, און (maldad, vacío, nada), cf. Os 10, 13; Job 4, 13 y Prov 22, 8. El segundo hemistiquio desarrolla aún más la figura. קמה es el grano de la cosecha. Por eso se dice קָמָה אֵין־לוֹ צֶמַח, el *tsemach,* grano sembrado, no da *qemach,* un juego de palabras sobre la siembra y el fruto.

Pues bien, aun en el caso de que haya algo de *qemach,* es decir, de cosecha, ella será para los extraños, es decir, para los *forasteros* que la consumirán. Estas palabras no amenazan solo con la falta de cosecha, sino que aquí se predice el fracaso de todo aquello que los hombres realicen o construyan. No solo la cosecha de Israel, sino el mismo Israel será "tragado" (destruido).

8, 8. Esta estrofa desarrolla el pensamiento anterior de la destrucción. La dureza de la amenaza que sigue no se contiene solo en la amenaza anterior (no solo el grano de Israel, sino el mismo Israel será tragado por sus enemigos), sino también en el verbo perfecto נבלע, que indica que el tiempo de la maduración de las malas semillas ha comenzado ya (Jerónimo, Simson).

Israel ha madurado para la destrucción

עתה היו, ya, en este mismo momento, los israelitas han comenzado a ser como una vasija rota, despreciada entre las naciones, algo que los hombres arrojan como carente de uso (Jer 22, 28; 48, 38). Esta es la suerte que ellos han preparado para sí mismos.

8, 9-10

⁹ כִּי־הֵ֙מָּה֙ עָל֣וּ אַשּׁ֔וּר פֶּ֖רֶא בּוֹדֵ֣ד ל֑וֹ אֶפְרַ֖יִם הִתְנ֥וּ אֲהָבִֽים׃
¹⁰ גַּ֛ם כִּֽי־יִתְנ֥וּ בַגּוֹיִ֖ם עַתָּ֣ה אֲקַבְּצֵ֑ם וַיָּחֵ֣לּוּ מְּעָ֔ט מִמַּשָּׂ֖א מֶ֥לֶךְ שָׂרִֽים׃

⁹ Pues ellos subieron a Asiria; el asno salvaje va solitario; Efraín se ha alquilado amantes. ¹⁰ Aunque las alquile entre las naciones, ahora los reuniré, y serán afligidos un poco de tiempo bajo la carga del rey y de los príncipes.

El hecho de subir a Asiria aparece en la primera frase (8, 9) como gesto de búsqueda de amantes, es decir, de favor y ayuda de los asirios. En ese contexto se cita el asno salvaje (פֶּרֶא). Destruyen el sentido de la frase los que añaden un כ a פֶּרֶא, en línea de comparación. El texto no se puede entender en forma de comparación, como si dijera "Israel ha ido a Asur, como un asno tonto va solitario" (Ewald), ni tampoco "como un asno salvaje, que va por sí mismo, Efraín ha ido en busca de amantes…".

El pensamiento es más bien este: en contra del asno salvaje, que es un animal estúpido, pero sabe guardar su independencia (se mantiene solitario), Israel busca alianzas antinaturales con las naciones del mundo, alianzas que son incompatibles con su vocación de pueblo separado

הִתְנוּ, de *tânâh*, es probablemente un denominativo de *'ethnâh* (cf. comentario a Os 2, 14), dar la recompensa por la prostitución, aquí en el sentido de venderse a los amantes, o de asegurar su protección con regalos. El *kal* הִתְנוּ, *yithnū* tiene el mismo sentido en 8, 10. La palabra אֲקַבְּצֵם, a la que se han dado diversas interpretaciones, solo puede tener aquí un sentido de amenaza o castigo. Y el sufijo no puede referirse a בַגּוֹיִם, sino solo al sujeto contenido en *yithnu*, es decir, a los efraimitas: el Señor les reunirá entre las naciones, es decir, les llevará a todos allí. קבץ se utiliza en sentido semejante en 9, 6. Su definición más precisa se añade en la siguiente frase, en la difícil expresión וַיָּחֵלּוּ מְעָט, en la cual וַיָּחֵלּוּ puede tomarse en el sentido más seguro de "comenzando", como en Jc 20, 31; 2 Cron 29, 17 y Ez 9, 6, donde se repite la misma expresión, con מְעָט como adjetivo verbal, conectado con הֵחֵל como en 1 Sam 3, 2 : ellos comenzaron a disminuir (a ser menos) "a causa del peso del rey de los príncipes", es decir, bajo la opresión que han de sufrir bajo el rey de Asiria, no por guerra o por impuestos, sino cuando sean llevados al exilio. מֶלֶךְ שָׂרִים tiene el mismo sentido de מֶלֶךְ מְלָכִים y es un término que se aplica al gran rey de Asiria que, según Is 10, 8 se envanecía diciendo que sus príncipes eran todos reyes.

Oseas 8, 11-14

8, 11-14

11 כִּי־הִרְבָּה אֶפְרַיִם מִזְבְּחֹת לַחֲטֹא הָיוּ־לוֹ מִזְבְּחוֹת לַחֲטֹא׃
12 (אֶכְתּוֹב)[וְאֶכְתָּב־]לוֹ (רֻבֵּי) [רֻבּוֹ] תּוֹרָתִי כְּמוֹ־זָר נֶחְשָׁבוּ׃
13 זִבְחֵי הַבְהָבַי יִזְבְּחוּ בָשָׂר וַיֹּאכֵלוּ יְהוָה לֹא רָצָם עַתָּה יִזְכֹּר עֲוֺנָם וְיִפְקֹד חַטֹּאותָם הֵמָּה מִצְרַיִם יָשׁוּבוּ׃
14 וַיִּשְׁכַּח יִשְׂרָאֵל אֶת־עֹשֵׂהוּ וַיִּבֶן הֵיכָלוֹת וִיהוּדָה הִרְבָּה עָרִים בְּצֻרוֹת וְשִׁלַּחְתִּי־אֵשׁ בְּעָרָיו וְאָכְלָה אַרְמְנֹתֶיהָ׃

11 Porque multiplicó Efraín los altares para pecar, tuvo altares solo para pecar. 12 Le escribí las miríadas de mi Ley, y fueron tenidas por cosa extraña. 13 En los sacrificios de mis ofrendas sacrificaron carne y comieron; Yahvé no los quiso aceptar. Ahora se acordará él de su iniquidad, castigará su pecado y tendrán que volver a Egipto. 14 Olvidó, pues, Israel a su Hacedor, y edificó templos (palacios). Judá multiplicó sus ciudades fortificadas, mas yo mandaré a sus ciudades fuego que consumirá sus palacios.

8, 11-12. La amenaza que comienza aquí responde a los pecados de Israel, que debía haber tenido solo un altar, en el lugar en el que Dios hubiera revelado su nombre (Dt 12, 5). Pero, en lugar de eso, Efraín había edificado muchos altares en diversos lugares, para multiplicar el pecado de idolatría, y así para amontonar culpa y más culpa sobre sí mismo.

לַחֲטֹא se utiliza en la primera frase para el acto del pecado, y en la segunda para indicar las consecuencias de ese pecado. Este pecado no se cometió por ignorancia de los mandamientos de Dios, sino por negligencia ante esos mandamientos. אכתוב es un presente histórico, indicando que aquello que había comenzado sigue realizándose todavía. Estas palabras se refieren sin duda al gran número de leyes escritas en la *torá* mosaica.

רבו (conforme al *qetiv* רבוּ, con la caída de la ת) equivale a רבבה, como en 1 Cron 29, 7, diez millares, miríadas. Los masoretas que habían supuesto que el número se podía utilizar en un sentido aritmético, alteraron la palabras haciendo que el texto diga רבי, refiriéndose a multitudes, aunque רב no aparece nunca en plural. La expresión "las miríadas de mi ley" es hiperbólica, y se utiliza para indicar la casi innumerable multitud de los diversos mandamientos contenidos en la ley. No han entendido bien la naturaleza hiperbólica de esta frase los que piensan que אכתוב es un futuro hipotético (Jerónimo). כְּמוֹ־זָר, como algo extraño, que no les concierne en absoluto.

8, 13-14. Israel ha olvidado a su creador y ha construido palacios. Y Judá multiplicó sus ciudades fortificadas… Con la multiplicación de los altares se multiplicó el número de los sacrificios. הבהבי es un nombre en plural con sufijo, y está formado de יהב con reduplicación. Las ofrendas de mis dones sacrificiales equivalen a los dones de los sacrificios de sangre, que me presentan continuamente (dice Dios).

Israel ha madurado para la destrucción

Son ofrendas de pura carne, y de esa manera ellos, los israelitas, muestran que no son más que carne, que ellos matan y comen, de manera que no ofrecen verdaderos sacrificios en los que Dios se complace o que podrían expiar por los pecados. Por eso, el Señor castigará sus pecados, de manera que volverán a Egipto, es decir, serán llevados de nuevo a la tierra del cautiverio, de la que Dios redimió una vez a su pueblo.

Estas palabras constituyen simplemente una aplicación especial (para las diez tribus degeneradas) de la amenaza con la que Moisés se enfrentó con todo Israel en Dt 28, 26. Egipto es una expresión que indica la tierra del cautiverio, como en Os 9, 3.6. En esa línea, Os 8, 14 sitúa el pecado de Israel en su principio, como olvido de Dios y como deificación de su propio poder, tal como se muestra en la construcción de palacios, היכלות, y no de templos idolátricos.

El mismo Judá comparte este pecado, multiplicando las ciudades fortificadas, y poniendo su confianza en las fortificaciones. Pues bien, el Señor destruirá estos castillos de la falsa seguridad. Los אַרְמְנֹתֶיהָ (de *'armânōth*) corresponden a los הֵיכָלוֹת (*hēkhâloth*), palacios y fortificaciones en los que ponen su confianza israelitas y judíos. Los sufijos añadidos בעריו y ארמנתיה se refieren a los dos reinos. El sufijo masculino se aplica a Israel y Judá como pueblos; el femenino a los dos como una tierra (como en Lam 2, 5).

9, 1-9. Advertencias contra la falsa seguridad

La prosperidad material del pueblo y del reino no garantizaba la seguridad contra su destrucción. Dado que Israel se había separado de su Dios, no podría gozar de las bendiciones de los productos de su campo, sino que su pueblo sería llevado cautivo a Asiria, donde no podría celebrar ninguna de las fiestas de su Dios.

9, 1-2

¹ אַל־תִּשְׂמַח יִשְׂרָאֵל ׀ אֶל־גִּיל כָּעַמִּים כִּי זָנִיתָ
מֵעַל אֱלֹהֶיךָ אָהַבְתָּ אֶתְנָן עַל כָּל־גָּרְנוֹת דָּגָן׃
² גֹּרֶן וָיֶקֶב לֹא יִרְעֵם וְתִירוֹשׁ יְכַחֶשׁ בָּהּ

¹ No te alegres, Israel, no saltes de gozo como otros pueblos, pues has fornicado al apartarte de tu Dios. Amaste el salario de rameras en todas las eras de trigo. ² La era y la prensa no los sustentarán, y les fallará el mosto.

Según Os 9, 2, el regocijo al que Israel no debía entregarse era el de una cosecha abundante. Todas las naciones se regocijaban y aun se regocijan por eso (cf. Is 9, 2), porque conciben la bendición de la cosecha como un signo y garantía del favor y de la gracia de Dios, que les lleva a expresar su gratitud hacia aquel (aquello) que les concede esos dones.

Pues bien, cuando las naciones paganas atribuían sus dones a sus dioses, y de esa forma le daban gracias por ellos, lo hacían a causa de su ignorancia, sin ser especialmente culpables, pues ellos vivían en el mundo sin la luz de la revelación divina. Pero cuando Israel se regocijaba de un modo pagano por la bendición de su cosecha, y atribuía sus bendiciones a los *baales* (cf. Os 2, 7), el Señor no podía dejar sin castigo esta negación y rechazo de los beneficios gratuitos que él ofrecía a su pueblo.

אל־גיל pertenece a תשמח, y sirve para enfatizar la idea de la alegría, como en Job 3, 22. כי זנית no expresa la razón de la alegría ("que tú has cometido prostitución": Ewald y otros), sino la razón por la que Israel debía regocijarse por su cosecha, es decir, porque se había vuelto infiel a su Dios y había caído en idolatría. זנה מעל, prostituirse ante Dios (separándose de él).

Las palabras "Amaste el salario de rameras en todas las eras de trigo" han de entenderse en la línea de Os 2, 7. 14, pues indican que Israel no miraba las bendiciones de las cosechas en viñas y tierras como dones de la bondad de Dios, sino como regalos de los baales, por lo que los israelitas tenían que servirlos con un celo más intenso. No hay razón para pensar en un tipo especial de idolatría, conectado con los campos de trigo.

Pues bien, a causa de eso, el Señor les quitará los productos de la mesa y de la prensa (de aceite y de vino), y lo hará precisamente (según Os 9,3) expulsando al pueblo de la tierra de Israel. Campos y viñas no les alimentarían, es decir, no les nutrirían ni les satisfarían. En ese contexto, artesa de pan y prensa de aceite/vino se citan para indicar lo que ellas contienen, el trigo y el vino/aceite, como en 2 Rey 6, 27. Por la prensa se alude especialmente a las prensas de aceite (cf. Joel 2, 14) porque el vino nuevo suele citarse por separado. De todas formas, trigo, vino nuevo y aceite aparecen conectados en Os 2, 10. El sufijo בה se refiere al pueblo, tomado como una comunidad.

9, 3-4

³ לֹא יֵשְׁבוּ בְּאֶרֶץ יְהוָה וְשָׁב אֶפְרַיִם מִצְרַיִם וּבְאַשּׁוּר טָמֵא יֹאכֵלוּ׃
⁴ לֹא־יִסְּכוּ לַיהוָה ׀ יַיִן וְלֹא יֶעֶרְבוּ־לוֹ זִבְחֵיהֶם כְּלֶחֶם אוֹנִים לָהֶם
כָּל־אֹכְלָיו יִטַּמָּאוּ כִּי־לַחְמָם לְנַפְשָׁם לֹא יָבוֹא בֵּית יְהוָה׃

³ No se quedarán en la tierra de Yahvé, sino que Efraín volverá a Egipto y a Asiria, donde comerán vianda inmunda. ⁴ No harán libaciones a Yahvé ni sus sacrificios le serán gratos; cual pan de duelo será para ellos, y todos los que coman de él serán impuros. Su pan será, pues, para ellos mismos: ese pan no entrará en la casa de Yahvé.

9, 3. Dado que ellos se han apartado de Yahvé, él les expulsará fuera de su tierra. Esta expulsión se describe como retorno a Egipto, como en Os 8, 13; pero inmediatamente después se describe Asur como tierra actual de destierro. Esta amenaza

Israel ha madurado para la destrucción

no debe entenderse como si el pueblo debiera ir cautivo a Egipto y también a Asiria, sino que Egipto aparece aquí, como en Os 9, 6.13, simplemente como tipo de la tierra de cautividad, de manera que Asiria viene a presentarse como nuevo Egipto. Así se deduce con claridad de las mismas palabras del texto, en las que la comida de carne impura en Asiria se menciona como una consecuencia directa del retorno del pueblo a Egipto. De todas formas, ni aquí ni en Os 9, 6 se habla de un destierro en Asiria, sino solo en Egipto como lugar donde los exilados israelitas encontrarán su tumba (¡aunque simbólicamente, este Egipto del destierro se refiere a Asiria!).

Esto resulta aún más evidente por el hecho de que, en general, Oseas habla solo de Asur como vara de la ira de Dios para su pueblo rebelde. El rey de Asur es Jared (el Luchador), al que los efraimitas acuden en busca de ayuda, aquel que les pondrá en vergüenza (Os 5, 13; 10, 6). De ese rey de Asiria, que será de hecho Salmanasar, vendrá la devastación y destrucción para el pueblo (Os 10, 14). Finalmente, en Os 11, 5 se dice de manera expresa que Israel no retornará a Egipto, sino a Asur, que será su rey.

Sin embargo, por la alusión a Egipto se está representando la cautividad en Asiria, como un estado de esclavitud y opresión, que se asemeja a la estancia de Israel en Egipto, en el tiempo antiguo, de donde se transfiere a Efraín y a las diez tribus la amenaza que Dt 28, 68 aplica a todo Israel. Los israelitas comerán cosas impuras en Asiria, no solamente porque en el tiempo de opresión bajo los poderes paganos no podrán observar las leyes de pureza de Israel, sino porque, por simple necesidad y miseria, deberán comer todo tipo de carne, que no había sido santificada para el Señor en la presentación de los primeros frutos (y que por tanto para los israelitas era impura; cf. Hengstenberg).

En Asiria cesarán las ofrendas especiales de Israel, así como todo el ritual de los sacrificios; y por eso, la misma carne que era en sí misma pura se volvería impura fuera de la tierra de Yahvé (cf. Ez 4, 13). Esta explicación de טמא resulta necesaria en 9, 4, donde se da todavía otra razón para la amenaza, como veremos.

9, 4. Este verso no ofrece una descripción general de la actitud presente de Israel hacia Yahvé, sino una presentación de la miserable condición que recaerá para el pueblo en el exilio. Los verbos están puestos en futuro. Los cautivos de Babilonia no serán capaces de ofrecer vino al Señor, como libación de bebida, ni podrán llevarle aquel tipo de sacrificios sangrientos que le agradan, porque Israel solo podía ofrecer sacrificios a su Dios en el lugar cuyo nombre él había manifestado por revelación, en la tierra prometida, no en el exilio.

Las ofrendas de bebida se mencionan aquí como *pars pro toto*, en lugar de todas las ofrendas de comida y de bebida, es decir, en lugar de los dones no sangrientos que estaban vinculados con los *zebhâchîm* (ofrendas quemadas) y con las ofrendas gratuitas (*shelâmîm*, Num 15, 2-15; 15, 28-29), que se distinguían de la ofrenda de los primeros frutos (Lev 23, 13.18). "Sus sacrificios" (זִבְחֵיהֶם, *zibhchēhem*, pertenecen a las יערבו־לו (a las cosas que le agradan), a pesar del *segol* previo, como lo exige el hecho de ofrecer un sujeto para יערבו, pues no hay ninguna base para suplir נס'כיהם de la frase anterior, como quiere Hitzig, ni para asumir que ערב significa aquí mezclar.

Según eso, de las palabras "no les serán gratos sus sacrificios" no podemos inferir que los israelitas ofrecían sacrificios cuando estaban en el exilio. El significado de los términos es simplemente que los sacrificios que ellos hubieran querido ofrecer a Dios no le serían agradables en el exilio. No debemos repetir זבחיה como sujeto de la siguiente frase (כְּלֶחֶם לָהֶם), en el sentido de que "sus sacrificios serán para ellos como pan de lamentación", pues esa traducción no sería apropiada, pues aunque los sacrificios se presenten a veces como "pan de Dios", ellos no aparecen nunca como pan de los hombres.

El sujeto puede ser suplido sin dificultad por *kelechem* (כְּלֶחֶם, como pan): su pan o comida será para ellos como pan de lamentación. Así lo indica el hecho de que se habla de un לֶחֶם אוֹנִים, *lechem 'ōnīm*, pan de duelo, propio de aquellos que se lamentan por los muertos, en decir, del pan que se come en las comidas de los funerales.

Este era un pan que se consideraba impuro, pues el cadáver impurificaba la casa y todo lo que entraba en contacto con ella durante siete días (Num 19, 14). El pan del exilio se parecería a ese tipo de pan, porque no había sido santificado por las ofrendas de los primeros frutos. Así lo indica el final del texto: "Ese pan no entrará en la casa de Yahvé". Ese pan no servirá para preservación de sus vidas.

9, 5-6

⁵ מַה־תַּעֲשׂוּ לְיוֹם מוֹעֵד וּלְיוֹם חַג־יְהוָה׃
⁶ כִּי־הִנֵּה הָלְכוּ מִשֹּׁד מִצְרַיִם תְּקַבְּצֵם מֹף תְּקַבְּרֵם מַחְמַד לְכַסְפָּם קִמּוֹשׂ יִירָשֵׁם חוֹחַ בְּאָהֳלֵיהֶם׃

⁵ ¿Qué haréis en el día de la solemnidad, y en el día de la fiesta de Yahvé? ⁶ Ellos se fueron a causa de la destrucción. Egipto los recogerá, Menfis los enterrará. La ortiga conquistará lo deseable de su plata, y el espino crecerá en sus moradas.

9, 5. La miseria de la que hablan los versos anteriores se sentirá todavía con más fuerza en los días de fiesta. Dado que en el exilio faltarán templo y ritual, los desterrados no podrán celebrar las fiestas del Señor. No se puede observar gran diferencia entre יוֹם מוֹעֵד, *yōm mō'ēd*, y יוֹם חַג־יְהוָה, *yōm chag Yehōvâh*, como para exigir que nos refiramos a dos fiestas de diverso tipo.

En Lev 23, todas las fiestas que se celebran en un período determinado, o los días en que se celebraban las reuniones sagradas, incluso los sábados, se llamaban מוֹעֲדֵי יהוה. En esa línea, las tres fiestas en las que todo Israel debía presentarse ante el Señor (Pascua, Pentecostés y Tabernáculos) se describen como *chaggīm* (חַגֵּיכֶם, cf. Ex 34, 18). Toda festividad gozosa es un *chag* (Ex 32, 5; Jc 21, 19).

Por eso, carece de sentido la opinión de Grotius y Rosenmüller que aplican el término *mōʿēd* a las tres fiestas de peregrinación del año y el de *chag Yehōvâh* a todas las restantes fiestas, incluyendo las de la Luna Nueva. Tampoco puede sostenerse la opinión de Simson que restringe la última expresión a la gran fiesta de la cosecha (Tabernáculos), conforme a Lev 23, 39. 41.

Las dos denominaciones son sinónimas, pero con algunos matices distintos. (a) Con *chag* se insiste en la idea de alegría, de manera que el día de fiesta se toma como día de santa alegría ante Yahvé. (b) Por su parte, *mōʿēd* expresa más bien la idea de una fiesta establecida por el Señor y santificada para él (cf. Lev 23, 2). Con el añadido de *chag Yehōvâh*, se insiste en el hecho de que al desaparecer las fiestas de Yahvé desaparecen también todas las restantes formas de alegría ante Dios.

9, 6. El perfecto הלכו puede explicarse a partir del hecho de que el profeta ha visto en espíritu al pueblo ya expulsado de la tierra del Señor. הלך significa salir fuera de la tierra. Egipto se menciona como el lugar del destierro, lo mismo que en Os 9, 3. Allí encontrarán todos los israelitas sus tumbas. קבץ en combinación con קבר evoca la reunión de los muertos en una tumba común, como אסף en Ez 29, 5; Jer 8, 2; 25, 33.

מף, o נף (como en Is 19, 13; Jer 2, 16; 44, 1; Ez 30, 13.16) es probablemente una contracción de מנף, y responde al copto *Membe, Memphe*, más que al antiguo egipcio *Men-nefr*, es decir, *mansio bona* (la buena mansión), que era el nombre profano de la ciudad de Memphis, la antigua capital del Bajo Egipto, cuyas ruinas pueden verse en la ribera occidental del Nilo, al sur del viejo Cairo.

El nombre sagrado de la ciudad era *Ha-ka-ptah*, es decir, la casa de la adoración de *Phtah* (cf. Brugsch, *Geogr. Inschriften*, 1. pp. 234-5). En ese mismo lugar, zarzas y espinos tomarían el lugar donde antes se guardaban los utensilios de plata. El sufijo de יירשׁם se refiere, *ad sensum*, al nombre colectivo מחמד לכספם, lo deseable de su plata (=sus cosas deseables de plata). No se trata de los "ídolos" de plata, como Hitzig imagina, sino de las casas decoradas y provistas de objetos de este precioso metal, como muestra claramente באהליהם en la frase paralela. El crecimiento de zarzas y espinos indica la gran desolación de las casas de los hombres (Is 34, 13).

9, 7-9

⁷ בָּאוּ ׀ יְמֵי הַפְּקֻדָּה בָּאוּ יְמֵי הַשִׁלֻּם יֵדְעוּ יִשְׂרָאֵל אֱוִיל הַנָּבִיא מְשֻׁגָּע אִישׁ הָרוּחַ עַל רֹב עֲוֺנְךָ וְרַבָּה מַשְׂטֵמָה׃
⁸ צֹפֶה אֶפְרַיִם עִם־אֱלֹהָי נָבִיא פַּח יָקוֹשׁ עַל־כָּל־דְּרָכָיו מַשְׂטֵמָה בְּבֵית אֱלֹהָיו׃
⁹ הֶעְמִיקוּ־שִׁחֵתוּ כִּימֵי הַגִּבְעָה יִזְכּוֹר עֲוֺנָם יִפְקוֹד חַטֹּאותָם׃

⁷ ¡Han llegado los días del castigo; han llegado los días de la retribución! ¡Que lo sepa Israel! El profeta es necio; el profeta está loco, a causa de la grandeza de tu pecado y de tu gran hostilidad. ⁸ El profeta es centinela de Efraín, el pueblo de mi Dios; pero ahora le pone trampas en todos sus caminos. Hay hostilidad en la casa de su Dios. ⁹ Profundizaron su corrupción, como en los días de Gabaa. Ahora se acordará Dios de su iniquidad y castigará su pecado.

9, 7. Los perfectos son proféticos. El tiempo de la visitación y retribución se aproxima. Entonces descubrirá Israel que sus profetas, que solo predecían prosperidad y bien (Ez 13, 10) eran locos infatuados. אויל וגו introduce, sin *kī*, aquello que Israel experimentará, como en Os 7, 2 y Am 5, 12. Por el uso de la expresión הָרוּחַ אִישׁ no se sigue que el texto se refiera a los verdaderos profetas.

אִישׁ רוּחַ, *'ish rūăch* (hombre de espíritu) es sinónimo de Miq 2, 11 הֹלֵךְ רוּחַ אִישׁ (*'ish hōlēkh rūăch*, un hombre que camina en el espíritu, pero profetizando mentiras, y puede explicarse partiendo del hecho de que se suponía que los falsos profetas estaban influenciados por un poder demoníaco más alto, hablando así a través de un *rūăch sheqer* (un espíritu mentiroso: 1 Rey 22, 22).

Las palabras que siguen (el profeta es necio...) probablemente no significan que el profeta era bueno, pero que los hombres le han tratado mal, le han despreciado y perseguido como a loco... Ellas no se refieren a los verdaderos profetas, sino a los que están locos de verdad, ante Yahvé.

עַל רֹב עֲוֹנְךָ se vincula a la frase principal. Han llegado los días de la retribución (יְמֵי הַשִּׁלֻּם), con la que Dios responde a la gran maldad del pecado de Israel. עַל רֹב עֲוֹנֶךָ, a causa de la grandeza de tu pecado (cf. Ewald, 351, a). מַשְׂטֵמָה, *Mastēmâh*, enemistad, pero no meramente en contra de otros hombres, sino más en concreto en contra de Dios y de su siervos.

9, 8. Sigue aquí el tema anterior. La primera frase es difícil y ha sido interpretada de diversas formas. "El profeta es centinela de Efraín...", o Efraín está espiando עם אלהי (con o por mi Dios). La idea de fondo no puede ser que Efraín, como tribu, es un vigía para el resto del pueblo, como si su deber fuera mantenerse en pie sobre una torre de vigilancia, para avisar a Israel cuando el Señor eleva su amenaza de castigo y juicio sobre el pueblo (Jerónimo, Schmidt).

Esa idea del profeta estando de pie con Yahvé, sobre una torre de vigilancia, no es solo extraña al Antiguo Testamento, sino irreconciliable con la relación en la que el profeta está ante Dios. El Señor nombró sin duda profetas como vigías sobre su pueblo (cf. Ez 3, 17), pero él sigue manteniendo su propio lugar, sobre la torre de vigilancia, por encima de los profetas.

צֹפֶה, de *tsâphâh*, en el contexto en el que aquí se habla de los profetas, solo puede aludir a la intensa vigilancia que los profetas han de mantener, para escuchar las revelaciones divinas (cf. Hab 2, 1), y no solo para pedir ayuda en caso de necesidad. Por su parte, עם אלהי (con mi Dios) no puede expresar la cercanía o concordancia de los profetas respecto de Dios (aunque aquí la palabra עם אלהי está poniendo de relieve la cercanía que Oseas mantiene con Dios, a diferencia de los falsos profetas.

עם denota una intensa relación del profeta con Dios, para así poner de relieve que el verdadero profeta está de parte de Dios. Israel busca profecías o revelaciones divinas desde la perspectiva del Dios de los profetas, es decir, desde la voluntad de Yahvé. Israel no confía en sus propios profetas, que no están inspirados por Yahvé, que son como serpientes o cazadores de pájaros al borde del camino, dirigiendo así al pueblo de cabeza hacia su destrucción.

Aquí, en 9, 8 se pone de relieve la importancia del auténtico נביא tanto de un modo colectivo, como de un modo individual, en contra de los falsos profetas engañadores, que son como cazadores de pájaros, pues todos sus proyectos y sus obras tienden solo a engañar y envenenar al pueblo.

8, 9. En la casa del Dios de los israelitas ha surgido, en esa línea, un tipo de gran hostilidad en contra Yahvé y en contra de sus siervos, los verdaderos profetas; y así lo muestra la forma en que se erigieron en los templos las becerros de oro, con su adoración; un caso particular de esa enemistad contra los verdaderos profetas lo ofrece la historia de Amós (cf. Am 7, 10-17).

De esa manera, Israel ha caído en una abominación y en unos pecados tan hondos como en los días de Gibea/Gabba (כִּימֵי הַגִּבְעָה), cuando se manifestó la conducta abominable de los hombres de Gibea, en conexión con la concubina de un levita, tal como lo relata Jc 19 ss., cuando, a consecuencia de aquella conducta depravada, la tribu de Benjamín fue casi exterminada. La misma depravación de Israel será igualmente condenada por el Señor en este tiempo (cf. Os 8, 13).

9, 10-11, 11. Degeneración de Israel y ruina del reino

En esta sección resulta clara la distribución del contenido. Por tres veces recuerda el profeta los primeros días de Israel (Os 9, 10; 10, 1 y 11, 1), mostrando la forma en que después ha sido infiel a su divina vocación, de manera que desde un tiempo inmemorial ha respondido a todas las manifestaciones de amor y de gracia de Dios con gestos de apostasía e idolatría, de manera que el Señor se ha visto obligado a castigar a la nación degenerada y obstinada con el destierro en el exilio y con la destrucción del reino. A pesar de ello, siendo en sí mismo el Santo, y conforme a su propia fidelidad inmutable a la alianza, Dios no erradicará ni destruirá totalmente al pueblo.

9, 10-12

¹⁰ כַּעֲנָבִים בַּמִּדְבָּר מָצָאתִי יִשְׂרָאֵל כְּבִכּוּרָה בִתְאֵנָה
בְּרֵאשִׁיתָהּ רָאִיתִי אֲבוֹתֵיכֶם הֵמָּה בָּאוּ בַעַל־פְּעוֹר וַיִּנָּזְרוּ

לְבֹ֖שֶׁת וַיִּהְי֥וּ שִׁקּוּצִ֖ים כְּאָהֳבָֽם׃
אֶפְרַ֕יִם כָּע֖וֹף יִתְעוֹפֵ֣ף כְּבוֹדָ֑ם מִלֵּדָ֥ה וּמִבֶּ֖טֶן וּמֵהֵרָיֽוֹן׃ ¹¹
כִּ֤י אִם־יְגַדְּלוּ֙ אֶת־בְּנֵיהֶ֔ם וְשִׁכַּלְתִּ֖ים מֵֽאָדָ֑ם כִּֽי־גַם־א֥וֹי ¹²
לָהֶ֖ם בְּשׂוּרִ֥י מֵהֶֽם׃

¹⁰ Como uvas en el desierto hallé a Israel; vi a vuestros padres en sus primicias como la fruta temprana de la higuera. Pero al acudir ellos a Baal-peor, se apartaron para vergüenza, y se hicieron abominables como aquello que amaban. ¹¹ La gloria de Efraín volará cual ave, de modo que no habrá nacimientos ni embarazos ni concepciones. ¹² Aunque lleguen a crecer sus hijos, los quitaré de entre los hombres. ¡Ay de ellos también, cuando de ellos me aparte!

9, 10. Uvas en el desierto con higos "brevas" son frutos agradables para cualquiera que los encuentra. Pues bien, esta figura indica el placer peculiar de Dios cuando encontró al pueblo de Israel y lo dirigió sacándolo de Egipto, o el gran valor que tenían los israelitas cuando Dios les escogió como pueblo de su posesión y estableció con ellos una alianza en el Sinaí (Teodoreto, Cirilo).

בַּמִּדְבָּר, *bammidbâr* (en el desierto) se vincula por su lugar en la frase con *'ănâbhīm* (עֲנָבִים): uvas, en el seco y desnudo desierto, donde nadie espera encontrar unos frutos refrescantes de ese tipo. Pero el desierto es también el lugar donde Israel fue encontrado por Dios, y en esa línea solo pueden encontrarse frutas en el desierto cuando uno se introduce en aquel lugar. Evidentemente, estas palabras se refieren a Dt 32, 10 (yo encontré a Israel en el desierto…), y evocan implícitamente la condición desesperada en que Israel se hallaba cuando Dios le adoptó al principio. El sufijo de בְּרֵאשִׁיתָהּ, *berēshīthâh* (a su comienzo) se refiere a תאנה, las brevas o primeros frutos que la higuera produce en primer lugar, cuando comienza a madurar su cosecha. Pero Israel no respondió ya más a ese buen placer de Dios, y así se mostró cuando llegaron a Baal-peor, abandonando a Yahvé. בעל־פעור sin la partícula אל no es el ídolo de ese nombre, sino el lugar donde se adoraba ese ídolo, que se llamaba propiamente Beth-peor o simplemente Peor (cf. *Comentario* a Num 23, 28 y 25, 3).

El texto escoge ינזרו en lugar de יצמד (Num 23, 3.5), para mostrar que Israel debía haberse consagrado a Yahvé, siendo así el nazir de Yahvé. בֹּשֶׁת, *Bōsheth* (Vergüenza) es el nombre dado al ídolo de Baal-peor (cf. Jer 3, 24), cuya adoración fue la vergüenza para Israel. כְּאָהֳבָם, aquello a lo que amaban, de *'Ohabh*, es también Baal-peor.

De todas las diversas rebeliones de Israel contra Yahvé, el profeta ha destacado solo esta, de Baal-peor, porque el principal pecado de las diez tribus fue la adoración de Baal, en sus formas más refinadas o más burdas. Esto es lo que el profeta tiene en mente cuando se fija en la apostasía de las diez tribus, interpretándola como una continuación de aquella apostasía de Baal-peor, de cuyo castigo tratan los versos siguientes.

9, 11-12. La gloria que Dios concedió a su pueblo al multiplicarle grandemente deberá desaparecer por ese pecado. La adoración licenciosa y llena de lujuria será castigada por la disminución del número del pueblo, por la falta de hijos y por la destrucción de la juventud, que debería haber crecido.

מלדה, de manera que no habrá concepción de niños. בטן, el vientre de la madre como lugar de la pregnancia, o el fruto del vientre. Aun en el caso (con *kī* enfático) de que los hijos (los niños) crezcan, Dios hará que ellos mueran, מאדם, de manera que no haya allí más hombres.

El crecimiento de los hijos será detenido por la muerte o por la espada (cf. Dt 3, 2.25). La última frase ofrece la razón para el castigo amenazado. גם (9, 12, hacia el final, añade fuerza a la frase. Normalmente se pone al principio de la frase (כִּי־גַם־אוֹי), y aquí se vincula con להם: "Porque ay de ellos si se apartan" (=si yo me aparto de ellos, o aparto de ellos mi favor).

שׂוּר está en lugar de סוּר, pues שׂ y ס han llegado a ser casi intercambiables (como destacan Aquila y la Vulgata). Esta visión es más probable que la de aquellos que suponen que שׂוּר es un error del copista, en vez de שׁוּר (Ewald, Hitzig, etc.), pues שׁוּר, mirar, construido con מן, en el sentido de retirar la mirada de una persona, no aparece nunca en la Biblia, aunque el significado sea el mismo.

9, 13-14

¹³ אֶפְרַיִם כַּאֲשֶׁר־רָאִיתִי לְצוֹר שְׁתוּלָה בְנָוֶה וְאֶפְרַיִם לְהוֹצִיא אֶל־הֹרֵג בָּנָיו׃
¹⁴ תֵּן־לָהֶם יְהוָה מַה־תִּתֵּן תֵּן־לָהֶם רֶחֶם מַשְׁכִּיל וְשָׁדַיִם צֹמְקִים׃

¹³ Efraín, según veo, es semejante a Tiro, situado en un lugar delicioso; pero Efraín llevará sus hijos a la matanza. ¹⁴ Dales, Yahvé... ¿qué has de darles? dales matriz que aborte y pechos enjutos.

Estos versos desarrollan aún más el desvanecimiento de la gloria de Efraín. En Os 9, 13, Efraín es objeto de ראיתי (yo he visto), pero a causa del énfasis esa palabra (Efraín) se coloca en el principio, como en Os 9, 11. Por su parte, רָאִיתִי לְ, de ראה con un acusativo con ל, significa seleccionar algo con una finalidad (como en Gen 22, 8).

El Señor ha seleccionado a Efraín para sí mismo, para que sea como la ciudad de Tiro (para que tenga la riqueza y gloria de la poderosa Tiro), pero plantada en tierra deleitosa (בְנָוֶה), esto es, en un suelo adaptado para el crecimiento y la prosperidad. Pues bien, ahora, a causa de su apostasía, Dios entregará a Tiro en manos de la desolación, y entregará a sus hijos (es decir, a su pueblo) a la muerte por la espada.

En general, los comentadores, en la línea de los LXX, han sobrevalorado este significado de ראה, de manera que no solo han sido incapaces de explicar el sentido de לְצוּר, *letsōr* (como Tiro), sino que han tendido a alterar el mismo texto, poniendo *letsūrâh*, según la forma (Ewald), o buscando otras interpretaciones puramente imaginarias, diciendo que *tsōr* significa "palmera", según el árabe (Arnold, Hitzig), o añadiendo que *letsōr* significa "tan lejos como Tiro" (לְ con el sentido de עַד), con el fin de dar a la sentencia una interpretación más o menos forzada. La *waw* antes de Efraín (וְאֶפְרַיִם) introduce la apódosis de כַּאֲשֶׁר, con este sentido: "Así como yo he elegido a Efraín, así Efraín tendrá que salir (=llevará)…". Sobre la construcción de לְהוֹצִיא, cf. Ewald, 237 c.

En Os 9, 14, la amenaza se convierte en llamada a Dios para que ejecute el castigo amenazado. El estilo excitado del lenguaje viene indicado por la pregunta interpolada: מַה־תִּתֵּן; ¿Qué has de darles? Esas palabras no contienen una oración de intercesión de parte del profeta a fin de que Dios no castigue al pueblo de un modo demasiado severo, sino que se refieren a la infecundidad del pueblo, más que a la pérdida de los jóvenes (Ewald). De todas formas, ellas expresan la santa indignación del profeta por la honda corrupción del pueblo.

9, 15-17

¹⁵ כָּל־רָעָתָם בַּגִּלְגָּל כִּי־שָׁם שְׂנֵאתִים עַל רֹעַ מַעַלְלֵיהֶם
מִבֵּיתִי אֲגָרְשֵׁם לֹא אוֹסֵף אַהֲבָתָם כָּל־שָׂרֵיהֶם סֹרְרִים:
¹⁶ הֻכָּה אֶפְרַיִם שָׁרְשָׁם יָבֵשׁ פְּרִי (בְלִי־)וּבַל־יַעֲשׂוּן גַּם כִּי
יֵלֵדוּן וְהֵמַתִּי מַחֲמַדֵּי בִטְנָם: ס
¹⁷ יִמְאָסֵם אֱלֹהַי כִּי לֹא שָׁמְעוּ לוֹ וְיִהְיוּ נֹדְדִים בַּגּוֹיִם: ס

¹⁵ Toda la maldad de ellos se manifestó en Gilgal; allí, pues, les tomé aversión. Por la perversidad de sus obras los echaré de mi casa. Ya no los amaré más; todos sus príncipes son desleales. ¹⁶ Efraín fue herido, su raíz está seca, no dará más fruto. Aunque engendren, yo haré morir el precioso fruto de su vientre. ¹⁷ Mi Dios los desechará porque ellos no lo oyeron, y andarán errantes entre las naciones.

9, 15. Es imposible determinar con más precisión cómo toda la maldad de Efraín se concentraba en Gilgal, pues no tenemos relatos históricos sobre el culto idolátrico que allí se practicaba (cf. Os 4, 15). No se puede probar a partir de Os 13, 2 que Gilgal fuera el escenario de horribles sacrificios humanos, como observa Hitzig en comentario a Os 12, 12.

שׂנא se utiliza aquí en un sentido incoativo, de "concebir" aversión. A causa de su maldad ellos deberían ser expulsados de la casa, es decirle, de la congregación de Yahvé (cf. comentario a Os 8, 1). La expresión "les echaré de mi casa" (אֲגָרְשֵׁם מִבֵּיתִי) puede explicarse a partir de Gen 21, 10, donde Sara pide a Abrahán que expulse (גרשׁ) a Agar de la casa, al mismo tiempo que a su hijo, a fin de que el hijo de la sierva no obtenga la herencia lo mismo que el hijo de la libre (Isaac), y en esa línea el mismo Dios manda al patriarca que cumpla el deseo de Sara.

Israel ha madurado para la destrucción

Expulsar a Agar y a su hijo de la casa del Señor significa impedir que los agarenos (los ismaelitas) sean la nación de la alianza, negarles las bendiciones del pacto. En la última frase hay un juego de palabras: שָׂרֵיהֶם סֹרְרִים

9, 16-17. En 9, 16 Israel se compara a una planta que se encuentra tan dañada por el calor del sol (Sal 121, 6; 102, 5) o por un gusano (Jon 4, 7) que se seca y no puede producir ya más frutos. Los perfectos son una forma de expresión profética, indicando la ejecución segura de la amenaza.

Esto se repite en 9,16 b en sentido figurativo, de manera que se refuerza la amenaza de 9, 11-12. Finalmente, en Os 9, 17 las palabras de amenaza quedan precisadas al insistir y presentar con más claridad la causa del rechazo de Israel, un rechazo que se interpreta como exilio y dispersión entre las naciones, según Dt 28, 65.

10, 1-3

¹ גֶּפֶן בּוֹקֵק יִשְׂרָאֵל פְּרִי יְשַׁוֶּה־לּוֹ כְּרֹב לְפִרְיוֹ
הִרְבָּה לַמִּזְבְּחוֹת כְּטוֹב לְאַרְצוֹ הֵיטִיבוּ מַצֵּבוֹת׃
² חָלַק לִבָּם עַתָּה יֶאְשָׁמוּ הוּא יַעֲרֹף מִזְבְּחוֹתָם יְשֹׁדֵד מַצֵּבוֹתָם׃
³ כִּי עַתָּה יֹאמְרוּ אֵין מֶלֶךְ לָנוּ כִּי לֹא יָרֵאנוּ אֶת־יְהוָה
וְהַמֶּלֶךְ מַה־יַּעֲשֶׂה־לָּנוּ׃

¹ Israel es una frondosa viña que da de sí abundante fruto. Cuanto más abundante era su fruto, más se multiplicaban los altares; cuanto mayor era la bondad de su tierra, mejor hacían sus ídolos. ² Su corazón es hipócrita. Ahora serán hallados culpables. Yahvé demolerá sus altares y destruirá sus ídolos. ³ Seguramente dirán ahora: No tenemos rey porque no temimos a Yahvé. Pero ¿qué haría el rey por nosotros?

De forma nueva se resume aquí el pensamiento conclusivo de la última estrofa anterior (Os 9, 10) y se describe de manera más precisa la culpa y castigo de Israel, en las dos secciones que ahora empiezan: Os 10, 1-8 y Os 10, 9-15.

10, 1. Bajo la figura de la viña que da abundante fruto, pero sin racimos maduros saludables, el profeta describe a Israel como una plantación gloriosa de Dios mismo, pero que no responde a las expectativas de su creador. La figura aparece simplemente esbozada en unos rasgos generales. Tenemos un paralelo que explica el tema en Sal 80, 9-12.

El participio בּוֹקֵק, *bōqēq*, no significa aquí vacío o que se vacía, pues ese sentido no responde al contexto, conforme al cual existe fruto, sino que su significado proviene del sentido primario de *bâqaq*, que es derramarse, fluir, extenderse de un modo lujuriante. Se trata pues del mismo significado que tiene ג סרחת (Ex 17, 6): aquello que extiende sus brazos de manera larga y extensa, es decir, lo que crece de un modo vigoroso.

La siguiente sentencia (que da fruto), que sigue en la línea de la anterior, pasa del sentido figurado al literal: "Conforme a la abundancia de su fruto multiplicaba Israel sus altares...", construyendo mejores מצבות, que son pilares de Baal (cf. 1 Rey 14, 23). Es decir: en la medida en que Israel se multiplicaba y alcanzaba prosperidad bajo la bendición de Dios, alcanzando riqueza y poder en la tierra buena (Ex 3, 8) iba olvidando a su Dios y caía cada vez más profundamente en la idolatría (cf. Os. 2, 10; 8, 4.11). La razón de esto se hallaba en el hecho de que sus corazones eran hipócritas, que disimulaban su forma de ser, que no estaban sinceramente dedicados al Señor, pues, bajo la apariencia de una devoción a Dios, ellos dependían todavía de los ídolos (cf. 2 Rey 17, 9).

10, 2–3. La palabra חָלַק, *châlâq*, dividido, hipócrita, se aplica especialmente en hebreo a la lengua, a los labios, a la boca, a la garganta y al lenguaje (Sal 10; 12, 3; 55, 22; Prov 5, 3), más que al corazón. Pero Ez 12, 24 habla de una profecía hipócrita, es decir, mentirosa; por eso, también aquí se puede hablar de "profecía hipócrita", más que decir que su corazón está dividido, tal como aparece en las versiones antiguas (una traducción que no puede defenderse gramaticalmente). *Châlâq* no se utiliza en *kal* en un sentido intransitivo. Y la traducción activa (él, es decir, Dios, ha dividido su corazón), defendida por Hitzig, no responde al espíritu de la Escritura.

Ellos no podrán reparar ese mal, porque Dios destruirá sus pilares y sus altares. ערף, "romper el cuello de los altares", es una expresión audaz, que se aplica a la destrucción de los altares, rompiendo sus cuernos (cf. Am 3, 14). Entonces, el pueblo verá, y estará obligado a confesar que no tiene ya rey, porque el rey no ha temido al Señor, pues un rey que se ha puesto en oposición a la voluntad del Señor (Os 8, 4) no puede traer ni ayuda ni liberación (Ez 13, 10). עשה, hacer, es decir, ayudar, rendir algún servicio para una persona (cf. Ecl 2, 2).

10, 4-6

⁴ דִּבְּרוּ דְבָרִים אָלוֹת שָׁוְא כָּרֹת בְּרִית וּפָרַח כָּרֹאשׁ מִשְׁפָּט עַל תַּלְמֵי שָׂדָי׃
⁵ לְעֶגְלוֹת בֵּית אָוֶן יָגוּרוּ שְׁכַן שֹׁמְרוֹן
כִּי־אָבַל עָלָיו עַמּוֹ וּכְמָרָיו עָלָיו יָגִילוּ עַל־כְּבוֹדוֹ כִּי־גָלָה מִמֶּנּוּ׃
⁶ גַּם־אוֹתוֹ לְאַשּׁוּר יוּבָל מִנְחָה לְמֶלֶךְ יָרֵב בָּשְׁנָה אֶפְרַיִם
יִקָּח וְיֵבוֹשׁ יִשְׂרָאֵל מֵעֲצָתוֹ׃

⁴ Ellos pronuncian palabras, juran en falso o al hacer un pacto; por tanto, el juicio florecerá como ajenjo en los surcos del campo. 5 Por las becerras de Bet-avén serán atemorizados los moradores de Samaria. Sí, su pueblo se lamentará a causa del becerro, lo mismo que los sacerdotes que se regocijaban de su gloria, la cual será disipada. 6 El propio becerro será llevado a Asiria como presente al gran rey. Efraín será avergonzado, e Israel se avergonzará de su consejo.

10, 4. Aquí se desarrollan los pensamientos de Os 10, 2-3. La disimulación del corazón (cf. Os 10, 3) se manifiesta en las palabras que dicen, que no eran más que palabrería vana, un lenguaje indigno (cf. Is 58, 13), jurar en falso, hacer tratados mentirosos. A causa del paralelismo, אלוֹת es un infinitivo absoluto, en lugar de אָלֹה, formado como כָּרֹת, análogo a שָׁתוֹת (Is 22, 13; cf. Ewald, 240, b).

כרת ברית, en conexión con juramento falso, significa realizar un pacto sin fidelidad, es decir, fijar tratados con naciones extranjeras (por ejemplo, Asiria) que solo mantienen lo estipulado en la medida en que puede ofrecerles ventajas a ellos. A consecuencia de esto, el derecho se ha convertido en un tipo de planta amarga que crece de un modo abundante (רֹאשׁ en el sentido de רוֹשׁ; cf. Dt 29, 17). מִשְׁפָּט, *mishpât*, no significa aquí juicio, o castigo punitivo de Dios (como supone la traducción caldea y otras muchas), porque eso no podría compararse con la cizaña o las malas plantas creciendo por todas partes, sino "derecho", pero en su forma degenerada, un tipo de derecho que los hombres han convertido en fruto amargo de veneno (cf. Am 6, 12). Este tipo de mal juicio se extiende por el reino, como la cizaña que se extiende lujuriante por los surcos del campo (שָׂדַי es una forma poética de שָׂדֶה, como en Dt 32, 13; Sal 8, 8).

10, 5-6. Por lo tanto, el juicio no puede ser retardado, sino que se está aproximando ya de una forma tan amenazadora que los habitantes de Samaría tienen miedo de lo que puede pasarle a sus becerros. El plural עֶגְלוֹת, *'eglōth*, se utiliza en un sentido indefinido de generalidad, de manera que no podemos suponer que hubiera varios becerros de oro en Betel. Más aún, eso iría en contra del hecho de que en las sentencias que siguen vemos que se habla del becerro (de uno).

La forma femenina עֶגְלוֹת, que solo aparece aquí, depende probablemente del uso abstracto del plural, pues el femenino es la forma que suele emplearse para el abstracto. שָׁכֵן se construye con plural, como un adjetivo que se utiliza en sentido colectivo. כִּי (cf. Os 4, 5) se emplea en sentido enfático, y los sufijos que se añaden a עָמוֹ y כְּמָרָיו no se refieren a Samaría, sino al ídolo, es decir, al becerro, pues el profeta dice que Israel, que debería ser la nación de Yahvé, es la nación del ídolo (del becerro), y que la nación lloraba con sus sacerdotes (כְּמָרָיו, los *kemârîm*, sacerdotes nombrados en relación con los becerros, cf. 2 Rey 23, 5), por el hecho de que los becerros fueran llevados cautivos a Asiria.

גִּיל no significa aquí exultar o regocijarse, ni temblar (palabra que se aplica al movimiento del corazón por miedo o por gozo), sino que tiene el mismo sentido que חִיל en Sal 96, 9. El sentido de עָלָיו queda más precisado por עַל־כְּבוֹדוֹ, *por su gloria*, no por el tesoro del templo de Betel (Hitzig), ni por la gloriosa imagen del becerro, como símbolo del Dios del Estado (Ewald, Umbreit), sino por el mismo becerro, al que el pueblo atribuía la gloria del verdadero Dios.

El perfecto גָּלָה, *gâlâh*, se utiliza proféticamente de aquello que se cumplirá de un modo pleno y cierto (para el sentido exacto, cf. Ewald, 343, a). El becerro de oro, la gloria de la nación, tendrá que marchar al exilio. El becerro no se podrá salvar a sí mismo, sino que será llevado a Asiria, al rey Jareb (cf. Os 5, 13), como מִנְחָה, *minchâh*, un presente, un tributo (cf. 2 Sam 8, 2.6; 1 Rey 5, 1). Para la construcción del pasivo con אֵת, cf. Gesenius, *Thes.* 143, 1 a. Entonces, Efraín (= Israel) quedará aplastada bajo el reproche y la vergüenza. בָּשְׁנָה, *boshnâh*, una palabra que solo aparece aquí, está formada por el masculino *bōshe*n, que no se utiliza ninguna otra vez (cf. Ewald, 163, 164).

10, 7-8

⁷ נִדְמֶה שֹׁמְרוֹן מַלְכָּהּ כְּקֶצֶף עַל־פְּנֵי־מָיִם׃
⁸ וְנִשְׁמְדוּ בָּמוֹת אָוֶן חַטַּאת יִשְׂרָאֵל קוֹץ וְדַרְדַּר יַעֲלֶה
עַל־מִזְבְּחוֹתָם וְאָמְרוּ לֶהָרִים כַּסּוּנוּ וְלַגְּבָעוֹת נִפְלוּ עָלֵינוּ׃ ס

⁷ De Samaría fue cortado su rey como rama sobre la superficie de las aguas.
⁸ Los lugares altos de Avén, el pecado de Israel, serán destruidos; sobre sus altares crecerá espino y cardo. Y dirán a los montes: ¡Cubridnos!; y a los collados: ¡Caed sobre nosotros!

Con el destierro del becerro de oro perece también Samaría, y sobre los lugares de los ídolos crecerán las plantas del desierto. שמרון מלכה no es un asíndeton, pues *Shōmerōn* ha de tomarse en un sentido absoluto. De hecho, no solo Samaría, la capital, sino todo el reino fue destruido. Con la palabra מַלְכָּהּ no se alude a un rey particular, sino en un sentido general, refiriéndose al rey que de hecho había en Samaría, lo que implica que se destruye la misma monarquía (Os 10, 15).

La idea de que las palabras se refieren a un rey particular van no solo en contra del contexto, que no alude a ningún acontecimiento concreto, sino que no concuerdan con la imagen de fondo: como una rama en la superficie del agua, que es arrastrada por la corriente y se desvanece sin haber dejado ni siquiera huella. מַלְכָּהּ no es espuma (caldeo, Símaco, rabinos), sino una rama rota, una hoja, como muestra claramente *qetsâphâh* en Joel 1, 7. בָּמוֹת אָוֶן, *bâmōth 'âven*, son los edificios vinculados a la adoración de la imagen de Betel (*'âven* se identifica con *Bēth-'ēl*, Os 10, 5), el templo allí erigido (*bēth bâmōth*), con el altar, que incluía posiblemente otros lugares ilegales de sacrificio, que constituían el pecado capital de Israel.

Todo eso vendrá ser destruido de una manera tan radical que espinas y abrojos crecerían sobre los altares arruinados (cf. Gen 3, 18). "Este es el signo de una soledad total, pues no quedarían allí ni siquiera los muros, ni los restos de las edificaciones (Jerónimo). Cuando el reino sea destruido de esa forma, con la monarquía y los lugares sagrados, en su desesperación total, los habitantes desearán que les llegue la muerte y la destrucción.

Decir a las montañas "cubrirnos" y demás, implica mucho más que querer esconderse en las huecos y hendiduras de las rocas (Is 2, 19. 21). Esa palabra

Israel ha madurado para la destrucción

expresa el deseo de ser enterrados bajo las montañas y colinas que caen, de manera que los así enterrados no tengan que sufrir más las penas y terrores del juicio. En ese sentido han sido transformadas estas palabras por Cristo en Lc 23, 30, ante las calamidades que llegan con la destrucción de Jerusalén, lo mismo que en Ap 6, 16 ante los terrores del juicio final.

10, 9-15

Después que la amenaza del castigo se ha expresado de esa forma en Os 10, 8, llegando a la ruina total del reino, el profeta vuelve en 10, 9 a los tiempos anteriores, con el fin de mostrar de una forma nueva, y profundamente destacada, la falta de sentido del pueblo, para llamar de nuevo al pueblo y pedirle que vuelva a la justicia, presentando así otra vez el tiempo de la visitación de Dios (Os 10, 14.15), anunciando con una claridad aún mayor la destrucción del reino y la superación de la monarquía.

10, 9-10

⁹ מִימֵי֙ הַגִּבְעָ֔ה חָטָ֖אתָ יִשְׂרָאֵ֑ל שָׁ֣ם עָמָ֔דוּ לֹֽא־תַשִּׂיגֵ֧ם
בַּגִּבְעָ֛ה מִלְחָמָ֖ה עַל־בְּנֵ֥י עַלְוָֽה׃
¹⁰ בְּאַוָּתִ֖י וְאֶסֳּרֵ֑ם וְאֻסְּפ֤וּ עֲלֵיהֶם֙ עַמִּ֔ים בְּאָסְרָ֖ם לִשְׁתֵּ֥י (עֵינֹתָ֖ם) [עוֹנֹתָֽם]׃

⁹ Desde los días de Gabaa/Gibea, tú has pecado, Israel. ¡Allí se han quedado! ¿No tomará la guerra en Gabaa a estos inicuos? ¹⁰ Los castigaré cuando lo desee; los pueblos se juntarán contra ellos cuando sean castigados por su doble crimen.

10, 9. Igual que en Os 9, 9, aquí también se citan los días de Gibea, es decir, los días del crimen despiadado que se cometió en Gibea en contra de la concubina del levita. Esos días se recuerdan también como principio del pecado de Israel. Es evidente que מימי no ha de entenderse en un sentido comparativo, ni ha de tomarse como referido al día de la elección de Saúl, que salió de Gibea para ser coronado rey (trad. caldea).

Las siguientes palabras (שם עמדו גגו), que son difíciles de traducir, y que han sido explicadas de modos distintos, no describen la conducta de Israel de aquellos días, pues, en primer lugar, la afirmación de que la guerra no les sobrevino no responde a los hechos, pues las otras tribus vengaron aquel crimen de un modo tan severo que la tribu de Benjamín fue casi totalmente exterminada. Y, en segundo lugar, el sufijo vinculado a תשיגם se refiere evidentemente a las mismas personas que están evocadas en Os 9, 10, es decir, a los israelitas de las diez tribus a las que Oseas anuncia el juicio que les sobreviene.

Esas personas son por tanto el sujeto de עמדו, y de un modo consecuente עמד significa mantenerse, quedar, perseverar (cf. Is 47, 12; Jer 32, 14). Allí en

Gibea permanecieron, es decir, perseveraron en el crimen, sin que les destruyera la guerra que allí se inició en contra de los pecadores. (El imperfecto, en una frase subordinada, se utiliza para describir las consecuencias necesarias de algo; por su parte, עלוה se utiliza en lugar de עולה, como זעוה en Dt 28, 25 en lugar de זועה).

El significado de la imagen es, por tanto, que desde los días de Gibea los israelitas persisten en el mismo pecado; pero, mientras que aquellos pecadores fueran castigados y destruidos por la guerra, las diez tribus se mantienen todavía en el mismo pecado, sin haber sido destruidos por una guerra semejante, como la de los guibeonitas. Pues bien, Yahvé les castigará por ello.

10, 10. באותי, en mi deseo (cuando lo desee), conforme a mi voluntad, es una descripción antropomórfica de la severidad del castigo. ואס׳רם de יסר (cf. Ewald, 139 a), con el *waw* de la apódosis. El castigo consistirá en el hecho de que las naciones se reunirán en torno, es decir, en contra de Israel. באסרם, literalmente "en su castigo", es decir, "cuando yo les castigue".

El *qetib* עינתם no puede ser el plural de עין, porque el plural עינות no se utiliza para referirse a los ojos. Por eso, la traducción "ante sus dos ojos", en el sentido de "sin que fueran capaces de impedirlo" (Ewald) evocaría el hecho imposible de atar a una persona ante sus propios ojos. Más aún, el uso de שתי עינות en lugar del simple dual sería aún más inexplicable. Por eso debemos dar preferencia al *kere* עונת, mirando el *qetib* como una forma distinta, que puede explicarse por el cambio de עי en עו, y tomando עונת como una contracción de עונת, dado que עונה no puede tomar el significa de "tristeza" (caldeo), ni de trabajo duro o servicio tributario.

En esa línea, no se puede aceptar el sentido de tristeza, ni de trabajo duro. La misma objeción puede elevarse en contra de la suposición de que la doble obra puede referirse a Efraín y Judá. En ese contexto se han trazado diversas hipótesis, en la línea de lo que se ha llamado un *locutionis monstrum*, una monstruosidad verbal, de manera que, a causa de ese doble crimen (לשתי עונתם) Judá y Samaría se verían obligadas a someterse a un mismo yugo, como si fueran bestias de carga arrastrando un mismo carro.

Estas dos transgresiones o crímenes no se pueden interpretar como los dos becerros de oro, de Betel y Dan (Hitzig), ni aplicarse a la infidelidad respecto a Yahvé y la entrega a los ídolos, en la línea de Jer 2, 13 (Cirilo, Teodoreto), sino más bien a la apostasía respecto a Yahvé y respecto a la casa real de David, en la línea de Os 3, 5, donde se afirmaba con toda claridad que la conversión definitiva de la nación consistiría en la búsqueda de Yahvé y en la aceptación de David como rey.

10, 11

¹¹ וְאֶפְרַיִם עֶגְלָה מְלֻמָּדָה אֹהַבְתִּי לָדוּשׁ וַאֲנִי עָבַרְתִּי
עַל־טוּב צַוָּארָהּ אַרְכִּיב אֶפְרַיִם יַחֲרוֹשׁ יְהוּדָה יְשַׂדֶּד־לוֹ יַעֲקֹב׃

¹¹ Efraín es como una novilla domada a la que le gusta trillar. Mas yo pasaré el yugo sobre su lozana cerviz; yo unciré a Efraín, Judá tendrá que arar y Jacob quebrará sus terrones.

En este verso se precisa el sentido del castigo y se extiende también a Judá. מְלֻמָּדָה, *melummâdâh*, una novilla instruida, domada para el trabajo. Su sentido se concretiza por las palabras אָהַבְתִּי לָדוּשׁ, que le gusta trillar (*'ōhabhtī*, es un participio con una *yod* de conexión; cf. Ewald, 211 b).

El trillar no era sin más un trabajo más fácil, en comparación con la tarea de llevar el carro o de arar..., pero al trillar el toro o la novilla podían comer a placer (Dt 25, 4), de manera que Israel vino a ponerse gorda y fuerte (Dt 32, 15). Por eso, el trillar era una representación figurada, no de la conquista de otras naciones (como en Miq 4, 13; 41, 15), sino de un trabajo agradable, productivo y provechoso. Israel se había acostumbrado a eso, por el hecho de que Dios le había bendecido (Os 13, 6). Pero ahora sería diferente.

עברתי על, perfecto profético: Yo pasaré, yo podré sobre el cuello... en un sentido hostil. La idea de esta imagen es la de poner un yugo pesado sobre el cuello, no un simple cinto para galopar... ארכיב no es montar, galopar, sino dirigir, llevar una carga, como muestran las frases siguientes, que evocan el gesto de arar una tierra, de realizar un duro trabajo de campo que se indica y representa como sometimiento y sujeción. En este contexto se menciona también a Judá, como en Os 8, 14; 6,11, etc.

Jacob, en relación con Judá, no es un nombre que se aplique toda la nación (a las doce tribus), sino un sinónimo de Efraín, es decir, el reino de las diez tribus. Así lo exige la correspondencia entre las dos últimas frases, que son simplemente un desarrollo posterior de la expresión אף ארכיב, indicando el alcance del castigo de Efraín, que se extiende también a Judá.

10, 12-13

¹² זִרְעוּ לָכֶם לִצְדָקָה קִצְרוּ לְפִי־חֶסֶד נִירוּ לָכֶם נִיר וְעֵת
לִדְרוֹשׁ אֶת־יְהוָה עַד־יָבוֹא וְיֹרֶה צֶדֶק לָכֶם:
¹³ חֲרַשְׁתֶּם־רֶשַׁע עַוְלָתָה קְצַרְתֶּם אֲכַלְתֶּם פְּרִי־כָחַשׁ
כִּי־בָטַחְתָּ בְדַרְכְּךָ בְּרֹב גִּבּוֹרֶיךָ:

¹² Sembrad para vosotros en justicia, segad para vosotros en misericordia; haced para vosotros barbecho, porque es el tiempo de buscar a Yahvé, hasta que venga y os enseñe justicia. ¹³ Habéis arado impiedad y segasteis iniquidad; comeréis fruto de mentira. Porque confiaste en tu camino y en la multitud de tus valientes,

En 10, 12-13 se añade una llamada al arrepentimiento y a una reforma de vida, con figuras semejantes a las anteriores. Las palabras sembrar y segar se utilizan para evocar la conducta espiritual y moral del pueblo. לִצְדָקָה, en justicia, es paralelo de לְפִי חֶסֶד, sembrar en justicia, lo que significa que la justicia es como una semilla que da buen fruto, sobre todo en relación con los otros hombres. El fruto de la justicia es la חֶסֶד, el amor condescendiente y misericordioso respecto a los pobres y necesitados.

נִירוּ לָכֶם נִיר, con *nîr nîr*, que tanto aquí como en Jer 4, 3, significa sembrar en un suelo virgen, convertir la tierra que no había sido cultivada en terreno arable. Este es el sentido de fondo de la frase: abandonar todo tipo de conducta anterior, y crear para ellos una nueva esfera de actividad, comenzar un tipo nuevo de vida. וְעֵת, y "ciertamente es tiempo de", es el tiempo apropiado para abandonar los caminos de pecado y para buscar al Señor hasta que (עַד) él vuelva, es decir, hasta que os muestre de nuevo su gracia, y haga que ella llueva sobre vosotros.

צֶדֶק, *tsedeq*, rectitud, no salvación, un significado que esta palabra no tiene nunca, y menos aún aquí, donde *tsedeq* corresponde al צְדָקָה, *tsedâqâh*, de la frase anterior. Dios hace que llueva la justicia, pues él no concede solo fuerza para conseguirla, para que crezca la semilla (cf. Is 44, 3), sino que debe engendrarla y crearla en los hombres por su Espíritu Santo (Sal 51, 12). La razón para esta llamada se da en 10, 13, con otra alusión a la conducta moral de los hombres.

Hasta ahora ellos han sembrado y segado injusticia y pecado, y por eso han tenido que comer mentiras, pues no promovieron la prosperidad del reino, como habían imaginado, sino que lo habían llevado a su decadencia y ruina, porque no habían confiado en Yahvé, su creador, su roca de salvación, sino en sus caminos falsos y en su propio poder, es decir, en la fuerza de su ejército (Am 6, 13), sin descubrir que no tenía valor alguno.

10, 14-15

¹⁴ וְקָאם שָׁאוֹן בְּעַמֶּךָ וְכָל־מִבְצָרֶיךָ יוּשַּׁד כְּשֹׁד שַׁלְמַן בֵּית אַרְבֵאל בְּיוֹם מִלְחָמָה אֵם עַל־בָּנִים רֻטָּשָׁה׃
¹⁵ כָּכָה עָשָׂה לָכֶם בֵּית־אֵל מִפְּנֵי רָעַת רָעַתְכֶם בַּשַּׁחַר נִדְמֹה נִדְמָה מֶלֶךְ יִשְׂרָאֵל

¹⁴ En medio de tus pueblos se levantará un alboroto; todas tus fortalezas serán destruidas, como destruyó Salmanasar a Bet-arbel en el día de la batalla, cuando fue destrozada la madre con sus hijos. ¹⁵ Así hará con vosotros, Betel, por causa de vuestra gran maldad: al despuntar el día desaparecerá para siempre el rey de Israel.

10, 14. קאם con א como *mater lect.* (Ewald, 15, e), se construye con ב: levantarse en contra de una persona, como en Sal 27, 12; Job 16, 8. שָׁאוֹן, guerra, tumulto, como en Am 2, 2. בְּעַמֶּךָ: en contra de tu (tus) pueblo/s de guerra. Esta expresión está escogida como referencia a *rōbh gibbōrīm* (la multitud de los *giborim*, hombres poderosos), en los que Israel había puesto su confianza. El significado de campesinos o tribus estaba restringido al lenguaje más antiguo del Pentateuco.

El singular יוּשַׁד se refiere a כֹּל, como en Is 64, 10, en contra del lenguaje ordinario (cf. Ewald, 317 c). No sabemos nada de la devastación de *Bet-arbel* por Salmanasar, y por eso ha habido siempre una gran incertidumbre sobre el significado de las palabras. El texto habla de Salman, que es sin duda una forma contracta de Salmanasar, rey de Asiria, que destruyó el reino de las diez tribus (2 Rey 17, 6).

Bet-arbel no puede ser la Arbela de Asiria, que se convertiría en célebre por la victoria de Alejandro Magno (Estrabón. Cf. Is 16, 1-3), pues los israelitas difícilmente podrían conocer una ciudad tan lejana para que el profeta la ponga como ejemplo de la desolación que ha de caer sobre Israel, sino que se trata con toda probabilidad de una Arbela de Galilea Superior, que aparece mencionada en 1 Mac 9, 2, y con frecuencia en Josefo, una ciudad de la tribu de Neftalí, entre Séforis y Tiberíades (cf. Robinson, *Pal.* III. pp. 281-2, y *Bibl. Researches*, p. 343, que hoy se llama Irbid).

Las objeciones que pone Hitzig (es decir: que *shōd* es un nombre, en Os 9, 6; 7, 13; 12, 2, y que el infinitivo constructo con ל de prefijo se escribe לִשְׁדָד en Jer 47, 4; y finalmente que si Salman fuera el sujeto deberíamos esperar una preposición את antes de בית) no son conclusivas, y el intento que él realiza para explicar *Salman-Beth-Arbel* desde el sánscrito no tiene fundamento alguno.

La unión de "madre e hijos" y demás, es una frase proverbial denotando crueldad inhumana (cf. Gen 32, 12) no se refiere a la conducta de Salman en conexión con *Bet-Arbel*, posiblemente en la campaña mencionada en 2 Rey, sino que evoca el destino que ha de caer, como gran amenaza, sobre la totalidad del reino de Israel. En 2 Rey 17, 16, esta amenaza concluye con un anuncio de la caída de la monarquía, acompañada por otra alusión a la culpa del pueblo.

10, 15. El sujeto de כָּכָה עָשָׂה es Betel (texto caldeo), no Salman o Yahvé. Betel, la sede de la idolatría, prepara esta suerte para el pueblo a causa de su gran maldad (cf. Ewald, 313, c). בַּשַּׁחַר, *basshachar,* al amanecer, es decir, en el tiempo en que debía anunciarse de nuevo la aurora, *tempore pacis alluscente*, anunciándose un tiempo de paz (Cocceius, Hegstenber.). El gerundio נִדְמֹה añade fuerza al hecho; y מֶלֶךְ יִשׂ no es este o aquel rey en particular, sino (como en 2 Rey 17, 7) el rey en general, es decir, de la monarquía de Israel.

11,1–11

El profeta vuelve por tercera vez (cf. Os 9, 10; 10, 1) a los tiempos antiguos de Israel, mostrando cómo el pueblo había respondido al Señor con ingratitud e infidelidad por todas las pruebas de su amor; por eso, había merecido la destrucción total, y hubiera sido destruido sin remedio, si es que Dios no hubiera refrenado su ira a causa de su fidelidad absoluta, a fin de que, tras un severo castigo, pudiera reunir de nuevo, una vez más, a los israelitas, rescatándolos de la cautividad entre los paganos.

11, 1-2

1 כִּי נַעַר יִשְׂרָאֵל וָאֹהֲבֵהוּ וּמִמִּצְרַיִם קָרָאתִי לִבְנִי׃
2 קָרְאוּ לָהֶם כֵּן הָלְכוּ מִפְּנֵיהֶם לַבְּעָלִים יְזַבֵּחוּ וְלַפְּסִלִים יְקַטֵּרוּן׃

¹ Cuando Israel era niño, yo lo amé; y de Egipto llamé a mi hijo. 2 Mientras más los llamaba, más se iban ellos de mi presencia. A los baales ofrecían sacrificios, y a los ídolos quemaban incienso.

Os 11, 1 se apoya en Ex 4, 22-23, donde el Señor manda a Moisés que diga al faraón: "Israel es mi primogénito; deja que mi hijo salga, a fin de que pueda servirme". Israel era el hijo de Yahvé en virtud de su elección para ser pueblo especial de Yahvé (cf. Ex 4, 22). En esta elección se funda el amor que Dios mostraba por su pueblo, sacándole de Egipto para darle la tierra de Canaán, que había prometido a sus padres como su heredad.

La elección de Israel como hijo de Yahvé, que comenzó con su liberación de la esclavitud de Egipto y se completó con el establecimiento del pacto en el monte Sinaí, forma el primer momento del despliegue de la obra divina de salvación, que vino a completarse en la encarnación del Hijo de Dios, para la salvación de la humanidad de la muerte y la ruina.

El despliegue y guía de Israel como pueblo de Dios se dirige totalmente hacia Cristo, pero no en el sentido de que el Hijo de Dios surgiera por sí mismo desde la historia de Israel sin más, sino en el sentido de que la relación que el Señor del cielo y de la tierra iba a establecer y desplegar con esa tierra vendría a ser una preparación para la unión de Dios con la humanidad, abriendo así el camino para la encarnación del Hijo de Dios, de forma que Israel se preparara de esa forma para ser como un vaso elegido de la divina gracia.

Todos los factores esenciales de la historia de Israel se dirigen hacia eso, de forma que vienen a presentarse como tipo y anuncio profético de la vida de aquel (es decir, de Cristo) en quien iba a realizarse la reconciliación del hombre con Dios y la unión de Dios con la raza humana, unidos así en unidad personal.

En esa línea, la segunda parte de nuestro verso ha sido citada por Mt 2, 15 como una profecía de Dios, no porque las palabras del profeta se refirieran de un modo directo e inmediato a Cristo, sino porque la estancia de Israel en Egipto y el retorno desde aquella tierra a la tierra de Israel tenían para Jesús el mismo significado que habían tenido para el desarrollo del pueblo de Israel. Así como Israel había crecido como una nación en Egipto, donde se hallaba fuera del alcance de las formas de vida cananea, así también estuvo Jesús escondido en Egipto, fuera del alcance de la hostilidad de Herodes.

Pero en Os 11, 2 nos hallamos ante una antítesis: Israel respondió al amor de Dios con su apostasía. Los profetas קראו, llamaron a los israelitas (cf. Os 11, 7; 2 Rey 17, 13; Jer 25, 4; Zac 1, 4) para que se convirtieran al Señor y le obedecieran, pero ellos se alejaron de Dios y de su obediencia, no escucharon a los profetas, no se acercaron al Señor (Jer 2, 21).

Este pensamiento ha quedado intensificado por כן, con כאשר omitida como prótasis (Ewald, 360, a): cuanto más les llamaban los profetas, más se alejaban los israelitas de Dios, no escuchando a los profetas, y sirviendo a los ídolos. בעלים como en Os 2, 15, y פסלים como en 2 Rey 17, 41 y Dt 7, 5.25 (cf. Es 20, 4).

11, 3-4

³ וְאָנֹכִי תִרְגַּלְתִּי לְאֶפְרַיִם קָחָם עַל־זְרוֹעֹתָיו וְלֹא יָדְעוּ כִּי רְפָאתִים׃
⁴ בְּחַבְלֵי אָדָם אֶמְשְׁכֵם בַּעֲבֹתוֹת אַהֲבָה וָאֶהְיֶה
לָהֶם כִּמְרִימֵי עֹל עַל לְחֵיהֶם וְאַט אֵלָיו אוֹכִיל׃

³ Pero fui yo el que enseñó a caminar a Efraín, tomándolo por sus brazos. Sin embargo, no reconocieron que yo los sanaba. ⁴ Con cuerdas humanas los atraje, con vínculos de amor. Fui para ellos como los que ponen un bebé contra sus mejillas, y me inclinaba hacia ellos para alimentarlos.

11, 3, A pesar de lo anterior, el Señor continúa mostrando amor hacia ellos. תרגלתי, en *hifil*, formado al estilo arameo (cf. Gesenius, 55, 5), endureciendo la ה en ת, y construyendo con ל, como hace con frecuencia el *hifil* (cf. Os 10, 1; Am 8, 9); verbo denominativo de רגל, enseñar a caminar, guiar con cuerdas, como a un niño a quien se le enseña a caminar.

Esta es una representación figurativa del amor de un padre por el bienestar y prosperidad de un hijo. קחם, por aféresis, en vez de לקחם, como קח en lugar de לקח en Ez 17, 5. El cambio repentino de la primera a la tercera persona parece muy extraño para nuestro gusto, pero no es infrecuente en hebreo, y aquí se funda en el hecho de que el profeta podía pasar con mucha facilidad de hablar en nombre de Dios a hablar como si él fuera el mismo Dios. קח no puede ser ni un infinitivo ni un participio, a causa de la palabra siguiente, que es זרועתיו, sus brazos.

Ambas frases se refieren básicamente al cuidado y ayuda que el Señor ofrece a su pueblo en el desierto arábigo. En este caso, el profeta tiene muy cerca, ante sus ojos la palabra de Dt 1, 31: "En el desierto te condujo el Señor, como un hombre ha de conducir a su hijo". La última frase se refiere también a esto, con רפאתים aludiendo a Ex 15, 26, donde el Señor se presenta como médico de

Israel, haciendo que el agua amarga de Mará se vuelva potable, mostrándose así, al mismo tiempo como el que ayuda al pueblo en toda tribulación.

11, 4. Aquí tenemos otra referencia a la manifestación del amor de Dios hacia Israel en el paso a través del desierto. חבלי אדם, son cuerdas con las que se dirige a los hombres, más especialmente a los niños que tienen aún los pies débiles, en contra de los lazos con los que los hombres controlan a los animales salvajes, a las bestias que no pueden manejarse (Sal 32, 9). Esas cuerdas son representaciones figurativas de la forma con que Dios ha guiado a Israel, como explica la siguiente figura: "cuerdas de amor". Esta figura se parece a la imagen semejante del yugo que se pone sobre las bestias de carga, para que puedan realizar su trabajo.

Un dueño misericordioso libera el cuello de sus bueyes, es decir, coloca el yugo hacia atrás, de tal manera que los animales puedan comer con facilidad; lo mismo hace el Señor con el yugo de la Ley, que ha colocado sobre su pueblo, como yugo que es suave y ligero. De esa manera, הרים על על no significa quitar el yugo (מעל) del cuello, sino levantarlo del cuello, para que pueda llevarse con más facilidad.

No podemos referir estas palabras a la liberación de Israel de la cautividad de Egipto, sino que debemos pensar solo en la forma en la que el Señor hizo que el cumplimiento de los mandamientos fuera más fácil para el pueblo a través de la alianza (Ex 24, 3.7), incluyendo no solo las muchas manifestaciones de misericordia con las que Dios quería establecer una relación de comunión con su pueblo, sino también otros medios de su gracia, entre los que pueden citarse los dos siguientes: (a) La institución de los sacrificios, por los cuales se abría una puerta para obtener la gracia divina y lograr el perdón de los pecados. (b) La institución de las fiestas, por las cuales el pueblo podía regocijarse con los dones gratuitos de su Dios.

Por su parte, וְאַט no es la primera persona de imperfecto *hifil* de נטה ("yo me incliné hacia él…", Symm., Efrén de Siria y otros), pues en ese caso no deberíamos esperar וְאַט, sino un adverbio, con el sentido de suavemente, de un modo confortable. Por su parte, אליו remite a esa palabra, en analogía con 2 Sam 18, 5. אוכיל es una formación anómala de אאכיל, como אוביד de אאביד en Jer 46, 8 (cf. Ewald, 192 d; Gesenius 68, 2, nota 1). Jerónimo ha traducido rectamente: "Y yo les di maná como comida en el desierto, y ellos disfrutaron de ella".

11, 5-7

⁵ לֹא יָשׁוּב֙ אֶל־אֶ֣רֶץ מִצְרַ֔יִם וְאַשּׁ֖וּר ה֣וּא מַלְכּ֑וֹ כִּ֥י מֵאֲנ֖וּ לָשֽׁוּב׃
⁶ וְחָלָ֥ה חֶ֙רֶב֙ בְּעָרָ֔יו וְכִלְּתָ֥ה בַדָּ֖יו וְאָכָ֑לָה מִֽמֹּעֲצ֖וֹתֵיהֶֽם׃
⁷ וְעַמִּ֥י תְלוּאִ֖ים לִמְשֽׁוּבָתִ֑י וְאֶל־עַל֙ יִקְרָאֻ֔הוּ יַ֖חַד לֹ֥א יְרוֹמֵֽם׃

⁵ No volverá a la tierra de Egipto, sino que el asirio será su rey; porque no quisieron volver a mí. ⁶ La espada caerá sobre sus ciudades y destruirá sus refuerzos. Los consumirá en medio de sus propias asambleas. ⁷ Entre tanto, mi pueblo está obstinado en su rebelión contra mí; y aunque invocan al Altísimo, no lo quieren enaltecer.

Israel ha madurado para la destrucción

Al despreciar este amor de Dios, Israel provoca severos castigos contra sí mismo. La aparente contradicción entre "no volverá a la tierra de Egipto…" y la amenaza contenida en 8, 13; 9, 3 que Israel volverá a Egipto, no debe llevarnos a la solución de alterar el texto o de tomar לא en el sentido de לו, y de conectar esa partícula con el verso anterior, como han hecho los LXX, Manger y otros, ni hacer una paráfrasis arbitraria de las palabras, sea tomando לא en el sentido de הלא, o traduciéndolo como una pregunta (¿no deberá volver?), en el sentido de "ciertamente volverá" (Maurer, Ewald, etc.), o interpretando el retorno a Egipto como deseo de que los egipcios vengan en ayuda de los israelitas (Rosenmüller).

La הוא de la siguiente frase va en contra de todas esas traducciones, que no explican la razón de esa partícula, que ha de entenderse como antítesis: "Israel no volverá a Egipto, sino que Asur será su rey…". Esto significa que Israel caerá bajo el dominio de Asiria. La supuesta contradicción anterior se resuelve tan pronto como observamos que en Os 8, 13; 9, 3.6, Egipto es un tipo o símbolo de la tierra de la cautividad, mientras que en nuestro texto no se puede dar esa interpretación, por el contraste entre Egipto y Asur, y aún más por la correspondencia del texto con Os 11, 1.

El pueblo de Israel no ha de volver a la tierra de la que Yahvé le había llamado, a fin de que no se pudiera pensar que el objeto por el que Dios había sacado de Egipto a su pueblo, conduciéndole milagrosamente por el desierto, se había frustrado por la impenitencia de ese pueblo. En contra de eso, Israel ha de ser conducido a otra esclavitud. En esa línea, ואשור ha de tomarse en un sentido adversativo. Asur dominará como rey sobre Israel porque los israelitas se negaron a volver a Yahvé.

Los asirios harán la guerra contra Israel y conquistarán la tierra. La espada (usada como arma principal, para indicar el poder destructivo de la guerra) circulará por las ciudades de Israel, dando vueltas en torno a ellas, destruyendo sus refuerzos, es decir, sus baluartes, los cerrojos de las puertas de las fortificaciones de Efraín.

בַדָּיו, de *baddīm,* son las trancas (cf. Ex 25, 13), es decir, los troncos cruzados con los que se aseguraban las puertas, de modo que esa palabra ha de entenderse en sentido literal, como en Job 17, 16, y no en el sentido simbólico de "príncipes" (Gesenius) *electi* o elegidos (como en Jerónimo, caldeo, etc.).

"En medio de sus asambleas…". Este tema del final de 11, 6 ha sido precisado mejor en Os 11, 7. וְעַמִּי, y mi pueblo (=dado que mi pueblo) está obstinado en su rebelión, en su apostasía respecto de mi (מְשׁוּבָתִי, *meshūbhâthī,* con un sufijo de objeto). תְּלוּאִים, "suspendido" (=obstinado) en la apostasía, no simplemente balanceándose en torno a ella, con el riesgo de caer (caldeo, Syr., Hengstenberg), pues ese sentido sería demasiado débil para este contexto, y respondería a la segunda parte del verso. Se trata más bien de estar obstinado, endurecido en la apostasía, como empalado, atado a la apostasía, sin poder liberarse de ella. Desde aquí se entiende la construcción de תלה ל en vez de con על o 2 ב Sam 18, 10, indicando así la aportación del verbo con un sentido figurativo.

Los profetas llaman al pueblo אֶל־עַל, hacia arriba (על como en Os 7, 16), pero el pueblo no quiere ascender, es decir, no quiere retornar hacia Dios, ni buscar ayuda de la Altura divina. רומם *pilel,* con el sentido de *kal* intensificado, hacer un movimiento de elevación, elevarse. Esta explicación resulta más simple que la de suplir una palabra de objeto, como "alma" (Sal 25, 1) o "los ojos" (Ex 33, 25).

11, 8-9

8 אֵיךְ אֶתֶּנְךָ אֶפְרַיִם אֲמַגֶּנְךָ יִשְׂרָאֵל אֵיךְ אֶתֶּנְךָ כְאַדְמָה אֲשִׂימְךָ כִּצְבֹאיִם נֶהְפַּךְ עָלַי לִבִּי יַחַד נִכְמְרוּ נִחוּמָי׃
9 לֹא אֶעֱשֶׂה חֲרוֹן אַפִּי לֹא אָשׁוּב לְשַׁחֵת אֶפְרָיִם כִּי אֵל אָנֹכִי וְלֹא־אִישׁ בְּקִרְבְּךָ קָדוֹשׁ וְלֹא אָבוֹא בְּעִיר׃

8 ¿Cómo he de dejarte, oh Efraín? ¿Cómo he de entregarte, oh Israel? ¿Cómo podré hacerte como a Adma o ponerte como a Zeboim? Mi corazón se revuelve dentro de mí; se inflama mi compasión. 9 No ejecutaré el furor de mi ira; no volveré para destruir a Efraín, porque soy Dios, y no hombre. Yo soy el Santo en medio de ti, y no me dejaré llevar por el hervor de mi ira.

Los israelitas merecerían ser totalmente destruidos por esto, y así habría sucedido si no lo hubiera impedido la misericordia de Dios. Con este pensamiento comienza el gran cambio de 11, 8, que nos lleva de la amenaza a la promesa. Dios debería haber castigado la rebelión de Israel destruyendo totalmente al pueblo, pero él no puede hacerlo por su amor. אֶתֶּנְךָ, de *nâthan,* entregar totalmente en manos del enemigo, como *miggēn* en Gen 14, 20.

Dios podía haber castigado aún más al pueblo, destruyendo totalmente a Israel, como lo hizo con Adama y Zeboim, ciudades expresamente mencionadas al lado de Sodoma y Gomorra, que son las únicas que aparecen en Gen 19, 24. Con evidente referencia a este pasaje en el que Moisés amenaza al Israel idolátrico con el mismo castigo, Oseas menciona las dos últimas ciudades, que son suficientes para su propósito, mientras que Sodoma y Gomorra aparecen generalmente mencionadas en otros pasajes (Jer 49, 18; cf. Mt 10, 15; Lc 10, 12).

La promesa de que Dios mostrará compasión se añade aquí sin ninguna partícula adversativa. Mi corazón ha cambiado, se ha revuelto dentro de mí (על), literalmente sobre mí o conmigo, como en frases semejantes de 1 Sam 25, 36; Jer 8, 18). יחד נכמרו, tener reunidos mis sentimientos de compasión dentro de mí, es decir, "toda mi compasión está excitada". Cf. Gen 43, 30 y 1 Rey 3, 26, donde, en vez del abstracto נִחוּמַי, tenemos la palabras más concreta *rachămīm,* que son las entrañas, como sede de las emociones.

Israel ha madurado para la destrucción

עשׂה חרון אף, realizar la ira, ejecutar el juicio, como en 1 Sam 28, 18. En la expresión לא אשׁוב לשׁחת, no volveré a destruir, la palabra שׁוב puede explicarse desde el previo נהפך לבי. Después de que el corazón de Dios ha cambiado, ya no volverá a la irá, no volverá a destruir a Efraín; porque Yahvé es Dios, un Dios que no cambia su propósito, como hacen los hombres (cf. 1 Sam 15, 29; Num 23, 19; Mal 3, 6), de manera que él se muestra en Israel como el Santo, es decir, como el absolutamente puro y perfecto, aquel en quien no existe alteración de luz y tinieblas, de manera que sus decretos no cambian (cf. *Comentario* a Ex 19, 6; Is 6, 3). La difícil expresión בעיר no puede significar "en la ciudad", aunque así la traduzcan las versiones antiguas, los rabinos y muchos comentaristas cristianos, pues no podemos encontrar ningún sentido a "yo no entraré en la ciudad" que responde al sentido general del contexto. עיר significa aquí *aestus irae*, es decir, el incendio o calor de la ira, de עור, *effervescere*, hervir, como en Jer 15, 8, en el sentido de calor y ansiedad ardiente, *aestus animi*.

11, 10-11

10 אַחֲרֵי יְהוָה יֵלְכוּ כְּאַרְיֵה יִשְׁאָג כִּי־הוּא יִשְׁאַג וְיֶחֶרְדוּ בָנִים מִיָּם׃
11 יֶחֶרְדוּ כְצִפּוֹר מִמִּצְרַיִם וּכְיוֹנָה מֵאֶרֶץ אַשּׁוּר וְהוֹשַׁבְתִּים עַל־בָּתֵּיהֶם נְאֻם־יְהוָה

10 En pos de Yahvé caminarán; él rugirá como león; rugirá, y los hijos vendrán temblando desde el occidente. 11 Como ave acudirán velozmente de Egipto, y de la tierra de Asiria como paloma; y los haré habitar en sus casas, dice Yahvé.

Cuando el Señor vuelva su piedad hacia el pueblo, una vez más, ellos le seguirán y se apresurarán, temblando, cuando escuchen su voz, desde las tierras de su destierro, y vendrán a introducirse en su heredad. El camino para el cumplimiento de esta promesa fue ciertamente abierto por Os 11, 9, pero aquí vuelve a aparecer de un modo abrupto, y sin partícula de conexión, como la misma promesa en Os 3, 5 הלך אחרי יי, caminar tras el Señor, significa no solo "obedecer a la palabra que reúne, manifestándose así de un modo cercano" (Simson), sino caminar en verdadera obediencia al Señor, a consecuencia de una intensa conversión (Dt 13, 5; 1 Rey 14, 8), en la línea del texto caldeo que ha traducido "ellos se mantendrán en obediencia a Yahvé". Ellos manifestarán esta fidelidad ante todo en la obediencia práctica a la llamada del Señor, que se describe como bramido de león, pues el león anuncia su venida con un gran bramido, de manera que ese bramido se expresa como una fuerte llamada que suena desde lejos, como el sonido de la trompeta en Is 27, 13.

El texto ofrece después la razón de lo ya dicho: "Pues él (Yahvé) hará realmente escuchar su llamada", y a consecuencia de ello los israelitas, sus hijos, se acercarán temblando (con יֶחֶרְדוּ, de *chârēd*, sinónimo de *pâchad*, Os 3, 5). מִיָּם, del mar, es decir, de las islas lejanas y de las tierras del oeste (Is 11, 11), así como de Egipto y de Asiria, las tierra del sur y del este. Estas tres regiones aparecen aquí como expresión de "todos los extremos de la tierra" (cf. la enumeración más completa de los países en Is 11, 11).

La comparación con los pájaros y palomas expresa la dulzura con la que ellos han de acercarse, como palomas que vuelan a sus nidos (cf. Is 60, 8). Ellos quieren que el Señor les haga habitar en sus casas, es decir, les establezca una vez más en la tierra de su heredad, en su propia tierra (cf. Jer 32, 37, donde se añade לבטח).

Sobre la construcción de הושיב con על, como en alemán *Stube sein* (=estar en su propia casa) cf. 1 Rey 20, 43. La expresión נאם יי ratifica la confirmación de la promesa. El cumplimiento de esa promesa se realizará en los últimos días, cuando Israel como nación entre en el Reino de Dios. Cf. lo ya dicho en Os. 2, 1-3.

OSEAS 11, 12-14, 10
APOSTASÍA DE ISRAEL Y FIDELIDAD DE DIOS

A fin de probar que la destrucción predicha del reino es justa e inevitable, el profeta muestra ahora, en esta larga división: (a) que Israel no ha mantenido los caminos de su padre Jacob, sino que ha caído en las prácticas impías de Canaán (Os 12,1- 14); (b) que a pesar de todas las manifestaciones de amor y de todos los castigos recibidos de Dios, Israel ha continuado manteniendo su apostasía y su idolatría, y que por eso merece, con toda justicia, el castigo con que Dios le ha amenazado. A pesar de ello, la compasión de Dios no permite que Israel sea totalmente destruida, sino que será redimida de la muerte y del infierno (13, 1–14, 1). A eso se añade, finalmente, en Os 14, 2-9, una llamada a la conversión, con una promesa de perdón y amor abundante de Dios para aquellos que vuelvan al Señor. Y de esa forma terminará el libro entero en 14, 1-9. Así descubrimos, una vez más, que el contenido de esta última sección se divide también en tres partes, cada una de las cuales consta de dos estrofas.

11, 12–12, 14 (= 12, 1-15). Yo soy Yahvé, tu Dios, desde la tierra de Egipto

La infidelidad de Israel y la resistencia de Judá en contra de Dios hace que caiga un justo castigo sobre toda la posteridad de Jacob (11, 12–12, 2), mientras que el ejemplo de sus antepasados debería haberles conducido a una vinculación fiel con su Dios (Os 12, 3-6). Pero Israel se ha vuelto como Canaán, y busca su ventaja egoísta en el engaño y la injusticia, sin escuchar a Dios ni obedecer la voz de los profetas, de manera que será castigada por su idolatría (Os 12, 7-11).

Mientras Jacob tuvo que huir y servir en Aram por una mujer, Yahvé sacó a Israel de Egipto y guardó al pueblo por medio de profetas. A pesar de ello, esta nación ha excitado la ira de Dios, y tendrá que soportar su culpa. Las dos estrofas de este capítulo son 11, 12–12, 6 y 12, 7-14.

11, 12–12, 1-2 (=12, 1-3)

¹ סְבָבֻנִי בְכַחַשׁ אֶפְרַיִם וּבְמִרְמָה בֵּית יִשְׂרָאֵל וִיהוּדָה עֹד רָד עִם־אֵל וְעִם־קְדוֹשִׁים נֶאֱמָן׃
² אֶפְרַיִם רֹעֶה רוּחַ וְרֹדֵף קָדִים כָּל־הַיּוֹם כָּזָב וָשֹׁד יַרְבֶּה

וּבְרִית֙ עִם־אַשּׁ֣וּר יִכְרֹ֔תוּ וְשֶׁ֖מֶן לְמִצְרַ֥יִם יוּבָֽל׃
³ וְרִ֥יב לַֽיהוָ֖ה עִם־יְהוּדָ֑ה וְלִפְקֹ֤ד עַֽל־יַעֲקֹב֙ כִּדְרָכָ֔יו כְּמַעֲלָלָ֖יו יָשִׁ֥יב לֽוֹ׃

¹² Me rodeó Efraín de mentira, y la casa de Israel de engaño. Pero Judá aún gobierna con Dios, y es fiel a Dios. 12¹ Efraín se apacienta de viento, anda tras el viento del este todo el día; multiplica la mentira y la violencia, porque hicieron pacto con los asirios y llevan el aceite a Egipto. ² Pleito tiene Yahvé con Judá para castigar a Jacob conforme a su conducta; le pagará conforme a sus obras.

11, 12 (=12, 1). En nombre de Yahvé, el profeta eleva una vez más su acusación en contra de Israel. Mentira y engaño son los términos que él aplica, no tanto a la idolatría (sería en el fondo preferible) como a una adoración mentirosa de Yahvé (ψευδῆ καὶ λατρείαν, Theod.), es decir, a la hipocresía con la que Israel (a pesar de su idolatría) pretende ser todavía el pueblo de Yahvé, diciendo que adora a Yahvé bajo la imagen de un becerro, convirtiendo así la verdad en mentira²².

בֵּית יִשְׂרָאֵל, *bēth Yisrā'ēl* (la casa de Israel) es la nación de las diez tribus, un sinónimo de Efraín. La afirmación sobre Judá ha sido interpretada de diferentes maneras, pues el sentido de רָד resulta cuestionable. La traducción de Lutero (pero Judá sigue gobernada por su Dios) depende de una interpretación rabínica de רוּד, en el sentido de רדה, gobernar, que es decididamente falsa.

Conforme al árabe *râd*, el significado de *rūd* es reunir (término que suele utilizarse del ganado que se ha dispersado, o que aún no ha sido reunido, en la línea de Jer 2, 31). En *hifil* es reunirse (Gen 27, 40; Sal 55, 3). Construido con עם, como en nuestro caso, significa vincularse a Dios desde una situación de dispersión, es decir, de una relación en que los israelitas estaban dispersados respecto a Dios; cf. Ewald, 217, h.

קדושים נאמן, puede referirse al Dios fiel. En esa línea, קְדוֹשִׁים, *Qedōshim*, puede aplicarse a Dios como en Prov 9, 10 (cf. Js 23, 19), como plural intensivo de majestad, construido con un adjetivo singular (cf. Is 19, 4; 2 Rey 19, 4). נאמן, firme, fiel, fiable, es lo opuesto a *râd* (lo disperso). Judá se mantiene totalmente fiel respecto a Dios (עִם־אֵל) que es el Santo y Fiel, al Dios que se muestra Fiel con su pueblo, santificando a los que él abraza con su salvación, pero destruyendo, al mismo tiempo, a aquellos que resisten de un modo obstinado al camino de su gracia.

---

22. Calvino explica סבבני correctamente así: "Él (es decir, Dios) ha experimentado la multiforme infidelidad de los israelitas en todo tipo de caminos". Él interpreta toda la sentencia como sigue: "Los israelitas han actuado infielmente hacia Dios, llenándose de engaños, no solo de uno, sino de muchos modos; al contrario, así como un hombre puede rodear a su enemigo con un gran ejército, así ellos han empleado innumerables fraudes, con los que han combatido en contra de Dios desde todas partes".

12, 1. Este verso describe, en la línea de Prov 9, 1, de manera más precisa, la mentira y engaño de Israel. רעה רוח es querer fundarse en el propio viento, es decir, en los deseos y vanidades de cada uno. En esa línea, רעה significa comer o alimentarse espiritualmente, y el viento tiene aquí el sentido de aquello que es vacío. El significado del texto es, según eso, perseguir ansiosamente algo que está vacío o que es vano, en la línea de *râdaph*, perseguir.

קדים es en Palestina el viento del este, un viento tempestuoso, que viene con calor agobiante del desierto de Arabia, y que es muy destructor para las semillas y las plantas. Cf. Job 27, 21 y Wetzstein, en el apéndice a Delitzsch, *Comentario* sobre Job. Se utiliza, por tanto, como una representación figurativa de cosas vanas y de ideales que no pueden cumplirse, indicando así la destrucción que Israel está evocando y atrayendo hacia sí. Israel está multiplicando "todo el día", es decir, continuamente, la mentira y la violencia, a través de los pecados que han sido ya numerados en Os 4, 2, por medio de los cuales se está rompiendo internamente el reino.

En unión a eso, Israel está buscando alianzas con los poderes del mundo, es decir, con Asiria y Egipto, alianzas por las que quiere conseguir su ayuda (Os 5, 13), pero que solo traen destrucción. Los israelitas llevan aceite a Egipto, pues sus tierras están llenas de olivos (Dt 8, 8). Esto sucedió de hecho en el tiempo del rey Oseas, que intentó liberar a su reino de la opresión de Asiria, haciendo tratados con Egipto (2 Rey 17, 4)[23].

12, 2. El Señor sancionará a los dos reinos por una conducta como esa. Pero, así como la actitud de Judá respecto a Dios viene descrita de un modo más suave que la de Israel, que es más culpable, en Os 11, 12, así también se describe aquí (en 12, 2) de un modo distinto el castigo de los dos reinos. Yahvé realiza un juicio con Judá, es decir, tiene que castigar los pecados y transgresiones de Judá (Os 4, 1). En cambio, en contra de Jacob, que es el reino de Israel o de las diez tribus, tiene que realizar una dura "visita", para castigar su conducta y sus acciones (Os 4, 9). לפקד, significa ser visitado. Dios "visitará" a Israel.

12, 3-6 (=12, 4-7)

⁴ בַּבֶּטֶן עָקַב אֶת־אָחִיו וּבְאוֹנוֹ שָׂרָה אֶת־אֱלֹהִים׃
⁵ וַיָּשַׂר אֶל־מַלְאָךְ וַיֻּכָל בָּכָה וַיִּתְחַנֶּן־לוֹ בֵּית־אֵל יִמְצָאֶנּוּ וְשָׁם יְדַבֵּר עִמָּנוּ׃
⁶ וַיהוָה אֱלֹהֵי הַצְּבָאוֹת יְהוָה זִכְרוֹ׃

---

23. Manger ha traducido correctamente el texto: "Está esperando la llegada de los embajadores que había enviado al rey de Egipto para ponerse a su lado, y para inducirle a que le ayudara en contra del rey de Asiria, a pensar de que él había hecho un tratado sagrado sometiéndose a la soberanía de Asiria". Así dice también, Hengstenberg en su *Christologie* I, 190, donde refuta con razón la opinión de aquellos que piensan que en Israel había dos partidos, uno a favor de Egipto, otro a favor de Asiria, describiendo de otra forma, correctamente las circunstancias del hecho: "El pueblo, estando duramente sometido por Asur, a veces se dirigía a Egipto, buscando ayuda contra Asiria, mientras que otras veces intentaba mostrarse amigo de la misma Asiria".

⁷ וְאַתָּה בֵּאלֹהֶיךָ תָשׁוּב חֶסֶד וּמִשְׁפָּט שְׁמֹר וְקַוֵּה אֶל־אֱלֹהֶיךָ תָּמִיד׃

³ En el seno materno tomó por el calcañar a su hermano, y con su poder venció al ángel (a Dios). ⁴ Luchó con el ángel y prevaleció; lloró y le rogó; lo halló en Betel, y allí habló con nosotros. ⁵ Mas Yahvé es Dios de los ejércitos: ¡Yahvé es su nombre (su recuerdo)! ⁶ Tú, pues, vuélvete a tu Dios; guarda misericordia y juicio, y en tu Dios confía siempre.

12, 3. El nombre de Jacob, que se refiere al mismo patriarca en Os 12, 3, forma el lazo de unión entre Os 12, 2 y 12, 3. Los israelitas, como descendientes de Jacob, debían imitar el ejemplo de su antepasado. El mismo Jacob que se esforzó por conseguir la primogenitura, y que batalló con el mismo Dios, al que venció con oración y súplica, es tipo y garantía de salvación para las tribus de Israel que llevan su nombre²⁴.

עָקַב, verbo denominativo, de עָקֵב, significa agarrar por el calcañar, como en Gen 25, 26, אחז בעקב, texto que el profeta tiene en mente, no superar o pasar por delante, como en Gen 27, 36; Jer 9, 3. Por lo que se refiere a la lucha con Dios, mencionada en la segunda parte de este verso, ella muestra de modo indudable que la conducta de Jacob no se expone aquí ante el pueblo en forma de amenaza, en línea de engaño o astucia suprema, como Umbreit y Hitzig suponen, sino que aparece ante ellos como objeto de imitación, como fuerte exigencia de reproducir (actualizar) el derecho de primogenitura y las bendiciones conectadas con ella.

Esto muestra, al mismo tiempo, que el hecho de agarrar a su hermano por el calcañar en el vientre de la madre, se cita aquí no solo como prueba de elección, sino también como expresión de fidelidad a Dios y de esfuerzo del pueblo. Ciertamente, en el fondo del texto hay un elemento de elección, "pues cuando Jacob se hallaba todavía en el vientre de su madre él actuó no solo por su propia fuerza, sino también por la misericordia de Dios, que conoce y quiere a quienes él ha predestinado" (Jerónimo).

12, 4. באונו, con su poder varonil (cf. Gen 49, 3), él lucho con Dios (Gen 32, 25-29). Este conflicto (sobre cuyo significado en relación con la vida espiritual de Dios, puede verse la discusión en *Comentario* a Génesis), ha sido descrito de un modo más preciso en Os 12, 4, como algo que los israelitas deben imitar.

מלאך es el ángel de Yahvé, el revelador del Dios invisible (cf. *Comentario a Génesis*, pp. 158 ss.). ויכל está tomado de Gen 32, 29. La frase explicativa "lloró y le rogó" (cf. Gen 32, 27) presenta la naturaleza del conflicto, que tuvo como fondo la oración, y con ella venció Jacob.

---

24. El profeta evoca los bienes que Jacob recibió, insistiendo en que el hijo lleva el nombre y herencia de su padre; el profeta quiere que los israelitas recuerden su *historia* antigua, a fin de que puedan recordar la misericordia de Dios hacia Jacob e imitar su actitud de firmeza ante el Señor (Jerónimo).

Estas son también las armas con las que deben luchar los israelitas, siempre que ellos así lo quieran. El fruto de la victoria fue que él (Jacob) encontró a Dios en Betel. Esto no se refiere a la aparición de Dios en Betel, cuando Jacob huía hacia Mesopotamia (Gen 28, 11), sino al hecho recordado en Gen 35, 9, cuando Dios confirmó el nombre del patriarca y le llamó Israel, renovando las promesas de su bendición.

Y el profeta continúa diciendo "y allí Dios habló con nosotros", no en el sentido en que sigue hablando ahora, condenando por sus profetas la idolatría de Betel (Am 5, 4-5), como supone Kimchi; al contrario, el imperfecto ידבר corresponde a ימצאנו, "él habló allí con nosotros a través de Jacob", lo que significa que lo él dijo a Jacob se aplica ahora a nosotros[25].

12, 5 ofrece la explicación de lo anterior, cuando pone de relieve el nombre con el que Dios se reveló a Moisés, cuando le llamó por primera vez (Ex 3, 15), es decir, cuando le dio a conocer su verdadera naturaleza. La frase יְהוָה זִכְרוֹ, *Yehōvâh zikhrō*, está tomada literalmente de זה זכרי לדר דר; pero en Éxodo ese Dios se define como "el Dios de Abrahán, Isaac y Jacob", mientras que aquí aparece como "el Señor de los ejércitos", pues eso es lo que está implicado en יְהוָה זִכְרוֹ, Yahvé es su recuerdo (en su recuerdo). Esta diferencia debe ser pensada.

En el tiempo de Moisés, los israelitas solo podían poner su confianza en la llamada divina de Moisés, como aquel que les había liberado de la esclavitud de Egipto, sabiendo que aquel que les había llamado era el mismo Dios que se había manifestado a los patriarcas como Dios de salvación. Pero en los tiempos de Oseas, la confianza de los israelitas se fundaba ya en el hecho de que Yahvé se había mostrado como el Dios de los ejércitos, es decir, aquel que dirigía todos los ejércitos del cielo, visibles e invisibles, dirigiendo con su omnipotencia absoluta las cosas del cielo igual que las de la tierra (cf. 1 Sam 1, 3).

A este Dios debe volver ahora Israel. שׁוּב con *waw* es una expresión pregnante, como en Is 10, 22: "volverse" en el sentido de entrar en relación vital con Dios" (convertirse verdaderamente). Las dos siguientes frases, como muestra la omisión de la cópula delante de ds,x,Û y el cambio en el tiempo, han de tomarse como explicación de תָּשׁוּב.

La conversión ha de expresarse en la práctica de amor y de justicia hacia el prójimo, y en la confianza constante en Dios. Pero Israel se encuentra ahora muy lejos de eso. Este pensamiento abre el camino para la siguiente estrofa (Os

---

25. "Obsérvese cuidadosamente que lo que Dios dijo en Betel lo dijo no solo a Jacob, sino a toda su posteridad. Esto significa que las cosas que Dios dijo por medio de Jacob, y que se relacionaron con él, no le afectaron a él solo, sino a toda la raza que provino de él, indicando la buena fortuna que sus descendientes disfrutarían o podrían disfrutar" (Lackemacher, en los *Scholia* de Rosenmüller).

12, 8-15, hebreo), que comienza de nuevo con la manifestación de la apostasía del pueblo.

12, 7-8 (=12, 8-9)

⁸ כְּנַעַן בְּיָדוֹ מֹאזְנֵי מִרְמָה לַעֲשֹׁק אָהֵב׃
⁹ וַיֹּאמֶר אֶפְרַיִם אַךְ עָשַׁרְתִּי מָצָאתִי אוֹן לִי כָּל־יְגִיעַי לֹא יִמְצְאוּ־לִי עָוֺן אֲשֶׁר־חֵטְא׃

> ⁷ Canaán tiene en su mano pesas falsas, le gusta defraudar. ⁸ Efraín dijo: Ciertamente me he enriquecido, me he labrado una fortuna; nadie hallará iniquidad en mí, ni pecado en todos mis trabajos.

12, 7. Israel no es ya un Jacob que lucha con Dios, sino que se ha convertido en Canaán, buscando su provecho en el engaño y en la mentira. A Israel se le llama aquí Canaán no tanto por su vinculación a la idolatría cananea (cf. Ez 16, 3), sino de acuerdo con el sentido apelativo de la palabra כְּנַעַן, que proviene de los hábitos comerciales de los cananeos (fenicios), es decir, comerciantes o vendedores (Is 23, 8; Job 40, 30), porque, como fraudulentos mercaderes, ellos se hacían grandes oprimiendo y engañando a los pobres, aunque aquí no se está diciendo que Israel actuara en relación con Dios como un mercader fraudulento, ofreciéndole una falsa reverencia, como supone Schmieder.

Ciertamente, una actitud así (de fraude) puede aplicarse a la religión de los israelitas, pero el profeta no se refiere aquí a eso, sino a las falsas medidas de peso en las ventas, o al empleo de opresión y violencia en el comercio. Y eso no se refiere en primer lugar a la actitud de los hombres ante Dios, sino a su conducta en relación con otros hombres, que es lo que se opone totalmente a lo que el Señor dirá en el verso siguiente (חֶסֶד וּמִשְׁפָּט, misericordia y justicia), y a lo que él había prohibido por ley (cf. Lev 19, 36; Dt 24, 13-16), lo mismo que en el caso de 'âshaq, violencia, en Lev 6, 2-4 y Dt 24, 14 (cf. en este verso: לַעֲשֹׁק).

12, 8. Efraín se enorgullece de su injusticia, con la idea de que ha adquirido ya para sí fortuna y riquezas, y con el engaño aún mayor de decir que, con toda esa adquisición de riquezas, no ha cometido mentira ni engaño, ni nada que mereciera castigo, en contra de la verdad. אוֹן no significa aquí "poder", sino riqueza, fortuna, aunque de hecho, al presentar a Efraín como nación, el profeta se está refiriendo también a la riqueza y poder del estado.

כָּל־יְגִיעַי no aparece de un modo absoluto, a la cabeza de la frase, en el sentido de "por todo lo que yo he adquirido, nadie encontrará injusticia en mí", porque si el sentido de la frase fuera ese tendría que ponerse בִּי en lugar de לִי. Esas palabras son realmente el sujeto, y יִמְצְאוּ ha de tomarse en el sentido de adquirir, de conseguir.

12, 9-11 (=12, 10-12)

10 וְאָנֹכִ֛י יְהוָ֥ה אֱלֹהֶ֖יךָ מֵאֶ֣רֶץ מִצְרָ֑יִם עֹ֛ד אוֹשִֽׁיבְךָ֥ בָאֳהָלִ֖ים כִּימֵ֥י מוֹעֵֽד׃

11 וְדִבַּ֙רְתִּי֙ עַל־הַנְּבִיאִ֔ים וְאָנֹכִ֖י חָז֣וֹן הִרְבֵּ֑יתִי וּבְיַ֥ד הַנְּבִיאִ֖ים אֲדַמֶּֽה׃

12 אִם־גִּלְעָ֥ד אָ֙וֶן֙ אַךְ־שָׁ֣וְא הָי֔וּ בַּגִּלְגָּ֖ל שְׁוָרִ֣ים זִבֵּ֑חוּ גַּ֤ם מִזְבְּחוֹתָם֙ כְּגַלִּ֔ים עַ֖ל תַּלְמֵ֥י שָׂדָֽי׃

⁹ Pero yo soy Yahvé, tu Dios, desde la tierra de Egipto; aún te haré morar en tiendas, como en los días de la fiesta. 10 He hablado a los profetas, multipliqué las profecías y por medio de los profetas hablé en parábolas. 11 ¿Es Galaad iniquidad? Ciertamente vanidad han sido: en Gilgal sacrificaron bueyes, y sus altares son como montones de piedras sobre los surcos del campo.

12, 9. El Señor se enfrenta con la ilusión del pueblo, es decir, la de aquellos que piensan que se han vuelto grandes y poderosos por sus propias obras, recordándoles que él (ואנכי es adversativo, "y sin embargo yo") se ha convertido en Dios de Israel desde que liberó a los hebreos de Egipto, y que a él le deben la prosperidad, tanto en el pasado como en el presente (Os 13, 4). Pero dado que ellos no reconocen esto, y dado que han puesto su confianza en aquello que es injusto, y no en él, Dios hará que habiten de nuevo en tiendas, como en los días de la fiesta de los Tabernáculos, repitiendo así el camino de salida por el desierto.

Resulta evidente por el contexto que este מוֹעֵד, *mōʿēd* (tiempo santo) es la fiesta de los Tabernáculos, los siete días en que los israelitas habitan en tiendas, recordando el hecho de que Dios les dirigió en otro tiempo, saliendo de Egipto, mientras habitaban en tiendas, tabernáculos (cf. Lev 23, 42-43). אד אושיבך forma antítesis con הושבתי en Lev 23, 43. "El pretérito se ha vuelto futuro a causa de la ingratitud de la nación" (Hengstenberg).

La comparación (como en los días de la fiesta) muestra que la repetición del camino por el desierto no es aquí simplemente un tiempo de castigo, como lo fue la prolongación de ese camino a lo largo de cuarenta años (Num 14, 33). Porque el hecho de habitar en tiendas (*sukkōth*) no se toma aquí como castigo, sino como prolongación del camino de los israelitas por el desierto, para recordar al pueblo la forma en que Dios les había protegido y ayudado entonces, en su peregrinación por el grande y terrible desierto (cf. *Comentario* a Lev 23, 42-43).

Debemos combinar por tanto las dos alusiones. (a) Por un lado será tiempo y signo de castigo, cuando el pueblo tenga que salir de su buena y gloriosa tierra, caminando hacia el destierro, a través de un seco y desnudo desierto. (b) Por otro lado, al cruzar ese duro desierto, los israelitas podrán recordar la forma en que Dios les fue guiando en tiempo antiguo a través del desierto, para entrar en la tierra. No se trata pues de un puro rechazo de parte de Dios, sino solo de un destierro temporal, a través del desierto, en un tiempo que puede servir de conversión y nuevo aprendizaje.

12, 10-11. En estos dos versos se expande y despliega el pensamiento anterior. En 12, 10 se recuerda la forma en que Dios se había mostrado como Dios de Israel, en la salida de Egipto, a través del desierto, y en el hecho de enviar después a los israelitas a muchos profetas, para hacer que el pueblo recibiera los consejos de Dios y pudiera recorrer un camino de salvación. דבר con על, *hablar a*, no porque la palabra sea algo que se impone sobre una persona, sino porque la inspiración de Dios desciende de arriba a través de los profetas. אדמה, no es "yo destruyo", porque solo en *kal* tiene ese verbo ese sentido, no en *piel*, sino que aquí significa hablar en comparaciones y semejanzas, como en Os 1, 1-11; 3, 1-5; Is 5, 1; Ez 16, etc.

No he dejado de utilizar ningún medio para amonestarles y advertirles... (Rosenmller). Pero Israel no se ha dejado amonestar, sino que se ha entregado en manos de la idolatría, de forma que el castigo no podrá retrasarse. Galaad y Gilgal representan las dos partes del reino de las diez tribus: Galaad la tierra al este del Jordan; y Gilgal el territorio al oeste. A Galaad se le llama en Os 6, 8 una ciudad (lugar de encuentro) de malhechores, y aquí se le pone el nombre de אוֹ, lo que no tiene valor, lo que es pura maldad, de manera que terminará destruyéndose en su nada.

און y שׁוא son sinónimos, y simbolizan la falta de entidad moral y física del pueblo (cf. Job 15, 31). Esas dos nociones aparecen aquí de tal forma que la primera indica decaimiento moral, la segunda decaimiento físico. El castigo de la falta de entidad es la nada, la carencia de todo sentido, en forma de castigo. אך tiene el sentido de nada, en el sentido total, de nada completa. El perfecto היו se utiliza en sentido de futuro.

Gilgal, que se mencionaba en Os 4, 15 y 9, 15 como sede de un tipo de adoración idolátrica, aparece aquí como lugar de sacrificio, para indicar con un juego de palabras que los altares se convertirán en simples montones de piedras (*Gallim*). La desolación o destrucción de los altares implica no solo el cese de la adoración idolátrica, sino también la disolución del reino, y el destierro del pueblo fuera de la tierra.

שׁורים, una palabra que solo aquí aparece en plural, no puede ser dativo (sacrificar al toro), sino solo acusativo. El sacrificio del toro aparece como pecado por parte del pueblo, es decir, que es el que se realiza el sacrificio, no como pecado del animal en cuanto tal. El sufijo de מִזְבְּחוֹתָם (sus sacrificios) se refiere a Israel, el sujeto supuesto en זִבֵּחוּ, *zibbēchū*.

12, 12-14 (=12, 13-15)

¹³ וַיִּבְרַח יַעֲקֹב שְׂדֵה אֲרָם וַיַּעֲבֹד יִשְׂרָאֵל בְּאִשָּׁה וּבְאִשָּׁה שָׁמָר׃

¹⁴ וּבְנָבִיא הֶעֱלָה יְהוָה אֶת־יִשְׂרָאֵל מִמִּצְרָיִם וּבְנָבִיא נִשְׁמָר׃

¹⁵ הִכְעִיס אֶפְרַיִם תַּמְרוּרִים וְדָמָיו עָלָיו יִטּוֹשׁ וְחֶרְפָּתוֹ יָשִׁיב לוֹ אֲדֹנָיו׃

¹² Pero Jacob huyó a la tierra de Aram; Israel sirvió para adquirir una mujer, y por adquirir una mujer fue pastor. ¹³ Por medio de un profeta, Yahvé hizo subir a Israel de Egipto, y por un profeta fue guardado. ¹⁴ Efraín ha irritado a Dios amargamente; por tanto, su Señor hará recaer sobre él la sangre derramada y le pagará sus agravios.

12, 12. Este es el castigo bien merecido de Israel. A fin de mostrar al pueblo, de manera aún más impresionante, las grandes cosas que el Señor había hecho por ellos, el profeta recuerda la huida de Jacob, su patriarca, a Mesopotamia, y cómo estuvo obligado a servir muchos años por una mujer, guardando ganado, mientras que Dios había redimido a Israel del cautiverio de Egipto, y la había guiado fielmente a través de un profeta.

La huida de Jacob a la tierra de los arameos, y el hecho de que tuviera que servir allí no se mencionan para poner de relieve su celo por la bendición de su primogenitura, y por su obediencia al mandamiento de Dios y de sus padres (Cirilo, Teodoreto, Teodoro de Mopsuestia), sino para poner de relieve la doble servidumbre de Israel (la que sufrió el pueblo en sus antepasados, y la que los mismos israelitas tuvieron que sufrir en Egipto, Umbreit). Estos hechos no se citan aquí para insistir en la manifestación del cuidado de Dios por Jacob y también por el pueblo de Israel (Ewald), pues no hay ninguna referencia a esto en Os 12, 12. Esas palabras evocan simplemente los sufrimientos y las aflicciones que Jacob tuvo que padecer según Gen 29, 31, como Calvino ha interpretado muy bien.

> ¿Qué fue su padre Jacob? ¿Cuál fue su condición? Fue un fugitivo de su tierra, siendo obligado a huir a Siria. ¿Y de qué forma vivió allí? Ciertamente, estuvo viviendo con su tío, pero él le trató como un simple esclavo, de manera que tuvo que servir por su mujer. ¿Y cómo sirvió? Guardando el rebaño de su tío.

שָׁמַר, *shâmar*, guardar el ganado, era una de las formas más duras y bajas de servidumbre (cf. Gen 30, 31; 31, 40). שְׂדֵה אֲרָם, *sedêh 'ărâm* (la tierra de Aram) es sin duda, la traducción hebrea del arameo *Paddan-'ărâm* (Gen 28, 2; 31, 18; cf. *Comentario* a Gen 25, 20).

12, 13-14. La huida de Jacob a la tierra de Aram, donde él tuvo que escaparse, se contrapone en 12, 10 a la salida de Israel, es decir, al pueblo nacido de Jacob, que escapa de Egipto guiado por un profeta, es decir, por Moisés (cf. Dt 18, 18). En esa línea, el hecho de que Jacob tuviera que guardar el ganado se coloca aquí en contraste con el hecho de que Dios fue guardando y guiando a Israel, a través del profeta Moisés, cuando les hizo pasar por el desierto hacia Canaán.

La finalidad de este relato está en lograr que el pueblo recuerde la forma en que ha sido elevado desde la condición más baja que habían tenido con Jacob, para que los israelitas lo reconozcan con humildad, cada año, según Dt 26, 5, al presentar las primicias ante el Señor, pues Efraín lo había casi totalmente olvidado. En vez de dar gracias al Señor por su amor y por su fiel dedicación a él, los israelitas habían provocado a Dios de la manera más amarga, a través de sus pecados (con הכעיס, excitar la ira, provocar la furia, y con תַּמְרוּרִים, un acusativo adverbial que significa amargamente).

Por eso, debía recaer sobre Israel su delito de sangre. Según Lev 20, 9, דָּמָיו, de *dâmīm*, significa un crimen grave que puede castigarse con pena de muerte. יִטּוֹשׁ, de *nâtash*, dejar una cosa sola, como en Is 23, 11; o dejarla detrás, como en Is 17, 20; 1 Sam 17, 28. Dejar a una persona en su crimen de sangre es lo opuesto a quitar (נשא) o perdonar el pecado, y por lo tanto lleva inevitablemente consigo el castigo. De esa forma, וְחֶרְפָּתוֹ, su deshonor, es el deshonor que Efraín ha causado al Señor, por medio del castigo que ha debido sufrir por su idolatría (cf. Is 65, 7). Y esto tendrá que ser castigado por su Señor, es decir, por Yahvé.

13, 1-15. Pecó Efraín por culpa de Baal

Dado que Israel no ha abandonado su idolatría, y ha olvidado enteramente la bondad de su Dios, Dios destruirá su poder y su gloria (Os 13, 1-8). Dado que Israel no ha reconocido que Dios es quien le ayuda, su trono será aniquilado, al mismo tiempo que su capital; pero este juicio, para todos aquellos que hagan penitencia, será una forma de regeneración, para comenzar una vida nueva.

13, 1-2

¹ כְּדַבֵּר אֶפְרַיִם רְתֵת נָשָׂא הוּא בְּיִשְׂרָאֵל וַיֶּאְשַׁם בַּבַּעַל וַיָּמֹת׃
² וְעַתָּה ׀ יוֹסִפוּ לַחֲטֹא וַיַּעֲשׂוּ לָהֶם מַסֵּכָה
מִכַּסְפָּם כִּתְבוּנָם עֲצַבִּים מַעֲשֵׂה חָרָשִׁים כֻּלֹּה לָהֶם הֵם
אֹמְרִים זֹבְחֵי אָדָם עֲגָלִים יִשָּׁקוּן׃

¹ Cuando Efraín hablaba, había terror; era exaltado en Israel. Pero pecó por causa de Baal, y murió. 2 Ahora han continuado pecando y con su plata han hecho, conforme a su entendimiento, ídolos e imágenes de fundición, toda obra de escultores. Ellos dicen: ¡Ofrecedles sacrificios! Y los hombres besan a los becerros.

13, 1. Para mostrar la profundidad de la apostasía de Israel, el profeta insiste en la gran honra y elevación de la que antes gozaba la tribu de Efraín entre las tribus de Israel. Las dos frases de Os 13, 1 no pueden conectarse entre sí como si נשא debiera tomarse como una continuación del infinitivo דבר, pues el carácter enfático de הוא resulta irreconciliable con eso.

Hemos de tomar más bien a רתת (ἅπ. λεγ., que en arameo equivale a רטט, Jer 49, 24, terror, temblor) como la apódosis de כְּדַבֵּר אֶפְרַיִם, *kedabbēr 'Ephraim* (cuando Efraín hablaba), como שׂאת en Gen 4, 7 : "cuando Efraín hablaba había terror", es decir, los hombres escuchaban con temor y temblor (cf. Job 29, 21). נשא se utiliza de un modo intransitivo, como en Nahún 1, 5 y en el Sal 89, 10.

Efraín, es decir, la tribu de Efraín "era exaltada en Israel"; eso significa no solo que se distinguía entre sus hermanos (Hitzig), sino que se elevaba y ejercía el gobierno.

El profeta tiene aquí en mente los intentos que hizo Efraín para alcanzar el gobierno entre las tribus, lo que llevó eventualmente a la secesión de las diez tribus respecto de la familia real de David, de forma que se estableció el reino de Israel al lado del reino de Judá. Cuando Efraín había conseguido eso, alcanzando el objeto de sus deseos, ofendió a Dios a través de Baal, es decir, no solo introduciendo la adoración de Baal, en el tiempo de Ajab (1 Rey 16, 31), sino también con el establecimiento de la adoración de los becerros de oro bajo Jeroboán (1 Rey 12, 28), por lo que Yahvé se transformó en Baal (dejó de ser para los israelitas un Dios protector, de libertad). וימת, como palabra que se aplica al estado o reino, equivale a "fue llevado a la destrucción" (Am 2, 2). La muerte comienza con la introducción de un tipo de adoración que es contraria a la ley (1 Rey 12, 30).

13, 2. Pues bien, Efraín (es decir, el reino de las diez tribus) no cesó de cometer este pecado. Ellos continuaban cometiéndolo en el tempos de Oseas, de manera que construían muchas imágenes fundidas, en contra de la prohibición estricta de Lev 19, 4 (cf. también Ex 20, 4). Estas palabras no han de entenderse meramente como significando que ellos ponían otras imágenes idolátricas en lugares como Gilgal o Berseba a los becerros de oro (cf. Am 8, 14), sino que ellos se obstinaban manteniendo la adoración a los becerros que habían sido introducidos por Jeroboán (cf. 2 Rey 17, 16).

בתבודם de תבונה, con la terminación femenina apocopada (cf. Ewald, 257, d; aunque en nota el mismo Ewald entiende esta formación como cuestionable, y duda de la corrección del texto): "conforme a su entendimiento", es decir, "conforme a su capacidad artística".

El sentido del segundo hemistiquio, que es muy difícil de traducir, depende básicamente de la forma en que se entienda זֹבְחֵי אָדָם, sea que traduzcamos estas palabras como "aquellos que sacrifican hombres" (como han hecho los LXX y muchos Padres de la Iglesia, con rabinos y comentaristas cristianos); o como "los sacrificadores de entre los hombres", como han hecho Kimchi, Bochart, Ewald y otros, en la línea de אביוני אדם de Is 29, 19. De todas formas, además de esto, זֹבְחֵי אָדָם, *zōbhechē 'âdâm*, no puede tomarse posiblemente como una sentencia independiente, en la línea de "ellos sacrifican hombres" o "ellos son sacrificadores de hombres", a no ser que, como hacen los LXX, cambiemos arbitrariamente el participio זבחי en perfecto זבחו.

Tal como las palabras aparecen en el texto, ellas no pueden ser conectadas con lo que sigue, ni con lo que precede. Si las conectamos con lo que sigue no podemos obtener ningún pensamiento aceptable, sea que traduzcamos "los sacrificadores de hombres besan a los becerros" o "aquellos que sacrifican entre los hombres besan becerros". La primera traducción va en contra del hecho de que los sacrificios humanos no se ofrecían a los becerros (es decir, a Yahvé, en forma de becerro), sino solo a Moloc, y que los adoradores de Moloc no besaban becerros.

La segunda traducción (hombres que ofrecen sacrificios besan a los becerros) podría entenderse en el sentido de: "es una gran locura adorar animales…", pero esto no concuerda con los versos anteriores, הם אמרים, y es imposible entender en qué sentido se empleaban esas palabras. Según eso, no hay más solución que conectar זֹבְחֵי אָדָם, con lo que precede, pero no en el sentido que proponía Ewald, sino tomando *zōbhechē 'âdâm* como una aposición explicativa a הֵם: Ellos dice a los *'ătsabbīm*, es decir, a los hombres que ofrecen sacrificios, que adoren (besen) becerros.

De esa manera, tomando *zōbhechē 'âdâm* como aposición a los *'ătsabbīm*, y teniendo en cuenta que el objeto de *'ăgâlīm* se coloca primero (en inmediato contraste con *'âd*âm), se pone de relieve la absurdidad de besar a los becerros, es decir, de adorarles con besos sagrados (cf. *Comentario* a 1 Rey 19, 18), destacando así su carácter totalmente opuesto al de Yahvé. Los que así actúan preparan para sí mismos una rápida destrucción.

13, 3-6

³ לָכֵן יִהְיוּ כַּעֲנַן־בֹּקֶר וְכַטַּל מַשְׁכִּים הֹלֵךְ כְּמֹץ יְסֹעֵר
מִגֹּרֶן וּכְעָשָׁן מֵאֲרֻבָּה׃ ⁴ וְאָנֹכִי יְהוָה אֱלֹהֶיךָ מֵאֶרֶץ מִצְרָיִם
וֵאלֹהִים זוּלָתִי לֹא תֵדָע וּמוֹשִׁיעַ אַיִן בִּלְתִּי׃
⁵ אֲנִי יְדַעְתִּיךָ בַּמִּדְבָּר בְּאֶרֶץ תַּלְאֻבוֹת׃
⁶ כְּמַרְעִיתָם וַיִּשְׂבָּעוּ שָׂבְעוּ וַיָּרָם לִבָּם עַל־כֵּן שְׁכֵחוּנִי׃
⁷ וָאֱהִי לָהֶם כְּמוֹ־שָׁחַל כְּנָמֵר עַל־דֶּרֶךְ אָשׁוּר׃ ⁸ אֶפְגְּשֵׁם כְּדֹב
שַׁכּוּל וְאֶקְרַע סְגוֹר לִבָּם וְאֹכְלֵם שָׁם כְּלָבִיא חַיַּת הַשָּׂדֶה תְּבַקְּעֵם׃

³ Por tanto, serán como la niebla de la mañana y como el rocío del amanecer, que se desvanece; como el tamo que es arrebatado de la era, y como el humo que sale por la ventana. ⁴ Desde la tierra de Egipto yo soy Yahvé tu Dios; no reconocerás otro dios aparte de mí, ni otro salvador, sino a mí. ⁵ Yo te conocí en el desierto, en tierra de sequedad. ⁶ Pero cuando los apacenté y se saciaron, su corazón se ensoberbeció. Por esta causa se olvidaron de mí. ⁷ Por tanto, yo seré para ellos como un león; los acecharé (miraré en torno) como un leopardo en el camino. ⁸ Les saldré al encuentro como una osa que ha perdido sus crías, y les desgarraré la caja del corazón. Allí lo devoraré como león, como los despedaza un animal del campo.

13, 3. לָכֵן, *lâkhēn*, es decir, porque no renunciarán a su idolatría irracional, ellos perecerán muy pronto. Sobre las figuras de la nube mañanera y del rocío, cf. *Comentario* a Os 6,4. La figura del tamo de la paja aparece frecuentemente (cf. Is 17, 13; 41, 15-16; Sal 1, 4; 35, 5, etc.). יְסֹעֵר se utiliza con relativo: lo que es arrebatado por la tormenta, lo que es "barrido" de la era por un viendo impetuoso. Las eras se colocaban en lugares altos (cf. mi *Bibl. Archäol.* II. p. 114). "Como el humo que sale por la ventana...", es decir, el humo del fuego encendido bajo una especie de campana en la habitación, y que salía por los huecos de la ventana, pues las casas no tenían chimenea (cf. Sal 68, 3).

13, 4. Como en Os 12, 10, aquí se establece de nuevo un contraste entre la idolatría del pueblo y la manifestación constante de Yahvé a la nación infiel. A partir de Egipto, Israel no había conocido otro Dios que Yahvé, es decir, no había encontrado otro Dios que fuera fuente de ayuda y salvación.

De un modo especial, Dios "conoció" (adoptó en amor) a su hijo: ידע, conocer. Cuando se aplica a Dios, es una muestra de su amor y cuidado por los hombres (cf. Am 3, 2; Is 58, 3). El ἅπ. λεγ. תלאובת, de לאב, en árabe *lâb*, en medo *vav*, tener sed, significa un calor ardiente, en el que los hombres languidecen de sed (cf. Dt 8, 15).

13, 5-6. Pero la prosperidad hizo que Israel se volviera orgullosa, de forma que abandonó a su Dios, olvidándose de él. Este reproche está tomado, casi palabra a palabra, de Dt 8, 11 (cf. Dt 31, 20; 32, 15). כמרעיתם, "cuando (a pesar de que) les apacentaba", es decir, respondiendo de forma ingrata al buen pasto abundante, en la tierra que Dios les había concedido. Precisamente aquello que Moisés había predicho como amenaza al pueblo en Dt 8, 11 es lo que ha de suceder. De esa forma, se cumplirán las amenazas de la Ley en contra de los rebeldes.

13, 7-8. La figura del pasto abundante que ha pervertido a Israel, se completa ahora con la imagen de Israel como rebaño amenazado por fieras (cf. Os 4, 16). El castigo del pueblo queda ahora representado con la imagen de unas fieras salvajes que rasgan en pedazos y devoran al ganado que ha engordado. Dios aparece así como un león, una pantera, un oso que cae sobre el rebaño de los israelitas (cf. Os 5, 14).

ואהי no tiene aquí sentido de futuro, sino de pretérito que se entiende desde la perspectiva de olvidar a Dios. El castigo ya ha comenzado, y continuará. Por eso, a partir de אשור tenemos imperfectos o futuros. אָשׁוּר, de שׁוּר, significa mirar en torno, y por tanto tumbarse a la espera, como en Gen 5, 36. No ha de cambiarse por la tierra y estado de *'Asshur*, como hacen los LXX y la Vulgata. סגור לבם, la "caja" o lugar donde se contiene el corazón, es decir, el pecho. שָׁם, *shâm* (allí, verso 8) como evocación, hacia atrás, de עַל־דֶּרֶךְ, *'al-derekh* (por el camino, de verso 7).

13, 9-11

⁹ שִׁחֶתְךָ יִשְׂרָאֵל כִּי־בִי בְעֶזְרֶךָ׃ ¹⁰ אֱהִי מַלְכְּךָ אֵפוֹא וְיוֹשִׁיעֲךָ בְּכָל־עָרֶיךָ וְשֹׁפְטֶיךָ אֲשֶׁר אָמַרְתָּ תְּנָה־לִּי מֶלֶךְ וְשָׂרִים׃ ¹¹ אֶתֶּן־לְךָ מֶלֶךְ בְּאַפִּי וְאֶקַּח בְּעֶבְרָתִי׃ ס

⁹ Yo te destruiré, oh Israel. ¿Quién te podrá socorrer? ¹⁰ ¿Dónde está tu rey para que te salve en todas tus ciudades? ¿Qué de tus jueces, de quienes decías: 'Dame rey y gobernantes'? ¹¹ En mi furor yo te di rey, y en mi ira lo quité.

En Os 13, 9 comienza una nueva estrofa en la que el profeta revela a su pueblo, una vez más, la razón de su corrupción (13, 9-13), para evocar de nuevo la omnipotencia salvadora de Dios (13, 14) y exponer otra vez el sentido y alcance de la destrucción, como justo castigo por su pecado.

שִׁחֶתְךָ no combina y vincula los verbos que habían aparecido en Os 13, 8, como supone Hitzig, ni 13, 9 en conjunto ofrece la razón de lo que precede, sino que *shichethkhâ* queda explicado por Os 13, 10, de forma que así podemos ver que con 13, 9 comienza un nuevo despliegue de pensamiento.

Shichēth no significa aquí actuar de un modo corrupto, como en Dt 32, 5; 9, 12 y Ex 32, 7, sino llevar a la corrupción, arruinar, como en Gen 6, 17; 9, 15; Num 32, 15, etc. La sentencia כִּי־בִי בְעֶזְרֶךָ solo puede explicarse supliendo el pronombre אַתָּה, como sujeto tomado del sufijo de שִׁחֶתְךָ (como piensan Marck y casi todos los comentaristas modernos).

El pensamiento de fondo es descubrir que lo que lleva al gran castigo es *haberme resistido a mí*, que soy quien puede ayudarte (dice Dios). בעזרך, como en Dt 33, 26, pero con la ב en sentido de "contra", como en Gen 16, 12; 2 Sam 24, 17. Sin embargo, no hubo tal oposición cuando todo Israel pidió un rey a Samuel (1 Sam 8, 5). Pues bien, aunque este deseo aparece aquí (cf. Os 13, 7) como un rechazo de todo Israel (de las doce tribus) frente a Yahvé, Oseas está hablando aquí simplemente del Israel de las diez tribus (no de todo Israel).

Ese Israel de las diez tribus se rebeló contra Yahvé, cuando esas tribus se separaron de la casa de David, y nombraron como rey a Jeroboán y, con desprecio de Yahvé, pusieron su confianza en el poder de los reyes que ellos mismos habían escogido (cf. 1 Rey 12, 16) y no en Yahvé. Pues bien, esos reyes no podían ofrecer verdadera salvación al pueblo.

13, 10 empieza con la pregunta אֱהִי, *dónde*. Esa partícula, *'ehî*, solo aparece aquí y dos veces en Os 13, 14, en vez de אי o איה, y es posiblemente una simple variación dialectal (cf. Ewald, 104, c) y ha sido intensificada por אפוא, como en Job 17, 15). Esta pregunta (¿Dónde está tu rey para que te salve...?), no significa sin más que en ese tiempo no había rey en Israel, y que el reino se encontraba en un estado de pura anarquía, sino simplemente que no había rey que pudiera salvar a los israelita, cuando el enemigo asirio les asaltara en todas las ciudades.

Antes de שֹׁפְטֶיךָ, tus jueces, debemos repetir *'ĕhî* (dónde). Los *shōphetîm*, como indica claramente el uso de la palabra *sârîm* (príncipes) en la cláusula siguiente, no son simplemente jueces, sino consejeros reales o ministros, que resuelven los asuntos del reino, al lado del rey, y que supervisan la administración de la justicia. La petición "dame rey y gobernantes" nos recuerda la petición del pueblo en el tiempo de Samuel. Pero aquí esa petición no se refiere a la voluntad de todo el pueblo israelita, sino solo al deseo de las diez tribus, que quieren tener un rey propio, solo para ellos, lo que implica una ruptura respecto al derecho de gobierno de la casa de David, con las consecuencias nefastas que tuvo ese cambio de gobierno.

Por eso, no podemos tomar los imperfectos אֶתֵּן y אֶקַּח de Os 13, 11 como puros pretéritos, es decir, no podemos entenderlos como refiriéndose solo a la elección de Jeroboán como rey y a su muerte. Esos imperfectos denotan una acción que se ha venido repitiendo una y otra vez, por lo que debemos emplear en la traducción el presente, refiriéndonos a todos los reyes que han recibido y mantienen el reino en contra de la voluntad de Dios.

De un modo consecuente, Dios en su ira ha dado reyes a la nación pecadora, y los sigue dando, pero lo hace con ira, con la finalidad de castigar a la nación con esos reyes. Esto se aplica no solamente a los reyes que se han venido siguiendo uno tras otro, con gran rapidez, a través de conspiraciones y de asesinatos, aunque a través de ellos el reino se fue gradualmente rompiendo, de manera que se aceleró su disolución, sino que estas palabras se aplican a los gobernantes del reino de las diez tribus, tomados como un todo.

Dios concedió a las tribus que estaban descontentas del gobierno teocrático de David y de Salomón un rey que respondiera a sus propios deseos, a fin de que él pudiera castigarles a causa de la resistencia que ellos mostraban a su gobierno, como pudo verse ya en la rebelión que se dio en contra de Roboán, el hijo de Salomón. La causa de la división del reino no fueron solamente los pecados de Salomón, como castigo por su idolatría, sino los pecados de las diez tribus, de forma que ellas, tan pronto como se separaron de la casa real de David, a la que se le había concedido la promesa de una duración eterna, se separación de la verdadera adoración de Yahvé y de su altar en el templo de Jerusalén, de manera que cayeron en manos del poder de sus reyes, que lucharon unos contra otros por el trono.

Y por esa razón Dios les quitó el gobierno, para castigarles por sus pecados, y para entregarles en manos del poder de los gentiles, expulsándoles de su faz. En ese principio se funda todo lo que sigue. La destrucción con ira del rey de las diez tribus tendrá lugar porque el pecado de Efraín debía ser castigado.

13, 12-13

¹² צָרוּר עֲוֹן אֶפְרָיִם צְפוּנָה חַטָּאתוֹ: ¹³ חֶבְלֵי יוֹלֵדָה יָבֹאוּ לוֹ הוּא־בֵן לֹא חָכָם כִּי־עֵת לֹא־יַעֲמֹד בְּמִשְׁבַּר בָּנִים:

¹² Atada está la maldad de Efraín, su pecado está guardado. ¹³ Le vendrán dolores de mujer que da a luz; pero es un hijo insensato, pues no se colocó a tiempo en el punto mismo de nacer.

13, 12 constituye una aplicación especial de Dt 32, 12 a las diez tribus. צָרוּר, *tsârûr*, atado, en un tipo de ramo, como una cosa que alguien desea tomar y conservar con gran cuidado (cf. Job 14, 17; 1 Sam 25, 29). Lo mismo se aplica a צְפוּנָה, *tsâphûn*, escondido, cuidadosamente conservado, de manera que no se pierda (Job 21, 19). "Todas las cosas están conservadas para el castigo" (caldeo).

13, 13. Por eso vendrán sobre Efraín grandes sufrimientos, como dolores de parto de una mujer. Esos dolores de parto no son una simple representación figurativa de una violenta agonía, sino de los sufrimientos y calamidades que están vinculadas a los juicios purificadores de Dios, a través de los cuales debe nacer nueva vida, realizándose una transformación completa de todas las cosas (cf. Miq 4, 9-10; Is 13, 8; 26, 17; Mt 24, 8).

Efraín no podrá liberarse de esos dolores, porque es un hijo loco (cf. Dt 32, 6.28). Pero ¿en qué sentido? Eso queda explicado por las palabras לֹא־יַעֲמֹד כִּי־עֵת, porque cuando llega el tiempo, él no se coloca en el lugar oportuno, es decir, no se sitúa a la entrada (salida) del vientre. La expresión מִשְׁבַּר בָּנִים, *mishbar bânîm* ha de explicarse igual que en 2 Rey 19, 3 y en Is 37, 8. Y עמד, con ב como en Ez 22, 30. Si el niño no se pone en la salida del vientre materno en el momento oportuno, el nacimiento se retrasa y corre peligro la vida de ambos (de la madre y del niño).

La madre y el niño forman aquí una persona. Y de esa manera se explica la transición de los dolores de la madre a la conducta del niño en el momento del nacimiento. Efraín es un hijo tonto, pues renuncia a convertirse en el mismo momento del castigo que recibe como juicio de Dios, y no quiere ser objeto de un nuevo nacimiento, como el niño que, en el momento de los dolores del parto, no se coloca en la apertura del vientre, de forma que no puede nacer.

13, 14

¹⁴ מִיַּד שְׁאוֹל אֶפְדֵּם מִמָּוֶת אֶגְאָלֵם אֱהִי דְבָרֶיךָ מָוֶת אֱהִי קָטָבְךָ שְׁאוֹל נֹחַם יִסָּתֵר מֵעֵינָי׃

¹⁴ De manos del Sheol los redimiré, los libraré de la muerte. ¿Dónde están tus plagas, oh muerte? ¿Dónde está tu destrucción, oh Sheol? Yo no me arrepentiré de esto.

A fin de lograr que los creyentes no se desesperen, el Señor anuncia en 13, 14 que él redimirá a su pueblo del poder de la muerte. El hecho de que este verso contenga una promesa y no una amenaza no podría haber sido pasado por alto por los comentaristas, a no ser por el hecho de que, fundándose en 13, 13 y 13, 15, hayan forzado el sentido de las palabras, poniendo la primera frase (de manos del *Sheol* los redimiré...) en forma de interrogativo (Calvino y otros) o como un condicional (yo les redimiría...), introduciendo la palabra *si resipiscerent* (si recibieran, suplida por Kimchi, Sal. b. Mel. Rosenmüller etc.).

Pero además, esas palabras suplidas son totalmente arbitrarias, por las sentencias que siguen (¿dónde están tus plagas, oh muerte?...), que obviamente indican que el infierno y la muerte serán destruidos. Además, por razón del estilo de la frase, no podemos tomar אהי como un interrogativo, en el sentido de "¿debería yo...?". Por otra parte, ¿qué sentido de progresión tendría el texto en el caso de que la redención de la muerte fuera solo algo hipotético o se representara como algo simplemente cuestionable?

Si tomamos las palabras tal como están en el texto, es evidente que ellas implican algo más que una liberación temporal, por un tiempo, cuando la vida está en peligro, implican aún más que preservar a uno de la muerte. Estas palabras significan redimir o rescatar de la mano (del poder) del infierno, esto es, del inframundo, equivale a privar al infierno de su presa, no solo impidiendo a los vivos que mueran, sino trayendo de nuevo a la vida a aquellos que han caído víctimas del infierno, es decir, de la región de la muerte.

La cesación o aniquilación de la muerte se expresa de manera aún más intensa en las palabras triunfantes: ¿Dónde están tus plagas (tu pestilencia: דְּבָרֶיךָ) oh muerte? ¿Dónde está tu destrucción, oh *Sheol*, infierno? Teodoreto ha indicado con exactitud que aquí se está apuntando a la superación de la muerte παιανίζειν κατὰ θανάτου κελεύει. דבריך es un plural intensivo de *debher*, plaga o peste, y debe explicarse en la línea de Sal 91, 6, donde aparece también como sinónimo de קטב, que es la pestilencia o destrucción.

El apóstol Pablo ha citado de manera muy precisa esas palabras en 1 Cor 15, 55, en combinación con la declaración de Is 25, 8 (la muerte ha sido devorada por la victoria), confirmando así la verdad de que en la resurrección del último día será aniquilada la muerte, de manera que aquello que es corruptible será transformado en inmortalidad. No debemos restringir la sustancia de esta promesa a la plena redención en Cristo, en la que ella recibe su cumplimiento perfecto. Los sufijos añadidos a *'ephdēm y 'eg'âlēm* (אֶפְדֵּם y אֶגְאָלֵם) se refieren al Israel de las diez tribus como los sufijos verbales de Is 25, 8. Según eso, la redención prometida como liberación de la muerte ha de estar en íntima conexión con la destrucción del reino de Israel.

Más aún, la idea de la resurrección de los muertos no se hallaba expuesta ni aceptada de un modo tan claro en Israel en aquel tiempo, como para que el profeta pudiera evocarla ante los creyentes como fuente de consuelo en el momento de la destrucción del reino. El único sentido que la promesa tenía para los israelitas del tiempo del profeta era el de mostrarles que el Señor tiene incluso poder para redimir de la muerte y para elevar a Israel de la destrucción y conducirlo a una novedad de vida, lo mismo que hace Ez 37 cuando describe la restauración de Israel a través del signo de la vida que se introduce en los huesos muertos desparramados por el campo y los eleva de nuevo, dándoles vida.

El sentido pleno y más profundo de esas palabras se fue manifestando de manera gradual entre los creyentes del Antiguo Testamento y solo en el Nuevo Testamento se reveló del todo a través de la resurrección de Cristo. Pero a fin de anticipar la hondura y las dudas que emergen con esta gran promesa, el Señor añade "el arrepentimiento está escondido de mis ojos", es decir "yo no me arrepentiré", de manera que el propósito de la salvación se cumplirá de un modo irrevocable.

El ἁπ. λεγ. נֵחַם, *nōcham,* no significa "resentimiento" (Ewald), sino que es un derivado de *nicham,* y significa simplemente consuelo y arrepentimiento. El primer sentido se aplica en los LXX, pero no responde al contexto, de manera que debe aceptarse en segundo sentido: Dios no se arrepentirá de su promesa de vida.

Estas palabras han de ser interpretadas en la línea de Sal 89, 26 y 110, 4, donde Dios ratifica su promesa con juramento, diciendo ולא ינחם, y no me arrepentiré; por su parte, לא ינחם corresponde a אם אכזב de Sal 89, 36 (Marck y Krabbe, *Quaestion. de Hos. vatic. sp*ec. p. 47). Comparar con 1 Sam 15, 29 y Num 23, 39.

13, 15-16 (=13, 15–14, 1)

¹⁵ כִּי הוּא בֵּן אַחִים יַפְרִיא יָבוֹא קָדִים רוּחַ יְהוָה מִמִּדְבָּר עֹלֶה וְיֵבוֹשׁ מְקוֹרוֹ וְיֶחֱרַב מַעְיָנוֹ הוּא יִשְׁסֶה אוֹצַר כָּל־כְּלִי חֶמְדָּה׃
¹ תֶּאְשַׁם שֹׁמְרוֹן כִּי מָרְתָה בֵּאלֹהֶיהָ בַּחֶרֶב יִפֹּלוּ עֹלְלֵיהֶם יְרֻטָּשׁוּ וְהָרִיּוֹתָיו יְבֻקָּעוּ׃

¹⁵ Aunque él fructifique entre sus hermanos, vendrá el viento del este, el viento de Yahvé que sube del desierto, y se secará su manantial, se agotará su fuente. Él despojará el tesoro de todas sus preciosas alhajas. ¹⁶ Samaría será asolada (expiará), porque se rebeló contra su Dios; caerán a espada, sus niños serán estrellados, y abiertas sus mujeres encintas.

13, 15. La conexión entre la primera frase y el verso anterior ha sido bien destacada por Marck, cuando dice: "Os 13,15 ofrece la razón porque la gracia prometida de la redención se cumplirá de un modo firme". כי no puede ser una partícula temporal, ni de condición (cuando, si…), porque ninguna ofrece un pensamiento aceptable, pues en aquel tiempo no existía Efraín, ni podía volverse portadora de frutos entre sus hermanos.

La visión de Ewald es hipotética, "si Efraín fuera un hijo que da frutos…", porque *kī* solo se emplea en casos en los que una circunstancia se toma como real. En el caso de que se suponga que esa circunstancia es simplemente posible haría falta que se introdujera un אם como muestra claramente el caso en el que se vinculan אם y כי, en Num 5, 19-20.

El significado de יפריא se expresa claramente por el juego de palabras que se hace con el nombre Efraín, y eso explica que se escriba con א en vez de con ה (יַפְרִיא). Eso se deduce también de la misma idea de la frase: Efraín llevará fruto entres sus hermanos, es decir, entre las otras tribus, como lo indica el nombre, que se refiere a la doble producción de fruto (cf. *Comentario* a Gen 41, 52).

Este pensamiento por el que se confirma la redención de la muerte de la que hablaba el verso anterior, está fundado no solo en la afirmación del sentido del nombre Efraín (juego de palabras con יַפְרִיא, dará fruto), sino ante todo en la bendición que el patriarca prometió a la tribu de Efraín por su nombre, tanto en Gen 48, 4.20 como en 49, 22. Dado que Efraín poseía tal multitud de bendiciones por su propio nombre, el Señor no dejará que sea destruida para siempre a causa de las tempestades que la amenazaban.

A Efraín se le aplica lo mismo que a Israel, pues ambas palabras se toman como sinónimos. Y lo que es cierto de todas las promesas de Dios es también cierto de sus anuncios, es decir que ellos solo se cumplen en el caso de que sus receptores cumplan las condiciones implicadas cuando se formularon.

En esa línea, Efraín solo dará fruto de vida eterna en el caso de que camine, como portador de las promesas de Dios, en las sendas de paz de sus antepasados, esforzándose por la bendición de las promesas. Por otra parte, con respecto a aquel Efraín que actúa como Canaán (Os 12, 8), vendrá a convertirse en un viento del este, en una tempestad que sopla desde el desierto (cf. sobre Os 12, 2) y será el mismo Dios el que suscite esa tormenta, que secará las plantas de la primavera, es decir, que destruirá no solo los frutos del campo con los que Dios había bendecido a su pueblo (Dt 33, 13-16), sino todas las fuentes de su poder y de su estabilidad.

Como las promesas de Os 13, 14, las amenazas del juicio por el que el reino de Israel iba a sucumbir, se introducen de un modo abrupto, con la palabra יבוא. De esa manera se pasa del estilo anterior, de tipo figurativo, a un estilo literal. הוא, él, el conquistador hostil, envía un viento tempestuoso del Señor, que viene desde Asiria, y que destruirá la riqueza de todos los barcos de la costa, todos los tesoros y cosas valiosas del Reino.

Sobre כְּלִי חֶמְדָּה, *kelī chemdâh*, cf. Nah 2, 10 y 2 Cron 32, 27. Por esa expresión entendemos ante todo los tesoros de la capital, pues a ella se refiere especialmente la catástrofe del próximo verso (14, 1), que pertenece también a esta estrofa, a causa de su rebelión contra Dios.

13, 16 (=14, 1). אשם, expiar, pagar por el delito, ser castigado. No es equivalente de *shâmēm* en Ez 6, 6, aunque de hecho la expiación ha consistido en la conquista y devastación de Samaría por Salmanasar. El sujeto de יִפְּלוּ, *yippelū* (caerán) son los habitantes de Samaría. El sufijo de הריותיו (sus mujeres, etc.) se refiere a la nación. La forma הריה deriva de הרה (cf. Ewald, 189, c). La construcción con el verbo masculino יבקעו, en lugar del femenino, es una anomalía, que puede explicarse porque las formaciones femeninas de plural del imperfecto son muy raras (cf. Ewald, 191, b). Para el hecho en sí, cf. Os 10, 14; 2 Rey 15, 16; Am 1, 13.

14, 1-10. No nos librará Asiria, no montaremos a caballo

Después que el profeta ha colocado su propia culpa delante de la nación pecadora, de varias maneras, insistiendo también en el castigo que les espera, es decir, la destrucción del reino, termina sus discursos con una llamada a la conversión completa al Señor, y con la promesa de que el Señor derramará una vez más su gracia sobre aquellos que se vuelvan a él, de manera que les bendecirá con abundancia.

14, 1-3 (=14, 2-4)

² שׁ֚וּבָה יִשְׂרָאֵ֔ל עַ֖ד יְהוָ֣ה אֱלֹהֶ֑יךָ כִּ֥י כָשַׁ֖לְתָּ בַּעֲוֺנֶֽךָ׃
³ קְח֤וּ עִמָּכֶם֙ דְּבָרִ֔ים וְשׁ֖וּבוּ אֶל־יְהוָ֑ה אִמְר֣וּ אֵלָ֗יו כָּל־תִּשָּׂ֤א עָוֺן֙ וְקַח־ט֔וֹב וּֽנְשַׁלְּמָ֥ה פָרִ֖ים שְׂפָתֵֽינוּ׃
⁴ אַשּׁ֣וּר ׀ לֹ֣א יוֹשִׁיעֵ֗נוּ עַל־סוּס֙ לֹ֣א נִרְכָּ֔ב וְלֹא־נֹ֧אמַר ע֛וֹד אֱלֹהֵ֖ינוּ לְמַעֲשֵׂ֣ה יָדֵ֑ינוּ אֲשֶׁר־בְּךָ֖ יְרֻחַ֥ם יָתֽוֹם׃

¹ ¡Vuelve, oh Israel, a Yahvé tu Dios; porque por tu pecado has caído! ² Tomad con vosotros estas palabras y volved a Yahvé. Decidle: "Quita toda la iniquidad y acéptanos con benevolencia; te ofrecemos el fruto de nuestros labios. ³ No nos librará Asiria; no montaremos a caballo, ni nunca más diremos a la obra de nuestras manos: 'Dioses nuestros'; porque en ti el huérfano alcanzará misericordia".

14, 1 (=14, 2). No hay salvación para el caído si es que no vuelve a Dios. Por eso, el profeta abre su anuncio de salvación con una llamada al retorno a su Dios, porque solo de esa forma bendecirá el Señor a su pueblo, al que ha querido llevar a una reflexión más profunda por medio del juicio (cf. Dt 4, 30; 30, 1).

שׁוּב עד יי, volver, convertirse al Señor, en el sentido de plena conversión. שׁוּב אל significa, estrictamente hablando, volver hacia Dios, volver hacia él la mente y el corazón. Por su parte, כָּשַׁלְתָּ, *kâshaltâ*, representa el pecado como un paso en falso, que aún deja como posible el retorno. Esta palabra está muy bien elegida al tratarse de una llamada a la conversión. Pero si la conversión quiere ser auténtica ha de comenzar con una oración por la que se pide el perdón del pecado, renunciado a la ayuda humana, para confiar plenamente en la misericordia de Dios.

14, 2 (=14, 3). Israel debe acercarse al Señor con ese estado de mente: "tomar con vosotros estas palabras...", no aparezcáis ante el Señor vacíos (cf. Ex 23, 25; 34, 20). Pero para ello no son necesarios los sacrificios externos, sino simplemente las palabras verdaderas, es decir, la confesión de la culpa, como ha indicado correctamente el texto caldeo. El valor de esa explicación resulta evidente por la confesión de pecados que sigue, con la que los fieles han de acercarse ante el Señor.

En כָּל־תִּשָּׂא עָוֺן, el lugar en el que se sitúa la palabra כָּל al principio de la frase se explica por el énfasis que se pone en esa palabra, que se separa así de עָוֺן a causa de que כָּל fue empezando a tomar cada vez más el sentido de adjetivo, en la línea de "todos nosotros" (cf. 2 Sam 1, 9; Job 27, 3; cf. Ewald, 289, a; Gesenius, 114, 3, nota 1).

קַח־טוֹב, *qach tōbh*, no significa "acepta la bondad" (deja que te sea manifiesta nuestra bondad: Hitzig), ni "toma como bueno.." el hecho de que nosotros oremos (Grotius, Rosenmüller), sino que ha de entenderse en conexión con lo anterior: "Acepta la única cosa buena que somos capaces de ofrecerte…", es decir, los sacrificios de nuestros labios. Así lo ha interpretado bien Jerónimo: "Porque si tú no hubieras borrado nuestros males nosotros no hubiéramos sido capaces de ofrecerte nada bueno". Esa traducción se mantiene en la línea de otros textos, como el del Sal 37, 27: "Apártate del mal y haz el bien".

שפתינו ... ונשלמה, literalmente, *nuestros labios repararán como novillos*, es decir, "las plegarias de nuestros labios tendrán el valor de las ofrendas de animales". Esta expresión ha de explicarse por el hecho de que וְנְשַׁלְּמָה, de *shillē*m, borrar lo que se debe, pagar, es un término técnico que se aplica al sacrificio ofrecido para cumplir un voto (cf. Dt 23, 22; Sal 22, 26; 50, 14, etc.), sabiendo que פָרִים, novillos (que en este contexto aparecen como frutos) eran los mejores animales para los sacrificios del templo.

Pues bien, aquí vemos que la palabra de los labios tiene más valor que los sacrificios de animales (cf. Sal 51, 17-19; 69, 31-32). La traducción de los LXX (ἀποδώσομεν καρπὸν χείλεων) a la que se alude en Heb 13, 15, ha confundido פרים (novillos) con פרי, simplemente frutos, sin más, como ha observado Jerónimo. Sea como fuere, la conversión al Señor requiere renuncia al mundo, a su poder y a toda su idolatría.

14, 3 (=13, 4). El pueblo rebelde de Israel ponía su confianza en Asiria y Egipto (Os 5, 13; 7, 11; 8, 9). Pues bien, ya no lo hará más. El montar sobre caballos se refiere en parte a la fuerza militar de Egipto (Is 31, 1) y en parte a su propia fuerza (Os 1, 7; 2, 7). Sobre la expresión "nunca diremos a la obra de nuestras manos…" comparar con Is 42, 17; 44, 17.

אשר בך, no significa "tú con el que…", sino "porque contigo" (*'ăsher*, como en Dt 3, 24). La expresión "porque en ti encuentra compasión el huérfano…" (cf. Ex 22, 22; Dt 10, 18) sirve no solo como razón para no llamar ya más dioses a la obra de las propias manos, sino que se aplica a toda oración penitencial, que ha de fundarse en la naturaleza compasiva de Dios. Respondiendo a esa oración penitencial, el Señor curará las heridas de su pueblo, y dará a los suyos, una vez más, las bendiciones de su gracia. Así lo anuncia el profeta, lo mismo que Is 44, 4-8, como respuesta al Señor.

14, 4-8 (=14, 5-9)

⁵ אֶרְפָּא מְשׁוּבָתָם אֹהֲבֵם נְדָבָה כִּי שָׁב אַפִּי מִמֶּנּוּ:
⁶ אֶהְיֶה כַטַּל לְיִשְׂרָאֵל יִפְרַח כַּשּׁוֹשַׁנָּה וְיַךְ שָׁרָשָׁיו כַּלְּבָנוֹן:
⁷ יֵלְכוּ יֹנְקוֹתָיו וִיהִי כַזַּיִת הוֹדוֹ וְרֵיחַ לוֹ כַּלְּבָנוֹן:
⁸ יָשֻׁבוּ יֹשְׁבֵי בְצִלּוֹ יְחַיּוּ דָגָן וְיִפְרְחוּ כַגָּפֶן זִכְרוֹ כְּיֵין לְבָנוֹן:
⁹ אֶפְרַיִם מַה־לִּי עוֹד לָעֲצַבִּים אֲנִי עָנִיתִי וַאֲשׁוּרֶנּוּ אֲנִי כִּבְרוֹשׁ רַעֲנָן מִמֶּנִּי פֶּרְיְךָ נִמְצָא:

⁴ Yo los sanaré de su infidelidad. Los amaré generosamente, porque mi furor se habrá apartado de ellos. ⁵ Yo seré a Israel como el rocío; él florecerá como lirio y echará sus raíces como el Líbano. ⁶ Sus ramas se extenderán. Su esplendor será como el del olivo, y su fragancia como la del Líbano. ⁷ Volverán y se sentarán bajo su sombra. Cultivarán el trigo y florecerán como la vid. Su fragancia será como el vino del Líbano. ⁸ ¡Efraín! ¿Qué tengo que ver ya con los ídolos? Soy yo quien le responderá y velará por él. Yo soy como el ciprés verde; debido a mí será hallado fruto en ti.

14, 4-6. El Señor promete ante todo curar su apostasía, es decir, todas las heridas que han venido a Israel por haberse separado de Dios; así les promete amarles con total espontaneidad (con נְדָבָה, *nedâbhâh*, un acusativo adverbial, *promta animi voluntate*, con voluntad decidida de alma), porque su ira, que se había encendido a causa de la idolatría se ha alejado (מִמֶּנּוּ, *mimmennū*, de ellos, de Israel). La lectura *mimmennī* (de mí), que ofrecen los códices babilonios, según la Masora, ha surgido por una falsa interpretación de Jer 2, 35).

Este amor del Señor se manifestará en forma de bendición abundante. Yahvé será para Israel un rocío que refresca y da vida (cf. Is 26, 19). Como el lirio, que es frecuente en Palestina y que crece sin cultivo especial, y que es de gran fecundidad, pues produce a menudo cinco bulbos de una sola raíz (Plinio h. n. XXI. 5). "Echará sus raíces como el Líbano…", no solo en forma de bosques, sino también de montañas, pues la montaña es uno de los fundamentos de la tierra (Miq 6, 2).

Cuando más profundizan las raíces, más se extienden las ramas y se cubren de espléndido ramaje y follaje verde, como el árbol del olivo, siempre verde y fecundo (cf. Jer 11, 16; Sal 52, 10). El olor es como el Líbano, oloroso por sus cedros y sus plantas aromáticas (Cant 4, 11).

El significado de los diversos rasgos de esta descripción ha sido bien explicado por Rosenmller: "Las raíces indican estabilidad; la expansión de las ramas muestra la propagación y multitud de los habitantes; el esplendor del olivo es signo de belleza y gloria, que es constante, duradera; la fragancia es signo de alegría y amor".

Os 14, 7-8 ofrece una visión algo distinta de este cuadro. De la comparación de Israel con un lirio y con un árbol que se expande por raíces hondas y se abre por las ramas verdes, pasamos de un modo casi imperceptible a la idea de que Israel mismo es el árbol bajo cuya sombra florecen los miembros de la nación con frescura y vigor. יָשׁוּבוּ se conecta adverbialmente con יִהְיוּ.

Aquellos que se sientan bajo la sombra de Israel, un árbol lleno de hojas, volverán a dar fruto, retornarán a la vida y producirán alimento, saciedad y fuerza. Sí, ciertamente ellos mismos se extenderán como una viña, que deja un gran recuerdo, es decir, que tiene gran renombre, como las viñas del Líbano y su vino, que ha sido celebrado desde tiempo inmemorial (cf. Plin. h. n. xiv. 7;

Oedmann, *Sammlung aus der Naturkunde* II, p. 193 y Rosenmüller, *Bibl. Althk.* iv. 1, p. 217).

La promesa divina culmina en Os 14, 8 con una llamada para que renuncie a los ídolos, vinculándose solo, con toda su fuerza, al Señor, que es la fuente de su vida. Efraín aparece aquí en vocativo, y sigue inmediatamente lo que el Señor tiene que decir, como si lo dijera el mismo Efraín: מה־לי עוד לע, ¿qué tengo yo que ver con los ídolos?, (para esa frase, cf. Jer 2,18).

Estas palabras no quieren decir "yo discutiré ahora contigo a causa de los ídolos" (Schmieder), ni tampoco "no coloquéis ya nunca más ídolos al lado mío" (Ros.), sino "yo no tendré ya nada que ver con los ídolos", solo con Dios, y lo mismo hará Israel, que no tendrá ya nada que hacer con ellos. A esto se añade una nota sobre lo que Dios ha hecho y hará por Israel, de manera que en esa línea se pone mucho énfasis en אני, es decir, en *Yo, Dios*, con עָנִיתִי, *'ânîthî*, en perfecto profético, "yo responderé" y miraré por Israel. שׁוּר, ocuparse de una persona, mirar por ella, preocuparse de ella, como en Job 24, 15 (el sufijo se refiere a Efraín).

En la última frase, Dios se compara con un ciprés de color verde, que sirve no solo para ofrecer abrigo al pueblo, sino que viene a presentarse como el verdadero árbol de vida, en el que Israel puede encontrar sus frutos, frutos que alimentan y vigorizan la vida espiritual de la nación. La salvación que esta promesa dirige al pueblo para cuando se convierta a su Señor viene a presentarse con las circunstancias y las visiones peculiares que prevalecen en Antiguo Testamento, que son ante todo el crecimiento terreno y la prosperidad. Pero, en sentido radical, esa promesa indica el desarrollo y cumplimiento espiritual de aquellos israelitas que un día llegarán a creer en Cristo.

14, 9 (=14, 10)

10 מִי חָכָם וְיָבֵן אֵלֶּה נָבוֹן וְיֵדָעֵם כִּי־יְשָׁרִים דַּרְכֵי יְהוָה
וְצַדִּקִים יֵלְכוּ בָם וּפֹשְׁעִים יִכָּשְׁלוּ בָם׃

⁹ ¿Quién es sabio para que sepa esto, y prudente para que lo comprenda? Porque los caminos de Yahvé son rectos, por ellos andarán los justos, pero los rebeldes caerán en ellos.

Este versículo contiene el epílogo de todo el libro. El pronombre אלה y el sufijo de ידעם remiten a todo lo que el profeta ha venido diciendo al pueblo en este libro, para advertencia, reproche, corrección y castigo, en línea de justicia. Así concluye recogiendo toda la sustancia de su enseñanza en una sentencia general que recuerda la de Dt 32, 4: los caminos del Señor son rectos (יְשָׁרִים).

Los caminos de Yahvé (דַּרְכֵי יְהוָה, *darkhē Yehōvâh*) son los que Dios ha tomado para guía y gobierno de los hombres, no solo lo que él ha prescrito, sino lo

Oseas 14, 9 (=14, 10)

que ha ido haciendo al guiarles. Esos caminos guían a unos para la vida, y a otros para la muerte, conforme a las diversas actitudes que los hombres toman hacia el Señor, como había anunciado Moisés a todos a todos los israelitas (Dt 30, 19-20) y como el apóstol Pablo aseguró a la iglesia de Corinto, diciendo lo que haría el evangelio de Jesús (1 Cor 1, 18).

JOEL

El profeta

Joel (יוֹאֵל: Yahvé es Dios, aquel, cuyo Dios es Yahvé: en griego Ἰωήλ) se distingue de otras personas con el mismo nombre, que aparecen con cierta frecuencia (cf. 1 Sam 8, 2; 1 Cron 4, 35; 5, 4; 8, 12; 6, 21; 7, 3; 2 Cron 29, 12; Ne 11,9), por el epíteto "hijo de" פְּתוּאֵל, *Pethuel* (sinceridad de Dios, abierto de corazón).

Nada se conoce de las circunstancias de su vida, pues las leyendas tradicionales conforme a las cuales sería de *Bethom* (Βηθών o Θεβυράν, Ps. Epifanio) o de *Bethomeron* en la tribu de Rubén (Ps. Doroteo) tienen muy poca base. Todo lo que se puede inferir con cierta seguridad de sus escritos es que vivió en Judá, y que con toda probabilidad profetizaba en Jerusalén. La fecha de su ministerio es también muy discutida. Lo único que sabemos con cierta seguridad es que no vivió en los reinados de Manasés o de Josías, o incluso más tarde, como algunos suponen, sino que fue uno de los primeros de los profetas menores.

El mismo Amós (1, 2) comienza su profecía con unas promesas de Joel (3, 16), y la concluye con las mismas promesas, adoptando en Am 9, 13 la hermosa imagen de Joel 3, 26, donde se dice que de las montañas manará vino nuevo y que las colinas desbordarán de vino (Joel 3, 18). Por otra parte, Isaías, en su descripción del juicio venidero (Is 13) tiene a Joel en su mente, y de hecho en 13, 6 toma prestada una sentencia de su profecía (Joel 1, 15), que es tan particular que su coincidencia no puede ser algo casual. Eso significa que Joel profetizó antes de Amós (y antes que Isaías), es decir, antes de los veintisiete años de reinado contemporáneo de Ozías y de Jeroboán II. Una fecha más exacta solo podría deducirse, con algún grado de probabilidad, de las circunstancias históricas a las que se refiere en su profecía.

Los únicos enemigos que él menciona además de Egipto y Edom (Joel 3, 19), como aquellos a los que el Señor castigará por la hostilidad que han mostrado en relación con el pueblo de Dios, son Tiro y Sidón, y la costa de Filistea (Joel 3, 4); pero no cita a los sirios que planearon una expedición en contra de Jerusalén, después de haber conquistado Gat, lo que costó a Joás no solo los tesoros del templo y del palacio, sino también su propia vida (2 Rey 12, 18; 2 Cron 24, 23), a causa de lo cual Amós predijo la destrucción del reino de Siria y el destierro de su pueblo a Asiria (Am 1, 3-4).

Pero dado que esta expedición de los sirios no estaba dirigida directamente contra los filisteos, como supone Hengstenberg, sino que fue un ataque directo contra el reino de Judá, al que pertenecía todavía la ciudad de Gat, que Roboán, rey de Judá, había fortificado y que debía pertenecer todavía a Judá (cf. 2 Rey 12, 18-19). Pues bien, si hubiera profetizado después de esa guerra, Joel hubiera mencionado sin duda a los sirios, al lado de otros enemigos de Judá. Pero aunque la hostilidad de los sirios en contra de Judá no sea estrictamente conclusiva si se toma desde sí misma, ella adquiere gran importancia por el hecho de que todo el estilo y carácter de la profecía de Joel parece situarnos en unos tiempos incluso anteriores a los de Amós y Oseas.

Aquí no encontramos ninguna alusión de los pecados que Oseas y Amós condenan (desde la perspectiva de Judá), pecados que suscitaron el juicio de los asirios; tampoco encontramos un tipo de idolatría como la que prevalecía en los tiempos de Jorán, Azarías y Atalía, de forma que ni siquiera se mencionan. Por el contrario, aquí se presupone la existencia de un culto legal a Yahvé, bien regulado, con un ceremonial sacerdotal adecuado, tal como lo restauró el sumo sacerdote Yoyada, cuando Joás ascendió al trono. (cf. 2 Rey 11, 17; 2 Cron 23, 16).

Estas circunstancias nos llevan a pensar que el ministerio de Joel debió realizarse en los primeros treinta años del reinado de Joás, durante los cuales el sumo sacerdote Yoyada fue su inspirador, de manera que su libro es cronológicamente el primero de los libros proféticos. No existe ninguna objeción seria que pueda oponerse a esta datación. En contra de ello no se puede elevar la objeción de que los libros de los Profetas Menores han sido ordenados de un modo cronológico, pues no tenemos ningún fundamento para tomar como normativa esa organización cronológica, como hemos visto en la introducción general.

El libro

Los oráculos de este libro recogen una proclamación profética bien organizada, que se divide en dos mitades por Jl 2, 18-19.

- *En la primera mitad*, el profeta describe con gran fuerza una terrible devastación de langostas sobre Judá. En esa línea, Joel interpreta ese juicio histórico concreto de las langostas, que destruyen la cosecha de Judá y ponen en riesgo la vida de sus habitantes, como un juicio precursor o, quizá mejor, portador del día del gran juicio de Yahvé, y desde ese fondo amonesta al pueblo de todas las condiciones para que celebre un día general de penitencia, con ayuno y oración, en el santuario de Sión, a fin de que el Señor pueda tener compasión de su pueblo (Jl 1, 2–2, 17).

— *En la segunda mitad*, como respuesta a la llamada que dirige al pueblo para que se arrepienta, Joel proclama la promesa de que el Señor destruirá el ejército de langostas, y concederá una rica bendición de cosecha sobre la tierra, enviando a su tiempo la lluvia temprana y tardía (2, 19-27), y que después, en el futuro, él enviará su Espíritu sobre toda carne (2, 28-32), sentándose al fin a juzgar a todas las naciones que han desparramado a su pueblo y que han dividido entre ellos su tierra, respondiéndoles con la recompensa merecida por sus acciones, mientras que, en contra de eso, él protegerá a su pueblo desde Sión, y glorificará a su tierra con ríos de abundantes bendiciones (cap. 3).

Estas dos mitades están conectadas entre sí por la afirmación de que Yahvé manifiesta el celo de su amor por su tierra, mostrando piedad por su pueblo y respondiendo a sus oraciones (Joel 2, 18-19). Hasta aquí todos los comentaristas concuerdan con el contenido de este libro. Pero en un momento posterior surgen diversas opiniones que se centran de un modo especial en la verdadera interpretación de la primera mitad, es decir, en la terrible devastación de las langostas, discutiendo si ella ha de entenderse de un modo literal o alegórico[26].

La solución de este problema depende de la respuesta que se ofrezca al tema anterior de si Joel 1, 2-2, 17 contiene la descripción de un juicio presente o futuro. Si tenemos en cuenta el hecho de que la afirmación de 2, 18-19, por la cual se introduce la promesa, está expresada a través de cuatro imperfectos sucesivos con *waw consecutiva* (que se aplica para las narraciones históricas), no puede haber duda alguna de que el texto contiene un anuncio histórico de aquello que realizará el Señor a consecuencia de o después que se ha realizado el grito penitencial del pueblo. Pues bien, si eso queda firme, debemos añadir que la primera parte del libro no puede contener la predicción de algo que es puramente futuro, sino que debe describir una calamidad que en parte, al menos, ha comenzado ya.

---

26. Esta interpretación del texto se encuentra ya en la traducción caldea, donde los cuatro nombres de las langostas se traducen de un modo literal en 1, 4, mientras que en 2, 25 esos nombres se aplican a diversas tribus y pueblos hostiles. En una línea semejante se sitúan Efrén el Sirio, Cirilo de Alejandría, Teodoreto y Jerónimo, aunque Teodoreto piensa que la interpretación literal es también admisible, y eso mismo es lo que piensan Abarbanel, Lutero y otros comentaristas. En esa línea se mueven Hengstenberg, *Christologie* I, 341 y Hvernick (*Einleitung*, 2, 294ss). Ambos concuerdan con los Padres de la Iglesia al pensar que los cuatro tipos de langostas son una representación de los poderes imperiales de Caldea, Medo-Persia, Grecia y Roma. Por otra parte, Rufino, Jarchi, Ab. Ezra y Dav. Kimchi defienden la opinión literal, según la cual Joel está describiendo una terrible devastación de la tierra por langostas. Cf. también Bochart, Pococke y Michaelis, y en los tiempos más recientes Hofmann y Delitzsch.

Esto queda confirmado por el hecho de que el profeta describe desde el mismo principio (1, 2-4) la devastación de la tierra por las langostas como una calamidad presente, por la que acusa y convoca en oración al pueblo, para que se arrepienta. Cuando Joel comienza su llamada a los ancianos, preguntando si algo así había sucedido en sus días o en los días de sus padres, pidiéndoles que lo relaten a sus hijos, y a los hijos de sus hijos, y entonces describe la realidad con simples perfectos (יתר הגזם אכל וגו), resulta perfectamente obvio que él no está hablando de algo que ha de suceder en el futuro, sino de un juicio divino que ha sido ya iniciado[27].

Es verdad que el profeta emplea con frecuencia pretéritos en su descripción de los acontecimientos futuros, pero no hay ningún ejemplo que nos permita interpretar su anuncio de juicio como algo puramente futuro. Pues bien, si Joel tiene ante sus ojos una calamidad que está sucediendo, y la presenta así en Jl 1–2, la cuestión que el texto plantea desde tiempo inmemorial (de si la invasión de langostas es una interpretación alegórica o literal del juicio) ha de resolverse a favor de una interpretación literal.

Una alegoría debe contener algunos signos que indiquen que se trata de eso, de una imagen, de un símbolo. Donde tales signos faltan resulta arbitrario suponer que nos hallamos ante una pura alegoría. Y el libro de Joel no ofrece ningún signo de que el argumento de las langostas sea una alegoría de ese tipo. Se trata, pues, de un hecho que sucedió, y que el profeta interpreta como signo del juicio inminente de Dios sobre el mundo, a partir de Jerusalén.

Los testigos oculares saben que allí donde desciende una multitud de langostas toda la vegetación del campo desaparece muy pronto, como si se enrollara una alfombra de vegetación de la tierra. Las langostas no dejan sin comerse ni las hojas ni las raíces de los árboles. Cuando ellas vuelan en forma de inmensos enjambres ennegrecen el cielo, de manera que ya no se puede ver el sol, ni los objetos cercanos; incluso un hombre se vuelve invisible a pequeña distancia.

Ellas son innumerables y avanzan como un ejército compacto en formación militar, siguiendo una línea recta, que ellas mantienen de un modo obstinado, de forma que no pueden ser rechazadas ni dispersadas, ni por obstáculos naturales ni por algún tipo de fuerza humana. Cuando ellas se aproximan se escucha una especie de intenso zumbido, como el fragor de un torrente. Tan pronto como se asientan para comer se escucha el sonido repetido de sus bocas y, como lo pone de relieve Volney, da la impresión de que se escucha la lucha de un enemigo invisible.

---

27. Como ha observado bien Calvino, "algunos imaginan que aquí se amenaza con un castigo, que ha de venir en cierto tiempo futuro". Pero el contexto muestra de forma clara que ellos están equivocados y confunden el verdadero significado de la palabra profética. El profeta reprueba más bien la dureza del pueblo, a causa de que no entiende el sentido de las plagas.

Si comparamos estas y otras observaciones naturales con las afirmación de Joel, encontraremos en todas partes una representación fidedigna de lo que sucede en una invasión de langostas, sin que sea necesario utilizar ningún tipo de hipérboles para que se justifique lo dicho, de manera que ninguna explicación del ejército de langostas puede ser después parafraseada y aplicada a un ejército de hombres. En esa línea, debemos añadir que la devastación de un país por obra de un ejército de langostas es mucho más terrible que la devastación causada por un ejército ordinario de soldados. Y sin embargo, en este caso (el de las langostas) no encontramos ninguna alusión, expresa o velada, a un tipo de masacre o matanza de hombres. Pues bien, si tenemos en cuenta que las langostas migratorias (*Acridium migratorium*, según Oken, *Allg. Naturgesch.* v. 3, p. 1514 ss.) suelen acabar muriendo de ordinario en estepas desnudas, sin vegetación, y a veces también en lagos y mares, donde encuentran con frecuencia su sepulcro, podemos comprender muy bien que la promesa de Joel 2, 20 (una parte de las langostas que devoran Judá marcharán para morir al desierto del sur, otras al mar Muerto y otras al Mediterráneo) resulta imposible entender cómo pueden armonizarse esos datos con una visión alegórica de todo el relato (Delitzsch)[28].

La única cosa que podría favorecer la idea de que las langostas constituyen solo una representación figurada de ejércitos hostiles es la circunstancia de que, en la representación de las langostas, tal como está narrada por Joel, aparece como cercano el Día del Señor (1, 15; 2, 1), un tema que se puede conectar con el hecho de que Isaías habla del juicio sobre la ciudad e imperio de Babel, realizado por un ejército hostil, con palabras cercanas a las de Joel (cf. Joel 1, 15 e Is 13, 6). Pero examinando mejor las cosas descubrimos que lo que dice Joel no puede entenderse como interpretación alegórica del texto de Isaías. Al contrario, Joel presenta el juicio de Dios con la imagen de una invasión real de langostas que se ha dado en su tiempo.

Por un lado, el "día de Yahvé" se identifica en un sentido con el juicio por la devastación de las langostas, pues así lo indica claramente 2, 1. Pero, al mismo tiempo, la expresión de que "el día de Yahvé está muy cerca y se aproxima como una devastación por parte del Todopoderoso", muestra que ese día no se identifica sin más con la plaga de las langostas, sino que esa plaga real está evocando también un sentido mucho más profundo.

En esa línea, el profeta vio la plaga de langostas como una aproximación del gran día del juicio, es decir, como un elemento del juicio que desciende en el curso de las edades sobre los impíos, y que será completado en el juicio final. Un elemento de ese juicio universal es la amenaza pronunciada sobre los babilonios

---

28. Sam. Bochart (*Hierozoon*) ha recogido abundantes pruebas de ello. Por su parte, tanto Oedmann (*Vermischte Sammlungen,* ii. 76 ss. y vi. 74 ss.) como Credner (en sus apéndices a *Kommentar zu Joel*) han ofrecido numerosas contribuciones recogidas por viajeros sobre el tema.

y realizada por los medos, tal como la presenta Isaías, con palabras tomadas de Joel, por lo que se deduce que Isaías ofreció una interpretación alegórica del juicio, partiendo de la devastación de las langostas de Joel.

Ciertamente, este juicio de langostas de Joel se puede alegorizar, pero su libro como tal no puede entenderse de un modo puramente alegórico. En la base del libro de Joel encontramos, por tanto, la descripción poética y realista de una devastación particular de la tierra de Judá por una inundación de langostas, más fuerte que todas las que se habían conocido antes.

Como vengo diciendo, la descripción de Joel contiene un elemento ideal que sobrepasa el plano de la pura realidad física, pero este elemento de carácter simbólico se encuentra vinculado al hecho terrible de una plaga real de langostas, que amenazó con destruir toda la vida de plantas y animales en Judea. Según eso, defendemos aquí una visión histórica y real de la invasión de las langostas, pero añadiendo que el profeta descubre en ella una expresión y anuncio del juicio final de Dios que él proclama.

Tanto la introducción como otros pasajes de su profecía muestran, sin duda alguna, que Joel no solo interpretó la plaga de langostas que cayó sobre Judá a la luz de la revelación divina, como signo de algo distinto y más grande, sino que describió esa plaga como irrupción del gran día del juicio de Yahvé. Así lo muestra la introducción del libro:

> Oíd esto, ancianos, y escuchad, todos los moradores de la tierra. ¿Ha acontecido algo semejante en vuestros días o en los días de vuestros padres? De esto contaréis a vuestros hijos, y vuestros hijos a sus hijos, y sus hijos a la siguiente generación (Joel 1, 2-3).

Así lo muestra también la lamentación donde dice que han sido destruidas las ofrendas de comida y bebida, presentadas en el templo de Yahvé (Joel 1, 9). Y de un modo especial lo muestra la afirmación de que el día del Señor es un día de oscuridad y tinieblas, como cuando aparece en el horizonte de la mañana, con el rojo resplandor de la aurora sobre las montañas, un ejército inmenso de langostas, que oscurece de pronto la tierra, un pueblo grande y fuerte, como nunca antes se había dado, ni como vendrá a darse más tarde por los siglos de los siglos (Joel 2, 2).

Todo esto indica que Joel no solo tomó la invasión de langostas como signo de algo meramente futuro, sino que interpretó el avance real de las langostas como irrupción del ejército de Dios, a cuya cabeza marchaba como capitán el mismo Yahvé, haciendo que se oyera su voz, como llamada terrible del Juez del Universo, resonando como trueno (2, 11), y en esa línea él predijo la llegada del Señor, una llegada ante la que tiembla la tierra, se sacuden los cielos, y el mismo sol, la luna y las estrellas pierden su brillo (2, 10), comenzando a realizar su juicio. Esta proclamación del juicio de Dios por las langostas no es un mero producto de la exageración poética de Joel, sino que estaba inspirada por el Espíritu Santo, que iluminaba la mente del profeta, de tal manera que, en la terrible devastación que caía sobre Judá, descubrió los rasgos el juicio del Señor; y de esa forma, sobre la base de ese juicio que había experimentado en el signo de las langostas, él mismo descubrió que estaba ya muy cerca, al alcance de la mano, la llegada del Señor para juzgar toda la tierra.

El medio por el cual Joel descubrió esta relación entre la invasión de langostas y el juicio de Dios fue su meditación sobre la historia de los tiempos antiguos, centrándose de un modo especial en aquello que Dios había realizado cuando redimió a su pueblo de Egipto, en conexión con el castigo con el que Moisés amenazó a los transgresores de la Ley (cf. Dt 28, 38-39.42), allí donde se decía precisamente que la langosta devoraría sus semillas, sus plantas, sus campos y sus frutos.

Hengstenberg ha observado correctamente que las palabras de Jl 2, 20 están tomadas de Ex 10, 14. Pero la referencia a la plaga de langostas de Egipto no aparece solo en esos versos. En la misma introducción a su profecía (cf. Jl 1, 2-3), es decir, en la pregunta sobre si algo así ha sucedido en el pasado, y en el mandato de contárselo a sus hijos, el profeta está aludiendo sin duda a Ex 10, 2, donde el Señor manda a Moisés que diga al faraón que él mismo (Dios) realizará signos, a fin de que el faraón se los pueda relatar a su hijo, y al hijo de su hijo, y en ese contexto anuncia inmediatamente la plaga de langostas, con estas palabras: "Pues tus padres y los padres de tus padres no han visto una cosa semejante en los días de su vida sobre el mundo" (Ex 10, 6).

Sobre la base de ese castigo de Dios que cayó sobre Egipto en el tiempo antiguo, y en virtud de su más alta iluminación, Joel descubrió en ese juicio que había recaído sobre Judá, un tipo o imagen (un anuncio) del gran día de juicio de Yahvé y sobre esa base proclamó su profecía, para amenazar a los pecadores, a fin de que abandonaran su actitud de seguridad propia, y para impulsarles, a través de un serio arrepentimiento, ayuno y oración, a que imploraran la misericordia divina para ser liberados de la destrucción definitiva.

La invasión de langostas (tanto en el tiempo antiguo, en Egipto, como ahora en Judá) aparece así como signo y preparación del próximo día de Yahvé, es decir, del juicio del mundo. Por eso, la gran plaga que ahora cae sobre Judá no puede entenderse como simple alegoría, sino como un comienzo real del juicio que llega.

Dios utilizó en otro tiempo la plaga de langostas para humillar la soberbia del faraón de Egipto; ahora utiliza la misma plaga para devastar la tierra de Judá, y para indicar así la llegada del juicio final sobre todo el mundo. No podemos presentar a las langostas de nuestra profecía (la de Joel) como ejércitos enemigos de un determinado imperio; ni podemos interpretar las langostas devastadores del tiempo del Éxodo de Egipto como figuras alegóricas representando un ejército hostil de caballería.

Una visión puramente alegórica de las langostas no se puede apoyar en la visión de Am 7, 1-3, donde se dice que Amós vio al juicio divino bajo la figura de un enjambre de langosta; ni se puede apoyar tampoco en lo que describe Ap 9, 3, donde se añade que las langostas surgieron del pozo sin fondo del abismo con la orden de no dañar la yerba, ni otro tipo de vegetales, ni siquiera a los árboles, sino solo de atormentar a los hombres, con el aguijón de sus colas.

Ni siquiera en estos dos últimos casos se pueden tomar las langostas como signos puramente imaginarios de las naciones hostiles. Al contrario, partiendo de la plaga egipcia y de la profecía de Joel, las langostas aparecen en Amós y de un modo más intenso en Joel como una representación figurativa de la devastación de la tierra; y, por otra parte, ellas aparecen en el Apocalipsis como símbolo de una plaga sobrenatural que se desencadena en contra de los impíos.

Hay, en fin, otra objeción decisiva en contra de la interpretación exclusivamente alegórica en el hecho de que, ni en la primera ni en la segunda parte de su libro, Joel predice o anuncia la llegada de unos juicios particulares que Dios infligirá en el curso del tiempo, en parte sobre su pueblo degenerado y en parte sobre los poderes hostiles del mundo, sino que él anuncia simplemente el juicio de Dios sobre Judá y sobre las naciones del mundo en su totalidad, proclamando la llegada del día grande y terrible del Señor, sin sugerir de un modo más preciso los hechos y formas más concretas en que se realizará históricamente.

En ese nivel se mantiene a lo largo del libro el carácter típico/simbólico de su profecía, pero fundada siempre sobre el hecho real de las langostas, con la única distinción de que en la primera parte se proclama el juicio sobre el pueblo de la alianza, y en la segunda sobre las naciones paganas. En la primera parte ese anuncio resuena como llamada al arrepentimiento; en la segunda aparece como sentencia de separación final entre la Iglesia del Señor y sus oponentes. Esta separación entre la nación del pacto y los poderes del mundo se funda en la misma naturaleza de los hechos.

El juicio sobre la nación de la alianza se cumple cuando ella es infiel a su llamada divina, cuando se separa de su Dios. Pero, en ese contexto, el juicio no pretende destruir y aniquilar al pueblo de Dios, sino hacer que vuelva al Señor su Dios a través del castigo, de modo que si los judíos escuchan la voz de su Dios, que les está amenazando con sus juicios, el mismo Señor que les amenaza con el castigo se arrepentirá del mal, y convertirá la calamidad en salvación y bendición.

La misión de Joel consistió en proclamar a Judá está verdad, para que la nación pecadora se convirtiera a su Dios. Con este fin proclamó al pueblo que el Señor se hallaba viniendo para el juicio, a través de las langostas que se extendían sobre la tierra, presentando de esa forma el día grande y terrible del Señor, llamándoles para que se convirtieran a su Dios con todo su corazón. Esta llamada a la conversión no quedó sin respuesta. El Señor estaba celoso de su tierra, y perdonó a su pueblo (Jl 2, 18), y envió a sus profetas para proclamar la superación del juicio, y para anunciar a los israelitas la concesión de una plenitud de bendiciones terrenas y espirituales.

En esa línea, Dios confió a Joel el encargo de proclamar que, en el tiempo inmediatamente posterior a la destrucción del ejército de langostas, él enviaría un Maestro de justicia y una abundancia grande de lluvia, para que la tierra pudiera producir muchos frutos (Jl 2, 19.27). El mismo Dios le prometió después que, en un tiempo futuro, él derramaría su Espíritu sobre toda su congregación, de manera que el día de juicio de las naciones sería para los fieles adoradores día de liberación y redención, a fin de que, tras el juicio, llegara la transformación y la gloria eterna para Sión (2, 28–3, 21).

De esa forma, se mantiene aquí también el carácter simbólico del anuncio profético, pero fundado en la realidad de la invasión de langostas y en la certeza real del juicio ya próximo de Dios, trazando una distinción entre la bendición inferior para un futuro inmediato y la bendición más alta para la Iglesia de Dios en un futuro má distante.

A la efusión del Espíritu de Dios sobre toda carne seguirá inmediatamente, sin intermedio alguno, el anuncio de la venida del día terrible del Señor, como juicio sobre todas las naciones, incluidas aquellas que se han mostrado hostiles a Judá, sea en los tiempos de Joel o en los inmediatamente anteriores. Las naciones son así reunidas en el valle de Josafat, para ser allí juzgadas por Yahvé, a través de sus héroes poderosos, pero los hijos de Israel quedan liberados y protegidos por su Dios.

Así, de nuevo y finalmente, en el día de Yahvé, quedan vinculados los juicios particulares, antes separados, que han ido cayendo sobre las naciones del mundo hostiles a Dios, a lo largo de los muchos siglos de desarrollo gradual de su reino sobre la tierra. Pero en el momento final, en el día de Yahvé, se realizará de un modo completo la separación entre la Iglesia del Señor y sus enemigos, de forma que los poderes impíos del mundo quedarán aniquilados, mientras se cumple y despliega el reino de Dios para los justos del pueblo elegido.

En todo esto, no hay ni el más mínimo indicio de que el juicio sobre las naciones y la glorificación del reino de Dios se vayan a realizar a través de una sucesión de juicios separados, sino que ellos forman las dos partes o momentos del único juicio de Dios. Según eso, el libro de Joel contiene dos discursos proféticos, que no solo están conectados entre sí, como si fueran una única obra de Dios, a través de la indicación histórica de Jl 2, 18–19, sino también por su misma relación interna, pues los dos momentos del juicio se encuentran unidos por su mismo contenido del modo que sigue.

- El primero se despliega durante la devastación de las langostas, y su finalidad consiste en el hecho de que el pueblo, reunido en el templo para un servicio de penitencia y oración, se convierta y cumple la justicia de Dios.
- El segundo momento del juicio comienza solo cuando los sacerdotes han establecido un día de ayuno, penitencia y oración en la casa del

> Señor, a partir de su solemne llamada a la conversión; en esa línea, los sacerdotes, en nombre del pueblo, han orado al Señor pidiéndole que tenga piedad y que perdone y libere a los fieles de su alianza y heredad.

El hecho de que Joel pusiera por escrito ambos discursos solo pudo tener lugar después de la destrucción del ejército de langostas, cuando la tierra comenzó a recobrarse de la devastación que había sufrido. De todas maneras, no podemos saber si Joel puso por escrito estos discursos precisamente en el momento en que los presentó ante la congregación de fieles israelitas, limitándose después a unirlos, o si él insertó en su obra escrita el contenido esencial de varios discursos que había ido proclamando a lo largo de su misión profética, uniéndolos en un único libro profético. Sea como fuere, no hay duda de que fue el mismo profeta el que compuso la obra escrita que ha sido conservada en la Biblia. Para los diversos comentarios sobre el libro de Joel, véase mi *Einleitug* (mi introducción al Antiguo Testamento).

JOEL 1, 1-2, 17
JUICIO DE DIOS Y LLAMADA AL ARREPENTIMIENTO

La tierra de Judá ha sido devastada por varias invasiones sucesivas de langostas, que han destruido todas las semillas, con los frutos de campos y jardines, todas las plantas y los árboles, en medio de un calor sofocante. Todo ello ha inducido al profetas a elevar una alta lamentación ante ese juicio de Dios, que no tenía paralelo en momentos anteriores de la historia de Israel, pidiendo a todo el pueblo que elevara oraciones a Dios en el templo, en medio de un intenso ayuno, lamentación y llanto, a fin de que él pudiera suspender el juicio.

El primer capítulo contiene una lamentación por la ruina de la tierra (1, 2-20; el segundo describe el juicio como un tipo y anuncio (comienzo) del próximo día del Señor, que la congregación tiene que anticipar con un día de ayuno público, con arrepentimiento y oración (2, 1-17). En esa línea, Jl 1 describe la magnitud del juicio y Jl 2, presenta su significado en relación con la nación de la alianza.

Tras una llamada a considerar la devastación que ha caído sobre la tierra (1, 2-4) por la invasión de las langostas, el profeta condensa de esta forma la lamentación que sigue a causa de la calamidad: (a) Primero llama a los "embriagados", para que despierten (1, 5-7). (b) Después invita a la congregación en general, para que se lamente, en gesto de penitencia (1, 8-12). (c) Finalmente pide que los sacerdotes que instituyan un servicio penitencial (1, 13-18). Joel ofrece una razón para cada una de estas llamadas, tras haber descrito de un modo más preciso la calamidad correspondiente; finalmente, condensa su lamentación pidiendo a todos que eleven su oración para que la tierra sea liberada de la destrucción (Jl 1, 19-20).

Hubo una inusitada oleada de devastaciones de la tierra de Judá por medio de invasiones de langostas, que destruyeron todos los semilleros de plantas, todos los frutos de campos y jardines, todas las plantas y los árboles, una oleada que estuvo acompañada por un calor sofocante, indujo al profeta a proclamar una fuerte lamentación, poniendo de relieve el juicio tan grande Dios, y llamando a todas las clases de la nación para que se reunieran en oración en el templo, con ayuno, lamentación y llanto, a fin de que él pudiera desviar y detener el juicio.

En el primer capítulo, la lamentación se refiere especialmente a la ruina de la tierra (Joel 1, 2-20); en el segundo, el juicio se presenta como tipo y señal (comienzo) de la aproximación del día del Señor, que la congregación tiene que anticipar por medio de un día de público ayuno, de arrepentimiento y oración. En esa línea, Jl 1 describe la magnitud del juicio; y Jl 2, 1-17 su significado en relación con la nación de la alianza.

1, 1-20. Plaga de langostas y sequía. Lamento por la devastación

Tras el título general del libro (1, 1) y la llamada a prestar atención a la devastación por los inmensos enjambres de langostas, que han caído sobre la tierra (Jl 1, 2-4), el profeta proclama una lamentación sobre esta calamidad. Primero se dirige a los que están embriagados para que despierten (1, 5-7); después llama a la congregación en general, que ha de lamentarse y hacer penitencia (1, 8.12); finalmente se dirige dirige a los sacerdotes, que han de proclamar una liturgia penitencial (1, 13-18). Para cada una de estas llamadas ofrece una razón, una descripción posterior de la horrible calamidad, en correspondencia con la llamada; y finalmente proclama su lamentación a través de una oración por la liberación de la tierra, para que no sea destruida por la calamidad (1, 19-20).

1, 1 Título

¹ דְּבַר־יְהוָה֙ אֲשֶׁ֣ר הָיָ֔ה אֶל־יוֹאֵ֖ל בֶּן־פְּתוּאֵֽל׃

¹ Palabra de Yahvé que vino a Joel hijo de Petuel.

He desarrollado ampliamente el sentido de este título en la segunda parte de la introducción anterior. Por eso podemos pasar ahora directamente al desarrollo de la profecía.

1, 2-4

² שִׁמְעוּ־זֹאת֙ הַזְּקֵנִ֔ים וְהַֽאֲזִ֔ינוּ כֹּ֖ל יוֹשְׁבֵ֣י הָאָ֑רֶץ הֶהָ֤יְתָה
זֹּאת֙ בִּֽימֵיכֶ֔ם וְאִ֖ם בִּימֵ֥י אֲבֹֽתֵיכֶֽם׃
³ עָלֶ֖יהָ לִבְנֵיכֶ֣ם סַפֵּ֑רוּ וּבְנֵיכֶם֙ לִבְנֵיהֶ֔ם וּבְנֵיהֶ֖ם לְד֥וֹר אַחֵֽר׃
⁴ יֶ֤תֶר הַגָּזָם֙ אָכַ֣ל הָֽאַרְבֶּ֔ה וְיֶ֥תֶר הָאַרְבֶּ֖ה אָכַ֣ל הַיָּ֑לֶק וְיֶ֥תֶר
הַיֶּ֖לֶק אָכַ֥ל הֶחָסִֽיל׃

² Oíd esto, ancianos, y escuchad, todos los moradores de la tierra. ¿Ha acontecido algo semejante en vuestros días o en los días de vuestros padres? ³ De esto contaréis a vuestros hijos, y vuestros hijos a sus hijos, y sus hijos a la siguiente generación.
⁴ Lo que dejó la oruga (el roedor) se lo comió el saltón; lo que dejó el saltón se lo comió el revoltón; y la langosta se comió lo que el revoltón había dejado.

El primer verso, que contiene el encabezamiento del libro (Jl 1, 1), ha sido comentado en la introducción. Pues bien, entrando ya en sus discursos proféticos, no solo para llamar la atención de los oyentes, sino para destacar la importancia del acontecimiento del que va a tratar, presentándolo como algo inaudito (que nunca había sucedido, y que por tanto solo puede entenderse como juicio por Dios), el profeta comienza con una pregunta que dirige a los ancianos, cuya memoria llegaba hasta tiempo muy antiguos, y a todos los habitantes de Judá, diciéndoles si alguna vez habían visto algo semejante o si lo habían oído de sus antepasados, con el mandato de contárselo a sus hijos, nietos y biznietos[29].

Los habitantes de la tierra (יוֹשְׁבֵי הָאָרֶץ) son los de Judá, como si Joel se ocupara solo de este reino (cf. 1, 14; 2, 1). זאת es el acontecimiento narrado en 1, 4, que está representado por esta pregunta "¿ha sucedido algo semejante en vuestros días...", situando el tema en el plano de la experiencia. יֶתֶר הַגָּזָם, *yether haggâzâm*, es lo que deja la oruga, cualquier cosa que la oruga deja, tras haber devorado verduras y/o plantas.

Los cuatro nombres que Joel da a las langostas (הֶחָסִיל הַיֶּלֶק הָאַרְבֶּה הַגָּזָם: *gâzâm, 'arbeh, yeleq, châsîl*) no se refieren a los diversos tipos de langosta que distingue la historia natural, sino que se refieren en todos los casos a las mismas langostas. En esa línea, debemos recordar que Joel no describe las invasiones de langostas a lo largo de dos años sucesivos, de forma que *gâzâm* sería la langosta migratoria, que suele venir a Palestina especialmente en el otoño; *'arbeh* sería 'la oruga de langosta, *yeleq* la langosta joven en proceso de transformación o antes de cambiar su piel por cuarta vez; y finalmente *châsîl* sería la langosta madura después del último cambio, de manera que así como la oruga brota del *gâzâm*, al final del proceso *châsîl* sería equivalente de *gâzâm* (Credner).

Esa explicación no solo va en contra de Joel 2, 25, donde *gâzâm* aparece al final, después de *châsîl*, sino que está fundada en una falsa interpretación de Nahún 3, 15-16 (cf. comentario a ese pasaje) y Jer 51, 27, donde el adjetivo *sâmâr* (*horridus*, horrible), unido a *yeleq*, estremecerse, no se refiere en modo alguno a la apariencia dura, cornuda y alada de las jóvenes langostas, ni puede fundarse en el uso del lenguaje. Por el uso del lenguaje no se puede trazar ninguna diferencia entre *gâzâm y châsîl*, o entre esas dos palabras y *'arbeh*.

---

29. Como está preguntando sobre temas del pasado, de acuerdo con el mandamiento de Moisés en Dt 32, 7, el profeta interroga a los ancianos, a quienes ha enseñado una larga experiencia, y que están acostumbrados, por tanto, a indicar que una cosa, cuando es muy inusual, no pertenece al curso de la naturaleza, tal como ellos la han observado a lo largo de muchos años. Y dado que esta calamidad, causada por los insectos que se nombran en el texto, oprime a la tierra y a los hombres de una forma más dura que la usual, él les pide que alarguen su memoria hacia los días antiguos, y vean si algo de ese tipo había sucedido naturalmente en otro tiempo; y en el caso de que no encuentren ejemplo antiguo, el profeta les pide que reconozcan aquí la mano del Dios de los cielos (cf. Tarnov).

La palabra גָּזָם, *gâzâm,* de *gâzâm,* cortar (que se utiliza en árabe, etíope y en los escritos de los rabinos posteriores), solo aparece en la Biblia en este pasaje, en Joel 2, 25 y en Am 4, 9, donde se aplica a un enjambre de langostas voladoras, que dejan totalmente desnuda la viña, la higuera o el olivo, como hacen todas las langostas que, como en Amós, destruyen los campos de verduras y de fruta.

- אַרְבֶּה, *arbeh,* de *râbhâh,* ser muchos, es el nombre más común de la langosta, y con toda probabilidad, es el nombre de las langostas migratorias, pues estas aparecen siempre en forma de enjambre, innumerables.
- חָסִיל, *châsīl,* de *châsal,* devorar (comer todo), es un nombre de la langosta (*hâ'arbeh*), y así se la llama en Dt 28, 38, por su hábito de devorar las cosechas y los árboles frutales, y en esa línea aparece en 1 Rey 8, 37; 2 Cron 6, 28; Sal 78, 46, como sinónimo de *hâ'arbeh;* aparece también en Is 33, 4.
- יֶלֶק, *Yeleq,* de *yâlaq* que es igual que *lâqaq,* y significa lamer (destruir lamiendo). Aparece en Sal 105, 34 como equivalente de *'arbeh* y en Nahún también como equivalente de esa palabra. Ciertamente, aquí se refiere de un modo expreso a la plaga de langostas en Egipto, de manera que no puede aludir a jóvenes langostas aún sin alas.

Según eso, *haggâzâm* la cortadora, de *hayyeleq* la lamedora y de *hechâsīl* la devoradora, no son más que equivalentes poéticos de *'arbeh,* de manera que nunca aparecen en prosa, sino solo en un lenguaje especial, de tipo elevado (retórico, poético). Desde ese fondo se puede refutar la visión de aquellos que piensan que Joel está hablando de invasiones de langostas a lo largos de dos años sucesivos, pues eso no lo requiere Joel 2, 25 (ver comentario), ni responde al contenido del verso.

Si se dice que *'arbeh* come lo que ha dejado *gâzâm,* y que *yeleq* come lo que ha dejado *'arbeh,* no podemos pensar en modo alguno en los frutos de un campo o jardín a lo largo de dos años seguidos, porque los frutos del segundo año no son los que han quedado del año anterior, sino que han crecido en ese mismo año. El pensamiento es más bien este: un enjambre tras otro de langostas ha invadido la tierra, devorando completamente sus frutos[30].

---

30. Bochart (*Hierozoon* iii. p. 290, ed. Ros.) ha sostenido la misma opinión. "Si a cada especie de langosta se le asignara la comida de un año, no se podría haber dicho que *'arbeh* ha comido lo que ha dejado *gâzâm,* ni se podría decir que *yeleq* ha comido los restos de *'arbeh,* ni *châsīl* lo que dejado *yeleq*; porque los productos de un año no son los restos del producto del año anterior, ni se puede pensar que lo que brota en un tiempo futuro es lo que ha quedado del año anterior". Por tanto, sea que la plaga haya durado solo un año, o haya sido repetida a lo largo de varios (lo que me parece más probable a partir de 2, 5), creo que los diferentes tipos de langosta no han de ser asignados a años distintos, sino que todos esos tipos han entrado en Judá el mismo año; lo que se está diciendo es que cuando un enjambre de langostas se va viene otro, para comer lo que encuentre,

El uso de palabras diferentes, y el hecho de que se sucedan varios enjambres pertenece al ropaje retórico del texto y al deseo de precisar el pensamiento. La única cosa que tiene un significado real es el número de "cuatro", como lo muestra claramente los cuatro tipos de castigos que aparecen en Jer 15, 3, y los cuatro elementos destructores de Ez 14, 21. El número cuatro es signo de universalidad (Kliefoth), y aquí indica la extensión del juicio sobre el conjunto de Judá, en todas direcciones.

1, 5-7

⁵ הָקִיצוּ שִׁכּוֹרִים וּבְכוּ וְהֵילִלוּ כָּל־שֹׁתֵי יָיִן עַל־עָסִיס כִּי נִכְרַת מִפִּיכֶם׃
⁶ כִּי־גוֹי עָלָה עַל־אַרְצִי עָצוּם וְאֵין מִסְפָּר
שִׁנָּיו שִׁנֵּי אַרְיֵה וּמְתַלְּעוֹת לָבִיא לוֹ׃
⁷ שָׂם גַּפְנִי לְשַׁמָּה וּתְאֵנָתִי לִקְצָפָה חָשֹׂף חֲשָׂפָהּ וְהִשְׁלִיךְ
הִלְבִּינוּ שָׂרִיגֶיהָ׃

⁵ Despertad, borrachos, y llorad; gemid, todos los que bebéis vino, porque el vino se os ha quitado de vuestra boca. ⁶ Porque un pueblo fuerte e innumerable subió a mi tierra; sus dientes son dientes de león, y sus muelas, muelas de león. ⁷ Asoló mi vid y descortezó mi higuera; del todo la desnudó y derribó; sus ramas quedaron blancas.

A fin de que Judá pueda discernir en esta calamidad sin paralelos un juicio de Dios, escuchando la voz de aviso de Dios que llama a penitencia, el profeta se dirige ante todo a los bebedores de vino, para que sean sobrios y atiendan a la visita de Dios. הָקִיצוּ, de הֵקִיץ, despertarse de la embriaguez, como en Prov 23, 35. Los embriagados tendrán que esperar mucho tiempo para tener vino nuevo, el dulce y fresco zumo del racimo, porque con la destrucción de las viñas han quedado sin el vino anterior. Joel 1, 6 y 1, 7 indica la forma en que se han destruido las viñas antiguas. Por la expresión גוֹי עָלָה, *gōi 'ālâh* (un pueblo ha venido) se evocan las langostas como pueblo guerrero, porque han devastado la tierra como un ejército hostil. La palabra גוֹי, *gōi*, no puede entenderse en sentido alegórico.

Prov 30, 35-26 llama "pueblo" no solo a las abejas (*'âm*), sino también a las langostas, aunque se dice que ellas no tienen rey. En esa línea, *'âm* es sinónimo de *gōi*, que tiene frecuentemente el sentido de algo que es hostil, y que aquí también se emplea con ese sentido, aunque no significa en modo alguno una nación enemiga como en Sof 2, 9, al lado de *'âm*, como epíteto aplicado al pueblo de Yahvé (es decir, a Israel; cf. Gen 12, 2).

Las armas de este ejército son sus dientes, que pican y que rompen en piezas, como hacen los dientes de león o la mordedura de la leona (מתלעות; cf. en

---

si queda algo; y que esto se fue repitiendo todo el tiempo necesario para consumir todo, de manera que no quedó comida alguna para hombres o para otros animales.

Job 29, 17). El sufijo de אַרְצִי no se refiere a Yahvé, sino al profeta, que habla en nombre del pueblo, de manera que se refiere a la tierra del pueblo de Dios. Y esto se aplica también a los sufijos de גפני y תאנתי en Joel 1, 7. Al describir la devastación causada por las langostas, se mencionan la viña y la higuera, como plantas que producen los frutos mejores de la tierra que el Señor ha dado a su pueblo como heredad (cf. Os. 2, 14).

לקצפה, εἰς κλασμόν, literalmente, para derribar. El sufijo en ese לְקצָפָה se refiere simplemente al vino como objeto principal, pues la higuera se menciona de pasada, en conexión con la viña. En sentido estricto, קצפה podría referirse a comer (devorar) simplemente las hojas de la viña (cf. Sal 29, 9), pero por lo que sigue sabemos que ese sentido se amplía, de manera que las langostas comen las mismas ramas de la viña.

הִשְׁלִיךְ, es derribar, no solamente lo que no se puede comer (aquello que no es verde, y no tiene savia: Hitzig), sino la misma fuente de la vida de los hombres, pues las langostas han comido hojas y ramas, de manera que lo dejan todo desnudo. Las ramas de la viña quedan así blancas, después que las langostas han comido sus corteza verde (שָׂרִיגֶיהָ, *sârîgîm*, Gen 40, 10)[31].

1, 8-12

⁸ אֱלִי כִּבְתוּלָה חֲגֻרַת־שַׂק עַל־בַּעַל נְעוּרֶיהָ׃
⁹ הָכְרַת מִנְחָה וָנֶסֶךְ מִבֵּית יְהוָה אָבְלוּ הַכֹּהֲנִים מְשָׁרְתֵי יְהוָה׃
¹⁰ שֻׁדַּד שָׂדֶה אָבְלָה אֲדָמָה כִּי שֻׁדַּד דָּגָן הוֹבִישׁ תִּירוֹשׁ אֻמְלַל יִצְהָר׃
¹¹ הֹבִישׁוּ אִכָּרִים הֵילִילוּ כֹּרְמִים עַל־חִטָּה וְעַל־שְׂעֹרָה כִּי אָבַד קְצִיר שָׂדֶה׃
¹² הַגֶּפֶן הוֹבִישָׁה וְהַתְּאֵנָה אֻמְלָלָה רִמּוֹן גַּם־תָּמָר וְתַפּוּחַ כָּל־עֲצֵי הַשָּׂדֶה יָבֵשׁוּ כִּי־הֹבִישׁ שָׂשׂוֹן מִן־בְּנֵי אָדָם׃ ס

⁸ Llora tú, como joven vestida de ropas ásperas por el marido de su juventud. ⁹ Desapareció de la casa de Yahvé la ofrenda y la libación; los sacerdotes ministros de Yahvé están de duelo. ¹⁰ El campo está asolado y se enlutó la tierra, porque el trigo fue destruido, el mosto está pasado y se perdió el aceite. ¹¹ Confundíos, labradores; gemid, viñadores, por el trigo y la cebada, porque se perdió la mies del campo. ¹² La vid está seca y pereció la higuera; también el granado, la palmera y el manzano: todos los árboles del campo se secaron. Y así se extinguió el gozo de los hijos de los hombres.

---

31. H. Ludolf, en su *Histor. Aethiop.* i. c. 13, 16, hablando de las langostas, dice: "Nada queda incólume, ni hierbas, ni ramas, ni árboles. Todo lo que tiene algo de verdor o está cubierto por hojas queda consumido, como si lo quemara el fuego. Incluso la corteza de los árboles queda consumida por sus dientes, de manera que el daño producido por las langostas dura más de un año"

Toda la nación llora por la devastación. En 1, 8 la palabra se dirige a Judá como congregación de Yahvé. אֱלִי es imperativo del verbo אלה, equivalente al siríaco *'elā'*, lamentarse. Ese verbo solo aparece aquí.

La lamentación de las jóvenes (בְּתוּלָה, en singular) por בַּעַל נְעוּרֶיהָ, es decir, por el amado de su juventud, por el novio que ha muerto (cf. Is 54, 6), es la más honda y amarga. Con referencia a חֲגֻרַת־שָׂק, vestida de saco, cf. Delitzsch sobre Is 3, 24. La ocasión para el hondo lamento es, según Jl 1, 9, la destrucción de las ofrendas de comida y bebida para la casa del Señor, por lo que lloran los servidores de Yahvé. Las ofrendas de comida y bebida debían cesar por necesidad, porque el trigo, el vino nuevo y el aceite habían quedado destruidos por la devastación del campo y del suelo.

הָכְרַת מִנְחָה, *hokhrath minchâh*, no quiere decir que haya cesado ya la ofrenda diaria de la mañana y el sacrificio de la tarde (Ex 29, 38-42), porque a eso se refiere de manera principal aunque no exclusiva מנחה ונסך –, sino al hecho de que de ahora en adelante no serán posibles las ofrendas, por falta de pan, vino y aceite para ofrecerle a Yahvé. Pues bien, la mayor calamidad posible para Israel era la suspensión del sacrificio diario, porque ello implicaba una suspensión práctica de las relaciones de alianza (y eso era signo de que Dios había rechazado a su pueblo).

Por eso, incluso en el último asedio de Jerusalén por los romanos (67-70 d. C.), el sacrificio diario no se suspendió hasta que la situación se volvió absolutamente extrema, y aun entonces esa suspensión se debió a la falta de sacrificadores más que a la falta de material para el sacrificio (Josefo, *Bell. Jud.* vi. 2, 1). La razón para esa ansiedad fue la devastación del campo y de la tierra (Joel 1, 10); y esto se explica aún más por una referencia a la devastación y destrucción de los frutos del campo, es decir, del trigo que crece en el campo, pues la próxima cosecha se perderá totalmente, y no habría vino nuevo ni aceite, pues las viñas y los olivares quedaros destruidos, de modo que no habría racimos para el vino nuevo, ni aceitunas para el aceite.

Los verbos de 1, 11 no son perfectos sino imperativos, como en el verso 5. הֹבִישׁוּ, de הֵבִישׁ tiene el mismo significado que *bōsh*, como en Jer 2, 26; 6, 15, etc., con el sentido de estar avergonzado, quedar pálido de vergüenza, por la destrucción de su esperanza, y se escribe de un modo defectivo, sin ו, para distinguirse de הוֹבִישׁ, *hifil* de יבשׁ, estar seco (Jl 1, 10-12).

La posible ofrenda de los campesinos quedó sin cumplirse por la destrucción de los frutos de trigo y cebaba, que eran las cosechas más importantes. Por su parte, los viñadores tenían que lamentarse por la destrucción del vino y de los árboles frutales escogidos, como las higueras y los granados, e incluso por la devastación de las datileras (תָּמָר, *tâmâr*), que no tenían tronco verdes, ni hojas suaves que pudieran comerse, y que a pesar de todo se secaron; y lo mismo los תַּפּוּחַ, *tappūach,* que son los manzanos, y todos los árboles del campo. Todos los árboles, frutales o no, fueron consumidos por las langostas devastadoras (Jerónimo).

En la última frase de Jl 1, 12 se condensan las causas finales y fundamentales de la lamentación: también se fue y se secó la alegría de los hijos de los hombres (כִּי־הֹבִישׁ שָׂשׂוֹן מִן־בְּנֵי אָדָם, *hōbbīsh min*...). כִּי introduce aquí y en otros lugares la razón fundamental, no para lo anterior, sino para lo que sigue. Así se puede responder de un modo afirmativo al mandato de 1, 11: hombres y mujeres han de responder con tristeza al juicio de Dios.

1, 13-20

La aflicción no puede superarse con el llanto y la lamentación, sino solo con el arrepentimiento y la súplica al Señor, el único que puede hacer que pase el mal. Por eso, el profeta comienza a llamar a los sacerdotes para que ofrezcan al Señor súplicas penitenciales, día y noche, en el templo, convocando también a los ancianos y a todo el pueblo, para que observen un día de ayuno, penitencia y oración, ofreciendo finalmente, él mismo (el profeta), súplicas al Señor, para que tenga compasión de todos (Joel 1, 19).

Por el motivo asignado a esta llamada penitencial, descubrimos que se ha dado también una terrible sequía, junto a la devastación de las langostas, de manera que unos y otros, hombres y animales, han debido sufrir un amargo dolor, y en esa línea Joel ha descubierto esta terrible calamidad como un signo de la llegada del día del Señor.

1, 13-14

¹³ חִגְרוּ וְסִפְדוּ הַכֹּהֲנִים הֵילִילוּ מְשָׁרְתֵי מִזְבֵּחַ בֹּאוּ לִינוּ
בַשַּׂקִּים מְשָׁרְתֵי אֱלֹהָי כִּי נִמְנַע מִבֵּית אֱלֹהֵיכֶם מִנְחָה וָנָסֶךְ׃
¹⁴ קַדְּשׁוּ־צוֹם קִרְאוּ עֲצָרָה אִסְפוּ זְקֵנִים כֹּל יֹשְׁבֵי
הָאָרֶץ בֵּית יְהוָה אֱלֹהֵיכֶם וְזַעֲקוּ אֶל־יְהוָה׃

> ¹³ Vestíos de luto y lamentad, sacerdotes; gemid, ministros del altar; venid, dormid con ropas ásperas, ministros de mi Dios; porque quitada es de la casa de vuestro Dios la ofrenda y la libación. ¹⁴ Proclamad ayuno, convocad asamblea, congregad a los ancianos y a todos los moradores de la tierra en la casa de Yahvé, vuestro Dios, y clamad a Yahvé.

Del texto anterior debemos suplir aquí las palabras *bassaqqīm* (vestidos de saco) y חִגְרוּ, *chigrū* (vestíos), como en la mañana, poneos... (cf. Joel 1, 8). En este día, los sacerdotes han de ofrecer súplicas, de día y de noche, es decir, de un modo incesante, colocados entre el atrio y el altar (cf. 2, 17). מְשָׁרְתֵי אֱלֹהָי, siervos o ministros de mi Dios, es decir, de aquel Dios de quien Joel es profeta, de aquel de quien el profeta puede prometer ayuda.

La razón establecida para esta llamada es la misma que se asigna para la lamentación en 1, 9. Pero no son solo los sacerdotes los que han de rogar de un modo incesante a Dios, sino también los ancianos y todo el pueblo, todos han de hacer lo mismo. קדשׁ צום, santificar un ayuno, es decir, determinar un día santo de penitencia, un servicio de oración conectado con el ayuno. Con ese fin, los sacerdotes han de proclamar una עֲצָרָה, *'atsârâh*, es decir, una asamblea de la congregación para el culto religioso.

'Atsârâh, o *'ătsereth,* πανήγυρις, asamblea, es sinónimo de מקרא קודשׁ en Lev 23, 36 (cf. comentario de ese pasaje). Para lo que sigue, כל־ישׁבי ה está unido ἀσυνδέτως con זקנים. En sentido estricto, esa última palabra no es un vocativo, sino un acusativo de doble objeto. Por otra parte, בית יהוה es *accus. loci,* un acusativo de lugar, y depende de אספו זעק, gritar, palabra que se emplea para una oración alta e importunada. Solo así se puede evitar la catástrofe.

1, 15

¹⁵ אֲהָהּ לַיּוֹם כִּי קָרוֹב יוֹם יְהוָה וּכְשֹׁד מִשַּׁדַּי יָבוֹא׃

¹⁵ ¡Ay del día! porque cercano está el día de Yahvé; vendrá como destrucción de parte del Todopoderoso.

Este verso no contiene las palabras que los sacerdotes han de decir, para lo que tendríamos que suplir לאמר, como hacen el siríaco y otras traducciones, sino que recoge las palabras del mismo profeta, con las que él justifica la llamada anterior de 1, 13-14.

ליום es el tiempo del juicio que ha caído sobre la tierra y sobre el pueblo a través de la devastación por el Todopoderoso. יוֹם יְהוָה, *yōm Yehōvâh* es el gran día del juicio sobre los poderes impíos, cuando el mismo Dios, como gobernante supremo del mundo derribará y destruirá todo lo que se ha exaltado en contra de él.

De esa manera, Dios hará que la historia del mundo, a través de su dominio sobre todas las creaturas del cielo y de la tierra, se encuentre sometida a un continuo juicio que concluirá al fin del curso del mundo con un acto grande y universal, por el cual, todo aquello que ha sido conducido hasta la eternidad por la corriente del tiempo, sin haber sido juzgado y ajustado, será juzgado y ajustado de una vez por todas.

De esa manera, llegará a su meta el desarrollo del mundo, de acuerdo con la voluntad de Dios, de forma que se perfeccione el reino de Dios por la aniquilación de todos sus enemigos (compárese este pasaje con la magnífica descripción del día del Señor en Is 2, 12-21). En esa línea, este juicio forma un elemento esencial del día de Yahvé, por el cual, por una parte, Yahvé castigará a su pueblo por sus pecados y, por otra parte, destruirá a los enemigos de su reino.

De esa manera, cada uno de los juicios separados de Dios está dirigiéndose hacia el día de Yahvé, y es signo del acercamiento de ese día. En el juicio que viene sobre Judá (por las langostas) vio Joel la llegada de ese Día de Yahvé כְּשֹׁד מִשַּׁדַּי, *keshōd misshaddai*, literalmente, como una devastación del Todopoderoso.

Este pasaje recoge un juego de palabras, pues tanto שֹׁד como שַׁדַּי, vienen de una misma raíz, que es *shâdad*, que Rückert traduce quizá un poco libremente *wie ein Graussen vom grossen Gott*, como voz espantosa del mismo Dios. כ tiene aquí la función de un כ *veritatis* (veritativo), que expresa una comparación entre una realidad particular y una genérica (es decir, una idea). Para la relación de este pasaje con Is 13, 6, cf. introducción.

1, 16-20

¹⁶ הֲלוֹא נֶגֶד עֵינֵינוּ אֹכֶל נִכְרָת מִבֵּית אֱלֹהֵינוּ שִׂמְחָה וָגִיל׃
¹⁷ עָבְשׁוּ פְרֻדוֹת תַּחַת מֶגְרְפֹתֵיהֶם נָשַׁמּוּ אֹצָרוֹת נֶהֶרְסוּ מַמְּגֻרוֹת כִּי הֹבִישׁ דָּגָן׃
¹⁸ מַה־נֶּאֶנְחָה בְהֵמָה נָבֹכוּ עֶדְרֵי בָקָר כִּי אֵין מִרְעֶה לָהֶם גַּם־עֶדְרֵי הַצֹּאן נֶאְשָׁמוּ׃
¹⁹ אֵלֶיךָ יְהוָה אֶקְרָא כִּי אֵשׁ אָכְלָה נְאוֹת מִדְבָּר וְלֶהָבָה לִהֲטָה כָּל־עֲצֵי הַשָּׂדֶה׃
²⁰ גַּם־בַּהֲמוֹת שָׂדֶה תַּעֲרוֹג אֵלֶיךָ כִּי יָבְשׁוּ אֲפִיקֵי מָיִם וְאֵשׁ אָכְלָה נְאוֹת הַמִּדְבָּר׃ פ

¹⁶ ¿No fue arrebatado el alimento de delante de nuestros ojos, la alegría y el placer de la casa de nuestro Dios? ¹⁷ El grano se pudrió debajo de los terrones; los graneros fueron asolados y los silos destruidos porque se había secado el trigo. ¹⁸ ¡Cómo gemían las bestias! ¡Cuán turbados andaban los hatos de los bueyes, porque no tenían pastos! Y fueron también asolados los rebaños de las ovejas. ¹⁹ A ti, Yahvé, clamaré; porque el fuego consumió los pastos del desierto, la llama abrasó los árboles del campo. ²⁰ Las bestias del campo bramarán también a ti, pues se secaron los arroyos de las aguas, y el fuego consumió las praderas del desierto.

Como prueba de que el *Día de Yahvé* está llegando como una devastación del Todopoderoso, el profeta evoca en 1, 16 el hecho que la comida ha desaparecido de ante sus ojos, y que por tanto ha cesado toda alegría y exultación de la casa de Yahvé. "La comida de los pecadores perece ante sus ojos, porque la cosecha que han esperado se pierde ante sus ojos, y la langosta ha comido todo lo que debía haber recogido el segador" (Jerónimo).

אכל, comida como medio de subsistencia: trigo, vino nuevo y aceite. Según eso, la alegría ha desaparecido de la casa de Yahvé, pues, destruida la cosecha, no se le puede ofrecer a Dios nada en el santuario, ni las primicias, ni las ofrendas de acción de gracias, que se llevaban al santuario y se comían allí con alegría (Dt 12, 6-7.10-11). Y la calamidad resulta tanto más lamentable por el hecho de que, a consecuencia de la terrible sequía, la misma semilla se seca y se pierde en la tierra, de manera que desaparece totalmente la esperanza de una próxima cosecha.

El profeta se refiere a eso en Joel 1, 17, un pasaje que se ha traducido de formas muy diferentes por los LXX, por el texto caldeo y la Vulgata, a causa del 'απ. λεγ. פרדות, עבשו y מגרפות (compare Pococke, *ad h. l.*). עבש pudrirse o, si el daño se ha causado por sequía y calor, secarse, consumirse. Si se utiliza para granos esa palabra significa perder el poder de germinar. Viene del árabe *'bs*, secarse, marchitarse. En caldeo עפש, pudrirse.

Perudōth son en siríaco los granos de trigo que se siembran, y viene probablemente de *pârad*, desparramar. Según Ab. Esra, *megrâphōth* (cf. מִגְרְפֹתֵיהֶם) son terrones de tierra (cf. árabe *jurf, gleba terrae*, tierra de siembra), de *gâraph*, limpiar y preparar (Jc 5, 21) una determinada parcela de tierra. Pues bien, si las semillas de trigo pierden su poder de germinar bajo la tierra no podrá esperarse cosecha.

Los almacenes, אֹצָרוֹת, *'ōtsârōth* (cf. 2 Cron 32, 27) quedan asolados, y los "silos" (מַמְּגֻרוֹת, *mammegurâh* con *dagesh. dirim.*, en el sentido de *megūrâh* en Ag 2, 19), caen en pedazos, porque no se utilizan ni se mantienen en una buena condición. La sequía destruye los pastos para el ganado, de forma que los rebaños de vacas o de oveja se lamentan y sufren con los hombres la gran calamidad.

בּוּךְ, *nifal*, estremecerse de miedo. Por su parte, *ashēm* (cf. נֶאְשָׁמוּ), expiar, sufrir la consecuencias del pecado de los hombres. El hecho de que incluso las creaturas irracionales sufran con y por los hombres, lleva al profeta a pedir la ayuda del Señor, que sostiene al mismo tiempo a hombres y bestias (Sal 36, 7).

Este capítulo termina así en 1, 19-20, con el sufrimiento de los animales que comparten la suerte de los hombres pecadores, consumiéndose así en los campos sin pastos y sin agua. El profeta utiliza los términos "fuego y llama" para indicar el calor abrasador de la sequía, que quema las praderas y que seca incluso los árboles, pues se han agotado las corrientes y pozos de agua. Para Joel 1, 20, cf. Jer 14, 5-6. En Jer 14, 20 el discurso queda retóricamente redondeado por la repetición de ואש אכלה וגו de Jer 14, 19.

2, 1-17. Oración penitencial para evitar el juicio

Esta sección no contiene un discurso nuevo y distinto, sino que forma simplemente la segunda parte del sermón de arrepentimiento del profeta, en el que repite con gran énfasis el mandato ya evocado en 1, 14-15, en el que se pedía que se convocara una asamblea de la congregación para lamentarse y orar, dando como razón una visión de conjunto del día grande y terrible del juicio de Yahvé (2, 1-11), unido a la afirmación compasiva de que el Señor tendrá todavía piedad de su pueblo, conforme a su gran bondad, si ellos, los fieles, retornan a él con todo su corazón (2, 12-14); y todo concluye con otra llamada dirigida a toda la congregación para que se reúna con ese propósito en la casa del Señor, con unas instrucciones sobre la forma en que los sacerdotes debían orar al Señor (2, 15-17).

2, 1

¹ תִּקְעוּ שׁוֹפָר֙ בְּצִיּ֔וֹן וְהָרִ֖יעוּ בְּהַ֣ר קָדְשִׁ֑י יִרְגְּז֗וּ
כֹּ֚ל יֹשְׁבֵ֣י הָאָ֔רֶץ כִּֽי־בָ֥א יוֹם־יְהוָ֖ה כִּ֥י קָרֽוֹב׃

¹ Tocad la trompeta en Sión y dad la alarma en mi santo monte. Tiemblen todos cuantos moran en la tierra, porque viene el día de Yahvé, porque está cercano.

A través del toque de la trompeta que se escucha desde lejos, los sacerdotes han de hacer que el pueblo conozca la llegada del juicio, y se reúna en el templo para orar. Este mandato se dirige a los sacerdotes, como es evidente por 2, 15, comparado con 2, 14. Sobre תִּקְעוּ שׁוֹפָר y הָרִיעוּ, *tiq'û shōphâr y hârî'û,* cf. *Comentario* a Os 5, 8, "sobre Sión", es decir, desde la cumbre de la montaña del templo.

Sión se llama "mi santa montaña" (הַר קָדְשִׁי) como en Sal 2, 6, porque el Señor había sido entronizado allí, en su santuario, sobre la cumbre del Moria, que Dios miraba como suya. *Râgaz* (cf. יִרְגְּזוּ), tiemblen, es decir, levántense por encima de este estado de despreocupación en que se encontraban (Hitzig). Sobre la expresión "porque viene el día de Yahvé", cf. Jl 1, 15.

Por la posición de בוא al principio de la frase, y por el hecho de que esté en perfecto en vez de en imperfecto, como en 1, 5, la venida del día de Yahvé se anuncia aquí como algo indiscutiblemente cercano. La adición de כִּי קָרוֹב, *kî qârōbh* (porque está cerca) no va en contra de lo anterior, pues indica que ese día se está acercando (Hengstenberg).

La explicación de esa frase es sencilla, pues ella supone que el día del Señor se aproxima a través de toda la historia del reino de Dios, de manera que se expresa y despliega en cada juicio particular. Sin embargo, ese reino no se ha manifestado plenamente, sino que se está haciendo cercano, se está acercando.

Pues bien, Joel proclama ahora la llegada completa de ese día, partiendo con base en el juicio que han experimentado, con el acercamiento y el paso de un ejército terrible de langostas, que han llenado de tinieblas la tierra, de manera que a la cabeza de ese ejército venía el mismo Yahvé, cabalgando en toda su majestad como juez del mundo.

La descripción que sigue se divide en tres estrofas, del modo siguiente: Joel describe primero la visión de este ejército de Dios como si viniera aún muy lejos, presentando su terrible figura de un modo general (2, 2-3). Después ofrece una visión de su apariencia y de su avance, como ejército poderoso (2, 4-6), para presentar en un momento posterior su poder irresistible (Joel 2, 7-11); esta estrofa concluye con una descripción de la devastación causada por este terrible ejército.

En los versos que siguen, el profeta insistirá en el terror que este ejército causa entre todas las naciones, y en toda la tierra.

2, 2-3

² יוֹם חֹשֶׁךְ וַאֲפֵלָה יוֹם עָנָן וַעֲרָפֶל כְּשַׁחַר פָּרֻשׂ עַל־הֶהָרִים עַם רַב וְעָצוּם כָּמֹהוּ לֹא נִהְיָה מִן־הָעוֹלָם וְאַחֲרָיו לֹא יוֹסֵף עַד־שְׁנֵי דּוֹר וָדוֹר׃
³ לְפָנָיו אָכְלָה אֵשׁ וְאַחֲרָיו תְּלַהֵט לֶהָבָה כְּגַן־עֵדֶן הָאָרֶץ לְפָנָיו וְאַחֲרָיו מִדְבַּר שְׁמָמָה וְגַם־פְּלֵיטָה לֹא־הָיְתָה לּוֹ׃

² Día de tinieblas y de oscuridad, día de nube y de sombra. Como sobre los montes se extiende el alba, así vendrá un pueblo grande y fuerte; semejante a él no lo hubo jamás, ni después de él lo habrá en los años de muchas generaciones. ³ Delante de él consumirá el fuego; detrás de él abrasará la llama. Como el huerto del Edén será la tierra delante de él, y detrás de él como desierto asolado; nada habrá que de él escape.

2, 2. Con cuatro palabras que expresan la idea de oscuridad y tiniebla, el día de Yahvé se describe como día de la manifestación del juicio. Las palabras חֹשֶׁךְ עָנָן וערפל se aplican en Dt 4, 11 a la nube de oscuridad en la que estaba sumido el monte Sinaí, cuando Yahvé se manifestó como fuego; por su parte, en Ex 10, 22, la oscuridad que cayó sobre Egipto en la novena plaga se llama אפלה.

כשחר וגו no pertenece a lo anterior, y no significa negrura o poca luz (como suponen Ewald y algunos rabinos), sino la aurora. El sujeto de פָּרֻשׂ, *pârus* (extenderse) no es el *yōm* (día) que precede, ni es el *'am* (pueblo) que sigue, pues ninguna de esas soluciones ofrece un pensamiento apropiado, sino que queda más bien indefinido: "como mañana se extiende sobre las montañas".

El sentido de lo que dice el profeta resulta claro por lo que sigue. El profeta se refiere claramente al brillo de luz o al esplendor que se ve en el cielo, cuando se aproxima un enjambre de langostas, por el reflejo de los rayos de sol en sus alas[32].

Con עם רב ועצום (un pueblo grande y fuerte) debemos seguir vinculando el verbo בא, como en Ex 10, 1. *Yōm* (día) y *'âm* (pueblo) tienen el mismo predicado, porque el enjambre de langostas hace que cese el día, y lo convierte en oscuridad nublada. El oscurecimiento de la tierra se menciona en conexión con la plaga de

---

32. Así lo describe el monje portugués Francisco Álvares (en Oedmann, *Vermischte Sammlungen,* vi. p. 75): "El día anterior a la llegada de las langostas pudimos inferir que algo estaba sucediendo, por un reflejo amarillo en el cielo, proveniente de sus alas amarillas. Tan pronto como apareció la luz no pudimos tener la mejor duda de que se estaba aproximando un enorme enjambre de langostas". Él dice también que durante su estancia en la ciudad de Barua pudo ver el fenómeno, y de una forma tan intensa, que la misma tierra tenía un color amarillo por los reflejos. El siguiente día llegó el enjambre de langostas.

langostas de Ex 10, 15, y se confirma por muchos testigos (cf. *Comentario* a Ex 10, 1, lugar citado).

2, 3. El fuego y la llama que van delante y detrás del pueblo grande y fuerte, es decir, de las langostas, no se puede referir a la luz brillante que resplandece como si fuera el amanecer de la mañana, pues proviene de las fieras armadas de la venganza de Dios, es decir, de las langostas (Umbreit), ni meramente al ardor de la sequía que todo lo consume (Joel 1, 19), sino que se trata del calor ardiente que aquí es mayor por las llamas devoradoras de fuego, que acompañan a la aparición de Dios cuando viene a juzgar a la cabeza de sus ejércitos.

Esto se dice siguiendo la analogía de los fieros fenómenos que están conectados con la manifestación previa de Dios, tanto en Egipto, donde cayó un terrible granizo sobre la tierra, antes de la plaga de langostas, acompañado del trueno y de un tipo de fuego (Ex 9, 23-24), como también en el Sinaí, cuando el mismo Señor bajó en medio del trueno y el relámpago, para hablar al pueblo desde el fuego (Ex 19, 16-18; 4, 11-12). De esa manera la tierra que antes había parecido el jardín de paraíso (Gen 2, 8) cambió y se convirtió en un desolado desierto.

פליטה no significa escapar o liberarse, ni aquí ni en Abd 1, 17, sino simplemente algo que ha quedado aparte (que ha escapado de la destrucción). En este caso significa la tierra que no ha sido devastada; porque va en contra del uso del lenguaje referir el לו (como hacen muchos comentaristas) al enjambre de langostas, del cual no hay escape ni liberación posible (cf. 2 Sam 15, 14; Jc 21, 17; Esd 9, 13. De un modo consecuente, לו solo se puede referir a הארץ. El perfecto היתה se relaciona con אחריו, lo que significa que el enjambre de langostas ha completado ya la devastación.

2, 4-6

⁴ כְּמַרְאֵה סוּסִים מַרְאֵהוּ וּכְפָרָשִׁים כֵּן יְרוּצוּן׃
⁵ כְּקוֹל מַרְכָּבוֹת עַל־רָאשֵׁי הֶהָרִים יְרַקֵּדוּן כְּקוֹל לַהַב אֵשׁ אֹכְלָה קָשׁ כְּעַם עָצוּם עֱרוּךְ מִלְחָמָה׃
⁶ מִפָּנָיו יָחִילוּ עַמִּים כָּל־פָּנִים קִבְּצוּ פָארוּר׃

⁴ Su aspecto, como aspecto de caballos, y como gente de a caballo correrán. ⁵ Como estruendo de carros saltarán sobre las cumbres de los montes; como sonido de llama de fuego que consume hojarascas, como pueblo fuerte dispuesto para la batalla. ⁶ Delante de él temerán los pueblos; se pondrán pálidos todos los semblantes.

Estas palabras ofrecen una descripción de ese poderoso ejército de Dios, y del terror que su presencia produce en todas las naciones. La comparación entre las langostas y los caballos se refiere principalmente a su cabeza, que bien mirada, tiene un fuerte parecido con la cabeza de los caballos, como Teodoreto había ya observado; por ese motivo, en alemán se le llama también *Heupferde* (caballos de heno).

Joel 2, 4 compara la rapidez de su movimiento con la carrera de los caballos de montar (פָּרָשִׁים, *pârâshīm*); por su parte, 2, 5 compara el ruido de sus alas en movimiento con el de los antiguos carros de guerra, cuando eran conducidos con rapidez por los duros caminos de montaña. El ruido que producen al devorar las plantas y semillas se compara con el de la llama sobre un campo de abrojos que se quema, y su llegada se compara también con la de un ejército preparado para la batalla. (Cf. Ap 9, 7.9, que ha retomado y expandido estos motivos).

A la vista de este terrible ejército de Dios tiemblan las naciones, de manera que los rostros de todos empalidecen. עַמִּים, *'Ammīm,* no significa aquí el pueblo (1 Rey 22, 28), ni las tribus de Israel, sino las naciones en general. En esa línea, es evidente que Joel no está pintando solo la devastación causada por las langostas en un momento aislado, sino que toma la invasión de langostas como signo de un fenómeno universal.

Hay diferentes opiniones sobre la traducción del 2.º hemistiquio de 2, 6, repetido por Nahún 2, 11. La interpretación de פָּארוּר a partir פרור, un caldero (texto caldeo, siríaco, Jerónimo, Lutero y otros), resulta insostenible, פרור viene de פרר, romper en piezas, mientras que פארור viene de la raíz פאר, en *piel*, adornar, poner hermoso, de manera que la traducción "ellos se vuelven rojos", es decir, arden de miedo, que podría apoyarse gramaticalmente es Is 13, 8, resulta de hecho imposible.

Por todo eso, debemos entender פארור, como Ab. Esr., Abul Wal. y otros en el sentido de *elegantia, nitor, pulchritudo* (elegancia, brillo, hermosura), refiriéndose al esplendor de las mejillas, tomando קבץ como forma intensiva de קבץ, con el significado de cerrarse en uno mismo, de desvanecerse y perder la hermosura, pues el miedo y la angustia hacen que el rostro quede sin sangre, pálido de terror (cf. Jer 30, 6).

2, 7-10

⁷ כְּגִבּוֹרִים יְרֻצוּן כְּאַנְשֵׁי מִלְחָמָה יַעֲלוּ חוֹמָה וְאִישׁ בִּדְרָכָיו יֵלֵכוּן וְלֹא יְעַבְּטוּן אֹרְחוֹתָם׃
⁸ וְאִישׁ אָחִיו לֹא יִדְחָקוּן גֶּבֶר בִּמְסִלָּתוֹ יֵלֵכוּן וּבְעַד הַשֶּׁלַח יִפֹּלוּ לֹא יִבְצָעוּ׃
⁹ בָּעִיר יָשֹׁקּוּ בַּחוֹמָה יְרֻצוּן בַּבָּתִּים יַעֲלוּ בְּעַד הַחַלּוֹנִים יָבֹאוּ כַּגַּנָּב׃
¹⁰ לְפָנָיו רָגְזָה אֶרֶץ רָעֲשׁוּ שָׁמָיִם שֶׁמֶשׁ וְיָרֵחַ קָדָרוּ וְכוֹכָבִים אָסְפוּ נָגְהָם׃

⁷ Como valientes correrán, como hombres de guerra escalarán el muro; cada cual marchará por su camino y no torcerá su rumbo. 8 Nadie empujará a su compañero, cada uno irá por su carrera; y aun cayendo sobre la espada no se herirán. 9 Irán por la ciudad, correrán por el muro, subirán por las casas, entrarán por las ventanas a manera de ladrones. 10 Delante de él temblará la tierra y se estremecerán los cielos; el sol y la luna se oscurecerán, y las estrellas perderán su resplandor.

Aquí se desarrolla la comparación de la invasión de langostas con un ejército bien equipado, poniendo ante todo de relieve la descripción de la fuerza irresistible de su marcha destructora. Esta descripción se aplica, en su mayor parte, palabra por palabra, al avance de las langostas, como Jerónimo (*in loc.*) y Teodoreto (sobre Joel 2, 8) testifican conforme a su propia observación[33]. Ellas corren como héroes (כְּגִבּוֹרִים), es decir, tomando todo por asalto; רוּץ (cf. יְרֻצוּן) realizar un ataque, como en Job 15, 26 y en Sal 18, 20. Su forma de subir por los muros evoca también un asalto.

El siguiente tema que el texto desarrolla es su marcha irresistible hacia el objetivo. Ninguna va por un camino distinto, ellas no tuercen (יְעַבְּטוּן, de עבט) su dirección, es decir, no salen de su línea, ni por la derecha ni por la izquierda, de manera que no se impiden entre sí. Ni siquiera la fuerza de las armas puede detener su camino.

שֶׁלַח no es arma arrojadiza, algo que se arroja (contra Gesenius y otros), sino un arma extendida o que se mantiene delante de uno mismo (Hitzig); y ese tipo de arma no se aplica solo a la espada (2 Cron 23, 10; Neh 4, 11), sino también a las armas de defensa (2 Cron 32, 5). El sentido de יִבְצָעוּ (cf. בצע, cf. יִבְצָעוּ) no es herirse a sí mismo (como פצע), sino "cortar en piezas", y se utiliza aquí de un modo intransitivo, cortarse uno a sí mismo en piezas. Sin duda alguna, esto trasciende incluso la naturaleza de las langostas, pero puede entenderse como signo del ejército invencible de Dios[34].

---

33. Así dice Jerónimo: "Nosotros mismos vimos (otros manuscritos: oímos) esto mismo últimamente en la provincia (Palestina). Porque cuando los enjambres de langostas vienen y llenan toda la atmósfera entre la tierra y el cielo ellas vuelen con tal orden, conforme al mandato de Dios, que conservan siempre el mismo orden, como las plazas de un pavimento de teselas o azulejos mantienen la misma figura, sin que varíe ni siquiera en un dedo la estructura". "El profeta sigue diciendo que entran por las ventanas, y que en el caso de caer no se rompen... No hay ningún camino imposible para las langostas, de manera que ellas penetran en los campos, en los cultivos, llenando las ciudades y las casas, de manera que no se detienen ni siquiera en las habitaciones particulares".

Como observa Teodoreto en su comentario a Joel 2, 8: "Así puedes ver a las langostas, como un ejército enemigo, subiendo por los muros y avanzando por los caminos, de manera que no se separan y dispersan por nada, sino que siguen avanzando hacia adelante, como si tuvieran un plan concertado". Y sigue diciendo sobre Joel 2, 9: "Y esto lo hemos visto con frecuencia, no solamente con los ejércitos enemigos, sino con las langostas, no solo cuando vuelan, sino cuando trepan por las paredes, e incluso cuando atraviesan las ventanas, entrando en las mismas casas".

34. La idea de que estas palabras se refieren a los intentos de detener el avance de las langostas con la fuerza de las armas (para lo que Hitzig apela a Livio, *Hist.* xlii. 10, a Plinio, *Hist. n.* xi. 29 y a Hasselquist, *Reise nach Pal.* p. 225), resulta totalmente inapropiada. Todo lo que dice Livio es *ingenti agmine hominum ad colligendas eas (locustas) coacto* (habiéndose utilizado un gran número de hombres para recoger las langostas); por su parte, Plinio dice meramente *necare et in Syria militari imperio coguntur*, es decir, que en Siria se empeñan en combatir contra las langostas con un tipo de poder militar.

Por su parte, todo lo que dice Hasselquist es que algunos, tanto en Asia como en Europa, a veces, salen al campo con un equipamiento militar; pero esto es falso, al menos por lo que respecta a Europa. Lo que dicen los testigos es que en Besarabia tienen la costumbre de expulsar a las

Por otra parte, las palabras de la primera mitad de Joel 2, 9 se aplican, tanto a las langostas como al ejército, mientras que las de la segunda mitad se aplican solo a las langostas, como ha mostrado Teodoreto en el pasaje antes citado, diciendo lo que él ha visto con cierta frecuencia.

2, 10-11

10 לְפָנָיו֙ רָ֣גְזָה אֶ֔רֶץ רָעֲשׁ֖וּ שָׁמָ֑יִם שֶׁ֤מֶשׁ וְיָרֵ֙חַ֙ קָדָ֔רוּ וְכוֹכָבִ֖ים אָסְפ֥וּ נָגְהָֽם׃
11 וַֽיהוָ֗ה נָתַ֤ן קוֹלוֹ֙ לִפְנֵ֣י חֵיל֔וֹ כִּ֣י רַ֤ב מְאֹד֙ מַחֲנֵ֔הוּ כִּ֥י עָצ֖וּם עֹשֵׂ֣ה דְבָר֑וֹ כִּֽי־גָד֧וֹל יוֹם־יְהוָ֛ה וְנוֹרָ֥א מְאֹ֖ד וּמִ֥י יְכִילֶֽנּוּ׃

¹⁰ Delante de él temblará la tierra y se estremecerán los cielos; el sol y la luna se oscurecerán, y las estrellas perderán su resplandor. ¹¹ Y Yahvé dará su orden delante de su ejército, porque muy grande es su campamento y fuerte es el que ejecuta su orden; porque grande es el día de Yahvé y muy terrible. ¿Quién podrá soportarlo?

2, 10. Todo el universo tiembla ante este juicio de Dios. La observación de Jerónimo, según la cual la fuerza de las langostas no es tan grande como para que ellas puedan mover los cielos y sacudir la tierra es correcta en un sentido, pero ella no agota el alcance de las palabras. De hecho, a los hombres que sufren la calamidad de las langostas les parece que los cielos se mueven y la tierra tiembla.

Como Hitzig ha dicho correctamente, la tierra solo pudo conmoverse a causa de las langostas cuando ellas se habían ya establecido en la tierra, y los cielos solo pudieron también y ser oscurecido cuando ellas estaban volando, de manera que las palabras podían tomarse en un sentido como exageradas. Pero de eso no se sigue que לפניו no ha de tomarse como referido a las langostas, ni tampoco el מפניו en Joel 2, 6, sino que ha de entenderse en referencia a Yahvé que viene en la tormenta. De todas formas, en sentido radical, "la tierra tiembla y el aire se agita ante la voz de Yahvé, es decir, ante su trueno, y ante las nubes de tormentas que irrumpen durante el día"

2, 11. En esa línea, aunque נתן קולו, *nâthan qōlō* (dará su orden) hay que entenderlo en relación con el trueno, Joel no está describiendo meramente una tormenta sin más, sino aquella que estalla y se extiende cuando el riesgo de las langostas se vuelve intolerable, cuando por fin (con gran alegría de todos los habitantes del lugar) estalla una tormenta que pone fin a la plaga de las langosta (Credner, Hitzig y otros).

---

langostas, que vienen en enjambre, haciendo un gran ruido con tambores y utensilios de cocina, con horcas para el heno y con otros instrumentos ruidosos, con el fin de impedir que ellas se instalen en un campo y también con el fin de expulsarlas. El relato de Hasselquist según el cual un pachá de Trípoli empleó 4 000 soldados contra los insectos, hace pocos años, resulta demasiado indefinido para probar que las langostas suelen ser expulsadas con la fuerza de las armas.

לְפָנָיו solo puede entenderse en el sentido de Joel 2, 3, en relación con un pueblo grande y fuerte, como es el ejército de las langostas, lo mismo que מִפָּנָיו. Cielos y tierra tiemblan ante el ejército de las langostas porque Yahvé viene con ellas a juzgar el mundo (cf. Is 13, 13; Nah 1, 5-6; Jer 10, 10). El sol y la luna se ponen negros, es decir, oscuros; y la estrellas pierden su brillo (con אָסְפוּ, de *'âsaph,* perder, como en 1 Sam 14, 19), es decir, ellas "no darán su luz" ya más.

Resulta evidente que esas palabras están evocando algo que es infinitamente más grande que el ocultamiento de las luces del cielo por la tormenta, de manera que en el fondo están evocando el juicio de la ira del Señor que está viniendo sobre toda la tierra y sobre el mismo poder de los imperios (Is 13, 10; Ez 32, 7); por eso tiembla la misma fábrica del universo y la naturaleza se viste de sollozos, y lo hace en la línea en que Cristo ha compartido y desplegado esta forma de presentar el juicio final (Mt 24, 29; Mc 13, 24-25). Compárese, por otra parte, la descripción poética de la tormenta en Sal 18, 8, aunque aquí no se desarrolla esta figura (para más observaciones, cf. *Comentario* a Joel 3, 4).

A la cabeza del ejército que ha de ejecutar su voluntad, el Señor hace que suene su voz de trueno (נָתַן קוֹלוֹ, *nâthan qōl,* tronar; cf. Sal 18, 14, etc.). La razón para esto se da en tres sentencias introducidas por *kî.* Yahvé lo hace porque su ejército es muy grande; porque su armada poderosa ejecuta su palabra, etc.; y porque el día del juicio es tan fuerte y terrible que nadie puede soportarlo, es decir, nadie puede mantenerse en pie ante la furia de la ira del juez (cf. Jer 10, 10; Mal 3, 1).

2, 12-14

¹² וְגַם־עַתָּה נְאֻם־יְהוָה שֻׁבוּ עָדַי בְּכָל־לְבַבְכֶם וּבְצוֹם וּבִבְכִי וּבְמִסְפֵּד׃
¹³ וְקִרְעוּ לְבַבְכֶם וְאַל־בִּגְדֵיכֶם וְשׁוּבוּ אֶל־יְהוָה אֱלֹהֵיכֶם כִּי־חַנּוּן וְרַחוּם הוּא אֶרֶךְ אַפַּיִם וְרַב־חֶסֶד וְנִחָם עַל־הָרָעָה׃
¹⁴ מִי יוֹדֵעַ יָשׁוּב וְנִחָם וְהִשְׁאִיר אַחֲרָיו בְּרָכָה מִנְחָה וָנֶסֶךְ לַיהוָה אֱלֹהֵיכֶם׃

¹² Ahora, pues, dice Yahvé, convertíos ahora a mí con todo vuestro corazón, con ayuno, llanto y lamento. ¹³ Rasgad vuestro corazón y no vuestros vestidos, y convertíos a Yahvé, vuestro Dios; porque es misericordioso y clemente, tardo para la ira y grande en misericordia, y se duele del castigo. ¹⁴ ¡Quién sabe si volverá, se arrepentirá y dejará bendición tras sí; esto es, ofrenda y libación para Yahvé, vuestro Dios!

Pero todavía hay tiempo para impedir el despliegue total del juicio, a través de un arrepentimiento y de un llanto sincero, porque Dios es misericordioso y está pronto para perdonar al penitente. Así como la plaga de langosta se había desencadenado para que el pueblo reflexionara sobre su conducta ante el Señor, de igual manera el anuncio del gran día del juicio y todos sus terrores no han tenido otro objeto que el de producir el arrepentimiento y la conversión, para provocar de esa manera el bien del pueblo de Dios.

De esa manera, Joel añade a la amenaza del juicio una llamada a la sincera conversión al Señor; y eso lo hace en primer lugar presentando su palabra dirigida al pueblo como un dicho de Yahvé (2, 23), para explicar después esta palabra de Dios de un modo muy enfático (2, 13-14). El Señor Dios exige que se conviertan a él con todo el corazón (cf. 1 Sam 7, 3 y Dt 6, 5; y para עד שׁוּב cf. Os 14, 2), acompañando esa conversión con una penitencia muy profunda por el pecado, que ha de manifestarse en ayuno y lamentación de corazón.

Pero a fin de que el pueblo no se contente con unos signos externos de penitencia, Joel 2, 13 continúa con una fuerte amonestación: "Rasgad vuestro corazón y no vuestros vestidos" (קִרְעוּ לְבַבְכֶם וְאַל־בִּגְדֵיכֶם, cf. Sal 51, 19; Ez 36, 26). El profeta continúa declarando el motivo de esta petición, insistiendo en la misericordia y gracia de Dios, conforme a las palabras de Ex 34, 6, con las que Dios reveló a Moisés su naturaleza más profunda, con la excepción de que en lugar de ואמת, que encontramos en ese pasaje, sobre la base de los hechos recordados en Ez 32, 14 y 2 Sam 14, 16, utiliza las palabras ונחם על הרעה, y se duele del castigo. Partiendo de la fuerza de estos hechos, el profeta espera también en las presentes circunstancias, pensando que los israelitas podrán alcanzar el perdón de parte de Dios y la superación del juicio. מִי יוֹדֵעַ, ¿quién sabe? equivale a "quizá", no porque el profeta piense que una confianza demasiado grande en estas circunstancias sería algo ofensivo ante Yahvé (Hitzig), sino porque ellos mismos (los israelitas) podrían acabar desesperando de Dios a causa de sus crímenes o porque la grandeza de la clemencia divina podía hacerles descuidados ante el pecado (Jerónimo)[35].

יָשׁוּב, volverse, arrepentirse (dejar de juzgar). נחם como en Joel 2, 13. הִשְׁאִיר אַחֲרָיו, seguir tras él, es decir, cuando él vuelva a su trono en el cielo (Os 5, 15). בְּרָכָה, berâkhâh, una bendición, es decir, el producto de la cosecha para poder ofrecer a Dios una ofrenda de comida y de bebida de los campos que han sido destruidos por la langosta (Joel 1, 9.13).

2, 15-17

¹⁵ תִּקְעוּ שׁוֹפָר בְּצִיּוֹן קַדְּשׁוּ־צוֹם קִרְאוּ עֲצָרָה׃
¹⁶ אִסְפוּ־עָם קַדְּשׁוּ קָהָל קִבְצוּ זְקֵנִים אִסְפוּ עוֹלָלִים וְיֹנְקֵי שָׁדַיִם יֵצֵא חָתָן מֵחֶדְרוֹ וְכַלָּה מֵחֻפָּתָהּ׃
¹⁷ בֵּין הָאוּלָם וְלַמִּזְבֵּחַ יִבְכּוּ הַכֹּהֲנִים מְשָׁרְתֵי יְהוָה וְיֹאמְרוּ

---

35. Da la impresión de que el profeta habla como si tuviera una conciencia llena de terror, que se eleva con dificultad, tras un tiempo de aflicción, y que comienza a tener esperanza en la misericordia de Dios. De todas formas, la expresión מִי יוֹדֵעַ, ¿quién sabe?, en una frase hebrea, no indica duda, sino más bien afirmación, unida al deseo, como si quisiera decir: Y sin embargo, con seguridad, Dios se volverá de nuevo hacia nosotros (Lutero, *Enarrat. in Joelem*, Opp., Jena 1703, p. iii.).

Juicio de Dios y llamada al arrepentimiento

חֽוּסָה יְהוָה עַל־עַמֶּ֗ךָ וְאַל־תִּתֵּ֨ן נַחֲלָתְךָ֤ לְחֶרְפָּה֙ לִמְשָׁל־בָּ֣ם
גּוֹיִ֔ם לָ֚מָּה יֹאמְר֣וּ בָֽעַמִּ֔ים אַיֵּ֖ה אֱלֹהֵיהֶֽם׃

[15] ¡Tocad trompeta en Sión, proclamad ayuno, convocad asamblea, [16] reunid al pueblo, santificad la reunión, juntad a los ancianos, congregad a los niños, aun a los que maman, y salga de su alcoba el novio y de su lecho nupcial la novia! [17] Entre la entrada y el altar lloren los sacerdotes ministros de Yahvé, y digan: Perdona, Yahvé, a tu pueblo, y no entregues al oprobio tu heredad para que las naciones no la hagan objeto de proverbios. ¿Por qué han de decir entre los pueblos: dónde está su Dios?

2, 15-16. Para que esta amonestación sea todavía más enfática, el profeta concluye con la repetición de la llamada para que se proclame una asamblea en el templo, concretando incluso la letanía que los sacerdotes han de repetir, en su liturgia penitencial. Joel 2, 15 es una repetición literal de Joel 2, 1 y de Joel 1, 14 y, por su parte, Joel 1, 16 es una expansión más detallada de Joel 1, 14, en la que ante todo se menciona al pueblo en general (עם) y después se explica el objetivo de la reunión, con las palabras קדשׁו קהל; se trata, pues, de convocar una asamblea sagrada de la congregación.

Pero a fin de que nadie piense quedar excluido, el pueblo queda ahora concretado, y se indican sus componentes: ancianos, niños y lactantes. Incluso el novio y la novia han de dejar el gozo del tálamo y tomar parte en la liturgia penitencial y de lamentación. No se excluye ninguna edad ni rango, pues nadie, ni siquiera los lactantes, están libre de pecado, de forma que todos, sin excepción, están expuestos al juicio.

"No podía darse una prueba más fuerte de la culpa, profunda y universal, de toda la nación, una prueba como la de este gran día de penitencia y oración, de forma que incluso los niños recién nacidos debían ser llevados en sus brazos a la liturgia penitencial" (cf. Umbreit). Esta súplica penitencial de toda la nación debía estar dirigida ante Dios por los sacerdotes como mediadores de la nación.

יבכו en yusivo, como יצא en 1, 16, aunque Hitzig lo pone en duda, pero sin pruebas suficientes. La alusión a los sacerdotes en la primera parte carecería de base solo si a ellos se les mandara que fueran al templo igual que al resto del pueblo. Pero no es por eso por lo que Joel les convoca, sino para que realicen su deber oficial, cuando el pueblo esté reunido en la asamblea penitencial.

2, 17. Los sacerdotes han de colocarse entre el pórtico del templo y el altar de las ofrendas cruentas, es decir, inmediatamente delante de la puerta del lugar sagrado, y allí, con lágrimas en los ojos, deben pedir al Señor, que está entronizado en el santuario, suplicándole que no entregue al pueblo de su posesión (נַחֲלָתְךָ, de *nachălâh*, como en 1 Rey 8, 1; Dt 4, 20; 32, 9), para que no tenga que sufrir el reproche de los paganos.

Lutero y otros traducen לִמְשָׁל־בָּם גּוֹיִם así: "para que lo gentiles gobiernen sobre ellos", siguiendo en eso las antiguas versiones. En esa línea se puede apelar a Sal 106, 41; Dt 15, 6; Lam 5, 8. Pero aunque gramaticalmente sea posible, esa traducción resulta inexacta por el paralelismo, como indica Hengstenberg.

En esa línea debemos indicar que, aunque el castigo de Israel pudiera consistir en eso, en el hecho de que ellos, la heredad del Señor, tuvieran que someterse bajo el yugo de los paganos, este pensamiento resulta muy lejano de la idea que está en el fondo de esta pasaje, donde no hay referencia alguna a la amenaza de un castigo que consista en el sometimiento a los paganos, sino simplemente a la devastación de la tierra.

מָשַׁל con בְּ significa también hacer un proverbio (ser objeto de burla de otros), para lo que Ezequiel utiliza מְשֹׁל מָשָׁל (Ez 17, 2; 18, 2 -3), construido con בְּ. Es evidente que *mâshal* se utilizó a veces solo en ese sentido, como muestra el uso de *mōshelīm* en Num 21, 27 aplicado a los inventores de proverbios; en esa línea, la palabra *meshōl* se utiliza como proverbio, o palabra de doble sentido en Job 17, 6, tanto en forma de verbo en infinitivo como en forma sustantivo.

Como Marck ha mostrado, este sentido es probable tanto por su conexión חֶרְפָּה como por la frase siguiente, que dice: ¿Por qué han de decir entre los pueblos: dónde está su Dios? Según eso, hacerse *mâshal* significa convertirse en objeto de burla.

Esta interpretación se hace más probable si no estamos pensando en Dt 15, 6 (que solo tiene en común con nuestro pasaje la palabra *mâshal*), sino más bien en Dt 28, 37, donde Moisés no solo amenaza al pueblo con el exilio, por su apostasía, sino que añade que ellos se convertirán en objeto de asombro y de burla, es decir, en un proverbio (*mâshâl*), en palabra de risa y escarnio entre las naciones. En una línea semejante, Dt 28, 38.40-42 amenaza a los israelitas con la devastación de sus cosechas, de sus viñas y de sus campos de olivos, por medio de la langosta. Por su parte, 1 Rey 9, 7-8 habla no solo de la expulsión de Israel a tierra de paganos, sino también de la destrucción del templo, de manera que Israel se convierta en objeto de ridículo (de burla) de parte de las naciones; cf. también en combinación con לְחֶרְפָּה y de לְמָשָׁל en Jer 24, 9.

En esa línea resulta decisivo el sentido de Joel 2, 19, a favor de esta visión de לִמְשָׁל בם ג. El Señor promete aquí que enviará a su pueblo trigo, vino nuevo y aceite, para su completa satisfacción, y que no les hará más objeto de reproche y burla entre las naciones. En esa línea, en este contexto, lo que convierte a Israel en objeto de irrisión entre los pueblos no es el sometimiento y exilio en manos de enemigos extranjeros, sino la destrucción de la cosecha por obra de la langosta.

La pregunta de las naciones (¿dónde está su Dios?) implica sin duda un ataque en contra de la relación de alianza entre Yahvé e Israel. Y Yahvé no podía fundar este reproche, porque eso iría en el fondo en contra de él mismo. Comparar, para el hecho de fondo Ex 32, 12; Miq 7, 10 y Sal 115, 2. De esa forma, la oración concluye con la razón más fuerte por la que Dios tendría que apartar el juicio sobre su pueblo, una razón que no podía quedar sin respuesta.

2, 18-27. Destrucción de las langostas. Bendición del pueblo

La promesa que Dios concede a su pueblo, a través del profeta, como respuesta a la oración de los sacerdotes, se refiere al presente y al futuro. En la primera parte, en relación con el presente y con el tiempo que sigue inmediatamente (2, 19-27), se promete la destrucción del ejército de las langostas, a lo que se añade el don (la presencia) de un Maestro de justicia, con la llegada de una lluvia abundante para la cosecha del año siguiente.

A todo eso se añade, a través de la fórmula "y sucederá después" en 2, 28 (en hebreo 3, 1 וְהָיָה אַחֲרֵי־כֵן) la promesa de una bendición más alta, a través de la venida del Espíritu de Dios sobre toda carne, con el juicio sobre las naciones que son hostiles a Israel y con la liberación y las bendiciones de la Iglesia de Dios (2, 28–2, 21).

Las bendiciones que el Señor promete para el tiempo inmediatamente futuro no constan solo de dos partes, por un lado la llegada del agua (con la lluvia del Espíritu Santo) y por otro la destrucción de las langostas, sino que de tres elementos, como ha mostrado von Hofmann: (a) La venida del maestro de justicia. (b) La destrucción del ejército de langostas. (c) La llegada de una cosecha abundante para el futuro inmediato, es decir, la venida del Espíritu de Dios sobre toda carne, la salvación eterna y la glorificación del pueblo de Dios para los últimos tiempos.

2, 18-19a

18 וַיְקַנֵּא יְהוָה לְאַרְצוֹ וַיַּחְמֹל עַל־עַמּוֹ: 19 וַיַּעַן יְהוָה וַיֹּאמֶר

[18] Y Yahvé, solícito por su tierra, perdonará a su pueblo. [19] Responderá Yahvé y dirá a su pueblo:

Joel 2, 18-19a contienen una afirmación histórica según la cual, a consecuencia de la oración penitencial de los sacerdotes, el Señor desplegó su misericordia sobre su pueblo, y les concedió su promesa, la primera parte de la cual se encuentra en Joel 2, 19b-27. Según la gramática, los dos imperfectos con *waw* consecutiva (וַיְקַנֵּא y וַיַּעַן) exigen que lo indicado en esas frases haya sucedido de hecho. Los pasajes en los que los imperfectos con *waw* consecutiva se utilizan de otra forma son de diverso tipo, como por ejemplo en Joel 2, 23, donde uno está en una cláusula subordinada, precedida por perfectos.

Dado que el verbo וַיַּעַן describe la promesa que sigue como una respuesta que Yahvé ha dado a su pueblo, debemos deducir que lo sacerdotes han realizado realmente la oración penitencial y de súplica que el profeta les había pedido (exigido) en Joel 2, 17. El hecho de que eso no se diga expresamente no exige que traduzcamos los verbos de Joel 2, 17 en presente, ni que los tomemos como afirmaciones de lo que el sacerdote realizó realmente (Hitzig), ni que cambiemos los verbos de 2, 18-19 en futuros.

Simplemente, basta con suplir (suponer que se ha realizado) el mandato del profeta entre 2, 17 y 2, 18. קנא con ל, estar celoso por una persona, es decir, mostrar el celo de amor hacia ella, como en Ex 39, 25; Zac 1, 14 (cf. *Comentario a Ex 20, 5*). חמל como Ex 2, 6; 1 Sam 23, 21. En la respuesta de Yahvé que sigue los tres elementos de la promesa no se dan conforme a su orden cronológico, sino en un orden que añade fuerza a la descripción.

- 2, 19b ofrece una promesa de ayuda en la situación de agobio total en que se encuentran hombres y animales por la langosta y la sequía.
- 2, 20 contiene una promesa de destrucción del devastador.
- 2, 21-23 describe el tercer elemento, con el desarrollo posterior de la promesa, es decir, la llegada del Maestro para la justicia.

Solo después, finalmente, en 2, 23-27 se describen los dones de la lluvia fertilizante que hará posible una cosecha abundante de frutos de un campo que había sido devastado por las langostas, como primera de las bendiciones concedidas al pueblo (cronológicamente).

2, 19b-20

19b הִנְנִי שֹׁלֵחַ לָכֶם אֶת־הַדָּגָן וְהַתִּירוֹשׁ וְהַיִּצְהָר
וּשְׂבַעְתֶּם אֹתוֹ וְלֹא־אֶתֵּן אֶתְכֶם עוֹד חֶרְפָּה בַּגּוֹיִם׃
20 וְאֶת־הַצְּפוֹנִי אַרְחִיק מֵעֲלֵיכֶם וְהִדַּחְתִּיו אֶל־אֶרֶץ צִיָּה
וּשְׁמָמָה אֶת־פָּנָיו אֶל־הַיָּם הַקַּדְמֹנִי וְסֹפוֹ אֶל־הַיָּם הָאַחֲרוֹן
וְעָלָה בָאְשׁוֹ וְתַעַל צַחֲנָתוֹ כִּי הִגְדִּיל לַעֲשׂוֹת׃

19b Yo os envío pan, mosto y aceite, y seréis saciados de ellos; y nunca más os pondré en oprobio entre las naciones. 20 Haré alejar de vosotros la (langosta) del norte, y la echaré en tierra seca y desierta: su faz hacia el mar oriental, y su final hacia al mar occidental. Exhalará su hedor y subirá su pudrición, porque hizo grandes cosas.

2, 19b. Así empieza el cumplimiento de las promesas. El Señor promete ante todo una compensación por el daño causado a los judíos a través de la devastación, asegurando ante todo la devastación de la devastación (=del devastador), de manera que no pueda dañar más. En esa línea, Jl 2, 19 está relacionado con 1, 11.

שָׁלַח, de *shâlach*, enviar. Así se dice que el pan es enviado, en vez de dado (Os 2, 10), porque Dios envía la lluvia, que hace que crezca el trigo. Israel no recibirá nunca más el reproche de las naciones, "como si fuera un pobre pueblo, cuyo Dios es incapaz de asistirle o que por eso le ha olvidado" (Rosenmüller). Marck y Schmieder han observado ya que esta promesa está relacionada con la oración en la que se decía que Dios no dejaría que su nación fuera objeto de reproche o burla entre los paganos (Jl 2, 17, cf. comentario a ese verso).

הַצְּפוֹנִי, lo del norte, es un epíteto que se aplica a los enjambres de langostas, lo que exige que la plaga de langostas no pueda interpretarse de un modo puramente alegórico. Ciertamente, en general, las langostas vienen a Palestina desde el sur o desde el desierto de Arabia, y en esa línea Jerónimo afirma que, en general, las langostas vienen con el viento sur.

Pero hay muchas excepciones. Así dice Oedmann, ii. p. 97: "Las langostas vienen con todos los vientos". Niebuhr (*Beschr*eib. p. 169) afirma que en Arabia las langostas llegan con los vientos de todas las direcciones (norte, sur, este y oeste). Su origen no es solo el desierto de Arabia, pues ellas se encuentran en todos los desiertos de arena, que se extienden en las fronteras de los países que fueron (y que en algún sentido siguen siendo), sede de las civilizaciones.

Ellas vienen del Sahara, del desierto líbico, de Arabia y de Iraq (Credner, p. 285). Por su parte, Niebuhr (l.c.) vio un largo trecho de tierra, en el camino de Mosul a Nísibe, completamente cubierto con jóvenes langostas. Las langostas aparecen también en el desierto de Siria, de donde sus enjambres podían dirigirse con facilidad a Palestina, por medio del viento del nordeste, sin necesidad de cruzar las montañas del Líbano.

2, 20. Un enjambre de ese tipo puede llamarse הַצְּפוֹנִי, *tsephōnī*, es decir, del *safón* o del norte, aunque estrictamente hablando no viniera en línea recta del norte. Filológicamente no se puede probar que *tsephōnī* solo puede significar algo que viene directamente del norte, sino que puede provenir del norte dando rodeos. Otras explicaciones por las que ese adjetivo הַצְּפוֹנִי, en el sentido *tifónico*, bárbaro o de otro tipo, que aparecen en Ewald y Meier, y que se obtienen por alteraciones del texto o por etimologías rebuscadas han de ser rechazadas sin más. Lógicamente, aquello que viene del norte ha de ser expulsado también por el viento norte, es decir, por la gran masa de aire que desemboca y que se expande en tres dirección: la parte derecha se dirige a la tierra seca y desolada del desierto de Arabia; la parte delantera acaba perdiéndose y hundiéndose en el mar oriental, es decir, en el mar Muerto (cf. Ez 47, 18; Zac 14, 8); finalmente, la parte trasera del gran enjambre terminará perdiéndose en el mar occidental, que es el Mediterráneo (cf. Dt 11, 24).

Evidentemente, esto no ha de entenderse como si la dispersión se diera al mismo tiempo en las tres direcciones a la vez, lo que implicaría que debían soplar los tres vientos al mismo tiempo. Estas palabras ofrecen más bien una visión retórica de la rápida y total destrucción de las langostas, que puede fundarse en la idea de que el viento empieza soplando del nordeste, después se vuelve hacia el norte y después hacia el nordeste de nuevo, en un tipo de gran remolino, de manera que una parte de la masa inmensa de langostas se pierde en el mar del este (mar

Muerto), otra sigue hacia el sur y se pierde en el desierto arábigo, y otra al final se dirige hacia el mar del oeste, que es el Mediterráneo.

La explicación dada por Hitzig y por otros, según la cual *pânīm* (cf. פָּנָיו) significa la parte oriental y *sōph* (cf. וְסֹפוֹ) la parte occidental del inmenso enjambre no se puede sostener, pues Joel habla más bien de la parte delantera y trasera del gran enjambre, de manera que ambas partes acaban hundiéndose en el mar oriental y el occidental (y en el desierto), de manera que los cuerpos muertos, arrastrados por las olas a la orilla, se van pudriendo, llenando el aire de olor de descomposición. En esa línea, son muchos los autores que hablan de la muerte de las langostas en mares y lagos donde acaban perdiéndose[36].

Para וְעָלָה בָאְשׁוֹ cf. Is 34, 3 y Am 4, 10. צחנה es ἅπ. λεγ.; pero debe mantenerse su significado de corrupción, en parte por el paralelismo y en parte por el verbo siríaco correspondiente que significa suciedad. El ejército de las langostas ha merecido la destrucción porque ha hecho "grandes" cosas.

הגדיל לעשׂות, hacer grandes cosas se aplica a hombres y a otras creaturas con el sentido subordinado de destrucción, de manera que no solo significa haber hecho grandes cosas buenas, sino de haber realizado grandes obras de destrucción, con el significado que tiene la palabra alemana *Grosstun*, en el sentido de estar orgulloso de la propia fuerza.

De esto no se sigue, sin embargo, que las langostas son simplemente realidades figurativas, y que no significan otra cosa que las naciones enemigas, porque el pecado y el castigo implican responsabilidad (Hengstenberg, Havernick), por lo que decir que Dios castiga a las langostas carece de sentido. Por eso, algunos afirman que todo este tema de las langostas es puramente ideal.

Pues bien, en contra de eso, resulta incorrecto decir que, según la Biblia no se puede hablar de un castigo de Dios que se cumple sobre los animales. La misma Ley mosaica enseña lo contrario, es decir, que Dios castigará todo acto de violencia hecho por bestias en contra de los hombres (Gen 9, 5), y que en esa línea manda que el toro que mata a un hombre sea apedreado (Ex 21, 28-32).

2, 21-23

²¹ אַל־תִּירְאִי אֲדָמָה גִּילִי וּשְׂמָחִי כִּי־הִגְדִּיל יְהוָה לַעֲשׂוֹת׃

²² אַל־תִּירְאוּ בַּהֲמוֹת שָׂדַי כִּי דָשְׁאוּ נְאוֹת מִדְבָּר כִּי־עֵץ נָשָׂא

---

36. Plinio (*Hist. n.* xi. 29) dice, *Gregatim sublato vento in maria aut stagna decidunt* (en grandes masas, llevadas por el viento, mueren en mares y estanques). Y Jerónimo hace el siguiente comentario de este verso: "Incluso en nuestros tiempos, nosotros mismos hemos visto la tierra de Judea cubierta de enjambres de langostas que, tan pronto como se alzó el viento fueron precipitadas al primero o al último de esos mares, es decir, el mar Muerto o el Mediterráneo. Y cuando las orillas de ambos mares (donde las habían arrastrado las olas) estaban llenas de los cuerpos de las langostas muertas, el olor de corrupción se hacía tan dañino que la misma atmósfera quedaba corrompida, de manera que tanto los animales como los hombres sufrían las consecuencias de ello".

²³ פִּרְיוֹ תְאֵנָה וָגֶפֶן נָתְנוּ חֵילָם:
וּבְנֵי צִיּוֹן גִּילוּ וְשִׂמְחוּ בַּיהוָה אֱלֹהֵיכֶם כִּי־נָתַן לָכֶם
אֶת־הַמּוֹרֶה לִצְדָקָה וַיּוֹרֶד לָכֶם גֶּשֶׁם מוֹרֶה וּמַלְקוֹשׁ בָּרִאשׁוֹן:

²¹ Tierra, no temas; alégrate y gózate, porque Yahvé hará grandes cosas. ²² Animales del campo, no temáis, porque los pastos del desierto reverdecerán y los árboles llevarán su fruto; la higuera y la vid darán sus frutos. ²³ Vosotros también, hijos de Sión, alegraos y gozaos en Yahvé, vuestro Dios; porque os ha dado la primera lluvia a su tiempo (el maestro de justicia), y hará descender sobre vosotros lluvia temprana y tardía, como al principio.

La promesa anterior se desarrolla aquí aún más, y Joel convoca a la tierra (2, 21), a las bestias del campo (2, 22) y a los hijos de Sión (2, 23) para que gocen y exulten ante este poderoso hecho del Señor, que les ha liberado de esta destrucción amenazadora.

2, 21. La tierra ha sufrido por la gran sequía, conectada con los enjambres de langostas; las bestias del campo han gemido a causa de la destrucción de todas las plantas y de la vegetación de todo tipo; los hombres se han lamentado ante la calamidad inusitada que ha caído sobre tierra y pueblo. Por eso, el profeta llama aquí a todos para que no teman, sino que exulten y se regocijen y les ofrece en cada caso una razón que responde a su llamada.

En el caso de la tierra, introduce el pensamiento de que Yahvé ha hecho grandes cosas en línea de salvación: ha destruido al enemigo, que hacía cosas importantes, pero en el sentido de destructoras. En el caso de las bestias, evoca el verde de los pastos y el crecimiento de los frutos de los árboles; en el caso de los hombres, él pone de relieve dos cosas: el don de un Maestro para la justicia y la lluvia nueva y vivificadora.

En esta descripción debemos tener en cuenta la forma de concretar los temas, que pone de relieve sus características especiales y sirve para explicar no solo la distinción entre la tierra, las bestias del campo y los hijos de Sión, sino también la distribución de las bendiciones de Dios entre los diversos miembros de la creación que han sido mencionados aquí.

Porque, por lo que toca al hecho mismo, por medio de su triple bendición, Dios ofrece beneficios a los tres elementos de la creación: la lluvia es buena no solo para los hijos de Sión y para los hombres, sino también para los animales y para el campo; y así también el verde de los pastos y los frutos son buenos para animales y hombres.

2, 22. En esa línea, incluso הגדיל יי לעשות (el hecho de que Dios ha realizado grandes cosas) no solo lleva a la bendición de la tierra, sino también a la de las bestias y los hombres. Solo sacando de contexto el orden retórico-poético de este pasaje se puede llegar a la conclusión de que las bestias del campo son los paganos, partiendo del hecho de que en Jl 2, 22 ellas comen los frutos de los árboles, mientras en Gen 1, 28-29 se dice que esos frutos de los árboles son solo de los hombres, pues las bestias solo comen hierba.

Los perfectos de estos pasajes, en las frases explicativas de los tres versos, han de tomarse en el mismo sentido, y no traducirse el perfecto de 2, 21 como pretérito y el de 2, 22 y 2, 23 como presente. El perfecto no se aplica solo a las acciones que el profeta está describiendo desde su punto de vista en el pasado, como ya completadas, o como cosas que pertenecen al pasado, sino a acciones de tipo general, que en el lenguaje de la actualidad aplicaríamos también al presente, como algo que se ha de hacer (Ewald, 135, a, etc.). En ese sentido se utilizan aquí los verbos en pretérito, pues el profeta ve las promesas divinas como un hecho que es incuestionablemente cierto y ya completado, aunque su realización histórica solo ha empezado a realizarse y se extiende hacia el futuro próximo y más lejano.

2, 23. El hecho divino sobre el que el profeta pide a los judíos que se regocijen no se limita a la destrucción de las langostas que habían invadido hace un tiempo la tierra de Judá, y a la revivificación de la naturaleza que había sido destruida y se estaba secando, sino que es un acto de Dios que se está repitiendo constantemente, sean cuales fueren las circunstancias actuales, un acto cuya influencia continúa mientras la tierra dure, pues constituye una promesa y garantía de que (como se dice en 2, 26-27) el pueblo de Dios no será ya puesto en vergüenza para siempre.

Los hijos de Sión no son meramente los habitantes de Sión en cuanto tal, sino que los moradores de la capital se mencionan simplemente como representantes de todo el reino de Judá. Así como la plaga de langostas no ha caído simplemente sobre Jerusalén, sino sobre toda la tierra, así el regocijo del que aquí se habla debe darse en todos los habitantes de la tierra (1, 2.14).

Todos han de regocijarse por Yahvé, que se ha mostrado como su Dios, a través de la destrucción del juicio que les amenazaba, ofreciéndoles ahora una nueva y doble bendición. La bendición es doble por su naturaleza: por un lado, Dios destruye la plaga de langostas; por otro, les ofrece el Maestro de Justicia.

Desde tiempo inmemorial ha existido una disputa sobre el significado de אֶת־הַמּוֹרֶה לִצְדָקָה (que Reina-Valera ha traducido como "la primera lluvia a su tiempo"). La mayoría de los rabinos y de los comentadores antiguos han seguido al texto caldeo y el de la Vulgata, y han entendido la palabra מוֹרֶה, *mōreh*, en el sentido de maestro; pero otros, también en número abundante, han tomado esa palabra como "lluvia temprana" (Ab. Ezra, Kimchi, Tanch., Calvino y la mayor parte de los comentaristas calvinistas y modernos).

Pues bien, aunque מוֹרֶה, *mōreh*, se utiliza en la última frase de este verso en el sentido de lluvia temprana, en todos los restantes casos la lluvia temprana se dice *yōreh* (Dt 11, 14; Jer 5, 24). Aquí no se puede apelar a Sal 84, 7, porque su significado es discutido. De modo consecuente, la mejor solución está en pensar que Joel ha puesto en la última frase *mōreh*, en vez de *yōreh*, en el sentido de "lluvia temprana" por el simple hecho de que antes la palabra de *hammōreh* ha aparecido en el sentido de *Maestro*, y lo ha hecho para vincular ambas realidades.

Esta traducción de הַמּוֹרֶה, *hammōreh,* no está solo favorecida por el artículo que se coloca delante, sino también por el hecho de que *mōreh* no tiene el mismo sentido de *yōreh* (lluvia temprana), y por el hecho de que la palabra correspondiente y frecuente de *malqōsh* (última lluvia) tenga artículo.

Nuestra traducción (maestro) queda confirmada por la palabra siguiente, לצדקה (cf. הַמּוֹרֶה לִצְדָקָה) que no se puede aplicar a la lluvia temprana, porque no se puede entender en el sentido de "en justa medida", ni en sentido de "en su tiempo justo" ni como "en la forma perfecta", porque *tsedâqâh* se utiliza solo en el sentido ético de "justicia", y nunca en un sentido físico, ni en 2 Sam 19, 29; Neh 2, 20, ni en Sal 23, 3 ni en Lev 19, 36, donde aparece más bien צדק.

En ese caso (cf. Sal 23, 3) מעגלי צדק no son los caminos directos o rectos, sino caminos de "justicia" (en el sentido espiritual). Por otra parte, aunque צדק מאזני צדק, אבני, son sin duda balanzas justas, piedras de peso justas, eso es porque ellas corresponden a lo que es éticamente justo, de manera que de aquí no podemos deducir que en nuestro caso se trate de la lluvia.

Ewald y Umbreit, reconociendo la imposibilidad de probar que *tsedâqâh* se utiliza en el sentido de *a su tiempo*, en justa medida, han adoptado la traducción "lluvia para la justificación" o "lluvia de rectitud". Ewald lo hace tomando a la lluvia como signo de que los israelitas han sido adoptados en la justicia de Dios; por su parte, Umbreit toma la lluvia como manifestación de la justicia eterna que se muestra en el torrente de la gracia que fertiliza a los hombres.

Pues bien, sin entrar en la cuestión de si esos pensamientos están de acuerdo con la doctrina de la Escritura, ellos no se pueden aplicar aquí, pues el profeta no duda de la revelación de la justicia de Dios, ni le ruega por la justificación, sino que ha apelado más bien a la compasión y a la gracia de Dios desde su conciencia de pecado y de culpa, y ha pedido que sea perdonado y rescatado de la destrucción (Joel 2, 13.17).

Por eso, pensamos que la frase significa aquí "maestro de justicia", pero añadiendo que ella no se ha de aplicar ni solo al profeta Joel (Hofmann), ni directamente al mesías (Abarbanel), ni a un cuerpo ya fijado de mensajeros de Dios (Hengstenberg), aunque algunas de esas suposiciones tienen algo de verdad. Esa expresión evoca ante todo los diversos tipos de maestros (profetas, instructores) que el pueblo de Dios ha tenido a lo largo del tiempo, siendo así dirigido por Dios.

La referencia única o exclusiva a un mesías concreto va en contra del contexto, pues todas las frases explicativas de 2, 21-23 tratan de las bendiciones o dones de Dios que han sido concedidos por Dios de un modo parcial, en tiempos particulares. En esa línea, debemos añadir, partiendo de 2, 23, que el envío de la lluvia está representado por ויורד (imperfecto con *waw* consecutivo), sea a consecuencia del envío del maestro de justicia, sea como acontecimiento contemporáneo al envío de ese maestro.

Aparentemente, esas circunstancias están a favor de la aplicación de la expresión al profeta Joel. Sin embargo, no es probable que Joel se describa a sí mismo como *maestro para la justicia*, o que diga que ha sido enviado al pueblo como objeto de exultación en la justicia. Sin duda, él ha pedido al pueblo que se vuelva al Señor y que ofrezca súplicas penitenciales pidiendo su misericordia a través del arrepentimiento, de manera que su petición ha sido importante para el retorno de la lluvia, con un tiempo lleno de frutos; pero su discurso y su petición no habría tenido ese resultado si el pueblo no hubiera sido instruido antes por Moisés, por los sacerdotes y por otros profetas antes de él, en lo que toca a la enseñanza de los caminos de Dios.

En ese sentido podemos decir que todos ellos *fueron maestros para la justicia*, y han de estar incluidos bajo *hammōreh*. Pero no podemos detenernos en ellos. Dado que las bendiciones de la gracia, a cuya recepción debía alegrarse el pueblo, no se reducen (como hemos observado) a las bendiciones que han venido al pueblo en este tiempo, es decir, en los días de Joel, sino que abarcan aquellas que el Señor les concede en todo tiempo, de manera que no podemos excluir la referencia al Mesías, que ha sido ya evocado por Moisés, cuando dice que el Señor hará que venga, pidiendo a todos que le escuchen (Dt 18, 18-19); por eso debemos incluir también al Mesías como cumplimiento final de esta promesa.

Esta visión responde al contexto, siempre que tengamos en cuenta que Joel menciona las bendiciones materiales y espirituales que el Señor ha de ofrecer a su pueblo, exponiendo en lo que sigue las bendiciones materiales (2, 23-27) y las espirituales (2, 28-32), y lo mismo a lo largo del cap. 3. Unas bendiciones y otras son consecuencia del don del maestro para la justicia. Por eso, la expansión del tema a los dones salvadores para la tierra se indica con las palabras וַיּוֹרֶד לָכֶם con un *waw* consecutivo.

Como primero de esos dones, Joel menciona la גֶּשֶׁם, *geshem*, lluvia buena o abundante, para fertilizar la tierra; y después la define de un modo más exacto como גֶּשֶׁם מוֹרֶה, es decir, la lluvia temprana que cae en el otoño, que es el tiempo de la siembra, lluvia que es necesaria para que germine y crezca lo sembrado, y luego como מַלְקוֹשׁ, lluvia tardía, que debe caer en primavera, un poco antes del tiempo de la cosecha, necesaria para que madure la mies (cf. *Comentario* a Lev 26, 3). בָּרִאשׁוֹן, en el principio, es decir, primero (como רִאשֹׁנָה en Gen 33, 2, igual que כָּרִאשׁוֹן en Lev 9, 15 en vez de כְּבָרִאשֹׁנָה en Num 10, 13), no en el primer mes (texto caldeo, etc.), o en lugar de כְּבָרִאשֹׁנָה, como antes (LXX, Vulgata y otros). Porque בָּרִאשׁוֹן corresponde a אַחֲרֵי־כֵן en Joel 2, 28 (Heb 3,1), como reconocen Ewald, Meier y Hengstenberg.

El texto se refiere así ante todo (es decir, "primero") a la caída de una lluvia abundante, una manera concreta de expresar todas las formas de bendición de la tierra, indicadas y condensadas de esa forma, en oposición a la maldición causada por la seguía. Y después de eso tratará de la llegada de las bendiciones espirituales (2, 28–3, 21).

2, 24-27

²⁴ וּמָלְאוּ הַגֳּרָנוֹת בָּר וְהֵשִׁיקוּ הַיְקָבִים תִּירוֹשׁ וְיִצְהָר׃
²⁵ וְשִׁלַּמְתִּי לָכֶם אֶת־הַשָּׁנִים אֲשֶׁר אָכַל הָאַרְבֶּה הַיֶּלֶק
וְהֶחָסִיל וְהַגָּזָם חֵילִי הַגָּדוֹל אֲשֶׁר שִׁלַּחְתִּי בָּכֶם׃
²⁶ וַאֲכַלְתֶּם אָכוֹל וְשָׂבוֹעַ וְהִלַּלְתֶּם אֶת־שֵׁם יְהוָה אֱלֹהֵיכֶם
אֲשֶׁר־עָשָׂה עִמָּכֶם לְהַפְלִיא וְלֹא־יֵבֹשׁוּ עַמִּי לְעוֹלָם׃
²⁷ וִידַעְתֶּם כִּי בְקֶרֶב יִשְׂרָאֵל אָנִי וַאֲנִי יְהוָה אֱלֹהֵיכֶם וְאֵין
עוֹד וְלֹא־יֵבֹשׁוּ עַמִּי לְעוֹלָם׃ ס

²⁴ Las eras se llenarán de trigo y los lagares rebosarán de vino y aceite. ²⁵ Yo os restituiré los años que comió la oruga, el saltón, el revoltón y la langosta, mi gran ejército que envié contra vosotros. ²⁶ Comeréis hasta saciaros, y alabaréis el nombre de Yahvé, vuestro Dios, el cual hizo maravillas con vosotros; y nunca jamás será mi pueblo avergonzado. ²⁷ Conoceréis que en medio de Israel estoy yo, y que yo soy Yahvé, vuestro Dios, y no hay otro; y mi pueblo nunca jamás será avergonzado.

Estos son los efectos de la lluvia. Joel 2, 24 dice prácticamente lo mismo que 2, 19, y se opone a 1, 10-12. הֵשִׁיק (aquí como: וְהֵשִׁיקוּ), de שׁוּק, en *hifil* solo aquí y en 3, 13, desbordar. יְקָבִים, los recipientes de las prensas de vino, en los que se recoge el vino prensado; aquí se aplica también a las vasijas o recipientes en los que se recoge también el aceite prensado.

Por estas cosechas abundantes, Dios reparará a su pueblo por los años (es decir por el producto perdido de los años) que han sido devorados por las langostas. El plural הַשָּׁנִים, *shânīm,* años, no es una prueba de que Joel se refiere al hecho de que la langosta se haya mantenido como plaga por varios años, pues se emplea de un modo indefinido y general, como en Gen 21, 7, o con un sentido intensivo, como expresión poética de la grandeza y violencia de la devastación pasada.

Sobre los diferentes nombres de las langostas, cf. 1, 4. Hay que observar aquí que la cópula se coloca delante de los dos últimos nombres, pero no se refiere a יֶלֶק, *yeleq,* de manera que los tres últimos nombres se vinculan entre sí como coordinados (Hitzig), de manera que ellos se aplican simplemente como epítetos diferentes utilizados para אַרְבֶּה, 'arbeh, que es la langosta en sentido general.

JOEL 2, 28–3, 21
EFUSIÓN DEL ESPÍRITU. JUICIO Y GLORIA DE ISRAEL

Estos tres elementos de la más alta bendición que el Señor ofrece a su congregación (efusión del Espíritu, juicio y liberación) están íntimamente vinculados entre sí. Por la efusión del Espíritu de Dios sobre toda carne irrumpe el juicio de Dios sobre el mundo impío; y con el juicio acontece no solo la liberación de los verdaderos adoradores de Dios, sino que comienza la santificación y glorificación del pueblo.

Según eso, de un modo consecuente, no nos hallamos antes tres elementos rígidamente separados entre sí, sino más bien vinculados de forma que, así como en 2, 28-32 (en hebreo 3, 1–5) el signo del despliegue del juicio se vincula a la efusión del Espíritu de Dios, así en Joel 3 (en hebreo cap. 4) la descripción del juicio (versos 2-25) queda inserta dentro de la predicción de la restauración de Judá (verso 1), la salvación y la transfiguración de Sión (versos 16-17) y con la eterna glorificación del reino de Dios, que se vincula (por contraste) con la devastación del poder del mundo (versos 18-21).

2, 28-32 (=3, 1-5). Efusión del Espíritu de Dios y anuncio del juicio[37]

2, 28-29 (=3, 1-2)

¹וְהָיָה אַחֲרֵי־כֵן אֶשְׁפּוֹךְ אֶת־רוּחִי עַל־כָּל־בָּשָׂר
וְנִבְּאוּ בְּנֵיכֶם וּבְנוֹתֵיכֶם זִקְנֵיכֶם חֲלֹמוֹת יַחֲלֹמוּן בַּחוּרֵיכֶם חֶזְיֹנוֹת יִרְאוּ׃
²וְגַם עַל־הָעֲבָדִים וְעַל־הַשְּׁפָחוֹת בַּיָּמִים הָהֵמָּה אֶשְׁפּוֹךְ אֶת־רוּחִי׃

²⁸ Después de esto derramaré mi Espíritu sobre todo ser humano, y profetizarán vuestros hijos y vuestras hijas; vuestros ancianos soñarán sueños, y vuestros jóvenes

---

37. Para otra exposición de estos versos, cf. Hengstenberg, *Christologie* 1, 378 ss.; Th. Chr. Tychsen: *Illustratio vaticinii Joëlis cap. III*, Gottingen 1784; F. G. Dresde, *Comparatur* Joelis *De effusione Spiritus Sancti vaticinium cum Petrina ejusdem vaticinii interpretatione*, Viteberg Spec I, 2, 1782; J. Chr. F. STeudel, *Disquiritur* in *Joelis* cap. 3. Tübingen 1820.

verán visiones.²⁹ También sobre los siervos y las siervas derramaré mi Espíritu en aquellos días.

De esa forma, los pueblos reconocerán que Yahvé está presente en su pueblo, y que es el único Dios, y que no soporta que su pueblo sufra la vergüenza. Dado que אַחֲרֵי־כֵן, *'achărē-khēn* remite a *bâri'shēn* de 2, 23, La fórmula וְהָיָה אַחֲרֵי־כֵן, *vehâyâh achărē-khēn*, describe la efusión del Espíritu como la consecuencia segunda y posterior del don del maestro de justicia para los justos.

שפך, efusión, significa comunicación abundante, como una gran lluvia o inundación. La comunicación del Espíritu no era algo totalmente ausente en la nación del pacto, desde el principio. De hecho, el Espíritu de Dios había sido el único lazo interior entre el Señor y su pueblo, pero se hallaba limitado a unos pocos, a los que Dios había dotado como profetas por el don de su Espíritu.

Pues bien, esa limitación debía cesar en el futuro. Lo que Moisés había expresado como un deseo (es decir, que todos fueran profetas, y que el Señor pudiera derramar en todos ellos su Espíritu, Num 11, 29) debía cumplirse en el futuro³⁸. La *rūăch Yehōváh* (cf. אֶת־רוּחִי) no es el primer principio de la vida físico-natural (es decir, no es equivalente a la *rūăch Elōhīm* de Gen 1, 2), sino que es la vida espiritual o ética de los hombres, que llenaba a los profetas del Antiguo Testamento como Espíritu de profecía; de un modo consecuente, Joel describe sus operaciones en la línea de esta visión del Espíritu.

כָּל־בָּשָׂר, toda carne, significa todos los hombres. La idea de que incluye a los animales irracionales, incluso a las langostas (Credner), ha sido justamente rechazada por Hitzig, pues se trata de un pensamiento inconcebible y nunca oído para la Biblia. Pero es falso que el Antiguo Testamento no enseñara una comunicación del Espíritu de Dios a todos los hombres, sino que se limitaba solo a los israelitas. En contra de eso aparece ya la palabra de Gen 6, 3 donde Yahvé amenaza diciendo que no enviará más su Espíritu para dirigir *bâ'âdâm*, es decir, toda la raza humana porque se ha convertido en pura *bâsâr* (carne).

Bâsâr, en oposición a *rūăch Yehōváh*, se refiere siempre a la naturaleza humana como incapaz de recibir la vida espiritual y divina. La expresión "toda carne" no podemos restringirla tampoco en este verso a los miembros del pueblo de la alianza, como han hecho gran parte de los comentadores.

---

38. "No hay duda de que el profeta promete aquí algo que es mayor que aquello que los antepasados habían experimentado bajo la Ley. Sabemos que la gracia del Espíritu Santo había florecido también entre los pueblos antiguos; pero el profeta promete aquí algo que los fieles no habían experimentado hasta entonces, algo más grande. Y esto puede deducirse del verbo *efundir* que él emplea, porque שפך no significa simplemente dar gota a gota, sino hacer que mane, derramar en gran abundancia. Pero Dios no había *efundido* su Espíritu Santo de un modo tan abundante y copioso bajo la ley, como él lo hace después, desde la manifestación de Cristo" (Calvino).

Ciertamente, algunos como Calovius han insistido en que la frase siguiente (vuestros hijos e hijas, vuestros ancianos, etc.) contiene una especificación de כָּל־בָּשָׂר, pero esto no significa que el resto de la humanidad fuera de Israel quedará excluida del Espíritu, que vendrá solo sobre una nación, sino que en esa nación de Israel (y en el conjunto de la humanidad) quedarán abolidos y superados los límites de sexo, edad y rango. Por eso, no se puede afirmar que esta especificación tiene la finalidad de limitar la idea de "toda carne", aplicándola solo a Israel.

Ciertamente, como la profecía se dirige básicamente a Judá, Joel ha podido poner de relieve aquellos elementos que se aplican especialmente a Judá, de forma que en estos dos versos (2, 28-29) él ha insistido en aquello que es importante para sus contemporáneos, es decir, para los miembros de la nación de la alianza, insistiendo en que todos participarán de la efusión del Espíritu, sin diferencia de sexo, edad y rango; en esa línea él podría haber dejado un poco al lado la idea de toda la raza humana, incluyendo todas las naciones, que están incluidas en "toda carne". Pero veremos por 2, 32 que este pensamiento universal no está excluido de la mente del profeta.

En la especificación de la comunicación del Espíritu, las diferentes formas que asume esa efusión quedan retóricamente distribuidas como sigue: a los hijos e hijas se les atribuye la profecía; a los ancianos se les conceden los sueños, a los jóvenes se les prometen visiones o revelaciones. Pero de esto no se sigue que esos fenómenos fueran exclusivos de la edad mencionada, porque la afirmación de que el Espíritu de Dios solo se manifiesta en las mentes debilitadas de los ancianos en la noche, mientras que a los jóvenes vigorosos de gran fantasía se les revela de Dios de día, con visiones verdaderas, y finalmente la afirmación de que en el alma de los niños el Espíritu solo actúa como un tipo de *furor sacer,* es decir, como un tipo de furor sagrado (cf. Tychs., Credner, Hitzig y otros) no se puede sostener históricamente en modo alguno.

Conforme a Num 12, 6, visiones y sueños constituyen dos formas de la revelación profética de Dios. En esa línea, נבא (cf. וְנִבְּאוּ, profetizarán) es la manifestación más general del espíritu profético, que no puede restringirse al estado extático que suele asociarse con la profecía. El significado más concreto de estas imágenes retóricas se centra en el hecho de que hijos e hijas, ancianos y jóvenes, recibirán el Espíritu de Dios con todos sus dones.

La efusión del Espíritu sobre los esclavos, varones y mujeres (2, 29) está conectada con וְנִבְּאוּ (y también), como para indicar que se tratará de algo muy extraordinario, como algo que en aquellas circunstancias no podía esperarse. No hay en el Antiguo Testamento ningún caso en el que se diga que los esclavos vayan a recibir el don de la profecía. Ciertamente, Amós fue un pobre criado pastor, pero no un esclavo.

Por otra parte, la comunicación de este don a los esclavos era irreconciliable con el lugar que los esclavos ocupaban en al Antiguo Testamento. De un modo consecuente, los comentaristas judíos no han podido aceptar plenamente este anuncio. Los LXX al traducir el texto como ἐπὶ τοὺς δούλους μου καὶ ἐπὶ τὰς δούλας μου (sobre mis esclavos y mis esclavas) ha puesto "esclavos de Dios" en el lugar esclavos sin más. Pues bien, el evangelio ha roto las ataduras de la esclavitud.

2, 30-32 (=3, 3-5)

³ וְנָתַתִּי֙ מֽוֹפְתִ֔ים בַּשָּׁמַ֖יִם וּבָאָ֑רֶץ דָּ֣ם וָאֵ֔שׁ וְתִֽימֲר֖וֹת עָשָֽׁן׃
⁴ הַשֶּׁ֙מֶשׁ֙ יֵהָפֵ֣ךְ לְחֹ֔שֶׁךְ וְהַיָּרֵ֖חַ לְדָ֑ם לִפְנֵ֗י בּ֚וֹא י֣וֹם יְהוָ֔ה הַגָּד֖וֹל וְהַנּוֹרָֽא׃
⁵ וְהָיָ֗ה כֹּ֧ל אֲשֶׁר־יִקְרָ֛א בְּשֵׁ֥ם יְהוָ֖ה יִמָּלֵ֑ט כִּ֠י בְּהַר־צִיּ֨וֹן וּבִירוּשָׁלִַ֜ם תִּֽהְיֶ֣ה פְלֵיטָ֗ה כַּאֲשֶׁר֙ אָמַ֣ר יְהוָ֔ה וּבַ֨שְּׂרִידִ֔ים אֲשֶׁ֥ר יְהוָ֖ה קֹרֵֽא׃

³⁰ Haré prodigios en el cielo y en la tierra, sangre, fuego y columnas de humo. ³¹ El sol se convertirá en tinieblas y la luna en sangre, antes que venga el día, grande y espantoso, de Yahvé. ³² Y todo aquel que invoque el nombre de Yahvé, será salvo; porque en el monte Sión y en Jerusalén habrá salvación, como ha dicho Yahvé, y entre el resto al cual él habrá llamado.

2, 30. El juicio sobre todas las naciones va vinculado con la efusión del Espíritu de Dios. Con la palabra וְנָתַתִּי, este verso (2, 30= 3, 3) se une al anterior, como si fuera una simple continuación de lo ya dicho (Hitzig), y así anuncia lo que sigue. Las maravillas que Dios dará en los cielos y en la tierra son precursoras del juicio.

- מוֹפְתִים, *mōphethīm* (cf. Ex 4, 21) son fenómenos extraordinarios y maravillosos de la naturaleza del mundo y en el cielo en 2, 30-31. La sangre y el fuego son signos del juicio: la sangre evoca el cambio del agua del Nilo en sangre (Ex 7, 17); el fuego evoca las piedras ardientes que caían en la tierra con el granizo (Ex 9, 24). Sangre y fuego evocan matanza y guerra.
- תִימֲרוֹת עָשָׁן, *timrōth 'âshân,* son pilares de nubes (aquí en Cant 3, 6), sea que prefiramos *timrōth* como original, y lo relacionemos con *timrâh* de la raíz *tâmar,* o que prefiramos la lectura תימרות, que aparece en muchos códices y ediciones, tomando así la palabra como derivado de *yâmar* que viene de *mūr,* como hace Hengstenberg (*Christologie* I, 389).

Sea como fuere, ese signo evoca el descenso de Yahvé sobre el Sinaí, cuando toda la montaña humeaba y el humo ascendía como la niebla de horno ardiente (Ex 19, 18). No tenemos que pensar por tanto en columnas de nube subiendo como llamas de fuego, que van abriendo el paso de las caravanas o en ejércitos en marcha para mostrar el camino (cf. Cant 3, 6), sino de pilares de nubes, que se enroscan y ascienden de las ciudades asediadas y quemadas en tiempo de Guerra (Is 9, 17).

2, 31. En los cielos el sol se oscurece y la luna toma la apariencia de una oscuridad sangrienta. Estos signos son un antitipo de la plaga de la oscuridad en Egipto (Ex 10, 21). El oscurecimiento y extinción de las luces del cielo se menciona frecuentemente, sea como anuncio o aproximación del juicio, sea como signos de la llegada del día del juicio (cf. Jl 2, 2.10.14. Y también Is 13, 10; 34, 4; Jer 4, 23; Ez 32, 1-8; Am 8, 9; Mt 24, 29; Mc 13, 24; Lc 21, 25). Aquí no tenemos que pensar en los fenómenos naturales de unos eclipses de sol o de luna, que suceden periódicamente, sino en oscurecimientos extraordinarios (no cíclicos) del sol y de la luna, como han ocurrido con frecuencia en las grandes catástrofes de la historia humana[39].

Esos fenómenos de la tierra y del cielo son precursores y signos del juicio que se acerca, no solo en el plano de la fe subjetiva, por la impresión que ellos producen en la mente humana, por su extrañeza y poder, excitando la imaginación ansiosa, sino también como cosas que han de suceder[40] en conexión con el progreso de la humanidad hacia su meta divinamente establecida, que puede explicarse a partir de la llamada por la que el hombre ha sido destinado para ser

---

39. Cf. O. Zoeckler, *Theologia Naturalis* i. p. 420, donde se refiere a Humboldt (*Kosmos*, iii.-413-17), que cita por lo menos 17 casos extraordinarios de oscurecimiento del sol, a partir de la tradición histórica de los siglos pasados, eclipses que no fueron causados por la luna, sino por un tipo de circunstancias totalmente distintas, tales como puede ser una disminución de la intensidad en la fotosfera, con gran oscurecimiento del sol, o con mezclas extrañas en nuestra propia atmósfera, tales como las nubes de polvo, la lluvia negra, etc. Eventos de ese tipo sucedieron de un modo especial en tiempos muy significativos, como entre los años 45 a. C. y el 29 d. C., el año de la muerte del Redentor, y también en los años 358, 360, etc.

40. Calvino ha tomado una visión unilateral y subjetiva de este motivo, cuando explica así el sentido de Jl 2, 31: "Lo que aquí se dice del sol y de la luna, es decir, que el sol se convertirá en oscuridad y la luna en sangre, es una metáfora, y quiere decir que el Señor llenará todo el universo con signos de su ira, que paralizarán al hombre por el miedo, como si la naturaleza se convirtiera en fuente de horror. Porque así como el sol y la luna son testigos del favor paterno de Dios hacia nosotros, cuando nos dan su luz girando en torno a la tierra, así también, en otro plano, el profeta afirmar que ellos serán testigos del Dios enfurecido y ofendido. Por medio del oscurecimiento del sol, de la luna convertida en sangre y del negro vapor, el profeta está expresando el pensamiento de que, hacia cualquier parte que el hombre dirija su mirada, tanto arriba como abajo, él encontrará muchas cosas que llenarán su mente de terror. Esto va en contra de aquellos que dicen que nunca ha existido tal estado de miseria en el mundo, ni tantos signos duros de la ira de Dios".

Pues bien, en contra de eso que dice Calvino, no puede defenderse la afirmación de que estas son "expresiones metafóricas", pues ello va en contra de la visión de la Escritura, que pone de relieve la conexión interna entre el cielo y la tierra, y más en concreto va en contra de la enseñanza bíblica según la cual, en el juicio final, los cielos y la tierra actuales perecerán, de tal manera que seguirá la creación de un nuevo cielo y de una nueva tierra. Por otra parte, la circunstancia del significado cósmico de estos fenómenos (para todas las naciones) está a favor de su conexión real, no imaginaria, con el destino de la humanidad.

señor de la tierra, aunque esto no ha recibido su debido reconocimiento y peso por parte de la ciencia.

De acuerdo con esa conexión estos acontecimientos muestran que "el movimiento eterno de los mundos celestiales ha sido establecido por la justicia de Dios, que gobierna sobre el universo, de manera que la operación concreta de este destino del hombre se manifiesta a través de un fuerte simbolismo cósmico/uránico en acontecimientos de un gran significado histórico" (Zoeckler, l. c.). Sobre Joel 2, 31, ver además lo ya dicho en 2, 1.11.

2. 32. Pero ese terrible día del Señor solo ha de ser temido por el mundo y por los hijos de este mundo. Para los hijos de Dios, ese día es portador de redención (cf. Lc 21, 28). Por eso, el texto sigue diciendo כֹּל אֲשֶׁר־יִקְרָא בְּשֵׁם יְהוָה, que todo aquel que invoque el nombre de Yahvé (es decir, los adoradores que creen en el Señor) será liberados del juicio.

Invocar el nombre del Señor (cf. יִקְרָא בְּשֵׁם יְהוָה) significa no solo adorar públicamente a Dios, sino hacerlo también en la plegaria interior, por la que la confesión de boca es una expresión de la confesión del corazón. Así se dice que en el monte de Sión habrá *pelētâh* (תִּהְיֶה פְלֵיטָה), es decir, liberación, para aquellos que han sido liberados del juicio, como muestra claramente el sinónimo siguiente, *serīdīm*, es decir, los librados del juicio.

El monte Sión y Jerusalén no se mencionan aquí en cuanto son la capital del reino de Judá, sino conforme a su significado espiritual, como el lugar en que el Señor ha sido entronizado en su santuario, en medio de su pueblo, es decir, en cuanto son el lugar central del reino de Dios. De un modo consiguiente, aquí no se ofrece la liberación, en un sentido externo, a los miembros de la nación de Judá, es decir, a los que en el momento de peligro corren a refugiarse dentro de Jerusalén (Hitzig), sino solo a aquellos que invoquen el nombre del Señor, es decir, a los verdaderos adoradores de Dios, sobre los que se ha derramado su Espíritu.

Las palabras כַּאֲשֶׁר אָמַר יי no son sinónimas de נְאֻם יי o כִּי יי דִּבֶּר (Jl 3, 8; Is 1, 20; 40, 5, etc.), sino que evocan una expresión profética ya conocida, es decir, la de Abd 1, 17 donde se repite, palabra por palabra, el dicho del Señor según el cual en medio del gran juicio habrá rescate para algunos sobre el monte Sión.

וּבַשְּׂרִידִים depende también de כִּי ... תִּהְיֶה: "y entre aquellos que permanezcan habrá algunos a los que Yahvé habrá llamado". *Sârîd* es alguien que ha sido dejado (que se ha salvado) en un juicio o en una batalla. Por eso, en Jer 42, 17 y en Js 8, 22 esa palabra está conectada con *pâlît* (uno que ha escapado de la destrucción), de modo que aquí *serīdīm* y *pelētâh* (פְּלֵיטָה בַּשְּׂרִידִים) significa de hecho lo mismo, pues *serīdīm* son los que han escapado (se han refugiado) en el monte Sión.

Por esta frase se añade a todo lo anterior la nueva idea de que entre los salvados se encontrarán aquellos a los que llama el Señor. Estos pueden ser la parte creyente de Judá o los creyentes de entre las naciones. Si aceptamos la primera visión, esta sentencia se limitaría a indicar simplemente el hecho de que solo se salvarán los que invoquen el nombre del Señor, de manera que así se sigue suponiendo que no todos los que habitan en Judá invocan el nombre del Señor. Si aceptamos el segundo sentido, esta sentencia añadiría un elemento nuevo al pensamiento contenido en el primer hemistiquio, indicando que en el tiempo del juicio no se salvarían solo los habitantes de Jerusalén y de Judá, sino todos los que invoquen el nombre del Señor, de cualquier nación posible.

Ha de preferirse el segundo sentido, porque la expresión קרא בשם יי no necesita, ni ha recibido, una precisión ulterior. La salvación de los creyentes de entre los paganos está implicada ya en la primera parte del verso, pues está conectada con la invocación del nombre del Señor. En ese sentido ha citado el apóstol Pablo la frase, como prueba de la participación de los paganos en la salvación mesiánica. Si pasamos ahora a buscar el cumplimiento de esta profecía, vemos que el apóstol Pedro ha citado la totalidad de estos versos (2, 28-32), con la excepción de 2, 32, tras la efusión del Espíritu Santo sobre los discípulos por la primera fiesta de Pentecostés de la iglesia apostólica, para afirmar que esa promesa se ha cumplido en Pentecostés (cf. Hch 2, 17-21 y la referencia posterior de Hch 2, 39): "Pues la promesa ha sido para vosotros y para vuestros hijos, y para todos aquellos que, viniendo de lejos, invoquen el nombre del Señor"; de esa forma, él ha añadido las palabras finales del texto de Joel (2,32)[41].

Según eso, desde tiempo inmemorial, la iglesia cristiana ha reconocido en el milagro de Pentecostés la efusión del Espíritu de Dios, predicha en Jl 2, 32 (cf. Hengstenberg, *Christologie*. I, 381-382), por lo cual, en este campo, el único motivo de división de opiniones es si el cumplimiento de esa promesa ha de confinarse a la fiesta de Pentecostés (como suponen casi todos los Padres de la Iglesia y los comentaristas luteranos más antiguos), o si hay que buscar ese cumplimiento no solo en la fiesta cristiana de Pentecostés y en algunos acontecimientos del propio tiempo de Joel (Ephr. Syr., Grot., y otros); o si, finalmente, el cumplimiento de ese texto en Pentecostés ha de tomarse simplemente como comienzo de un cumplimiento que ha continuado realizándose a lo largo de toda la era cristiana (Calovius, Hengstenberg y muchos otros). Incluso los rabinos, con la excepción de R. Mose Hakkohen en Aben Ezra, que solo ve una referencia a algún acontecimiento en el tiempo del mismo Joel, esperan que esta profecía se cumplirá en el futuro con el advenimiento de Mesías (Yarchi, Kimchi, Abarb.).

---

41. Al citar este pasaje, Pedro está siguiendo en todo a los LXX, incluso en sus desviaciones del texto original, como en ἀπὸ τοῦ πνεύματός μου en vez de רוּחִי (Jl 2, 28-29), en la adición de μου en ἐπὶ τοὺς δούλους y δούλας (Joel 2, 29), en ἐπιφανῆ en vez de נורא (2, 4), porque esas diferencias no eran importantes para el objeto del que se trataba. Por otra parte, él ha interpretado καὶ ἔσται μετὰ ταῦτα (והיה אחרי כן) a través de καὶ ἔσται ἐν ταῖς ἐσχάταις ἡμέραις, y ha añadido con el mismo fin λέγει ὁ Θεός. Por otro lado, ha transpuesto las dos frases καὶ οἱ πρεσβύτεροι... y καὶ οἱ νεανίσκοι, probablemente con la simple finalidad de hacer que los jóvenes sigan a los hijos e hijas, para colocar en la tercera fila o división a los ancianos; finalmente, ha añadido ἄνω to ἐν τῷ οὐρανῷ..., y κάτω to ἐπὶ τῆς γῆς, para insistir más en la antítesis.

De las tres visiones mantenidas por los comentaristas cristianos la tercera es la única que responde a la naturaleza de la profecía correctamente interpretada. La efusión del Espíritu de Dios, o su comunicación en plenitud a la nación de la alianza, es un elemento constante de la profecía, como ratifican otros textos refiriéndose a los tiempos mesiánicos (cf. Is 32, 14, con Is 11, 9 y 54, 13), o a la nueva alianza (cf. Jer 31, 33-34; Ez 36, 26; Zac 12, 10).

Pues bien, aunque el camino estaba ya abierto y preparado por estos profetas, con el anuncio de la plenitud del Espíritu para algunos miembros particulares de la comunidad de la Antigua Alianza, estas comunicaciones esporádicas del Espíritu no se pueden tomar como los primera pasos del cumplimiento de la profecía de Joel, pues no eran efusiones totales del Espíritu de Dios.

La primera efusión total del Espíritu tuvo lugar cuando Jesucristo, el Hijo de Dios, había completado la obra de la redención, es decir, en la primera fiesta de Pentecostés, después de la resurrección y ascensión al cielo. Antes de ello deben recordarse las palabras de Jn 7, 39: οὔπω ἦν πνεῦμα ἅγιον, ὅτι ὁ Ἰησοῦς οὐδέπω ἐδοξάσθη (aún no había Espíritu Santo, porque Jesús no había sido glorificado). La referencia de esta profecía de Joel a la fundación de la nueva alianza, en la Iglesia cristiana, es también evidente por las palabras "y sucederá después…", que Pedro ha sustituido por estas otras: "Y pasará en los últimos días…".

De esa forma, Pedro ha interpretado el sentido de אחרי כן, cuyo uso está condicionado por la referencia al בראשון de Joel 2, 23, y lo ha hecho de un modo muy correcto, respondiendo de ese modo a la fórmula anterior באחרית הימים, es decir, ἐν ταῖς ἐσχάταις ἡμέραις, en los últimos días, que se refiere siempre al futuro mesiánico, es decir, a los tiempos de la culminación del Reino de Dios.

De esa manera, la expresión *achărē khēn* impide que la promesa nos sitúe solo ante un acontecimiento en el tiempo del mismo Joel; pues bien, de un modo semejante, ἐν ταῖς ἐσχάταις ἡμέραις excluye todo cumplimiento en los tiempos anteriores a Jesús. Pero, quedando así claro que el cumplimiento de la profecía tuvo lugar ante todo en la primera fiesta cristiana de Pentecostés, no podemos limitarnos a ese milagro de Pentecostés.

El discurso del apóstol Pedro en Pentecostés no exige en modo alguno esa limitación, sino que, al contrario, contiene varias indicaciones que muestran que el mismo Pedro vio en ese hecho nada menos que el comienzo del cumplimiento de la profecía que se abría de esa forma hacia el cumplimiento final, como una semilla que debe desplegarse totalmente en el árbol.

Así lo vemos en Hch 2, 38 donde Pedro exhorta a los oyentes a que se arrepientan y se bauticen, añadiendo la promesa: "Y vosotros recibiréis el Espíritu Santo"; y de nuevo dice en 2, 39: "La promesa es para vosotros y para vuestros hijos, y para todos los que estén lejos (τοῖς εἰς μακράν), tantos como el Señor nuestro Dios quiera llamar".

Según eso, los que iban a participar en el don del Espíritu Santo no eran solo los hijos de los contemporáneos de los apóstoles, sino aquellos que estaban lejos (es decir, no solo los judíos que habitaban en la diáspora, sino los paganos de lejos). Eso significa que la efusión del Espíritu Santo que comenzaba en Pentecostés debía continuar realizándose hasta que el Señor recibiera en su reino a aquellos que seguían estando lejos, hasta que la plenitud de los gentiles entrara en el reino de Dios. Cf. Hengstenberg, *Christologie* I, 398 ss. donde se aducen más razones para indicar que la profecía se refiere a la expansión de la Iglesia.

Hay una gran diversidad de opiniones sobre el cumplimiento de Jl 2, 30-32. Algunos piensan que ese cumplimiento se refiere a la destrucción de Jerusalén por los caldeos (Grotius, Turretius y los Socinians). Otro piensan que se refiere a los juicios de Dios contra los enemigos de la nación de la alianza, tras el retorno del exilio de Babilonia (Efrén de Siria y otros); otros añaden que se refiere al juicio final (Tertuliano, Teodoreto) o a la destrucción de Jerusalén con el juicio final (Chrys.). Entre esas visiones, todas aquellas que suponen que los acontecimientos se refieren a sucesos anteriores a la era cristiana son irreconciliables con el contexto, según el cual el día del Señor debe venir después de la efusión del Espíritu Santo (acontecida en Pentecostés). Tampoco los milagros conectados con la muerte de Jesús y la efusión del Espíritu Santo sobre los apóstoles (en lo que algunos han pensado) pueden tomarse propiamente en consideración, aunque los acontecimientos maravillosos sucedidos a la muerte de Cristo (oscurecimiento del sol, movimiento de la tierra, ruptura de las rocas...) eran un anuncio del juicio que se aproximaba, y fueron interpretados así por la gente (por los ὄχλοις), como advertencia para el arrepentimiento, y como aviso para evitar el juicio (Mt 27, 45.51; Lc 23, 44.48).

Esos hechos no son el cumplimiento de la profecía, porque los signos en el cielo y en la tierra mencionados en Jl 2, 30-31, 30 debían cumplirse antes de la llegada del día terrible del Señor, que debía venir después de la efusión del Espíritu de Dios sobre toda carne, juicio que, como enseña la historia, tuvo lugar al principio de dos maneras: (a) Cuando la nación israelita, que había rechazado al Salvador, fue castigada por los romanos, con la destrucción de Jerusalén. (b) Ese juicio recayó después sobre el poder mundial de los gentiles con la destrucción del Imperio romano; ese es un juicio que se ha venido concretando y ampliando después con la constante sucesión y destrucción de las naciones gentiles, una tras otra, hasta que sea destruido el poder impío de este mundo (cf. Joel 3, 2).

Por razón de la conexión interna entre el día de Yahvé y la efusión del Espíritu sobre la Iglesia del Señor, Pedro citó también los versos 2, 30-32 de esta profecía, con la finalidad de impresionar los corazones de todos los oyentes, diciéndoles: "Salvaos vosotros mismos de esta generación perversa" (Hch 2, 40), indicando también la manera de salvarse del juicio para todos los que desearan ser salvados.

3,1-21 (=4, 1–21). Juicio sobre los paganos y glorificación de Sión

3, 1-3 (=4,1-3)

¹כִּי הִנֵּה בַּיָּמִים הָהֵמָּה וּבָעֵת הַהִיא אֲשֶׁר (אָשׁוּב) [אָשִׁיב] אֶת־שְׁבוּת יְהוּדָה וִירוּשָׁלִָם: ² וְקִבַּצְתִּי אֶת־כָּל־הַגּוֹיִם וְהוֹרַדְתִּים אֶל־עֵמֶק יְהוֹשָׁפָט וְנִשְׁפַּטְתִּי עִמָּם שָׁם עַל־עַמִּי וְנַחֲלָתִי יִשְׂרָאֵל אֲשֶׁר פִּזְּרוּ בַגּוֹיִם וְאֶת־אַרְצִי חִלֵּקוּ: ³ וְאֶל־עַמִּי יַדּוּ גוֹרָל וַיִּתְּנוּ הַיֶּלֶד בַּזּוֹנָה וְהַיַּלְדָּה מָכְרוּ בַיַּיִן וַיִּשְׁתּוּ:

¹ Ciertamente en aquellos días, en aquel tiempo en que haré volver la cautividad de Judá y de Jerusalén, ² reuniré a todas las naciones y las haré descender al valle de Josafat; allí entraré en juicio con ellas a causa de mi pueblo, de Israel, mi heredad, al cual ellas esparcieron entre las naciones, y repartieron mi tierra. ³ Echaron suertes sobre mi pueblo, cambiaron los niños por una ramera y vendieron las niñas por vino para beber.

3, 1. La descripción del día del juicio, predicho en 2, 31, comienza con un כִּי explicativo. El desarrollo del pensamiento es el siguiente: cuando en Sión llegue el día del Señor, solo habrá liberación para aquellos que invoquen el nombre del Señor. Y entonces todas las naciones que han mostrado hostilidad en contra de la heredad de Yahvé serán juzgadas en el valle de Josafat.

Por הִנֵּה, *hinnēh*, el hecho que ha de venir se anuncia como algo nuevo e importante. La noticia referida al tiempo nos sitúa de nuevo ante el "después" que aparecía ya en 2, 28: "En aquellos días", es decir, en los días de la efusión del Espíritu de Dios. Este tiempo viene a ser descrito después por la aposición "en aquel día, cuando yo vuelva (=libere) la cautividad de Judá", como en el tiempo de la redención del pueblo de Dios, saliendo de la situación de postración en que se encuentra, liberándose así de todo tipo de dificultad.

שׁוּב אֶת שְׁבוּת no se utiliza aquí en el sentido de "traer de nuevo (=libres) a los prisioneros, sino como en Os 6, 11, en el sentido más extenso de *restitutio in integrum*, restitución o liberación integral, que incluye la reunión de los dispersos, y el retorno de los cautivos como un elemento que, aunque no sea exclusivo ni único, abraza e incluye por elevación un nuevo y más alto estado de gloria del pueblo, superando su situación anterior de desgracia.

וְקִבַּצְתִּי añade la predicción del juicio a la definición anterior del tiempo en forma de apódosis. El artículo en כָּל־הַגּוֹיִם (todas las naciones) no se refiere a todas las naciones a las que se aludía en Jl 1, 1-11 y Jl 2 bajo la figura de las langostas (Hengstenberg), sino que se emplea porque el profeta tiene en su mente a todas las naciones a las que inmediatamente después acusará de hostilidad en contra de Israel, que es el pueblo de Dios. En esa línea, el artículo se utiliza de la misma manera que en Jer 49, 36, de forma que esa noción, aunque utilizada de un modo indefinido, queda mucho más definida en lo que sigue (cf. Ewald, 227, a).

El valle de *Yehōshâphât* o Josafat (עֵמֶק יְהוֹשָׁפָט), es decir de *Yahvé-Juzga*, no es el valle en el que se realiza el juicio sobre muchas naciones en el tiempo de Josafat (2 Cron 20), y que recibió el nombre de valle de la Bendición, por la fiesta de acción de gracias que celebró allí el rey Josafat (2 Cron 20, 22-26) como suponen Ab. Ezra, Hofmann, Ewald y otros.

Ese valle de Bendición no es una parte del valle Cedrón que fue seleccionado para esa celebración en el camino de vuelta del desierto de Tekoah hacia Jerusalén (ver Bertheau sobre *2 Crónicas*), y mucho menos el valle de Jezreel (Kliefoth), en una zona situada en las cercanías de las ruinas de Bereikût, que han sido descubiertas por Wolcott (cf. Ritter, *Erdkunde*, xv. p. 635 y Van de Velde, *Mem.* p. 292).

Este valle de Josafat ha de buscarse de un modo incuestionable, según este capítulo, en la misma Jerusalén o en su cercanía (compárese con Zac 13, 3); y este nombre, que no aparece en ningún otro lugar, ni en el Antiguo ni en el Nuevo Testamento, excepto aquí y en Jl 3, 12, ha sido tomado por el mismo profeta Joel, lo mismo que el nombre simbólico de עֵמֶק הֶחָרוּץ, en 3, 14, porque allí tendrá lugar el juicio de Yahvé sobre las naciones.

La tradición de la Iglesia (cf. Eusebio, con Jerónimo, *Onom.* en κοιλάς–Caelas, y con el *Itiner. Anton.* p. 594; cf. Robinson, *Pal.* i. pp. 396, 397) ha identificado correctamente este valle con el de Cedrón, en la zona este de Jerusalén, y más precisamente en la parte norte de ese valle (2 Sam 18, 18) que es el valle de *Shaveh* (Gen 14, 17). Allí lucharía el Señor con las naciones y las juzgaría, porque ellas habían atacado a su pueblo (וְנַחֲלָתִי, *nachălâthî*, pueblo de la heredad de Yahvé: cf. Joel 2, 17) y a su tierra (אַרְצִי, *'artsî*).

La dispersión de Israel entre las naciones y la división de la tierra del Señor (חלק) no puede referirse sin más a la invasión de Judá por los filisteos y los árabes en los tiempos de Jorán (2 Cron 21, 16-17). Ciertamente, esos enemigos conquistaron de hecho Jerusalén y la saquearon y llevaron entre los cautivos a los mismos hijos del rey, pero ese destierro de un número determinado de prisioneros no puede entenderse como dispersión del pueblo de Israel entre los paganos; tampoco ese saqueo de la tierra y de la capital puede llamarse una división de la tierra de Yahvé.

Eso no puede aplicarse, en modo alguno, al hecho afirmado aquí, diciendo que el juicio que sigue (y que se aplica a todas las naciones) vendría después de la efusión del Espíritu de Dios sobre toda carne, de forma que solo después, en Jl 3, 4-8, se comienza a hablar de las calamidades que las naciones vecinas han infligido sobre el reino de Judá. Estas palabras de juicio presuponen como hechos ya sucedidos tanto la dispersión de todo el pueblo de Israel en el exilio, entre los paganos, como la conquista y captura de toda la tierra entre las naciones paganas, y esto solo puede referirse, en ese sentido, a lo que tuvo lugar bajo la conquista de los caldeos y paganos.

3, 2-3. Joel no está hablando aquí de acontecimientos que pertenecen a su propio tiempo, ni al más reciente pasado, sino que está refiriéndose a una dispersión de todo el pueblo de la antigua alianza entre los paganos, y esto solo tuvo lugar después de la conquista de Palestina y de la destrucción de Jerusalén por los romanos, dispersión que continúa hasta el día de hoy. De todas formas, no podemos aceptar la visión de Hengstenberg, según la cual esto ha de verse como argumento del carácter alegórico de las langostas en Jl 1-2.

Dado que Moisés había ya predicho que Israel sería dispersado un día entre los paganos (Lev 26, 33; Dt 28, 36), Joel ha podido suponer que este juicio era una verdad ya bien conocida en Israel, de forma que él no ha tenido que recordarlo al hablar de las amenazas de castigo de los capítulos 1-2.

De todas formas, en 3, 3, Joel describe el ignominioso tratamiento de Israel en conexión con esta catástrofe. Los prisioneros de guerra serían distribuidos por lotes entre los conquistadores, y puestos a la venta entre los tratantes de esclavos por los precios más ridículos: un muchacho por el precio de una prostituta, una muchacha por una ración de vino.

Ciertamente, ya en los tiempos de Joel muchos israelitas habían sido dispersados, sin duda, entre las naciones paganas (cf. 3, 5), pero las naciones paganas no habían distribuido aún por lotes a la nación en su conjunto, para vender a sus habitantes como esclavos y para dividir la tierra entre ellos. Esto no se hizo hasta el tiempo de los romanos[42].

Pero, como muchos de los comentaristas antiguos han mostrado, no podemos detenernos ni siquiera en eso. El pueblo y heredad de Yahvé no es solo el Israel del Antiguo Testamento como tal, sino la Iglesia del Señor de los dos testamentos (antiguo y nuevo), sobre la que se efunde el Espíritu del Señor. En

---

42. Tras la conquista y destrucción de Jerusalén, Tito dispuso de los prisioneros, cuyo número llegaba a los 97 000 a lo largo de la guerra, de la siguiente manera. Los que tenían menos de diecisiete años eran vendidos públicamente; del resto, algunos eran inmediatamente ejecutados; otros eran enviados para trabajos en las minas de Egipto; otros eran conservados para los espectáculos públicos, para luchar contra las bestias salvajes en las principales capitales de Roma; y solo los más altos y hermosos eras conservados para la triunfal procesión de Roma (cf. Josefo, *De bell. Jud.* vi. 9, 2, 3).

Por su parte, los judíos que fueron tomados prisioneros en la guerra judía del tiempo de Adriano fueron vendidos en el mercado de esclavos de Hebrón a un precio tan bajo que por una medida de centeno se daban cuatro judíos. Incluso en las conquistas de los Ptolomeos y los Selécidas por la posesión de Palestina, miles de judíos eran vendidos como prisioneros de guerra. Así, por ejemplo, en su expedición contra los judíos en la guerra de los macabeos, se dice que Nicanor, comandante sirio, vendió por anticipado en las ciudades comerciales del Mediterráneo todos los judíos que él pudo hacer prisioneros, al precio de noventa prisioneros por un talento; además, 100 comerciantes de esclavos acompañaban al ejército sirio, llevando cadenas para los prisioneros (1 Mac 3, 41; 2 Mac 9, 11; Jos, Antigüedades XII, 7, 3).

esa línea, el juicio que Yahvé mantendrá sobre las naciones, a causa de las injurias que han causado a su pueblo, es el juicio final sobre las naciones, un juicio que abarcará no solo a los romanos paganos y a otras naciones gentiles por las que los judíos han sido oprimidos, sino a todos los enemigos del pueblo de Dios, tanto dentro como fuera de los límites terrenos de la Iglesia del Señor, incluyendo a los judíos carnales, a los musulmanes y a los cristianos nominales, que son paganos de corazón[43].

Antes de describir ese juicio final sobre las naciones hostiles del mundo, Joel menciona en 3, 4-8 la hostilidad de las naciones del entorno de Judá que se ha manifestado hasta su propio día y anuncia para ellos la justa restitución, por los crímenes que han cometido en contra de la nación de la alianza.

3, 4-8 (=4, 4-8)

⁴ וְגַם מָה־אַתֶּם לִי צֹר וְצִידוֹן וְכֹל גְּלִילוֹת פְּלָשֶׁת הַגְּמוּל אַתֶּם מְשַׁלְּמִים עָלָי וְאִם־גֹּמְלִים אַתֶּם עָלַי קַל מְהֵרָה אָשִׁיב גְּמֻלְכֶם בְּרֹאשְׁכֶם׃
⁵ אֲשֶׁר־כַּסְפִּי וּזְהָבִי לְקַחְתֶּם וּמַחֲמַדַּי הַטֹּבִים הֲבֵאתֶם לְהֵיכְלֵיכֶם׃
⁶ וּבְנֵי יְהוּדָה וּבְנֵי יְרוּשָׁלַםִ מְכַרְתֶּם לִבְנֵי הַיְּוָנִים לְמַעַן הַרְחִיקָם מֵעַל גְּבוּלָם׃
⁷ הִנְנִי מְעִירָם מִן־הַמָּקוֹם אֲשֶׁר־מְכַרְתֶּם אֹתָם שָׁמָּה וַהֲשִׁבֹתִי גְמֻלְכֶם בְּרֹאשְׁכֶם׃
⁸ וּמָכַרְתִּי אֶת־בְּנֵיכֶם וְאֶת־בְּנוֹתֵיכֶם בְּיַד בְּנֵי יְהוּדָה וּמְכָרוּם לִשְׁבָאיִם אֶל־גּוֹי רָחוֹק כִּי יְהוָה דִּבֵּר׃ ס

⁴ ¿Qué tengo yo con vosotras, Tiro y Sidón, y con todo el territorio de Filistea? ¿Queréis vengaros de mí? Y si de mí os vengáis, bien pronto haré yo recaer la paga sobre vuestra cabeza. ⁵ Porque os habéis llevado mi plata y mi oro, y mis cosas preciosas y hermosas las metisteis en vuestros templos; ⁶ y vendisteis los hijos de Judá y los hijos de Jerusalén a los hijos de los griegos, para alejarlos de su tierra. ⁷ Yo los levantaré del lugar donde los vendisteis y volveré vuestra paga sobre vuestra cabeza; ⁸ venderé vuestros hijos y vuestras hijas a los hijos de Judá, y ellos los venderán a los sabeos, nación lejana; porque Yahvé ha hablado.

---

43. Como J. Marck ha observado correctamente, tras haber mencionado a las naciones paganas que eran hostiles a Judá, y además a los sirios y romanos "podemos seguir pensando en la misma línea de todos los enemigos de la Iglesia de Cristo, desde su principio hasta el fin de los tiempos, igual que a los judíos carnales, a los gentiles romanos, a los crueles musulmanes, a los impíos papistas y a todos los otros que han sufrido o que sufrirán el castigo por su iniquidad, conforme a la regla y medida de la restitución de la iglesia, hasta llegar a los enemigos que quedarán en el momento de la llegada de Cristo, para ser derrotados, en la completa y total redención de su iglesia.

3, 4. A los gentiles ya mencionados se añaden con un וְגַם, *wegam*, los filisteos y los fenicios, pues no son menos culpables que los otros. No se les cita, sin embargo, en el sentido de "también estos, ni se investigan mejor las cosas" (Ewald), ni se dice: "y también vosotros, porque en lugar de la amistad y ayuda que estabais obligados a ofrecer como vecinos a mi pueblo..." (Rosenmüller), pues unos añadidos como esos son extraños al contexto. Esos pueblos se añaden en este sentido: "Y también vosotros, no os imaginéis que podéis hacer daño con impunidad, como si tuvierais derecho a hacerlo".

מה־אתם לי no significa "¿qué tengo que hacer contigo?", porque eso tendría que haberse expresado de un modo distinto (Js 22, 24; Jc 11, 12), sino: "¿qué podréis hacer conmigo?". Esta pregunta queda sin terminar a causa de su carácter emocional, y porque se resume y completa inmediatamente después de una forma disyuntiva (Hitzig). Tiro y Sidón, las dos capitales más importantes de los fenicios (cf. *Comentario* a Is 19, 29 y 11, 8) representan a todos los fenicios.

כל גלילות פל, "todos los círculos o distritos de los filisteos", son los cinco pequeños principados de Filistea (cf. Js 13, 2). גמול, hacer o infligir (en sentido de castigo), de *gâmal*, cumplir, hacer (cf. *Comentario* a Is 3, 9). La pregunta disyuntiva ¿Quizá podréis vengaros de mí, es decir, del mal que yo os he hecho, o podréis realizar por vosotros mismos algo en contra de mí?, ha de contestarse con una negación: "No tenéis razón para vengaros de mí, es decir, de mi pueblo, que es Israel, ni tenéis ninguna posibilidad de hacerme daño. Pero si se trata de "venganza", es decir, de contestar al mal con mal, seré yo quien con toda rapidez (קַל מְהֵרָה, cf. Is 5, 26) responderé contra vosotros, por el mal que habéis hecho" (cf. Sal 7, 17).

3, 5-6. Para explicar lo que aquí se dice, se cuenta aquello que esos pueblos han hecho al Señor y a su pueblo: han robado su oro y su plata, han llevado los costosos tesoros de Judá a sus palacios o templos. Estas palabras no han de limitarse al saqueo del templo y de su tesoro, sino que incluyen el saqueo de palacios y casas de los ricos, saqueo que se realizaba siempre en la conquista de las ciudades (cf. 1 Rey 14, 26; 2 Rey 14, 14).

היכליכם no eran solo los templos, sino también los palacios (cf. Is 13, 22; Am 8, 3; Prov 30, 28). Joel piensa sin duda en el saqueo de Judá y de Jerusalén por los filisteos y los árabes en el tiempo de Jorán (cf. 3 Cron 21, 17). La participación de los fenicios se centró en el hecho comprar a los judíos que habían sido hechos prisioneros, y para venderlos como esclavos a los hijos de Javán, es decir, a los jonios o griegos de Asia Menor. (Sobre el comercio de esclavos por los fenicios, cf. Movers, *Phönizier*, ii. 3, p. 70 ss.).

La frase "para alejarlos del lugar" indica la magnitud del crimen, pues querían alejarlos de su tierra, de manera que no pudieran volver a ella. Este crimen se les repagará conforme a la verdadera ley del talión, *lex talionis* (Jl 3, 7-8). El Señor volverá a traer a los miembros de su propia nación de los lugares a los que habían sido vendidos, les introduciría de nuevo en su tierra, imponiendo sobre los filisteos y los fenicios el poder de los judíos (cf. *mâkhar beyâd,* en בְּיַד מְכַרְתִּי, como en Jc 2. 14; 3, 8, etc.), de manera que los judíos venderían a su vez a los prisioneros fenicios y filisteos como esclavos al pueblo lejano de los sabeos, un pueblo de comerciantes famoso de Arabia Felix (cf. 1 Rey 10, 1).

Esta amenaza se cumpliría ciertamente, porque Yahvé había hablado (cf. Is 1, 20). Esto ocurrió precisamente en la derrota de los filisteos bajo Ozías (2 Cron 26, 6-7) y Ezequías (2 Rey 18, 8), cuando los prisioneros de guerra filisteos fueron vendidos como esclavos. Pero eso sucedió principalmente después de la cautividad, cuando Alejandro el Grande y sus sucesores enviaron a muchos judíos prisioneros de guerra en libertad a sus tierras (cf. la promesa del rey Demetrio a Jonatán: "yo enviaré en libertad a los judíos que han sido hechos prisioneros y reducidos a la esclavitud en nuestra tierra", Josefo, *Ant.* xiii. 2, 3).

Sucedió también cuando algunas partes de la tierra de los filisteos y de los fenicios cayeron durante un tiempo en manos del poder de los judíos; así, cuando Jonatán sitió Ascalón y Gaza (1 Mac 10, 86; 11, 60); cuando el rey Alejandro Balas convirtió a Ecrón en distrito de Judá (1 Mac 10, 89); cuando el rey judío Alejandro Janeo conquistó Gaza y la destruyó (Josefo, *Ant.* xiii. 13, 3; *Bell. Jud.* i. 4, 2); y cuando, tras la cesión de Tiro (que antes había sido conquistada por Alejandro Magno) a los seleúcidas, Antíoco el Joven nombró a Simón comandante en jefe de la tierra que va desde la zona de Tiro hasta la frontera de Egipto (1 Mac 1, 59).

3, 9-17 (=4, 9-17)

Narra el cumplimiento del juicio predicho en 3, 2 sobre los paganos. Compárese con la predicción semejante del juicio en Zac 14, 2. La llamada está dirigida a todas las naciones para que se preparen para la batalla y para que marchen hacia el valle de Josafat, para la guerra en contra del pueblo de Dios, pero en realidad es para ser juzgados por el Señor, a través de sus héroes celestiales, a los que él enviará desde allí.

3, 9-12 (=4, 9-12)

⁹ קִרְאוּ־זֹאת בַּגּוֹיִם קַדְּשׁוּ מִלְחָמָה הָעִירוּ הַגִּבּוֹרִים יִגְּשׁוּ
יַעֲלוּ כֹּל אַנְשֵׁי הַמִּלְחָמָה: ¹⁰ כֹּתּוּ אִתֵּיכֶם לַחֲרָבוֹת
וּמַזְמְרֹתֵיכֶם לִרְמָחִים הַחַלָּשׁ יֹאמַר גִּבּוֹר אָנִי:
¹¹ עוּשׁוּ וָבֹאוּ כָל־הַגּוֹיִם מִסָּבִיב וְנִקְבָּצוּ שָׁמָּה הַנְחַת יְהוָה גִּבּוֹרֶיךָ:
¹² יֵעוֹרוּ וְיַעֲלוּ הַגּוֹיִם אֶל־עֵמֶק יְהוֹשָׁפָט כִּי שָׁם אֵשֵׁב לִשְׁפֹּט
אֶת־כָּל־הַגּוֹיִם מִסָּבִיב:

⁹ ¡Proclamad esto entre las naciones, proclamad guerra, despertad a los valientes! ¡Acérquense, vengan todos los hombres de guerra! ¹⁰ Forjad espadas de vuestros azadones, lanzas de vuestras hoces y diga el débil: ¡Fuerte soy! ¹¹ Daos prisa y venid,

naciones todas de alrededor, y congregaos. ¡Haz venir allí, Yahvé, a tus fuertes! ¹² Despiértense las naciones y suban al valle de Josafat, porque allí me sentaré para juzgar a todas las naciones de alrededor.

3, 9-10. El mandato para preparar la guerra (Jl 3, 9) no está dirigido a los adoradores de Yahvé o a los israelitas dispersados entre las naciones paganas, ni tampoco directamente a los héroes y guerreros de las naciones, sino a los heraldos, que han de escuchar el mensaje divino, y transmitirlo a las naciones paganas. Este cambio forma parte de la escenografía poética del pensamiento, para que a un signo del Señor se reúnan las naciones paganas para luchar en contra de Israel.

קדש מלחמה no significa "declarar la guerra" (Hitzig), sino consagrar una guerra, es decir, prepararse para la guerra por medio de sacrificios y de ritos religiosos de consagración (cf. 1 Sam 7, 8-9; Jer 6, 4). העירו: que los héroes (guerreros) se despierten y dejen su pacífico descanso para empezar la lucha.

Según יגשו ese mandato ha de pasar de una segunda persona a la tercera, lo que según Hitzig está indicando aquello que los heraldos han de decir a las naciones o a los guerreros. Pero la continuación con el imperativo *kōttū* (אֵתֵּיכֶם לַחֲרָבוֹת כֻּתּוּ: forjad espadas con vuestros azadones, 3, 10) tiene un sentido muy especial.

Ciertamente, un tipo de transición como esta (del decir al hacer) es bien conocida y frecuente (cf. Is 41, 1; 34, 1), y puede explicarse por el carácter vivo de la descripción. עלה se aplica aquí al avance del ejército enemigo, con toda su fuerza, para la guerra, pues será la guerra decisiva. Pero, en este caso, los guerreros de Dios han de transformar los utensilios pacíficos de la agricultura en armas (comparar con Is 2, 4 con Miq 4, 3, donde se describe la transformación de las armas en instrumentos de agricultura).

Incluso el más débil ha de mostrarse en este caso como un héroe "como sucede generalmente cuando toda una nación se estremece llena de entusiasmo guerrero" (Hitzig). Este entusiasmo se expresa aún mejor en la llamada de 3, 11 donde se pide que se reúnan tan pronto como sea posible.

3, 11-12. El ἅπ. λεγ. עוּשׁ (cf. עוּשׁוּ) se relaciona con חוּשׁ, *darse prisa*. No hay ninguna base para aceptar aquí el significado de "reuníos", adoptado por los LXX, Targ., etc. La expresión כל־הגוים no tiene que entenderse en el sentido de que los enviados por Joel tengan que dirigirse a los gentiles, como hacef Hitzig; estas palabras se entienden mejor como llamada a la guerra que se hacen unas naciones a las otras, como requiere la palabra siguiente: ונקבצו. Por otra parte, la suposición de Hitzig, Ewald y otros, según la cual esta forma verbal es el imperativo de הקבצו, no puede defenderse a partir de Is 43, 9 y de Jer 50, 5.

Solo en 3, 11b eleva Joel una oración dirigida al Señor, para que él envíe a sus héroes celestiales al lugar en el que se están reuniendo los paganos. הַנְחַת, *han-chath*, es un imperfecto *hifil*, con *patach* en vez de *tzere*, a causa del sonido gutural, de נחת, *nâchath*, bajar, hacer descender. Los héroes de Yahvé (גִּבּוֹרֶיךָ) son ejércitos celestiales o ángeles, que ejecutan sus mandatos, como *gibbōrē khōăch* (cf. Sal 78, 25). Yahvé mismo responde a esta oración en 3, 12: "Despierten las naciones y suban al valle de Josafat…".

יעורו corresponde a העירו en 3, 9, y al final se repite deliberadamente: "las naciones de alrededor…". Por ahora, aquí no hay antítesis frente a "todas las naciones" de 3, 2, como si por ahora el juicio fuera solo de las naciones hostiles del entorno de Judá, y no de todas las naciones, de un modo universal (Hitzig). Incluso en 3, 2 כל הגוים son simplemente todos los paganos los que han atacado al pueblo de Yahvé, es decir, todas las naciones en el entorno de Israel.

Pero no son solo las naciones directamente vecinas, sino todas las que han venido a estar en contacto con el reino de Dios, es decir, todas las de la tierra, sin excepción, pues antes del juicio final el evangelio se proclamará en todo el mundo, como testimonio para todas las naciones (Mt 24, 14; Mc 13, 10). Este es el juicio final y decisivo, en el que llegarán a su final todos los juicios particulares. A ese juicio alude del mandato de que se reúnan todos los héroes fuertes del verso siguiente.

3, 13 (=4, 13)

¹³ שִׁלְח֣וּ מַגָּ֗ל כִּ֤י בָשַׁל֙ קָצִ֔יר בֹּ֥אוּ רְד֖וּ כִּֽי־מָלְאָ֣ה גַ֑ת הֵשִׁ֙יקוּ֙ הַיְקָבִ֔ים כִּ֥י רַבָּ֖ה רָעָתָֽם׃

¹³ Meted la hoz, porque la mies está ya madura. Venid, descended, porque el lagar está lleno y rebosan las cubas; porque mucha es la maldad de ellos.

El juicio está representado por la doble figura de la siega de los campos y de las uvas que se pisan en el lagar. En primer lugar, a los ángeles se les manda que corten la mies madura (Is 17, 5; Ap 14, 16), y después que pisen las prensas de vino que están llenas de uva. Hitzig tiene una opinión distinta, y así dice que primero se corten los racimos y después se pise la uva, como si las dos frases se refirieran a la vendimia. Pero él piensa erróneamente que בָשַׁל, *bâshal*, no se aplica a la siega del trigo, y porque sigue pensando de un modo arbitrario que la palabra קָצִיר (siega) ha de ser sustituida por *bâtsîr*, vendimia; y que en vez de מַגָּל, *maggâl*, una hoz (cf. Jer 50, 16) ha de ponerse *mazmērâh*, que son las tijeras de cortar los racimos. Pero, en contra de Hitzig, hay que decir que *bâshal*, en sentido literal, no significa "prensa de vino" (lugar donde el vino fermenta), sino aquello que está ya hecho, es decir, maduro, como en griego πέσσω, πέπτω, madurar, suavizar, hervir (cf. en Ex 12, 9), y por eso, en *piel*, tiene el sentido de hervir, tostar, madurar (Gen 40, 10), aplicado tanto a las uvas como a la mies.

Ciertamente, Is 16, 9 emplea la palabra *qâtsîr* para la vendimia, a causa de la aliteración con *qayits*, pero este no puede ser el sentido de la palabra en nuestro caso, en Joel. Tenemos además una prueba de ello en el hecho de que este pasaje ha sido retomado en Ap 14, 15 y 14, 18, donde se utilizan, de un modo bien claro y separado, las dos figuras, la de la siega y la de la vendimia, de forma que la frase כי בשל קציר ha sido parafraseada y explicada de esta manera: "El tiempo de la siega ha llegado para ti, porque está madura la cosecha de la tierra".

La maduración de la cosecha es una representación figurativa del juicio. Así como en la cosecha (a través de la trilla) se consigue la separación del trigo y de la paja, de manera que el trigo se conserva en vasijas y la paja se deja que la lleve el viento o se quema, de esa manera serán separados los buenos de los malos por el juicio, los primeros para ser reunidos en el Reino, donde gozarán para siempre de la vida eterna, los otros para ser arrojados a la muerte eterna. El campo de la cosecha es la tierra (ἡ γῆ, Ap 14, 16), es decir, los habitantes de la tierra, la raza humana. La maduración para el juicio comenzó en el tiempo de la aparición de Jesús sobre la tierra (Jn 4, 35; Mt 9, 38). Con la predicación del evangelio entre las naciones ha comenzado el juicio de separación y decisión (ἡ κρίσις, Jn 3, 18-21). Con la expansión del Reino de Dios en la tierra, el juicio se extiende a todas las naciones, y se completará en el tiempo final, con la vuelta de Cristo en gloria, al fin de este mundo. Joel no ha desarrollado más esta figura de la siega, sino que a su lado ha presentado también el juicio bajo la imagen semejante de la pisada y fermentación de las uvas que han sido reunidas.

רדו, no viene de *yârad*, descender, sino de *râdâh*, pisar bajo los pies, oprimir la prensa que está llena de raciones. השיקו היקבים se utiliza en 2, 24 para para indicar la gran abundancia de la cosecha; aquí se emplea de un modo figurado para referirse a la gran masa de hombres que están maduros para el juicio, como muestra claramente la frase explicativa "porque su maldad es grande", como muestra con toda claridad el paralelo de Gen 6, 5.

El gesto de pisar el lagar no expresa la idea de chapotear en sangre, o de ejecutar una gran masacre, sino que tanto en Is 63, 3 como en Ap 14, 20 aparece como figura del juicio que aniquila a los enemigos de Dios y de su Reino. La prensa de vino es la "prensa de la ira de Dios". Según eso, lo mismo que la prensa de vino para las uvas materiales, así es el sentido de la prensa de la ira de Dios para los hombres (cf. Hengstenberg, *Comentario* a Ap 14, 19). La ejecución de este divino mandamiento no se menciona expresamente, sino en Jl 3, 14, y describe simplemente esto: la venida de todas las naciones al valle de Josafat y después la aparición de Yahvé sobre Sión, en su gloria terrible, como juez del mundo y como refugio de vida para su pueblo.

3, 14-17 (=4, 14-17)

14 הֲמוֹנִים הֲמוֹנִים בְּעֵמֶק הֶחָרוּץ כִּי קָרוֹב יוֹם יְהוָה בְּעֵמֶק הֶחָרוּץ׃
15 שֶׁמֶשׁ וְיָרֵחַ קָדָרוּ וְכוֹכָבִים אָסְפוּ נָגְהָם׃
16 וַיהוָה מִצִּיּוֹן יִשְׁאָג וּמִירוּשָׁלַם יִתֵּן קוֹלוֹ וְרָעֲשׁוּ שָׁמַיִם
וָאָרֶץ וַיהוָה מַחֲסֶה לְעַמּוֹ וּמָעוֹז לִבְנֵי יִשְׂרָאֵל׃

¹⁷ וִידַעְתֶּ֗ם כִּ֣י אֲנִ֤י יְהוָה֙ אֱלֹ֣הֵיכֶ֔ם שֹׁכֵ֖ן בְּצִיּ֣וֹן הַר־קָדְשִׁ֑י
וְהָיְתָ֤ה יְרוּשָׁלַ֨͏ִם֙ קֹ֔דֶשׁ וְזָרִ֥ים לֹא־יַעַבְרוּ־בָ֖הּ עֽוֹד׃ ס

¹⁴ Muchos pueblos en el valle de la Decisión; porque cercano está el día de Yahvé en el valle de la Decisión. ¹⁵ El sol y la luna se oscurecerán, y las estrellas perderán su resplandor. ¹⁶ Yahvé rugirá desde Sión, dará su voz desde Jerusalén y temblarán los cielos y la tierra; pero Yahvé será la esperanza de su pueblo, la fortaleza de los hijos de Israel. ¹⁷ Entonces conoceréis que yo soy Yahvé, vuestro Dios, que habito en Sión, mi santo monte. Jerusalén será santa y extraños no pasarán más por ella.

3, 14. הֲמוֹנִים הֲמוֹנִים, *hămōnīm* repetido, son las muchedumbres ruidosas que el profeta contempla en espíritu, dirigiéndose al valle de Josafat. La repetición de la palabra indica la gran multitud, como en 2 Rey 3, 16. עמק החרוץ no es el valle de la trilla, aunque *chârūts* se aplica en Is 28, 27 y 41, 15 para la tabla de trillar. Pues bien, aquí no se utiliza para la trilla en sí, sino que se aplica al valle del juicio en el que se decide el sentido de la historia de los hombres. En ese sentido, *chârats* significa decidir, determinar de forma irrevocable (Is 10, 22; 1 Rey 20, 40).

Según eso, *chârūts* no hace más que precisar mejor el sentido de *Jehoshaphat*, poniendo de relieve el carácter decisorio y decisivo del juicio de Dios. Por su parte, כי קרוב וגו (cf. con Jl 1, 15 y 2, 1) se utiliza aquí para indicar la proximidad inmediata del juicio, que estallará de inmediato, como en 3, 15.

Sobre los signos del juicio en 3, 15, cf. 2, 10. Desde su trono de Sión, Dios hará que se expanda su rayo y que su trueno se escuche, como rugido de león que está olfateando su presa (cf. Os 5, 14; Am 3, 4), de forma que el cielo y la tierra temblarán. Pero Dios solo es terrible y temible para sus enemigos. Para su pueblo, el verdadero Israel, Dios es un refugio, una torre fuerte.

Estos versos muestran así que Dios destruye solamente a sus enemigos, pero protege a su propio pueblo, de manera que estos (los judíos) descubren que él es su Dios, y que habita en Sión, su santuario, culminando aquí su reino, porque él purifica Jerusalén de todos sus enemigos, de todos los impíos, por medio de su juicio, haciendo que sea un lugar santo, de manera que no pueda ser pisoteado ya más por extranjeros, gentiles, o mejor dicho, por todos los impuros, sean gentiles o judíos (Is 35, 8). De esa forma, Jerusalén será habitada solo por justos (cf. Is 50, 21; Zac 14, 21), por aquellos que, como dice Ap 21, 27, están escritos en el libro de la vida del Cordero.

Pero la Jerusalén de la que aquí se habla no es, evidentemente, la Jerusalén de la tierra de Palestina, sino la ciudad santificada y glorificada del Dios viviente, en la que el Señor morará siempre con su Iglesia, redimida, santificada y glorificada. No podemos pensar en la Jerusalén terrena, ni en el monte Sión de la tierra, no solo por la circunstancia de que la unión de todos los pueblos paganos debería haberse hecho en el valle de Josafat (o, mejor dicho, en una parte del valle del

Cedrón) lo que es totalmente imposible, sino también por la descripción que sigue de la glorificación de Judá.

3, 18-21 (=4, 18-21)

$$
\begin{array}{r}
^{18}\text{וְהָיָה בַיּוֹם הַהוּא יִטְּפוּ הֶהָרִים עָסִיס וְהַגְּבָעוֹת תֵּלַכְנָה} \\
\text{חָלָב וְכָל־אֲפִיקֵי יְהוּדָה יֵלְכוּ מָיִם וּמַעְיָן מִבֵּית יְהוָה יֵצֵא} \\
\text{וְהִשְׁקָה אֶת־נַחַל הַשִּׁטִּים:} \\
^{19}\text{מִצְרַיִם לִשְׁמָמָה תִהְיֶה וֶאֱדוֹם לְמִדְבַּר שְׁמָמָה תִּהְיֶה} \\
\text{מֵחֲמַס בְּנֵי יְהוּדָה אֲשֶׁר־שָׁפְכוּ דָם־נָקִיא בְּאַרְצָם:} \\
^{20}\text{וִיהוּדָה לְעוֹלָם תֵּשֵׁב וִירוּשָׁלַםִ לְדוֹר וָדוֹר:} \\
^{21}\text{וְנִקֵּיתִי דָּמָם לֹא־נִקֵּיתִי וַיהוָה שֹׁכֵן בְּצִיּוֹן:}
\end{array}
$$

¹⁸ Sucederá en aquel tiempo, que los montes destilarán mosto, de los collados fluirá leche y por todos los arroyos de Judá correrán las aguas. Saldrá una fuente de la casa de Yahvé y regará el valle de Sitim. ¹⁹ Egipto será destruido y Edom será vuelto en desierto asolado, a causa de la injuria hecha a los hijos de Judá; porque derramaron en su tierra sangre inocente. ²⁰ Pero Judá será habitada para siempre, y Jerusalén por generación y generación. ²¹ Yo limpiaré la sangre de los que no había limpiado. Y Yahvé morará en Sión.

3, 18. Tras el juicio sobre todas las naciones, la tierra del Señor desbordará con torrentes de bendición divina; pero el lugar donde antes habitaba el poder del mundo se convertirá en un desierto desolado. Según eso, el final de los caminos del Señor será bendición eterna para su pueblo, mientras que los enemigos de su reino caerán víctimas de la maldición.

Este pensamiento se expresa con figuras tomadas de la alianza con la tierra del Antiguo Testamento y con los reinos vecinos de Egipto y de Edom, que eran hostiles a Israel. Si tenemos eso en cuenta no caeremos en el error de Volck, que buscaba en esta descripción una prueba clara de la transfiguración de la tierra de Israel durante el reinado de los mil años, mientras que el resto de la tierra no ha sido aún glorificada.

Es evidente que este pasaje de Jl 3, 18, comparado con Zac 14, 6 y Ez 47, 1-12, no habla solo de la glorificación de Palestina y de la desolación de Egipto y de Idumea, sino que muestra a Judá y Jerusalén como tipos del Reino de Dios, mientras Egipto y Edom son tipos de los poderes del mundo, enemigos de Dios. En otras palabras, esta descripción no ha de entenderse en sentido literal, sino espiritual.

En aquel día (=tiempo), בַּיּוֹם הַהוּא, es decir, en el período que sigue al juicio final sobre los paganos, las montañas y colinas de Judea (es decir, la parte menos fértil del Reino de Dios, en el tiempo del profeta), desbordarán con vino nuevo y leche, y todos los torrentes irán llenos de agua, de manera que no habrá ya una estación seca en el año (Jl 1, 20). De esa manera, la fertilidad de Canaán, la tierra del Señor, se desplegará en toda su potencia, manando leche y miel. Incluso el valle desolado de las acacias será regado por una fuente que brotará de la casa de Yahvé, de manera que se convertirá en una tierra fértil.

Este valle de las acacias o de *Shittim* (נַחַל הַשִּׁטִּים) es el valle árido del Jordán, por encima del mar Muerto. Ese nombre de valle de *Shittim* se refiere al entorno árido del bajo Jordán, por encima del mar Muerto. Ese nombre de valle de *Shittim* (הַשִּׁטִּים) o Acacias, fue el lugar del último campamento de los israelitas, en las estepas de Moab, antes de su entrada en Canaán (Num 25, 1; Js 3, 1), y fue escogido por el profeta para evocar un valle totalmente seco, donde solo crecen las acacias (cf. Celsii, *Hierob*. i. p. 500 ss.).

La fuente que riega este valle procede de la casa de Yahvé, y así las aguas de vida que fluyen de Jerusalén, según Zac 14, 8, no son aguas físicas que provienen del agua y de la nieve, y que pronto se secan, sino aguas espirituales de vida que duran para siempre (cf. Jn 4, 10.14; 7, 38). En esa línea, una comparación con Ez 47, 7-12 y con Ap 22, 1-2 muestra claramente que aquí también se trata del río del agua de vida, clara como el cristal que, según el Nuevo Testamento (Ap 21, 10) viene de Dios hacia la tierra.

Esta es el agua que procede del trono de Dios y del Cordero, de forma que a sus dos lados crece el árbol de la vida, que da frutos los doce meses del año, es decir, cada mes, y sus hojas son curación para las naciones. La concordancia verbal de esta descripción de este río de agua en Ap 22, 2 y en Ez 47, 12, va más allá de la visión milenarista, según la cual la glorificación de Judá y de Jerusalén, predicha por Joel, Zacarías y Ezequiel, será una glorificación parcial de la tierra, y que ella se realizará antes de la creación del nuevo cielo y de la nueva tierra.

3, 19. Por otra parte, la maldición de la desolación recaerá sobre Egipto y Edom, a causa del pecado que han cometido en contra de los hijos de Judá. חמס בְּנֵי, con genitivo de objeto, como en Abd 1, 10; Hab 2, 8-9.17, etc. Este pecado se define de un modo más preciso, diciendo que han derramado sangre inocente de los hijos de Judá, es decir, del pueblo de Dios, en su tierra (אַרְצָם, *'artsâm*, en la tierra de los egipcios y de los edomitas, no de los judíos.

Eso significa que los egipcios han derramado sangre inocente de judíos, en tiempo antiguo, de un modo especial por el mandato de matar a todos los niños hebreos (Ex 1, 16); por su parte, los edomitas han matado a judíos, en tiempos más recientes, probablemente cuando rechazaron el dominio de Judá (cf. en Am 1, 11y Abd 1, 10). Esas naciones y tierras se han convertido por tanto en tipos del poder del mundo, en su hostilidad contra Dios, no solo Egipto sino también, como aparece en Is 34 y 63; cf. Jer 49, 7 y Ez 35, 1-15.

3, 20. A diferencia de Egipto y Edom, Judá y Jerusalén serán habitadas por siempre (habitadas por Dios, como indica la personificación de esos lugares). De esa manera, a través del juicio final sobre los paganos, Yahvé destruirá la culpabilidad sangrienta que esos países han contraído por su forma de tratar a su pueblo, manifestándose a sí mismo como rey de Sión.

3, 21. Con estos pensamientos se cierra la profecía de Joel. El verbo *niqqâh* (cf. וְנִקֵּיתִי), limpiar, cuando se utiliza con *dâm*, sangre, significa expiar la culpabilidad de sangre por un castigo. Esta expresión (וְנִקֵּיתִי דָּמָם, limpiaré sus sangre) ha de verse en relación con דם נקיא en 3, 19 y con לֹא נִקֵּיתִי, que sigue en este mismo verso, y que ha de tomarse en sentido relativo, de manera que no hay necesidad de alterar ונקיתי poniendo ונקמתי (Gesenius); ese cambio no tiene apoyo crítico en los LXX, que traducen καὶ ἐκζητήσω, que se limita a reproducir el sentido hebreo de la frase.

Según eso, Joel 3, 21 no contiene el anuncio de un castigo distinto y futuro sobre Egipto y Edom, sino que repite el anuncio anterior, es decir, que la desolación eterna de los reinos arriba mencionados se realizará por el mal que ellos han causado al pueblo de Dios, un mal que había quedado hasta entonces sin castigo. Pero Sión se regocijará por el reino eterno de su Dios. Yahvé habita en Sión, manifestándose a todo el mundo como el rey de su pueblo, aniquilando por un lado a sus enemigos y perfeccionando, por otro, a los herederos de su reino en la gloria.

AMÓS

El profeta

Según el encabezamiento del libro, cuando el Señor le llamó para ser profeta, Amós (עמוס, es decir, *cargador* o *carga*), era de los pastores (נֹקְדִים, *nōqedm*) de Tekoa, una ciudad situada en los límites del desierto de Judá, al sur de Belén, cuyas ruinas habían sido preservadas en tiempo antiguos (cf. *Comentario* a Jos 15, 59, LXX). Él vivía con los pastores que alimentaban sus rebaños en la estepa al este de Tekoa. Desde luego, no era un rico propietario de ganados, sino un simple pastor.

Ciertamente, aunque נֹקֵד, *nōqēd*, se aplica a los reyes moabitas (2 Rey 3, 4), como propietarios ricos de rebaños escogidos de cabras y ovejas, la palabra en sí misma solo significa una persona que guarda el rebaño, no un propietario de animales, como Bochart (*Hierozoon* i. p. 483, ed. Ros.) ha demostrado a partir del árabe. Por otra parte, el mismo Amós afirma (7, 14) que es un simple pastor cuando responde al sacerdote de Betel, que quería impedir que profetizada en el reino de Israel: "Yo no soy profeta, ni discípulo de profetas, sino un pastor, y un recolector de sicómoros" (cf. comentario a 7, 14).

Amós se presenta así como alguien que cultiva este fruto, que se parece a los higos, que según Plinio (*Hist. n.* 13, 14), era de tipo dulce, y que según Estrabón, xvii. 823 era ἄτιμος κατὰ τὴν γεῦσιν, es decir, de poco valor por su gusto, y que, según Dioscor, era no solo ἄτιμος, de poco valor, sino también κακοστόμαχος, poco agradable para el estómago, de forma que en Egipto solo lo comía el pueblo bajo (Norden, *Reise*, p. 118).

Según eso, debemos tomar a Amós como un pastor que vivía en condiciones precarias, no como un hombre próspero, dueño de un gran rebaño de ovejas y de una plantación de sicómoros, como han pensado muchos comentaristas, siguiendo al texto caldeo y a los rabinos. Sin haberse preparado para la llamada profética, y sin haber formado parte de una escuela de profetas, fue llamado por el Señor, que le sacó de los rebaños para hacerle profeta, a fin de profetizar sobre temas relacionados con Israel (cf. Am 7, 14-15), bajo el rey judío Ozías y bajo el Israelita Jeroboán II, durante los 26 años que esos reyes reinaron al mismo tiempo, es decir, entre el 810 y el 783 a. C.

Amós comenzó su labor profética en los mismos años de Oseas, quizá unos cinco años antes, y profetizó en Betel, que era el lugar principal del culto israelita a la imagen del Becerro (Am 7, 10). No podemos fijar con más exactitud ni el tiempo de su comienzo profético, ni de la duración de su ministerio, porque la noticia de Am 1, 1 (dos años antes del terremoto) no nos ofrece ningún dato cronológico, ya que desconocemos el año en que se dio ese terremoto, pues no se menciona en los libros históricos del Antiguo Testamento, aunque apenas puede ser otro que uno terrible que tuvo lugar en el tiempo de Ozías, que el pueblo no había olvidado ni siquiera después de la cautividad, pues Zac 14, 5 pudo recordar aún la huida que tuvo lugar en aquella ocasión.

Dado que Amós no ha dado la fecha del terremoto, su intención no pudo ser la de fijar el comienzo exacto de su ministerio, ni el año en que fue compuesto su libro, sino simplemente evocar la relación interna entre aquel acontecimiento y su propia misión profética. Conforme a la enseñanza de la Escritura, la tierra tiembla cuando el Señor viene a juzgar a las naciones (cf. *Comentario* a Am 8, 8).

El terremoto que sacudió Jerusalén dos años antes de la aparición de Amós como profeta fue como una premonición del juicio que Dios iba a realizar en contra de los dos reinos de Israel y de las naciones del entorno, como una declaración por la que Dios quería confirmar la palabra de su siervo el profeta. Por su parte, la alusión a este divino signo por parte del profeta era una admonición dirigida a Israel, para que escuchara la palabra que Dios le dirigía por medio del profeta. Por lo que toca a la explicación e importancia de estas profecías, era suficiente mencionar a los reyes de Judá y de Israel en cuyo tiempo se proclamaron.

Bajo esos reyes, los dos reinos se hallaban en la cúspide de su prosperidad. Ozías había sometido totalmente a los edomitas, había subyugado a los filisteos y había convertido a los amonitas en tributarios. Además había fortificado intensamente Jerusalén, y había creado un ejército poderoso, de manera que su fama llegó hasta Egipto. Por su parte, Jeroboán había impuesto su poder sobre los sirios y había restaurado las fronteras originales del reino, desde el país de Hamat hasta el mar Muerto (2 Rey 14, 25-28). Una vez que había dominado a los sirios, Israel no tenía nada que temer de ningún enemigo, pues Asiria no se había elevado todavía como potencia conquistadora.

La suposición de que *Calneh* o *Ctesiphon* aparecen representadas en Am 6, 2 como habiendo sido tomadas (por los asirios) se apoya sobre una interpretación incorrecta del texto, lo mismo que la inferencia por la que se dice que, según ese mismo pasaje, Hamat había sido conquistada y Gat destruida. Amós no menciona en modo alguno a los asirios, aunque en Am 1, 5 amenaza a los sirios con ser trasladados a Kir y en 5, 27 predice que los israelitas serán llevados cautivos más allá de Damasco.

Conforme al estado de las cosas entonces existente, la idea de una próxima caída o destrucción del reino de Israel era, humanamente hablando, algo muy improbable. Los habitantes de Samaría y de Sión se encontraban perfectamente seguros, fundados en la conciencia de su poder (Am 6, 1).

El profeta

Los gobernantes del reino confiaban en la fuerza de sus recursos militares (6, 13), y solo se preocupaban de aumentar su riqueza oprimiendo a los pobres, para vivir así en medio de un lujo grande y de grandes placeres (Am 2, 6-8; 5, 11-12; 6, 4-6). Por eso, sus denuncias proféticas se dirigieron en contra de aquellos que se encontraban seguros sobre Sión y sin preocupación alguna sobre las montañas de Samaría (6, 1), amenazándoles con que Dios hará que el sol se apague y parezca como la luna en pleno mediodía, de forma que en medio del mismo día se extienda una gran oscuridad sobre la tierra (8, 9).

En un tiempo como ese, un simple pastor de Tekoa fue enviado a Betel, al reino de las diez tribus, para anunciar a los pecadores despreocupados la venida del juicio divino y la destrucción del reino. Era de verdad un hecho extraño que un profeta de Judá fuera enviado al reino de las diez tribus, tan extraño que, con toda probabilidad, algo así no había sucedido (ni sucedería después), desde el momento en que un hombre de Dios fue enviado de Judá a Betel, en el reinado de Jeroboán I (cf. 1 Rey 13).

Además, el hecho de que Amós, un simple pastor sin entrenamiento profético, fuera enviado a profetizar de Judá a Betel, en el reino de las diez tribus, debió causar mucha impresión. Así pudo presentarse como signo de Dios el hecho de que el profeta viniera, con la fuerza del Espíritu, para anunciar la destrucción que se aproximaba contra el pueblo de la alianza, en un momento en que, humanamente, no había ningún signo de que eso pudiera suceder.

El estilo de la composición del libro refleja el hecho de que su autor fuera un pastor, por algunas de las palabras que utiliza, que pertenecían sin duda al dialecto de la gente común del pueblo, como por ejemplo: מציק por מעיק (Am 2,13), בושש por בוסס (5,11), מתאב por מתעב (6, 8), מסרף por משרף (6, 10), ישחק por יצחק (7,9. 16), נשקה por נשקעה (8,8), con otras figuras y semejanzas tomadas de la vida rural y del campo. Pero, al mismo tiempo, el profeta muestra un buen conocimiento de la ley de Moisés y de la historia de la nación, con mucho poder retórico, con riqueza y profundidad de pensamiento, vivacidad y rigor, especialmente por el uso de antítesis audaces, con un verdadero impulso poético, que se expresa a veces en forma rítmica.

Por eso, resulta normal que Lowth haya expresado la siguiente opinión sobre él, (*De poesi sacr.* ed. Mich. p. 433): *Aequus judex, de re non de homine quaesiturus, censebit, credo, pastorem nostrum* μηφὲν ὑστερηκέναι τῶν ὑπερλίαν προφητῶν *sensuum elatione et magnificentia spiritus prope summis parem, ita etiam dictionis splendore et compositionis elegantia vix quoquam inferiorem* (un juez imparcial, que se ocupa del tema en sí, no de temas menores, podrá decir, a mi juicio, que nuestro pastor Amós no era en modo alguno inferior a los grandes profetas, sino que era semejante a los mayores por la forma de presentar los temas, por la altura de su espíritu, y también por la brillantez de su dicción y por la elegancia de su composición).

Más allá de estos datos, que podemos deducir de los mismos escritos del profeta, nada sabemos de las circunstancias de su vida. Tras el cumplimiento de su misión, él volvió posiblemente a su tierra nativa de Judá, donde probablemente se pusieron por escrito sus profecías por primera vez. Los relatos apócrifos de su muerte, tal como aparecen en el Pseudo-Epifanio, c. 12, y en el Pseudo-Doroteo (cf. Carpzov, p. 319), carecen de todo valor histórico.

El libro

Aunque Amós fue enviado por el Señor a Betel, para profetizar allí al pueblo de Israel, él no se limita en su profecía al pueblo del reino de las diez tribus, sino que, como Oseas, su contemporáneo más joven, se ocupa también del pueblo de Judá, e incluso de las naciones del entorno, que eran hostiles a la nación de la alianza. Su libro no es una mera compilación de los discursos que proclamó en Betel, sino que está cuidadosamente planeado, como una obra completa, en la que Amós, tras el terremoto del tiempo de Ozías, reunió el contenido esencial de las profecías que él había ido proclamando en Betel.

El libro consta de una larga introducción (Am 1-3) y de dos partes, una de discursos proféticos simples (Am 4-6) y otra de visiones con explicaciones también sencillas (Am 7-9).

En la *introducción,* el profeta proclama de la manera siguiente el juicio que ha de caer sobre Damasco, Filistea, Tiro, Edom, Amón, Moab, Judea e Israel. La tormenta del Señor, que estalla sobre todos estos reinos, permanece suspendida sobre el reino de Israel, que ha sido mencionado el último. Esto resulta evidente por el hecho de que el pecado de Israel aparece descrito de manera más intensa que el de las demás naciones, y la amenaza de juicio se expresa en términos tan generales que solo se puede entender como anuncio general, o como introducción para el cuerpo del libro, que viene después.

La primera parte (Am 4-6) contiene un discurso largo, dividido en tres secciones, por la repetición de la palabra שִׁמְעוּ (escuchad) en Am 3, 1; 4, 1 y 5, 1. Ese discurso está formado por una gran llamada al arrepentimiento que el profeta expone ante los israelitas pecadores, especialmente ante los gobernantes del reino, poniendo de relieve los tipos de injusticia y de maldad que son más corrientes entre ellos, y proclamando un juicio que incluye la destrucción de los palacios y de los lugares santos, con la destrucción del mismo reino y el exilio del pueblo.

En Am 3, 1-15, el pecado y castigo se describen de una manera muy general. En Am 4, 1-13 el profeta condena la autoseguridad de los pecadores, con el fundamento falso de la confianza que ellos ponen en su propia oración, recordando los juicios con los que el Señor les ha visitado y exigiéndoles que se pongan ante Dios como su juez. En Am 5 y Am 6, 1-14, tras una elegía de lamentación, centrada en la caída de la casa de Israel (Am 5, 1-13), el profeta pone de relieve ante los penitentes de Israel el camino de la vida, que está vinculado a una llamada repetida a la búsqueda del Señor y a lo de aquello que es bueno (5, 6.14). Y después, en forma de "ayes", para los que se asigna una doble razón (5, 18; 6, 1), el profeta rechaza todas las esperanzas de liberación para un pueblo impenitente y endurecido.

A través de todos sus discursos, Amós está profetizando especialmente a las diez tribus, a las que se dirige de un modo repetido, anunciando ruina y exilio. Y, al mismo tiempo, no solo dirige sus palabras en la introducción (3, 1-3) a todo el Israel de las doce tribus, a las que Yahvé sacó de Egipto, sino que pronuncia el último "ay" (6, 1) sobre aquellos que ponen su seguridad en Sión y sobre aquellos que viven sin más preocupación sobre la montaña de Samaría. De esa forma, su profecía se dirige también al reino de Judá, y lo pone ante el mismo destino que él anuncia al reino de las diez tribus, en el caso de que insistan en el mismo pecado.

La segunda parte del libro (Am 7-9) consta de cinco visiones, con una proclamación final de salvación. Las dos primeras visiones (7, 1-3 y 7, 4-6) son una amenaza de juicio; las siguientes dos (7, 7-9 y 8, 1-3) ponen de relieve la imposibilidad de escapar del juicio, y el hecho de que el pueblo está ya preparado para ser juzgado. Entre esas visiones (cf. Am 7, 10-17) se expone la conversación del profeta con el sacerdote principal de Betel. La cuarta visión desarrolla aún más los temas anteriores, en forma de discurso profético simple (8, 4-14). Finalmente, la quinta visión (Am 9, 1) muestra la destrucción y la ruina de todo Israel, y se extiende en un discurso completo (9, 2-10).

A eso se añade la promesa de restauración del reino castigado por Dios, y de su ampliación con la acogida de los gentiles y de su eterna glorificación (Am 9, 11-15). Esta conclusión responde a la introducción (Am 1-2). Como todas las naciones que se elevan de un modo hostil en contra del reino de Dios, también Judá e Israel caerán víctimas del juicio, a causa de su injusticia y de su idolatría, a fin de que el reino de Dios pueda ser purificado de sus pecados, para ser elevado a la gloria y volverse de esa forma perfecto.

Este es el pensamiento fundamental de los escritos de Amós, a quien el Señor llamó para predicar su verdad a la nación de Israel. Y así como la conclusión de su libro remite a su introducción (Am 1-2) así también las visiones de la segunda parte corresponden a los discursos de la primera, que expresan la sustancia de los discursos a través de unos símbolos muy significativos.

Resulta significativo el paralelo entre la quinta visión y la elegía que empieza en 5, 1. También es importante la concordancia material entre la primera y la segunda visión, con la enumeración de Am 4, 5-11, en la que se pone de relieve la visita de castigo que ha empezado ya a caer sobre Israel. Por su parte, la tercera y cuarta visión ponen de relieve el carácter irrevocable del juicio con el que se amenaza a los orgullosos y descuidados pecadores en Am 3-6.

No hay base ninguna para suponer que la segunda parte contiene "el verdadero centro de la obra", es decir, los discursos que Amós dirigió originalmente en Betel, y que la primera, con la introducción (Am 1-6) y la conclusión mesiánica (Am 9, 11-15) no son más que una descripción escrita, compuesta por Amós después de su vuelta de Betel a Judá, para expandir allí sus discursos originales (Ewald, Baur).

Eso no se deduce ni del hecho de que el relato de la experiencia profética en Betel haya sido insertado en la serie total de las visiones, ni del lugar que esa experiencia de Betel ocupa en el libro (Am 7), ni del hecho de que Amós comience su obra con un dicho de Joel (comparar Am 1, 2 con Joel 3, 16), y de que evidentemente se refiera a Joel incluso en la promesa final (Am 9, 13).

La colocación del relato de Betel en su lugar actual (Am 7) solo prueba que Amós proclamó esas visiones en Betel; y la alusión a Joel solo indica que cada uno de esos profetas tenía conocimiento del otro. Si no existieran los discursos anteriores, no se podría entender el sentido de las visiones de Am 7-8, de manera que ellas carecerían de claridad. Por otra parte, la acción de Amós en Betel no puede limitarse posiblemente a Am 7-9. Y por fin, los discursos de Am 4-6 son tan concretos, tan llenos de vida y tan impresionantes que ellos reflejan con claridad su origen oral, aunque quizá solo contengan el núcleo esencial de aquello que fue proclamado oralmente.

Solo Am 1, 1-15 y Am 2 parece que han sido concebidos en forma de composición escrita y colocados al principio del libro, en el momento de su compilación, aunque algunos de sus pensamientos pudieron se expresados de forma oral, antes de ser puestos por escrito. Sobre los escritos exegéticos dedicados al libro y profecías de Amós, cf. mi *Lehrbuch der Einleitung*, pp. 284-5.

AMÓS 1, 1-2, 16
EL JUICIO QUE SE ACERCA

Partiendo del dicho de Joel 3, 16, "Yahvé rugirá desde Sión y proclamará su voz desde Jerusalén", Amós anuncia la ira del Señor, que se descargará sobre Damasco (Am 1, 3-5), Filistea (1, 6-8), Tiro (1, 9-10), Edom (1, 11-12), Amón (1, 13-15), Moab (2, 1-3), Judá (2, 4-5) e Israel (2, 6-16).

El anuncio de este juicio se mantiene siempre uniforme, de manera que cada una de esas naciones recibe la amenaza de la destrucción del reino, con la ruino y el exilio "por tres o cuatro pecados" o, como ha puesto de relieve Rückert, esa amenaza se ha expresado bien "como el despliegue de una tormenta, estrofa tras estrofa, sobre todos los reinos del entorno, incluyendo a Judá en ese despliegue, para culminar en Israel.

Aquí son mencionadas seis naciones paganas, tres de las cuales están relacionadas con la nación del pacto. Esas naciones representan a todo el mundo de los gentiles, que se elevan de forma hostil en contra del pueblo del reino de Dios. Los pecados por los cuales han de ser castigas no son un tipo de faltas generales de moralidad, sino crímenes contra el pueblo de Dios; y en el caso de Judá se incluye el desprecio de los mandamientos del Señor y también la idolatría. Toda la sección, y no meramente Am 1, 2-2, 5 y Am 2, 6-16, tiene un carácter introductorio.

Por una parte, la extensión de esta predicción del juicio a las naciones gentiles indica la necesidad y universalidad del juicio, que será realizado para promover los intereses del reino de Dios y para proclamar la verdad según la cual cada uno ha de ser juzgado conforme a la actitud que ha tenido respecto al Dios viviente; por otra, el lugar asignado a las naciones gentiles ante el pueblo de la alianza no solo servía para insistir en la exigencia del juicio, sino también para indicar que, si incluso las naciones que solo habían pecado indirectamente en contra del Dios vivo vendrían a ser visitadas con duros castigos, aquellos a los que Dios se les había revelado de un modo tan glorioso (cf. Am 2, 9-11 y 3, 1) deberían ser castigados con más dureza por su apostasía (Am 3, 2).

Con esta finalidad se menciona también a Judá al mismo tiempo que a Israel, y de hecho antes que a Israel. "Esto se hacía con el fin de imprimir de un modo incluso más fuerte esta verdad al reino de las diez tribus, para mostrarles que ni prerrogativas tan gloriosas como el templo y el trono de David podían tomarse como suficientes para liberarse del juicio. Esta es la energía de la justicia de Dios ¿cómo tendremos que responder ante ella? (Hengstenberg).

1,1–2. Introducción

¹ דִּבְרֵי עָמוֹס אֲשֶׁר־הָיָה בַנֹּקְדִים מִתְּקוֹעַ אֲשֶׁר חָזָה
עַל־יִשְׂרָאֵל בִּימֵי ׀ עֻזִּיָּה מֶלֶךְ־יְהוּדָה וּבִימֵי יָרָבְעָם בֶּן־יוֹאָשׁ
מֶלֶךְ יִשְׂרָאֵל שְׁנָתַיִם לִפְנֵי הָרָעַשׁ:
² וַיֹּאמַר ׀ יְהוָה מִצִּיּוֹן יִשְׁאָג וּמִירוּשָׁלַםִ יִתֵּן קוֹלוֹ וְאָבְלוּ
נְאוֹת הָרֹעִים וְיָבֵשׁ רֹאשׁ הַכַּרְמֶל: פ

¹ Las palabras de Amós, uno de los pastores de Tecoa, sobre lo que vio acerca de Israel en los días de Uzías, rey de Judá, y en los días de Jeroboán hijo de Joás, rey de Israel, dos años antes del terremoto. ² Dijo Amós: ¡Yahvé ruge desde Sión y da su voz desde Jerusalén! Se enlutan los prados de los pastores, y se seca la cumbre del Carmelo.

Am 1, 1 contiene el encabezamiento cuyo sentido he discutido ya en la introducción; אשר חזה (que él vio) se refiere a דברי עמוס (las palabras de Amós). Am 1, 2 contiene la introducción, que se ha unido al encabezamiento a través de ויאמר, y que anuncia la revelación de la ira de Dios sobre Israel, como juicio teocrático. La voz de Yahvé es el trueno, que es el sustrato cósmico en el que Dios manifiesta su venida para juzgar (como en Joel 3, 16). Por la adopción, palabra a palabra, de la primera mitad de este verso de las profecías de Joel, Amós conecta su profecía con la de su predecesor, no tanto con la intención de confirmar lo que él decía, sino de poner en guardia a los pecadores que se hallaban contentos de su seguridad, manteniendo la ilusión de que el juicio del Señor recaería solo sobre el mundo pagano.

En contra de esa ilusión él declara la llegada amenazadora de la ira de Dios contra el pasto de los pastores, contra los campos de pasto de la tierra de Israel (cf. Joel 1, 19), y sobre la cumbre coronada de bosque del Carmelo, que se seca y agosta. El Carmelo es el largo promontorio que corre desde la boca del río Kisón, sobre el Mediterráneo (cf. *Comentario* a Jos 19, 26 y a 1 Rey 18, 19), y no el lugar llamado Carmel en la montañas de Judá (cf. Jos 15, 55), al cual no se le puede aplicar el término ראש que significa cabeza o cumbre (cf. Am 9, 3 y Miq 7, 14). Las expresiones "pasto de pastores y Carmelo" individualizan la tierra de Israel de una manera que era muy natural para Amós, el pastor.

Con esta introducción, Amós anuncia el tema de las profecías. Pues bien, en ese momento, en vez de centrarse en el juicio que recaerá como amenaza en contra de Israel, comienza refiriéndose a las naciones del entorno, incluyendo a Judá, como objeto de la manifestación de la ira de Dios. Eso significa que esta manifestación de la ira de Dios ofrece una especie de compendio de todo el libro. La enumeración se abre con los reinos de Aram, Filistea y Tiro (Fenicia), que no están relacionados con lazos de sangre con Israel.

1, 3–2, 3. Los pecados de los pueblos

1, 3-5. Aram y Damasco

³ כֹּה אָמַר יְהוָה עַל־שְׁלֹשָׁה פִּשְׁעֵי דַמֶּשֶׂק וְעַל־אַרְבָּעָה לֹא אֲשִׁיבֶנּוּ עַל־דּוּשָׁם בַּחֲרֻצוֹת הַבַּרְזֶל אֶת־הַגִּלְעָד׃
⁴ וְשִׁלַּחְתִּי אֵשׁ בְּבֵית חֲזָאֵל וְאָכְלָה אַרְמְנוֹת בֶּן־הֲדָד׃
⁵ וְשָׁבַרְתִּי בְּרִיחַ דַּמֶּשֶׂק וְהִכְרַתִּי יוֹשֵׁב מִבִּקְעַת־אָוֶן וְתוֹמֵךְ שֵׁבֶט מִבֵּית עֶדֶן וְגָלוּ עַם־אֲרָם קִירָה אָמַר יְהוָה׃ פ

³ Así ha dicho Yahvé: Por tres pecados de Damasco, y por cuatro, no revocaré su castigo. Porque trillaron a Galaad con trillos de hierro, ⁴ enviaré fuego a la casa de Hazael, el cual devorará los palacios de Ben-hadad. ⁵ Romperé los cerrojos de Damasco, exterminaré a los habitantes del valle de Avén y al que porta el cetro en Bet-edén. Y el pueblo de Siria será llevado cautivo a Quir, ha dicho Yahvé.

En la fórmula que se repite en cada uno de los casos (por tres pecados y por cuatro) el número sirve meramente para indicar la multitud de los pecados, sin fijarse en el número exacto de ellos. "El número 4 se añade al 3 para caracterizar el número aleatorio de los pecados; en otras palabras, sirve para indicar que no se trata de un número exacto de tres o cuatro, sino probablemente de un número más grande" (Hitzig). La expresión indica por tanto un numero grande de crímenes o de pecados en su sentido más perverso (cf. Lutero, en *Comentario* a Os 6, 2)⁴⁴.

Es evidente que esos números han de explicarse de esa manera, sin tener que tomarlos en un sentido literal; eso es claro por el hecho de que en la numeración precisa de los pecados se nombra como ejemplo solo uno de ellos: אֲשִׁיבֶנּוּ לֹא (yo no lo revocaré…, como si solo hubiera uno que tuviera que ser revocado).

הֵשִׁיב significa "revocar", hacer que una cosa vuelva atrás, apartarla, como en Num 23, 20; Is 43, 13. El sufijo que se añade en אֲשִׁיבֶנּוּ no se refiere a *qōlō* (su voz), ni a la idea de דָּבָר que está implicada en כֹּה אָמַר (así dice), ni a la sustancia amenazante de la voz del trueno (Baur), porque אֲשִׁיבֶנּוּ (*hēshîbh dâbhâr*), significa dar una respuesta, y nunca hacer ineficaz una palabra. La referencia es al castigo con el que se amenaza después, donde el texto aparece en masculino en lugar de

---

44. J. Marck lo ha explicado así, correctamente: "Cuando el número perfecto (tres) es seguido por el cuatro, para marcar así la gradación, Dios no solo declara que la medida de la iniquidad está llena, sino que es desbordante, más allá de toda medida".

El juicio que se acerca

en neutro. De un modo consecuente, el final del verso contiene una aclaración epexegética de la primera frase, y Am 1, 4.5 siguen con לא אשיבנו (no revocará…).

El hecho de haber trillado a los galaaditas con trilladoras de hierro se menciona como transgresión principal del reino de Siria, que aquí aparece con el nombre de la capital, que es Damasco (cf. *Comentario* a 2 Sam 8, 6). Esto sucedió en el momento en que Hazael, rey de Siria, conquistó la parte israelita del este del Jordán, durante el reinado de Jehú (2 Rey 10, 32-33, cf. 13, 7), cuando el conquistador actúa de manera muy cruel con los galaaditas, llegando a partir en pedazos a los prisioneros, con máquinas de trillar de hierro, conforme a una costumbre bárbara de guerra que se encuentra también en otros lugares (cf. 2 Sam 12, 31).

חֲרֻצוֹת, de *chârūts* (cf. *chârīts*, 2 Sam 12,31), literalmente "afilado", es un término poético que se aplica a un tipo de rueda de trillar (o a un carro de trillar, cf. *mōrag chârūts,* Isa 41, 15). Según Jerónimo, era un tipo de carro con ruedas inferiores provistas de dientes de hierro, que se arrastraba para trillar la paja en la era, después que el grano había sido recogido.

La amenaza se concretiza después de esta manera: en el caso de la capital se predice el incendio de los palacios; en los otros dos casos se habla de la destrucción del pueblo y de sus gobernantes, de manera que esa amenaza se aplica a todo el reino. Los palacios de Hazael y Benhadad se encuentran en Damasco, que es la capital del reino (Jer 49, 27). Hazael fue el asesino de Benhadad I, a quien el profeta Eliseo predijo que reinaría sobre Siria, prediciendo las crueldades que cometería contra Israel (2 Rey 8, 7).

Suele suponerse que Benhadad era su hijo, pero el plural "palacios" nos llevar a pensar que el texto se refiere a dos personajes llamados Benhadad, y esta opinión se confirma por el hecho de Benhadad II solo oprimió a los israelitas en el tiempo de su padre, mientras que después de su muerte, cuando él tomó las riendas del trono, el rey Joás de Israel volvió a tomar esas provincias y ponerlas bajo mando israelita (2 Rey 13, 22-25).

El hecho de romper los cerrojos (de la puerta) indica que la capital fue conquistada, y en esa línea se sitúa exterminio de los habitantes del valle de Aven (Biq'ath-Aven), con la toma de las ciudades, y no con su deportación. Según eso, וְהִכְרַתִּי, de *hikhrīth*, significa exterminar, y *gâlâh* (cautividad), en la última frase, se aplica al resto de la población, que no había sido exterminada en la guerra. En la frase paralela, תומך שבט, el portador del cetro, es decir, el gobernante (sea el rey o su representantes) corresponde a יוֹשֵׁב, *yōshēbb* (el habitante). El pensamiento es que unos y otros, príncipes y reyes, perecerán.

Los dos lugares a los que aquí se alude (בֵּית עֶדֶן y בִּקְעַת־אָוֶן) no pueden identificarse con certeza, pero se trata sin duda de ciudades importantes, de forma que han podido ser ciudades reales, al lado de Damasco, que era la primera capital del reino. De todas formas (según Ewald y Hitzig) בקעת און, *valle de nada* (o de los ídolos), podría ser un nombre simbólico dado a Heliopolis o Baalbek, según la analogía con Beth-aven cuando se refiere a Bethel (cf. *Comentario* a Os 5, 8).

Esos autores se basan en traducción de los LXX, ἐκ πεδίου Ὤν, tomada en conexión con la ciudad Egipcia de On (Gen 41, 45) como Heliópolis. Pero los LXX han interpretado אן como Heliópolis en el libro del Génesis, mientras que aquí se han limitado a transcribir las letras griegas del texto (אָוֶן) por Ὤν, como se hacen en otros lugares (cf. Os 4, 15; 5, 8; 10, 5.8). Pero los LXX no ofrecen ninguna evidencia de que ese lugar pueda identificarse con Heliópolis, ni permiten en modo alguno que אָוֶן pueda interpretarse como וא en sentido simbólico, no como nombre de una ciudad concreta.

Por su parte, tanto el caldeo como el siríaco han tomado בקעת און como un nombre propio, y Efrén el Sirio habla en este contexto de un lugar que se encuentra cerca de Damasco, y que era famoso por sus "capillas de ídolos". La suposición de que se trata, según eso, de una ciudad está favorecida por la analogía con las otras amenazas, en las que solo se mencionan nombres de lugares. Otros autores piensan que בקעת און es el valle que está cerca de Damasco, o la actual Bekaa o gran valle entre el Lebanon el *Antilibanus*, en donde había una distinguida ciudad llamada Heliopolis. Así lo supone Robinson (cf. *Bibl. Res.* p. 677).

Por su parte, *Bēth-'Eden*, es decir, la casa del placer o paraíso, no puede buscarse en la ladera orientan del Líbano, cerca del bosque de cedros de *Bshirrai*, pues el nombre árabe de esta población, *'hdn*, no tiene nada en común con el hebreo עדן (cf. *Comentario* a 2 Rey 19, 12). Se trata, más bien, del Παράδεισος de los griegos, que Ptolomeo coloca diez grados al sur y cinco al este de Laodicea, y que Robinson piensa que él ha encontrado en la vieja *Jusieh*, no lejos de *Ribleh*, una ciudad anterior a la conquista de los sarracenos, con ruinas muy extensas (cf. *Bibl. Researches*, pp. 542-6 y 556).

El resto de la población de Aram sería llevado a Kir, es decir, al país que está en las márgenes del río Kur, del que (según Am 9, 7) habían emigrado originalmente los sirios. Esta predicción se cumplió cuando el rey asirio Tiglatpileser conquistó Damasco, en el tiempo en el tiempo de Ahaz, y destruyó el reino de Siria (2 Rey 16, 9). Las palabras finales, *'âmar Yehōvâh* (ha dicho el Señor), sirven para dar más fuerza a la amenaza, y de esa forma vuelven a aparecer en Am 1, 8. 15 y en 2, 3.

1, 6-8 Filistea

6 כֹּה אָמַר יְהוָה עַל־שְׁלֹשָׁה פִּשְׁעֵי עַזָּה וְעַל־אַרְבָּעָה לֹא אֲשִׁיבֶנּוּ עַל־הַגְלוֹתָם גָּלוּת שְׁלֵמָה לְהַסְגִּיר לֶאֱדוֹם:
7 וְשִׁלַּחְתִּי אֵשׁ בְּחוֹמַת עַזָּה וְאָכְלָה אַרְמְנֹתֶיהָ:
8 וְהִכְרַתִּי יוֹשֵׁב מֵאַשְׁדּוֹד וְתוֹמֵךְ שֵׁבֶט מֵאַשְׁקְלוֹן וַהֲשִׁיבוֹתִי יָדִי עַל־עֶקְרוֹן וְאָבְדוּ שְׁאֵרִית פְּלִשְׁתִּים אָמַר אֲדֹנָי יְהוִה: פ

⁶ Así ha dicho Yahvé: Por tres pecados de Gaza, y por el cuarto, no revocaré su castigo: porque llevó cautivo a todo un pueblo para entregarlo a Edom. 7 Prenderé fuego al muro de Gaza y consumirá sus palacios. 8 Destruiré a los moradores de Asdod y a los gobernadores de Ascalón; volveré mi mano contra Ecrón y el resto de los filisteos perecerá, ha dicho Yahvé, el Señor.

El profeta no menciona a los filisteos en general, sino a Gaza, que es todavía una ciudad bastante grande, con el nombre de Guzzeh (cf. *Comentario* Js 13, 3), y que era entonces una de las cinco capitales de los filisteos, que había tomado parte muy activa, como gran ciudad comercial, en la venta de prisioneros de Israel a los edomitas. Pero Gaza aparece simplemente en representación de Filisteas, porque después (1, 8) se habla de otras ciudades y del conjunto de los filisteos.

El texto habla de una גָּלוּת שְׁלֵמָה, *gâlūth shelēmâh,* es decir "de una cautividad tan perfecta y completa que no quedó ni un cautivo que no fuera entregado a los idumeos (Jerónimo). Aquí se hace referencia a los cautivos israelitas que fueron tomados por los filisteos, y vendidos de nuevo a los idumeos, los grandes enemigos de Israel. Amós piensa sin duda en la invasión de Judá por los filisteos y por las tribus de Arabia Petrea, en el tiempo del rey Jorán, que se menciona en 2 Cron 21, 16, y a la que alude Joel en 3, 3, donde se amenaza con un castigo divino a los fenicios y filisteos por haber asolado la tierra y por haber vendido cautivos judíos a los javanitas (jonios).

Pero de aquí no se sigue en modo alguno que los hijos de Javán, mencionados en Jl 3, 6 no son griegos, sino los habitantes árabes de una zona también llamada Javán, mencionada en Ez 27, 19. El hecho era simplemente este: los filisteos vendieron muchos prisioneros, que tomaron en ese tiempo, a los edomitas y el reino a los fenicios, que los vendieron a su vez a los griegos.

Joel menciona solo ese último dato, de acuerdo con el objeto de su profecía, que era mostrar la amplia dispersión de los judíos, y su reunión futura de todas las tierras donde habían sido enviados como cautivos. En ese contexto, Amón se limita a condenar la entrega de los cautivos a Edom, el gran enemigo de Israel, para destacar así la gravedad del pecado implicado en esta forma de tratar a los miembros del pueblo escogido, o el odio que los filisteos tenían a los israelitas.

Como castigo por eso, las ciudades de Filistea serían quemadas por sus enemigos y sus habitantes exterminados, de forma que perecería incluso lo que quedara de ellos. Aquí otra vez, igual que en Am 1, 4-5, la amenaza se individualiza de un modo retórico, dado que en un caso se predice el incendio de una ciudad, y en otros la destrucción de sus habitantes (sobre Asdod, Ascalón y Ecrón, cf. comentarios sobre Js 13, 3).

הָשִׁיב יָד, volver la mano en contra, es decir, volverla o extenderla de nuevo (cf. *Comentario* a 2 Sam 8, 3). El uso de esta expresión puede explicarse por el hecho de que la destrucción de los habitantes de Asdod y de Ascalón se había ya presentado simbólicamente como efecto de una acción de la mano de Dios. La quinta ciudad de la pentápolis de los filisteos, que es Gat, no se menciona aquí, aunque no por la razón propuesta por Kimchi, es decir, que esa ciudad pertenecía por entonces al reino de Judá, o que había sido conquistada por Ozías. Pero Ozías no se había limitado a conquistar Gat y Jabne, sino que había tomado también Asdod, y había destruido sus murallas (cf. 2 Cron 26, 6); y a pesar de ello, Amós menciona a Asdod. Ni tampoco por el hecho de que los sirios hubieran conquistado Gat (2 Rey 12, 18), porque esa conquista no fue duradera, de manera que en el tiempo del profeta y en tiempos posteriores (cf. Am 6, 2; Miq 1, 10), esa ciudad mantenía su independencia y tenía mucha importancia.

La razón de que no se cite Gat puede deberse a que la descripción individual de las ciudades filisteas que hace el profeta no es completa. Por otra parte, el texto no alude solamente a la cuatro ciudades, sino que habla también de todas las partes de Fenicia, incluso de las que no habían sido destruidas en aquel tiempo, entre las que debe ser incluida, sin duda, Gat.

1, 9-10. Tiro y Fenicia

⁹ כֹּה אָמַר יְהוָה עַל־שְׁלֹשָׁה פִּשְׁעֵי־צֹר וְעַל־אַרְבָּעָה לֹא אֲשִׁיבֶנּוּ עַל־הַסְגִּירָם גָּלוּת שְׁלֵמָה לֶאֱדוֹם וְלֹא זָכְרוּ בְּרִית אַחִים׃
¹⁰ וְשִׁלַּחְתִּי אֵשׁ בְּחוֹמַת צֹר וְאָכְלָה אַרְמְנֹתֶיהָ׃ פ

⁹ Así ha dicho Yahvé: Por tres pecados de Tiro, y por el cuarto, no revocaré su castigo: porque entregaron a todo un pueblo cautivo a Edom y no se acordaron del pacto de hermanos. ¹⁰ Prenderé fuego al muro de Tiro y consumirá sus palacios.

En el caso de Fenicia solo se cita una capital que es Tiro (צֹר, Tsōr; cf. Js. 19, 29). El crimen del que se le acusa es semejante al de los filisteos, con la excepción de que en vez de על־הַגְלוֹתָם לְהַסְגִּיר (Am 1,6) aquí tenemos simplemente עַל־הַסְגִּירָם. Si, por tanto, aquí se habla solo de "entregar" los cautivos a Edom, y no de haberlos tomado, eso tiene que deberse al hecho de que los tirios han comprado los cautivos a otro pueblo, para entregarlos después a los idumeos.

No es posible determinar con certeza a quienes han comprado esos enemigos. Probablemente ha debido ser a los sirios, en el tiempo de las guerras de Hazael y Benhadad con Israel. No va en contra de eso el hecho de que cuando compraron cautivos israelitas en tiempos de Jorán los vendieran a Javán. Resulta claro que una ciudad con una actividad comercial tan extensa como Tiro pudo haber comprado prisioneros en más de una guerra, para después venderlos como esclavos a más de una nación.

Tiro había contraído la culpa mayor a través del comercio de esclavos israelitas, pues de esa manera iba en contra del pacto fraterno, es decir, de amistad que había realizado con los israelitas, como muestra el pacto que el rey de Tiro había realizado con David y Salomón (2 Sam 5, 11; 1 Rey 5, 15). En esa línea se sitúa también el hecho de que los reyes de Israel y de Judá no hicieron nunca una guerra contra Fenicia.

1, 11-12. Edom

¹¹ כֹּה אָמַר יְהוָה עַל־שְׁלֹשָׁה פִּשְׁעֵי אֱדוֹם וְעַל־אַרְבָּעָה לֹא אֲשִׁיבֶנּוּ עַל־רָדְפוֹ בַחֶרֶב אָחִיו וְשִׁחֵת רַחֲמָיו וַיִּטְרֹף לָעַד אַפּוֹ וְעֶבְרָתוֹ שְׁמָרָה נֶצַח׃
¹² וְשִׁלַּחְתִּי אֵשׁ בְּתֵימָן וְאָכְלָה אַרְמְנוֹת בָּצְרָה׃ פ

¹¹ Así ha dicho Yahvé: Por tres pecados de Edom, y por el cuarto, no revocaré su castigo: porque persiguió a espada a su hermano y violó todo afecto natural; en su furor le ha robado siempre y ha guardado perpetuamente el rencor. ¹² Prenderé fuego a Temán y consumirá los palacios de Bosra.

Edom y las dos siguientes naciones aparecen relacionadas con Israel en una línea descendente. En el caso de Edom, Amós no pone de relieve ningún pecado particular, sino simplemente su odio implacable, mortal, en contra de su nación hermana, Israel, que se expresó en actos de crueldad realizados en toda ocasión posible.

ושחת רחמיו, porque violó (destruyó) todo afecto o amor compasivo (רַחֲמָיו). Estas palabras dependen de על רדפו, con la preposición ע a continuación, como si fuera una conjunción delante de un infinitivo (como equivalente a אשר על), y con el infinitivo convirtiéndose en verbo finito (cf. Am 2, 4). En la siguiente frase אפו es el sujeto: en su ira rompe en piezas, rasga de un modo destructivo (cf. Job 16, 9, donde *târaph*, en nuestro caso יִטְרֹף, se aplica a la ira de Dios).

Por otra parte, en la última frase, Edom sigue siendo sujeto; pero ahora aparece como un reino, de manera que se construye en femenino, y de un modo consecuente עברתו es su objeto, colocado al principio como nombre absoluto. Por su parte שְׁמָרָ, aparece con el tono en la penúltima letra (*milel*) a causa del *netsach*, en vez de שְׁמָרָה, (guárdalo), con el *mappik* omitido, por ser sílaba átona (cf. Ewald, 249, b).

La traducción propuesta por Ewald, "porque su furia yace en esperanza siempre", resulta inexacta porque, cuando se aplica a la ira, como en Jer 3, 5, שמר significa guardar o preservar, y también por el hecho de que yacer en esperanza no puede aplicarse a una emoción. Según Jerónimo (*Ad Hos* 1), Temán es *Idumaeorum regio quae vergit ad australem partem* (la región de los idumeos que se encuentra hacia el sur), de manera que aquí (como en Am 2, 2 y 2, 5) se cita primero la tierra y después la capital[45]. Por su parte, Bosra en una importante ciudad, que

---

[45]. Según Eusebio, en el *Onomasticon*, Jerónimo cita una población (κώμη) llamada Temán, que estaba a cinco millas romanas de Petro, diciendo que allí había una guarnición romana. Hay también otro Temán en la zona oriental de Haurán (cf. Wetzstein en Delitzsch, *Comentario* a Job, 1, 73); pero en el A. T. Temán nunca aparece como ciudad.

parece haber sido capital de Idumea (cf. *Comentario* a Gen 36, 22). Se hallaba al sur del mar Muerto, y sus restos han sido preservados en *el-Buseireh*, una aldea con ruinas en *Jebl* (cf. Robinson, *Pal.* ii. p. 570), que no debe ser confundida con la Bosra de Haurán (Burckhardt, Syr. p. 364).

1,13-15. Amón

13 כֹּה אָמַר יְהוָה עַל־שְׁלֹשָׁה פִּשְׁעֵי בְנֵי־עַמּוֹן וְעַל־אַרְבָּעָה
לֹא אֲשִׁיבֶנּוּ עַל־בִּקְעָם הָרוֹת הַגִּלְעָד לְמַעַן הַרְחִיב אֶת־גְּבוּלָם׃
14 וְהִצַּתִּי אֵשׁ בְּחוֹמַת רַבָּה וְאָכְלָה אַרְמְנוֹתֶיהָ בִּתְרוּעָה
בְּיוֹם מִלְחָמָה בְּסַעַר בְּיוֹם סוּפָה׃
15 וְהָלַךְ מַלְכָּם בַּגּוֹלָה הוּא וְשָׂרָיו יַחְדָּו אָמַר יְהוָה׃ פ

¹³ Así ha dicho Yahvé: Por tres pecados de los hijos de Amón, y por el cuarto, no revocaré su castigo: porque para ensanchar sus tierras abrieron a las mujeres de Galaad que estaban embarazadas. ¹⁴ Encenderé fuego en el muro de Rabá y consumirá sus palacios con estruendo en el día de la batalla, con tempestad en día tempestuoso; ¹⁵ y su rey irá en cautiverio con todos sus príncipes, dice Yahvé.

Los libros históricos del A. T. no recuerdan la ocasión en que los amonitas se hicieron reos de una crueldad semejante en contra de los israelitas; posiblemente fue durante las guerras de Hazael con Israel, cuando ellos aprovecharon la oportunidad para ampliar sus territorios conquistando la parte trasera de su tierra, que les había sido arrebatada en los días de Sijón, rey de los amorreos, algo que ellos habían intentado realizar ya en otro tiempo, en los días del juez Jefté (Jc 11, 12). Vemos por Jer 49, 1 que ellos habían tomado posesión del territorio de la tribu de Gad, que era el más cercano a su tierra, pero quizá eso fue solo después que las tribus del norte de Israel fueran llevadas al cautiverio por los asirios, más allá del Jordán.

El hecho de abrir en canal a las mujeres con niño (cf. 2 Rey 8, 12) se cita aquí como expresión culminante de las crueldades que los amonitas realizaron contra los israelitas en la guerra. Como castigo por eso, su capital tiene que ser quemada, de manera que sus príncipes tendrán que salir al exilio, y de forma consecuente su reino será destruido. רַבָּה, *Rabbâh*, es decir, la Grande, es la forma abreviada del nombre de la capital: Rabbah de los hijos de Amón, una ciudad que ha sido conservada entre las ruinas de Aurán (cf. Dt 3, 11).

La amenaza queda profundizada por la cláusula, בתרועה וגו, por el grito, en el campo de batalla, indicando así que la ciudad será tomada al asalto. בסער וגו es una expresión figurada que se aplica a la toma de una ciudad al asalto, como בסופה en Num 21, 14. La lectura מַלְכָּם, "su rey" (de los amonitas) está conformada por los LXX y el caldeo, está requerida por וְשָׂרָיו (cf. Am 2, 3), mientras que

Μαλχόμ, *Melchom* (un dios nacional de los amonitas), que aparece en Aquila, Símaco, Jerónimo y en el siríaco se apoya en una falsa interpretación del texto.

2, 1-3. Moab

1 כֹּה אָמַר יְהוָה עַל־שְׁלֹשָׁה פִּשְׁעֵי מוֹאָב וְעַל־אַרְבָּעָה לֹא אֲשִׁיבֶנּוּ עַל־שָׂרְפוֹ עַצְמוֹת מֶלֶךְ־אֱדוֹם לַשִּׂיד:
2 וְשִׁלַּחְתִּי־אֵשׁ בְּמוֹאָב וְאָכְלָה אַרְמְנוֹת הַקְּרִיּוֹת וּמֵת בְּשָׁאוֹן מוֹאָב בִּתְרוּעָה בְּקוֹל שׁוֹפָר:
3 וְהִכְרַתִּי שׁוֹפֵט מִקִּרְבָּהּ וְכָל־שָׂרֶיהָ אֶהֱרוֹג עִמּוֹ אָמַר יְהוָה:

> [1] Así ha dicho Yahvé: Por tres pecados de Moab, y por cuatro, no revocaré su castigo. Porque quemaron los huesos del rey de Edom hasta calcinarlos, [2] enviaré fuego a Moab, el cual devorará los palacios de Queriot. Moab morirá en medio de alboroto, con clamor y sonido de corneta. [3] Yo quitaré al juez de en medio de ellos y junto con él mataré a sus magistrados, ha dicho Yahvé.

El hecho aquí citado no es quemar los huesos del rey de Moab cuando él estaba aún vivo, sino quemar el cadáver, de manera que sus huesos se convirtieran completamente en polvo y barro (D. Kimchi), para ejercer de esa forma su fría venganza contra el enemigo ya muerto (cf. 2 Rey 23, 16). Esto es lo único que aquí se condena expresamente, no el haberle condenado a muerte.

Los libros del A. T. no recuerdan ningún acontecimiento de este tipo; pero este caso está conectado sin duda con la guerra que se recuerda en 2 Rey 3, la guerra que Jorán de Israel y Josafat de Judá realizaron con los moabitas, en compañía del rey de Edom; en ese contexto se cita una tradición judía, quizá bien fundada, recordada por Jerónimo, según la cual, después de la guerra, los moabitas desenterraron los huesos del rey de Edom, sacándolos de la tumba, dirigiéndoles insultos y quemándolos.

Como estamos viendo, Amós solo cita crímenes que fueron cometidos en contra de la nación de la alianza, lo que significa que, en este caso, el rey de Edom debía tener alguna relación con Israel, como vasallo de Judá; en ese contexto se puede suponer que este hecho sucedió pocos años después de la guerra de Judá y de Israel en contra de los moabitas, y que ellos, por venganza contra los israelitas quemaron los huesos de este rey edomita, que había sido vasallo de los judíos y que poco después de esta guerra alcanzaron su independencia (cf. 2 Rey 8, 20).

Como castigo por eso, Moab sería devastada por el fuego de la guerra, de manera que Qeriot con sus palacios sería consumida por el fuego. הַקְּרִיּוֹת no es un nombre apelativo (indicando las ciudades de los moabitas, τῶν πόλεων αὐτῆς, LXX), sino el nombre propio de una de las ciudades más importantes de Moab (cf. Jer 48, 24.41), cuyas ruinas han sido descubiertas por Burckhardt (*Syr.* p. 630) y Seetzen (II. p. 342, cf. iv. p. 384) en la decaída ciudad de Kereyat o Krit.

La aplicación del término מת (morir) a Moab ha de explicarse desde el supuesto de la personificación de la nación. שאון significa guerra, tumulto, y בתרועה se aplica, como Am 1, 14, בקול שופר, el toque de las trompetas. Por eso, el juez de Moab con todos los príncipes, debe ser sacado מִקִּרְבָּהּ, *miqqirbâh*, es decir, fuera de la tierra de Moab.

El sufijo femenino se refiere a Moab como tierra o reino, y no a *Keriyoth*, la ciudad. El hecho de que se cite aquí al *shōphēt* o juez y no al rey, ha hecho suponer a algunos que Moab no tenía por entonces rey, sino solo un *shōphēt*, es decir, un tipo de gobernante. A partir de aquí algunos han añadido que en aquel tiempo Moab tenía que estar sometida bajo el poder del reino de las 10 tribus (Hitzig y Ewald). Pero no tenemos noticia de que se hubiera dado una situación como esa, y el dato no se puede sin más deducir del hecho de que Jeroboán hubiera restaurado las antiguas fronteras del reino hasta el mar Muerto. (2 Rey 14, 25).

מִקִּרְבָּהּ es una palabra análoga a *tōmēkh shēbhe*t en Am 1, y no es más que una expresión retórica aplicada al rey, y se utiliza solo a causa de la variedad, por motivos literarios. Todas estas profecías amenazadoras, referentes a las naciones y reinos que se mencionan desde Am 1, 6 en adelante las cumplieron los caldeos que conquistaron todos esos reinos, y llevaron a los mismos pueblos a la cautividad. Para un tratamiento más extenso del tema, cf. *Comentario* a Jer 48 y Ez 25.

2, 4-16. Los pecados de Judá y de Israel

2, 4-5. Judá

⁴ כֹּה אָמַר יְהוָה עַל־שְׁלֹשָׁה פִּשְׁעֵי יְהוּדָה וְעַל־אַרְבָּעָה לֹא אֲשִׁיבֶנּוּ עַל־מָאֳסָם אֶת־תּוֹרַת יְהוָה וְחֻקָּיו לֹא שָׁמָרוּ וַיַּתְעוּם כִּזְבֵיהֶם אֲשֶׁר־הָלְכוּ אֲבוֹתָם אַחֲרֵיהֶם:
⁵ וְשִׁלַּחְתִּי אֵשׁ בִּיהוּדָה וְאָכְלָה אַרְמְנוֹת יְרוּשָׁלִָם: פ

⁴ Así ha dicho Yahvé: Por tres pecados de Judá, y por cuatro, no revocaré su castigo. Porque despreciaron la ley de Yahvé y no guardaron sus decretos, y porque les hicieron errar sus mentiras tras las cuales anduvieron sus padres, ⁵ enviaré fuego a Judá, el cual devorará los palacios de Jerusalén.

Con el anuncio de que la tormenta de la ira de Dios estallará también sobre Judá, Amós prepara el camino para ocuparse de Israel, que es el objeto principal de sus profecías. En el caso de Judá él condena su desprecio por la ley de su Dios, y también su idolatría. La תּוֹרַת, en estado constructo, de *thōrâh*, es la suma y substancia de todas las instrucciones y de todos los mandamientos que Yahvé había dado a su pueblo como regla de vida. Por su parte, los חֻקָּיו, de *chuqqīm*, son los preceptos separados, contenidos en la *thōrâh*, incluyendo no solo los mandatos ceremoniales, sino los mandamientos morales, porque las dos cláusulas no son solo paralelas sino sinónimas.

כְּזְבֵיהֶם, sus mentiras, son los ídolos, como podemos ver por la cláusula de relativo, pues "siguiendo tras" (אֲשֶׁר־הָלְכוּ אֲבוֹתָם, de *bâlakh 'achărê*) constituye la expresión dominante para indicar la idolatría. Amós llama a los ídolos mentiras, no solo como *res quae fallunt* (cosas que engañan, Gesenius), sino también como cosas fabricadas, sin entidad (*ĕlīhīm y hăbhâlīm*), que no tienen realidad en sí mismas, y que por tanto son incapaces de realizar aquello que podría esperarse de ellas.

Los padres "que caminaron tras esas mentiras eran en general sus antepasado, pues la nación de Israel empezó practicando ya la idolatría en el desierto (cf. Am 5, 26), y siguió practicándola siempre, más o menos, con la única excepción de los tiempos de Josué, Samuel, David y en parte Salomón, de manera que incluso los reyes más santos de Judá fueron incapaces de erradicar la adoración en los lugares altos. El castigo con el que se amenaza en consecuencia, es decir, que Jerusalén quedaría reducida a cenizas, se cumpliría más tarde, en tiempos de Nabucodonosor.

2, 6-8. Israel, las diez tribus

⁶ כֹּה אָמַר יְהוָה עַל־שְׁלֹשָׁה פִּשְׁעֵי יִשְׂרָאֵל וְעַל־אַרְבָּעָה לֹא אֲשִׁיבֶנּוּ עַל־מִכְרָם בַּכֶּסֶף צַדִּיק וְאֶבְיוֹן בַּעֲבוּר נַעֲלָיִם:
⁷ הַשֹּׁאֲפִים עַל־עֲפַר־אֶרֶץ בְּרֹאשׁ דַּלִּים וְדֶרֶךְ עֲנָוִים יַטּוּ וְאִישׁ וְאָבִיו יֵלְכוּ אֶל־הַנַּעֲרָה לְמַעַן חַלֵּל אֶת־שֵׁם קָדְשִׁי:
⁸ וְעַל־בְּגָדִים חֲבֻלִים יַטּוּ אֵצֶל כָּל־מִזְבֵּחַ וְיֵין עֲנוּשִׁים יִשְׁתּוּ בֵּית אֱלֹהֵיהֶם:

⁶ Así ha dicho Yahvé: Por tres pecados de Israel, y por el cuarto, no revocaré su castigo: porque vendieron por plata (dinero) al justo, y al pobre por un par de zapatos. ⁷ Pisotean en el polvo de la tierra las cabezas de los desvalidos y tuercen el camino de los humildes. El hijo y el padre se allegan a la misma joven, profanando mi santo nombre. ⁸ Sobre las ropas empeñadas se acuestan junto a cualquier altar, y el vino de los multados beben en la casa de su Dios.

Tras la introducción anterior, el discurso del profeta se dirige al Israel de las diez tribus, y lo hace precisamente de la misma forma que a las naciones ya mencionadas, anunciando el juicio como irrevocable. Al mismo tiempo, ofrece una descripción más completa de los pecados de Israel, condenando primero los crímenes más importantes de injusticia y opresión, de inmoralidad desvergonzada y de audaz desprecio de Dios; (Am 2, 6-8). En segundo lugar, el profeta condena el desprecio vergonzoso con que el pueblo responde a los beneficios conferidos por el Señor (Am 2, 9-12). En consecuencia, el profeta eleva su amenaza contra los perversos (Am 2, 13-16).

2, 6. El profeta condena cuatro tipos de crímenes. El primero es el falso tratamiento y condena de los inocentes en su administración de justicia. Es pecado vender al justo por plata, es decir, por dinero. Este delito es propio de los jueces, a quienes se soborna, a fin de que juzguen y condenen a los justos, como si fueran culpables, en un sentido judicial, no simplemente moralista.

בְּכֶסֶף, *bakkeseph*, por dinero, sea para conseguir dinero, o a causa del dinero que ellos han recibido ya, por parte de los acusadores, para condenar a los inocentes. בעבור, por causa de (=por motivo de); la ב no es un simple ב *pretii:*. No se trata de vender a un pobre para conseguir un par de sandalias por ello, pues el más pobre de los esclavos valía mucho más que dos sandalias (cf. Ez 21, 32). Se trata de que un juez condena a un pobre deudor, que no podría pagar ni siquiera un par de sandalias, por un motivo mínimo, entregándolo como esclavo, en manos del acreedor, interpretando del modo más duro la ley de Lev 25, 39 (cf. 2 Rey 4, 1).

2, 8. Como segundo crimen, Amós reprueba en el v. 7 el pecado de opresión que abunda en la tierra. דלים son los ταπεινοί, pobres, y נוים son los πραεῖς, mansos. Este discurso se formula utilizando participios, en forma de llamada, no son una simple descripción como las que Amós utiliza en otros casos (cf. 5,7; 6, 3. 13; 8, 14) y se utilizan también en otros libros (Is 40, 22.26; Sal 19, 11). En nuestro caso, el hecho de que el artículo se ponga antes del participio remite al sufijo en מכרם, y el verbo finito no se introduce hasta la segunda frase.

הַשֹּׁאֲפִים, de שאף, son los que desean ansiosamente pisotear la cabeza de los pobres sobre la tierra, lo que quieren que la cabeza de los pobres quede cubierta de tierra y polvo, a fin de hundirles de esa forma en la miseria, de manera que ellos mismos derramen polvo sobre sus cabezas (cf. Job 2, 12; 2 Sam 1, 2). La explicación que ofrece Hitzig resulta fantasiosa y antinatural: que los ricos se enfadan incluso por el puñado de polvo que los pobres han derramado sobre sus cabezas, deseando incluso privarles de ello, de un modo avaricioso, para apoderarse de ello para sí mismos.

En esa línea se sitúan aquellos que tuercen el camino de los humildes, para cazarles en una trampa y arrojarles de cabeza en la destrucción, poniendo en su camino todo tipo de impedimentos y de piedras de tropiezo. El camino significa aquí la vida entera, su mismo curso vital, algo que no se reduce solo a unos problemas judiciales.

2, 7-8. El tercer crimen consiste en la profanación del nombre de Dios, a través de una conducta de inmoralidad desvergonzada (Am 2, 7); y el cuarto es la desecación del mismo santuario a través de bebidas y borracheras injustas (Am 2, 8). En esa línea dice el texto que hijo y padre "entran" en una misma muchacha, es decir, en una prostituta. El texto supone que copulan con una y la misma mujer, pero el texto omite la *'achath* (una), como para impedir la falsa conclusión de que estaría permitido el caso si cada uno fuera con una mujer diferente.

Este pecado se entiende como un tipo de "incesto" (una mujer para padre e hijo), algo que según la ley se castigaba con la muerte (cf. Lev 18, 7.15; 20, 22). Aquí no se habla de *qedēshōth*, es decir, de "prostitutas sagradas" del templo. Este pasaje no alude, por tanto, a la prostitución como culto propio del mismo templo, como lo exigía un tipo de culto licencioso de Baal y Ashera (Ewald, Maurer, etc.). El pecado consiste más bien en un audaz desprecio de los mandamientos de Dios, como muestra claramente el pasaje original (Lev 22, 32) del que Amós ha tomado las palabras fundamentales (cf. también Jer 34, 16).

Por לְמַעַן, *lema'an*, a fin de (no "de manera que") la referencia a la profanación del santo nombre de Dios aparece representada como algo intencional, para mostrar el carácter audaz del pecado y para poner de relieve que no surgió por pura debilidad o por ignorancia, sino que fue "practicado" con desprecio directo del Dios santo. בְּגָדִים חֲבֻלִים, *begâdîm châbhulîm,* ropas empeñadas… Son las ropas exteriores, como largas túnicas y manto, que a los pobres les servían también para dormir. Si un pobre tenía que empeñar su ropa exterior, su manto, se le debía devolver antes de que llegara la noche (Ex 22, 25), y nadie podía dormir sobre un vestido así empeñado a otras personas (Dt 24, 12-13).

Pues bien, los usureros impíos tomaban en préstamo esas ropas, y las utilizaban para extender sobre ellas sus piernas en las fiestas (*yattū*, en *hifil*, extender el cuerpo o las piernas. Y eso lo hacían junto a cualquier altar, en cualquier comida sacrificial, sin temor de Dios. Es evidente que Amós se está refiriendo a las comidas sacrificiales, por la referencia al vino en la segunda parte del verso, donde se habla de beber vino en la casa de Dios.

עֲנוּשִׁים, dinero de multas… Así se alude al vino que se compra con el dinero de las multas o castigos impuestos a los pobres. También en este contexto se pone de relieve que el vino del dinero de las multas se consume en los banquetes sacrificiales que se mantienen en la casa de Dios.

בֵּית אֱלֹהֵיהֶם (*'Elōhēhem*) no es la casa de sus dioses (ídolos), sino de su Dios.. Es evidente que Amós se está refiriendo a los templos de Betel y de Dan, en los que los israelitas veneraban a Yahvé, su Dios, bajo el símbolo de un toro (de un becerro). La expresión כָּל־מִזְבֵּחַ, *kol-mizbēăch* (todo altar) no va en contra de esto, pues aunque כל puede referirse a una pluralidad de altares, estos altares eran de los *bāmōth* o lugares altos dedicados en principio a Yahvé.

Si el profeta hubiera querido condenar directamente la idolatría (es decir, la adoración de dioses paganos) lo hubiera hecho de un modo más claro. En este caso, él no está condenando la idolatría como tal, sino un tipo de "culto que puede parecer cercano a la idolatría, pues se realiza teniendo como signo fundamental de Dios unos becerros (prohibidos por la Ley) y un tipo de culto contrario a la verdadera justicia de la Ley de Dios.

2, 9-10

⁹ וְאָנֹכִי הִשְׁמַדְתִּי אֶת־הָאֱמֹרִי מִפְּנֵיהֶם אֲשֶׁר כְּגֹבַהּ אֲרָזִים
גָּבְהוֹ וְחָסֹן הוּא כָּאַלּוֹנִים וָאַשְׁמִיד פִּרְיוֹ מִמַּעַל וְשָׁרָשָׁיו מִתָּחַת:

¹⁰ וְאָנֹכִ֞י הֶעֱלֵ֤יתִי אֶתְכֶם֙ מֵאֶ֣רֶץ מִצְרָ֔יִם וָאוֹלֵ֥ךְ אֶתְכֶ֛ם
בַּמִּדְבָּ֖ר אַרְבָּעִ֣ים שָׁנָ֑ה לָרֶ֖שֶׁת אֶת־אֶ֥רֶץ הָאֱמֹרִֽי׃

⁹ Yo destruí delante de ellos a los amorreos que eran altos como los cedros y fuertes como las encinas; destruí su fruto arriba y sus raíces abajo. ¹⁰ A vosotros os hice subir de la tierra de Egipto y os conduje por el desierto cuarenta años, para que tomarais posesión de la tierra del amorreo.

Este audaz desprecio de los mandamientos de Dios era ya muy reprensible en sí mismo, pero se vuelve totalmente inexcusable si tenemos en cuenta que Israel había recibido su elevación nacional como regalo de Dios, a través de una llamada sagrada. Por esa razón, el profeta recuerda al pueblo las manifestaciones de la gracia de Dios que había recibido. El texto repite con énfasis especial la palabra ואנכי que sirve para poner de relieve el contraste entre la conducta de los israelitas hacia el Señor y la fidelidad del Señor hacia ellos.

De las dos grandes manifestaciones de la gracia de Dios a las que Israel debía su existencia como nación independiente, Amós menciona ante todo la destrucción de los antiguos habitantes de Canaán (Ex 23, 27; 34, 11); y en segundo lugar nombra aquello que había sido anterior en el tiempo, es decir, la liberación de Egipto y la protección y guía en el camino a través del desierto de Arabia. Al decir las cosas en ese orden, el profeta no quería afirmar que el primer tipo de ayuda de Dios había sido más importante que el segundo, sino para fundarse en el primero y destacar después lo que el Señor debía continuar haciendo por su pueblo (Jl 2, 11).

Las naciones destruidas ante Israel reciben el nombre de amoritas (amorreos), que eran la más fuerte de las tribus cananeas como se supone en Gen 15, 16, en Js 24, 15, etc. Pues bien, para mostrar que Israel no había sido capaz de destruir por sí mismo (por su propia fuerza) a ese pueblo, sino que algo tan grande solo lo había podido cumplir el Dios todopoderoso, el profeta comienza recordando aquello que los espías israelitas habían presentado a su modo cuando volvieron a informar al pueblo, poniendo de relieve el gran tamaño de los habitantes de la tierra, tomados por gigantes (cf. Num 13, 32-33), diciendo que ellos, los amoritas, eran grandes como cedros y fuertes como encinas, para describir después, a partir de la misma figura, el exterminio de esos pueblos cananeos como una destrucción de sus frutos y de sus raíces.

Para la figura del lenguaje por la que la posteridad de una nación se describe por su fruto, y su identidad o núcleo como su raíz, cf. Ez 17, 9; Os 9, 16; Job 18, 16. Estas dos manifestaciones de la misericordia divina la había inculcado Moisés más de una vez en los corazones del pueblo, en sus últimos discursos, para pedirles, en consecuencia, que se mantuvieran fieles a los mandamientos divinos y al amor de Dios (cf. Dt 8, 2; 9, 1-6; 29, 1-8).

2, 11-12

וָאָקִ֤ים מִבְּנֵיכֶם֙ לִנְבִיאִ֔ים וּמִבַּחוּרֵיכֶ֖ם לִנְזִרִ֑ים הַאַ֥ף אֵֽין־זֹ֛את בְּנֵ֥י יִשְׂרָאֵ֖ל נְאֻם־יְהוָֽה׃

וַתַּשְׁק֥וּ אֶת־הַנְּזִרִ֖ים יָ֑יִן וְעַל־הַנְּבִיאִים֙ צִוִּיתֶ֣ם לֵאמֹ֔ר לֹ֖א תִּנָּבְאֽוּ׃

[11] Y levanté profetas entre vuestros hijos y nazareos entre vuestros jóvenes. ¿No es esto cierto, hijos de Israel?, dice Yahvé. [12] Mas vosotros disteis a beber vino a los nazareos, y a los profetas mandasteis diciendo: No profeticéis.

Pero Yahvé no solo concedió a Israel la posesión sobre Canaán, sino que se manifestó siempre como fundador y promotor de su prosperidad espiritual. En esa línea, la institución de la profecía y la ley de los nazareos eran dones de gracia en los que Israel tenía ventaja sobre todas las naciones restantes, de manera que se distinguía por encima de los paganos como nación de Dios y como medio de salvación.

Amós solo recuerda al pueblo estas bendiciones, y no las de tipo terreno, pues también los paganos gozaban de ellos, pues solo las primeras eran garantía real del pacto de gracia que Yahvé había realizado con Israel, y en el desprecio y abuso de estos dones de gracia se mostraba con más claridad la ingratitud del pueblo elegido. Los nazoreos se ponen aquí al lado de los profetas, que proclamaban ante la nación el consejo y voluntad de Dios.

Ciertamente, el voto de los nazoreos dependía de la libre voluntad de aquellos que lo realizaban, sin embargo, para su cumplimiento se necesitaba la gracia de Dios, pues el impulso para cumplir el voto procedía del impulso interior del Espíritu de Dios, y solo por impulso interior del Espíritu podía garantizarse el cumplimiento de un voto de ese tipo.

Para una discusión sobre la ley del nazareato, cf. *Comentario* a Num 6, 2-12, y mi *Biblische Arch*. 67. El surgimiento del nazareato no tenía solo como finalidad el poner ante los ojos del pueblo el objeto de su divina vocación, o su constitución como nación santa de Dios, sino el mostrar la forma en que el Señor concedía a los elegidos el poder de cumplir ese objetivo. Pero en vez de permitir que esos nazoreos les impulsaran a buscar de un modo más intenso su propia santificación de vida, los israelitas les tentaban para que rompiera su voto bebiendo vino, del que debían abstenerse, pues el vino era contrario a la seriedad de su compromiso de santificación (*Biblische Arch*. 67); y a los profetas les impedían profetizar, porque sus palabras era pesadas para ellos (cf. Am 7, 10; Miq 2, 7).

2, 13-16

הִנֵּ֛ה אָנֹכִ֥י מֵעִ֖יק תַּחְתֵּיכֶ֑ם כַּאֲשֶׁ֤ר תָּעִיק֙ הָעֲגָלָ֔ה הַֽמְלֵאָ֥ה לָ֖הּ עָמִֽיר׃

וְאָבַ֤ד מָנוֹס֙ מִקָּ֔ל וְחָזָ֖ק לֹא־יְאַמֵּ֣ץ כֹּח֑וֹ וְגִבּ֖וֹר לֹא־יְמַלֵּ֥ט נַפְשֽׁוֹ׃

וְתֹפֵ֤שׂ הַקֶּ֙שֶׁת֙ לֹ֣א יַעֲמֹ֔ד וְקַ֥ל בְּרַגְלָ֖יו לֹ֣א יְמַלֵּ֑ט וְרֹכֵ֣ב

הַסּוּס לֹא יְמַלֵּט נַפְשׁוֹ׃
16 וְאַמִּיץ לִבּוֹ בַּגִּבּוֹרִים עָרוֹם יָנוּס בַּיּוֹם־הַהוּא נְאֻם־יְהוָה׃ פ

¹³ Por eso, yo os apretaré en vuestro lugar, como se aprieta el carro lleno de gavillas: ¹⁴ el ligero no podrá huir, al fuerte no le ayudará su fuerza ni el valiente librará su vida; ¹⁵ el que maneja el arco no resistirá, ni escapará el ligero de pies ni el jinete salvará su vida. ¹⁶ El esforzado entre los valientes huirá desnudo aquel día, dice Yahvé.

El Señor visitará con un severo castigo a los que desprecian las misericordias del pacto. El Señor amenaza así a los israelitas con una opresión y un castigo tan severo que nadie será capaz de escapar. El texto alude de esa forma a los peligros de la guerra, en medio de la cual sucumbirán incluso los héroes más bravos y más hábiles. הָעִיק, de עוּק, en forma aramea, en vez del hebreo צוּק, oprimir, se construye con *tachath* (cf. תַּחְתֵּיכֶם), en el sentido de κατὰ, hacia abajo, oprimir hacia abajo a una persona, es decir, apretar sobre ella, pisarla (cf. Winer, Gesenius, Ewald). Este sentido de עקה queda confirmado en Sal 55, 4, y para la forma מוּעָקָה en Sal 66, 11, de manera que no es necesario apelar al árabe, como hace Hitzig, ni de alterar el texto, o de seguir a Baur, que concede a esa palabra el significado de "sentirse uno mismo oprimido bajo el peso de otro", para lo que no tenemos razón alguna en el texto, ni podemos encontrar un buen significado a la frase.

La comparación que se aplica aquí (oprimir al pueblo como se oprime la yerba en un carro cargado) no puede llevarnos a la conclusión de que el mismo Yahvé se identifica con el carro. El texto no ofrece un objeto para תָּעִיק, pero ese objeto puede suplirse mentalmente, suponiendo que al carro se le aprieta sobre el suelo por el que está siendo conducido. La partícula לָהּ vinculada a הַמְלֵאָה hace que מְלֵאָה reciba un sentido reflexivo, como de algo que está lleno en sí mismo, que se ha llenado plenamente (cf. Ewald, 315, a).

En 2, 14-16 se individualizan los efectos de esa gran presión, indicando que nadie podrá escapar de ella, en medio de la opresión y de la guerra. Por אבד מנוס se indica que el rápido no podrá escapar, no encontrará tiempo suficiente para huir. La alusión a los héroes guerreros y a los arqueros (וְתֹפֵשׂ הַקֶּשֶׁת, גִּבּוֹר) indica que esa gran presión está causada por la guerra. קל ברגליו van unidos: "el ligero de pies". Los ligeros de pies no podrán salvar su vida, ni los montados a caballo. La palabra נפשׁו de 2, 15 va unida a las dos frases (la del ligero de pies y la del jinete). אמץ לבו es el fuerte de corazón, el esforzado. ערום, desnudo, el que ha tenido que dejar armas y vestido, porque se las ha tomado el enemigo, como el joven de Mc 14, 52. Esta amenaza, que implica que el reino será destruido queda ratificada e intensificada por los siguientes discursos del profeta.

AMÓS 3, 1-6, 14
PROFECÍAS REFERENTES A ISRAEL

Aunque la expresión "oíd esta palabra" que se repite al comienzo de Am 3, 1; 4, 1 y 5, 1 sugiere la idea de que estamos ante tres discursos separados dirigidos al pueblo por Amós en diferentes tiempos, su contenido muestra que no se trata de tres discursos separados, sino que ellos agrupan y contienen los pensamientos fundamentales de las diversas llamadas de arrepentimiento dirigidas por Amós al pueblo de Israel.

Comenzando con las pruebas de su derecho para anunciar el juicio a la nación a causa de sus pecados (Am 3, 1-8), el profeta expone la maldad de Israel en general (3, 9–4, 3) y después pone de relieve la vanidad de la confianza de la nación en los ídolos (4, 4-13), para anunciar finalmente la destrucción del reino, como una consecuencia inevitable de la injusticia y de la impiedad dominante (Am 5, 1-14).

3, 1–15. Anuncio del juicio

Dado que el Señor ha escogido a Israel como su pueblo, él debe visitar sus pecados (3, 2), y en esa línea ha comisionado al profeta para que anuncie su castigo (Am 3, 3-8). Ya que Israel ha cultivado opresión, violencia y maldad, un enemigo vendrá sobre la tierra y saqueará Samaría y hará que sus habitantes perezcan, y demolerá los altares de Betel y destruirá la capital (3, 9-15).

3, 1-2

שִׁמְעוּ אֶת־הַדָּבָר הַזֶּה אֲשֶׁר דִּבֶּר יְהוָה עֲלֵיכֶם בְּנֵי ¹
יִשְׂרָאֵל עַל כָּל־הַמִּשְׁפָּחָה אֲשֶׁר הֶעֱלֵיתִי מֵאֶרֶץ מִצְרַיִם לֵאמֹר׃
רַק אֶתְכֶם יָדַעְתִּי מִכֹּל מִשְׁפְּחוֹת הָאֲדָמָה עַל־כֵּן אֶפְקֹד ²
עֲלֵיכֶם אֵת כָּל־עֲוֹנֹתֵיכֶם׃

¹ Oíd esta palabra que Yahvé ha hablado contra vosotros, oh hijos de Israel, contra toda la familia que hice subir de la tierra de Egipto. Dice así: 2Solamente a vosotros he conocido de todas las familias de la tierra; por tanto, os castigaré por todas vuestras maldades.

Am 3, 1-2 contiene la introducción y el tema dominante de toda la proclamación profética que sigue. La palabra de Dios se dirige a toda la familia de Israel, a la que Dios ha sacado y traído de Egipto, es decir, a las doce tribus de la nación de la alianza, aunque en las profecías que siguen el profeta se dirige básicamente a las diez tribus, a las que amenaza con la destrucción del reino, para indicar al final que también a Judá le espera un destino semejante, si es que sus habitantes no se vuelven con sinceridad al Señor.

Esta amenaza se encuentra introducida por el pensamiento de que la elección divina no asegura a la nación pecadora que escapará del castigo, sino que es todo lo contrario: la relación de gracia por la que el Señor se ha vinculado con Israel exige el castigo por todos sus pecados. Esta certeza rompe las raíces de la falsa confianza del pueblo en la elección divina. "Al que mucho se le da se le pedirá mucho. Cuanto mayor sea la medida de la gracia, mayor será también el castigo para aquellos que desprecien esa gracia". Esta es la ley fundamental del reino de Dios.

ידע no significa conocer en sentido abstracto, ni tomar conocimiento de una persona (Hitzig) o cosa, sino reconocer. El conocimiento de Dios no significa solo tener noticia de los hombres, sino abrazarles y penetrar en su vida con amor divino; en esa línea, ידע no solo incluye la idea de amor y cuidado, como en Os 13, 5, sino que expresa de un modo general la comunicación gratuita del Señor con Israel, como en Gen 18, 19, de manera que su sentido es prácticamente el mismo que el de elegir, incluyendo tanto el motivo como el resultado de la elección. Y, dado que Yahvé ha reconocido, es decir ha elegido y escogido a Israel como la nación más apropiada para actuar como vehículo de su salvación, él debe castigar por necesidad sus malas obras, a fin de purificarla de la escoria de su pecado y convertirla en vaso de su gracia salvadora.

3, 3-8

³ הֲיֵלְכוּ שְׁנַיִם יַחְדָּו בִּלְתִּי אִם־נוֹעָדוּ: ⁴ הֲיִשְׁאַג אַרְיֵה בַּיַּעַר וְטֶרֶף אֵין לוֹ הֲיִתֵּן כְּפִיר קוֹלוֹ מִמְּעֹנָתוֹ בִּלְתִּי אִם־לָכָד:
⁵ הֲתִפֹּל צִפּוֹר עַל־פַּח הָאָרֶץ וּמוֹקֵשׁ אֵין לָהּ הֲיַעֲלֶה־פַּח מִן־הָאֲדָמָה וְלָכוֹד לֹא יִלְכּוֹד:
⁶ אִם־יִתָּקַע שׁוֹפָר בְּעִיר וְעָם לֹא יֶחֱרָדוּ אִם־תִּהְיֶה רָעָה בְּעִיר וַיהוָה לֹא עָשָׂה:
⁷ כִּי לֹא יַעֲשֶׂה אֲדֹנָי יְהוִה דָּבָר כִּי אִם־גָּלָה סוֹדוֹ אֶל־עֲבָדָיו הַנְּבִיאִים:
⁸ אַרְיֵה שָׁאָג מִי לֹא יִירָא אֲדֹנָי יְהוִה דִּבֶּר מִי לֹא יִנָּבֵא:

³ ¿Andarán dos juntos, a menos que se pongan de acuerdo? ⁴ ¿Rugirá el león en el bosque sin haber cazado presa? ¿Dará su rugido el cachorro de león desde su guarida sin haber atrapado algo? ⁵ ¿Caerá el ave en la trampa en la tierra sin haber

cazador? ¿Se alzará la trampa (la red) del suelo sin haber atrapado algo? [6] ¿Se tocará la corneta en la ciudad y no se estremecerá el pueblo? ¿Habrá alguna calamidad en la ciudad sin que Yahvé la haya hecho?" [7] Así, nada hará el Señor Yahvé sin revelar su secreto a sus siervos los profetas. [8] Si ruge el león, ¿quién no temerá? Si habla el Señor Yahvé, ¿quién no profetizará?

Pero esa verdad anterior (Dios castigará a su pueblo por sus pecados) encuentra contradictores en la misma nación elegida. Los pecadores orgullosos, seguros de sí mismos, no soportan una profecía como esa (cf. Am 2, 4; 7, 10). Por eso, antes de proclamar nuevos anuncios de Dios, Amós debe establecer su derecho y su deber de profetizar, y así lo hace con un tipo de afirmaciones en cadena tomadas de la misma vida.

El contenido de estos versos (3, 3-8) no ha de tomarse como expresión de unas verdades generales, centradas en el hecho de que un profeta no puede hablar sin impulso divino, pues no hay nada que no tenga su causa. Para trazar una verdad general de ese tipo no era necesario ofrecer esta larga serie de ejemplos, que un oyente atento debería afirmar sin más, como signo de que hay una conexión entre causa y efecto. Esos ejemplos se han elegido evidentemente con la finalidad de mostrar que las proclamaciones proféticas de Amós se fundan en Dios. Esto resulta claro en Am 3, 7-8.

3, 3-4. La primera cláusula "¿caminan dos hombres unidos sin que se pongan de acuerdo?", con *nōʻad* (cf. נוֹעָדוּ), que significa escoger un lugar para encontrase allí, en un momento determinado (cf. Job 2, 11; Js 11, 5; Neh 6, 2), contiene algo más que una verdad trivial: que dos personas no caminan juntas sin ponerse de acuerdo. Pues bien, en nuestro caso, los dos que caminan juntos son Yahvé y el profeta (Cirilo), no Yahvé y la nación a la que se le anuncia el juicio (Cocceius, Marck y otros). Amós fue como profeta a Samaría o Betel porque el Señor le envió allí para predicar el juicio a un pueblo pecador. Pero Yahvé no amenazaría con el juicio si es que la nación no estuviera madura para el juicio ante él. El león que ruge cuando tiene cerca a su presa es el mismo Yahvé (cf. Am 1, 2; Os 11, 10, etc.). טרף אין לו no ha de entenderse según la segunda frase, en el sentido de "sin haber tomado posesión de la presa" (Hitzig), porque los leones acostumbran a rugir cuando tienen la presa cerca, antes de cazarla de hecho, de manera que ella no tiene ya posibilidad de escapar (cf. Is 5, 29)[46].

Por el contrario, el perfecto לָכָד, *lâkjad*, de la segunda frase ha de entenderse de acuerdo con la primera, no como expresión de la satisfacción con la que

---

46. El rasgo más terrible del rugido del león es que con esta *clarigatio*, es decir, con este rugido, él está declarando la guerra, y de esa forma, tras el rugido, viene inmediatamente la matanza y el descuartizamiento de la presa. Por regla general, el león solo ruge cuando tiene la presa a la vista, de manera que salta inmediatamente sobre ella (Bochart, *Hierozoon* II. 25ss., ed. Ros.).

el león devora la presa en su cueva (Baur), sino que es un perfecto que se utiliza para describir una cosa que aún no ha pasado, pero que es tan cierta como si ya hubiera pasado. El león ha realizado su captura no meramente cuando ha partido y troceado su pieza, sino cuando su pieza se ha aproximado tanto que ya no tiene posibilidad de escapar. כְּפִיר, *Kephīr*, es un joven león que persigue a su presa, y debe distinguirse de un leoncito, *gūr* (*catulus leonis*), que aún no puede salir a perseguir a su presa (cf. Ez 19, 2-3). Las dos imágenes tienen el mismo sentido, mostrando así que Dios no tiene solo delante de sí a su presa, madura para el juicio, sino que la tiene ya bajo su poder.

3, 5-6. Las semejanzas de 3, 5 no dicen lo mismo que las de 3, 4, sino que contienen un nuevo pensamiento: Israel merece la destrucción que le amenaza. פַּח, *Pach*, es una trampa, y מוֹקֵשׁ, *mōqēsh*, es un lazo, y son palabras que se utilizan con frecuencia como sinónimos, pero que aquí se distinguen. *Pach* es una especie de nido para pájaros. Por su parte, *mōqēsh* es un lazo que mantiene preso al pájaro. Los traductores antiguos han tomado *mōqēsh* en el sentido de *yōqēsh*, y lo han interpretado como "cazador de pájaros", por lo que Baur propuso alterar consiguientemente el texto. Pero no hay necesidad de ello, porque no es necesario que esté presente el cazador de pájaros para que el pájaro caiga en el lazo.

El sufijo *lâh* se refiere a צִפּוֹר, *tsippōr*, pájaro, y el pensamiento es este: para cazar un pájaro en su nido es preciso que se ponga un lazo, una trampa. Desde el punto de vista exterior, es necesario que haya *mōqēsh*, un tipo de lazo, para prender a los pájaros que se acercan. Desde ese fondo, el texto se podría interpretar diciendo que la destrucción no puede apoderarse de los israelitas (entrar en trampa, quedar allí prendidos), a no ser que los pecadores se acerquen a ella (cf. Jer 2, 35).

En la segunda frase, el sujeto es פַּח, *pach*, y ועלה se aplica a la subida o salto de la red que atrapa a los pájaros. Hitzig ha traducido correctamente las palabras: "La red no se extiende y cae (no salta…), sin haber cazado al pájaro, que volaba sobre (o bajo) ella; de un modo semejante, cuando pase la destrucción ¿os imagináis que podréis escapar sin caer en ella? (cf. Is 28, 15).

De esa forma, Yahvé permite que los profetas puedan predecir la destrucción. De esa manera, cuando la trompeta suena en la ciudad, el pueblo tiene miedo, pierde su seguridad anterior; pues bien, cuando el profeta proclama su palabra anunciando la llegada del próximo mal, él produce una alarma saludable en la nación (cf. Ez 33, 1-4). Esa calamidad que está abalanzándose sobre la ciudad viene de Yahvé, que la envía como castigo para el pueblo infiel.

3, 7-8. Ese castigo se explica en Am 3, 7-8, y con esa explicación queda clara toda la serie de sentencias figurativas anteriores. El mal que se aproxima, y que proviene del Señor, ha sido predicho por el profeta, porque Dios no realiza nada sin haber revelado primero su propósito a los profetas (כי אם, a no ser que, excepto cuando…, como en Gen 32, 27), a fin de que ellos amonesten al pueblo para que se arrepienta y se reforme.

סוֹדוֹ, de *sōd* (su secreto, su propósito) recibe su sentido más preciso por primera cláusula del verso, mostrando la "condición" que el mismo Dios pone para cumplir su voluntad con el pueblo (=revelar su propósito a los profetas). Por eso, los profetas, sabiendo que el juicio que Dios ha de cumplir llena al pueblo de miedo, sabiendo que Dios ha hablado, que les ha manifestado su secreto (como león rugiente), ellos, los profetas, no pueden callar, sino que tienen que profetizar.

3, 9-10

⁹ הַשְׁמִ֙יעוּ֙ עַל־אַרְמְנ֣וֹת בְּאַשְׁדּ֔וֹד וְעַל־אַרְמְנ֖וֹת בְּאֶ֣רֶץ מִצְרָ֑יִם וְאִמְר֗וּ הֵאָֽסְפוּ֙ עַל־הָרֵ֣י שֹׁמְר֔וֹן וּרְא֞וּ מְהוּמֹ֤ת רַבּוֹת֙ בְּתוֹכָ֔הּ וַעֲשׁוּקִ֖ים בְּקִרְבָּֽהּ׃
¹⁰ וְלֹֽא־יָדְע֥וּ עֲשׂוֹת־נְכֹחָ֖ה נְאֻם־יְהוָ֑ה הָאֽוֹצְרִ֛ים חָמָ֥ס וָשֹׁ֖ד בְּאַרְמְנוֹתֵיהֶֽם׃

⁹ Proclamad en los palacios de Asdod y en los palacios de la tierra de Egipto, y decid: Reuníos sobre los montes de Samaría y ved las muchas opresiones en medio de ella y las violencias cometidas en su medio. ¹⁰ No saben hacer lo recto, dice Yahvé; atesoran rapiña y despojo en sus palacios.

Amós ha reivindicado de esa forma su propia llamada y el derecho de todos los profetas para anunciar al pueblo los juicios de Dios. Por eso, a partir de aquí, él puede proclamar sin ocultamiento lo que Dios ha decidido realizar sobre el pueblo pecador de Israel.

El que habla es Yahvé (Am 3, 10) y él dirige su palabra a los profetas, pues él les manda que griten sobre los palacios de Asdod y de Egipto (על como en Os 8, 1), de manera que los habitantes de esos palacios escuchen y vean los actos de violencia y las abominaciones que se realizan en los palacios de Samaría, a fin de que sean capaces de elevar su testimonio en contra de Israel (cf. Am 3, 13).

Este nuevo giro en la profecía pone de relieve el gran exceso de pecados y de abominaciones de Israel. De todas formas, las palabras de los profetas no han proclamarse desde los palacios, para que pueden escucharse por doquier, lejos, en una gran extensión (Baur y otros), sino sobre los mismos palacios, a fin de que sus habitantes puedan acercarse. Son ellos, los habitantes de los palacios, los que deben acercarse y escuchar, no toda la población de Asdod y Egipto, porque solo los habitantes de los palacios son capaces de pronunciar una sentencia apropiada sobre el modo de vida de aquellos que habitan en los palacios de Samaría.

Asdod, una de las capitales de los filisteos, se menciona aquí como ejemplo, como ciudad importante de los incircuncisos, a quienes los israelitas miraban como paganos impíos. Por su parte, aquí se menciona Egipto, una nación cuya injusticia e impiedad los israelitas conocían bien. Pues bien, si unos paganos como ellos han sido convocados para contemplar la impiedad y la disolución de conducta de los palacios de Samaría, ella debe ser sin duda grande.

Las montañas de Samaría no son aquí las montañas del reino de Samaría, o las montañas sobre las que se alzaba la ciudad de Samaría, porque Samaría no estaba edificada sobre varias montañas, sino solo sobre una (cf. Am 4, 1; 6 1), sino las montañas del entorno de la ciudad de Samaría, desde las cuales se podía mirar hacia la ciudad, edificada sobre una colina aislada. La ciudad, edificada sobre la colina de Semer, estaba situada sobre una especie de círculo montañoso, de unos dos días de camino de diámetro, rodeada por todas partes por montañas más bajas (1 Rey 16, 24)[47].

מְהוּמָה, *mehûmâh,* tumulto, denota un estado de confusión, en el que todo está mezclado, de manera que en vez de orden y justicia solo existe violencia (Maurer, Baur). Por su parte וַעֲשׁוּקִים, *'ashûqîm,* puede evocar los oprimidos o, si la palabra se toma en abstracto, la opresión de los pobres (cf. Am 2, 6). En Am 3, 10 continúa la descripción anterior, pero con un verbo finito: ellos no saben cómo hacer el bien; es decir, la injusticia se ha convertido en su propia naturaleza; y ellos, los habitantes, amontonan como tesoros, en sus palacios, pecados y violencia. Y esto desemboca en la ruina del reino.

3, 11-12

11 לָכֵן כֹּה אָמַר אֲדֹנָי יְהוִה צַר וּסְבִיב הָאָרֶץ וְהוֹרִד מִמֵּךְ עֻזֵּךְ וְנָבֹזּוּ אַרְמְנוֹתָיִךְ: 12 כֹּה אָמַר יְהוָה כַּאֲשֶׁר יַצִּיל הָרֹעֶה מִפִּי הָאֲרִי שְׁתֵּי כְרָעַיִם אוֹ בְדַל־אֹזֶן כֵּן יִנָּצְלוּ בְּנֵי יִשְׂרָאֵל הַיֹּשְׁבִים בְּשֹׁמְרוֹן בִּפְאַת מִטָּה וּבִדְמֶשֶׁק עָרֶשׂ:

11 Por eso, Yahvé, el Señor, ha dicho: Un enemigo, por todos lados de la tierra y derribará tu fortaleza (tu gloria), y tus palacios serán saqueados. 12 Así dice Yahvé: De la manera que el pastor libra de la boca del león dos piernas o la punta de la oreja, así escaparán los hijos de Israel que en Samaría se sientan en un borde de la cama o en un diván de Damasco.

La amenaza se introduce en forma de aposiopesis. צַר, enemigo, וּסְבִיב הָאָרֶץ, alrededor, por todos los lados de la tierra (ו explicativo, como en 4, 10, etc.; con סָבִיב en estado constructo, como preposición); es decir, ese enemigo vendrá, atacará la tierra por todos los lados y tomará posesión de ella. Otros toman צַר como un abstracto: opresión (de los caldeos); pero en este caso habría que suplir Yahvé como sujeto de וְהוֹרִד; ciertamente, eso es posible, pero no es probable ni natural, porque Yahvé es el que está hablando. Por otra parte, no hay base para esa lectura, pues

---

47. La colina de Somer/Samaría estaba rodeada de montañas más altas, de manera que el enemigo podía descubrir con facilidad su situación interna, en caso de ser sitiada (V. de Velde, R. i. p. 282.)

si significara el enemigo debería encontrarse en plural como צרים, o en la forma de הצר con artículo (Baumgarten).

Pues bien, el mismo carácter indefinido de צר responde a la brevedad de la sentencia. El enemigo destruirá el esplendor de Samaría, que aparece como ornamento en la parte superior de la colina, como una corona (cf. Is 28, 1-3, cf. Hitzig), con עז (corona, poder, con la idea subordinada de gloria) y destruirá y saqueará los palacios en los que la violencia (es decir, las propiedades injustamente adquiridas) han tenido su dominio (Am 3, 10).

Las palabras están dirigida a la ciudad de Samaría, a la que se refieren los sufijos en femenino. De la ciudad caída de Samaría y del saqueo posterior de sus grandes edificios solo quedan en pie algunos pilares, que solo han logrado sobrevivir en número muy pequeño, y esto con grandes dificultades.

En la comparación de 3, 13 hay una ligera falta de proporción entre la dos mitades, porque el objeto liberado por el pastor de las fauces del león (partes del cordero) queda sin ser más desarrollado, para indicar así que de Samaría solo quedarán unos restos insignificantes. Las grandezas de Samaría, de las cuales solo unas pocas escaparán con vida han sido bien descritas por Amós: personas sentadas en costosos divanes, sin ninguna ansiedad ni miedo.

פאת מטה, es el final del diván, la parte más conveniente para reposar sobre él. Según Am 6, 4, estos divanes estaban adornados con marfil, y de acuerdo con el verso anterior (6, 3) tenían ornamentos muy costosos. דמשק viene de דמשק, Damasco, y significa mueble o adorno de "Damasco", entretejido artísticamente con material entrelazado (como de cuero) (cf. Gesenius, *Thes.* p. 346). Y con esto termina la visita de Dios. Incluso los altares y palacios quedarán en ruinas, y de manera consecuente Samaría será destruida.

3, 13-15

¹³ שִׁמְעוּ וְהָעִידוּ בְּבֵית יַעֲקֹב נְאֻם־אֲדֹנָי יְהוִה אֱלֹהֵי הַצְּבָאוֹת׃
¹⁴ כִּי בְּיוֹם פָּקְדִי פִשְׁעֵי־יִשְׂרָאֵל עָלָיו וּפָקַדְתִּי
עַל־מִזְבְּחוֹת בֵּית־אֵל וְנִגְדְּעוּ קַרְנוֹת הַמִּזְבֵּחַ וְנָפְלוּ לָאָרֶץ׃
¹⁵ וְהִכֵּיתִי בֵית־הַחֹרֶף עַל־בֵּית הַקָּיִץ וְאָבְדוּ בָּתֵּי הַשֵּׁן וְסָפוּ
בָתִּים רַבִּים נְאֻם־יְהוָה׃ ס

¹³ Oíd y testificad contra la casa de Jacob, dice Yahvé Dios de los Ejércitos. ¹⁴ El día en que castigue las rebeliones de Israel, también castigaré los altares de Betel. Serán derribados los cuernos del altar y caerán al suelo. ¹⁵ Yo golpearé la casa de invierno junto con la casa de verano, y las casas de marfil perecerán. ¡Muchas casas serán arruinadas! dice Yahvé.

La forma en que se concreta la amenaza queda resaltada por la nueva introducción de 3, 13. La palabra "oíd..." (שִׁמְעוּ) no puede estar dirigida a todos los israelitas, porque en ese caso ellos no podrían elevar su testimonio en contra de la casa de Israel, sino que deben dirigirse solo a los profetas (como en Am 3, 9: ¡publicad…!) o a los paganos, en cuyo caso han de ser ellos los mismos de Am 3, 9 (¡reuníos y mirad..!).

Solo esta última visión puede ser la correcta, porque el contexto no ofrece base suficiente para que asignemos esta palabra a los profetas. Por otra parte, como han sido los paganos los que han sido convocamos para observar los pecados de Samaría, es lógico que sean ellos mismos los que escuchen las palabras de condena que Dios impone sobre Samaría, siendo, al mismo tiempo, los testigos de aquello que han visto y oído.

העיד ב, dar testimonio contra o hacía alguien (no en alguien, como supone Baur). La casa de Jacob es el conjunto de Israel, es decir, de las doce tribus, como en Am 3, 1, porque la misma Judá ha de ser capaz de aprender una lección a partir de la destrucción de Samaría. El hecho de que se llame a los paganos para que sean testigos de los pecados de los israelitas indica la grandeza que han de tener esos pecados; en esa línea, por otra parte, la acumulación de los nombres de Dios de Am 3, 13 sirve para ratificar la declaración y juicio del Señor, que como Dios de los ejércitos tiene el poder de ejecutar sus amenazas. כי introduce el tema básico de aquello que ha de oírse.

El castigo de los pecados de Israel ha de extenderse también a los altares de Betel, la sede central de la adoración idolátrica del becerro, que es el corazón y hogar de la corrupción moral y religiosa de las diez tribus. La destrucción de los cuernos del altar implica la destrucción del mismo altar, cuyo significado culmina en los cuernos (cf. *Comentario* a Ex 27, 2). El singular הַמִּזְבֵּחַ, *hammizbēăch*, el altar, precedido por un plural, está indicando de forma concreta la totalidad de los altares (cf. Gesenius, 108, 1), y no se refiere a un altar en particular (ni siquiera al altar principal de Betel).

La destrucción de los palacios y de las casas (3, 15) se refiere a los palacios y casas de la capital. En relación a las casas de invierno y de verano tenemos que pensar ante todo en el palacio real (cf. Jer 36, 22); por otra parte, también los nobles podían haber tenido casas de invierno y de verano. על, literalmente "sobre", de manera que las ruinas de unas casas caen sobre la parte superior de otras, unas con otras, todas juntas (cf. Gen 32, 12).

בתי שן, casas de marfil, es decir, casas cuyas habitaciones estaban decoradas con interiores de marfil. El rey Ahab tenía un palacio de este tipo (1 Rey 22, 39; cf. Sal 45, 9). בתים רבים, no son casas grandes, sino muchas casas, de manera que la descripción queda redondeada por esas palabras. Junto a los palacios caerán por tanto muchas otras casas. El cumplimiento de esta profecía tuvo lugar cuando Salmanasar conquistó Samaría (2 Rey 17, 5-6).

4, 1-13. Impenitencia de Israel

La vida voluptuosa y vana de las mujeres de Samaría será sustituida por un vergonzoso cautiverio (Am 4, 1-3). Que continúen los israelitas, si es que quieren,

Profecías referentes a Israel

con su idolatría (Am 4, 4-5), el Señor ya les ha visitado con muchos castigos, sin que ellos se hayan convertido a él (4, 6-11); por lo tanto, suscitará todavía más castigos, para ver si es que, por fin, ellos aprenderán a temerle como a su Dios (4, 12-13).

4, 1-3

¹ שִׁמְעוּ הַדָּבָר הַזֶּה פָּרוֹת הַבָּשָׁן אֲשֶׁר בְּהַר שֹׁמְרוֹן הָעֹשְׁקוֹת דַּלִּים הָרֹצְצוֹת אֶבְיוֹנִים הָאֹמְרֹת לַאֲדֹנֵיהֶם הָבִיאָה וְנִשְׁתֶּה:
² נִשְׁבַּע אֲדֹנָי יְהוִה בְּקָדְשׁוֹ כִּי הִנֵּה יָמִים בָּאִים עֲלֵיכֶם וְנִשָּׂא אֶתְכֶם בְּצִנּוֹת וְאַחֲרִיתְכֶן בְּסִירוֹת דּוּגָה:
³ וּפְרָצִים תֵּצֶאנָה אִשָּׁה נֶגְדָּהּ וְהִשְׁלַכְתֶּנָה הַהַרְמוֹנָה נְאֻם־יְהוָה:

¹ Oíd esta palabra, vacas de Basán, que estáis en el monte de Samaría, que oprimís a los pobres y quebrantáis a los menesterosos, que decís a vuestros señores: Traed de beber. ² Yahvé, el Señor, juró por su santidad: "Sobre vosotras vienen días en que os llevarán con ganchos, y a vuestros descendientes con anzuelos de pescador; ³ saldréis por las brechas una tras otra y seréis echadas a la 'harmona' (¿altura? ¿lugar desconocido?), dice Yahvé".

4, 1. El comienzo de este capítulo está estrechamente vinculado con el contenido del anterior. El profeta había predicho allí que cuando el reino fuera conquistado por los enemigos perecerían sus voluptuosas grandezas, a excepción de algunos pocos que a duras penas lograrían salvar sus vidas. Pues bien, ahora toca el turno de las mujeres voluptuosas de Samaría a las que el profeta les predice que serán vergonzosamente llevadas al exilio.

Por eso, el comienzo "escuchad esta palabra" no es la introducción de una nueva profecía, sino una actualización de la misma profecía, de manera que no podemos aceptar la opinión de Ewald cuando toma Am 4, 1-3 como conclusión de las profecías anteriores (3, 1-15). Las vacas de Basán eran vacas bien alimentadas, gordas, βόες εὔτροφοι, es decir, *vaccae pingues* (Symm., Jer.), vacas saludables, pues Basán tenía buenos pastos y su territorio era el más rico entre las tribus de Israel para el cultivo de ganado, como sabían desde antiguo los pastores (cf. Num 32). La descripción que sigue muestra claramente que al decir "vacas de Basán", Amós se está refiriendo a los ricos, voluptuosos y violentos habitantes de Samaría. Pero no estamos seguros de que esa expresión se aplique solamente a las mujeres ricas y vanidosas, como dicen muchos comentaristas actuales, siguiendo a Teodoro, Teodoreto y otros; o si se refiere más bien a los gobernantes de Israel y a todos los dirigentes de las diez tribus, que dedicaban su tiempo al placer y al robo (Jerónimo); o si se refiere de un modo más preciso a los ricos, lujuriosos y lascivos habitantes del palacio de Samaría a los que aludía Am 3, 9-10 (Maurer), como suponen también el texto caldeo, Lutero, Calvino y otros.

En ese contexto, muchos añaden que el texto les presenta como mujeres (vacas y no toros) para indicar su carácter afeminado y su lujuria sin freno. En apoyo de esta última opinión podemos citar no solo a Os 10, 11, donde a Efraín se le compara con una joven yegua, sino también al hecho de que, a partir de Am 3, 4, el texto se refiere a los israelitas como un todo, y no solo a las mujeres. Pero ninguno de esos argumentos resulta convincente.

La comparación de Os 10,11 se aplica a Efraín como a un reino, a un pueblo entero, de manera que se puede presentar en forma simbólica con una *'eglâh* o novilla, mientras que un tipo de grandeza tiránica y voluptuosa quedaría mejor reflejada en los toros de Basán a los que alude Sal 22, 13. Además, la transición en Os 10, 4 a los israelitas como un todo no puede servirnos de ayuda para determinar de un modo más preciso a quién se está dirigiendo el texto de Os 10, 1-3. Por todo eso, pensamos que las "vacas de Basán" han de entenderse como las mujeres voluptuosas de Samaría, según la analogía de Is 3, 16; 32, 9-13, y más especialmente porque la frase final de Is 32, 1 solo se puede referir a hombres si se fuerza mucho el texto.

El texto dice שמעו y no שמענה (en femenino) porque el verbo se encuentra al principio (cf. Is 32, 11). Aquí se alude a la montaña de Samaría, y no a la ciudad edificada sobre esa montaña (cf. *Comentario* a Am 3, 9). El pecado de esas mujeres consiste en la opresión tiránica de los pobres, mientras que ellas piden a sus señores (es decir, a sus maridos) que les den medios para vivir lujosamente. Para עשק y רצץ, cf. Dt 28, 33 y 1 Sam 12, 3-4, donde se encuentran ya conectadas esas dos palabras. הביאה está en singular, porque cada mujer habla de esa forma a su marido.

4, 2. El anuncio del castigo por ese tipo de conducta viene introducido por un juramento solemne, a fin de que impresione, si es posible, a los mismos corazones endurecidos. Yahvé jura por su santidad, es decir, como el Santo, que no puede tolerar la injusticia. כי (porque) ante הנה sirve para introducir el juramento. Hitzig piensa que ונשא es un *nifal*, como en la fórmula semejante de 2 Rey 20, 17; pero lo toma como un pasivo utilizado de forma impersonal, con un acusativo, como en Gen 35, 26 y en otros pasajes (aunque no en Ex 13, 7). Pero es incuestionable que en 1 Rey 9, 11 נשא aparece en *piel*, y resulta natural que tenga también ese sentido en nuestro caso. בצנות, *tsinnôth* en el mismo sentido que *tsinnîm* en Prov 22, 5; Job 5, 5. צנה tiene el mismo sentido que צן, espinas, aquí garfios, de manera que también *sîrôth* ha de entenderse como *sîrîm*, espinos, anzuelos… (cf. Is 34, 13; Os 2, 8).

דוגה, *dūgâh*, pesca, de aquí que en nuestro caso סירות דוגה, *sīrôth dūgâ*h, tenga el sentido de anzuelos o garfios de pesca. *'Achărîth* (cf. אחריתכן) no significa aquí vuestra posteridad, o el hijo (renuevo) que ha sido educado y que ha crecido bajo la instrucción y ejemplo de los padres (Hitzig), sino simplemente vuestro fin, lo opuesto de *rē'shîth*, el principio. Pero se trata de "fin" en diferentes sentidos, y aquí significa el *resto* (aquellos que quedan al fin, como en caldeo), es decir, aquellos que permanecen, y que no serán arrastrados con *tsinnōth*, de manera que el pensamiento de fondo es "todos, de un modo total (cf. Hengstenberg, *Christologie* I, 427 ss.).

אחריתכן tiene un sufijo femenino, mientras que delante de otras palabras (אתכם עליכם) se han utilizado sufijos masculinos, pero ha de entenderse en un sentido universal (sin distinguir entre lo masculino y lo femenino). La figura no está tomada de animales, en cuyas narices se introducen anillos o garfios, para domarles (cf. חח חוח y חכה en Ez 29, 4; Job 41, 1-2), ni de los grandes peces que son pescados con anzuelos y a los que se les arroja de nuevo al agua con anzuelo en las narices para que no se escapen.

Con esta imagen se invierte la vanidad voluptuosa de las mujeres, que han de ser violentamente arrancadas del contexto de superficialidad en el que vivían y del lujo opresor en el que estaban. פרצים תצאנה, salir por las hendiduras de las murallas, con יצא construido, como es normal, con un acusativo de lugar. Por eso, el texto dice que saldrán por las brechas de la muralla, es decir, por los agujeros que se han hecho en la muralla al tomar por la fuerza la ciudad, y no por las puertas, porque ellas han sido destruidas, o porque se han vuelto intransitables por los escombros, al tomar por asalto la ciudad.

Cada uno delante del otro, es decir, sin mirar en torno, ni a la derecha ni a la izquierda (cf. Js 6, 5.20). Las palabras והשלכתנה ההרמונה son difíciles de entender a causa del ἅπ. λεγ. ההרמונה, y no han podido ser explicadas hasta ahora de un modo satisfactorio. La forma השלכתנה por השלכתן ha sido escogida probablemente para obtener una semejanza de sentido con respecto a תצאנה, lo mismo que el hecho de que se ponga אתנה por אתן (cf. Gen 31, 6 y Ez 13, 11). השליך se aplica al ser expulsados al exilio, como en Dt 29, 27.

El ἅπ. λεγ. ההרמונה con ה de lugar se puede utilizar para indicar el lugar al que ellas serán llevadas o expulsadas (en el sentido de "lugar alto" o algo semejante). Es difícil que el término השלכתנה se pueda entenderé como un *hifil* activo, y por eso, de un modo consecuente, casi todos los traductores antiguos han interpretado la palabra como pasivo, ἀπορριφήσεσθε (LXX), *projiciemini* (Jerónimo), *seréis arr*ojados. Así traducen también el siríaco y el caldeo (que introducen unas palabras nuevas: ויגלון יתהון, "y les llevarán cautivos").

Por otra parte, varios manuscritos hebreos utilizan aquí el *hofal*, en sentido intransitivo o reflexivo (arrojarse, echarse uno a sí mismo...); en esa línea aduce Hitzig algunos textos que serían semejantes, 2 Rey 10, 25 y Job 27, 22. Pero con ello no ha probado nada. Menos sentido tiene aún el decir que ההרמונה, *haharmōnâh* se refiere a los objetos arrojados por las mujeres cuando van a la cautividad. Todo eso nos sitúa ante el difícil tema de identificar el significado de esa palabra (que debe referirse a un lugar) y el sentido de todo el pasaje[48].

---

48. La puntuación masorética surgió probablemente por la idea de que *harmōnâh* (הַרְמוֹנָה), debía corresponder al talmúdico *harmânâ',* que significa poder o dominio real; y en esa línea, Rashi

Amós 4, 1-3

El sentido literal de הַחַרְמוֹנָה, *ha–harmōnâh* o *harmōn* sigue siendo todavía inseguro. Según la etimología de הרם, ser alto, indica aparentemente una tierra alta. Al mismo tiempo, esa palabra no se puede tomar a modo de apelativo, como suponen Hesselberg y Maurer, diciendo que *'armōn* es una ciudadela o palacio, como suponen Kimchi y Gesenius. La primera interpretación no puede mantenerse, pues Amós no habría formado una palabra propia, una palabra que nunca más aparece en el idioma hebreo, para referirse simplemente a una montaña o a un lugar alto.

En contra de la segunda interpretación (que se trata de una ciudadela) debemos responder que ese sentido debería haber sido precisado, si se quisiera evocar la existencia de una ciudadela o fortaleza en la tierra de los enemigos (a la que irán los exilados). Sea como fuere, esta palabra inusual, está evocando el nombre de una ciudad o de un distrito en las tierras donde han de ir los exilados, aunque no tenemos medios para determinarlo de un modo más preciso[49].

---

interpreta el texto así: "Expulsaréis toda autoridad, es decir, la autoridad casi regia que teníais, con el orgullo y arrogancia con el que os comportabais" (Ros.). Esta explicación podría ser admisible, a no ser por el hecho de que es muy improbable la circunstancia de que se utilice una palabra que nunca más aparece en el antiguo hebreo para una cosa mencionada con mucha frecuencia en el Antiguo Testamento. De todas formas, esa explicación resulta más admisible que las diferentes conjeturas de algunos comentaristas modernos.

Así, por ejemplo, Hitzig (*Comm.* ed. 3) quiere dividir *haharmōnâh* en dos palabras, en *hâhâr* y en *mōnâh* (= *meōnâh*), dando esta traducción: "Os arrojaréis cabeza abajo a una montaña como lugar de refugio". Pero en contra de esto hay varias objeciones. (1) Que *hishlīkh* no significa arrojarse cabeza abajo. (2) Que es muy improbable que *meōnâh* pueda contraerse en *mōnâh*, pues el mismo Amós pone *meōnâh* en 3, 4; y además *meōnâh* significa simplemente morada, y no lugar de refugio. Por su parte, Ewald quiere leer el texto como *hâhâr rimmōnâh* según los LXX, y lo traduce así: "arrojaréis a *Rimmonah* a la montaña," tomando *Rimmonah* como una divinidad femenina de los sirios. Pero entre los antiguos no se conoce ninguna divinidad femenina de ese tipo. Y de la referencia a una divinidad *Rimmon* en 2 Rey 5, 18 no se puede deducir sin más la existencia de una diosa llamada *Rimmonah*.

La explicación dada por Schlottmann (*Hiob*, p. 132) y por Paul Bötticher (*Rudimenta mythologiae semit*. 1848, p. 10), según la cual *harmōnâh* es la diosa fenicia *Chusarthis*, llamada por los griegos Ἁρμονία, resulta todavía menos aceptable, Ἁρμονία no puede derivarse del talmúdico *harmân* ni del sánscrito *pramāna* (Btticher, l.c. p. 40). Por el contrario, *harmân* significa altura (alteza), de la raíz semítica הרם, ser alto, y no se puede probar de ninguna manera que hubiera una diosa llamada *Harman* o *Harmonia* en la religión y culto de los fenicios. Finalmente, Btticher ofrece una idea fantasiosa, diciendo que *harmōnâh* es un término contracto, que viene de *hâhar rimmōnâh*, y que su sentido es: "Y entonces arrojaréis, es decir, removeréis la montaña (vuestra ciudad de Samaría) hasta Rimmon, aquel lugar antiguo de refugio para las tribus expulsadas" (Jc 20. 45). Una explicación de este tipo no necesita ninguna refutación.

49. Incluso los traductores antiguos han traducido el término *haharmōnâh* utilizando para ello las conjeturas más extrañas. Así los LXX ponen, εἰς τὸ ὄρος τὸ Ῥομμάν o Ῥεμμάν (a la montaña de Romman...); Aquila pone *mons* (=monte) *Armona*; Theod., *mons Mona*; otros ponen *excelsus mons* (según Jerónimo); y Teodoreto atribuye a Teodoción la traducción ὑψηλὸν ὄρος (montaña muy alta). El texto caldeo ofrece una paráfrasis de la palabra: להלאה מן טורי הרמיני, "mucho más allá

4, 4-5

⁴ בֹּאוּ בֵית־אֵל וּפִשְׁעוּ הַגִּלְגָּל הַרְבּוּ לִפְשֹׁעַ וְהָבִיאוּ לַבֹּקֶר
זִבְחֵיכֶם לִשְׁלֹשֶׁת יָמִים מַעְשְׂרֹתֵיכֶם׃
⁵ וְקַטֵּר מֵחָמֵץ תּוֹדָה וְקִרְאוּ נְדָבוֹת הַשְׁמִיעוּ כִּי כֵן
אֲהַבְתֶּם בְּנֵי יִשְׂרָאֵל נְאֻם אֲדֹנָי יְהוִה׃

> ⁴ ¡Id a Betel y pecad! ¡Aumentad en Gilgal la rebelión! Traed de mañana vuestros sacrificios, y vuestros diezmos cada tres días. ⁵ Ofreced sacrificio de alabanza con pan leudado y proclamad, publicad ofrendas voluntarias, pues que así lo queréis, hijos de Israel, dice Yahvé, el Señor.

Tras la amenaza dirigida en contra de las voluptuosas mujeres de la capital, la profecía se dirige ya en contra del pueblo. Con amarga ironía, Amós les dice que vayan con celo a celebrar sus sacrificios idolátricos, y que multipliquen sus pecados, aunque no lograrán evitar el juicio divino por ello.

Amós describe el celo con el que el pueblo de Israel se dirigía en peregrinación a Betel, a Gilgal o a Berseba, los lugares donde se realizaban las ceremonias sagradas. Los israelitas ofrecían sacrificios con intensa diligencia, y pagaban los diezmos. Ellos hacían incluso más de lo mandado, de manera que, por ejemplo, quemaban sobre el altar una parte de los panes de la proposición, que estaban destinados a las comidas sacrificiales, aunque solo se podía ofrecer ante Dios el pan sin levadura.

En su celo por multiplicar las obras de piedad, ellos confundieron completamente la naturaleza del culto, pidiendo al pueblo que presentara muchas ofrendas voluntarias, cuyo número y sentido dependía de la piedad de los oferentes, diciéndoles que así agradaban más a Dios (cf. Hofmann, *Schriftbeweis*, II. 2, p. 373).

La ironía de fondo de esta palabra en la que les pide que mantengan su culto aparece claramente en las palabras וּפִשְׁעוּ, es decir, "y pecad", apartándoos de Dios. הַגִּלְגָּל no es un nominativo absoluto, "por lo que toca a Gilgal", sino un acusativo, y el verbo בֹּאוּ se supone que debe ser repetido desde la primera frase. La ausencia de cópula delante de הַרְבּוּ no nos obliga a rechazar la acentuación masorética y a conectar הַגִּלְגָּל con פְּשֹׁעַ, como hace Hitzig, para obtener de esa manera un sentido antinatural: "Pecad hacia Gilgal".

Sobre Gilgal, que aparece mencionada al lado de Betel, como lugar de culto idolátrico (aquí y en Am 5, 5; Os 4, 15; 9, 15 y 12, 12), cf. *Comentario* a Os 4, 15. "Ofreced los sacrificios *labbōqer,* por la mañana, es decir, cada mañana,

---

de la montaña de Armenia". Por su parte, Símaco pone también Armenia, conforme a la la visión de Teodoreto y Jerónimo. Pero esa explicación es probablemente una mera inferencia tomada de 2 Rey 17, 23, y no puede ser justificada, como supone Bochart afirmando que *mōnâh* o *mōn* se identifica con *minnī*.

como *layyōm* en Jer 37, 21. Así lo requiere el paralelo con לִשְׁלֹשֶׁת יָמִים, *lishlōsheth yâmîm*, cada tres días.

זבחים הביאו ... no se refiere a los sacrificios de la mañana prescritos por la Ley (Num 28, 3) porque ellos se llamaban siempre *'ōlâh*, y no *zebach*, sino a los sacrificios cruentos que se celebraban cada mañana, aunque la ofrenda de *zebhâchîm* cada mañana presupone la presentación diaria de las ofrendas cruentas. Lo que se dice respecto a los diezmos se apoya en la ley mosaica del segundo diezmo, que había de ofrecerse cada tres años (Dt 14, 28; 25, 12; cf. mi *Bibl. Archäol.* 71, Nota. 7).

Estas dos frases no han de tomarse, sin embargo, como si implicaran que los israelitas tenían que ofrecer sacrificios cruentos cada mañana y diezmos cada tres días. Amós está hablando de un modo hiperbólico, para poner de relieve el gran celo que los israelitas ponían en su culto. El pensamiento de fondo es este: "Si queréis ofrecer sacrificios cruentos cada día y ofrendas de diezmos cada tres días estaréis aumentando vuestra apostasía respecto del Dios vivo". Las palabras sacrificios *de alabanza con pan leudado* han sido mal interpretadas en varios sentidos. קטר, es un infinito absoluto que se utiliza en vez del imperativo (cf. Gesenius, 131, 4, b).

Según Lev 7, 12-14 la ofrenda de alabanza (*tōdâh*) debía constar no solo de tortas de pan sin levadura y de tortas con aceite derramado encima de ellas, sino también de tortas de pan con levadura. Pues bien, esas últimas no debían ser colocadas sobre el altar, sino que una de ellas debía ser asignada al sacerdote que rociaba la sangre, mientras el resto debía comerse en la misma comida sacrificial.

En este momento, Amós acusa al pueblo de haber ofrecido el pan leudado en vez de las tortas y panecillos ácimos, y de haberlo quemado sobre el altar, en contra de la prohibición de Lev 2, 21. Sus palabras no deben entenderse como si significaran que, aunque externamente las ofrendas de alabanza se hacían con pan sin levadura, conforme al mandamiento de la ley, internamente los oferentes estaban llenos de mala levadura de malicia y de maldad (cf. Hengstenberg, *Beitr.* II, 91 ss.).

El significado de la condena de Amós era más bien el siguiente: no contentos con quemar sobre el altar las tortas sin levadura, conforme a las normas de los sacrificios, los israelitas quemaban también panes con levadura, a fin de ofrecer a Dios los sacrificios más numerosos posibles. Pues bien, era necesario renunciar a esos נְדָבוֹת, *nedâbhōth*, es decir, a esas ofrendas voluntarias hechas por celo de agradar más a Dios. El acento se pone en קראו, cuya fuerza se acentúa todavía más con השמיעו. Las ofrendas de los *nedâbhōth*, que eran un tipo de sacrificios voluntarios no prescritos por la ley, sino realizados por impulso voluntario (cf. Lev 22, 18; Dt 12, 6), debían suprimirse, porque conducían a un tipo de legalismo.

La palabra clave es "pues que así lo queréis...", es decir, por un tipo de deseo de sacrificar, para honrar de esa manera más a Dios. Ciertamente, las ofrendas de los sacrificios, en general, dentro del reino de las diez tribus, se realizaban conforme a los preceptos de la ley de Moisés. Pero eran unas ofrendas que corrían el riesgo de convertirse en un gesto de piedad puramente humana, como para asegurar la cercanía y ayuda de Dios por medio de sacrificios multiplicados celosamente, pero no conforme a la voluntad de Dios.

4, 6-12

A pesar de lo anterior, Israel no desistirá de su culto idolátrico, de forma que Dios continuará visitando al pueblo con sus juicios, como él ha venido haciendo, aunque no ha logrado que el pueblo se convierta a su Dios. Este pensamiento queda expresado en Am 4, 6-11, en una serie de instancias en las cuales se repite cinco veces la fórmula שבתם ולא עדי (y no habéis retornado a mí), que expresa de la manera más firme el amor generoso del Señor hacia sus hijos rebeldes.

4, 6-8

⁶ וְגַם־אֲנִי נָתַתִּי לָכֶם נִקְיוֹן שִׁנַּיִם בְּכָל־עָרֵיכֶם וְחֹסֶר לֶחֶם בְּכֹל מְקוֹמֹתֵיכֶם וְלֹא־שַׁבְתֶּם עָדַי נְאֻם־יְהוָה׃
⁷ וְגַם אָנֹכִי מָנַעְתִּי מִכֶּם אֶת־הַגֶּשֶׁם בְּעוֹד שְׁלֹשָׁה חֳדָשִׁים לַקָּצִיר וְהִמְטַרְתִּי עַל־עִיר אֶחָת וְעַל־עִיר אַחַת לֹא אַמְטִיר חֶלְקָה אַחַת תִּמָּטֵר וְחֶלְקָה אֲשֶׁר־לֹא־תַמְטִיר עָלֶיהָ תִּיבָשׁ׃
⁸ וְנָעוּ שְׁתַּיִם שָׁלֹשׁ עָרִים אֶל־עִיר אַחַת לִשְׁתּוֹת מַיִם וְלֹא יִשְׂבָּעוּ וְלֹא־שַׁבְתֶּם עָדַי נְאֻם־יְהוָה׃

⁶ Os hice pasar hambre (limpieza de dientes) en todas vuestras ciudades y hubo falta de pan en todos vuestros pueblos; mas no os volvisteis a mí, dice Yahvé. ⁷ También os detuve la lluvia tres meses antes de la siega; hice llover sobre una ciudad y sobre otra ciudad no hice llover; sobre una parte llovió, y la parte sobre la cual no llovió se secó. ⁸ Venían entonces dos o tres ciudades a una ciudad para beber agua, y no se saciaban. Con todo, no os volvisteis a mí, dice Yahvé.

4, 6. "Os hice pasar hambre…". La fórmula fuerte de adversativo (וגם אני) forma la antítesis de la anterior כן אהבתם: A pesar de que he utilizado todos los medios para hacer que volváis a mí, vosotros habéis preferido manteneros en vuestra idolatría. El hambre aparece como "limpieza de dientes", en paralelo con "falta de pan". El primer castigo consiste, por tanto, en el hambre, con la que Dios visita a la nación, como él había anunciado a los transgresores (cf. Dt 38, 48.57). Para שוב עד, cf. Os 14, 2.

4, 7. El segundo castigo mencionado es la sequía a la que sigue la ruina de la cosecha y la escasez de agua (cf. Lev 26, 19-20; Dt 28, 23). Se trata de la falta de agua en un tiempo determinado, es decir, cuando quedan solo tres meses para la cosecha, en el tiempo de eso que se llama la lluvia tardía, que suele caer en la segunda mitad de febrero y en la primera de marzo, y que es fundamental para el desarrollo de las espigas del cereal e incluso de los granos.

En el sur de Palestina la cosecha comienza en la segunda mitad de abril (*Nisán*), y se desarrolla sobre todo en mayo y junio; pero en el norte ella llega dos y hasta cuatro semanas más tarde (cf. mi *Archologie*, I. pp. 33, 34, ii. pp. 113, 114), de manera que en números redondos podemos hablar de tres meses desde la última lluvia hasta la cosecha.

Pues bien, a fin de mostrar al pueblo con más claridad que el envío y la carencia de agua forman parte de su plan divino, Dios hizo que lloviera aquí y allí, sobre una ciudad y un campo, pero no sobre otras ciudades y campos (los imperfectos, a partir de *'amtīr* muestran la repetición de una cosa que generalmente sucede y *timmātēr*, en tercera persona femenino, se emplea impersonalmente). Esto ocasiona tal conmoción que los habitantes de un lugar en el que no llovía se veían obligados a caminar una gran distancia para conseguir el agua necesaria para beber, sin lograr nunca la suficiente. נוע expresa la inseguridad y el modo tanteante con que caminan temblorosos los sedientos.

4, 9-10

⁹ הִכֵּ֨יתִי אֶתְכֶ֜ם בַּשִּׁדָּפ֣וֹן וּבַיֵּרָק֗וֹן הַרְבּ֛וֹת גַּנּוֹתֵיכֶ֧ם
וְכַרְמֵיכֶ֛ם וּתְאֵנֵיכֶ֥ם וְזֵיתֵיכֶ֖ם יֹאכַ֣ל הַגָּזָ֑ם וְלֹֽא־שַׁבְתֶּ֥ם עָדַ֖י נְאֻם־יְהוָֽה׃
¹⁰ שִׁלַּ֨חְתִּי בָכֶ֥ם דֶּ֨בֶר֙ בְּדֶ֣רֶךְ מִצְרַ֔יִם הָרַ֥גְתִּי בַחֶ֖רֶב
בַּחוּרֵיכֶ֑ם עִ֚ם שְׁבִ֣י סוּסֵיכֶ֔ם וָאַעֲלֶ֞ה בְּאֹ֤שׁ מַחֲנֵיכֶם֙ וּֽבְאַפְּכֶ֔ם
וְלֹֽא־שַׁבְתֶּ֥ם עָדַ֖י נְאֻם־יְהוָֽה׃

⁹ Os herí con viento del este y con oruga; la langosta devoró vuestros muchos huertos y vuestras viñas, vuestros higuerales y vuestros olivares, pero nunca os volvisteis a mí, dice Yahvé. ¹⁰ Envié contra vosotros mortandad tal como en Egipto; maté a espada a vuestros jóvenes, vuestros caballos fueron capturados e hice subir el hedor de vuestros campamentos hasta vuestras narices; mas no os volvisteis a mí, dice Yahvé.

4, 9. El tercer castigo consiste en la pérdida del trigo, a causa de la oruga, de manera que las espigas se volvieron amarillentas; también se perdió el producto de los huertos y el fruto de los árboles por la langosta. El primer castigo había sido amenazado en Dt 28, 22, contra aquellos que despreciaran los mandamientos de Dios; el segundo aparece en las amenazas de Dt 28, 39-40.42. El infinitivo constructo הַרְבּוֹת, *harbōth*, se utiliza como un sustantivo, y así aparece como nombre en estado constructo antes de las siguientes palabras, de forma que no debe tomarse como adverbio en el sentido de "muchas veces" o "a menudo", como si se empleara en vez de *harbēh* (cf. Ewald, 280, c). Sobre *gâzâm*, cf. Joel 1, 4.

La yuxtaposición de estas dos plagas (oruga, langosta) no ha de tomarse como si ambas se dieran simultáneamente, o como si la segunda fuera una consecuencia de la primera. Ellas no pueden tomarse tampoco como si estuvieran en conexión causal con la sequía mencionada en 4, 7.8. Pues bien, aunque esas combinaciones suelen darse en el curso de la naturaleza, aquí no se alude a ellas, pues Amós se limita a numerar una serie de juicios, por los que Yahvé ha intentado traer al pueblo al arrepentimiento, sin fijarse en el tiempo en que se daban esos males.

4, 10. Lo mismo se puede decir del cuarto castigo, en el que se vinculan la peste y la espada (la guerra); en este caso es clara la alusión a Lev 26, 25 (cf. Dt 28, 60, donde se amenaza a los rebeldes con todas las plagas de Egipto). בדרך מצרים, a la manera (no en el camino) de Egipto (cf. Is 10, 24.26.30) porque la peste es una epidemia común en Egipto. Aquí no hay una alusión directa a la plaga de la peste de Ex 9, 3, porque ella se menciona ahora de un modo genérico. Por otra parte, la muerte de los jóvenes está más vinculada con la guerra sangrienta que los israelitas tuvieron que sufrir al enfrentarse con los sirios (cf. 2 Rey 8, 12; 13, 3; 2 Rey 13, 7).

עם שבי סוסילם no significa *junto con*, o *al lado de* vuestros caballos capturados, porque שבי no significa llevar cautivo, sino la cautividad, o todo el cuerpo de los cautivos. Estas palabras dependen todavía de הרגתי, afirmando que incluso los caballos que habían sido tomados perecieron, un hecho que aparece también referido en 2 Rey 13, 7. De la matanza de los hombres y de los animales en el campamento subía un mal olor hasta las narices, como si fuera un *'azkârâh* o memorial de vuestros pecados (Hitzig), pero sin que con ello los israelitas se volvieran a Dios.

4, 11

11 הָפַ֣כְתִּי בָכֶ֗ם כְּמַהְפֵּכַ֤ת אֱלֹהִים֙ אֶת־סְדֹ֣ם וְאֶת־עֲמֹרָ֔ה
וַתִּהְי֕וּ כְּא֖וּד מֻצָּ֣ל מִשְּׂרֵפָ֑ה וְלֹֽא־שַׁבְתֶּ֥ם עָדַ֖י נְאֻם־יְהוָֽה׃

11 Os trastorné como Dios trastornó a Sodoma y a Gomorra, y fuisteis como tizón escapado del fuego; mas no os volvisteis a mí, dice Yahvé.

Pasando de los castigos más pequeños a los más grandes, Amós menciona al final de todos, un tipo de destrucción semejante a la de Sodoma y Gomorra, es decir, la más honda destrucción impuesta sobre el pueblo, por la que Israel fue llevado al borde de la ruina, de la que solo pudo salvarse como un tizón del fuego. הפכתי no se refiere a un terremoto, que devasta ciudades y aldeas, o gran parte del campo, como el mencionado en Am 1, 1, como suponen Kimchi y otros, sino que indica la desolación de toda la tierra, a causa de guerras devastadoras, especialmente la de Siria (cf. 2 Rey 13, 4.7), con otras calamidades que habían minado la estabilidad del reino, como en Is 1, 9.

Amós 4,12-13

Las palabras כמהפכת אלהים וגו están tomada de Dt 29, 22 donde la desolación total del pueblo, después de ser castigado con el exilio, a causa de su obstinada apostasía, se compara con la destrucción de Sodoma y Gomorra. De esa manera, desde el mismo fondo de amenaza proclamada por Moisés, el profeta intenta mostrar al pueblo aquello que ya les ha sucedido, y lo que aún les espera, a no ser que ellos se vuelvan a su Dios. Ellos han sido rescatados de la amenaza de la destrucción, comparable con un gran incendio de fuego (cf. Zac 3, 2), por obra de un liberador que les ha enviado el Señor, de tal forma que han escapado del poder de los sirios (2 Rey 13, 5). Pero dado que todos esos castigos no han producido frutos de arrepentimiento, el Señor vendrá a juzgar ya a su pueblo.

4,12-13

¹² לָכֵן כֹּה אֶעֱשֶׂה־לְּךָ יִשְׂרָאֵל עֵקֶב כִּי־זֹאת אֶעֱשֶׂה־לָּךְ
הִכּוֹן לִקְרַאת־אֱלֹהֶיךָ יִשְׂרָאֵל׃ ¹³ כִּי הִנֵּה יוֹצֵר הָרִים וּבֹרֵא
רוּחַ וּמַגִּיד לְאָדָם מַה־שֵּׂחוֹ עֹשֵׂה שַׁחַר עֵיפָה וְדֹרֵךְ
עַל־בָּמֳתֵי אָרֶץ יְהוָה אֱלֹהֵי־צְבָאוֹת שְׁמוֹ׃

¹² Por eso, Israel, haré lo mismo contigo; y porque te he de hacer esto, prepárate, Israel, para venir al encuentro de tu Dios. ¹³ Ciertamente el que forma los montes y crea el viento, el que anuncia al hombre su pensamiento, hace de las tinieblas mañana y pasa sobre las alturas de la tierra: Yahvé, Dios de los ejércitos, es su nombre.

El castigo que Dios ha de imponer se introduce ahora con לָכֵן, *lâkhēn* (por tanto). כה אעשה no puede aplicarse a los castigos anunciados en Am 4 ,2-3, y aún menos a los mencionados en 4, 6-11, porque Amós utiliza siempre *lâkhēn kōh* para introducir el tema del verbo en futuro: אעשה. Lo que Yahvé va a decir ahora no se expresa *more iratorum*, de forma airada, y ha de ser discernido por lo que sigue.

Al decir "te he de hacer esto", Dios guarda en silencio lo que ha de hacer, a fin de que, mientras Israel no sabe aún lo que ha de ser el castigo que ha de venirle (cosa terrible, pues se pueden imaginar todo tipo de males terribles) puede quizá arrepentirse de sus pecados y evitar de esa manera aquello con lo que Dios le amenaza (Jerónimo). En vez de un anuncio de los castigos concretos que han de venir, lo que sigue aquí es una llamada (con זאת remitiendo a כה), para situarse bien preparados לִקְרַאת־אֱלֹהֶיךָ, *liqra'th 'ĕlōhîm, in occursum Dei,* ante la presencia de tu Dios que es el juez.

El significado de esta expresión ha sido bien indicado por Calvino: "Cuando descubras que has acudido en vano a todo tipo de subterfugios, y viendo que no puedes escapar de la mano de tu juez, mira y procura descubrir mejor la forma en que puedes escapar de la mano de tu juez".

Pero esto solo puede conseguirse "por una verdadera renovación de corazón, por la que los hombres se descubren poco satisfechos de sí mismos y se someten a Dios con un corazón cambiado, viniendo a él como suplicantes, pidiendo su perdón. Porque si nos juzgamos a nosotros mismos no seremos juzgados por el Señor (1 Cor 11, 31). Esta es la visión correcta, y así aparece repetida en las amonestaciones en las que se pide al hombre que busque a Dios y vivirá (Am 5, 4.6. Cf. 5, 14).

Para dar el mayor énfasis a este mandamiento, Am 4, 13 presenta a Dios como el Poderoso y Omnisciente, como aquel que crea prosperidad y adversidad. Los predicados que se aplican a Dios han de ser tomados como explicaciones de אלהיך, prepárate para encontrar a tu Dios, porque él es el que ha formado las montañas, etc., es decir, el Poderoso, de manera que puede dar a conocer al hombre מה־שחו, es decir, lo que el hombre piensa, no lo que piensa Dios.

שׂח que equivale a שׂיח no se puede aplicar a Dios y solo se aplica a Baal de un modo irónico en 1 Rey 18, 27. El pensamiento es este: Dios es el que investiga el corazón (Jer 17, 10; Sal 139, 2), es el que revela a los hombres las cosas más íntimas de su corazón, por medio de los profetas, pues él no juzga solo las acciones exteriores, sino las emociones más íntimas del corazón (cf. Heb 4, 12).

עשׂה שחר עיפה puede significar: Él convierte la mañana en oscuridad, pues עשׂה puede referirse a algo que está hecho (cf. Ex 30, 25, con el pensamiento semejante que aparece en Am 5, 8, donde se dice que Dios cambia el día en oscuridad de noche). Pero esos ejemplos solo prueban la posibilidad de esa explicación, no que ella sea necesaria ni correcta. Por regla general, allí donde se utiliza עשׂה, la cosa producida se suele introducir con ל (cf. Gen 12, 2; Ex 32, 10). Pero aquí debe omitirse la ל para evitar la ambigüedad.

Por esas y otras razones, pensamos con Calvino y con otros que estas palabras se han de tomar como asíndeton: Dios crea la claridad de la mañana y crea la oscuridad. Este sentido se aplica mejor a la omnipotencia creadora de Dios; la omisión de la *waw* puede explicarse simplemente por el carácter retórico de la profecía. A eso se une una última afirmación: Dios pasa por encima de los lugares altos de la tierra; es decir, él gobierna sobre la tierra con una omnipotencia ilimitada (cf. *Comentario* a Dt 32, 13) y se manifiesta de esa forma a sí mismo como Dios del universo, es decir, como Dios de los ejércitos.

5, 1-6, 14. Destrucción de Israel. Una elegía, tres "ayes"

La elegía con la que Am 5, 2 empieza describiendo la caída de la *hija* de Israel, forma el tema de los discursos admonitorios de estos dos capítulos que siguen, divididos en cuatro partes por la advertencia "buscad a Dios y viviréis" (Am 5, 4.6), "buscad a Dios" (5, 15; cf. "buscad el bien" 5, 14) y por dos "ayes" (*hōi*) en Am 5, 18 y en 6, 1, que no tienen más finalidad que poner de relieve la imposibilidad de sustraerse a la amenaza de la destrucción, mostrando así que es vana la autoseguridad de los pecadores, que confían en sí mismos.

Pues bien, el profeta coloca ante ellos, una vez más, las exigencias de Dios. En todas estas secciones vuelve a expresarse, por tanto, la proclamación del juicio, cada vez de manera más intensa, hasta llegar a la destrucción de toda la nación, con la caída de Samaría y del reino (Am 5, 27; 6, 8).

5, 1-3. Elegía

¹ שִׁמְעוּ אֶת־הַדָּבָר הַזֶּה אֲשֶׁר אָנֹכִי נֹשֵׂא עֲלֵיכֶם קִינָה בֵּית יִשְׂרָאֵל׃
² נָפְלָה לֹא־תוֹסִיף קוּם בְּתוּלַת יִשְׂרָאֵל נִטְּשָׁה עַל־אַדְמָתָהּ אֵין מְקִימָהּ׃
³ כִּי כֹה אָמַר אֲדֹנָי יְהוִה הָעִיר הַיֹּצֵאת אֶלֶף תַּשְׁאִיר מֵאָה
וְהַיּוֹצֵאת מֵאָה תַּשְׁאִיר עֲשָׂרָה לְבֵית יִשְׂרָאֵל׃ ס

¹ Oíd esta palabra de lamentación que yo levanto sobre vosotros, casa de Israel. ² Cayó la virgen de Israel y no podrá levantarse ya más; postrada quedó sobre su tierra y no hay quien la levante. ³ Porque así ha dicho Yahvé, el Señor: "La ciudad que salga con mil, volverá con cien, y la que salga con cien volverá con diez, en la casa de Israel".

5, 1. הדבר הזה se define de un modo más preciso con אשר וגו como קינה, una elegía, un canto melancólico, una lamentación por alguien muerto (cf. 2 Sam 1, 17; 2 Cron 35, 25). אשר es pronombre relativo, no conjunción (por); por su parte, hn"ßyqi es una aposición explicativa, algo que yo elevo o comento con tristeza (es decir, una lamentación). Casa de Israel es sinónimo de casa de José (Am 5, 6), es decir, el Israel de las diez tribus.

5, 2. La lamentación sigue en Am 5, 2, mostrándose como un canto, por su ritmo y por su forma poética. נפל, caer, indica una muerte violenta (2 Sam 1, 19.25), y aquí se utiliza para indicar la caída o destrucción del reino. La expresión *virgen Israel* (en genitivo epexegético, no "virgen de Israel), es una personificación poética de la población de una ciudad o de un reino como "hija", a la que se añade la idea de que no ha sido conquistada, al decir que es virgen (cf. Is 23, 12). Además, la palabra "virgen" se utiliza aquí para poner de relieve el contraste entre la destrucción anunciada y el destino original de Israel como pueblo de Dios que no debía ser conquistado por ninguna nación. La segunda cláusula de este verso pone más de relieve el tema. נטש, ser arrojado, derribado, describe la caída como una destrucción violenta.

5, 3. El tercer verso no forma parte de la lamentación, sino que ofrece una justificación breve de lo que ha sido ese anuncio por el que se dice que Israel perecerá en la guerra, quedando una mínima parte. יצא indica la salida para la guerra, y אלף, מאה se subordina a esa salida, apareciendo así como una definición más precisa de aquellos que marchaban para la guerra (cf. Ewald, 279, b).

Profecías referentes a Israel

5, 4-6

⁴ כִּי כֹה אָמַר יְהוָה לְבֵית יִשְׂרָאֵל דִּרְשׁוּנִי וִחְיוּ׃
⁵ וְאַל־תִּדְרְשׁוּ בֵּית־אֵל וְהַגִּלְגָּל לֹא תָבֹאוּ וּבְאֵר שֶׁבַע לֹא
תַעֲבֹרוּ כִּי הַגִּלְגָּל גָּלֹה יִגְלֶה וּבֵית־אֵל יִהְיֶה לְאָוֶן׃
⁶ דִּרְשׁוּ אֶת־יְהוָה וִחְיוּ פֶּן־יִצְלַח כָּאֵשׁ בֵּית יוֹסֵף וְאָכְלָה
וְאֵין־מְכַבֶּה לְבֵית־אֵל׃

⁴ Pero así dice Yahvé a la casa de Israel: Buscadme y viviréis; ⁵ mas no busquéis a Betel ni entréis en Gilgal ni paséis a Berseba, porque Gilgal será llevada en cautiverio y Betel será deshecha". ⁶ Buscad a Yahvé y vivid, no sea que acometa como fuego a la casa de José y la consuma, sin haber en Betel quien lo apague.

La razón de la lamentación anterior se despliega en Am 5, 5-12, a partir de 5, 4, donde se ofrece una prueba más elaborada de lo que merece Israel, porque ha hecho lo opuesto de lo que Dios pide a su pueblo. Dios quiere que le busquen a él, y que olviden la idolatría, a fin de que puedan vivir (cf. 5, 4-6); pero Israel, por el contrario, se ha cerrado en su injusticia, sin temer al Dios todopoderoso, sin tener miedo de su juicio (cf. Am 5, 7-9). Esta es la injusticia que Dios debe castigar (Am 5, 10-12).

El *ki* de 5, 4, está coordinado con el de 5, 3: "buscadme y viviréis…". Sobre el sentido de esos dos imperativos, uno siguiendo directamente al otro, cf. Gesenius, 130, 2, y Ewald, 347, b. Por su parte, חיה no significa simplemente quedar vivos, no perecer, sino obtener la posesión de la verdadera vida. Eso significa que a Dios solo se le puede buscar en su revelación, es decir, conforme a la manera por la que él desea ser buscado y adorado. Desde aquí se explica la antítesis "no busquéis a Betel…".

Además de Betel y Gilgal (cf. 4, 4) se cita aquí Berseba, que se hallaba en la parte sur de Judá, y que era el lugar donde Abrahán había invocado al Señor Yahvé (Gen 21, 33) y donde el Señor se había aparecido a Isaac y Jacob (Gen 26, 24; 46, 1; cf. también Gen 21, 31). Estos recuerdos de los viejos tiempos han hecho que Berseba se convierta en un lugar de culto idolátrico al que acuden los israelitas en peregrinación, más allá de las fronteras de su propio reino (עבר). Pero la visita de esos lugares idolátricos no tenía sentido positivo, ni reportaba ningún bien, porque los mismos lugares serían entregados a la destrucción.

Gilgal tendrá que marchar a la cautividad (la expresión se utiliza aquí por razón de la semejanza entre גלגל y גלה יגלה). Betel se convertirá en *'âven*, que no es un ídolo, sino que es "nada", aunque aquí hay una alusión al cambio de Betel (casa de Dios) en *Beth-'âven* (casa del ídolo; cf. Os 4, 15). El texto no habla del castigo de Berseba, que está en tierra de Judá, porque la intención básica de Amós es simplemente la de predecir la destrucción del reino de las diez tribus.

Tras esa advertencia y anuncio de castigo, el profeta añade la amenaza, "a fin de que Yahvé no venga como fuego contra la casa de José" (con פֶּן־יִצְלַח, de *tsâlach,* que se construye *'al* o *'el,* cf. Jc 14, 19; 15, 14; 1 Sam 10, 6, aunque aquí solo aparece con acusativo: caer sobre una persona)…, pues ese fuego de Dios lo devoraría todo, de manera que no quedaría nada sin quedar destruido en Betel. Betel es el lugar más importante de culto de Israel, y se menciona aquí como signo (compendio) de todo el reino, al que se le llama "casa de José", por José, padre de Efraín, que era la tribu más importante del reino.

5, 7-17. Lamentación por la injusticia

5, 7–9

⁷ הַהֹפְכִים לְלַעֲנָה מִשְׁפָּט וּצְדָקָה לָאָרֶץ הִנִּיחוּ׃
⁸ עֹשֵׂה כִימָה וּכְסִיל וְהֹפֵךְ לַבֹּקֶר צַלְמָוֶת וְיוֹם לַיְלָה הֶחְשִׁיךְ הַקּוֹרֵא לְמֵי־הַיָּם וַיִּשְׁפְּכֵם עַל־פְּנֵי הָאָרֶץ יְהוָה שְׁמוֹ׃ ס
⁹ הַמַּבְלִיג שֹׁד עַל־עָז וְשֹׁד עַל־מִבְצָר יָבוֹא׃

⁷ Ay, los que convierten el juicio en ajenjo y echan por tierra la justicia ⁸ Buscad al que hace las Pléyades y el Orión, vuelve las tinieblas en mañana y hace oscurecer el día como noche; el que llama a las aguas del mar y las derrama sobre la faz de la tierra: Yahvé es su nombre. ⁹ Él trae la ruina sobre el fuerte y hace caer la destrucción sobre la fortaleza.

Para dar más fuerza a la advertencia anterior, Am 5, 7-9 pone de relieve la corrupción moral de los israelitas, en contraste con la omnipotencia de Yahvé, tal como se manifiesta en sus terribles juicios. Las advertencias de Am 5, 7 y 5, 8 están escritas sin ningún lazo que las una. El participio de 5, 7 no puede tomarse como objeto o predicado de una frase, pues el verbo (הִנִּיחוּ) está en tercera, no en segunda persona. Por su parte, הַהֹפְכִים, *hahōphekhīm* (aquellos que convierten…) no puede estar en oposición a Betel, pues esta palabra no se refiere a los habitantes, sino a las casas de la ciudad.

Ciertamente, Amós utiliza con gusto las construcciones de participio (cf. Am 2, 7; 4, 13), pero en momentos de emoción suele poner los pensamientos unos tras el otro, sin un lazo de conexión lógica. De hecho, *hahōphekhīm* está conectado con *bēth-yōsēph* (la casa de José): "Buscad al Señor, vosotros, casa de José, los que volvéis lo recto en torcido…". Pero en nuestro caso, en vez de trazar un tipo de conexión, él presenta una simple descripción de hechos.

לְעֲנָה, *la'ănâh,* puede ser ajenjo, una planta amarga que se emplea de forma figurativa, para indicar algo muy amargo (cf. Am 6, 12), que puede aplicarse a las acciones que brotan de la mente de los hombres. En esa línea se sitúan los que arrojan la justicia por el suelo (con הִנִּיחוּ). Hitzig ha explicado así correctamente el desarrollo del pensamiento en Am 5, 7-8: ellos hacen esto, pero Yahvé es el Omnipotente, y él puede enviar la destrucción de repente sobre ellos.

Para destacar esta antítesis, se omite el artículo (que realiza una función de relativo) delante de los participios: עֹשֵׂה y וְהֹפֵךְ. La descripción de la omnipotencia de Dios comienza con la creación de las estrellas que brillan con fuerza; después siguen las manifestaciones de esa omnipotencia, que se expresan y repiten en el gobierno del mundo.

כִּימָה, *kīmâh,* que significa literalmente *multitud,* es el grupo de siete estrellas que forman la constelación de las Pléyades. כְּסִיל, *Kesīl,* la puerta, que según las versiones antiguas aparece como *gigante,* es la constelación de Orión. Las dos se mencionan juntas en Job 9, 9 y 38, 31 (cf. Delitzsch sobre el último texto). *Él convierte también la noche en mañana, y la claridad del día en fuerte oscuridad.* Estas palabras evocan el intercambio regular de día y noche.

Por su parte, צַלְמָוֶת es la sombra de la muerte, es decir, la intensa oscuridad, que no se refiere nunca al retorno regular de la noche, sino a la tiniebla sobrecogedora de la noche como tal (cf. Job 24, 17), y de un modo especial de la noche de la muerte (Job 3, 5; 10, 21-22; 38, 17; Sal 44, 20), a la profundidad oscura del corazón de la tierra (Job 28, 3), la oscuridad de la prisión (Sal 107, 10.14), y también a la maldad (Job 12, 22; 34, 12), el sufrimiento (Job 16, 16; Jer 13, 16; Sal 23, 4), y la miseria espiritual (Is 9, 1). De un modo consecuente, esas palabras evocan el orden judicial del Todopoderoso sobre el mundo[50].

Así como el Todopoderoso cambia la oscuridad de la muerte en luz, y la miseria más honda en prosperidad y salud, él convierte también el brillante día de la prosperidad en noche oscura de adversidad, y hace que las aguas del mar caigan sobre la tierra como un diluvio, destruyendo a los perversos. Aquí no se trata del hecho normal de que las aguas del mar se evaporen para convertirse luego en lluvia que cae sobre la tierra; no se trata tampoco del agua de los torrentes y ríos que proviene del mar para volver al mar de nuevo, como supone Hitzig (cf. Ecl 1, 7).

Estas palabras sugieren más bien el pensamiento de una terrible inundación de la tierra por el desbordamiento de los mares, y en ellas no se puede pasar por alto la referencia al juicio del diluvio universal (Gen 6-7). Ningún hombre, por fuerte que sea, puede oponerse este acto judicial del Todopoderoso.

Bâlag (cf. מַבְלִיג), literalmente *brillar,* se utiliza en árabe para indicar el brillo de los rayos de luz al amanecer, en *hifil,* se aplica aquí al movimiento que va con la rapidez del relámpago. También se aplica en sentido metafórico, al brillo del rostro (Sal 29, 14; Job 9, 27; 10, 20). El discurso continua en 5, 9 de una forma descriptiva. יָבוֹא no tiene un sentido causativo. Las dos frases de este verso ponen

---

50. Teodoreto ha dado una buena explicación de esto, aunque con ella no agota la fuerza de las palabras: "Para él es fácil convertir incluso los mayores peligros en felicidad, pues las sombras de la muerte son grandes peligros. Y también es fácil para él la conversión de la calamidad en prosperidad".

de relieve el destino que espera a los israelitas que confían en su fuerza y en sus fortificaciones (Am 6, 13), mientras persisten en su injusticia.

5, 10-12

¹⁰ שָׂנְאוּ בַשַּׁעַר מוֹכִיחַ וְדֹבֵר תָּמִים יְתָעֵבוּ׃
¹¹ לָכֵן יַעַן בּוֹשַׁסְכֶם עַל־דָּל וּמַשְׂאַת־בַּר תִּקְחוּ מִמֶּנּוּ בָּתֵּי גָזִית בְּנִיתֶם וְלֹא־תֵשְׁבוּ בָם כַּרְמֵי־חֶמֶד נְטַעְתֶּם וְלֹא תִשְׁתּוּ אֶת־יֵינָם׃
¹² כִּי יָדַעְתִּי רַבִּים פִּשְׁעֵיכֶם וַעֲצֻמִים חַטֹּאתֵיכֶם צֹרְרֵי צַדִּיק לֹקְחֵי כֹפֶר וְאֶבְיוֹנִים בַּשַּׁעַר הִטּוּ׃

¹⁰ Ellos aborrecieron al reprensor (=monitor) en la puerta de la ciudad, y al que hablaba lo recto detestaron. ¹¹ Por tanto, puesto que humilláis al pobre y recibís de él carga de trigo, no habitaréis las casas de piedra labrada que edificasteis ni beberéis del vino de las hermosas viñas que plantasteis. ¹² Yo sé de vuestras muchas rebeliones y de vuestros grandes pecados; sé que afligís al justo, recibís cohecho y en los tribunales hacéis perder su causa a los pobres.

5, 10. Parece natural tomar מוֹכִיחַ y דבר תמים como referido a los profetas, que acusan a los impíos por sus actos de impiedad, como piensa Jerónimo. Pero esta explicación resulta imposible, no solo por בַּשַּׁעַר *bassha'ar* (en la puerta), porque las puertas no eran los lugares donde hablaban los profetas, sino más bien lugares de reunión, donde se celebraban los juicios y se discutían los asuntos públicos de la comunidad (cf. Dt 21, 19); así lo supone la primera mitad de Am 5, 11, que nos sitúa ante un proceso judicial, no ante un discurso profético.

En este contexto, מוֹכִיחַ, *mōkhīach*, no es solamente el juez, que condena a los malos acusadores, sino cualquiera que levanta su voz en una corte de justicia en contra de la injusticia (como en Is 29, 21), דבר תמים, aquel que dice algo que es irreprensible, que es recto y verdadero. Esta palabra ha de tomarse de un modo general, sin restringirla a los acusados que quieren defender su inocencia. תעב es una expresión más fuerte que שׂנא. El castigo por esta injusta opresión del pobre será privarle de sus posesiones.

5, 11. El ἄπ. λεγ. *bōshēs* (en בּוֹשַׁסְכֶם) es una forma dialectal de בוסס, que proviene de בוס, en el sentido de *oprimir* (Rashi, Kimchi). Ese intercambio de formas dialectales es semejante al que se da entre שריון y סריון, una cota de malla, aunque por regla general שׁ se convierte en ס, y no ס en שׁ.

En cuanto a la derivación de בושׁ, según la cual בושׁשׁ se pondría aquí en lugar de בושׁשׁ (Hitzig y Tuch, *Comentario* a Génesis p. 85), se opone tanto a la construcción con על, como a la circunstancia de que בושׁשׁ significa retrasarse (Ex 32, 1; Jc 5, 28); y la derivación sugerida por Hitzig de un verbo árabe, en el sentido de comportarse de un modo orgulloso hacia otros, sería una mera ambigüedad sin sentido.

Tomar de los pobres un regalo de trigo implica una extorsión injusta de parte de un tipo de jueces que solo hacen justicia a los pobres cuando reciben regalos por ello. La cláusula principal, que había sido introducida con לָכֵן, *lâkhēn*, continúa con בָּתֵּי גָזִית: "Habéis construido casas de piedra y no habitaréis en ellas…". Esta amenaza está tomada de Dt 28, 30.39 y pone ante los oyentes la gran destrucción: la tierra será saqueada y el pueblo irá al exilio. Las casas construidas con bloques cuadrados de piedra son edificios espléndidos (en contra de las casas de barro) (cf. Is 9, 9).

5, 12. La razón para la amenaza anterior viene dada en Am 5, 12, donde se evoca la multitud y magnitud de los pecados, que se pone de relieve como gran pecado la injusticia en la administración de la justicia. Los participios לֹקְחֵי y צֹרְרֵי se vinculan a los sufijos de פִּשְׁעֵיכֶם y חַטֹּאתֵיכֶם: Vuestros pecados porque oprimís a los justos, porque les herís, porque tomáis de ellos dinero de soborno, en contra del mandamiento expreso de la ley que aparece en Num 35, 31, donde se prohíbe tomar soborno para así absolver a los asesinos

Los jueces permitían que los ricos asesinos compraran el perdón (el rescate) por haber matado a otros, con el pago de un dinero de rescate, oponiéndose de esa forma al derecho de los pobres. Obsérvese el paso del participio a la tercera persona, para indicar el disgusto del profeta ante este tipo de jueces impíos. Oprimir a los pobres significa ir en contra del derecho de los pobres. Cf. Am 2, 7, con las advertencias en contra de este pecado (Ex 23, 6; Dt 16, 19).

5, 13-15

¹³ לָכֵן הַמַּשְׂכִּיל בָּעֵת הַהִיא יִדֹּם כִּי עֵת רָעָה הִיא׃
¹⁴ דִּרְשׁוּ־טוֹב וְאַל־רָע לְמַעַן תִּחְיוּ וִיהִי־כֵן יְהוָה אֱלֹהֵי־צְבָאוֹת אִתְּכֶם כַּאֲשֶׁר אֲמַרְתֶּם׃
¹⁵ שִׂנְאוּ־רָע וְאֶהֱבוּ טוֹב וְהַצִּיגוּ בַשַּׁעַר מִשְׁפָּט אוּלַי יֶחֱנַן יְהוָה אֱלֹהֵי־צְבָאוֹת שְׁאֵרִית יוֹסֵף׃ ס

¹³ Por tanto, el prudente en tal tiempo calla, porque el tiempo es malo. ¹⁴ Buscad lo bueno y no lo malo, para que viváis; y así Yahvé, Dios de los ejércitos, estará con vosotros, como decís. ¹⁵ Aborreced el mal, amad el bien y estableced la justicia en juicio; quizá Yahvé, Dios de los ejércitos, tendrá piedad del remanente de José.

5, 13. Tras afirmar que todo discurso carece de sentido (¡el hombre prudente calla!), Amós repite el aviso en que pide a los hombres que busquen el bien y que odien el mal, si es quieren vivir y obtener el favor de Dios. Dado que לָכֵן *lâkhēn* (por tanto), introduce siempre la amenaza del castigo divino, después de la presentación de los pecados (cf. Am 5, 11; 5, 16; 6, 7; 4, 12; 3, 11), podríamos pensar que 5, 13 debe conectarse con el verso anterior; pero el contenido mismo del verso exige que lo conectemos más bien con lo que sigue, pues *lâkhēn* indica simplemente la estrecha conexión entre dos momentos del discurso; en nuestro caso está mostrando que el nuevo mandamiento de Am 5, 14-15 es una consecuencia de las advertencias anteriores.

הַמַּשְׂכִּיל, *hammaskil,* el prudente, es decir, el que actúa sabiamente se mantiene en silencio. בָּעֵת הַהִיא, *en un tiempo como este,* es decir, en un tiempo malo, en un tiempo peligroso para hablar, por la malicia de los hombres que están en el poder, en una circunstancia en la que, por otra parte, no tiene provecho el hablar. Va en contra del contexto el referir בָּעֵת הַהִיא al futuro, es decir, al tiempo en el que Dios vendrá a castigar, un tiempo en el que permanecer en silencio sería equivalente a no murmurar contra Dios (cf. Rashi y otros). Pero, en otro sentido el amor al pueblo y el celo por su liberación, impelen al profeta a repetir su discurso, pidiendo al pueblo que se convierta.

5, 14. Este mandamiento de buscar y amar el bien es prácticamente el mismo que el de buscar al Señor en Am 5, 4-6, de manera que la promesa es la misma "a fin de que podáis vivir". Pero el hombre solo puede vivir en conexión con Dios. Los israelitas defendían esta verdad, pero de un modo puramente externo, imaginando que ellos estarían en concordia con Dios por el hecho de mantenerse dentro de la nación de la alianza, como hijos de Israel o de Abrahán (cf. Jn 8, 39), añadiendo que la amenaza del juicio no les podía alcanzar, sino que Dios les daría liberación en el tiempo de opresión, bajo la amenaza de los paganos (cf. Miq 3, 11; Jer 7, 10).

Amós responde a esa ilusión con una palabra de deseo impotente: "Que Yahvé esté con vosotros, como vosotros decís". כֵּן no significa "en caso de que obréis así" (Rashi, Baur), ni "en la medida en que os esforcéis por hacer el bien" (Hitzig). Ninguno de esos sentidos puede fundamentarse, y ambos son insostenibles, por la simple razón de que כֵּן se vincula de un modo inequívoco con el כַּאֲשֶׁר posterior. En ese sentido ha de entenderse: "así como decís". El pensamiento es el siguiente: "Haced el bien y no el mal; entonces Yahvé el Dios de los ejércitos celestiales estará con vosotros para ayudaros en el tiempo de la tribulación, como decís". Esto significa que en la condición actual de su vida, en la forma en que ellos buscan su bien no pueden tener la certeza de que Dios les ayudará.

5, 15. Aquí se explica el sentido de *buscar el bien,* tema que se expresa en el compromiso de hacer justicia en las puertas, es decir, de mantener una administración de justicia que sea justa, en el lugar del juicio. Para lograr esa esperanza, ellos tienen que superar la seguridad carnal en sus propias obras; solo entonces, superando esa falsa seguridad, Dios mostrará quizá su piedad al resto del pueblo.

El énfasis de esas palabras se pone quizá sobre "el resto" de José. La expresión "quizá os mostrará su favor" indica que la medida de los pecados de Israel estaba llena, y que no se podía esperar ninguna liberación en el caso de que Dios actuara simplemente según su justicia. El "resto de José" no se refiere a la actual condición de las diez tribus (Ros., Hitzig). En ese tiempo, aunque Hazael y Benhadad de

Siria habían conquistado toda la tierra de Galaad y habían aniquilado el ejército de Israel (dejando solo un pequeño resto: cf. 2 Rey 10, 32-33; 13, 3.7), Joás y Jeroboán II habían reconquistado de nuevo todo ese territorio, restaurando el reino, conforme a sus fronteras originales (cf. 2 Rey 13, 23; 14, 26-28).

De un modo consecuente, posiblemente Amós no podía haber descrito el estado del reino de las diez tribus en tiempos de Jeroboán II como "el resto de Israel". Como los sirios no habían intentado realizar ninguna deportación, durante el reinado de Jeroboán II, el reino de las diez tribus era aún, o era una vez más, todo Israel. Según eso, si Amós habla aquí de la posible salvación de un resto, eso significa que, a su juicio, en el juicio que se aproxima, Israel será destruido, con la excepción de un resto, que posiblemente será preservado tras un gran castigo (cf. Am 5, 3); en esa misma línea se sitúan Joel 3, 5 e Isaías 6, 13; 10, 21-23, prometiendo la salvación solo para un resto del reino de Judá (Is 6, 13; 10, 21-23).

5, 16-17

¹⁶ לָכֵן כֹּה־אָמַר יְהוָה אֱלֹהֵי צְבָאוֹת אֲדֹנָי בְּכָל־רְחֹבוֹת מִסְפֵּד וּבְכָל־חוּצוֹת יֹאמְרוּ הוֹ־הוֹ וְקָרְאוּ אִכָּר אֶל־אֵבֶל וּמִסְפֵּד אֶל־יוֹדְעֵי נֶהִי׃
¹⁷ וּבְכָל־כְּרָמִים מִסְפֵּד כִּי־אֶעֱבֹר בְּקִרְבְּךָ אָמַר יְהוָה׃ ס

¹⁶ Por tanto, esto ha dicho Yahvé, Dios de los ejércitos: En todas las plazas habrá llanto y en todas las calles dirán: ¡Ay! ¡Ay!; al labrador llamarán a lloro, y a endecha a los que sepan endechar. ¹⁷ Y en todas las viñas habrá llanto; porque pasaré en medio de ti, dice Yahvé.

5, 16. Este juicio se anuncia en Am 5, 16-17. לָכֵן, *lâkhēn* (por tanto) no va unido a las amonestaciones de 5, 14-15, ni remite a los reproches de 5, 7.10-12, porque están muy separados, sino que se vincula más bien con el tema de 5, 13, donde se afirma que todas las amonestaciones serán inútiles, porque el impío persiste en su impiedad, un pensamiento que se encuentra también en el fondo de 5, 14-15.

El sentido de 5, 16-17 es que el llanto y la lamentación por los muertos es la actitud que responde tanto a la ciudad como al campo. En todo lugar habrá muertos para llorar por ellos, pues Yahvé juzgará a toda la tierra. Los caminos y las calles no son solo los de la capital, aunque ellos sean los primeros a los que se refiera el texto, sino los de todas las ciudades y campos del reino. מִסְפֵּד, *mispēd*, es el duelo por los muertos, como es evidente por el paralelo יֹאמְרוּ הוֹ־הוֹ, *'âmar hō hō*, *decir ay, ay*, que son las palabras de luto por los muertos (cf. Jer 22, 18). Este llanto por los muertos no se escuchará solo en las ciudades, sino que se convocará a los parientes para el llanto funerario a los que están en el campo, para que vengan a llorar por los que han muerto en las casas.

El verbo קראו, ellos llaman, remite a מספד אל י, *ellos llaman para lamentarse* a los plañideros profesionales; en otras palabras, envían por ellos, para que entonen las lamentaciones rituales. ידעי נהי (los expertos en lamentos) son las plañideras que se alquilaban cuando alguien fallecía, para cantar lamentaciones (cf. Jer 9, 16; Mt 9, 23, y mi *Bibl. Archäologie*, ii. p. 105). Incluso en las viñas, donde se espera que haya regocijo (Am 5, 11; Is 16, 10), se escuchará el lamento por los muertos.

5, 17 indica la respuesta que producen las lamentaciones en todos los lugares. כי, *porque* (no "si") yo pasaré por medio de ti. Estas palabras se explican fácilmente por Ex 12, 12, de donde Amós las ha tomado. Yahvé dice a Moisés: "Yo pasaré por la tierra de Egipto y mataré a todos los primogénitos". Pues bien, así como el Señor pasó una vez por Egipto, así pasará ahora de un modo judicial y matará a los impíos.

Israel no es ya más la nación del pacto, sobre la que Dios pasa perdonando (Am 7, 8; 8, 2), sino que se ha convertido en un Egipto por donde Dios pasará para juzgar y condenar. Esta amenaza será aún más desarrollada en las dos siguientes secciones, comenzando en ellas también con un *ay*, הו.

5, 18–26. Lamentación por el culto falso

5, 18-20

¹⁸ הוֹי הַמִּתְאַוִּים אֶת־יוֹם יְהוָה לָמָּה־זֶּה לָכֶם יוֹם יְהוָה הוּא־חֹשֶׁךְ וְלֹא־אוֹר:
¹⁹ כַּאֲשֶׁר יָנוּס אִישׁ מִפְּנֵי הָאֲרִי וּפְגָעוֹ הַדֹּב וּבָא הַבַּיִת וְסָמַךְ יָדוֹ עַל־הַקִּיר וּנְשָׁכוֹ הַנָּחָשׁ:
²⁰ הֲלֹא־חֹשֶׁךְ יוֹם יְהוָה וְלֹא־אוֹר וְאָפֵל וְלֹא־נֹגַהּ לוֹ:

¹⁸ ¡Ay de los que desean el día de Yahvé! ¿Para qué queréis este día de Yahvé? Será de tinieblas y no de luz. ¹⁹ Será como el que huye del león y se encuentra con el oso; o como el que, al entrar en casa, apoya su mano en la pared y lo muerde una culebra. ²⁰ ¿No será el día de Yahvé tinieblas y no luz; oscuridad, que no tiene resplandor?

Este es el primer turno de lamentación. Los israelitas ponían su esperanza de liberación respecto de toda nación enemiga en el hecho de que ellos eran la nación del pacto (Am 5, 14). Y así muchos deseaban que llegara el día en el que Dios viniera a juzgar a todas las naciones, para redimir así a Israel de todas sus opresiones, y para elevar su poder y dominio sobre todas las naciones, y para bendecirla con honor y gloria, conforme a las profecías de Joel 3, sin ninguna condena para Israel, como nación de Yahvé, sin tener en cuenta que según Joel 2, 32 solo serían salvados en el día de Yahvé aquellos que invoquen el nombre del Señor, aquellos que serán llamados por el Señor, es decir, reconocidos por el Señor como propios.

Estas infatuadas esperanzas, que confirmaban a la nación en la seguridad de su propia vida de pecado, han sido rechazadas por Amós con una exclamación de *ay* (הוֹי) sobre aquellos que desean la llegada del día de Yahvé, y con la explicación posterior de que ese día es día de tinieblas y no de luz, un día que solo les traerá castigo y destrucción, y no prosperidad y salvación.

Amós lo explica con una figura tomada del riesgo de la vida entre fieras. A los que esperan el día de Yahvé les pasará lo mismo que al hombre que, escapando de un león, se encuentra con un oso, etc. El sentido es perfectamente claro: aquel que escape de un peligro se encontrará con otro, y el que escape perecerá en un tercer peligro, pues la mordedura de la serpiente en la mano es mortal.

> "Aquel día, todo lugar estará lleno de peligro y muerte, no habrá seguridad ni dentro ni fuera de la casa; para los de fuera está el riesgo de los leones y los osos; para los de dentro está siempre la amenaza de las serpientes escondidas en los huecos de las paredes" (Cornelio a Lapide).

Tras haber indicado de un modo figurado los sufrimientos y calamidades que traerá el día del Señor, Amós repite una vez más en 2, 20, de un modo aún más enfático, que no será día de salvación para aquellos que buscan el mal y no el bien, que pisotean bajo sus pies la justicia y la rectitud הלא ¿no será? es decir, será con seguridad; cf. Am 5, 14. 15.

5, 21-24

²⁵ הַזְּבָחִ֨ים וּמִנְחָ֜ה הִגַּשְׁתֶּם־לִ֧י בַּמִּדְבָּ֛ר אַרְבָּעִ֥ים שָׁנָ֖ה בֵּ֥ית יִשְׂרָאֵֽל׃
²⁶ וּנְשָׂאתֶ֗ם אֵ֚ת סִכּ֣וּת מַלְכְּכֶ֔ם וְאֵ֖ת כִּיּ֣וּן צַלְמֵיכֶ֑ם כּוֹכַב֙ אֱלֹ֣הֵיכֶ֔ם אֲשֶׁ֥ר עֲשִׂיתֶ֖ם לָכֶֽם׃
²⁷ וְהִגְלֵיתִ֥י אֶתְכֶ֖ם מֵהָ֣לְאָה לְדַמָּ֑שֶׂק אָמַ֛ר יְהוָ֥ה אֱלֹהֵֽי־צְבָא֖וֹת שְׁמֽוֹ׃ פ

²¹ Aborrecí, desprecié vuestras solemnidades y no me complaceré en vuestras asambleas. ²² Y si me ofrecéis vuestros holocaustos y vuestras ofrendas, no los recibiré, ni miraré las ofrendas de paz de vuestros animales engordados. ²³ Quita de mí la multitud de tus cantares, pues no escucharé las salmodias de tus instrumentos. ²⁴ Pero corra el juicio como las aguas y la justicia como arroyo impetuoso.

Los israelitas no podrán alejar este juicio amenazador ni por sus fiestas religiosas ni por sus sacrificios. El Señor no se complace en las fiestas sagradas que ellos celebran, pues su culto externo, sin participación del corazón, no les convierte en pueblo de Dios, de forma que ellos no pueden apoyarse en su gracia. Al rechazar el *opus operatum* de las fiestas y los sacrificios, el profeta corta la falsa confianza que los israelitas ponen en su condición de pueblo de Dios. La combinación de las palabras שנאתי מאסתי (aborrecí, desprecié) expresa del modo más fuerte el disgusto de Dios por las fiestas de aquellos que son sus enemigos.

Chaggīm (cf. חַגֵּיכֶם) son las grandes festividades anuales. Las *'ătsârōth* (cf. בְּעַצְרֹתֵיכֶם) son las reuniones para la celebración de esas fiestas, pues las reuniones sagradas tenían lugar en las *'ătsereth* de la fiesta de Pascua y de los Tabernáculos (cf. Lev 23, 36). אָרִיחַ, de *rīăch,* oler, es una expresión de satisfacción en la que se evoca la ריח ניחוח, el "humo sagrado" que ascendía a Dios desde el sacrificio ardiente (cf. Lev 26, 31).

5, 22, *Kī* tiene sentido explicativo, porque, no "sí". La observancia de las fiestas culminaba en los sacrificios. Dios no se complacía en las fiestas, y por eso no le agradaban los sacrificios. En 5, 23 se distinguen y dividen los dos tipos de sacrificios, *ōlâh y minchâh* (עֹלוֹת וּמִנְחֹתֵיכֶם), uno en la prótasis y otro en la apódosis, lo que da lugar a un tipo de incongruencia.

De esa forma, la frase, leída de un modo extenso, puede traducirse así: Cuando me ofrecéis sacrificios sangrientos y ofrendas de comida, no me complacen ni vuestros sacrificios, ni vuestras ofrendas de comida. A estos dos tipos de ofrendas se añaden los שֶׁלֶם, que son las ofrendas saludables o, mejor dicho, las ofrendas de paz. מריאים, animales cebados, que se mencionan generalmente con *bâqâr* como un tipo especial de ellos, y suele referirse a novillos cebados (cf. Is 1, 11).

5, 23. Con הסר la profecía se dirige a Israel como a un todo. המון שריך, el ruido o tumulto de los cantos, responde a la expresión fuerte de הסר. Para Dios, el canto de los salmos no es más que un ruido enojoso, que él quiere que termine.

El canto y el sonido de las arpas formaba parte de la liturgia del templo (cf. 1 Cron 16, 40; 23, 5.25). Is 1, 11 recuerda también que Dios rechaza los sacrificios sin corazón, y la liturgia del pueblo que se ha separado de Dios en su vida interna. Por lo que se dice y critica aquí resulta claro que la liturgia de Betel era una imitación de la de Jerusalén.

Por eso, si tenemos en cuenta Am 6, 1, donde el profeta vincula la liturgia del monte Sión con la de Samaría, podemos suponer que, al criticar el culto de Betel, Amós quiere criticar también el de Jerusalén. Sus palabras se aplican ante todo a la liturgia del reino de las diez tribus, pero, al mismo tiempo, ellas indican que el ritual de Betel es una imitación del servicio sagrado de Jerusalén.

5, 24. Pues bien, dado que el Señor no se complace en un tipo de culto hipócrita, el juicio de Dios se derramará como inundación sobre la tierra. El significado del texto no es "que la justicia y la rectitud ocupen el lugar de vuestros sacrificios". En este caso, מִשְׁפָּט, *mishpât* no es la justicia que ha de ser practicada por los hombres, pero tampoco es un tipo de justicia espiritual de Dios, que llenará la tierra como inundación (una inundación entendida de forma simbólica).

Por otra parte, las dos palabras centrales, מִשְׁפָּט וּצְדָקָה, *mishpât ūtsedâqâh*, no pueden referirse a la justicia del evangelio, revelada por Jesús. Este pensamiento está aquí fuera de lugar, y solo puede fundarse en una traducción falsa de ויגל como *et revelabitur* y se revelará (Targum, Jerónimo), pero aquí יגל viene de גלל, rodar, desparramarse. Según eso, este verse ha de entenderse en la misma línea de Is 10, 22, y de esa forma debe interpretarse como amenaza de diluvio sobre la tierra, como juicio y expresión de la justicia punitiva de Dios (Teodoro de Mopsuestia, Teodoreto, Ciro, Kimchi y otros).

5, 25-27

²⁵ הַזְּבָחִים וּמִנְחָה הִגַּשְׁתֶּם־לִי בַּמִּדְבָּר אַרְבָּעִים שָׁנָה בֵּית יִשְׂרָאֵל׃
²⁶ וּנְשָׂאתֶם אֵת סִכּוּת מַלְכְּכֶם וְאֵת כִּיּוּן צַלְמֵיכֶם
כּוֹכַב אֱלֹהֵיכֶם אֲשֶׁר עֲשִׂיתֶם לָכֶם׃
²⁷ וְהִגְלֵיתִי אֶתְכֶם מֵהָלְאָה לְדַמָּשֶׂק אָמַר יְהוָה
אֱלֹהֵי־צְבָאוֹת שְׁמוֹ׃ פ

²⁵ ¿Me ofrecisteis sacrificios y ofrendas en el desierto en cuarenta años, casa de Israel? ²⁶ Antes bien, llevabais el tabernáculo de vuestros Moloc y Quiún, ídolos vuestros, la estrella de vuestros dioses que os hicisteis. ²⁷ Os haré, pues, transportar más allá de Damasco, ha dicho Yahvé, cuyo nombre es Dios de los ejércitos.

Su culto sin corazón no podrá detener la inundación de los juicios divinos, dado que Israel se ha inclinado a la idolatría desde un tiempo inmemorial. La conexión entre estos versos y los anteriores ha sido explicada de esta manera por Hengstenberg:

> Todo eso (los actos de culto nombrados en Am 5, 21-23 no pueden llamarse verdadera adoración, pues son como la idolatría abierta del tiempo del desierto. Por eso, igual que entonces, aquel pueblo externamente idólatra no pudo entrar en la tierra prometida, así ahora, este pueblo internamente idólatra, será expulsado de la tierra santa (*Beiträge* II, 119).

Pero si hubiera sido ese el sentido del discurso, Amós no habría omitido todas las referencias al castigo del pueblo idólatra en el desierto. Y dado que no hay aquí alusión a ello, es más natural interpretar Am 5, 25-26 como hace Calvino, y tomar la referencia a la idolatría del pueblo en el desierto como una referencia ulterior al riesgo de castigo de los israelitas del tiempo de Amós[51].

5, 25. La pregunta "¿me ofrecisteis sacrificios?" ha de responderse de forma negativa; y esas palabras se aplican a la nación en su conjunto, o a la gran masa del pueblo, con algunas pequeñas excepciones. Los cuarenta años se toman de un modo general, para indicar el tiempo en el cual el pueblo vivió bajo la sentencia de muerte en el desierto, después de la rebelión de Kadesh, lo mismo que hacen

---

51. Calvino dice que en este lugar, el profeta prueba con más claridad que no está condenando meramente la hipocresía de los israelitas por el hecho de que ofrecen a Dios solo un culto externo, sin verdadera piedad de corazón, sino que él está condenando también a los que han dejado de cumplir los preceptos de la ley. Y en esa línea muestra que no se trataba de una maldad de los israelitas, pues ellos, desde su comienzo, habían actuado de esa manera, corrompiendo su culto. El texto muestra así que los israelitas habían sido siempre propensos a las supersticiones, de manera que no habían desarrollado nunca un gesto verdadero y profundo de adoración de Dios.

Num 14, 33-34 y Js 5, 6, aunque el tiempo transcurrido de hecho fueron 38 años. De todas formas, Amós podía hablar de un modo natural de cuarenta años, pues los gérmenes de apostasía estaban ya presentes en la gran masa del pueblo, aunque externamente siguieran manteniendo fidelidad al Dios de Israel (Hengstenberg).

Durante aquel tiempo, en aquellos 38 años, se suspendió la circuncisión de los niños (cf. Js 5, 5-7) y el culto sacrificial prescrito por la ley cayó más y más en desuso, de manera que la generación sentenciada a morir en el desierto no ofreció más sacrificios a Dios. Aquí se habla de הַזְּבָחִים וּמִנְחָה, *zebhâchīm* (ofrendas sangrientas) y *minchâh* (ofrendas de comida), sacrificios de animales y de plantas, mencionados aquí como los más importantes, para indicar los de todo tipo. No podemos inferir de aquí que se suspendieron totalmente todos los sacrificios. En Num 17, 11 se menciona ciertamente el fuego del altar, y se supone que seguía en uso el sacrificio diario, en un contexto que sigue inmediatamente a la sentencia divina por la cual todos los israelitas mayores morirían en el desierto.

Amós menciona la omisión de sacrificios, y lo hace indicando que las bendiciones que Dios confería a su pueblo no debían atribuirse a los sacrificios que los israelitas habían ofrecido a Dios. Como indica Efrén de Siria, de aquí tampoco se puede deducir que Dios no necesita o quiere que se le ofrezca un culto (como piensa Hitzig apelando a Jer 7, 22. Lo que se deduce de este texto es que desde un tiempo inmemorial Israel ha sido infiel a Dios, tomando así en unidad las diversas generaciones del pueblo, y que en esa línea la generación actual del tiempo de Amós se parece a la generación de los contemporáneos de Moisés, por su forma de ser y su conducta.

5, 26. Su contenido se opone en forma adversativa al contenido del verso anterior. En contra de la adoración a Yahvé, que los israelitas habían suspendido, se pone aquí de relieve la adoración de los ídolos, que no se refiere a algo que es propio de la generación actual (del tiempo de Amós), sino al tiempo de la generación del desierto, como muestran claramente los verbos הגשׁתם y נשׂאתם, que remiten uno al otro. Por eso, lo que aquí se dice no puede referirse al futuro (vosotros llevaréis el tabernáculo de vuestro rey..., se supone que al destierro).

Por otra parte, los cautivos no llevaban con ellos a sus ídolos al cautiverio, una idea que es extraña al pensamiento profético, lo mismo que a la historia, pues no eran los cautivos los que llevaban con ellos a sus ídolos, sino que eso lo hacían los vencedores, que se apoderaban de los dioses de los vencidos (Is 46, 1). Para dar una interpretación correcta de este difícil verso, que ha sido interpretado de formas distintas desde los tiempos más antiguos, hay que observar, ante todo, el paralelismo de sus frases.

Así, en la primera mitad del verso se conectan entre sí los dos objetos con la cópula ואת. Pues bien, la omisión de את y de la cópula ו antes de כוכב indican de la manera más clara que כוכב אלהיכם no introduce un tercer objeto, añadido a los dos anterior, sino que se trata de una expresión que define de manera más concreta los objetos anteriores. De eso se sigue que סכות מלככם y כיון צלמיכם no son don tipos u objetos distintos de idolatría, sino dos formas o elementos de la misma idolatría.

Los dos ἅπ. λεγ., סִכּוּת y כִּיּוּן, *sikkūth y kiyyūn,* son sin duda apelativos, a pesar de que las versiones antiguas han tomado *kiyyūn* como nombre propio de una divinidad. Eso es lo que requiere el paralelismo de los miembros; pues צלמיכם está con ‏!WYæKi en la misma relación con que מלככם con סכות. De todas formas, el plural צלמיכם no puede estar en aposición con el singular כיון (*kiyyūn,* vuestra imagen), sino que debe ser un genitivo gobernado por ella: "el *kiyyūn* de vuestras imágenes". Y de igual manera מלככם es el genitivo de סכות: "*el sikkūth* de vuestro rey".

Sikkūth se ha tomado en sentido apelativo en todas las traducciones antiguas. Los LXX y Símaco traducen τὴν σκηνήν, el *tabernáculo*; la Peshita, Jerónimo y las traducciones árabes ponen *tentorium*, tienda. El caldeo conserva *sikkūth*. La más exacta de todas en sentido etimológico es la traducción de Aquila, συσκιασμός, aquello que da sombra, porque *sikkūth,* de סכך, dar sombra, significa algo que cubre, un tipo de tienda, de forma que no se puede explicar partiendo de *sâkhath*, estar en silencio, de donde Hitzig deduce el significado de "bloque", o del siríaco o caldeo סכתא, un clavo o estaca, como suponen Rosenmller y Ewald.

כִּיּוּן, de כון, se relaciona con כן, base (Ex 30, 18), y con מכונה, y significa un pedestal, una base. La exactitud de la puntuación masorética de la palabra está confirmada por el *kiyyūn* del texto caldeo, y también por צלמיכם, dado que la traducción כִּיּוּן, tal como aparece en los LXX y en el caldeo, requiere el singular צלמכם, que aparece también en el siríaco. צלמים son imágenes de dioses, como en Num 35, 52; 2 Rey 11, 18.

Las palabras que siguen, כוכב אל, se encuentran también gobernadas por נשאתם; pero, como muestra claramente la omisión de ואת, la conexión es de tipo general, de manera que puede entenderse como aposición a los objetos anteriores, en el sentido de "es decir, la estrella de vuestro Dios", de manera que no hay necesidad de alterar la puntuación, como propone Hitzig, aunque el sentido en el fondo sea el mismo.

כוכב אלהיכם es equivalente a "la estrella que es vuestro Dios", es decir, aquella a la que adoráis como a vuestro Dios (para el estado constructo, cf. Gesenius, 116, 5). No se trata de una estrella que los hombres hayan pintado, ni la imagen de Dios en figura de estrella, o con la estrella sobre su cabeza, como aquellas que aparecen en la esculturas ninivitas (cf. Layard). Porque si Amós hubiera querido decir esto, hubiera repetido la partícula ואת delante de כוכב.

El pensamiento es, por tanto, el siguiente: el rey cuyo tabernáculo y las imágenes cuyo pedestal ellos llevaban, eran una estrella que ellos habían convertido en su Dios, es decir, una deidad astral (con אשר referido a אלהיכם, no a כוכב). A este Dios estrella a quien ellos adoraban como a su Dios lo habían representado en sus *tselâmîm* o esculturas. La tienda y el pedestal eran los utensilios que ellos empleaban para llevar las imágenes de su Dios astral.

סִכּוּת, *sikkûth*, era sin duda un santuario portátil, en el que se llevaba la imagen de la divinidad. Esos santuarios (ναΐσκοι) eran utilizados por los egipcios, según dicen Herodoto (ii. 63) y Diodoro Sic. (i., 97): eran pequeñas capillas, generalmente adornadas con signos sagrados y flores, con un pequeño dios dentro, al que se le llevaba en procesión, siendo así traído y llevado en gesto religioso (Drumann, *Commentatio in inscriptionem prope Rosettam inventam*, Königsberg 1822, 211).

El stand o tarima sobre la que se ponía esta "capilla" en las procesiones se llamaba παστοφόριον (Drumann, p. 226); los portadores se llamaban ἱεραφόροι o παστοφόροι (*ibídem*). Esta costumbre egipcia explica las palabras del profeta: "el tabernáculo de vuestro rey, y el estrado de vuestras imágenes…", como ha mostrado Hengstenberg en *Beiträge* 2, 114, y eso implica que la idolatría condenada por Amós tiene origen egipcio.

En esa línea se sitúa también el hecho de que el becerro de oro que los israelitas adoraban en el Sinaí era una idolatría de origen egipcio, como muestra Ez 20, 7. Eso muestra que los israelitas no desistieron de su idolatría ni siquiera en el desierto, donde seguían recordando a los dioses de Egipto.

Desde ese fondo lo que algunos comentaristas indican al afirmar que Amós se está refiriendo a Moloc o a Saturno carece de toda base, no puede deducirse del texto hebreo, y no se puede sostener históricamente, mientras que la adoración de las estrellas, y de un modo más intenso la adoración del sol se hallaba muy extendida en Egipto, desde tiempos muy antiguos[52].

---

52. Esta explicación de las palabras debe compararse con la traducción de los LXX: καὶ ἀνελάβετε τὴν σκηνὴν τοῦ Μολόχ καὶ τὸ ἄστρον τοῦ Θεοῦ ὑμῶν Ῥαιφάν, τοὺς τύπους οὓς ἐποιήσατε ἑαυτοῖς (y llevasteis la tienda de Moloc y el astro de vuestro Dios Fairán, imágenes que os hicisteis…). Pero estos traductores no solo han traducido מלככם erróneamente por Μολόχ, sino que han cambiado también arbitrariamente las otras palabras del texto hebreo.

En cuanto a la lectura hebrea מלככם, su originalidad está probada no solo por la traducción de Símaco y Teodoción (τοῦ βασιλέως ὑμῶν), sino también por Μαλχόμ de Aquila y el *malkūm* de la Peshita; y todas las restantes traducciones antiguas van en contra de la introducción de otras palabras. El nombre Ῥαιφάν (Ῥηφαν) o Ῥεμφάν (Hch 7, 43) debe su origen, simplemente, a una falsa lectura de כיון, transliterado como ריפן, no solo porque en la escritura hebrea la כ es parecida a ר, sino porque ו se parece a פ. Así, por ejemplo, en 2 Sam 22, 12, donde חשרת־מים se traduce como σκοτός (es decir, חשכת) ὑδάτων, tenemos un ejemplo del intercambio de כ por ר.

No existió un dios *Rephan* o *Rempha*, pues ese nombre solo aparece en los LXX. En una lista arábico-copta de planetas, editada por Ath. Kircher, la palabra *Suhhel* (nombre arábico de Saturno) se identifica con Ῥηφάν, y la glosa de un manuscrito copto de los Hechos, dice: *Rephan deus temporis* (*Rephan*, dios del tiempo). Pero eso solo prueba que los cristianos coptos suponían que *Rephan* or *Remphan*, cuyo nombre aparecía en su versión de la Biblia, fundada en los LXX, se identificaba con un antiguo dios egipcio, identificado como Saturno, el Dios del tiempo. Pero esos textos no prueban en modo alguno que los antiguos egipcios dieran a Saturno el nombre de *Rephan*, ni que tuvieran conocimiento de una divinidad que llevaba ese nombre, pues el hecho de que los nombres griegos Υλια y Σελινη se apliquen al sol y a la luna son una prueba suficiente del origen más reciente de esas listas en las que aparece *Rephan*.

Ciertamente, la Peshita ha traducido también כיון por *ke'wān* (כִּיוָן), nombre por el que los sirios conocían a Saturno, como podemos ver por un pasaje de Efrén de Siria, citado por Gesenius en su *Comentario* a Isaías (II. p. 344), donde afirma que este Padres de la Iglesia, en sus *Sermones adv. haer*. s. 8, ridiculizando a los adoradores de la Estrella, se refiere a *Kevan*, que devoró a sus propios hijos (apareciendo así como Saturno). Pero no hay ninguna otra prueba que se pueda aducir en apoyo de esta explicación de כיון como Saturno.

El uso correspondiente del árabe *Kaivan* para Saturno, al que nos hemos también referido, no aparece en ningún escrito antiguo, sino que proviene del persa, mostrándose así que ese nombre y su interpretación se originaron en la iglesia cristiana de Siria, pasando de ella a los persas, para alcanzar eventualmente a los árabes. De un modo consiguiente, la interpretación de *Kevan* por Saturno solo tiene el simple valor de una conjetura exegética, que no alcanza la certeza de ser una verdad por el hecho de que כיון se mencione en el *Cod. Nazar.* I. p. 54, ed. Norb., en conexión con Nebo, Bel y Nerig (Nergal).

Con la excepción de esos pasajes, y la glosa de un gramático árabe reciente, citado por Bochart, que dice "Keivan significa Suhhel", no se puede encontrar ninguna huella histórica que nos permita afirmar que *Kevan* fuera un nombre oriental antiguo de Saturno, de manera que el último partidario de esta hipótesis (es decir, Movers, *Phönizier*, i. p. 290) ha intentado retomar los argumentos ya citados, pero en su modo peculiar, muy poco crítico, a partir de nombres fenicios y babilonios como *San-Choniâth*, *Kyn-el-Adan* y otros.

Ni siquiera los Padres greco-sirios de la Iglesia hacen referencia alguna a esta interpretación. Teodoreto solo puede decir que Μολόχ καὶ Ῥεφάν eran εἰδώλων ὀνόματα (nombres de ídolos). Por su parte, Teodoro de Mopsuestia ha hecho esta observación sobre Ῥεμφάν: φασὶ δὲ τὸν ἑωσφόρον οὕτω κατὰ τὴν Ἑβραίων γλῶτταν (se trataría de un astro, pero no según las palabras hebreas). Por eso, además, es muy dudoso que los traductores alejandrinos y sirios pensaran que Ῥαιφάν y כיון significaban Saturno.

Esta interpretación (que puede haber sido creada por los traductores, o que apareció más tarde a partir de comentaristas posteriores) surgió con toda probabilidad por la combinación de una leyenda griega (según la cual Saturno comía a sus hijos) con una visión bíblica de Moloc, a quien se veneraba con el sacrificio de los niños. Esto significa que fue simplemente una inferencia motivada en la traducción de como Μολόχ.

Pero en nuestro texto no hay nada que nos lleve a pensar en una adoración de Moloc, ni que nos permita tomar a מלככם, "vuestro Dios", como si fuera Moloc, por la simple circunstancia de que כוכב אלהיכם evoca indudablemente el origen y carácter sabeo (y en el fondo sideral) del culto condenado por Amós, mientras que no hay ningún indicio del carácter sideral originario de Moloc y de su culto. Y aunque en el fondo de todo el tema religioso se pudiera barruntar una base de "culto solar", como suponen Münter, Creuzer y otros, en el texto antiguo de la Biblia no se puede identificar a Moloc con un dios astral.

La traducción alejandrina de este pasaje, que según he mostrado se apoya en una mala interpretación del texto hebreo, ha adquirido una importancia mayor de la que hubiera tenido, por el hecho de que el protomártir Esteban, en su discurso de Hechos (Hch 7, 42-43) haya citado estas palabras según esa versión, simplemente por el hecho de que la traducción griega del texto no tenía consecuencias importantes para el desarrollo de su argumento, es decir, para probar que los judíos habían resistido siempre al Espíritu Santo, a partir del hecho de que la traducción alejandrina contiene también el pensamiento de que también sus padres habían adorado a la, στρατιᾶ τοῦ οὐρανοῦ (al ejército de los cielos).

Conforme a la investigación más reciente sobre la mitología de los egipcios antiguos, realizada por Lepsius (*Sobre los primeros dioses egipcios*, Abh. der Berl. Acc. der Wiss., 1851, pág. 157 ss.), "la adoración del sol fue el principio y semilla de la creencia religiosa de los egipcios"; y el sol fue tomado hasta los últimos tiempos de la cultura egipcia como el punto culminante de todo el sistema de su religión" (*Ibid.*, 193).

Las primeras deidades del Alto y Bajo Egipto son dioses solares (*Ibid.*, 188)[53]. *Ra*, es decir, *Helios*, es el prototipo de los reyes, la potencia más alta, origen y signo de todos los dioses, el rey de los dioses, que se identifica con Osiris (*Ibid.*, p. 194). Desde el tiempo de Menes, Osiris ha sido adorado en *This* y *Abydos*, mientras que en Memfis aparece el buey Apis, a quien se tomaba como copia viviente de Osiris (p. 191).

Conforme a Herodoto (II, 42), Osiris e Isis eran los únicos dioses venerados por los antiguos egipcios. Por su parte, conforme a Diodoro Siculo (I, 11), se decía que los egipcios solo tenían en principio dos dioses: Helios y Selene, de forma que veneraron al primero en forma de Osiris, al segundo en forma de Isis. El Dios *Pan* (todo) parece haber sido también una forma peculiar de Osiris (cf. Diod. Sic. I. 25, y Lepsius. p. 175). Por su parte, Herodoto (II 145) le presenta como autoridad originaria, y le sitúa entre los ocho "primeros dioses". Por su parte, Diodoro Siculo (i. 18) le describe como el Dios más honrado entre egipcios (cf. διαφερόντως ὑπὸ τῶν Αἰγυπτίων τιμώμενον). Sin duda, este es el Dios-Sol de Egipto, aquel a quien los israelitas veneraron como dios astral, cuando caminaban por el desierto.

Eso es todo lo que en por ahora se puede determinar sobre el tema. No hay suficiente evidencia para apoyar la opinión de Hengstenberg, según el cual el Dios venerado por los israelitas era el *Pan* o *Todos* egipcio. Por otra parte, es imposible afirmar que el dios–rey mencionado por Amós se identifica con los שעירים de Lev 17, 7, dado que esos שעירים, que estaban conectados con los dioses-cabríos de Menes, no quedan reducidos a ellos.

Lo que el profeta afirma es esto: que durante los cuarenta años de peregrinación de los israelitas por el desierto, ellos no ofrecieron sacrificios a su verdadero rey Yahvé, sino que llevaron consigo a una estrella, que ellos habían convertido en Dios, como rey del cielo. Si, según eso, como hemos venido observando, pensamos que esta afirmación se refiere a la gran masa del pueblo, como en el pasaje

---

53. Ciertamente, en la primera esfera divina, *Ra* ocupa el segundo lugar, conforme a la doctrina menfita, después de *Phtha* (Hefesto). Por su parte, en la doctrina de Tebas, *Amón* (Ἄμων), *Mentu* y *Atmu* están al principio, pero recordando que *Mentu*, el sol saliente, y *Atmu*, el sol poniente, son simplemente expresiones de Ra; además, esos dos (Hefesto y Amon, Amon-Ra) aparecen colocados a la cabeza de todos los dioses en el período último de la religión de Tebas (Lepsius, pp. 187, 189).

Profecías referentes a Israel

semejante de Is 43, 23, ello concuerda con las afirmaciones del Pentateuco sobre el comportamiento de Israel en el desierto.

Porque en los años del desierto no solo encontramos grandes movimientos de ruptura de los israelitas contra el Señor, como muestran las rebeliones de las que el Pentateuco trata de un modo más preciso, indicando bien que el pueblo no se había entregado con todo el corazón a su Dios Yahvé. En aquel tiempo del desierto encontramos también rasgos de abierta idolatría.

Entre ellos se sitúa el mandamiento de Lev 17, según el cual, cada vez que se sacrificara un animal debía llevarse al santuario central de las tribus, con la indicación añadida de que los sacrificios no debían dedicarse ya más a los *se'îrim*, a los que iban los israelitas para practicar la prostitución sagrada (Am 5, 7). En ese fondo se sitúa también la advertencia de Dt 4, 19, en contra de la adoración del sol, de la luna y del ejército celeste, por lo que debemos inferir que Moisés, al criticar esas desviaciones, tenía una razón fundada en las circunstancias de su tiempo.

Tras haber ofrecido esta nueva prueba de apostasía de Israel respecto de su Dios, el juicio ya indicado en Am 5, 24 se define de manera más precia en 5, 27 como destierro del pueblo más allá de las fronteras de la tierra que el Señor le había concedido, de manera que וְהִגְלֵיתִי (de *higlâh*) remite evidentemente a lG:ïyI (*yiggal*) de 5, 24. מהלאה ל, literalmente "lejos", más allá de, para indicar que el lugar indicado está lejos de Damasco, mucho más allá de Damasco.

6, 1-14. Lamentación por el lujo y las riquezas injustas

El profeta proclama aquí su segundo *ay* contra los descuidados jefes de la nación, que estaban contentos con el orden de cosas existente, que no creían en ningún juicio divino y que se sentían seguros en sus riquezas (Am 6, 1-6). A ellos les anuncia destrucción y la caída de su reino (Am 6, 7-11), a causa de que actúan de un modo perverso y confían en su propio poder (6, 12-14).

6,1-3

¹ הוֹי הַשַּׁאֲנַנִּים בְּצִיּוֹן וְהַבֹּטְחִים בְּהַר שֹׁמְרוֹן
נְקֻבֵי רֵאשִׁית הַגּוֹיִם וּבָאוּ לָהֶם בֵּית יִשְׂרָאֵל׃
² עִבְרוּ כַלְנֵה וּרְאוּ וּלְכוּ מִשָּׁם חֲמַת רַבָּה וּרְדוּ גַת־פְּלִשְׁתִּים הֲטוֹבִים
מִן־הַמַּמְלָכוֹת הָאֵלֶּה אִם־רַב גְּבוּלָם מִגְּבֻלְכֶם׃
³ הַמְנַדִּים לְיוֹם רָע וַתַּגִּישׁוּן שֶׁבֶת חָמָס׃

¡Ay de los que reposan en Sión y de los que confían en el monte de Samaría, los notables y principales entre las naciones, a quienes acude la casa de Israel! ² Pasad a Calne y mirad; de allí id a la gran Hamat y descended luego a Gat de los filisteos. ¿Sois vosotros mejores que esos reinos? ¿Es su territorio más extenso que el vuestro? ³ ¡Vosotros, que creéis alejar el día malo, acercáis el reino de la maldad!

6, 1. Este *ay* se aplica a los "grandes" de Sión y Samaría, es decir, a los jefes de toda la nación de la alianza, pues todos ellos se hallaban hundidos en la misma seguridad impía, aunque se mencionan en especial los líderes del reino de las diez tribus, cuya falsedad se describe de un modo especial en lo que sigue.

Estos jefes aparecen descritos con las palabras נקבי ראשית הגוים, como cabezas del pueblo escogido, a quienes se conoce por su nombre. Por su parte, las palabras ראשית הג están tomadas de Num 24, 20, y נקבי de Num 1, 17, donde se describe a los jefes de las tribus a quienes se elegía como príncipes de la congregación para presidir sobre el conjunto de gentes del pueblo a las que se describe como hombres אשר נקבו בשמות, *que eran definidos por sus nombres,* es decir, "distinguidos por sus nombres", es decir, hombres "bien conocidos". En ese sentido se les presenta aquí también.

Obsérvese, sin embargo, con referencia a ראשית הגוים, que en Num 24, 20 no tenemos הגוים, sino simplemente ראשית גוים. Aquí aparece Amalec como la primera nación pagana que se levantó hostilmente contra Israel. Por otra parte, רֵאשִׁית הַגּוֹיִם significa "primogénito de entre las naciones", es decir, la primera y más exaltada de todas las naciones.

Israel se llama así porque Yahvé la ha escogido entre todas las naciones de la tierra para ser el pueblo de su posesión (Ex 19, 5; cf. 2 Sam 7, 23). A fin de definir todavía con mayor precisión el puesto de estos príncipes en la congregación, Amós añade "a quienes acude la casa de Israel", es decir, les considera como personas que regulan los asuntos del pueblo.

Estos epítetos se emplean para recordar a los príncipes del pueblo de ambos reino que "ellos eran descendientes de aquellos príncipes de tribus que habían sido en otro tiempo honrados para dirigir los asuntos de las familias escogidas, al lado de Moisés y de Aarón, y cuya luz seguía brillando desde aquella edad antigua como ejemplo de los que tenían que ser los dirigentes teocráticos del pueblo" (Hengstenberg, *Beitr.* II, 98 ss.).

6, 2. Para dar todavía más importancia a la llamada superior de esos príncipes, Am 6, 2 muestra que Israel puede llamarse la *primogénita* de las naciones porque ni en prosperidad ni en grandeza es inferior a ninguna de esas poderosas naciones paganas del entorno. En ese contexto nombra a tres grandes y florecientes capitales (Calne, Hamat y Gat), porque él está hablando a los hombres importantes de las dos capitales de los reinos de Israel (que son Samaría y Jerusalén), y la suerte de los dos reinos israelitas está reflejada en la condición de sus capitales.

- Calne (igual a Calno, Is 10, 9) es la gran Ctesifonte de la tierra de Senaar, de Babilonia, situada sobre el Tigris, al lado opuesto de Seleucia (cf. en *Comentario* a Gen 10, 10); de aquí la expresión עברו, pues los viajeros estaban obligados a cruzar el río (Éufrates) para llegar hasta allí.

- Hamat es la capital del reino sirio de ese nombre, situada sobre el Oronte (cf. *Comentario* a Gen 10, 18 y Num 34, 8). No se trataba de otra posible Hamat, como supone Hitzig. La circunstancia de que Amós mencione primero Calne, siendo que está mucho más lejos, hacia el este, mientras que Hamat se encontraba mucho más cerca de Palestina, puede explicarse simplemente por el hecho de que la enumeración comienza con los lugares más lejanos, y así avanza del nordeste al sudeste, a la ciudad de Gat, que está muy cerca de Israel.
- Gat, una de las cinco capitales de Filistea, era en tiempos de David la más importante (cf. *Comentario* a Js 13, 3; 2 Sam 8, 1).

La visión aún defendida por Baur, según la cual Amós menciona aquí tres ciudades que han perdido su brillo anterior, o que han decaído plenamente, con el propósito de mostrar que el mismo destino podía esperarse para Sión y Samaría, en Israel, carece de fundamento y es falsa. Ciertamente, Is 10, 9 afirma que Calne había sido conquistada por los asirios, pero no se puede probar que ese fuera el caso en tiempos de Amós, sino una simple inferencia tomada de una falsa interpretación de nuestro verso.

Por su parte, Jeroboán II no había conquistado Hamat, sobre el Orontes, ni la había incorporado a su reino (cf. 2 Rey 14, 25). Y aunque la ciudad filistea de Gat fue conquistada por Ozías (2 Cron 26, 6), no podemos inferir de ello, ni de Am 1, 6-8, que esa conquista ocurriera antes del tiempo de Amós (cf. *Comentario* a Am 1, 8). El mismo hecho de que esa ciudad se mencione al lado de Hamat es más bien una prueba de que la conquista no se dio sino más tarde.

Am 6, 2 afirma que los príncipes de Israel han de ver en las ciudades mencionadas, que ellas no son mejores (con טובים en el significado de éxito eterno o de prosperidad), pues las ciudades (Samaría, Jerusalén) y los reinos de Israel y de Judá, y sus territorios, no son tampoco mayores que los de esas tres ciudades. Es evidente que no son tampoco mejores. Así lo exige la doble pregunta con ה ... אם que requiere una respuesta negativa.

6, 3 proclama la razón del *ay* pronunciado contra la seguridad pecadora de los príncipes de Israel, presentando la conducta impía de esos príncipes, y así lo expresa Amós con su estilo habitual, es decir, a través de participios. Estos príncipes imaginaban que el día malo, es decir, el día del gran fracaso, del infortunio y del castigo se hallaba demasiado lejos (מנדים, *piel* de נדה con el sentido de נדד, estar muy lejos, no significa en este caso poner lejos, sino mirar como algo lejano). Y esos príncipes se atreven a tanto que ponen su sede o trono cerca de la maldad y de la violencia, a la que seguirá el juicio.

הגיש שבת, mover o poner cerca el asiento (שֶׁבֶת, *shebheth* de *yâshabh*) de la violencia cerca o, quizá mejor, tomando *shebheth* en el sentido de entronizar, mover cerca el trono de la violencia, es decir, situar el trono de violencia más y más cerca de ellos.

6, 4-6

⁴ הַשֹּׁכְבִים֙ עַל־מִטּ֣וֹת שֵׁ֔ן וּסְרֻחִ֖ים עַל־עַרְשׂוֹתָ֑ם וְאֹכְלִ֤ים
כָּרִים֙ מִצֹּ֔אן וַעֲגָלִ֖ים מִתּ֥וֹךְ מַרְבֵּֽק׃
⁵ הַפֹּרְטִ֖ים עַל־פִּ֣י הַנָּ֑בֶל כְּדָוִ֕יד חָשְׁב֥וּ לָהֶ֖ם כְּלֵי־שִֽׁיר׃
⁶ הַשֹּׁתִ֤ים בְּמִזְרְקֵי֙ יַ֔יִן וְרֵאשִׁ֥ית שְׁמָנִ֖ים יִמְשָׁ֑חוּ וְלֹ֥א נֶחְל֖וּ עַל־שֵׁ֥בֶר יוֹסֵֽף׃

⁴ Duermen en camas de marfil y reposan sobre sus lechos; comen los corderos del rebaño y los novillos sacados del establo; ⁵ gorjean al son de la flauta e inventan instrumentos musicales, como David; ⁶ beben vino en tazones y se ungen con los perfumes más preciosos, pero no se afligen por el quebrantamiento de José.

Este olvido de Dios se muestra de un modo especial en la vida licenciosa y en el lujo inmoderado de estos hombres. Ellos se extienden, como si estuvieran exhaustos (סְרֻחִים, reposando), sobre camas incrustadas de marfil, para celebrar y llenar sus vientres con la carne de los mejores corderos y de novillos cebados, para tocar arpas y cantar, y en eso encuentran tanto placer que inventan nuevas formas de cantar y de tocar instrumentos musicales.

El ἅπ. λεγ. הַפֹּרְטִים, de, *pârat,* expresarse (cf. *peret* en Lev 19, 10), significa en árabe pronunciar muchas palabras inútiles, como gorjear, y describe el canto de los banquetes como una diversión frívola e inútil; כלי שיר, artículos o instrumentos de canto, no son instrumentos de música en general, sino, como puede verse por 2 Cron 34, 12, comparado con 2 Cron 29, 26-27 y 1 Cron 23, 5, los instrumentos de cuerda que fueron inventados por David (como el arpa) o transformados por él para el canto sagrado del templo, con la forma especial de tocar con ellos, como dice el texto al hablar de "instrumentos musicales como David".

Este es pues el sentido de Am 6, 5: así como David inventó instrumentos musicales de cuerda en honor de su Dios en el cielo, de un modo semejante, estos príncipes inventan formas nuevas de cantar y de hacer música por su dios, que es el vientre. En contra de lo que piensa Baur cuando dice que חשב no significa inventar o preparar..., el sentido de esa palabra queda confirmado, sin duda alguna, por Ex 31, 4.

Además, ellos beben con "tazones" o vasos sacrificiales de vino, como si realizaran un tipo de sacrificio. שתה con ב, como en Gen 44, 5. *Mizrâq* (cf. בְּמִזְרְקֵי),

con el plural מִזְרְקוֹת, de *zâraq,* beber o hacer una libación, es el nombre que se daba tanto a las vasijas/vasos que se empleaban para derramar la sangre sacrificial, y también a las copas utilizadas para las libaciones de vino, sobre el altar de las ofrendas (cf. 2 Cron 4, 8).

Amós aplica esta palabra a las copas o tazas de las que bebían su vino los glotones; de un modo especial se refiere a las copas sacrificiales de plata que los príncipes de las tribus utilizaban para la consagración del altar (cf. Num 7), para mostrar así que mientras en el tiempo de Moisés los príncipes de las tribus de Israel manifestaban su celo por el servicio de Yahvé, ofreciendo copas sacrificiales de plata, los príncipes de su propio tiempo mostraban mucho más celo en el cuidado de su dios, que era el vientre. בְּמִזְרְקֵי (en estado constructo, de *mizrâqîm*) significa tazas de beber, sin necesidad de que sean tazas o copas especiales para mezclar los vinos.

Finalmente, Amós se refiere al gesto de ungirse con los perfumes más preciosos (las primicias: רֵאשִׁית) como signo de alegría desbordada, teniendo en cuenta que la costumbre de ungirse se suspendía en tiempo de lamentaciones (2 Sam 14, 2), como antítesis a וְלֹא גֶחְלוּ, ellos no se afligirán o entristecerán por la ruina de Israel. שֵׁבֶר, *shēbher,* destrucción, quebrantamiento. El nombre de José se aplica aquí al pueblo y al reino de las diez tribus.

6, 7-11

⁷ לָכֵן עַתָּה יִגְלוּ בְּרֹאשׁ גֹּלִים וְסָר מִרְזַח סְרוּחִים׃
⁸ נִשְׁבַּע אֲדֹנָי יְהוִה בְּנַפְשׁוֹ נְאֻם־יְהוָה אֱלֹהֵי צְבָאוֹת מְתָאֵב אָנֹכִי אֶת־גְּאוֹן יַעֲקֹב וְאַרְמְנֹתָיו שָׂנֵאתִי וְהִסְגַּרְתִּי עִיר וּמְלֹאָהּ׃
⁹ וְהָיָה אִם־יִוָּתְרוּ עֲשָׂרָה אֲנָשִׁים בְּבַיִת אֶחָד וָמֵתוּ׃
¹⁰ וּנְשָׂאוֹ דּוֹדוֹ וּמְסָרְפוֹ לְהוֹצִיא עֲצָמִים מִן־הַבַּיִת וְאָמַר לַאֲשֶׁר בְּיַרְכְּתֵי הַבַּיִת הַעוֹד עִמָּךְ וְאָמַר אָפֶס וְאָמַר הָס כִּי לֹא לְהַזְכִּיר בְּשֵׁם יְהוָה׃
¹¹ כִּי־הִנֵּה יְהוָה מְצַוֶּה וְהִכָּה הַבַּיִת הַגָּדוֹל רְסִיסִים וְהַבַּיִת הַקָּטֹן בְּקִעִים׃

⁷ Por tanto, ahora irán a la cabeza de los que van a cautividad, y se acercará el duelo de los que se entregan a los placeres. ⁸ Yahvé, el Señor, juró por sí mismo, Yahvé, Dios de los ejércitos, ha dicho: Desprecio la grandeza de Jacob, aborrezco sus palacios; entregaré al enemigo la ciudad y cuanto hay en ella. ⁹ Acontecerá que, si diez hombres quedan en una casa, morirán. ¹⁰ Y un pariente tomará a cada uno y lo quemará para sacar los huesos de casa; y dirá al que esté en el rincón de la casa: ¿Hay aún alguien contigo? El otro dirá: No; y añadirá: Calla, porque no podemos mencionar el nombre de Yahvé. ¹¹ Porque Yahvé mandará, y herirá con hendiduras la casa mayor, y la casa menor con aberturas.

6, 7. Anuncio del castigo. Dado que los que solo buscaban su placer no se preocuparon de la ruina de Israel, ahora se verán obligados a ir a la cautividad a la cabeza del pueblo (cf. 1 Rey 21, 9) cuando se aproxime el castigo. Las palabras בראש גלים se escogen por su referencia directa a ראשית שמנים, como observó Jerónimo: "Vosotros que fuisteis los primeros en tener riquezas seréis los primeros en sufrir la cautividad".

La palabra סְרוּחִים, remite a Am 6, 4, "aquellos que se extienden sobre sus camas", es decir, los que solo buscan su placer. Esa palabra hace también juego con מִרְזַח, que significa un grito alto, un grito gozoso (cf. Jer 16, 5 en este caso un grito de lamentación). Esta amenaza se despliega en los versos que siguen: 6, 8-11.

6, 8. A fin de mostrar la terrible severidad de los juicios de Dios, el Señor anuncia a su pueblo con un solemne juramento que él rechaza a esta nación que está tan segura de su propio poder (cf. Am 6, 13). El juramento suena como en Am 4, 2, con la excepción de que en vez de בקדשו aquí tenemos בנפשו en el mismo sentido, porque en *nephesh* significa su mismo ser interior, su santidad.

La palabra מתאב, con un gutural suavizado, está en lugar de מתעב. Ese participio describe el aborrecimiento como un sentimiento duradero, y no como una emoción pasajera. גאון יעקב, la soberbia y orgullo de Jacob, es decir, todo aquello de lo que Jacob está orgulloso, la grandeza y soberbia de Israel, que incluye los palacios de los hombres voluptuosos, por cuya razón ellos se ponen en paralelismo como גאון יע.

Yahvé aborrece esta gloria de Israel, y la destruirá entregando la ciudad (Samaría) y todo lo que contiene (casas y hombres) en manos de los enemigos para que lo destruyan. אֶת־גְּאוֹן יַעֲקֹב, poner en manos del enemigo, como en Dt 32, 30 y Abd 1, 14, no "rodear", lo que no responde al sentido de וּמְלֹאָהּ.

6, 9-10. Estas palabras no evocan solo un cerco o asedio, sino también conquista y (cf. 6, 11) destrucción de la ciudad. אנשים: pueblo, hombres. Diez en una casa es un gran número, para así poner mejor de relieve el hecho de que nadie podrá escapar de la muerte. Este pensamiento ha sido más desarrollado en 6, 10. Un pariente entra en una casa para enterrar a sus parientes muertos. El sufijo de נשאו retoma el motivo de מתו, un hombre muerto. Literalmente, *dōd* (cf. הוֹדְוֹ) se refiere al hermano del padre, pero aquí puede aplicarse a cualquier pariente cercano, que tiene el deber de enterrar a los muertos de la familia.

מסרף en vez de משׂרף, es el que quema, aquí el que entierra a los muertos. Los israelitas tenían la costumbre de enterrar a sus muertos, no de quemar los cadáveres. La descripción del "enterrador" como el *mesârēph* (el que quema, cf. וּמְסָרְפוֹ) está evocando la existencia de una multitud de muertos, de forma que no pueden enterrarse todos, viéndose obligados a quemarlos, con el fin de evitar la contaminación del aire por la descomposición de los cadáveres.

Por supuesto, la cremación no se realiza en la casa, como infiere erróneamente Hitzig a partir de להוציא עצמים; porque עצמים significa aquí el cadáver, como en Ex 13, 19; Js 24, 32 y 2 Rey 13, 21, y no los diversos huesos del muerto que habrían quedado sin descomponerse o ser quemados.

En este momento, el que realiza la cremación pregunta a la última persona que vive en la casa, a la que había vuelto tras haber huido para salvar la vida, si queda todavía algún cadáver más, o alguna persona más viviendo aún en la casa, recibiendo la respuesta de אפס (adverbio), "ninguno más, calla", como diciendo "está bien", porque tiene miedo de que si va por ahí hablando puede invocar el nombre de Dios, o pedir la misericordia de Dios, explicando el sentido de esta petición: ¡Pues no se debe mencionar el nombre de Yahvé! No es Amós quien añade esta explicación final, sino el hombre que quema a los muertos (en estas circunstancias no se puede llamar a Dios).

Estas no son las palabras de alguien que está desesperado y no cree ya en un futuro mejor, alguien que está oprimido por el peso de los males existentes, como si dijera: En estas circunstancias no tiene sentido la oración, porque todos debemos morir (como han dicho algunos comentaristas, entre ellos Rosenmüller.). לא להזכיר significa simplemente que "ese nombre no debe mencionarse", sin indicar en modo alguno que se esté indicando un gesto de desesperación, sino solo, que es mejor no nombrar a Dios, pues los ojos de Dios podrían volverse hacia el único que permanece vivo, de manera que también él pudiera caer víctima de un juicio de muerte.

6, 11. Este juicio de Dios no se cumple solamente por la peste, que azota a la gentes durante el asedio de la ciudad, y que se extiende por todas partes (no hay limitación para ella), sino también por la espada y por las plagas que suelen darse en esos momentos. En esa última línea se sitúa Am 6, 11. Con כי comienzan y se vinculan los pensamientos de 6, 11, vinculados con los versos anteriores. El singular הבית se utiliza en general en sentido indefinido: toda casa, pequeña y grande (cf. Am 3, 15).

6, 12-14

¹² הַיְרֻצ֤וּן בַּסֶּ֙לַע֙ סוּסִ֔ים אִֽם־יַחֲר֖וֹשׁ בַּבְּקָרִ֑ים כִּֽי־הֲפַכְתֶּ֤ם
לְרֹאשׁ֙ מִשְׁפָּ֔ט וּפְרִ֥י צְדָקָ֖ה לְלַעֲנָֽה׃
¹³ הַשְּׂמֵחִ֖ים לְלֹ֣א דָבָ֑ר הָאֹ֣מְרִ֔ים הֲל֣וֹא בְחָזְקֵ֔נוּ לָקַ֥חְנוּ לָ֖נוּ קַרְנָֽיִם׃
¹⁴ כִּ֡י הִנְנִי֩ מֵקִ֨ים עֲלֵיכֶ֜ם בֵּ֣ית יִשְׂרָאֵ֗ל נְאֻם־יְהוָ֣ה אֱלֹהֵ֣י
הַצְּבָא֑וֹת גּ֑וֹי וְלָחֲצ֣וּ אֶתְכֶ֔ם מִלְּב֥וֹא חֲמָ֖ת עַד־נַ֥חַל הָעֲרָבָֽה׃ ס

¹² ¿Correrán los caballos por las peñas? ¿Ararán en ellas con bueyes? ¿Por qué habéis convertido vosotros el juicio en veneno y el fruto de justicia en ajenjo? ¹³ Vosotros,

que os alegráis por nada, que decís: ¿No hemos adquirido poder con nuestra fuerza? 14 Pues de cierto, casa de Israel, dice Yahvé, Dios de los ejércitos, levantaré yo sobre vosotros a una nación que os oprimirá desde la entrada de Hamat hasta el arroyo del Arabá.

6, 12-13. Este juicio será también incapaz de evitar el castigo que amenaza a los que, pervirtiendo todo derecho, confían solamente en su propio poder. En esa línea, para explicar la amenaza de Am 6, 11, Amós utiliza diversas imágenes para poner de relieve la perversidad de los orgullosos magnates de Israel, que convierten el derecho en ajenjo, imaginando que podrán ofrecer una resistencia que tenga éxito, desafiando por sí mismos la fuerza de los enemigos, a los que el Señor elevará como ejecutores de su juicio; es como si los caballos quisieran trepar por las rocas o los bueyes ararlas, como si ellas fueran tierra de cultivo.

La segunda pregunta (vinculada a los bueyes) hay que unirla a la anterior, de manera que debe repetirse la alusión a las rocas (בסלע), como saben la mayor parte de los comentaristas. Pero las dos preguntas no han de tomarse en conexión con el verso anterior, en el sentido de "así como los caballos no pueden trepar por las rocas, así vosotros no podréis evitar la destrucción" (Chr. B. Michaelis). Ellas pertenecen más bien a lo que sigue, y tienen como finalidad la de exponer la perversidad moral de la conducta injusta de los malvados.

Para הפכתם וגו cf. Am 5, 7 y para ראש cf. Os 10, 4. La administración imparcial de la justicia recibe el nombre de "fruto de la justicia", partiendo del ejemplo del fruto bueno de los árboles. Sin embargo, estos grandes hombres se regocijan por לא דבר, esto es, por *algo que es nada*, que no tiene existencia.

Aquello a lo que el profeta se refiere puede verse desde la frase paralela en la que se habla de la fuerza de su imaginación (con בְחָזְקֵנוּ, de *chōzeq*). Ellos fundan su esperanza sobre el poder con el que Jeroboán ha destruido a los sirios, restaurando las antiguas fronteras del reino. A partir de ese poder, ellos habrían tomado para sí mismos (con לָקַחְנוּ, de *lâqach*, que significa tomar, no crear ahora por primera vez) los cuernos de poder para expulsar a los enemigos.

Los cuernos son signos y símbolos del poder (cf. Dt 33, 17; 1 Rey 22, 11). Ellos significan aquí los recursos militares con los que ellos imaginan que podrán vencer a todos los enemigos. Pues bien, el profeta desbarata estas ilusiones orgullosas de aquellos que olvidan a Dios, diciendo que el Señor de los ejércitos elevará en contra de ellos una nación poderosa, que les vencerá a lo largo y a lo ancho de todo su reino.

6, 14. Esta nación es Asiria (כִּי הִנְנִי, *kī hinnēh*, porque mira) palabra que había aparecido ya en 6, 11. De esa forma, la amenaza que se repite aquí es la misma de 6, 11, aunque *kī* deba conectarse también con la perversidad condenada en 6, 12.13, que consiste en confiar en el propio poder.

Profecías referentes a Israel

Lâchats (cf. וְלְחָצוּ) es oprimir, aplastar. Sobre la expresión לבוא חמת, con el significado normal de la frontera norte del reino de Israel cf. Num 34, 8. Para la frontera sur aquí tenemos נחל הערבה en vez de ים הערבה (2 Rey 14, 25). Este no es el pequeño torrente mencionado en Is 15, 7, el actual Wady *Sufsaf*, el brazo norte de Wady *el-Kerek* (cf. Delitzsch, sobre Isaías l.c.), ni es el *Rhinokolura*, el presente *el-Arish*, que formaba la frontera sur de Canaán, por lo que se le llamaba constantemente el torrente de Egipto (cf. Num 34, 5; Js 15, 4), sino el actual *el- Ahsy* (*Ahsa*), el río de la frontera sur que separaba a Moab de Edom (cf. *Comentario* a 2 Rey 14, 25).

AMÓS 7, 1-9, 15
VISIONES

La última parte de los escritos de Amós contiene cinco visiones que confirman el contenido de los discursos proféticos de la parte anterior. Sin embargo, las cuatro primeras visiones (Am 7-8) se distinguen de la quinta y última (Am 9) por el hecho de que todas las primeras comienzan con la misma fórmula (esto me ha mostrado el Señor), mientras que la última comienza con las palabras "yo vi al Señor". Ellas se diferencian también por su contenido, en cuanto las primeras simbolizan en parte los juicios que ya se han realizado sobre Israel y en parte aquellos que aún se han de realizar, mientras que, por el contrario, la última proclama el derrumbamiento de la antigua teocracia y la restauración del reino caído de Dios, y su gloria final.

Más aún, de esas cuatro, la primera y la segunda (Am 7, 1-6) se distinguen de la tercera y la cuarta (Am 7, 7-9 y 8, 1-3) por el hecho de que, mientras la primera contiene una respuesta a la intercesión del profeta (diciéndole que Jacob será protegido) en la última se niega expresamente toda protección, de manera que las cuatro profecías forman dos partes, que difieren entre sí por su contenido y su finalidad.

Esto nos lleva a la conclusión de que las dos primeras visiones están evocando juicios que son universales, mientras que la tercera y la cuarta se centran en la amenaza de Israel en un futuro inmediato, cuyo comienzo está representado por la quinta y última de las visiones, en la que se desarrolla el contenido de las visiones anteriores, con la realización del plan divino de la salvación.

7, 1–17. Primeras visiones. Oposición al profeta en Betel

7, 1-3. Las langostas

¹ כֹּה הִרְאַנִי אֲדֹנָי יְהוִה וְהִנֵּה יוֹצֵר גֹּבַי בִּתְחִלַּת עֲלוֹת הַלֶּקֶשׁ וְהִנֵּה־לֶקֶשׁ אַחַר גִּזֵּי הַמֶּלֶךְ:
² וְהָיָה אִם־כִּלָּה לֶאֱכוֹל אֶת־עֵשֶׂב הָאָרֶץ וָאֹמַר אֲדֹנָי יְהוִה סְלַח־נָא מִי יָקוּם יַעֲקֹב כִּי קָטֹן הוּא:
³ נִחַם יְהוָה עַל־זֹאת לֹא תִהְיֶה אָמַר יְהוָה:

¹ Esto me ha mostrado Yahvé, el Señor: él criaba langostas cuando comenzaba a crecer el heno tardío, el heno tardío que viene después de las siegas del rey. ² Y aconteció que cuando acabaron de comer la hierba de la tierra, yo dije: Señor, Yahvé, perdona ahora, pero ¿quién levantará a Jacob, que es tan pequeño? ³ Se arrepintió Yahvé de esto: No será, dijo Yahvé.

La fórmula כֹּה הִרְאַנִי אֲדֹנָי, "esto me ha mostrado el Señor" es común en esta y en las tres siguientes visiones (7, 4.7; 8, 1), con la extraña diferencia de que en la tercera (7, 7) se omite el sujeto (el Señor Yahvé) y en su lugar se introduce אֲדֹנָי, *'Adōnâi* (el Señor) después de *vehinnēh* (y mira).

La palabra הראני indica una visión con los ojos de la mente, una visión imaginaria. Estas visiones no son simplemente pinturas de un juicio que ha estado siempre amenazando, y que se vuelve más y más cercano; no son tampoco meras ficciones poéticas, sino intuiciones internas, producidas por el Espíritu de Dios, que es enviado para realizar sus juicios punitivos.

כֹּה, *kōh* (*ita*, así) remite a lo que sigue y וְהִנֵּה, *vehinnēh* (y mira) introduce la cosa que ha de verse. Amós ve al Señor formando langostas. Baur propone que se cambie יוצר (formando) por יצר (formas), pero sin dar razón alguna para ello, y sin observar que en las tres visiones de este capítulo a *hinnēh* le sigue un participio (קרא en Am 7, 4, y נצב en 7, 7) y que la palabra *'Adōnâi* que está delante de נצב en Am 7, 7 ha sido simplemente omitida en 7, 1, porque inmediatamente antes ha sido precedida por אֲדֹנָי יְהוִה.

La palabra גֹּבַי (forma poética, en vez de גבה, como שׂדי por שׂדה, contraída como גוב en Nah 3, 17) significa langosta, con el único problema de saber si su significado proviene de גוב (que equivale en árabe a *jâb,* cortar) o de גבה (que equivale al árabe *jb'a,* saltar, por encima de la tierra).

La fijación del tiempo tiene mucha importancia para el significado de la visión, es decir, "cuando comenzaba a crecer el heno tardío" (de la segunda cosecha), especialmente cuando ese tiempo se precisa diciendo "después de las siegas del rey". Estas precisiones no aluden simplemente a unos datos cronológicos externos, porque en el primer caso no se sabe nada de que el rey tuviera algún derecho o prerrogativa especial sobre sobre el segundo (o sobre el primer) corte de hierba, para alimentar a sus caballos o mulas, de manera que los particulares solo pudieran segar para sí mismos una parte de la hierba.

Pues bien, si la "segunda siega", después de la cosecha del rey, tuviera que interpretarse literalmente de esa manera, ello debilitaría el sentido de la visión. Porque si las langostas no hubieran aparecido hasta después de la cosecha del reino, de manera que solo hubieran devorado la hierba para uso particular del pueblo y no del rey, esta plaga afectaría solo al pueblo no al rey como tal. Pero esa exclusión de la cosecha del rey en el momento del juicio va sin duda en contra del sentido que Amós ofrece a esta visión y a la siguiente. De un modo consiguiente, la fijación del tiempo ha de interpretarse de un modo espiritual, de acuerdo con la idea de la visión.

El rey que ha recibido la primera cosecha de hierba ha de ser Yahvé; y el corte de la hierba de Yahvé tiene que significar los juicios que Yahvé ha ejecutado ya sobre Israel. El corte de la segunda cosecha ha de ser, por tanto, una representación figurativa de la prosperidad que se daba una vez más entre aquellos sobre los que iba a recaer el juicio. Así, debe representar, sin duda, el tiempo en el que el derrumbamiento y destrucción comenzaba a amenazar de nuevo a Israel (Am 4, 13). Fue entonces cuando las langostas vinieron y devoraron todas las plantas verdes de la tierra. עשׂב הארץ no se refiere a la segunda cosecha, porque עשׂב no significa hierba, sino verduras y plantas del campo (cf. Gen 1, 11), y tanto Am 7, 2 como 7, 3 requieren que se mantenga ese significado.

Cuando las langostas han comido ya las plantas de la tierra, el profeta intercede y el Señor responde de un modo beligerante. Esta intercesión se habría producido muy tarde, después que había sido consumida la segunda cosecha. Por otra parte, cuando las plantas verdes habían sido consumidas, había todavía razón para suponer que las langostas seguirían comiendo todo tipo de hierba, y eso es lo que quiere evitar la intercesión del profeta.

והיה por ויהי, como en 1 Sam 17, 48; Jer 37, 1, etc. סלח־נא, pedir que Dios perdone la culpa del pueblo (cf. Num 14, 19). מי יקום ¿cómo (מי de qué manera) puede sostenerse (no alzarse) Jacob (la nación de Israel) dado que es pequeña? קטן, pequeña, es decir, pobre en recursos y medios de ayuda, pues no es capaz de elevarse tras este desastre, y una pequeña calamidad es capaz de destruir al pueblo entero (Rosenmller). Para על נחם, cf. Ex 32, 14. זאת (esto) se refiere a la destrucción del pueblo indicada en מי יקום; por su parte, ha de suplirse זאת como sujeto de לא תהיה.

7, 4-6. Fuego devorador

⁴ כֹּה הִרְאַנִי אֲדֹנָי יְהֹוִה וְהִנֵּה קֹרֵא לָרִב בָּאֵשׁ אֲדֹנָי יְהֹוִה וַתֹּאכַל אֶת־תְּהוֹם רַבָּה וְאָכְלָה אֶת־הַחֵלֶק:
⁵ וָאֹמַר אֲדֹנָי יְהֹוִה חֲדַל־נָא מִי יָקוּם יַעֲקֹב כִּי קָטֹן הוּא:
⁶ נִחַם יְהֹוָה עַל־זֹאת גַּם־הִיא לֹא תִהְיֶה אָמַר אֲדֹנָי יְהֹוִה: ס

⁴ Yahvé, el Señor, me mostró esto: Yahvé, el Señor, llamaba al fuego para juzgar; y el fuego consumió el gran abismo y también una parte de la tierra. ⁵ Y dije: Señor, Yahvé, cesa ahora; pues ¿quién levantará a Jacob que es tan pequeño? ⁶ Se arrepintió Yahvé de esto: No será esto tampoco, dijo Yahvé, el Señor.

Este fuego que todo lo devora representa un juicio mucho más severo que el anterior, simbolizado por las langostas, y casi todos los reconocen así, de manera que no es necesario probarlo. Pero el significado más preciso de este juicio es objeto de disputa, y depende de la explicación que demos a 7, 4.

El objeto de קרא es באשׁ, לריב, y ריב ha de tomarse como un infinitivo, lo mismo que en Is 3, 13: Él (Dios) llamó para juzgar o castigar con fuego. Aquí no hay necesidad de introducir ministros suyos (en el sentido de "llamó a sus ministros" para juzgar la tierra por fuego). La expresión es muy concisa: llamó al fuego, para "castigar" así a los malvados. Para la expresión y el hecho cf. Is 66, 16.

Este fuego devoró al gran abismo. El תְּהוֹם רַבָּה, *tehōm rabbâh*, que se utiliza en Gen 7, 11 e Is 51, 10, con el significado de océano insondable. Por su parte, en Gen 1, 2 el *tehōm* aparece con el significado del océano inmenso, que rodeaba y cubría todo el orbe de la tierra, al comienzo de la creación.

ואכלה, en cuanto distinto de ותאכל, significa una acción progresiva o todavía incompleta (Hitzig). El significado por tanto es "él también devoró" (comenzó a devorar) אֶת־הַחֵלֶק, es decir, no la tierra, porque la tierra no forma una antítesis apropiada para el océano; y menos aún el campo de cultivo, porque *chēleq* no tiene nunca ese sentido, sino una heredad o porción de la tierra, es decir, la tierra de Yahvé, que es Israel (Dt 32, 9). Por eso, de un modo consecuente, *tehōm rabbâh* no puede significar el océano como tal.

Esa idea del fuego cayendo sobre el océano y consumiéndolos, y entonces empezando a consumir la tierra de Israel, por la que el océano se hallaba sujeto (Hitzig), hubiera sido demasiado monstruosa; esa idea no se puede justificar tampoco con la simple observación de que "era como si hubiera comenzado la última conflagración cósmica, en la línea de 2 Ped 3, 10" (Schmieder). De aquí se deduce el sentido de la expresión.

El fuego del que aquí se trata no es un fuego terreno, sino el fuego de la ira de Dios, por tanto una representación figurativa del juicio de la destrucción. Y por su parte *hachēleq* (la porción, una parte de la tierra) no es la tierra de Israel, sino, conforme al Deuteronomio, Israel como pueblo de Yahvé.

Según eso, *tehōm rabbâh* no es el océano, sino el mundo pagano, el gran mundo de las naciones que se ha rebelado en contra del reino de Dios. En esa línea, el mundo de la naturaleza, en un estado de agitación, aparece de un modo frecuente en la Escritura, como símbolo del mundo pagano en su agitación (cf. Sal 46, 3; 93, 3-4). Sobre el último pasaje del salmo, Delitzsch ha comentado de un modo acertado (en su *Comentario* a Salmos).

El mar en tormenta es una representación figurativa de todo el mundo pagano, en su lejanía respecto a Dios y en su enemistad contra él, o también la raza humana, en cuanto distinta de la verdadera Iglesia de Dios; y los ríos son representaciones figurativas de los reinos del mundo, así por ejemplo el Nilo de los Egipcios (Jer 46, 7-8), el Éufrates de los asirios (Is 8, 7-8), o todavía de un modo más preciso, el Tigris de los asirios, en forma de arco, o el impetuoso Éufrates de los babilonios (Is 27, 1).

Este simbolismo está en el fondo de la visión del profeta. El mundo de las naciones, en su rebelión contra Dios, que es el Señor y Rey del mundo, aparece como un gran abismo de agua, como el caos del comienzo de la creación o como el diluvio que abrió todas sus olas de agua en contra de la tierra en el tiempo de Noé.

El fuego del Señor caerá en contra de esta inundación de las naciones y las consumirá; y después de haberlas consumido comenzará a devorar también la herencia de Yahvé que es Israel. Y en ese contexto el profeta ruega a Dios que perdone a Israel, porque Jacob perecerá de manera inevitable en la gran conflagración; y el Señor concede al profeta la promesa de que "esto no sucederá", pues Israel será liberado del fuego como se libera un tronco antes de consumirse (Am 4, 11). Si investigamos ahora sobre el sentido histórico de esas dos visiones, obtenemos *a priori* algo que es claro: que ellas no se refieren solo a algo que ha pasado ya, sino a algo que ha de venir en el futuro, pues todavía no se ha extendido un fuego como ese sobre la superficie de la tierra, un fuego que haya consumido ya al mundo de las naciones y que haya amenazado de esa manera a Israel.

En esa línea, hay una parte de verdad en la explicación que ha ofrecido Grocio sobre la primera visión: "Después que los campos habían sido segados por Benhadad (2 Rey 13, 3) y tras el gran daño que entonces sufrió el pueblo de Dios, comenzó a florecer de nuevo la suerte de Israel, bajo el reino de Jeroboán, el hijo de Joás, como ha mostrado 2 Rey 24, 15". Según eso, la invasión de las langostas se habría referido a la de los asirios en tiempos de Pul. Pues bien, esta explicación de Grocio resulta demasiado limitada, pues no responde a todo el contenido de la primera visión, ni refleja en modo alguno el sentido del fuego.

La "cosecha del rey" (Am 7, 1) evoca más bien los juicios que el Señor ha enviado a Israel, incluyendo todo aquello que el profeta menciona en 4, 6-10. Las langostas son una representación figurativa del juicio que aún ha de llegar sobre la nación de la alianza, y que destruirá totalmente aquello que había sido salvado por las oraciones de los justos.

La visión del fuego tiene una finalidad semejante, abarcando todo el pasado y todo el futuro. Pero ella indica también el juicio que ha de caer sobre el mundo pagano y que solo se cumplirá del todo en la destrucción de todo aquello que es impío sobre la faz de la tierra, cuando venga el Señor con fuego para juzgar toda carne (Is 66, 15-16) y para abrasar con fuego la tierra y todo lo que en ella existe, el día del juicio y perdición de los hombres impíos (2 Ped 3, 7. 10-13).

Sin embargo, el hecho de que Dios no realice estos dos juicio, a causa de la intercesión del profeta, está mostrando que ellos no tienen como finalidad la aniquilación de toda la nación de Dios, sino simplemente su "refinamiento", con la destrucción de los pecadores de en medio de ella, de manera que, a causa de la misericordia de Dios y de su perdón pueda quedar con vida un resto de la nación. Las dos visiones siguientes se refieren simplemente al juicio que ha de venir sobre el reino de las diez tribus en un futuro inmediato.

7, 7-9. Tercera visión

⁷ כֹּה הִרְאַנִי וְהִנֵּה אֲדֹנָי נִצָּב עַל־חוֹמַת אֲנָךְ וּבְיָדוֹ אֲנָךְ׃
⁸ וַיֹּאמֶר יְהוָה אֵלַי מָה־אַתָּה רֹאֶה עָמוֹס וָאֹמַר אֲנָךְ וַיֹּאמֶר אֲדֹנָי הִנְנִי שָׂם אֲנָךְ בְּקֶרֶב עַמִּי יִשְׂרָאֵל לֹא־אוֹסִיף עוֹד עֲבוֹר לוֹ׃
⁹ וְנָשַׁמּוּ בָּמוֹת יִשְׂחָק וּמִקְדְּשֵׁי יִשְׂרָאֵל יֶחֱרָבוּ וְקַמְתִּי עַל־בֵּית יָרָבְעָם בֶּחָרֶב׃ פ

⁷ Me mostró también esto: el Señor estaba sobre un muro hecho a plomo, y en su mano tenía una plomada de albañil. ⁸ Yahvé entonces me preguntó: -¿Qué ves, Amós? Yo respondí: -Una plomada de albañil. Y el Señor dijo: -Yo pongo plomada de albañil en medio de mi pueblo Israel; no lo toleraré más. ⁹ Los lugares altos de Isaac serán destruidos, los santuarios de Israel serán asolados y me levantaré con espada sobre la casa de Jeroboán.

La palabra אֲנָךְ, que solo aparece aquí en la Biblia significa, según los idiomas cercanos al hebreo y según los rabinos, plomo o estaño, es decir, una plomada. Por su parte, חוֹמַת אֲנָךְ es una pared construida a plomada, es decir, bien, perpendicular, construida con precisión mecánica y con solidez. Sobre esa pared ve Amós al Señor estando de pie.

La pared construida con una plomada es una representación figurativa del reino de Dios en Israel, como edificio firme y bien levantado. Dios tiene en su mano una plomada. La pregunta que el Señor le dirige (¿Qué es lo que ves?) tiene la finalidad de introducir la explicación del símbolo, como en Jer 1, 11-13, pues la plomada se empleaba con finalidades diferentes, no solo para construir, sino incluso para destruir edificios (cf. 2 Rey 21, 13; Is 34, 11).

Yahvé la colocará בְּקֶרֶב עַמִּי, *beqerebh ʿammī*, en medio de mi pueblo y no meramente en algunas partes externas, pero ahora con el fin de destruir este edificio. No seguirá perdonando como ha hecho hasta ahora. עבר ל, pasar junto a alguien sin tenerle en cuenta, sin mirarlo o castigarle, es decir, perdonándole, lo opuesto a עבר בקרב en Am 5, 17.

La destrucción recaerá sobre los santuarios idolátricos de la tierra, los בָּמוֹת, *bâmōth* (cf. *Comentario* a 1 Rey 3, 2), es decir, los altares que había en los lugares altos, y sobre los templos de Betel y de Dan (cf. *Comentario* a 1 Rey 12, 29) y de Gilgal (cf. Am 4, 4). Aquí se menciona a Isaac (יִשְׂחָק, forma suavizada de יצחק, usada aquí y en 7, 16, y también en Jer 33, 26) en vez de a Jacob, y el nombre se emplea como epónimo del Israel de las doce tribus.

La casa de Jeroboán, familia reinante, ha de perecer por la espada (קם על como en Is 31, 2). Aquí se menciona a Jeroboán como representante de la monarquía, y las palabras no han de limitarse a la destrucción de su dinastía, sino que anuncian la destrucción de la misma monarquía de Israel, tal como fue aniquilada con la caída de esa dinastía. La destrucción de los lugares santos y la caída de la monarquía implican la disolución del Reino. De esa forma interpreta sus palabras el mismo Amós en 7, 11.17.

7, 7-17. Oposición al profeta en Betel

El audaz anuncio de la destrucción de la familia real suscita la ira del sumo sacerdote de Betel, de manera que él hace saber los sucesos al rey, para lograr que él actúe en consecuencia y se implique en contra de este profeta que está perturbando el lugar (cf. Am 7, 10-11), y después llama a Amós mismo y le exige que abandone Betel (Am 7, 12-13). Es evidente que este intento de expulsar a Amós de Betel estuvo ocasionado por las profecías de 7, 7-11, como lo muestran las palabras que Amasías dirige al rey, en relación con las palabras de Amós.

7, 10-13

¹⁰ וַיִּשְׁלַח אֲמַצְיָה כֹּהֵן בֵּית־אֵל אֶל־יָרָבְעָם מֶלֶךְ־יִשְׂרָאֵל לֵאמֹר קָשַׁר עָלֶיךָ עָמוֹס בְּקֶרֶב בֵּית יִשְׂרָאֵל לֹא־תוּכַל הָאָרֶץ לְהָכִיל אֶת־כָּל־דְּבָרָיו׃
¹¹ כִּי־כֹה אָמַר עָמוֹס בַּחֶרֶב יָמוּת יָרָבְעָם וְיִשְׂרָאֵל גָּלֹה יִגְלֶה מֵעַל אַדְמָתוֹ׃ ס
¹² וַיֹּאמֶר אֲמַצְיָה אֶל־עָמוֹס חֹזֶה לֵךְ בְּרַח־לְךָ אֶל־אֶרֶץ יְהוּדָה וֶאֱכָל־שָׁם לֶחֶם וְשָׁם תִּנָּבֵא׃
¹³ וּבֵית־אֵל לֹא־תוֹסִיף עוֹד לְהִנָּבֵא כִּי מִקְדַּשׁ־מֶלֶךְ הוּא וּבֵית מַמְלָכָה הוּא׃ ס

¹⁰ Entonces el sacerdote Amasías de Betel envió a decir a Jeroboán, rey de Israel: Amós se ha levantado contra ti en medio de la casa de Israel; la tierra no puede sufrir todas sus palabras. ¹¹ Porque así ha dicho Amós: Jeroboán morirá a espada, e Israel será llevado de su tierra en cautiverio. ¹² Y Amasías dijo a Amós: -Vidente, vete, huye a tierra de Judá, come allá tu pan y profetiza allá; ¹³ pero no profetices más en Betel, porque es santuario del rey, y capital del reino.

El sacerdote de Betel (כֹּהֵן בֵּית־אֵל, *Kōhēn Bēth-ēl*) es el sumo sacerdote del santuario del becerro de oro de Betel. Él acusó al profeta ante el rey, diciendo que había hecho una conspiración (קָשַׁר, *qâshar*; cf. 1 Rey 15, 27, etc.) en contra de él, y eso en el centro de la casa de Israel, es decir, en el corazón religioso del reino, diciendo cosas que la tierra no podía soportar.

Para establecer esta acusación, afirma (7, 11) que Amós ha predicho la muerte de Jeroboán por la espada, anunciando la cautividad del pueblo fuera de la tierra. Ciertamente, Amós ha actuado de esa forma. El hecho de que en Am 7, 9 se nombre a Jeroboán y no la casa de Jeroboán no es significativo, pues con el nombre del fundador de la dinastía se está evocando a toda la dinastía.

La expulsión del pueblo fuera de la tierra no era solo algo que estaba implicado en la devastación de los santuarios del reino (Am 7, 9), lo que presupone que la tierra ha sido conquistada a manos de los enemigos, que Amós ha predicho de diversas formas (cf. Am 5, 27). De esa manera ha resumido Amasías, de un modo natural, la sustancia de los anuncios proféticos de Amós, en vez de limitarse a sus últimas palabras. No hay por tanto razón para decir que esté calumniando falsamente al profeta.

Parece que, al principio, el rey no tomó ninguna medida en contra del profeta, a consecuencia de esta acusación, quizá porque pensó que el tema no tenía mucha importancia. Por eso, el mismo Amasías quiso persuadir al profeta para que abandonara el país, diciéndole que se fuera a la tierra de Judá. ברח־לך, en el sentido de alejarse para evitar el castigo que le amenaza: "Come tu pan y profetiza allí...", es decir, en Judá, indicándole de esa forma que él podrá profetizar en Judá sin interrupción, pero no en un santuario de Israel.

Este es el sentido de las palabras, tal como puede verse por la respuesta del profeta en 7, 14. En esa línea, el sacerdote Amasías de Betel le dice: "Pero no profetices en Betel, porque este es un santuario del rey, es decir, un santuario fundado por el rey (cf. 1 Rey 12, 28), una casa del reino", בֵּית מַמְלָכָה, *bēth mamlâkhâh*, (es decir, una capital real; cf. 1 Sam 27, 5); con esas palabras se quiere decir que Betel es la sede principal que el rey ha establecido para su reino. Lógicamente, allí nadie podría profetizar contra el rey.

7, 14-17

¹⁴ וַיַּעַן עָמוֹס וַיֹּאמֶר אֶל־אֲמַצְיָה לֹא־נָבִיא אָנֹכִי וְלֹא
בֶן־נָבִיא אָנֹכִי כִּי־בוֹקֵר אָנֹכִי וּבוֹלֵס שִׁקְמִים:
¹⁵ וַיִּקָּחֵנִי יְהוָה מֵאַחֲרֵי הַצֹּאן וַיֹּאמֶר אֵלַי יְהוָה לֵךְ הִנָּבֵא אֶל־עַמִּי יִשְׂרָאֵל:
¹⁶ וְעַתָּה שְׁמַע דְּבַר־יְהוָה אַתָּה אֹמֵר לֹא תִנָּבֵא עַל־יִשְׂרָאֵל
וְלֹא תַטִּיף עַל־בֵּית יִשְׂחָק:
¹⁷ לָכֵן כֹּה־אָמַר יְהוָה אִשְׁתְּךָ בָּעִיר תִּזְנֶה וּבָנֶיךָ וּבְנֹתֶיךָ
בַּחֶרֶב יִפֹּלוּ וְאַדְמָתְךָ בַּחֶבֶל תְּחֻלָּק וְאַתָּה עַל־אֲדָמָה
טְמֵאָה תָּמוּת וְיִשְׂרָאֵל גָּלֹה יִגְלֶה מֵעַל אַדְמָתוֹ: ס

¹⁴ Entonces respondió Amós y dijo a Amasías: -No soy profeta ni soy hijo de profeta, sino que soy boyero y recojo higos 15 Y Yahvé me tomó de detrás del ganado, y me dijo: Ve y profetiza a mi pueblo Israel. 16 Ahora, pues, oye palabra de Yahvé. Tú dices: No profetices contra Israel ni hables contra la casa de Isaac. 17 Por tanto, así ha dicho Yahvé: Tu mujer será ramera en medio de la ciudad, tus hijos y tus hijas caerán a espada y tu tierra será repartida por suertes; tú morirás en tierra inmunda e Israel será llevado cautivo lejos de su tierra.

7, 14-15. En primer lugar, Amós rechaza la acusación que le hacen de ser profeta de profesión, de profetizar para ganarse la vida. "No soy profeta" (de profesión), "ni soy hijo (discípulo) de una escuela de profetas", alguien que ha sido entrenado para la profecía (sobre esas escuelas profética cf. *Comentario* a 1 Sam 19, 24); "sino que soy, por mi propio oficio un בוֹקֵר, *bōqēr* (de *bâqâr*), literalmente alguien que guarda/cuida ganado En sentido amplio, un pastor, que guarda especialmente ovejas (צאן), es decir, un ovejero. Y un בוֹלֵס שִׁקְמִים, *bōlēs shiqmīm*, es decir, alguien que cultiva sicómoros (higos chumbos), de forma que vive de eso.

El ἅπ. λεγ. וּבוֹלֵס, *bōlēs* es un denominativo que proviene del nombre que en árabe se utiliza para los higos chumbos, y que significa recolectar higos y vivir de ellos, como en griego συκάζειν y ἀποσυκάζειν, es decir, conforme a Hesiquio, τὰ σῦκα τρώγειν, comer higos. La traducción de los LXX κνίζων, Vulgata *vellicans*, evoca el hecho de que se acostumbraba a cortar o podar las higueras para que maduraran mejor (cf. Theophastro, *Hist. plant.* iv. 2; Plinio, *Hist. nat.* 13, 14 y Bochart, *Hieroz.* i. 384, o p. 406 ed. Ros.). Pero no se puede demostrar que este sea el verdadero sentido de *bōlēs*.

En esa línea, aunque en el sentido de בוֹלֵס, *bōlēs*, se incluya también el podar o cortar las plantas, de eso no se puede deducir que Amós fuera el dueño de una plantación de higos chumbos, como han entendido muchos comentaristas, porque las palabras contienen solo una alusión a cuidar las higueras y comer sus frutos (no a ser dueño de las higueras), presentando esos higos como un alimento ordinario de pastores, que vivían en los campos de pastoreo, y para los cuales el pan debía ser una rareza (cf. Hitzig). Dios le llamó cuando tenía una profesión de la que podía vivir, y lo hizo para que profetizara a su pueblo Israel; por eso, cualquiera que se opusiera a su vocación le ponía en oposición a la llamada de Dios.

7, 16-17. Como respuesta a esa rebelión en contra de Yahvé, Amós predice al sacerdote el castigo que caerá sobre él cuando se cumpla el juicio contra Israel, respondiendo a sus acusaciones (¡tú no puedes profetizar!) con la palabra de Dios: ¡Así dice Yahvé! La palabra תַּטִּיף, de הטיף, caer, actuar, que se aplica a profetizar, tanto aquí como en Miq 2, 6.11; y en Ez 21, 2.7, está tomada de Dt 32, 2, "mi enseñanza caerá como agua", etc. Isaac (*Yishâq*) por Israel, como en Am 7, 9.

El castigo se describe así en Am 7, 17 : "Tu mujer será una prostituta en la ciudad", es decir, ella será violada cuando tomen la ciudad, teniendo que convertirse según eso en una prostituta. Sus hijos serán también asesinados por el enemigo, de manera que su posesión (herencia) será asignada a otros, es decir, a los nuevos pobladores de la tierra.

Por fin, él mismo, es decir, el sacerdote, morirá en una tierra impura, en la tierra de los gentiles; eso significa que será llevado cautivo, con toda la nación, conforme a la acusación y amenaza del mismo Amós, que el sacerdote había referido al rey (cf. Am 7, 11), como señal de que se cumpliría con seguridad aquello que él había profetizado.

Visiones

8, 1–14. Israel madura para el juicio

Con el símbolo de una cesta llena de fruta madura, el Señor muestra al profeta que Israel está maduro para el juicio (Am 8, 1-3); de esa forma, al explicar el sentido de esa misión, Amós declara a los injustos magnates de la nación que sus fiestas de gozo se transformarán en días de lamentación, como castigo de Dios por su injusticia (Am 8, 4-10). De esa forma, al explicar el sentido de esa visión, Amós denuncia a los injustos y coloca ante ellos un tiempo en el que aquellos que ahora desprecian la palabra de Dios sollozarán en su dolor pidiendo una palabra de Dios (Am 8, 11-14).

8,1-3. Visión de la cesta con fruto maduro

¹ כֹּה הִרְאַנִי אֲדֹנָי יְהוִה וְהִנֵּה כְּלוּב קָיִץ׃
² וַיֹּאמֶר מָה־אַתָּה רֹאֶה עָמוֹס וָאֹמַר כְּלוּב קָיִץ וַיֹּאמֶר יְהוָה אֵלַי בָּא הַקֵּץ אֶל־עַמִּי יִשְׂרָאֵל לֹא־אוֹסִיף עוֹד עֲבוֹר לוֹ׃
³ וְהֵילִילוּ שִׁירוֹת הֵיכָל בַּיּוֹם הַהוּא נְאֻם אֲדֹנָי יְהוִה רַב הַפֶּגֶר בְּכָל־מָקוֹם הִשְׁלִיךְ הָס׃

¹ Esto me mostró Yahvé, el Señor: un canastillo de fruta de verano. ² Y me preguntó: —¿Qué ves, Amós? Y respondí: —Un canastillo de fruta de verano. Y me dijo Yahvé: —Ha venido el fin sobre mi pueblo Israel; no lo toleraré más. ³ Y los cantores del Templo gemirán en aquel día, dice Yahvé, el Señor. Muchos serán los cuerpos muertos, y serán arrojados en cualquier lugar ¡en silencio!

כלוב de כלך, agarrar literalmente un recipiente, aquí una cesta, aunque en Jer 5, 27 es una jaula de pájaros. קָיִץ es fruta de verano (cf. *Comentario* a 2 Sam 16, 1), como en en Is 16, 9; 28, 4: recogida de verano, es decir, fruta madura. El profeta explica y aplica así en nombre de Dios el sentido de la fruta de verano (קָיִץ, *qayits*): está llegando para mi pueblo el fin (הַקֵּץ, *qēts*) (cf. Ez 7, 6).

Según eso, la cesta de fruta madura es un signo de que la nación está ya madura para el juicio, aunque הַקֵּץ, *qēts*, el fin, no indica solo madurez para el juicio, sino para la destrucción; de esa forma se muestra claramente la paronomasia entre fruta madura y fin (קָיִץ y קֵץ)

לֹא אוֹסִיף וגו como en Am 7, 8. Toda la alegría se volverá tristeza; de esa forma, en vez de los cantos alegres de alabanza a Dios (Amós 5, 23) se escucharán los cantos tristes de luto y de lamentación (Am 6, 5; 2 Sam 19, 36 y también Am 8, 10 con 1 Mac 9, 41, por la multitud de los muertos, yaciendo en el suelo, en cualquier sitio, sin ser enterrados.

הִשְׁלִיךְ en sentido impersonal, indicando que los hombres no serán ya capaces de enterrar a los muertos, a causa de su gran número, de forma que los arrojarán en sitios alejados, en cualquier lugar. No puede establecerse el uso de הס (que hemos traducido "en silencio") como adjetivo. La palabra es sin duda una interjección, tanto aquí como en 6, 10. No es un signo de pura desesperación, sino un aviso para inclinarse ante la sobrecogedora severidad del juicio de Dios, como en Sof 1, 7 (cf. Hab 2, 20; Sof 2, 13).

8, 4-6

⁴ שִׁמְעוּ־זֹאת הַשֹּׁאֲפִים אֶבְיוֹן וְלַשְׁבִּית (עֲנוֵי)[עֲנִיֵּי־]אָרֶץ:
⁵ לֵאמֹר מָתַי יַעֲבֹר הַחֹדֶשׁ וְנַשְׁבִּירָה שֶּׁבֶר וְהַשַּׁבָּת וְנִפְתְּחָה־בָּר לְהַקְטִין אֵיפָה וּלְהַגְדִּיל שֶׁקֶל וּלְעַוֵּת מֹאזְנֵי מִרְמָה:
⁶ לִקְנוֹת בַּכֶּסֶף דַּלִּים וְאֶבְיוֹן בַּעֲבוּר נַעֲלָיִם וּמַפַּל בַּר נַשְׁבִּיר:

⁴ Oíd esto, los que explotáis a los menesterosos y arruináis a los pobres de la tierra, ⁵ diciendo: ¿Cuándo pasará el mes (la luna nueva) y venderemos el trigo; y la semana, y abriremos los graneros del pan? Entonces achicaremos la medida, subiremos el precio, falsearemos con engaño la balanza, ⁶ compraremos a los pobres por dinero y a los necesitados por un par de zapatos, y venderemos los desechos del trigo.

8, 4. A la visión anterior el profeta añade la última advertencia dirigida a los hombres ricos y poderosos de la nación, para proclamar de nuevo la amenaza del Señor, antes de que sea demasiado tarde, poniendo de relieve ante ellos la terrible severidad del juicio. Las personas a las que se dirige esta advertencia son אביון השאפים, es decir, no aquellos que amenazan al pobre, metiéndole miedo para que no busque ya más sus derechos (Baur), sino, conforme a Am 2, 6-7, *aquellos que oprimen con impiedad a los pobres*, aquellos que intentan destruirles (Hitzig).

Así lo afirma la segunda frase de 8, 4, donde se repite mentalmente שאפים, antes de להשבית: ellos son los que destruyen a los pobres de la tierra (ענוי־ארץ tiene el mismo sentido de ענוים, in Am 2,7), "y lo hacen tomando toda la propiedad para sí mismos" (Job 22, 8; Is, 5, 8; cf. Hitzig).

8, 5-6 muestra la forma en que esperan cumplir sus propósitos. Como avariciosos usureros, ellos no pueden ni esperar el final de los días de fiesta para llevar a cabo sus negocios. הַחֹדֶשׁ, *ha–chōdēsh*, la luna nueva, era una fiesta en la que se suspendían todos los negocios, lo mismo que en el sábado (cf. *Comentario* a Num 28, 11; 2 Rey 4, 23).

הִשְׁבִּיר שֶׁבֶר, vender el cereal, como en Gen 41, 57. פתח בר, abrir el grano, es decir, abrir los graneros (cf. Gen 41, 56). Al hacer eso, ellos pensaban engañar al pobre con medidas más pequeñas (אֵיפָה, *ephah*), y con el dinero (שֶׁקֶל, *shekel*) más caro, es decir, aumentando el precio y falseando las balanzas, y utilizando trigo malo (מַפָּל), de tal forma que al final los pobres se vieran obligados a venderse a sí mismos, o fueran llevados ante la corte de justicia porque no eran ya capaces ni de comprar un par de sandalias, es decir, de pagar la deuda más pequeña (cf. Am 2, 6). Una maldad como esa debería ser duramente castigada.

8, 7-8

⁷ נִשְׁבַּ֧ע יְהוָ֛ה בִּגְא֥וֹן יַעֲקֹ֖ב אִם־אֶשְׁכַּ֥ח לָנֶ֖צַח כָּל־מַעֲשֵׂיהֶֽם׃
⁸ הַ֤עַל זֹאת֙ לֹֽא־תִרְגַּ֣ז הָאָ֔רֶץ וְאָבַ֖ל כָּל־יוֹשֵׁ֣ב בָּ֑הּ וְעָלְתָ֤ה
כָאֹר֙ כֻּלָּ֔הּ וְנִגְרְשָׁ֥ה [וְנִשְׁקְעָ֖ה] (וְנִשְׁקָה) כִּיא֥וֹר מִצְרָֽיִם׃ ס

⁷ Yahvé juró por la gloria de Jacob: No olvidaré jamás ninguna de sus obras. ⁸ ¿No se estremecerá la tierra por eso? ¿No llorarán todos sus habitantes? Subirá toda ella como un río; crecerá y mermará como el río de Egipto.

El orgullo de Jacob (גְּא֥וֹן יַעֲקֹ֖ב), como en Os 5, 5; 7, 10. Yahvé jura por el orgullo de Jacob, lo hace también por su santidad (4, 2) y por su alma (6, 8); es decir, lo hace como aquel que es el orgullo y gloria de Israel, de manera que así, por lo que es, él castigará los actos como los antes nombrados. Si Dios no se fijara en esos pecados y si los dejara sin castigarlos, negaría su gloria en Israel.

שׁכח, olvidar un pecado, dejarlo sin castigo. En 8, 8 esa pregunta que se plantea de forma negativa está indicando una seguridad total. "Por eso" (עַל זֹאת) se supone que se refiere a los pecados; pero esa no es una respuesta recta, porque los versos anteriores no aluden a los pecados en sí mismos, sino al castigo por ellos. Por otra parte, el juramento solemne de Yahvé en 8, 8 no puede saltar por encima de 8, 7 y tomar עַל זֹאת como si se refiriera directamente a 8, 4-6.

Esas palabras se refieren más bien a la misma sustancia del juramento, es decir al castigo de los pecados que el Señor anuncia con un juramento solemne. Ese cumplimiento del juramento será tan terrible que la tierra temblará y volverá a su principio, como si tuviera que retornar a su condición primordial de caos.

En esa línea, *râgaz* (cf. תִּרְגַּז), temblar, o, cuando se aplica a la tierra, *sacudirse en forma de terremoto*, no significa simplemente estremecerse o sufrir un tipo de shock, como interpreta Rosenmüller explicando este verso a partir de Jer 2, 12. Aún menos adecuada es la explicación de que la tierra parece moverse como en el caso de una fuerte tormenta, tal como piensa Hitzig a partir de la idea bíblica de Is 24, 20.

El pensamiento de fondo es más bien que, bajo el peso del juicio, la tierra temblará realmente, y todos sus habitantes empezarán a lamentarse, como podemos ver claramente a partir del texto paralelo de Am 9, 5. En Am 8, 8 esta figura ha sido aún más desarrollada, de manera que la tierra entera aparece representada como si viniera a convertirse en un tipo de mar, subiendo y bajando en sus olas, de un modo tempestuoso, como en el caso del diluvio.

כֻּלָּהּ, la totalidad de la tierra, todo el globo, se elevará y se estremecerá y descenderá como las aguas de una inmensa tormenta. Esta subida y caída de la tierra se compara con la subida y bajada de las aguas del Nilo. Conforme al pasaje paralelo de Am 9, 5, כְּאֹר es una forma defectiva, en lugar de כִּיאֹר, como בּוּל en lugar de יבול en Job 40, 20, y esto queda precisado aún más por la expresión que sigue: כיאור מצרים.

Todas las traducciones antiguas han tomado esa palabra como יאור (el Nilo, río de Egipto) y muchos de los códices hebreos (véase en Kennicott y De Rossi) tienen esa lectura. *Nigrash* (cf. נִגְרְשָׁה), estar excitado, un término que se aplica a un mar tempestuoso (Is 57, 20). נשקה es una forma suavizada de נשקעה, como se ve por שקעה en Am 9, 5.

8, 9-10

⁹ וְהָיָה ׀ בַּיּוֹם הַהוּא נְאֻם אֲדֹנָי יְהֹוִה וְהֵבֵאתִי הַשֶּׁמֶשׁ בַּצָּהֳרָיִם וְהַחֲשַׁכְתִּי לָאָרֶץ בְּיוֹם אוֹר:
¹⁰ וְהָפַכְתִּי חַגֵּיכֶם לְאֵבֶל וְכָל־שִׁירֵיכֶם לְקִינָה וְהַעֲלֵיתִי עַל־כָּל־מָתְנַיִם שָׂק וְעַל־כָּל־רֹאשׁ קָרְחָה וְשַׂמְתִּיהָ כְּאֵבֶל יָחִיד וְאַחֲרִיתָהּ כְּיוֹם מָר:

⁹ Aquel día, dice Yahvé, el Señor, haré que se ponga el sol a mediodía: cubriré de tinieblas la tierra en el día claro. ¹⁰ Cambiaré vuestras fiestas en lloro y todos vuestros cantares en lamentaciones; haré que toda cintura vista tela áspera y que se rape toda cabeza. Y volveré la tierra como en llanto por el hijo único, y su final será como día amargo.

8, 9. De esta forma queda descrito el efecto del juicio divino sobre los israelitas. Así como los malvados invierten el orden moral del universo, el Señor con su juicio invertirá el orden de la naturaleza, haciendo que el sol se ponga al mediodía y rodeando la tierra de tinieblas a pleno mediodía. Esas ideas de 8, 9 no pueden aplicarse a un eclipse de sol, en contra de lo que piensan Michaelis y Hitzig, cuando no solo afirman que aquí se alude a un terremoto, sino que quieren determinar el tiempo en que sucedió.

Pues bien, en contra de eso, el eclipse de sol no se refiere aquí al hecho de que Dios hace que se oculte (וְהֵבֵאתִי) es el sol externo. Para cada hombre, el sol se pone con su muerte, en el mismo centro de su vida. Y esto se aplica también a una nación, cuando viene a ser destruida de repente en medio de su prosperidad material. Pero aquí resulta necesaria una aplicación que sea todavía más amplia.

Cuando el Señor venga para juzgar, en el momento en que la gente de la tierra se encuentre en plena seguridad, ocupándose solo de sus cosas (cf. Mt 24, 37), este sol terreno se pondrá al mediodía, y la tierra será cubierta de oscuridad a la plena luz del día. Más aún, cada juicio que recae sobre un pueblo o un reino impío, mientras siguen rodando las edades, ofrece un anuncio de la aproximación del juicio final.

8, 10. Cuando el juicio estalle sobre Israel, entonces, todas las fiestas gozosas acabarán, y comenzarán los llantos y lamentos (cf. Am 8, 3; 5, 16 y Os 2, 13). Sobre los signos de ese llanto, cf. Is 3, 24. Este llanto será muy profundo, como el dolor por un hijo único (cf. Jer 6, 26 y Zac 12, 10).

El sufijo en שמתיה (le convertirá) no se refiere a אבל (llanto, lamentación), sino a todo lo que se ha mencionado previamente sobre ese día (Hitzig). אחריתה, el fin de ello, es decir, del lloro y del lamento. Se tratará de un día amargo (כ es una *caph veritatis*, para poner de relieve la verdad de una cosa; cf. *Comentario* a Joel 1, 15). Esto supone que el juicio no será algo que pasa, sino algo que se mantiene.

8, 11-14

¹¹ הִנֵּה ׀ יָמִים בָּאִים נְאֻם אֲדֹנָי יְהוִה וְהִשְׁלַחְתִּי רָעָב בָּאָרֶץ לֹא־רָעָב לַלֶּחֶם וְלֹא־צָמָא לַמַּיִם כִּי אִם־לִשְׁמֹעַ אֵת דִּבְרֵי יְהוָה׃
¹² וְנָעוּ מִיָּם עַד־יָם וּמִצָּפוֹן וְעַד־מִזְרָח יְשׁוֹטְטוּ לְבַקֵּשׁ אֶת־דְּבַר־יְהוָה וְלֹא יִמְצָאוּ׃
¹³ בַּיּוֹם הַהוּא תִּתְעַלַּפְנָה הַבְּתוּלֹת הַיָּפוֹת וְהַבַּחוּרִים בַּצָּמָא׃
¹⁴ הַנִּשְׁבָּעִים בְּאַשְׁמַת שֹׁמְרוֹן וְאָמְרוּ חֵי אֱלֹהֶיךָ דָּן וְחֵי דֶּרֶךְ בְּאֵר־שָׁבַע וְנָפְלוּ וְלֹא־יָקוּמוּ עוֹד׃ ס

¹¹ Ciertamente vienen días, dice Yahvé, el Señor, en los cuales enviaré hambre a la tierra, no hambre de pan ni sed de agua, sino de oír la palabra de Yahvé. ¹² E irán errantes de mar a mar; desde el norte hasta el oriente andarán buscando palabra de Yahvé, y no la hallarán. ¹³ En aquel tiempo, las muchachas hermosas y los jóvenes desmayarán de sed. ¹⁴ Los que juran por el pecado de Samaría y dicen: Por tu Dios, Dan, y: Por el camino de Beerseba, caerán y nunca más se levantarán.

8, 11. Y en aquel día fallará también la luz y la seguridad de la palabra de Dios. La amargura del tiempo de castigo crecerá por el hecho de que el Señor apartará de ellos su palabra, es decir, la luz de su revelación. Aquellos que ahora no quieren escuchar su palabra, tal como está siendo proclamada por los profetas, tendrán entonces el mayor deseo de escuchar esa palabra. Su hambre y sed de la palabra estará impulsada por la tristeza y la aflicción que se apoderará de ellos.

8, 12 describe la intensidad de ese deseo. "E irán errantes (נוע como en Am 4, 8) de mar a mar". Esto no significa *del mar Muerto al Mediterráneo*, no como en Joel 2, 20 y Zac 14, 8, que no son textos paralelos a este, sino como en Sal 72, 8 y Zac 9, 10, desde el mar que es un extremo de la tierra hasta el otro extremo, es decir, de un confín al otro, por todas partes (Hupfeld). La otra frase (del norte al oriente) contiene un resumen de la expresión más completa "de norte a sur, de este a oeste", es decir por toda la tierra.

8, 14. Tendrán sed las vírgenes (mujeres jóvenes) y los muchachos. Ellos jurarán por el "pecado" de Samaría, diciendo "por la vida de tu Dios, oh Dan"… y lo mismo por Berseba. Aquellos que estarán entonces en la plenitud y frescura de su vida desfallecerán de hambre y sed. En ese contexto se habla de vírgenes y de muchachos para referirse a las personas que se encuentran en el centro de su juventud.

עלף, ser envuelto por la noche, en *hitpael*, esconderse uno a sí mismo, desfallecer. הַנִּשְׁבָּעִים se refiere también a los jóvenes y a las vírgenes, en cuanto representan la parte más vigorosa de la nación, entendida como un todo. Si los más fuertes sucumben de sed ¿qué harán los más débiles?

אַשְׁמַת שֹׁמְרוֹן, *'ashmath Shōmerōn*, el pecado de Samaría, el becerro de oro de Betel, el ídolo principal del reino de Israel, al que se le presenta aquí con el nombre de Samaría, que es la capital del reino (cf. Dt 9 ,21, "el pecado de Israel"). No se trata, pues, de la *Asherah* que aún seguía en Samaría en el reinado de Joacaz (2 rey 13, 6).

No sabemos si esa *Asherah* seguía en Samaría en el tiempo de Jeroboán, y además el paralelo que aparece en nuestro texto (que es el Dios de Dan) nos está diciendo que aquí no se alude a la diosa *Asherah*, sino a los becerros de oro, uno de los cuales se hallaba en Betel, santuario nacional del reino de las diez tribus (cf. Am 4, 4; 5, 5) y el otro en Dan, en el extremo norte de la tierra.

Aquí se menciona el camino de Berseba, por el lugar de culto allí celebrado, para destacar la peregrinación que muchos israelitas realizaban acudiendo a aquel santuario. Ciertamente, el culto de Berseba no era puramente pagano, sino una adoración de tipo idolátrico de Yahvé (cf. Am 5, 5). El cumplimiento de estas amenazas comenzó con la destrucción del reino de Israel, y con el hecho de que las diez tribus fueran llevadas al exilio en Babilonia.

Lo que aquí se dice puede aplicarse a algo que continúa siendo real hasta el día de hoy, algo que se expresa en los miembros de aquella parte de la nación israelita que está esperando todavía la llegada del mesías, el profeta prometido por Moisés, una esperanza que tiene un contenido vano porque ellos no acogen la predicación del evangelio referente al Mesías, que apareció en Jesús.

9, 1-15. Destrucción del reino pecador, nuevo reino de Dios.

El profeta ve al Señor de pie ante el altar, dando la orden de destruir el templo, y de que toda la nación pueda ser enterrada debajo de las ruinas (Am 9, 1). En caso de que alguien escapara, el Señor le perseguirá donde fuere, le encontrará y le destruirá (9, 2-4); porque él es el Dios Omnipotente y el juez del mundo (9, 5-6). Israel se ha convertido en un pueblo pagano, de manera que no tiene sentido que permanezca, y Dios mismo le hará desaparecer.

A pesar de todo, Israel no será totalmente destruido, sino simplemente juzgado, de manera que la masa pecadora perezca (Amós 9, 7-10). Entonces será elevado el tabernáculo caído de David, y el reino de Dios será glorificado, por medio de la acogida de todas las naciones (9, 12), y muy bendecido por la plenitud de los dones de la gracia divina (9, 13-14). De manera que nunca más será destruido de nuevo (9, 15).

Este es el capítulo final del libro de Amós, y así recoge las amenazas de juicio del capítulo anterior, y está, al mismo tiempo, muy unido a los capítulos precedentes (Am 7-8). Pero, mientras las visiones anteriores indicaban simplemente que se referían al juicio que ha de recaer sobre la nación pecadora, introducidos por las palabras "y el Señor me mostró" (Am 7, 1.4.7; 8, 1), esta visión final muestra que el Señor se encuentra implicado en la ejecución del juicio, y así comienza con estas palabras: "Y vi al Señor de pie…".

9, 1

¹ רָאִיתִי אֶת־אֲדֹנָי נִצָּב עַל־הַמִּזְבֵּחַ וַיֹּאמֶר הַךְ הַכַּפְתּוֹר
וְיִרְעֲשׁוּ הַסִּפִּים וּבְצַעַם בְּרֹאשׁ כֻּלָּם וְאַחֲרִיתָם בַּחֶרֶב אֶהֱרֹג
לֹא־יָנוּס לָהֶם נָס וְלֹא־יִמָּלֵט לָהֶם פָּלִיט׃

¹ Vi al Señor, que estaba de pie sobre el altar y dijo: Derriba el capitel y estremézcanse las puertas, y hazlos pedazos sobre la cabeza de todos. Al postrero de ellos mataré a espada; no habrá de ellos quien huya ni quien escape.

La interpretación correcta y plena no solo de este verso, sino de todo el capítulo, depende de la respuesta que demos a la cuestión de a qué altar se refiere este pasaje cuando habla del altar: הַמִּזְבֵּחַ. Hitzig, Hofmann y Baur, siguiendo a Cirilo han pensado que se refiere al templo de Betel, porque, como dice Hitzig, esta visión se vincula, a modo de explicación, con el final de Am 8, 14, y porque, conforme a la visión de Hofmann, "si la palabra del profeta iba dirigida en general en contra de este reino (centrado en la casa real y santuario de las diez tribus), el artículo delante de *hammizbeăch* tiene que evocar el altar del santuario central del reino de las diez tribus, el altar de Betel, contra el que el profeta había dirigido su palabra de una forma semejante en Am 3, 14".

Pero no hay razón alguna que nos lleve a sostener que nuestra visión contiene simplemente una explicación de Am 8, 14. La conexión con Am 8, 1-14 no es tan estrecha como para pensar que el objeto de la profecía de un capítulo debe ser el mismo de la profecía de otro capítulo. Por otra parte, resulta muy incorrecto decir que la palabra del profeta se dirige simplemente contra el reino de las diez tribus o que, tras haber reprobado también los pecados de Judá, en unión con los de Israel, al final, el profeta alude solo a la destrucción del reino de Jeroboán (no al de Judá). Ya en Am 2, 5, Amós anunciaba la destrucción de Judá por fuego, con el incendio de los palacios de Jerusalén. Por otra parte, en Am 6, 1, el profeta proclamaba también una palabra de "ay" en contra de la autoseguridad de Sión, lo mismo que contra los despreocupados de Samaría. Y finalmente resulta claro por Am 9, 8-19 (en este mismo capítulo) que el reino pecador que ha de ser destruido de sobre la faz de la tierra no es simplemente el de las diez tribus, sino todo Israel, con son los reinos de Judá y de Israel, vinculados en uno.

Por otra parte, aunque se diga inmediatamente después que el Señor no destruirá plenamente la casa de Jacob, pero dispersará a la casa de

Israel entre las naciones, la casa de Jacob no puede significar aquí el reino de Judá, y la casa de Israel el reino de las diez tribus, porque ese contraste entre Judá e Israel iría en contra de la unidad de pensamiento del texto que se refiere a todo Israel (con sus dos reinos), de manera que aquí no podemos hablar de antítesis entre la destrucción del reino pecador y la destrucción de la nación (separando al reino de las diez tribus y al de Judá). En este contexto, Amós está dirigiéndose ya a los israelitas de los dos reinos, como formando una unidad ante Yahvé.

En general, Amós no traza una distinción entre la casa de Jacob y la casa de Israel, como si la primera representará a Judá y la segunda a las diez tribus, sino que utiliza los dos epítesis a modo de sinónimos, como podemos ver por la comparación de Am 6, 8 con 5, 14, donde el rechazo del orgullo de Israel y el odio contra sus palacios (9, 8) se aplican prácticamente a lo mismo, al surgimiento de una nación que oprimirá a la casa de Israel en todas sus fronteras (Am 9, 14). Lo mismo sucede en este capítulo, en el que la casa de Israel (Am 9, 9) se identifica con Israel y con los hijos de Israel (9, 7) a los que Dios sacó de Egipto. Pero Dios no sacó de Egipto solo a los miembros del reino de las diez tribus, sino a los de las doce. Por eso, resulta decididamente incorrecto el restringir el contenido de Am 9, 1-10 solo al reino de las diez tribus, sino que debe aplicarse al reino de Samaría y al de Judá, es decir, a todo Israel, con sus doce tribus.

Y si esto es así posiblemente no podemos aplicar el הַמִּזְבֵּחַ, *hammizbĕăch* de 9, 1, al altar de Betel, especialmente después de haber visto que Amós no solo ha predicho la visita o destrucción del altar de Betel en 3, 14, sino que ha predicho también en 7, 9 la desolación de los lugares altos y de los santuarios de Israel, y en 8, 14 se ha referido a la destrucción del santuario de Dan con el de Betel. Eso significa que en el reino de las diez tribus no había solo un altar que pudiera llamarse *hammizbĕăch*, el altar por excelencia, dado que en el reino de las diez tribus que hubo, ya desde el principio de su separación, dos santuarios con la misma dignidad, el de Dan y el de Betel.

Por tanto, tanto aquí como en Ez 9, 2, *hammizbĕăch* tiene que referirse al altar central de los sacrificios cruentos de Jerusalén, el santuario de toda la nación de la alianza, a la que pertenecían las doce tribus aún existentes, a pesar de que algunas se habían separado de la casa de David.

De esa forma, mientras el Señor continuaba enviando profetas a las diez tribus, pues ellas seguían formando parte del pueblo de Dios, mientras el templo de Jerusalén siguiera siendo el santuario establecido como trono de Yahvé, del que brotaban tanto las bendiciones como los castigos, el Señor tenía que rugir como león desde Sión, y desde Sión levantaba él su voz (cf. Am 1, 2), no solo sobre las naciones que habían mostrado su hostilidad contra Judá o Israel, sino también sobre las dos naciones israelitas, Judá e Israel, a causa de que se habían separado de su ley (cf. Am 2, 4.6).

La visión de fondo de este verso está fundada en la idea de que toda la nación está reunida ante el Señor en el atrio del templo de Jerusalén, y que de esa forma queda enterrado bajo las ruinas del edificio caído, a consecuencia del golpe asestado en la parte superior, que ha hecho que el templo se desgarre y caiga hasta sus fundamentos. El Señor aparece de pie, junto al altar, a causa de que aquí, en el lugar central de los sacrificios de la nación, se amontonan y recogen todos los pecados de Israel, de forma que él puede ejecutar en este lugar su juicio sobre toda la nación.

נִצָּב עַל, de pie al lado de (no sobre) el altar, como en 1 Rey 13, 1. Él manda que se golpee la parte superior. Aquí no se menciona a la persona que debe ejecutar ese mandato, pero no hay duda de que se trata de un ángel, probablemente del הַמַּלְאָךְ הַמַּשְׁחִית, que envió la peste como castigo porque David había mandado contar el número de personas del pueblo (2 Sam 24, 15-16), el ángel que destruyó el ejército del rey asirio Senaquerib ante Jerusalén (2 Rey 19, 35), el mismo que mató a los primogénitos de Egipto (Ex 12, 13.23). Por otra parte, en Ez 9, 2.7, aparece realizando el juicio de destrucción por medio de seis ángeles.

הַכַּפְתּוֹר, *hakkaphtōr*, el "nudo", piedra superior. En Ex 25, 31.33, es un ornamento que se sitúa sobre el eje y los brazos del candelabro de oro. Aquí ha de ser un ornamento en la parte superior de las columnas (capitel), y no el dintel de la puerta, ni el pináculo del templo con sus ornamentos.

Esta última interpretación de *kaphtōr*, que no puede probarse por medios filológicos, no se deduce sin más del hecho de que esta palabra (*kaphtōr*) aparezca como antítesis de los סִפִּים, los *sippīm,* o jambas de las puertas (o las mismas puertas), pero es una interpretación muy bien fundada en el sentido de conjunto del texto. La piedra superior y las jambas de las puertas forman un contraste de totalidad, entre lo más alto y lo más bajo, sin que de ahí se deduzca que los סִפִּים signifiquen las bases de los pilares que culminan en un tipo de capitel o piedra superior central, llamada *kaphtōr*, la parte superior de la gran puerta, apoyada sobre las jambas.

De todas formas, esta no es una descripción arquitectónica, sino retórica, de manera que en ella se separan algunas partes del conjunto con la finalidad de indicar que el edificio iba a ser derribado (hecho ruinas), *in summo usque ad imum, a capite ad calcem*, desde lo más alto a lo más bajo, de la cabeza a los pies. Para expresar con más claridad la idea que está en la base de esta expresión retórica, solo tenemos que pensar en el capitel de los pilares Jachin y Boaz, del templo de Jerusalén, con especial referencia a su significado, como símbolos de la estabilidad del templo. La caída de esos pilares, que terminan rompiéndose en el suelo, indica de un modo concreto la destrucción del templo, sin necesidad de que tengamos que pensar más en concreto que esos pilares sostenían el techo del pórtico del templo.

Amós 9, 1

El carácter retórico de la expresión aparece aún más claramente en lo que sigue, al decir que se hicieron pedazos sobre la cabeza de todos[54], donde el sufijo plural unido a בצעם (cf. Ewald, 253, a) no se puede referir posiblemente al singular *hakkaphtōr*, ni siquiera a סִפִּים solo, sino que debe referirse a los dos nombres: הַסִּפִּים y הַכַּפְתּוֹר.

De todas formas, desde una perspectiva puramente física, cuando un edificio cae al suelo, convirtiéndose en ruinas a causa de un golpe que se ha dado en la parte de arriba, las jambas de la entrada de la puerta no suelen caer sobre las cabezas de las personas que están frente a ellas. Pues bien, el mandato de que la parte superior y las jambas caigan sobre las cabezas, ha de tener un sentido simbólico y no puede tomarse como referencia física a la destrucción del templo.

Siguiendo en esa línea, debemos decir que el templo simboliza el reino de Dios, que el Señor ha fundado en Israel, de manera que, al ser centro del reino, ese templo aparece aquí como símbolo de la totalidad del reino. En ese templo, como lugar de habitación del nombre de Yahvé (es decir, de la presencia gratuita y gratificante de Dios), la nación tenía la confianza (la garantía indestructible) de la continuidad de la duración del reino.

Pero esa falsa confianza queda destruida por el anuncio de que el Señor hará que el templo caiga en ruinas. La destrucción del templo representa la destrucción del reino de Dios, que está como encarnado en ese templo exterior que, al menos de forma simbólica, tenía necesariamente que caer en ruinas. Nadie podía escapar a ese juicio. Eso es lo que afirman las últimas palabras de este pasaje, al indicar que al último de todos, al resto del resto (אַחֲרִיתָם, de *'achărīth*, como en 4, 2), lo mataría el mismo Dios con la espada.

Sobre el sentido de eso, ha observado rectamente Cocceius, que la magnitud de la matanza ha sido aumentada hasta el extremo *exclusione fugientium et eorum, qui videbantur effugisse*, es decir, por la exclusión de los fugitivos y de aquellos que parecían huir. La aparente contradicción entre las dos afirmaciones (primero se dice que la caída del templo mata a todos, pero después se habla de fugitivos a los que hay que matar también) se resuelve teniendo en cuenta el carácter literario y simbólico del texto, que no puede tomarse al pie de la letra en sentido externo.

Sea como fuere, el sentido de las palabras resulta simple: "E incluso si alguien lograra huir y escapar, Dios le perseguiría con la espada y le mataría" (cf. Hengstenberg, *Christologie*, sobre este pasaje). Este pensamiento queda expandido en los versos siguientes.

---

54. La traducción de Lutero (porque su avaricia caerá sobre la cabeza de todos), que sigue a la Vulgata, surgió de haber confundido בְּצַעָם con בְּצְעָם.

Visiones

9, 2-4

² אִם־יַחְתְּרוּ בִשְׁאוֹל מִשָּׁם יָדִי תִקָּחֵם וְאִם־יַעֲלוּ הַשָּׁמַיִם מִשָּׁם אוֹרִידֵם׃
³ וְאִם־יֵחָבְאוּ בְּרֹאשׁ הַכַּרְמֶל מִשָּׁם אֲחַפֵּשׂ וּלְקַחְתִּים וְאִם־יִסָּתְרוּ
מִנֶּגֶד עֵינַי בְּקַרְקַע הַיָּם מִשָּׁם אֲצַוֶּה אֶת־הַנָּחָשׁ וּנְשָׁכָם׃
⁴ וְאִם־יֵלְכוּ בַשְּׁבִי לִפְנֵי אֹיְבֵיהֶם מִשָּׁם אֲצַוֶּה אֶת־הַחֶרֶב
וַהֲרָגָתַם וְשַׂמְתִּי עֵינִי עֲלֵיהֶם לְרָעָה וְלֹא לְטוֹבָה׃

² Aunque caven hasta el Sheol, de allá los tomará mi mano; y aunque suban hasta el cielo, de allá los haré descender. ³ Si se esconden en la cumbre del Carmelo, allí los buscaré y los tomaré; y aunque de delante de mis ojos se escondan en lo profundo del mar, allí mandaré a la serpiente y los morderá. ⁴ Y si van en cautiverio delante de sus enemigos, allí mandaré la espada y los matará; y pondré sobre ellos mis ojos para mal y no para bien.

Los imperfectos con אִם han de tomarse como futuros. No hablan de algo hipotético que podría suceder, sino de algo que sucederá inexorablemente si alguien escapa: será perseguido por el enviado de Dios y morirá. Los casos evocados en 9, 3 y 9, 4 pueden suceder realmente: esconderse en el monte Carmelo o ir en cautividad, son cosas que están en la esfera de lo posible y que pueden suceder.

A fin de precisar el pensamiento, afirmando que es imposible escapar de la mano castigadora de Dios, el profeta presenta los espacios más extremos, para unirlos así. Comienza por el cielo y el infierno (*Sheol*), como el lugar más alto y el más hondo del universo, evocando probablemente las palabras de Sal 139, 7-8. El texto comienza con lo alto (cielo), lugar al que el hombre no puede ascender, para evocar después lo más profundo, lugar donde el hombre no puede descender, para mostrar en ambos casos que nadie puede escapar de la mano de Dios.

חתר (cf. יַחְתְּרוּ), atravesar, con בְּ hacer un agujero en algo (Ez 8, 8; 12, 5.7). Conforme a la visión hebrea, el שְׁאוֹל, *sheol* (traducción Reina-Valera: *Seol*) era una especie de gran cavidad en el interior de la tierra.

Cuando se menciona la cabeza del Carmelo (cf. *Comentario* a Js 19, 26) no se alude a las muchas cuevas que existen en su promontorio, y que ofrecen abrigo a los fugitivos, pues esas cuevas no se encuentran sobre la cumbre del Carmelo, sino especialmente en su parte occidental (cf. v. Raumer, *Palestina*. p. 44). El énfasis se pone en la cumbre de la montaña, una altura dominada por árboles de hoja perenne, que en sí no es muy alta (unos 1 800 pies; cf. *Comentario* a 1 Rey 18, 19), pero que parece alta en comparación con el mar sobre el que se eleva.

Además de eso, puede y debe tomarse en consideración la situación del Carmelo, en el extremo oriental de la frontera de Israel. Cualquiera que se esconda allí debe saber que en el entorno no hay otra tierra más apropiada para esconderse. Y si el Carmelo no fuera seguro no habría más salida que esconderse en el mar. Pues bien, ni la profundidad del mar ofrece un lugar seguro para esconderse de la venganza de Dios, pues Dios puede enviar a la serpiente para que muerda a los fugitivos, allí donde quieran esconderse.

La palabra הַנָּחָשׁ, *nâchâsh,* es aquí la serpiente de mar, que en otros lugares suele llamarse *livyāthān* o *tannīn* (Is 27, 1), y puede ser también el monstruo del mar, un tipo de dragón que se considera muy peligroso, pero que no puede ser mejor definido. Tampoco el ser tomado prisionero y ser llevado al cautiverio ofrece seguridad, pues los cautivos pueden caer por herida de espada. בַּשְּׁבִי no significa en la cautividad (dentro de ella), sino *in statu captivitatis,* en estado de cautividad. Podía pensarse que la cautividad era un lugar seguro para salvar la vida (cf. Lam 1, 5), pero tampoco lo es, según este pasaje, pues Dios ha puesto incluso a los cautivos bajo "sus ojos" (cf. Jer 39, 12), pero no para guardarlos o protegerlos, sino לְרָעָה, para mal, es decir, para castigarles. "El pueblo de Dios se mantiene siempre, en todas las circunstancias, bajo objeto de una especial atención de Dios. Los miembros de ese pueblo son especialmente bendecidos, en el mundo; pero ellos pueden ser y son también especialmente castigados" (Hengstenberg).

9, 5-6

⁵ וַאדֹנָי יְהוִה הַצְּבָאוֹת הַנּוֹגֵעַ בָּאָרֶץ וַתָּמוֹג וְאָבְלוּ כָּל־יוֹשְׁבֵי בָהּ וְעָלְתָה כַיְאֹר כֻּלָּהּ וְשָׁקְעָה כִּיאֹר מִצְרָיִם׃
⁶ הַבּוֹנֶה בַשָּׁמַיִם (מַעֲלוֹתוֹ) [מַעֲלוֹתָיו] וַאֲגֻדָּתוֹ עַל־אֶרֶץ יְסָדָהּ הַקֹּרֵא לְמֵי־הַיָּם וַיִּשְׁפְּכֵם עַל־פְּנֵי הָאָרֶץ יְהוָה שְׁמוֹ׃

⁵ El Señor, Yahvé de los ejércitos, toca la tierra y esta se derrite, y lloran todos los que en ella moran; crecerá toda ella como un río y mermará luego como el río de Egipto. ⁶ Él edificó en el cielo su habitación y ha establecido su expansión sobre la tierra; él llama a las aguas del mar y las derrama sobre la faz de la tierra: Yahvé es su nombre.

Para intensificar su amenaza, Amós 9, 5-6 comienza a describir a Yahvé como el Señor del cielo y de la tierra, que envía sus juicios sobre la tierra con su omnipotente poder. Esta descripción de Dios, que gobierna todo con omnipotencia, se expone también aquí (como en Am 4, 13 y 5, 8) sin ningún vínculo con lo anterior. No debemos traducir "el Señor Yahvé de los ejércitos es aquel que toca la tierra…", sino que debemos suplir la unión de estas palabras con las anteriores en esta línea: "Y aquel que dirige sus ojos sobre vosotros es el Señor Yahvé de los ejércitos, que toca la tierra y la derrite".

El hecho de que la tierra se derrita y se disuelva es, según Sal 46, 7, un efecto producido por el Señor cuando hace que su voz se oiga en los juicios, es decir "es un efecto destructivo de los juicios del Señor, cuyos instrumentos son los conquistadores de las naciones" (Hengstenberg), cuando las naciones chocan y los reinos se destruyen. El Señor toca por tanto la tierra, de manera que ella se derrite, cuando disuelve su estabilidad a través de sus grandes juicios (cf. Sal 75, 4). "Israel descubrió la verdad de estas palabras a través de su durísima experiencia cuando las hordas asirias se extendieron por las partes occidentales de Asia" (Hengstenberg).

Las siguientes palabras, que representan la disolución de la tierra, están repetidas, con diversas alteraciones, en Am 8, 8. Aquí encontramos simplemente la omisión de ונגרשה, con el *kalʿâh* שקעה, substituido por el *nifal* נשקה. En Am 9, 6 tenemos sin duda una alusión al diluvio. Dios, que está entronizado en el cielo, en las torres de nubes edificadas sobre el círculo de la tierra, tiene el poder de que se desencadenen las aguas del mar sobre la tierra a través de su misma palabra.

Maʿălōth (cf. מַעֲלוֹתוֹ) es sinónimo de עליות en Sal 104, 3: habitaciones superiores, lugares a las que uno ha ascendido. *'Aguddâh* (אֲגֻדָּתוֹ), un arco o bóveda, idea que en otros lugares aparece con la palabra *râqīaʿ*, que es el firmamento. El cielo donde Dios habita y en el que Dios edifica sus habitaciones es el cielo de las nubes y, según Gen 1, 7, la bóveda es el firmamento del cielo, que está dividido en dos partes, con las aguas por encima y por debajo del firmamento.

De un modo consecuente, las habitaciones superiores de Dios son las aguas que están por encima del firmamento en el que Dios edifica sus habitaciones (sus depósitos, cf. Sal 104, 3), como la torre de nubes sobre el horizonte de la tierra, que se eleva sobre ella como un bóveda. Desde este castillo de nubes desciende y se derrama el agua de la tormenta y se expande sobre la tierra (cf. Gen 7, 11).

Cuando Dios llama a las aguas del mar, ellas se derraman sobre la superficie de la tierra. Esas aguas del mar son una representación figurativa de la agitada multitud de las naciones o de los poderes del mundo, que derraman sus aguas sobre Israel, que es el reino de Dios (cf. Am 7, 4).

9, 7

⁷ הֲלוֹא כִבְנֵי כֻשִׁיִּים אַתֶּם לִי בְּנֵי יִשְׂרָאֵל נְאֻם־יְהוָה הֲלוֹא
אֶת־יִשְׂרָאֵל הֶעֱלֵיתִי מֵאֶרֶץ מִצְרַיִם וּפְלִשְׁתִּיִּים מִכַּפְתּוֹר וַאֲרָם מִקִּיר׃

⁷ Hijos de Israel ¿no me sois vosotros como hijos de etíopes?, dice Yahvé. ¿No hice yo subir a Israel de la tierra de Egipto, de Caftor a los filisteos, y de Kir a los arameos?

El Señor derramará esa inundaciones de gentes sobre el pueblo pecador de Israel porque ese pueblo se encuentra más cerca de él que los paganos. Con esas palabras, el profeta priva a la nación pecadora de Israel del último apoyo de seguridad nacional, es decir, le quita la confianza que tiene en su elección como nación de Dios, como el Señor había confirmado cuando sacó a Israel de Egipto.

La elección de Israel como pueblo de Yahvé fue sin duda una garantía de que el Señor no abandonaría a su pueblo, ni permitiría que fuera destruido por los paganos. Pero lo que el apóstol dice en Rom 2, 25 de la circuncisión se aplica aquí a esta elección, mostrando que ella no era sin más beneficiosa para todos, sino para bien de aquellos que cumplían la ley.

Esa elección concedía una certeza de la protección divina simplemente a aquellos que daban garantías de ser hijos de Dios por su modo de caminar y por su conducta, a aquellos que se vinculaban fielmente al Señor. Para los rebeldes esa elección no era garantía de ningún beneficio Los idólatras israelitas se habían hecho igual que los paganos.

Los cusitas no aparecen aquí mencionados por ser descendientes de Cam, que había sido maldecido, sino por el color de la piel, que se miraba como un símbolo de la negrura espiritual (cf. Jer 13, 23). La expresión "hijos (descendientes) de los cusitas" se aplica aquí en referencia al título de "hijos (descendientes) de Israel", que era el título de honor de la nación de la alianza.

En esa línea, el Israel degenerado, que había sido sacado de Egipto, no tenía más valor que los filisteos y los sirios, que habían sido sacados por Dios de sus lugares antiguos de morada, para ser introducidos en los que actualmente habitaban. Estos dos pueblos se mencionan aquí a modo de ejemplo: los filisteos porque eran despreciados por los israelitas por ser incircuncisos; los sirios por alusión a la amenaza de Am 1, 5, donde se decía que ellos serían arrojados al exilio de Kir. Sobre el hecho de que los filisteos provenían de Kaftor, cf. *Comentario* a Gen 10, 14. Según eso, la elección no implicaba sin más que los israelitas serían salvados de la destrucción. Y de esa manera, después que Amós había destruido las bases falsas de la confianza de Israel, repetirá con sus propias palabras, en 9, 8, lo que ha dicho ya en 9,1, como veremos.

9, 8-10

⁸ הִנֵּה עֵינֵי ׀ אֲדֹנָי יְהוִה בַּמַּמְלָכָה הַחַטָּאָה וְהִשְׁמַדְתִּי אֹתָהּ מֵעַל פְּנֵי הָאֲדָמָה אֶפֶס כִּי לֹא הַשְׁמֵיד אַשְׁמִיד אֶת־בֵּית יַעֲקֹב נְאֻם־יְהוָה:
⁹ כִּי־הִנֵּה אָנֹכִי מְצַוֶּה וַהֲנִעוֹתִי בְכָל־הַגּוֹיִם אֶת־בֵּית יִשְׂרָאֵל כַּאֲשֶׁר יִנּוֹעַ בַּכְּבָרָה וְלֹא־יִפּוֹל צְרוֹר אָרֶץ:
¹⁰ בַּחֶרֶב יָמוּתוּ כֹּל חַטָּאֵי עַמִּי הָאֹמְרִים לֹא־תַגִּישׁ וְתַקְדִּים בַּעֲדֵינוּ הָרָעָה:

⁸ Ciertamente, los ojos de Yahvé, el Señor, están contra el reino pecador y yo lo borraré de la faz de la tierra: mas no destruiré del todo la casa de Jacob, dice Yahvé. ⁹ Porque, yo mandaré que la casa de Israel sea zarandeada entre todas las naciones, como se zarandea el grano en una criba sin que caiga un granito en la tierra. ¹⁰ A espada morirán todos los pecadores de mi pueblo, que dicen: No se acercará ni nos alcanzará el mal.

Aquí se alude a todo el reino pecador de Israel, no simplemente al reino de las diez tribus, sino a todo Israel, al reino de las diez tribus unido al de Judá, la casa de Jacob o Israel, que se identifica con las doce tribus de los hijos de Israel, que se

Visiones

han vuelto como los cusitas, aunque Amós haya tenido en mente especialmente al pueblo y reino de las diez tribus.

בַּמַּמְלָכָה, *bammamlâkhâh,* no "sobre", sino "contra" el reino. El hecho de dirigir el ojo sobre un objeto se expresa con עַל (Am 9, 4) o con אֶל (cf. Sal 34, 16), mientras que בְּ se utiliza para referirse al objeto sobre el que se dirige la ira (Sal 34, 17). Dado que el Señor ha dirigido sus ojos sobre el reino pecador, debe exterminarlo, un destino con el que Moisés había amenazado ya a la nación en Dt 6, 15.

A pesar de ello (con אפס כי que introduce una limitación, lo mismo que en Num 13, 28; 15, 4), la casa de Jacob, el pueblo de la alianza, no será totalmente destruido. La casa de Jacob se opone a la nación pecadora, pero no porque haya simplemente una antítesis entre el reino y el pueblo (*regnum delebo, non populum*), o porque la casa de Jacob signifique el reino de Judá en cuanto distinto del reino de las diez tribus, sino porque la casa de Jacob se identifica de un modo más preciso con la casa de Israel (cf. 9, 9).

La casa de Jacob no será totalmente destruida, sino que será simplemente sacudida, como en un cedazo o criba. La antítesis se expresa en el predicado החטא, el reino pecador. De esa forma, en la medida en que Israel, como reino o como pueblo es pecador, será destruido de sobre la haz de la tierra. Pero hay siempre una semilla, pepita o corazón divino en la nación, a causa de la elección divina, una semilla santa a partir de la cual el Señor formará un pueblo nuevo y santo.

De un modo consecuente, la destrucción no será total, no se expresará como השמיד אשמיד. La razón para esto viene dada por el yKi, *kî* (porque) en Am 9, 9. El Señor zarandeará a Israel entre las naciones, como se sacude el grano en la criba, de forma que la paja vuele fuera del cedazo y la suciedad caiga en la tierra, y así solo permanezcan los buenos granos. Así también el reino de Israel quedará cribado, de manera que solo permanezcan los buenos granos. Las naciones de la tierra son como una criba por la cual Israel se purificada, despojándose de la paja, es decir, de sus miembros impíos.

צְרוֹר, *tserōr,* generalmente un ramo; aquí, según la etimología, es algo compacto o firme, generalmente el grano, pero solo en la medida en que se distingue de la paja. En 2 Sam 17, 13 se utiliza en un sentido semejante para indicar una piedra dura de ladrillo o una piedra en la pared de un edificio. Ni un simple grano caerá en la tierra, es decir, ni un grano se perderá (cf. 1 Sam 26, 20).

Por el contrario, aquellos pecadores autosuficientes, aquellos que confían simplemente en el hecho de que forman parte del pueblo elegido, pero solo de una forma externa (cf. Am 9, 7 y 3, 2), aquellos que solo confían en un tipo de culto puramente exterior (Am 5, 1), imaginando que no puede llegarles el juicio (con הקדים בעד, rodear a una persona, amenazarla por todas partes), todos ellos serán destruidos por la espada.

Esta amenaza se repite al final, sin ningún tipo de conexión externa con 9, 9, no solo para impedir todo abuso en la forma de entender el juicio, sino también para evitar todo tipo de discrepancia aparente en el discurso, donde parece que se dicen dos cosas: pues en 9, 1-4 se decía que nadie escapará del juicio, mientras que ahora, en 9, 8, se afirma que la casa de Israel no será totalmente destruida.

En esa línea, para superar la frivolidad de los impíos, que siempre están imaginando que escaparán de la amenaza de la calamidad general, en Am 9, 1-4, el profeta ha destruido y cortado todas las posibilidades de salvación, sin excepción ninguna; y de esa forma, en contraposición a lo anterior, en un segundo momento, el mismo profeta introduce, desde otro plano, la promesa de que el pueblo no será totalmente aniquilado, pues la amenaza general se limita a los pecadores, de manera que la perspectiva de la liberación y de la preservación por la misericordia de Dios se abre solo a los justos.

La realización o cumplimiento histórico de esta amenaza tuvo lugar, por lo que toca al Israel de las diez tribus, cuando el reino fue destruido por los asirios, y por lo que toda a la casa de Judá, cuando el reino y el templo fueron destruidos por los caldeos; y la criba de los israelitas en el cedazo se está realizando todavía para los judíos que siguen dispersados entre las naciones.

9, 11-15. Establecimiento del Reino de Dios

Dado que Dios, como aquel que es inmutable, no puede destruir a su pueblo escogido, ni abolir o invertir su propósito de salvación, después de haber destruido el reino pecador, él instituirá un nuevo y genuino reino de salvación que es la Iglesia.

9, 11-12

¹¹ בַּיּוֹם הַהוּא אָקִים אֶת־סֻכַּת דָּוִיד הַנֹּפֶלֶת וְגָדַרְתִּי אֶת־פִּרְצֵיהֶן וַהֲרִסֹתָיו אָקִים וּבְנִיתִיהָ כִּימֵי עוֹלָם׃
¹² לְמַעַן יִירְשׁוּ אֶת־שְׁאֵרִית אֱדוֹם וְכָל־הַגּוֹיִם אֲשֶׁר־נִקְרָא שְׁמִי עֲלֵיהֶם נְאֻם־יְהוָה עֹשֶׂה זֹּאת׃ פ

¹¹ En aquel día yo levantaré el tabernáculo caído de David: cerraré sus portillos, levantaré sus ruinas y lo edificaré como en el tiempo pasado, ¹² para que aquellos sobre los cuales es invocado mi nombre posean el resto de Edom y todas las naciones, dice Yahvé, que hace esto.

"En aquel día", es decir, cuando el juicio haya caído sobre el reino pecador y todos los pecadores del pueblo de Yahvé hayan sido destruidos. *Sukkâh* (cf. סֻכַּת), tabernáculo o cabaña, por contraste con *bayith*, que es la casa o palacio que edificó David para sí mismo sobre Sión (2 Sam 5, 11), indica la condición degenerada en que se encuentra la casa real de David. Así lo indica sin lugar a dudas el predicado הַנֹּפֶלֶת, *nōpheleth*, caído.

El palacio real representa de un modo figurado la grandeza y poder del reino; por el contrario, una cabaña caída, que está llena de grietas, al borde de la destrucción total, simboliza la condición desesperada del reino. Si la familia de David no habita ya en un palacio, sino en una choza miserable, eso indica que su condición real está en peligro de desaparecer. La figura del árbol de Jesé, que está cortado, cf. Is 11, 1, se relaciona con este símbolo, pero con la diferencia de que en un caso se alude al declive de la dinastía de David mientras que en el otro a la caída de su reino. No se puede probar, sin embargo, que esto aluda al decaimiento de la casa de David, en aquel tiempo antiguo, en comparación con el gran poder de Jeroboán (Hitzig, Hofmann), al menos en el tiempo del reinado de Ozías, con el que el reino de Judá alcanzó la cumbre del poder y de la gloria terrena.

El reino de David se convirtió en una choza cuando el reino de Judá fue destruido por los caldeos –un acontecimiento que se incluye en la predicción contenida en Am 9, 1, y que aparece evocado en 3, 5. Pero el Señor levantará esta choza caída. Este gesto de levantar la choza caída aparece en las tres siguientes frases. "Yo cerraré (וְגָדַרְתִּי) sus portillos" (פִּרְצֵיהֶן, *pirtsēhen*). El sufijo plural solo se puede explicar a partir del hecho de que *sukkâh* se refiere al reino de Dios, que estaba dividido en dos reinos del mundo (cf. "estos reinos", Am 6, 2), y al hecho de que esa casa de Dios, que no fue totalmente destruida (Am 9, 8), estaba formada por pueblo de los dos reinos, es decir, de la ἐκλογή (de los elegidos) de las doce tribus. De esa manera, esa expresión (גדרתי פרציהן) alude al hecho de que la nación ahora dividida será un día unida de nuevo bajo el rey David, como habían profetizado de un modo bien preciso Os 2, 2; 3, 5 y Ez 37, 22.

El valor de esta explicación del sufijo plural queda confirmado por el hecho de que la palabra הרסתיו de la segunda frase se refiere a David, con el cual el reino destruido alcanzará nuevo poder. Pues bien, mientras estas dos frases evocan la restauración del reino (superando su condición anterior de caída) la tercera pone de relieve su preservación.

בנה (cf. וּבְנִיתִיהָ) no significa aquí edificar, sino terminar el edificio, llevarlo hasta el fin, agrandarlo, hermosear su hechura. Las palabras כימי עולם (abreviación: como en los días de los antiguos tiempos) remite a la promesa de 2 Sam 7, 11-12.16, donde se afirma que Dios edificará una casa para David, manteniendo tras él su descendencia, y estableciendo firmemente su trono, para siempre, de manera que su casa y su reino permanezcan para siempre, pues en esa palabra se funda la promesa de este pasaje de Amós 9.

Los días del reinado de David y de su hijo Salomón se definen como "días de eternidad" (כִּימֵי עוֹלָם, como en el tiempo más antiguo, cf. Miq 7, 14), para mostrar así que debía extenderse un largo período entre aquel tiempo y la restauración predicha. El reinado de David había recibido ya un golpe considerable a través de la caída del reino de las diez tribus. Y en el futuro se hundiría aún más profundamente, pero según la promesa de 2 Sam 7, no se destruiría del todo, sino que se elevaría de nuevo, superando su condición de caída.

Aquí no se dice expresamente que eso sucederá a través de un renuevo de su mismo tronco; pero está implicado en el mismo hecho de la promesa. El reino de David solo podía elevarse de nuevo a través de un renuevo de la familia de David. Y este renuevo no podía ser otro que el Mesías, como lo han reconocido unánimemente los judíos posteriores, que a parte de este pasaje han creado un nombre especial para el mesías, llamándole בר נפלין, *filius cadentium*, aquel que ha de brotar de la cabaña caída (cf. las pruebas en Hengstenberg, *Christologie*, 449).

El reino de David será restablecido a fin de que los hijos de Israel, que han sido probados a través de la criba (cf. 9, 9), puedan tomar posesión de los restos de Edom y de las naciones. Los edomitas cayeron bajo la sujeción de David, que había tomado posesión de su tierra. Pero después, una vez que la choza de David comenzó a caer, ellos recobraron su libertad antigua. Pero esto no basta para explicar la alusión que aquí se hace a Edom, porque David había puesto también a otros pueblos bajo el dominio de su cetro (a los filisteos, moabitas, amonitas y arameos) naciones todas ellas que habían recuperado después su independencia a las que Am 1, 1-15 ha anunciado ya el juicio que les ha de llegar.

La razón por la que aquí se cita solo a Edom ha de buscarse, por tanto, en la actitud especial que Edom mostró en contra del pueblo de Dios, es decir, en el hecho de que "siendo la nación más cercana a la de los judíos, esa nación idumea se mostró como la más hostil" (Rosenmüller). Por esta razón, el libro de Abdías anuncia que el juicio recaerá sobre los edomitas, y que los restos de Esaú serán tomados por la casa de Jacob.

Amós habla aquí del "resto de Edom" (שְׁאֵרִית אֱדוֹם) no porque el rey Amasías de Judá hubiera recuperado solo una parte de Edom para su reino (2 Rey 14, 7), como supone Hitzig, sino aludiendo a la amenaza de Am 1, 12, donde se dice que Edom será destruida, pero con la excepción de un resto. El resto de Edom está formado por aquellos que se salvarán del juicio de Edom.

Esto se aplica igualmente a כל־הגוים. También de esas naciones se salvarán solo aquellos que serán tomados por la casa de Israel, es decir, los que serán incorporados al reino mesiánico, sobre el que se invocará el nombre de Yahvé; es decir, no aquellos que fueron integrados bajo el dominio de la nación judía, en el tiempo de David o en tiempos posteriores del judaísmo, como en la guerra de los macabeos (Hitzig, Baur y Hofmann), sino aquellos a los que Dios les revelará su naturaleza divina y se les manifestará como Dios y salvador (cf. Is 63, 19; Jer 14, 9, como suponen las palabras de Dt 28, 10), de manera que esta expresión es prácticamente la misma que אשר יהוה קרא (aquellos a los que Dios llamará, es decir, por Cristo) en Joel 3, 5.

El perfecto נקרא tiene aquí el sentido de *futurum exactum,* futuro preciso, por formar parte de la sentencia central, como en Dt 28, 10 (cf. Ewald, 346, c). יירשו, tomar posesión de, en referencia a la profecía de Balaam (Num 24, 18), según la cual Edom será posesión de Israel (cf. *Comentario* a ese pasaje). De un modo consecuente, la toma de posesión a la que aquí se alude tendrá un carácter muy distinto de la subyugación de Edom o de las otras naciones en tiempo de David.

Esa toma de posesión hará que los habitantes de las naciones se conviertan en ciudadanos del reino de Dios, a los que el Señor se manifiesta como su Dios, derramando sobre ellos todas las bendiciones de su alianza de gracia (cf. Is 56, 6-8). Para ratificar esta promesa se añade נאם יי וגו (dice Yahvé...). El que dice eso es el Señor, y lo cumplirá (cf. Jer 33, 2).

Esta explicación que hemos dado se encuentra también en armonía con el uso que Santiago hace de nuestra profecía en Hch 15, 16-17, en el concilio de los apóstoles, donde él deduce de Am 9, 11-12 un testimonio profético a favor del hecho de que los gentiles que se vuelven creyentes sean recibidos en el reino de Dios sin necesidad de circuncidarse. Ciertamente, a primera vista, parece que Santiago está citando las palabras de Amós simplemente como una declaración profética en apoyo del hecho relatado por Pedro, es decir, de que Dios concedió su Espíritu Santo a los creyentes de la gentilidad, lo mismo que a los del judaísmo, sin hacer ninguna distinción entre judíos y gentiles, pues Dios ha tomado de los gentiles un pueblo ἐπὶ τῷ ὀνόματι αὐτοῦ, "para su nombre" (cf. Hch 15, 14, con 15, 8-9).

Ciertamente, Santiago y Pedro reconocen este hecho como una declaración práctica de parte de Dios, según la cual la circuncisión no es un prerrequisito necesario para que los gentiles entren en el reino de Cristo. Pero Santiago aduce como prueba la profecía de Amós, introduciéndola con estas palabras: "y con esto concuerdan las palabras de los profetas". Eso indica sin duda que Santiago está citando las palabras del profeta con la intención de aducir una evidencia del Antiguo Testamento, para recibir a los gentiles en el reino de Dios, sin necesidad de circuncisión.

Pero esta prueba no está incluida en la afirmación del profeta, por su silencio sobre la circuncisión (en contra de todos los que tienen una disposición farisaica; cf. Hengstenberg); tampoco se puede tomar este pasaje como prueba (es decir, como profecía) de la relación que el conjunto de la raza humana (fuera de los límites de Israel) tendrá con el reino de Cristo (cf. Hofmann, *Schriftbeweis*, ii. 2, pp. 84, 85).

En esa línea, este pasaje no tendría nada extraordinario en relación con el significado típico que el reino de David debería tener en relación con el reino de Cristo por el hecho de que, como dice Hofmann (p. 84), en vez de enumerar a todas las naciones que en otro tiempo pertenecieron al reino de David, el profeta menciona por su nombre simplemente a Edom, y describe a todas las otras naciones como aquellas que han sido sometidas, lo mismo que Edom, al nombre de Yahvé.

La fuerza demostrativa de la afirmación del profeta ha de encontrarse, sin duda, como admite Hofmann, en las palabras כל־הגוים אשר נקרא שמי עליהם. Pero si estas palabras solo afirmaran lo que Hofmann dice de ellas (es decir, que todas las naciones sometidas por David quedaban sometidas bajo el nombre de Yahvé, o como él mismo dice en pág. 83, aceptando el reinado de Yahvé y de su ungido, sin necesidad de circuncidarse o de obedecer la ley de Israel) su fuerza demostrativa quedaría reducida simplemente a lo que omiten, es decir, al hecho de que ellas no dicen nada sobre la circuncisión como una condición para recibir a los gentiles en el Reino.

En esa línea, la circunstancia de que las naciones paganas que David sometió a su reino (haciéndolas tributarias suyas y sometidas al reino de Yahvé) podría ser, sin duda, un tipo del hecho de que el reino del Segundo David se extendería sobre los gentiles. Pero, conforme a esa explicación, esta palabra no diría nada sobre la relación interna de los gentiles con Israel en el nuevo reino de Dios.

Pues bien, en contra de eso, el apóstol Santiago cita las palabras de Amós como decisivas para resolver el asunto disputado, porque en las palabras "todos los pueblos sobre los que se invoque mi nombre" él encuentra una predicción precisamente de aquello que Pedro acaba de relatar, es decir, del hecho de que el Señor ha tomado de los paganos un pueblo "bajo su nombre", es decir, porque él identificó la llamada del nombre del Señor sobre los gentiles con la comunicación del Espíritu Santo a los gentiles[55].

9, 13-15

13 הִנֵּה יָמִים בָּאִים נְאֻם־יְהוָה וְנִגַּשׁ חוֹרֵשׁ בַּקֹּצֵר וְדֹרֵךְ עֲנָבִים בְּמֹשֵׁךְ הַזָּרַע וְהִטִּיפוּ הֶהָרִים עָסִיס וְכָל־הַגְּבָעוֹת תִּתְמוֹגַגְנָה:
14 וְשַׁבְתִּי אֶת־שְׁבוּת עַמִּי יִשְׂרָאֵל וּבָנוּ עָרִים נְשַׁמּוֹת וְיָשָׁבוּ וְנָטְעוּ כְרָמִים וְשָׁתוּ אֶת־יֵינָם וְעָשׂוּ גַנּוֹת וְאָכְלוּ אֶת־פְּרִיהֶם:
15 וּנְטַעְתִּים עַל־אַדְמָתָם וְלֹא יִנָּתְשׁוּ עוֹד מֵעַל אַדְמָתָם אֲשֶׁר נָתַתִּי לָהֶם אָמַר יְהוָה אֱלֹהֶיךָ:

---

55. Por otra parte, Santiago (o Lucas) citan las palabras de Amós conforme al texto de los LXX, incluso allí donde se desvían del texto hebreo, en las palabras ὅπως ἂν ἐκζητήσωσιν οἱ κατάλοιποι τῶν ἀνθρώπων με (a fin de que todos los pueblos me busquen, para lo que Lucas pone τὸν κύριον, conforme al Códice Alejandrino). Para eso se apoyan en el cambio de את־שארית אדום con למען ידרשו שארית אדם למען יירשו (identificando así אדום como pueblo con אדם como hombre, humanidad), un cambio por el que no se transformaba el sentido profundo del texto, porque la posesión de los gentiles, de la que el profeta está hablando, es la riqueza espiritual del pueblo de Dios, que solo puede extenderse y aplicarse a los que buscan al Señor y su Reino. Las otras desviaciones del texto original y de los LXX (comparar Hch 15, 16 con Am 9, 11) pueden explicarse por el hecho de que el apóstol está citando de memoria, y porque él altera ἐν τῇ ἡμέρᾳ ἐκείνῃ ἀναστήσω en μετὰ ταῦτα ἀναστρέψω καὶ ἀνοικοδομήσω, alteración que hace para dar más claridad a la alusión contenida en la profecía de los tiempos mesiánicos.

¹³ Ciertamente vienen días, dice Yahvé, cuando el que ara alcanzará al segador, y el que pisa las uvas al que lleve la simiente; los montes destilarán mosto y todos los collados se derretirán. ¹⁴ Traeré del cautiverio a mi pueblo Israel: ellos edificarán las ciudades asoladas y las habitarán; plantarán viñas y beberán de su vino, y harán huertos y comerán de su fruto. ¹⁵ Pues los plantaré sobre su tierra y nunca más serán arrancados de la tierra que yo les di, ha dicho Yahvé, tu Dios.

Al establecimiento del reino y a su extensión externa, el profeta añade unas palabras sobre su glorificación interna, anunciando la rica bendición de la tierra (9, 13) y de la nación (9, 14) y finalmente la eterna duración del reino (9, 15). En el nuevo reino de Dios, el pueblo del Señor gozará de la bendición que Moisés prometió a Israel cuando fuera fiel a la alianza. Esta bendición se derramará sobre la tierra en la que se constituye el reino.

9, 13 está formado a partir de la promesa de Lev 26, 5: "La trilla llegará hasta la vendimia, y la vendimia durará hasta el tiempo de la siembra". Pues bien, en este contexto, Amós pasa de las acciones a las personas, y así dice "el que ara alcanzará al segador...". En el mismo momento en el que uno está dedicado a arar la tierra para la siembra, habrá otro que estará preparado para segar el trigo", indicándose así la rapidez con la que crecerá y madurará la cosecha. Por su parte, la recogida de la uva durará hasta el tiempo de la siembra, a causa de la abundancia de la vendimia.

La segunda mitad del verso (Am 9, 13) está tomada de Joel 3, 18, y conforme a ese pasaje la disolución de la colinas ha de entenderse en el sentido de que ellas se derretirán produciendo ríos de leche, vino nuevo y miel, de manera que el profeta tiene en su mente y ofrece así la descripción de la tierra prometida, como una tierra que mana leche y miel (Ex 3, 8, etc.). En una tierra así bendecida gozará Israel de una paz que no será disturbada y se deleitará en los frutos de su herencia.

Sobre שׁוּב אֶת־שְׁבוּת, cf. *Comentario* a Os 6, 11. Pero la expresión no se utiliza aquí para indicar el retorno del pueblo de la cautividad, sino el cambio de la desgracia y miseria en prosperidad y salvación, como indica el contexto, pues Israel ya no podrá volver de la cautividad, después que había tomado ya posesión de la tierra de los gentiles (Am 9, 12).

9, 14. Expande los motivos de 9, 13. Como he destacado, la tierra de Israel, es decir el territorio erigido como reino de David, no será ya castigada por la maldición de la sequía, ni por la destrucción de las cosechas, con la que antes se amenazaba a los rebeldes, sino que los israelitas recibirán la bendición de una gran fertilidad. Pues bien, de un modo consecuente, los miembros del pueblo, es decir, los ciudadanos de este reino, no serán ya más visitados por la calamidad y por el juicio, sino que gozarán los frutos ricos y beneficiosos de su trabajo, en una paz bendita e imperturbable.

Este pensamiento se concreta con una visión retrospectiva sobre el castigo con el que han sido amenazados los pecadores en Am 5, 11: edificar ciudades devastadas y habitar en ellas, plantar viñas y beber su vino. No edificar casas para que otros luego las habiten (en contra de las amenazas de 5, 11; cf. Dt 28, 20.39); y finalmente plantar huertos y comer sus frutos, sin que ellos sean consumidos por extranjeros (Dt 28, 33).

9, 15. Las bendiciones anteriores durarán para siempre. El hecho de plantar en sus campos no indica simplemente el retorno del pueblo a la tierra, una vez más, viniendo del exilio, sino el hecho de afirmarse en sus tierras y de establecerse en ellas con seguridad. De esa forma, el Señor hará que Israel, su pueblo rescatado, sea una plantación que durará para siempre, estableciendo raíces firmes, produciendo renuevos y frutos.

Estas palabras remiten a 2 Sam 7, 10, e insisten en la firme plantación de Israel, que comenzó en tiempo de David y que se completará con la reconstrucción de la cabaña caída de David, con la seguridad de que no se producirá ninguna expulsión posterior de la nación (ninguna nueva cautividad), sino que el pueblo del Señor habitará para siempre en la tierra que su Dios les había dado. Cf. Jer 24, 6. Esta promesa está sellada con אָמַר יְהוָה אֱלֹהֶיךָ.

Para el cumplimiento de esta promesa no tenemos ya que referirnos a la vuelta de Israel de la cautividad a Palestina bajo Zorobabel y Esdras, porque esa no fue una plantación de Israel para habitar por siempre en la tierra, ni fue una reconstrucción de la cabaña caída de David. Pero tampoco tenemos que transferir el cumplimiento de esa promesa al futuro final, ni pensar en el tiempo en el que, cuando los judíos se conviertan a su Dios y Salvador Jesucristo, puedan volver nuevamente a Palestina, porque como hemos observado ya aludiendo a Joel 3, 18, Canaán e Israel son tipos del reino de Dios y de la Iglesia del Señor.

La reconstrucción de la cabaña caída de David ha comenzado ya (sin aguardar al final del final) con la venida de Cristo y la fundación de la Iglesia por los apóstoles; y la posesión de Edom y de todas las restantes naciones, sobre las que el Señor ha revelado su nombre. Esa reconstrucción comenzó a realizarse cuando los gentiles fueron recibidos en el reino de los Cielos, establecido por Cristo. La fundación y edificación de ese reino continúa a través de todas las edades de la Iglesia cristiana, y se completará cuando un día entre la plenitud de los gentiles en el reino de Dios, y también el todavía incrédulo Israel se convierta a Cristo.

La tierra por la que fluirán las corrientes de la bendición divina no es ya Palestina, sino todos los lugares de la Iglesia, es decir, la tierra, en la medida en que ella ha recibido las bendiciones de la cristiandad. El pueblo que cultiva esa tierra es la Iglesia universal, en la medida en que ella mantiene su fe viva y produce frutos de Espíritu Santo. En la actualidad, la bendición prometida por el profeta solo es visible en una medida muy pequeña, porque la cristiandad no se encuentra aun plenamente permeada por el Espíritu del Señor, de manera que ella pueda formar un pueblo santo de Dios.

En muchos aspectos, esta Iglesia se parece todavía al antiguo Israel al que el Señor tuvo que castigar por medio de juicio. Esta situación terminará a través del juicio sobre las naciones, que se realizará en la segunda venida de Cristo. Solo entonces la tierra se convertirá en un Canaán, donde el Señor habitará en su reino glorificado, en medio de su pueblo santificado.

ABDÍAS

El profeta

No conocemos nada de la persona y circunstancias de la vida de Abdías, dado que el encabezamiento de la profecía solo contiene el nombre de עֹבַדְיָה, que significa siervo, adorador de Yahvé (Ὀβδιού, otros Ἀβδιού; es decir, ὅρασις o visión, cf. LXX), y no ofrece ni siquiera el nombre de su padre.

Este nombre (Abdías, Obdías) aparece con frecuencia en una forma anterior, como '*Obadyâhū*. Así se llamaba un piadoso gobernador del palacio, bajo el rey Ahab (1 Rey 18, 3), un príncipe de Judá, bajo Josafat (2 Cron 17, 7), un importante gadita bajo David (1 Cron 12, 9), un benjaminita (1 Cron 8, 38), uno de Isacar (1 Cron 7, 3), uno de Zabulón (1 Cron 27, 19), varios levitas (1 Cron 9, 16.44; 2 Cron 34, 12), y diferentes personas después de la cautividad (1 Cron 3, 21; Esd 8, 9; Neh 10, 6).

Entre los relatos de la tradición de los rabinos y Padres de la Iglesia, algunos identifican a nuestro profeta con el piadoso comandante del palacio (cf. 1 Rey 18, 3), otros con el tercer capitán enviado por Ahazías contra Eliseo (2 Rey 1, 13), mientras otros le toman como un prosélito edomita (cf. Carpzov, *Introd.* p. 332 ss., y Delitzsch, *De Habacuci vita atque aetate*, pp. 60, 61). Pero ellos carecen de valor y son evidentemente falsos y han surgido solo por el deseo de conocer sobre Abdías algo más que el simple nombre (cf. C. P. Caspari, *Der Proph. Ob.* pp. 2, 3).

El escrito de Abdías solo contiene una única profecía que trata de la relación en la que estuvo Edom con el pueblo de Dios. Ella comienza con la proclamación de la destrucción con la que el Señor ha decidido visitar a los edomitas, que confían en el carácter inexpugnable de su sedes rocosas (Ab 1, 19), y luego describe las causas del juicio divino que se abalanzará en contra del pueblo altanero, contando los males que sus miembros habían hecho a Jacob, la nación de la alianza, cuando Judá y Jerusalén habían sido tomadas por las naciones enemigas, que no solo habían saqueado los territorios, sino que habían profanado vergonzosamente la montaña de Sión (1, 10-14).

Por eso, la nación de los edomitas y todas las naciones recibirían el castigo merecido, siendo incluso destruidas el día próximo del señor (1, 15-16). Pero los habitantes del monte Sión serían liberados y su montaña sería santa. La casa de Jacob tomaría posesión de los lugares de los gentiles, y en unión con Israel, destruiría a los edomitas y extendería su territorio por doquier (1, 17-19). Aquella parte de la nación que había sido dispersada entre las naciones volvería a su patria engrandecida (1, 20). Sobre el monte Sión surgirían salvadores que impondrían su juicio sobre Edom, y el reino sería entonces para el Señor (1, 20-21).

Este breve resumen del contenido del libro basta para mostrar que la profecía de Abdías no consiste en una mera palabra de amenaza contra Edom, ni se reduce a un tema particular, de manera que su חזון, *châzōn,* visión, pudiera reducirse a un tipo de profecía (*nebhū'âh*) casi privada como la de Ajías, o tomarse como un tipo *de châzōt* como los de *Yehdi* (Iddo) en contra de Jeroboán I (2 Cron 9, 29). Al contrario, la forma en que Abdías presenta la actitud general de Edom en contra del pueblo de Yahvé, como fundamento de su profecía, indica que el juicio contra Edom es un signo o expresión del juicio universal de Dios en contra de todas las naciones enemigas de su Reino (cf. Abd 1, 15-16).

Al proclamar la destrucción del poder de Edom, Abdías está anunciando la superación y caída del poder de todas las naciones hostiles al pueblo de Dios; y al anunciar la elevación final y el restablecimiento de Israel en su tierra santa está prediciendo el cumplimiento de la soberanía de Yahvé, es decir, de su reino, como dominio universal de Dios.

En esa línea podemos decir con Hengstenberg que Abdías ha tomado el juicio sobre los gentiles y la restauración de Israel como el objeto principal de su pintura profética. Desde esta perspectiva universal, según la cual Edom aparece como representante del poder impío del mundo, Abdías se eleva muy por encima de las sentencias particulares de los profetas anteriores, contenidas en los libros históricos del Antiguo Testamento y se sitúa en el nivel de aquellos profetas que han compuesto escritos proféticos vinculados al destino de la posteridad, así como al destino de Israel y de las naciones en su propio tiempo. Por eso, a pesar de su pequeña dimensión, esta profecía ha podido ocupar un espacio propio dentro de la literatura profética.

Por otra parte, en esa misma línea, no podemos concordar con Hengstenberg cuando afirma que la actitud de Abdías frente a Edom ha de entenderse solo de un modo general, como ejemplo de lo que él tiene que decir en relación con el mundo pagano, con su enemistad frente a Dios, como signo de la forma en la que Dios tratará al mundo hostil, como si la historia y la suerte de Edom no tuviera identidad propia, y apareciera simplemente como mero ejemplo y signo de la historia de las relaciones de los pueblos paganos con el pueblo de Dios.

Según eso, la acción de Edom contra Jerusalén sería un signo profundo de la degradación más honda del pueblo de Dios, un signo al que seguiría el dominio universal de ese pueblo cuya realización más auténtica ha de encontrarse en Cristo; en esa línea, el germen de esta profecía se hallaría contenido en Joel 3, 19 donde Edom aparece como ejemplo y tipo del mundo pagano, en su hostilidad contra Dios, indicando que ese mundo ha de ser juzgado y destruido tras el juicio (y la liberación) de Judá. Algunos piensan que, en esa línea, la historia concreta de Edom sería secundaria, de forma que solo interesaría el signo general de Edom, como expresión de los pueblos enemigos del pueblo de Dios. Pues bien, en contra de eso, Abdías no presenta a Edom como un simple signo de los pueblos enemigos de Dios, sino que lo describe como ejemplo real de enemistad contra el pueblo de Dios. Su profecía tiene, por tanto, un fundamento histórico, que en un segundo momento se universaliza y aplica al castigo de Dios en contra de todos los pueblos enemigos de su plan de salvación, realizado por medio de Israel.

Desde ese fondo, hay que decir que Abdías no se funda en Joel, sino que es lo contrario (Joel se funda en Abdías), como veremos en este comentario, y que su profecía se apoya sobre hechos históricos concretos. En esa línea, la idealización del tema del libro va en contra de su carácter concreto y de su forma de expresión, y no puede fundarse en ningún tipo de analogías de la literatura profética.

Todos los oráculos de los profetas han surgido a partir de contextos concretos y de circunstancias que pertenecen al momento histórico en que están fundamentadas. Incluso aquellos profetas que se ocupan del futuro más remoto, como Isaías, no forman una excepción real en contra de esta norma, pues se apoyan en el tiempo y en las circunstancias en que los profetas están pronunciando o escribiendo sus oráculos. En esa línea, Abdías se funda en la historia concreta de las relaciones del pueblo de Dios con Edom, para presentar desde ese fondo el juicio de Dios contra todos los pueblos enemigos de la salvación de Israel.

En esa línea, en un tiempo posterior, Joel no hubiera mencionado a Edom como representación del mundo pagano en su hostilidad contra Dios (Jl 3, 19), ni Abdías hubiera predicho la destrucción de Edom, si los edomitas no hubieran expresado su odio implacable contra el pueblo de Dios en una ocasión particular, y de modo muy hiriente. Solo de esa forma podemos entender los contenidos de toda la profecía de Abdías, y de un modo más especial la relación en la que la tercera parte de su libro (1, 17-21) se encuentra con las dos primeras, sin forzar su sentido. El tiempo en que actuó el profeta es un tema de tal forma disputado que algunos le toman como el más antiguo de los profetas menores, mientras que otros le colocan en el tiempo de la cautividad, y Hitzig afirma que surgió el año 312 a. C., cuando la profecía se había extinguido hacía ya tiempo. Para estas diversas visiones, cf. mi *Lehrbuch der Einleitung*, 88.

El tiempo de la profecía

Pues bien, en contra de los que sitúan a Abdías en los tiempos finales de la profecía, por el lugar que Abdías ocupa en la colección de los doce profetas menores se puede ya inferir que no pertenece a los profetas de la cautividad, o a los posteriores, sino a los anteriores. Ciertamente, la colección de los Doce Profetas no está ordenada de forma estrictamente cronológica, sin embargo, en conjunto, resulta claro que los escritos del tiempo de la cautividad y de los tiempos posteriores ocupan el último lugar, mientas que Abdías se encuentra entre los profetas más antiguos.

Una información más precisa del tiempo en que Abdías realiza su ministerio profético puede lograrse analizando los contenidos de su profecía, y en especial teniendo en cuenta su relación con la profecía de Jeremías sobre Edom (Jer 49, 7-22), y también con la profecía de Joel. Abdías coincide de un modo muy preciso con algunos pensamientos y características de esos profetas, de manera que ellos han debido influirse entre sí. Pues bien, analizando los temas, descubrimos que Abdías ha sido el primero de los profetas en presentar el tema del juicio de Dios contra Edom, de forma que los otros, Joel y Jeremías, le han imitado y han desarrollado sus juicios, y no al contrario.

Si examinamos, ante todo, la relación que existe entre Abdías y Jeremías, como han mostrado las investigaciones más profundas de Caspari, pp. 5 ss. (aceptadas por todos menos por Hitzig), no puede haber duda de que Abdías no usa a Jeremías, sino que ha sido Jeremías el que ha leído y el que ha hecho uso de Abdías. Esto se puede deducir de las características especiales de Jeremías, es decir, en el hecho de que él se apoya sobre los mensajes de los profetas anteriores, reproduciendo sus pensamientos, figuras y palabras (cf. A. Kueper, *Jeremias librorum ss. interpres atque vindex*, 1837).

Así, por ejemplo, casi todas las profecías de Jeremías en contra de las naciones paganas se encuentran fundadas sobre declaraciones de profetas anteriores: así, la que va en contra de los filisteos (Jer 47, 1-7) se apoya en la profecía de Isaías contra ese pueblo (Is 14, 28-32); la que va contra los moabitas (Jer 48) se apoya en Is 15, 1-9 y 16, 1-14; la de los amonitas (Jer 49, 1-6) se apoya en la de Amós (Am 1, 13-15); la que va contra Damasco (Jer 49, 23-27) se funda en la de Amós en contra de ese reino (Am 1, 3-5); y finalmente la que va en contra de Babilonia (Jer 50-51) se funda en la de Isaías en contra de Babilonia (Is 13, 1–14, 23). A todo eso podemos añadir:

- La profecía de Jeremías en contra de Edom contiene un número de expresiones particulares suyas, con características de su estilo, ninguna de las cuales se encuentra en Abdías, mientras que en ningún otro lugar de Jeremías se encuentran las expresiones que él comparte con Abdías sobre el tema (para probar eso, cf. Caspari, pp. 7, 8).
- Aquello que es común a los dos profetas aparece en Abdías en un solo lugar, y de un modo bien preciso, mientras que en Jeremías aparece en diversos lugares de su profecía, sin que estén conectados entre sí (comparar Abd 1, 1-8 con Jer 49, 7.9-10.14-15). Por otra parte, como mostrará la exposición que sigue, la profecía de Abdías tiene más unión interna y es más original que la de Jeremías.

Pues bien, si la profecía de Abdías es más original, y por tanto más antigua que la de Jeremías, él no ha podido haber profetizado después de la destrucción de Jerusalén por los caldeos, sino que lo ha hecho antes, dado que las profecías de Jeremías en contra de Edom pertenecen al año cuarto de Joaquin (cf. Caspari, p. 14ss. y Graf. *Jeremias*, pp. 558-9, comparado con p. 506).

Ciertamente, la sección central de la profecías de Abdías (1, 10-16) no parece armonizar con este resultado, pues la causa del juicio con que Abdías acaba de amenazar a los edomitas (1, 1-9) se debe al hecho de que ellos se han regocijado sobre la ruina de Judá y de Jerusalén en el tiempo de su calamidad, cuando los extranjeros entraron por sus puertas, y echaron a suertes sobre Jerusalén. Más aún, a los edomitas se les acusa no solo de haber mirado con placer despreciativo a la destrucción de Jerusalén, sino que ellos mismos han tomado parte en el saqueo de Judá y en el asesinato de los fugitivos, entregándolos también en manos de sus enemigos.

Por eso, algunos dicen que Abdías solo ha podido proclamar sus profecías después de la toma y destrucción de Jerusalén por los caldeos, es decir, después de las profecías de Jeremías. Ciertamente, las acusaciones de Abdías contra los edomitas presuponen de un modo indudable una conquista de Jerusalén por naciones extranjeras. Pero no es en modo alguno cierto que esa conquista haya sido la realizada por los caldeos, como imaginan algunos comentadores.

En contra de eso, debemos afirmar que Abdías está condenando a los edomitas por su actitud frente a Jerusalén en un tiempo más antigua y con ocasión de una conquista de Jerusalén anterior a la de los caldeos, que será anunciada por Jeremías. Así lo ha mostrado Caspari (p. 18) cuando dice: "Cualquiera que lea esos versos deducirá naturalmente que ellos se refieren a una conquista de Jerusalén por sus enemigos, y a las hostilidades mostradas por los edomitas en contra de los judíos en esa ocasión, algo a lo que aluden los profetas que vivieron después de ese acontecimiento, es decir, Jeremías (Lam 4, 21-22), Ezequiel (Ez 35, 1-15) y el autor de Sal 137, 1-9, que recogen con cierta extensión y casi con sus mismas palabras lo que dice Abdías".

El problema está en saber a qué conquista de Jerusalén por los pueblos enemigos se está refiriendo Abdías, y como veremos, resultará claro que él no está aludiendo a la toma y destrucción de Jerusalén por los caldeos (el año 587 a. C.), sino a una toma o conquista anterior, en la que la ciudad santa sufrió mucho, pero no fue destruida del todo, como en la conquista del tiempo de los caldeos.

- La conquista a la que alude Abdías no puede ser aquella a la que alude Lam 4, 21-22, pues ella contiene simplemente el pensamiento de que la copa (o aflicción) alcanzará a la hija de Edom; y que ella (es decir, Edom) será embriagada y destruida, pues Yahvé castigará su culpa. Los otros dos casos son sin duda semejantes. El salmista recoge en

137, 7 esta oración: "Recuerda, Yahvé, a los hijos de Edom en el día de Jerusalén, cuando decían ¡derriba, derriba!, es decir, destruye sus mismos fundamentos".

— Por su parte, Ezequiel 35 amenaza a Edom con una desolación eterna, porque ha mostrado enemistad perdurable, y ha entregado a los hijos de Israel en manos de la espada, בעת אידם בעת עון קץ (Ez 35, 5), porque ha dicho: las dos naciones (Judá e Israel) serán mías, nosotros tomaremos posesión de ellas (Ez 35, 1-10); porque ella ha suscitado una gran enemistad en contra de los hijos de Sión, porque ha hablado con blasfemias contras las montañas de Israel, y porque ha dicho que ellas serán devastadas de forma que servirán para darnos alimento (Ez 35, 1, 12); porque se han alegrado de la desolación de la heredad de la casa de Israel (1, 15).

En estos pasajes, y especialmente en Ezequiel, encontramos una alusión inequívoca a la desolación de Judá y a la destrucción de Jerusalén, evocando claramente las hostilidades que los edomitas desplegaron cuando fue tomada y destruida por los caldeos. Pues bien, en contra de eso, Abdías no muestra ninguna indicación de que Jerusalén haya sido destruida como en el tiempo de los caldeos y de Jeremías, y no dice ni una palabra sobre esa destrucción.

Abdías no habla ni siquiera de la enemistad eterna de Edom, ni del hecho de que los edomitas se enorgullecieron de haber tomado posesión de Judá y de Israel, sino que alude solo a la conducta hostil de los edomitas en contra de Judá, su nación hermana, en un momento dado, cuando los enemigos se abrieron paso en Jerusalén y saquearon sus tesoros, de manera que en ese contexto murieron muchos hijos de Judá, pero sin que fuera destruida del todo la ciudad ni llevados al exilio sus habitantes. De un modo consecuente, lo que Abdías tiene ante sus ojos es simplemente una conquista y saqueo de Jerusalén por enemigos extranjeros, es decir, por paganos, pero no la destrucción de Jerusalén por los caldeos el año 587 a. C. (un tema expuesto por Lamentaciones, Salmo 137 y Ezequiel). Ciertamente, Abd 1, 11-14 está indicando que Jerusalén ha sido conquistada por enemigos, y así lo describe el profeta con términos muy fuertes. Pero las palabras centrales de Abdías, que son יום אידו o יום נכרו designan el día de la calamidad como día del rechazo sin más; y por su יום אבדם no se refiere tampoco a la destrucción de todos los judíos, sino que afirma simplemente que muchos hijos de Judá han perecido (sin que eso implique la gran destrucción, muerte y exilio del tiempo de la conquista de Jerusalén por los caldeos). Los otros epítetos צרה, איד, נכר, no nos permiten definir de un modo más preciso la naturaleza de la catástrofe que cayó sobre Judá en aquel momento. Y la forma de vincular esas expresiones muestra simplemente que la calamidad fue muy grande, pero no afirman que Jerusalén quedara destruida del todo ni el reino de Judá dejara de existir, ni que sus habitantes fueran llevados en masa al exilio. Antes de Nabucodonosor, Jerusalén fue tomada y saqueada varias veces, entre ellas:

(1) Por Shishak rey de Egipto, el año quinto de Roboán (1 Rey 14, 25-26; 2 Cron 12, 2);
(2) por los filisteos y árabes, en el tiempo de Jorán (2 Cron 21, 16-17);
(3) por el rey israelita Joás, en el reinado de Amasías (2 Rey 14, 13-14; 2 Cron 25, 23-24);
(4) por los caldeos en el tiempo de Joacim (2 Rey 24, 1; 2 Cron 36, 6-7); y
(5) por los caldeos de nuevo en el reinado de Joaquín (2 Rey 24, 10; 2 Cron 36, 10).

De estas conquistas, no puede citarse la primera, porque en tiempos de Roboán los edomitas estaban sometidos al reino de Judá, de manera que no pudieron realizar aquello que dice Abdías; no se pueden tener tampoco en cuenta las dos conquistas bajo Joacim y Joaquín, pues, conforme a la relación que hemos visto entre Abdías y Jeremías, lo que dice Abdías debe haber sucedido antes de Jeremías; tampoco puede entrar en consideración la conquista en tiempo del rey Amasías, porque Abdías describe a los enemigos como *zārīm y nokhrīm* (extranjeros y forasteros), lo que indica claramente que se trata de gentiles (cf. Joel 3, 17; Lam 5, 2; Dt 17, 15), cosa que no puede aplicarse a los israelitas del reino de las diez tribus.

En consecuencia, solo nos queda la toma de Jerusalén por los filisteos y árabes, en tiempo de Jorán, y así lo indica también con claridad la relación que Abdías tuvo con Joel. De esa conquista de Jerusalén en el tiempo de Jorán (2 Cron 21, 16-17), y de la actitud de los idumeos en ella trata la profecía de Abdías.

Ciertamente, hay una notable coincidencia entre Abd 1, 10-18 y Joel 2, 32 con Joel 3, en un gran número de palabras, expresiones y pensamientos, a pesar de la brevedad de los dos pasajes y especialmente del pasaje de Abdías, de manera que debe aceptarse de un modo general la dependencia de uno respecto del otro[56]. Pero aquí la dependencia no puede ser de parte de Abdías (como si él hubiera tomado esas palabras de Joel), sino al contrario -en contra de lo que suponen Caspari y otros-, de forma que es Joel el que está tomando como fundamento las palabras de Abdías.

Ciertamente, Joel es muy original, más que los otros profetas, pero el hecho de que encontramos su impronta en bastantes profetas posteriores, no es en modo alguno una prueba de que él no pueda depender también de profetas anteriores.

---

56. Cf. relación de מחמס אחיך יעקב en Abd 1, 10 con מחמס בני יהודה en Joel 3, 19; ידּוּ גוֹרָל en Abd 1, 11 con וְאַל־עַמִּי יַדּוּ גוֹרָל en Joel 3, 3; de כִּי־קָרוֹב יוֹם־יְהוָה עַל כָּל־הַגּוֹיִם en Abd 1, 15 y גָּמַלְךָ יָשׁוּב בְּרֹאשֶׁךָ en Abd 1, 11 con כִּי קָרוֹב יוֹם יְהוָה בְּעֵמֶק הֶחָרוּץ en Joel 3, 14 (cf. también con Joel 1, 15; 2, 1 y 3, 12) y con אָשִׁיב גְּמֻלְכֶם בְּרֹאשְׁכֶם y כָּל־הַגּוֹיִם לִשְׁפַט אֵת en Joel 3, 4, Joel 3, 7. Cf. también כִּי בְהַר־צִיּוֹן וּבִירוּשָׁלַם תִּהְיֶה פְלֵיטָה en Abd 1, 17 con תִּהְיֶה פְלֵיטָה y וְהָיָה קֹדֶשׁ y בְּהַר צִיּוֹן en Joel 2, 32 y con וִירוּשָׁלַם קֹדֶשׁ תִּהְיֶה en Joel 3:17; y finalmente, כִּי יְהוָה דִּבֵּר de Abd 1, 18 con Joel 3,8.

Como pone de relieve Delitzsch, "la originalidad de Joel no prueba sin más que él no pueda depender de otros; y en esa línea, el hecho de que él reproduzca ciertos elementos de la profecía de Abdías no invalida en modo alguno su originalidad".

Por otra parte, no hay ningún profeta que conozcamos (ni siquiera Isaías) que sea tan original como para no recibir influjos de los profetas anteriores. Así sucede incluso con Abdías. Aunque sea original con relación a Joel y a los demás profetas escritores, Abdías depende también de las profecías de Balaam, y las imita en varios pasajes (cf. Num 24, 21 y 24, 18-19 en relación con Abd 1 ,4 y 1, 18-19). Pues bien, este hecho (la dependencia de Joel respecto de Abdías) ha sido probado de la manera más decisiva por la expresión de Jl 2, 32 "como el Señor había dicho", una expresión que es común a Joel y Abdías y que se refiere a "en el monte Sión habrá פְּלֵיטָה, *phelētâh*" (cf. Abd 1, 17), suponiendo que se trata de una palabra bien conocida del Señor. Pues bien, Joel solo ha podido tomar esa palabra de Abdías, porque ella no aparece en ningún otro lugar de la Escritura. Y la sugerencia de Ewald, según la cual esa palabra es derivada de un oráculo anterior ya perdido podría defenderse si pudiéramos demostrar que Abdías es posterior a Joel, y que depende de él, lo que no es el caso, por lo que podemos afirmar que Joel depende de Abdías.

Una determinación correcta de la relación que Abdías estuvo con Joel, especialmente si comparamos esas profecías con las de Amós, que también alude a Joel (comparar Jl 3, 16 con Am 1, 2 y Jl 3, 18 con Am 9, 13), lleva con la mayor probabilidad a la conclusión de que Abdías reprocha a los edomitas por la hostilidad que han mostrado cuando Judá y Jerusalén estaban siendo saqueadas por los filisteos y los árabes en el tiempo de Jorán, de manera que su profecía no puede situarse en el tiempo de la destrucción de la ciudad por los caldeos, sino mucho antes.

En ese tiempo de Jorán los edomitas sacudieron el yugo de la supremacía judía (cf. 2 Rey 8, 20-22 y 2 Cron 21, 8-10); y en conexión con esta rebelión, ellos planearon una gran masacre contra los judíos que habitaban por entonces en su tierra (comparar Joel 3, 19 con Am 1, 11). En ese momento, los judíos perdieron también Libnah (2 Rey 8, 22; 2 Cron 21,10), y los filisteos y los árabes penetraron victoriosamente en Judá.

Esta expedición de los filisteos y de los árabes de Petra en contra de Jerusalén no fue una simple razia por parte de algunas naciones vecinas, que habían sido tributarias de Judá bajo Josafat (2 Cron 17, 11) y que se habían rebelado en el tiempo de Jorán, como dice Caspari, sino que las "hordas" de los vecinos continuaron vengándose de la manera más cruel contra Judá y Jerusalén.

Conforme a 2 Cron 21, 17, los enemigos incendiaron los campos y se abrieron camino hasta Jerusalén, saqueando el palacio real y llevándose a los hijos y viudas del rey, de forma que solo quedó libre el hijo más joven, llamado Joacaz o Ajarías. Sabemos también por Jl 3, 5 que ellos tomaron el oro, la plata y las joyas del templo; y por Joel 3, 3.6 conocemos que ellos realizaron el comercio más infame de hombre y mujeres, vendiendo cautivos a los griegos, y que lo hicieron (como sabemos por Am 1, 6.9) a través de los fenicios y de los edomitas.

Esto concuerda perfectamente con Abd 1, 10-14. Porque también según este pasaje los edomitas mismos no fueron los enemigos centrales que conquistaron Jerusalén y los que saquearon sus tesoros, sino simplemente unos cómplices, que se alegraron por lo que hacían los enemigos de Judá, es decir, los filisteos y los árabes (Abd 1, 11), celebrando fiestas por ello sobre la santa montaña de Sión (Abd 1, 16), procurando hacer el mayor mal posible a Judá, matando o capturando a los judíos fugitivos (Abd 1, 14).

Según eso, de acuerdo con Hofmann y Delitzsch, debemos tomar este acontecimiento como la ocasión para la profecía de Abdías, y eso, sobre todo, porque de esa manera se entienden mejor las alusiones históricas del texto; por el contrario, los otros intentos de resolver la dificultades resultan totalmente insostenibles o no pueden aplicarse, cuando miramos los hechos de un modo más detenido.

Así, por ejemplo, Ewald y Graf (partiendo de Jer 49, 7) han querido conciliar el hecho de que Jeremías hubiera leído la primera parte de Abdías el mismo año cuarto de Joaquín, haciendo uso de ella en su profecía, con la opinión de que Abdías 1, 10-16 se refiere a la conquista y destrucción de Jerusalén, partiendo de la hipótesis de que la primera parte de Abdías, tal como nosotros la tenemos, estuvo fundada en una profecía anterior, que fue aceptada por el editor posterior de nuestra libro, e incorporada en sus escritos, y que también Jeremías habría hecho uso de ella.

En apoyo de esta hipótesis se ha aducido la circunstancia de que la referencia de Jeremías a Abdías solo se extiende hasta Abdías 1, 9, ya que las palabras introductorias de Abdías (así dice el Señor Yahvé en relación con Edom) no se encuentran en conexión clara con lo que sigue inmediatamente después, y así parece que han sido añadidas en un período posterior; y también se ha aducido en esa línea el hecho de que la rara palabra תִּפְלַצְתְּךָ, *tiphlatstekhâ* (Jer 49, 16), que no se encuentra en ningún otro lugar de Jeremías, falta también en Abdías. Pero el primer fenómeno se explica muy bien observando que la siguiente parte de Abdías (Abd 1, 10-21) no ofrecía ningún material que Jeremías podría utilizar para su objetivo, sabiendo además que existe una relación semejante entre Jer 48 y la profecía de Isaías sobre Moab (Is 16, 5-16) donde se han dejado a un lado, de la misma manera, algunas porciones de Isaías (por ejemplo Is 16, 1-5).

Por otra parte, la falta de una conexión lógica entre la introducción (Así ha dicho el Señor sobre Edom…) y lo que sigue (¡hemos oído el rumor/pregón de Yahvé…!) proviene del hecho de que estas palabras introductorias no se aplican de un modo exclusivo a lo que sigue inmediatamente, sino al conjunto de la profecías de Abdías (ver *Comentario* a Abd 1, 1). Más aún, esas palabras no podían haber faltado en la supuesta profecía más antigua u original, pues lo que sigue hubiera sido ininteligible sin ellas, porque faltaría el nombre de Edom, al que se aplican los sufijos y los discursos de Abd 1, 1-5. Por otra parte, en fin, la palabra תִּפְלַצְתְּךָ, que es por otra parte extraña a Jeremías, no prueba nada a favor de una fuente anterior que habrían empleado tanto Abdías como Jeremías, ni podemos ver una razón suficiente para su omisión cuando fue adoptado el oráculo anterior.

Los otros argumentos aducidos en apoyo de esta hipótesis carecen de todo valor, si es que no son totalmente erróneos. El hecho de que a partir de Abd 1, 10, donde Jeremías deja de utilizar nuestra profecía, comienza la conexión entre Abdías y Joel (de la que no hay la más mínima huella en Abd 1, 1-9), tiene su fundamento natural en el contenido de las dos partes de Abdías. El anuncio del juicio sobre los edomitas en Abd 1, 1-9 no pudo ser utilizado por Joel, porque con la excepción de la alusión casual en Jl 3, 19, él no trata en modo alguno del juicio sobre Edom. El mismo contenido de Abd 1, 1-9 muestra también la razón por la que no existe alusión alguna en estos versos a Israel y a Jerusalén. El juicio aquí predicho no iba a ser ejecutado ni por Israel ni por Judá, sino por las naciones.

La afirmación de Graf, según la cual Abd 1, 7 contiene una alusión a circunstancias totalmente distintas de las referidas en Abd 1, 10, añadiendo los versos mencionados, resulta totalmente incorrecta. También es incorrecta la opinión de Ewald, según la cual la mitad de nuestro libro actual de Abdías (es decir, Abd 1, 1-10.17–21) remite por su contenido a un profeta anterior, por su lenguaje y modo de escribir.

Caspari ha respondido ya a eso como sigue: "Nosotros confesamos, por el contrario que no podemos descubrir diferencias ni en estilo ni en lenguaje entre Abd 1, 1-9 y Abd 1, 10-21. La última parte tienen sus ἅπαξ λεγόμενα y sus palabras raras, lo mismo que la parte anterior (comparar חגוי סלע, Abd 1,3, נבעו y מצפניו 1, 6; מזור 1, 7; קטל 1,9 del primer parágrafo con נכרו y 1, 12; תשלחנה 1,13; פרק 1, 14; לעו 1,16, en el segundo). Por otra parte, el mismo carácter vivo y el atrevimiento que distingue a la primera parte de la profecía pueden encontrarse también en la segunda.

No hay ninguna palabra que evoque un momento posterior, ninguna forma literaria que se refiera a una etapa más reciente que pueda indicar un origen posterior de esa segunda parte; y además, resulta imposible descubrir ninguna analogía bien establecida en los escritos del Antiguo Testamento que nos lleve a defender esta hipótesis. En otra línea, los intentos realizados por Caspari, Hengstenberg y otros para fundar la opinión de que Abd 1, 11 se refiere a la destrucción caldea de Jerusalén (que aún no ha sido realizada), por la forma con que el profeta Jeremías utiliza más tarde sus palabras en contra del sentido de esos versos en cuestión. Eso significa que la profecía de Abdías no puede situarse en el entorno de la conquista y destrucción de Jerusalén por los caldeos (tras el 587 a. C.), sino que debe situarse mucho antes, entre el 889 y 854 a. C., cuando Jerusalén fue conquistado y en parte saqueada por grupos filisteos y árabes, con la ayuda de los idumeos.

El tiempo de la profecía

Cuando Abdías amenaza a Edom con vergüenza y destrucción a causa de su maldad en contra de su hermano Jacob (1, 10), para describir después esa maldad en tiempos de pretérito (sobre el día en que los extranjeros han entrado por la puerta de Jerusalén y han echado a lotes sobre Jerusalén, 1, 11), y para declarar después: "así como habéis bebido sobre mi santo monte, así todos los paganos beberán..." (1, 16), nadie podría entender esos pretéritos de un modo profético, como si estuvieran referidos a algo que solo acontecería en un distante futuro, a no ser que tuviera una razón muy especial que le llevara a postularlo.

Pues bien, Abdías no amonesta a los idumeos por algo que realizarán mucho tiempo más tarde (en la invasión caldea), sino por algo que han realizado ya, en la invasión anterior, a la que nos estamos refiriendo aquí. Abdías no está amonestando a los idumeos por algo que harán más tarde, sino por algo que ya han realizado, aunque, como sucede en los escritos proféticos, sus palabras pueden entenderse también como advertencia y amenaza para el caso de que se repita nuevamente la misma actitud y acción de los idumeos en contra de Judá y Jerusalén.

En esa línea, debemos afirmar que Abdías no pudo haber tomado su descripción de las hostilidades de los edomitas en contra de Israel ni de los libros de Joel y de Amós 9, 12, ni de los dichos de Balaam en Nm 24, 18-19, como supone Caspari, porque ninguno de esos profetas las ha descrito de un modo más extenso, sino que se ha limitado a esbozarlas desde su propia experiencia, y desde aquello que él mismo ha visto, de manera que queda probado que su profecía (la de Abdías) es la original, si la comparamos con las de Joel y Amós.

Y por todo lo anterior podemos sacar la conclusión de que el libro de Abdías es más antiguo que el de Joel (y que el de Jeremías), y que su ministerio se sitúa en el tiempo del reinado de Jorán. Pero eso no significa que las profecías de Abdías se encuentren plenamente aisladas, porque, conforme al cálculo cronológico más correcto, Joel profetizó solo unos veinte años después de Abdías, y por su parte Oseas y Amós comenzaron su misión profética solo unos setenta y cinco años después. Los acontecimientos calamitosos que estallaron en contra de Judá y de Jerusalén, y que dieron ocasión para la profecía de Abdías, tuvieron lugar hacia el final del reinado de Jorán (entre el 852–848 a. C.).

De un modo consecuente, Abdías no pudo haber proclamado su profecía ni haberla puesto por escrito mucho antes de la muerte de Jorán. Por otra parte, él no pudo haberla escrito tampoco mucho después porque su texto produce la impresión incuestionable de que las hostilidades de los edomitas se recordaban aún de manera muy viva y reciente; por otra parte, este libro no contiene ningún indicio de una adoración idolátrica que la decidida Atalía intento imponer en Judá, tras un año del reinado de Ajazías, que sucedió a Jorán. Para una visión de los comentarios sobre Abdías, cf. mi *Lehrbuch der Einleitung*, 88.

ABDÍAS 1, 1-9
PREGÓN DE RUINA SOBRE EDOM

1, 1

1 חֲזוֹן עֹבַדְיָה כֹּה־אָמַר אֲדֹנָי יְהוִֹה לֶאֱדוֹם
שְׁמוּעָה שָׁמַעְנוּ מֵאֵת יְהוָה וְצִיר בַּגּוֹיִם שֻׁלָּח קוּמוּ וְנָקוּמָה עָלֶיהָ לַמִּלְחָמָה׃

[1] Visión de Abdías. Yahvé, el Señor, ha dicho así en cuanto a Edom: Hemos oído el pregón de Yahvé, un mensajero ha sido enviado a las naciones: ¡Levantaos! Levantémonos en batalla contra este pueblo.

Esta visión sobre ruina de Edom pone de relieve en primer lugar el propósito de Dios, que consiste en convertir a Edom en nación pequeña en medio de las naciones hostiles, y en derribarla de las alturas inexpugnables de sus castillos roqueros (1, 1-4). En segundo lugar, esta visión muestra la forma en que Edom será saqueada por sus enemigos, abandonada y engañada por aliados y amigos, pereciendo por falta de ayuda y por impotencia (1, 5-9).

En esa línea, Abd 1, 1 contiene un breve encabezamiento, que es como una introducción de toda la profecía, presentando el argumento de la primera parte. La frase לֶאֱדוֹם כֹּה־אָמַר no armoniza con lo que sigue, pues podríamos esperar que siguiera una declaración hecha por el mismo Yahvé, mientras que aquí solo sigue la referencia a algo que se ha escuchado de parte de Yahvé.

Esa dificultad no se puede resolver diciendo que esas palabras introductorias son espurias o han sido añadidas por un profeta posterior (Eichhorn, Ewald y otros), porque el interpolador tendría que haber observado la incongruencia de esas palabras, precisamente igual que Abdías. Por otra parte, la referencia a לאדום no podía faltar en el encabezamiento, porque así lo exige no solo el sufijo en עליה (en contra de ella), sino también el discurso directo en 1, 2. Ni se puede decir de un modo satisfactorio que el profeta alteró de pronto la construcción, o que la declaración de Yahvé, anunciada en כה אמר וגו ("así dice el Señor") comienza en 1, 2 y que las palabras desde שמועה hasta el final del verso no son más que un paréntesis explicativo de כה אמר וגו.

Una alteración de la construcción al mismo comienzo del discurso resulta difícilmente concebible. Por otra parte, la afirmación de que la última parte de 1, 1 es solo un paréntesis va en contra del contexto, pues esa frase no es en modo alguno de tipo subordinado, sino que ofrece el pensamiento central del discurso que sigue.

Por eso, no hay otra solución que tomar esas palabras introductorias por sí mismas, como han hecho Michaelis, Maurer y Caspari, indicando así que אמר כה no recoge las palabras que ha pronunciado Yahvé en sentido estricto, sino que simplemente quiere afirmar que el profeta proclamó lo que sigue, *jussu Jehovae*, por mandato de Yahvé, *divinitus monitus*, divinamente inspirado, por lo que אמר כה equivale precisamente a אשר הדבר זה דבר, "esta es la palabra que proclamó...", como en Is 16, 13, y así lo explicaba ya Teodoreto.

La expresión לאדום no es "para Edom", sino "en referencia a" o "sobre" Edom. Sobre el hecho de que Yahvé aparezca unido a *Adonai* (אֲדֹנָי יְהוִֹה), cf. *Comentario* a Gen 2, 4, con lo que allí se dice. Lo que Abdías vio como palabra del Señor fueron los anuncios de ese mismo Señor Yahvé, con el mensaje divino enviado a las naciones para levantarse en contra de Edom.

El plural שמענו (hemos oído) es comunicativo: el profeta se incluye a sí mismo en la nación (Israel), que ha escuchado esas noticias por (a través de) él. Eso indica que las noticias son del mayor interés para Israel, pues ellas ofrecen consuelo al pueblo. Cf. Jer 49, 14, que evita el carácter más pregnante de la expresión utilizando el singular שמעתי (he oído).

La siguiente frase (y un embajador o mensajero: וְצִיר) puede tomarse, en la línea de Lutero, como afirmación de la importancia de las noticias que siguen, en relación con el el mensajero enviado por Dios para transmitirlas. De un modo normal, en hebreo, una frase suele ir coordinada con la anterior a través de un *waw* copulativo, incluso cuando tiene un sentido de subordinación, en cuanto a su contenido. Pero en nuestro caso el discurso gana en fuerza, si tomamos la frase como coordinada a la anterior, es decir, como declaración de los pasos que el Señor ha tomado ya para realizar la resolución que ha sido escuchada.

En ese sentido, la sustancia del anuncio no se escucha hasta la última frase del verso, donde se indica que el embajador ha sido enviado a las naciones con el fin de que se levanten en guerra contra Edom, indicando al mismo tiempo la sustancia del mensaje que Israel ha escuchado. El perfecto שֻׁלָּח, *shullâch*, con *qâmets* pausal va vinculado a שמענו, y expresa en forma profética la certeza del cumplimiento del propósito de Dios. El envío del mensajero (al que se le llama וְצִיר, *tsîr*, como en Is 18, 2) a las naciones (con ב como en Jc 6, 35) indica que las naciones han de levantarse por instigación de Yahvé para luchar en contra de Edom (cf. Is 13, 17; Jer 51, 1.11).

El plural וְנָקוּמָה, *nâqûmâh* (que se levanten), empleada por el mensajero, puede explicarse por la simple razón de que el mensajero habla en nombre de aquel que le envía. Estas palabras indican que el remitente es Yahvé, y que él mismo se levantará con las naciones en guerra contra Edom, colocándose a su cabeza como líder y comandante de todas ellas (cf. Joel 2, 11; Is 13, 4-5). עליה, en contra de Edom, que se construye en femenino, en el sentido de tierra o reino.

El hecho de que sean las naciones en general, y no una simple nación, la que deba levantarse en contra de Edom está indicando que Edom se toma aquí como símbolo del poder malo del mundo en cuanto tal, para añadir que su poder será destruido, por su hostilidad contra Dios, pero siendo, al mismo tiempo, un pueblo muy concreto que ha hecho mucho daño a los israelitas.

1, 2-4

² הִנֵּה קָטֹן נְתַתִּיךָ בַּגּוֹיִם בָּזוּי אַתָּה מְאֹד׃
³ זְדוֹן לִבְּךָ הִשִּׁיאֶךָ שֹׁכְנִי בְחַגְוֵי־סֶּלַע מְרוֹם שִׁבְתּוֹ אֹמֵר בְּלִבּוֹ מִי יוֹרִדֵנִי אָרֶץ׃
⁴ אִם־תַּגְבִּיהַּ כַּנֶּשֶׁר וְאִם־בֵּין כּוֹכָבִים שִׂים קִנֶּךָ מִשָּׁם אוֹרִידְךָ נְאֻם־יְהוָה׃

² Pequeño te he hecho entre las naciones; estás abatido en gran manera. ³ La soberbia de tu corazón te ha engañado, a ti, que moras en las hendiduras de las peñas, en tu altísima morada, que dices en tu corazón: ¿Quién me derribará a tierra? ⁴ Aunque te remontaras como águila y entre las estrellas pusieras tu nido, de ahí te derribaré, dice Yahvé.

El Señor amenaza a Edom con la guerra, porque ha determinado reducir y humillar a la nación que ahora, con su orgullosa confianza en sus altos reductos de torres edificadas sobre rocas, se toma como invencible.

1, 2. El texto posterior del profeta Jeremías ha vinculado este verso con Jer 49, 15 a través de כִּי, porque esta partícula contiene la razón para el ataque contra Edom. Por medio de הִנֵּה, *hinnēh* (mira), que evoca el hecho en cuanto tal, se pone de relieve la humillación de Edom y su destrucción, pues ella, Edom, aparece como signo de los pueblos que se oponen al plan de salvación de Dios. El perfecto *nâthattî* describe la decisión de Yahvé como palabra cuyo cumplimiento es tan cierto que aparece como si ya hubiera sucedido (Caspari). Lo que Yahvé dice se realiza de hecho.

קָטֹן se refiere al pequeño número de personas del pueblo de Edom. El participio בָּזוּי es muy apropiado, pues expresa aquello que ha de suceder, conforme a קָטֹן נְתַתִּיךָ. Cuando el Señor hace que Edom sea pequeño será muy despreciado. Solo a causa de una interpretación incorrecta del presente histórico, Hitzig ha podido mirar ese participio como inapropiado, dando preferencia al texto de Jer 49, 15, con su בזוי באדם (בָּזוּי בָּאָדָם בָּזוּי בַגּוֹיִם נְתַתִּיךָ קָטֹן כִּי־הִנֵּה).

1, 3 presenta una consecuencia que sigue de 1, 2. Edom será incapaz de escapar de su destino; sus altos castillos rocosos no podrán impedir la destrucción que ha sido decretada por el Señor, destrucción que el mismo Dios realizará a través de las naciones. Eso significa que Edom ha sido engañada por su confianza en esas fortalezas rocosas.

La palabra שֹׁכְנִי, con un י de conexión, unida a su estado constructo (cf. Gen 31, 39), es un vocativo. הגוי סלע son fortalezas edificadas sobre rocas, aunque se puede discutir sobre el sentido original de חגוי. La palabra deriva de la raíz חגה, que no se utiliza en hebreo (como קצוי de קצה), y se encuentra no solo aquí y en el pasaje paralelo de Jer 49, sino también en Cant 2, 14, donde aparece en paralelismo con סתר, con un sentido de refugio o asilo, *refugium*, i.e., *asylum*. Este significado ha sido confirmado por A. Schultens, *Animadv. ad Jes.* xix. 17, y por Michaelis (*Thes.*, cf.. Jesaia), del árabe, *ḥj'a, confugit* (se refugió) y de *maḫjâ'u*, refugio[57].

En la expresión מרום שבתו sigue influyendo el sentido de la ב que conserva aún su fuerza, a partir de חגוי en adelante (cf. Is 28, 7; Job 15, 3, etc.). El énfasis está en la palabra abstracta *mârōm*, altura, en vez de recaer en un adjetivo. Los edomitas habitaban en las montañas de Seír, que aún no han sido exploradas cuidadosamente en detalle.

Esas montañas están en la parte oriental del Ghor (o Arabah), y se extienden desde el valle rocoso, profundo de Ashy, que por un lado se abre hacia la extremidad sur del mar Muerto y que por otro se extienden hasta Aela, con el mar Rojo, y están formadas por grandes rocas de granito y de pórfido, cubiertas con vegetación verde, que terminan hacia el oeste en el desierto donde se juntan el Ghor y la Arabah, en una tierra de valles inclinados y altos de piedra arenisca. Esas montañas son por tanto difícilmente accesibles, desde la parte del oeste, mientras que por el oriente van descendiendo hacia el ancho desierto de arena de Arabia, sin ninguna caída perceptible (cf. Burckhardt en v. Raumer, *Pal.* pp. 83-4, 86; y Robinson, *Palestine*, ii. p. 551 ss.). Ellas tienen hendiduras abundantes, con rocas naturales y artificiales, y sus habitantes más antiguos eran los horitas, es decir, moradores de cuevas, e incluso los edomitas moraban en parte en cuevas[58].

La capital era Sela (Petra), en el wady Musa, y de la gloria que tuvo en otro tiempo hablan aún los restos innumerables de tumbas y de otros edificios, y está

---

57. Las traducciones adoptadas por las versiones antiguas, tales como grietas en la roca, *scissurae*, rocas partidas, *fissures* (ὀπαί, LXX), cuevas, palabras que derivarían de la conexión que se supone entre חגה y הקח, con el árabe *chjj*, en latín *fidit, laceravit* (hendió, hirió), o del árabe *wajaḥ, antrum*, cueva (con las letras transpuestas), no pueden sostenerse, pues el significado que se atribuye a esas palabras árabes es derivado, no el primitivo. El significado original es *propulit* (pobló), y un significado posterior es *confugit, effecit ut ad rem confugeret* (árabe) *mawjaḥun* significa *refugium*, hizo que se refugiara, que encontrara asilo.

58. Jerónimo observa sobre Abd 16 : "Ciertamente... por toda la región de los idumeos, hacia el sur, desde *Eleutheropolis* a Petra y Hala (pues esta es la tierra de posesión de Esau), hay pequeñas zonas en las que se habita en cuevas; esta es una tierra donde hace mucho calor por el sol, pues se trata de una provincia hacia el sur, y por eso se utilizan viviendas subterráneas.

protegida por las dos partes, por el oeste y por el este, por paredes de rocas, que presentan una gran variedad de colores vivos y brillantes, desde los más claros a los más pálidos, pasando a veces del color naranja al amarillo.

Petra estaba protegida por el norte y por el sur, por colinas y montañas, y solo podía ser alcanzada con dificultad a través de pasos de montaña y desfiladeros (cf, Burckhardt, *Syr.* p. 703; Robinson, *Pal.* ii. p. 573; y Ritter, *Erdk.* xiv. p. 1103). Plinio dice que es *oppidum circumdatum montibus inaccessis*, una ciudad rodeada de montes inaccesibles. Cf. Strabo, xvi. 779. Sobre los diferentes caminos que conducen a Petra, cf. Ritter, *Petra*, p. 997 ss.

1, 4 muestra la vana confianza de los edomitas. El objeto de תגביה, es decir קנך, no aparece hasta la segunda frase: si pones tu nido en alto como el águila, que construye su nido sobre las rocas más altas... (cf. Job 39, 27-28). Este pensamiento ha quedado hiperbólicamente intensificado en la segunda frase: si tu nido quedara elevado sobre las estrellas. שים no es un infinitivo, sino un participio pasivo, como en el pasaje original de Num 24, 21, que Abdías tiene en su mente, y en 1 Sam 9, 24 y 2 Samuel 13, 32; a pesar de ello, קנך ha de tomarse como un acusativo de objeto, según la analogía de la construcción de los pasivos con acusativo de objeto (cf. Gesenius, 143, l, a.).

1, 5-7

⁵ אִם־גַּנָּבִים בָּאוּ־לְךָ אִם־שׁוֹדְדֵי לַיְלָה אֵיךְ נִדְמֵיתָה הֲלוֹא יִגְנְבוּ דַיָּם אִם־בֹּצְרִים בָּאוּ לָךְ הֲלוֹא יַשְׁאִירוּ עֹלֵלוֹת׃
⁶ אֵיךְ נֶחְפְּשׂוּ עֵשָׂו נִבְעוּ מַצְפֻּנָיו׃
⁷ עַד־הַגְּבוּל שִׁלְּחוּךָ כֹּל אַנְשֵׁי בְרִיתֶךָ הִשִּׁיאוּךָ יָכְלוּ לְךָ אַנְשֵׁי שְׁלֹמֶךָ לַחְמְךָ יָשִׂימוּ מָזוֹר תַּחְתֶּיךָ אֵין תְּבוּנָה בּוֹ׃

⁵ Si ladrones vinieran a ti, o robadores de noche (¡cómo has sido destruido!) ¿no hurtarían lo que necesitan? Si entraran a ti vendimiadores ¿no dejarían algún rebusco? ⁶ ¡Cómo fueron saqueadas las cosas de Esaú! Sus tesoros escondidos fueron buscados. ⁷ En la frontera, aliados te han engañado; hasta los confines te hicieron llegar; los que estaban en paz contigo te han derrotado; ellos convirtieron tu pan en una herida para ti. ¡No hay en él (en Edom) inteligencia!

El profeta contempla la destrucción de Edom desde su elevada altura como algo que ya ha sucedido, y ahora describe la total devastación de Edom por medio de los enemigos a los que Yahvé envía contra ella.

1, 5-6. A fin de mostrar de la manera más intensa la destrucción total de Edom, Abdías supone que pueden darse tipos de saqueo, en los que queda todavía algo sin ser robado (1, 5), para mostrar después que los enemigos de Edom actuarán de una forma mucho más perversa, sin dejar nada que no sea destruido.

La partícula אִם con el perfecto supone que el hecho ha sido ya realizado, de forma que aunque no exista en realidad puede existir en la imaginación, y Abdías presenta así la toma y destrucción de Edom como signo de destrucción total.

גַּנָּבִים son ladrones comunes, y שֹׁדְדֵי לַיְלָה salteadores de noche, que llevan a veces los bienes de otras personas por la fuerza. Con la segunda expresión debe repetirse el verbo בָּאוּ לָךְ. "A ti", es decir, para hacerte daño. Tiene el mismo sentido que sobre ti. Las siguientes palabras, אֵיךְ נִדְמֵיתָה, no pueden formar la apódosis de las dos frases anteriores, porque נִדְמֵיתָה, *nidmēthâh*, es un término demasiado fuerte para indicar el daño causado por ladrones de algún tipo, pero sobre todo porque la siguiente expresión, הֲלוֹא יִגְנְבוּ וגו׳, resulta irreconocible con una explicación de ese tipo, pues en general la forma en que los ladrones roban (con דַּיָּם) se opone a *nidmâh*, ser destruido.

Por eso, la frase אֵיךְ נִדְמֵיתָה, ¿cómo has sido destruido? ha de evocar algo que va mucho más allá de los contenidos de 1, 5-6, y de esa forma queda expresada de manera más completa en 1, 9, de forma que ella debe tomarse como paréntesis, con el que el profeta anticipa el hecho principal, de un modo intenso, como una exclamación admirada.

La apódosis de אִם־גַּנָּבִים, *'im gannâghîm* (si los ladrones, etc.) continua con las palabras "¿no robarán?", que significa sin duda que robarán lo que es דַּיָּם, *dayyâm*, es decir, lo que es suficiente para ellos (cf. Delitzsch, *Comentario* a Is 40, 16); es decir, robarán lo que necesitan o lo que pueden utilizar, lo que encuentran delante de ellos.

La siguiente imagen, la de los viñadores indica lo mismo. Ellos lo toman absolutamente todo, incluso hasta lo más mínimo, sin dejar algo detrás, no solo en el caso de que sean temerosos de Dios (en la línea de Lev 19, 10; Dt 24, 21, como supone Hitzig), sino también aunque no les preocupen en modo alguno los mandamientos de Dios; pero hay algunos racimos que no logran ver, por más cuidado que tengan al buscar, de forma que no se llevan absolutamente todas las uvas. Por el contrario, en Edom quedará todo *destruido*. עֵשָׂו está construido en sentido colectivo, no quedará nada sin que perezca. אֵיךְ es una pregunta de admiración.

Châphas, cf. נֶחְפְּשׂוּ, buscar algo, explorar (cf. Sof 1,12-13). *Bâ'âh* (נִבְעוּ, *nibh'û*), pedir, mendigar, aquí en *nifal*, aquello que se desea. מַצְפֻּנָיו, de *matspōn*, ἅπ. λεγ. no significa un lugar secreto, sino una cosa escondida, un tesoro, (τὰ κεκρυμμένα αὐτοῦ, LXX). Abdías ha mencionado primero el robo, porque Petra, capital de Edom, era un gran emporio del comercio siro-arábigo, donde se almacenaban muchas cosas de valor (cf. Diod. Sic. xix. 95), y porque con la pérdida de esas riquezas desaparecía la prosperidad y el poder de Edom, que quedaría así sin posibilidad de vida[59].

---

59. Jer 49, 9 ha alterado mucho las palabras de Abdías, dejando a un lado la comparación del enemigo con ladrones y viñadores, y presentando a los enemigos como si ellos mismos fueran

1, 7. En medio de esta calamidad, Edom será olvidada y traicionada por sus aliados, y será incapaz de lograr algún tipo de liberación, por sí misma, quedando de esa forma al borde de la destrucción total.

El significado de esto no es que los enemigos no quieran recibir refugiados edomitas, sino que los envían de nuevo a la frontera, de manera que ellos caen otra vez en manos de enemigos (según Hitzig y otros). Por su parte, el sufijo ךָ (cf. לְחוּךָ שׁ) no puede referirse al pequeño número de fugitivos de Edom que han escapado de la masacre, es decir, a través de embajadores enviados con ese fin, sino que los mismos embajadores, y en su persona todos los edomitas, son enviados de nuevo a la frontera, para ser allí destruidos, sin que quede así ninguno vivo.

En esa línea, enviarlos a la frontera no significa que los enemigos manden sus tropas con los idumeos hasta la misma frontera, ordenando a los idumeos (antiguos aliados en el saqueo de Jerusalén) que vuelvan atrás, como supone Michaelis, porque si los aliados quisieran ayudarles no hubieran enviado el ejército para que fuera con ellos hasta la frontera (Hitzig). *Shillēăch* no significa abandonar, dejar fuera, ni en שׁלּחוּךָ ni en הַשִּׁיאוּךָ, sino, tanto aquí como en Gen 12, 20, enviar para que marchen a lo largo de la frontera, donde terminarán siendo destruidos.

Eso debió ser una decepción para los edomitas (a quienes sus aliados en el saqueo de Jerusalén abandonan después), aunque las palabras "te han engañado" se vinculan estrictamente hablando a los hechos que siguen, y no a la conducta de los aliados. אנשׁי שׁלמך es una expresión tomada de Sal 41, 10, tanto aquí como en Jer 38, 22 (cf. Jer 20, 10), y se refiere a los hombres a los que tú ayudaste en la paz, es decir, probablemente, a las tribus árabes vecinas, que han hecho tratados comerciales con los edomitas. Pues bien, esas mismas tribus (con las que los idumeos han saqueado Jerusalén) han engañado después o, quizá mejor, han oprimido a Edom, para destruir. יכלו es la explicación práctica y la definición más precisa de הַשִּׁיאוּ. En este contexto, el problema es saber si ese gesto (abandonar en la misma frontera) se realizó por engaño y decepción (Jer 20, 10; 38, 22), o por violencia abierta (Gen 32, 26; Sal 129, 2). Eso depende de la explicación que se dé a la sentencia siguiente, sobre la que hay una gran diversidad de opiniones, en parte por las diferentes explicaciones que se ofrecen a לחמך y en parte por las diferentes traducciones que se dan de la palabra מזור.

Esa última palabra aparece en Os 5, 13 y en Jer 30, 13, en el sentido de herida abierta o absceso, y los comentaristas rabínicos y los lexicógrafos han mantenido ese significado en el pasaje que está ante nosotros. Por otra parte, los traductores más antiguos han puesto aquí ἔνεδρα (*trampa*, LXX), תקלא, ofensa, σκάνδαλον (caldeo, *kemiʾnāʾ*), insidias (Syr.), Aq. y Symm. σύνδεσμος y ἐπίδεσις, Vulg. *Insidias*. Y en esa línea las traducciones modernos suelen poner algo así: *han*

---

viñadores, dejando así que se pierda gran parte de la fuerza poética del texto.

puesto una trampa o lazo debajo de ti (indicando así que los mismos aliados anteriores en el saqueo de Jerusalén se vuelven enemigos para los idumeos).

Pero esta traducción no puede defenderse etimológicamente, porque *zūr* (lo mismo que *zârar*) no significa atar, sino oprimir, exprimir. Por otra parte, esa palabra מָזוֹר, *mazor*, no puede tomarse como una contracción de *mezōrâh*, como supone Hitzig, porque deriva de *zârâh*, desparramar, dispersar. Por otra parte, no se puede dar ningún valor a la traducción de Aquila, que quiere ser literal, por la simple razón de que su traducción del pasaje paralelo de Os 5, 13 es, sin más, falsa. Ewald y Hitzig prefieren la traducción "red", pero esta tampoco se puede sostener, ni desde la expresión *mezorâh hâresheth* en Prov 1, 17 (Hitzig), ni desde el siríaco, *mezar, extendit*, extendió (Gesenius, *Addic. ad Thes.*, p. 96). El único sentido que puede defenderse es absceso o herida.

Según eso, debemos proponer la traducción: "convirtieron tu pan en una herida debajo de ti". Porque la propuesta de tomar לַחְמְךָ, *lachmekhâ* (tu pan) como un segundo genitivo dependiente de *'anshē* (los hombres), no solo se opone a los acentos y al paralelismo de miembros según el cual *'anshē shelōmekhâ* (los hombres de tu paz) debe ser el final de la segunda frase, lo mismo que *'anshē berīthekhâ* (los hombres de tu alianza) concluye la primera; además, esa expresión sería inusitada, pues *'anshē lachmekhâ* (los hombres de tu pan) no tiene paralelo alguno.

Por esa razón, no tenemos ni siquiera que suplir *'anshē* para *lachmekhâ* de la sentencia anterior, ni convertir a los "hombres de tu pan" en sujeto, a pesar de que los LXX, el caldeo, el siríaco y Jerónimo hayan adoptado este significado. En esa línea, *lachmekhâ* no puede estar en el lugar de אכלי לחמך (los que comen tu pan), como algunos suponen.

Lachmekhâ no puede ser otra cosa que el primer objeto, de manera que el sujeto de la frase anterior sigue teniendo su valor: aquellos que eran amigos tuyos convierten tu pan, es decir, el pan que ellos comen de ti o contigo, no el pan que tú buscabas de ellos (Hitzig), *en una herida para ti, es decir, para destruirte*. Tus mismos antiguos amigos en la destrucción de Jerusalén se vuelven así enemigos tuyos, para destruirte.

No tenemos que pensar aquí en comidas comunes de hospitalidad, como hacen Rashi, Rosenmüller y otros, sino que las palabras han de tomarse en un sentido figurado, en analogía con Sal 41, 10, que estaba en el fondo del pensamiento del profeta: "Aquel que ha comido el pan conmigo ha levantado en contra de mí su calcañar", como para indicar así las conspiraciones de aquellos que se habían aliado con Edom, la rica nación de comerciantes, unos aliados que ahora conspiran para destruir a esa nación, que en este momento se encuentra oprimida por sus enemigos.

La única dificultad está en la palabra תַּחְתֶּיךָ, debajo de ti, dado que el significado de "no había en él conocimiento" no puede mantenerse, al menos partiendo de 2 Sam 3, 12. Así debemos conectar estrechamente תַּחְתֶּיךָ con מָזוֹר, en el sentido en que la herida ha sido causada en la parte baja del cuerpo, para expresar mejor su naturaleza peligrosa, dado que las heridas situadas en los lugares sobre los que el hombre se sienta o se apoya son difíciles de curar. De un modo consecuente, יכו לך (ellos prevalecen contra ti) ha de tomarse indicando conquista, no como un ataque inesperado de violencia abierta, sino como un ataque por decepción, engaño o traición. De esa forma, los antiguos amigos de Edom se vuelven enemigos suyos, para así destruir a la nación de los comerciantes.

La última frase no ofrece la causa por la que la cosa descrita debía suceder a los edomitas (texto caldeo, Teodoreto), ni hay que conectarla con מזור, *mâzōr*, como una frase de relativo (Hitzig) o como una explicación a תחתיך: "a ti, sin que tú lo percibieras" o "antes de que lo percibieras" (Lutero y L. de Dieu). El mismo cambio de la segunda a la tercera persona (בו) es una prueba de que estamos ante una afirmación independiente, por la que se muestra que, a consecuencia de la calamidad que está estallando contra los edomitas, ellos pierden el famoso discernimiento que se les atribuía, y no saben ya lo que han de hacer y cómo han de conducirse (Maurer y Caspari). Este pensamiento se expande en los versos siguientes, poniendo de relieve el proceso de destrucción total en el que ha entrado la nación de los idumeos (1, 8-9).

1, 8-9

⁸ הֲלוֹא בַּיּוֹם הַהוּא נְאֻם יְהוָה וְהַאֲבַדְתִּי חֲכָמִים מֵאֱדוֹם וּתְבוּנָה מֵהַר עֵשָׂו:
⁹ וְחַתּוּ גִבּוֹרֶיךָ תֵּימָן לְמַעַן יִכָּרֶת־אִישׁ מֵהַר עֵשָׂו מִקָּטֶל:

⁸ Aquel día, dice Yahvé, haré que perezcan los sabios de Edom y la prudencia del monte de Esaú. ⁹ Y tus valientes, Temán, serán amedrentados, y será exterminado todo hombre del monte de Esaú.

A fin de lograr a su tiempo la destrucción de los edomitas, el Señor privará de su discernimiento a todos sus sabios, a fin de que ellos no puedan ayudarles. La destrucción de los sabios no ha de entenderse en el sentido de que ellos han de ser destruidos antes de los demás, sino simplemente que serán destruidos como sabios, al ser privados de su sabiduría, de forma que el pueblo sabio de los comerciantes, que habitaba en alturas rocosas inaccesibles, acabará perdiendo su sabiduría, destruyéndose a sí mismo. Este sentido de la frase se apoya no solo en el hecho de que en la segunda cláusula solo se menciona תְּבוּנָה, *tebhūnâh*, como aquello que ha de ser destruido, sino también por el paralelo con otros pasajes como Jer 49, 7; Isa 19, 11; 29, 14.

En el texto citado, Jeremías menciona la sabiduría de los temanitas en particular. Es evidente que ellos eran célebres por su sabiduría, no solo por este pasaje, sino también por el hecho de que Elifaz, el principal oponente de Job en su argumentación, era un temanita (Job 2, 1, etc.). Con esta pérdida de la ayuda que ofrece la sabiduría y el discernimiento, incluso los bravos guerreros pierden su coraje (וְחַתּוּ) y así caen desfallecidos, sin posibilidad de mantener su riqueza de comerciantes. Empezaron luchando contra Jerusalén, en el momento de la conquista de la ciudad, terminan destruyéndose a sí mismos.

Tēmân, que el texto caldeo ha traducido incorrectamente como un apelativo (es decir como "los habitantes del sur", *dârōmâ*'), es el nombre propio del distrito sur de Idumea (cf. Am 1, 12), y recibe ese nombre por Temán, un hijo de Elifaz y nieto de Esaú (Gen 36, 11.15). גִּבּוֹרֶיךָ, *gibbōrekhâ* (tus héroes), con el sufijo masculino, eran la gente que habitaba en el distrito de ese nombre. Pues bien, Dios golpea contra Edom con la intención (*lema'an*), a fin de que todos los edomitas fueran destruidos. מִקָּטֶל, *miqqâtel*, por asesinato (cf. Gen 9, 11, con el *mim* tras *yikkârēth* en ese sentido). No significa "sin conflicto", como traduce Ewald, porque *qetel* significa matanza, no conflicto. No se puede conectar en modo alguno *miqqâtel* con lo que sigue (cf. LXX, siríaco, Vulgata). Eso se opone no solo a la autoridad de la puntuación masorética, sino aún más por el hecho de que una palabra más fuerte y específica (*qetel*) no puede preceder a una más débil y genérica (*châmâs*). Por otra parte, el asesinato de ciertos fugitivos se coloca al principio en la lista de crímenes cometidos por Edom en contra de los israelitas, como seguiremos viendo.

ABDÍAS 1, 10-16
LA CAUSA DE LA RUINA DE LOS EDOMITAS

Esa causa es su maldad hacia la nación hermana de Jacob (1, 10-11), tema que se extiende en 1, 12-14 en forma de advertencia, acompañada por un anuncio de la retribución justa en el Día del Señor sobre todas las naciones.

1, 10-11

¹⁰ מֵחֲמַס אָחִיךָ יַעֲקֹב תְּכַסְּךָ בוּשָׁה וְנִכְרַתָּ לְעוֹלָם׃
¹¹ בְּיוֹם עֲמָדְךָ מִנֶּגֶד בְּיוֹם שְׁבוֹת זָרִים חֵילוֹ וְנָכְרִים בָּאוּ (שְׁעָרוֹ)
[שְׁעָרָיו] וְעַל־יְרוּשָׁלַ͏ִם יַדּוּ גוֹרָל גַּם־אַתָּה כְּאַחַד מֵהֶם׃

¹⁰ Por haber maltratado a tu hermano Jacob te cubrirá vergüenza y serás exterminado para siempre. ¹¹ En el día en que tú estabas allí en contra, cuando extraños llevaban cautivas tus riquezas, cuando extraños entraban por sus puertas y echaban suertes sobre Jerusalén, tú estabas allí presente y te portaste como uno de ellos.

1, 10. *Chămas 'âchīkhâ* (חֲמַס אָחִיךָ), maldad o violencia contra tu hermano (con genitivo de objeto, como en Joel 3, 19; Gen 16:5, etc.). Drusius puso ya de relieve el énfasis particular de estas palabras. La maldad y la violencia resultan especialmente reprensibles cuando se realizan contra un hermano. La relación fraternal en la que Edom estaba con Judá viene destacada por el nombre de Jacob, porque Esau y Jacob eran hermanos gemelos.

La conciencia de que los israelitas eran sus hermanos debería haber impulsado a los edomitas a ayudarles en un momento de opresión. En contra de eso, ellos no solo actuaron con desprecio y con placer maligno en contra de la nación hermana, sino que colaboraron activamente con sus enemigos, con el fin de destruir a sus hermanos israelitas, quedando así al fin en manos de su propia destrucción.

Esta conducta hostil de Edom era resultado de su envidia porque Israel había sido el pueblo escogido, lo mismo que había sucedido en el odio de Esaú contra su hermano Jacob (Gen 27, 41), un odio que fue transmitido a sus descendientes, y que se expresó de un modo abierto en el tiempo de Moisés cuando los edomitas no dejaron pasar a los israelitas, de un modo pacífico, a través de su tierra (Num 20). Por otra parte, la Ley había mandaba siempre a los israelitas que conservaran una actitud de amistad y de fraternidad hacia Edom (Dt 2, 4-5); y en Dt 23, 7 se les manda que no aborrezcan a los edomitas "porque ellos son vuestros hermanos". תְּכַסְּךָ בוּשָׁה (como en Miq 7, 10): la vergüenza te cubrirá, es decir, vendrá sobre ti con fuerza, es decir, la vergüenza de la destrucción perdurable, como muestra con claridad la siguiente frase explicativa. וְנִכְרַתָּ, con *waw* consecutivo, pero con el tono sobre la penúltima sílaba, en contra de la regla (cf. Gesenius, 49, 3; Ewald, 234, b y c).

1, 11. En la exposición más precisa de los pecados de Edom, que aparece en este verso, la frase final no responde exactamente a la primera. Tras la frase "en aquel día tú estabas allí en contra" podríamos esperar una apódosis como "tú hiciste esto o aquello". Pero Abdías se separa de la sentencia con la que ha comenzado enumerando las hostilidades que los enemigos han desplegado en contra de Judá, e introduce en este contexto la conducta de Edom: Entonces, también tú eras uno de ellos, es decir, tu actuaste lo mismo que los enemigos, luchando en contra de tu hermano Jacob.

עמד מנגד, ponerse de la parte opuesta (cf. Sal 38, 12), expresión que se utiliza aquí para indicar una actitud hostil, como en 2 Sam 18, 13. Ellos mostraron primero esa actitud mirando con placer las desgracias de los judíos (1, 12), extendiendo la mano hacia sus posesiones (1, 13), pero sobre todo tomando parte en el conflicto con Judá (1, 14). En la frase que sigue se describe la forma en que Edom actuó el día en que Judá había caído en manos del poder de las naciones hostiles, que robaron sus posesiones, y que tomaron los bienes de Jerusalén como su botín, presentando así la historia de Edom como resultado de envidia asesina contra sus hermanos israelitas.

נָכְרִים זָרִים y (*nokhrīm* y *za'rīm*) son epítetos sinónimos que se aplican a los enemigos paganos. שׁבה se utiliza generalmente para referirse al hecho de tomar (llevar) cautivos. Pero a veces se aplican también a la riqueza en ganados y bienes o tesoros (1 Cron 5, 21; 2 Cron 14, 14; 21, 7). חיל no se utiliza aquí para indicar el ejército o la fuerza (como núcleo de la nación), sino como muestra claramente חילו en Abd 1,13, a las posesiones, como en Is 8, 4; 10, 14; Ez 26, 12, etc. שׁערו, sus puertas (de Judá), es decir, retóricamente, sus ciudades. Finalmente se menciona también Jerusalén como la capital, sobre la que echan lotes los enemigos.

Las tres frases forman un clímax en el que se resume la conducta de los idumeos respecto a los israelitas: primero han quitado a Judá sus posesiones, es decir, las que formaban parte del país (sus tierras); después han entrado en las ciudades de Judá, con envidia asesina, en contra de sus hermanos; y finalmente actuaron de un modo arbitrario, tanto en el campo como en la capital, alegrándose de la destrucción de sus hermanos, y colaborando en ella.

ידו גורל (perfecto *kal* de ידד en el sentido de ידה, que no es *piel* de יידו, porque la *yod performativa* del imperfecto *piel* no se pierde nunca en los verbos פי): Echar el lote sobre el botín, sobre las cosas y prisioneros, para dividirlos entre

La causa de la ruina de los edomitas

ellos (entre los vencedores). De esa forma, los idumeos se han aprovechado del botín de sus hermanos judíos, cuando han sido derrotados por sus enemigos (cf. Joel 3, 3 y Nah 3, 10).

Caspari, Hitzig y otros piensan que aquí, lo mismo que el Joel 3, 3, se está hablando de la distribución de los habitantes cautivos de la ciudad de Jerusalén, de forma que ellos encuentran aquí uno de sus grandes argumentos a favor de la destrucción de Jerusalén por los caldeos que Abdías habría previsto en Espíritu o habría pintado como algo que ya había acontecido. Pero esto no se sigue en modo alguno, por el hecho de que en Joel tenemos עמי en lugar de ירושלם, dado que, como es bien conocido, cuando los profetas hacen uso de las palabras de sus predecesores modifican con frecuencia sus expresiones o les dan un sentido diferente. Pero si miramos a nuestro pasaje, simplemente tal como está ante nosotros, no hay la más mínima indicación de que aquí se utilice Jerusalén en lugar del pueblo. Dado que שבות חילו no indica sin más el hecho de llevar cautivos a los habitantes, aquí no hay ninguna indicación de que se esté refiriendo al hecho de llevar a la cautividad a toda la nación o al conjunto de la población de Jerusalén. Al contrario, en Abd 1, 13 oímos hablar de la muerte de niños de Judá y en 1, 14 de fugitivos de Judá, y de aquellos que han escapado. Según eso, es claro que Abdías tiene en su mente simplemente la conquista de Jerusalén, cuando una parte de su población murió en la batalla, y otra parte fue llevada cautiva, y las posesiones de la ciudad fueron saqueadas, sin que la ciudad fuera destruida del todo como en el tiempo de la conquista caldea (587 a. C.).

Por eso, el gesto de echar (repartir) lotes se refiere a los prisiones de guerra y a las cosas tomadas en saqueo, cosas que los conquistadores dividieron entre ellos. Entonces, con גם אתה, tú también, se indica que el hermano de Jacob, era como ellos, haciendo causa común con los enemigos. Aquí se omite el verbo היית, tú eras, con el efecto de poner ante la mente algo que estaba ocurriendo. Por eso, Abdías cierra después la descripción posterior de las hostilidades de los edomitas en forma de aviso en contra de una conducta de ese tipo, insistiendo así en el pecado supremo de la lucha entre hermanos.

1, 12-14

¹² וְאַל־תֵּרֶא בְיוֹם־אָחִיךָ בְּיוֹם נָכְרוֹ וְאַל־תִּשְׂמַח
לִבְנֵי־יְהוּדָה בְּיוֹם אָבְדָם וְאַל־תַּגְדֵּל פִּיךָ בְּיוֹם צָרָה:
¹³ אַל־תָּבוֹא בְשַׁעַר־עַמִּי בְּיוֹם אֵידָם אַל־תֵּרֶא גַם־אַתָּה
בְּרָעָתוֹ בְּיוֹם אֵידוֹ וְאַל־תִּשְׁלַחְנָה בְחֵילוֹ בְּיוֹם אֵידוֹ:
¹⁴ וְאַל־תַּעֲמֹד עַל־הַפֶּרֶק לְהַכְרִית אֶת־פְּלִיטָיו וְאַל־תַּסְגֵּר

¹² Y no mires al del día de tu hermano, el día de su desgracia. Y no te alegres de los hijos de Judá el día en que perecieron, y no alargues tu boca (no te vueles) en el día de su angustia. ¹³ No entres por la puerta de mi pueblo en el día de su quebrantamiento;

no mires también tú en el día de su quebranto, ni quieras echar mano a sus bienes en el día de su calamidad. 14 Y no te pares en las encrucijadas para matar a los que de ellos escapaban; ni entregues a los que quedaban en el día de angustia.

Estas advertencias no pueden explicarse de manera satisfactoria ni en el sentido de que el profeta está anunciando la destrucción futura de Judá y de Jerusalén (Caspari), ni con la suposición de que el profeta está meramente describiendo un acontecimiento que se ha dado ya (Hitzig). Si tomamos la caída y saqueo de Jerusalén como un hecho ya realizado, sea de un modo ideal o real, como mostrarían los perfectos באו y ידו de 1, 11, Abdías no podría amenazar a los edomitas diciéndoles que no se alegraran o tomaran parte en el saqueo (pues eso ya se había realizado).

Por eso Drusius, Rosenmüller y otros toman los verbos de 1, 12-14 como futuros de pasado: Tú no deberías haberte alegrado... Pero esta lectura va en contra de la gramática. אל seguida por el así llamado futuro apocalíptica tiene un sentido de yusivo, y no puede sustituir al pluscuamperfecto subjuntivo. En esa línea, la sugerencia de Maurer es justamente inaceptable, es decir, la sugerencia según la cual *yōm* de 1, 11 indica el día de la toma de Jerusalén, mientras que en 1, 12-13 evoca el período que sigue a ese día, pues salta a la vista la identidad del יום עמדך (día en que estabas...) de 1, 11, con el יום אחיך de 1, 12.

La advertencia de 1, 12-14 solo es inteligible si suponemos que Abdías no tiene en cuenta una conquista y saqueo particular de Jerusalén, sea en sentido futuro o en sentido de pasado, sino que mira ese acontecimiento como algo que en un sentido ya ha sucedido (con la conquista de los filisteos y los árabes), pero que en otro sentido sucederá más tarde de nuevo (como advertencia para un futuro de destrucción total que puede llegar). Eso significa que, partiendo de un acontecimiento particular del pasado, Abdías se eleva proféticamente hasta la realidad más honda que se expresa en ese acontecimiento (como algo que volverá a pasar).

Desde esa situación ideal (general), él pudo advertir a Edom por lo que había hecho en un tiempo anterior, definiendo ese día de la toma de Jerusalén como día de gran calamidad. Eso significa que lo que había hecho Edom y lo que había sufrido Judá eran tipos y anuncios de un desarrollo futuro del destino de Judá, y de la actitud de Edom hacia Judá y Jerusalén, como algo que se irá cumpliendo siempre de nuevo hasta culminar en el Día del Señor sobre todas las naciones, un día que aparece como tema de 1, 15.

La advertencia de Abd 1, 12-14 procede de lo general a lo particular, o de lo más bajo a lo más alto. Abdías advierte a los edomitas, como dice Hitzig, "diciéndoles que no se regocijen por los problemas de Judá" (1, 12), que no hagan causa común con los conquistadores (1, 13), y que no apoyen o completen la obra del enemigo (1, 14). Por la *waw* copulativa que está a la cabeza de las tres cláusulas de 1, 12, la advertencia dirigida a los idumeos en contra de una conducta de ese tipo, está vinculada con lo que ya han hecho, en una línea que puede acabar con la destrucción total de Edom, por causa de su violencia en contra del hermano Jacob.

1, 12. Las tres frases de 1, 12 contienen una advertencia que se expresa en forma gradual en contra del placer malicioso de alegrarse del mal de Judá. ראה con ב es mirar a alguien con placer, deleitarse en ello, aunque tiene un sentido menos fuerte que ב שׂמח, que significa regocijarse, proclamar sin reserva la propia alegría. Finalmente, הגדיל פה, agrandar la boca, tiene todavía un sentido más fuerte, como הגדיל בפה, gloriarse, hacer grandes cosas con la boca, expresión que es equivalente a הרחיב פה על, hacer la boca grande, extenderla (abrirla) en contra de una persona (cf. Sal 35, 21; 57, 4), un gesto que indica desprecio y burla.

El objeto del placer malicioso de los edomitas, mencionado en la primera cláusula, es יוֹם־אָחִיךָ, *yōm 'āchīkhâ*, el día de tu hermano, el día en que le sucedió a Israel la gran desgracia, mencionada en 1, 11. En sí mismo, *yōm* no significa día desastroso, o día de la ruina, ni aquí ni en ningún otro lugar, sino que recibe su definición más precisa por el contexto. Si tuviéramos que adoptar la traducción "día desastroso" ello implicaría una pura tautología cuando esa palabra se toma en conexión con lo que sigue.

La expresión אָחִיךָ, *'āchīkhâ* (tu hermano) justifica la advertencia. Por su parte, ביום נכרו no está en aposición a ביום אחיך, sino que, conforme al paralelismo de las frases, es una afirmación de tipo temporal. Por su parte, נכר, ἄπ. λεγ. es igual al נכר de Job 31, 3, *fortuna aliena* (ajena), un destino extraño, hostil, no significa sin más rechazo (en contra de Hitzig, Caspari y otros). La expresión יום אבדם, el día de sus hijos (de Judá) que perecen es la expresión más fuerte.

En ese contexto, como vengo diciendo, la palabra destrucción (*'ăbhōd*, אָבְדָם) de los hijos de Israel no está indicando la destrucción de toda la nación israelita, pues la siguiente palabra (צָרָה, *tsrh*, calamidad) es demasiado débil para que se pueda entender así. Incluso la palabra איד, que aparece tres veces en 1, 13, no significa destrucción, sino simplemente presión (de la raíz אוד, caer pesadamente, pesar), una carga, en el sentido de peso de sufrimiento, tristeza, mala suerte (cf. Delitzsch sobre Job 18, 12).

1, 13. Abdías ofrece así su advertencia en contra de aquellos que toman parte en el saqueo de Jerusalén. שַׁעַר־עַמִּי, la puerta de mi pueblo, es decir, de la ciudad en la que el pueblo habita, la capital (cf. Miq 1, 9). No mires pues a (=no te alegres de) la nación hermana, no te alegres de su calamidad, como hacen los enemigos; es decir, no te deleites en ello, ni te apoderes de las posesiones de tu hermano.

La forma תִּשְׁלַחְנָה, *tishlachnâh*, en lugar de la cual podíamos haber esperado *tishlach*, no ha sido aún satisfactoriamente explicada (a pesar de los diversos intentos que se han hecho para ello, cf. Caspari). Los pasajes en los que se añade נָה, *nâh*, a la tercera persona singular femenina, para distinguirla de la segunda, no nos ayudan a resolver el tema. Por eso, Ewald y Olshausen habrían alterado el texto, leyendo תשלח יד.

Por su parte, el término יָד no es absolutamente necesario, pues se omite en 2 Sam 6, 6; 22, 17 o Sal 18, 17, donde se utiliza *shâlach* en el sentido de extender la mano. חילוֹ, sus posesiones. Sobre el hecho mismo, cf. Joel 3, 5. La preeminencia dada al día de la desgracia al final de cada sentencia tiene un sentido enfático. En esa línea, tanto la selección del tiempo en que sucede la calamidad del hermano, como la del día elegido para ese placer de burla maliciosa resulta doblemente culpable (Ewald).

1, 14. La advertencia se dirige al peor de todos los crímenes, al que se realiza en contra de los judíos fugitivos, con el propósito de asesinarles o de entregarles al enemigo. פֶּרֶק significa aquí el lugar donde el camino acaba o se divide. En Nahún 3, 1, el único lugar restante donde aparece esta palabra, significa romper en piezas, hacer violencia. *Hisgīr* (cf. תַּסְגֵּר), entregar (lit., *concludendum tradidit*, para terminar entregando), se construye generalmente con אֶל (Dt 23, 16) o con בְּיַד (Sal 31, 9; 1 Sam 23, 11).

Aquí se utiliza en ese mismo sentido, con el mismo significado, no en el de agarrar sin más para que no se escape (Hitzig), pues este último sentido sería demasiado débil después del הכרית precedente, y además ese sentido no puede demostrarse a partir de Job 11, 10, donde *hisgīr* significa tomar en custodia. El gran pecado es entregar al hermano en manos de los enemigos.

1, 15-16

¹⁵ כִּי־קָרוֹב יוֹם־יְהוָה עַל־כָּל־הַגּוֹיִם כַּאֲשֶׁר עָשִׂיתָ יֵעָשֶׂה לָּךְ גְּמֻלְךָ יָשׁוּב בְּרֹאשֶׁךָ: ¹⁶ כִּי כַּאֲשֶׁר שְׁתִיתֶם עַל־הַר קָדְשִׁי יִשְׁתּוּ כָל־הַגּוֹיִם תָּמִיד וְשָׁתוּ וְלָעוּ וְהָיוּ כְּלוֹא הָיוּ:

¹⁵ Porque cercano está el día de Yahvé sobre todas las naciones. Como tú hiciste se hará contigo; tu recompensa volverá sobre tu cabeza. ¹⁶ De la manera que vosotros bebisteis en mi santo monte, beberán continuamente todas las naciones; beberán, engullirán y serán como si no hubieran existido.

La advertencia anterior queda ratificada en 1, 15 con el anuncio de la llegada del día del Señor, en el que Edom y todos los enemigos de Israel recibirán la justa retribución por sus pecados. כִּי (porque) vincula lo que sigue con las advertencias de 1, 12-14, y no solo o exclusivamente con 1, 10-11 como suponen Rosenmller y otros, porque 1, 12-14 no forma un simple paréntesis. La expresión יוֹם־יְהוָה, día de Yahvé, fue formada así por vez primera por Abdías, no por Joel, de manera que Joel, Isaías y los profetas que siguen la adoptaron de Abdías.

El sentido originario de esa expresión, יוֹם־יְהוָה, no es el de día de juicio, sino el día en que Yahvé revela su majestad y su omnipotencia, de una manera gloriosa, para destruir a todos los poderes impíos y completar su reino. De aquí se pasó al sentido de día de juicio y de retribución que predomina en los anuncio proféticos, pero que forma solo uno de los elementos de la revelación de la gloria de Dios, como aparece en nuestro pasaje; esa expresión describe a Yahvé no solo juzgando a todas las naciones y tratándolas conforme a sus hechos (cf. Abd 1, 15. 16), sino anunciando la liberación de Sión (1, 17) e instaurando su reino (1, 21).

La retribución expresará la justicia de Dios, por las acciones de Edom y de las naciones, que serán castigadas con el mismo castigo que habían impuesto sobre Jerusalén y los judíos. Para גמלך וגו, cf. Joel 3, 4.6 (cf. 2, 2-7) donde se describen las malas acciones que las naciones han realizado en contra del pueblo de Dios.

1, 16. Abdías se limita a mencionar como el mayor de los crímenes la profanación de la santa montaña con fiestas de comidas y bebidas, por lo que todas las naciones beberán hasta embriagarse con la copa de la ira de Dios, hasta que sean totalmente destruidas. Con la palabra שְׁתִיתֶם, *shethīthem* (habéis bebido) no se está aludiendo a los judíos, como suponen muchos comentaristas (de Ab. Ezra a Ewald y Meier), sino a los edomitas. Así lo exige no solo el paralelismo entre כאשר שתיתם (como habéis bebido) y באשר שתיתם על הת (como has hecho), sino también la terminología y el contexto.

באשר שתיתם על הר no puede significar "como habéis bebido vosotros, que estáis sobre mi santa montaña". En esa línea, al anunciar la retribución que recibirán todas las naciones por los males que han hecho a los judíos es imposible que el texto se esté refiriendo a los judíos, o que se esté trazando un paralelo entre su conducta y la conducta de las naciones.

Por otra parte, en toda su extensión, la profecía se dirige solamente a Edom, y nunca a Judá. El monte Sión se llama mi santa Montaña (הַר קָדְשִׁי) porque Yahvé se hallaba allí entronizado en su santuario. El verbo *shâthâh* (שְׁתִיתֶם וְשָׁתוּ) se utiliza en las dos frases con sentidos diferentes. *Shethīthem* se refiere a las fiestas de embriaguez que los edomitas celebraban sobre Sión, como *yishtū* en Joel 3, 3 y *shâthū* en la apódosis de "beber la copa de la embriaguez" (cf. Is 51, 17; Jer 25, 15; 49, 12, etc.), como muestra claramente la expresión "ellos serán como si no hubieran sido".

Al mismo tiempo, de las palabras "todas las naciones beberán" no podemos inferir que todas ellas tendrán éxito y tomarán a Sión y abusarán de ella, sino que gustarán toda la amargura de sus crímenes, porque aquí no se afirma sin más que beberán sobre el monte Sión. El hecho de que la antítesis de שתיתם no sea תשתו (vosotros beberéis) sino ישתו כל־הגוים, no nos obliga a generalizar el sentido de *shethīthem*, ni a tomar *a todas las naciones* con el sentido de fondo que está implícito en los edomitas.

La dificultad que brota de esa antítesis no puede resolverse de un modo satisfactorio en la línea de Caspari, según la cual, a consecuencia de la alusión al día del Señor sobre todas las naciones en 1, 15, el juicio sobre todas las naciones y el juicio sobre los edomitas debía pensarse como algo que estaba inseparablemente conectado, y que fue esto lo que hizo que Abdías colocara como oposición a los pecados de los edomitas el castigo de todas las naciones, no su propio castigo, dado que conforme a 1, 11 queda claro que todas las naciones participaron en el pecado de Edom. Porque a partir de aquí queda sin respuesta el tema de la forma en que Abdías 1, 15 pudo hablar del juicio sobre todas las naciones (pues lo que a él le interesa es el juicio de lo idumeos, hermanos de los israelitas, por su forma de haber contribuido a la destrucción de su hermano).

El hecho de que, según 1, 11, las naciones hubieran saqueado Jerusalén y cometido crímenes como los de Edom (hecho condenado en 1, 12-14) no nos lleva a postular directamente un día de juicio sobre todas las naciones, pues el texto habla en especial del juicio sobre Edom (y sobre las naciones concretas que habían pecado como Edom en contra de Jerusalén). Eso significa que Abdías miraba a Edom como tipo de las naciones que habían elevado sus hostilidades en contra del Señor y de su pueblo, de manera que esas naciones han de ser condenadas en consecuencia por el Señor, de forma que lo que Abdías dice de Edom se aplica a todas las naciones que asumen una actitud idéntica o semejante en relación con el pueblo de Dios.

Desde ese fondo, Abdías pudo extender, sin reserva alguna, a todas las naciones el juicio que debía recaer sobre Edom por sus pecados. Esas naciones debían beber תָּמִיד, es decir, no una sola vez, como Ewald ha traducido esa palabra en oposición al uso del lenguaje, sino "continuamente" la copa de la condena de Dios. Eso significa que las naciones que han pecado en contra de Israel beberán la copa de la intoxicación (de la destrucción), sin que el turno del castigo de las naciones pasara nunca a Judá, como afirma Is 51, 22-23 (Hitzig).

Esa bebida se define de un modo más preciso como "beber y engullir" (לוּעַ, en siríaco, devorar, tragar, de aquí לֹעַ, garganta, en el sentido de aquello que traga, Prov 23, 2), destruyéndolo todo, de tal forma que ellos serán como si nunca hubieran existido" (cf. Job 10, 19), lo que significa que ellos serán totalmente destruidos como naciones.

ABDÍAS 1, 17- 21
EL REINO DE YAHVÉ ESTABLECIDO SOBRE SIÓN

La profecía avanza desde el juicio a todos los paganos hasta el cumplimiento del reino de Dios, a través de la elevación de Israel, que tomará el dominio mundial. Mientras el juicio está cayendo sobre todas las naciones paganas, el monte Sión será un asilo para aquellos liberados de su pueblo. Judá e Israel tomarán posesión de las naciones, destruirán Edom y extenderán sus fronteras en toda dirección (Abd 1, 17-19).

Los israelitas dispersos entre todas las naciones volverán a su herencia agrandada y sobre Sión se elevarán los salvadores, para juzgar a Edom, de forma que el reino será entonces del Señor (1, 20-21). Esta promesa se añade como una antítesis a la proclamación del juicio en 1, 16.

1, 17

¹⁷ וּבְהַר צִיּוֹן תִּהְיֶה פְלֵיטָה וְהָיָה קֹדֶשׁ וְיָרְשׁוּ בֵּית יַעֲקֹב אֵת מוֹרָשֵׁיהֶם׃

¹⁷ Pero en el monte Sión habrá un resto que se salvará; será santo y la casa de Jacob recuperará sus posesiones.

Sobre el monte Sión que los edomitas habían profanado con sus bebidas impías, habrá פְלֵיטָה, *pelētâh,* personas liberadas (israelitas triunfantes), cuando las naciones tengan que beber la copa de su destrucción hasta embriagarse con ella del todo. Pues bien, entonces, sobre ese monte se reunirá la multitud de aquellos que han sido rescatados y preservados a través del juicio. Véase la explicación de esto en Jl 2, 32, donde este pensamiento se amplía.

El monte Sión es la sede del reino de Yahvé (cf. Abd 1, 21). Aquí está entronizado el Señor, y con él el pueblo rescatado. Y allí (en el monte Sión) habrá un קֹדֶשׁ, *qōdesh,* es decir, un santuario, un lugar que es inviolable, y los paganos no se atreverán a pisarlo y profanarlo (Joel 3, 17). De eso se deduce que la multitud de los salvados formarán también un pueblo santo (una semilla santa: Is 6, 13). Este pueblo santificado del Señor, que es la casa de Jacob, tomará las posesiones de sus enemigos.

Abdías 1, 17

Muchos piensan que el sufijo de מוֹרָשֵׁיהֶם se refiere a בֵּית יַעֲקֹב: aquellos de la casa de Jacob, es decir, los israelitas rescatados (=traídos del exilio) que tomarán sus posesiones antiguas. Esta visión no puede ser rechazada por la simple observación de que *yârash* no tiene el sentido de tomar de nuevo posesión de algo, pues ese sentido se le puede atribuir por el contexto, lo mismo que en Dt 30, 5. Pero hay una objeción decisiva en contra de eso: ni en lo anterior, ni en todo lo que sigue hay ninguna referencia a que Israel haya sido llevada al cautiverio.

La penetración de los enemigos por las puertas de Jerusalén, el saqueo de la ciudad y el hecho de echar lotes sobre el botín y sobre los prisioneros (1, 11), no implica que la nación en su conjunto haya sido llevada al exilio; y en esa línea la *gâlūth* de los hijos de Israel y de Jerusalén en 1, 20 está claramente separando de la referencia a la casa de Jacob en 1, 18. Y en esa línea hemos visto en 1, 18-19 un anuncio de la conquista de Edom por la casa de Jacob, y la toma de las montañas de Esaú y de Filisteas, etc. por los habitantes de la tierra del sur (es decir, por los judíos). Y hemos visto después (en 1, 20) que a la *gâluth* (cautividad) se le promete la posesión de las tierras del sur; esa *gâluth* o cautividad solo ha podido referirse a una pequeña parte de la nación. Pues bien, en esa línea, la vuelta de la cautividad solo se aplica a algunos prisioneros de guerra, pues el conjunto de la nación de Judá ha seguido permaneciendo en su tierra, es decir, en sus propias posesiones.

La objeción que se eleva en contra de esto, es que si aplicamos el sufijo de מוֹרָשֵׁיהֶם, *mōrâshēhem* (sus posesiones) a *kŏl-haggōyīm* (todas las naciones), Judá debería tomar posesión de todas las naciones del mundo, cercanas y lejanas, lo cual resulta increíble y va en contra de 1, 19-20, dado que la única tierra de los enemigos mencionados aquí es la tierra de los idumeos y la de los filisteos, mientras que otros países o porciones de países o porciones de países no aparecen en modo alguno como tierra enemiga que Israel debería conquistar.

Ciertamente, en este pasaje, resulta imposible que Judá tome la tierra de todas las naciones, a no ser que el término Judá esté aquí significando la posteridad espiritual del resto de Judá (es decir, la iglesia cristiana). Pero no es esto lo que dice aquí Abdías. En esa línea, Abdías no menciona aquí a Judá, sino a la casa de Jacob, y por eso no está mencionando al Israel natural o de la carne, sino al pueblo de Dios, que tomará en su día posesión de todas las naciones. La discrepancia entre 1, 17 y 1, 19 desaparece claramente si reconocemos el hecho de que Edom y los filisteos aparecen aquí solo mencionados como tipos o ejemplo del conjunto del mundo pagano en su hostilidad contra Dios.

Según eso, pensamos que la aplicación de *mōrâshēhem* a las posesiones de todas las naciones solo es válida en esa línea, como referencia al nuevo pueblo de Dios que es la Iglesia de Cristo, y así lo indica el hecho de que וירשו (1, 19) aparece claramente como una explicación del ירשו de 1, 17. Según eso, en 1, 17, Abdías ofrece en unas breves palabras la suma y substancia de la salvación que aguarda al pueblo del Señor en futuro. Esta salvación se expresa aún de forma más extensa en lo que sigue, pues 1, 1-19 son una expansión del pensamiento de 1, 17.

1, 18

¹⁸ וְהָיָה בֵית־יַעֲקֹב אֵשׁ וּבֵית יוֹסֵף לֶהָבָה וּבֵית עֵשָׂו לְקַשׁ
וְדָלְקוּ בָהֶם וַאֲכָלוּם וְלֹא־יִהְיֶה שָׂרִיד לְבֵית עֵשָׂו כִּי יְהוָה דִּבֵּר׃

¹⁸ La casa de Jacob será fuego, la casa de José será llama y la casa de Esaú estopa; los quemarán y los consumirán: ni siquiera un resto quedará de la casa de Esaú, porque Yahvé lo ha dicho.

Este verso no solo resume la discusión sobre la retribución, de forma que corresponde a 1, 15, sino que afirma también, como apéndice de 1, 17, que Esaú será totalmente destruido. Con el nombre de בֵית־יַעֲקֹב, casa de Jacob, se está refiriendo a Judá, como muestra claramente el hecho de que aparezca al lado, como algo distinto, el pueblo de las diez tribus. La opinión según la cual *la casa de Jacob* significa aquí todo Israel, pudiéndose aludir en este contexto a la parte que puede ser excluida (Rosenmller, Hengstenberg y otros), va en contra de pasajes como Is 46, 3, donde se habla de "la casa de Jacob y de todo el resto de la casa de Israel", siendo pues la casa de Jacob una parte de Israel.

Abdías aplica aquí el nombre de Jacob para Judá, pues desde la división de los reinos, solo Judá aparece como representante del pueblo de Dios, de manera que las diez tribus han caído por un tiempo fuera del pueblo de Dios. Sin embargo, en el futuro, Judá e Israel han de unirse de nuevo (cf. Os 2, 2; Ez 37, 16; Jer 31, 18), de forma que así, en unión, atacarán y superarán a sus enemigos (Is 11, 13-14).

Abdías nombra por separado la casa de José, es decir, a las diez tribus, y lo hace solo en este pasaje, en contra de la idea de que las diez tribus han de ser expulsadas de la salvación futura. Para la figura de la llama de fuego que consume la estopa cf. Is 5, 24 y 10, 17. Para la expresión "porque Yahvé ha hablado", cf. Joel 3, 8.

1, 19-20

¹⁹ וְיָרְשׁוּ הַנֶּגֶב אֶת־הַר עֵשָׂו וְהַשְּׁפֵלָה אֶת־פְּלִשְׁתִּים וְיָרְשׁוּ
אֶת־שְׂדֵה אֶפְרַיִם וְאֵת שְׂדֵה שֹׁמְרוֹן וּבִנְיָמִן אֶת־הַגִּלְעָד׃
²⁰ וְגָלֻת הַחֵל־הַזֶּה לִבְנֵי יִשְׂרָאֵל אֲשֶׁר־כְּנַעֲנִים עַד־צָרְפַת וְגָלֻת
יְרוּשָׁלַ͏ִם אֲשֶׁר בִּסְפָרַד יִרְשׁוּ אֵת עָרֵי הַנֶּגֶב׃

¹⁹ Los del Negueb poseerán el monte de Esaú y los de la Sefela a los filisteos; poseerán también los campos de Efraín y los campos de Samaria; y Benjamín a Galaad. 20 Los cautivos de este ejército de los hijos de Israel poseerán lo de los cananeos hasta Sarepta, y los cautivos de Jerusalén que están en Sefarad poseerán las ciudades del Negueb.

1, 19. Tras la destrucción de sus enemigos, la nación de Dios tomará posesión de sus tierras (las tierras del antiguo Israel davídico), y extenderá su territorio hacia toda región bajo el cielo. La expresión וְיָרְשׁוּ etc. define de un modo más preciso la expresión וירשׁוּ בית י de 1, 17. Por su parte, *y la casa de Judá*, es decir, el reino de Judá se divide en estas partes: Negueb, Sefela y Benjamín, y a cada una de ellas se le asigna un distrito, del que esas partes tomarán posesión, mencionándose así el país en lugar de sus habitantes.

El הַנֶּגֶב, *hanegebh*, es la parte sur de Judá (cf. *Comentario* a Js 15, 21). Aquí se indica que los habitantes del Negueb tomarán posesión de las montañas de Esaú, de forma que extenderán su territorio hacia el este; por su parte, los habitantes de la tierra baja, junto al Mediterráneo (שְׁפֵלָה, *shephēlâh*, cf. Js 15, 33), dominarán sobre los filisteos, es decir, tomarán su tierra hacia el oeste. No se menciona el sujeto del segundo וירשׁוּ de manera que debe ser determinado por el contexto, y según eso ha de referirse a los hombres de Judá, con excepción de los del Negueb y la Sefela, ya mencionados, es decir, a aquellos que habitan en las montañas de Judá, que son el punto de partida y centro del reino de Judá (Js 15, 48-60).

En un sentido distinto, algunos piensan que *hannegebh* y *hasshephēlâh* pueden seguir teniendo la fuerza de sujetos, de manera que el pensamiento sería este: además de lo ya dicho, los habitantes judíos del sur y de la "Sefela" tomarían posesión de los campos de Efraín y Samaría. Pero en contra de eso va no solo el paralelismo de las frases, según el cual a cada parte se asigna una porción del territorio, sino que también, conforme a esta visión, la parte principal de Judá quedaría excluida de esta presentación del tema, sin razón perceptible para ello.

La palabra שָׂדֶה, *sâdeh*, campos, se utiliza retóricamente para indicar tierra o territorio. Junto a Efraín, que es la tierra, se menciona aquí especialmente Samaría, que es la capital, como se hace con frecuencia al referirse a Judá y Jerusalén. En la frase final se repite יִרְשׁוּ (tomar posesión de), después de Benjamín. Una vez que Judá y Benjamín posean el territorio de las diez tribus, no se puede pensar que ese territorio se toma como tierra del enemigo o tierra despoblada. El tema se entiende precisamente así: Judá y Benjamín, las dos tribus que formaban el reino de Dios en tiempos de Abdías, extenderían su territorio hacia las cuatro partes del mundo, y tomarían posesión de todas las tierras de Canaán, más allá de sus fronteras antiguas.

Hengstenberg ha mostrado con razón que aquí nos encontramos ante una concreción de la promesa de Gen 28, 14, "tu descendencia será como polvo del campo, y te extenderás por el oeste y el este, por el norte y el sur", etc. Pues bien, sobre la base de esta promesa, Abdías predice la futura restauración del reino de Dios, con su extensión que va más allá de las fronteras de Canaán.

En esa línea, podría decirse que Abdías va en contra del esquema de las diez tribus, porque a su juicio solo el reino de Judá constituye el reino o pueblo de Dios. Pero, en 1, 18, él ha mostrado con claridad que no mira a los miembros de las diez tribus como enemigos de Judá, o como separados de Judá, sino al contrario: unidos a Judá, ellos formarán parte del pueblo de Dios. De esa forma, siendo incorporados al pueblo de Dios, los miembros de las diez tribus habitarán sobre la tierra de Judá, de forma que también ellos serán incluidos en los cuatro distritos de ese reino. Por esa razón, el profeta no asigna una nueva tierra especial a los efraimitas y a los gaditas.

La idea de que ellos han de ser trasplantados en un territorio pagano se funda en una falsa comprensión de los hechos, y no tiene apoyo ningún en 1, 20. Los "hijos de Israel" de 1, 20 no pueden ser las diez tribus, como supone Hengstenberg, porque en ese caso la otra porción de la nación de la alianza mencionada con ellos debería describirse como Judá, no como Jerusalén.

La expresión "hijos de Israel" tiene el mismo sentido que "Jacob" en 1, 10; y el nombre de "casa de Jacob" se atribuye en 1, 17 (por su importancia especial) a Jerusalén (1, 11) y al Monte Sión (1, 17). Todo eso se aplica, pues, a los judíos, pero no como una tribu especial, distinta de las otras, sino como el pueblo de Dios, con el que una vez más se ha unido la casa de Jacob.

En conexión con la *gâluth* (cautividad) de los hijos de Israel, se menciona también la *gâluth* de Jerusalén, como se mencionan los hijos de Judá y los hijos de Jerusalén (Joel 3, 6), de los que Joel afirma (teniendo en cuenta a Abdías) que los fenicios y los filisteos los habían vendido a los hijos de Javán, que es Grecia. Esos ciudadanos de Judá y de Jerusalén, que habían sido tomados prisioneros en guerra, aparecen aquí para Abdías como la *gâluth* o cautividad de los hijos de Israel y de Jerusalén, el pueblo de Dios, designado aquí por el nombre de su padre de tribu, Jacob o Israel. De esa forma, debemos identificar a los hijos de Israel con Judá, que forma la tribu central o núcleo fuerte de la nación de la alianza, como lo exige el avance de 1, 20, respecto a 1, 19.

1, 20. Tras haber predicho a la casa de Jacob (1, 17-19) que ella tomaría posesión de la tierra de sus enemigos, extendiéndose más allá de los bordes de Canaán, queda todavía sin resolver una pregunta: ¿qué pasará con los prisioneros y con aquellos que han sido llevados cautivos, conforme a 1, 11 y 1, 14? A esta pregunta responde 1, 20.

La cautividad de los hijos de Israel se reduce a una parte de la nación, conforme a las palabras "los cautivos de este ejército…" (גָּלֻת הַחֵל־הַזֶּה, *gâluth hachēl-hazzeh*). En el momento en que Abdías proclamaba su palabra no se había dado una cautividad semejante a la del tiempo de la toma de Jerusalén por los caldeos (587 d. C.). Los enemigos que habían conquistado Jerusalén se habían contentado con aquellos que habían caído en sus manos, como indica la expresión הַחֵל־הַזֶּה,

En esa línea, חֵל, que los LXX y algunos de los rabinos han tomado como un nombre verbal en el sentido de ἡ ἀρχή, *initium*, comienzo, es una forma defectiva de חַיִל, ejército (2 Rey 18, 7; Is 36, 2), como חֵק de חֵיק en Prov 5, 20; 17, 23; 21, 14.

Por eso no debe confundirse con חֵל, la zanja o trinchera de una fortificación. Las dos frases de 2, 20 tienen un solo verbo, lo que hace que el sentido de אשר בספרד pueda resultar ambiguo. La traducción caldea (conforme a nuestras ediciones, aunque no a la de Kimchi) y a la de los los masoretas (colocando un *athnach* bajo בִּסְפָרַד, *bisephârâd*), con Rashi y otros, toma אשר כנענים como aposición al sujeto: aquellos prisioneros de los hijos de Israel que había entre los cananeos hasta Sarepta.

Ciertamente, el paralelismo con אשר בספרד parece favorecer esta visión; pero ella debe rechazarse por la ausencia de una ב delante de כנענים. Por eso, אשר כן solo puede significar "que son cananeos". Pero esta lectura, cuando se toma en aposición a בני יש, no ofrece un sentido aceptable, porque los hijos de Israel solo podrían llamarse cananeos cuando hubieran adoptado el modo de ser de Canaán. Y cualquiera que hiciera eso no podría aspirar a la salvación por el Señor, ni retornar a la tierra del Señor. Por eso debemos tomar אשר כנענים como objeto, y suplir el verbo יר'שו de la primera frase del verso anterior.

En un primer momento, Abdías introduce este verbo dos veces, y después lo omite en las dos frases siguientes (2, 19.20), para introducirlo de nuevo en 1, 20. El significado es el siguiente: aquellos hijos de Israel, que habían sido llevados cautivos, tomarán posesión de todos los cananeos que hubiera hasta Sarepta, es decir, hasta la ciudad fenicia de Sarepta, la actual Surafend, entre Tiro y Sidón, en la costa del mar al norte del Carmelo (cf. *Comentario* a 1 Rey 17, 9).

Ese gesto de tomar la tierra del enemigo presupone un retorno a la patria. En esa línea, los exilados de Jerusalén tomarán posesión de la parte sur del país, es decir, de la tierra hacia Edom. En este contexto, la palabra בספרד (en Sefarad) resulta difícil de entender, y no ha sido aun satisfactoriamente explicada, pues no aparece más en el texto. La referencia a Sefarad/España, que aparece en el texto caldeo y en el siríaco, es probablemente una inferencia tomada de Joel 3, 6; y la traducción de aquellos que ponen "Bósforo" (que aparece citada en Jerónimo) solo puede fundarse en la semejanza del nombre.

Más probable es la supuesta conexión entre este nombre y el de *Padad*, o *parda*, mencionado en una gran inscripción de *Nakshi Rustam*, que ofrece una lista de nombres de tribus entre *Katpadhuka* (Capadocia) y *Yun* (Jonia), en la que Sylv. de Sacy había imaginado que habría encontrado nuestra Sefarad, pues la semejanza de nombres es grande.

Pero si ese nombre de *parad/parda* es la forma persa de Sardis (Σάρδις o Σάρδεις), que se escribía como *varda* en la lengua nativa (Lidio), como piensa Lassen, *Sefarad* no puede ser lo mismo que *parda*, dado que el hebreo no ha recibido el nombre ספרד a través de los persas. Y por otra parte, ese nombre lidio de *varda*, aparte de ser un nombre meramente postulado, debería escribirse en hebreo סורד. A eso se debe añadir el hecho de que es imposible probar que los lidios utilizaron el nombre de *varda* para Sardis. Por eso, es mucho más natural conectar ese nombre como Σπάρτη (Esparta) y con los Σπαρτιάαι (1 Mac 14, 16.20.23; 12, 2.5.6), y pensar que los hebreos han oído ese nombre a partir de los fenicios, en conexión con Javán, que es la tierra del lejano oeste[60].

La ciudades de la zona sur del país de Canaán están en antítesis con la ciudad de Sarepta, que está en el norte. De esa manera, esas dos regiones aparecen por sinécdoque como indicación de todos los países en torno a Canaán, como expresión de la apertura de Israel hacia la derecha y hacia la izquierda, de manera que su descendencia pueda heredar la tierra de los gentiles, como había sido prometido en Is 54, 3. La descripción queda redondeada por la referencia conclusiva al país del sur, de manera que el texto vuelve al lugar en el que había comenzado.

1, 21

[21] וְעָל֤וּ מֽוֹשִׁעִים֙ בְּהַ֣ר צִיּ֔וֹן לִשְׁפֹּ֖ט אֶת־הַ֣ר עֵשָׂ֑ו וְהָיְתָ֥ה לַֽיהוָ֖ה הַמְּלוּכָֽה׃

[21] Y subirán salvadores al monte Sión para juzgar al monte de Esaú. ¡El reino será de Yahvé!

Con la toma de las tierras de los gentiles, comenzará en Sión el pleno despliegue de la salvación. עלה seguida por ב no significa ir a un lugar, sino escalar hasta la cumbre (Dt 5, 5; Sal 24, 3; Jer 4, 29; 5, 10) o ir dentro (Jer 9, 20). De un modo consiguiente, aquí no tenemos tampoco ninguna alusión en ועלו al retorno de los exilados.

Subir a la cumbre de Sión significa simplemente que, en el tiempo en que Israel tome las posesiones de los paganos, el monte Sión recibirá y tendrá salvadores o jueces que juzgarán a Edom. Y así como las montañas de Esaú representan el mundo pagano, así el monte Sión aparece en el Antiguo Testamento como sede del reino de Dios, es decir, como tipo del reino de Dios en su forma más desarrollada.

La palabra מושיעים, que se ha escrito defectivamente como מושעים en algunos manuscritos antiguos, y que por tanto ha sido traducida de modo incorrecto como σεσωσμένοι y ἀνασωζόμενοι por los LXX, Aquila, Teodoreto y el siríaco, significa salvadores, liberadores. Esta expresión ha sido escogida como alusión a los tiempos antiguos, en los que Yahvé salvaba a su pueblo a través de jueces, liberándolo del poder de los enemigos (Jc 2, 16; 3, 9-14, etc.).

---

60. Debe excluirse sin duda el intento de identificar Sefarad con ἐν διασπορᾷ (Hendewerk y Maurer). Por su parte, la conjetura de Ewald, de identificar ספרד con un lugar que está a tres horas de camino de Acco, en apoyo de la cual él cita a Niebuhr, R. iii. p. 269, carece de base. En ese caso, Niebuhr menciona más bien la población de *Serfati* como lugar en el que vivió Elías, y se refiere a Maundrell, que llama a ese lugar *Sarphan, Serephat* y *Serepta*, un nombre que cualquier entendido en la Biblia identificará con la bíblica Sarepta, que es la aldea actual de *Surafend*.

Esos מוֹשִׁעִים son héroes, que se parecen a los jueces, que tienen que defender y liberar el monte Sión y a sus habitantes, cuando sean oprimidos por sus enemigos (Caspari). Sin embargo, el lugar y objeto de su actividad no es Israel, sino Edom, que aparece así como representante de los enemigos de Israel. Aquí se mencionan las montañas de Edom, en parte por antítesis respecto a la montaña de Sión, y en parte para expresar la supremacía de Israel, no solo sobre la tierra y pueblo de Canaán, sino también sobre la tierra de los paganos.

En este contexto, *shâph*at (cf. לִשְׁפֹּט) no significa solo juzgar o mediar en las disputas, sino que incluye una tarea de gobierno, el ejercicio de dominio, en el sentido más amplio, de manera que el hecho de juzgar las montañas de Esaú expresa el dominio del pueblo de Dios sobre el mundo pagano. Como observa correctamente Hengstenberg, entre esos salvadores ha de situarse el Salvador, que es Cristo, por excelencia. Eso no se pone externamente de relieve, ni se afirma de un modo preciso, pero ha de asumirse como algo evidente, partiendo de la historia de los tiempos antiguos, cuando se afirmaba que Yahvé suscitaría salvadores para su pueblo.

El pensamiento final que sigue es que el reino será de Yahvé, es decir, que Yahvé se mostrará a sí mismo, ante el mundo entero, como Rey del mundo, y gobernante de su reino, y que sería reconocido por las naciones de la tierra, sea de un modo voluntario o por imposición. Ciertamente, Dios era ya Rey, pero no como Gobernante Todopoderoso del Universo, sino como Rey de Israel, sobre su reino. Pero este poder real de Yahvé no era reconocido todavía por los pueblos paganos, ni podía ser reconocido, mientras que Yahvé tuviera que liberar a Israel del poder de sus enemigos (a causa de los pecados del mismo Israel). Sin embargo, él podía lograr ese reconocimiento destruyendo a los poderes enemigos, como se mostraba en la destrucción de Edom y en la exaltación de su pueblo, para lograr el poder sobre todas las naciones. A través de ese acto poderoso de salvación, Yahvé establecería su reino sobre todo el mundo (cf. Joel 3, 21; Miq 4, 7; Is 24, 23). "La llegada de su Reino comenzó con Cristo, y alcanzará en él su pleno cumplimiento" (Hengstenberg).

Conclusión. Si miramos ahora hacia el cumplimiento de toda nuestra profecía, el comienzo de la destrucción de las naciones, que comenzó con estas amenazas en contra de los edomitas (1, 1-9), empezó a realizarse en el período de los caldeos. Ciertamente, no tenemos evidencia histórica expresa del sometimiento de los idumeos o edomitas por Nabucodonosor, pues Josefo (*Ant.* x. 9, 7) no dice nada de ella, ni de los idumeos, que habitaban entre los moabitas y Egipto. Pero en la visión que él ofrece de la expedición de Nabucodonosor contra Egipto, cinco años después de la destrucción de Jerusalén (expedición en la sometió a los amonitas y a los moabitas), se incluye e implica también de un modo incuestionable la devastación de Edom por los caldeos, según lo suponen Jer 49, 7 y Ez 35, 1-15, cuando comparamos esos textos con Jer 25, 9.21 y Mal 1, 3.

En Jer 25, 21 se mencionan los idumeos entre las naciones en torno a Judá, a las que el Señor oprimirá por la mano de su siervo Nabucodonosor (Jer 25, 9), y a las que Jeremías presenta la copa de vino de ira, que proviene de la mano de Yahvé; en ese contexto, los idumeos aparecen unidos en el castigo con los filisteos y los moabitas.

Por su parte, según Mal 1, 3, Dios convirtió las montañas de Esaú en un desierto; y esto solo se puede referir a la desolación de la tierra de Edom por los caldeos. Ciertamente, en aquel tiempo, los idumeos podían pensar aún en reedificar sus ruinas, pero Malaquías les amenaza diciendo: "Si ellos edifican yo destruiré, dice el Señor"; sin duda esa palabra se cumplió, aunque no conservemos referencias a Edom en el tiempo de Alejandro Magno y de sus sucesores.

La destrucción de los idumeos como nación comenzó en el tiempo de los macabeos. Después que Judas Macabeo les había vencido en diversas ocasiones (1 Mac 5,3. 65; Jos. *Ant*. xii. 18, 1), Juan Hircano les sometió enteramente en torno al año 129 a. C., y les obligó a circuncidarse y a observar la ley de Moisés (Josefo *Ant*. xiii. 9, 1), un proceso que culminó cuando Alejandro Janneo los sometió de un modo total (xiii. 15, 4). Y la pérdida de su independencia nacional, que ellos habían seguido manteniendo de alguna forma, culminó con la destrucción total por parte de los romanos.

Para castigarles por las crueldades que ellos habían practicado en Jerusalén, en conexión con los zelotes, inmediatamente antes del asedio de la ciudad por los romanos (Josefo, *Bell*, iv. 5, 1, 2), Simón de Gerasa devastó su tierra de una forma terrible (*Bell*, iv. 9, 7). Por otra parte, aquellos idumeos que luchaban en Jerusalén del lado de Simón fueron degollados por los romanos, igual que los judíos.

Los pocos idumeos que aún quedaron se perdieron entre los árabes, de manera que el pueblo de los idumeos fue destruido para siempre (Abd 1, 10), y su mismo nombre desapareció de sobre la superficie de la tierra. Refiriéndonos ya al resto de la profecía, Edom llenó la medida de sus pecados en contra de Israel, su nación hermana, en contra de aquello que Abdías les había advertido en 1, 12-13, en la toma y destrucción de Jerusalén por los caldeos (cf. Ez 35, 5.10; Sal 137, 7; Lam 4, 22).

De todas formas, no podemos identificar el cumplimiento de la amenaza de Abd 1, 18 con el sometimiento de los idumeos por los macabeos, ni con la expedición devastadora de Simón de Gerasa, como piensan Caspari y otros, aunque parezca que puede entenderse en esa línea el pasaje de Ez 25, 14, donde se dice que Yahvé cumplirá su venganza contra Edom por las manos de su pueblo Israel. Aunque esa profecía de Ezequiel se cumpliera en los acontecimientos recién mencionados, no podemos entender en esa línea las palabras de Abd 1, 18, ni los pasajes paralelos de Am 9, 11-12 y Num 24, 18, como si se refirieran a esos mismos acontecimientos. En sentido estricto, la destrucción de Edom y la toma de los montes de Seir por Israel es algo que, según Num 24, 18, se realizará a través del Gobernante final que surgirá en Jacob, es decir, a través del Mesías que es Cristo. Esos acontecimientos se realizarán, según la profecía de Am 9, 11-12 en conexión con la reconstrucción de la cabaña caída de David, es decir (según la profecía de Abdías) en el Día de Yahvé, en conexión con y tras el juicio de todas las naciones del mundo. De un modo consiguiente, el cumplimiento de Abd 1, 17-21, solo podrá darse con la llegada de los tiempos mesiánicos y, en ese sentido, esos tiempos han llegado con la fundación del reino de Cristo en la tierra, pues ese Reino se va extendiendo en todas las naciones y culminará de un modo completo en la segunda venida de nuestro Señor.

JONÁS

El profeta

Según 2 Rey 14, 25, Jonás, hijo de Amitai, nació en *Gath-hepher*, en la tribu de Zabulón, un lugar que, según una tradición judía, transmitida por Jerónimo, no era grande, al norte de Nazaret, en el camino que va de Séforis a Tiberiades, en el lugar de la población actual de *Meshad* (cf. Js 19, 13). Vivió en el reinado de Jeroboán II, y predijo a este rey el éxito en la guerra en contra de los sirios, para la restauración de las antiguas fronteras del reino, y su profecía se cumplió.

Por su mismo libro sabemos que este Jonás (que tiene que identificarse con el que aparece en 2 Rey 14, 25, pues el nombre del padre es el mismo), recibió el mandato del Señor de ir a Nínive, para anunciar la destrucción de la ciudad, a causa de sus pecados. Evidentemente, la misión de Nínive tuvo que venir después de la profecía a favor de Jeroboán, y aunque es posible que se produjera en el tiempo de Menajem, durante el período de la primera invasión de Israel por los asirios, eso no es en modo alguno tan probable como algunos piensan. Porque, dado que Menajem comenzó a reinar 53 años después del comienzo del reinado de Jeroboán, y la guerra de Jeroboán y los sirios no tuvo lugar en los años finales, sino en los comienzos de su reinado, pues fue solo la continuación y conclusión de la guerra victoriosa que su padre había comenzado contra estos enemigos de Israel, Jonás debía haber sido ya un hombre muy anciano cuando Dios le encomendó la misión de Nínive, si ella tuvo lugar después de la invasión de Israel por Pul.

No conocemos nada más de las circunstancias de la vida de Jonás, solo esas noticias bíblicas. La tradición judía mencionada por Jerónimo en el *Proemio* a Jonás, supone que el profeta era el hijo de la viuda de Sarepta, al que Elías había resucitado de la muerte (1 Rey 17, 17-24), y así lo recogen también el Ps. Epifanio y el Ps. Doroteo. (cf. Carpzov, *Introd.* ii. pp. 346-7); pero esa noticia es solo una *hagada* judía, fundada en el nombre (hijo de Amittai; LXX: υἱοῦ Ἀμαθί), que no tiene fundamento histórico, lo mismo que no lo tiene la tradición según la cual la tumba del profeta se encuentra en *Meshad* de Galilea, o también en Nínive de Asiria, por la misma razón aducida por Jerónimo (l.c.): *matre postea dicente ad eum: nunc cognovi, quia vir Dei es tu, et verbum Dei in ore tuo est veritas; et ob hanc causam etiam ipsum puerum sic vocatum, Amatai enim in nostra lingua veritatem sonat* [la madre le dijo después (de la resurrección de su hijo) ahora he conocido que eres un hombre de Dios, y que la palabra de Dios es verdad en tu boca; y por esa causa el niño recibió ese nombre, que en nuestra lengua significa verdad].

El libro

Por su contenido y su forma parece una narración relacionada con los profetas anteriores, como otras que aparecen en los libros históricos del Antiguo Testamento, como la historia de Elías y Eliseo (1 Rey 17-19; 2 Rey 2, 4-6), más que uno de los escritos de los profetas menores. No contiene palabras proféticas sobre Nínive, sino que relata en prosa simple el envío de Jonás a la ciudad para anunciar su destrucción, con la conducta del profeta al recibir este divino mandamiento, su intento de escapar, huyendo a Tarsis y la forma en que este pecado fue expiado. El libro narra finalmente la forma en que los ninivitas obedecieron al mandato de Dios, poniendo de relieve no solo el éxito de su mensaje de penitencia, sino también las murmuraciones de Jonás, porque Dios había perdonado a Nínive, a consecuencia del arrepentimiento de sus habitantes, con el reproche final de Dios a Jonás por sus murmuraciones.

Pues bien, si a pesar de esto, los compiladores del canon han colocado este libro entre los profetas menores, esto solo se puede deber al hecho de que ellos estaban firmemente convencidos de que Jonás era el autor del libro. En ese contexto, las objeciones que se han elevado en contra de la autenticidad de este libro, tanto de tipo doctrinal (con la discusión sobre su verdad y credibilidad histórica) como histórico (diciendo que su origen tiene que ser muy posterior) son muy triviales y carecen de toda fuerza probativa.

Muchos afirman que (sin entrar en el pasaje milagroso de la ballena) el libro de Jonás carece de todo tipo de claridad y precisión. El autor, dice Hitzig, no dice nada del largo y cansado viaje a Nínive, ni del destino posterior de Jonás, ni de su forma de vida anterior, ni del lugar donde fue arrojado en tierra por la ballena, ni del nombre del rey de Asiria… En resumen, sigue diciendo Hitzig, Jonás omite una serie de detalles que se encuentran necesariamente conectados con la verdad de la historia.

Pero en contra de eso debemos afirmar que la narración de las circunstancias externas de la historia solo habría servido para saciar la curiosidad de los lectores, no para entender mejor los hechos principales del relato, de manera que en un libro como este ha debido omitirse. Por otra parte, esa crítica (la omisión de detalles) puede hacerse a todos los escritos históricos de la antigüedad, sin que por eso se ponga en duda su verdad. No hay en la antigüedad ningún escrito histórico que se detenga en ese tipo de circunstancias. En esa línea, los historiadores bíblicos no cuentan los detalles que no tienen una conexión interna con el objeto principal de la narración, o con el sentido religioso de los hechos. Por eso, una crítica como esta no logra demostrar en modo alguno que el libro de Jonás no tiene fondo histórico.

En otra línea, se han querido buscar pruebas sobre el origen posterior del libro por el tipo de lenguaje empleado y especialmente por el hecho de que la oración de Jon 2, 3-10 contiene muchas reminiscencias de los salmos. En esa línea, el Ph. D. Burk ha dicho que este libro es *praestantissimum exemplum psalterii recte applicati* (un ejemplo muy importante de la recta aplicación del salterio).

Por otra parte, los así llamados arameísmos, tales como הטיל arrojar (Jon 1, 4-5.12, etc.), el intercambio de ספינה con אניה (Jon 1, 5), מנה en el sentido de determinar, instituir (2, 1; 4, 6), חתר en el supuesto sentido de remo (1, 13), התעשׁת recordar (1, 6) y las formas בשלמי (1, 7), בשלי (1, 12) y שׁ por אשר (4, 10), pertenecen al lenguaje común de Galilea, es decir, al lenguaje de la conversación normal, y no son en modo alguno pruebas del origen tardío del libro, pues no se puede probar con certeza que ninguna de esas palabras era desconocida en el uso del hebreo antiguo. Por su parte, el שׁ en lugar del אשר aparece ya en Jc 5, 7 y en 6, 17, y también en שׁלי de Cant 1, 6; 8, 12, mientras que en nuestro libro solo aparece en los dichos de personas que están actuando (Jon 1, 7.12) o aplicado a Dios.

La única palabra de origen no hebreo del libro es טעם, que se utiliza en el sentido de mandato, y se aplica al edicto del rey de Asiria, que Jonás oyó en Nínive, donde se utilizaba como término técnico, y que así fue transmitido por él. Las reminiscencias que aparecen en la oración de Jonás están tomadas de los salmos de David o de sus contemporáneos, que eran bien conocidas en Israel mucho tiempo antes del profeta[61].

Finalmente, la afirmación de que Nínive era una gran ciudad (3, 3) no prueba en modo alguno que Nínive hubiera sido ya destruida en el tiempo en que Jonás escribió estas palabras, ni la grandeza de Nínive era algo desconocido para los contemporáneos de Jonás, aunque era poco probable que fueran muchos los israelitas contemporáneos de Jonás que hubieran visitado Nínive. Por su parte, היתה es un imperfecto de tipo sincronístico, lo mismo que en Gen 1, 2. Cuando Jonás llegó allí, Nínive era una gran ciudad, de tres días de camino, como observa Staedlin y como admite el mismo De Wette.

Más peso parecen tener las objeciones de aquellos que rechazan el contenido milagroso del libro, diciendo que un libro que cuenta las cosas como hace el libro de Jonás no puede ser histórico. En esa línea tendríamos que decir que los hechos narrados en el libro de Jonás son una leyenda mítica. "Toda la narración (dice Hitzig en su prolegómeno al libro de Jonás) es milagrosa y fabulosa".

---

61. Esas reminiscencias son las siguientes: Jon 2, 3 proviene de Sal 18, 7 y 120, 1; Jon 2, 4 está tomado literalmente de Sal 42, 8; Jon 2, 5 viene de Sal 31, 23, mientras que Jon 2, 5 remite a Sal 5, 8; Jon 2, 6 está tomado de Sal 69, 2 y 18, 5; Jon 2, 8 proviene de Sal 142, 4 o de 143, 4, mientras que Jon 2, 8 recuerda al Sal 18, 7 y al 88, 3; Jon 2, 9 está formado a partir de Sal 31, 7; y Jon 2, 10 se parece a Sal 42, 5; 50, 14.23.

Pero a eso debemos contestar que nada es imposible para Dios. Por eso, aquellos que creen en los milagros afirman que Jonás pudo vivir en el vientre de la ballena sin ahogarse. Por eso el *qīqāyōn* (ricino) del final del libro pudo crecer durante la noche y alcanzar tanta altura que puede servir para dar sombra a un hombre sentado.

Cuando Yahvé pone cualquier cosa del mundo a su servicio (para su propia obra) las cosas maravillosas que suceden no tienen para el autor nada que pueda ser asombroso ni imposible. La suerte de aquellos marineros que buscan al culpable de la tempestad recae sobre el hombre justo; la tempestad se eleva del modo más oportuno, y Dios hace posible que el pez esté dispuesto para tragar a Jonás, vomitándole más tarde. Así, después, el árbol puede crecer en un momento, y el gusano puede secarlo también en un momento, y el viento sofocante hace que el hombre tenga necesidad de una sombra...

Pues bien, en todo esto actúa la mirada de Dios y su divina providencia, de forma que algunos pueden caer en el ateísmo, pero nada de eso logra probar en modo alguno que los contenidos de este libro sean una pura fábula. Estas reflexiones muestran que la historia de Jonás no puede ser probada, ni mucho menos entendida, sin un conocimiento del Dios vivo y de su actividad en la esfera de la vida natural y humana[62].

El libro de Jonás contiene acontecimientos milagrosos. Pero incluso los dos más chocantes (la estancia de Jonás durante tres días en el vientre de la ballena, y el crecimiento casi inmediato de un *qīqāyōn*, hasta alcanzar la altura suficiente para dar sombra a un hombre sentado) tienen analogías en la naturaleza, que hacen al menos concebible la posibilidad de milagros de este tipo (ver *Comentario* a 2, 1 y 4, 6). El arrepentimiento de los ninivitas a consecuencia de la predicación del profeta es un hecho extraordinario, pero no un milagro estrictamente dicho. Ciertamente, la simple posibilidad de este milagro no prueba en modo alguno que se haya dado, pues la realidad del milagro solo puede ser discernida y valorada de un modo correcto a partir de la importancia de la misión de Jonás en Nínive, y de su intervención en esta misión desde la perspectiva del plan divino de la salvación en relación con el mundo gentil.

---

62. El rechazo de los milagros de este libro comenzó ya con los paganos. Incluso a Luciano le parecieron ridículos (cf. *Verae histor.* lib. i. 30f., ed. Bipont). En relación con el tema de los tres días en el vientre de la ballena y del *qīqāyōn,* dice Agustín en su *Epist.* 102: "He visto a los paganos ridiculizar con gran risa este tipo de relatos". Y Teofilacto añade también "Jonás fue tragado por una ballena, y el profeta permaneció en su vientres tres días y tres noches; esto es algo que los oyentes no pueden creer, especialmente aquellos que leen esta historia tras haber estudiado la sabiduría griega...". La misma Iglesia se dejó llevar por este tipo de críticas, cuando entraron el ella el deísmo, el naturalismo y el racionalismo, que niegan los milagros y no creen en la inspiración de la Escritura. Desde ese momento se han venido construyendo una multitud de hipótesis maravillosas y de ideas triviales sobre el libro de Jonás, hipótesis que P. Friedrichsen ha coleccionado y discutido del modo menos espiritual posible en su *Kritische Uebersicht der verschiedenen Ansichten von dem Buche Jona.*

La misión de Jonás fue un hecho de inmensa importancia simbólica y tipológica, que tenía como finalidad no solo la de iluminar a los judíos en relación con el papel de los gentiles en la llegada del reino de Dios, sino también para tipificar la postura que debía tomar Israel al final de los tiempos en su relación con los paganos, para recibirles en el espacio de salvación preparado por Dios para todos los pueblos.

Cuando se acercaba el tiempo en que Israel iba a ser entregado bajo el poder de los gentiles, siendo pisoteado por ellos, a causa de su pertinaz apostasía del Señor su Dios, resultó natural que los israelitas orgullosos de su justicia miraran a los gentiles simplemente como enemigos del pueblo y del reino de Dios, negándoles no solo su capacidad de salvación, sino interpretando los anuncios proféticos del juicio que debía descargarse contra ellos como expresión de que estaban destinados sin más a la destrucción completa. El objetivo de la misión de Jonás en Nínive fue el de combatir de la manera más fuerte y más práctica la falsedad de esa ilusión que parecía apoyarse en la elección de Dios como vehículo de salvación para ellos, como expresión orgullosa de su confianza propia y de su ventaja como pueblo escogido de la descendencia de Abrahán.

Mientras que otros profetas proclamaban con palabras su visión de los gentiles en relación con Israel en un futuro cercano y más remoto, proclamando no solo el sometimiento de Israel bajo el poder de los gentiles, sino también la conversión futura de los paganos al Dios viviente y su acogida en el reino de Dios, el profeta Jonás recibió el encargo de proclamar la relación de Israel con el mundo de los gentiles de manera típico-simbólica, para mostrar de un modo figurativo y ejemplar no solo la capacidad que los gentiles tenían de recibir la gracia divina, sino también la conducta de Israel en relación con el designio de Dios a favor de los gentiles, y las consecuencias que ello tenía para su visión de Dios.

La capacidad que los gentiles tienen para recibir la salvación revelada en Israel se muestra de una forma clara y visible en la conducta de los marinos paganos, es decir, en el hecho de que ellos temen al Dios del cielo y de la tierra, le invocan, le presentan sacrificios y le hacen votos, y aún más en la profunda impresión que produjo la predicción de Jonás en Nínive, y en el hecho de que toda la población de la gran ciudad, con el rey a su cabeza, se arrepintiera con saco y ceniza. La actitud de Israel hacia el designio de Dios de mostrar misericordia hacia los gentiles, garantizándoles la salvación, se muestra en la manera en que Jonás actúa cuando él recibe el mandato divino, y cuando él va a realizarlo.

Jonás intenta escapar, con el fin de no tener que proclamar la palabra de Dios en Nínive, huyendo a Tarsis, porque le molesta el despliegue de la misericordia de Dios hacia la gran ciudad del mundo y porque, según 4, 2, él no quiere que, a través de su predicación de arrepentimiento, pueda evitarse la destrucción de Nínive. En este estado mental del profeta, se reflejan los sentimientos y el estado de mente de la nación israelita en relación con los gentiles.

Conforme a su forma de ser natural, Jonás comparte esta actitud, y quiere mantenerse como representante de la identidad de Israel por el orgullo de su propia elección. Al mismo tiempo, solo en ese estado de mente, como hombre viejo, él se rebela en contra del mandamiento divino, y se muestra con dureza, en su forma de ser externa, mientras que su yo más profundo escucha la palabra de Dios, y se siente movido por dentro, de manera que no podemos situarle sin más en la categoría de los falsos profetas, que solo profetizan lo que proviene de su corazón egoísta.

Cuando el capitán del barco le despierta en medio de la tormenta sobre el mar, y las suertes muestran que él es culpable, Jonás confiesa su culpa, y pide a los marinos que le arrojen al mar, porque por su causa ha venido sobre ellos la gran tormenta (1, 11-12). El cumplimiento de este castigo, que le sobreviene a causa de su obstinada resistencia a la voluntad de Dios, muestra que el rechazo y el exilio que Israel suscitará sobre sí mismo, haciéndole quedar fuera de la faz de Dios, está causado por su obstinada resistencia en contra de la llamada divina. Ciertamente, siendo lanzado al mar, Jonás fue tragado por la gran bestia, pero, habiendo pedido perdón a Dios desde el vientre de la bestia, fue vomitado de nuevo sin ningún daño a la tierra.

Este milagro tiene, por tanto, un carácter simbólico para Israel, mostrando que si ella es una nación carnal, con su mente impía, debe volverse al Señor, incluso desde la situación más extrema, para ser elevada de nuevo por un milagro divino, salvándose de la destrucción, para comenzar una vida nueva. Y finalmente, la manera en la que Dios rechaza al profeta cuando está triste porque Dios ha perdonado a Nínive (4, 1-11), tiene como finalidad la de poner ante todo Israel, como un espejo, la grandeza de la compasión divina, que abraza a toda la humanidad, a fin de que ella pueda reflexionar y ponerla en su corazón.

Pero estos rasgos no agotan el significado más profundo de la historia de Jonás, pues ella se extiende aún más y culmina en los tres días de prisión de Jonás en el vientre del pez, tema sobre el que Cristo arrojó alguna luz cuando dijo: "Así como Jonás estuvo tres días y tres noches en el vientre del pez, de igual manera el Hijo del Hombre estará tres días y tres noches en el vientre de la tierra" (Mt 12, 40). La clave del sentido de este signo está en la conexión divinamente establecida entre el tipo y el antitipo, conexión que aparece en la respuesta que Jesús ofreció a Felipe y Andrés cuando le dijeron, un poco antes de su muerte, que había ciertos griegos entre los que habían venido a adorar en la fiesta que querían verle. La respuesta de Jesús incluye dos afirmaciones distintas:

> – "Ha llegado el tiempo en que el Hijo del Hombre ha de ser glorificado. En verdad, en verdad os digo, si el grano de trigo no cae en la tierra y muere, permanece solo; pero si muere produce mucho fruto" (cf. Jn 12, 23-24).

- "Cuando yo sea elevado, yo atraeré todas las cosas hacia mí..." (Jn 12, 32). Una parte de la respuesta de Jesús indica que el tiempo de los gentiles no ha llegado todavía; pero las palabras "ha llegado el tiempo..." contienen también la explicación de que los gentiles tienen que esperar solo pacientemente un pequeño tiempo, porque la unión con Cristo, con la que concluye el discurso (Jn 12, 32), está directamente conectada con la glorificación del Hijo del Hombre (Hengstenberg sobre Jn 12, 20).

Esta afirmación del Señor, según la cual su muerte y su glorificación son necesarias para que él pueda atraer a todos los hombres, incluso a los paganos, hacia sí mismo, la afirmación de que por medio de su muerte él podrá abolir el muro de separación por el que los gentiles habían sido alejados del Reino de Dios, que había sido ya evocada en Jn 10, 15-16, nos enseña que la historia de Jonás ha de ser mirada como un elemento importante en la línea del despliegue del plan divino de la salvación.

En el momento en que Asiria estaba apareciendo como poder conquistador del mundo, en el momento en que iba a comenzar la entrega de Israel en manos de los gentiles, Yahvé envió a su profeta a Nínive, para proclamar en la gran capital del reino mundial su omnipotencia, su justicia y su gracia. Ciertamente, la entrega de Israel en manos de los paganos fue un castigo por su idolatría; sin embargo, conforme al propósito de Dios, esa entrega estaba preparando el camino para la extensión del Reino de Dios sobre todas las naciones.

Los gentiles tenían que aprender a temer al Dios vivo del cielo y de la tierra, no solo como preparación para la liberación de Israel, de modo que Israel se refinara a través del castigo, sino que tenían que reconocer la vanidad de sus ídolos, aprendiendo a descubrir la salvación a través del Dios de Israel. Todo esto nos hacer ver de un modo preciso la conexión interior entre la misión de Jonás en Nínive y el plan de salvación de Dios. El sentido más profundo de todo se esclarece a través de aquello que Jonás mismo tuvo que experimentar.

- Por un lado, *el castigo que Jonás provocó contra sí mismo,* a través de su resistencia al mandamiento divino, contenía esta lección: que Israel, como nación natural del mundo, tenía que perecer a fin de que, a partir de su naturaleza pecadora, pudiera brotar un nuevo pueblo de Dios, muerto ya a la ley, para servir a Dios con prontitud de espíritu.
- Por otro lado, *Dios mismo hizo que la angustia mortal y la liberación de Jonás fueran un tipo de la muerte y resurrección de Jesucristo,* para que así pudiera convertirse en salvador de toda la humanidad. Como Jonás, siervo de Dios, fue entregado a la muerte, a fin de cumplir plenamente la obra que Dios le había encomendado, es decir, la de proclamar a los

ninivitas el juicio y misericordia del Dios del cielo y de la tierra, así también el Hijo de Dios tenía que ser enterrado en la tierra como un grano de trigo a fin de ofrecer el fruto de salvación para todo el mundo.

De esa forma queda clara la semejanza entre los dos, Jonás y Jesús. Pero Jonás merece el castigo de la muerte. Por el contrario, Cristo sufrió como inocente, por los pecados de la humanidad, y fue voluntariamente a la muerte, como alguien que tenía vida en sí mismo, para cumplir la voluntad del Padre. En esta diferencia aparece la desigualdad entre los dos, de manera que el tipo que es Jonás queda muy atrás del antitipo que es Jesús, y escenifica la realidad, pero lo hace de un modo muy imperfecto. Pues bien, incluso en esta diferencia podemos percibir cierta semejanza entre los dos, una semejanza que no puede pasarse por alto.

Jonás murió (fue recibido en el vientre de la ballena), conforme a su hombre natural, a causa de su pecado, que era común, para él y para su nación. Cristo, en cambio, murió por el pecado de su pueblo, que él había cargado sobre sí, para hacer expiación por ese pecado. Pero él murió también como miembro de la nación, de la que había brotado según la carne, pues nació sometido a la ley, para que pudiera elevarse así como salvador de todas las naciones.

Este carácter simbólico y típico de la misión del profeta Jonás nos hace ver que su libro no es un mito o una ficción parabólica, o simplemente la descripción de una experiencia profética que tuvo solo en Espíritu, sino que contiene un hecho histórico. En esa línea, el contenido de este libro va en contra de todas esas formas de entenderlo, en una línea racionalista, incluso de la última citada.

Cuando a los profetas se les manda que realicen sus signos simbólicos, ellos lo hacen sin repugnancia. Pero Jonás intenta rechazar el cumplimiento del mandato de Dios, huyendo lejos, siendo castigado por ello. Este gesto va en contra del carácter puramente simbólico de su acción, y muestra que el libro está contando hechos históricos.

Ciertamente, el envío de Jonás a Nínive no tiene solo como finalidad lo que se cuenta en un primer nivel (es decir, la conversión de los ninivitas). Este envío y misión quiere mostrar la posibilidad de la conversión de los ninivitas al Dios verdadero, indicando así la verdad de que incluso los gentiles eran capaces de recibir la gracia divina, siendo eventualmente recibidos en el reino de Dios. A través de este envío (tal como está contado en este libro) Dios quiere enseñar la verdad de su misericordia a los mismos israelitas.

Pues bien, esa verdad no se podía imprimir en la conciencia de los israelitas de un modo más intenso que haciendo que Jonás viajara realmente a Nínive para proclamar allí la destrucción de la ciudad, a causa de su maldad, para descubrir de esa manera el resultado de su mensaje, tal como lo muestra este libro.

Esta verdad no podía inscribirse en la mente de Israel de un modo verdadero, aunque simbólico, si es que la misión de Jonás hubiera sido ficticia. Si la

El libro

pretendida huida del profeta a Tarsis y su gran riesgo en el mar no fueran acontecimientos históricos, ellos serían simplemente ficciones de carácter mítico y parabólico, sin fuerza religiosa probatoria, sin carácter simbólico universal. Pues bien, aunque los mitos puedan ser revestimientos de ideas religiosas, y las parábolas pueden expresar verdades proféticas, ellas no pueden ser tipos de los acontecimientos futuros de la historia de la salvación, a no ser que tengan un núcleo histórico. Si los tres días de encierro de Jonás en el vientre de la ballena tenían el significado típico que Cristo les atribuye en Mt 12, 29 y Lc 11, 29, ellos no pueden ser ni un mito ni un sueño, ni una parábola, ni una simple visión imaginaria; sino que han debido ser realidades objetivas, como las realidades de la muerte, entierro y resurrección de Jesús[63].

En esa línea, aunque, como he dicho, nuestro libro contiene hechos de significado simbólico-tipológico relacionados con la vida del profeta, no hay ninguna razón que nos lleve a poner en duda el hecho de que él mismo es el autor del libro. De todas formas, aunque Jonás mismo sea el autor del libro no basta para explicar la inclusión de su obra entre los profetas menores.

En esa línea debemos añadir que este libro recibió su lugar entre los profetas no solo porque relata acontecimientos históricos, sino porque esos acontecimientos eran profecías prácticas. Así lo vio Marck, diciendo que "este libro es en gran medida histórico, pero de tal forma que en su misma historia se esconde el misterio de una verdadera y gran profecía; de esa manera, Jonás viene a mostrarse como un auténtico profeta, no tanto por los hechos de su propio destino sino por sus profecías".

Para la literatura exegética sobre el libro de Jonás, cf. mi *Lehrbuch der Einleitung*, p. 291.

---

63. Para comparar el examen crítico de las visiones más recientes que se han publicado en contra del carácter histórico del libro de Jonás, y la defensa negativa y positiva de su carácter histórico, cf. Havernick, *Handbuch der Einleitung in das Alte Testament*, ii. 2, p. 326. Para una discusión sobre el carácter simbólico del libro, cf. Hengstenberg, *Christologie* i. 470 ss.), y K. H. Sack, *Christliche Apologetik*, p. 343 ss.., ed. 2).

JONÁS 1, 1-16
MISIÓN DE JONÁS. HUIDA Y CASTIGO

Jonás intenta sustraerse del cumplimiento del mandato de Dios, es decir, de predicar el arrepentimiento en la gran ciudad de Nínive, y lo hace con rapidez, huyendo por el mar, con el propósito de navegar a Tarsis (Jon 1, 1-3); pero una terrible tormenta, que amenaza con destruir el barco, saca a luz su pecado (1, 4-10); y cuando queda claro, echando a suertes, que es el culpable de la tempestad él confiesa su culpa; y de acuerdo con la sentencia que él mismo pronuncia sobre sí, es lanzado al mar (1, 11-16).

1, 1-3

¹ וַיְהִי֙ דְּבַר־יְהוָ֔ה אֶל־יוֹנָ֥ה בֶן־אֲמִתַּ֖י לֵאמֹֽר׃
² ק֠וּם לֵ֧ךְ אֶל־נִֽינְוֵ֛ה הָעִ֥יר הַגְּדוֹלָ֖ה וּקְרָ֣א עָלֶ֑יהָ כִּֽי־עָלְתָ֥ה רָעָתָ֖ם לְפָנָֽי׃
³ וַיָּ֤קָם יוֹנָה֙ לִבְרֹ֣חַ תַּרְשִׁ֔ישָׁה מִלִּפְנֵ֖י יְהוָ֑ה וַיֵּ֨רֶד יָפ֜וֹ וַיִּמְצָ֥א אָנִיָּ֣ה ׀ בָּאָ֣ה תַרְשִׁ֗ישׁ וַיִּתֵּ֨ן שְׂכָרָ֜הּ וַיֵּ֤רֶד בָּהּ֙ לָב֤וֹא עִמָּהֶם֙ תַּרְשִׁ֔ישָׁה מִלִּפְנֵ֖י יְהוָֽה׃

> ¹ Yahvé dirigió su palabra a Jonás hijo de Amitai y le dijo: ² Levántate y ve a Nínive, aquella gran ciudad, y clama contra ella, porque su maldad ha subido hasta mí. ³ Pero Jonás se levantó para huir de la presencia de Yahvé a Tarsis, y descendió a Joppe, donde encontró una nave que partía para Tarsis; pagó su pasaje, y se embarcó para irse con ellos a Tarsis, lejos de la presencia de Yahvé.

1, 1-2. La narración comienza con ויהי, como hacen Rut 1, 1 y 1 Sam 1, 1 y otros textos. Esta era la fórmula corriente con que solía unirse la narración de unos acontecimientos con otros, en el caso de que uno siguiera al otro en una secuencia cronológica; de esa forma la *waw* inicial (וַיְהִי) no tiene más sentido que el de unir unos acontecimientos con otros, de manera que no indica en modo alguno que la narración que sigue formara parte de un conjunto más largo de textos (cf. *Comentario* a Js 1, 1).

La palabra de Dios que vino a Jonás era esta: "levántate y ve a Nínive…". על no se pone aquí en lugar de אל (Jon 3, 2), sino que mantiene su propio significado

Jonás 1, 1-3

de "contra", indicando la naturaleza amenazadora del mensaje que sigue. La conexión en 3, 2 será de tipo diferente.

Nínive, la capital del reino de Asiria, y residencia de los grandes reyes asirios, que fue edificada por Nimrod, según Gen 10, 11, y por Ninos, el fundador mítico del imperio de los asirios, conforme a los autores griegos y romanos, suele llamarse "la gran ciudad", en este libro (3, 2-3; 4, 11), y se dice que su extensión era de tres días de camino. Esto concuerda con la estimación de los autores clásicos, según los cuales Νῖνος, Ninus, como le llamaban los griegos y romanos, había edificado la ciudad más grande del mundo en aquel tiempo.

Según Estrabón (XVI, 1-3), Nínive era mucho más grande que Babilonia, y estaba situada en una planicie de Ἀσουρίας, de *Assyria*, es decir, en la ribera izquierda del río Tigris. Según Ctesias (en Diod. ii. 3), su circunferencia media era más de 480 estadios, es decir, unas 12 millas, mientras que Estrabón afirma que la circunferencia de las murallas de Babilonia media solo 365 estadios. Estas afirmaciones han sido confirmadas por las excavaciones modernas.

La conclusión a la que han conducido los descubrimientos recientes nos lleva a pensar que el nombre de Nínive fue utilizado en dos sentidos: como una ciudad particular; o como un complejo de cuatro grandes ciudades antiguas, entre las que se incluía a Nínive propiamente dicha, la circunvalación de las cuales puede trazarse aún, con un número de pequeños lugares habitados y castillos, etc., cuyos montículos (tell) cubren aún la tierra.

Esta Nínive, tomada en su sentido más extenso, se hallaba rodeadas en tres de sus extremos por ríos: en el noroeste por el *Khson*; en el oeste por el Tigris, y en el sudoeste por el *Gazr Su* y por el *Gran Zab*. Por el otro extremo, el cuarto, está rodeada por montañas, que ascienden desde la planicie rocosa. La ciudad fue fortificada artificialmente por los lados del río con diques, esclusas y canales para regar la tierra, y por el lado de la montaña por fortificaciones y castillos, como puede verse aún por los montones de ruinas. La ciudad formaba un trapecio, cuyos lados más cortos se sitúan hacia el norte y hacia el sur, y sus lados más anchos están formados por el Tigris y por las montañas. La longitud media es de unas 25 millas inglesas, y la anchura de unas 15.

Las cuatro grandes ciudades estaban situadas en el borde del trapecio, de forma que la Nínive propiamente dicha (incluyendo las ruinas de *Kouyunjik*, *Nebbi Yunas*, y *Ninua*) se encuentra en el ángulo del noroeste, al lado del Tigris. La ciudad que fue evidentemente la capital posterior (*Nimrud*), que Rawlinson, Jones y Oppert identifican con la actual Calah, se encuentra en el ángulo sudoeste, entre el Tigris y Zab.

Hay en el complejo una tercera gran ciudad, cuyo nombre aún no se conoce, que ha sido explorada al final de todas, y que se encuentra dentro de la circunferencia del pueblo actual de Selamiyeh, situada sobre el mismo Tigris, al norte de *Nimrud*. Y hay finalmente una ciudadela, con un gran templo, que ahora tiene el nombre de *Khorsabad.* Esta ciudad recibe en las inscripciones el nombre de *Dur-Sargina* a causa del palacio que allí edificó el rey Sargon, sobre el río *Khosr,* dentro del ángulo nordeste de todo el complejo (cf. M. v. Niebuhr, *Geschichte Assurs,* p. 274 ss., con el plano de conjunto de la ciudad de Nínive, p. 284).

Ciertamente, por todo esto se comprende que Nínive pudiera llamarse justamente "la gran ciudad". Pero Jonás no aplica ese epíteto para poner de relieve a sus conciudadanos judíos el gran tamaño de la ciudad, sino que la expresión עִיר־גְּדוֹלָה לֵאלֹהִים, *gedôlâh lē'lōhīm,* grande ante Dios de 3, 3, muestra claramente (como hace también 4, 11), que Nínive es grande en relación al mandato divino que el profeta había recibido, como capital del mundo gentil, *quae propter tot animarum multitudinem Deo curae erat* (de la que Dios debía ocuparse por la gran multitud de sus almas: Michaelis). Jonás fue a predicar en contra de esta gran ciudad, porque su maldad había llegado hasta Yahvé, es decir, porque la noticia de su gran corrupción había penetrado en el mismo corazón de Dios en el cielo (cf. Gen 18, 21; 1 Sam 5, 12).

1, 3. Jonás se pone en camino, pero no hacia Nínive, sino para huir hasta Tarsis, es decir, a Tartesos, una ciudad portuaria en España (cf. *Comentario* a Gen 10, 4 e Is 23, 1), "huyendo del rostro de Yahvé", es decir, lejos de la presencia del Señor, fuera de la tierra de Israel, en la que Dios habita en el templo y manifiesta su presencia (cf. Gen 4, 16), no para escaparse de la omnipotencia de Dios, sino para alejarse del servicio de Yahvé, el Dios-Rey de Israel[64].

El motivo de esta huida no era el miedo físico o la dificultad para cumplir el mandamiento de Dios, sino, como el mismo Jonás dice en 4, 2, el temor de que la compasión de Dios perdonara a la ciudad pecadora en caso de que se arrepintiera. Él no quería colaborar en esa misericordia de Dios. Y eso no simplemente porque conocía, por inspiración del Espíritu Santo, que el arrepentimiento de los gentiles llevaría a la ruina de los judíos, de manera que como buen amante de su pueblo no temía tanto la salvación de los gentiles como la destrucción de los judíos (como suponía Jerónimo), sino porque él, en realidad, rechazaba la salvación de los gentiles, y temía que la conversión de esos gentiles al Dios vivo, implicaría para Israel la pérdida de sus privilegios, y su fin como nación elegida de Dios[65].

---

64. Marck ha comentado ya correctamente que "esto no significa alejarse del ser y del conocimiento de Dios, pues en ese caso deberíamos atribuir al gran profeta una gran ignorancia de la omnipotencia y de la omnisciencia de Dios". Se trata de alejarse de la tierra de Canaán, el lugar donde Dios habita gratuitamente, pensando que así, al alejarse de esa tierra, posiblemente por un tiempo, él podría evitar que Dios le confiara el oficio de profeta.

65. Lutero, en su comentario a Jonás (4, 1-11), ha presentado ya esta razón como la única verdadera: "Porque Jonás estaba tan enojado con la bondad de Dios, que él prefería no predicar (e incluso morir) antes de que la gracia de Dios, que era un privilegio tan particular del pueblo de Israel, se comunicara también a los gentiles, que no tenían ni la palabra de Dios, ni las leyes de Moisés, ni

Jonás se dirigió por tanto a יָפוֹ, *Yāphō*, es decir, a Joppe, el puerto del mar Mediterráneo (cf. *Comentario* a Josué 19, 46), donde encontró un barco que se dirigía a Tarsis. Y habiendo pagado la שְׂכָרָהּ, es decir, el alquiler del barco (el coste del pasaje), se embarcó para ir con ellos, es decir, con los marinos, hasta Tarsis.

1, 4-10

⁴ וַיהוָה הֵטִיל רוּחַ־גְּדוֹלָה אֶל־הַיָּם וַיְהִי סַעַר־גָּדוֹל בַּיָּם וְהָאֳנִיָּה חִשְּׁבָה לְהִשָּׁבֵר׃ ⁵ וַיִּירְאוּ הַמַּלָּחִים וַיִּזְעֲקוּ אִישׁ אֶל־אֱלֹהָיו וַיָּטִלוּ אֶת־הַכֵּלִים אֲשֶׁר בָּאֳנִיָּה אֶל־הַיָּם לְהָקֵל מֵעֲלֵיהֶם וְיוֹנָה יָרַד אֶל־יַרְכְּתֵי הַסְּפִינָה וַיִּשְׁכַּב וַיֵּרָדַם׃ ⁶ וַיִּקְרַב אֵלָיו רַב הַחֹבֵל וַיֹּאמֶר לוֹ מַה־לְּךָ נִרְדָּם קוּם קְרָא אֶל־אֱלֹהֶיךָ אוּלַי יִתְעַשֵּׁת הָאֱלֹהִים לָנוּ וְלֹא נֹאבֵד׃ ⁷ וַיֹּאמְרוּ אִישׁ אֶל־רֵעֵהוּ לְכוּ וְנַפִּילָה גוֹרָלוֹת וְנֵדְעָה בְּשֶׁלְּמִי הָרָעָה הַזֹּאת לָנוּ וַיַּפִּלוּ גּוֹרָלוֹת וַיִּפֹּל הַגּוֹרָל עַל־יוֹנָה׃ ⁸ וַיֹּאמְרוּ אֵלָיו הַגִּידָה־נָּא לָנוּ בַּאֲשֶׁר לְמִי־הָרָעָה הַזֹּאת לָנוּ מַה־מְּלַאכְתְּךָ וּמֵאַיִן תָּבוֹא מָה אַרְצֶךָ וְאֵי־מִזֶּה עַם אָתָּה׃ ⁹ וַיֹּאמֶר אֲלֵיהֶם עִבְרִי אָנֹכִי וְאֶת־יְהוָה אֱלֹהֵי הַשָּׁמַיִם אֲנִי יָרֵא אֲשֶׁר־עָשָׂה אֶת־הַיָּם וְאֶת־הַיַּבָּשָׁה׃ ¹⁰ וַיִּירְאוּ הָאֲנָשִׁים יִרְאָה גְדוֹלָה וַיֹּאמְרוּ אֵלָיו מַה־זֹּאת עָשִׂיתָ כִּי־יָדְעוּ הָאֲנָשִׁים כִּי־מִלִּפְנֵי יְהוָה הוּא בֹרֵחַ כִּי הִגִּיד לָהֶם׃

⁴ Pero Yahvé hizo soplar un gran viento en el mar, y hubo en el mar una tempestad tan grande que se pensó que se partiría la nave. ⁵ Los marineros tuvieron miedo y cada uno clamaba a su dios. Luego echaron al mar los enseres que había en la nave, para descargarla de ellos. Mientras tanto, Jonás había bajado al interior de la nave y se había echado a dormir. ⁶ Entonces el patrón de la nave se le acercó y le dijo: ¿Qué tienes, dormilón? Levántate y clama a tu Dios. Quizá tenga compasión de nosotros y no perezcamos. ⁷ Entre tanto, cada uno decía a su compañero: Venid

---

la adoración de Dios, ni los profetas, ni ninguna otra cosa. Jonás no quería que esos dones se comunicaran también a los gentiles, que se habían opuesto siempre a Dios, a su palabra y a su pueblo".

Pero, a fin de no tener en baja estima a este profeta, a causa de estos pensamientos carnales sobre Dios, Lutero dirige su atención al hecho de que también los apóstoles de Jesús habían tenido al principio una opinión muy carnal del reino de Cristo, no queriendo que se predicara a los gentiles; más aún, después de haber descubierto que el Reino de Cristo era de tipo espiritual, ellos quisieron predicarlo solo a los judíos (Hch 8), hasta que Dios iluminó a Pedro con una visión de los cielos (Hch 10), e iluminó también a Pablo y a Bernabé (Hch 13), y lo hizo con milagros y signos, de manera que el asunto se resolvió en un concilio general (Hch 15), descubriendo así que Dios había tenido misericordia de los gentiles, y que él era también el Dios de los gentiles. Porque era muy duro para los judíos creer que había también, fuera de Israel, otros pueblos que fueran "pueblo de Dios", porque los dichos de la Escritura hablan de un modo especial de Israel y de la semilla de Abrahán, de manera que ellos tendían a pensar que la adoración de Dios, las leyes de Moisés y los santos profetas les pertenecían solo a ellos.

y echemos suertes, para que sepamos quién es el culpable de que nos haya venido este mal. Echaron, pues, suertes, y la suerte cayó sobre Jonás. ⁸ Entonces ellos le dijeron: -Explícanos ahora por qué nos ha venido este mal. ¿Qué oficio tienes y de dónde vienes? ¿Cuál es tu tierra y de qué pueblo eres? ⁹ Él les respondió: -Soy hebreo y temo a Yahvé, Dios de los cielos, que hizo el mar y la tierra. ¹⁰ Aquellos hombres sintieron un gran temor y le dijeron: -¿Por qué has hecho esto? Pues ellos supieron que huía de la presencia de Yahvé por lo que él les había contado.

1, 4-5. La loca esperanza que Jonás tenía de escapar del Señor quedó frustrada. "Yahvé sopló y se elevó una gran tempestad..." (סער, que los LXX han traducido de forma inapropiada por κλύδων), de forma que el barco corría el riesgo de quedar destruido y naufragar (השׁב, una palabra que se aplica a cosas inanimadas y que equivale a "estar muy cerca de...").

En medio de este peligro, los hombres del mar (הַמַּלָּחִים, de *mallâch*, denominativo de *melach*, agua salada), gritaron pidiendo ayuda, cada uno a su dios. Eran paganos, y probablemente la mayor parte de ellos fenicios, pero de diferentes lugares, y por tanto adoradores de dioses distintos. Pero ante la tormenta no se abaten, sino que acuden a los medios de salvación que tienen a mano.

Por eso, a fin de salvarse, arrojan al mar la mercancía (להקל מעליהם como en Ex 18, 22 y en 1 Rey 12, 10). El sufijo se refiere a las personas, no a las cosas. Arrojando las mercancías por la borda, ellos tenían la confianza de salvar el barco, de forma que no se hundiera entre las olas, disminuyendo así el peligro de destrucción total que les amenazaba.

"Pero Jonás dormía en la parte baja del barco...". No había empezado a dormir con la tormenta, sino antes de que el viento hubiera levantado las olas peligrosas. La frase hay que traducirla como circunstancial, en pluscuamperfecto. יַרְכְּתֵי הַסְּפִינָה, *Yarkethē hassephīnâh* (cf. *harkethē habbayith* en Am 6, 10), en la parte más profunda del barco, en su habitación interior. La palabra *sephīnâh*, que solo aparece aquí, y que se utiliza en lugar de אניה, es la palabra corriente para barco en árabe y arameo. וַיֵּרָדַם, de *irdam*, se utiliza para un sueño profundo, como en Jc 4, 21.

Muchos comentaristas toman esta conducta de Jonás como signo de una mala conciencia. En esa línea, Marck supone que Jonás se había tendido para dormir, con el fin de escapar no solo de los peligros del mar y del viento, sino también de la mano de Dios. Otros piensan que se había echado a dormir simplemente por desesperación, pues se hallaba totalmente exhausto, dándose ya por perdido, cayendo así en un sueño profundo.

Teodoreto piensa que estaba turbado por remordimiento de conciencia, o sobrecargado de tristeza, de manera que había buscado algo de ayuda en el sueño, cayendo en una profunda inconsciencia. Jerónimo piensa, por su parte, que ese gesto indica la "seguridad de mente" del profeta, pues no le turba la tormenta, ni los peligros exteriores, sino que tiene su mente en calma, incluso en medio de naufragio inminente, de manera que mientras los otros invocan a sus dioses y arrojan la carga por la borda, "él se mantiene en calma, y se siente seguro, en su mente tranquila, bajando al interior del barco, y quedando allí dormido en un plácido sueño.

Probablemente la verdad se encuentra entre esos dos extremos. Él no tenía mala conciencia, ni estaba desesperado ante el peligro amenazador, que le llevaba a acostarse y dormir. Pero tampoco se encontraba en un estado de falta total de miedo, en medio de los peligros de la tormenta, sino que se mantenía en la autoseguridad, ajena a los cuidados, con la que se había embarcado, para huir de Dios, sin tener en cuenta que la mano de Dios podía encontrarle en medio del mar, y castigarle por su desobediencia. Esta seguridad queda clara en lo que sigue.

1, 6-7. Cuando el peligro era mayor, el oficial más alto del barco, es decir, el capitán (רַב הַחֹבֵל, el jefe de los gobernantes del barco). La palabra הַחֹבֵל, *chōbhēl* con artículo, es un nombre colectivo, un denominativo de *chebhel*, que es un cable del barco, es decir alguien que gobierna, dirige o guía el barco. Pues bien, ese capitán le despierta y le dice que se levante, pues quizá Dios (*hâ'ĕlōhîm* con artículo, el Dios verdadero) les salvará (יִתְעַשֵּׁת) del peligro.

El sentido יתעשת es discutido. En Jer 5, 28, עשת se utiliza en el sentido de brillar. Calvino y otros (el último de ellos Hitzig) han pensado que el *hitpael* tiene el sentido de mostrarse brillante, es decir, propicio. En cambio, otros, como Jerónimo, prefieren el sentido de "pensar de nuevo", sentido que parece más apropiado que el otro, no solo por los equivalentes caldeos, sino también por nombres como עשתות (Job 12, 5) y עשתון (Sal 146, 4). El hecho de que Dios piense en una persona está indicando el hecho de ofrecerle una asistencia activa. Para el pensamiento en cuanto tal cf. Sal 40, 18.

El hecho de que Jonás obedezca y escuche esta petición suele tomarse como algo que es evidente por sí mismo. Y así, en 1, 7, la narración sigue indicando que, dado que la tormenta no se ha desencadenado de un modo lógico, los marinos piensa que ella se debe al hecho de que alguno de los tripulantes ha cometido algún crimen que ha excitado la ira de Dios, y que se ha manifestado en la tormenta. Por eso, ellos acuden al método de las suertes para encontrar al culpable.

La palabra בשלמי responde a באשר למי (Jon 1, 8), pues la partícula שׁ se utiliza en la conversación normal, como contracción de אשר: "por causa del cual". Por su parte, הרעה es el mal, la desgracia (como en Am 3, 6) –es decir, la tormenta que amenaza con destruirles a todos. La suerte recayó sobre Jonás. "La suerte recae sobre el fugitivo, no porque el echar a suertes tenga algún valor en sí mismo, sino porque ha sido la voluntad de Dios la que ha guiado ese gesto de echar a suertes" (Jerónimo).

1, 8-9. Cuando la suerte señala a Jonás, que aparece así como culpable, los marinos le piden que confiese su culpa, preguntándole al mismo tiempo por su país, su ocupación y su familia. Esta es una pregunta repetitiva, que consta de dos partes paralelas, de manera que la segunda parece decir lo mismo que la primera (por un lado: ¿qué oficio tienes y de dónde vienes? Por otro lado: ¿cuál es tu tierra y de qué pueblo eres?).

Por eso, la segunda parte ha sido suprimida por los LXX (Vaticano) por el Códice sociniano de los profetas y por el Códice 195 de Kennicott, de manera que algunos autores como Grimm y Hitzig piensan que se trata de una glosa marginal que ha terminado entrando en el texto. Sin embargo, no se trata de una repetición superflua, ni causa ninguna confusión, sino que tiene sentido en su lugar, pues los marinos quieren conseguir, de esa manera, que Jonás confiese por su propia boca que él es el culpable, y que reconozca su crimen (Rosenmüller y otros). Los marinos le preguntan por su ocupación pues se podría tratar de un oficio poco honesto, que hubiera excitado la ira de los dioses; le preguntan también por su origen, es decir, por su tierra y por el pueblo en el que ha nacido, a fin de que puedan pronunciar una sentencia recta sobre su crimen

1, 9-10. Jonás comienza respondiendo a la última pregunta, diciendo que él era hebreo, el nombre por el que los israelitas se designaban a sí mismos, para distinguirse de otras naciones, y por el que otras naciones les designaban a ellos (cf. *Comentario* a Gen 14, 13, y mi *Lehrbuch der Einleitung*, 9, nota. 2); y sigue diciendo que adoraba "al Dios de los cielos…".

Los LXX han traducido correctamente la palabra ירא por σέβομαι, *colo, revereor* (adorar, reverenciar). Esa palabra no significa "tengo miedo de Yahvé, porque he pecado contra él…" (Abarbanel). En nuestro caso, por la afirmación "yo temo", Jonás no quiere describirse a sí mismo como un hombre justo e inocente, sino que esa palabra indica simplemente su relación con Dios, es decir, que él adora al Dios vivo, el que ha creado el cielo y la tierra, el que gobierna el mundo.

Desde ese fondo, admite después directamente que ha pecado en contra de ese Dios, diciéndoles que está huyendo de él. Jonás no lo había dicho al embarcarse, como supone Hitzig, sino que lo hace ahora, por primera vez, cuando los marinos le preguntan por su pueblo su país, etc., como podemos ver de un modo inequívoco en 1, 10.

En el verso anterior (1, 9) Jonás no había contado todo, sino solo el hecho principal, es decir, que él era un hebreo, que adoraba a Yahvé, y esta misma revelación había causado ya asombro y miedo entre los marinos. Pues bien, sobre esa primera confesión de 1, 9, viene después la segunda, la de su pecado, ratificando así la razón para el gran miedo que había dominado a los marinos.

La pregunta מה־זאת עשית ¿por qué has hecho eso? no quiere investigar la razón del pecado, sino que es una exclamación de horror, ante su gesto de huida de Yahvé, el Dios del cielo y la tierra, como indican las siguientes frases explicativas (כִּי־יָדְעוּ הָאֲנָשִׁים כִּי־מִלִּפְנֵי יְהוָה הוּא בֹּרֵחַ), porque supieron que huía de Dios). El gran miedo que sobrevino sobre los marinos paganos se explica por la peligrosa situación en que ellos mismos se encontraban, porque la tormenta hablaba de la naturaleza de Dios de un modo más poderoso que todas las palabras.

1, 11-16

¹¹ וַיֹּאמְר֣וּ אֵלָ֗יו מַֽה־נַּ֤עֲשֶׂה לָּךְ֙ וְיִשְׁתֹּ֣ק הַיָּ֔ם מֵֽעָלֵ֑ינוּ כִּ֥י הַיָּ֖ם הוֹלֵ֥ךְ וְסֹעֵֽר׃ ¹² וַיֹּ֤אמֶר אֲלֵיהֶם֙ שָׂא֔וּנִי וַהֲטִילֻ֖נִי אֶל־הַיָּ֑ם וְיִשְׁתֹּ֥ק הַיָּ֖ם מֵֽעֲלֵיכֶ֑ם כִּ֚י יוֹדֵ֣עַ אָ֔נִי כִּ֣י בְשֶׁלִּ֔י הַסַּ֧עַר הַגָּד֛וֹל הַזֶּ֖ה עֲלֵיכֶֽם׃ ¹³ וַיַּחְתְּר֣וּ הָאֲנָשִׁ֗ים לְהָשִׁ֛יב אֶל־הַיַּבָּשָׁ֖ה וְלֹ֣א יָכֹ֑לוּ כִּ֣י הַיָּ֗ם הוֹלֵ֥ךְ וְסֹעֵ֖ר עֲלֵיהֶֽם׃ ¹⁴ וַיִּקְרְא֤וּ אֶל־יְהוָה֙ וַיֹּאמְר֗וּ אָנָּ֤ה יְהוָה֙ אַל־נָ֣א נֹאבְדָ֗ה בְּנֶ֙פֶשׁ֙ הָאִ֣ישׁ הַזֶּ֔ה וְאַל־תִּתֵּ֥ן עָלֵ֖ינוּ דָּ֣ם נָקִ֑יא כִּֽי־אַתָּ֣ה יְהוָ֔ה כַּאֲשֶׁ֥ר חָפַ֖צְתָּ עָשִֽׂיתָ׃ ¹⁵ וַיִּשְׂאוּ֙ אֶת־יוֹנָ֔ה וַיְטִלֻ֖הוּ אֶל־הַיָּ֑ם וַיַּעֲמֹ֥ד הַיָּ֖ם מִזַּעְפּֽוֹ׃ ¹⁶ וַיִּֽירְא֧וּ הָאֲנָשִׁ֛ים יִרְאָ֥ה גְדוֹלָ֖ה אֶת־יְהוָ֑ה וַיִּֽזְבְּחוּ־זֶ֙בַח֙ לַֽיהוָ֔ה וַיִּדְּר֖וּ נְדָרִֽים׃

¹ Como el mar se embravecía cada vez más, le preguntaron: -¿Qué haremos contigo para que el mar se nos aquiete? ¹² Él les respondió: - Tomadme y echadme al mar, y el mar se os aquietará, pues sé que por mi causa os ha sobrevenido esta gran tempestad. ¹³ Aquellos hombres se esforzaron por hacer volver la nave a tierra, pero no pudieron, porque el mar se embravecía cada vez más contra ellos. ¹⁴ Entonces clamaron a Yahvé y dijeron: Te rogamos ahora, Yahvé, que no perezcamos nosotros por la vida de este hombre, ni nos hagas responsables de la sangre de un inocente; porque tú, Yahvé, has obrado como has querido. ¹⁵ Tomaron luego a Jonás y lo echaron al mar; y se aquietó el furor del mar. ¹⁶ Sintieron aquellos hombres gran temor por Yahvé, le ofrecieron un sacrificio y le hicieron votos.

1, 11-12. Temerosos al ver en la tormenta la ira de Dios, conforme al relato de Jonás, los marinos le preguntan lo que han de hacer, para detener la tormenta, es decir, para que el mar repose. שתק, pararse, quedar en un estado de reposo, con מעל desistir (no seguir persiguiendo a las personas). הולך, como en Gen 8, 5, etc., Indica la continuidad de una acción.

Por miedo al Dios Todopoderoso, al que Jonás adora, ellos no se atreven a imponer un castigo al profeta, dejando el tema en sus manos. Como adorador de Yahvé, él mismo debe pronunciar su sentencia, o dejar que sea el mismo Dios quien la pronuncie. En ese contexto, Jonás responde que le lancen al agua. Como indica Jerónimo, él no rehúsa, ni prevarica, ni niega, sino que, habiendo confesado su huida, acepta voluntariamente el castigo, prefiriendo morir a que mueran otros por su causa.

Jonás confiesa así que merece la muerte, por haberse rebelado en contra de Dios, añadiendo que la ira de Dios que se ha manifestado en la tormenta solo puede calmarse con su muerte. Y así pronuncia su sentencia, no por algún tipo de inspiración profética, sino como creyente israelita, que conoce bien la severidad de la justicia del Dios, tanto por lo que sabe de la Ley como por la historia de su pueblo.

1, 13-14. Pero los hombres (los marinos) no se atreven a cumplir al principio la sentencia. Por eso, ellos intentan alcanzar nuevamente la tierra y escapar de la tormenta que les amenaza con la destrucción, sin tener que sacrificar al profeta. יחתרו, literalmente, ellos intentan atravesar la olas, para llevar de nuevo el barco a la tierra; es decir, pretenden alcanzar la tierra remando y maniobrando. En sentido estricto, *châthar* no significa remar, y menos aún volverse, dar la vuelta, sino atravesar por medio, intentando superar las olas, como supone el mismo παρεβιάζοντο de los LXX.

Al no poder conseguirlo, porque el mar continuaba airado en su contra (סער עליהם, se alzaba en contra de ellos), rogaron a Yahvé, pues no querían perecer (pecar) a causa del alma de este hombre (בנפש, literalmente "por el alma", como en 2 Sam 14, 7 según Dt 19, 21), es decir, por matarle. En otras palabras, ellos no querían derramar sangre inocente. No se trata pues solo de "no matar a un inocente" (Hitzig), sino, según Dt 21, 8, "no querían que su muerte se les pudiera imputar, en caso de que le lanzaran al mar", y se hicieran así responsables de ella, pues Dios había ya cumplido su voluntad. En el fondo, ellos no querían matar a un hombre para expiar así la ira de Dios.

Los marinos elevan esta oración no porque ignoren la culpa de Jonás, pero saben que él no es para ellos un asesino ni un blasfemo, y conforme a su visión del pecado, él no es un pecador que merezca la muerte (Hitzig). Más aún, ellos oran porque miran a Jonás como un profeta, como un siervo del Dios Todopoderoso, sobre quien, por miedo a ese Dios, no se atreven a poner las manos. "Vemos, por tanto, que aunque no hayan podido conocer la enseñanza de la ley judía, ellos saben que la sangre de un hombre es algo querido para Dios, algo precioso a su vista" (Calvino).

1, 15-16. Solo después de haber orado así, ellos arrojan a Jonás al mar, "y de pronto el mar se aquietó". El cese repentino de la tormenta les mostró que la agitación del mar provenía de aquello que Jonás les había contado, y sintieron además que no habían derramado sangre inocente al arrojarle a las aguas. A través de este cambio inmediato en el tiempo, se manifestó de repente el brazo del Dios santo, de manera que los marinos sintieron miedo y ofrecieron sacrificios a Yahvé, no después de haber desembarcado, sino inmediatamente, a bordo del mismo barco, y le hicieron votos, prometiendo que le ofrecerían más sacrificios, cuando llegaran salvos a su destino.

JONÁS 1, 17-2, 10 (=2, 1-11)
ORACIÓN Y LIBERACIÓN DE JONÁS

Cuando Jonás había sido lanzado al mar por mandato de Dios, fue tragado por un gran pez (1, 17), en cuyo vientre pasó tres días y tres noches, elevando una intensa oración a Dios (2, 1-9). Después de eso, por mandato de Yahvé, el pez vomitó a Jonás en tierra (2, 10).

1, 17 (= 2, 1)

וַיְמַן יְהוָה דָּג גָּדוֹל לִבְלֹעַ אֶת־יוֹנָה וַיְהִי יוֹנָה
בִּמְעֵי הַדָּג שְׁלֹשָׁה יָמִים וּשְׁלֹשָׁה לֵילוֹת׃

[17] Pero Yahvé tenía dispuesto un gran pez para que se tragara a Jonás, y Jonás estuvo en el vientre del pez tres días y tres noches.

מנה no significa crear, sino disponer, determinar. El pensamiento es este: Yahvé mandó que un gran pez le tragara. El gran pez (LXX κῆτος, cf. Mt 12, 40), que no ha sido mejor definido por el texto, no es una ballena, porque las ballenas son muy raras en el Mediterráneo, y tienen una garganta muy estrecha para tragar a un hombre, sino un tipo de gran tiburón, un pez-perro, *canis carcharias* o *squalus carcharias*, que resulta común en el Mediterráneo, con una gran garganta, capaz de tragar a un hombre entero[66].

66. El *squalus carcharias*, el verdadero tiburón llamado *requin* o mejor *requiem*, llega a tener, según Cuvier, hasta 25 pies de largo, y según Oken una longitud de cuatro brazas (unos ocho metros), con unos 400 dientes en forma de lanza, ordenados en seis filas, que el animal puede elevar o bajar, pues están fijados en un tipo de celdillas en la piel. Es un pez común del Mediterráneo, donde generalmente suele permanecer en el agua profunda, siendo muy voraz, y comiendo cualquier cosa que encuentra en su camino (peces de platija, focas y atunes), con lo que a veces logran pescarlos en su red los pescadores de Cerdeña.

Se han llegado a encontrar hasta una docena de atunes indigestos en un tiburón que pesaba varios miles de kilos. Rondelet (Oken, p. 58) afirma que vio uno en la costa oeste de Francia, y que por su garganta podía pasar fácilmente un hombre gordo. Oken menciona también un hecho que ha sido descrito de manera más detallada por Müller, en su *Vollstndiges Natur-system des Ritters Carl v. Linné* (Th III, p. 268), donde se dice que el año 1758 cayó un marino de una fragata, en medio de una tormenta, en el mar Mediterráneo, siendo inmediatamente tragado por un tiburón de ese tipo (*carcharia*), y que desapareció. El capitán mando inmediatamente que se disparara un cañón que estaba en la cubierta, dando en el blanco del tiburón, de forma que el tiburón vomitó de nuevo

El milagro no consistió por tanto en el hecho de que Jonás fuera tragado vivo, sino en el hecho de que se mantuviera con vida durante tres días en el vientre del tiburón, para ser vomitado después en tierra. Esos tres días y tres noches no hay que tomarlos en el sentido estricto de 24 horas, sino que han de interpretarse conforme al uso hebreo, de forma que Jonás fue vomitado al tercer día de haber sido tragado (comparar Est 4, 16 y 5, 1, y Tob 3, 12.13, conforme al texto luterano).

2, 1 (=2, 2)

² וַיִּתְפַּלֵּל יוֹנָה אֶל־יְהוָה אֱלֹהָיו מִמְּעֵי הַדָּגָה׃

¹ Entonces oró Jonás a Yahvé, su Dios, desde el vientre del pez.

La oración que sigue (Jon 2, 2-9) no es una petición de liberación, sino de acción de gracias por la liberación ya recibida. De eso no se sigue, sin embargo, en modo alguno que Jonás no hubiera pronunciado esta petición hasta después de haber sido vomitado sobre la tierra, de manera que 2, 10 debiera insertarse antes de 2, 2. Como han puesto de relieve los comentaristas antiguos, el hecho es más bien este: cuando Jonás hubo sido tragado por el pez, viendo que había sido preservado vivo en el vientre del pez, él miró eso como prenda de liberación, por lo que alabó al Señor.

También Lutero observa que él "no pronunció esas palabras con la boca, declamándolas en alto, de un modo organizado, en el vientre del pez, sino que ellas muestran su estado de ánimo, y los pensamientos que tenía cuando estaba inmerso en este conflicto con la muerte". La expresión "su Dios" (אלהיו) no debe pasarse por alto. Él no ruega solo a Yahvé, como habían hecho los marinos paganos (1, 14), sino a Yahvé como su Dios, aquel del que había intentado escaparse, y al que ahora se dirigía de nuevo en el peligro de muerte. "De esa forma muestra su fe adorándole como su Dios" (Burk).

En su mayor parte, la oración está compuesta de reminiscencias de pasajes de los salmos, que eran muy apropiados para las circunstancias de Jonás, de manera que él no podría haber expresado mejor sus pensamientos y sentimientos con palabras suyas. No está compuesta como un simple mosaico con pasajes de salmos, de manera que debiera tomarse como una producción tardía que se ha atribuida a Jonás en un momento posterior, como dicen Knobel y De Wette.

Se trata, más bien, de la expresión simple y natural de un hombre que está versado en la Sagrada Escritura y que vive inmerso en la Palabra de Dios, en perfecta concordancia con las circunstancias y el estado de su mente. Comenzando con la confesión de que el Señor ha escuchado su grito desde la tristeza (2, 2), Jonás describe en dos estrofas (2, 3-7) la situación de tristeza a la que ha sido arrojado,

---

al marino que había sido tragado, que fue rescatado vivo, y con muy poco daño, en el bote que habían bajado al agua para rescatarle.

con la liberación de la destrucción que parecía inevitable, concluyendo en 2, 8-9 con un voto de acción de gracias por la liberación que ha recibido.

2, 2 (=2, 3)

³קָרָאתִי מִצָּרָה לִי אֶל־יְהוָה וַיַּעֲנֵנִי
מִבֶּטֶן שְׁאוֹל שִׁוַּעְתִּי שָׁמַעְתָּ קוֹלִי׃

² Invoqué en mi angustia a Yahvé, y él me oyó; desde el seno del Sheol clamé, y mi voz oíste.

Este primer verso nos recuerda Sal 18, 7 y 120, 1; pero también aparece como un despliegue de la frase מצרה לי, que expresa la situación del profeta de una manera más ajustada que בצר־לי en Sal 17, 1-15 y que בצרתה לי en Sal 120, 1-7. Esa situación de angustia se define de un modo más preciso en el segundo hemistiquio, con la expresión מבטן שאול, "desde el seno del *Sheol*". El *Sheol* se describe en Is 5, 14 como una garganta, como un sumidero; aquí aparece como teniendo un vientres, un בטן. Esto no ha de aplicarse al vientre del tiburón, como supone Jerónimo.

Esta expresión es una figura poética, utilizada para poner de relieve el riesgo de la muerte, de la que en apariencia no hay liberación o escapatoria, como se dice de los lazos de la muerte en Sal 18, 5 y de la liberación del alma del *Sheol* en 30, 3. En la última frase, las palabras se convierten en una especie de llamada directa a Dios, y así se pone de relieve con la omisión de la cópula (*waw*).

2, 3-4 (=2, 4-5)

⁴וַתַּשְׁלִיכֵנִי מְצוּלָה בִּלְבַב יַמִּים וְנָהָר יְסֹבְבֵנִי
כָּל־מִשְׁבָּרֶיךָ וְגַלֶּיךָ עָלַי עָבָרוּ׃
⁵וַאֲנִי אָמַרְתִּי נִגְרַשְׁתִּי מִנֶּגֶד עֵינֶיךָ
אַךְ אוֹסִיף לְהַבִּיט אֶל־הֵיכַל קָדְשֶׁךָ׃

³ Me echaste a lo profundo, al corazón de los mares; me envolvió la corriente. Todas tus ondas y tus olas pasaron sobre mí. 4 Entonces dije: Desechado soy de delante de tus ojos, y sin embargo aún veré tu santo Templo.

2, 3. La descripción más precisa del peligro de muerte viene expresada por el *waw* consecutivo, que no indica la secuencia en el tiempo, sino en el pensamiento. Yahvé le ha arrojado a la profundidad del mar, ha sido Dios, pues los hombres eran solo unos ejecutores del castigo de Yahvé.

מְצוּלָה, *metsūlâh,* la profundidad se define como el corazón de los mares, como el abismo más profundo del océano. El plural, יַמִּים, *yammīm* (mares) se utiliza aquí con un matiz distinto del singular (en el corazón del mar, *yam*) de Ex 15, 8, para expresar la idea del océano sin fronteras, infinito (cf. Dietrich,

Abhandlung zur hebr. Grammatik, pp. 16, 17). Las frases siguientes son de tipo circunstancial, y significan que la corriente del mar me ha rodeado, y que todos los movimientos y las olas del mar, que Yahvé ha levantado en la tormenta, me han inundado. נָהָר, *nâhâr,* es un río o corriente, aquí es el flujo o corriente del mar, como en Sal 24, 2.

Las palabras del segundo hemistiquio son una evocación de Sal 4, 8. Aquello que el cantor del salmo *korahita* había experimentado de un modo espiritual (que las olas de la tormenta interior le inundaban) lo experimenta ahora el profeta de un modo literal. Jonás no dice "las olas y corrientes del mar vinieron sobre mí", sino "tus olas y corrientes", porque el profeta sintió en su conciencia que el mar, con sus olas y corrientes, era un servidor de Dios y de su ira, para castigarle (Lutero).

2, 4 es la apódosis de 2, 3. Sus palabras están formadas como evocación de Sal 31, 23, con נגרשתי en vez del נגרזתי, con el segundo hemistiquio unido al primero de un modo adversativo. אך, que tiene el mismo sentido que איך, como afirma Hitzig, introduce la antítesis de una forma enérgica, como en otros lugares. אכם se utiliza aquí en el sentido de "a pesar de eso" (sin embargo), como en Is 14, 15; 49, 16; Job 13, 15 (cf. Ewald, 354, a).

El pensamiento dominante expresa la confianza de fe de que él (Jonás) contemplará todavía el templo del Señor, es decir, que se aproximará una vez más a la presencia del Señor, para adorarle en su templo (una seguridad que retoma el motivo de Sal 5, 8). De esa forma expresa Jonás el pensamiento de que ha sido liberado una vez más de las garras de la muerte, para ser llevado de nuevo a la luz de la vida, como indicará la siguiente estrofa, por un nuevo giro en el pensamiento.

2, 5-7 (=2, 6-8)

⁶ אֲפָפוּנִי מַיִם עַד־נֶפֶשׁ תְּהוֹם יְסֹבְבֵנִי
סוּף חָבוּשׁ לְרֹאשִׁי׃
⁷ לְקִצְבֵי הָרִים יָרַדְתִּי הָאָרֶץ
בְּרִחֶיהָ בַעֲדִי לְעוֹלָם
וַתַּעַל מִשַּׁחַת חַיַּי יְהוָה אֱלֹהָי׃
⁸ בְּהִתְעַטֵּף עָלַי נַפְשִׁי אֶת־יְהוָה זָכָרְתִּי
וַתָּבוֹא אֵלֶיךָ תְּפִלָּתִי אֶל־הֵיכַל קָדְשֶׁךָ׃

⁵ Las aguas me envolvieron hasta el alma, me cercó el abismo, las algas rodearon mi cabeza. ⁶ Descendí a los cimientos de los montes. La tierra echó sus cerrojos sobre mí para siempre; mas tú sacaste mi vida de la sepultura, Yahvé, Dios mío. ⁷ Cuando mi alma desfallecía en mí, me acordé de Yahvé, y mi oración llegó hasta ti, hasta tu santo Templo.

2, 5-6. Esta estrofa se abre, como la anterior, con la descripción del peligro de muerte, para poner así más de relieve el pensamiento de la liberación milagrosa que llenó la mente del profeta. La primera frase de 2, 5 evoca el Sal 18, 5 y 59, 2, y en esa línea, las palabras "las aguas me envolvía u oprimían (בָּאוּ) hasta el alma" (cf. Sal 69, 2) han sido simplemente reforzada por אֲפָפוּנִי desde el Sal 18, 5. Las aguas del mar le rodean por todas partes, llegando hasta su alma, de manera que parecían privarle de un modo violento de su vida.

תְּהוֹם, *tehōm,* es el abismo impenetrable del océano, que le rodea. *Sūph* son las algas, como hierba del mar que crece en su profundidad, y que ahora rodea su cabeza, pues él se ha sumergido hasta lo más hondo. Este pensamiento se expresa todavía de un modo más preciso en Sal 18, 6.

קִצְבֵי הָרִים son los cimientos o las extremidades de las montañas, con קָצַב, cortar, como algo que está cortado con las montañas... De esa forma se siente Jonás en la profundidad de las raíces de la tierra y sus montañas, en el mismo fundamento de los mares (cf. Sal 18, 6).

Cuando él se hundió en la profundidad, la tierra (הָאָרֶץ aparece al principio de la frase, de un modo absoluto) cerró sus "cerrojos" en torno a él. Así aparece aquí la figura de las puertas y llaves de la tierra que se cierran tras él, una imagen que solo encontramos aquí (בְּעַד como en la frase סָגַר הַדֶּלֶת בְּעַד, cerrar la puerta detrás de una persona: Gen 7, 16; 2 Rey 4, 4-5.33; Is 26, 20). Esa figura se parece a la de Job 38, 10, donde se habla de los cerrojos y puertas del océano.

Los cerrojos de la tierra van unidos a los muros del océano, que ponen un límite que el océano no puede traspasar. De un modo consecuente, los cerrojos de la tierra son los muros que impiden que ella se extienda por el mar. Esas barreras ponen un límite a la fuerza de las olas, de manera que el mar no puede atravesarlas. De esa forma, el peso de las olas, las grandes masas de agua que presionan sobre Jonás, cuando él se ha hundido en la profundidad del mar, impiden que pueda volver a la tierra, lo mismo que los cerrojos de una puerta impiden la entrada a los hombres de fuera.

Según eso, esta imagen no se refiere a las rocas que sobresalen del agua del mar y que impiden que un hombre salga del mar a la tierra, ni a las *densissima terrae compages, qua abyssus tecta Jonam in hac constitutum occludebat* (las densísimas masas de tierra, que cerraban la salida del mar de Jonás, cf. Marck), sino a las mismas masas de agua. Pero el Señor le liberó de la tumba y le trajo a la vida. La palabra *shachath* (cf. מִשְׁחָת) ha sido traducida como φθορά, *corruptio,* corrupción, por los autores antiguos (LXX, caldeo, siríaco y Vulgata); y esta traducción, que muchos rechazan, es sin duda la correcta ya en Job 17, 14, donde el sentido de "fosa" no puede aplicarse. De todas formas, la semejanza de pensamiento con Sal 30, 4, nos lleva a tomar esa palabra como sinónimo de caverna o tumba, como el Sal 30, 10, donde esa palabra *shachath* aparece intercambiada con בּוֹר y con שְׁאוֹל como en Jon 2, 4, donde son perfectamente sinónimas.

2, 7 está formado a partir de Sal 142, 4 o 143, 4, con excepción נַפְשִׁי que se utiliza en vez de רוּחִי, porque Jonás no está hablando de su espíritu con imágenes interiores, sino de su vida inmersa en la noche y oscuridad de la muerte, en el fondo del agua. התעטף, literalmente, velarse o cubrirse a sí mismo, de aquí, hundirse en la noche de la imaginación, deshacerse. עלי, sobre mí, en mí, en cuanto el "yo" incluye el alma o la vida (Sal 42, 5).

Cuando su alma estaba para hundirse en la noche de la muerte, pensó en Yahvé, y su oración llegó hasta Dios en su santo templo, allí donde Yahvé se encuentra entronizado como Dios y Rey de su vida (Sal 18,1; 88, 3). Pues bien, allí donde la oración llega a Dios, entonces él ayuda y salva. Esto despierta la confianza en el Señor e impulsa al alma a alabar y dar gracias. Estos pensamientos forman la última estrofa con el que concluye, de un modo adecuado, el salmo de alabanza.

2, 8-9 (= 2, 9-10)

⁹ מְשַׁמְּרִים הַבְלֵי־שָׁוְא
חַסְדָּם יַעֲזֹבוּ׃
¹⁰ וַאֲנִי בְּקוֹל תּוֹדָה אֶזְבְּחָה־לָּךְ
אֲשֶׁר נָדַרְתִּי אֲשַׁלֵּמָה יְשׁוּעָתָה לַיהוָה׃

⁸ Los que siguen vanidades ilusorias, abandonan su misericordia. ⁹ Mas yo, con voz de alabanza, te ofreceré sacrificios; cumpliré lo que te prometí. ¡La salvación viene de Yahvé!

A fin de expresar enfáticamente el pensamiento, y para poner de relieve el hecho de que la salvación y la liberación solo pueden esperarse de Yahvé, el Dios vivo, Jonás recuerda a los idólatras, diciendo que ellos abandonan la misericordia de Yahvé, es decir, que no la conocen.

משמרים הבלי־שוא es una reminiscencia de Sal 31, 7. הבלי־שוא, vanidades sin valor, son todas las cosas que el hombre convierte en ídolos u objetos en los que confía. Según Dt 32, 21, הבלים son los falsos dioses o ídolos (=vanidad). *Shâmar* (cf. מְשַׁמְּרִים) es guardar y, cuando se aplica a los falsos ídolos, es tenerles reverencia. En Os 4, 10 se aplica también a Yahvé.

חסדם no significa *pietatem suam nor gratiam a Deo ipsis exhibitam* (piedad o gracia que ellos muestran a Dios, Hitzig), sino que se refiere al mismo Dios, cuyo gobierno es pura gracia (cf. Gen 24, 27), y puede presentarse como gracia incluso para los idólatras. Por el contrario, como hacen los justos, Jonás sacrificará al Señor בְּקוֹל תּוֹדָה, *beqôl tôdâh*, con la voz o grito de alabanza, es decir, ofrecerá sus sacrificios con una oración de sincero agradecimiento (cf. Sal 24, 5) y cumplirá los votos que ha hecho al Señor en medio de su angustia (cf. Sal 50, 14.23). Estas palabras se fundan en la esperanza de que se realizará la salvación (Hitzig); y esta esperanza se funda en el hecho de que la salvación es de Yahvé, es decir, depende de su poder, ya que solo él puede conceder salvación.

Jonás 2, 10 (=2, 11)

2, 10 (=2, 11)

¹¹ וַיֹּאמֶר יְהוָה לַדָּג וַיָּקֵא אֶת־יוֹנָה אֶל־הַיַּבָּשָׁה׃

¹⁰ Entonces Yahvé dio orden al pez, el cual vomitó a Jonás en la tierra seca.

La naturaleza del Dios que habla u ordena puede inferirse por las palabra ויקא וגו. Cirilo explica así de un modo correcto esto pensamiento: "Un poder superior, divino y secreto, impulsa de nuevo al gran pez para realizar su voluntad, la de Dios". La tierra sobre la que Jonás fue vomitado era sin duda la de Palestina, probablemente un lugar cerca de Joppe. Según 2, 1, esto sucedió tres días despúes de haber sido tragado.

JONÁS 3, 1-10.
PREDICACIÓN DE JONÁS EN NÍNIVE

Después que Jonás había sido castigado por su desobediencia, y milagrosamente liberado de la muerte por la misericordia de Dios, él obedeció el mandamiento de Yahvé, y predicó en la ciudad de Nínive, diciendo que la ciudad sería destruida a los cuarenta días por sus pecados (3, 1-4). Pero los ninivitas creyeron en Dios e hicieron penitencia en saco y ceniza a fin de evitar la destrucción con la que habían sido amenazados (3, 5-9); y el Señor perdonó a la ciudad.

3, 1-4

¹ וַיְהִי דְבַר־יְהוָה אֶל־יוֹנָה שֵׁנִית לֵאמֹר׃
² קוּם לֵךְ אֶל־נִינְוֵה הָעִיר הַגְּדוֹלָה וּקְרָא אֵלֶיהָ אֶת־הַקְּרִיאָה אֲשֶׁר אָנֹכִי דֹּבֵר אֵלֶיךָ׃
³ וַיָּקָם יוֹנָה וַיֵּלֶךְ אֶל־נִינְוֵה כִּדְבַר יְהוָה וְנִינְוֵה הָיְתָה עִיר־גְּדוֹלָה לֵאלֹהִים מַהֲלַךְ שְׁלֹשֶׁת יָמִים׃
⁴ וַיָּחֶל יוֹנָה לָבוֹא בָעִיר מַהֲלַךְ יוֹם אֶחָד וַיִּקְרָא וַיֹּאמַר עוֹד אַרְבָּעִים יוֹם וְנִינְוֵה נֶהְפָּכֶת׃

¹ Yahvé se dirigió por segunda vez a Jonás y le dijo: ² Levántate y ve a Nínive, aquella gran ciudad, y proclama en ella el mensaje que yo te diré. ³ Jonás se levantó y fue a Nínive, conforme a la palabra de Yahvé. Nínive era una ciudad tan grande, tanto que eran necesarios tres días para recorrerla. ⁴ Comenzó Jonás a adentrarse en la ciudad, y caminó todo un día predicando y diciendo: ¡Dentro de cuarenta días Nínive será destruida!.

La palabra de Dios vino por segunda vez sobre Jonás, para que fuera a Nínive y proclamara en la ciudad lo que Yahvé le había dicho. קריאה: lo que se dice, la proclamación, como τὸ κήρυγμα (el Kerigma LXX). Ahora, Jonás obedece a la palabra de Yahvé.

Pues bien, Nínive era una gran ciudad para Dios (*lēʾlōhīm*), es decir, Dios la miraba como una gran ciudad. Esta observación está indicando ya el motivo por el que Dios va a perdonarla (cf. 4, 11), en caso de que sus habitantes escuchen su voz. Por otra parte, Nínive era una ciudad grande también en extensión, de manera que se necesitaban tres días para atravesarla.

Esta referencia podría suponerse como indicación de la circunferencia de la ciudad, pues de esta forma suele indicarse el tamaño de las ciudades. Pero la indicación de 3, 4 según la cual Jonás comenzó a entrar por la ciudad a lo largo de un día parece ir en contra de esa forma de medir sus dimensiones. Por eso, Hitzig ha llegado a la conclusión de que aquí se está aludiendo más bien al diámetro o longitud de la ciudad, de manera que se necesitan tres días para atravesarla de parte a parte.

Pues bien, conforme a Diodoro ii. 3, la longitud de la ciudad era de unos 150 estadios, y por su parte Herodoto (v. 53) indica un número de estadios que corresponden a solo a un día de camino. Si las cosas fueran así, Jonás no habría comenzado a proclamar su mensaje hasta haber terminado de recorrer la ciudad. Este tipo de argumentación, que no tiene más finalidad que la probar la absurdidad de la narración, se funda en la suposición arbitraria de que Jonás fue caminando rápidamente para atravesar la ciudad en línea recta, lo que no es probable en sí mismo ni está implicado en las palabras בוא בעיר. Esas palabras significan simplemente entrar, ir pasando por la ciudad, y no dicen nada sobre la dirección del recorrido en el interior de ella. Pues bien, por una ciudad de 150 estadios de diámetro (cada estadio tenía algo más de 174 metros) y 480 de circunferencia uno podía caminar por todo el día sin alcanzar la otra esquina, dando pasos de un lado al otro, de una calle a la otra.

Eso es precisamente lo que debía hacer Jonás, caminando de una parte a la otra ciudad, buscando un lugar apropiado para la predicación, pues no podemos suponer que ese lugar se encontraba en el centro geográfico o al final de la calle que llevaba de la puerta al interior de la ciudad. Pero Jonás iba caminando en diversas direcciones, como dice Teodoreto, no avanzaba en línea recta, sino que merodeaba a través de calles y plazas de mercado, etc.

La distancia de un día de camino no ha de entenderse en relación al diámetro o longitud de la ciudad, por lo que no tiene sentido el pensar que los tres días de camino han de entenderse como referidos a la circunferencia general de esa ciudad. Por otra parte, Hitzig ha pasado por alto en su argumento el sentido de la palabra ויחל.

El texto no afirma que Jonás hiciera por la ciudad el camino de un día, sino que "comenzó a entrar por la ciudad un día de camino diciendo…". Esa expresión no quiere decir que él solo empezó a predicar tras hacer todo un día de camino, sino que él había comenzado su camino de un día por la ciudad cuando encontró un lugar apropiado y una buena oportunidad para proclamar su palabra. Las palabras anteriores no indican la distancia que él había recorrido realmente cuando comenzó su predicación, sino que dejan el tema indefinido, de forma que no se puede afirmar que él solo comenzó la predicación cuando se había acabado el día de camino. Todo lo que el texto afirma es que no empezó a predicar directamente cuando entró en la ciudad, sino solo cuando había comenzado un día de camino, es decir, cuando había recorrido cierta distancia en la ciudad. Y eso está perfectamente en armonía con lo que sabemos de la ciudad en ese tiempo. Como dice Niebuhr (p. 277), la circunferencia de la gran ciudad de Nínive, o la longitud de sus límites externos era de unas "noventa millas inglesas, sin tener en cuenta las pequeñas idas y venidas de sus límites externos"; y este era precisamente lo que un buen viajero podía recorrer en tres días de camino. En esa línea, Niebuhr sigue diciendo que Jonás comenzó a recorrer el camino de un día dentro de la ciudad, para proclamar entonces su mensaje, de manera que su predicación llegó a los oídos del rey (3, 6). Eso significa que pudo llegar muy cerca de la ciudadela en este primer día de camino. En aquel tiempo, la ciudadela podía encontrarse en Nimrud/Nimrod (Calah).

Jonás, que difícilmente pudo haber venido caminando a través del desierto, debió llegar a Nínive por el camino que es ahora la vía ordinaria de las caravanas, a través de Amida, entrando por allí a la ciudad propiamente dicha. Y de esa forma fue en el camino que lleva de Nínive a Calah, no lejos de la ciudad, posiblemente en el mismo interior de ella, donde comenzó a predicar.

Pues bien, la distancia entre Calah y Nínive (sin contar con ninguno de esos dos núcleos urbanos), medida en línea recta sobre el mapa, es de unas 18 millas inglesas. A eso se pueden añadir dos observaciones. (a) El camino de Nínive a Calah o Nimrod difícilmente iba en línea recta, de forma que la distancia debía ser algo mayor que la indicada. (b) Si Jonás tuvo que empezar caminando en Nínive, y al fin también el Calah, debió recorrer por lo menos una 20 millas inglesas, lo que implica algo menos que un día entero de camino, antes de ponerse a predicar.

El tema principal de su predicación debió ser, como vengo diciendo, la amenaza de que Nínive sería destruida, y ese era un tema de gran importancia, por lo que toca al objeto del libro, un tema que Jonás tuvo obviamente que explicar, denunciando los pecados y vicios de la ciudad.

La amenaza suena así: "En cuarenta días, Nínive será destruida". נהפך significa literalmente ser derribada, ser destruida desde sus mismos fundamentos, conforme a una palabra que se aplica a la destrucción de Sodoma y Gomorra. La fecha queda fijada en cuarenta días, un tiempo que, ya en los relatos del diluvio, se tomaba como medida que indicaba el tiempo que debía transcurrir antes de la visita de Dios[67].

3, 5-9

⁵ וַיַּאֲמִינוּ אַנְשֵׁי נִינְוֵה בֵּאלֹהִים וַיִּקְרְאוּ־צוֹם וַיִּלְבְּשׁוּ שַׂקִּים מִגְּדוֹלָם וְעַד־קְטַנָּם: ⁶ וַיִּגַּע הַדָּבָר אֶל־מֶלֶךְ נִינְוֵה וַיָּקָם מִכִּסְאוֹ וַיַּעֲבֵר אַדַּרְתּוֹ מֵעָלָיו וַיְכַס שַׂק וַיֵּשֶׁב עַל־הָאֵפֶר:

---

67. Sin embargo, los LXX ponen tres días (τρεῖς ἡμέρας), probablemente por una combinación particular y arbitraria, y no simplemente por un error del copista. Las otras traducciones griegas (Aquil., Symm. y Theodot.) conservan el número cuarenta, y así lo hace el texto siríaco.

Jonás 3, 5-9

⁷ וַיַּזְעֵק וַיֹּאמֶר בְּנִינְוֵה מִטַּעַם הַמֶּלֶךְ וּגְדֹלָיו לֵאמֹר הָאָדָם
וְהַבְּהֵמָה הַבָּקָר וְהַצֹּאן אַל־יִטְעֲמוּ מְאוּמָה אַל־יִרְעוּ וּמַיִם אַל־יִשְׁתּוּ:
⁸ וְיִתְכַּסּוּ שַׂקִּים הָאָדָם וְהַבְּהֵמָה וְיִקְרְאוּ אֶל־אֱלֹהִים
בְּחָזְקָה וְיָשֻׁבוּ אִישׁ מִדַּרְכּוֹ הָרָעָה וּמִן־הֶחָמָס אֲשֶׁר בְּכַפֵּיהֶם:
⁹ מִי־יוֹדֵעַ יָשׁוּב וְנִחַם הָאֱלֹהִים וְשָׁב מֵחֲרוֹן אַפּוֹ וְלֹא נֹאבֵד:

⁵ Los hombres de Nínive creyeron a Dios, proclamaron ayuno y, desde el mayor hasta el más pequeño, se vistieron con ropas ásperas. ⁶ Cuando la noticia llegó al rey de Nínive, este se levantó de su silla, se despojó de su vestido, se cubrió con ropas ásperas y se sentó sobre ceniza. ⁷ Luego hizo anunciar en Nínive, por mandato del rey y de sus grandes, una proclama que decía: Hombres y animales, bueyes y ovejas, no prueben cosa alguna; no se les dé alimento ni beban agua, ⁸ sino cúbranse hombres y animales con ropas ásperas, y clamen a Dios con fuerza. Que cada uno se convierta de su mal camino y de la violencia que hay en sus manos. ⁹ ¡Quizá Dios se detenga y se arrepienta, se calme el ardor de su ira y no perezcamos!

Los ninivitas creyeron en Dios, desde el momento en que escucharon la predicación del profeta que Dios les había enviado, y se humillaron ante Dios con arrepentimiento. Ellos proclamaron un ayuno y se vistieron de saco (vestido penitencial, cf. Joel 1, 13-14; 1 Rey 21, 28), "desde el más grande hasta el más pequeño", es decir, jóvenes y viejos, sin ninguna excepción, incluso el rey, cuando escuchó la palabra (*ha-dâbhâr*), es decir, cuando fue informado de la venida de Jonás y de su predicación amenazadora.

Entonces el rey descendió del trono, se quitó la vestimenta real (אַדַּרְתּוֹ, de *'addereth*, cf. Js 7, 21) y, vistiéndose de saco, se sentó sobre ceniza en el suelo, como signo de la más honda penitencia y tristeza (cf. Job 2, 8) y, por medio de un edicto real, determinó un ayuno general para hombres y bestias.

וַיַּזְעֵק, hizo que se publicara ese edicto. ויאמר, y dijo, es decir, hizo escuchar su palabra a través de los heraldos. מפעם הם, *ex decreto*, por mandato del rey de sus grandes, es decir, de sus ministros (פעם, Dan 3, 10.29), término técnico para los edictos de los reyes de Asiria y Babilonia). "Para hombres y animales", es decir, para vacas y ovejas: Que no pasten, que no sean llevadas a los lugares de comida, y que no beban ni agua. אל, en lugar de לא, puede explicarse porque el mandato se comunica de un modo directo.

Más aún, hombres y bestias han de cubrirse con vestiduras de luto y gritar a Dios בְּחָזְקָה, *bechozqâh*, es decir, con fuerza, abandonando cada uno sus malos caminos, a fin de que Dios, quizá (quién lo sabe, מי יודע) se vuelva y se arrepienta (יָשׁוּב וְנִחַם, *yâshûbh venicham*, como en Joel 2, 14), deje su cólera (cf. Ex 32, 12), y no perezcamos.

Este verso (3, 9) pertenece también al edicto del rey. La poderosa impresión que produjo el mensaje de Jonás (por el que toda la ciudad hizo penitencia,

401

en saco y ceniza) resulta inteligible si tenemos en cuenta la gran susceptibilidad de las razas orientales a las emociones y al temor ante el Ser Supremo, algo que es peculiar de todas las religiones paganas de Asia. Por otra parte, los orientales son muy susceptibles a los oráculos y adivinaciones, que se conocían en Asiria desde los tiempos más antiguos (cf. Cicerón, *De divinat.* i. 1).

También influyó sin duda la aparición de un extranjero que, sin ningún interés personal, y con la mayor osadía y falta de miedo, fue capaz de acusar a la ciudad real, por su conducta impía, anunciando su destrucción en un período muy corto de tiempo, con la confianza de los profetas enviados por Dios. Todo esto tuvo que causar una gran impresión en la mente del pueblo, sobre todo en el caso de que los habitantes de Nínive conocieran la forma de actuar de los profetas de Israel.

De todas formas, causa algo de sorpresa la circunstancia de que los signos de penitencia de los ninivitas se parecen en muchos rasgos a los que se utilizaban entre los israelitas. En cualquier caso, esos signos externos de lamentación son expresiones humanas comunes de una gran tristeza de corazón y se encuentran, en formas semejantes entre casi todas las naciones de la antigüedad (numerosas pruebas de ello han sido recogidas en Winer, *Real-wörterbuch* (entrada *Trauer*), así como en Herzog, *Cyclopaedia*).

Ez 26, 16 describe el lamento del príncipe de Tiro por la ruina de su capital, de una forma muy parecida a la que se describe aquí, en Jon 3, 6, con la excepción de que en vez de vestirse de saco en Ezequiel se habla de ponerse a temblar. La vestimenta de saco, o quizá mejor de tejido hecho de pelo de animales (de שַׂק, es decir, de *saq*), evoca una costumbre penitencial que encontramos ya en tiempos patriarcales (cf. Gen 37, 34; Job 16, 15). Incluso el rasgo particular de la lamentación de Nínive (es decir, la participación de los animales en la penitencia) está atestiguado por Herodoto (9: 24) como una costumbre asiática[68].

Esa costumbre se funda en la idea que hay una relación vital entre el hombre y los animales domésticos superiores (vacas, ovejas, cabras) porque son su medio de vida. También en nuestro caso se alude solo a ese tipo de animales y no a los caballos, asnos y camellos, a los que en otros tiempos se cubría con un tipo de vestimentas caras, como piensan Marck, Rosenmller y otros, de un modo erróneo. Ese gesto no tiene en modo alguno la intención de que los hombres puedan llorar mejor a través de los gemidos y mugidos de los animales, por falta

---

68. Herodoto afirma que los persas, cuando se lamentaban por su general, Masistios, que había caído en la batalla de Platea, afeitaron las crines y el pelo de sus caballos y añade: "De esa forma se lamentaron los bárbaros a su manera, por la muerte de Masistios". Plutarco refiere la misma costumbre (*Aristid.* 14 fin. Cf. también, *De regno Pers. princip.* ii. p. 206; y Periz. *Ad Aeliani Var. hist.* vii. 8). La objeción presentada ante esto por Hitzig, indicando que nuestro caso no se puede comparar con el de Herodoto, porque en ese caso (en el de Herodoto) no había arrepentimiento, no tiene fuerza alguna por la simple razón de que en todas las acciones los signos externos de lamento penitencial son los mismos que los del lamento por los muertos.

de comida (Teodoreto); ni tampoco tiene la finalidad de mirar como en un espejo, en el sufrimiento de los inocentes animales la propia culpa (caldeo). La finalidad es más bien distinta: dado que los animales viven muy vinculados a los hombres, los ninivitas quieren que Dios se arrepienta y aplaque su ira perdonando a los hombres (a causa de los animales).

De todas formas, aunque este pensamiento pueda tener algo de superstición, está en el fondo el hecho de que las creaturas irracionales han sido sometidas a la vanidad a causa de los pecados de los hombres, de forma que ellas (la creación entera) suspiran con los hombres, buscando la liberación del yugo de la corrupción (Rom 8, 19). Por eso, la palabra "que clamen a Dios con fuerza" no se limita solo a los hombres, como muchos comentaristas han pensado en contra del contexto, sino que ella se aplica a los hombres y a las bestias como sujeto de la frase, porque la Escritura sabe que los animales puede gritar a Dios desde su angustia (cf. Joel 1, 20).

3, 10

¹⁰ וַיַּרְא הָאֱלֹהִים אֶת־מַעֲשֵׂיהֶם כִּי־שָׁבוּ מִדַּרְכָּם הָרָעָה
וַיִּנָּחֶם הָאֱלֹהִים עַל־הָרָעָה אֲשֶׁר־דִּבֶּר לַעֲשׂוֹת־לָהֶם וְלֹא עָשָׂה:

¹⁰ Vio Dios lo que hicieron, que se convirtieron de su mal camino, y se arrepintió del mal que había anunciado hacerles, y no lo hizo.

De todas formas, por grande que ese lamento penitencial de Nínive haya podido ser, y a pesar del sincero arrepentimiento del pueblo, respondiendo al mandato del rey, ese arrepentimiento no parece que fuera duradero, ni sus efectos permanentes. Ese gesto penitencial no dio como efecto una conversión total a Dios, pero fue un intento poderoso de conversión, un intento de superar la seguridad descuidada en que estaban dentro de su pecado, aunque ese intento de superar sus malos caminos no logró durar mucho tiempo.

Esta afirmación de 3, 10, según la cual "Dios vio su conducta y se arrepintió del mal que había anunciado hacerles…" (cf. Ex 32, 14), a pesar de que no fue duradero, puede entenderse sin dificultad desde esa perspectiva. Ese arrepentimiento, aunque no duró mucho, pudo mostrar al menos la posibilidad que los paganos tienen de escuchar la voz de Dios, y su deseo de convertirse y de superar sus malos caminos. Por eso, Dios pudo tener compasión de ellos y ofrecerles su gracia. Dios actúa siempre de esa forma. Él no solamente perdona a los hombres convertidos, que abandonan el pecado y caminan en novedad de vida, sino que tiene también misericordia de los penitentes que confiesan su pecado y hacen penitencia y tienen el deseo de enmendarse.

Según eso, Dios envió a Jonás a predicar el arrepentimiento a Nínive; no para que esta capital del mundo pagano pudiera convertirse del todo a la fe en el Dios vivo, de manera que sus habitantes fueran recibidos en el pacto de gracia que él había hecho con Israel, sino solamente para conceder al pueblo de Israel una prueba práctica de que Dios era también el Dios de los paganos, de manera que él podía encontrar entre ellos un pueblo para su posesión.

Más aún, la prontitud con la que los ninivitas obedecieron a la voz de Dios, que fue proclamada entre ellos y se arrepintieron, mostró que, a pesar de toda la profundidad con la que se habían hundido en la idolatría y en los vicios, ellos no estaban todavía maduros para el juicio del exterminio. Por eso, el castigo fue pospuesto por el Dios longánime, hasta que esta gran ciudad pagana, en su desarrollo posterior como poder imperial opuesto a Dios, queriendo subyugar a todas las naciones, haciéndose dueña de la tierra, hubiera llenado la medida de sus pecados, quedando así madura para la destrucción, tal como lo predijo el profeta Nahún, y tal como lo realizó el rey medo Ciáxares, en alianza con Nabopolasar de Babilonia.

JONÁS 4, 1–11
DESCONTENTO Y CORRECCIÓN DE JONÁS

4, 1-5

¹ וַיֵּרַע אֶל־יוֹנָה רָעָה גְדוֹלָה וַיִּחַר לוֹ׃
² וַיִּתְפַּלֵּל אֶל־יְהוָה וַיֹּאמַר אָנָּה יְהוָה הֲלוֹא־זֶה דְבָרִי עַד־הֱיוֹתִי עַל־אַדְמָתִי עַל־כֵּן קִדַּמְתִּי לִבְרֹחַ תַּרְשִׁישָׁה כִּי יָדַעְתִּי כִּי אַתָּה אֵל־חַנּוּן וְרַחוּם אֶרֶךְ אַפַּיִם וְרַב־חֶסֶד וְנִחָם עַל־הָרָעָה׃
³ וְעַתָּה יְהוָה קַח־נָא אֶת־נַפְשִׁי מִמֶּנִּי כִּי טוֹב מוֹתִי מֵחַיָּי׃ ס
⁴ וַיֹּאמֶר יְהוָה הַהֵיטֵב חָרָה לָךְ׃
⁵ וַיֵּצֵא יוֹנָה מִן־הָעִיר וַיֵּשֶׁב מִקֶּדֶם לָעִיר וַיַּעַשׂ לוֹ שָׁם סֻכָּה וַיֵּשֶׁב תַּחְתֶּיהָ בַּצֵּל עַד אֲשֶׁר יִרְאֶה מַה־יִּהְיֶה בָּעִיר׃

¹ Pero Jonás se disgustó en extremo, y se enojó. ² Así que oró a Yahvé y le dijo: -¡Ah, Yahvé!, ¿no es esto lo que yo decía cuando aún estaba en mi tierra? Por eso me apresuré a huir a Tarsis, porque yo sabía que tú eres un Dios clemente y piadoso, tardo en enojarte y de gran misericordia, que te arrepientes del mal. ³ Ahora, pues, Yahvé, te ruego que me quites la vida, porque mejor me es la muerte que la vida. ⁴ Pero Yahvé le respondió: -¿Haces bien en enojarte tanto? ⁵ Jonás salió de la ciudad y acampó hacia el oriente de ella; allí se hizo una enramada y se sentó a su sombra, para ver qué sucedería en la ciudad.

4, 1-4. Enfadado por el perdón de Nínive, Jonás, enojado, pidió a Dios que le quitara la vida, pues su mensaje no se había cumplido (4, 1-3). וירע אל י, y fue malo para Jonás..., es decir, se disgustó en extremo (no con un simple disgusto, para lo que suele utilizarse generalmente ירע בעיניו). La construcción con אל se parece a la que se utiliza con ל, como en Neh 2, 10; 13, 8.

רעה גדולה, "un mal grande", sirve para intensificar el sentido ירע (se irritó en extremo). El gran enfado se convirtió en ira (יחר לו; cf. Gen 30, 2, etc.). El hecho de que la destrucción que había anunciado no se cumpliera le llenó de un gran disgusto, de una gran ira. Y por eso intentó discutir con Dios, pidiendo a Yahvé que respondiera[69].

69. En este contexto, Calvino observa. "Él oró con gran turbación, como si quisiera reprobar a Dios". Ciertamente, debemos reconocer que esta oración de Jonás incluye un cierto tipo

Descontento y corrección de Jonás

אָנָּה יְהוָה ¡Ay Yahvé! (cf. 1, 14) ¿no era esto lo que yo pensaba cuando estaba todavía en mi tierra (4, 2). No se dice aquí lo que va a hacer Dios (es decir זֶה, esto), pero es evidente por lo que sigue que Jonás ha descubierto ya lo que temía, que Dios no destruiría a Nínive si sus habitantes se arrepentían.

עַל־כֵּן, 'al-kēn, por tanto, porque esto era lo que yo pensaba. קִדַּמְתִּי, προέφθασα, es decir, me apresuré a huir a Tarsis, para así prevenir lo que ahora ha sucedido, es decir, que tú (oh Dios) no has cumplido tu palabra en relación con Nínive, porque conozco que eres un Dios clemente y piadoso (cf. Ex 34, 6; 32, 14; Joel 2, 23).

La oración que sigue (quítame la vida, 4, 3) nos recuerda una petición semejante de Elías en 1 Rey 19, 4. Pero el motivo en cada caso es distinto. Mientras Elías añade "porque yo no soy mejor que mis padres…", Jonás añade "porque la muerte es para mí mejor que la vida". Hay que insistir en esta diferencia, porque ella nos permite precisar el estado de mente de los dos profetas.

En el conflicto interior que ha venido a apoderarse de Elías, él desea la muerte porque no se ha cumplido lo que esperaba en su celo por el Señor de los ejércitos, de manera que su trabajo profético ha sido un fracaso. En una línea distinta, Jonás no quiere vivir ya más porque Dios no ha cumplido su amenaza en contra de Nínive. Su cansancio de la vida no brota, por tanto, como en caso de Elías, por su tormentoso celo por el honor de Dios y de su reino, sino por el hecho de que su profecía parece haber sido ignorada por Dios y no se ha cumplido.

Esta vergüenza u oprobio de Jonás no viene por su dignidad ofendida, ni por su ansiedad, ni por el miedo de que los hombres le tengan por mentiroso y charlatán (ψευδοεπής τε καὶ βωμολόχος, Cirilo Alejandrino; ψεύστης, Teodoreto; *vanus et mendax*, es decir, vano y mendaz, como piensan Calvino y otros).

Jonás no está furioso, como supone Calvino, porque ha asociado su oficio con el honor de Dios y no quiere que el honor del nombre de Dios quede sometido al desprecio de los paganos (*quasi de nihilo terreret*, como si no tuviera miedo de nada). Tampoco está furioso porque ha podido pensar que el "fracaso" externo de su mensaje pudiera ocasionar material para impías blasfemias, en contra de un Dios que cambia de propósito, como si él no fuera fiel a su palabra.

En contra de todo eso, como pone de relieve Lutero (en sus observaciones sobre la huida del profeta), ese Jonás era enemigo de la ciudad de Nínive, y mantenía todavía una visión judía y carnal de Dios (para un desarrollo de esta idea véase más abajo, en la conclusión del comentario a este libro de Jonás). Lutero piensa y

---

de pena por el perdón de Dios. Hubo en él tanta pena que presentó sus quejas ante Dios. En esa línea, los hipócritas, incluso cuando se dirigen a Dios son, sin embargo, hostiles a él. Pues bien, Jonás, cuando se queja, aunque no permanece dentro de los límites justos, sino que se excede por un impulso ciego y vicioso, está dispuesto a someterse a Dios, como veremos inmediatamente. Por esa razón se dice que oraba.

prueba que esta fue la causa del enfado de Jonás por las palabras de respuesta de Dios: "¿No debía yo perdonar a Nínive...", 4, 11).

Jonás se enfada porque Dios ha perdonado a la ciudad, está furioso porque Dios no la ha destruido como él había proclamado, y como deseaba que se hiciera. Dios habría reprobado de un modo distinto la vanidad ofendida de Jonás, o un celo poco inteligente por el honor de Dios. El tema de fondo es la "mesura" (la justicia) de la ira de Dios, que Jonás no admite. היטב tiene un carácter adverbial, como en Dt 9, 21; 9, 15, en el sentido de *bene, probe, recte*, δικαίως (Symm.).

4, 5. Entonces Jonás fue y se sentó al oriente de la ciudad, al lugar donde Nínive se hallaba rodeada de montañas, a fin de observar desde arriba la ciudad, haciéndose allí una especie de refugio, para sentarse bajo la sombra, hasta que él viera lo que sucedía con la ciudad, sabiendo cuál sería su destino. Muchos comentaristas ven este verso como una observación complementaria, de manera que ויצא, con los verbos que siguen, puede ser traducido con el pluscuamperfecto: "Jonás había salido fuera de la ciudad...". Eso resulta gramaticalmente admisible, pero no es necesario, y además es muy improbable

Si, por ejemplo, Jonás había salido de Nínive antes de que terminaran los cuarenta días, para esperar el cumplimiento de su profecía, en una choza, al este de la ciudad, él no pudo enfadarse por el no cumplimiento antes de que llegara el día preciso, ni Dios pudo haberle reñido por su enfado antes de ese tiempo. La corrección que Dios dirigió al profeta insatisfecho, relatada en 4, 6-11, no pudo haberse dado antes de que terminaran los cuarenta días. Pero esta corrección se encuentra tan íntimamente ligada a la salida de Jonás de la ciudad y a su establecimiento al este de ella, para esperar la decisión final de su destino (Jon 4, 5) que no podemos separar ambas cosas, de manera que deberíamos tomar los verbos de 4, 5 como pluscuamperfectos, o los de 4, 6-11 como imperfectos históricos. Pero no hay argumento firme para forzar así los tiempos.

En conclusión, como muestra la expresión וירע אל יונה de 4, 1, que está vinculada a la de ולא עשה en 3, 10, Jonás no se irritó ni se enfadó con Dios hasta que vio que Dios no había cumplido su mensaje, cosa que solo pudo suceder al pasar los 40 días. Por eso resulta evidente que no hay razón ninguna para suponer que Jonás había dejado Nínive antes de los 40 días[70].

En esa línea, él no podía tener miedo de perecer con la ciudad. Si tenía fe, lo que no puede negarse, podía confiar que Dios no le haría morir a él, su siervo, al mismo tiempo que a los impíos, sino que debía estar seguro de que, en el tiempo propicio, Dios le haría salir de la ciudad para no morir en ella. Pero cuando pasaron los cuarenta días y no pasó nada que anunciara la rápida caída de

---

70. No hay en la narración ninguna base para aceptar la conjetura de Marck, según la cual Dios habría comunicado de antemano a Jonás su resolución de no destruir a Nínive a causa del arrepentimiento del pueblo, y que esa fue la razón de su enfado.

Descontento y corrección de Jonás

la ciudad, enfadándose por ello, recibió el reproche de Dios de esta manera: ¿Es justa tu ira al enfadarte tanto?

Esa pregunta de Dios le llevó a dejar la ciudad, para esperar fuera, en frente de ella, para ver desde allí su destino. Dado que la pregunta de Dios (¿es justa tu ira?) dejaba aún abierto el tema del castigo, Jonás interpretó esa pregunta en la línea de su propia inclinación, como si el cumplimiento del castigo quedara simplemente pospuesto (no negado), de forma que decidió esperar en un tipo de choza, fuera de la ciudad, para esperar allí el resultado de todo este asunto[71]. Pero esa esperanza tampoco se cumplió, y el hecho de permanecer allí le llevó a una conclusión contraría a la que él había esperado, pues fue ocasión para recibir una corrección de Dios.

4, 6-11

⁶ וַיְמַן יְהוָה־אֱלֹהִים קִיקָיוֹן וַיַּעַל ׀ מֵעַל לְיוֹנָה לִהְיוֹת צֵל עַל־רֹאשׁוֹ לְהַצִּיל לוֹ מֵרָעָתוֹ וַיִּשְׂמַח יוֹנָה עַל־הַקִּיקָיוֹן שִׂמְחָה גְדוֹלָה׃
⁷ וַיְמַן הָאֱלֹהִים תּוֹלַעַת בַּעֲלוֹת הַשַּׁחַר לַמָּחֳרָת וַתַּךְ אֶת־הַקִּיקָיוֹן וַיִּיבָשׁ׃
⁸ וַיְהִי ׀ כִּזְרֹחַ הַשֶּׁמֶשׁ וַיְמַן אֱלֹהִים רוּחַ קָדִים חֲרִישִׁית וַתַּךְ הַשֶּׁמֶשׁ עַל־רֹאשׁ יוֹנָה וַיִּתְעַלָּף וַיִּשְׁאַל אֶת־נַפְשׁוֹ לָמוּת וַיֹּאמֶר טוֹב מוֹתִי מֵחַיָּי׃
⁹ וַיֹּאמֶר אֱלֹהִים אֶל־יוֹנָה הַהֵיטֵב חָרָה־לְךָ עַל־הַקִּיקָיוֹן וַיֹּאמֶר הֵיטֵב חָרָה־לִי עַד־מָוֶת׃
¹⁰ וַיֹּאמֶר יְהוָה אַתָּה חַסְתָּ עַל־הַקִּיקָיוֹן אֲשֶׁר לֹא־עָמַלְתָּ בּוֹ וְלֹא גִדַּלְתּוֹ שֶׁבִּן־לַיְלָה הָיָה וּבִן־לַיְלָה אָבָד׃
¹¹ וַאֲנִי לֹא אָחוּס עַל־נִינְוֵה הָעִיר הַגְּדוֹלָה אֲשֶׁר יֶשׁ־בָּהּ הַרְבֵּה מִשְׁתֵּים־עֶשְׂרֵה רִבּוֹ אָדָם אֲשֶׁר לֹא־יָדַע בֵּין־יְמִינוֹ לִשְׂמֹאלוֹ וּבְהֵמָה רַבָּה׃

⁶ Entonces Yahvé Dios dispuso que una calabacera (ricino) creciera sobre Jonás para que su sombra le cubriera la cabeza y lo librara de su malestar. Jonás se alegró mucho por la calabacera. ⁷ Pero, al amanecer del día siguiente, Dios dispuso que un gusano dañara la calabacera, y esta se secó. ⁸ Y acontéció que, al salir el sol, envió Dios un fuerte viento del este. El sol hirió a Jonás en la cabeza, y sintió que se desmayaba.

---

71. Teodoro de Mopsuestia ha observado correctamente, que al reflexionar sobre la grandeza de la amenaza, Jonás imaginaba que aún, después de todo, podía ocurrir algo distinto. Y Calvino ha dicho aún con más razón que "aunque habían pasado 40 días, Jonás se hallaba tan fascinado por el castigo, que no podía imaginar que no se cumpliera aquello que él había proclamado según el mandato de Dios…". Esta fue la razón por la que siguió esperando allí, pensando que, aunque el castigo de Dios había sido suspendido, su predicación no podía haber sido en vano, de manera que la destrucción de la ciudad tenía que cumplirse. Esta fue la razón por la que siguió esperando, después que pasaron los cuarenta días, aunque el resultado fuera ya muy dudoso.

Entonces, deseando la muerte, decía: -Mejor sería para mí la muerte que la vida. ⁹ Pero Dios dijo a Jonás: -¿Tanto te enojas por la calabacera? -Mucho me enojo, hasta la muerte -respondió él. ¹⁰ Entonces Yahvé le dijo: -Tú tienes lástima de una calabacera en la que no trabajaste, ni a la cual has hecho crecer, que en espacio de una noche nació y en espacio de otra noche pereció ¹¹ ¿y no tendré yo piedad de Nínive, aquella gran ciudad donde hay más de ciento veinte mil personas que no saben discernir entre su mano derecha y su mano izquierda, y muchos animales?

4, 6-7. "Entonces Yahvé-Dios dispuso un *qiqayon*...". Siguiendo a los XX, Lutero traduce *qiqayon* como calabaza (*Kurbiss*), pero después en el comentario del libro de Jonás lo presenta como *vitis alba* (vid blanca). Jerónimo lo describe como un arbusto llamado en siríaco *elkeroa*, un arbusto muy común en Palestina, que crece en lugares arenosos, con hojas anchas que dan una sombra agradable, y que se eleva en pocos días, tomando una altura considerable[72].

Sin embargo, la *elkorea* que Niebuhr vio también en otros lugares (*Beschrieb. v. Arab.* p. 148), y que él describe de un modo parecido, es el ricino o *palma Christi*, un árbol que llaman milagroso. Según Kimchi y los talmudistas se identifica con el *Kik* o *Kiki* de los egipcios, que, según Herodoto (ii. 94) y Plinio (*Hist. n. xv. 7*), produce un tipo de aceite, que, como dice Niebuhr, se obtenía también de la *Elkeroa*.

Plinio (cf. *Gesenius, Thes.* p. 1214) menciona también su rápido crecimiento, que se expresa en este libro de Jonás en el hecho de que Dios hizo que creciera de tal forma que pudiera dar sombra a la cabeza de Jonás, para ofrecerle un tipo de ayuda liberadora, que le protegiera de su mal (לְהַצִּיל לוֹ מֵרָעָתוֹ), no del *calor ardiente del sol* (*ab aestu solis*), del que se protegía en la choza que había construido rápidamente con ramas, sino de la rabia y humillación, es decir, del mal que le hacía sufrir conforme a 4, 3 (Rosenmller, Hitzig).

Resulta digna de ser recordada la variedad de nombres de Dios que aparece en 4, 6-9. El crecimiento del árbol milagroso que daba sombra a Jonás se atribuye en 4, 6 a יְהוָה־אֱלֹהִים. Este nombre compuesto que aparece raramente en la Biblia, a excepción de Gen 3 (ver *Comentario* a Gen 2, 4) se escoge aquí para que la transición del Yahvé de 4, 4 al *Elohim* de 4, 7-8 resulte más suave.

Yahvé responde al profeta por su enojada pregunta en 4, 4 y lo hace como *Elohim*, es decir, como poder creador divino que hace que el árbol milagroso crezca y cure a Jonás de su malestar. Y es el mismo *ha-Elohim* (הָאֱלֹהִים), es decir, el Dios personal, el que prepara al gusano para que dañe al árbol milagroso haciendo que

---

72. Jerónimo lo describes así: "Un tipo de arbusto de hojas anchas como las de la vid, que produce una sombra densa, sostenida sobre un tronco abundante en Palestina, especialmente en zonas arenosas. Si está situado en buena tierra, bien nutrido, crece hasta convertirse en un árbol, en muy pocos días, de manera que lo que parecía antes una hierba se convierte en pequeño árbol".

se seque (Jon 4, 7); y a eso se añade el viento del este, suscitado por el mismo *Elohim*, que es el Dios que rige sobre la naturaleza (4, 8), para corregir a Jonás, que estaba murmurando sobre Dios.

Según eso, los diferentes nombres de Dios se utilizan con esmerada precisión. Jonás se alegra mucho por el crecimiento milagroso del arbusto, que ha sido preparado para él, porque probablemente vio en ese arbusto la bondad de Dios y el signo de que el mismo Dios aprobaba la destrucción de Nínive. Pero ese gozo de Jonás no duró mucho.

4, 8-10. A la llegada del día siguiente, Dios dispuso un gusano que dañó el árbol milagroso, de forma que se secó inmediatamente, y cuando salió el sol hizo que soplara un fuerte viento del este, dañando la cabeza de Jonás, de forma que desfalleciera. חֲרִישִׁית, *chărīshıth,* de *chârash,* estar quieto, callado, se aplica al viento en el sentido de ardiente, cálido, como en el caso del caldeo (LXX, συγκαίων). El significado de *ventus, qualis flat tempore arandi* (un tiempo como el que sopla en el tiempo de arar) deriva de *chârish,* arar (Abulw.). Este es el viento del este en el otoño (Hitzig), que es mucho menos agradable para los hombres. Cuando Jonás se desmayaba a causa del golpe de sol (para יִתְעַלָּף, *hith'allēph,* cf. Am 8, 13), se deseaba a sí mismo la muerte, pues la muerte era para él mejor que la vida (cf. Jon 4, 3).

El texto dice יִשְׁאַל אֶת־נַפְשׁוֹ לָמוּת, como en 1 Rey 19, 4, "él deseaba que su alma pudiera morir", un tipo de acusativo con infinitivo (cf. Ewald, 336, b). Pero Dios le contesta, como en Jon 4, 4, preguntándole si era justo que él se enfadara de esa forma. En vez de Yahvé como en 4, 4, en este caso tenemos *Elohim,* de manera que Yahvé no aparece hablando hasta 4, 9.

Este relato, así contado, nos muestra que así como el deseo de morir de Jonás era simplemente una expresión de los sentimientos de su mente, la palabra admonitoria de Dios era una voz interior en contra de su murmuración. Solo cuando él había persistido en su mal deseo, incluso después de la admonición divina, Yahvé le hizo ver lo injusta que era su murmuración.

La voz de Yahvé que habla en 4, 9 es una manifestación del deseo divino, a través de una inspiración sobrenatural. Yahvé hace ver a Jonás la contradicción en la que ha caído, pues él siente compasión por el árbol milagroso que se seca, pero no aceptan la compasión de Dios hacia Nínive, rebelándose por el hecho de que Dios hubiera perdonado la vida de los ninivitas, muchos de los cuales no tenían ni siquiera la idea de lo que era bueno y malo.

En ese sentido se emplea la palabra חַסְתָּ: ¿"Y tú tienes pena (*chastâ*) del *qiqayon,* del arbusto frágil que tú no has "trabajado", ni has hecho que crezca (con שֶׁבֶּן en lugar de אֲשֶׁר בֶּן), en el sentido de que es hijo de una noche (שֶׁבִּן־לַיְלָה), es decir, que ha crecido en una sola noche para morir la siguiente, y sin embargo no tienes pena de Nínive, que es una ciudad tan grande?

4, 11. La palabra clave es aquí וַאֲנִי con la que empieza la pregunta, que viene indicada solo por el tono: ¿y yo...? Si Jonás tiene piedad por un pequeño arbusto que se seca, un arbusto al que él no ha plantado ni cuidado, ni ha hecho que crezca ¿no tendrá Dios una piedad mucho más grande por las creaturas que él ha creado, y que él ha sostenido hasta ahora, para perdonar a la gran ciudad de Nínive en la que vivían más de 120 000 personas, que no podían distinguir la derecha de la izquierda, con muchos animales?

El no distinguir la derecha de la izquierda es un signo de infancia, de forma que las 120 000 personas a las que alude el texto tenían que ser niños que aún no distinguían el bien del mal. Ciertamente, un tipo de infancia acaba pronto, a los tres primeros años. Pero en sentido estricto, la infancia, que se define como tiempo en que los hombres no distinguen el bien del mal, se extiende hasta los siete años. En esa línea, conforme a M. v. Niebuhr (p. 278) "al llegar a los siete años suele darse una división fundamental en la edad (como se ve, por ejemplo, entre los persas), y esa visión parece haberse aplicado también entre los hebreos, por la importancia que ellos daban al número siete".

Pues bien, si en la ciudad había 120 000 niños de menos de siete años, (que no podían distinguir la derecha de la izquierda, el bien del mal) la población total de Nínive sería de unas 600 000, pues según el cálculo de Niebuhr, los niños por debajo de los siete años eran una quinta parte de la población. Esta población de unas 600 000 personas responde bastante bien al tamaño de la ciudad[73].

Pues bien, en este caso, ante Dios, no se pueden contar los niños que no distinguen la derecha de la izquierda, es decir, el bien del mal. Esta referencia a la multitud incontable de los niños implica una razón fuerte para perdonar la ciudad: Dios se habría visto obligado a destruir muchos niños inocentes al lado de los culpables. Además, había en Nínive muchos animales. Ciertamente, había más vacas que arbustos. Si Jonás tenía razón para enfadarse por un arbusto seco, sería mucho más duro y cruel el tema de la muerte de muchos animales inocentes (Calvino).

---

73. Como dice M. v. Niebuhr, en un sentido extenso, Nínive se extendía a lo largo de unas 400 millas cuadradas inglesas. Pues bien, cada milla cuadrada podía tener unas 40 000 personas. En un trabajo sobre Nínive, Jones estima que la población de la ciudad principal de Nínive debía tener, conforme a su área, unas 174 000 almas. Según eso, la población de las cuatro grandes ciudades del conjunto urbano sería de unas 350 000 personas. Quedan todavía, para los lugares más pequeños de las zonas no amuralladas unas 300 000 mil personas, viviendo en unas 17 millas cuadradas, es decir, unas 20 000 personas por milla cuadrada. Él compara después la población de la gran Nínive con la del distrito de Elberfeld y con la de la provincia de Nápoles, que responde de algún modo a la de un distrito como el de Nínive. En el distrito de Elberfeld viven, en números redondos, 22 000 personas por milla cuadrada, lo que dejando las dos ciudades mayores, implica unas 10 000 personas por milla cuadrada. Pues bien, dejando a un lado la diferencia en lo relativo a la fertilidad del suelo, esa es aproximadamente la densidad de la población del distrito de Nínive. El resultado es muy parecido en el distrito de Nápoles, no solo por el tipo de cultivo, sino también por la fertilidad del suelo. Pues bien, en este caso tenemos unas 46 000 personas por milla cuadrada, siendo exclusivas de la capital unas 22 000 almas.

¿Cómo podía responder Jonás a esto? Él estaba obligado a guardar silencio, condenado por su misma forma de situarse ante el arbusto seco. Y de esa manera, esta historia termina con esas palabras de Dios, a las que Jonás no podía responder, porque con esto se había logrado expresar la finalidad de este libro, es decir, la de ofrecer a los israelitas una visión de la verdadera compasión de Dios, que abraza, con el mismo amor, a todas las naciones. Demos pues importancia al signo de Jonás, y mantengámonos firmes en nuestra conexión con aquel que dice de sí mismo: Mirad, aquí hay uno que es mayor que Jonás.

MIQUEAS

El profeta

Miqueas, מיכה, forma abreviada de מיכיה (*Micaiah*), como se llama en Jer 26, 18, que es también una contracción מיכיהוּ ¿quién es como Yahvé?, significa "alguien dedicado a Yahvé", el Dios incomparable (griego Μιχαίας; Vulgata *Michaeas* o también *Micha*, en Ne 11, 17), recibe el apelativo de הַמֹּרַשְׁתִּי, *morastita*, es decir, el hombre de *Moresheth-Gat*, en la llanura baja de Judá (cf. en Miq 1, 14), para distinguirse de un profeta más antiguo, que era Miqueas, el hijo de *Imlah* (1 Rey 22, 8), y también de otras personas del mismo nombre, que son hasta diez en el A. T. (cf. 1 Rey 15, 2.10.13; 2 Cron 11, 20...), además de *Maacah*, la mujer de Roboán, una nieta de Absalón a la que también se le llama 2 מיכיהוּ Cron 13, 2 (cf. Caspari sobre Miqueas, p. 3.).

Nuestro Miqueas era por tanto un judío, y conforme al encabezamiento de su libro, profetizó en los reinados de Jotán, Ahaz y Ezequías, reyes de Judá, por lo que fue un contemporáneo de Isaías. Profetizó sobre Samaría y Jerusalén, capitales de los dos reinos, es decir, sobre todo Israel, cuyo destino está determinado por las circunstancias y hechos de sus capitales. La exactitud de esa afirmación, y al mismo tiempo la autenticidad del libro, quedan confirmadas por su mismo contenido.

Miqueas no solo predijo en 1, 6-7 la destrucción de Samaría, que tuvo lugar en el año sexto de Ezequías, sino que menciona también a Asur, el gran enemigo de Israel, que en ese tiempo era el representante del poder del mundo, en su hostilidad contra el pueblo de Dios (5, 4). En esa línea él concuerda plenamente con Isaías en su descripción de la corrupción moral dominante, así como en las profecías mesiánicas, que hemos puesto de relieve comparando la labor de los dos profetas: cf. Miq , 11 con Is 28, 7; Miq 3, 5-7 con Is 29, 9-12; Miq 3, 12 con Is 32, 13-14; Miq 4, 1-5 con Is 2, 2-5; Miq 5, 2-4 con Is 7, 14).

A eso podemos añadir el relato de Jer 26, 18-19, donde ciertos ancianos de Judá, queriendo defender a Jeremías que había sido condenado a muerte por sus profecías sobre la destrucción de Jerusalén, recordaron que en su tiempo Miqueas había predicho la destrucción de Jerusalén sin haber sido condenado a muerte por el rey Ezequías y por todo Judá.

Ciertamente, a partir de ese texto sobre los ancianos de Judá, Hitzig y Ewald han elaborado un argumento en contra de la autenticidad del encabezamiento de nuestro libro, según el cual Miqueas profetizó no solo bajo Ezequías, sino también bajo Jorán y Ahaz, señalando que de hecho los ancianos de Judá solo sabían que Miqueas había profetizado en tiempos de Ezequías (no en el tiempo de los reyes anteriores). Pero aunque Miqueas hubiera proclamado esa profecía por primera vez en el reinado de Ezequías, de eso no se sigue en modo alguno que él no pudiera haber profetizado también en el tiempo de los reyes anteriores. La misma relación en que Miq 4, 1-5 está con Is 2, 2-5 resulta por sí misma suficiente para situarnos en los tiempos de Jotán (cf. Miq 4, 1).

Por otra parte, Miq 6, 16 no responde a los tiempos de Ezequías, sino solo a los de Ahaz, que se vinculó tanto a los reyes de Judá (2 Rey 16, 3; 2 Cron 28, 2), que se pudo decir que el mismo Judá asumió como propios los modos de actuar de la casa de Omrí, y en especial los de Ajab. Por otra parte, el hecho de que los ancianos de Judá, en tiempos de Joaquín, conocieran y citaran con buenas razones de tradición el tiempo concreto en el que Miqueas proclamó aquella profecía no prueba nada en contra de sus mensajes anteriores.

Ellos sabían solo que los escritos proféticos de Miqueas provenían del tiempo de Ezequías, y así mencionan solo a este rey. De esa manera, están indicando que aceptan la autoridad espiritual de Ezequías, pero no la de los otros reyes mencionados en Miq 1, 1 (Hengstenberg). Más aún, el hecho de que las profecías de Miqueas se pusieran por escrito en tiempos de Ezequías no impide que una parte de ellas fueran proclamadas de un modo oral antes de ese tiempo. El intento de Hitzig por probar que los tres discursos del libro de Miqueas fueron compuestos solo en el tiempo de Ezequías se funda en una falsa interpretación histórica y en una idea no bíblica de la naturaleza de la profecía.

No conocemos nada más sobre las circunstancias de la vida de Miqueas, solo lo que se puede deducir de sus escritos. Según ellos, profetizó sin duda en Jerusalén, la capital de su tierra nativa, como resulta claro por su forma de condenar la corrupción moral de los hombres poderosos del reino, asentados en Jerusalén. En esa línea, Miqueas hace de Sión y de Jerusalén el blanco principal de sus condenas.

No hay razón suficiente para sostener que a Miqueas le interesaban sobre todo los habitantes de la llanura baja de Judá (de la Sefela), pues los nombres de lugares de esa zona en 1, 10-15 no prueba que él tuviera un interés especial por ella, por mencionarla en esos versos, pues eso lo hace también Isaías (cf. 10, 28-32). Menos base tiene la información sacada del mismo libro según la cual Miqueas sería un hombre de estilo duro y poco elaborado, pues todo lo que se puede aducir en esa línea se reduce a las rápidas y abruptas transiciones entre amenazas y promesas (cf. Miq 2, 13; 3, 9-12; 4, 1), pasando también de un argumento a otro (cf. Miq 7, 1-7.11-13), de una persona a otra o de un género y número a otro (1, 10; 6, 16; 7, 15, 19).

Todo eso se puede explicar por la viveza de su propia personalidad, y por el estado de mente excitado en el que proclamaba sus palabras. Por otra parte, sus oráculos son siempre claros, están bien organizados. En esa línea, la abundancia de sus imágenes y semejanzas (1, 8.16; 2, 12-13; 4, 9, etc.), lo mismo que sus figuras retóricas, con las paronomasias y juegos de palabras (1, 10-15) y el tipo de diálogos que emplea (2, 7-11; 6, 1-8; Miq 7, 7-29) se parecen a los de su contemporáneo Isaías, con su elevado estilo literario.

Las afirmaciones tradicionales sobre su proveniencia de la tribu de Efraín, sobre su muerte y su tumba, que aparecen en el Ps. Doroteo y el Ps. Epifanio (recogidas en Carpzov, *Introd*. iii. pp. 373-4), provienen parcialmente de haberle confundido con el Miqueas anterior, el hijo de Imlah, que vivió en el reinado de Ahab, y son por tanto inferencias sin base que se fundan en el encabezamiento de nuestro libro.

El libro

Consta de tres discursos proféticos, que se distinguen claramente uno del otro por su forma, a pesar de la semejanza en la introducción (los tres comienzan con שמעו, Miq 1, 2; 3, 1; 6, 1), y especialmente por su contenido, que pasan a través de varios momentos de rechazo, amenaza y promesa, quedando así redondeados, de manera que todos los otros intentos de dividir el libro, como el de Ewald, conectando 3, 1 con el primer discurso, o dividiendo el libro en dos partes (1-5 y 6-7) resultan arbitrarios.

Miq 3, 1-12 solo puede conectarse con Miq 1, 1-16 y con 2, 1-13, para formar así un solo discurso, si se parte del presupuesto infundado de que 2, 12-13 es una glosa posterior que ha sido introducida en el texto. Y aunque el ואמר de 3, 1 antes de שמעו־נא conecta de manera más íntima con el segundo discurso que con el primero, más que con el tercero, ello no nos permite dividir todo el libro en solo dos partes.

Los tres discursos citados (Miq 1-2, 3-5 y 6-7) no contienen tres profecías distintas, que habrían sido proclamadas al pueblo en tres tiempos separados, como suponen Hitzig y Maurer, sino que ofrecen meramente una condensación retórica de los contenidos esenciales de los mensajes de Miqueas, tal como él mismo los ha puesto por escrito hacia el final de su actividad profética en tiempo de Ezequías. Según eso, estos discursos constituyen simplemente porciones o secciones de un mismo conjunto profético, como puede mostrarse por la ausencia de cualquier tipo de circunstancias particulares de tiempo. Así lo muestra también el hecho de que esos discursos hayan sido organizados de un modo armónico, como muestra su contenido:

— *En el primer discurso* (Miq 1-2), tras un anuncio general del juicio a causa de los pecados de Israel (1, 2-5), Miqueas predice la destrucción de Samaría (1, 6-7) y la devastación de Judá, con la deportación de sus habitantes (1, 8-16), justificando la amenaza con una crítica breve pero fuerte de los actos de injusticia y violencia de la mayor parte de los hombres (2, 1-5), tras lo cual este discurso concluye con una breve promesa de la futura restauración del resto de Israel (2, 12-13).

– *El segundo discurso* (Miq 3–5) comienza con una primera sección más elaborada (3, 1-12), que expone los pecados y crímenes de los jefes de la nación, es decir, de los príncipes, los falsos profetas y los jueces injustos con los malos sacerdotes, a los que, por causa de sus pecados, Miqueas amenaza con la destrucción y devastación total de Sión y de la colina del templo. Como antítesis de esa amenaza, la segunda sección (4, 1-13 y 5, 1-15) contiene una promesa que comienza con el ofrecimiento de una glorificación futura de Israel al fin de los días (4,1-7), prometiendo al final el dominio de la hija de Sión, después que el pueblo hubiera sido llevado cautivo a Babel y rescatado otra vez de manos de sus enemigos. En ese contexto, Miqueas anuncia el triunfo de Israel en el último conflicto con las naciones del mundo (4, 8-14), con el nacimiento del gran gobernante de Israel, que surgirá de Belén y que alimentará a su pueblo con la majestad de Yahvé (5, 1-5). Ese gobernante no solo protegerá al resto de los rescatados de Jacob, protegiéndoles de los ataques del reino imperial, sino que les exaltará dándoles un poder grande, de manera que les temerán las naciones paganas (5, 6-8), y ellos se convertirán en un reino de paz bienaventurada (5, 9-14).

– *El tercer discurso* (Miq 6–7) expone el camino de la salvación a través de un dramático discurso de tipo legal entre Yahvé y su pueblo, exhibiendo los beneficios divinos a los que Israel había respondido con ingratitud, aludiendo a los pecados dominantes y a la injusticia del pueblo que Dios tenía que castigar (Miq 6); en ese contexto ha puesto de relieve la forma en que la conciencia de su miseria puede conducir al pueblo a la confesión penitencial de su culpa y a la conversión, a fin de que pueda mostrarse la compasión de Dios hacia su pueblo, con la reedificación de Sión y la humillación de los enemigos, de manera que se renueven los milagros de los viejos tiempos, de forma que todas las naciones pudieran temer la omnipotencia de Dios (7, 17). Al final de todo eso, el profeta cierra su libro con una alabanza por la gracia del perdón del Señor (7, 18-20).

Partiendo de esta presentación general de los tres discursos, puede percibirse mejor su conexión interna. En el primer discurso predomina la amenaza del juicio; en el segundo la promesa de la salvación mesiánica; y en el tercero sigue la parénesis o llamada al arrepentimiento, con la humillación bajo la mano del Dios que castiga a fin de que los castigados puedan participar en la salvación futura.

El libro

Dado que esa parénesis o advertencia final se apoya en la amenaza de juicio y en la promesa de salvación de los discursos anteriores, la alusión al juicio, que se expresa en las palabras "entonces gritarán al Señor y él les responderá" (3, 4), suponen el cap. 1 que ha anunciado el juicio, que ha de estallar sobre la tierra, pues sin ese anuncio resulta incomprensible la amenaza posterior. Eso significa que Miqueas ha condensado la quintaesencia de sus predicaciones orales en los tres discursos contenidos en este libro.

Este resumen del contenido muestra de forma bastante clara que nuestro profeta no fue inferior a su contemporáneo Isaías, ni por la claridad y precisión de sus anuncios proféticos, ni por el poder y energía con la que combatió los pecados y vicios de la nación. La diferencia esencial entre ambos está en el hecho de que, en contra de Isaías (más atento al contexto político del mensaje de Yahvé), Miqueas combate simplemente la corrupción religiosa y moral de los gobernantes de la nación, pero no se ocupa tanto de su conducta política (para la literatura exegética sobre Miqueas mi *Lehrbuch der Einleitung*, p. 296.)

MIQUEAS 1, 1-2, 13
DESTIERRO DE ISRAEL Y RESTAURACIÓN

El primer discurso del profeta tiene un sentido de amenaza, con un carácter punitivo; solo hacia el final puede percibirse la luz de la gracia divina atravesando con su brillo las nubes y truenos del juicio. El anuncio del juicio sobre Samaría así como sobre el reino de Judá y de Jerusalén forma la primera parte del texto (1, 2-15); la segunda está formada por la denuncia de los pecados, especialmente de injusticia, de los grandes y poderosos de la nación (2, 1-11); la breve conclusión (2, 12-13) consta de un breve anuncio de salvación, que vendrá sobre el resto del pueblo de Israel tras el juicio.

1, 1–16. Juicio sobre Samaría y Judá

Miqueas comienza con la llamada dirigida a todas las naciones, para que adviertan la llegada del Señor a fin de realizar el juicio (1, 2-4), anunciando al pueblo de Israel la destrucción de Samaría, a causa de sus pecados y de su apostasía respecto del Señor (1, 5-7), y también el despliegue del juicio sobre Judá. En esa línea, pasando de lugar a lugar, y llegando hasta Jerusalén, Miqueas anuncia que el reino caerá en un estado de profunda lamentación por el destierro de sus habitantes.

1, 1-4

¹ דְּבַר־יְהוָה ׀ אֲשֶׁר הָיָה אֶל־מִיכָה הַמֹּרַשְׁתִּי
בִּימֵי יוֹתָם אָחָז יְחִזְקִיָּה מַלְכֵי יְהוּדָה אֲשֶׁר־חָזָה עַל־שֹׁמְרוֹן וִירוּשָׁלָֽם׃

אֲדֹנָי יְהוִה בָּכֶם לְעֵד אֲדֹנָי מֵהֵיכַל קָדְשֽׁוֹ׃
³ כִּי־הִנֵּה יְהוָה יֹצֵא מִמְּקוֹמוֹ וְיָרַד וְדָרַךְ עַל־(בָּמוֹתֵי) [בָּמֳתֵי] אָֽרֶץ׃
⁴ וְנָמַסּוּ הֶהָרִים תַּחְתָּיו וְהָעֲמָקִים יִתְבַּקָּעוּ כַּדּוֹנַג מִפְּנֵי הָאֵשׁ
כְּמַיִם מֻגָּרִים בְּמוֹרָֽד׃

¹ Palabra de Yahvé que fue dirigida a Miqueas de Moreset en los días de Jotam, Acaz y Ezequías, reyes de Judá; lo que vio sobre Samaría y Jerusalén. ² Oíd, pueblos todos; está atenta, tierra, y cuanto hay en ti. Yahvé, el Señor, desde su santo

templo, sea testigo contra vosotros. ³ Porque Yahvé sale de su lugar, desciende y camina sobre las alturas de la tierra. ⁴ Los montes se derretirán debajo de él y los valles se hendirán como la cera delante del fuego, como las aguas que corren por una pendiente.

1, 2. El encabezamiento (1, 1) ha sido ya explicado en la introducción. Comenzamos comentando así las primera palabras de exhortación (1, 2), que Miqueas ha tomado del profeta más antiguo de su nombre (1 Rey 22, 28). Como había hecho el primer Miqueas, hijo de Imlah, condenando a los falsos profetas, y llamando a las naciones como testigos de la verdad de su profecía, así también este Miqueas de Morasti comienza su testimonio profético con la misma llamada, para anunciar su ministerio profético retomando el camino de su predecesor del mismo nombre, que había sido tan celoso de Yahvé.

Así como el hijo de Imlah tuvo que enfrentarse con los falsos profetas como seductores de la nación, anunciando a los dos reinos el juicio que iba a descargarse sobre ellos, así también debió hacerlo Miqueas de Morasti (cf. 2, 6.11; 3, 5.11), condenando al pueblo por sus pecados. En esa línea, este Miqueas tiene que referirse a la profecía del antiguo, no solo enfrentándose con los falsos profetas, condenándolos por caminar tras su propio *rūăch* y por mentir, *sheqer* (2, 11), retomando así no solo el motivo de los profetas mentirosos (*rūăch sheqer*) del tiempo Ahab (1 Rey 22, 22-23), sino también utilizando la imagen de los cuernos de hierro del falso profeta Sedecías en 1 Rey 22, 11 y de la bofetada en la mejilla de Miq 5, 1 (cf. 1 Rey 22, 14).

עַמִּים כֻּלָּם, *'ammīm kullâm,* no se refiere a todas las tribus de Israel; tampoco significa todas naciones en pie de guerra, pues *'ammīm* no tiene nunca ese segundo sentido, y el primero aparece solo en el lenguaje más primitivo del Pentateuco. Esos dos sentidos quedan aquí excluidos por el paralelo ארץ ומלאה, pues esa expresión significa siempre toda la tierra, con aquello que la llena, excepto en el caso de Jer 8, 16, donde el sentido de *'erets* queda restringido a la tierra de Israel, por el *hâ'ârets* anterior, y en el de Ez 12, 19, donde el sentido queda restringido por el sufijo final en *'artsâh*.

La llamada a la tierra y a su plenitud es semejante a la llamada al cielo y a la tierra que aparece en Is 1, 2 y Dt 32, 1. Todas las naciones, más aún, todas las creaturas en ella, han de escuchar, porque el juicio que el profeta tiene que anunciar a Israel afecta a toda la tierra (1, 3-4). En esa línea, el juicio sobre Israel está conectado con el juicio sobre todas las naciones, ya que todas comparten un mismo juicio.

En la segunda cláusula de verso (el Señor Yahvé sea testigo…) no queda claro a quien se refiere el sufijo "contra vosotros" (בָּכֶם). Esas palabras no pueden estar dirigidas a todas las naciones y a la tierra entera, porque el Señor solo eleva su testimonio contra aquellos que han despreciado su palabra y han transgredido sus mandamientos.

Destierro de Israel y restauración

En esa línea, el testimonio de Dios no se identifica con el simple testimonio verbal de los discursos admonitorios o correctivos de Miqueas, tal como siguen en el libro (en contra de lo que supone C. B. Michaelis), sino que se refiere a la prueba práctica de su poder que dará el Señor en el juicio (cf. Miq 1, 3 ss., en relación con Mal 3, 5 y Jer 42, 5).

1, 3-4. Aunque el Señor aparece como el juez de todo el mundo (cf. Miq 1, 3-4), sin embargo, como veremos en 1, 5, él solo viene para ejecutar el juicio sobre Israel. De un modo consecuente, debemos referir la expresión "para vosotros" (בָּכֶם) a Israel o, mejor dicho, a las capitales (Samaría y Jerusalén), mencionadas en 1, 1. En esa línea, en el libro de Nahún 1, 8 el sufijo se refería a Nínive, que se había mencionado en el encabezamiento, aunque después no se hayan dado más referencias a esa ciudad en Nahún 1, 2-7.

Miqueas llama a todas las naciones para que escuchen su palabra de juicio sobre Israel, como había hecho el primer Miqueas en 1 Rey 22, 28. Lo que el profeta anuncia de palabra lo confirmará el Señor de obra, es decir, realizando el juicio anunciado, y lo hará además desde su templo santo, es decir, desde el lugar donde esta entronizado (Sal 11, 4); porque el Señor se elevará desde allí e impondrá su dominio sobre todos los lugares altos de la tierra, como Señor universal del mundo (cf. 1 Rey 22, 3; Amós 4, 13; Dt 32, 14), y así vendrá envuelto en fuego, como juez del mundo, de forma que las montañas se derretirán ante él.

La descripción de esta teofanía se funda en la idea de una terrible tormenta y de un terremoto, como en Sal 18, 8. Las montañas se derriten, convirtiéndose en corrientes de agua, que descargan desde el cielo (Jc 5, 4), y los valles estarán llenos de profundos canales, cortados por los torrentes de agua. Las comparaciones (como cera, etc., cf. Sal 68, 3; y como agua…) sirven para expresar la disolución completa de las montañas y de los valles. Estas descripciones responden a la influencia negativa ejercida por los grandes juicios de los señores del mundo sobre la misma tierra.

1, 5-7

⁵ בְּפֶשַׁע יַעֲקֹב כָּל־זֹאת וּבְחַטֹּאות בֵּית יִשְׂרָאֵל מִי־פֶשַׁע
יַעֲקֹב הֲלוֹא שֹׁמְרוֹן וּמִי בָּמוֹת יְהוּדָה הֲלוֹא יְרוּשָׁלָ͏ִם׃
⁶ וְשַׂמְתִּי שֹׁמְרוֹן לְעִי הַשָּׂדֶה לְמַטָּעֵי כָרֶם וְהִגַּרְתִּי לַגַּי אֲבָנֶיהָ וִיסֹדֶיהָ אֲגַלֶּה׃
⁷ וְכָל־פְּסִילֶיהָ יֻכַּתּוּ וְכָל־אֶתְנַנֶּיהָ יִשָּׂרְפוּ בָאֵשׁ וְכָל־עֲצַבֶּיהָ
אָשִׂים שְׁמָמָה כִּי מֵאֶתְנַן זוֹנָה קִבָּצָה וְעַד־אֶתְנַן זוֹנָה יָשׁוּבוּ׃

⁵ Todo esto por la rebelión de Jacob, por los pecados de la casa de Israel. ¿Cuál es la rebelión de Jacob? ¿No es acaso Samaría? ¿Cuál es el lugar alto de Judá? ¿No es acaso Jerusalén? ⁶ Haré, pues, de Samaría montones de ruinas, tierra para plantar viñas. Derramaré sus piedras por el valle y descubriré sus cimientos. ⁷ Todas sus estatuas serán despedazadas, todos sus dones serán quemados en el fuego, y asolaré todos sus ídolos, porque con salarios de prostitutas los juntó, y salario de prostitución volverán a ser.

1, 5-6. Esta condena judicial de parte de Dios está ocasionada por el pecado de Israel. Las palabras כָּל־זֹאת, todo esto (1, 5) se refieren a la venida de Yahvé como Señor, para realizar el juicio anunciado en 1, 3-4, con la condena de la apostasía y de los pecados de Israel. ב (para) se utiliza para indicar la recompensa o lo merecido, como en 2 Sam 3, 27.30.

En 1, 5, Jacob e Israel son sinónimos, y significan la totalidad del pueblo de la alianza, como se muestra por el hecho de que en 1, 5 el término que se aplica para las diez tribus es Jacob y no Israel, en cuando distinto de Judá. מִי ¿quién? Se refiere al autor. La apostasía de Israel se origina con Samaría, la adoración en los lugares altos con Jerusalén.

Las capitales de los dos reinos son las autoras de la apostasía, como centro y fuente de corrupción que se ha extendido desde ellas a los dos reinos. La alusión a los בָּמוֹת, *bâmōth*, como lugares altos de culto ilegal, que ni siquiera los reyes más fieles fueron incapaces de erradicar (cf. *Comentario* a 1 Rey 15, 14), muestra, sin embargo que פֶּשַׁע está evocando aquí la apostasía religiosa de Yahvé, algo que fue sancionado de un modo formal en el reino de las diez tribus a través de la introducción del culto a los becerros.

Pues bien, a causa de esta apostasía que comenzó en el reino de las diez tribus, el castigo recaería primero sobre este reino, y Samaría sería totalmente destruida. Conforme a la opinión de Hitzig, los montones de piedra en el campo y las plantaciones de viñas no responden al trasfondo del texto, de manera que él propone alterarlo. Pero no hay razón para hacerlo. El punto de comparación es simplemente que Samaría será destruida de forma que no quedará ni rastro de la ciudad, de forma que el mismo sitio donde había sido edificada la ciudad se convertirá en un tipo de campo como aquellos que se aran para la cosecha.

A la palabra עִי, ruina, se le añade הַשָּׂדֶה, para indicar mejor un montón de ruinas o de piedras. Samaría se convertirá en un montón de piedras, pero no de piedras para edificar casas, sino de piedras que se recogen del campo, para que así pueda ser mejor cultivado. למטעי כרם, es decir, un campo arable sobre el que pueden plantarse viñas. Esa imagen responde a la situación de Samaría, sobre una colina, en una zona fértil, que se ha adaptado para plantar viñas (cf. Am 3, 9). La situación de la ciudad ayuda a entender el gesto de echar piedras en el valle.

1, 7. Dejar desnudos los cimientos evoca la destrucción de los mismos fundamentos de la ciudad (cf. Sal 137, 7). Con la destrucción de la ciudad serán aniquilados todos sus ídolos. *Pesīlīm* (cf. פְּסִילֶיהָ) son los ídolos, como en Is 10, 10; pero aquí no son ídolos de madera, pues en ese caso no se podría aplicar la expresión יֻכַּתּוּ, *yukkattū*, que es romper en pedazos, sino que son ídolos de piedra, de *pâsal* (Ex 34, 1).

Por los dones de los amigos de los ídolos (אֶתְנַן, *'ethnân,* cf. Os 9, 1) no podemos referirnos a los dones de los ricos de la ciudad ni a sus posesiones, a pesar de que los idólatras miraran su riqueza y prosperidad como una recompensa de sus dioses, conforme a Os 2, 7.14 (Rashi, Hitzig y otros), sino que se trata de los dones del templo, dones "suspendidos en los templos y en los lugares sagrados en honor de sus dioses" (Rosenmller), dones por los que se mantenía el culto del templo y todo su aparato.

En esa línea, la palabra אֶתְנַן, *'ethnân*, puede referirse a todo el fasto del culto religioso. El paralelismo de las frases exige que esa palabra tenga aquí ese sentido. עֲצַבִּים son por tanto las imágenes idolátricas. אָשִׂים שְׁמָמָה, en el sentido de devastar a los ídolos, no implica solo quitarles sus ornamentos sagrados, sino destruirlos, de forma que el lugar en el que antes estaban quede vacío.

La siguiente frase, que ofrece la razón de lo anterior, no se aplica solo a los *'ătsabbīm* (cf. עֲצַבֶּיהָ) como supone Hitzig, sino que se refiere a las dos frases del hemistiquio anterior, de manera que deben suplirse las palabras *pesīlīm* y *'ătsabbīm* como objetos de קִבָּצָה, *qibbâtsâh* (ella reunió...), y han de verse como sujetos de יָשׁוּבוּ, *yâshūbhū* (volverán a ser objeto de prostitución). Samaría reunirá todo el "aparato" del culto idolátrico, como dones de prostitución (זוֹנָה אֶתְנַן, salario de prostituta), objetos presentados por los idólatras.

La adquisición de todos estos dones se describe como salario de prostituta, conforme a la visión de la Escritura, según la cual toda la idolatría es prostitución espiritual. No hay aquí razón para pensar en un salario de prostitutas en el sentido literal, ni como dinero que se consiguió en el templo a través de un culto voluptuoso a la diosa Afrodita, porque Miqueas no tenía en su mente una idolatría literal, de tipo pagano, sino la simple transformación de la adoración a Yahvé como idolatría, por el hecho de adorar a Yahvé bajo el símbolo de los becerros de oro.

Todo esto vuelve a convertirse en salario de prostitución (cf. Gen 3, 19), porque todos esos dones serán llevados por los enemigos que conquistarán y destruirán la ciudad. Eso significa que los conquistadores de la ciudad la destruirán, con sus objetos idolátricos, llevándose los bienes vinculados a ese tipo de idolatría. Sobre la toma de las ciudades, sobre los ídolos y los tesoros del templo que fueron llevados al cautiverio, cf. Is 46, 1-2; Dan 1, 3.

1, 8-16

Pero ese juicio no se limitará a Samaría, sino que se extenderá también sobre Judá. El profeta lo indica así al afirmar que irá lamentándose como un prisionero, para expresar la miseria que vendrá sobre Judá (1, 8-9); y entonces, para confirmarlo, él anunciará a una serie de ciudades el destino que les espera, o que espera a todo el reino, y así lo mostrará con un continuo juego de palabras que se funda en sus nombres (1, 10-15); finalmente, con gran tristeza, el profeta tendrá que amenazar a la misma Sión.

1, 8-9

⁸ עַל־זֹאת֙ אֶסְפְּדָ֣ה וְאֵילִ֔ילָה אֵילְכָ֥ה (שֵׁילָ֖ל) [שׁוֹלָ֖ל] וְעָר֑וֹם
אֶעֱשֶׂ֤ה מִסְפֵּד֙ כַּתַּנִּ֔ים וְאֵ֖בֶל כִּבְנ֥וֹת יַעֲנָֽה׃
⁹ כִּ֥י אֲנוּשָׁ֖ה מַכּוֹתֶ֑יהָ כִּי־בָ֙אָה֙ עַד־יְהוּדָ֔ה נָגַ֛ע עַד־שַׁ֥עַר עַמִּ֖י עַד־יְרוּשָׁלָֽםִ׃

⁸ Por esto me lamentaré y gemiré; andaré descalzo y desnudo, aullando como los chacales, lamentándome como los avestruces. ⁹ Porque su herida es dolorosa, y llegó hasta Judá; llegó hasta la puerta de mi pueblo, hasta Jerusalén.

1, 8. El profeta se lamentará sobre la destrucción de Samaría, porque el juicio que ha recaído sobre Samaría caerá también sobre Judá. Miqueas no habla aquí en su propio nombre como un patriota (Hitzig), sino en nombre de su nación, con la que él se identifica como miembro de ella. Esta es una evidencia clara por la expresión אילכה שילל וערום, que describe la acción de un prisionero, no la de un penitente.

La forma אילכה con י (*yod*) parece que ha sido sugerida simplemente por אילילה. Por su parte שילל está formada como הידד en Is 16, 9-10, con otras palabras semejantes (cf. Olshausen, *Gramm*. p. 342). Los masoretas han sustituido la palabra שלל, después de Job 12, 17, pero lo han hecho sin ninguna razón para ello. Esa palabra no significa "con los pies desnudos", ἀνυπόδετος (LXX), para lo que existía la palabra 2) יחף Sam 15, 30; Is 20, 2-3; Jer 2, 25), sino "robado", despojado. ערום, desnudo, es decir, sin el vestido exterior (cf. *Comentario* a 1 Sam 19, 24), *vestitu solido et decente privatus* (privado de un vestido apropiado, decente). Los plañideros van ciertamente descalzos (*yâchēph*, cf. 2 Sam 15, 30), y lamentándose, con un vestido hecho de pelos de animales (*saq*: 2 Sam 3, 31; Gen 37, 34, etc.), pero no van saqueados y desnudos. Pues bien, la afirmación según la cual se decía que un hombre iba *ârōm* cuando se ponía una vestidura de plañidero (*saq*, vestido de saco) en lugar de la vestimenta exterior no puede fundarse en Is 20, 2, sino todo lo contrario. Porque allí el profeta solo va *'ârōm veyâchēph*, es decir, vestido como un prisionero, para simbolizar la cautividad de Egipto, después que se ha soltado el vestido de pelo o de saco (*saq*) de la cintura (es decir, después que lo ha quitado). Pues bien, también en nuestro caso, el haber sido saqueado y el andar desnudo han de entenderse de la misma manera.

Según eso, la intención de Miqueas no es solo la de mostrar públicamente su lamentación ante la calamidad que se aproxima a Judá, sino que él quiere indicar de una forma simbólica el destino que espera a los judíos. Y eso solo puede hacerlo incluyéndose a sí mismo en la nación, y mostrando en su persona el destino de su nación.

1, 9. Lamentarse como los chacales y los avestruces es producir un sonido, alto, fuerte, triste, como el de estos animales que se distinguen por esos sonidos, como he mostrado en *Comentario* a Job 30, 29, un pasaje que ha podido pasar por la imaginación del profeta. De esa forma debe lamentarse Judá, a causa del golpe maligno, es decir, de la herida incurable que caerá sobre Samaría (cf. Miq 1, 6-7). Para el predicado en singular, antes del sujeto en plural, cf. Ewald, 295, a, y 317, a).

Ese lamento llega hasta Jerusalén, que es la capital, que aquí aparece como puerta de mi pueblo (שַׁעַר עַמִּי), porque era el lugar por excelencia por donde el pueblo entraba y salía. La partícula עד no tiene aquí un sentido excluyente, sino inclusivo, incluyendo al *terminus ad quem*, como es evidente por el paralelo "también a Judá". Si solo hubieran llegado hasta el borde de Judá no habrían podido entrar en Jerusalén. Eso aparece todavía de forma más clara en 1, 10. El hecho de que no se mencione Jerusalén hasta después de Judá ha de interpretarse de un modo retórico y no geográfico. No se salvaría ni siquiera la capital donde se encontraba el templo de Yahvé.

1, 10-12

10 בְּגַת אַל־תַּגִּידוּ בָּכוֹ אַל־תִּבְכּוּ בְּבֵית לְעַפְרָה עָפָר (הִתְפַּלָּשְׁתִּי) [הִתְפַּלָּשִׁי]׃
11 עִבְרִי לָכֶם יוֹשֶׁבֶת שָׁפִיר עֶרְיָה־בֹשֶׁת לֹא יָצְאָה
יוֹשֶׁבֶת צַאֲנָן מִסְפַּד בֵּית הָאֵצֶל יִקַּח מִכֶּם עֶמְדָּתוֹ׃
12 כִּי־חָלָה לְטוֹב יוֹשֶׁבֶת מָרוֹת כִּי־יָרַד רָע מֵאֵת יְהוָה לְשַׁעַר יְרוּשָׁלִָם׃

[10] No lo digáis en Gat, ni lloréis mucho; en Bet-le-afra (=en la casa del polvo) yo me he cubierto de polvo. [11] ¡Retírate, morador de Safir (la casa hermosa) desnudo y con vergüenza! ¡No ha salido el morador de Zaanán! ¡Hay llanto en Betesel! A vosotros se os quitará la lamentación. [12] Porque los moradores de Marot gritaron con angustia por el bien (=buscando el bien), pues Yahvé ha hecho que el mal descienda hasta las puertas de Jerusalén.

1, 10. Ahora se describe con toda claridad la forma en que el juicio de Dios ha penetrado en Judá, nombrando de un modo individual un número de ciudades que han sido golpeadas por eso juicio.

La descripción comienza con palabras prestadas de la elegía de David por la muerte de Saul y Jonatán (2 Sam 1, 20): No lo publiquéis en Gat, con juego de palabras entre בְּגַת y תַּגִּידוּ (en Gat y anunciar). Los filisteos no deben escuchar la tristeza de Judá, a fin de que no se regocijen por ello. También hay un juego de palabras entre בָּכוֹ אַל־תִּבְכּוּ (en el sentido de llorar llorando…). Esta sentencia pertenece a lo anterior, y suple la falta de una definición más precisa del dolor del pueblo: ellos no deben proclamar llorando la calamidad en Gat (no deben llorar allí por ella)[74].

74. Basándose en la traducción que los LXX han hecho de בָּכוֹ אַל־תִּבְכּוּ (καὶ οἱ Ἐνακεὶμ μὴ ἀνοικοδομεῖτε), muchos comentaristas modernos siguiendo a Reland (*Palaest*. III, p. 534 ss.), piensan que בכו es el nombre de una ciudad, una contracción de בעכו (es decir de ב y de עכו), en el sentido de *y en Acco no lloréis*. La objeción de Caspari en contra de esta interpretación (cf. *Mich*.

Tras este recuerdo del llanto de David por Saúl, que evoca la grandeza de su pena personal, siendo por otro lado un llanto muy significativo, porque la catástrofe de Judá se expresará también en la pérdida de su rey (cf. Miq 4, 9), como en el caso de David que llora por la muerte del rey Saúl (Hengstenberg). En esa línea, Miqueas menciona, de forma muy adecuada los lugares en los que se expresará el llanto de Judá o, al menos, la experiencia de algo muy doloroso.

De 1, 10 a 1, 15, Miqueas menciona diez lugares, cuyos nombres, con pequeñas alteraciones, servían para hacer juegos de palabras, indicando lo que sucedería o se realizaría en ellos. El número diez, que es signo de plenitud, indicando que el juicio sería total, extendiéndose a todo el reino, se divide en dos unidades de cinco cada una, por medio de la afirmación, repetida en 1, 12, de que la calamidad golpearía a Jerusalén como un golpe de destino. Así se nombran cinco lugares antes de Jerusalén (1, 10-12) y cinco después (1, 13-15).

Esta división ha llevado a pensar, de un modo muy natural, como hace Hengstenberg, que las cinco primeras plazas se sitúen al norte de Jerusalén, y las cinco siguientes al sur o al sudoeste, indicando así que, según Miqueas, el juicio se extendería de norte a sur. En contra de eso, la opinión de Caspari, según la cual

---

p. 110) es que, en ese caso, los habitantes de ambos reinos israelitas hubieran quedado fuera de la mente del profeta en este primer hemistiquio, en el que se citaría primero a Gat (entre los filisteos) y después a Acco (cerca de Fenicia). Ciertamente esa objeción no es totalmente probativa, pero es muy probable, pues, a partir de על־זאת (1, 8) y del argumento de 1, 11, el tema de Miqueas se centra en Judá. Y además el argumento central de 1, 8-10, es la tristeza del pueblo (especialmente de Judá). Ciertamente, en ese contexto, Acco no se tomaría como una ciudad del reino de Israel, sino como una ciudad habitada por paganos, pues según Jc 1, 31 los cananeos no fueron expulsados de Acco, y no hay ningún pasaje del A. T. en el que se pueda afirmar que esta ciudad cayó alguna vez en posesión de los israelitas. Por otra parte, no existe ningún caso análogo de contracción como la que supone esa interpretación, según la cual Ἐνακείμ sería una contracción de "en Acco". Las formas que podrían tomarse como referencia, נשקה por נשקעה (Am 8, 8) y בלה por בעלה (Js 19, 3 y 15, 29) son de tipo muy distinto y el hecho de tener que unir la ב con el nombre de la ciudad, עכו, suprimiendo para ello la ע, para así formar una solo palabra, es algo sin paralelos en el lenguaje del Antiguo Testamento.

Además, la traducción de la Septuaginta no constituye autoridad suficiente para apoyar esa interpretación. Todo lo que podemos inferior por el hecho de que Eusebio haya añadido Ἐναχείμ en su *Onomasticon* (ed. Lars. p. 188), observando al mismo tiempo que ese nombre solo aparece en los LXX en Miqueas, mientras que Aquila y Símaco tienen ἐν κλαυθμῷ (*in fletu*, en llanto, como en hebreo). Sea como fuere, los Padres griegos tomaron la palabra Ἐναχείμ de los LXX como el nombre de un lugar desconocido (distinto de Acco). Pero eso no prueba en modo alguno la exactitud de la traducción de los LXX.

Por otra parte, la posición de בכו delante de אל no ofrece base suficiente para mantener que esa palabra no es el infinitivo absoluto de בכה, sino que tiene que incluir el nombre de un lugar. La afirmación de Hitzig, según la cual, si la palabra בכו fuera un infinitivo absoluto no se podría haber construido la frase en forma negativa no tiene ningún fundamento gramatical. Del hecho de que אל no pueda vincularse a un infinitivo absoluto (Ewald, 350, a) no se sigue en modo alguno que el infinitivo absoluto no puede introducirse delante de un verbo finito con la partícula אל por causas de énfasis.

Miqueas habría citado solo ciertos lugares de poca importancia en el entorno de Moresti, su patria, tiene poco fundamento.

בְּבֵית לְעַפְרָה es probablemente *Ophrah* de Benjamín (עפרה, Js 18, 23), que, según Eusebio, se hallaba situada no lejos de Betel (cf. *Comentario* a Js, *ad locum*). Aquí se puntúa con *pathach* (עַפְרָה) por paronomasia con עָפָר, polvo. La lectura correcta la ofrece el *qetiv* הִתְפַּלָּשְׁתִּי, no el *kere* הִתְפַּלָּשִׁי, que es una mera enmienda, que ha surgido por una mala interpretación del verdadero significado de la palabra. התפלש no significa revolver, sino desparramar sobre uno mismo. Echar polvo o ceniza sobre la cabeza era una señal de profunda tristeza (Jer 6, 26; 2 Sam 13, 19). El profeta habla así en nombre del pueblo de aquello que el pueblo ha de hacer.

1, 11-12. Los habitantes de *Shafir* serán llevados a la cautividad. עבר, pasar al otro lado, aquí en el sentido de ser llevados, de moverse hacia adelante. El plural לכם se debe al hecho de que יוֹשֶׁבֶת, *yōshebheth*, es la población. שָׁפִיר, *Shâphīr*, es decir, una ciudad hermosa no es el nombre de *Shâmīr* en Js 15, 48, porque estaba situada en el sudoeste de la montaña de Judá; no es tampoco la *Shâmīr* de las montañas de Efraín (Jc 10, 1), que no pertenecía al reino de Judá. Al contrario, es una ciudad al norte de Jerusalén, de la que no sabemos nada más.

La afirmación del *onomástico*, en el que se dice Σαφείρ ἐν γῇ ὀρεινῇ, Safir en la montaña, entre *Eleutheropolis* y Ascalón, ha surgido probablemente para identificar a Safir con el *Shâmīr* de Josué. Pero esto es evidentemente erróneo, porque el país entre *Eleutheropolis* y Ascalón no pertenecía a las montañas de Judá, sino a la Sefela. בשתעריה־, es una combinación, como ענוה־צדק en Sal 45, 5, en el sentido de quitar de un modo vergonzoso, aludiendo a una desnudez vergonzosa, a un desvestimiento ignominioso. עריה es un acusativo que define la manera en que ellos van.

Las dos frases siguientes son difíciles de explicar. צאנן, un juego de palabras con יצאה, resulta explicable por lo que se refiere al contenido, pero el significado original del término es difícil de trazar. Los comentadores modernos lo suelen vincular con צאן, en el sentido de oveja (rico en rebaños). La situación de צאנן, resulta desconocida.

La supuesta identidad de Zaanan con *Zenân* (cf. Js 15, 37) no puede mantenerse, pues *Zenân* se hallaba en la llanura, mientras Zaanan se hallaba más probablemente al norte de Jerusalén. De todas formas, el significado de la frase no puede ser otro que este: la población de Zaanan no ha salido de la ciudad para la guerra por miedo al enemigo, sino que, al contrario, ha caído detrás de sus murallas (Ros., Casp., Hitzig).

בית האצל es probablemente la misma población de אצל en Zac 14, 5, un lugar en las cercanías de Jerusalén, al este del monte de los Olivos, pues frecuentemente se omite בית en las nombres de lugares (cf. Gesenius, *Thes*. p. 193). Por su parte, אצל, *etsel* significa lado, y actúa como adverbio o preposición, "al lado de". Este es el significado que ha de tomarse aquí.

El objeto de las palabras מִסְפַּד֙ בֵּ֣ית הָאֵ֔צֶל... puede ser "la lamentación de *Bet-Esel* será alejada de vosotros (de los judíos), es decir, no podréis lamentaros como fugitivos (cf. Jer 48, 45). La angustia en la que el enemigo, estando allí, ha hundido a *Bet–Esel* ha hecho imposible que os detengáis allí (Hitzig, Caspari). Pero la siguiente frase que está conectada con כי, no responde a esa interpretación (Miq 1, 12).

La única forma en la que esta frase puede tener un sentido aceptable como explicación está en tomar así el sentido de conjunto: "La lamentación de *Bet-Esel* podrá detenerse si es que os detenéis cerca de allí", como podemos deducir del mismo nombre (אצל, *etsel*, estar al lado, pararse al lado).

El texto sigue: "porque los moradores de Marot (1, 12) que está más allá sentirán dolor...". Esta es la visión de Caspari, sugerida también por Hengstenberg (cf. Zac 14, 5), y concuerda con la que proponemos, excepto por el hecho de que aplica el sufijo de עמדתו a מספד, y traduce las palabras así: "La lamentación de *Bet-Esel* se detendrá lejos de vosotros, es decir, la calamidad no parará en *Bet-Esel*" (en la casa de al lado); no parará al lado, como se podría esperar por el nombre.

Gramaticalmente, esta conexión resulta la más natural. Pero hay una objeción, y es que no se puede demostrar que עמד se utilice aquí en el sentido de parar o de terminar la lamentación, mientras que lo más normal es que el sufijo de עמדתו se refiera simplemente a la calamidad, por una *constructio ad sensum*, porque la calamidad ha sido ya evocada en el verbo נגע de 1, 9 y porque 1, 10 ofrece también el objeto que ha de ser mentalmente suplido.

מָר֔וֹת, *Maroth* (literalmente algo amargo, amargura) es una localidad totalmente desconocida. Por la frase explicativa כי ירד וגו, resulta evidente que estaba situada en la inmediata vecindad de Jerusalén. Los habitantes de *Maroth* gritan (חָלָה, *châlâh*, de *chūl*, gritar con angustia, como una mujer con dolores de parto), porque también ellos han sido golpeados por la calamidad, cuando ella (el enemigo) llega hasta las puertas de Jerusalén. לטוב, "por razón del bien" que han perdido o están a punto de perder.

1, 13-16

¹³ רְתֹ֧ם הַמֶּרְכָּבָ֛ה לָרֶ֖כֶשׁ יוֹשֶׁ֣בֶת לָכִ֑ישׁ
רֵאשִׁ֨ית חַטָּ֥את הִיא֙ לְבַת־צִיּ֔וֹן כִּי־בָ֥ךְ נִמְצְא֖וּ פִּשְׁעֵ֥י יִשְׂרָאֵֽל׃
¹⁴ לָכֵן֙ תִּתְּנִ֣י שִׁלּוּחִ֔ים עַ֖ל מוֹרֶ֣שֶׁת גַּ֑ת בָּתֵּ֤י אַכְזִיב֙ לְאַכְזָ֔ב לְמַלְכֵ֖י יִשְׂרָאֵֽל׃
¹⁵ עֹ֗ד הַיֹּרֵשׁ֙ אָ֣בִי לָ֔ךְ יוֹשֶׁ֖בֶת מָֽרֵשָׁ֑ה עַד־עֲדֻלָּ֥ם יָב֖וֹא כְּב֥וֹד יִשְׂרָאֵֽל׃
¹⁶ קָרְחִ֣י וָגֹ֔זִּי עַל־בְּנֵ֖י תַּעֲנוּגָ֑יִךְ הַרְחִ֤בִי קָרְחָתֵךְ֙ כַּנֶּ֔שֶׁר כִּ֥י גָל֖וּ מִמֵּֽךְ׃ ס

¹³ Uncid al carro bestias veloces, moradores de Laquis. Allí comenzó el pecado de la hija de Sión, porque en vosotros se hallaron las rebeliones de Israel. ¹⁴ Por tanto, darás dones a Moreset-gat (=Moreset, la prometida de Gat). Las casas de Aczib servirán de trampa a los reyes de Israel. ¹⁵ Yo enviaré a ti a mi heredero, moradores

de Maresa, y la nobleza de Israel irá hasta Adulam. ¹⁶ Arráncate los cabellos, córtalos, por los hijos que tanto amas; hazte calvo como el buitre, porque van al cautiverio lejos de ti.

Pero el juicio no terminará en Jerusalén, sino que se extenderá todavía más allá sobre la tierra. Esa expansión del juicio se describe en Miq 1, 13-15 de manera semejante a la anterior. Los habitantes de Laquis, una ciudad fortificada de la Sefela, al oeste de *Eleutheropolis*, cuyas ruinas se conservan cerca de *Um Lakis* (cf. *Comentario* a Js 10, 3) tienen que uncir los caballos al carro (רֶכֶשׁ, *rekhesh*, caballo, animal veloz, cf. *Comentario* a 1 Rey 5, 8; palabra que empalma por su sentido con Lakis). Eso significa que tienen que huir tan rápidamente como puedan del avance del enemigo.

רתם, ἅπ. λεγ., atar, uncir el caballo al carro, como en latín *currum jungere equis* (uncir el carro al caballo). Sobre esta ciudad recae el juicio con especial severidad, porque ha pecado de un modo grave, mostrándose como principio del pecado para la hija de Sión, es decir, para la población de Jerusalén. Esta fue la primera ciudad que admitió las iniquidades de Israel, es decir, la idolatría de la adoración de las imágenes, introducida en el reino de las diez tribus (para פִּשְׁעֵי יִשְׂרָאֵל, cf. Miq 1, 5 y Am 3, 14), una idolatría que penetró también en la capital. Nada más sabemos de esta ciudad, pues los libros históricos no contienen nada de ella. Pues bien, por esta razón, por el hecho de que el pecado de Israel encontró un asilo en ella, la misma hija de Sión se verá obligada a renunciar a *Moresheth-gath*. Este es el pensamiento de 1, 14, cuya expresión se apoya en la semejanza de sonido entre *Moresheth* y *me'orâsâh*, algo prometido (Dt 22, 23).

שִׁלּוּחִים, *shillūchīm,* significa "cosas" que pertenecen a un hombre, y que da o entrega por un tiempo o para siempre a otros. Se aplica en Ex 18, 2 al envío de la mujer y de los hijos a la casa del suegro por un tiempo. En 1, Rey 9, 16 es un don o dote, el presente que el padre da a su hija cuando va a casarse y deja la casa. A veces se ha introducido en la palabra el significado de divorcio, es decir de *sēpher kerīthuth* (Dt 24, 1.3), pero de un modo arbitrario. El significado no ha de estar determinado por *shillēach* en Jer 3, 8, como supone Hitzig, sino que ha de verse desde 1 Rey 9, 16, donde aparece la misma expresión, a pesar que se construye aquí con ל, lo que, por otra parte, no implica ninguna diferencia.

נתן אל significa dar a una persona, sea confiárselo por un tiempo o dárselo para siempre. El objeto que Sión da a *Moresheth* como regalo no ha sido precisado en el texto, pero se trata realmente de la misma ciudad, pues el significado del texto es el siguiente: Sión se verá obligada a abandonar todo derecho posterior sobre *Moresheth*, para entregarla al enemigo.

Mōresheth no es un apelativo, como suponen los traductores antiguos, sino la misma ciudad de Miqueas, con el apelativo *Gat* que ofrece una definición más precisa de la situación. Moreset aparece aquí como la "prometida de Gat", la capital bien conocida de los filisteos.

Así se dice *Moreset-Gat* en el sentido de Moreset de Gat, como se dice Belén-Juda, es decir, Belén de Judá, (cf. Jc 17, 7-9; 19, 1). O como se dice *Abel- Maim* (Abel junto a las aguas) en 2 Cron 16, 4. Conforme a Jerónimo (*Comm.* en *Mich.,* Prol.), *Morasthi, qui usque hodie juxta Eleutheropolin, urbem Palaestinae, haud grandis est viculus* (en el sentido de que "Morasti, que hasta hoy mantiene un vínculo grande con *Eleutheropolis,* una ciudad de Palestina", cf. Robinson, *Pal.* ii. p. 423).

Según el contexto, no podemos tomar la palabra en sentido de apelativo (como posesión de Gat), pues el profeta no está diciendo que Judá tiene que dejar al enemigo una ciudad que pertenece a Gat, sino que ella tendrá que dejar (dar, entregar) las ciudades de su posesión. En esa línea, como observa correctamente Maurer, "cuando el enemigo está a la puerta, los hombres piensan en defender el reino, no en agrandarlo".

De todas formas, si la adición del término Gat no quiere definir de un modo más preciso la situación de Moreset, o distinguirla de otros lugares del mismo nombre, y si el juego de palabras respecto a Moreset quería mostrar su relación más profunda con Gat, el pensamiento de fondo de la frase solo podía ser este: que la población de Moreset, situada en las cercanías de Gat, había sido tomada con frecuencia por los filisteos, que habían reclamado su propiedad, no que ella pertenecía en ese momento a Gat.

El juego de palabras en la segunda parte del verso indica también la pérdida de lugares o ciudades en Judea: "Las casas de *Aczib* servirán de trampa a los reyes de Israel". אכזב, significa trampa y se relaciona con נחל אכזב, un torrente "con trampa", es decir, que se seca en la estación seca, engañando la esperanza de los caminantes que esperan encontrar allí agua (Jer 15, 18; cf. Job 6, 15.). *Aczib*, era una ciudad en la llanura baja de Judá, cuyo nombre ha sido preservado en las ruinas *Kussabeh,* al sudoeste de *Beit-Jibrin* (cf. Js 15,44).

Aquí se mencionan las casas de *Aczib* no porque ellas puedan compararse, propiamente hablando con el lecho del torrente (que queda sin agua), como si las casas estuvieran construidas sobre el mismo lecho del torrente. La comparación no está en la ruinas de las casas, sino de la misma ciudad, que caerá en ruinas. Los reyes de Israel no son aquí los reyes de Samaría y Judá, pues *Aczib* pertenecía solo a los reyes de Judá, a quienes alude el texto, uno tras otro (cf. Jer 19, 13), pues el plural (reyes) ha de entenderse como referido a la monarquía de Israel (que en este caso se aplica a Judá).

מָרֵשָׁה, *Mareshah,* pasará a ser de otras manos. "Yo enviaré de nuevo a ti a mi heredero" (con אבי en vez de אביא, como en 1 Rey 21, 29). Los primeros herederos de Maresa fueron los israelitas, que recibieron la ciudad, que había estado previamente ocupada por los cananeos, como posesión propia al conquistar la tierra. El segundo heredero será el enemigo, en cuya posesión quedará ahora la tierra.

Maresa se encuentra también en la parte baja de Judá, y su nombre ha sido conservado en las ruinas de *Marash* (cf. Js 15, 44, con Tobler, *Dritte Wanderung*, pp. 129, 142-3). Al norte de ella estaba *Adullam* (cf. Js. 12, 15), cuyo establecimiento no ha sido aún descubierto, pero que Tobler (p. 151) sitúa erróneamente en *Bêt Dûla*. Miqueas la menciona simplemente a causa de la cueva que allí había (1 Sam 22, 1), como un lugar de refugio al que escaparía lo más grande y glorioso de Israel (כְּבוֹד יִשְׂרָאֵל, "la gloria de Israel," como en Is 5, 13).

Esta descripción ha quedado redondeada en 1, 16, retomando el pensamiento de que Sión lloraría profundamente por la cautividad del pueblo, tema que ha aparecido en primer lugar en Miq 1, 8. En קרחי וגזי Sión aparece como madre del pueblo. קרח, afeitar del todo, y גזז, contar la pena, son sinónimos y aquí se combinan para fortalecer el significado de la idea. Los hijos de tu amor, en los que has puesto tu placer, son los miembros de la nación.

Afeitar la cabeza, o barrer un lugar, era un signo de tristeza, tradicional en Israel, a pesar de que había sido prohibido por Dt 14, 1 (cf. *Comentario* a Lev 19, 28). Barrer o afeitar un lugar era hacer que quedara como el cuello del כְּנֶשֶׁר, *nesher*, que no es el águila, sino el buitre, que se solía incluir entre la familia de las águilas, ya fuera el buitre barbado, *vultur barbatus* (cf. Oedmann, *Verm. Samml* i. p. 54 ss.), o más probablemente en buitre carroñero, *vultur percnopterus L.*, que era común en Egipto y también en Palestina, un buitre que tiene la parte superior de la cabeza totalmente calva, con solo unos pocos pelos en la parte de atrás, de manera que puede ponerse como signo de un lugar "afeitado", baldío (cf. Hasselquist, *Reise*, p. 286 ss.). Posiblemente, estas palabras no se pueden atribuir a la muda actual de plumas del águila.

Si seguimos investigando el cumplimiento de la profecía relativa a Judá (1, 8-16), ella no puede referirse, o hablando de un modo más correcto, no puede restringirse a la invasión asiria, como hacen, entre otros, Teodoreto, Cirilo y Marck. La deportación de Judá, a la que se alude en 1, 11, y que está claramente expresada en 1, 16, no fue realizada por los asirios, sino por los caldeos. Por otra, resulta claro que Miqueas mismo no esperaba que el juicio de Judá lo realizaran los asirios, sino los babilonios, porque él cita a Babel como lugar al que serán llevados cautivos los judíos.

Por otra parte, no podemos olvidar que la invasión asiria en tiempos de Senaquerib no solo conquistó gran parte de Judá, y penetró hasta las puertas de Jerusalén (2 Rey 18, 13-14. 19; Is 36, 1-38), sino que el mismo rey habría destruido el reino de Judá como su predecesor Salmanasar había destruido el de Israel, si el Señor no hubiera escuchado la oración de su siervo Ezequías, destruyendo milagrosamente el ejército de Senaquerib en los muros de Jerusalén. En este capítulo, Miqueas no predijo un momento concreto de juicio, sino el juicio en general, sin ninguna alusión especial a la forma en que se realizaría. De esa forma, su proclamación incluye todos los juicios que habrían de recaer sobre Judá desde la invasión asiria hasta la catástrofe romana.

2, 1–13. Culpa y castigo de Israel. Restauración futura.

Después que Miq 1 ha profetizado en general el juicio que ha de recaer sobre ambos reinos, a causa de su apostasía respecto del Dios vivo, Miqueas 2, 1-13 sigue condenando, como pecados principales, las injusticias y opresiones de los hombres importantes o grandes (2, 1-2) por los que la nación había de ser expulsada de su herencia (2, 3-5). Miqueas mantiene con fuerza esta amenaza, oponiéndose así a las profecías de los falsos profetas, que confirmaban a la nación en su impiedad a través de las mentiras que ellos decían (2, 6-11); y al final concluye con una promesa breve pero muy precisa por la que afirma que un día el Señor reuniría al resto de su pueblo y lo multiplicaría mucho, y que convertiría en su reino (2, 12-13).

Dado que esta promesa se aplica al Israel de las doce tribus, el reproche y la amenaza de castigo han de dirigirse a la casa de Jacob en cuanto tal (2, 7), aplicándose a los dos reinos. No hay argumento válido para restringir esa promesa a Judá, aunque Miqueas haya tenido en su mente de un modo especial a los miembros de ese reino.

2, 1-2

¹ הוֹי חֹשְׁבֵי־אָוֶן וּפֹעֲלֵי רָע עַל־מִשְׁכְּבוֹתָם
בְּאוֹר הַבֹּקֶר יַעֲשׂוּהָ כִּי יֶשׁ־לְאֵל יָדָם׃
² וְחָמְדוּ שָׂדוֹת וְגָזָלוּ וּבָתִּים וְנָשָׂאוּ וְעָשְׁקוּ גֶּבֶר וּבֵיתוֹ וְאִישׁ וְנַחֲלָתוֹ׃

¡Ay de los que en sus camas piensan iniquidad y maquinan el mal, y cuando llega la mañana lo ejecutan, porque tienen en sus manos el poder! ² Codician campos y los roban; casas, y las toman; oprimen al hombre y a su familia, al hombre y a su heredad.

2, 1. Los actos violentos de los poderosos serán castigados con la expulsión de la alianza de su pueblo y la pérdida de la tierra de Canaán. Este "ay" se aplica a los grandes y poderosos de la nación que por sus actos de injusticia privan al pueblo común de la herencia que les ha sido regalada por el Señor (cf. Is 5, 8). El profeta les describe como aquellos que maquinan actos malos de noche, cuando están en sus camas, para robar a los pobres, realizando sus designios tan pronto como llega la mañana.

חשב און tiene el sentido de maquinar planes de maldad (cf. Sal 36, 5); פעל רע significa obrar lo malo, preparando la realización de los males maquinados de noche. En esa línea, פעל, la preparación, se distingue de עשה, la ejecución concreta del mal, como en Is 41, 4, para lo que se utilizan también las palabras יצר y עשה (cf. Is 43, 7).

עַל־מִשְׁכְּבוֹתָם, sobre sus lechos, en la noche, en el tiempo de la reflexión tranquila (cf. Sal 4, 5; Job 4, 13). בְּאוֹר הַבֹּקֶר, "a la luz de la mañana", es decir, al amanecer, sin tardanza. כִּי יֶשׁ וגו, literalmente, "porque su mano es para hacer", porque consideran que lo más importante para ellos son sus manos, porque no tienen un poder más alto que el de ellas, y así hacen todo lo que está bajo su poder (cf. Gen 31, 29; Prov 3, 27; Hab 1, 11; Job 12, 6). Ewald y Rückert rebajan el pensamiento traduciendo "porque está bajo el poder de sus manos". Por su parte, la traducción de Hitzig (si está en sus manos hacerlo…), es incompleta porque *ki* no puede ser aquí una partícula condicional, pues de esa forma se debilitaría el pensamiento en una línea que resulta casi opuesta al contexto.

2, 2 define de un modo aún más preciso el mal que planean de noche y que realizan de día. Con su fuerza y su injusticia, ellos se apoderan de las propiedades de los pobres (campos, casas), es decir, de la heredad que Dios ha concedido a su pueblo. *Châmad* (cf. וְחָמְדוּ) evoca el mandamiento de Ex 20, 14-17 y Dt 5, 18 en contra de la codicia.

La segunda parte del verso contiene una conclusión que deriva de la primera: "Y de esa forma ellos practican violencia en contra de hombre y de sus propiedades". La palabra *bēth* alude a *bottîm*, y *nachălâh* a *sâdōth*, como lotes hereditarios de la tierra –la porción de campo que recibió cada familia cuando Canaán fue dividida.

2, 3-4

³ לָכֵן כֹּה אָמַר יְהוָה הִנְנִי חֹשֵׁב עַל־הַמִּשְׁפָּחָה הַזֹּאת רָעָה
אֲשֶׁר לֹא־תָמִישׁוּ מִשָּׁם צַוְּארֹתֵיכֶם וְלֹא תֵלְכוּ רוֹמָה כִּי עֵת רָעָה הִיא׃
⁴ בַּיּוֹם הַהוּא יִשָּׂא עֲלֵיכֶם מָשָׁל וְנָהָה נְהִי נִהְיָה אָמַר
שָׁדוֹד נְשַׁדֻּנוּ חֵלֶק עַמִּי יָמִיר אֵיךְ יָמִישׁ לִי לְשׁוֹבֵב שָׂדֵינוּ יְחַלֵּק׃

³ Por tanto, así ha dicho Yahvé: Yo planeo contra esta gente un mal del cual no libraréis el cuello, ni andaréis erguidos, porque el tiempo será malo. ⁴ En aquel tiempo se os dedicará un refrán, y se os entonará una lamentación diciendo: Del todo fuimos destruidos; él ha cambiado la heredad de mi pueblo. ¡Cómo me la ha quitado a mí! ¡A los soberbios dio en heredad nuestros campos!

El castigo, introducido por לָכֵן, *lâkhēn* (por tanto) corresponde al pecado. Dado que ellos reflexionan sobre el mal para privar a sus compañeros de sus posesiones, Yahvé hará que venga el mal sobre esta generación, pondrá un duro yugo sobre sus gargantas, de manera que no podrán andar erguidos, ni mover el cuello ni extenderlo. המשפחה הזאת no es esta familia impía, sino toda la nación, cuyos miembros corrompidos han de ser exterminados por el juicio (cf. Is 29,20). El yugo que el

Señor pondrá sobre ellos consiste en el sometimiento al conquistador enemigo de la tierra, con la opresión del exilio (cf. Jer 27, 12).

Hâlakh rōmâh (cf. תֵּלְכוּ רוֹמָה), andar en alto, significa caminar erguidos, como signo de orgullo y soberbia. *Rōmâh* es diferente de קוממיות, una actitud orgullosa (cf. Lev 27, 13. כי עת רעה, como en Am 5, 13, pero en un sentido algo diferente. Aquí no se aplica a la depravación moral sino a la tristeza y dolor que se impondrá sobre Israel cuando Dios le imponga por encima ese yugo. Entonces, sus enemigos se reirán y cantarán cantos burlescos en contra de Israel, de manera que Israel tendrá que vivir bajo su miseria.

Los verbos *yissâ', nâhâh* y *'âmar* se utilizan aquí de un modo impersonal. מָשָׁל, *Mâshâl* no es sinónimo de *nehî*, un canto triste (Rosenmüller), sino que significa un dicho figurativo, un proverbio burlesco como en Is 14, 4; Hab 2, 6. El sujeto de ישא son los oponentes de Israel, es decir, עליכם. Por otra parte, el sujeto de *nâhâh* y de *'âmar* son los mismos israelitas como muestra נשדנו.

נהיה no es una formación femenina de נהי, un canto de lamentación (*lamentum lamenti*), es decir, un canto melancólicamente melancólico, como suponen Rosenmüller, Umbreit y los comentaristas más antiguos, sino el *nifal* de היה (cf. Dan 8, 27): *actum est*, es decir, todo ha pasado (una exclamación de desesperación, Le de Dieu, Ewald, etc.); y se escribe después de *'âmar*, porque נהיה como exclamación equivale por su significado a un objeto.

La omisión de la cópula *waw* impide que tomemos אָמַר en conexión con lo que sigue (Maurer). Las frases siguientes son una explicación posterior de נהיה: estamos muy destruidos. La forma נשדנו por נשדונו ha sido escogida probablemente para imitar mejor el tono de lamentación (Hitzig). La heredad de mi pueblo, es decir, la tierra de Canaán, él (Yahvé) la cambia, es decir, hace que pase a otro dueño, esto es, a los paganos. Esas palabras reciben su explicación en las frases que siguen: ¡Cómo me la ha quitado a mí! (es decir, la heredad).

Este es el tema: ¡Cómo ha dejado Dios que la heredad se aparte de mí! No es que yo me aparte, sino que Dios mismo me quita la heredad. En esa línea, לשובב no es un infinitivo, en el sentido de *ad reddendum, or restituendum* (para volver o para restituir), sino un nombre verbal (*nomen verbale*). bbeîAv son los caídos, los rebeldes, como שובבה en Jer 31, 22; 49, 4.

Este es un término que los tristes de Israel aplican a los enemigos paganos, a quienes Yahvé ha dado como heredad los campos de su propio pueblo. Esta pérdida de la tierra, que Yahvé concede a otros pueblos, es un justo castigo por la forma en que los grandes malvados de Israel han robado a su pueblo la herencia.

4, 5

⁵ לָכֵן לֹא־יִהְיֶה לְךָ מַשְׁלִיךְ חֶבֶל בְּגוֹרָל בִּקְהַל יְהוָה׃

⁵ Por tanto, no habrá quien reparta heredades a suerte en la congregación de Yahvé.

Con לָכֵן, *lâkhēn* (por tanto), se reasume y aplica a los pecadores individuales la amenaza iniciada en 2, 2. No es toda la nación la que aparece referida por לְךָ. (a ti), ni menos aún el profeta, como supone Hitzig, sino cada uno de los hombres poderosos y tiranos del pueblo (2, 1-2). Aquí se utiliza el singular en vez del plural, para lograr que el discurso pueda causar más impresión, de manera que nadie pueda imaginar que está excluido de la amenaza. Para un cambio semejante del plural al singular, cf. 3, 10.

La expresión "repartir a suertes un lote" (מַשְׁלִיךְ חֶבֶל בְּגוֹרָל) puede y debe explicarse partiendo del hecho de que la tierra fue dividida en lotes entre los israelitas, y después se repartieron las lotes de cada tribu a cada familia según el número de sus miembros. Esas palabras no pueden referirse por tanto simplemente al futuro, como supone Casperi, es decir, al tiempo en que la tierra prometida será repartida de nuevo entre las familias del pueblo, en su retorno, pues aunque Miqueas proclame en 2, 12-13 la reunión de Israel y la restauración de su tierra hereditaria, esa idea no se puede aquí presuponer sin más. Por eso preferimos tomar las palabras como referidas a una amenaza general, según la cual los impíos no recibirán ya parte en la herencia del Señor, sino que serán separados de la congregación de Yahvé.

2, 6-7

⁶ אַל־תַּטִּפוּ יַטִּיפוּן לֹא־יַטִּפוּ לָאֵלֶּה לֹא יִסַּג כְּלִמּוֹת׃
⁷ הֶאָמוּר בֵּית־יַעֲקֹב הֲקָצַר רוּחַ יְהוָה אִם־אֵלֶּה מַעֲלָלָיו
הֲלוֹא דְבָרַי יֵיטִיבוּ עִם הַיָּשָׁר הוֹלֵךְ׃

⁶ No profeticéis, dicen a los que profetizan; no les profeticen, porque no les alcanzará la vergüenza. ⁷ Tú, la llamada casa de Jacob, ¿acaso se ha agotado el espíritu de Yahvé? ¿Son estas sus obras? ¿No hacen mis palabras bien al que camina rectamente?

En 2, 6-7 Miqueas parte del hecho de que su profecía está encontrando fuerte contradicción, no solo por parte de los grandes corruptos, sino también de los falsos profetas que dicen al pueblo profecías engañosas. Miqueas lo indica así mostrando que el pueblo está abusando de la paciencia y de la misericordia del Señor, pues al robar a los pobres, a las viudas y a los huérfanos ellos mismos están provocando el castigo del destierro, perdiendo así la propia tierra.

2, 6. הִטִּיף, en sentido estricto "gotear", se utiliza para hablar y, en sentido más concreto, para profetizar, como en Am 7, 16. Los que hablan aquí en 2, 6 no son los judíos en general, ni los ricos opresores que han sido amenazados y castigado. La palabra *yattīphū* no permite ese sentido, pues no significa hablar, sino profetizar, como indica no solo Miq 2, 11 sino el pasaje primario de Dt 32, 2. Miqueas no podía decir que los ricos como tales profetizaban, sino que son más bien los falsos profetas los que están hablando, es decir, aquellos a quienes el profeta les dice אַל־תַּטִּפוּ, 'al-tattīphū (que no profeticen), que no anuncien las palabras del Señor.

El segundo hemistiquio de esta verso ha sido traducido por la mayor parte de los comentaristas modernos diciendo "que no digan habladurías (que no prediquen), pues los reproches no cesan" o "no hay fin para los reproches" (Ewald, Hitzig, Maurer y Caspari). Pero en contra de eso se elevan algunas objeciones. (1) En 2, 11 הטיף ל significa profetizar a una persona (no sobre algo). (2) Sūg o nâsag (cf. יִסַּג) significa salir, no cesar. (3) Incluso el pensamiento de que "los reproches" no cesan no responde a las palabras pues Miqueas no podía decir que una prohibición de profetizar era un reproche incesante. (4) Resulta muy duro tomar לא יטיפו como un imperativo y las palabras siguientes לא יסג como un indicativo (una simple declaración de algo). (5) Todavía menos se puede defender la traducción "ellos (los verdaderos profetas) no deben hablar acerca de esto, de lo contrario el reproche no cesará" (Rosenmüller, Rückert), pues una antítesis como esa necesitaría estar indicada por una partícula. La única traducción posible es, por tanto, la que ha sido adoptada por C. B. Michaelis y Hengstenberg, tomando las palabras como un condicional: Si ellos (es decir, los verdaderos profetas) no profetizan en contra de esos (los ricos injustos: 2, 1-2 Hengstenberg), o a causa de esas cosas, la vergüenza no podrá marcharse, es decir, la destrucción vergonzosa les amenazará de un modo incesante (Michaelis). Sobre la ausencia del condicional אם, cf. Ewald, p. 357, b.

Esos discursos son aquellos que no agradan a los grandes hombres corruptos, pero ellos imaginan que esas amenazas son irreconciliables con la bondad de Yahvé. Este es el tema que está al fondo de 2, 7, donde el profeta responde al reproche de los que se oponen a sus palabras amenazadoras con la indicación de que Yahvé no es un Dios airado, que él no ama el castigo, pero que él despliega su ira en contra de la nación, a la que está obligado a castigar.

הֶאָמוּר no es una exclamación como ¡qué se ha dicho! o ¡por una palabra como esta! (Ewald, Umbreit, Caspari), porque no se puede mostrar que la partícula se haya utilizado nunca en ese sentido, y esta traducción no puede apoyarse en el הפככם de Is 29, 16, porque en ese caso se hubiera necesitado un segundo vocativo. Pues, aunque aquí pudiera introducirse una partícula interrogativa (cf. Ez 28, 9), el participio pasivo no puede expresar la idea de atreverse, en apoyo de lo cual no puede apelarse, como hace Hitzig, a Lev 11, 47 y Sal 22, 32.

Esa palabra, האמור, es sin duda un vocativo, pero no debe ponerse en conexión con bēth-Ya'aqōb, como si dijera "tú que eres llamada casa de Jacob". No tiene fuerza la objeción de aquellos que dicen que esa forma de entender la palabra como vocativo hubiera exigido una construcción como la de האמור לך ב י, dado que, siempre que se utiliza en el sentido de ser llamado o nombrado, אמר se construye siempre con ל y con la persona que lleva ese nombre.

El participio pasado de 'âmar solo aparece aquí; y aunque el *nifal*, cuando es construido en ese sentido, va generalmente unido a la ל, la misma regla se

Destierro de Israel y restauración

puede aplicar a אמר en el sentido de nombrar; eso significa que la *lamed* puede ser insertada u omitida (cf. Is 56, 7; 54, 5; Dt 3, 13), de manera que הָאָמוּר puede utilizarse tanto en el sentido de lo dicho (la casa de Jacob) como en el sentido que tiene הַנִּקְרָאִים en Is 48, 1, es decir, *vocati qui appellantur* (de los llamados, de los que se llaman).

קְצַר רוּחַ, *qātsar rūăch*, no ha de explicarse en la línea de Ex 6, 9, sino en la de Prov 14, 27. ¿Son estas (*'ēlleh*), sus obras, es decir, los castigos amenazados? ¿Le agrada el castigar? La respuesta a estas cuestiones o, hablando de un modo más correcto, su refutación se expresa en la siguiente pregunta, que está introducida con un הֲלוֹא, por el que el mismo Yahvé habla y asegura: Mis palabras "hacen bien", son amables, para aquel que camina rectamente

El Señor no solo hace buenas promesas a los justos, sino que les garantiza su bendición. Las palabras del Señor llevan consigo su cumplimiento. En הוֹלֵךְ הַיָּשָׁר, *yâshâr* aparece primero, por causa del énfasis, y el artículo pertenece propiamente hablando a הוֹלֵךְ (*hōlēkh*), pero se coloca delante de יָשָׁר con el fin de vincular las dos ideas. Eso significa que la razón por la que el Señor amenaza a su pueblo a través de los profetas es para echarles en cara su falta de justicia.

2, 8-9

⁸ וְאֶתְמוּל עַמִּי לְאוֹיֵב יְקוֹמֵם מִמּוּל שַׂלְמָה אֶדֶר תַּפְשִׁטוּן מֵעֹבְרִים בֶּטַח שׁוּבֵי מִלְחָמָה:
⁹ נְשֵׁי עַמִּי תְּגָרְשׁוּן מִבֵּית תַּעֲנֻגֶיהָ מֵעַל עֹלָלֶיהָ תִּקְחוּ הֲדָרִי לְעוֹלָם:

⁸ El que ayer era mi pueblo, se ha levantado como enemigo; a los que pasaban confiados les quitasteis el manto de encima del vestido, como adversarios de guerra.
⁹ A las mujeres de mi pueblo echasteis fuera de las casas que eran su delicia; a sus niños quitasteis mi perpetua alabanza.

אֶתְמוּל, *'ethmūl*, ayer, últimamente, no significa lo mismo que hace mucho tiempo, sino que, como muestra *yeqōmēm*, denota una acción que se repite, y de esa forma es equivalente a "de nuevo, recientemente." קוּם (cf. יְקוֹמֵם) no se utiliza aquí en un sentido causativo (poner de pie…), sino en el sentido de un *kal* intensificado, con el significado de levantarse (ponerse en pie contra mí).

El sentido causativo (ellos elevan a mi pueblo como a un enemigo Ewald) no ofrece aquí un sentido adecuado. Por otra parte, si el sentido fuera, como quiere Caspari "mi pueblo hace que yo me levante como enemigo suyo" tendrían que haberse omitido los sufijos. Tampoco hay razón para alterar el texto, como propone Hitzig.

El texto en sí mismo no dice contra quién se eleva el pueblo como enemigo, pero, conforme al contexto, ese contra quien se eleva el pueblo solo puede ser Yahvé. El pueblo se eleva así robando a los caminantes pacíficos, lo mismo que a las viudas y a los huérfanos, de manera que, actuando así, ellos se elevan en contra de Yahvé, excitando su ira (Ex 22, 21; Dt 27, 19).

מִמּוּל שַׂלְמָה, por delante, de un modo directo, quitan el manto. *Salmâh* es el vestido superior; אדר lo mismo que אדרת es el vestido principal. Ellos roban estas cosas a los que pasan descuidados por el camino. שׁוּבֵי es un participio intransitivo: enfrentados por la guerra... (cf. Sal 120, 7). En este contexto no tenemos que pensar solo en ladrones de caminos, sino en personas que quitan el manto, en la misma plaza pública, a sus deudores pobres, cuando ellos pasan pacíficamente por ella, sin sospechar nada, pensando en pagar por sí mismos.

Las mujeres de mi pueblo son viudas a las que ellos privan de casa y hogar, viudas del mismo pueblo de Yahvé, en cuya persona se injuria al mismo Yahvé. Los niños son huérfanos sin padre (עלליה con sufijo singular: los hijos de las viudas). הֲדָרִי, *hădârî*, mi ornamento, es decir, el ornamento que yo les daba. Como indica מעל, aquí se alude al vestido exterior (la capa). La expresión "para siempre" puede explicarse como alusión evidente a la ley mosaica de Ex 22, 25, según la cual, el manto que se tomaba como prenda del pobre había que devolvérselo antes de la puesta del sol, mientras que los acreedores impíos lo retenían para siempre.

2, 10-11

¹⁰ קוּמוּ וּלְכוּ כִּי לֹא־זֹאת הַמְּנוּחָה בַּעֲבוּר טָמְאָה תְּחַבֵּל וְחֶבֶל נִמְרָץ׃
¹¹ לוּ־אִישׁ הֹלֵךְ רוּחַ וָשֶׁקֶר כִּזֵּב אַטִּף לְךָ לַיַּיִן וְלַשֵּׁכָר וְהָיָה מַטִּיף הָעָם הַזֶּה׃

¹⁰ Levantaos y andad, porque este no es lugar de reposo, pues está contaminado, corrompido grandemente. ¹¹ Si alguno anda inventando falsedades y, mintiendo, dice: Por vino y sidra profetizaré para ti, ese sí será el profeta de este pueblo.

Una conducta como esta merece el destierro. El profeta, que ha refutado las críticas en contra de sus profecías amenazadoras, poniendo de relieve los pecados del pueblo, repite ahora el anuncio del castigo, y lo hace mandándoles que vayan a la tierra de la cautividad, pues la tierra en que viven no puede soportar la mancha producida por sus abominaciones. Este pasaje está inspirado en la idea de Lev 18, 25-28, según la cual la tierra queda contaminada por los pecados de sus habitantes, de manera que los vomitará a causa de la impureza, y está en conexión con pasajes como Dt 12, 9-10, donde se describe la venida a la tierra de Canaán como venida al descanso.

זֹאת (esto) se refiere a la tierra. Esta (la tierra en la que habitáis) no es lugar de descanso (הַמְּנוּחָה, *hammenûchâh*, como en Sal 132, 14). Si "esto" se aplicara sin más a su conducta pecadora, sería difícil conectarlo con los que sigue, es decir, "a causa de la profanación", mientras que el sentido de la frase queda claro aplicando "esto" a la tierra, como sugiere el mismo mandato inicial: levantaos y marchad...

טמאה es profanación. תחבל ha de tomarse en sentido relativo "aquello que lleva a la destrucción", sentido que se encuentra intensificado por לחבל, con ו explicativo: "y ciertamente una destrucción terrible". חבל, perdición; y נמרץ en el sentido de 1 Rey 2, 8. La destrucción se expresa en el hecho de que la tierra vomita a sus habitantes (Lev 18, 25).

Estas profecías son muy mal recibidas por los poderosos corruptos, que no quieren escuchar la verdad, sino que acogen solo aquello que sirve como adulación para sus corazones malvados. Les gustaría tener solo profetas que les profetizan mentiras

הולך רוח, andar tras el viento. La construcción es la misma que aparece en הולך צדקות en Is 33, 15, y *rŭăch* tiene aquí un sentido simbólico, indicando lo que es vano y sin valor, como en Is 26, 18; 42, 29, etc. Las palabras אטיף לך וגו son palabras de un falso profeta: Yo te profetizo al precio de vino.

El significado no es "allí tienes una abundante provisión de vino" ni tampoco "el vino te vendrá muy bien" (Rosenmller y otros). El vino y las bebidas fuertes (como שֵׁכָר, *shēkhâr*, cerveza, licor; cf. Delitzsch sobre Is 5, 11) son un símbolo de las bendiciones y los gozos sensuales, y las palabras se refieren a promesas como las que se encuentran en Lev 26, 4-5; 26, 10; Dt 28, 4, Dt 28, 11, Joel 2, 24; 3, 18, que los falsos profetas toman en sentido puramente externo y literal, sin tener en cuenta la actitud interna ante Dios. Así se dice "este pueblo" porque los grandes representan a la nación. Con esta explicación, que retoma el motivo de Miq 2, 6, llega a su fin la amenaza.

2, 12-13

[12] אָסֹף אֶאֱסֹף יַעֲקֹב כֻּלָּךְ קַבֵּץ אֲקַבֵּץ שְׁאֵרִית יִשְׂרָאֵל יַחַד אֲשִׂימֶנּוּ כְּצֹאן בָּצְרָה כְּעֵדֶר בְּתוֹךְ הַדָּבְרוֹ תְּהִימֶנָה מֵאָדָם׃
[13] עָלָה הַפֹּרֵץ לִפְנֵיהֶם פָּרְצוּ וַיַּעֲבֹרוּ שַׁעַר וַיֵּצְאוּ בוֹ וַיַּעֲבֹר מַלְכָּם לִפְנֵיהֶם וַיהוָה בְּרֹאשָׁם׃ פ

[12] De cierto te juntaré todo, Jacob, recogeré ciertamente el resto de Israel; lo reuniré como ovejas de Bosra, como un rebaño en medio de su aprisco, y harán el estruendo de una multitud. [13] Subirá el que abre caminos delante de ellos; abrirán camino, pasarán la puerta y saldrán por ella. ¡Su rey pasará delante de ellos, y Yahvé a su cabeza!

Estos dos versos retoman sin introducción el tema de la futura reunión del pueblo desde la dispersión. Ciertamente, Miqueas no es un profeta que proclama mentiras por vino y bebidas fuertes; sin embargo, él puede proclamar también la salvación, aunque no lo hace para el pueblo corrompido de su tiempo.

2, 12. Ellos serán desterrados de su tierra. Pero la cautividad y la dispersión no son el fin de todo. Para el resto de Israel, para la nación convertida y refinada por el juicio, vendrá el tiempo en que el Señor les reunirá de nuevo, multiplicándolos milagrosamente, redimiéndolos como su rey y dirigiéndolos a su patria.

La transición repentina y abrupta de la amenaza a la promesa, lo mismo que en Os 2, 2; 6, 1 y 11, 9, ha dado origen a la suposición equivocada de que Miq 2, 12-13 contiene una profecía que ha sido proclamada por los profetas de mentira, mencionados en 2, 10 (cf. Abenezra, Michaelis, Ewald, etc.). Pero esa suposición no solo va en contra de la expresión שארית ישראל, por la que se presupone que el resto de Israel ha sido llevado al exilio, sino también de todo el contenido de estos versos.

Ciertamente, Miqueas no pudo introducir un falso profeta, hablando en nombre de Yahvé y diciendo: "yo reuniré…". Ese falso profeta hubiera dicho a lo más "Yahvé reunirá". Ni pudo haber puesto en boca de un profeta de mentira una verdadera profecía, como la contenida en 2, 12-13. Por esta razón, no solo Hengstenberg, Caspari y Umbreit, sino también Maurer y Hitzig han rechazado esa visión, y el ultimo ha observado, entre otras cosas, de un modo muy correcto, que "la idea aquí expresada es común a los verdaderos profetas (cf. Os 2, 2) y que Miqueas mismo la introduce en 4, 6".

El énfasis se pone en la reunión de los exilados y dispersos, de manera que los verbos אאסף y אקבץ quedan reforzados por infinitivos absolutos. Pero la reunión implica antes una dispersión entre los paganos, con la que Miqueas había amenazado al pueblo en 1, 16 y 2, 4. Y el Señor reunirá a todo Jacob, y no solo a una parte, y al mismo tiempo solo a un resto.

Esto implica que la nación entera de las doce tribus (de los dos reinos) quedará reducida a un resto por medio del juicio. En este contexto, Jacob e Israel son epítetos que tienen el mismo sentido y que se aplican a toda la nación, como en 2, 5, de forma que las dos primeras frases de 1, 12 tienen el mismo sentido, pues *todo Jacob*, יַעֲקֹב כֻּלָּךְ, coincide de hecho con *el resto de Israel*, שְׁאֵרִית יִשְׂרָאֵל.

La descripción posterior se apoya en la certeza de que sacar a Israel de Egipto es un hecho que ha de ser renovado en un tiempo futuro. La siguiente frase de 2, 12 predice la milagrosa multiplicación del resto de Israel (cf. Os 2, 1-2; Jer 31, 10), tal como se realizó también en el tiempo antiguo, bajo la opresión de Egipto (Ex 1, 12). La comparación con el rebaño de בָּצְרָה, Bosra, supone que era conocida la riqueza de Bosra en rebaños. Pues bien, dado que la riqueza de rebaños de ovejas de los moabitas resulta conocida por 2 Rey 3, 4, muchos han pensado que la localidad de בָּצְרָה de este verso no es la edomita, sino la moabita (cf. Hengstenberg).

Otros, en fin, toman בָּצְרָה, *botsrâh* (Bosra), como un nombre apelativo, con el sentido de multitud o doblez (cf. Hitzig, Caspari y Dietrich, con Gesenius, *Lexicon*, a partir del caldeo). Pero no hay fundamento suficiente para ninguna de esas hipótesis. Por otra parte, la בָּצְרָה situada en el Haurán no aparece en el Antiguo

Testamento, ni siquiera en Jer 48, 24, y el sentido que se le quiere atribuir a esa palabra ha sido simplemente inventado para este pasaje.

Era conocida la riqueza de los edomitas en rebaños de ovejas, como aparece en Is 24, 6, donde se describe la masacre que Yahvé realizará en Bosra de Edom como gran matanza sacrificial de corderos, cabritos, carneros y vacas. Esa descripción de Isaías supone la gran riqueza de Bosra en rebaños. Por otro lado, la comparación que sigue (como un rebaño en medio del aprisco o del campo de pasto) se refiere a la multiplicación del pueblo, y al gran ruido hecho por un rebaño organizado y numeroso.

Ese mismo tumulto lo harán los israelitas multiplicados y reunidos de nuevo por el Señor. Para el artículo en הֶדְבְּרוֹ, que está determinado ya por el sufijo, cf. Js 7, 21. Por su parte, la redención de Israel viniendo del exilio se presenta bajo la figura de la liberación de la cautividad.

2, 13. Así como Egipto fue una casa de esclavitud (Miq 6, 4; cf. Ex 20, 2), también el exilio aparece como una prisión con muros y puertas que deben romperse para pasar. En ese contexto se entiende הַפֹּרֵץ, el rompedor, el que abre caminos delante del pueblo liberado, que no es Yahvé en sí mismo, sino una especie de nuevo Moisés, el líder que sacó al pueblo de Egipto, el capitán que Dios nombrará para su pueblo, a diferencia del jefe que los mismos israelitas escogieron para ellos según Os 2, 2. Será un segundo Moisés, como Zorobabel, y en el sentido más alto será el Cristo, que abre las puertas de la prisión y redime a los cautivos de Sión (cf. Is 42, 7).

Dirigidos por él, los israelitas atravesarán los muros y marcharán a través de las puertas y con su ayuda saldrán de la prisión. "Los tres verbos (abrirán, pasarán y saldrán: פָּרְצוּ וַיַּעֲבֹרוּ וַיֵּצֵאוּ) describen de un modo pictórico el despliegue del camino, que no podrá ser detenido por ningún poder humano" (Hengstenberg). Su rey Yahvé camina por delante de ellos. Lo mismo que él caminó delante de Israel como ángel del Señor en el pilar de nube (Ex 13, 21), de igual manera, en la futura redención del pueblo, así ira Yahvé delante de ellos como su rey, dirigiendo la procesión salvadora (cf. Is 52, 12).

El cumplimiento de esta profecía comienza con la reunión de Israel por su Dios y rey, a través de la predicación del evangelio, y se completará en un tiempo futuro, cuando el Señor redimirá a Israel, que ahora está disperso, liberándole de los grillos y cadenas de la falta de fe y del pecado. No podemos excluir toda alusión a la liberación de la nación judía fuera de Babilonia, por obra del rey Ciro. Pero esa liberación tiene solamente un significado tipológico que ha de tomarse en consideración, como estadio preliminar y garantía de la redención que ha de ser realizada por Cristo, liberándonos de la Babilonia espiritual de este mundo.

MIQUEAS 3, 1-5, 14
DEGRADACIÓN DE SIÓN Y SU MÁS ALTA EXALTACIÓN

El segundo discurso de Miqueas tiene un carácter predominantemente mesiánico. El anuncio de la más honda desolación de Sión a causa de la corrupción de los dirigentes civiles y espirituales de la nación con la que comienza el discurso se abre en 3, 1-12, y sirve básicamente de fondo y tema base para la profecía que sigue en 4, 1-3 y 5, 1-15, anunciando la salvación para el resto de Israel que ha sido rescatado a través del juicio y que será bendecido en el futuro.

Esta salvación ha sido descrita en toda su plenitud en 4, 1-7; después se describe su desarrollo en la reconstrucción del dominio antiguo de la *hija* de Sión a través de su salida de Babilonia, y de su victoria sobre los poderes del mundo (4, 8-13), y finalmente se presenta su realización por el gobernante que procede de Belén, y por el poder y bendición de su reinado (4, 1-15).

3, 1–12. Pecado de los líderes, destrucción de Jerusalén

La amenaza de castigo contenida en este capítulo se dirige especialmente en contra de los dirigentes y líderes de Israel, y se despliega en tres estrofas de cuatro versos cada una:

– Contra los príncipes, que tuercen lo que es recto y que engañan al pueblo, 3, 1-4, separándolo de la voluntad de Yahvé.
– Contra los falsos profetas, que dirigen al pueblo a la corrupción y confirman a la gente en sus pecados, con falsas profecías de paz (3, 5- 8), y serán castigados por su malvada conducta.
– Contra los tres tipos de jefes divinamente nombrados para la nación: los príncipes, los sacerdotes y los profetas, con la destrucción de Jerusalén y la conversión de Sión y de la montaña del templo en un campo arado, con sus alturas llenas de zarzas a causa de su degeneración (3, 9-12).

Degradación de Sión y su más alta exaltación

3, 1-4. Primera estrofa

¹ וָאֹמַ֕ר שִׁמְעוּ־נָא֙ רָאשֵׁ֣י יַעֲקֹ֔ב וּקְצִינֵ֖י בֵּ֣ית יִשְׂרָאֵ֑ל הֲל֣וֹא לָכֶ֔ם לָדַ֖עַת אֶת־הַמִּשְׁפָּֽט׃
² שֹׂ֥נְאֵי ט֖וֹב וְאֹ֣הֲבֵי (רָעָ֑ה) [רָ֑ע] גֹּזְלֵ֤י עוֹרָם֙ מֵֽעֲלֵיהֶ֔ם וּשְׁאֵרָ֖ם מֵעַ֥ל עַצְמוֹתָֽם׃
³ וַאֲשֶׁ֣ר אָכְלוּ֮ שְׁאֵ֣ר עַמִּי֒ וְעוֹרָם֙ מֵעֲלֵיהֶ֣ם הִפְשִׁ֔יטוּ וְאֶת־עַצְמֹֽתֵיהֶ֖ם פִּצֵּ֑חוּ וּפָרְשׂ֣וּ כַּאֲשֶׁ֤ר בַּסִּיר֙ וּכְבָשָׂ֔ר בְּת֖וֹךְ קַלָּֽחַת׃
⁴ אָ֚ז יִזְעֲק֣וּ אֶל־יְהוָ֔ה וְלֹ֥א יַעֲנֶ֖ה אוֹתָ֑ם וְיַסְתֵּ֨ר פָּנָ֤יו מֵהֶם֙ בָּעֵ֣ת הַהִ֔יא כַּאֲשֶׁ֥ר הֵרֵ֖עוּ מַעַלְלֵיהֶֽם׃ פ

¹Después dije: Oíd ahora, príncipes de Jacob, y jefes de la casa de Israel: ¿No concierne a vosotros saber lo que es justo? ² Pero vosotros aborrecéis lo bueno y amáis lo malo, le quitáis a la gente la piel y la carne de encima de sus huesos; ³ asimismo coméis la carne de mi pueblo, arrancáis la piel de sobre ellos, les quebráis los huesos y los despedazáis como para el caldero, como si fuera carne en la olla. ⁴ Un día clamaréis a Yahvé, pero él no os responderá, antes esconderá de vosotros su rostro en ese tiempo, por cuanto hicisteis obras malvadas.

3, 1-2. Y yo dije (וָאֹמַר). El discurso que sigue aparece así como una continuación del anterior. Los reproches de este capítulo son también una continuación de los ayes de 2, 1-2 en contra de los gobernantes impíos de la nación. El discurso se dirige a los que son "la cabeza" de Jacob, es decir, los príncipes de las tribus y familias de Israel, y los קְצִינֵי, es decir, los dirigentes, los que deciden (en la línea del árabe, *qâḍy*, un juez) en la casa de Israel, los jefes de familias y clanes sobre los que se realiza la administración de la justicia (cf. Is 1, 10; 22, 3).

הֲלוֹא לכן ¿no es vuestro deber y oficio administrar justicia? דַּעַת, *da'ath*, es el conocimiento práctico que se manifiesta en la práctica de la vida. הַמִּשְׁפָּט, *mishpât*, es la administración pública de la justicia. En vez de eso, ellos hacen lo contrario. La descripción de esta conducta se expresa a través de participios, en aposición a los jefes y príncipes a los que se les nombra en 3, 1.

Odiar el bien y amar el mal se refiere a la disposición profunda, e indica la corrupción radical de estos hombres. רָעָה, en general, es mala suerte, aquí lo que es malo. Por eso los masoretas han puesto en su lugar רַע; pero el mismo hecho de que esa palabra se aparte del uso general indica que es la originaria.

En vez de administrar justicia a las gentes del pueblo, los jefes les despellejan, y les quitan la misma carne de los huesos. Los sufijos que se añaden a עורם y שארם remiten a בֵית־יִשְׂרָאֵל en 3, 1. Estas palabras evocan modismos de otros idiomas, como "quitar la piel de las orejas".

3, 3-4. La expresión es aún más dura en 3, 3. Pero el discurso continúa en forma de descripción, y en vez de participios emplea la partícula אשר con verbos finitos. Ellos no solamente aplastan al pueblo, es decir, le roban sus medios de subsistencia, sino que les devoran, les tratan como a ganado, al que en primer lugar despellejan, para romper después sus huesos, para trocear la carne en piezas y para hervirla en un caldero.

En esta figura, que el autor desarrolla hasta los mínimos detalles, no podemos fijarnos en los rasgos particulares, pues los diversos gestos (desollar, cortar la carne en trozos...) están evocando otras acciones como robar la ropa de los pobres y codiciar y robar sus campos (cf. 2, 2.8).

El profeta describe los males del pueblo con fuertes colores, para causar más impresión en los impíos. Por eso, en el tiempo del juicio, Dios nos escuchará sus gritos de petición de ayuda, sino que esconderá de ellos su rostro, es decir, retirará de ellos su misericordia.

בעה ההיא y אז evocan el tiempo malo anunciado en Miq 2, 3. Para 3, 4, cf. Prov 1, 28. וַיַּסְתֵּר, en 3, 4 es optativo. El profeta sigue exponiendo el anuncio de castigo en forma de deseo. כאשר, como, en la línea de 1 Sam 28, 18; Num 27, 14, etc., es decir, respondiendo a los males realizados.

3, 5-8. Segunda estrofa

כֹּה אָמַר יְהוָה עַל־הַנְּבִיאִים הַמַּתְעִים אֶת־עַמִּי הַנֹּשְׁכִים 5
בְּשִׁנֵּיהֶם וְקָרְאוּ שָׁלוֹם וַאֲשֶׁר לֹא־יִתֵּן עַל־פִּיהֶם וְקִדְּשׁוּ עָלָיו מִלְחָמָה:
לָכֵן לַיְלָה לָכֶם מֵחָזוֹן וְחָשְׁכָה לָכֶם מִקְּסֹם וּבָאָה הַשֶּׁמֶשׁ 6
עַל־הַנְּבִיאִים וְקָדַר עֲלֵיהֶם הַיּוֹם:
וּבֹשׁוּ הַחֹזִים וְחָפְרוּ הַקֹּסְמִים וְעָטוּ עַל־שָׂפָם כֻּלָּם כִּי אֵין מַעֲנֵה אֱלֹהִים: 7
וְאוּלָם אָנֹכִי מָלֵאתִי כֹחַ אֶת־רוּחַ יְהוָה וּמִשְׁפָּט וּגְבוּרָה 8
לְהַגִּיד לְיַעֲקֹב פִּשְׁעוֹ וּלְיִשְׂרָאֵל חַטָּאתוֹ: ס

[5] Así ha dicho Yahvé acerca de los profetas que hacen errar a mi pueblo, y claman: ¡Paz!, cuando tienen algo que comer (cuando muerden con sus dientes); pero en contra del que no les da de comer, santifican la guerra: [6] Por eso, la profecía se os hará noche, y oscuridad el adivinar. Sobre los profetas se pondrá el sol, el día se oscurecerá sobre ellos. [7] Serán avergonzados los profetas y se confundirán los adivinos. Todos ellos cubrirán sus barbas, porque no hay respuesta de Dios. [8] Mas yo estoy lleno del poder del espíritu de Yahvé, de juicio y de fuerza, para denunciar a Jacob su rebelión y a Israel su pecado.

3, 5. En la segunda estrofa, Miqueas pasa de los príncipes y jueces impíos a los profetas que pervierten al pueblo, a los que él contrapone los verdaderos profetas y sus caminos. Así como la estrofa anterior iba unida a 2, 1-2, así esta segunda se vincula con 2, 6 y 2, 11, desarrollando lo que allí se decía sobre los falsos profetas. Miqueas les describe como gente que predica paz y prosperidad a cambio de pan, y por lo tanto pervierten al pueblo, proponiéndole prosperidad y salvación, en vez de predicarle arrepentimiento, criticándole por sus pecados. De esa forma, ellos se vuelven cómplices de los malos gobernantes, entre los que se incluyen, en 3, 11, los malos sacerdotes.

המתעים, pervirtiendo (cf. Is 3, 12; 9, 15) a mi pueblo, por no acusarle por sus pecados, exigiendo que se arrepienta, como hacen los auténticos profetas, anunciando en cambio prosperidad por pan y paga. Las palabras "cuando tienen algo que comer" (cuando muerden con sus dientes) han de conectarse con la frase siguiente "y predican paz" (es decir, predican paz si tienen algo que comer, si muerden con los dientes, si comen).

Esta explicación, que ha sido ya defendida por el texto caldeo, está exigida por la antítesis: "Y al que no les da de comer, al que no pone nada en su boca...le muerden", a pesar de que en otros pasajes la palabra *nâshakh* (cf. הַנֹּשְׁכִים) significa morder en el sentido de herir, y se aplica generalmente a la mordedura de una serpiente (Am 5, 19; Gen 49, 17; Num 21, 6.8).

Si entendiéramos la imagen de morder con los dientes como una representación figurativa de las palabras de los profetas que siempre predican prosperidad, y a las injurias que ellos hacen en contra del bienestar real del pueblo (como Rosenmüller, Caspari y otros), destruiríamos totalmente la antítesis obvia de la dos frases de 3, 5. *Qiddēsh milchâmâh* es santificar la guerra (cf. וְקַדְּשׁוּ עָלָיו מִלְחָמָה), proclamar una guerra santa contra los que no les pagan (cf. Joel 3, 9), es decir, proclamar la venganza de Dios.

3, 6-8. Por eso brotará la noche y la oscuridad en contra de ellos. Noche y oscuridad son ante todo el signo de la calamidad que vendrá en contra de los falsos profetas (es decir, contra vosotros) en el juicio (2, 4). El sol que se pone (se apaga) para ellos es el sol de la salvación o prosperidad (cf. Am 8, 9; Jer 15, 9); y el día que se vuelve para ellos oscuridad es el día del juicio, que es tinieblas y no luz (Am 5, 18).

Esta calamidad queda intensificada por el hecho de que ellos quedarán entonces avergonzados, porque se descubrirá que sus profecías anteriores eran mentiras, y las verdaderas profecías no los ayudan ni salvan, porque Dios no les responde. "Convencidos por el resultado, ellos quedan así puestos en vergüenza, porque Dios nos les ayuda en su quebranto con ninguna palabra de revelación" (Hitzig). *Bōsh* (cf. בֹּשׁוּ: 3, 7), quedar avergonzado, pálido de vergüenza, ha de vincularse con *châphēr* (חָפְרוּ) (cf. Jer 15, 9; Sal 35, 26, etc.), con *mim* causal (*min causae*) indica la cosa de la que uno ha de quedar avergonzado.

Qōsemīm (קֹסְמִים adivinos) alterna con *chōzīm* (חֹזִים, videntes), porque esos profetas no tienen visiones de Dios, sino solo falsas adivinaciones, que brotan de su falso corazón. *'Atâh sâphâm* (en עָטוּ עַל־שָׂפָם) es cubrir la barba, es decir, cubrir parte de la cabeza, sobre todo la nariz, en signo de tristeza (Lev 13, 45), aquí en signo de turbación y de vergüenza (cf. Ez 24, 17), lo que equivale a cubrirse la cabeza (Jer 14, 4; Es 6, 12). מַעֲנֵה, estado constructo de sustantivo, pero en el sentido de participio; en esa línea, algunos códices ponen מענה.

En 3, 8 Miqueas se pone a sí mismo y pone sus obras como contraste contra esos falsos profetas, presentándose como lleno del espíritu de Yahvé (protegido por su asistencia) y portador de su juicio. וּמִשְׁפָּט, *mishpât,* es la justicia divina que el profeta tiene que proclamar. Por su parte וּגְבוּרָה, *gebhûrâh,* es la fuerza, la virtud que él ha de mantener para proclamar los pecados del pueblo y la justicia de Dios. Apoyándose en esa fuerza divina, Miqueas puede y debe criticar por su injusticia a todos los estamentos de la nación, anunciando el juicio de Dios (cf. Miq 3, 9-12).

3, 9-12. Tercera estrofa

⁹ שִׁמְעוּ־נָא זֹאת רָאשֵׁי בֵּית יַעֲקֹב וּקְצִינֵי בֵּית יִשְׂרָאֵל
הַמְתַעֲבִים מִשְׁפָּט וְאֵת כָּל־הַיְשָׁרָה יְעַקֵּשׁוּ: ¹⁰ בֹּנֶה צִיּוֹן
בְּדָמִים וִירוּשָׁלַם בְּעַוְלָה:
¹¹ רָאשֶׁיהָ ׀ בְּשֹׁחַד יִשְׁפֹּטוּ וְכֹהֲנֶיהָ בִּמְחִיר יוֹרוּ וּנְבִיאֶיהָ
בְּכֶסֶף יִקְסֹמוּ וְעַל־יְהוָה יִשָּׁעֵנוּ לֵאמֹר הֲלוֹא יְהוָה בְּקִרְבֵּנוּ
לֹא־תָבוֹא עָלֵינוּ רָעָה:
¹² לָכֵן בִּגְלַלְכֶם צִיּוֹן שָׂדֶה תֵחָרֵשׁ וִירוּשָׁלַם עִיִּין תִּהְיֶה
וְהַר הַבַּיִת לְבָמוֹת יָעַר: פ

⁹ Oíd ahora esto, jefes de la casa de Jacob y capitanes de la casa de Israel, que abomináis el juicio y pervertís todo derecho, ¹⁰ que edificáis a Sión con sangre y a Jerusalén con injusticia. ¹¹ Sus jefes juzgan por cohecho, sus sacerdotes enseñan por precio, sus profetas adivinan por dinero, y se apoyan en Yahvé, diciendo: ¿No está Yahvé entre nosotros? No vendrá sobre nosotros ningún mal. ¹² Por eso, a causa de vosotros, Sión será un campo arado, Jerusalén se convertirá en montones de ruinas y el monte de la Casa se cubrirá de bosque.

3, 9-11. Con las palabras "oíd" el discurso vuelve a su punto de partida (en 3, 1), pero solo para anunciar a los líderes del pueblo la amenaza de castigo que había sido preparada en 3, 2-7. Con este fin retoma el profeta brevemente (en 3, 9-11) la conducta perversa del pueblo, empezándoles a decir que escuchen (3, 9), con una palabra que empalma con el verso anterior (3, 8).

En este momento, los oyentes del profeta han de escuchar no solo su amenaza, sino la condena que ha de llegarles. Ellos han de escuchar el pecado de Jacob (3, 10-11), empezando por los gobernantes civiles a quienes se dirige la palabra de 3, 9, es decir, aquellos que estaban encargados de la administración de la justicia y de los asuntos del estado, pero que hacían lo contrario de lo que debían, pues aborrecían la justicia y sentenciaban por cohecho (3, 11).

En esa línea, ellos edificaban a Sión con sangre, etc., consiguiendo así los medios para edificar espléndidas casas a base de crueles extorsiones, y en parte también por asesinatos judiciales como el cometido por el rey Ahab (cf. 1 Rey

21, comparado con Miq 6, 16) y como los cometidos más tarde por Joaquín (cf. Jer 22, 13-17). Los caldeos edificaban también con sangre, pero lo hacían de un modo distinto (Hab 2, 12).

El participio בֹּנֶה, *bōneh* (edificando) está en aposición a רָאשֵׁי בֵּית יַעֲקֹב, *râshē bēth* (los capitanes o cabezas de la casa de Jacob etc.), y el singular sin artículo ha de tomarse en sentido colectivo. Pues bien, al actuar de esa manera, ellos no contribuían a la edificación de la ciudad, sino a su destrucción (3, 12).

Pero antes de detenernos en eso, debemos recordar que Miqueas resume una vez más, brevemente, los pecados de los miembros dirigentes de la sociedad. La enseñanza que los sacerdotes imparten por dinero, va en contra de la Ley sacerdotal, que ellos debían impartir gratuitamente (cf. Lev 10, 11; Dt 17, 11; 33, 10). Por su parte, en los casos disputados los jueces debían impartir justicia y hacerlo de un modo imparcial y gratuito, pero han seguido el ejemplo de los malos sacerdotes y profetas, dictando una justicia injusta, también por soborno y por dinero, sin tener en cuenta el hecho de que Yahvé, como el Santo, exige la santificación de la vida, y extermina a los pecadores de su pueblo.

3, 12. לָכֵן, *lâkhēn* (por tanto), se aplica ante todo a lo dicho en 3, 11, dirigiendo la amenaza de castigo a todos los pecadores allí mencionados. Pero también remite a lo dicho en 3, 9-10, retomando el motivo allí expuesto con זֹאת, esto (3, 9). La palabra Sión no se refiere en este caso al lugar donde está la ciudad, es decir, Jerusalén, la masa de casas de la ciudad, como suponen Maurer y Caspari, sino a aquella parte de la ciudad donde se elevaba el palacio real, mientras que Jerusalén era el resto de la ciudad (4, 8). En este contexto se menciona de un modo especial *el monte de la casa*, es decir, la colina del templo, para criticar su injusticia y destruir toda falsa confianza en el templo (cf. Jer 7, 4).

Los argumentos aquí desarrollados se organizan de un modo retórico, y el pensamiento es el siguiente: el palacio real, la ciudad y el templo serán totalmente destruidos, de manera que todas las casas y palacios no serán más que montones de ruinas, y el terreno donde se había edificado la ciudad volverá a ser en parte un campo de labranza (para ser arado), y en parte estará cubierto de arbustos (cf. Is 32, 13-14).

Sobre שָׂדֶה, *sâdeh,* como acusativo de finalidad (en el sentido de lugar convertido en campo de labranza), cf. Ewald, 281, e. Por otra parte, sobre la forma plural de עִיִּין, cf. Ewald, 177, a. La palabra הַבַּיִת, *habbayith* (la casa) se ha escogido probablemente con toda intención en vez de *bēth Yehōvâh* (la casa de Yahvé), porque el templo dejará de ser lugar donde habita Yahvé, tan pronto como sea destruido. Lógicamente, en Ez 10, 18; 11, 22, se dirá que la *Schechinah* o presencia de Dios saldrá del templo antes que los babilonios lo destruyan. Con respecto al cumplimiento de estas amenazas, cf. comentario a 4, 10.

4, 1-14. Glorificación de la casa del Señor y restauración de Sión

Después del castigo anterior Sión será elevada desde su más honda degradación a la gloria más alta. Este pensamiento fundamental del anuncio de salvación, contenido en 4, 1-13 y 5, 1-15, ha sido básicamente desarrollado en 4, 1-13. Por un lado, la primera sección (4, 1-7) describe la glorificación de la montaña del templo por la venida de las naciones paganas para escuchar allí la Ley del Señor, y para acoger las bendiciones que Israel que las naciones recibirán entonces. Por su parte, la segunda (4, 8-13) describe la restauración del dominio de Sión desde su condición de caída, a través de la liberación de Babilonia y de su victoria contra las naciones del mundo.

4, 1-4

¹ וְהָיָה ׀ בְּאַחֲרִית הַיָּמִים יִהְיֶה הַר בֵּית־יְהוָה
נָכוֹן בְּרֹאשׁ הֶהָרִים וְנִשָּׂא הוּא מִגְּבָעוֹת וְנָהֲרוּ עָלָיו עַמִּים:
² וְהָלְכוּ גּוֹיִם רַבִּים וְאָמְרוּ לְכוּ ׀ וְנַעֲלֶה אֶל־הַר־יְהוָה
וְאֶל־בֵּית אֱלֹהֵי יַעֲקֹב וְיוֹרֵנוּ מִדְּרָכָיו וְנֵלְכָה בְּאֹרְחֹתָיו כִּי
מִצִּיּוֹן תֵּצֵא תוֹרָה וּדְבַר־יְהוָה מִירוּשָׁלִָם:
³ וְשָׁפַט בֵּין עַמִּים רַבִּים וְהוֹכִיחַ לְגוֹיִם עֲצֻמִים עַד־רָחוֹק
וְכִתְּתוּ חַרְבֹתֵיהֶם לְאִתִּים וַחֲנִיתֹתֵיהֶם לְמַזְמֵרוֹת לֹא־יִשְׂאוּ
גּוֹי אֶל־גּוֹי חֶרֶב וְלֹא־יִלְמְדוּן עוֹד מִלְחָמָה:
⁴ וְיָשְׁבוּ אִישׁ תַּחַת גַּפְנוֹ וְתַחַת תְּאֵנָתוֹ וְאֵין מַחֲרִיד כִּי־פִי
יְהוָה צְבָאוֹת דִּבֵּר:

¹ Acontecerá en los postreros tiempos que el monte de la casa de Yahvé será colocado a la cabeza de los montes, más alta que los collados, y acudirán a él los pueblos. ² Vendrán muchas naciones, y dirán: Venid, subamos al monte de Yahvé, a la casa del Dios de Jacob; él nos enseñará en sus caminos y andaremos por sus veredas, porque de Sión saldrá la Ley, y de Jerusalén la palabra de Yahvé. ³ Él juzgará entre muchos pueblos y corregirá a naciones poderosas y lejanas. Ellos convertirán sus espadas en azadones y sus lanzas en hoces. Ninguna nación alzará la espada contra otra nación ni se preparará más para la guerra. ⁴ Se sentará cada uno debajo de su vid y debajo de su higuera, y no habrá quien les infunda temor. ¡La boca de Yahvé de los ejércitos ha hablado!

4, 1. La promesa de salvación se abre, en conexión íntima con la destrucción de Jerusalén y del templo, con una visión del futuro más remoto de la montaña del templo, que se ha convertido en una altura cubierta por un bosque intransitable[75]. Por la frase "al fin de los días", que los profetas aplican siempre a la era mesiánica

---

75. Esta promesa ha sido colocada por Is 2, 2-4 al principio de su profecía de Sión, en el camino que va de la falsa a la verdadera gloria. Sin duda alguna, el texto original es este de Miqueas, como lo ha reconocido Delitzsch, ofreciendo los principales argumentos para ello en su *Comentario de Isaías*. Pruebas aún más elaboradas en Caspari, *Micha*, 444-5.

Degradación de Sión y su más alta exaltación

(cf. Os 3, 5), la exaltación de la montaña del templo se aplica a la culminación del reino de Dios.

La montaña de la casa de Yahvé (הַר בֵּית־יְהוָה) es la montaña del templo en sentido estricto, el monte Moria, como indica la distinción que se hace entre la montaña de la Casa y el monte Sión en Miq 3, 12. Pero, como altura subordinada a Sión, la montaña de la casa de Yahvé se vincula en lo que sigue con Sión (comparar 4, 2 con 4,7), que aparece como sede del dominio o presencia de Yahvé, de la que proviene la ley.

נכון no significa colocar o elevar, sino establecer, fundar. Al vincular el participio con יהיה, esa fundación se describe como algo que será permanente. בראש ההרים, sobre las montañas (no en el pico o altura de ellas), como en Jc 9 7; 1 Sam 26, 13; Sal 72, 16, mientras que en otros pasajes como Miq 2, 13; Am 6, 7 y 1 Rey 21, 9, esas palabras tienen un carácter diferente. La montaña del templo, es decir, Sión queda exaltada sobre todas las montañas y colinas, de manera que parecerá fundada sobre la cumbre de las montañas. Esta exaltación no es, evidentemente, de tipo físico, como Hofmann, Drechsler y muchos rabinos han supuesto, sino de tipo espiritual (ético), sobre todas las montañas del mundo.

Esto resulta obvio por Miq 4, 2, donde se dice que Sión se elevará sobre todas las montañas, porque brota de ella la Ley del Señor. La suposición de una elevación física no puede deducirse de Ez 40, 2 y Ap 21, 10, porque en esos dos pasajes la elevación física es un símbolo de la elevación espiritual. "A través de una nueva revelación del Señor, que se realizará allí en Sión, superando por mucho la anterior, que se había realizado en el Sinaí o en la misma Sión, esta nueva Sión se convertirá en la más alta y elevada de todas las montañas del mundo" (Caspari), una montaña que podrá verse desde muy lejos, y hacia ella confluirán todas las naciones, y no solo la nación de Israel.

4, 2. Aquí se define de un modo más preciso la palabra עמים como רבים גוים. El poder de atracción que la montaña ejerce sobre las naciones es tan grande, que ellas se llaman entre sí para dirigirse hacia ella. Esa atracción no reside en su altura física, en su elevación sobre todas las otras montañas, sino en el hecho de que allí se encuentra la casa del Dios de Jacob, es decir, que Dios se encuentra allí entronizado, enseñando a todos la manera de caminar según sus mandamientos. הורה מן, enseñar los caminos, de manera que los preceptos de Dios formen el material del que deriva una instrucción continua sobre los pueblos. El deseo de salvación es, por tanto, el motivo que les impulsa a peregrinar de esa manera, pues ellos quieren instruirse en los camino del Señor, a fin de caminar por ellos.

Esos son los caminos que Dios toma en relación con los hombres, caminos por los cuales los hombres son dirigidos por él; se trata pues de los ordenamientos de la salvación que Dios ha revelado en su palabra, de manera que su conocimiento y observancia aseguren la vida y bendición de los hombres.

Las palabras "porque la ley viene de Sión…" no están proclamadas por las naciones, sino por el profeta; ellas ofrecen la razón por la que los paganos caminan con un celo tan grande hacia la montaña de Yahvé. El acento se pone en מציון (de Sión), que está al principio, y en מירושלם (de Jerusalén), que está en paralelo con lo anterior. De allí proviene la תּוֹרָה, *tōrâh,* es decir, la instrucción según los caminos de Dios, es decir, la Ley como regla de vida divina, y la יְהוָה־דְּבַר, *debhar Yehōvâh* (la palabra de Yahvé), es decir, la palabra de revelación como fuente de salvación.

Es evidente según eso que la montaña de la casa de Dios no se toma aquí como lugar de oración/liturgia, sino como sede de la revelación divina, centro del reino de Dios. Sión es la fuente de la ley y de la palabra del Señor, y las naciones reciben en ella la instrucción, para caminar por los caminos de Dios para acoger esa ley y llevarla a sus casas para instruirse conforme a ella.

4, 3-4. El fruto que proviene de haber acogido la palabra del Señor será que ellos no lucharán ya más con armas de guerra, pues el mismo Yahvé juzgará y resolverá los problemas, y así todos le reconocerán como su rey y juez. שפט significa el acto de juzgar; הוכיה (literalmente, enderezar) significa establecer la paz y poner fin a una disputa.

El texto sigue hablando de "muchas naciones" en contraste con una única, que era antes la que reconocía a Yahvé como su rey y juez. Así lo destaca aún más el paralelo con las "naciones poderosas y lejanas" de las que habla el texto paralelo. Como resultado de eso, los pueblos convertirán las armas en instrumentos de agricultura pacífica y no realizarán más guerras, no se ejercerán ya más en la milicia armada, no se ejercitarán en el uso de las armas.

Para las palabras וכתתו וגו cf. Joel 3, 10, donde, antes de la llegada del reino de Dios, en el discurso dirigido a las naciones, se les invita a convertir los instrumentos de agricultura en armas de guerra. Con la terminación de la guerra, surgirá la paz universal, de forma que Israel no tendrá ya más enemigos y cada pueblo podrá gozar, sin inconveniente alguno, aquella paz de la que Israel había gozado en el tiempo del pacífico reinado de Salomón.

Las palabras "sentarse bajo su parra" están tomadas de 1 Rey 5, 5 (cf. Zac 3, 10), según la promesa de Lev 26, 6. Todo esto, por más increíble que pueda parecer, no solo para el antiguo Israel, sino también para la dispensación cristiana del mundo actual, sucederá sin duda, porque así lo ha prometido la boca de Yahvé, el Dios verdadero.

4, 5

⁵ כִּי כָּל־הָעַמִּים יֵלְכוּ אִישׁ בְּשֵׁם אֱלֹהָיו וַאֲנַחְנוּ נֵלֵךְ
בְּשֵׁם־יְהוָה אֱלֹהֵינוּ לְעוֹלָם וָעֶד: פ

⁵ Aunque todos los pueblos anden cada uno en el nombre de su dios, con todo, nosotros andaremos en el nombre de Yahvé, nuestro Dios, eternamente y para siempre.

Pero la humanidad no alcanzará su meta a través de unas ideas y esfuerzos de tipo exclusivamente humanista, sino solo a través de la omnipotencia y fidelidad de Dios. Este verso no es una exhortación, ni una resolución a caminar en el nombre de Dios, en el sentido de "si todas las naciones caminan, etc. entonces también nosotros caminaremos…", pues ni una amonestación ni una resolución de ese tipo responden al contexto, ni a las palabras del texto, dado que en ese caso tendríamos que esperar נלכה en vez de נלך. La semejanza de forma de ילכו y נלך requiere que los dos verbos se tomen de la misma manera.

Caminar en el nombre del Señor no significa regular la conducta conforme al nombre de Dios, es decir, conforme a la naturaleza que se expresa en ese nombre, ni adorar a Dios según su propia identidad (Caspari), sino caminar con la fuerza de Dios, es decir, con la fuerza que se despliega desde la naturaleza de Dios. Este es el sentido de la frase en 1 Sam 17, 45 y Zac 10, 12, donde las palabras "yo les fortaleceré en Yahvé" forman la base de "en su nombre caminarán" (cf. Prov 18, 10, "el Nombre de Yahvé es una torre fuerte").

A diferencia de Yahvé, los dioses de todas las naciones, es decir, los dioses de los paganos, son seres sin valor, sin vida, sin fuerza. Yahvé es, en cambio, el único Dios verdadero, el creador poderoso y el gobernante del mundo. Por eso, los paganos, con sus dioses sin valor, no tienen ningún poder en contra de Yahvé, ni en contra de la nación que camina en su nombre y tiene su gloria. Por eso, si Israel se alegra para siempre en la fuerza de su Dios, las naciones paganas no podrán perturbar la paz que el mismo Dios creará para Israel y para todos aquellos que acepten su palabra.

De esa forma se explica en 4, 5 la promesa de 4, 3-4. Pero esa explicación sigue suponiendo que incluso en el tiempo en que muchas naciones se dirijan hacia el monte del Señor seguirá habiendo otras que no buscarán a Yahvé ni escucharán su palabra, un pensamiento que vuelve a expresarse en 5, 4, con el consuelo de que, aun existiendo pueblos que se oponen al pueblo de Dios, no serán capaces de impedir la salvación que Dios ha preparado para su pueblo.

4, 6-7

⁶ בַּיּוֹם הַהוּא נְאֻם־יְהוָה אֹסְפָה הַצֹּלֵעָה וְהַנִּדָּחָה אֲקַבֵּצָה וַאֲשֶׁר הֲרֵעֹתִי
⁷ וְשַׂמְתִּי אֶת־הַצֹּלֵעָה לִשְׁאֵרִית וְהַנַּהֲלָאָה לְגוֹי
עָצוּם וּמָלַךְ יְהוָה עֲלֵיהֶם בְּהַר צִיּוֹן מֵעַתָּה וְעַד־עוֹלָם׃ פ

⁶ En aquel día, dice Yahvé, recogeré a las ovejas cojas, reuniré a las descarriadas y a la que afligí. ⁷ De las cojas haré un resto, de las descarriadas, una nación

robusta. Entonces reinará Yahvé sobre ellos en el monte Sión, desde ahora y para siempre.

En esa salvación no quedará excluida aquella parte de Israel que se encuentra bajo la miseria, ni desparramada entre los pueblos. Eso sucederá "en aquellos días", en referencia a los últimos días de 4, 1. En aquel tiempo, cuando muchas naciones irán en peregrinación a la montaña exaltada del Señor, de manera que Sión-Jerusalén no solo será restaurada, sino muy glorificada, el Señor reunirá a los oprimidos y a los dispersos en lugares lejanos.

Los femeninos de הצלעה y הנדחה tienen un sentido neutro, y han de entenderse de un modo colectivo. הצלעה son las ovejas cojas, evocando la miserable condición en que se encuentran las dispersas (cf. Sal 35,15; 38, 18). Esta miseria y cojera ha sido infligida por Dios. Cojos y dispersos son aquellos a los que Dios ha afligido, aquellos a los que ha castigado por sus pecados. La reunión de Israel ha sido ya prometida en 2, 12, pero allí se hablaba de la reunión de Israel en su conjunto, mientras que aquí se anuncia la reunión de los miserables (cojos) y de aquellos que han sido dispersados en lugares lejanos.

No hay discrepancia entre esas dos promesas. La diferencia entre ellas puede explicarse con facilidad por la tendencia subyacente en cada discurso. "Todo Israel" se refiere a los dos reinos separados en los que estaba dividida la nación en el tiempo de los profetas (Israel y Judá). Por eso se habla aquí de una nación robusta (לְגוֹי עָצוּם), sin que se separen y distingan ya los dos reinos. En este contexto, en conexión con lo que precede, se pone de relieve la idea de felicidad de los salvados, recibiendo y poseyendo el gozo de las bendiciones de la tierra santa.

La reunión aquí prometida implica la restauración del pueblo en la posesión y gozo de estas bendiciones. Por eso, aquí se mencionan solo las ovejas miserables (cojas) y las dispersas, para indicar que ninguna será excluida de la bendición que Dios concederá a su pueblo en el futuro, por más que ahora esté padeciendo en la miseria del exilio que le ha sido impuesto. Ciertamente, según 2, 12, habrá una restauración de toda la nación; pero aquí se evoca solo la restauración del "resto", de manera que la reunión de la que se habla está evocando el retorno y triunfo del resto de Israel, que ha de convertirse en una nación fuerte, sobre la que se extiende el reino de Yahvé en Sión.

Las palabras וּמָלַךְ יְהוָה, y reinará Yahvé, tienen aquí un sentido enfático, expresando el establecimiento de la monarquía perfecta, una monarquía que hasta ahora no ha existido nunca, ni en el pasado ni en el presente[76]. Este dominio de

---

76. Miqueas no menciona aquí a los descendientes de David, sino solo a Yahvé, pero no para excluir el reinado de David, sino para mostrar que Yahvé vendrá a presentarse como el autor de ese reino, indicando así que todo su poder es suyo; porque, aunque antes era Dios quien gobernaba al pueblo por la mano de David y por la mano de Josías y Ezequías, era como si hubiera una

Yahvé no será ya jamás interrumpido de nuevo, como lo había sido antes, por el destierro de la nación en el exilio, a causa de sus pecados, sino que durará מעתה (desde ahora), es decir, desde el futuro de la plenitud mesiánica que aquí se toma como presente, de siempre y para siempre.

Por lo que toca a la realización de esta promesa extraordinariamente gloriosa, la expresión con la que se inicia el texto (בְּאַחֲרִית הַיָּמִים, *be'achărīth hayyâmīm*: cf. 4, 1: al final de los días), está anunciando la llegada de los tiempos mesiánicos. En esa línea, la sustancia de la promesa está indicando el cumplimiento de los tiempos mesiánicos, con el establecimiento del reino de Dios en gloria (Mt 19, 28). La montaña del templo es un tipo del reino de Dios, tal como aparece en el Nuevo Testamento, un reino que todos los profetas describen desde la perspectiva del Dios del Antiguo Testamento. Según eso, la peregrinación de las naciones a la casa de Yahvé se identifica de hecho con la entrada de los paganos, que han sido llamados a la fe a través del reino de Cristo. Esto ha comenzado ya con la expansión del evangelio entre los gentiles, y ha continuado a través de las edades por medio de la Iglesia cristiana.

Pero aunque muchas naciones han entrado ya en la Iglesia, aún no ha llegado el tiempo en el que todas ellas se encuentren totalmente penetradas por el espíritu de Cristo, de tal forma que sus disputas se resuelvan por medio del Señor como su rey, renunciando todas a la guerra y viviendo en una paz perpetua. Tampoco para Israel ha llegado el tiempo en que sus cojos y exilados se reúnan, y puedan congregarse en una nación fuerte, aunque muchos judíos particulares han encontrado ya la salvación y la paz en el seno de la iglesia cristiana.

La superación de la guerra y el establecimiento de la paz eterna solo podrán lograrse tras la destrucción de todos los poderes impíos de la tierra, cuando vuelva Cristo a juzgar y perfeccionar su Reino. Entonces, cuando, conforme a Rom 11, 25, entre en el reino de Dios el "pléroma" de los gentiles, cuando Israel como nación se haya convertido a su Redentor, siendo redimido y salvado, no habrá necesidad de una elevación física de la montaña de Sión, ni habrá una restauración del templo material, ni será necesario el retorno de los dispersos a Palestina, pues todos los justos habrán recibido el cumplimiento de la promesa de Dios. (En este contexto πᾶς Ἰσραήλ tiene el mismo sentido de יעקב כלו en Miq 2, 12).

Ese reino de gloria se establecerá en una nueva tierra, en aquella Jerusalén que contempló el santo vidente de Patmos en Espíritu, sobre una montaña grande y elevada (Ap 21, 10). En esa santa ciudad de Dios no habrá templo: "porque el Señor, el Dios omnipotente y su Cordero, será su templo" (Ap 21, 22). La palabra del Señor a la mujer samaritana dice claramente que en aquel tiempo los hombres no

---

nube interpuesta, de manera que Dios reinaba de un modo oscuro. De esa forma, el profeta indica aquí una cierta diferencia entre aquel reino en sombras, y el nuevo en el que Dios se manifestará abiertamente con la llegada del Mesías (Calvino).

adorarían a Dios en aquella montaña (de Samaría), ni en Jerusalén, sino en Espíritu y Verdad; esa palabra de Jn 4, 21-23 no se aplica solo al reino temporal de Dios en la iglesia cristiana, sino también al tiempo de la culminación del reino de Dios en gloria.

4, 8

⁸ וְאַתָּה מִגְדַּל־עֵדֶר עֹפֶל בַּת־צִיּוֹן עָדֶיךָ תֵּאתֶה וּבָאָה
הַמֶּמְשָׁלָה הָרִאשֹׁנָה מַמְלֶכֶת לְבַת־יְרוּשָׁלָ͏ִם׃

⁸ Y tú, torre del rebaño, fortaleza de la hija de Sión, tú recobrarás el señorío de antaño, y llegará el reino de la hija de Jerusalén.

La profecía, que había pasado de la glorificación de Sión (como trono de Dios) a la elevación del trono real de la ciudad, trono fundado por David, desembocará en la destrucción de Jerusalén (3, 12), para predecir entonces su restauración en el futuro. De un modo consiguiente, en esa línea, este versículo (4, 8) define el reinado de Yahvé en el monte Sión, tal como había sido prometido por el verso anterior (4, 7), a través del reino mesiánico-davídico. Este anuncio está vinculado ante todo a 4, 6-7. Entonces, el resto de Israel, reunido, formando una unidad, volverá de la dispersión y se convertirá en una nación fuerte, de forma que podrá ser restaurado el reino de la *hija* de Sión.

La referencia a la torre del rebaño (מִגְדַּל־עֵדֶר) y a la colina de la hija de Sión, muestra que esas dos nociones representan la misma realidad, mirada desde los dos lados, con unos contenidos diferentes, de forma que la torre del rebaño se define de manera más precisa como la colina de la hija de Sión. Pues bien, dado que la hija de Sión es la misma ciudad de Sión personificada como una virgen, la colina de la hija de Sión debería significar la colina sobre la cual estaba construida la ciudad, es decir, el monte Sión.

Pero esta identificación debe excluirse, pues la colina y la torre de vigilancia (עֹפֶל בַּת־צִיּוֹן) se mencionan en paralelismo con el palacio ('*armōn*), como lugares o edificios que servían antes como cuevas (de ladrones). En esa línea, es obvio que el עֹפֶל, '*ōphel*, era un lugar al lado o en la cumbre de Sión. Si comparamos esto con 2 Cron 27, 3 y 33, 14, donde se dice que Jotán elevó edificios contra el muro del *Ofel* (*hâ'ōphel*), y que Manasés lo rodeó con un muro, elevándolo mucho, podemos concluir que el Ofel debe haber sido una colina, posiblemente un bastión, en la parte del sureste de Sión, una fortificación de gran importancia para defender la ciudad de Sión frente a los ata ques hostiles[77].

---

77. La opinión según la cual el Ofel era el conjunto del promontorio rocoso del monte Moria, desde la parte sur del templo hasta el final del promontorio (Robinson, Schultz, Williams), es decir, hasta el *Ophla* o *Ophlas* de Josefo, como suponen Arnold (Herzog, Cycl.) y Winer (Bibl. R.W.) estaría en perfecta armonía con lo que estamos diciendo. Por otra parte, todo lo que puede deducirse con algo de certeza del pasaje de Josefo que se cita en apoyo de esta hipótesis (Cf. *Bell*

De un modo consiguiente מִגְדַּל־עֵדֶר, *migdal-'ēder*, no puede ser otra torre del rebaño que se encuentra en la cercanía de Belén, que ha sido mencionada en Gen 35, 41, sino que debe ser una (o "la") torre que se hallaba en el palacio de David, que era el castillo real de Sión, es decir, la torre del rebaño del pueblo de Dios, la torre mencionada en 3, 25, que se alzaba sobre la casa superior del rey, y que tenía un patio que servía de prisión (Neh 3, 26).

Esa prisión, que pertenecía también a la casa del rey, según Jer 32, 2, ocupaba una parte del castillo real, según era costumbre en el antiguo oriente. Es evidente que esa prisión tenía una torre alta (cf. Cant 4, 4): "Tu garganta es como la torre de David, edificada de un modo armonioso; mil escudos colgaban en ellos, todos armas de héroes". Según eso, la torre del castillo real de David estaba adornada con las armas o escudos de los héroes de David (1 Cron 12, 1).

Esta torre del castillo del rey había sido especialmente diseñada para representar la soberanía de David, "y por su elevación sobre Sión y Jerusalén, y por el hecho de que ella dominaba sobre toda la ciudad, era un símbolo de la familia de David, y de su poder sobre la ciudad y sobre Israel (Caspari). Esta torre que, muy probablemente se identifica con una a la que Isaías llamada *bachan* (torre de vigilancia), recibe aquí en Miqueas el nombre de *torre del rebaño*, probablemente como juego de palabras con la torre de ovejas junto a la cual había plantado Jacob en otro tiempo su tienda, pues David, descendiente de Jacob y fundador de la casa real divinamente escogida por Dios para Israel, había sido llamado cuando era pastor de ovejas, para convertirse en pastor de la nación de Israel, que era el rebaño de Jacob (cf. Jer 13, 17; 2 Sam 7, 8; 78, 70).

Era natural que el profeta utilizara este epíteto, no solo porque describe al Mesías como un pastor en 5, 3, sino porque presenta a Israel como rebaño de la herencia de Dios en 7, 14. En esa línea, la torre del rebaño solía ser el lugar desde donde el pastor, situándose allí bien, podía ver y proteger todo rebaño con los peligros que le amenazaban (cf. 2 Cron 26, 10; 27, 4).

עָדֶיךָ תֵּאתֶה, "a ti ha de venir"[78]. עָדֶיךָ dice más que אֵלֶיךָ, a ti, y muestra la superación de cualquier obstáculo que impide que el camino llegue esta la meta. Por su parte, תֵּאתֶה está separado de todo lo que sigue y se muestra como independiente no solo por el *athnach,* sino también por el cambio de tiempo que se produce en

---

v. 6, 1; cf. vi. 6, 3 y v. 4, 2) es que el lugar llamado *Ophla* estaba en la cercanía del Cedrón y de la montaña del templo. La cuestión que se plantea en este contexto es si el *Ophla* de Josefo se identifica con el *Ophel* del Antiguo Testamento, pues Josefo no cita el Ofel en la lista de colinas de Jerusalén, sino que se limita a menciona *Ophla* como una localidad especial (cf. Reland, *Pal.* p. 855). Sea como fuere, la situación del Ofel sobre el que vivían los netineos (Neh 3, 26), es todavía un tema discutido, y Bertheau supone que el Ofel se identifica con el espacio habitable al este de la parte oriental del área del templo.

78. Lutero traduce: "tu rosa de oro ha de venir"; pero esa traducción proviene de haber confundido עָדֶיךָ (de עַד, hacia) con עֶדְיֵךְ, tu ornamento.

בָּאָה: "a ti ha de venir ello", es decir, lo que el profeta tiene en su mente y lo que menciona en la próxima frase, destacando de un modo especial el sentido de las palabras וּבָאָה הַמֶּמְשָׁלָה הָרִאשֹׁנָה, refiriéndose al antiguo (primer) reinado israelita representado por David y Salomón.

Este predicado supone que la soberanía ha salido de Sión, es decir, ha sido expulsada de la familia davídica, evocando otra vez la destrucción de Jerusalén predicha por Miqueas 3, 12. Esta soberanía se define aún de manera más precisa como reinado sobre la hija de Jerusalén (con ל antes de בת como perífrasis de un genitivo de objeto). Jerusalén, la capital del reino aparece como representación de la soberanía sobre todo el reino. Ese reino será restaurado para la colina de Sión, es decir, para el castillo real sobre la colina.

4, 9-10

⁹ עַתָּה לָמָּה תָרִיעִי רֵעַ הֲמֶלֶךְ אֵין־בָּךְ אִם־יוֹעֲצֵךְ אָבָד כִּי־הֶחֱזִיקֵךְ חִיל כַּיּוֹלֵדָה:
¹⁰ חוּלִי וָגֹחִי בַּת־צִיּוֹן כַּיּוֹלֵדָה כִּי־עַתָּה תֵּצְאִי מִקִּרְיָה וְשָׁכַנְתְּ בַּשָּׂדֶה וּבָאת עַד־בָּבֶל שָׁם תִּנָּצֵלִי שָׁם יִגְאָלֵךְ יְהוָה מִכַּף אֹיְבָיִךְ:

⁹ Ahora, ¿por qué gritas tanto? ¿Acaso no tienes rey? ¿Pereció tu consejero y te atenaza el dolor como a una mujer de parto? ¹⁰ Quéjate y gime, hija de Sión, como mujer que está de parto, porque ahora saldrás de la ciudad y morarás en el campo. Llegarás hasta Babilonia y allí serás librada; allí te redimirá Yahvé de manos de tus enemigos.

Pero antes de que se cumpla lo anunciado en el verso anterior, la hija de Sión perderá a su rey, y tendrá que ir en cautividad a Babilonia. Pero allí será redimida por el Señor de la mano de los enemigos. De esa forma, el profeta vuelve del glorioso futuro para proclamar al pueblo lo que vendrá antes de su glorificación, es decir, la pérdida del gobierno real y la deportación a Babilonia.

Después de haber anunciado la devastación de Sión en 3, 12, Miqueas ha ofrecido a los fieles una razón firme de esperanza en medio de las calamidades que se aproximan, poniendo de relieve la gloria más alta que les espera en el futuro; pues bien, ahora, contra el abuso que podría surgir por ese anuncio de gloria futura, de manera que la mayoría del pueblo no tomara en serio la amenaza de castigo, o pensara que la adversidad sería muy breve, pues llegaría de inmediato un estado más glorioso de prosperidad, el profeta describe los tiempos de opresión que aún debían llegarles.

Mirando en espíritu el cercano tiempo de opresión como ya presente, el profeta escucha un alto grito, como el de una mujer con dolores de parto, y pregunta la razón de sus gritos, por saber si se refiere a la pérdida del rey. Las palabras se dirigen a la hija de Sión, y el sentido de la pregunta retórica es muy simple: Sión perderá a su rey, y sus habitantes serán invadidos por una honda tristeza.

Para Israel, la pérdida del rey era más penosa que para otras naciones, porque al trono había vinculadas promesas gloriosas, ya que el rey era representante visible de la gracia de Dios, y su remoción era un signo de la ira de Dios y de la abolición de todas las bendiciones de salvación que a través de su persona habían sido prometidas para todo el pueblo. Cf. Lam 4, 20, donde Israel dice que el rey es su respiración (Hengstenberg).

יועץ (consejero) es también el rey y ese título se limita a evocar lo que el rey davídico ha sido para Sión (cf. Is 9, 5, donde el Mesías aparece como "Consejero " por excelencia). Pero Israel debe tener experiencia de ese dolor. וָגֹחִי ha sido intensificado por חוּלִי y se utiliza de un modo intransitivo, para abrir camino, describiendo la pena que está vinculada con el nacimiento que aparece lleno de dolor, como si estuviera estallando toda la naturaleza (Jer 4, 31). Esa palabra no se utiliza de un modo transitivo, en sentido de avanzar, ir más adelante, como Hitzig y otros suponen; la certeza de que Israel será conquistada y de que el pueblo será llevado cautivo no se puede representar sin más como un nacimiento, o como una reorganización de las cosas.

En esa línea, con las palabras כי עתה וגו el profeta abandona esa figura y predice para la nación, en términos generales, de un modo literal, una gran catástrofe. עתה (ahora), palabra tomada de Lam 4, 9, presenta el ideal presente, que el profeta está viendo en espíritu, que puede ser muy cercano, pero que puede pertenecer también a un futuro muy lejano. קריה, ciudad, sin artículo, es un tipo de nombre propio, como *urbs* (la ciudad) aplicado a Roma (es la ciudad por excelencia). Aquí קריה es Jerusalén (o podría ser Babilonia).

A fin de poner de relieve la certeza del juicio que viene, y al mismo tiempo la grandeza de la calamidad, del modo más impresionante posible, Miqueas precisa los detalles del drama: salir de la ciudad, habitar en el campo, sin refugio alguno, estar entregado en manos de los cambios del tiempo, y viniendo a Babel, siendo llevado hasta allí sin tardanza.

Salir de la ciudad significa que ella ha sido conquistada por los enemigos; porque salir para rendirse ellos mismos a los enemigos (2 Rey 24, 12; 1 Sam 11, 3) no cuadra con la proclamación profética, que no es una descripción histórica en detalle. A pesar de todo, Israel no perecerá, pues el Señor le liberará allí mismo (es decir, incluso en Babilonia, שָׁם), de manos de los enemigos.

Esta predicción de que la hija de Sión, es decir, la nación de Israel, gobernada por Sión y cuyo centro era Sión, la nación de la alianza, que desde la destrucción del reino de las diez tribus existía solo el Israel, debía ser llevada cautiva a Babilonia, y esto en un tiempo en que el enemigo supremo de Israel era Asiria, representante del poder de los imperios, es un anuncio que va más allá de las fronteras del horizonte político del tiempo de Miqueas, algo que no ha podido brotar de un presentimiento humano.

Ciertamente, hay algo análogo cuando Isaías predice al rey Ezequías en el sentido más literal del término el hecho de que los tesoros de Jerusalén y sus

Miqueas 4, 9-10

hijos (descendientes) serían llevados a Babilonia (cf. Is 34, 6-7). Pero esa analogía no es suficiente, pues la profecía de Isaías fue proclamada durante el período que siguió inmediatamente a la destrucción de las fuerzas asirias frente a Jerusalén, con la llegada de los embajadores babilonios a Jerusalén, de manera que todos esos acontecimientos podían ponerse en conexión (indicando de algún modo la destrucción del imperio de Asiria y el surgimiento de Babilonia en su lugar). Pero en el caso de la profecía de Miqueas no se pueden trazar esas conexiones pues esa profecía fue proclamada sin duda antes de esos acontecimientos.

Por eso algunos han pensado que Miq 3, 12 predice la destrucción de Jerusalén, mientras que nuestro texto (Miq 3, 12) anuncia la deportación de los judíos a Babilonia, por los mismos asirios. Y esa opinión, es decir, la de que Miqueas esperaba el juicio sobre Jerusalén y de Judá por los asirios, y no por los babilonios, ha sido fundada en parte por pasajes como Miq 5, 4-5 y Jer 26, 18-19, y en parte por el hecho de que Miqueas acusa y condena a los judíos por los pecados de su propio tiempo, un tiempo en el que los asirios eran el único poder que podía realizar un juicio de ese tipo en contra del pueblo de Dios (Caspari).

Pero esos argumentos nos son decisivos. Todo lo que se puede inferir de Miq 5, 4-5, donde se menciona a Asur como representante de todos los enemigos de Israel, y como poder del mundo en su hostilidad contra el pueblo de Dios en los tiempos mesiánicos, es que en el tiempo de Miqueas el poder imperial en su hostilidad contra el reino de Dios estaba representado por Asiria. Pero de aquí no se sigue en modo alguno que Asiria permanecería siempre como poder imperial, de manera que Miqueas (inspirado por Dios) podía anunciar que la destrucción de Jerusalén y la deportación de los judíos podía realizarse por medio de Babilonia.

Por su parte, el hecho de que en Jer 26, 18-19, con el fin de defender a Jeremías, los hombres de Judá citaron la profecía de Miqueas, con la observación de que el rey Ezequías no le condenó por ello a muerte, sino que temía al Señor y buscaba su rostro, de manera que el Señor se arrepintió del mal con el que había amenazado a Jerusalén..., todo eso prueba solo que los hombres importantes situaron las palabras de condena de Miqueas en tiempo de los asirios, añadiendo que el hecho de que no se cumpliera la amenaza se debió a la penitencia y oración de Ezequías, y que por esa circunstancia el Señor respondió a la oración del rey, asegurándole que el ejército asirio sería destruido (Is 37,21).

Pero si el sentido más preciso de la opinión de estos jefes de Jerusalén sobre el sentido y cumplimiento de la profecía de Miq 3, 12 era correcto o no, no se puede decidir solo a partir del pasaje citado de Jeremías. Ciertamente, parece que la profecía de Miqueas debía aplicarse solo a sus contemporáneos asirios (¡por vuestra causa Sión se convertirá en un campo que se ara...!). En esa línea, Caspari sigue diciendo que si Miqueas anunciaba que la destrucción de Jerusalén y el exilio de los judíos se realizarían por medio de los babilonios, él no podía haber sido condenado, pues las cosas que anunciaba se referirían a cosas que pasarían mucho tiempo después y no durante su proclamación profética.

Pero este argumento cae por su base, pues Miqueas no menciona ni a los asirios ni a los babilonios como ejecutores del juicio, y no dice ni una sola palabra sobre el tiempo en que debía realizarse la devastación o destrucción de Jerusalén. La expresión בגללכם, por vuestra causa (Miq 3, 12), no indica en modo alguno que lo que ha de pasar pasará en su propio tiempo, a través de la mediación de los asirios (o de otros poderes distintos).

Las personas a las que se dirige el discurso de Miqueas no son los asirios, ni los babilonios, sino los líderes escandalosos de la casa de Israel, es decir, de la nación de la alianza, y en primer lugar aquellos que vivían en su propio tiempo, aunque en modo alguno solo ellos, sino a todos los que compartían su carácter malvado y su impiedad, de tal forma que sus palabras podían aplicarse a las generaciones siguientes, tanto como a sus propios contemporáneos.

La única razón que nos obligaría a restringir la profecía de Miqueas a su propio tiempo, sería la de que él mismo nos ofreciera una definición más precisa del tiempo en que Jerusalén sería destruida, o si él distinguiera de manera más precisa entre su propio tiempo (el de sus contemporáneos) y el de sus hijos y descendientes posteriores. Pero Miqueas no ha precisado el tiempo en que se cumplirían sus palabras, dejándolo abierto, de forma que ellas pueden aplicarse a todos los juicios que se realizaran desde su tiempo hacia adelante, hasta la destrucción de Jerusalén y la deportación del pueblo a Babilonia por Nabucodonosor.

La aplicación exclusiva de su profecía a los asirios se basa simplemente en una idea incorrecta de la naturaleza de la profecía y de su relación con su cumplimiento, e introduce una discrepancia irreconciliable entre el profeta Miqueas y su contemporáneo Isaías, quien predice, al mismo tiempo, dos cosas implicadas: (a) la severa opresión de los judíos por los asirios; (b) y, al mismo tiempo, anuncia el fracaso de los planes de estos enemigos del pueblo de Yahvé, con la total destrucción de su ejército.

En el caso de que los profetas se contradijeran entre sí no se podría hablar de una verdad profética. Esta contradicción se daría si Miqueas anunciaba la destrucción de la ciudad por los asirios, mientras Isaías lo rechazaba. Esa contradicción no podría resolverse diciendo que Isaías proclamó sus palabras (Is 28-32) en un tiempo algo posterior, después que Miqueas había publicado ya su libro, de forma que los terribles anuncios de Miq 3, 12, habrían hecho que el pueblo se arrepintieran, porque Isaías habría predicho que los asirios no conquistarían Jerusalén, sino que su ejército sería destruido ante sus murallas no solo en Is 28-32, en el tiempo en que los asirios se estaban aproximando con su gran amenaza, bajo Salmanasar y Senaquerib, sino mucho antes que eso, en el tiempo de Ahaz, en Is 10, 5-12, 6. Por otra parte, en Is 28-32 no aparece el más ligero indicio de que la terrible amenaza de Miqueas hubiera producido su efecto, es decir, un

Miqueas 4, 9-10

gran arrepentimiento, de forma que el Señor retirara su amenaza y predijera por medio de Isaías el rescate de Jerusalén de manos de los asirios. Por el contrario, Isaías amenaza a los malos jueces y a los falsos profetas (cf. 28, 7; 29, 9-12) prácticamente con la misma severidad con que lo hace Miqueas en 3, 1-3.5-8. Y, finalmente, aunque la distinción entre profecías condicionales y aquellas que son incondicio-nales resulta, generalmente hablando, bastante correcta, y así aparece sin duda alguna en Jer 18, 7-10, no hay en los discursos y amenazas de estos dos profetas (Miqueas e Isaías) el más mínimo indicio de que Miqueas proclamara sus profecías de un modo condicional, de manera que sus amenazas se cumplieran solo en el caso de que los judíos no se arrepintieran, mientas que Isaías las proclamaba de un modo incondicional.

Más aún, un tipo de explicación como esa (que las profecías de Miqueas serían de tipo condicional...) resulta insostenible por el hecho de que en Miqueas la amenaza de la destrucción de Jerusalén y de la desolación de la montaña del templo (3, 12) está en una conexión muy estrecha con la promesa de que, al fin de los días, la montaña de la casa de Dios se elevaría sobre todas las montañas, de manera que Dios reinaría en Sión para siempre como rey (4, 1-3; 7, 1). Si estas amenazas fueran solo condicionales, también serían condicionales las promesas, dependiendo de la penitencia de la gran masa del pueblo de Israel, una visión que es diametralmente opuesta a la naturaleza real de las profecías de Miqueas (y de Isaías y de todos los profetas).

La única diferencia entre Isaías y Miqueas consiste, en este campo, en el hecho de que *Isaías*, en sus discursos más elaborados, pone más de relieve la actitud del poder imperial de Asiria hacia el reino de Dios en Israel y predice no solo el hecho de que Israel será muy presionado por los asirios, sino también el hecho de que estos últimos no destruirían para siempre al pueblo de Dios, sino que los asirios serían más bien destruidos sobre la piedra fundacional colocada por Yahvé en Sión; mientras que *Miqueas* solo amenaza a los pecadores con el juicio, y después del juicio predice la glorificación de Sión en términos generales, sin entrar de un modo más preciso en la actitud de los asirios hacia Israel. Ciertamente, entre los dos profetas hay diferencias, pero en las cosas más importantes, Miqueas va mano a mano con su contemporáneo Isaías.

Is 32, 14 predice también la devastación o, mejor dicho, la destrucción de Jerusalén, a pesar de que él había anunciado más de una vez la liberación de la ciudad de manos de Asur, y eso sin entrar en contradicción consigo mismo. Este doble anuncio puede explicarse de manera muy simple por el hecho de que el juicio que Israel tiene que soportar, y el período de gloria que le sigue, aparece ante su ojo profético (ante su visión mental profética) como un largo y profundo diorama; eso significa que él se inmergía en sus amenazas, a veces de un modo más intenso, a veces de un modo menos intenso, introduciéndose así profundamente en aquellos juicios que se situaban en perspectiva ante él, anunciando así a veces los juicios más cercanos y otras veces los más lejanos (cf. Delitzsch, *Comentario a Is* 32, 20).

Lo mismo se aplica al caso de Miqueas, que penetra con sus visiones en una gran profundidad, tanto en sus amenazas como en sus promesas, no solo prediciendo el juicio, en toda su radicalidad (la destrucción de Jerusalén y el destierro del pueblo a Babilonia), sino también la salvación, en su perfección más honda, es decir, en la glorificación de Sión. Por eso, no podemos limitarnos a las amenazas de Miq 3, 12 y 4, 10, con la catástrofe caldea, ni a la promesa de liberación de Israel de Babilonia, de las manos de sus enemigos, hasta la liberación que fue realizada por Ciro, con el retorno a Palestina, bajo Zorobabel y Esdras, sino que debemos extender la amenaza de castigo a la destrucción de Jerusalén por los romanos, y a la dispersión posterior de los judíos por todo el mundo. Por otra parte, la liberación de los judíos de Babilonia, prometida en 4, 10, puede y debe extenderse a la liberación posterior de los judíos de todo el mundo, que no se ha realizado aún y que pertenece al futuro.

Estos dos juicios y estas dos liberaciones han de tomarse en forma de unidad, en las palabras del profeta, mirando así a Babel no solo en su carácter histórico, sino también en su significado típico, como comienzo y corazón del reino del mundo a lo largo de todos los tiempos. Babel tiene ese doble significado en las Escrituras, desde su mismo comienzo. También la edificación de la ciudad con una torre que quiere alcanzar los cielos era una obra del orgullo humano, y un despliegue impío del poder de la humanidad enemiga de Dios (Gen 11, 4); y tras la erección de la torre de Babel se inició con Nimrod el comienzo del imperio del mundo Gen 10, 10.

Por esas dos razones, Babel se convirtió en tipo del poder imperial, y eso no solo porque comenzó allí la división de la raza humana en naciones, con diferentes lenguajes, con su dispersión sobre toda la tierra (cf. A. Ch. Lammert, *Babel, das Thier und der falsche Prophet*, Goth. 1862, pp. 36 ss.), sino porque Babel aparece como signo del poder humano enfrentado con Dios. Por eso tenemos que buscar aquí el sentido tipológico de Babel, no solo por el propósito que Babel ha tenido de destruir al pueblo Dios, cuando fue entregado en sus manos (como reino de este mundo), sino también para buscar la conexión entre el anuncio profético en su forma externa y aquello que Dios ha comunicado al profeta en el interior de su mente.

Por eso, de un modo consecuente, Miqueas predice la deportación de la hija de Sión a Babel y su liberación de allí, del poder de los enemigos, no solo porque Babel era entonces con Nínive la metrópoli del imperio de este mundo, sino también porque Babel fue desde su origen un tipo y símbolo del poder imperial. Por eso resulta no solo lógico, sino necesario, que las palabras de Miqueas se interpreten así, como muestran las palabras siguientes de 4, 11-13, con el conflicto victorioso de Sión frente a muchas naciones, que nos lleva mucho más allá de los conflictos de los judíos en los tiempos que siguieron a la cautividad concreta en Babilonia.

4, 11-13

¹¹ וְעַתָּה נֶאֶסְפוּ עָלַיִךְ גּוֹיִם רַבִּים הָאֹמְרִים תֶּחֱנָף וְתַחַז בְּצִיּוֹן עֵינֵינוּ:
¹² וְהֵמָּה לֹא יָדְעוּ מַחְשְׁבוֹת יְהוָה וְלֹא הֵבִינוּ עֲצָתוֹ כִּי קִבְּצָם כֶּעָמִיר גֹּרְנָה:
¹³ קוּמִי וָדוֹשִׁי בַת־צִיּוֹן כִּי־קַרְנֵךְ אָשִׂים בַּרְזֶל וּפַרְסֹתַיִךְ אָשִׂים נְחוּשָׁה וַהֲדִקּוֹת עַמִּים רַבִּים וְהַחֲרַמְתִּי לַיהוָה בִּצְעָם וְחֵילָם לַאֲדוֹן כָּל־הָאָרֶץ:

¹¹ Ahora se han juntado muchas naciones en contra tuya, y dicen: ¡Que sea profanada y se recreen nuestros ojos a la vista de Sión! ¹² Mas ellos no conocieron los pensamientos de Yahvé, ni entendieron su consejo, por lo cual los juntó como gavillas en la era. ¹³ ¡Levántate y trilla, hija de Sión! Porque haré tu cuerno como de hierro, y tus uñas, de bronce: desmenuzarás a muchos pueblos y consagrarás a Yahvé su botín, y sus riquezas, al Señor de toda la tierra.

4, 11. La hija de Sión, rescatada de Babilonia, supera todos los poderes hostiles con la fuerza de su Dios. Con ועתה que corresponde al עתה de 4, 9, comienza una nueva escena, que se abre al ojo del profeta. Muchas naciones se han reunido en contra de la hija de Sión (עליך remitiendo a בת ציון de 4, 10), con la intención de profanarla, y de alegrarse viendo su profanación.

Según eso, la santidad de Sión es la que provoca a las naciones y les lleva a atacarla. תחנף, que ella sea profanada, no por los pecados o delitos de sangre de sus habitantes (Jer 3, 2; Is 24, 5), pues no es eso lo que dicen los paganos, sino a través de la devastación o destrucción, que le priva de su santidad. Los paganos quieren mostrar que la santidad de Sión era falsa, y alegrarse por la ciudad así profanada.

חזה con ב, mirar hacia una cosa con interés, aquí con placer malicioso. Sobre el singular תַּחַז, *tachaz*, seguido por un singular, cf. Ewald 317, a. A este designio de parte de los paganos, el profeta (4,12) opone el consejo del Señor. Mientras los paganos se reúnen en contra de Sión, con la intención de profanarla a través de su devastación, el Señor ha decidido destruir a las naciones frente a Sión. La destrucción que ellas habían preparado para Sión, viene a recaer de esa forma sobre ellas mismas, porque el Señor las reúne, como la paja sobre la era, para trillarlas, es decir, para destruirlas.

4, 12. כי no significa "que", sino "para". La frase explica que las naciones no entienden el consejo del Señor. כעמיר, con el artículo genérico, equivale a "como gavillas". El juicio sobre Sión ha de ejecutarse sobre los paganos. La expresión figurativa: "levántate y trilla", etc. se apoya sobre la costumbre oriental de trillar las gavillas de trigo con bueyes, es decir, "con sus pezuñas" (cf. Paulsen, *Ackerbau der Morgenländer*, 41).

En esa línea aquí solo se tiene en cuenta la fuerza de las pezuñas. En otro sentido, el cuerno del toro o del buey se toma como símbolo de su poder destructor (cf. Dt 33, 17; 1 Rey 22, 11; Am 6, 13, etc.). El profeta combina esos signos para poner de relieve la idea del poder destructor de Sión, para indicar la forma en que el Señor equiparará a Sión con mucho poder, con la fuerza necesaria para destruir a las naciones.

והחרמתי es la primera persona y no se debe alterar o mirar como si fuera la segunda, como hacen los LXX, el texto siríaco y Jerónimo. El profeta no habla en nombre de la nación teocrática, como supone Jerónimo, sino que sigue hablando en nombre de Yahvé, como en אשׂים, palabra con la que en vez del לי, se utiliza el nombre ליהוה, para dar más claridad al hecho de que es el mismo Yahvé, el Dios y Señor de toda la tierra, el que destruirá a las naciones que se han rebelado en contra de él y de su reino, de manera que él (Dios) les quitará las posesiones de las que se han apoderado, y la tomará de nuevo para sí mismo.

חיל, propiedad, riqueza, la suma y sustancia de las posesiones. Israel no se enriquece a sí misma saqueando a los enemigos derrotados, pero Yahvé santificará las posesiones de los paganos, dedicándolas para sí mismo, pues a él le pertenecen, como a Señor de toda la tierra, de manera que él las pondrá bajo su dominio. Eso significa que Dios pondrá todas las cosas al servicio de la glorificación de su reino. Hay diversas opiniones sobre las alusiones históricas, o sobre el cumplimiento de estos versos. De todas formas, resulta obvio desde el comienzo el hecho de que ellos no pueden referirse al mismo acontecimiento al que alude 4, 9, es decir, al asedio de Jerusalén por los asirios, pues eso implicaría poner al profeta en contradicción consigo mismo. Porque 4, 10 predice no una deportación parcial, sino la expulsión completa de Israel a Babel; por el contrario, 4, 13 está evocando la perfecta liberación de Jerusalén, es decir, del pueblo que caminaba errante en la cautividad, fuera de Jerusalén (4, 10), de manera que no pueden ser los enemigos los que obligan a los judíos a volver a Jerusalén, entregando sus posesiones para el Señor.

4, 13. Sería preferible suponer que aquí estamos ante una alusión a los conflictos victoriosos de los macabeos con los sirios, como suponen Teodoreto, Calvino, Hengstenberg y otros, dado que esos conflictos tuvieron lugar entre el tiempo del retorno de los judíos de la cautividad de Babilonia (4, 10) y la llegada del Mesías (5, 12). Pero incluso esta alusión corresponde muy poco a las palabras de la promesa para que podamos tomarlas como correctas.

Aunque, por ejemplo, la guerra de los macabeos fue una guerra religiosa en el sentido estricto de las palabras, pues los sirios y con ellos las pequeñas naciones vecinas de los judíos, decidieron atacar a Judá como a la nación de Dios para exterminar al judaísmo, los גוים רבים, *gōyīm rabbīm,* que se aliaron contra Sión, y a quienes el Señor reúne (4, 11-12) para juzgarles, está indicando un acontecimiento mucho mayor que el del ataque de los sirios y de las tribus vecinas en contra de Israel en tiempos de los macabeos.

Esas גּוֹיִם רַבִּים, muchas naciones, retoma el motivo de los *gōyīm rabbīm* y *'ammīm rabbīm* de 4, 2-3, de forma que tanto aquí como allí se están incluyendo todas las naciones del mundo que son hostiles a Dios. Además, la derrota que esas naciones sufren ante Jerusalén es mucho mayor que la victoria que los macabeos lograron sobre sus vecinos.

Por otro lado, la circunstancia de que la cautividad de Babilonia se predice en 4, 10, y el nacimiento del Mesías en 5, 1-2, y los conflictos victoriosos de los macabeos contra los sirios y los nuevos paganos vecinos de los judíos se sitúan en el intermedio entre esos acontecimiento, no ofrece una prueba suficiente de que esos conflictos hayan de ser referidos a 4, 11-13, simplemente porque aunque los ataques anunciados en 4, 9-14 de los caldeos, greco-sirios y romanos en contra de Sión hayan sido anunciados en el orden que se realizaron uno tras otro en la historia, en la palabra עַתָּה, no encontramos una base firme para hablar de ese desarrollo de las luchas de los imperios del mundo en contra de Sión (cf. 4, 9.11 y 5, 1).

Sea como fuere, la proclamación de 5, 10 va de hecho más allá de la catástrofe caldea y de la liberación de los judíos del exilio de Babilonia, de manera que, si el וְעַתָּה de 5, 12 anuncia un conflicto con Sión que sigue a los acontecimientos predichos en 5, 9.10, aquí no podemos restringir ese conflicto a las guerra de los macabeos. Por eso, lógicamente, debemos entender esos versos como refiriéndose a los acontecimientos ya predichos por Joel 3 y después por Ez 38, 39 y por Zac 12, 1-14 y por Ap 20, 8, es decir al gran ataque final de las naciones del mundo en contra de la Iglesia del Señor, que ha sido redimida de Babel y santificada, un ataque final realizado con el designio de exterminar la ciudad de Dios de sobre la faz de la tierra, un ataque del que la guerra de los sirios y del resto de naciones vecinas de Judá, en contra del pueblo del pacto, en tiempos de los macabeos, solo ofrece un débil anuncio y signo. Está visión queda confirmada por la semejanza indudable entre nuestros versos con los de Joel y Ezequiel.

El texto de נאספו עליך גויים רבים en Miq 4, 11, comparado con קבצם en Miq 4, 12, remite claramente a וקבצתי את־הגוים en Joel 3, 2, comparado con ונקבצו en Miq 4, 11; por su parte, la imagen de Miq 4, 12, con la reunión de las naciones que son como gavillas para la trilla en la era remite a las figuras semejantes de la maduración de la cosecha y de la preparación de la prensa llena de uvas en Joel 3, 13. Por eso, la utilización de גּוֹיִם רַבִּים, *gōyīm rabbīm* en Miqueas no es razón suficiente para suponer que esa expresión tiene un sentido distinto al de las palabras *kol-haggōyīm* de Joel, pues Miqueas utiliza גּוֹיִם רַבִּים, *gōyīm rabbīm*, en 4, 2-3 para indicar la totalidad de las naciones del mundo, igual que hace Ezequiel, cuando habla de los גּוֹיִם רַבִּים reuniéndose con Gog para atacar a las montañas de Israel (Ez 38,6.9.15). En ese sentido, esa reunión de las naciones en contra de Sión viene después de la redención de Israel que ha sido efectuada ya en Babilonia. Más aún, el despliegue de ese ataque es el mismo en Miqueas, en Joel, Ezequiel y Daniel, anunciándose así la derrota total de las naciones hostiles al pueblo de Israel, que combate con la fuerza del Señor, es decir, con la ayuda del mismo Dios Yahvé que se manifiesta ante todas las naciones como el Señor de la tierra, presentándose a sí mismo como el Santo (cf. Miq 4, 13 con Joel 3, 12-13 y Ez 38, 16 y 39, 3). Finalmente, hay una prueba definitiva de esta alusión en la circunstancia de que el ataque de las naciones aparece aquí dirigido en contra de Sión, que se ha convertido ya en nación santa, y que ese ataque está fundado en el odio y enemistad de esas naciones, y que tiene como objetivo la profanación de la ciudad de Dios.

Estos rasgos no son aplicables a Jerusalén y a Judá en el tiempo de los macabeos, sino que solo pueden aplicarse al tiempo en que Israel, redimida de Babel, forma una Iglesia santa de Dios, es decir, al último período del desarrollo del reino de Dios, que comenzó con Cristo, pero que no ha alcanzado todavía su manifestación suprema.

Hay, pues, dos entregas de Sión. (a) Una en el momento actual o en el futuro más próximo, en el que no está todavía santificada, siendo conquistada por poder de los pueblos enemigos. (b) Una segunda entrega, en la que Sión, estando ya refinada y santificada, en el futuro lejano, siendo atacada por sus enemigos, mucho más hostiles y fuertes que los actuales, vencerá a los enemigos y los destruirá" (cf. Caspari). Este pensamiento prepara el camino de Miq 5, 1 donde el profeta vuelve a la opresión anunciada en Miq 4, 9.10.

5, 1 (= 4, 14)

^{14}עַתָּה תִּתְגֹּדְדִי בַת־גְּדוּד מָצוֹר שָׂם עָלֵינוּ בַּשֵּׁבֶט יַכּוּ
עַל־הַלְּחִי אֵת שֹׁפֵט יִשְׂרָאֵל:

¹ Reúne ahora a los guerreros, tú, hija de guerreros, pues nos han sitiado y herirán con vara en la mejilla al juez de Israel.

Con עַתָּה, *'attâh* (ahora), el profeta vuelve una vez más al objeto introducido ya con עַתָּה en 4, 9. Por la omisión de la *waw* en עַתָּה, debemos tener muy en cuenta el hecho de que 5, 1 no se vincula directamente con 4, 11-13, sino que *'attâh* remite a 4, 9, y no se vincula al וְעַתָּה, *ve'attâh* de 4, 11, para introducir ahora una nueva secuencia y tema sobre lo mencionado en 4, 11-13, que hemos presentado ya como una explicación de 4, 9-10 y 5, 1.

Esa explicación se encuentra rodeada por ambos lados por aquello que ella explica. Al retornar en 5, 1 a los pensamientos expresados en 4,8, el profeta completa y redondea la estrofa formada por 4, 9 y 5, 1 (cf. Caspari). Las palabras están dirigidas a la hija de Sión, y solamente a ella se aplica cada עַתָּה, y en general toda la sección.

בַּת־גְּדוּד, *bath-gegūd,* hija de la tropa, puede significar: Tú, nación acostumbrada o entrenada para formar tropas, tú, guerrera Sión. Pero esto no se aplica a lo que sigue, donde solo se cita el asedio. La expresión se formula aquí más bien con el propósito de sugerir el pensamiento de que el pueblo está presionando de un modo ansioso, no para referirse a una גְּדוּד en el sentido de tropa invasora.

El verbo תִּתְגֹּדְדִי no significa golpearse a sí mismo o hacerse incisiones (Dt 14, 1, etc.), sino como en Jer 5, 7 "reunirse, rodearse...". El pensamiento es este: Reuníos ahora con miedo, formando una tropa, porque él, es decir, el enemigo se dispone, prepara un asedio contra vosotros.

En עָלֵינוּ el profeta se incluye a sí mismo en la nación, como miembro de ella, pues él se encuentra en espíritu, unido con el pueblo sitiado en Sión. El asedio culmina en la conquista, porque solo a consecuencia de ella el juez de Israel (יִשְׂרָאֵל שֹׁפֵט) puede ser golpeado con una vara en la mejilla, siendo así tratado de un modo vergonzoso (cf. 1 Rey 22, 24; Sal 3, 8; Job 16, 10). El juez de Israel, sea el rey o los jueces de Israel, mirados aquí en unidad, no puede tomarse como alguien que en aquel tiempo está fuera de la ciudad, cuando ella está siendo sitiada.

Entre todos los efectos del asedio de la ciudad, el profeta solo concretiza y presenta este, es decir, el maltrato del juez, "porque nada muestra más claramente la miseria y vergüenza que Israel tendrá que sufrir por sus pecados" (Caspari). Este juez es la persona que representa y tiene el oficio más elevado de Israel. Ese juez puede ser el rey, como en Am 2, 3 (cf. 1 Sam 8, 5-6.20), porque el rey de Israel era el juez supremo, aquel que poseía la verdadera autoridad y dignidad judicial. Pero la expresión no puede limitarse al rey, aunque tampoco se puede separar totalmente del rey, como evocando el tiempo en el que Israel no tenía mojar, sino que estaba gobernada solo por jueces.

Sea como fuere, el juez ocupa aquí el lugar del rey (es decir, el lugar más alto de Israel). Por una parte, él aparece en referencia a la amenaza de 3, 1.9.11, donde los jefes y príncipes de Israel se encuentran descritos como jueces injustos e impíos. Por otra parte, aparece como antítesis del מוֹשֵׁל de 5, 2 (hebreo 5, 1). En este pasaje, el Mesías no actúa como rey, sino como מוֹשֵׁל, es decir, como gobernante, poseedor de la suprema autoridad. De un modo semejante, en este caso (4, 14), el poseedor de la autoridad suprema se llama שֹׁפֵט, para poner de relieve el reproche o condena que se elevará sobre las autoridades más altas de la nación a causa de su injusticia

La amenaza de este verso no se refiere, sin embargo, a la invasión romana. Una idea como esa solo puede estar vinculada con la suposición ya rechazada en 4, 11-13, según la cual el texto se aplica al tiempo de los macabeos, pero no hay ningún argumento concluyente que permita pensar en ello. En este verso, el profeta está invirtiendo la opresión ya evocada en 4, 9.10, de manera que las observaciones ya realizadas en 4, 10 se aplican al cumplimiento de lo aquí predicho.

El cumplimiento principal, empezó a realizarse en el período de los caldeos; pero ese cumplimiento siguió siendo repetido en cada asedio posterior de Jerusalén, hasta la destrucción de la ciudad por los romanos. Porque, según 5, 3, Israel será entregado bajo el poder del imperio (=de los imperios) del mundo hasta la llegada del Mesías, es decir, no simplemente hasta su nacimiento y aparición pública, sino hasta que la nación acepte al Mesías, que ha aparecido como nuestro Redentor.

5, 1-14. Y tú, Belén de Efrata...

5, 2 (=5, 1)

^{1} וְאַתָּה בֵּית־לֶחֶם אֶפְרָתָה צָעִיר לִהְיוֹת בְּאַלְפֵי יְהוּדָה
מִמְּךָ לִי יֵצֵא לִהְיוֹת מוֹשֵׁל בְּיִשְׂרָאֵל וּמוֹצָאֹתָיו מִקֶּדֶם מִימֵי עוֹלָם׃

^{2} Pero tú, Belén Efrata, tan pequeña entre las familias de Judá, de ti ha de salir el que será Señor en Israel; sus orígenes se remontan al inicio de los tiempos, a los días de la eternidad.

El anuncio anterior de la gloria que alcanzará eventualmente Sión se completa ahora con el anuncio del gran Gobernante que, a través de su gobierno dirigirá a Israel a la meta de su llamada divina. El ואתה, con el que se abre el comienzo de esta nueva declaración de salvación, corresponde aquí al ואתה de 4, 8. Su gobierno antiguo ha de volver a Sión (4, 8) y su gobernante, es decir, el jefe de Israel, que brota de la eternidad, ha de proceder de la pequeña Belén. Este pensamiento, aplicado a 5, 1, muestra que la exaltación divina del futuro gobernante contrasta con la más honda degradación del juez (golpeado en la mejilla con la vara: 5, 1).

Estos son los nombres de ese lugar. Por un lado es אֶפְרָתָה, que significa "la fértil" o "los campos de frutos", que era su nombre primero. Por otro lado es בֵּית־לֶחֶם, la casa del pan, nombre que aparece ya en los tiempos patriarcales, cf. Gen 35, 19; 48, 7; Rut 4, 11. Esos dos nombres se conectan aquí para dar mayor solemnidad del discurso, y no para distinguir la Belén de Judea de la Belén de Zabulón (Jc 19, 15), pues las siguientes palabras (entre los millares de Judá) ofrecen base suficiente para la distinción.

En esta ciudad, la palabra del profeta se dirige a sus habitantes, y esto explica los masculinos en אתה, צעיר, y ממך, pues así los tiene el profeta en su mente cuando describe la pequeña ciudad, que en Jn 7,42 aparecerá como κώμη. En hebreo צעיר להיות: literalmente, pequeña para ser contada entre los בְּאַלְפֵי יְהוּדָה, los *'ălâphim de Judah,* es decir, como muy pequeña para tener un lugar entre ellos. En lugar de la palabra más precisa que sería מהיות el profeta escoge להיות probablemente por el להיות que sigue en el texto[79].

Alâphīm (en constructo אַלְפֵי), miles/millares, un epíteto que se utiliza en Num 1, 16; 10, 4, para referirse a las familias en sentido amplio, es decir, a las *mishpâchôth,* secciones mayores en las que se dividían las doce tribus de Israel (cf. *Comentario* a Num 1, 16 y Ex 18, 25). Esa palabra no está aquí en lugar de los *sârē 'ălâphīm,* los príncipes de las familias, pues el pensamiento es simplemente este: Belén es una población pequeña para formar un *'eleph,* una unidad de millar independiente. Pero de eso no se puede inferir sin más que no tuviera mil habitantes, como hace Caspari, porque las familias no se llamaban *'ălâphīm* por llegar a tener un número de mil habitantes, sino porque el número de familias o jefes de familia era aproximadamente de mil (cf. mi *Biblische Archologie,* 140). A pesar de esta pequeñez, el gobernante de Israel ha de provenir de Belén.

יצא מן no indica aquí descendencia, como por ejemplo en Gen 17, 6, como si Belén tuviera que ser, de algún modo, el padre del Mesías, como supone Hofmann, sino que ha de entenderse en el sentido de Jer 30, 21, "Un gobernante saldrá de en medio de ti" (cf. también Zac 10, 4); y el sentido es simplemente este: "Procederá y brotará de la población de la pequeña Belén".

לי (para mí) se refiere a Yahvé en cuyo nombre habla el profeta y expresa el pensamiento de su venida, realizando el plan del Señor, en relación con el cumplimiento de su Reino, lo mismo que las palabras de Dios a Samuel en 1 Sam 16, 1: "Yo he determinado para mí un rey entre sus hijos", un texto al que Miqueas alude probablemente con la finalidad de mostrar la relación típica entre el Mesías y David.

להיות מושל es realmente el sujeto de יצא, pues el infinitivo להיות se utiliza como cláusula de relativo, igual que לכסות en Os 2, 11, en referencia a "destinado para ser gobernante". Pero en vez de decir simplemente יצא מושל ישראל, Miqueas invierte la sentencia con el propósito de poner más de relieve el contraste entre la pequeñez natural de Belén y la dignidad exaltada a la que se elevará, por el hecho de que el Mesías surgirá de allí.

בישראל, no "en", sino "sobre" Israel, de acuerdo con el sentido general de la ב en relación con משל. El artículo se omite delante de מוֹשֵׁל, *mōshēl,* porque el autor quiere poner de relieve ante todo la importancia de la idea de gobernar. La definición más precisa de esa idea viene inmediatamente después en ומוצאתיו וגו.

---

79. La omisión del artículo delante de צעיר, y el uso de להיות en vez de מהיות no justifican la alteración del texto que propone Hitzig, quitando להיות como erróneo y separando la ה de אפרתה y conectándola con צעיר para así poner אפרת הצעיר. La suposición de que צעיר, utilizada en aposición, tiene que tener un artículo es totalmente infundada, lo mismo que la observación posterior según la cual "decir que Belén era muy pequeña entre los *'ălâphīm* de Judá" es incorrecto, y va en contra de 1 Sam 20, 6.29, 1 Samuel 20, 29, pues este pasaje no prueba en modo alguno que Belén formara un *'eleph* por sí mismo.

El significado de esta frase del verso depende de que tengamos una visión correcta no solo de מוצאות, sino también de las referencias temporales que siguen.

מוצאה, femenino de מוצא, puede indicar el lugar, el tiempo, el modo o el hecho de proceder. Ese último significado que Hengstenberg rechaza ha de preferirse sin duda por los paralelos de Os 6, 3; 1 Rey 10, 28; Ez 12, 4 y 2 Sam 3, 25. El primero de esos sentidos, que es el que ofrece מוצא con más frecuencia, y aquel en el que se aplica la fórmula מוצאות, utilizada en 2 Rey 10, 27, que es el único pasaje restante en el que aparece esta forma, no es compatible con el predicado que hallamos aquí (מימי עולם), pues "los días de la eternidad" no pueden tomarse como lugar de procedencia.

Tampoco puede mantenerse ese sentido (de tiempo y lugar de procedencia) por el hecho de que ממך, en el sentido de proceder, no puede aplicarse aquí a Belén en cuanto ciudad o localidad. El texto en su conjunto pone de relieve la insignificancia de Belén como un lugar de surgimiento de aquel cuyo comienzo (como verdadero surgimiento) son los días de la eternidad. En esa línea tomamos מוצאות en el sentido de surgir, es decir, de procedencia originaria.

Tanto קדם como ימי עולם se utilizan para indicar una grandísima antigüedad, así por ejemplo en 7, 14 y 7, 20, donde se alude a la era patriarcal. Las dos palabras juntas se utilizan también en Is 51, 9, donde se combinan por causa del énfasis. Pero ambas palabras aparecen también en Prov 8, 22-23 para indicar la antigüedad, antes de la creación del mundo, porque el hombre que vive en el tiempo y está vinculado al tiempo como su forma de pensamiento solo puede evocar la eternidad para sí mismo como un tiempo sin fin. Cuál de los dos sentidos es el que aparece aquí depende del sentido más preciso que se dé al verso entero.

En esa línea, provenir de Belén implica la idea de descendencia. Por eso, de un modo consecuente, no debemos restringir מוצאתיו (su venida de) a la aparición del gobernante anunciado del futuro en los tiempos antiguos, ni a las revelaciones del Mesías como el Ángel de Yahvé en la edad patriarcal, sino que debemos interpretar esa expresión como referida al origen del Mesías. En esa línea, el origen del Ángel del Señor, que se identifica con Dios, no ha de verse en el tiempo en que él se apareció primero a los patriarcas, pues ese tiempo es anterior a la creación del mundo, es decir, en la eternidad. Por eso, de un modo consecuente, en relación con lo anterior, no debemos restringir el significado de מקדם מימי עולם (de antiguo, de los días de la eternidad) a unos tiempos antiguos, excluyendo la idea de eternidad en un sentido estricto.

De todas formas, a pesar de lo anterior, Miqueas no anuncia aquí la procesión eterna del Hijo que viene del Padre, o la del *Logos* de Dios, *la generatio filii aeterna* (la generación eterna del Hijo), como suponían los antiguos comentaristas ortodoxos. Eso lo impide ya el plural de מוצאתיו, que no se puede tomar como *plur. majestatis*, o de majestad, en sentido abstracto, ni como una expresión indefinida, sino que evoca un surgimiento. Todo eso nos fuerza a aplicar las palabras tanto al origen del Mesías, antes de todos los tiempos, como a su aparición en tiempos antiguos, de manera que no expresa solo el pensamiento de que el Gobernante, que brotará de hecho en Belén, "ha estado implicado en su venida desde un tiempo inconcebiblemente remoto y largo" (Hofmann, *Schriftbeweis,* ii. 1, p. 9)[80].

El anuncio del origen de este Gobernante como algo de antes de todos los mundos (de todos los tiempos) está presuponiendo de un modo indudable su naturaleza divina. En este contexto debemos señalar que ese pensamiento (el de la naturaleza divina del Mesías) no era extraño a la mente profética en los tiempos de Miqueas, sino que ha sido expresado sin ambigüedad alguna por Isaías, cuando él concede al Mesías el nombre de Dios Poderoso (Is 9, 5; cf. *Comentario* de Delitzsch).

De todas formas, no debemos buscar en este pasaje la afirmación plena de la naturaleza divina del Mesías, tal como fue revelada por primera vez en el Nuevo Testamento a través de la encarnación de Dios en Cristo, tal como ha sido desarrollada, por ejemplo en el prólogo del evangelio de Juan. Ni podemos interpretar los orígenes de este Gobernante mesiánico en la perspectiva de las relaciones inmanentes de la Trinidad, en sí misma, porque esa palabra sobre los orígenes remite al יצא del primer hemistiquio.

En sí misma, esa expresión indica, de un modo primario y directo nada más que el hecho de que ese Gobernante procederá de Belén, dejando sin precisar más su descendencia divina (que aparece presupuesta). מוצאתיו solo pone de relieve el hecho de que este Gobernante brotará de Dios con la creación del mundo, con las revelaciones de los tiempos antiguos, primordiales.

El Gobernante futuro de Israel, cuyos orígenes se remontan a la eternidad, ha de surgir de la insignificante Belén, igual que su antepasado, el rey David. El hecho de que David descendiera de Belén forma no solo el sustrato del anuncio profético de que el Mesías descendería de esta pequeña ciudad, sino también el fundamento de la determinación divina, según la cual Cristo iba a nacer en Belén,

---

80. Debemos rechazar, como carentes de toda base, los intentos que han hecho por un lado los rabinos, por motivos polémicos, y por otro los comentaristas de tipo racionalista, opuestos a todo milagro, para privar a estas palabras de su sentido más profundo, rechazando así toda predicción sobrenatural. Algunos afirman que "su venida" significa solo la manifestación de su nombre (así aparece incluso en el texto caldeo), o que el "origen eterno" solo significa "una predestinación eterna" (Calvino); otros afirman que el proceder de Belén implica solo el nacimiento de la familia de David, que pertenecía a Belén (Kimchi, Abarbanel, y todos los rabinos posteriores y los racionalistas más modernos).

Conforme a esta visión, la referencia a los tiempos antiguos y a los días de la eternidad solo se referiría a los tiempos antiguos de su familia. Pero incluso suponiendo que fueran admisibles los equívocos de esa explicación, esas palabras solo ofrecerían un pensamiento banal, pues la familia de David no era más antigua que las otras familias de Israel y de Judá, cuyo origen se remontaba también a los tiempos patriarcales, dado que toda la nación estaba formada por descendientes de los doce hijos de Jacob, y a través de ellos de Abrahán. (Para una refutación más elaborada de esas visiones, cf. Hengstenberg, *Christologie* I y Caspari, *Micha,* p. 216 ss.).

Degradación de Sión y su más alta exaltación

la ciudad de David. Por eso, a partir de su propio nacimiento, el Mesías se dará a conocer a su pueblo como el gran descendiente prometido de David, que tomará posesión del trono de su padre David para siempre.

Vemos por Mt 2, 5-6 y Jn 7, 42 que la procedencia de Belén implica nacimiento en Belén, por lo que la antigua sinagoga judía ha tomado unánimemente este pasaje como una profecía del nacimiento del Mesías en Belén. El valor de esta visión lo muestra también el relato de Mt 2, 1-11, porque los magos vinieron de oriente para adorar al rey recién nacido, de acuerdo con todo su evangelio, porque el evangelio vio en este hecho un cumplimiento de las profecías del A. T.[81]

5, 3-4 (=5, 2-3)

² לָכֵן יִתְּנֵם עַד־עֵת יוֹלֵדָה יָלָדָה וְיֶתֶר אֶחָיו יְשׁוּבוּן עַל־בְּנֵי יִשְׂרָאֵל׃
³ וְעָמַד וְרָעָה בְּעֹז יְהוָה בִּגְאוֹן שֵׁם יְהוָה אֱלֹהָיו
וְיָשָׁבוּ כִּי־עַתָּה יִגְדַּל עַד־אַפְסֵי־אָרֶץ׃

³ Pero los dejará hasta el tiempo que dé a luz la que ha de dar a luz, y el resto de sus hermanos volverá junto a los hijos de Israel. ⁴ Y él se levantará y los apacentará con el poder de Yahvé, con la grandeza del nombre de Yahvé, su Dios; y morarán seguros, porque ahora será engrandecido hasta los confines de la tierra.

5, 3. Pero, por tanto (לָכֵן, *lâkhēn*), es decir, porque el gobernante divino de Israel, que es el único del que puede proceder la redención, surgirá de la pequeña Belén, y

---

81. Mt 2, 6 ha citado de memoria la sustancia de este verso: Καὶ σὺ Βηθλεέμ, γῆ Ἰούδα, οὐδαμῶς ἐλαχίστη εἶ ἐν τοῖς ἡγεμόσιν Ἰούδα· ἐκ σοῦ γὰρ ἐξελεύσεται ἡγούμενος, ὅστις ποιμανεῖ τὸν λαόν μου, τὸν Ἰσραήλ. La desviación respecto al texto original puede deberse al intento de ofrecer el sentido de un modo más claro, destacando de manera más precisa la alusión a las palabras de David. El hecho de poner γῆ Ἰούδα, en lugar del *Ephrata* original, deriva de 1 Sam 17, 12, donde se quiere distinguir al Belén de Judá respecto al Belén de Benjamín, en el relato de la unción de David como rey, como es frecuente en el A. T., añadiendo la referencia a la tribu. La explicación γῆ Ἰούδα, tierra de Judá, se añade de un modo sencillo, en aposición al nombre de Belén, en lugar de la definición más precisa de "en la tierra de Judá".

La alteración de la expresión "muy pequeña entre los miles de Judá" en οὐδαμῶς ἐλαχίστη, κ.τ.λ., no va en contra de lo anterior, sino que altera simplemente el pensamiento con una alusión a la gloria que Belén recibirá por el hecho de ser el lugar de procedencia del Mesías. Miqueas, mirando a su condición externa, le llama "pequeña", mientras Mateo, teniendo en cuenta el nacimiento de Cristo, por el que la ciudad será muy honrada e ilustre, dice que es muy pequeña (C. B. Michaelis).

La interpretación de באלפי (entre los miles) por ἐν τοῖς ἡγεμόσιν (entre los príncipes) ha sido sugerida de un modo muy natural por la personificación de Belén, y aún más por la referencia al ἡγούμενος que vendrá inmediatamente. Pero eso no altera la idea, pues las familias (*'âlâphīm*) tenían sus cabezas o jefes que las representaban. La última frase, ὅστις ποιμανεῖ, κ.τ.λ., es simplemente una paráfrasis de בישראל, tomada probablemente del verso 2, y apoyándose en 2 Sam 5, 2, evocando así la relación existente entre el David, que nació en Belén, y el segundo David, el Mesías, que nació también allí. Mateo omite el segundo hemistiquio del verso, porque le parece innecesario para el sentido inmediato de su cita.

según eso de la abajada familia de David (Caspari). Esta es la explicación correcta, porque la razón por la que Israel ha sido entregado bajo el poder de las naciones del mundo, y no ha sido rescatado antes, no depende de la aparición del mesías en cuanto tal, sino de que provenga de la pequeña Belén.

El hecho de que el nacimiento del Mesías sea en Belén y no en Jerusalén, la ciudad de David, presupone que la familia de David, de la que él ha de brotar, ha perdido el trono, y ha caído en pobreza. Esto solo ha podido suceder porque Israel ha sido entregado en manos de sus enemigos.

Miqueas ha mostrado ya claramente en lo anterior, que este destino recaería sobre la nación y sobre la casa de David, por haber apostatado del Señor, de forma que él puede pasarlo aquí por alto, insistiendo solo en el otro lado del tema, es decir, en el hecho de que el futuro Liberador y Gobernante de Israel se parecería a su antiguo antepasado real, de manera que no surgiría de Sión, la ciudad real, edificado en lo alto, sino de una población insignificante del país, llamada Belén, de manera que por esa misma razón Israel tendría que permanecer durante mucho tiempo bajo el poder de las naciones del mundo.

El sufijo de יִתְּנֵם remite a ישראל en Miq 5, 1; y נתן se aplica, aquí como en 1 Rey 14, 16 al sometimiento de Israel bajo el poder de sus enemigos, como castigo por sus pecados. Ese sometimiento, no el último de una serie de muchas opresiones que han de darse antes del nacimiento del Mesías (incluida la opresión romana), es una calamidad que durará desde el tiempo presente, con la llegada del juicio amenazado en Miq 3, hasta el tiempo de la venida del Mesías. Por su parte, יתנם remite no solo a 5, 1, sino también a 4, 9-10.

La mujer que dará a luz (*yōlēdâh*) no es la comunidad de Israel (Teodoreto, Calvino, Vitringa y otros), sino la madre del Mesías (Cirilo, y la mayoría de los expositores cristianos, entre ellos Ewald). La idea de que aquí se está aludiendo a la comunidad personificada en una mujer que da a luz está excluida, no solo por el hecho de que en la misma sentencia habla de los hijos de Israel en plural, sino y sobre todo por la circunstancia de que en ese caso el dar a luz sería solo una representación figurativa de la alegría que sigue a la pena, con lo cual se excluiría totalmente la alusión obvia al Mesías, como lo requiere el contexto y especialmente el sufijo de אחיו, que se refiere al Mesías, y de un modo especial a su nacimiento, evocado por יולדה ילדה.

Por otra parte, Miqueas tenía muchas razones para hablar del nacimiento del Mesías, y en especial porque Isaías lo había predicho ya (Is 7, 14). יולדה no tiene artículo, de forma que la mujer en dolores de parto queda indefinida, porque el pensamiento "hasta que el nazca" o "hasta que la madre dé a luz" no necesita ser definido de un modo más preciso. La segunda cláusula de verso comienza poniendo de relieve la bendición que el nacimiento del Mesías suscitará para Israel.

La primera bendición será el retorno de aquellos israelitas que permanecen fieles al Señor, su Dios. אחיו son los hermanos del gobernante nacido en Belén, los judíos que pertenecen a la misma tribu que el Mesías, en la línea de 2 Sam 19, 12 donde David llama a los judíos sus hermanos, su carne y sus huesos, en contraste con el resto de los israelitas. יֶ֫תֶר אֶחָיו, el resto de sus hermanos, son aquellos que han sido rescatados del juicio que ha caído sobre Judá. יֶ֫תֶר, como en Sof 2, 9 y Zac 14, 2 indica *el resto*, que se distingue de aquellos que han perecido (como שְׁאֵרִית: Miq 2, 12; 4, 7, etc.). יְשׁוּבוּן, volver, pero no del exilio a Canaán, sino a Yahvé, siendo fieles a él. עַל־בְּנֵי יִשְׂרָאֵל, no "a", sino "con" los hijos de Israel.

Ciertamente, שׁוּב, construido con עַל, suele entenderse en el sentido de un retorno externo (cf. Pro 26, 11) y también en el sentido de un retorno espiritual al Señor (2 Cron 30, 9); pero la primera explicación no tiene aquí un sentido aceptable, no solo porque no es fácil distinguir a los hijos de Israel de los hermanos del Mesías, sino también porque en toda la Biblia no se dice nunca que los judíos tienen que volverse (convertirse a las diez tribus del reino del Norte); esa es una idea que va en contra del pensamiento básico de las Escrituras proféticas del Antiguo Testamento. Tras la división del reino unido, Judá formó el corazón de la nación del pacto, a la que un día deberían unirse las diez tribus rebeldes.

Por eso, debemos afirmar que עַל significa aquí "junto con, al mismo tiempo que" (cf. Hofmann, Caspari), como en Jer 3, 18 con el verbo יֵלְכוּ, y en Ex 35, 22 con בוֹא. En esa línea, en este pasaje, los "hijos de Israel" son los israelitas de la diez tribus, y más en concreto el "resto", los que hayan quedado de las diez tribus. Carece de fundamento la objeción de Hengstenberg, según la cual, es absurdo que las diez tribus aparezcan como las principales personas redimidas, porque esto no está implicado en las palabras del texto. Ese significado de עַל: "en unión con" (al mismo tiempo que) no deriva de su significa primario "además de", en adición a, *insuper*, como supone Ewald (217, i), ni de la idea de acompañamiento, como afirman Gesenius y Dietrich. Las personas que se introducen con עַל no son nunca los objetos principales, como prueban suficientemente los dos pasajes que citamos, pues עַל tiene aquí el sentido de *con*.

Las mujeres de Ex 35, 22 (עַל הַנָּשִׁים) no son las personas principales, que toman precedencia sobre los hombres; ni la casa de Israel viene a colocarse por encima de la casa de Judá en Jer 3, 18. El uso de עַל en el sentido de "con" se ha desarrollado más bien de la idea de proteger, guardar. Ese es el sentido que tiene en Gen 32, 12, donde se habla de matar a la madre con los hijos, siendo las madres aquellas que protegen a los hijos, como muestran claramente Os 10, 14 y otros pasajes.

De un modo consecuente, la persona que protege a la otra es la más importante y no a la inversa. Y así también aquí: los hermanos del Mesías, como los hijos de Judá en Jer 3, 18 (pasaje que en general es muy semejante al que estamos estudiando), son aquellos que reciben primero la bendición que viene del Mesías, de forma que los hijos de Israel se asocian a ellos, pues la bendición de Dios les llega a través de esos hermanos, por su vinculación con ellos.

5, 4. Aquí sigue lo que el Mesías hará por Israel cuando haya vuelto a Dios. Él les alimentará (עמד pertenece simplemente al sentido pictórico de la descripción, como en Is 61, 5), con la fuerza de Yahvé. La alimentación es una figura frecuente de gobierno, como aparece claro en el caso de David, cuando el Señor le ha llamado para ser el pastor de su pueblo (2 Sam 5, 2). Esto puede hacerlo con la fuerza de Yahvé, con la que se encuentra investido, para defender con ella a su rebaño en contra de lobos y ladrones (cf. Jer 10, 11-12)[82].

Esta fuerza no es meramente la autoridad divina con la que los gobernantes de la tierra está normalmente dotados (1 Sam 2, 19), sino גאון, es decir, la exaltación o majestad del nombre de Yahvé, aquella majestad por la que Yahvé muestra en la tierra su divinidad. El Mesías es *El Gibbōr* (Dios poderoso, Is 9, 5), y está equipado con el Espíritu del Poder (*rūăch gebhūrâh*, Is 11, 2).

De su Dios (אֱלֹהָיו), porque Yahvé es el Dios de su pastor o gobernante, de forma que Dios se manifiesta para él con más fuerza que para ningún otro. De esa forma, siendo así alimentados por el Mesías, de parte de Dios, ellos (los hijos de Israel) se sientan (*yâshâbhū*), sin ser molestados (cf. Miq 4, 4; Lev 26, 5-6; 2 Sam 7, 10), de forma que vivirán en paz, sin estorbo alguno, bajo su cuidado pastoral.

Eso será posible porque él, (el Mesías), ahora (עתה, refiriéndose al tiempo en que él alimentará a Israel, en contra de lo sucedido en momentos anteriores de opresión) será grande (*auctoritate et potentia valebit*, se hará valer por su autoridad y potencia: Maurer), hasta el fin de la tierra, de forma que su autoridad se extenderá sobre todo el orbe. Cf. la expresión de Lc 1, 32, οὗτος ἔσται μέγας, "este será grande...", una expresión que ha surgido a partir de nuestro pasaje y que es paralela a la de Mal 1, 14.

5, 5-6 (= 5, 4-5). La paz perfecta bajo el Mesías

⁴ וְהָיָה זֶה שָׁלוֹם אַשּׁוּר ׀ כִּי־יָבוֹא בְאַרְצֵנוּ וְכִי יִדְרֹךְ
בְּאַרְמְנֹתֵינוּ וַהֲקֵמֹנוּ עָלָיו שִׁבְעָה רֹעִים וּשְׁמֹנָה נְסִיכֵי אָדָם׃
⁵ וְרָעוּ אֶת־אֶרֶץ אַשּׁוּר בַּחֶרֶב וְאֶת־אֶרֶץ נִמְרֹד בִּפְתָחֶיהָ
וְהִצִּיל מֵאַשּׁוּר כִּי־יָבוֹא בְאַרְצֵנוּ וְכִי יִדְרֹךְ בִּגְבוּלֵנוּ׃ ס

⁵ Él será nuestra paz. Cuando el asirio venga a nuestra tierra y entre en nuestros palacios, entonces enviaremos contra él siete pastores y ocho hombres ungidos,

---

82. La palabra "alimentar" expresa lo que Cristo hace con su pueblo, el rebaño que ha sido encomendado a su cuidado. Él no gobierna sobre la Iglesia como un tirano formidable, que oprime a su pueblo con miedo, sino que es un pastor y dirige a su rebaño con toda la amabilidad que se puede desear. E incluso cuando estamos rodeados de todo tipo de enemigos, el profeta añade: "Él lo alimentará con su fuerza"..., con el gran poder de Dios, así protegerá Cristo a su Iglesia, allí donde sea necesario defenderla y guardarla de sus enemigos (Calvino).

⁶ que devastarán a espada la tierra de Asiria, a filo de espada, la tierra de Nimrod. Él nos librará del asirio cuando venga contra nuestra tierra y pise nuestras fronteras.

Bajo el gobierno del Mesías, Israel alcanzará la paz perfecta. זה (este, este hombre), es decir, aquel que alimenta a su pueblo con la majestad de Dios; él será la paz, no solamente el *pacis auctor* (autor de la paz), sino aquel que lleva la paz consigo mismo (זֶה שָׁלוֹם) y así puede darla a su pueblo. Cf. Ef. 2, 14: "Él les nuestra paz…", que retoma la idea de nuestro pasaje.

En este contexto, el Mesías aparece en Is 9, 5 como Príncipe de la Paz, como aquel que asegura para Israel la paz en un sentido más alto y perfecto que el de Salomón. Pero ¿de qué manera puede hacerlo? Esto se expresa de un modo más intenso en lo que sigue: (1) Defendiendo a Israel de los ataques del poder imperial (Is 9, 5-6). (b) Elevándose a sí mismo, con un poder que puede superar a las naciones (Is 9, 7-9). (3) Exterminando todos los materiales de guerra (Is 9, 10-15). Asur es el tipo de las naciones del mundo que atacan al pueblo del Señor, porque, en el tiempo del profeta, Asur era el poder imperial que dañaba a Israel. En contra de ese enemigo, Israel constituirá siete u ocho príncipes quienes, bajo el mando supremo del Mesías (es decir, como subordinados suyos) expulsarán de nuevo a ese enemigo y harán que vuelva derrotado a su tierra (sobre la combinación de números, 7 u 8, cf. *Comentario* a Am 1, 3). Siete es el número de las obras que proceden de Dios, de manera que puede decirse que siete pastores (es decir, siete príncipes) serán suficientes. Pero después ese número queda sobrepasado por el ocho, como para indicar que podrían hacer falta más que los indicados.

נסיכי אדם, no simplemente investidos por hombres, sino hombres ungidos, investidos de autoridad (de *nâsakh,* que es ungir, formar, nombrar). Así aparecen en Js 13, 21 como vasallos, aquí como pastores inferiores, instituidos y dirigidos (ungidos) por el Mesías, que es el pastor supremo. El significado de נְסִיכֵי, ungidos, que deriva de *sūkh,* no responde a Js 13, 21, ni a Pro 8, 23 (cf. Delitzsch, *Comentario* a Sal 2, 6).

Sobre la expresión figurativa "alimentar con la espada" en el sentido de gobernar, cf. Sal 2, 9 y Ap 2, 27. רעו de רעה, no de רעע. La tierra de Asur lleva también el nombre de "tierra de Nimrod" por el fundador del primer imperio (Gen 10, 9), para indicar el rasgo más saliente del poder imperial, por su hostilidad contra el reino de Dios. "No a sus puertas" tiene el mismo sentido que en sus bordes, donde los asirios se preparan para su defensa (Hitzig, Caspari, etc.).

Los bordes de una tierra no se llaman nunca puertas, ni una ciudad podría ser devastada o gobernada desde los bordes. Este es el sentido de 5, 6, que aparece redondeado por וְהִצִּיל מֵאַשּׁוּר כִּי־יָבוֹא בְאַרְצֵנוּ, él, el Mesías, nos librará de Asur, no solo por el hecho de expulsarlo más allá de sus fronteras, teniéndolo allí vigilado, sino por el hecho de que ser alimentado (pero también herido, matado) en su propio territorio con la espada.

Miqueas 5, 7-9 (=5, 6-8).

Este conflicto con el poder imperial no debe entenderse solo en forma de victoria espiritual del reino de Dios en contra de los reinos de este mundo, como supone Hengstenberg, apelando a Miq 5, 10, donde se dice que el Señor quedará sin defensa, antes de volverse totalmente victorioso en Cristo (Hengstenberg). En esa línea, la destrucción de los instrumentos de guerra, anunciada en Miq 5, 10, no se refiere al período de exaltación del pueblo de Dios, para convertirse en poder conquistador del mundo, sino al tiempo final, a la consumación completa, cuando los poderes hostiles hayan sido ya totalmente derrotados.

Antes de que el pueblo de Dios alcance su meta, los miembros de ese pueblo no deben empeñarse solo en conflictos espirituales, sino que tendrán que luchar por su existencia y para ser reconocidos incluso con la fuerza de las armas. La predicción de este conflicto y de esta victoria no va en contra del anuncio de Miq 4, 2-3, donde se habla del tiempo mesiánico, cuando todas las naciones irán en peregrinación a Sión, a fin de ser recibidas en el reino de Dios.

Estos dos elementos se implican mutuamente. (a) Por un lado, habrá muchas naciones que buscarán al Señor y querrán recibir el evangelio. (b) Pero habrá también una gran multitud de naciones que mantendrán su enemistad contra el Señor y contra su reino y su pueblo, utilizando todo su poder para luchar contra el pueblo de Dios y aniquilarlo. Cuando más se extiende el evangelio entre las naciones, mayor será la incredulidad y la falta de fe de otras naciones, de forma que se encenderá un gran conflicto, que crecerá hasta que el Señor venga en el último juicio, para destruir a todos sus enemigos.

5, 7-9 (=5, 6-8). Pero el Mesías probará que él mismo es la paz

⁶ וְהָיָה ׀ שְׁאֵרִית יַעֲקֹב בְּקֶרֶב עַמִּים רַבִּים כְּטַל מֵאֵת יְהוָה כִּרְבִיבִים עֲלֵי־עֵשֶׂב אֲשֶׁר לֹא־יְקַוֶּה לְאִישׁ וְלֹא יְיַחֵל לִבְנֵי אָדָם׃
⁷ וְהָיָה שְׁאֵרִית יַעֲקֹב בַּגּוֹיִם בְּקֶרֶב עַמִּים רַבִּים כְּאַרְיֵה בְּבַהֲמוֹת יַעַר כִּכְפִיר בְּעֶדְרֵי־צֹאן אֲשֶׁר אִם עָבַר וְרָמַס וְטָרַף וְאֵין מַצִּיל׃
⁸ תָּרֹם יָדְךָ עַל־צָרֶיךָ וְכָל־אֹיְבֶיךָ יִכָּרֵתוּ׃ פ

⁷ El resto de Jacob será en medio de muchos pueblos como el rocío de Yahvé, como lluvias que caen sobre la hierba, las cuales no esperan al hombre, ni aguardan para nada a los hijos de los hombres. ⁸ Asimismo el remanente de Jacob será entre las naciones, en medio de muchos pueblos, como el león entre las bestias de la selva, como el cachorro del león entre las manadas de ovejas, el cual pasa, pisotea y arrebata, y no hay presa que de él escape. ⁹ Tu mano se alzará sobre tus enemigos, y todos tus adversarios serán destruidos.

5, 7. Pero el Mesías probará que él mismo es paz para su pueblo, no solo por el hecho de que lo protege y salva de los ataques del poder imperial representado por Asur, sino también por el hecho de que dota a su pueblo rescatado con el poder para superar a sus enemigos, tanto de un modo espiritual como corporal.

Aquí se anuncian dos cosas. En primer lugar (5, 7) que Israel se impondrá sobre muchas naciones, como un rocío refrescante de Yahvé, que cae de un modo abundante en gotas sobre la hierba y produce y promueve vida numerosa y nueva entre los israelitas. El roció aparece aquí, y en muchos otros lugares, como una expresión figurativa para indicar algo que es refrescante, que estimula y vivifica (cf. Sal 110, 3; 133, 3; 72, 6; Os 14, 6; Dt 33, 2).

El rocío espiritual que Jacob ofrecerá a las naciones viene de Yahvé, y cae con rica abundancia en la tierra, sin cooperación de los hombres. Sin un rocío espiritual de arriba las naciones son hierba seca (cf. Is 40, 6-8). אֲשֶׁר antes de לֹא יְקַוֶּה no se refiere a עֵשֶׂב, sino a la idea principal de la cláusula anterior, es decir, a טַל, palabra a la que se subordina la frase explicativa de כִּרְבִיבִים וגו.

Como la caída del rocío en gotas de lluvia sobre la hierba no depende de la espera de los hombres, sino que proviene de Yahvé, de igual manera, la bendición espiritual que fluirá desde (sobre) Israel hacia las naciones no se funda en la acción de las naciones, sino que fluirá hacia ellos en contra (y más allá) de toda su expectación. Esto no va en contra del hecho de que las naciones están aguardando la salvación de Yahvé, sino que expresa simplemente el hecho de que las bendiciones de Dios no pueden medirse de acuerdo con esa expectación de las naciones.

5, 8-9. En segundo lugar el Israel rescatado vendrá a mostrarse como un poder. terrible entre las naciones, un poder ante el que ellas se verán obligadas a sucumbir. Resulta claro que estos dos versos no detallan la forma en que Israel "refrescará" (elevará) a las naciones, como supone Hitzig. El rocío refrescante y el león rugiente no pueden entenderse en modo alguno como figuras sinónimas. La semejanza en la introducción de 5, 7 y 5, 8 está evocando el surgimiento de algo nuevo.

Cristo está puesto así para elevación y caída de muchos (cf. Lc 2, 34; Rom 9, 33 e Is 28, 16). El pueblo de Dios se muestra a sí mismo como un león, que acecha, que destruye y que devora a las ovejas de las naciones del mundo que se oponen a su obra benefactora. Y sobre estas dos cosas (rocío, león) triunfa el Cristo. Este deseo (תָּרֹם, *târōm,* es optativo) termina expresando así la actitud que Israel tomará y ejercerá entre las naciones del mundo. Para *târōm yâd* (תָּרֹם יָדְךָ, elevar la mano), cf. Is 26, 11. La mano elevada cumple obras poderosas cuando amenaza y destruye al enemigo.

5, 10-15 (= 5, 9-14)

⁹ וְהָיָה בַיּוֹם־הַהוּא נְאֻם־יְהוָה וְהִכְרַתִּי סוּסֶיךָ מִקִּרְבֶּךָ וְהַאֲבַדְתִּי מַרְכְּבֹתֶיךָ׃

¹⁰ וְהִכְרַתִּי עָרֵי אַרְצֶךָ וְהָרַסְתִּי כָּל־מִבְצָרֶיךָ׃

¹¹ וְהִכְרַתִּי כְשָׁפִים מִיָּדֶךָ וּמְעוֹנְנִים לֹא יִהְיוּ־לָךְ׃

¹² וְהִכְרַתִּי פְסִילֶיךָ וּמַצֵּבוֹתֶיךָ מִקִּרְבֶּךָ וְלֹא־תִשְׁתַּחֲוֶה עוֹד לְמַעֲשֵׂה יָדֶיךָ׃

¹³ וְנָתַשְׁתִּי אֲשֵׁירֶיךָ מִקִּרְבֶּךָ וְהִשְׁמַדְתִּי עָרֶיךָ׃

¹⁴ וְעָשִׂיתִי בְּאַף וּבְחֵמָה נָקָם אֶת־הַגּוֹיִם אֲשֶׁר לֹא שָׁמֵעוּ׃ ס

Miqueas 5, 10-15 (= 5, 9-14)

¹⁰ Acontecerá en aquel día, dice Yahvé, que haré matar los caballos que posees y haré destruir tus carros. ¹¹ Haré también destruir las ciudades de tu tierra y arruinaré todas tus fortalezas. ¹² Asimismo extirparé de tus manos las hechicerías, y no se hallarán en ti adivinos. ¹³ Destruiré de en medio de ti tus esculturas y tus imágenes, y nunca más te inclinarás ante la obra de tus manos. ¹⁴ Arrancaré de en medio de ti tus imágenes de Aserah y destruiré tus ciudades. ¹⁵ Con ira y con furor me vengaré de las naciones que no obedecieron.

5, 10-13. Si Israel conquista de esa forma a las naciones, Yahvé logrará la paz de su pueblo por la destrucción de todos los instrumentos de guerra, y por el exterminio de todo aquello que tenga naturaleza idolátrica, así como por el juicio de su ira sobre todas las naciones que se le resistan.

Estos versos no explican el sentido de Miq 5, 8, ni muestran la forma en que se realizará el exterminio de las naciones hostiles, de manera que no desarrollan de un modo más concreto la forma que Dios erradicará del corazón de los israelitas fieles toda su confianza en los caballos, en los carros de guerra y en las fortificaciones, con toda la hechicería y la idolatría. Este pasaje no dice nada sobre la esperanza en los caballos, etc., sino que habla solo del exterminio de los caballos, y de todo aquello en lo que la nación idolátrica ha querido poner su confianza.

En esa línea, la expresión והיה ביום ההוא, cuando se compara con והיה de 5, 4. 6, muestra que esos versos quieren representar el último y mayor de los efectos producidos por la venida del Príncipe de la Paz en Israel, y van en contra de la visión de Hengstenberg, según la cual el profeta anunciaría aquí la obra destructora del Señor en Israel, que precediendo a la destrucción del enemigo que ha sido ya anunciada en 5, 10.

El profeta pasa aquí más bien de la actitud de Israel entre las naciones a la descripción de la perfección interna del Reino de Dios, que se encuentra ciertamente relacionada con la actitud anterior de ese pueblo, pero que no se completará hasta la supresión victoriosa del enemigo. Solo cuando el pueblo de Dios haya logrado la supremacía sobre todos sus enemigos habrá llegado el tiempo en el que serán destruidos todos los instrumentos de guerra. Cuando el mundo haya sido vencido entonces cesará toda lucha entre los hombres.

El antiguo Israel había puesto ciertamente su confianza en los caballos militares y en los carros de guerra y en las fortificaciones (cf. Is 2, 7); pero el pueblo mesiánico, que es el verdadero pueblo del Señor, solo pondrá su confianza en ese tipo de cosas mientras no se haya dejado transformar todavía por el poder de la paz que brota del Mesías. De esa forma, a medida en que los creyentes asuman como propio el poder espiritual del Príncipe de la Paz irán superando la confianza que tenían en los caballos y en los carros de guerra, de manera que ellos serán destruidos, hasta que al fin acabe toda guerra (cf. Is

9, 4-6). En ese contexto ha de situarse el exterminio de todo lo que tenga relación con la idolatría.

En 5, 12-13 se mencionan dos tipos de idolatría: la hechicería y la adoración de los ídolos construidos por los hombres. Como hacedores de hechicería se mencionan los כְּשָׁפִים, que son literalmente hechiceros de diverso tipo. Por su parte, la expresión מִיָּד se aplica a un tipo de hechicería que se realiza con las manos.

Los מְעוֹנְנִים, *me'ōnenim* (como los *ōnenīm* de Is 2, 6) son los observadores de nubes, es decir, los hacedores de tormentas, de *'ānan*, personas que realizan un tipo de hechicería que no puede describirse de un modo más claro (cf. Delitzsch, *Comentario* sobre Isaías, l.c.). Como objetos de culto idolátrico se mencionan, (según Lev 26, 1) los *pesīlīm* (cf. פְּסִילֶיךָ), ídolos hechos de madera o de metal, y los מצבות, que son imágenes de piedra, o piedras dedicadas a los ídolos (cf. en 1 Rey 14, 23). Para 5, 12, cfr. Is 2, 8.

5, 14-15. El verso 5, 14 retoma los objetos enumerados en 5, 10-12, que han de ser exterminados, con la finalidad de redondear la descripción. Los únicos objetos de la adoración idolátrica aquí mencionados son los *'ăshērim* (cf. אֲשֵׁרֶיךָ), y los únicos objetos de guerra son las ciudades en cuanto medios de defensa. אשירים, escrito con *scriptio plena*, como en Dt 7, 5 y en 2 Rey 17,16, literalmente son troncos de árboles o postes elevados o plantados como ídolos, que eran dedicados a la diosa cananea de ese nombre, diosa de la naturaleza (cf. Ex 34, 13).

ערים, son las ciudades con muros, puertas y cerrojos. Estos dos objetos, que son más bien de tipo subordinado, se mencionan *instar omnium*, en lugar de todos, para expresar la abolición total de la guerra y de la idolatría. Sin embargo, a partir de aquí no podemos inferir que la nación de Dios seguirá construyendo imágenes hechas por manos humanas, para adorarlas, durante el estadio de su desarrollo descrito en 5, 10-14, aunque tenemos que distinguir entre el pensamiento y su realización externa.

La gran idolatría pagana, por la que Israel sufrió adicción durante el Antiguo Testamento, es una figura que está expresando la más refinada idolatría que existirá incluso en la Iglesia de Cristo mientras dure el pecado y la falta de fe. El exterminio de todo tipo de idolatría pagana en el Antiguo Testamento es simplemente una expresión de la purificación de la Iglesia del Señor, que ha de superar todo tipo de naturaleza idolátrica e impía.

Por eso se añade en 5, 15 la promesa de que el Señor tomará venganza y expresará su ira y su furia contra las naciones que no han oído o no han observado las palabras y los actos del Señor, es decir, que no se han dispuesto para la conversión total. En otras palabras, el Señor exterminará todo poder impío por la fuerza de su juicio, de manera que no habrá nada que sea capaz de enturbiar de nuevo la paz de su pueblo y del reino.

MIQUEAS 6, 1–7, 20
EL CAMINO DE LA SALVACIÓN

Tras haber declarado al pueblo de Israel no solo el juicio que estallará sobre Sión a causa de sus pecados, sino también la salvación que espera en el futuro al resto salvado y purificado por el juicio, en el tercero y último de sus discursos, Miqueas va a poner de relieve la salvación, mostrando a los así salvados que ellos pueden suscitar la condena sobre sí mismos, por su ingratitud y su resistencia a los mandamientos de Dios y que solo por un sincero arrepentimiento podrán participar en los dones prometidos de la alianza.

6, 1–16. Exhortación al arrepentimiento y amenaza divina

En el contexto de una disputa judicial entre el Señor y su pueblo, el profeta despliega ante los israelitas su ingratitud por las grandes bendiciones que ellos han recibido de Dios (6, 1-5), y les enseña que el Señor no necesita sacrificios exteriores para aplacar su ira, sino justicia, amor y caminar humildemente con Dios (6, 6-8)

6, 1-2. Introducción. Disputa judicial

שִׁמְעוּ־נָא אֵת אֲשֶׁר־יְהוָה אֹמֵר קוּם ¹
רִיב אֶת־הֶהָרִים וְתִשְׁמַעְנָה הַגְּבָעוֹת קוֹלֶךָ׃
שִׁמְעוּ הָרִים אֶת־רִיב יְהוָה וְהָאֵתָנִים מֹסְדֵי אָרֶץ ²
כִּי רִיב לַיהוָה עִם־עַמּוֹ וְעִם־יִשְׂרָאֵל יִתְוַכָּח׃

¹ Oíd ahora lo que dice Yahvé: ¡Levántate, disputa con los montes y oigan los collados tu voz! ² Oíd, montes y fuertes cimientos de la tierra, el pleito de Yahvé, porque Yahvé tiene un pleito con su pueblo y altercará con Israel.

6, 1. Esta palabra se dirige al pueblo de Israel en sus diversos miembros. Ellos han de escuchar lo que el Señor dice al profeta, es decir, los discursos dirigidos a las montañas y colinas, a fin de que sus oyentes puedan descubrir el sentido de la disputa entre Yahvé y su pueblo.

Las palabras "disputa con los montes" (רִיב אֶת־הֶהָרִים) no han de entenderse aquí en el sentido de que Dios acusa a las montañas, a pesar de que רִיב את־פ significa pleitear con una persona (Jc 8, 1; Is 50, 8; Jer 2, 9), porque, según 6, 2, las montañas tienen que escuchar la disputa de Yahvé con Israel, de manera que son meramente testigos de la contienda entre Dios e Israel. Consecuentemente, את solo puede expresar aquí la idea de solidaridad, y ריב את debe distinguirse de ריב עם en Miq 6, 2 y Os 4, 1, etc.

Montañas y colinas han de escuchar la disputa (como en Dt 32, 1 y Is 1, 2), actuando así en forma de "testigos que han visto lo que el Señor ha hecho por Israel a lo largo de los siglos, y la forma en que Israel le ha respondido por ello" (Caspari), para así dar testimonio en favor del Señor y en contra de Israel.

En esa línea, las montañas se llaman האתנים, las que se mantienen de un modo constante, las inmutables, que han sido espectadoras desde un tiempo inmemorial, las que son מוסדי ארץ, fundamentos de la tierra, realidades que no cambian, a causa de su fuerza y firmeza. Por eso se les llama con frecuencia "las montañas eternas" (cf. Gen 49, 26; Dt 33, 15; Sal 90, 2; Hab 3, 6). A Israel se la llama 'ammî (pueblo de Yahvé) con énfasis intencionado, no solo para indicar el derecho de Yahvé para disputar con el pueblo, sino para despertar su conciencia, poniendo de relieve su llamada. יִתְוָכַח tiene el mismo sentido de *hivvâkhach*, en *nifal* (cf. Is 1, 18).

6, 3-5

³ עַמִּי מֶה־עָשִׂיתִי לְךָ וּמָה הֶלְאֵתִיךָ עֲנֵה בִי׃
⁴ כִּי הֶעֱלִתִיךָ מֵאֶרֶץ מִצְרַיִם וּמִבֵּית עֲבָדִים פְּדִיתִיךָ וָאֶשְׁלַח לְפָנֶיךָ אֶת־מֹשֶׁה אַהֲרֹן וּמִרְיָם׃
⁵ עַמִּי זְכָר־נָא מַה־יָּעַץ בָּלָק מֶלֶךְ מוֹאָב וּמֶה־עָנָה אֹתוֹ בִּלְעָם בֶּן־בְּעוֹר מִן־הַשִּׁטִּים עַד־הַגִּלְגָּל לְמַעַן דַּעַת צִדְקוֹת יְהוָה׃

³ Pueblo mío, ¿qué te he hecho o en qué te he molestado? Di algo en mi contra.
⁴ Te hice subir de la tierra de Egipto, te redimí de la casa de servidumbre y envié delante de ti a Moisés, a Aarón y a María. ⁵ Pueblo mío, acuérdate ahora qué aconsejó Balac, rey de Moab, y qué le respondió Balaam hijo de Beor, desde Sitim hasta Gilgal, para que conozcas las justicias de Yahvé.

6, 3. La disputa comienza en 6, 3-5. El Señor abre el enfrentamiento con la pregunta: ¿Qué es lo que he hecho a la nación, para que ella se encuentre cansada de mí? La pregunta está fundada en el hecho de que Israel se ha alejado de Dios, ha roto la alianza. No es que esto se diga expresamente, pero es lo que está implicado en הלאתיך: ¿Qué es lo que yo he hecho para que tú te hayas alejado de mí?

לאה, en *hifil*, es hacer que una persona se canse, que ella pierda la paciencia, o por exigencias de gran dificultad (Is 43, 23), o por dejar de cumplir las propias promesas (Jer 2, 31). ענה בי, responde contra mí, es decir, acúsame. Dios no ha hecho al pueblo ningún daño, sino que le ha ofrecido muchos beneficios, entre los que se mencionan en 6, 4 la salida de Egipto y la guía a través del desierto de Arabia, como las mayores manifestaciones de la gracia divina, a las que Israel debe su exaltación y su existencia como nación libre e independiente (cf. Am 2, 10 y Jer 2, 6). El *kî* (porque) puede explicarse a partir de la respuesta no formulada a las cuestiones de 6, 3: No he hecho nada que pueda haber suscitado ese rechazo en contra de mí; no he hecho otra cosa que concederte beneficios.

En esa línea, la salida de Egipto aparece como beneficio y se describe como liberación de la casa de la esclavitud, conforme a Ex 20, 2. Además de eso, el Señor ha concedido a su pueblo profetas, hombres a quienes ha confiado sus consejos y a quienes ha iluminado con su espíritu, como líderes para entrar en la tierra prometida.

Entre ellos cita a Moisés, con el que Dios hablaba boca a boca, como un amigo con su amigo (Num 12, 8); y cita también a Aarón, que fue no solo un buen sacerdote, para ofrecer el buen consejo y la voluntad del Señor, a favor de la congregación, por medio de la luz y el derecho, sino que fue también aquel que, con Moisés, representaba a la nación ante el Señor (Num 12, 6; 14, 5; 16, 20; 20, 7.9, etc.). Miriam, la hermana de los dos, se menciona también junto a ellos, pues ella fue también profetisa (Ex 15, 20).

6, 5. Dios les recuerda también el otro gran despliegue de gracia, que se mostró en la frustración del plan que había tramado el rey moabita Balac, para destruir a Israel por medio de las maldiciones de Balaam (Num 22-24). יעץ se refiere a los planes que Balac concertó con los ancianos de Madián (Num 22, 3 ss.); y ענה, a la respuesta de Balaam, el adivino, que fue obligado por impulso divino a actuar en contra de su voluntad, de forma que, como Moisés dice en Dt 23, 5-6, el Señor hizo que la maldición se volviera bendición.

Las palabras "desde Sittim (último lugar de acampada de Israel, al otro lado del Jordán, en las estepas de Moab, cf. Num 22, 1; 25, 1) hasta Gilgal" (el primer lugar de acampada de los israelitas en la tierra de Canaán; cf. Js 4, 19-20 y 5, 9) no dependen de זכר־נא, añadiendo un rasgo nuevo a lo que ha sido ya mencionado, en el sentido de "piensa en todo lo que sucedió desde Sittim a Gigal", pues en ese caso habría que repetir mentalmente la expresión זכר־נא. Estas nuevas palabras (desde Sittim…) se encuentran más bien vinculadas a la frase ומה ענה וגו e indican el resultado o confirmación de la respuesta de Balaam, a favor de los israelitas.

En la etapa de camino desde Sittim a Gilgal se incluye no solo el consejo de Balac y la respuesta de Balaam, por la que se invierte el plan de destrucción de Israel, sino también la derrota de los madianitas, que intentaron destruir a Israel, haciéndole que cayera en la idolatría, el cruce milagroso del río Jordán, la entrada en la tierra prometida y la circuncisión en Gilgal, por la que la generación que había crecido en el desierto fue recibida en la alianza con Yahvé, y toda la nación fue reinsertada en su relación normal con su Dios. Por medio de esos actos el

El camino de la salvación

Señor había hecho que el consejo de Balac se mostrara como consejo vergonzoso y se confirmaba la respuesta de Balaam como inspirada por Dios[83].

Por medio de estos actos divinos Israel tenía que haber discernido las יְהוָה צִדְקוֹת, *tsidqōth Yehōvâh,* no la "misericordia" de Yahvé, porque *tsedâqâh* no significa aquí misericordia, sino las "justicias", es decir, los hechos justos de Yahvé, como en Jc 5, 11 y en 1 Sam 12, 7. Este término se aplica aquí a aquellos despliegues milagrosos de la omnipotencia divina en y para Israel, por el cumplimiento de su plan de salvación, entendido como expresión de la fidelidad divina a la alianza, que es el testimonio de la justicia de Yahvé.

6, 6-8

⁶ בַּמָּה֙ אֲקַדֵּ֣ם יְהוָ֔ה אִכַּ֖ף לֵאלֹהֵ֣י מָר֑וֹם הַאֲקַדְּמֶ֣נּוּ בְעוֹל֔וֹת בַּעֲגָלִ֖ים בְּנֵ֥י שָׁנָֽה׃
⁷ הֲיִרְצֶ֤ה יְהוָה֙ בְּאַלְפֵ֣י אֵילִ֔ים בְּרִֽבְב֖וֹת נַֽחֲלֵי־שָׁ֑מֶן הַאֶתֵּ֤ן בְּכוֹרִי֙ פִּשְׁעִ֔י פְּרִ֥י בִטְנִ֖י חַטַּ֥את נַפְשִֽׁי׃
⁸ הִגִּ֥יד לְךָ֛ אָדָ֖ם מַה־טּ֑וֹב וּמָֽה־יְהוָ֞ה דּוֹרֵ֣שׁ מִמְּךָ֗ כִּ֣י אִם־עֲשׂ֤וֹת מִשְׁפָּט֙ וְאַ֣הֲבַת חֶ֔סֶד וְהַצְנֵ֥עַ לֶ֖כֶת עִם־אֱלֹהֶֽיךָ׃ פ

⁶ ¿Con qué me presentaré ante Yahvé y adoraré al Dios Altísimo? ¿Me presentaré ante él con holocaustos, con becerros de un año? ⁷ ¿Se agradará Yahvé de millares de carneros o de diez mil arroyos de aceite? ¿Daré mi primogénito por mi rebelión, el fruto de mis entrañas por el pecado de mi alma? ⁸ Hombre, él te ha declarado lo que es bueno, lo que pide Yahvé de ti: solamente hacer justicia, amar misericordia y humillarte ante tu Dios.

6, 6-7. Israel no puede negar esos actos gratuitos de su Dios, expuestos en los versos anteriores. El recuerdo de ellos hace que los israelitas deban tomar en serio la ingratitud con la que han respondido a Dios, rebelándose en contra de él. Desde ese fondo evoca el profeta las obras de Dios, y la forma en que el pueblo debería aplacar su ira. Así como el profeta ha hablado en 6, 3-5 en nombre de Yahvé, él insiste ahora (6, 6-7) en que la congregación responda, no dirigiéndose directamente al mismo Dios, sino preguntando al profeta, como intérprete de la voluntad divina, qué es lo que tiene que hacer para reparar el vínculo de solidaridad que ha roto en piezas por su pecado.

קדם (cf. אֲקַדֵּם) no significa aquí anticiparse, o ponerse delante, sino venir al encuentro de, como en Dt 23, 5. Venir al encuentro significa postrarse humildemente (*kâphaph*, cf. אִכַּף) delante de su divina majestad. El Dios del Alto es el

---

83. Con esta visión del tema, que había sido ya sugerida por Hengstenberg, pierden todo su fundamento las objeciones, elevadas por Ewald, Hitzig y otros, en contra de la autenticidad de las palabras "de Sittim a Gilgal", como ha mostrado Caspari.

que habita en el lugar alto (cf. venir a לֵאלֹהֵי מָרוֹם, Is. 33, 5; 57, 15), el que está entronizado en el cielo (Sal 115, 3).

Los hombres solo pueden venir al encuentro de Dios con sacrificios, que son los medios dispuestos por el mismo Dios para mantener su comunión con él. Esto es lo que el pueblo se compromete a llevar, y en concreto sacrificios cruentos, quemados (עוֹלוֹת). Aquí no hay alusión a sacrificios por el pecado, por los que se puede restaurarse la comunión enturbiada o rota con Dios, por medio de la expiación por los pecados, porque el pueblo no había llegado al verdadero conocimiento del pecado, sino que vivía todavía bajo la ilusión de que estaba firmemente asentado en el pacto con el Señor (que los israelitas habían prácticamente destruido).

Como ofrendas quemadas (עוֹלוֹת) ellos podían sacrificar toros y carneros, no porque ellos fueran el único material sacrificial, sino porque era el que se utilizaba con más frecuencia. Y en concreto aquí se insiste en los novillos, porque se pensaba que eran los mejores, no porque no se pudieran ofrecer otros, como asegura erróneamente Hitzig, pues, según la ley, se podían ofrecer en sacrificio novillos y corderos de hasta ocho años (Lev 22, 27; Ex 22, 29). En el caso de los novillos, su valor se aumentaba por su calidad, y en el de los carneros por su cantidad: miles de carneros, y miríadas de torrentes de aceite (comparar esta expresión con Job 20, 17).

El aceite no solo formaba parte de la *minjá* y ofrenda diaria, sino que era parte de todo tipo de *minjá*, y no se podía excluir en ningún sacrificio quemado (cf. Num 15, 1-16 con Num 28-29), de manera que se ofrecía en grandes cantidades. Sin embargo, siendo conscientes de que esos sacrificios no eran suficientes, muchos israelitas pensaban que había que ofrecer a Dios lo más querido de todo, es decir, los primogénitos, como expiación por el pecado.

Este tipo de ofrendas se funda, sin duda, sobre la idea de que el sacrificio expresa la sumisión del hombre a Dios, teniendo la conciencia de que un animal no es un sustituto suficiente para un hombre. Pero esta idea verdadera no debía realizarse de un modo literal, a través de un sacrificio humano; por el contrario, el sacrificio humano se había convertido en una abominación impía, porque el sometimiento que Dios quiere es el del espíritu, no el de la carne.

Israel debía haber aprendido eso, tenía que haberlo aprendido, no solo por el sacrificio de Isaac, que había sido pedido por Dios (Gen 22), sino también por la ley relacionada con el sacrificio o consagración de los primogénitos (Ex 13, 12-13). En esa línea, esta ofrenda de la nación muestra que el pueblo no tenía verdadero conocimiento de la voluntad de Dios, pues se encontraba aún atado a la ilusión, pensando que la ira de Dios podía expiarse a través de sacrificios humanos (cf. 2 Rey 3, 27; 16, 3).

6, 8. El profeta comienza ahora a superar esos medios externos de reconciliación con Dios, y recuerda al pueblo las demandas morales de la ley. הִגִּיד, impersonal, "alguien ha declarado, es decir, uno te ha dicho (Moisés en la ley). La opinión de que habría que poner a Yahvé como sujeto resulta muy improbable, por la simple razón de que Yahvé ha sido expresamente mencionado en la segunda frase dependiente.

El uso de כי אם, *nisi* (a no ser, sino), como conexión del pensamiento aparece en Dt 10, 12, y puede aquí tomarse como alusión a los dones mencionados por el pueblo: no sacrificios externos de ningún tipo, sino solo el cumplimento de los tres deberes siguientes, es decir, ante todo, hacer justicia y cumplir el amor.

Estos dos mandamientos condensan todos los de la segunda tabla de la ley, pero Israel los consideraba poco importantes, pues se comportaba haciendo expresamente lo contrario, es decir: injusticia, opresión y falta de amor (cf. Miq 2, 1-2.9; 3, 2-3. 9 ss.; 6, 10 ss.). Hay también un tercer mandamiento: caminar humildemente con Dios, es decir, en solidaridad o comunión con Dios, como Israel, siendo una nación santa de sacerdotes. Sin estas virtudes morales, la adoración sacrificial era un simple *opus operatum*, sin espíritu, que no complacía a Dios (cf. *Comentario* a 1 Sam 15, 22 y Os 6, 6).

6, 9-16. Pero el pueblo no tiene esas virtudes, y Dios debe castigarlo

6, 9

⁹ קוֹל יְהוָה לָעִיר יִקְרָא וְתוּשִׁיָּה יִרְאֶה שְׁמֶךָ שִׁמְעוּ מַטֶּה וּמִי יְעָדָהּ:

⁹ La voz de Yahvé clama a la ciudad, y tu nombre tiene sabiduría en sus ojos (verá sabiduría). Prestad atención al castigo y a quien lo establece.

Miqueas introduce con estas palabras la amenaza y reproche del Señor. קול יהוה no ha de tomarse en sí misma como una exclamación "¡Escucha! Es la voz del Señor!" como en Is 13, 4 y 40, 6, etc. Mientras Isaías habla al pueblo en Is 40, 8, diciéndolo lo que Dios requiere, Miqueas introduce la amenaza que sigue con "voz de Yahvé", para dar más énfasis a la acusación, para hacerles ver que no es su propia voz, sino la de Yahvé, la que ahora está hablando.

לָעִיר, es decir, a la gran ciudad del reino que es Jerusalén. La sentencia que sigue y que ha sido explicada de muchas maneras, tiene el mismo objetivo. תּוּשִׁיָּה es una voz que proviene de la literatura de la *Chokmah* o sabiduría (Proverbios y Job), tanto aquí como en Is 28, 29, y está formada por שׁ י de la raíz ושׁ י (ושׁה), en el sentido de *subsistentia, substantia*, es decir, *vera et realis sapientia*, la sabiduría más verdadera y real, cf. Delitzsch sobre Job 26, 3).

Muchos toman יראה שמך como una cláusula de relativo "bendito es aquel que ve tu nombre", es decir, que acoge tu revelación, tu gobierno del universo; pero si el sentido de la frase fuera este no se podría haber omitido el relativo, o debería haberse utilizado el infinitivo ראת. תּוּשִׁיָּה ha de tomarse más bien como objeto y שׁמך como sujeto: Tu nombre ve sabiduría, tiene verdadera sabiduría de la vida en su mirada (ראה como en Gen 20, 10 y Sal 66, 18).

No hay necesidad de cambiar יְרָאֶה por יִרְאֶ (cf. Ewald y Hitzig), aunque así aparezca en algunas versiones antiguas, porque la expresión "temer a la sabiduría" no responde al contexto, a no ser que pudiéramos parafrasear "tu nombre", en el sentido de "palabra de la persona que habla". Para otras explicaciones, cf. Caspari. "Escuchad", es decir, observad y atended al castigo (מַטֶּה), es decir, al juicio con el que el Señor os amenaza, un castigo que está determinado para su rebelde nación. Aquí se está refiriendo al poder imperial de Asiria, que Isaías describe también en Is 10, 5.24, como *matteh* y *shēbhet* con que Israel será castigado. El sufijo de יעדה se refiere a שׁבט, que se construye en femenino; יע indica aquí la forma o instrumento del castigo, como en Jer 47, 7.

6, 10-12

¹⁰ עוֹד הַאִשׁ בֵּית רָשָׁע אֹצְרוֹת רֶשַׁע וְאֵיפַת רָזוֹן זְעוּמָה׃

¹¹ הַאֶזְכֶּה בְּמֹאזְנֵי רֶשַׁע וּבְכִיס אַבְנֵי מִרְמָה׃

¹² אֲשֶׁר עֲשִׁירֶיהָ מָלְאוּ חָמָס וְיֹשְׁבֶיהָ דִּבְּרוּ־שָׁקֶר וּלְשׁוֹנָם רְמִיָּה בְּפִיהֶם׃

¹⁰ ¿Hay aún en casa del impío tesoros de impiedad y medida (efa) escasa que sea detestable? ¹¹ ¿Puedo yo ser limpio con una balanza falsa y con una bolsa de pesas engañosas? ¹² ¡Ah de sus ricos (de la capital) que colmaron de rapiña, y de sus habitantes (del campo) hablaron mentira y tienen en su boca una lengua engañosa!

Las palabras de amenaza comienzan en 6, 10, y llegan a 6,12, y contienen una condena de sus pecados principales. La condena se presenta en forma de preguntas.

6, 10. El énfasis de la pregunta está en עוֹד, que aparece por eso antes de la partícula interrogativa, como en Gen 19, 12, el único lugar donde se da ese mismo fenómeno. אשׁ es una forma suavizada de יש, como en 2 Sam 14, 19. Tesoros de maldad son aquellos que se adquieren por maldad o por actos de injusticia. El sentido de la pregunta no es: ¿No han desaparecido todavía los tesoros injustos, no han sido aún distribuidos?, sino, como requiere 6, 10-11: ¿No ha llevado aún el malvado esos tesoros a su casa? ¿Mantiene aún el malvado esos tesoros en su casa?

Esta es una pregunta afirmativa, y su forma ha sido escogida para despertar la conciencia de los oyentes, a fin de que los hombres injustos a quienes va dirigida no puedan negar su verdad. איפת רזון, *efa* o medida de consumo o de hambre, como la expresión alemana *ein magerer Beutel* (una bolsa magra, de hambre) (cf. Dt 25, 14; Am 8, 5) es lo opuesto de שׁלמה (Dt 25, 15) o צדק (Lev 19, 36), que es la exigida por la ley. Por eso, Miqueas la llama זעומה como זעום יהוה en Prov 22, 14, aquella que ha sido condenada por la ira de Dios (equivalente a maldecida; cf. Num 23, 7; 24, 24). Cualquiera que no da una *efa* llena es una abominación para el Señor (cf. Dt 25, 16).

6, 11. Si las preguntas anteriores muestran al pueblo que ellos no cumplen las demandas hechas por el Señor en 6, 8, las preguntas de 6, 11 muestran también que, con este estado de cosas, ellos no pueden tomarse como inocentes. El que hace la pregunta la hace desde el punto de vista de su conciencia moral, preguntando si se puede ser puro, es decir, sin culpa, si uno utiliza balanzas y pesos engañosos –una cuestión a la que cada uno debe responder "no". De todas formas, es difícil precisar quién es el que hace aquí la pregunta. En 6, 9 resonaban las palabras de Dios, y Dios mismo es también el que habla en 6, 10; así parece también que en 6, 12-13 el que pregunta tiene que ser el mismo Yahvé. Pero הַאֶזְכֶּה no concuerda con eso.

Ciertamente, Jerónimo ofrece una traducción en la que Dios mismo es quien pregunta: *numquid justificabo stateram impiam* (¿acaso justificaré yo la balanza impía?). Pero הַאֶזְכֶּה en *kal* solo tiene el significado de ser puro; e incluso en *piel* no se utiliza en el sentido de *niqqh*, declarar inocente. Por eso mismo debemos rechazar la propuesta de alterar la lectura y poner el verbo en *piel*.

No es Dios, por tanto, el que habla, sino que "el mismo contexto requiere que los ricos puedan imaginar que ellos pueden ser puros con balanzas engañosas, de manera que deben rechazar esa idea como falsa" (Caspari). Según eso, de un modo consecuente, el profeta solo puede plantear esta cuestión como representante de la conciencia moral, es decir, de los hombres, que han de preguntarse a sí mismos.

En esa línea se debe completar el sentido del texto, que es brusco y abrupto para nuestros oídos, supliendo su pensamiento de fondo: "Que cada uno se pregunte a sí mismo: ¿acaso puedo yo ser limpio con...?". En lugar de רֶשַׁע en la frase paralela tenemos la palabra más precisa de מִרְמָה, *mirmah* en el sentido de engañoso. Van así en paralelo las balanzas y la bolsa con piedras de pesar. אַבְנֵי, constructo de *'ăbhanim*, son las piedras de pesar (cf. Lev 19, 36; Dt 25, 13) que se llevaban en una bolsa (Pro 16, 11).

6, 12. Aquí se insiste aún más en la condena de la injusticia. En la primera cláusula se alude a los ricos de la capital (el sufijo de עֲשִׁירֶיהָ remite a עִיר de 6, 9), que son también los que están en el fondo de 6, 10; en la segunda frase se alude en general a los habitantes del país. A los ricos de la capital se les acusa no solo de injusticia y engaño en el comercio, sino también de חָמָס, *châmâs,* violencia de todo tipo; por el contrario a los habitantes del país se les condena por mentir y engañar con la lengua.

לְשׁוֹנָם, *leshōnâm* (su lengua) no se coloca al principio de un modo absoluto, como diciendo "por lo que toca a su lengua, es engaño...". Aquí no estamos ante un énfasis de ese tipo, por el hecho de que la frase anterior (דִּבְּרוּ־שָׁקֶר, diciendo o hablando mentiras) implicaba ya el uso de la lengua. לְשׁוֹנָם, *leshōnâm* es el sujeto: su lengua en engaño o falsedad en sus bocas; es decir, su lengua está tan llena de engaño, que en el fondo se identifica con el mismo engaño. Las dos frases expresan el pensamiento de que "los habitantes de Jerusalén son una población de mentirosos y engañadores" (Hitzig).

La conexión de este verso con el resto del pasaje, o la verdadera explicación de אשר ha sido objeto de disputa. Debemos rechazar la combinación de 6, 12 y 6, 13 (en el sentido de: "porque los ricos..., por lo tanto yo también..."), pues 6, 12 forma la conclusión del reproche y debe ser separada de lo que le precede. Y rechazamos también la suposición de que 6, 12 contiene la respuesta a la pregunta de 6, 10, y de que אשר está precediendo a una pregunta directa (Hitzig), porque la pregunta de 6, 11 se encuentra entre 6, 10 y 6, 12, que está íntimamente conectado con 6, 10.

Eso significa que 6, 12 no responde a la pregunta de 6, 10, por lo que toca al despliegue del pensamiento, aunque 6, 10 requiere algún tipo de respuesta. En contra de eso, debemos tomar אשר como un relativo, como hace Caspari, y entender el verso como una exclamación que el Señor eleva con ira sobre la ciudad: ¡Ay de aquella cuyos ricos...". Las personas furiosas prefieren hablar generalmente de aquellos contra los que se dirigen su ira, más que dirigir sus palabras de un modo directo en contra de ellas.

6, 13-15

¹³ וְגַם־אֲנִי הֶחֱלֵיתִי הַכּוֹתֶךָ הַשְׁמֵם עַל־חַטֹּאתֶךָ׃
¹⁴ אַתָּה תֹאכַל וְלֹא תִשְׂבָּע וְיֶשְׁחֲךָ בְּקִרְבֶּךָ וְתַסֵּג וְלֹא תַפְלִיט וַאֲשֶׁר תְּפַלֵּט לַחֶרֶב אֶתֵּן׃
¹⁵ אַתָּה תִזְרַע וְלֹא תִקְצוֹר אַתָּה תִדְרֹךְ־זַיִת וְלֹא־תָסוּךְ שֶׁמֶן וְתִירוֹשׁ וְלֹא תִשְׁתֶּה־יָּיִן׃

¹³ Por eso yo te herí de un modo incurable, devastándote por tus pecados. ¹⁴ Comerás, mas no te saciarás, tu abatimiento estará en medio de ti; recogerás, mas no salvarás nada, y lo que logres salvar lo entregaré yo a la espada. ¹⁵ Sembrarás, mas no segarás; pisarás aceitunas, mas no te ungirás con el aceite; también uvas, mas no beberás el vino.

6, 13. Con וגם־אני la amenaza del castigo aparece como consecuencia de (o como retribución por) los pecados del pueblo. החליתי הך, te he herido con herida incurable (para *hechelaah*, cf. הֶחֱלֵיתִי, ver en Nah 3, 19 y Jer 30, 12; y para el hecho mismo, cf. Is 1, 5-6. El perfecto expresa la certeza del cumplimiento futuro. El sufijo se refiere al pueblo, no solo a la capital, sino como veremos en 6, 16 a todo el reino de Judá. הַשְׁמֵם (forma no contraída, cf. Gesenius 67, nota 10), devastando, se une al verbo anterior en sentido adverbial, a modo de ejemplificación práctica, como שבע en Lev 26, 18.24.28, que Miqueas tiene en ese momento ante sus ojos.

Para la concreción del castigo que sigue Miqueas se apoya en Lev 26, 25-26, y Dt 28, 39-40. La tierra está amenazada por la devastación que realizará el enemigo, ante la cual huye el pueblo y se refugia en las fortalezas, lo que supone morir de hambre en el asedio. Para el cumplimiento de esto, cf. Jer 52, 6 y 2 Rey 6, 25.

ישח, ἅπ.λεγ., profundidad, vacío de estómago. ותסג, aunque pudieras remover, sacar fuera, tus bienes y tu familia, tú no te salvarás. Pero incluso en el caso de que pudieras salvar algo, lo que salvares caería en manos del enemigo, y sería destruido por la espada (cf. Jer 50, 37). El enemigo consumirá en parte y en parte destruirá el trigo y los frutos del campo, lo mismo que los almacenes de aceite y de vino (cf. Am 5, 11). ולא תסוך שמן está tomado al pie de la letra de Dt 28, 40.

6, 16

16 וְיִשְׁתַּמֵּר חֻקּוֹת עָמְרִי וְכֹל מַעֲשֵׂה בֵית־אַחְאָב וַתֵּלְכוּ בְּמֹעֲצוֹתָם לְמַעַן תִּתִּי אֹתְךָ לְשַׁמָּה וְיֹשְׁבֶיהָ לִשְׁרֵקָה וְחֶרְפַּת עַמִּי תִּשָּׂאוּ׃ פ

[16] Has guardado los mandamientos de Omrí y toda obra de la casa de Acab, y en los consejos de ellos has andado; por eso yo te entregaré a la desolación, y a tus moradores a la burla. Llevaréis, por tanto, el oprobio de mi pueblo.

Este verso expone la maldición que los impíos llevarán sobre sí mismos por su impía conducta. El profeta profundiza y lleva aquí hasta el fin su amenaza. Este verso se vincula al anterior de un modo general por medio de la *waw* (וְיִשְׁתַּמֵּר). La primera mitad remite a 6, 10-12 y la segunda a 6, 13-15, y cada una tiene tres frases.

יִשְׁתַּמֵּר, como forma intensiva de *piel* es la expresión más fuerte de שמר, y no ha de tomarse como una forma pasiva, como suponen Ewald y otros, sino en sentido reflexivo: "Si (alguien) cumple cuidadosamente los estatutos de Omrí en vez de los estatutos del Señor" (cf. Lev 20, 23; Jer 10, 3). Todo lo que se relaciona con Omrí nos muestra que él era peor que los reyes anteriores (cf. 1 Rey 16, 25). Sus estatutos se condensan en la adoración de Baal, que su hijo y sucesor Ajab ha convertido en religión nacional dominante (1 Rey 16, 31-32), aunque la introducción de esos estatutos se atribuye a Omrí, fundador de la dinastía.

En esa misma línea se sitúa Atalía, hija de Jezabel, a quien se llama en 2 Cron 22, 2 hija de Omrí. Todos los hechos de la casa de Ajab no son solo la adoración de Baal, sino también la persecución de los profetas del Señor (1 Rey 18, 4; 22, 27) y el resto de sus pecados, es decir, el robo y asesinato cometido contra Nabot (1 Rey 21). Con ותלכו la descripción se sitúa en una nueva dirección, pero no en pretérito, porque el imperfecto con *waw* de relación no expresa aquí lo que ha sido costumbre en el pasado y en el presente, sino que aparece como deducción lógica de lo anterior, indicando así lo que siempre ocurre.

El sufijo de במעצותם se refiere a Ajab y a Omrí. Por למען se evoca el castigo como algo intencionalmente suscitado por los mismos pecadores, para poner así de relieve el atrevimiento con el que los hombres viven en impiedad e injusticia. Con אתך el texto se refiere a toda la nación. En la segunda parte aparecen los habitantes de la capital como principales pecadores. La tercera se dirige de nuevo a la nación y a sus miembros individuales.

שׁמה no significa aquí devastación, sino más bien, por el paralelo con שׁרקה, está indicando horror, el objeto de horror, como en Dt 28, 37; Jer 25, 9; 51, 37 y 2 Cron 29, 8. חֶרְפַּת עַמִּי, *cherpath 'ammī*: la vergüenza que la nación de Dios, en cuanto tal, tiene que llevar ante (y de parte de) los paganos, cuando los judíos vengan a caer bajo su poder (cf. Ez 36, 20). Esa misma vergüenza tendrán que llevarla y soportarla muchos partidarios actuales de la nación de Dios.

7, 1–20. Oración penitencial de la Iglesia y promesa divina

El profeta responde a la amenaza del Señor (6, 9-16), en nombre de la Iglesia creyente, con una oración penitencial, en la cual ella, la Iglesia, confiesa con pena la universalidad de su honda corrupción moral, y con gran dolor se lamenta, pidiendo que Dios la visite (7, 1-6), después de lo cual se levanta, llena de fe en la fidelidad del Señor, esperando con honda confianza que el Señor la alumbre con la luz de su gracia, de forma que ella (la Iglesia) pueda elevarse de nuevo, tras recibir su merecido castigo, de manera que los enemigos no triunfarán sobre ella (7, 7-13). A todo eso se añade una oración por la renovación de las manifestaciones anteriores de la gracia (7, 14). El Señor responde a esa oración con la promesa de que él renovará para su pueblo las maravillas de los tiempos antiguos (7, 15-17); tras lo cual el profeta concluye su libro alabando a Dios por su misericordia y su gracia (7, 18-20).

7, 1-6

En 7, 1ss. el profeta no habla en su propio nombre, sino en el nombre de la Iglesia que confiesa y lamenta su rebelión contra el Señor; eso resulta indudable por Miq 7, 7 ss., donde, como admiten todos los comentaristas, la Iglesia habla de sí misma en primera persona, pero no lo hace como "la Iglesia israelita de su tiempo corrompido" (como supone Caspari), sino como la Iglesia penitencial y creyente del futuro, que descubre en el juicio la mano castigadora de su Dios, y expresa la esperanza de que el Señor Jesús la dirigirá para vencer a todos sus enemigos, etc. El contenido de 7, 1-6 no aparece como palabra del profeta en cuanto distinta de la palabra de la congregación, sino que ha de entenderse como confesión del pecado de parte de la misma congregación.

7,1-3

¹ אַלְלַי לִי כִּי הָיִיתִי כְּאָסְפֵּי־קַיִץ כְּעֹלְלֹת בָּצִיר
אֵין־אֶשְׁכּוֹל לֶאֱכוֹל בִּכּוּרָה אִוְּתָה נַפְשִׁי׃

² אָבַד חָסִיד מִן־הָאָרֶץ וְיָשָׁר בָּאָדָם אָיִן כֻּלָּם לְדָמִים יֶאֱרֹבוּ אִישׁ אֶת־אָחִיהוּ יָצוּדוּ חֵרֶם:
³ עַל־הָרַע כַּפַּיִם לְהֵיטִיב הַשַּׂר שֹׁאֵל וְהַשֹּׁפֵט בַּשִּׁלּוּם וְהַגָּדוֹל דֹּבֵר הַוַּת נַפְשׁוֹ הוּא וַיְעַבְּתוּהָ:

¹ ¡Ay de mí! porque estoy como cuando han recogido los frutos del verano, como cuando han rebuscado después de la vendimia y no queda racimo para comer, ni uno de esos frutos que tanto desea mi alma. ² Faltó el misericordioso de la tierra; no queda entre los hombres ningún justo. Todos mienten en busca de sangre; cada cual tiende una red a su hermano. ³ Para completar la maldad con sus manos, el príncipe demanda y el juez juzga por recompensa; el poderoso habla según el capricho de su alma, y ellos lo confirman.

7, 1. Ay de mí… אללי, que solo aparece aquí y en Job 10, 15, difiere de הוי, ¡ay!, y es *vox dolentis, gementis, et ululantis magis quam minantis* (voz doliente, gimiente y ululante, más que amenazadora, March); por su parte, כי no es "que", sino "porque," y ofrece la razón de אללי.

El significado de כִּי הָיִיתִי כְּאָסְפֵּי־קַיִץ no es "me ha pasado como pasa en general a los que buscan higos tempranos o racimos de uvas en la vendimia" (Caspari y otros), porque כאספי קיץ no significa la recogida de la fruta. La nación o la Iglesia descubren su vacío al final de la recogida de los frutos y de la vendimia de la uva. Esta es la imagen de fondo: tras la recogida de los higos y la vendimia ya no quedan higos, ni hay uva para comer. Es decir, la comunidad se parece a una higuera o a una viña después de la recogida del fruto, cuando no queda ni un higo ni tampoco un racimo (cf. *Coment.* sobre Is 28, 4).

La segunda imagen es todavía más simple y se explica con mucha facilidad. אספי no es un participio, sino un nombre. אסף es la vendimia, la recogida de la fruta (Is 32, 10); y aquí se utiliza el plural probablemente a causa de עוללת, la recogida de frutas, y no porque esa recogida pueda durar varios días, como supone Hitzig, sino porque esa palabra se aplica a todo tipo de vendimia o recogida de frutas. קיץ, fruta, cf. Am 8, 1. אותה ha de tomarse en un sentido de relativo y la fuerza אין se extiende hasta בכורה (cf. Gen 30, 33). Esta figura se explica en 7, 2 ss.

7, 2-3. La uva y el trigo son signos del hombre bueno y justo. חסיד, *chasid*, no es sin más el hombre que teme a Dios, sino, conforme al contexto, es el hombre que busca amor y fidelidad. אבד no es "haber perecido", sino estar perdido, haber desaparecido. מן הארץ, no es "fuera de la tierra", sino "de la tierra" (ha desaparecido de la tierra), como muestra el paralelo באדם "de entre los hombres".

Para el hecho que está al fondo, cf. Sal 12, 2 e Is 57, 1. Todos ellos mienten en busca de sangre, no en el sentido de que todos anden buscando asesinatos, sino que ellos ocupan sus mentes en disputas, en engaños, en traiciones, buscando la forma de quitar a sus vecinos los medios de existencia de tal forma que mueran (cf.

3, 2-3; 2, 1-2); evidentemente, aquí no se excluyen los pensamientos de asesinato. Lo mismo se aplica al gesto de cazar con red. אח, el hermano, es el paisano (para esta figura, cf. Sal 10, 9; 35, 7-8, etc.).

En 7, 3 las palabras que van de על הרע hasta להיטיב no han de unirse a lo que sigue, como si formaran una sola sentencia con ello. Esa combinación se opone no solo a los acentos, sino que va en contra de la estructura de todo el verso, que está formado por varias frases cortas, y no ofrece un único pensamiento lógicamente organizado. A consecuencia de eso, Ewald propone alterar el texto (שֹׁאֵל).

הרע no puede ser inf. *hiphoel*, hacer el mal, sino que debe ser, con toda probabilidad, un nombre con artículo, con el sentido de mal, de forma que el pensamiento puede ser "las dos manos están ocupadas en lo malo" o "las dos manos se extienden al mal", para tomarlo como bueno, es decir, para tomar lo malo como bueno (היטיב como en Jer 2, 33), o dar tal forma al mal que venga a aparecer como bueno, como recto.

Así se despliega este pensamiento: el príncipe, el juez y el hombre importante (es decir, el rico y el poderoso, Lev 19, 15; 1 Sam 25, 2) entretejen de tal forma una cosa que parece que lo malo se vuelve bueno. עבת, tejer, girar de un modo completo, coser... El sujeto de ויעבתוה ha de encontrarse en las tres frases ya nombradas, de manera que no es meramente el juez o el hombre grande. No hay la más mínima razón para limitar este pensamiento y aplicarlo solo al hombre importante o al príncipe. La forma en que los tres hacen girar la cosa o el plan malo se ha indicado en las afirmaciones de las tres frases anteriores.

El príncipe pregunta, es decir, se ocupa de la condena del hombre justo o inocente. Y el juez resuelve el tema, y juzga al inocente y le condena por dinero. Y finalmente el hombre rico habla הַוַּת נַפְשׁוֹ (expresa el mal deseo de su alma). En la mayoría de los pasajes, *havvâh* significa herir, hacer daño, destruir. Y el único tema pendiente es si ese significado ha de derivarse de הוה que tiene el mismo significado de אוה, respirar (Hupfeld sobre Sal 5, 10) o de הוה, que tiene el sentido de ocurrir, una ocurrencia, y en particular, especialmente, una mala ocurrencia (Hengstenberg, *Beiträge* II, 232 ss.).

Solo en Prov 10, 3 y en este pasaje que estudiamos, la palabra הוה, *havvâh* (en הַוַּת נַפְשׁוֹ), significa deseo en un mal sentido, deseo malo. En Prov 10, 3 esa palabra tiene en su fondo el siguiente significado: *aerumna activa aliisque inferenda* (un tipo de sequía o mal activo que se dirige hacia otros). En esa línea explica C. B. Michaelis nuestro pasaje: "el gran hombre habla (expone) la maldad de su alma (הַוַּת נַפְשׁוֹ), es decir, la injuria o destrucción del otro, expresando así su mal deseo. Lógicamente, *nephesh*, el "alma" aparece como sede del deseo. En ese contexto (הַוַּת נַפְשׁוֹ הוּא) la partícula הוא no se ha introducido para dar más fuerza al sufijo de נפשו, "de él, es decir, de su alma" (Ewald, Hitzig, Umbreit), no solo porque los acentos van en contra de esa interpretación, sino porque el pensamiento de conjunto no necesita un fortalecimiento de ese tipo. En nuestro contexto, הוא

no es más que una repetición enfática del sujeto, que es *haggâdōl*, el grande. El gran hombre teje el mal con el rey y con el juez, deseándolo y expresando ese deseo de la manera más abierta, dando así a todo el tema una apariencia de derecho.

7, 4-6

⁴ טוֹבָם כְּחֵדֶק יָשָׁר מִמְּסוּכָה יוֹם מְצַפֶּיךָ פְּקֻדָּתְךָ בָאָה עַתָּה תִהְיֶה מְבוּכָתָם׃
⁵ אַל־תַּאֲמִינוּ בְרֵעַ אַל־תִּבְטְחוּ בְּאַלּוּף מִשֹּׁכֶבֶת חֵיקֶךָ שְׁמֹר פִּתְחֵי־פִיךָ׃
⁶ כִּי־בֵן מְנַבֵּל אָב בַּת קָמָה בְאִמָּהּ כַּלָּה בַּחֲמֹתָהּ אֹיְבֵי אִישׁ אַנְשֵׁי בֵיתוֹ׃

⁴ El mejor de ellos es como el espino, el más recto, como zarzal. El día de tus vigilantes, tu visitación viene, entonces seguirá su confusión. ⁵ No creáis en amigo ni confiéis en príncipe; de la que duerme a tu lado cuídate, no abras tu boca. ⁶ Porque el hijo deshonra al padre, la hija se levanta contra la madre, la nuera contra su suegra, y los enemigos del hombre son los de su casa.

7, 4. Ni los mejores hombres son una excepción contra esta regla. טובם, el hombre bueno entre ellos, es decir, el hombre mejor, se parece a un espino, que no hace más que pinchar, herir y dañar. En ישר sigue influyendo la fuerza del sufijo anterior: el hombre más recto entre ellos... Por su parte, el מן delante de מְמְסוּכָה se utiliza en un sentido comparativo: es "más", es decir, es "peor" que un zarzal. La corrupción de la nación ha alcanzado una altura tan grande que debe estallar el juicio de Dios en contra de ella.

Este pensamiento viene ante la mente del profeta, de manera que él interrumpe la descripción de la condición corrompida de los hombres evocando el día del juicio. El día de tus vigilantes, es decir, de tus profetas (Jer 6, 17; Ez 3, 17; 33, 7), tal como se explica en la aposición פְּקֻדָּתְךָ (*pequddâthekhâ*, tu visitación).

El perfecto באה es profético, con sentido de futuro, evocando algo que aparece tan cierto como si ya hubiera sucedido. עתה, ahora, es decir, cuando el día haya venido (en realidad se identifica, por lo tanto, con "entonces"), entonces llegará su confusión, es decir, entonces llegará sobre ellos la confusión más salvaje, como el mal que ahora se enmascara bajo apariencia de bien, pero que entonces estallará sin vergüenza y sin limitaciones, de manera que cada cosa se invierta, poniéndose lo de arriba abajo y viceversa.

En ese mismo sentido Isaías habla también del día del juicio de Dios como día de confusión (Is 22, 5). Aludiendo al día del juicio, el que habla se dirige directamente al pueblo, mientras que en la descripción de la corrupción habla de ellos (de los del pueblo), en tercera persona.

La distinción que así se trata entre la persona que habla y el pueblo no va en contra de la afirmación de que el profeta habla en nombre de la congregación; de un modo semejante, las palabras "tus vigilantes, tu visitación" no van en contra de la suposición de que el profeta que habla de "tus vigilantes" era el mismo "vigía" o vigilante. Esta distinción prueba simplemente que la comunidad penitencial no se identifica sin más con la masa del pueblo, sino que se distingue de ella.

7, 5. Sigue aquí la descripción de la corrupción moral del pueblo, y eso en forma de aviso, para que no confíen unos en otros, ni en el compañero (רֵעַ) con el que uno comparte su vida, ni en el amigo confidente (אַלּוּף, *'allūph*), ni en el amigo más íntimo de todos, es decir, en la mujer que yace, duerme, en seno del marido. Incluso ante su esposa ha de tener cuidado el marido, para no confiarle los secretos de su corazón, pues puede traicionarle.

7, 6. Describe la razón de lo anterior, diciendo que incluso las relaciones más santas del orden moral del mundo, los lazos más hondos de sangre, son pisoteados, y lo mismo todos los lazos de referencia, amor y castidad se rompen. Los hijos tratarán al padre como un loco (*nibbēl*, cf. מְנַבֵּל, como en Dt 32, 15). Los hombres de su casa (que son el sujeto de la última frase) son los servidores que habitan en la casa, no los familiares (cf. Gen 17, 23.27; 39, 14; 2 Sam 12, 17-18).

Este verso ha sido aplicado por Cristo al período de la gran κρίσις que se adelantará a su venida, en su instrucción a los apóstoles, en Mt 10, 35-36 (cf. Lc 12, 53). Eso significa que no podemos tomar 7, 5-6 como una simple continuación de la descripción de 7, 2-4, sino que esos versos contienen la explicación de בְּאָהַעְתָה תִּהְיֶה מְבוּכָתָם, en el sentido de que cuando estalle el juicio y llegue la visita de la infidelidad, entonces, alcanzará su máxima altura la traición entre los amigos más íntimos, llegando incluso la disolución de todos los lazos familiares (cf. Mat 24, 10.12).

7, 7-13. Confesión de fe de parte del pueblo

7, 7-8

⁷ וַאֲנִי בַּיהוָה אֲצַפֶּה אוֹחִילָה לֵאלֹהֵי יִשְׁעִי יִשְׁמָעֵנִי אֱלֹהָי׃

⁸ אַל־תִּשְׂמְחִי אֹיַבְתִּי לִי כִּי נָפַלְתִּי קָמְתִּי כִּי־אֵשֵׁב בַּחֹשֶׁךְ יְהוָה אוֹר לִי׃ ס

⁷ Pero yo volveré mis ojos a Yahvé, esperaré al Dios de mi salvación; el Dios mío me oirá. ⁸ Tú, enemiga mía, no te alegres de mí, porque aunque caí, me levantaré; aunque more en tinieblas, Yahvé será mi luz.

Por medio de ואני lo que sigue se vincula de un modo adversativo a las palabras anteriores. Aunque todo el amor y la fidelidad se hubiera desvanecido de entre los hombres, y el día de la visitación se hallara cerca, la Iglesia de los fieles no sería arrojada de su confianza en el Señor, sino que seguiría mirando hacia él, esperando su ayuda, y consolándose a sí misma con la seguridad de que su Dios le escucharía, y le rescataría de la destrucción.

El gesto de volver los ojos (*tsâphâh*, cf. אֲצַפֶּה) hacia el Señor, esperando que él venga, dejando a un lado el juicio para así ayudarnos, implica en cuanto tal una oración pidiendo ayuda, aunque no es solo oración, sino que implica una esperanza paciente, como manifestación de fe en la vida. De esa forma, la escucha de Dios viene a presentarse como una escucha práctica, en otras palabras, como una forma de esperar la ayuda y salvación de Dios.

El Dios de mi salvación (cf. לֵאלֹהֵי יִשְׁעִי), es decir, aquel del que proviene mi ayuda, aquel de quien viene toda mi salvación (cf. Sal 27, 9; Is 17, 10). Su enemigo, אֹיַבְתִּי, es el poder pagano del mundo, representado en el tiempo de Miqueas por Asur, y personificado en su pensamiento como *hija* de Asur, no tiene que regocijarse sobre Sión. כִּי, porque, no significa aquí "si". Por su parte, el verbo נָפַלְתִּי, *nâphaltī*, no se puede tomar de un modo condicional, sino afirmativo: porque he caído. Aquí se utiliza el *nâphal*, como en Am 5, 2, para indicar la destrucción del poder y del reino.

El texto supone que la Iglesia está orando desde la situación en que se encuentra, desde el fondo del juicio que ha caído sobre ella, por sus pecados, de manera que el poder del mundo está triunfando. El profeta puede dejar que ella hable así (¡he caído!) porque ha predicho ya la destrucción del reino y la condena del pueblo al exilio y al juicio inevitable (cf. Miq 3, 12; 6, 16).

La Iglesia está sentada en la oscuridad, es decir, en penalidad y pobreza (cf. Is 9, 1; 42, 7; Sal 107, 10); pero en esa oscuridad, el Señor es luz para el creyente, él es su salvación. Ciertamente, él castiga a su propio pueblo, pero incluso en su ira no niega su gracia, ni rompe las promesas que ha concedido a su pueblo.

7, 9-10

⁹ זַעַף יְהוָה אֶשָּׂא כִּי חָטָאתִי לוֹ עַד אֲשֶׁר יָרִיב רִיבִי
וְעָשָׂה מִשְׁפָּטִי יוֹצִיאֵנִי לָאוֹר אֶרְאֶה בְּצִדְקָתוֹ׃
¹⁰ וְתֵרֶא אֹיַבְתִּי וּתְכַסֶּהָ בוּשָׁה הָאֹמְרָה אֵלַי אַיּוֹ יְהוָה אֱלֹהָיִךְ
עֵינַי תִּרְאֶינָּה בָּהּ עַתָּה תִּהְיֶה לְמִרְמָס כְּטִיט חוּצוֹת׃

⁹ La ira de Yahvé soportaré, porque pequé contra él, hasta que juzgue mi causa y me haga justicia. Él me sacará a la luz y yo veré su justicia. ¹⁰ Lo verá mi enemiga y se cubrirá de vergüenza, la que me decía:"¿Dónde está Yahvé, tu Dios? Mis ojos se recrearán al verla, cuando sea pisoteada como el lodo en las calles.

7, 9. La confianza en la ayuda del Señor brota de la conciencia de que la opresión y el sufrimiento ha sido un castigo merecido por los pecados. Esta conciencia y este sentimiento engendra paciencia y esperanza; paciencia para soportar la ira de Dios, manifestándose en los sufrimientos; esperanza de que los sufrimientos, infligidos por la justicia de Dios cesarán tan pronto como quede satisfecha la justicia de Dios.

זַעַף, *zaʿaph*, literalmente la espuma de la ira (Is 30, 30), en el sentido de ira muy fuerte. La Iglesia tendrá que soportar esa ira, hasta que el Señor resuelva su conflicto y reciba sus derechos. ריבי es el conflicto judicial entre Israel y los poderes paganos del mundo. Aunque, por ejemplo, Dios haya dado a su nación el poder sobre sus enemigos, a causa de los pecados de Israel, las naciones del mundo, han recibido el poder de cumplir la voluntad de Dios, destruyendo los reinos de Israel y de Judá, y llevando al pueblo al exilio.

De todas formas, esos enemigos se han vuelto orgullosos de su propio poder, y no han reconocido que son instrumentos en las manos de Dios, para cumplir su castigo, sino que han atribuido sus victorias al poder de su propio brazo e incluso han buscado la destrucción de Israel, burlándose incluso del Dios vivo (cf. Is 10, 5-15; Hab 1, 11). De esa manera, ellos han violado los derechos de Israel, de manera que Dios se ha visto obligado a dirigir la lucha de su pueblo en contra de los paganos, para asegurar los derechos de Israel, destruyendo el poder pagano del mundo.

Para ריב ריבי, cf. Sal 43, 1; para עשה משפט, cf. Sal 9, 4-5; y para el hecho en cuanto tal, cf. Is 49, 25; 51, 22. *Mishpât* es el derecho de Israel, en oposición a los poderes del mundo que quieren destruir a Israel. La siguiente palabra, יוציאני, no está gobernada por עד אשר, como muestra la ausencia de la copula *waw*. Con estas palabras, la esperanza toma la forma de la seguridad cierta de que el Señor destruirá la opresión de Israel y le dirigirá a su justicia.

Tsedâqâh (cf. מִשְׁפָּטִי) es la justicia de Dios, revelándose a sí mismo a través del perdón y de la restauración de Israel. Así, de hecho, como *tsedâqōth* en 6, 5, la salvación de Israel se cumplirá muy pronto, de manera que la salvación vendrá a mostrarse como emanación de la justicia del Dios del pacto, y así aparece en paralelo con אור.

Por su parte, ראה con ב es mirar a, de manera que uno penetra de algún modo en el objeto, viendo de un modo gozoso con los ojos (cf. también 7, 10). Esta exaltación de Israel por su nueva salvación es algo que se espera, de manera que el enemigo pueda verla (ותרא, optativo) y quede cubierto de vergüenza, porque el poder del mundo ha de ser derribado para que Israel pueda liberarse de su poder. Este es un deseo justo, porque el enemigo ha despreciado al Señor Dios.

Para la expresión "¿dónde está Yahvé, tu Dios? cf. Jl 2, 17. E Israel verá su cumplimiento (תִּרְאֶינָה con doble *nun*, cf. Ewald, 198, a). *ʿAttâh*, ahora (viendo el futuro en espíritu, como ya realizado), el enemigo será pisoteado por las calles como estiércol (para esta figura, cf. Is 10, 6).

7, 11-13

[11] יוֹם לִבְנוֹת גְּדֵרָיִךְ יוֹם הַהוּא יִרְחַק־חֹק׃
[12] יוֹם הוּא וְעָדֶיךָ יָבוֹא לְמִנִּי אַשּׁוּר וְעָרֵי מָצוֹר וּלְמִנִּי מָצוֹר

וְעַד־נָהָר וְיָם מִיָּם וְהַר הָהָר׃
¹³ וְהָיְתָה הָאָרֶץ לִשְׁמָמָה עַל־יֹשְׁבֶיהָ מִפְּרִי מַעַלְלֵיהֶם׃ ס

¹¹ Viene el día en que se edificarán tus muros; aquel día se ampliarán los límites (la separación entre Israel y las naciones). ¹² En ese día vendrán hasta ti desde Asiria y las ciudades fortificadas (=Egipto), y desde las ciudades fortificadas (=Egipto) hasta el Río, de mar a mar y de monte a monte. ¹³ La tierra será asolada a causa de sus moradores, por el fruto de sus obras.

La esperanza confiada se convierte en 7,11-12 en seguridad de la promesa cumplida. Las palabras del profeta en nombre de la Iglesia, elevándose como discurso a Sión, confirman su esperanza por la promesa de la restauración de Sión, con la entrada de multitudes de pueblos en la ciudad de Dios.

7, 11 consta de dos frases pues el verbo (es o será) lo podemos suplir con *yōm* (יוֹם). La frase se dirige a la hija de Sión (cf. 4, 8), no como Iglesia, sino como ciudad, como centro y representación del reino de Dios. En cuanto tal, ella se compara con una viña, como en Is 5, 1-7; 27, 2-4; Sal 80, 9-10. Así lo indica la palabra *gâdēr* (cf. גְדֵרֵךְ), que generalmente se utiliza para el cerco o muro que rodea a una viña (cf. Is 5, 5; Num 22, 24; Ecl 10, 8). יוֹם הַהוּא es un acusativo adverbial; en aquel día la חֹק, *chōq,* se hallará muy lejos.

El significado de esta palabra es difícil de determinar, y apenas puede determinarse con certeza. La explicación de *chōq* en el sentido de ley impuesta por los opresores paganos (caldeo, Hengstenberg, etc.), no puede defenderse a partir de Sal 104, 20, y va en contra del contexto. Lo mismo la explicación "en aquel día el límite del seto o muro (de Israel) y la muralla fijada para ella" será muy distinta (las fronteras de la tierra de Israel estarán a gran distancia, o serán llevadas muy lejos (Hitzig, Caspari y otros), pues ella introduce en el texto un significado que no tienen las palabras.

Aunque *chōq* evoque un punto fijado, o un límite en el espacio o el tiempo, no significa nunca la frontera de una nación. Y *râchaq* (cf. יִרְחָק), estar muy lejos, no significa ser llevado a una gran distancia. Aparentemente, *chōq* se utiliza aquí para indicar un ordenamiento o límite que Dios ha instituido para separar a Israel de las naciones; no se trata, pues, de una frontera en el territorio, sino de una ley de separación de Israel respecto de las demás naciones.

7, 12. Su ley de separación estará muy lejos, es decir, será establecida o separada (con ese sentido se utiliza el término יִרְחָק), pues en 7, 12 se añade como explicación para indicar que se dirigirán hacia Israel muchas multitudes, o que vendrán hacia el pueblo de Dios desde todas las tierras (cf. Miq 4, 1-2). A eso se refiere 7, 12, y no al retorno a Sión de los israelitas que han sido dispersados entre las tierras paganas.

יָבוֹא (impersonal), en el sentido de alguien viene, ellos vienen, no de "retornar", pues para ello se debía haber empleado el verbo יָשׁוּב, que se utiliza para expresar el retorno de los israelitas desde la cautividad. Los paganos que tendrán el deseo de unirse al Dios de Sión y de su Ley (4, 2), vendrán entonces a Israel, no al Israel que vive aún en medio de tierras paganas (Caspari), sino al Israel que ha vuelto ya a su tierra, y cuyas murallas habrán sido reconstruidas (7, 11).

La edificación de los muros de Sión implica la reunión de la nación que ha sido dispersada, o al menos lo presupone. Los paganos vendrán de Asur y de las ciudades de Egipto, es decir, de los dos imperios más poderosos en el tiempo del profeta.

מָצוֹר, *mâtsōr*, es el nombre poético de Egipto, como en Is 19, 6; 37, 25. En esa línea se habla de "las ciudades de מָצוֹר, es decir, de Egipto", porque la tierra o reino de Egipto era rica en ciudades. Las definiciones siguientes concretizan la totalidad de las tierras y provincias, que se expresan de un modo incompleto, de forma que la preposición עַד (hasta) ha de añadirse a וּים, y la preposición מִן a הָהָר. "De Egipto al río (Éufrates)" se incluyen los tierras extendidas entre esos dos puntos terminales; por su parte, en la expresión "de río a río, de montaña a montaña" se incluyen de un modo general todos los ríos y montañas, que actúan como fronteras de tierras y naciones, de manera que no tenemos que pensar en un mar o montañas particulares, como el Mediterráneo, el mar Muerto o el lago de Galilea, como fronteras occidental y oriental de Palestina, ni en el Líbano y el Sinaí como montes extremos del norte y sur de la tierra de Israel. Debemos mantener más bien el sentido general de la expresión: de un mar o montaña a otro mar o montaña, es decir, desde todos los lugares, tierras y provincias de la tierra.

La venida de todas las tierras no se ha de extender como si se tratara de una simple visita de paso a Canaán o a Sión, sino que vendrá para vincularse con el pueblo de Dios, para ser recibidos en comunión con ese pueblo. Como paralelo de esa promesa debemos pensar en Is 19, 18-25, donde se dice que en los tiempos mesiánicos Egipto y Asur se volverán hacia Yahvé.

Esto sucederá porque las tierras paganas se convertirán en un desierto, a causa de las malas obras de sus habitantes. De esa forma, mientras se reedifica Sión, y el pueblo de Dios se multiplica por la venida de los gentiles piadosos de todos los países de la tierra, el juicio caerá sobre el mundo pecador.

7, 13. Esa afirmación final de 7, 13 se añadirá simplemente a lo anterior con וְהָיְתָה, y sucederá, a fin de completar la promesa de restauración de Sión, añadiendo el destino que caerá sobre la tierra pagana (es decir, de fuera de Canaán), pero, al mismo tiempo, ella sirve para indicar el motivo para la venida de las multitudes a Sión.

הָאָרֶץ no puede ser aquí la tierra de Israel (Canaán), en apoyo de lo cual se ha apelado a Lev 26, 33 e Is 1, 7, pero el contexto no permite trazar una limitación de ese tipo, para identificar de esa manera הארץ con ארצכן (del Levítico e Isaías); ni tampoco lo permite la forma en que aquí se habla de la devastación de la tierra.

Cuando llegue el día en que se edifiquen los muros de Sión, la tierra de Israel no podrá convertirse en un desierto, de manera que entonces cesará la devastación. Estas palabras no se refieren ya a la tierra de Israel en este mundo, sino a la tierra ya reconciliada del final del tiempo. Si aquí se estuviera pensando solo en la devastación de Canaán no podríamos tomar והיתה como un pluscuamperfecto, en contra de todas las normas del lenguaje, ni podríamos interpolar de un modo arbitrario una palabra con el sentido de "previamente" como supone Hitzig.

7, 14

¹⁴ רְעֵה עַמְּךָ בְשִׁבְטֶךָ צֹאן נַחֲלָתֶךָ שֹׁכְנִי לְבָדָד יַעַר בְּתוֹךְ כַּרְמֶל יִרְעוּ בָשָׁן וְגִלְעָד כִּימֵי עוֹלָם׃

¹⁴ Apacienta a tu pueblo con tu cayado, al rebaño de tu heredad, a fin de que habite separado en el bosque, en campo fértil; que sean apacentados en Basán y Galaad, como en el tiempo pasado.

La promesa de salvación impulsa a la congregación a rogar para que se le conceda lo prometido (7, 14), para lo cual el Señor asegura a su congregación que se renovarán las misericordias, prometiendo al mismo tiempo la humillación de las naciones hostiles del mundo (7, 15-17).

La cuestión que los comentaristas plantean en torno a esta oración de 7, 14 es si ella está dirigida al Señor por el profeta, en nombre de la nación de Israel, o si el profeta está aún hablando en nombre de la Iglesia creyente. Esa cuestión ha de decidirse en favor de la segunda posibilidad, porque la respuesta de 7, 15 estará dirigida a la Iglesia. Al Señor se le llama pastor de Israel, título y oficio con el que Jacob se había dirigido a él en Gen 49, 24 (cf. Sal 80, 2; 23, 1 ss.). Esta oración está relacionada con la promesa de 5, 3 ss., donde se dice que el Gobernante vendrá de Belén y será alimentado con la fuerza de Yahvé, e implica la oración por el envío de ese Gobernante.

De un modo plástico se dice "con tu vara o cayado" (בְשִׁבְטֶךָ), es decir, con el cayado del pastor (cf. Lev 27, 32; Sal 23, 4). En esa línea, el pueblo aparece como rebaño de la herencia de Yahvé (צֹאן נַחֲלָתֶךָ). Se le llama צֹאן, rebaño, en vez de עם נחלה, que aparece con mucha frecuencia, pues así lo exige la imagen del pastor. A fin de no perecer, Israel necesita la protección del pastor, pues le hace falta la guía de su Dios, a fin de no ser destruido por sus enemigos.

La siguiente aposición, שֹׁכְנִי לְבָדָד יַעַר, determina la manera de alimentarles de un modo más preciso: "a fin de que habiten separados"... Esas palabras contienen una alusión a Num 23, 9, donde Balaam describe a Israel como un pueblo separado del resto de las naciones; y a Dt 33, 28, donde Moisés se congratula porque Israel mora en seguridad y solo, aislado (*bâdâd*, separado), bajo la protección de Dios, en una tierra llena de trigo y de vino.

La Iglesia pide también por el cumplimiento de esta bendición de Yahvé, su pastor, que ella pueda vivir separada de las naciones del mundo, de tal forma que esos pueblos no le puedan hacer daño. Y eso "en el bosque, en medio del Carmelo", aquel territorio abundante de árboles y tierras de pastos (*laetis pascuis abundat*, abunda en terrenos de pastos fecundos; Jerónimo, sobre Amós 1, 2).

El bosque cumple aquí la función de guardar separado al rebaño, fuera de la visión del mundo, en un espacio de seguridad. Aquí se tiene la certeza de que el pueblo habitará seguro, sin miedo a las fieras del bosque (cf. Jer 5, 6; Sal 80, 14), porque Israel está protegido por Yahvé que es su pastor. El verbo siguiente, ירעו, no es futuro, sino es optativo y corresponde al imperativo רעה.

Galaad y Basán se nombran aquí como tierras muy ricas en pastos (cf. Num 32, 1ss.), al este del Jordán, como eran también ricas las del Carmelo al oeste. Estas tierras expresan el conjunto del territorio que Israel ha recibido como herencia, y no meramente el territorio del reino de las diez tribus. La razón más simple por la que no se nombra ningún distrito del reino de Judá viene dada por el hecho de que Judá no poseía distritos abundantes en bosques y en pastos, semejantes a esos aquí nombrado.

Más aún, la oración se refiere al conjunto de Israel, o más bien al resto de toda la nación, que ha sido rescatado del juicio y que formará un rebaño indiviso bajo el Mesías (cf. Miq 5, 2; Is 11, 13; Ez 37, 15 ss.). ימי עולם, el tiempo pasado, los días de antiguo... son los tiempos de Moisés y de Josué, cuando Yahvé redimió a Israel con su mano poderosa y lo introdujo en la tierra prometida. El Señor responde a esa oración prometiendo a su Iglesia, conforme a su bondad abundante, más que aquello que la Iglesia le había pedido.

7, 15-17

¹⁵ כִּימֵי צֵאתְךָ מֵאֶרֶץ מִצְרָיִם אַרְאֶנּוּ נִפְלָאוֹת:
¹⁶ יִרְאוּ גוֹיִם וְיֵבֹשׁוּ מִכֹּל גְּבוּרָתָם יָשִׂימוּ יָד עַל־פֶּה אָזְנֵיהֶם תֶּחֱרַשְׁנָה:
¹⁷ יְלַחֲכוּ עָפָר כַּנָּחָשׁ כְּזֹחֲלֵי אֶרֶץ יִרְגְּזוּ מִמִּסְגְּרֹתֵיהֶם
אֶל־יְהוָה אֱלֹהֵינוּ יִפְחָדוּ וְיִרְאוּ מִמֶּךָּ:

¹⁵ Como en los días en que saliste de Egipto, yo les mostraré maravillas. ¹⁶ Las naciones lo verán y se avergonzarán de todo su poderío; se pondrán la mano sobre la boca y ensordecerán sus oídos. ¹⁷ Lamerán el polvo como la culebra, como las serpientes de la tierra; temblarán en sus encierros, se volverán amedrentados ante Yahvé, nuestro Dios, y temerán ante ti.

El camino de la salvación

Estas son las maravillas (*niphlā'ōth*; cf. Ex 3, 20; 15, 11; Sal 78, 11) con las que el Señor golpeó a Egipto en tiempo antiguo, para redimir a su pueblo, sacándole fuera de la cautividad de aquel reino del mundo. Con ellas renovará Dios a su pueblo. El término צֵאתְךָ se refiere a la nación, mientras que el sufijo de tercera persona que se añade a אַרְאֶנּוּ remite a עִמְּךָ de 7, 14.

Esos hechos maravillosos suscitarán tal impresión que las naciones paganas que los vean quedarán avergonzadas, ciegas y mudas, con horror y admiración. Quedarán avergonzadas de su propia fuerza, porque toda esa fuerza se vuelve impotente ante los actos poderosos del Dios Omnipotente. Ponerse la mano en la boca es un gesto de silencio reverencial, de asombro y de admiración (cf. Jc 18, 19; Job 21, 5, etc.). Sus oídos quedarán sordos ante el trueno de sus actos poderosos de Dios, cf. Job 26, 14, ante el *qōl hâmōn* de Is 33, 8 (Hitzig).

Con esta descripción de la impresión causada por los actos poderosos de Dios, las palabras de Dios vienen a convertirse de un modo imperceptible en palabras del profeta, que proclama y expande la promesa de Dios, de un modo explicativo, como podemos ver en Is 33, 17. Los paganos se someterán a Yahvé del modo más fuerte y con el temor más humilde, como lo pone de relieve 7, 17.

Lamer el polvo como la serpiente es una alusión a Gen 3, 14 (cf. Sal 72, 9 e Is 49, 23). זֹחֲלֵי אֶרֶץ, reptantes de la tierra, es decir, serpientes, retoma el motivo de זֹחֲלֵי עָפָר de Dt 32, 24. Como serpientes, cuando son expulsadas de sus lugares de ocultamiento, o como cuando los encantadores les hacen salir de sus agujeros; así vendrán temblando las naciones, fuera de sus castillos o refugios (*misgerōth*, cf. מִמִּסְגְּרֹתֵיהֶם, como en Sal 18, 46) y tiemblan ante Yahvé, es decir, vuelan hacia él temblando, como el único que les puede ofrecer ayuda (cf. Os 3, 5), porque temen ante él. Con מִמְּךָ la oración se convierte en llamada a Dios, para unir a todo lo anterior la alabanza a él, con la que concluye este libro.

7, 18-20

¹⁸ מִי־אֵל כָּמוֹךָ נֹשֵׂא עָוֹן וְעֹבֵר עַל־פֶּשַׁע לִשְׁאֵרִית נַחֲלָתוֹ לֹא־הֶחֱזִיק לָעַד אַפּוֹ כִּי־חָפֵץ חֶסֶד הוּא׃
¹⁹ יָשׁוּב יְרַחֲמֵנוּ יִכְבֹּשׁ עֲוֹנֹתֵינוּ וְתַשְׁלִיךְ בִּמְצֻלוֹת יָם כָּל־חַטֹּאותָם׃
²⁰ תִּתֵּן אֱמֶת לְיַעֲקֹב חֶסֶד לְאַבְרָהָם אֲשֶׁר־נִשְׁבַּעְתָּ לַאֲבֹתֵינוּ מִימֵי קֶדֶם׃

¹⁸ ¿Qué Dios hay como tú, que perdona la maldad y olvida el pecado del resto de su heredad? No retuvo para siempre su enojo, porque se deleita en la misericordia. ¹⁹ Él volverá a tener misericordia de nosotros; sepultará nuestras iniquidades y echará a lo profundo del mar todos nuestros pecados. ²⁰ Mantendrás tu fidelidad a Jacob, y a Abrahán tu misericordia, tal como lo juraste a nuestros padres desde tiempos antiguos.

7, 18-19. מִי אֵל כָּמוֹךָ remite a Ex 15, 11, pero no es seguro de que Miqueas ruegue en su propio nombre. Como la primera redención de Egipto, la segunda redención

7, 18-20

del pueblo de Dios que es aún más gloriosa, ofrece una ocasión para alabar la naturaleza incomparable del Señor. Pero mientras que en el primer caso Yahvé se revelaba a sí mismo en su incomparable elevación sobre todos los dioses, en la restauración de la nación, que había sido dispersada entre las naciones paganas por sus pecados, y en su exaltación sobre todas las naciones, él revelará su naturaleza incomparable en forma de gracia y compasión.

Las palabras נשׂא עון וגו están formadas a partir de Ex 34, 6-7, después que Israel se había separado de él por la adoración del becerro de oro, se revela a Moisés como un Dios misericordioso y clemente, que perdona la culpa y el pecado. Pero esta gracia y compasión solo se han revelado plenamente en la restauración y bendición del resto de la nación por Jesucristo (para Miq 7, 18, cf. Sal 103, 9). Como aquel que se deleita en la misericordia, Dios tendrá de nuevo compasión de Israel (יָשׁוּב, *yâshûbh*, en sentido adverbial, como en Os 14, 8, etc. Dios perdonará los pecados de su pueblo, y triunfará sobre el poder y tiranía de las naciones con su compasión, y las arrojará a la profundidad del mar, como en otro tiempo venció a la tiranía del faraón y lo arrojó a las profundidades del mar (Ex 15, 5.10).

7, 20. Esta confianza viva en el Señor culmina con una oración (תִּתֵּן, *tittēn* es optativo), por la que pide al Señor que conceda a su nación liberada su verdad y su misericordia (אֱמֶת y חֶסֶד, *'ĕmeth* y *chesed*, como en Ez 34, 6), dáselas, concédeselas, como se lo has prometido a los patriarcas (Gen 22, 16). Así se cita a Abrahán y a Jacob, en vez de a su familia (cf. Is 41, 8).

Con esta elevada oración cierra Miqueas no solo las últimas palabras de estos versos, sino todo el libro. El paralelo del N. T., como ha destacado rectamente Hengstenberg, es Rom 11, 33-36; este es el μυστήριον revelado por el apóstol en Rom 11, 25 donde se nos ofrece una visión del objeto y meta de los caminos del Señor con su pueblo.

NAHÚN

El profeta

Todo lo que conocemos de נַחוּם, Nahún (*Nachūm*, es decir, consolador o consuelo, *consolator*, en griego Ναούμ) es que provenía de un lugar llamado *Elkosh* (cf. הָאֶלְקֹשִׁי), pues ese nombre del encabezamiento del libro no es un patronímico, sino que indica el lugar de su origen.

Ese lugar, אֶלְקֹשׁ, no ha de buscarse en Asiria, en la población cristiana de *Alkush*, que está situada en la parte oriental del Tigris, al noroeste de *Khorsabad*, a dos días de camino de Mosul, donde se muestra una tumba del profeta Nahún, en forma de sencilla caja de yeso, de estilo moderno, que se mantiene con gran reverencia, como lugar santo para los cristianos y musulmanes del entorno (cf. Layard, *Ninive und seine Über*r., 125 ss.), como suponen Michaelis, Eichhorn, Ewald y otros. Esta población, con la pretendida tumba del profeta, no tiene el menor indicio de antigüedad y fue nombrada por primera vez por un monje cristiano del siglo XVI en una carta dirigida a Assemani (*Biblioth. or.* i. 525, iii. 1, p. 352). Por otra parte, en las cercanías de Nínive se muestra otra tumba de Nahún. En esa línea, es muy posible que el nombre de *Elqosh* no pasó del pueblo al libro, sino del libro de Nahún al pueblo (Hitzig).

Mucha más antigua y más creíble es la afirmación de Jerónimo quien sostiene que había en Galilea, hasta su mismo tiempo, una población llamada *Helcesaei* (otros le llaman *Helcesei*, *Elcesi*), que era muy pequeña, y que no contenía entre sus ruinas ningún resto de edificaciones antiguas. Una población que conocían muy bien los judíos, como se lo dijo su guía, de manera que Jerónimo no está relatando solo la opinión de un guía, sino transmitiendo una tradición bien conocida entre los judíos. Esta tradición judía del nacimiento de Nahún en una población de Galilea llamada *Elkosh*, o Ἐλκεσέ, ha sido defendida también por Cirilo de Alejandría, el Pseudo Epifanio y el Ps. Doroteo, aunque no tengamos otros elementos más precisos sobre la situación del lugar, y además los datos de los dos últimos autores no coincidan.

No tenemos, además de esas, ninguna otra evidencia de que Nahún surgiera de Galilea. Por otra parte, el nombre de la secta los *elkasaitas* no ofrece tampoco ninguna prueba de la existencia de un lugar llamado *Elkasai*, ni se puede decir que Cafarnaún, que significa la villa o aldea de Nahún, se llame así porque el profeta viviera allí. Si el nombre de la secta de los *elkasaitas* deriva realmente de un fundador llamado *Elxai* o *Elkasai*, eso no implica que hubiera un lugar llamado *Elkosh*. Por otra parte, la conjetura de que Cafarnaún recibió ese nombre a causa de nuestro profeta no tiene consistencia alguna.

De todas formas, la propuesta de Jerónimo resulta significativa, pues está confirmada por el contexto de la profecía de Nahún. Ciertamente, Ewald ha podido imaginar por el colorido de su pequeño libro que Nahún no vivió en Palestina, sino en Asiria, y que debe haber visto con sus propios ojos el peligro que amenazaba a Nínive, a causa de una invasión poderosa de enemigos, como descendiente de los israelitas que habían sido llevados como cautivos a Asiria. Ewald argumenta de esta forma:

> Nahún se mueve solo en torno a Nínive, y lo hace con una precisión que no encontramos en ningún otro profeta al relacionarse con una nación extranjera; y el hecho de que se refiera a Judá en 1, 13–2, 3 resulta algo casual. No hay ninguna huella de que Nahún haya podido escribir el libro en Judá. Por el contrario, como se puede ver comparando las palabras de Nah 2, 1 (cf. 1, 15) con las de Is 52, 7, podemos deducir que él está profetizando desde una gran distancia de Jerusalén y de Judá.

Pero, en contra de eso ¿por qué razón no pudo un antiguo profeta, que vivía en el reino de Israel o de Judá, proclamar una profecía especial relacionada con Nínive, a consecuencia de un mandato especial de Dios? Por otra parte, el hecho de que se relacione con Judá no es algo casual. Al contrario, toda su profecía está vinculada con Judá y su forma de evocar a Judá, a pesar de su brevedad, ofrece una perspectiva muy importante y central para su libro, como ha puesto de relieve Umbreit. Y el supuesto de que no tenemos el mínimo indicio en todo el libro de que Nahún haya podido estar en Judá ha sido respondido con buenas razones por Maurer, Hitzig y otros, que apelan a Nah 1,4 y 1, 13–2, 3 donde esos indicios pueden encontrarse.

Por otra parte, si el libro ha sido escrito por un profeta que vivía en el exilio, deberían existir ciertamente alusiones a la situación y circunstancias de los exilados, pero ellas no aparecen en modo alguno. Además, su conocimiento de los asuntos de Asiria, a los que Ewald sigue apelando, no es mayor que el que puede haber tenido cualquier profeta, o incluso cualquiera de los habitantes de Judá, en el tiempo de Ezequías, tras las invasiones repetidas de Israel y de Judá por los asirios.

Todo el libro está lleno de descripciones muy vivas. En esa línea, 1, 2-14 no es menos vivo que 2, 1-13, y sin embargo nadie podría inferir del primer texto que Nahún tiene que haber visto con sus propios ojos todo lo que él despliega ante los nuestros en una pintura tan magnífica como la de 1, 2 (Nägelsbach; Herzog, *Cyclopedia*). No es cierto que Nah 2, 6 contenga un conocimiento tan especial de Nínive que solo puede derivarse de un contacto personal con la ciudad, como tampoco es cierto que 2, 7 contenga el nombre de la reina asiria (Huzzab).

Más aún, entre las palabras que son peculiares de nuestro profeta, solo *taphsar* (Nah 3, 17) puede ser probablemente asiria; pero este es un término militar que los judíos de Palestina podían haber oído a los asirios que vivían allí. La obra tiene ciertamente algunos arameísmos, como los sufijos en גבוריהו (Nah 2, 4) y מלאככה (2, 13), y las palabras גהג, sollozar, igual que הגה (2, 8), דהר (3, 2), פלדות (2, 4), pero ellos pueden deberse al origen galileo del profeta.

Por todo eso, no hay ninguna razón válida para suponer que Nahún vivió en el exilio, y proclamó su profecía en el entorno de Nínive. Hay muchas más razones para suponer, a partir de los contactos entre Nahún e Isaías, que él había nacido en Galilea durante la invasión asiria y que había emigrado a Judea donde vivió y profetizó. Nada más sabemos sobre las condiciones de su vida.

Las noticias que ofrece el Ps. Epifanio sobre sus milagros y su muerte (cf. O. Strauss, *Nahúni de Nino vaticin. expl.* p. xii s.) no tienen ninguna base. Tampoco conocemos el tiempo exacto en que vivió, y así algunos suponen que profetizó bajo Jehú y Joacaz, mientras que otros piensan que no profetizó hasta el tiempo de Sedecías. De todas formas, el tema se puede aclarar con una certeza tolerable a partir de los contenidos del libro.

El libro

Contiene una extensa profecía sobre Nínive, en la que predice la ruina de la ciudad y del imperio mundial asirio, en tres estrofas, conforme a la división de los capítulos. (a) 1, 1-15 presenta el propósito divino de descargar el castigo sobre este opresor de Israel. (b) 2, 1-13 contiene el anuncio gozoso de la conquista, saqueo y destrucción de Nínive. (c) Nah 3 describe la culpa de Nínive y su inevitable ruina. Todos estos temas se describen con viveza y precisión imaginativa.

Pues bien, aunque esta profecía no se cierra con una prospectiva mesiánica, ni describe de manera más minuciosa las circunstancias del reino israelita de Dios, en general, ella es completa en sí misma y se encuentra en estrecha relación con Judá, de forma que podemos llamarla profecía de consolación para ese reino.

La caída de la poderosa capital del imperio de Asiria, que representa el poder impío y antidivino del mundo, que quiere destruir el reino israelita de Dios, se hallaba internamente conectada con la continuación y desarrollo del reino de Dios en Judá, de manera que el profeta Nahún supone esa conexión como algo que resulta evidente, de forma que no tiene necesidad de desarrollarla.

Ya en la introducción (1, 2) se anuncia la destrucción de Nínive como un juicio que ejecutará Yahvé, el Dios celoso y vengador del mal, de forma que él se presenta así como refugio para todos los que confían en él 1, 7. Pero aquellos que confían en él no son los impíos gentiles, sino más bien los ciudadanos de su reino, es decir, los judíos, sobre los que Asur había impuesto el yugo del sometimiento, que Yahvé rompería (1, 13), a fin de que Judá pudiera guardar sus fiestas y cumplir sus votos a Dios (1, 15). A partir de la destrucción de Nínive, el Señor vuelve a la elevación de Israel, que los asirios habían conculcado (2, 2). De manera consecuente, Nínive tiene que caer, de forma que se ponga así fin a su dominio y tiranía, para que la gloria de Israel pueda ser restaurada.

No hay ninguna objeción fundada en contra de la unidad y de la integridad de la profecía. Ciertamente, Eichhorn, Ewald y De Wette han puesto en duda la autenticidad de la primera parte del encabezamiento (מַשָּׂא נִינְוֵה), pero sin razón suficiente, como ha contestado Hitzig. No hay nada extraño en el hecho de que se ponga al principio el objetivo de la profecía, para nombrar después al autor. Más aún, esas palabra, משא נינוה, no pueden haberse añadido después, en un período posterior, porque toda la primera parte de la profecía no podría comprenderse sin ellas, ya que Nínive solo se cita con su nombre en 2, 8, y el sufijo de מקומה en 1, 8 se está refiriendo a Nínive, y requiere que se haya introducido el nombre de la ciudad en el encabezamiento.

Tampoco tienen fundamento alguno los argumentos con los que Hitzig ha querido probar que la alusión a la conquista de *No-Amon* en 3, 8-10 es una adición posterior. Porque la observación de que, si un ejército asirio hubiera penetrado en el Alto Egipto y tomado la ciudad, Nahún no podría haber contado a los asirios algo que ellos mismos habían hecho, estaría bien fundada, pero solo en la suposición de que las palabras "¿eres tú mejor que No-Amon..." debieran tomarse prosaicamente como noticias que se cuentan a la ciudad de Nínive.

Pues bien, esa suposición pierde toda su fuerza cuando vemos que esas palabras son simplemente un modo retórico por el que Nahún describe el destino de No-Amon, y no se lo cuenta a los ninivitas, sino a los judíos, para indicarles que incluso la ciudad más poderosa y mejor fortificada podía ser conquistada y caer cuando Dios había decretado su ruina. La misma descripción viva de los hechos puede explicar el cambio de la tercera a la segunda persona en 3, 9, algo que ofende a Hitzig. Los otros argumentos que emplea son tan subjetivos y banales que no requieren refutación especial.

Con relación a la fecha de composición de la profecía, es evidente por su mismo contenido, que no fue escrita antes, sino después de la derrota de Senaquerib frente a Jerusalén, en el reinado de Ezequías, pues aquel acontecimiento no está solo presente en el texto, sino que ofrece, sin duda, una ocasión para la profecía. Asur ha invadido Judea (1, 15), la ha afligido intensamente (1, 9.12) y ha saqueado y casi destruido toda la tierra (2, 2).

Ciertamente, ni las palabras de 1, 11 (hay uno que viene de ti, y que imagina lo malo contra Yahvé...), ni las de 1, 12 contienen, en contra de la visión superficial del tema, ninguna alusión directa de Senaquerib y de su derrota. Tampoco 1, 14 contiene ninguna alusión a su muerte o asesinato (37, 38); sin embargo, la aflicción (*tsârâh*) que Asiria ha impuesto sobre Judá (1, 9), y la invasión de Judá que se menciona en 1, 15 y en 2, 2 solo pueden referirse a la expedición de

El libro

Senaquerib, pues él fue el único de los reyes de Asiria que oprimió a Judá de un modo tan severo que le puso en el borde de la ruina.

En esa línea, las palabras "la voz de tus mensajeros no se oirá ya más" (2, 13) puede aplicarse de un modo especial a los mensajeros que Senaquerib envió a Ezequías (cf. Is 36, 13; 37, 9) para exigir la rendición de Jerusalén, de manera que Judá quedara totalmente bajo el poder asirio. Pero aun en el caso de que eso no pudiera probarse, Nahún tendría que haber profetizado poco después de la derrota de Senaquerib ante Jerusalén, no solo porque aquel acontecimiento era el apropiado para ofrecer la ocasión para esa profecía, sino también porque era un *omen* o signo del futuro juicio final de Asur. Más aún, la referencia a la aflicción que aquel acontecimiento trajo sobre Judá continuaba presente en la memoria viva del profeta y de los hombres de su tiempo. Por eso suscribimos la visión de Vitringa, según la cual:

> La fecha de Nahún debe fijarse poco tiempo después de Isaías y Miqueas, y por tanto, en el reinado de Ezequías, no solo después de la destrucción y exilio del reino de las diez tribus, sino también después de la derrota de Senaquerib (1, 11.13), tema del que proviene el argumento de la profecía, y la ocasión para proclamar la completa destrucción de Nínive y del reino de Asiria (*Typ. doctr. prophet.* p. 37).

La fecha de composición de nuestro libro no puede determinarse de un modo más exacto. La suposición de que fue compuesto antes del asesinato de Senaquerib en el templo de su dios *Nisroch* (Is 37, 38; 2 Rey 19, 37), no puede fundarse en Nah 1, 14. También es imposible inferir de 1, 13.15 que nuestra profecía fue proclamada en el reinado de Manasés, y ocasionada por el hecho de que el rey fuera llevado a Babilonia (2 Cron 33, 11).

La relación entre esta profecía y las de Isaías responde perfectamente al hecho de que la nuestra fue compuesta en la segunda mitad del reinado de Ezequías. Las semejanzas que encontramos de Nah 3, 5 con Is 47, 2-3; 3, 7.10; 51, 19-20 y en Nah 1, 15 con Is 52, 1 y 52, 7, son de tal naturaleza que Isaías pudo haber aludido a Nahún pero también Nahún a Isaías. Si Nahún compuso su profecía poco después de la derrota de Senaquerib, debemos pensar que pasó lo primero (que Isaías tomó el tema de Nahún).

El hecho de que en Nah 1, 8.13 y en 3, 10 haya semejanzas con Is 10, 23.27 y con Is 13, 16, donde nuestro profeta toma prestada una palabra de Isaías, no es una prueba decisiva en contra de lo anterior. En esa línea, la relación entre profetas que vivieron y trabajaron al mismo tiempo fue de mutuo dar y recibir, de manera que, del hecho de que un profeta utilizó a veces a su predecesor no podemos inferir que él dependiera siempre de él, en todos los casos.

Por su parte, cuando Ewald y Hitzig atrasan nuestra profecía y la colocan en un tiempo posterior, y la sitúan en el contexto de las guerras de Asiria contra Fraortes (Herod. i. 102), o en el tiempo en que Cyaxares realizó su primer asedio contra Nínive (Herod. i. 103), ellos fundamentan su opinión en el supuesto no bíblico de que las profecías no son más que un producto de la sagacidad humana y de la conjetura política, y que ellas solo pudieron proclamarse "cuando estaba ya en plena marcha una expedición amenazadora en contra de Nínive (Ewald). Ellos piensan así que esta profecía solo pudo proclamarse cuando la amenaza contra Nínive podía ya contemplarse de un modo directo; de esa forma niegan en carácter sobrenatural de la profecía, pensando que ella carece del más mínimo fundamento sólido.

El estilo de nuestro profeta no es inferior al estilo clásico de Isaías y de Miqueas, ni en poder ni en originalidad de pensamiento, ni en claridad y pureza de forma, de modo que, como ha observado con toda razón R. Lowth (*De sacr. poësi Hebr.* 281), *ex omnibus minoribus prophetis nemo videtur aequare sublimitatem, ardorem et audaces spiritus Nahúni* (de entre todos los profetas menores no hay ninguno que parezca alcanzar la solemnidad, el ardor y la audacia de espíritu de Nahún). En contra de eso, partiendo de su opinión preconcebida sobre la edad profética, Ewald afirma que "en este profeta que forma parte de los últimos profetas no puede encontrarse ya la fuerza interior o la pureza y plenitud de pensamiento de los anteriores". Para la bibliografía exegética sobre este libro de Nahún, cf. mi *Lehrbuch der Einleitung*, 299– 300.

NAHÚN 1, 1-14
EL JUICIO SOBRE NÍNIVE, DECRETADO POR DIOS

Yahvé, Dios celoso y vengador del mal, ante cuya manifestación airada tiembla el globo de la tierra (1, 2-6), se manifestará a sí mismo como torre fuerte para su pueblo, destruyendo Nínive (1, 7-11), pues él ha determinado romper el yugo que Asur había impuesto sobre Judá, destruyendo así al enemigo de su pueblo (1, 12-14)

1, 1

¹ מַשָּׂא נִינְוֵה סֵפֶר חֲזוֹן נַחוּם הָאֶלְקֹשִׁי׃

¹ Profecía sobre Nínive. Libro de la visión de Nahún de Elcos.

Este es el encabezamiento del libro. La primera sentencia ofrece la sustancia y el objeto; la segunda la forma y autor de la proclamación que sigue. מַשָּׂא significa *peso* (algo de importancia), de נָשָׂא, elevar, llevar. Ese significado ha sido muy bien destacado por Jonatán, Aquila, Jerónimo, Lutero y otros, en el encabezamiento del oráculo profético. Jerónimo observa así sobre Hab 1, 1: "*Massa* no aparece en el título, excepto allí donde el tema es evidentemente grave y lleno de peso y trabajo".

Por otra parte, los LXX han traducido generalmente esa palabra como λῆμμα en el encabezamiento de los oráculos, o también ὅρασις, ὅραμα, ῥῆμα (cf. Delitzsch, "Introducción" a *Comentario* a Isaías, p. 13; cf. Is 30, 6). A partir de aquí, la mayor parte de los comentaristas, desde Cocceius a Vitringa, han atribuido a esa palabra el significado de "proclamación", como si fuera derivada de נָשָׂא, decir, proclamar. Pero נָשָׂא no tiene ese significado, a no ser en קוֹל נָשָׂא que puede significar decir la palabra, como aparece en Ex 20, 7 y 23, 1, textos a los que apela Hupfeld para apoyar su visión, o en 2 Rey 9, 25, texto al que apelan otros.

En esa línea se puede decir que מַשָּׂא nunca significa declaración, proclamación, y no se coloca delante del anuncio de salvación, sino solo delante de los oráculos de naturaleza amenazadora. Zac 9, 1 y 12, 1 no son excepción a esa regla. Delitzsch (sobre Is 13, 1), en relación a ese último pasaje, observa que incluso los oráculos en forma de promesa tienen un elemento de condena, de manera que,

El juicio sobre Nínive, decretado por Dios

en Is 9,1 ss., Dios amenaza a las naciones paganas de las monarquías mundiales de Persia y de Babilonia con un juicio divino que romperá en piezas su gloria imperial, a fin de que así puedan ser conducidas a la conversión a Yahvé, y en esto consiste precisamente el peso que la palabra de Dios impone sobre las naciones, a fin de que ellas lleguen a la conversión a través de ese juicio de Dios (Kliefoth).

Massâ' no significa en Prov 30, 1 y Prov 31, 1 declaración, sino "carga". Las palabras de Agur en Prov 30, 1 son una carga pesada que se despliega sobre la razón natural, centrada en sí misma; son punitivas en su carácter, y reprueban del modo más fuerte la audacia humana. Por su parte, en Prov 31, *Massâ'* es el discurso con el que el rey Lemuel reprueba a su madre. Para un estudio completo del significado de *Massâ'*, a través de una exposición de todos los pasajes que han sido aducidos en apoyo de su sentido como "declaración", cf. Hengstenberg, *Christologie*, sobre Zac 9, 1 y O. Strauss sobre nuestro pasaje. Para Nínive cf. *Coment.* Jon 1, 2.

El peso o carga, es decir, las palabras amenazadoras respeto a Nínive han sido definidas en la segunda frase como סֵפֶר חֲזוֹן, *sēpher châzōn*, libro de la visión (o de lo visto) de Nahún, es decir, libro sobre aquello que Nahún vio en espíritu y profetizó sobre Nínive. La combinación inusual de סֵפֶר y de חֲזוֹן, que solo aparece aquí, se ha empleado simplemente para mostrar que Nahún puso por escrito su profecía, y no comenzó anunciándola oralmente al pueblo. Para הָאֶלְקֹשִׁי, *hâ'elqōshî* (el elcosita), cf. Introducción.

1, 2-6,

² אֵל קַנּוֹא וְנֹקֵם יְהוָה נֹקֵם יְהוָה וּבַעַל חֵמָה נֹקֵם יְהוָה
לְצָרָיו וְנוֹטֵר הוּא לְאֹיְבָיו: ³ יְהוָה אֶרֶךְ אַפַּיִם
(וּגְדָל־)[וּגְדָל־]כֹּחַ וְנַקֵּה לֹא יְנַקֶּה יְהוָה בְּסוּפָה וּבִשְׂעָרָה
דַּרְכּוֹ וְעָנָן אֲבַק רַגְלָיו:
⁴ גּוֹעֵר בַּיָּם וַיַּבְּשֵׁהוּ וְכָל־הַנְּהָרוֹת הֶחֱרִיב אֻמְלַל בָּשָׁן
וְכַרְמֶל וּפֶרַח לְבָנוֹן אֻמְלָל:
⁵ הָרִים רָעֲשׁוּ מִמֶּנּוּ וְהַגְּבָעוֹת הִתְמֹגָגוּ וַתִּשָּׂא הָאָרֶץ מִפָּנָיו
וְתֵבֵל וְכָל־יֹשְׁבֵי בָהּ:
⁶ לִפְנֵי זַעְמוֹ מִי יַעֲמוֹד וּמִי יָקוּם בַּחֲרוֹן אַפּוֹ חֲמָתוֹ נִתְּכָה
כָאֵשׁ וְהַצֻּרִים נִתְּצוּ מִמֶּנּוּ:

² Yahvé es Dios celoso y vengador; Yahvé es vengador y está lleno de indignación; se venga de sus adversarios y se enoja con sus enemigos. ³ Yahvé es tardo para la ira y grande en poder, y no tendrá por inocente al culpable. Yahvé marcha sobre la tempestad y el torbellino, y las nubes son el polvo de sus pies. ⁴ Amenaza al mar y lo seca, y agota todos los ríos; el Basán y el Carmelo languidecen, y la flor del Líbano se marchita. ⁵ Ante él tiemblan los montes, y los collados se derriten. La tierra se conmueve en su presencia, el mundo y todos los que en él habitan.

⁶ ¿Quién puede resistir su ira? ¿Quién quedará en pie ante el ardor de su enojo? Su ira se derrama como fuego y ante él se quiebran las peñas.

Esta descripción de la justicia divina y su manifestación judicial sobre la tierra, con la que Nahún introduce su profecía sobre Nínive, tiene un doble objeto: (a)Ante todo, quiere indicar la conexión entre la destrucción de la capital del Imperio asirio, que va a proclamar, con el propósito divino de la salvación. (b) En segundo lugar, quiere superar desde el principio toda duda sobre la realización de su amenaza.

1, 2-3. La profecía comienza con las palabras con las que Dios expresa el carácter enérgico y fuerte de su santidad en el decálogo (Ex 20, 5, cf. Ex 34, 14; Dt 4, 24; 5, 9; Js 24, 19), que se expresa en la forma de קנוא en vez de קנא. Yahvé es un Dios celoso, que dirige el celo ardiente de su ira en contra de aquellos a los que le odian (Dt 6, 15). Aquí predomina este aspecto de energía de su celo divino, como muestra claramente la repetición por tres veces de נקם.

Esta insistencia de la palabra נקם, *nōqēm*, repetida por tres veces (cf. Jer 7, 4; 22, 29), aumenta aún más por la aposición con וּבַעַל חֵמָה, *ba'al chēmāh,* posesor de la ira ardiente, propia de un Dios de gran ira (cf. Prov 29, 22; 22, 24). Ese Dios despliega su venganza en contra de sus adversarios, en contra de quienes él dirige su mal deseo, su deseo de mal.

La palabra *nâtar* (cf. וְנוֹטֵר), cuando se predica de Dios en Lev 19, 18 y Sal 103, 9, significa mantener o llevar la ira. Dios no castiga inmediatamente, sino que es muy paciente (ארך אפים, Ex 34, 6; Num 14,18, etc.). Sin embargo, su paciencia no es una débil indulgencia, sino una emanación de su amor y de su misericordia, porque él es גְדָל כֹּחַ, *gedōl-kōăch,* grande en fortaleza (Num 14, 17), y no deja sin castigar los pecados (נקה וגו de Ex 34, 7 y Num 14, 18; cf. en Ex 20, 7).

Él mantiene desde antiguo su gran poder para castigar a los pecadores, por eso camina sobre la tormenta y la tempestad. Con esas palabras, Nahún viene a describir la manifestación de la ira de Dios sobre los pecadores, a través de los grandes juicios con los que él sacude el mundo (שערה como en Job 9, 17 lo mismo que en סערה, que aparece vinculado a סופה en Is 29, 6 y Sal 83, 16).

Estas y otras descripciones de Dios aparecen en su revelación, cuando él saca a Israel de Egipto y cuando realiza el pacto del Sinaí, y cuando desciende sobre la montaña en las nubes, en fuego y vapor de humo (Ex 19, 16-18). Las nubes son el polvo (basamento) de sus pies, y así camina Dios sobre ellas.

1, 4-6. En su amenaza contra el mar hay una alusión al mar Rojo que se seca para que los israelitas lo atraviesen (cf. Sal 106, 9). Pero ese tema se generaliza y se extiende aquí a todo mar y a todo río, que el Omnipotente puede castigar con su ira, haciendo que se seque. ויבשהו por וייבשהו, a causa de que la י sin vocal de la tercera persona queda integrada en la primera radical que se pronuncia, como en וידו de Lam 3, 53 (cf. Gesenius, 69, nota 6, y Ewald 232-3).

El juicio sobre Nínive, decretado por Dios

Basán, Carmelo y Líbano se mencionan como distritos muy fértiles, en los que abunda una vegetación vigorosa y muchos bosques, que Dios puede hacer que se sequen y desaparezcan por su ira. Más aún, las montañas y las colinas se derriten (cf. descripción semejante en Miq 1, 4, con la explicación allí dada). La misma tierra se conmueve ante su presencia y se desquicia (cf. Is 13, 13), con todo lo que habita sobre la superficie del globo.

תִּשָּׂא de נשׂא, se utiliza de un modo intransitivo, en el sentido de elevarse, conmoverse, como en Sal 89, 10 Os 13, 1; no en el sentido de *conclamat s. tollit vocem*, es decir, que grita y eleva la voz (J. H. Michaelis, Burk, Strauss). תֵבֵל, literalmente la tierra fértil, significa siempre la totalidad de la tierra habitable, ἡ οἰκουμένη; y יוֹשְׁבֵי בה no son meramente los hombres (Ewald), sino todas las creaturas vivientes (cf. Joel 1, 18.20). Nadie puede mantenerse en pie ante esa ira divina, que se derrama como fuego que consume todo (Dt 4, 24) y rompe las rocas en piezas (1 Rey 19, 11; Jer 23, 29; cf. Jer 10, 10; Mal 3, 2).

1, 7-8

⁷ טוֹב יְהוָה לְמָעוֹז בְּיוֹם צָרָה וְיֹדֵעַ חֹסֵי בוֹ׃
⁸ וּבְשֶׁטֶף עֹבֵר כָּלָה יַעֲשֶׂה מְקוֹמָהּ וְאֹיְבָיו יְרַדֶּף־חֹשֶׁךְ׃

⁷ Yahvé es bueno, fortaleza en el día de la angustia, y conoce a los que en él confían. ⁸ Mas con inundación impetuosa consumirá a sus adversarios, y las tinieblas perseguirán a sus enemigos.

Pero la ira de Dios no se desencadena contra aquellos que confían en el Señor, sino solo sobre sus enemigos. Este es el pensamiento de fondo de 1,7-8. Incluso allí donde manifiesta su ira, Dios expresa su bondad, porque el juicio con el que extermina a los malvados ofrece liberación para los justos que confían en el Señor, liberándoles de la aflicción que preparan para ellos los malvados del mundo.

El predicado טוב se define de un modo más preciso por la aposición למעוז וגו, porque él es un refugio en el día de la angustia. La bondad del Señor se muestra en el hecho de que él es un refugio para los oprimidos, es decir: para aquellos que confían en él, pues son conocidos por él. "Conocer es lo mismo que no olvidar, o expresado en forma positiva, es el cuidado o providencia de Dios en la preservación de los fieles" (Calvino). Cf. Sal 34, 9; 46, 2; Jer 16, 19.

Y dado que el Señor es refugio para su pueblo, él pondrá fin a los opresores de su pueblo, es decir, a Nínive, la capital del Imperio asirio, y lo hará con una inmensa inundación (*sheteph*, cf. שֶׁטֶף עֹבֵר) que se desborda sobre todo, indicando el juicio que viene sobre una tierra o sobre un reino, por medio de la invasión de los ejércitos enemigos, que son como una inundación de agua (cf. Is 8, 7; Dan 11, 26.40).

עֹבֵר es el desbordamiento de un río (cf. Is 8, 8; Hab 3, 10; Dan 11, 40). כלה עשֹה, hacer que algo termine, como en Is 10, 23. מקומה es acusativo de objeto: hacer que su lugar desaparezca. כלה, en femenino, un adjetivo, en el sentido de aquello que está desapareciendo del todo. El sufijo de מקומה se refiere a Nínive, citada en el encabezamiento (Nah 1, 1): quizá alude a Nínive, personificada como un reina (Nah 2, 7; 3, 4), con su sede de poder (Hitzig); o quizá, lo que es más simple, alude a la ciudad sin más, y según eso el sufijo (מקומה, "su lugar") ha de entenderse en el sentido de que incluso el lugar donde se hallaba asentada la ciudad dejará de existir o encontrarse, y en esa línea ha interpretado Marck el sentido de la frase, de un modo adecuado: "nadie conoce ya más su lugar" (cf. Job 7, 10; 8, 18; 20, 9). איביו son los habitantes de Nínive o, en general, los asirios, en cuanto enemigos de Israel. יְרַדֶּף־חֹשֶׁךְ, no es la oscuridad que persigue a sus enemigos (como traducen muchos, incluso Reina-Valera), porque esa interpretación es irreconciliable con el *makkeph*, sino perseguir con oscuridad, pues חֹשֶׁךְ, *chôshekh*, es un acusativo, sea de lugar (cosa que es más probable) o de precisión ulterior del tema, utilizado en sentido instrumental. Como la ciudad ha de desvanecerse sin dejar tras ella ninguna huella, así perecerán en oscuridad sus habitantes.

1, 9-11

⁹ מַה־תְּחַשְּׁבוּן אֶל־יְהוָה כָּלָה הוּא עֹשֶׂה לֹא־תָקוּם פַּעֲמַיִם צָרָה׃
¹⁰ כִּי עַד־סִירִים סְבֻכִים וּכְסָבְאָם סְבוּאִים אֻכְּלוּ כְּקַשׁ יָבֵשׁ מָלֵא׃
¹¹ מִמֵּךְ יָצָא חֹשֵׁב עַל־יְהוָה רָעָה יֹעֵץ בְּלִיָּעַל׃ ס

⁹ ¿Qué pensáis de Yahvé? ¡Él destruirá por completo; la aflicción no podrá surgir dos veces! ¹⁰ Aunque sean como espinos entretejidos y estén intoxicados con su vino, serán consumidos como hojarasca completamente seca. ¹¹ De ti salió el que tramó el mal contra Yahvé, un consejero perverso.

1, 9. La pregunta inicial no se dirige al enemigo, es decir, a los asirios, como afirman muchos comentaristas, suponiendo que la frase podría traducirse así: ¿Qué pensáis contra Yahvé? Ciertamente, *châshabb 'el* (cf. en nuestro caso תְּחַשְּׁבוּן) se utiliza en Os 7, 15 en contra de un enemigo hostil… Pero aquí el texto no puede tener ese sentido (¿qué pensáis contra Yahvé?), porque aunque la partícula אֶל, *'el* (en אֶל־יְהוָה) pudiera utilizarse en vez de עַל, en el sentido de contra, conforme a un uso posterior del lenguaje, esa utilización no puede darse aquí, porque 1, 11 utiliza de modo muy preciso la partícula עַל (חשׁב על) en ese sentido de *contra*.

Además, la segunda frase del verso no puede entenderse de esa forma (pensar contra Yahvé), pues ella, en paralelo con la anterior, afirma: "la aflicción no podrá surgir dos veces". Esa frase puede referirse a los asirios, como si Dios los quisiera destruir del todo, de manera que no fuera necesario hacerlo por segunda vez. Ella puede referirse también a la calamidad que Dios había descargado en contra de Judá, o en contra de aquellos que confiaban vanamente en el Señor (diciendo que ellos no serán amenazados más por Nínive o Asur, como piensan Marck, Maurer y Strauss).

Esa interpretación queda confirmada por Nah 1, 11.15, donde este pensamiento se despliega de una manera más precisa. De un modo consiguiente, la cuestión "¿qué pensáis de Yahvé?" solo puede estar dirigida a los judíos, y debe significar esto: ¿Pensáis que Yahvé no puede o no quiere cumplir su amenaza contra Nínive? (Cirilo, Marck, Strauss). El profeta dirige precisamente estas palabras a los judíos ansiosos, a quienes preocupaba el tema de nuevas invasiones posibles de los asirios. Para fortalecer su confianza, el Señor responde a la pregunta anterior repitiendo el pensamiento ya expresado en 1, 8.

1, 10. Él (es decir, Yahvé) está destruyendo al enemigo de su pueblo, como aquí se pone de relieve. Las frases de participio, de עַד־סִירִים a כְּסָבְאָם han de tomarse de un modo condicional: son (eran) como si estuvieran entretejidos con espinas.

עַד־סִירִים, como espinas, igual que espinas (עד ha sido correctamente traducido por J. H. Michaelis, como si fueran espinas entrelazadas...; cf. Ewald, 219). La comparación del enemigo con espinas expresa *firmatum callidumque nocendi studium,* el firme e intenso deseo de dañar (Marck), y ha sido bien explicada por Ewald, diciendo que ellas son puntiagudas, fuertes, malignas, de forma que uno haría bien en no acercarse a ellas, ni en tener nada con ellas (cf. 2 Sam 23, 6 y Miq 7, 4). כסבאם סבואים, no "mojadas como en su rocío" (Hitzig), ni "como si estuvieran empapadas en vino, de manera que el fuego no puede dañarlas, como no puede dañar a nada que está húmedo" (Ewlad); porque סבא no significa humedecer ni ahora, sino beber, embriagarse.

סבא es un vino fuerte, no mezclado (cf. Delitzsch sobre Is 1, 22). Este es el vino que ellos están acostumbrados a beber. Esta comparación expresa la audacia y la soberbia con la que los asirios se tomaban a sí mismos como invencibles, y se aplica muy bien a la glotonería y jolgorio que predominaba en la corte asiria.

Diodoro Sic. (ii. 26) afirma que Sardanápalo había vencido tres veces al enemigo que estaba sitiando Nínive, siempre confiado en su gran fortuna, de manera que ordenó que se celebrara un festín con grandes bebidas, en medio del cual, el enemigo al que se le había informado del hecho, realizó un ataque más fuerte y conquistó Nínive. Ciertamente, ese relato se apoya sobre una interpretación legendaria de los hechos, pero indica de algún modo las costumbres festivas de los asirios.

אֻכְּלוּ, devorados por el fuego, es una figura que evoca la destrucción completa, con un perfecto profético, que indica lo que ciertamente sucederá. Como "hojarasca seca", cf. Is 5, 24; 47, 14 y Joel 2, 5. מלא no ha de tomarse, como supone Ewald (279, a), como un fortalecimiento de יבש, "totalmente seco", pero ha de conectarse adverbialmente con el verbo, y se coloca simplemente al final de la sentencia a causa del énfasis (Gesenius, Strauss).

1, 11. Este será el final de los asirios, porque aquel que urde males contra Yahvé ha salido de Nínive. ממך se refiere a Nínive, representante del poder imperial de Asiria, que ha decidido destruir el reino israelita de Dios. En contra de esa explicación se puede ciertamente afirmar que las palabras de 1, 12.13 se dirigen a Sión o Judá, mientras que en lo que precede (1, 8.10) y en lo que sigue (1, 12) están en tercera persona.

Partiendo de esa base, Hoelem y Strauss aplican ממך también a Judá, y dan esta explicación: "de ti Judá tendrá que marchar el enemigo que hasta ahora te ha oprimido" (para ello toman יצא como futuro exacto y מן יצא como en Is 49, 17). Pero esta visión no responde al contexto. Tras la dura destrucción del enemigo, predicha en 1, 10 no puede esperarse la afirmación de que ese enemigo saldrá de Judá, y además, hasta ahora, en lo que precede no se ha dicho nada sobre una invasión de Judá.

La frase *haber tramado (meditado) el mal contra Yahvé* se refiere al designio de los conquistadores asirios de destruir el reino de Dios en Israel como ese mismo poder asirio declara en las palabras blasfemas que Isaías pone en la boca de Rabsaces (Is 36, 14-20), para mostrar así el malvado orgullo del enemigo. Este pensamiento expresa solo el sentimiento que ha tenido siempre el poder del mundo en contra del reino de Dios. Estas palabras, יעץ בליעל, ponen de relieve la nulidad y falta de sentido de esos planes de los enemigos en contra del pueblo de Dios. Este es el sentido de בליעל, no el de la destrucción.

1, 12-14. Nínive será destruida por tratar mal a Israel.

¹² כֹּה ׀ אָמַר יְהוָה אִם־שְׁלֵמִים וְכֵן רַבִּים וְכֵן נָגֹזּוּ וְעָבָר וְעִנִּתִךְ לֹא אֲעַנֵּךְ עוֹד׃
¹³ וְעַתָּה אֶשְׁבֹּר מֹטֵהוּ מֵעָלָיִךְ וּמוֹסְרֹתַיִךְ אֲנַתֵּק׃
¹⁴ וְצִוָּה עָלֶיךָ יְהוָה לֹא־יִזָּרַע מִשִּׁמְךָ עוֹד מִבֵּית אֱלֹהֶיךָ אַכְרִית פֶּסֶל וּמַסֵּכָה אָשִׂים קִבְרֶךָ כִּי קַלּוֹתָ׃ פ

¹² Así ha dicho Yahvé: Aunque tengan reposo y sean tantos, aun así serán talados, y él pasará. Bastante te he afligido; no te afligiré más, ¹³ porque ahora quebraré el yugo que pesa sobre ti, y romperé tus cadenas. ¹⁴ Pero acerca de ti mandará Yahvé que no quede ni memoria de tu nombre: De la casa de tu dios destruiré escultura y estatua de fundición; allí pondré tu sepulcro, porque fuiste vil.

Para confirmar la amenaza expresada en 1, 8-11, Nahún explica de un modo más preciso el propósito divino. Yahvé ha hablado: la perfección y fuerza de su ejército no servirá de ayuda para Nínive. Ha de ser destruido porque Judá ha de ser liberada de su opresor. Las palabras que van de שלמים a ועבר se refieren al enemigo, es decir, a las huestes guerreras de Nínive, que han de ser destruidas a pesar de su gran número y fuerza.

Shâlēm, cf. שְׁלֵמִים, íntegro, con fuerza, no disminuido, ni por fuera ni por dentro, es decir, tanto en número como en fuerza. וכן רבים, y así, es decir, precisamente porque son muchos o numerosos. וכן נגוזו, y así, es decir, aunque son de tal naturaleza, ellos serán no obstante destruidos. גז, símbolo tomado de la siega de las praderas, es una figura que indica la destrucción completa. ועבר no es impersonal, *actum est,* es decir, se ha realizado, sino que significa que aquello a lo que se refiere no existe o que ha sido destruido.

El singular se utiliza con un énfasis especial, como si todo el gran ejército se viera unificado en la persona de un solo hombre: "Nahún está presentando a todo el pueblo que está siendo destruido, como si se tratara de un solo hombre" (Strauss).

Con וענתך el discurso vuelve a dirigirse a Judá. Esas palabras no pueden aplicarse a los Asirios, a quienes refieren esta frase Abarbanel, Grotius, Ewald y Hitzig, porque Asur no será solo inclinada o castigada, sino totalmente destruida. ענתך se refiere a la opresión que Judá ha sufrido de parte de los asirios en el tiempo de Ahaz y de Ezequías. Esto no tendrá que repetirse, como ha sido prometido ya en 1, 9. Porque ahora el Señor romperá el yugo que el enemigo ha puesto sobre Judá. ועתה, pero ahora, se vincula adversativamente a ענתך. El sufijo de מטהו se refiere al enemigo que tiene su sede en Nínive. Para la figura del yugo, cf. Lev 26, 13; Jer 27, 2; 28, 10; Ez 34, 27, etc. Para el hecho mismo, cf. Is 10, 27.

Esta palabra no se refiere al pueblo de las diez tribus, que había sido esclavizado en el exilio, pues Nahún no alude en modo alguno a ellos, sino que se refiere a Judá (cf. Nah 1, 15), sobre el que los asirios habían impuesto el yugo del tributo desde el tiempo de Ahaz. Este yugo fue en parte suavizado en tiempos de Ezequías, cuando Senaquerib perdió el trono, pero no fue completamente roto, siempre que hubiera la posibilidad de que Asiria se levantara de nuevo con gran poder, como sucedió de hecho en el reinado de Manasés, cuando los generales asirios invadieron Judá y llevaron al rey a Babilonia (2 Cro 33, 11). Solamente quedó roto cuando el poder asirio fue derribado por la conquista y destrucción de Nínive.

Esta visión, que está exigida por los futuros אֲשַׁבֵּר y אֲנַתֵּק, está confirmada por 1, 14, donde se proclama expresamente el exterminio total de Asiria. וְצִוָּה, *vetsivvâh* no es un perfecto con *waw* de relación, sino que el *waw* es una simple cópula: y (=porque) Yahvé ha mandado. El perfecto se refiere al propósito divino, que Dios ha decidido, aunque aún debe ejecutarse en el futuro. Este propósito se formula así: "De tu semilla no habrá ya más descendencia" (= Tu pueblo y tu nombre serán extinguidos", Strauss; cf. Is 14, 20.

Esta palabra no se dirige al rey como persona, sino al poder de Asiria, personificado en un único hombre, como podemos ver en lo que sigue, donde se dice que los ídolos han de ser destruidos, con la semilla de la casa de Dios, que es el templo de los ídolos (cf. Is 37, 38; 44, 13). פֶּסֶל y מַסֵּכָה, *pesel* y *massēkhâh,* se combinan aquí como en Dt 27, 15, indicando todo tipo de imágenes idolátricas. Para la idolatría de Asiria, cf. Layard, *Nineve und seine Ueberreste*, 410 ss.

אשׂים קברך no puede significar "yo convierto el templo de tu Dios en una tumba", aunque así lo han entendido el texto caldeo y el siríaco; también la acentuación masorética, que vincula estas palabras con las anteriores, se funda en esa visión. Si a partir del contexto ha de añadirse un objeto para אשׂים habría que pensar en פֶּסֶל y מַסֵּכָה, pero esas palabras no tienen sentido en "yo convierto tu ídolo en una tumba". No hay, pues, otra salida que tomar קברך como el objeto más cercano y único de אשׂים, de esta manera: "Yo pongo, es decir, yo preparo tu tumba כִּי קַלּוֹת, porque, cuando se ha pesado tu dignidad moral (Job 31, 6), se ha encontrado que no tienes peso" (cf. Dan 5, 27).

Según eso, debe rechazarse la opinión bastante extendida de que aquí se predice la muerte de Senaquerib (Is 37, 38; 2 Rey 19, 37), porque esa predicción es errónea e irreconciliable con las palabras, y no tiene en cuenta el hecho de que Nahún no hace ninguna predicción de ese tipo. Lo que él anuncia es simplemente la destrucción total del poder de Asiria, con su idolatría, sobre la que se apoyaba aquel poder. Yahvé ha preparado una tumba para el pueblo y para sus ídolos, porque ellos se han encontrado vanos, sin peso alguno, cuando han sido pesados en la balanza de la justicia.

NAHÚN 2, 1-14.
CONQUISTA, SAQUEO Y DESTRUCCIÓN DE NÍNIVE

Yahvé envía una armada poderosa y espléndida en contra de Nínive para vengarse de las desgracias que ha causado a Judá y para restaurar su gloria (1, 15–2, 4). La ciudad ha sido conquistada y sus habitantes huyen o vagan en cautividad; sus tesoros son saqueados (2, 5-10); y la poderosa capital perece con toda su gloria, y no deja detrás ninguna huella (2, 11-13).

1, 15–2, 4 (=2,1-5)

2 ¹ הִנֵּה עַל־הֶהָרִים רַגְלֵי מְבַשֵּׂר מַשְׁמִיעַ שָׁלוֹם
חָגִּי יְהוּדָה חַגַּיִךְ שַׁלְּמִי נְדָרָיִךְ כִּי לֹא יוֹסִיף עוֹד
(לַעֲבוֹר־)[לַעֲבָר־]בָּךְ בְּלִיַּעַל כֻּלֹּה נִכְרָת:
² עָלָה מֵפִיץ עַל־פָּנַיִךְ נָצוֹר מְצֻרָה צַפֵּה־דֶרֶךְ חַזֵּק מָתְנַיִם אַמֵּץ כֹּחַ מְאֹד:
³ כִּי שָׁב יְהוָה אֶת־גְּאוֹן יַעֲקֹב כִּגְאוֹן יִשְׂרָאֵל כִּי בְקָקוּם
בֹּקְקִים וּזְמֹרֵיהֶם שִׁחֵתוּ:
⁴ מָגֵן גִּבֹּרֵיהוּ מְאָדָּם אַנְשֵׁי־חַיִל מְתֻלָּעִים בְּאֵשׁ־פְּלָדוֹת
הָרֶכֶב בְּיוֹם הֲכִינוֹ וְהַבְּרֹשִׁים הָרְעָלוּ:
⁵ בַּחוּצוֹת יִתְהוֹלְלוּ הָרֶכֶב יִשְׁתַּקְשְׁקוּן בָּרְחֹבוֹת מַרְאֵיהֶן
כַּלַּפִּידִם כַּבְּרָקִים יְרוֹצֵצוּ:

¹ 15 ¡Mirad! Sobre los montes los pies del que trae buenas nuevas, del que anuncia la paz. Celebra, Judá, tus fiestas, cumple tus votos, porque nunca más te invadirá el malvado; ha sido destruido del todo. 2¹ ¡Un destructor avanza contra ti! ¡Monta guardia en la fortaleza! ¡Vigila el camino! ¡Cíñete la cintura! ¡Reúne todas tus fuerzas! ² Porque Yahvé restaurará la gloria de Jacob, así como la gloria de Israel, porque saqueadores los saquearon y estropearon sus sarmientos. ³ El escudo de sus valientes está enrojecido, los hombres de su ejército visten de grana, el carro flamea como fuego de antorchas; el día que se prepare, temblarán los cipreses. ⁴ Los carros se precipitan a las plazas, con estruendo ruedan por las calles; su aspecto es como de antorchas encendidas, corren como relámpagos.

Nahún 1, 15–2, 4 (=2,1-5)

Judá escucha la buena noticia de que su opresor ha sido totalmente destruido. Un ejército poderoso avanza contra Nínive, de forma que la ciudad no puede resistir, porque el Señor va a poner fin a la opresión de su pueblo.

1, 15. La destrucción del Imperio asirio, anunciada en 1, 14, es tan segura que Nahún comienza la descripción de su caída con una llamada a Judá para que celebre fiestas gozosas, porque la ciudad malvada ha sido cortada y destruida de una forma tan completa. La forma en que Nahún expresa esta llamada es evocando la llegada y la voz del mensajero que vienen sobre las montañas, trayendo la noticia de la paz al reino de Judá.

La primera frase se aplica en Is 52, 7 a la descripción de la salvación mesiánica. El mensajero de la gran alegría aparece sobre las montañas, a fin de que su voz pueda escucharse desde lejos, a lo ancho de la tierra. Las montañas son las del reino de Judá, y la alusión a los pies del mensajero evoca de un modo muy visual la forma en que esos pies se apresuran sobre las montañas con esas gozosas noticias. מְבַשֵּׂר es un nombre colectivo, y se refiere a cualquiera que trae las buenas noticias. שָׁלוֹם, *shâlōm*, significa paz y salvación, aquí las dos cosas. La invitación a celebrar fiestas procede del mismo profeta y, como dice Ursinus, es una palabra *partim gratulatoria, partim exhortatoria* (en parte gratulatoria, en parte de exhortación).

Es lo primero porque las fiestas no podían celebrarse rectamente durante la opresión por el enemigo, o porque no podían acudir a ellas los que vivían a gran distancia del templo. Es lo segundo porque las *chaggīm* (cf. חַגֶּיךָ), es decir, las grandes fiestas anuales, eran fiestas de acción de gracias por las bendiciones de la salvación que Israel había recibido del Señor, de forma que la llamada para la celebración de esas fiestas implicaba la exigencia de dar gracias al Señor por su misericordia, al destruir el poder hostil del mundo.

Esto se expresa de manera aún más clara en la invitación a cumplir los votos. בְּלִיַּעַל, evoca lo abstracto por lo concreto, y tiene el mismo sentido que בַּל אִישׁ, como en 2 Sam 23, 6 y Job 34, 18. נכרת no es un participio, sino un perfecto pausal.

2, 1. Con este verso, la profecía vuelve a ocuparse de Nínive. עַל־פָּנַיִךְ no puede referirse a Judá, como en 1, 15 (caldeo, Rashi, etc.), sino que se refiere a Nínive. No se puede objetar diciendo que ya en 1, 15 se había anunciado la destrucción de Asur, pues el profeta puede haber vuelto al tiempo en el que Asur había hecho guerra contra Judá, y describe con más precisión su ruina. Por la segunda cláusula del verso (y por la referencia a 2, 2) queda claro que el texto está definiendo la aproximación del enemigo, tema que continúa en 2, 3, pues es incuestionable (conforme también a 2, 5) que el ejército está avanzando en contra de Nínive y destruyendo esa ciudad.

Debemos asumir, por tanto, que el texto nos sitúa ante un cambio repentino, como en 1, 11-12 y en 1, 13-14. Al enemigo se le llama מֵפִיץ, alguien que destruye, rompiendo algo en piezas, aunque no sea un "martillo de guerra" (cf. Prov 25, 18), porque עלה, la expresión que se utiliza para el avance de ejército hostil, no concuerda con ese sentido. על־פניך, en contra de tu rostro, es decir, plantando su tienda frente a la ciudad (aquí no hay razón aceptable para alterar el sufijo, como algunos proponen).

En contra de ese enemigo, Nínive ha de oponer todo su posible poder de resistencia. Esto no es una ironía, sino simplemente un giro de pensamiento, para indicar que Nínive no será capaz de expulsar más a este enemigo. El infinitivo absoluto נָצוֹר, *nâtsōr*, es de tipo enfático, en lugar de imperativo, como sucede con frecuencia, siendo continuado por un imperativo.

מְצֻרָה, *metsūrâh*, es lo que rodea a una ciudad, aquí la muralla o fortificación. צפה־דרך, mirar con cuidado al camino por el que puede venir el enemigo, para expulsarle, o para impedir que entre en la ciudad. חזק מ, ceñir los lomos, es decir, equiparse con fuerza, pues los lomos son la sede de la fuerza. La última frase expresa el mismo pensamiento, y se ha añadido simplemente para ratificar el significado de lo anterior.

2, 2. El *kī* de 2, 2 (hebreo 2, 3) no sigue a 2, 1b, en el sentido de "despliega toda tu fuerza, porque el enemigo huye ante la fuerza de Dios" (Strauss), sino a 2, 1a o a 1, 15. El desarrollo del pensamiento es el siguiente: Asur será totalmente destruida por el enemigo que avanza contra Nínive, porque Yahvé restablecerá la gloria de Israel, que Asur había destruido.

שָׁב (perfecto profético), no tiene la fuerza del *hifil*, *reducere, restituere* (restituir), ni aquí ni en Sal 85, 5 e Is 52, 8, y en otros pasajes donde los diccionarios modernos traducen así, sino que significa volver, retornar a una persona, y se construye con el acusativo, como en Num 10, 36; Ex 4, 20 y Gen 50, 14, aunque de hecho, en las circunstancias existentes, el hecho de que Yahvé vuelva a la gloria de Jacob implica su restauración.

גאון יעקב, aquello de lo que Jacob está orgulloso, es decir, su eminencia y grandeza, es la gloria acrecentada de Israel a causa de su elección, para ser la nación de Dios, gloria que el enemigo en cuyas manos ha sido entregada a causa de su rebelión contra Dios le ha quitado (cf. Am 6, 8). Jacob no se cita aquí en lugar de Judá, ni en lugar del Israel de las diez tribus, porque Nahún no se refiere nunca a las diez tribus como algo distinto de Judá; por su parte, el texto de Abd 1, 18, donde Jacob se distingue de la casa de José se sitúa en un plano totalmente distinto. Ambos nombres (gloria de Jacob, gloria de Israel) se aplican aquí a todo Israel, es decir a las 12 tribus y, como ha mostrado Cirilo, la distinción es esta: Jacob es el nombre natural que el pueblo heredó de su antepasado; Israel es el nombre espiritual que ellos (los del pueblo escogido) recibieron de Dios.

Strauss presenta así el sentido de las palabras de un modo correcto. Yahvé hará que vuelva así la eminencia de su pueblo, que lleva el nombre de Jacob, a fin de que esa eminencia se convierta en la gloria de Israel, es decir, del pueblo de Dios. En otras palabras, él exaltará a la nación una vez más, a fin de que los israelitas puedan alcanzar de nuevo la alta eminencia de su divina llamada (כ se utiliza aquí de la misma manera que en 1 Sam 25, 36).

Él hará eso porque los enemigos han saqueado (*bâqaq, evacuare,* cf. בְקָקוּם) a los israelitas, y han destruido sus viñas; de esa manera, Dios se vengará de la humillación que han causado a su pueblo. Los saqueadores son las naciones paganas, especialmente los asirios. Las viñas son los israelitas; Israel como pueblo es el reino, es la viña (Is 5, 1; Jer 12, 10; Sal 80, 9); las vides son las familias, y las ramas o sarmientos (*zemōrī*m, cf. זְמֹרֵיהֶם *de zemōrâh*) son los miembros del pueblo.

Tras haber asignado esta razón para indicar el propósito divino en relación con Asur, el profeta comenzará en 2, 3 a presentar el avance de la armada en contra de Nínive, de forma que en 2, 3 se describa su apariencia y en 2, 4 la manera en que se pone en movimiento para la batalla.

2, 3-4. El sufijo de גִּבֹּרֵיהוּ, *gibbōrēhū* (sus héroes), pudiera ser *mēphīts* de 2, 1. Pero es más natural pensar que el texto se está refiriendo a Yahvé, de 2, 2. Tras haberse utilizado en el ejército y la lucha en contra de Nínive (cf. Is 13, 3), los escudos están enrojecidos, no radiantes de luz (Ewald), es decir, coloreados de rojo que no parece ser de la sangre de los enemigos que han sido degollados (Abarbanel y Grotius), sino por hallarse pintados de rojo o, lo que es más probable, porque están recubiertos de cobre rojo: cf. Josefo, *Ant.* xiii. 12, 5 (Hitzig).

Los אַנְשֵׁי־חַיִל (ricos-hombres) no son luchadores en general, es decir, soldados, sino que son bravos-hombres, héroes (cf. Jc 3, 29; 1 Sam 31, 12; 2 Sam 11, 16, donde equivalen a los *benē chayil* de 1 Sam 18, 17, etc.). מְתֻלָּעִים, ἄπ. λεγ., denominativo de תּוֹלָע, *coccus,* color "grana" (parecido a la púrpura): vestidos de *coccus,* que es color carmesí. El uniforme de guerra de las naciones de la antigüedad era con frecuencia el rojo-sangre (cf. Aeliani, *Var. hist.* vi. 6)[84].

El ἄπ. λεγ., פְּלָדוֹת, *pelâdōth,* no se emplea sin más para las *lappīdīm,* que son las antorchas, pues tanto en árabe como en siríaco *paldâh* significa hierro (cf. Gesenius, *Lex.*). Pero esos *pelâdōth* no son escitas, lo que estaría sugerido por la idea de los carros de guerra de los escitas (Michaelis, Ewald y otros), porque los carros escitas fueron introducidos por primera vez por Ciro, y eran desconocidos antes de ese tiempo por los medos, los sirios, los árabes e incluso por los antiguos egipcios (cf. en Js 17, 16). *Pelâdōth* indica probablemente la cubierta de hierro de los carros, pues, conforme a los restos arqueológicos, los carros de guerra de los asirios estaban adornados con ornamentos de metal[85].

---

84. Valerio observa en torno a esto: Ellos empleaban para la batalla túnicas fenicias, para disimular y esconder la sangre de sus heridas, pero también para que ese color infundiera miedo en los enemigos, pues lo menos que se deseaba es que la vestimenta inspirara confianza a los enemigos.

85. Como dice Strauss, los carros de los asirios, tal como están representados en los monumentos, brillan como objetos resplandecientes, hechos de hierro o de un tipo de acero, con

El ejército del enemigo presenta la apariencia descrita en ביום הכינו, en el día de su equipamiento. הכין, preparar, término que se emplea para el equipamiento de un ejército para el ataque o para la batalla, como en Jer 46, 14; Ez 7, 14; 38, 7. El sufijo se refiere a Yahvé, como גבוריהו; cf. Is 13, 4, donde Yahvé prepara un ejército para la lucha con Babilonia. וְהַבְּרֹשִׁים, *habberōshīm*, cipreses, son sin duda lanzas o jabalinas hechas de madera de ciprés (Grotius y otros), no magnates (caldeo, Kimchi y otros), o *viri hastati* (hombres con lanzas).

הרעלו, blandir, manejar, en las manos de los guerreros equipados para la batallas. El ejército avanza para el asalto (Nah 2, 4), y va haciendo presión en los suburbios de la ciudad. Los carros enloquecen (van como locos) por las calles. התהולל, comportándose de un modo enloquecido, delirante, palabra utilizada aquí como en Jer 46, 9 para un tipo de marcha llena de furia, con rapidez loca (cf. 2 Rey 9, 20). השתקשק, *hithpalel* de שקק, correr (Joel 2, 9); en su forma intensiva correr unos sobre otros, es decir, correr de tal manera que parece que unos se abalanzan contra otros.

חוצות y רחבות son calles y espacios abiertos, no de fuera, sino dentro de la ciudad (cf. Am 5, 16; Sal 144, 13-14; Prov 1, 20), y ciertamente también, como veremos por todo lo que sigue, en los suburbios que rodean la ciudad interior que es la ciudadela. Su apariencia (la de los carros cuando corren a gran velocidad) es como la de las antorchas. El sufijo femenino de מראיהן solo puede referirse a הרכב, a pesar de que en todos los demás casos רכב se construye siempre como masculino, y aquí también en las primeras frases.

El sufijo no puede referirse a רחבות (Hoelem y Strauss), porque הרכב es el sujeto en la frase siguiente, y lo ha sido en las dos anteriores. La mejor forma de explicar el tema es probablemente la de tomar la palabra como un neutro, de manera que puede referirse no solo a los carros, sino también a todo lo que se encuentre o se mueva encima de ellos. La apariencia de los carros, avanzando con la velocidad de un relámpago, ricamente adornados con metal brillante (cf. en 2, 3), ocupados por guerreros con espléndidos vestidos y armadura relampagueante, pudiera compararse muy bien a la de las antorchas y las luces brillantes. רצץ, *pilel* de רוץ (no *poel* de רצץ, Jc 10, 8), correr, es decir, dirigirse con gran velocidad.

---

hachas de guerra, arcos, flechas y escudos y todo tipo de armas. Los caballos se adornan también con coronas y flecos rojos, e incluso los extremos de los carruajes están hechos con soles o lunas resplandecientes; añádase a eso los soldados con armadura dirigiendo los carros; y además de eso, no era una casualidad el hecho de que, cuando los rayos de sol incidían en ellos, los soldados tomaban la apariencia de llamas, mientras iban de un lado para otro a gran velocidad. A eso puede compararse también la descripción de los guerreros asirios en los carros de combate, propia de Layard, *Ninive und seine Ueberreste*, 367 ss.

2, 5-10. Los asirios intentan repeler el ataque, pero en vano

2, 5-7 (2, 6-8)

⁶ יִזְכֹּר֙ אַדִּירָ֔יו יִכָּשְׁל֖וּ בַּהֲלִיכוֹתָ֑ם [בַּהֲלִיכוֹתָם֙] יְמַהֲרוּ֙ חֽוֹמָתָ֔הּ וְהֻכַ֖ן הַסֹּכֵֽךְ׃
⁷ שַׁעֲרֵ֥י הַנְּהָר֖וֹת נִפְתָּ֑חוּ וְהַהֵיכָ֖ל נָמֽוֹג׃
⁸ וְהֻצַּ֖ב גֻּלְּתָ֣ה הֹעֲלָ֑תָה וְאַמְהֹתֶ֗יהָ מְנַֽהֲגוֹת֙ כְּק֣וֹל יוֹנִ֔ים מְתֹפְפֹ֖ת עַל־לִבְבֵהֶֽן׃

⁵ Se convoca a los valientes, se atropellan en su marcha, se apresuran hacia el muro donde se prepara la defensa. ⁶ Las puertas de los ríos se abren y el palacio es destruido. ⁷ Llevan cautiva a la reina, le ordenan que suba, y sus criadas la llevan gimiendo como palomas, golpeándose sus pechos.

2. 5. Los asirios intentan repeler el ataque, pero todo es inútil. Cuando se aproximan los carros de combate enemigos, los asirios recuerdan a sus generales y guerreros que quizá sean capaces de defender la ciudad y expulsar al enemigo. Es evidente que el sujeto cambia con יִזְכֹּר֙, *yizkōr*, por el cambio de número, es decir, por el cambio al singular, si comparamos el texto con 2, 3 y 2, 4, y el tema queda fuera de duda por el contenido de 2, 5, que muestra que la referencia al intento de defender la ciudad.

El sujeto de יִזְכֹּר֙ es el ejército asirio (בְּלִיַּעַל, Nah 2, 1), o el rey de Asur (3, 18). Él recuerda a sus gloriosos, es decir, a los אַדִּירָיו, de *'addīrīm*, no solamente a los generales (μεγιστᾶνες, LXX), sino a los buenos soldados, incluyendo a los generales (como en Nah 3, 18; Jc 5, 13; Neh 3, 5). Envía por ellos, pero vacilan y caen en los caminos. Por terror ante el asalto violento de los enemigos, sus rodillas pierden su tensión (el plural *hălīkhōth*, cf. בַּהֲלִיכוֹתָם, no ha de corregirse al singular, según el *keri* בַּהֲלִיכָתָם, pues esa palabra aparece siempre en plural. Ellos corren a la muralla de Nínive, donde está el הַסֹּכֵךְ, literalmente lo que cubre, no el defensor, *praesidium militare* (Hitzig), es decir un tipo de tortuga, *testudo*[86].

2, 6. La descripción del profeta pasa rápidamente del asalto del muro de la ciudad a la toma de la misma ciudad, evocando ante todo las puertas de los ríos (שַׁעֲרֵי הַנְּהָרוֹת).

Esas puertas abiertas o que se abren no son las de aquellas entradas a la ciudad que se hallaban en la ribera del Tigris, y que se abrían en las inundaciones del río, en apoyo de lo cual se ha apelado a la afirmación de Diodoro Sic. ii. 27,

---

86. Esa "tortuga" o *testudo* no estaba formada, sin embargo, por los escudos de los soldados, que se mantenían unidos sobre sus cabezas (Liv. xxxiv. 9), pues no aparece nunca así en los monumentos asirios (vid., Layard), sino que era un tipo de ariete de batalla, del cual existían diferentes clases, sea en forma de torre móvil, con un ariete, que era una especie de construcción ligera de madera, cubierta con un tipo de tejadillo, o un de artefacto sin torre, con una cobertura ornamental, o simplemente cubierta con pieles, moviéndose sobre cuatro o seis ruedas. Véase la ilustración en Layard, *Ninive* 377 y en el comentario de sobre este pasaje.

según la cual el muro de la ciudad fue destruido en un espacio de veinte estadios, por una inundación del Tigris.

Esas puertas de los ríos (שַׁעֲרֵי הַנְּהָרוֹת) no son posiblemente puertas "abiertas por el río". Aún menos pueden ser aquellas vías o calles que dirigían a las puertas, y que se inundaban con muchedumbres en vez de con agua (Hitzig), o con enemigos que estaban presionando para tomar la ciudad, como ríos desbordados (Ros.). No son tampoco puertas a través de las cuales fluyen los ríos, es decir, un tipo de esclusas, formadas en los canales concéntricos que salían del Tigris, de forma que sus palacios podían quedar rodeados de agua (Vatabl., Burck, Hitzig, ed. 1).

Se trata más bien, como traduce Lutero, de puertas sobre los ríos, es decir, de puertas que estaban situadas sobre los ríos, puertas de la muralla de la ciudad, protegidas por ríos y muy bien fortificadas, tanto por la naturaleza como por el arte (Tuch, *De Nino urbe*, p. 67, Strauss y otros), pues הַנְּהָרוֹת puede significar tanto el río Tigris como sus ríos tributarios o canales.

Sea como fuere debían existir ese tipo de puertas en Nínive, dado que la ciudad, que se encontraba en la unión entre el Khosr y el Tigris, en una ribera rocosa aunque no muy alta, se hallaba formada en la zona de aluvión, de forma que el curso natural del río Khosr tuvo que ser regulado por tres diques de piedra, restos de los cuales aún pueden verse; y desde este punto se excavó un canal que llevaba el agua el centro de la ciudad, desde donde se extendía, por la derecha y por la izquierda hacia los fosos de la ciudad, aunque había también un canal amplio a través de la misma ciudad. De todas formas, por la parte sur había otras corrientes menores de agua que llenaban las trincheras.

La muralla de la parte que daba hacia el río estaba formado por una línea ligeramente curvada, que conectaba con las bocas de las trincheras, aunque al otro lado la muralla estaba edificada a una pequeña distancia de las trincheras. En la actualidad, el muro de la parte de la ciudad está situado sobre praderas que solo se cubren de agua cuando hay inundaciones. Pero el suelo probablemente se ha elevado bastante, de forma que en el tiempo en que se edificó la ciudad esa zona formaba parte del río (cf. M. v. Niebuhr, *Geschichte Assurs u. Babels*, p. 280; para más precisiones sobre el plano de la antigua Nínive, cf. pág. 284).

Las palabras del profeta no han de entenderse como referidas a una puerta particular, por ejemplo la de oeste, como supone Tuch, sino que se aplican en general a las puertas de la ciudad, ya que los ríos se citan solo para poner de relieve la fuerza de las puertas. Como Lutero ha explicado de un modo correcto, "las puertas de los ríos, por muy firmes que hayan sido en otros aspectos, y por difícil que haya sido su acceso, han sido fácilmente ocupadas, de modo que se han abierto muy pronto".

El palacio queda destruido, pero no por las corrientes de agua que fluyen por las puertas abiertas. Esa traducción literal de las palabras resulta contraria a la situación de los palacios de Nínive, pues ellos estaban construidos en forma de terrazas sobre lo alto de las colinas, naturales o artificiales, de manera que no podían ser inundados con agua. Las palabras tienen un sentido figurativo. *Mūg* (cf. נָמוֹג) es fundirse, disolverse, es decir, desvanecerse con ansiedad y miedo. Por su parte, היכל, el palacio, se cita aquí para indicar a los habitantes del palacio. Cuando las puertas, protegidas por los ríos, quedaron rotas y abiertas por el enemigo, el palacio, es decir, el estamento dirigente de Nínive, se desvaneció de terror (Hitzig). Su forma de vida estaba terminando.

2, 7. הֻצַּב, *hophal* de נצב, que significa en *hiphil* establecer o determinar (Dt 32, 8; Sal 74, 17 y texto caldeo de Dan 2, 45; 6, 13). Aquí significa "está establecido", está determinado por Dios. Nínive, la reina, la señora de las naciones, quedará vacía, desnuda, cubierta de vergüenza. גלתה no puede tomarse como intercambiable con el *hofal*, הגלה, ser llevada cautiva, sino que significa queda desnuda, conforme al sentido que el verbo tiene en *piel*: desnudarse, quedar en vergüenza o desnuda (Nah 3, 5; cf. Is 47, 2-3; Os 2, 12). הֹעֲלָתָה, de העלה (cf. Gesenius, 63, nota 4), ser llevado fuera, ser arrojado, como el *nifal* en Jer 37, 11; 2 Sam 2, 27[87].

El hecho de que está desnuda y de que la lleven indica la destrucción completa de Nínive. אמהתיה, *ancillae ejus*, es decir, las criadas de Nínive. Las doncellas de la ciudad de Nínive, personificadas como reinas, no son las naciones sometidas bajo su poder (Teodoreto, Cirilo, Jerónimo y otros), porque a lo largo de todo este capítulo Nínive aparece simplemente como capital del Imperio asirio. Esas doncellas son más bien los habitantes de Nínive, que aparecen como doncellas, lamentándose por el destino de su señora.

מְנַהֲגוֹת, de *nâhag*, sollozar, gemir. El verbo *hâgâh* se utiliza también en otros pasajes donde se alude al zureo o gemido de las palomas (cf. Is 38, 14; 59, 11). כְּקוֹל יונים en vez de כיונים, probablemente para destacar la intensidad del lamento. פֹּפֵת מְ, de *tophēph*, golpearse; suele utilizarse para golpear los timbales o panderos, cf. Sal 68, 26; aquí golpearse los pechos. Comparar *pectus pugnis caedere* (golpearse el pecho con los puños) con *palmis infestis tundere* (golpear con las palmas apretadas), en *Juvenal* xiii. 167; Virgilio, *Aen*. i. 481, y otros lugares), como expresión de intenso dolor (cf. Lc 18, 13; 23, 27). לבבהן por לבביהן en plural, aunque suele escribirse generalmente לבות; y la י se omite con frecuencia, como signo del plural (cf. Ewald, 258, a). No hay razón suficiente para leer לבבהן, como propone Hitzig.

---

87. Entre las diferentes explicaciones que se han dado a este hemistiquio, la suposición, que se remonta casi hasta los caldeos, según la cual *huzzab* significa reina, o que era el nombre propio de la reina (cf. Ewald y Rückert) carece de todo fundamento; no es mejor la fantasía de Hitzig, según la cual tendríamos que leer והצב, "y fue descubierto y matado el lagarto", un lagarto que se identificaría con Nínive. La objeción que se pone a nuestra explicación, es decir, que ella sería admisible si fuera inmediatamente seguida por el *decretum divinum*, decreto divino, en su sentido más pleno, y no simplemente por una porción de ese decreto, se apoya en una mala interpretación de las palabras siguientes, que no contienen solo una porción del propósito o decreto de Dios.

2, 8-10 (= 2, 9-11)

⁹ וְנִינְוֵה כִבְרֵכַת־מַיִם מִימֵי הִיא וְהֵמָּה נָסִים עִמְדוּ עֲמֹדוּ וְאֵין מַפְנֶה׃
¹⁰ בֹּזּוּ כֶסֶף בֹּזּוּ זָהָב וְאֵין קֵצֶה לַתְּכוּנָה כָּבֹד מִכֹּל כְּלִי חֶמְדָּה׃
¹¹ בּוּקָה וּמְבוּקָה וּמְבֻלָּקָה וְלֵב נָמֵס וּפִק בִּרְכַּיִם וְחַלְחָלָה בְּכָל־מָתְנַיִם וּפְנֵי כֻלָּם קִבְּצוּ פָארוּר׃

⁸ Nínive es como un estanque de aguas, desde los días que ella existe. Gritan: ¡Deteneos, deteneos!, pero ninguno mira. ⁹ ¡Saquead plata, saquead oro! ¡Hay riquezas sin fin, y toda clase de objetos suntuosos y codiciables! ¹⁰ Vacía, agotada y desolada está, su corazón desfallece, le tiemblan las rodillas, tiene dolor en las entrañas; los rostros están demudados.

2, 8. Ante la conquista de Nínive sus numerosos habitantes huyen, y la rica ciudad queda saqueada. Nínive se compara aquí con un estanque de agua (cf. כִבְרֵכַת־מַיִם), no solo con referencia a la multitud de habitantes allí reunidos, sino al agua que es en todas partes un elemento de vida, y también con referencia a la riqueza y prosperidad, que se amontonaba en la ciudad imperial a causa de la multitud de gentes de muchos pueblos que desembocaban en ellas. Cf. Jer 51, 13, donde se dice de Babel: "Tú que habitas sobre muchas aguas, que eres rica por tus muchos tesoros".

מִימֵי הִיא, desde los días que ella existe. הִיא en el sentido de אֲשֶׁר הִיא, en estado constructo para indicar el sentido de la frase. Por su parte, el הוּא מִן de Is 18, 2 tiene un sentido diferente. El sujeto de נסים no son las aguas, a pesar de que *nûs* (נוס) se aplica al agua en Sal 104, 7, sino que, como muestra lo que sigue, el sujeto son las masas de hombres representados como agua. Todos huyen, sin que les detenga el grito "deteneos", permaneced, sin ni siquiera escucharlo. *Hiphnâh* (cf. מַפְנֶה) literalmente "volverse atrás" (cf. *ōreph*, Jer 48, 39), huir; pero cuando se aplica a una persona que está huyendo tiene el sentido de volverse (cf. Jer 46, 5).

2, 9. A los conquistadores se les ordena que saqueen, y esa orden no viene de sus generales, sino del mismo Dios que habla a través del profeta. El significado es el siguiente: Ese hecho no sucede por casualidad, sino que está determinado por el mismo Dios, para vengar las injurias infligidas a su pueblo (Calvino).

Con ואין קצה la profecía se convierte en una simple descripción. Y así se dice que no hay fin para la לַתְּכוּנָה, *lattekhūnâh*, el saqueo de tesoros. *Tekhūnâh*, el *kūn*, no *tâkhan*, significa literalmente la elevación, la construcción de un edificio (Ez 43, 11). Aquí se refiere a los tesoros y enseres de Nínive, como lugar donde moraban los gobernantes del mundo, mientras que en Job 23, 3 se aplica al lugar donde se ha establecido el trono de Dios. En כבד el sentido de la ל de לַתְּכוּנָה puede seguir conservando su influjo (Ewald, Hitzig), pero quizá es mejor pensar que esa *lamed* se debe a la viveza de la descripción, para tomar así כבד como comienzo de una nueva sentencia.

כָּבֹד se escribe defectivamente, como en Gen 31, 1, en el sentido de gloria, y equivale a una gran cantidad de riqueza. כְּלֵי חֶמְדָּה, *kelē chendâh,* vasos y joyas de oro y plata, como en Os 13, 15. En Nínive tenía que haber inmensos tesoros de metales preciosos y utensilios costosos, como se puede inferir de los relatos de escritores antiguos, que bordean los límites de lo fabuloso[88].

2, 10. De todos esos tesoros no quedó nada, sino un vacío desolador. Así lo muestra la combinación de tres palabras sinónimas: בּוּקָה וּמְבוּקָה וּמְבֻלָּקָה. Las dos primeras, בּוּקָה y מְבוּקָה, son formaciones sustantivas de *būq* igual a *bâqaq,* vaciar, que se combinan para poner de relieve la idea del saqueo total, como otras combinaciones semejantes de Sof 1, 15; Ez 33, 29 e Is 29, 2. Por su parte, מְבֻלָּקָה, *mebhullâqâh,* es un nombre del mismo sentido, formado por el participio *pual,* con el sentido de devastación (cf. Is 24, 1, donde *bâlaq* se combina con *bâqaq*).

Este versículo sigue describiendo el horror de la destrucción y devastación total de Nínive, utilizando también cláusulas cortas de sustantivo. לֵב נָמֵס, corazón desfallecido (con *nâmēs* en participio), destrucción total (cf. Is 13, 7; Js 7, 5); con temblor de rodillas, de forma que los hombres apenas podían mantenerse de pie (con פִּק, *pīq,* en vez de *pūq,* cosa que solo sucede aquí). חַלְחָלָה, *chalchâlâh,* formada por reduplicación de *chīl:* dolores espasmódicos en los lomos, como los dolores de parto de una mujer (cf. Is 21, 3). Finalmente, todos los rostros empalidecen (cf. Joel 2, 6).

2, 11-13 (=2, 12-14)

¹² אַיֵּה מְעוֹן אֲרָיוֹת וּמִרְעֶה הוּא לַכְּפִרִים אֲשֶׁר הָלַךְ אַרְיֵה לָבִיא שָׁם גּוּר אַרְיֵה וְאֵין מַחֲרִיד׃
¹³ אַרְיֵה טֹרֵף בְּדֵי גֹרוֹתָיו וּמְחַנֵּק לְלִבְאֹתָיו וַיְמַלֵּא־טֶרֶף חֹרָיו וּמְעֹנֹתָיו טְרֵפָה׃
¹⁴ הִנְנִי אֵלַיִךְ נְאֻם יְהוָה צְבָאוֹת וְהִבְעַרְתִּי בֶעָשָׁן רִכְבָּהּ וּכְפִירַיִךְ תֹּאכַל חָרֶב וְהִכְרַתִּי מֵאֶרֶץ טַרְפֵּךְ וְלֹא־יִשָּׁמַע עוֹד קוֹל מַלְאָכֵכֵה׃ ס

¹¹ ¿Qué queda de la cueva de los leones y de la guarida de los cachorros de los leones, donde se recogían el león y la leona, y los cachorros del león, y no había quien los espantara? ¹² El león arrebataba en abundancia para sus cachorros, y despedazaba para sus leonas, llenaba de presas sus cavernas, y de robo sus guaridas. ¹³ ¡Aquí estoy

---

88. Cf. Layard, *Ninive,* 398 ss. y Movers, *Phönizier* (iii. 1, pp. 40, 41). Tras haber citado las afirmaciones de Ctesias, Movers observa que "los tesoros de Nínive eran fabulosos". En ese contexto añade que en el tiempo de Ctesias los tesoros de Nínive eran mucho mayores que los acumulados en las tesorerías del Imperio persa. Eso se puede confirmar por el hecho de que los conquistadores de Nínive, los medos y los caldeos, hablan de una inmensa cantidad de botín, en forma de oro, plata y otros tesoros. El mismo profeta Nahún supone que Ecbatana y Babilonia fueron enriquecidas con el oro y la plata de Nínive, de un modo que no tiene paralelos en la historia.

contra ti!, dice Yahvé de los ejércitos. Quemaré y reduciré a humo tus carros, y la espada devorará tus leoncillos; acabaré con el robo en tu tierra y nunca más se oirá la voz de tus mensajeros.

2, 11. Así será destruida la poderosa ciudad, con sus hombres de guerra y su botín. Contemplando en espíritu la destrucción, como si ya hubiera sucedido, el profeta mira hacia el lugar donde antes se elevaba la gran urbe, y no la ve ya más. Este es el sentido de la pregunta ¿qué queda…? Él describe la ciudad como cueva de leones. El motivo de la comparación es el deseo y placer predatorio de sus gobernantes y guerreros, que destruían naciones como leones, saqueando sus tesoros y llevándonos a Nínive.

Para completar esta figura, los epítetos que se aplican a los leones se agrupan conforme a su edad y sexo. אריה es el león macho crecido; כפיר, es el joven león, aunque ya maduro para seguir a la presa; גור אריה, *catulus leonis*, es el leoncito que aún no puede buscar por sí mismo la presa. ומרעה הוא, literalmente, "un lugar de vivir", esto es, la madriguera (con הוא remitiendo a מעון) en este sentido: ¿Dónde está la madriguera de leones, que era también un lugar para alimentar a sus cachorros? Por la aposición de elementos se está indicando que la ciudad de los leones era no solo un lugar de descanso, sino que ofrecía también un lugar de vida confortable.

אשר ha de tomarse en conexión con lo que sigue. שם: en aquel mismo lugar. הָלַךְ, *hâlakh,* significa simplemente caminar, andar en torno, no simplemente realizar un ejercicio, pues en ese caso en vez de en *piel* el verbo debía estar en *kal.* La definición más precisa del tema sigue en ואין מחריד, que significa, *sin que nada lo perturbe,* es decir, en descanso y seguridad, con poder, sin amenaza alguna (cf. Miq 4, 4; Lev 26, 6; Dt 28, 26, etc.).

2, 12. Siguiendo con ese mismo símil de leones, Nahún describe la tiranía y el deseo predatorio de los asirios en las guerras. Esta descripción está subordinada, por su sentido, al pensamiento dominante de la pregunta inicial del verso anterior ¿qué queda…? ¿Dónde está ahora la ciudad en la que los asirios guardaban junto el botín de los pueblos y reinos que ellos habían destruido?

Ese pensamiento se describe en este verso en forma de aposición. El león, como rey de las fieras, es un signo adecuado de los reyes o gobernantes de Asiria. Las leonas y los jóvenes leones son los ciudadanos de Nínive y de la provincia de Asiria, la zona tribal de la monarquía imperial de Asiria, y no las reinas y princesas como supone el texto caldeo.

Gōrōth (cf. גְּרוֹתָיו), con inflexión en "o" de *gūrōth*, como en Jer 51, 38 *Chōrīm* (cf. חֹרָיו), son huecos o agujeros, en el sentido de lugares para esconderse, cuevas; la figura no se aplica solo a los ladrones, pues en ese sentido aparecen los asirios como leones (Hitzig), sino también a los mismos leones que guardan sus presas en cuevas (cf. Bochart, *Hieroz.* i. 737).

2, 13. La destrucción de Nínive se realizará con plena seguridad, pues Yahvé el Dios todopoderoso la ha decretado, y él cumplirá su palabra. Esa palabra de Dios ratifica la amenaza anterior, con el sello de su confirmación. הנני אליך: Mira lo que voy a hacerte a ti, Nínive. Aquí no hay que suplir אבוא, en el sentido de *vendrá*, sino simplemente el verbo copulativo, que se omite siempre en este tipo de sentencias. La relación del sujeto con el objeto se expresa aquí con אל (cf. Nah 3, 5; Jer 51, 25).

הבערתי בעשן, yo quemaré hasta convertir en humo, es decir, convertiré en humo, (cf. Sal 37, 20). רכבה, sus carros de guerra. Esa palabra actúa como sinécdoque, aplicada a todo el aparato de guerra (Calvino). El sufijo en tercera persona ha de mantenerse, y se explica con facilidad por el paso de anuncio profético a discurso directo. Los jóvenes leones son los guerreros. El eco de esta figura en el verso anterior influye todavía aquí, lo mismo que en טרפך.

La última frase expresa la destrucción total del poderoso Imperio de Asiria. Los mensajeros de Nínive son en parte heraldos, como los portadores de los mandatos del rey. Pueden ser en parte como alabarderos o delegados que cumplen los mandamientos del jefe (cf. 1 Rey 19, 2; 2 Rey 19, 23). El sufijo en מַלְאָכֵכֶה recibe una forma alargada, por razón del tono, al final de la sección, y es semejante a אתכה en Ex 29, 35, de manera que no hay que tomarlo como un arameísmo o una variación dialectal (Ewald, 258, a). El *tseré* de la última sílaba (כֵה) está determinado por el anterior. Jerónimo ha indicado muy bien su sentido como sigue: "Tú nunca devastarás más países, ni exigirás tributos, ni se oirá la voz de tus mensajeros en las provincias". Sobre la última frase cf. Ez 19, 9.

NAHÚN 3, 1-19.
PECADO E INEVITABLE DESTRUCCIÓN DE NÍNIVE

El anuncio de la destrucción que aguarda a Nínive queda confirmado por la prueba de que la ciudad imperial ha provocado su propio destino por sus pecados y crímenes (3, 1-7) y no será capaz de impedir que se cumpla, como no fue capaz *No-Amon* de Egipto (3, 8.13), de manera que a pesar de todos sus recursos culminará en un fin terrible (3, 14-19).

3, 1-4

¹ הוֹי עִיר דָּמִים כֻּלָּהּ כַּחַשׁ פֶּרֶק מְלֵאָה לֹא יָמִישׁ טָרֶף׃
² קוֹל שׁוֹט וְקוֹל רַעַשׁ אוֹפָן וְסוּס דֹּהֵר וּמֶרְכָּבָה מְרַקֵּדָה׃
³ פָּרָשׁ מַעֲלֶה וְלַהַב חֶרֶב וּבְרַק חֲנִית וְרֹב חָלָל וְכֹבֶד פָּגֶר וְאֵין קֵצֶה לַגְּוִיָּה (יכשלו) [וְכָשְׁלוּ] בִּגְוִיָּתָם׃
⁴ מֵרֹב זְנוּנֵי זוֹנָה טוֹבַת חֵן בַּעֲלַת כְּשָׁפִים הַמֹּכֶרֶת גּוֹיִם בִּזְנוּנֶיהָ וּמִשְׁפָּחוֹת בִּכְשָׁפֶיהָ׃

¹ ¡Ay de ti, ciudad sanguinaria, toda llena de mentira y de pillaje! ¡Tu rapiña no tiene fin! ² Chasquido de látigo, estrépito de ruedas, caballos al galope, carros que saltan, ³ cargas de caballería, resplandor de espada y resplandor de lanza. ¡Multitud de heridos, multitud de cadáveres! ¡Cadáveres sin fin! La gente tropieza con ellos. ⁴ Y todo por culpa de las fornicaciones de la ramera de hermosa gracia, maestra en hechizos, que seduce a las naciones con sus fornicaciones y a los pueblos con sus hechizos.

3, 1. La ciudad de la sangre tendrá como pago de venganza la vergüenza de la sangre que ella ha derramado entre las naciones. El profeta lo anuncia así con el "ay" con que se abre esta última sección de su amenazadora profecía. Esta es en sentido estricto la *ciudad de la sangre* (עִיר דָּמִים), es decir, de la sangre de los asesinados, que se convierte en sangre de los asesinos. Este predicado se explica en las frases siguientes: ella está llena de mentira y de asesinado.

כַּחַשׁ פֶּרֶק, *cachash* y *pereq* forman un asíndeton, son acusativos dependientes de כֻּלָּהּ מְלֵאָה, mentira y engaño, y así lo explican correctamente Abarbanel y Strauss, como algo referido al hecho de que ella ha engañado a las naciones con vanas promesas de ayuda y protección. פֶּרֶק es romper algo en piezas para matar, una figura tomada del león, que desgarra y trocea a su presa (Sal 7, 3). לֹא יָמִישׁ, el pillaje nunca termina, no se apaga. יָמִישׁ, *hifil* de *mush,* que aquí se utiliza de un modo intransitivo, en la línea de "salir", como en Ex 13, 22; Sal 55, 12, y no en sentido transitivo: hacer que salga, hacer salir, pues si *'ir* (la ciudad) fuera el sujeto debería haberse puesto *tâmîsh.*

3, 2-3. Aquí se explica la amenaza anterior, mostrando la forma en que el ejército enemigo entra en Nínive y llena de cadáveres la ciudad. Nahún contempla en espíritu el ejército hostil luchando contra Nínive. Escucha los sonidos, el chasquido de los látigos de los que montan los carros, con el rozamiento (*ra'ash*) de las ruedas y el avance de los mismos carros; al mismo tiempo, él ve los caballos y los carros corriendo a lo largo, con *dâhar,* que es cazar, cf. Jc 5, 22; con *riqqēd,* que es saltar, aplicado a los saltos de los carros mientras avanzan a gran velocidad sobre un suelo rugoso, con jinetes y cocheros altivos, que hacen que los caballos y los carros suban, apoyándose en el lado interior mientras toman las curvas, con espadas flamígeras y lanzas relampagueantes.

Todas esas palabras (3, 2) se adaptan muy bien para describir la toma de la ciudad, y así se complementan con las que siguen (3, 3) para describir las consecuencias y efectos del ataque. Hombres que mueren, cadáveres caídos en abundancia, muchos cadáveres, de manera que es imposible avanzar sin chocar con ellos o caer sobre ellos. כבד, la multitud "pesada". En vez del *kere* וכשלו ha de leerse el *qetiv,* יכשלו (en *nifal*), en el sentido de chocar y caer, como en Nah 2, 6. El *kere* וכשלו no es aquí apropiado, pues no expresa ningún progreso, sino que evoca simplemente el infinito número de cadáveres (Hitzig). גויתם, sus cadáveres, es decir, los de los hombres que han muerto.

3, 4. Esto es lo que le sucede a la ciudad de los pecados, a causa de la multitud de sus prostituciones. A Nínive se le llama זוֹנָה y su conducta es *zenûnîm,* prostitución, no porque ella se haya separado del Dios viviente y haya caído en la idolatría, pues no hay aquí ni en lo que sigue nada de idolatría en sentido de culto idolátrico; tampoco se emplea aquí en un sentido comercial, pues en ese caso el comercio de Nínive hubiera aparecido bajo la figura totalmente nueva de la ciudad amante que hace el amor con otras naciones (Ewald), porque la relación comercial en sí misma no es una forma de hacer el amor.

En este caso, su prostitución está vinculada con un tipo de hechicería (ella es maestra de hechiceros: בַּעֲלַת כְּשָׁפִים), lo que indica una amistad traidora, un tipo de política interesada, en la que Nínive la "coqueta", se va aprovechando para conquistar y esclavizar a los pequeños estados (Hitzig, con Abarbanel, Calvino, J. H. Michaelis y otros).

Esta política de Nínive se llama prostitución, amor mentiroso, pues ella se portó de un modo totalmente egoísta, y bajo la apariencia de amor buscó simplemente la gratificación de su propio deseo (Hengstenberg, en su estudio sobre del

Apocalipsis). La prostituta o *zōnâh* ha sido descrita de un modo más minucioso como טובת חן, hermosa con gracia. De esa forma se refiere al esplendor y brillantez de Nínive, por el que esta ciudad brilló y fue envidiada entre las naciones, como una graciosa prostituta (*Buhlerin, coquette*).

בַּעֲלַת כְּשָׁפִים, *ba'ălath keshâphīm*, dedicada a la hechicería, señora de hechizos. Esa palabra, *keshâphīm* (hechicería) conectada con *zenūnīm*, como en 2 Rey 9, 22, son los gestos secretos que, como las artes mágicas, no salen por sí mismos a la luz, sino solo en sus efectos (Hitzig). מכר, vender naciones, es decir, privarlas de la libertad, hacerlas tributarias, como en Dt 32, 30; Jc 2, 14; 3, 8, etc. (no es lo mismo que כמר de כבר, enredar Hitzig). בזנוניה, con (no por) sus prostituciones. וּמִשְׁפָּחוֹת, *mishpâchōth*, familias, sinónimo de עמים, tribus o pueblos más pequeños (cf. Jer 25, 9; Ez 20, 32).

3, 5-7

⁵ הִנְנִי אֵלַיִךְ נְאֻם יְהוָה צְבָאוֹת וְגִלֵּיתִי שׁוּלַיִךְ עַל־פָּנָיִךְ
וְהַרְאֵיתִי גוֹיִם מַעְרֵךְ וּמַמְלָכוֹת קְלוֹנֵךְ׃
⁶ וְהִשְׁלַכְתִּי עָלַיִךְ שִׁקֻּצִים וְנִבַּלְתִּיךְ וְשַׂמְתִּיךְ כְּרֹאִי׃
⁷ וְהָיָה כָל־רֹאַיִךְ יִדּוֹד מִמֵּךְ וְאָמַר שָׁדְּדָה נִינְוֵה מִי יָנוּד
לָהּ מֵאַיִן אֲבַקֵּשׁ מְנַחֲמִים לָךְ׃

⁵ ¡Aquí estoy contra ti!, dice Yahvé de los ejércitos. Te levantaré las faldas hasta el rostro y mostraré a las naciones tu desnudez, a los reinos tu vergüenza. ⁶ Echaré sobre ti inmundicias, te avergonzaré y te pondré como estiércol. ⁷ Todos los que te vean se apartarán de ti y dirán: ¡Nínive ha quedado desolada! ¿Quién se compadecerá de ella? ¿Dónde te buscaré consoladores?

3, 5. Retoma el motivo de 2, 13. El castigo de Nínive corresponderá a su conducta. Su "coquetería" de prostituta será castigada levantándole las faldas ante todas las naciones (cf. Jer 13, 26; Is 47, 3; Os 2, 5). *Gillâh* (cf. גִּלֵּיתִי), descubrir. *Shūlīm* (cf. שׁוּלַיִךְ), *fimbriae,* las faldas, los bordes o las partes inferiores de los largos vestidos (cf. Ex 28, 33-34; Is 6, 1). על פניך, sobre tu rostro, de manera que toda la ropa que se le levante viene a cubrirle el rostro. מער, una contracción de מערה, de ערה, que significa en 1 Rey 7, 36 un espacio vacío, aquí desnudez o vergüenza, que equivalen a ערוה.

3, 6-7. Desarrolla el pensamiento anterior. שִׁקֻּצִים, *shiqqutsīm,* inmundicias, objetos aborrecidos, se usa con frecuencia al hablar de los ídolos, pero aquí se emplea de un modo más general, refiriéndose a cosas repelentes, sucias, podridas. Echar basura sobre uno es una expresión figurativa para el tratamiento más ignominioso, para el mayor desprecio.

Nibbēl (cf. וְנִבַּלְתִּיךְ), tratar de un modo despreciativo, no con palabras, como en Miq 7, 6, sino con obras, en el sentido de insultar o abusar (cf. Jer 14, 21).

Hacer que algo sea בְּרָאִי, objeto de desprecio, es decir, entregarlo a la vergüenza pública, παραδειγματίζειν (Mt 1, 19), רְאִי, una forma pausal de רְאִי, lo que se ve (cf. 3, 6), aquí el espectáculo, como θέατρον en 1 Cor 4, 9. Esto es evidente en 3, 7, donde רֹאַיִךְ, contiene un juego de palabras con רְאִי.

Cada uno que la mira huirá de ella, como objeto de disgusto. שָׁדְדָה, una rara forma *pual* de שׁדד (cf. Jer 48, 20). Las últimas dos frases de 3, 7 expresan el pensamiento de que nadie tendrá piedad de la ciudad devastada, porque ella ha merecido su destino, cf. Is 51, 19, donde las mismas palabras se aplican a Jerusalén. Nínive no será capaz de protegerse de la destrucción, ni siquiera con su gran poder. El profeta rechaza este último y vano pensamiento de esperanza, evocando el texto de Is 51, 8, sobre la caída de la poderosa ciudad de Tebas en Egipto.

3, 8-10. Nínive como Tebas (No-Amon).

⁸ הֲתֵיטְבִי מִנֹּא אָמוֹן הַיֹּשְׁבָה בַּיְאֹרִים מַיִם סָבִיב לָהּ
אֲשֶׁר־חֵיל יָם מִיָּם חוֹמָתָהּ׃
⁹ כּוּשׁ עָצְמָה וּמִצְרַיִם וְאֵין קֵצֶה פּוּט וְלוּבִים הָיוּ בְּעֶזְרָתֵךְ׃
¹⁰ גַּם־הִיא לַגֹּלָה הָלְכָה בַשֶּׁבִי גַּם עֹלָלֶיהָ יְרֻטְּשׁוּ בְּרֹאשׁ
כָּל־חוּצוֹת וְעַל־נִכְבַּדֶּיהָ יַדּוּ גוֹרָל וְכָל־גְּדוֹלֶיהָ רֻתְּקוּ בַזִּקִּים׃

⁸ ¿Eres tú mejor que Tebas, que estaba asentada junto al Nilo, rodeada de aguas, cuyo baluarte era el mar y tenía aguas por muro? ⁹ Etiopía y Egipto eran su fortaleza, y eso sin límite; Fut y Libia fueron sus aliados. ¹⁰ Sin embargo, ella fue llevada en cautiverio; también sus pequeños fueron estrellados en las encrucijadas de todas las calles; sobre sus nobles echaron suertes, y todos sus grandes fueron aprisionados con grillos.

3, 8. התיטבי en vez de התיטבי, a causa de la eufonía; es el imperfecto *cal* de יטב, ser bueno, utilizado para indicar prosperidad en Gen 12, 13 y 40, 14; aquí se aplica a la condición floreciente de la ciudad, que se hizo grande tanto por su situación como por sus recursos.

נא אמון, significa probablemente "morada (con נא contraído de נוא, cf. נאות) de Amón", y era el nombre sagrado de la famosa ciudad de Tebas en el Alto Egipto. En egipcio se llamaba *P-amen*, es decir, casa del Dios *Amun*, que tenía allí un templo célebre (Herod. i. 182, ii. 42; cf. Brugsch, *Geogr. Inschr.* i. p. 177). Los griegos le llamaban Διὸς πόλις, generalmente con el predicado ἡ μεγάλη, la grande (Diodoro Sic. i. 45), o le daban también su nombre profano, que era *Apet*, conforme a Brugsch (posiblemente significaba trono, sede, banco), de manera que con el artículo femenino antepuesto se escribía como *Tapet*, *Tape* o *Tepe*, en griego Θήβη, que se utilizaba generalmente en plural: Θῆβαι.

En esta fuerte ciudad regia, descrita incluso por Homero (*Iliada* ix. 383) como ἑκατόμπυλος, la de las cien o muchas puertas, vivieron los faraones desde la dinastía XVIII hasta la XX, desde Amosis hasta el último Ramsés, creando una serie de obras de arquitectura que fueron admiradas por griegos y romanos, y cuyos restos producen todavía admiración en los viajeros.

La ciudad se hallaba situada en las dos riberas del Nilo, que tiene en este lugar 1 500 pies de anchura, y se hallaba edificada en el descenso de las montañas de Arabia y de Libia, sobre la cual se encuentran ahora cinco poblaciones más o menos extensas de beduinos. En la ribera este se encuentran Karnak y Luxor, y en la del oeste *Gurnah, Medinet Abu*, con su plantación de palmeras datileras, caña de azúcar, trigo, etc.

הישבה ביארים, que se asienta allí, de un modo quieto y seguro, sobre las corrientes del Nilo. El plural יארים se refiere al Nilo con sus canales, que rodean la ciudad, como podemos ver por lo que sigue: "agua en torno a ella". אשר־חיל, no "fortaleza del mar" (Hitzig), sino "cuyo baluarte es el mar".

חיל (por חילה) no significa la plaza fortificada, sino la fortificación, el baluarte, palabra que se aplica a los fosos de una fortificación con la muralla adyacente; además, en el sentido más extenso, significa la defensa de una ciudad en cuanto distinta de la muralla en sentido estricto (cf. Is 26, 1; Lam 2, 8). מים, formado de agua es su muro, es decir, su muralla está formada por el agua. Los grandes ríos se llaman con frecuencia *yâm,* mar, en un sentido retórico o poético, por ejemplo el Éufrates, en Is 27, 1; Jer 51, 36; y el Nilo en Is 18, 2; 19, 5; Job 41, 23. Todavía hoy, los beduinos llamar al Nilo *bahr,* pues especialmente y cuando se inunda parece realmente un mar.

3, 9. A la fuerza natural de Tebas había que añadir la fuerza de las naciones guerreras sobre las que extendía su mandato כוש ומצרים: '*Cush,* es decir, los etíopes en el sentido estricto de la palabra, y *Mitsraim,* los egipcios, las dos tribus que descendían de Cam, según Gen 10, 6, que formaban el reino de Egipto antes de la caída de Tebas, bajo la dinastía XXV (que era etíope). Por su parte, עצמה, como en Is 40, 29; 47, 9, por עצם, fuerza, que no tiene sufijo, pues puede suplirse fácilmente por el contexto.

Las palabras que corresponden a עצמה en la cláusula paralela son קצה ואין (con *waw* copulativo): egipcios, para los que no hay número, es decir, que son una multitud innumerable. A estos han de añadirse las tribus auxiliares de ולובים פוט: *Put,* es decir, los libios, en un sentido extenso, que se han extendido por todo el norte de África, hasta llegar a Mauritania (cf. en Gen 10, 6); y *Lubim,* que son *Lehâbhīm,* los libios en sentido estricto, probablemente los libio-egipcios de los antiguos (cf. en Gen 10, 13). Todos estos son los aliados, para ayuda de Egipto בעזרתך (cf. Sal 35, 2).

3, 10. Nahún se refiere expresamente a *No-Amon*, para dar más viveza a la descripción. Pero a pesar de todo su poder, *No-Amon* tendrá que ir a la cautividad. לגולה y בשבי, *laggōlâh* y *basshebhī* no son términos tautológicos. *Laggōlâh,* que significa emigración *quad* precisado por *basshebhī* en cautividad. El perfecto הלכה ha de tomarse en el sentido de futuro profético.

La antítesis entre הָלְכָה לַגּוֹלָה גַּם־הִיא (3, 10) y תִּשְׁכְּרִי גַּם־אַתְּ (3, 11) muestra que הלכה se refiere al pasado, mientras que תשכרי se refiere al futuro. Los mismos hechos exigen que Nahún debe estar refiriéndose al destino que la poderosa ciudad de Tebas ha experimentado ya. Debe tratarse pues de un acontecimiento ya ocurrido, y no de algo que forma parte solamente del futuro. Es un acontecimiento aquí recordado que se pone ante Nínive como un espejo de aquello que le espera.

Las frases que siguen de este verso (3, 10) ponen de relieve las crueldades generalmente asociadas a la toma de las ciudades enemigas. Para עלליה וגו cf. Os 14, 1; Is 13, 16 y 2 Rey 8, 12 y para ידו גורל cf. Joel 3, 3 y Abd 1, 11. *Nikhbaddim* (cf. נִכְבַּדֶּיהָ), son *nobiles,* los nobles; cf. Is 23, 8-9. *Gedōlīm* (cf. גְּדוֹלֶיהָ) son los grandes, *magnates*; cf. Jn 3, 7. Ha de recordarse, sin embargo, que estas maldades se refieren solamente a las crueldades conectadas con la conquista y deportación de los habitantes, y no con la destrucción de *No-Amon* sin más.

No tenemos un relato histórico que trate expresamente de estos hechos, pero no hay duda ninguna de que, tras la conquista de Asdod, el rey de Asiria Sargón organizó una expedición en contra de Egipto y de Etiopía, conquistando *No-Amon*, que era entonces la residencia de los faraones y que, como Is 20, 3-4 había profetizado, llevó al exilio a los prisioneros de Egipto y Etiopía.

Conforme a la investigaciones sobre Asiria, y a sus resultados más recientes (cf. Spiegel, *Ninive und Assyria,* en Herzog, *Cyclopaedia*), el rey Sargón, mencionado en Is 20, 1 no es el mismo Salmanasar, como yo mismo había supuesto en mi comentario a 2 Rey 17, 3, sino más bien su sucesor, es decir, el predecesor de Senaquerib, que ascendió al trono durante el asedio de Samaría, y que tomó la ciudad en el primer año de su reinado, llevando 27 280 personas en cautividad, y nombrando un viceregente sobre el país de las diez tribus.

En asirio, a Sargón se le llama *Sar Kin*, es decir, *el Rey* sin más. Él fue el constructor del palacio de *Korsabad*, que es tan rico en monumentos, y según las inscripciones llevó las guerras hasta Susiana, Babilonia y las fronteras de Egipto, con Melitene, Armenia, Kurdistán y Media. Y en todas sus expediciones llevaba a cabo la deportación de grandes cantidades de gente, a fin de asegurar el sometimiento de los pueblos (cf. Spiegel, l.c. p. 224).

En la gran inscripción del salón del palacio de *Korsabad*, Sargón se envanece del hecho de que, inmediatamente después de la conquista victoriosa de Samaría, tuvo un conflicto con el faraón *Sebech* en Rafia, a consecuencia de lo cual el faraón tuvo que hacerse su tributario, y que destronó también al rey rebelde de Asdod. Y que después que otro rey de Asdod, elegido por el pueblo, tuvo que huir a Egipto, sitió Asdod con su ejército y la tomó. Después de eso sigue un pasaje difícil de entender y mutilado, en el que Rawlinson (*Five Great Monarchies*, ii. 416) y Oppert (*Les Sargonides*, pp. 22, 26, 27) encuentra un relato del sometimiento completo de Sebech (cf. Delitzsch, *Coment.* Is 20, 5-6).

Hay aparentemente una confirmación de esto en los monumentos en los que se recuerdan los hechos del sucesor de Esarhaddon, cuyo nombre fue Asurbanipal, en los que se narran una serie de guerras en Egipto, en contra del faraón Tirhaka, que había conquistado Menfis, Tebas y muchas otras ciudades de Egipto, durante la enfermedad de Esarhaddon. Pues bien, según su propio relato, Asurbanipal logró un triunfo completo en contra de Tirhaka, y volvió a Asiria con un rico botín, trayendo consigo muchos prisioneros, para asegurarse su buen comportamiento (cf. Spiegel, p. 225).

Si esas inscripciones han sido correctamente leídas, se deduce que, después que Sargón hubiera realizado intentos de dominar Egipto, intentos que fueron parcialmente de éxito, los asirios no lograron mantener sus conquistas. La lucha entre Asiria y Egipto por la supremacía en la zona de Asia occidental puede inferirse también de las breves noticias que ofrece el Antiguo Testamento (2 Rey 17, 4) relacionada con la ayuda que el rey israelita Oseas esperaba recibir de parte de So, que era el rey de Egipto, lo que supone que hubo un momento de avance de Tirhaka en contra de Senaquerib[89].

3, 11-13

11 גַּם־אַתְּ תִּשְׁכְּרִי תְּהִי נַעֲלָמָה גַּם־אַתְּ תְּבַקְשִׁי מָעוֹז מֵאוֹיֵב:
12 כָּל־מִבְצָרַיִךְ תְּאֵנִים עִם־בִּכּוּרִים אִם־יִנּוֹעוּ וְנָפְלוּ עַל־פִּי אוֹכֵל:
13 הִנֵּה עַמֵּךְ נָשִׁים בְּקִרְבֵּךְ לְאֹיְבַיִךְ פָּתוֹחַ נִפְתְּחוּ שַׁעֲרֵי אַרְצֵךְ אָכְלָה אֵשׁ בְּרִיחָיִךְ:

11 Tú también serás embriagada y serás encerrada; tú también buscarás refugio a causa del enemigo. 12 Todas tus fortalezas serán cual higueras cargadas de brevas, que, si las sacuden, caen en la boca del que las ha de comer. 13 Tus tropas, dentro de ti, son como mujeres. Las puertas de tu tierra se abrirán de par en par a tus enemigos y el fuego consumirá tus cerrojos.

Igual o peor que la destrucción sufrida por *No-Amon* será la que espera a Nínive. גַּם־אַתְּ corresponde a גַּם־הִיא de 3, 10: Así como ella, así también tú; el destino de *No-Amon* es una profecía de tu propio destino (Hitzig). תִּשְׁכְּרִי, quedarás embriagada por la copa de la ira divina, como en Abd 1, 16.

תְּהִי נַעֲלָמָה puede significar "te estarás escondiendo a ti misma", pero aunque esa traducción pueda responder a lo que sigue, ella no concuerda con תִּשְׁכְּרִי, pues no es costumbre que los borrachos se escondan. Más aún, נעלם significa

---

89. Las investigaciones modernas sobre el antiguo Egipto no arrojan ninguna luz sobre esos acontecimientos. Como indica J. Bumller, p. 245, "hasta el momento actual, los egiptólogos no han logrado restaurar y fijar la cronología de aquellos tiempos, de manera que no contamos con ninguna fecha bien establecida que se pueda deducir de una inscripción en monumentos; tampoco los monumentos nos ha permitido asignar con seguridad las fechas de ningún faraón de ese tiempo".

escondido, oculto, de forma que la interpretación de Calvino es la correcta: "Te desvanecerás, como si nunca hubieras existido". En esa línea, los hebreos utilizan con frecuencia la expresión de "estar escondido" en el sentido de haber sido reducido a la nada. Esa traducción se apoya en la comparación con 1, 8 y 2, 12, y también con Abd 1, 16: "Ellos se emborracharán, y serán como si nunca hubieran existido". Así lo exige también lo que sigue: "Buscarás refugio del enemigo…", es decir, lo buscarás en vano, sin encontrarlo. El sentido no es "buscarás refugio del enemigo rindiéndote" (Strauss), porque מאויב no se vincula con תבקשי, sino con מעוז (cf. Is 25, 4).

Todas las fortificaciones de Nínive son como higueras con brevas (עם con sentido de subordinación, como en Cant 4, 13), que caen en manos del que las sacude para comerlas. El *tertium comparationis* que da el sentido de la imagen es que los defensores de las fortificaciones y las mismas fortificaciones caerán con la misma facilidad con que caen las brevas de la higuera sacudida (cf. Is 28, 4). Sin embargo, no debemos extender la comparación tan lejos como para comparar a los guerreros miedosos con higos, como lo hace Hitzig.

En 3, 13, donde el pueblo (los guerreros) se comparan con mujeres, el centro de la comparación no es la cobardía de los guerreros, sino su debilidad, la incapacidad que ellos tienen de ofrecer una resistencia que tenga éxito, de forma que la nación de los asirios, que en otro tiempo fue fuerte en la guerra, quedará destruida por el poder del juicio divino infligido sobre Nínive (cf. Is 19, 16; Jer 50, 37; 51, 30).

לְאֹיְבַיִךְ pertenece a lo que sigue, y se coloca primero y se puntúa con el *zakeph-katon* a causa del énfasis. Las puertas de la tierra son los caminos y zonas que llevan a ellas y que estaban sin duda defendidos por castillos. Tuch (p. 35) piensa que esas montañas son las del norte, que a juicio de Plinio eran infranqueables. Los cerrojos de estas puertas son los castillos, con los que se cerraba al paso a la tierra. Jeremías aplicará a Babel lo que aquí se dice de Nínive (cf. Jer 51, 30).

3, 14-17

14 מֵי מָצוֹר שַׁאֲבִי־לָךְ חַזְּקִי מִבְצָרָיִךְ בֹּאִי בַטִּיט וְרִמְסִי בַחֹמֶר הַחֲזִיקִי מַלְבֵּן׃
15 שָׁם תֹּאכְלֵךְ אֵשׁ תַּכְרִיתֵךְ חֶרֶב
תֹּאכְלֵךְ כַּיָּלֶק הִתְכַּבֵּד כַּיֶּלֶק הִתְכַּבְּדִי כָּאַרְבֶּה׃
16 הִרְבֵּית רֹכְלַיִךְ מִכּוֹכְבֵי הַשָּׁמָיִם יֶלֶק פָּשַׁט וַיָּעֹף׃
17 מִנְּזָרַיִךְ כָּאַרְבֶּה וְטַפְסְרַיִךְ כְּגוֹב גֹּבַי הַחוֹנִים בַּגְּדֵרוֹת
בְּיוֹם קָרָה שֶׁמֶשׁ זָרְחָה וְנוֹדַד וְלֹא־נוֹדַע מְקוֹמוֹ אַיָּם׃

[14] Provéete de agua de asedio, refuerza tus fortalezas, entra en el lodo y pisa el barro, y refuerza el horno. [15] Allí te consumirá el fuego, te talará la espada, te devorará como el pulgón. ¡Multiplícate como la langosta! ¡Multiplícate como el saltamontes! [16] Multiplicaste tus mercaderes más que las estrellas del cielo; la langosta hace

presa y vuela. ¹⁷ Tus príncipes serán como langostas y tus grandes como nubes de langostas que se posan sobre las cercas en los días de frío; al salir el sol se van, sin que nadie sepa a dónde.

3, 14. En conclusión, el profeta niega a la ciudad, tan pesadamente cargada de culpa, el último resquicio de esperanza, es decir, su confianza en las fortificaciones y en el número de su población. מֵי מָצוֹר es el agua que se necesita para un largo y continuado asedio. Nínive debe procurarla, porque el asedio durará mucho tiempo.

Nínive debe mejorar también sus fortificaciones (*chizzēq*, cf. חָזַק, como en 2 Rey 12, 8.13. Esto se describe después de un modo más preciso. *Tīt* y *chōmer* (cf. בַּחֹמֶר y טִיט) se utilizan aquí como sinónimos, igual que en Is 41, 25. טִיט, *tīt*, literalmente barro, lodo, y también arcilla de alfarero (Is, 41, 25). חֹמֶר, *chōmer*, arcilla, tierra para alfarería (Gen 11, 3), también la suciedad de las calles (Is 10, 6, cf. Miq 7, 10). החזיק, hacer firme o duro, aplicado a la restauración de los edificios en Neh 5, 16 y en Ez 27, 9.27. Aquí significa restaurar o poner en orden el horno de ladrillos (מַלְבֵּן un denominativo de *lebhēnâh,* ladrillo, con el fin de cocer ladrillos). Los asirios construían con ladrillos, a veces cocidos, a veces sin cocer, o meramente secados al sol. Encontramos ambos tipos en los monumentos de Asiria, como ha mostrado Layard, *Nínive*, pp. 321-324. Pues bien, estas palabras son una forma retórica de anunciar el duro castigo que espera a Nínive. Este asedio terminará con la destrucción de la grande y populosa ciudad.

3, 15. שָׁם, es decir, allí, en tus fortificaciones, te consumirá el fuego, que destruirá la ciudad con sus edificios y sus habitantes. Los antiguos historiadores relatan la destrucción de la ciudad por el fuego (Herod. 1:106, 185; Diod. Sic. 2, 25-28; *Athen.* xii. p. 529), y así lo confirman las ruinas (cf. Estrabón, *ad h. l.*). Te devorará como langosta. El sujeto no es el fuego ni la espada, sino ambos a la vez. כִּילָק, como la langosta; *yeleq* es un epíteto poético de la langosta (cf. Joel 1, 4), en nominativo, no en acusativo, como suponen Calvino, Grocio, Ewald y Hitzig, porque las langostas no son devoradas por el fuego o por la espada, sino que son ellas las que devoran los vegetales y la hierba de los campos, de forma que aparecen en todos los textos como símbolo de devastación y destrucción. Ciertamente, en las sentencias siguientes, las langostas aparecen como símbolo de los asirios o de los habitantes de Nínive, pero este es un tipo común de cambio profético en la aplicación de una figura o semejanza.

El pensamiento de fondo es este: fuego y espada devorarán Nínive y sus habitantes, como la langosta lo consume todo, aunque, en otro plano, la misma ciudad, con su masa de casas y pueblos puede ser y es semejante a un enorme enjambre de langostas.

התכבד puede ser un infinitivo absoluto, que se emplea en lugar del imperativo, pero también un imperativo, lo que es más probable. Por su parte, el uso del masculino se puede explicar pensando que el profeta tiene en su mente al pueblo mismo, mientras que al decir הִתְכַּבְּדִי está pensando en la ciudad. הִתְכַּבְּדִי, de *hithkahbbēd*, mostrarse fuerte a causa de una gran multitud, como כבד en 2, 10 (cf. כבד en Gen 13, 2; Ex 8, 20, etc.).

3, 16. Este verso (con el siguiente) desarrolla la comparación de la langosta, y el sentido de תֹּאכֵלֶךְ כַּיֶּלֶק de 3, 15. Nínive ha multiplicado sus comerciantes aún más que las estrellas del cielo, son una multitud innumerable. כַּיֶּלֶק, es decir, como el ejército del enemigo, que quema y saquea. Nínive era una rica ciudad comercial, como se deduce de su misma posición, es decir, en el punto donde, conforme a la visión oriental del mundo se unían el este y el oeste, allí donde el Tigris comienza a ser navegable, de forma que era fácil llegar desde allí al golfo Pérsico, justamente en el lugar donde, situada en la otra ribera del río vino a convertirse más tarde en un centro extendido de comercio (cf. Tuch, l.c. p. 31ss., y Strauss, *in loc.*)[90].

El sentido de este verso ha sido interpretado de diversas formas, conforme a la explicación que se dé al verbo פָּשַׁט. Muchos, siguiendo la traducción ὥρμησε y *expansus est* (cf. LXX y Jerónimo), piensan que aquí se dice "extendió sus alas". Por el contrario, Credner (*Joel*, p. 295), Maurer, Ewald y Hitzig traducen como "se desvistió a sí misma", aludiendo a la caída de las envolturas de las alas de la langostas jóvenes.

Pero ninguna de esas dos traducciones puede mantenerse gramaticalmente. *Pâshat* no significa nunca otra cosa que saquear, invadir saqueando, incluso en pasajes como Os 7, 1; 1 Cron 14, 9.13, que Gesenius y otros citan en el sentido de "extenderse". Por su parte, la interpretación de Credner, que alude a la metamorfosis de las alas de las langostas es simplemente una ilusión, y ha sido inventada por él simplemente como apoyo de su falsa interpretación de los diferentes nombres que se aplican a las langostas en Joel 1, 4.

En el pasaje que estudiamos la palabra *yeleq*, que "saquea" (פָּשַׁט וַיָּעֹף, *pâshat vayyâ'ōph*) no se puede referir a la innumerable multitud de comerciantes de Nínive, porque ellos no tendrán la suerte de huir de Nínive como enjambres que escapan de la ciudad sitiada. Al contrario, esa huida de los mercaderes sería totalmente contraria al significado de toda la descripción, que no promete liberación del peligro por medio de una huida, sino que amenaza destrucción. La palabra *yeleq* (cf. כַּיֶּלֶק) se aplica más bien el ejército innumerable del enemigo, que saque todo y que se lleva el botín.

---

90. Como dice O. Strauss, *Ninive und das Wort Gottes*, Berlin 1955, 19 ss., "el lugar en el que estaba situada Nínive era ciertamente el punto de encuentro de tres cuartas partes del globo, es decir, de Europa, Asia y África. Desde tiempo muy antiguo, Nínive, en el cruce del Tigris, se juntaban las grandes vías comerciales que guiaban hacia el corazón de los grandes centros comerciales del mundo conocido".

2, 17 explica las frases anteriores, donde los soldados de Nínive se comparaban con un enjambre de langostas. El texto ofrece cierta dificultad, causada por las dos palabras מִנְּזָרַיִךְ y וְטַפְסְרַיִךְ, la primera que solo aparece aquí y la segunda solo una vez más, en Jer 51, 27, donde está en singular. Parece seguro que ambas se refieren a grupos militares; pero no se puede determinar su sentido exacto.

מִנְּזָרַיִךְ, con *dagesh dirimens,* como מִקְּדָשׁ en Ex 15, 17, deriva probablemente de *nâzar,* separar, y no de *nezer,* diadema, o de *nâzīr,* una persona coronada, de donde los léxicos, empezando por Kimchi han derivado el sentido de "príncipe", o de personas adornadas con coronas. En contra de eso, el verdadero significado es "alguien sobre quien se hace la leva", alguien seleccionado para la guerra, lo mismo que *bâchūr,* los elegidos o seleccionados para el ejército.

Este sentido de príncipes o capitanes va en contra de la comparación con *'arbeh* (cf. כָּאַרְבֶּה, de 3, 15), la multitud de langostas, pues el número de comandantes/jefes de un ejército suele ser comparativamente pequeño. Y la misma objeción se puede elevar con relación a los capitanes, en el caso de *taphsar* (cf. מַפְסְרַיִךְ), que derivaría del persa *tâwsr,* aunque esa palabra puede aplicarse a un comandante en jefe (cf. Jer 51, 27, y se aplica también a un ángel en el Tárgum de Jonathan de Dt 28, 12).

Esa últimas derivaciones son insostenibles (cf. Gesenius, *Thes.* p. 554); y el intento de Büttcher (*N. Krit. Aehrenl.* ii. pp. 209-10) de derivar esa palabra del arameo טפס, *obedivit* (obedeció), con el cambio ר‎ por ן‎, en el sentido de clientes, vasallos, que va en contra del hecho de que ר‎ no aparece nunca como sílaba de inflexión. Se trata probablemente de una palabra asiria, de un término técnico para soldados de un tipo especial, que hasta ahora no ha logrado explicarse.

גוב גובי, langostas sobre langostas, es decir, un enjambre innumerable de langostas. Sobre גובי, cf. en Am 7, 1; la repetición de la misma palabra tiene un sentido de superlativo, cf. *Comentario* a 2 Rey 19, 23 (y Gesenius 108, 4). קָרָה יוֹם, *yōm qârâh,* día (o tiempo) de frío, puede ser la noche (que es en general muy fría en el este) o el tiempo de invierno.

A la última explicación se le puede objetar que las langostas no se posan en la vallas en invierno. Pero a la primera se le puede objetar que la palabra *yōm,* día, no suele aplicarse a la noche. Por eso debemos tomar la palabra en referencia a ciertos días fríos, en los que el sol está cubierto de nubes, de manera que no logra traspasarlas, de forma que זָרְחָה, *zârach,* no indica la salida del sol, sino el hecho de que los rayos calientes del sol logran abrirse y brillar a través de las nubes. Por su parte, נוֹדַע, *nōdad* (poal), desaparecer, se aplica al ejército asirio comparado con un enjambre de langostas que desaparecen del lugar (cf. Sal 103, 16), es decir, que se mueren sin dejar ni siquiera huellas. אים contracción de איה הם. Estas palabras expresan del modo más chocante la aniquilación completa del ejército en el que Nínive confiaba.

3, 18-19

¹⁸ נָמוּ רֹעֶיךָ מֶלֶךְ אַשּׁוּר יִשְׁכְּנוּ אַדִּירֶיךָ נָפֹשׁוּ עַמְּךָ
עַל־הֶהָרִים וְאֵין מְקַבֵּץ׃
¹⁹ אֵין־כֵּהָה לְשִׁבְרֶךָ נַחְלָה מַכָּתֶךָ כֹּל ׀ שֹׁמְעֵי שִׁמְעֲךָ תָּקְעוּ כַף
עָלֶיךָ כִּי עַל־מִי לֹא־עָבְרָה רָעָתְךָ תָּמִיד׃

¹⁸ ¡Se han dormido tus pastores, rey de Asiria! Reposan tus valientes, tu ejército se dispersó por los montes y no hay quien lo junte. ¹⁹ ¡No hay medicina para tu quebradura, tu herida es incurable! Todos los que oyen acerca de ti aplauden tu ruina, porque ¿sobre quién no ha pasado sin tregua tu maldad?

3, 18. Este es el fin del reino de Asiria tras la destrucción de Nínive. El rey de Asur al que se dirige este verso no es el último rey histórico de aquel reino, sino una personificación retórica del portador del poder imperial de Asiria. Sus pastores y sus valientes (אַדִּירֶיךָ y רֹעֶיךָ, 2, 6) son los príncipes y los grandes hombres de Asiria sobre los que recae el gobierno y defensa de la ciudad, los consejeros reales, los representantes del pueblo, los generales.

נָמוּ, *nâmû*, de *nûm*, dormir, no es una expresión figurativa de falta de cuidado o de inactividad, porque el pensamiento de que el reino será destruido y perecerá por la falta de cuidado de sus vigilantes (Hitzig) no responde al contexto, en el que se predice la destrucción del ejército y la caída de la ciudad, convertida en cenizas, ni al objeto de toda la profecía, que no atribuye la caída del reino a la falta de cuidado de sus gobernantes, sino a la presencia y acción de un ejército hostil. Tanto aquí como en Sal 76, 6, *nûm* evoca el sueño de la muerte (cf. Sal 13, 4; Jer 51, 39.57; cf. Teodoreto, Hesselb., Strauss y otros.

Shâkhan (cf. יִשְׁכְּנוּ) es un sinónimo de *shâkhabh,* acostarse, yacer quietamente (Jc 5, 17), y se emplea aquí del descanso de la muerte. Como los pastores han caído dormidos, el rebaño (es decir, el pueblo asirio) se dispersa sobre las montañas y perece, porque nadie lo reúne. El hecho de dispersarse sobre las montañas se explica fácilmente por la figura del rebaño (cf. Num 27, 17; 1 Rey 22, 17; Zac 13, 7), e implica destrucción. El hecho de citar las montañas responde al hecho de que Nínive está cerrada hacia el norte por montañas inaccesibles.

3, 19. אֵין־כֵּהָה, no hay curación. *Kēhâh,* un nombre formado a partir del adjetivo, en el sentido de curación de la herida (cf. Lev 13, 6), esto es, aplicar un remedio, hacer que mejore… *Shebher* (cf. שִׁבְרֶךָ), rotura de un brazo o pierna, se aplica con frecuencia al colapso o destrucción de un estado o reino (cf. Sal 60, 4; Lam 2, 11). נחלה מכתך, peligrosamente malo, incurable es el golpe que ha caído sobre ti (cf. Jer 10, 19; 14, 17; 30, 2). Se oirá por todas partes la alegría por tu destrucción.

שמעך, las noticias sobre ti, es decir, sobre lo que te ha sucedido. Golpearse las manos es un gesto de alegría (cf. Sal 47, 2; Is 55, 12). כֹּל, todos, porque todos han sufrido por la maldad de Asur. רעה, malicia, es la crueldad que Asiria ha desplegado para los pueblos y naciones sometidos.

Así debía perecer Nínive. Si preguntamos ahora por el cumplimiento de la profecía, la suposición de Josefo (*Ant*. x. 2), según la cual la caída de los asirios comenzó con la derrota de Senaquerib en Judá no ha sido confirmada por las investigaciones más recientes en el estudio de los monumentos de Asiria. Porque, según las inscripciones, en la medida en que han sido correctamente interpretadas, Senaquerib realizó aún varias campañas en la Susiana y Babilonia después de aquella derrota, y los escritores antiguos hablan aún de una campaña contra Cilicia.

Su sucesor Esarhaddon dirigió también una guerra en contra de las ciudades de Fenicia, de Armenia y Cilicia, y atacó a los idumeos, llevando a algunos de ellos a Asiria, y se añade aun que sometió a un pueblo menos conocido, los *Bikni*. Por otra parte, la Biblia nos dice que sus generales llevaron cautivo al rey Manasés a Babilonia (2 Cron 33, 11). Como muchos de sus predecesores, él se edificó un palacio en Kalah o Nimrud; pero antes de que terminara su obra, ese palacio fue destruido por un gran incendio que produjo daños considerables.

El último rey del que nos hablan las inscripciones, con el nombre aún legible, es decir, Asurbanipal, realizó guerras no solo en Susiana, sino también en Egipto, contra Tirjaka, y conquistó no solo Menfis, Tebas y otras ciudades egipcias, durante la enfermedad de Esarhaddon, sino también la costa de Siria, Cilicia y Arabia, y construyó diversos edificios que llevaban su nombre, incluyendo un palacio en *Kouyunjik*, donde se ha encontrado una habitación con una librería de tablillas de arcilla.

Asurbanipal tuvo un hijo, cuyo nombre se escribía *Asur-emid-ilin*, que en los antiguos escritos aparece como Sarakos, bajo el que pereció el Imperio asirio, con la conquista y destrucción de Nínive (cf. Spiegel, en Herzog, *Cycl*.). Conforme a ese testimonio, el poder del Imperio asirio no quedó debilitado por la derrota de Senaquerib en Judá, de manera que a partir de ello no se explicar la rápida destrucción del imperio. En esa línea, las profecías de Nahún sobre Nínive no pueden tomarse como una construcción humanamente lógica, ni pueden entenderse a partir del primer asedio de Nínive bajo el rey medo Fraortes (Herodoto i. 102), sino que han de tomarse como expresión de una verdadera revelación profética.

Herodoto no dice nada sobre ese asedio de Nínive, sino que habla solamente de una guerra entre Fraortes y los asirios, una guerra en la que el mismo Fraortes perdió su vida. Nínive no fue sitiada realmente hasta el tiempo de Cyaxares (*Uwakhshatra*), que planteó la guerra con un gran ejército, para vengar la muerte de su padre, y abrió un camino hacia Nínive, para destruir la ciudad; pero fue rechazado por una invasión de su propia tierra, por parte de los escitas, de forma que se apresuró a dejar el asedio de Nínive y se fue a rechazar a los escitas (Herodoto i. 103).

Nahún 3, 18-19

En ese contexto, el mismo Cyaxares comenzó una guerra en contra del rey de Lidia Alyattes, una guerra que duró cinco años, con victorias y derrotas alternativas por ambas partes, pero esa guerra terminó el año sexto cuando, enfrentados ya los dos ejércitos para la batalla decisiva, el día se oscureció de repente, de forma que los soldados se alarmaron y los reyes se dispusieron a firmar la paz. Esa paz quedó confirmada por mediación de Syennesis, virrey de Cilicia y de Labineto, virrey de Babilonia, y sellada con el establecimiento de un matrimonio entre la familia real de Lidia y la de Media (Her. i. 74).

Ese Labineto debe identificarse con Nabopolasar, el rey de Babilonia. Pues bien, al final de la guerra Cyaxares formó una alianza con Nabopolasar (Labineto), de forma que ambos se unieron para luchar contra Nínive. Esta alianza quedó fortalecida por el hecho de que Ciaxares entregó en matrimonio a su hija Amuhea con Nebuchadnezzar (Nabucodonosor), que era hijo de Nabopolasar. Las fuerzas combinadas de esos dos reyes avanzaron contra Nínive y la conquistaron, tras un asedio de tres años, cuando Saracus, rey asirio estaba muriendo quemado en su palacio.

Este es el núcleo histórico de la toma y destrucción de Nínive, tal como se puede deducir de los relatos de Herodoto (i. 106) y Diodoro Sic. (ii.-24-28), que puede compararse con la que ofrece el extracto de Abydeno, tal como ha sido transmitido por Eusebio, en su *Chron. Armenia* i. p. 54. Pero debemos tener en cuenta que en el relato de Diodoro es imposible separar los datos históricos de las decoraciones legendarias y en parte míticas de su obra (vid., M. v. Niebuhr, *Geschichte Assurs*, p. 200 ss.; Duncker, *Geschichte des Alterthums* i. p. 793; Bumller, *Gesch. d. Alterth.* i. p. 316).

El año de la conquista y destrucción de Nínive ha sido muy disputado y no puede establecerse con exactitud. Lo cierto es que Nabopolasar tomó parte en la guerra contra Nínive, y eso ha sido indirectamente confirmado por el mismo Herodoto, que atribuye esa conquista a Cyaxares y a los medos (vid., i. 106). Nínive debió caer entre el 625 y el 606 a. C. porque, según el canon de Ptolemeo, Nabopolasar fue rey de Babilonia entre el 625 y el 606, fecha establecida astronómicamente por un eclipse de luna, que tuvo lugar en el año 5 de su reinado, que fue el 621 a. C. (cf. Niebuhr, p. 47).

Se han hecho intentos por determinar el año de la toma de Nínive, en parte por referencia a la terminación de la guerra entre Lidia y Media, y en parte por el relato ofrecido por Herodoto sobre los 28 años de duración del dominio de los escitas en Asia. Partiendo del eclipse de sol, que puso fin a la guerra entre Cyaxares y Alyattes que, según la estimación de Altmann, tuvo lugar el 30 de Septiembre del 610 a. C. (cf. Ideler, *Handbuch der Chronologie*, i. p. 209 ss.; M. v. Niebuhr, pp. 197-8) se ha pensado que, al mismo tiempo que la mediación de paz entre lidios y medos, se estableció una alianza entre Cyaxares y Nabopolasar para la destrucción de Nínive. Dado que ese tratado no pudo mantenerse en secreto, la guerra contra Asiria debió comenzar inmediatamente, según el acuerdo, con sus fuerzas unidas.

Pero, dado que era imposible realizar operaciones extensas en invierno, el asedio de Nínive solo pudo comenzar en torno a la primavera del año 609; y como, según Ctesias, la guerra duró tres años, la toma de la ciudad no pudo darse hasta la primavera del año 606 a. C. Esta combinación parece estar confirmada por el hecho de que, en aquel tiempo, el faraón egipcio Necao se abrió camino a través de Palestina y Siria, de manera que tras haber sometido a toda Siria, avanzó hasta el Éufrates. Este avance de los egipcios se explica mejor con la suposición de que Nabopolasar estaba tan ocupado en la lucha contra Nínive que no pudo ofrecer una verdadera resistencia a Necao.

Por otra parte, la afirmación de 2 Rey 23, 29, según la cual Necao había venido a luchar en contra del rey de Asur junto al Éufrates parece favorecer la conclusión de que en aquel tiempo (es decir, en el año de la muerte de Josías, 610 a. C.) el Imperio de Asiria no había sido aún destruido. De todas formas, hay varias objeciones en contra de esta reconstrucción de los hechos.

En primer lugar, Cyaxares apenas habría podido estar en condiciones de emprender una guerra contra Nínive en alianza con Nabopolasar inmediatamente después de haber concluido la paz con Alyattes, especialmente después de haberse mantenido en guerra a lo largo de cinco años sin haber podido derrotar al enemigo. Y, en segundo lugar, que Nabopolasar, después de un fuerte conflicto de tres años contra Nínive, cuya conquista solo se pudo realizar después que la muralla de la ciudad hubiera sido derribada a lo largo de 20 estadios, difícilmente se encontraría en condiciones de ponerse a luchar otra vez en contra del faraón Necao que había avanzado hasta el Éufrates, no solo para derrotarle en Carquemish, sino también para perseguirle hasta la frontera de Egipto, arrebatándole todo lo que había conquistado previamente, si la batalla de Carquemish tuvo lugar el año 606.

Esta persecución contra Necao, hasta la misma frontera de Egipto, por parte de Nabucodonosor, hijo de Nabopolasar de Babilonia, a quien su padre había confiado el mando de su ejército porque él era ya mayor y estaba enfermo, está bien atestiguada por los relatos bíblicos (2 Rey 24, 1.7; Jer 46, 2) y por el testimonio de Beroso en Josefo (*Ant.* x. 11, 1, y c. Ap. i. 19) de manera que no podemos dudar de su validez (cf. *Comentario* a 2 Rey 24, 1).

Por sí mismas, estas dificultades no serían suficientes en sí mismas para rechazar la combinación anterior, si pudiéramos fijar con cierta seguridad el fin de la guerra lidio-media el año 610. Pero eso no es tan seguro, y esta circunstancia resulta decisiva. El eclipse de sol, que alarmó a Cyaxares y Alyattes, y que les dispuso para la paz, pudo haber sido total o casi parcial en Asia Menor y Capadocia, para producir el efecto descrito. Pero se ha probar con cálculos astronómicos muy precisos que el 30 del 9 del 610 a. C., la sombra de la luna no recayó en esas zonas de Asia Menor, mientras que eso sucedió más bien el 18 del 5 del 622 a. C., a las ocho de la mañana, y el 28 del 5 del 585 (cf. Bumll. p. 315, y M. v. Niebuhr, pp. 48, 49).

La segunda de esas dos fechas no puede caer en la consideración, porque Cyaxares solo reinó hasta el 594 a. C., de manera que habiendo firmado la paz el 595 a. C., no habría tenido tiempo para luchar contra Nínive y conquistar la ciudad. Por otra parte, no hay ninguna objeción seria en contra del hecho de que la paz con el rey de Lidia se hubiera establecido el año 622 a. C. Dado que, por ejemplo, Cyaxares habiendo comenzado a reinar el 634 a. C., podría haber comenzado la guerra contra los lidios en torno año 627/628 a. C.; por otra parte, dado que Nabopolasar fue rey de Babilonia del 625 al 605 a. C., él pudo haber ayudado muy bien a establecer la paz entre Cyaxares y Alyattes el año 622. De esa manera podemos tener un amplio espacio de tiempo entre el 622 y el 605 a. C. para la guerra contra Nínive de forma que la ciudad pudo ser tomada y destruida entre el 615 y el 610.

Tampoco los 28 años de duración de la supremacía de los escitas en Asia, recordados por Herodoto (i. 104, 106, cf. iv. 1), pueden ser aducidos como una objeción seria. Porque si los escitas invadieron Media el 633, haciendo que Cyaxares dejara el asedio de Nínive, y dado que su dominio en la alta Asia Menor duró 28 años, la expedición contra Nínive, que llevó a la caída de la ciudad, no pudo haberse realizado después de la expulsión de los escitas, el 605, porque el imperio había pasado a manos de los caldeos antes de ese tiempo y Nabucodonosor había ya vencido a Necao sobre el Éufrates, y estaba luchando en la frontera de Egipto, cuando recibió la noticia de la muerte de su padre, que le hizo retornar con rapidez a Babilonia. Solo queda, pues, dos alternativas.

- Asumir con M. v. Niebuhr (pp. 119, 120), que la guerra de Cyaxares con los lidios, y también la última guerra en contra de Nínive, y la mayor parte de las conquistas medas entre Ararat y Halys, cayeron durante el tiempo del dominio escita, de manera que Ciaxares extendió su poder como vasallo del Gran Khan, tan pronto como se recuperó del primer golpe que le asestaron esas hordas, pues ese gran soberano escita le permitía hacer lo que quisiera, bajo su dependencia, con tal de que le pagara el tributo estipulado, y no molestara a sus hordas, dejando que pastaran en las tierras establecidas.
- O suponer que Cyaxares había expulsado a los escitas de Media en un periodo mucho anterior, liberando así su propia tierra del dominio de esas hordas; en ese caso, los 28 años de Herodoto no indicarían el período de dominio de los escitas sobre Media y Asia Menor, sino simplemente la longitud de tiempo que ellos permanecieron en general en zonas del Asia Menor, un tiempo que ha de establecerse entre la primera invasión y la desaparición total de sus hordas.

Pecado e inevitable destrucción de Nínive

En ese caso, si Cyaxares había expulsado a los escitas fuera de su tierra mucho antes, él podía haber extendido su dominio en la zona anterior de Asia y podía haber comenzado la guerra contra los lidios en el año 628/629, especialmente si había sido un hombre de carácter apasionado y si, como se dice, Alyattes se negó a entregarle una horda de escitas que primero se habían sometido a él (a Cyaxares) y después habían huido a Lidia, a los dominios de Alyattes (Herod. i. 73).

Sea como fuere, dentro de cualquiera de esas dos combinaciones, ambas muestran que el período de guerra comenzado por Cyaxares contra Nínive, en alianza con Nabopolasar, no puedes estar determinado por los 28 años de dominio escita sobre la tierra; y este dominio escita, tomado en general, no nos obliga a colocar la toma y destrucción de Nínive y la destrucción del Imperio asirio tan tarde como el año 605 a. C. o aún más tarde.

En conclusión, a través de esa conquista, Nínive quedó tan totalmente destruida que, como dice Estrabón (xvi. 1, 3), la ciudad entera desapareció inmediatamente después de la disolución del reino asirio (ἡ μὲν οὖν Νῖνος πόλις ἠφανίσθη παραχρῆμα μετὰ τὴν τῶν Σύρων κατάλυσιν). Cuando Jenofonte entró en la llanura de Nínive, el año 401, en la retirada de los diez mil griegos, él solo encontró las ruinas de dos grandes ciudades, a las que llamó *Larissa* y *Mespila*, y al lado de la primera una pirámide de piedra de 200 pies de altura y cien pies de anchura, donde los habitantes de las poblaciones más cercanas habían tomado refugio, y que sus habitantes le dijeron que había sido un milagro que los persas pudieran conquistar esas ciudades con sus fuertes murallas (Xenophon, *Anab*. iii. 4, 7 ss.).

Esas dos ciudades en ruinas habían formado parte de la antigua Nínive, Larissa era Calah; y Mespila era Kouyunjik. Según eso, Jenofonte pasó por las murallas de Nínive sin ni siquiera haber conocido su nombre. Cuatrocientos años más tarde (conforme a Tácito, *Annal*. xii. 13), en ese mismo lugar se elevaba una pequeña fortaleza, para vigilar el paso sobre el río Tigris, la misma fortaleza que ha sido mencionada por Abul-Pharaj en el siglo XIII d. C. (*Hist. Dynast*. pp. 266, 289, 353).

En la parte opuesta de la antigua ciudad, en la ribera occidental del Tigris, Mosul se había convertido en una de las primeras ciudades de Asia, y las ruinas de Nínive le sirvieron como canteras para edificar la nueva ciudad, de manera que en el lugar antiguo no permanecieron más que montones de ruinas y basura, que el mismo Niebuhr pensó que eran colinas naturales el año 1766, cuando le dijeron, estando sobre el puente del Tigris, que estaba junto a la antigua Nínive.

Así se había desvanecido, de un modo tan completo de sobre la faz de la tierra, aquella poderosa ciudad. Y así quedó hasta tiempos más recientes, hasta que a partir del año 1824, el cónsul francés Botta y dos caballeros ingleses, Layard y Rawlinson, comenzaron a realizar excavaciones en aquellos montículos, logrando sacar a la luz los restos de palacios y edificios de los gobernantes asirios del mundo.

Visión general de las excavaciones y de sus resultados en Herm. J. C. Weissenborn, *Ninive u. sein Gebiet.*, Erfurt 1851, 56.

Según eso, la profecía de Nahún se cumplió con la destrucción de Nínive, de manera que desaparecieron las mismas huellas de la existencia de la ciudad. Pero la profecía no se limita a este simple acontecimiento histórico, pues el profeta habla de Nínive como ciudad que representaba en aquel tiempo el poder del mundo en su hostilidad contra Dios, de forma que la destrucción predicha de Nínive se aplica a todos los reinos del mundo que se han alzado en contra del reino Dios, desde la destrucción de Asur, lo que seguirá sucediendo hasta el final del mundo.

HABACUC

El profeta

Nada cierto conocemos sobre la vida de Habacuc. El nombre, חֲבַקּוּק, está formado por חבק, doblar las manos, *piel* abrazar, con una repetición de la última radical, con vocal en "u" (וּ) como נעצוּץ de נעץ,שערוּרה de שער, etc., y una reduplicación de la penúltima (cf. Ewald, 157, a), significa "abrazando, abrazo".

Lutero tomó el nombre en el primer sentido, y así dice que "Habacuc significa el que abraza, uno que abraza a otro, o que le toma en los brazos" y lo interpreta de un modo inteligente, pero no adecuado: "Él abraza a su pueblo, y lo toma en sus brazos, es decir, le consuela y le mantiene, le eleva, como alguien que abraza a un niño que llora o a una persona, para aquietarle con la seguridad de que si Dios quiere él hará que las cosas vayan mejor". Los LXX escribieron el nombre Ἀμβακούμ, como si se pronunciara הבקוק, compensando la reduplicación de la ב con con una μ líquida, y cambiando la ק final en una μ. Jerónimo en la Vulgata utiliza Habacuc.

En el encabezamiento del libro (1, 1 y 3, 1), Habacuc aparece descrito sin más como הַנָּבִיא, es decir, como un hombre que tiene el oficio de profeta. Por la conclusión del salmo en Hab 3 ("para el dirigente que me acompaña tocando sobre instrumentos de cuerda", 3, 19), podemos suponer que él está oficialmente cualificado para tomar parte en el canto litúrgico del templo, y que por tanto pertenecía a una de las familias levíticas, que estaban destinadas a mantener el canto litúrgico del templo y que, como los profetas Jeremías y Ezequiel, que brotaron de familias sacerdotales, pertenecía a la tribu de Leví.

Así lo muestra también la super-inscripción del "apócrifo de Bel y el Dragón de Babilonia": ἐκ προφητείας Ἀμβακοὺμ υἱοῦ Ἰησοῦ ἐκ τῆς φυλῆς Λευΐ (de la profecía de Habacuc hijo de Jesús, de la tribu de Leví), que se ha conservado en el Cod. Chisiano de los LXX, en la tetrapla de Orígenes, y que ha pasado a la versión Siro-hexaplar. De todas formas, esta referencia no se funda en una tradición propia, sino que se deduce simplemente de la *super-incriptio* de 3, 9. Sea como fuere, eso

Habacuc

significa que la palabra בנגינותי se entendió en los tiempos antiguos como que el profeta tomó parte en el canto litúrgico del templo[91].

Por otra parte, el resto de las leyendas relacionadas con nuestro profeta carecen de todo valor, como el relato circunstancial del libro apócrifo de *Bel y el Dragón*, donde se habla de la forma milagrosa por la que Habacuc fue transportado hasta Daniel, que había sido arrojado al foso de los leones, leyenda que se encuentra también en un ms. del *Midrash Bereshit rabba*. Lo mismo se puede decir de las afirmaciones contenidas en los escritos del Ps. Doroteo y Ps. Epifanio, *De vitis prophet.*, donde se dice que Habacuc procedía de la tribu de Simeón, y que había nacido en Βηθζοχήρ (Sozomenus, Χαφὰρ Ζαχαρία, que en el Talmud aparece como כפר דכרין), una aldea al norte de Lidia, cerca de *Maresha* en las montañas.

También se dice que cuando Nabucodonosor vino a Jerusalén, Habacuc huyó a *Ostrakine* (sobre el promontorio que ahora se llama *Ras Straki*, situado en la zona de Arabia Pétrea); y se añade que murió en su aldea natal dos años después del retorno de los exilados de Babilonia, y que fue enterrado en un lugar entre Keila y Gabatha, donde su tumba se enseñaba todavía en tiempos de Eusebio y Jerónimo (cf. O*nomasticon*, ed. de Lars. y Parthey, pp. 128-9). Para más elementos de las leyendas apócrifas, cf. Delitzsch, *De Habacuci proph. vita atque aetate commentat.*, ed. ii., Lipsiae 1842.

Esas leyendas no nos ayudan a fijar las fechas de la vida de Habacuc. Todo lo que se puede deducir con certeza de sus escritos es que profetizó antes de la llegada de los caldeos a Palestina, es decir, antes de la victoria que Nabucodonosor obtuvo sobre el faraón Necao en *Carchemish* el año cuarto de Joaquín (Jer 4, 2), porque él anuncia el exilio del pueblo del Judá como algo todavía futuro. (Hab 1, 5).

Sobre las fechas de su vida, las opiniones están divididas. Dejando a un lado la visión de los que niegan el carácter sobrenatural de la profecía, tal como se

---

91. De todas formas, esta conjetura no es muy probable, pues los LXX no entendieron el texto en ese sentido, sino que lo tradujeron de un modo incorrecto, τοῦ νικῆσαι ἐν τῇ ᾠδῇ αὐτοῦ, para vencer en su canto, lo que ha llevado a los Padres de la Iglesia a tomar las palabras como si pertenecieran al salmo, pensando que se relacionaba con los cantos de alabanza que la Iglesia eleva al Señor por haber sido liberada. Teodoro de Mopsuestia lo explica de esta forma: "Él nos coloca por encima de todo, por lo que debemos seguir entonando cantos e himnos a Dios, porque, por encima de toda esperanza humana, él nos ha dado la victoria sobre nuestros enemigos".

Cirilo de Alejandría y Teodoreto ofrecen explicaciones semejantes. Incluso Jerónimo, poniendo *et super excelsa mea deducet me victori in psalmis canentem* (en el sentido de "sobre lo más alto me coloca cantando victorioso en los salmos"), conecta los salmos con la sentencia anterior y los interpreta como referidos a los cantos de alabanza que, cada justo, digno de la elección de Dios, cantará al final del mundo al gran vencedor Jesús, que fue el primero en lograr la victoria. Partiendo de una explicación de las palabras como esa no se puede ver ninguna relación con la descendencia levítica del profeta en la expresión בנגינותי.

El profeta

muestra en aquellos que dicen que el profeta no profetizó hasta después que los caldeos vinieron hacia Jerusalén tras la derrota de Necao, o cuando habían llegado ya, la única cuestión que puede plantearse es si Habacuc profetizó en el reinado de Josías o en los últimos años de Manasés.

Muchos han pensado que 1, 5 ofrece una prueba decisiva de que él vivió en el tiempo de Josías, por el hecho de que el profeta anuncia que el juicio de los caldeos se realizará durante el tiempo de la vida de los profetas a los cuales se dirigen sus palabras (en vuestros días). A partir de esas palabras deducen que el juicio no puede ir en modo alguno más allá del reinado de Josías, porque el profeta no está hablando a niños, sino a los adultos, es decir, a aquellos que han llegado ya a la mayoría de edad.

Pero la duración del tiempo que ha de entenderse a partir de בימיכם (en vuestros días) no puede obtenerse ni por Joel 1, 2, donde los días a los que se dirige el profeta hay que distinguirlos de los días de sus padres y de sus nietos, ni por Jer 16, 9 y Ez 12, 25. Al contrario, esta expresión es muy amplia, especialmente en los discursos de los profetas, y puede aplicarse tanto a unos pocos años como a una vida entera, incluso a más. Pues bien, dado que solo hay 38 años desde la muerte de Manasés y la primera invasión de los caldeos, el juicio de los caldeos podría haberse proclamado en los últimos años de ese rey, a la generación entonces existente como algo que sucedería en sus días.

Debemos excluir el anuncio en los años inmediatamente anteriores a la aparición de los caldeos en la zona de Asia Menor, es decir en los primeros años de Joaquín o en los últimos años del reinado de Josías, dado que Habacuc presenta esta palabra de Dios como algo aún increíble: "No lo creeríais si se os anunciara" (1, 5). Más aún, en 2 Rey 21, 10-16 en 2 Cron 33, 10, se afirma que en tiempos de Manasés Yahvé hizo que los profetas anunciaran la próxima calamidad "de manera que tintinearán los oídos de aquellos que la escuchen", es decir, que escuchen el anuncio de la destrucción de Jerusalén y el rechazo de Judá.

Probablemente, uno de los profetas de ese tiempo era Habacuc, que fue el primeros de todos los profetas que nosotros conocemos en anunciar un juicio tan horrible. Sofonías y Jeremías, que aparecieron proclamando el mismo juicio en el reinado de Josías, tenían conocimiento de Habacuc cuando proclamaron sus amenazas. Así Sofonías citó probablemente estas palabras de Habacuc 2,20 הס מפני אדני יהוה en Sof 1:7; y Zac 2, 17 citó otras palabras de Hab 2, 20 (הס כל־בשׂר מפני יהוה). Por su parte, Jeremías formó las expresiones קלו מנשׁרים סוסיו, (4, 13) y זאב ערבות (5, 6) sobre la base de ערב מזאבי וחדו סוסיו מנמרים קלו (Hab 1, 8), sin mencionar otros pasajes que Delitzsch ha recogido en *Der Proph. Hab. ausgelegt* (p. xii).

Todo esto va decididamente en contra de la visión según la cual Habacuc no empezó a profetizar hasta el reinado de Joaquín. De todas formas, dado que esas semblanzas y alusiones no impiden el ministerio contemporáneo de varios profetas

(Habacuc, Sofonías y Jeremías), queda todavía la posibilidad de que Habacuc no haya profetizado hasta el tiempo de Josías, aunque no antes de su reforma, el año doce de su reinado, cuando comenzó el exterminio de la idolatría y la restauración del verdadero culto a Yahvé, dado que la oración de Habacuc que, según la nota añadida, se compuso para el uso del templo, supone la restauración del culto de Yahvé con el servicio litúrgico del canto.

Pero con eso no llegamos a una certeza absoluta. También Manasés expulsó los ídolos del templo después de haber vuelto de su prisión en Babilonia, y no solo restauró el altar de Yahvé y ordenó que se realizaran ofrendas de alabanza y de acción de gracias sobre ese altar, sino que mandó que el pueblo sirviera a Yahvé el Dios de Israel (2 Cron 33, 15-16). De un modo consecuente, Habacuc pudo haber compuesto sus salmos para el uso del templo, en aquel tiempo de Manasés. Esta conjetura resulta muy probable si miramos cuidadosamente el contenido y forma de la profecía de conjunto de Habacuc.

Dejando a un lado la descripción más precisa y especial de la forma de ser salvaje, guerrera y predatoria de los caldeos, el contenido del texto ofrece en conjunto un carácter ideal, sin alusión particular a las relaciones históricas concretas, tal como las encontramos, por ejemplo, en el carácter más "abundante" de las profecías de Jeremías, a pesar del fondo abierto y general de su profecía (la de Habacuc). Si miramos mejor la profecía de Habacuc descubrimos en ella el sello de la literatura profética antigua. Así la presenta Delitzsch en su libro sobre Habacuc, ya citado:

> Su lenguaje es en conjunto clásico, lleno de raras y selectas palabras y giros, que son en cierto sentido exclusivamente suyos, mientras que su visión y su forma de presentación llevan el sello de una fuerza independiente y de una belleza bien expuesta. A pesar del toque violento y del sentido elevado de sus pensamientos, su profecía forma un todo finamente organizado y artísticamente redondeado. Como Jeremías, él es, hablando comparativamente, muchos más autónomo en relación con sus predecesores, tanto en contenido como en forma. Todo refleja el momento en que la profecía se hallaba en su mayor gloria. Todo refleja el momento en que la lírica sagrada, que se ha expresado desde entonces en la vida de la iglesia, se hallaba representada, desde la perspectiva de Dios, por la poesía profética, con su sonido de trompeta, que despierta en la iglesia, ahora espiritualmente muerta, en un tiempo en que la conciencia de Dios había desaparecido casi totalmente.

Por otra parte, el momento de declive comenzó poco después con Zacarías, y desde aquel momento en adelante la fuerza poética de los discursos proféticos empezó a declinar, hasta desaparecer casi totalmente, de manera que empieza a dominar la dependencia respecto de los profetas anteriores, de forma que incluso en naturalezas tan originales como las de Ezequiel y Zacarías, su estilo y composición apenas puede elevarse sobre la simple prosa.

El libro

El libro de Habacuc no contiene una colección de oráculos, ni es la condensación escrita de muchos discursos proféticos, sino una única profecía que ha sido organizada en dos partes.

- *En la primera parte* (Hab 1-2), bajo la forma de una conversación entre Dios y el profeta, encontramos ante todo los anuncios del juicio que Dios ha de realizar sobre la nación degenerada de la alianza, a través de los caldeos; después hallamos el anuncio de la destrucción de los caldeos, que se han elevado a sí mismos deificando su propio poder.
- A eso se añade en Hab 3 *una segunda parte*, que contiene la oración del profeta pidiendo el cumplimiento del juicio, en forma de salmo lírico de gran altura; en ese salmo anuncia Habacuc la venida del Señor en su gloria terrible, como omnipotente, de forma que ante él queda aterrado el universo, para destruir a los malvados y para salvar a su pueblo y a su ungido, expresando así los sentimientos que el juicio de Dios despertará en los corazones de los justos.

El conjunto de la profecía tiene un ideal y un sello de universalidad. No se menciona ni siquiera Judá ni Jerusalén, y los caldeos, a los que se mencionan por su nombre, aparecen simplemente como poseedores del poder imperial del mundo, que está empeñado en destruir el reino de Dios; ellos, los caldeos, aparecen simplemente como pecadores que devoran a los justos. El anuncio del juicio aparece detallado simplemente como una expansión del pensamiento de que los injustos y pecadores han de perecer, mientras que el justo vivirá por su fe (2, 4).

Esta profecía se apresura hacia su cumplimiento que, aunque puede tardar, se cumplirá sin duda en el tiempo determinado (2, 2-3). A través del juicio sobre los impíos de Judá y sobre los caldeos, la justicia del Dios santo se manifestará, y la tierra se llenará con el conocimiento de la gloria del Señor (2, 14). Ciertamente, el hecho de que los caldeos hayan sido mencionados por su nombre no deja duda de que el juicio de Dios estallará sobre Judá a través de este pueblo de conquistadores salvajes. Pero la profecía se eleva inmediatamente de este juicio particular a la visión del juicio universal sobre todas las naciones, sobre todo el mundo impío, para proclamar su destrucción a través del surgimiento de la salvación que llega para el pueblo del Señor y para su Ungido; de esa forma, los temblores de terror del juicio se transforman al fin en gozo y exultación por el Dios de la salvación.

No puede haber duda sobre la unidad de este libro; y el intento de interpretar la amenaza del juicio en Hab 2 aplicándolo a personas y hechos particulares ha fracaso del todo. Para la bibliografía exegética sobre Habacuc, cf. mi *Einleitung in das alte Testament*, 302-303.

HABACUC 1, 1-2, 20
JUICIO SOBRE LOS MALVADOS

1, 1-17. Castigo de Judá a través de los caldeos

A la lamentación del profeta por el dominio de la maldad y la violencia (1, 2-4), responde el Señor diciendo que, para ejecutar el juicio, él mismo suscitará a los caldeos, pueblo terrible, conquistador del mundo, pero que ellos le ofenderán pues buscarán su propio poder (el de ellos, no el de Dios, 1, 5-11). Por eso, confiando en el Señor, que se ha mostrado al pueblo, desde un tiempo inmemorial, presentándose como un Dios santo y justo, el profeta expresa su esperanza de que este castigo no desembocará en la muerte, de manera que, dirigiendo al mismo Dios, le pregunta si él puede mirar con calma a la maldad de este pueblo, que pesca a los pueblos como a peces en su red y que continúa destruyendo las naciones de una forma total, sin dejar a salvo a nadie (1, 12-17).

1, 1

¹ הַמַּשָּׂא֙ אֲשֶׁ֣ר חָזָ֔ה חֲבַקּ֖וּק הַנָּבִֽיא׃

¹ Profecía que el profeta Habacuc recibió en una visión.

Contiene el encabezamiento no solo de Hb 1-2, sino de todo el libro, del que forma una parte íntegra Hab 3. Sobre el encabezamiento especial de 3, 1, cf. comentario a ese verso. El profeta presenta su escrito como הַמַּשָּׂא es decir, un "peso", porque anuncia juicios pesados (graves) sobre la nación de la alianza y sobre el poder imperial.

1, 2-4. Lamentación profética

² עַד־אָ֧נָה יְהוָ֛ה שִׁוַּ֖עְתִּי וְלֹ֣א תִשְׁמָ֑ע אֶזְעַ֥ק אֵלֶ֛יךָ חָמָ֖ס וְלֹ֥א תוֹשִֽׁיעַ׃
³ לָ֣מָּה תַרְאֵ֤נִי אָ֙וֶן֙ וְעָמָ֣ל תַּבִּ֔יט וְשֹׁ֥ד וְחָמָ֖ס לְנֶגְדִּ֑י וַיְהִ֧י רִ֦יב וּמָד֖וֹן יִשָּֽׂא׃
⁴ עַל־כֵּן֙ תָּפ֣וּג תּוֹרָ֔ה וְלֹֽא־יֵצֵ֥א לָנֶ֖צַח מִשְׁפָּ֑ט כִּ֤י רָשָׁע֙
מַכְתִּ֣יר אֶת־הַצַּדִּ֔יק עַל־כֵּ֛ן יֵצֵ֥א מִשְׁפָּ֖ט מְעֻקָּֽל׃

² ¿Hasta cuándo, Yahvé, gritaré sin que tú escuches, y clamaré a causa de la violencia sin que tú salves? ³ ¿Por qué me haces ver iniquidad y haces que vea tanta maldad? Ante mí solo hay destrucción y violencia; pleito y contienda se levantan. ⁴ Por eso la Ley se debilita y el juicio no se ajusta a la verdad; el impío asedia al justo, y así se tuerce la justicia.

1, 2. Esta lamentación, que incluye una petición de ayuda no es meramente una expresión del deseo personal del profeta para rechazar la injusticia dominante, sino que el profeta se lamenta en nombre de los justos, es decir, de los creyentes de la nación que tenían que sufrir bajo la opresión de los malvados. Pero aquí no se trata de los delitos que los caldeos han realizado contra los judíos, como piensan Rosenmüller, Ewald y muchos rabinos, sino de los actos de maldad y violencia que ellos, los impíos de Judá, han realizado en su propia nación.

Es obvio que estos versos se refieren a la depravación moral de Judá, porque Dios mismo anuncia su decisión de suscitar a los caldeos para castigarles (1, 5). En evidente que Hab 1, 9.13 atribuyen también maldad y violencia a los caldeos, pero todo lo que puede inferirse de esto es que en el castigo de los judíos se cumple un talión divino, que recaerá también eventualmente sobre los caldeos.

La petición de ayuda (שׁוּעַ) se describe en la segunda frase como un grito sobre la maldad. חמס es un acusativo en el que se indica el sentido del grito, como en Job 19, 7 y Jer 20, 8, afirmando que el mal ya se ha realizado. No escuchar es equivalente a no ayudar. La pregunta que empieza por עד־אנה muestra que la mala conducta ha durado por un tiempo, sin que Dios la haya detenido.

1, 3. Ese silencio parece irreconciliable con la santidad de Dios. Desde ese fondo se entiende la pregunta de 1, 3, que parece aludir a Num 23, 21, es decir, a las palabras de Balaán: "Dios no ha descubierto iniquidad (*âven*) en Jacob, ni ha visto perversidad (*âmâl*) en Israel". Habacuc pone ahora ante el Señor, en forma de pregunta, esta palabra de Balaán que remite a la idea de la santidad de Israel, que permanece fiel a la idea de la elección divina, pero insistiendo en el hecho de que la santidad de Israel se ha convertido en lo contrario, de forma que Dios, que es el santo, ya no soporta la maldad de Israel y no la dejará impune.

Dios no solo hace que el profeta vea la iniquidad, sino que pueda mirarle a él, descubriendo que él (Dios) es santidad. La maldad de Israel es אוֹן, nada, es decir, indignidad, perversión (cf. Is 1, 13). עמל, trabajo, la tristeza que un hombre experimenta o causa en otros (cf. Is 10, 1). הביט, ver, no hacer que se vea. Ewald (*Lehrb* 192) ha abandonado la opinión de que aquí tenemos un nuevo *hifil*, derivado de un *hifil* anterior. Con וגו שׁדcontinúa el discurso en forma de simple exposición. שֹׁד וְחָמָס, *shōd vechâmâs,* se vinculan con frecuencia (cf. Am 3, 10; Jer 6, 7; 20, 8; Ez 45, 9). שד, *shōd*, un tratamiento violento que causa desolación. חָמָס, *hâmâs,* es una conducta malvada que quiere injuriar a otro. ויהי, sucede, se suscita un tipo de enfrentamiento (רִיב, *rībh*) a consecuencia de la violencia y de la mala conducta. ישׂא, elevarse, como en Os 13, 1; Sal 89, 10.

1, 4. La consecuencia de esto es la relajación o abandono de la ley, etc. עַל־כֵּן, por tanto, a causa de ello, Dios no se decide a detener la mala conducta. פוּג, relajar, es decir, perder la fuerza o energía vital. תּוֹרָה, *tōrâh*, es la Ley revelada en toda su sustancia, que había sido pensada para que fuera "el alma, el corazón de toda la vida política, religiosa y doméstica" (Delitzsch). El derecho no se expresa, no se manifiesta a sí mismo לָנֶצַח, *lânetsach*, literalmente "para una permanencia", es decir, para siempre, como en otros muchos pasajes, cf. Sal 13, 2.20. לָנֶצַח se vincula a לֹא, es decir, no para siempre, nunca más.

מִשְׁפָּט, *mishpât*, no es, sin embargo, simplemente, un veredicto de justicia, en cuyo caso el significado hubiera sido: no se ha dado más un veredicto justo, porque no ha sido necesario, pues ha existido un estado recto de cosas, un derecho objetivo en la vida civil y política. La expresión *hombres impíos* (רָשָׁע, sin artículo, con infinitivo de carácter general, o en sentido colectivo) está indicando que los impíos rodean a los justos y prevalecen sobre ellos, de forma que los rectos no pueden lograr que triunfe la justicia.

La segunda frase, comenzando con עַל־כֵּן, completa la primera, añadiendo una afirmación sobre la aserción negativa anterior. Incluso el derecho que podría salir a la luz, es מְעֻקָּל, invertido, pervertido, convertido en lo opuesto a derecho. A estas quejas responde Yahvé en 1, 5-11, diciendo que él hará una obra maravillosa, indicando que realizará un juicio correspondiente a la magnitud de la injusticia anterior.

1, 5

⁵ רְאוּ בַגּוֹיִם וְהַבִּיטוּ וְהִתַּמְּהוּ תְּמָהוּ כִּי־פֹעַל פֹּעֵל בִּימֵיכֶם
לֹא תַאֲמִינוּ כִּי יְסֻפָּר׃

⁵ Mirad entre las naciones, ved y asombraos, porque haré una obra en vuestros días, que, aun cuando se os contara, no la creeríais.

La llamada a ver y admirarse se dirige al profeta y al pueblo de Judá al mismo tiempo. Es evidente que aquí está hablando el mismo Yahvé, y evoca por anticipación la naturaleza terrible de la próxima obra de Dios, realizada con su justicia punitiva, aunque פֹּעַל se escribe de un modo indefinido, sin que se le añada ningún pronombre. De todas formas, como han puesto de relieve Delitzsch y Hitzig, el significado de fondo de esta llamada no es "mirad entre las naciones y ved si se ha dado alguna vez un juicio como este, sino "mirad entre las naciones, porque es de allí de dónde ha de venir la terrible tormenta que está para sobreveniros" (cf. Jer 25, 32; 13, 20).

En apoyo de la primera visión (mirad si se ha dado alguna vez un juicio como este) suelen citarse textos como Lam 1, 12; Jer 2, 10 y 18, 13. Pero esa visión no puede defenderse: (1) porque no es eso lo que han de observar los que miran en torno, es decir, si algo de ese tipo ha ocurrido ya alguna otra vez, aquí o allí (Jer 2, 10); (2) porque ese hecho sin paralelo no se ha mencionado en modo alguno hasta ahora, es decir, nada de este tipo se ha realizado antes; (3) porque lo que ellos han de mirar con asombro y terror no es algo cuya analogía son incapaces de descubrir, sino que han de mirar con asombro la llegada del juicio que se aproxima para ellos.

La combinación del *kal tâmâh*, con el *hifil* del mismo verbo (cf. תְּמָהוּ וְהִתַּמְּהוּ) sirve para intensificar esa idea, así como para expresar el grado más alto de admiración (cf. Sof 2, 1; Sal 18, 11; Ewald, 313, c). כִּי, porque, introduce no solo la razón para la admiración, sino también el mandato de mirar en torno. Las dos cláusulas del segundo hemistiquio corresponden a la dos de la primera parte del verso. Ellos (los oyentes) tienen que mirar en torno, porque Yahvé va a realizar una obra, y han de quedar admirados y aterrados, porque esta obra es admirable y terrible.

El participio פֹּעַל indica aquello que está inmediatamente cerca, a la mano, y se utiliza de modo absoluto sin pronombre. Según 1, 6, el pronombre que tenemos que suplir es אֲנִי (soy yo, somos nosotros, los que debemos observar), porque no tiene sentido poner הוּא (que observen otros) o tomar el participio en un sentido de tercera persona, porque cuando está hablando con su pueblo Dios no puede hablar de sí mismo en tercera persona, y en ese caso no se podría haber omitido el nombre de יהוה.

Menos aceptable es aún la idea de Hitzig, según la cual (en פֹּעַל פֹּעֵל) la palabra *pōʿal* es el sujeto y *pōʿēl* se utiliza en sentido intransitivo: la obra produce este efecto. Debemos asumir con Delitzsch que estamos ante una elipsis proléptica, es decir, ante una en la que se omite la palabra inmediatamente siguiente (como en Is 48, 11; Zac 9, 17). Esa omisión se puede justificar porque hay casos en los que se emplea el participio y se omite el pronombre, y no solamente el pronombre de tercera persona (cf. Is 2, 11; Jer 38, 23), sino también el de segunda (1 Sam 2, 24; 6, 3 y Sal 7, 10).

Sobre la expresión בִּימֵיכֶם (en vuestros días), cf. la introducción. לֹא תַאֲמִינוּ, no lo creeríais si os lo dijeran, como algo que se ha dicho en otro lugar o tiempo, si es que no lo vierais por vosotros mismos (Delitzsch y Hitzig). Cf. Hch 13, 41, donde el apóstol Pablo amenaza a los que desprecian el evangelio con el juicio, utilizando las palabras de este verso.

1, 6-11. Anuncio

⁶ כִּי־הִנְנִי מֵקִים אֶת־הַכַּשְׂדִּים הַגּוֹי הַמַּר וְהַנִּמְהָר הַהוֹלֵךְ לְמֶרְחֲבֵי־אֶרֶץ לָרֶשֶׁת מִשְׁכָּנוֹת לֹא־לוֹ׃
⁷ אָיֹם וְנוֹרָא הוּא מִמֶּנּוּ מִשְׁפָּטוֹ וּשְׂאֵתוֹ יֵצֵא׃
⁸ וְקַלּוּ מִנְּמֵרִים סוּסָיו וְחַדּוּ מִזְּאֵבֵי עֶרֶב וּפָשׁוּ פָּרָשָׁיו וּפָרָשָׁיו מֵרָחוֹק יָבֹאוּ יָעֻפוּ כְּנֶשֶׁר חָשׁ לֶאֱכוֹל׃

Juicio sobre los malvados

⁹ כָּלֹה לְחָמָס יָבוֹא מְגַמַּת פְּנֵיהֶם קָדִימָה וַיֶּאֱסֹף כַּחוֹל שֶׁבִי׃
¹⁰ וְהוּא בַּמְּלָכִים יִתְקַלָּס וְרֹזְנִים מִשְׂחָק לוֹ הוּא לְכָל־מִבְצָר יִשְׂחָק וַיִּצְבֹּר עָפָר וַיִּלְכְּדָהּ׃
¹¹ אָז חָלַף רוּחַ וַיַּעֲבֹר וְאָשֵׁם זוּ כֹחוֹ לֵאלֹהוֹ׃

⁶ Porque yo levanto a los caldeos, nación cruel y presurosa, que camina por la anchura de la tierra para poseer las moradas ajenas. ⁷ Formidable es y terrible; de ella misma proceden su justicia y su dignidad. ⁸ Sus caballos son más ligeros que leopardos, más feroces que lobos nocturnos, y sus jinetes se multiplicarán. Vienen de lejos sus jinetes, vuelan como águilas que se apresuran a devorar. ⁹ Toda ella acude a la violencia; el terror va delante de ella, y recoge cautivos como arena. ¹⁰ Se mofa de los reyes, y de los príncipes hace burla; se ríe de las fortalezas, levanta terraplenes y las toma. ¹¹ Luego pasa como el huracán, y peca porque hace de su fuerza su dios.

1, 6. הנני מקים, *ecce suscitaturus sum*, yo he de suscitar, yo levanto. הנה antes de participio se refiere siempre al futuro. הקים, hacer que algo se ponga en pie, aparezca: no se aplica a la elevación de los caldeos para formar una nación o un pueblo conquistador (porque la visión que sigue, y que está definida por el artículo, הגוי וגו, presupone que esa figura ya existe, en forma de pueblo conquistador), sino a su gesto de levantarse en contra de Judá, de manera que es equivalente a מקים עליכם de Am 6, 14 (cf. Miq 5, 4; 2 Sam 12, 11, etc.).

הַכַּשְׂדִּים, *hakkasdīm*, los caldeos brotaron según Gen 22, 22 de *Kesed*, el hijo de Nahor, el hermano de Abrahán, de forma que eran también de raza semita. Ellos habitaban desde tiempo inmemorial en Babilonia o Mesopotamia, y se presentaban como pueblo primigenio, como *gōi mē'ôlâm*, en Jer 5, 15.

Abrán emigró a Canaán de Ur de los Caldeos, junto a la desembocadura del río Éufrates (cf. Gen 11, 28.31, comparado con Js 24, 2). Por su parte, en Isaías, Jeremías y Ezequiel, los caldeos son habitantes de Babel o Babilonia. Cf. Is 43, 14; 47, 1; 48, 14.20; Jer 21, 9; 32, 4.24, etc.; Ez 23, 23). Babilonia aparece como *'erets kasdīm*, tierra de los caldeos: Jer 24, 5; Ez 12, 13, o simplemente como *Kasdīm* (Jer 50, 10; 51, 24. 35; Ez 26, 29; 23, 16).

La moderna hipótesis según la cual los caldeos fueron trasplantados primeramente allí por los asirios, desde el límite montañoso de las cordilleras de Armenia, Media y Asiria a la tierra de Babilonia, y que habiéndose establecido allí crecieron y se convirtieron en un pueblo de gran cultura y en una nación conquistadora que ejerció gran influencia en la historia del mundo, se apoya simplemente en una interpretación precaria de un oscuro pasaje de Isaías (Is 23, 18), y no tiene más valor que la opinión de algunos asiriólogos recientes según los cuales los caldeos son un pueblo de origen tártaro que se mezcló con los países que bordeaban el Éufrates y el Tigris (cf. Delitzsch, *Coment. Is* 23, 13).

Habacuc describe a este pueblo como *mar* (cf. הַגּוֹי הַמַּר), áspero, duro, y que tiene una disposición feroz (cf. *mar nephesh*, Jc 18, 25; 2 Sam 17, 8); es decir, como נִמְהָר, *nimhâr*, duro, sin contemplaciones (cf. Is 32, 4), es decir, violento, moviéndose por las anchuras de la tierra (ἐπὶ τὰ πλάτη τῆς γῆς, LXX: cf. Ap 20, 9), es decir, marchando a través de toda la extensión de la tierra (Is 8, 8): *terram quam late patet*, por una tierra muy extendida (Rosenmüller).

La *lamed* no se utiliza aquí (לְמֶרְחֲבֵי־אֶרֶץ) para indicar la dirección o meta del camino, sino el espacio en cuanto tal, como en Gen 13, 17 (Hitzig, Delitzsch). Para tomar posesión de zonas de vida o moradas que no eran suyas (לֹא־לוֹ) en el sentido de אֲשֶׁר לֹא־לוֹ), es decir, para tomar posesión de tierras extranjeras que no les pertenecían.

1, 7-8. Aquí se insiste aún más en la fiera disposición de este pueblo, para poner de relieve la violencia con el que avanza. אָיֹם, *formidabilis*, que suscita un gran terror; נוֹרָא, *metuendus*, que crea terror. מִמֶּנּוּ וגו, de él mismo, y no de Dios (cf. Sal 17, 2), proviene su derecho. En otras palabras, el mismo pueblo caldeo determina lo que es justo, su propia norma de conducta, de acuerdo a su propio standard, olvidándose de Dios Por su parte, שְׂאֵתוֹ, indica en qué consiste su eminencia (Gen 49, 3; Os 13, 1), su δόξα (1 Cor 11, 7) sobre las demás naciones, haciéndose "señor" por la fuerza de sus armas.

Sus caballos son ligeros, es decir, más rápidos de pies que las panteras, que saltan con gran rapidez sobre las presas (ejemplos de la rapidez de las panteras en Bochart, *Hieroz*. ii. p. 104, ed. Ros.). חַדּוּ, lit., de un modo más agudo, más preciso que panteras que se lanzan sobre la presa. La palabra *qâlal* indica la suavidad, el movimiento ligero y rápido de las panteras, que apenas tocan la tierra, Por su parte *châda* (cf. וְחַדּוּ), ὀξὺν εἶναι, describe el movimiento preciso de las panteras que se precipitan con toda rapidez sobre un objeto (Delitzsch).

La primera frase de este verso ha sido repetida por Jer 4, 13, con la alteración de una sola letra (es decir, מִנְּשָׁרִים por מִנְּמֵרִים). Como lobos de la tarde (ver זְאֵבֵי עֶרֶב, cf. Sof 3, 3), es decir, como lobos fieras que salen por la tarde en busca de presa, tras haber ayunado a lo largo del día, no como lobos de Arabia (aunque la palabra ערב puede significar eso, cf. traducción de los LXX) o del desierto en general (cf. ערבה, Kimchi).

פָּשׁוּ, *pâshū*, de *pūsh*, conforme al árabe *fâš*, avanzar con altivez; cuando se emplea para un caballo y su jinete significa correr, galopar; también puede tener el sentido de saltar (como un novillo, cf. Jer 50, 11; Mal 4, 2). Resulta dudosa la conexión entre esa palabra y *pūsh* (Nah 3, 18), en *nifal*, con el sentido de dispersar, dispersarse. Delitzsch (sobre Job 35, 15) piensa que en ese verso, y en el pasaje citado de Nahún, *pūsh* deriva del árabe *fâš*, en el sentido de saltar sobre la altura, pero el sentido más preciso de la raíz y origen de la palabra no está claro del todo. Lo cierto es que *pârâshīm* (cf. פָּרָשָׁיו) son los jinetes, no los caballos de montar. La repetición de פָּרָשָׁיו no ofrece razón ninguna para que suprimamos las palabras

Juicio sobre los malvados

ופשו פרשיו como si fueran una glosa, como propone Hitzig. Esa repetición puede explicarse simplemente por el hecho de que en el segundo hemistiquio Habacuc pasa de la descripción general de los caldeos a la presentación de su invasión de la tierra de Judá. מרחוק, de lejos, es decir, de Babilonia (cf. Is 39, 3).

Su venida de lejos (מֵרָחוֹק יָבֹאוּ) y la comparación del rápido avance de los jinetes caldeos con el vuelo del águila, nos ponen en la línea de la amenaza de Dt 28, 49: "Yahvé hará que venga en contra de ti una nación de lejos, del fin de la tierra, tan rápida como el águila que vuela". Ese anuncio del Deuteronomio está ahora para cumplirse. Jeremías utiliza con frecuencia la misma comparación cuando habla de los caldeos, como en Jer 4, 13; 48, 40; 49, 22 y en Lam 4, 19 (cf. 2 Sam 1, 23).

1, 9-10. El ἅπ. λεγ. מגמה puede significar una horda o multitud, del hebreo גם y del árabe *jammah*, intentar, esforzarse por, como en árabe *jmm* y *jâm*, *appetivit*, deseó, le apeteció, en cuyo caso גמם debería vincularse a גמא, tragar, engullir. Es como si la nación de los caldeos avanzara creando a su paso un gran terror. Este segundo sentido de "terror" responde mejor a la frase: los caldeos avanzan extendiendo ante ellos el terror hacia adelante (פניהם קדימה), con sus rostros dirigidos hacia קדימה, que no tiene aquí el sentido posterior de oriente, sino el sentido más antiguo de "de frente, hacia adelante".

Ewald ha traducido esas palabras de modo equivocado, diciendo que "el intento o esfuerzo de su mente es destruir, como la tormenta". En esa línea, entiende *qâdîm* (cf. קָדִימָה) en el sentido de "viento del este", que trae consigo la tormenta; pero en general esa expresión no se utiliza para indicar la tormenta, sino algo que es vano, que no tiene sentido (cf. Os 12, 2; cf. Job 15, 2), pero no la desgracia y destrucción, como exige el contexto de Hab 1, 9. Para ויאסף, cf. Gen 41, 49 y Zac 9, 3; y para כחול, como arena del mar, cf. Os 2, 1.

En **1, 10** la frase comienza con והוא, a fin de que puedan colocarse después, al principio de las frases siguientes, במלכים y לכל־מבצר, sobre las que se pone el énfasis. Él, es decir, el pueblo caldeo, se ríe de los reyes y de los príncipes, y se ríe también de todas las fortalezas, pues toda la resistencia que reyes, príncipes y fortalezas ofrecen a su paso resulta totalmente inútil.

מִשְׂחָק, *mischâq*, es el objeto de la risa. Las palabras "amontona tierra" (עָפָר וַיִּצְבֹּר, edifica terraplenes) y las toma (las fortalezas) indican la facilidad con la que puede conquistar todas las fortalezas. Amontonar la tierra significa construir grandes bancales de tierra para poder atacar las fortalezas (cf. 2 Sam 20, 15, etc.). El sufijo femenino de ילכדה se refiere *ad sensum* a la idea de una ciudad (עיר), implicada en מבצר, con el significado de עיר מבצר, ciudad fortificada, fortaleza (cf. 1 Sam 6, 18; 2 Rey 3,19, etc.).

1, 11. De esa manera, los caldeos continúan derrotando continuamente a reyes y conquistando reinos con rapidez asombrosa, hasta que ellos ofenden al mismo Dios, deificando su poder humano. De esa manera, evocando de un modo velado el final de la tiranía, concluye el anuncio del juicio en 1, 11. אָז חָלַף, con אָז en el sentido de allí, es decir, al aparecer todo esto (tal como ha sido expuesto en 1, 6-0), no entonces o "después", pues en ese caso 1, 11 tendría que detenerse a contar las nuevas empresas con las que los caldeos seguirían conquistando reinos y pueblos.

Los perfectos חָלַף y וַיַּעֲבֹר, *pasa y va más allá*, se utilizan proféticamente para representar el futuro como algo que está ya ocurriendo. Los dos verbos חלף y עבר se utilizan casi como sinónimos: pasar más adelante e ir más allá, con el símbolo del viento (רוּחַ) y de la tempestad, como en Is 21, 1. Aquí, como en Is 8, 8, el tema se aplica al ejército hostil, que inunda toda la tierra. Pero hay una diferencia: en Isaías se piensa en una corriente de agua, mientras que aquí se está evocando a una tempestad que se desata sobre la tierra.

El sujeto de חָלַף, *châlaph*, no es רוּחַ, *rūăch*, sino el ejército caldeo (הוּא, 1, 10). *Rūăch* se utiliza a modo de aposición, para indicar la manera en que el ejército pasa a lo largo, como un viento de tempestad (*rūăch* como en Job 30, 15; Is 7, 2). ואשׁם no es un participio, sino un perfecto con *waw* de relación, expresando la consecuencia de lo que realiza: "y de esa forma él ofende" (peca).

La partícula זוּ no remite al relativo אשׁר, en el sentido de "aquel cuyo poder", sino que se coloca de un modo demostrativo delante del nombre כחו (a su fuerza), como זה en Ex 32, 1; Js 9, 12-13 e Is 23, 13 (cf. Ewald, 293, b), evocando otra vez (hacia atrás) a la fuerza de los caldeos, que ha sido representada previamente en toda su grandeza intensiva y extensiva (Delitzsch).

Los caldeos convierten de esa forma su poder en su dios (para el pensamiento de fondo cf. Job 12, 6 y las palabra del oficial asirio en Is 10, 13). En esa línea de fondo ha de entenderse el sentido del primer hemistiquio, en el que concluye toda la sección anterior (1, 1-10). El ejército caldeo se vuelve culpable (אָשֵׁם) porque diviniza su propia fuerza, convirtiéndola en dios, un dios que ellos utilizan para conquistar y destruir a los pueblos.

1, 12

¹² הֲלוֹא אַתָּה מִקֶּדֶם יְהוָה אֱלֹהַי קְדֹשִׁי לֹא נָמוּת יְהוָה
לְמִשְׁפָּט שַׂמְתּוֹ וְצוּר לְהוֹכִיחַ יְסַדְתּוֹ׃

¹² ¿No eres tú desde el principio, Yahvé, Dios mío, Santo mío? No moriremos. Yahvé, para juicio lo pusiste; y tú, Roca, lo estableciste para castigar.

Tras este anuncio amenazador del juicio de Dios (expresado por la palabra del caldeo que se diviniza a sí mismo) el profeta vuelve al Señor, en nombre del Israel creyente, y expresa su esperanza en que él (Yahvé) no permitirá que su pueblo perezca. Por más terrible y destructora que pueda sonar la amenaza divina, el profeta encuentra consuelo y esperanza en la santidad del Dios fiel de la alianza,

Juicio sobre los malvados

afirmando que Israel no perecerá, sino que el juicio será para él un castigo severo, pero no una destrucción[92].

Esta oración de súplica en la que el creyente expresa la esperanza de su fe se encuentra íntimamente conectada con la profecía divina y amenazadora del verso anterior (1, 11). El dios caldeo se identifica con la propia fuerza de los caldeos, pero el Dios de Israel es Yahvé, el santo. Sobre la forma interrogativa de las palabras (¿no eres tú…?) que exigen una respuesta afirmativa, Lutero ha observado rectamente que "él habla de Dios de un modo interrogativo, preguntando si él obra así y solo castiga; no es que el orante tenga ninguna duda sobre el tema, sino que quiere mostrar cómo la fe se mantiene y se sostiene en medio del conflicto. Por eso, el orante aparece tan débil, como si no creyera, como si fuera a hundirse inmediatamente, cayendo en la desesperación a causa de la gran calamidad que le aflige". Aunque su fe se encuentra firme, el orante parece romperse por dentro, y desde el centro del conflicto habla de un modo y con unas palabras muy distintas a las que emplea cuando ha conseguido ya la victoria. Pero, dado que su pregunta ha de recibir una respuesta afirmativa, el profeta saca ya la conclusión y dice: Nosotros no moriremos, nosotros, tu pueblo, no pereceremos. Su esperanza se apoya en dos fundamentos. (1) Desde tiempo inmemorial, Yahvé es el Dios de Israel. (2) Yahvé es el Dios Uno de Israel (el único Dios) y no puede dejar sin castigo la maldad, ni en Israel ni en sus enemigos.

Esto conduce a la conclusión posterior, de que Yahvé ha constituido la nación de los caldeos para ejecutar el juicio, para castigar a Israel y no para destruir a su pueblo. Los tres predicados que se aplican a Dios tienen aquí el mismo peso. (a) El Dios a quien el profeta implora es Yahvé, el Dios Uno, absolutamente constante, que es siempre el mismo en palabra y obra (Gen 2, 4). (b) Él es también *Elohai*, es decir, mi Dios, el Dios de Israel, Dios que desde tiempo inmemorial ha probado a su pueblo, al que ha escogido como posesión suya, es decir, como su Dios. (c) Y finalmente Dios es קְדֹשִׁי, el Dios Santo de Israel, el Único, absolutamente puro, que no puede aprobar el pecado, y que por tanto no puede permitir que el malvado devore el justo (Hab 1, 13). לֹא נָמוּת no es una deseo de súplica "no muramos, por tanto", sino una afirmación de confianza: "Nosotros no moriremos"[93].

---

92. Así dice Calvino: "Por eso, quienquiera que desee luchar bravamente contra los impíos, disponga ante todo su conciencia ante el mismo Dios, y de esa forma confirme y ratifique aquel tratado que Dios ha establecido con nosotros, es decir, que nosotros somos su pueblo y que él será Dios para nosotros. Y dado que Dios hace con nosotros un pacto de esta forma, es preciso que nuestra fe se encuentre bien establecida en Dios, de forma que así podamos mantenernos firmes en el conflicto con todos los impíos".

93. Según la masora, לֹא נָמוּת aparece como תִּקּוּן סוֹפְרִים, es decir, como una *correctio scribarum* (corrección de los escribas, en vez de לֹא תָמוּת, "tú no morirás". Sin embargo, estos *tikkune sophrim*, entre los que la masora reconoce 18, no son alteraciones de la lectura original propuestas por los *sophrim*, sino definiciones tradicionales de aquello que los escritores sagrados querían escribir, aunque más tarde evitaron hacerlo o dieron un sesgo distinto al texto. En esa línea, ellos mostraron

En la segunda mitad del verso, *Yehōvâh* y וְצוּר, *Tsūr* (roca) son vocativos. *Tsūr,* como epíteto aplicado a Dios, está tomado de Dt 32, 4.15.18 y 37, donde a Dios se le llama la Roca de Israel, como refugio insuperable donde se apoya la confianza de su pueblo. לְמִשְׁפָּט, *lammishpât,* es decir, para cumplir el juicio. Cf. Is 10, 5-6, donde a Asur se le llama la vara de la ira de Yahvé. En la frase paralela tenemos להוכיח en vez de "castigar", es decir, a los israelitas, no a los caldeos, como supone Ewald.

1, 13-17

¹³ טְהוֹר עֵינַיִם מֵרְאוֹת רָע וְהַבִּיט אֶל־עָמָל לֹא תוּכָל לָמָּה תַבִּיט בּוֹגְדִים תַּחֲרִישׁ בְּבַלַּע רָשָׁע צַדִּיק מִמֶּנּוּ׃
¹⁴ וַתַּעֲשֶׂה אָדָם כִּדְגֵי הַיָּם כְּרֶמֶשׂ לֹא־מֹשֵׁל בּוֹ׃
¹⁵ כֻּלֹּה בְּחַכָּה הֵעֲלָה יְגֹרֵהוּ בְחֶרְמוֹ וְיַאַסְפֵהוּ בְּמִכְמַרְתּוֹ עַל־כֵּן יִשְׂמַח וְיָגִיל׃
¹⁶ עַל־כֵּן יְזַבֵּחַ לְחֶרְמוֹ וִיקַטֵּר לְמִכְמַרְתּוֹ כִּי בָהֵמָּה שָׁמֵן חֶלְקוֹ וּמַאֲכָלוֹ בְּרִאָה׃
¹⁷ הַעַל כֵּן יָרִיק חֶרְמוֹ וְתָמִיד לַהֲרֹג גּוֹיִם לֹא יַחְמוֹל׃ ס

¹³ Muy limpio eres de ojos para ver el mal, ni puedes ver el agravio; ¿por qué, pues, ves a los criminales y callas cuando destruye el impío al que es más justo que él? ¹⁴ Tratas a los hombres como a peces del mar, como a reptiles que no tienen dueño. ¹⁵ A todos los pesca con anzuelo, los recoge con su red, los junta en sus mallas; por lo cual se alegra y se regocija. ¹⁶ Por eso ofrece sacrificios a su red y quema incienso a sus mallas, porque gracias a ellas su porción es abundante y sabrosa su comida. ¹⁷ ¿Vaciará sin cesar su red y seguirá aniquilando sin piedad a las naciones?

La viva confianza expresada en este verso no parece apoyarse en aquello que Dios realiza de hecho actualmente. De esa forma comienza el profeta a plantear aquí su enigma ante Dios.

1, 13. טהור עינים, con las dos frases que dependen de esa expresión, es un vocativo y טהור seguida por מן es un comparativo: puro de ojos, más "capaz de ver". Este epíteto se aplica a Dios como el *Limpio-Puro,* aquel cuyos ojos no pueden soportar lo que es moralmente impuro, es decir, como aquel que no puede soportar el mal. La pureza de Dios no se menciona aquí por su manera de mirar

---

que lo que el profeta quería decir es "tú (Dios) no morirás". Pero, conscientes de que esa lectura iba en contra del "decoro divino", ellos matizaron el tema diciendo "nosotros no moriremos". Pues bien, esta conjetura rabínica se apoya en el presupuesto erróneo de que מקדם es un predicado, de forma que el pensamiento de la pregunta sería este: "Tú eres desde antiguo, tú Yahvé, mi Dios Santo", según el cual לא תמות sería una exégesis de מקדם, lo que evidentemente es falso. Para indicaciones posteriores de los *tikkune sophrim,* cf. Delitzsch, en su *Comm. Hab.,* l.c. y apéndice 206 ss.

hacia el mal, sino que se describe de un modo más alto, de manera que no existe comparación para ella. Sobre la relación de estas palabras con Num 23, 21, cf. observaciones sobre Hab 1, 3.

En la segunda frase pasamos de la construcción de infinitivo a la de verbo finito, como sucede con frecuencia. Por eso se debe suplir en pensamiento un אשר: Tú eres aquel que no puedes mirar al sufrimiento, es decir, que no puede tolerar que los malvados causen el sufrimiento a otros. Por lo tanto ¿cómo puedes mirar sobre los traidores malvados, es decir, sobre lo caldeos?

A los caldeos se les llama בוגדים, por su conducta de engaño, sin fidelidad, llenos de robo y rapacidad, sin escrúpulos, como en Is 21, 2; 24, 16. Aquí se aplica a Dios un tipo de ver y observar, sin hacer nada, sin proceder al castigo, como es evidente por el paralelo תחריש: Tú esta callado ante el hecho de que los caldeos destruyan a los que son más justos que ellos, צדיק ממנו, es decir, a los justos israelitas.

Estos más justos que los caldeos (que son los impíos) no son el conjunto de los israelitas. La visión rabínica (según la cual todos los israelitas son más justos que los caldeos) es falsa, como confirma el mismo Habacuc en 1, 2-3, donde el profeta describe la depravación moral de Israel con las mismas palabras que aquí se aplican a los caldeos.

Las personas a las que se aplica el texto son más bien los que forman la porción santa de Israel, que han de participar en la expiación de los pecados de los injustos, sufriendo cuando ellos son castigados (Delitzsch). Este pensamiento de que los justos son castigados al mismo tiempo que los injustos parece irreconciliable con la santidad de Dios y suscita la pregunta de cómo Dios puede soportarlo.

1, 14-16. Este hecho inexplicable ha sido desarrollado aquí con la figura del pescador. Los hombres (los pueblos) son como peces a los que los caldeos recogen en su red, para ofrecer después honores divinos a la red que los ha enriquecido de esa forma. ותעשה no depende למה, sino que sigue presentando el discurso a través de una simple descripción en la que el imperfecto con la *waw* conversiva representa el acto como una consecuencia natural del silencio de Dios: "y así tú haces a los hombres como peces…" (y sigues en silencio).

El punto de comparación recae en la fase de relativo, לא־משל בו, "que no tienen dueño", una frase vinculada de hecho a כרמש, que se vincula también con דגי הים. "Sin dueño" (לא־מֹשֵׁל) que pueda poner bajo su protección a los que no tienen defensa, ni cobijo, para defenderles de los enemigos. Por eso, Judá será tomado prisionero y devorado por los caldeos. Dios ha puesto así a los judíos, sin defensa alguna, bajo el poder de los enemigos, de manera que ha dejado de ser rey de los judíos. Compárese la lamentación semejante de Is 63, 19: "Son como aquellos sobre los que tú nunca han reinado".

רמש, vivientes que reptan, pequeños animales que existen en inmensas multitudes, y que se mueven con gran suavidad; se refiere aquí a los pequeños animales del agua, a quien se aplica también la palabra רמש, *remes,* en Sal 104, 25, y el verbo *râmas* en Gen 1, 21 y Lev 11, 46. כלה, remitiendo hacia atrás al colectivo *'âdâm,* que es el objeto, y que está escrito al principio, por motivo del énfasis. La forma הֶעֱלָה es análoga al *ofal* (הֶעֱלָתָה) de Nah 2, 8 y Jc 6, 28, y también al הֶעֱבַרְתְּ de Js 7, 7: sacar del agua (cf. Gesenius, 63, Anm. 4). יגרהו de גרר, empujar, jalar. חַכָּה, *chakkâh,* es el anzuelo y *khemeret* (cf. בְּמִכְמַרְתּוֹ) es generalmente la red, la larga red de pescar (σαγήνη), cuya parte baja, cuando se hunde, toca el suelo, mientras la superior flota sobre el agua. Estas figuras no han de interpretarse de un modo muy preciso, como si el anzuelo y la red tuvieran la misma función que la espada y el arco, pero el anzuelo, la red donde se guardan los peces y la red de pescar, como utensilios para la pesca de peces son un signo de todos los medios que los caldeos emplea para someter y destruir a las naciones.

Lutero lo ha entendido correctamente, cuando dice: "Estos anzuelos, las redes en general y en particular las de pescar no son otra cosa que sus grandes y poderosos ejércitos con los que los caldeos consiguen el dominio sobre todas las tierras y los pueblos, de forma que llevan a Babilonia sus bienes, sus joyas, la plata y el oro, los impuestos y la renta de todo el mundo".

Los caldeos se regocijan por el éxito de sus empresas, sobre la captura de los hombres, y por eso sacrifican y queman incienso a su red, es decir, atribuyen a los medios que utilizan para dominar el mundo el honor que se debe a Dios. Estas palabras no incluyen una alusión a la costumbre de los escitas y los sármatas, quienes, según dice Herodoto (iv. 59, 60), ofrecían cada año un sacrificio al sable al que tomaban como símbolo de Marte.

Lo que los caldeos veneraban como Dios lo expresa Hab 1, 11, diciendo que su Dios es el propio poder: "Aquellos que se glorían en algo, y están contentos y orgullosos por ello, pero no dan gracias al verdadero Dios, se convierten a sí mismos en un ídolo, se dan a sí mismos la Gloria, y no se regocijan en Dios, sino en su propia fuerza y obra" (Lutero). Los caldeos sacrifican a su red, porque por medio de ella (בהמה, por red y anzuelo) consiguen su porción (חֶלְקוֹ, *chelqō*) muy abundante, es decir, la porción del botín que les corresponde, y es abundante su comida (בראה es un substantivo neutro). El sentido de todo es esto: de esa forma, a través de su violencia, los caldeos consiguen riqueza y prosperidad.

1, 17. Es un apéndice a lo anterior y se plantea en forma de pregunta: ¿Seguirá por tanto el poder caldeo, que se alegra por su rico botín, y que ofrece sacrificios a su red, vaciando su red, es decir, lanzándola de nuevo para pescar aún más, seguirá destruyendo sin fin naciones, sin dejar ninguna libre? En esta última frase la comparación se convierte en lenguaje directo. En vez del imperfecto, aquí tenemos una construcción perifrástica con infinitivo: ¿Podrá seguir él siempre matando? Sobre la construcción, cf. Gesenius 132, 3, nota 1 y Ewald, 237 c. Finalmente לא יחמול es una cláusula subordinada, con sentido adverbial: sin dejar nada libre, sin dejar nada sin destruirlo.

Juicio sobre los malvados

2, 1–20. Destrucción del poder impío del mundo

Tras haber recibido una respuesta a su grito de súplica, el profeta escucha el mandato de Dios que le dice que escriba con detalle el oráculo, con caracteres claros, porque es ciertamente seguro, pero no se cumplirá inmediatamente (Hab 2, 1-3). Sigue entonces la palabra de Dios que le dice que el justo vivirá de la fe, pero que el orgulloso y aquel que no es justo no seguirá viviendo (2, 4-5). Vienen después cinco ayes sobre los caldeos, que reúnen y amontonan cosas para sí y se apoderan con codicia de todas las naciones, con una avaricia insaciable (Hab 2, 6-20).

2, 1-3. Introducción

¹ עַל־מִשְׁמַרְתִּי אֶעֱמֹדָה וְאֶתְיַצְּבָה עַל־מָצוֹר
וַאֲצַפֶּה לִרְאוֹת מַה־יְדַבֶּר־בִּי וּמָה אָשִׁיב עַל־תּוֹכַחְתִּי׃
² וַיַּעֲנֵנִי יְהוָה וַיֹּאמֶר כְּתוֹב חָזוֹן וּבָאֵר עַל־הַלֻּחוֹת לְמַעַן יָרוּץ קוֹרֵא בוֹ׃
³ כִּי עוֹד חָזוֹן לַמּוֹעֵד וְיָפֵחַ לַקֵּץ וְלֹא יְכַזֵּב אִם־יִתְמַהְמָהּ
חַכֵּה־לוֹ כִּי־בֹא יָבֹא לֹא יְאַחֵר׃

¹ En mi puesto de guardia estaré, sobre la fortaleza afirmaré el pie. Velaré para ver lo que se me dirá y qué he de responder tocante a mi queja. ² Yahvé me respondió y dijo: Escribe la visión, grábala en tablas, para que pueda leerse de corrido. ³ Aunque la visión tarde en cumplirse, se cumplirá a su tiempo, no fallará. Aunque tarde, espérala, porque sin duda vendrá, no tardará.

2, 1 contiene la conversación del profeta consigo mismo. Después que él ha presentado su angustia ante el juicio anunciado, él se anima a sí mismo, tras una pausa que debemos imaginar tras 1, 17, esperando una respuesta de Dios, en forma de lamentación ante el Señor (1, 12-17). Se decide a situarse sobre su observatorio, esperando la revelación y respuesta que el Señor ofrezca a sus cuestiones.

Mishmereth (cf. עַל־מִשְׁמַרְתִּי), un lugar desde el que se espera y observa, de *mâtsōr*, fortaleza, es decir, una torre de vigilancia o de inspección. Ese gesto de ponerse en pie sobre el observatorio, habiéndose situado en la fortificación, no es algo que ha de entenderse en sentido externo, como supone Hitzig, añadiendo que el profeta fue y se colocó en un lugar escarpado, sobre una fortificación real, que debería encontrarse lejos del ruido y afán de los hombres, para dirigir desde allí sus ojos a los cielos, elevando hacia Dios su mente concentrada, para esperar una revelación.

No tenemos conocimiento de una costumbre como esa, pues los casos citados en Ex 33, 21 y 1 Rey 19, 11, como preparaciones extraordinarias para la revelación de Dios, son de un tipo totalmente distinto. Y el hecho de que Balaán, el adivino, subiera a la cumbre de una montaña pelada, para esperar allí la revelación de Dios (Num 23,3), no es prueba ninguna de que los verdaderos profetas de Dios hicieran lo mismo, sino que se trata de una costumbre pagana, según la cual, sabiendo Balaán que no podía confiar en la posesión de una palabra profética firme de Dios, buscaba sus revelaciones en fenómenos significativos de la naturaleza (ver *Coment.* a Num 23, 3-4).

Estas palabras de nuestro verso han de tomarse de un modo figurativo, como una experiencia interna, como la referencia al vigía en Is 21, 6. Esa imagen está tomada de la costumbre de subir a lugares altos, con la finalidad de contemplar algo distante (2 Rey 9, 17; 2 Sam 18, 24), y simplemente expresa la preparación espiritual del alma del profeta para escuchar en su interior la palabra de Dios. Se trata, pues, de recoger su mente, entrando de forma tranquila en el interior de sí mismo, meditando sobre la palabra y los testimonios de Dios.

Así lo ponen de relieve Cirilo y Calvino. En esa línea se sitúa la palabra del último, que dice: "La torre de vigilancia es el retorno de la mente hacia sí misma, hacia el interior en el que nos refugiamos del mundo". Y después añade, a modo de explicación: "Bajo el signo de la torre de vigilancia, el profeta está diciendo que él penetra en sí mismo, superando los pensamientos de la carne, porque lo que él dijera, hablando desde sus propias percepciones externas, carecería de sentido y medida". Otros autores insisten en que esas palabras solo indican que el profeta se esfuerza con confiar (por apoyarse) en la palabra de Dios[94].

Tsippâh (cf. וַאֲצַפֶּה), espiar u observar, esperando la respuesta de Dios. "Esta vigilancia constituía una diligencia viva y asidua por parte del profeta, observando con gran cuidado todo aquello que sucedía en espíritu en su mente, y todo lo que se le presentaba en ella para ser visto u oído" (Burk). ידבר־בי, lo que se me dijera, no solamente para mí o conmigo, pues el diálogo de los profetas con Dios era una conversación interior, y no algo que pudiera percibirse desde fuera.

El argumento de esa conversación es "lo que yo pueda responder a mi pregunta, a mi queja (עַל־תּוֹכַחְתִּי, *'al tōkhachtî*)", es decir, primero a mí mismo y después al resto. תּוֹכַחַת, *tōkhachath*, literalmente corrección, contradicción. Habacuc se refiere a la queja que él ha planteado a Dios en 1, 13-17, es decir, "por qué Dios deja sin castigo a los malvados". Él se ha detenido a esperar una respuesta de Dios, para aquietar su propio corazón, que se encuentra insatisfecho con la administración de Dios. De esa forma, él traza una distinción aguda entre su propia palabra y la palabra del Espíritu de Dios dentro de él.

---

94. Teodoreto evoca en este contexto, de manera muy apropiada, las palabras de Asaf en el Sal 73, 16-17: "Cuando pensé para saber esto, fue duro trabajo para mí, hasta que, entrando en el santuario de Dios, comprendí el fin de ellos". Y así dice el profeta que permanecerá, y que no dejará su puesto, sino que manteniéndose sobre esa roca, que era como aquella en la que Dios colocó al gran Moisés, vigilará con ojos de profeta para descubrir la solución de las cosas que yo buscaba.

2, 2. Yahvé le responde en lo que sigue (en 2, 2-3), mandándole que escriba la (חָזוֹן, *châzōn,* la revelación de Dios que se recibe por intuición interna), que la escriba sobre tablas, claramente, para que los hombres la puedan leer de corrido, es decir, fácilmente.

באר como en Dt 27, 8; cf. Dt 1, 5. El artículo de הלחות no se refiere a las tablas escritas que se ponían en las plazas y mercados para las noticias públicas (Ewald), sino que significa que ellas (esas tablas) son simplemente aquellas en las que el profeta debe escribir su visión. קורא בו puede explicarse a partir de קרא בספר (Jer 36, 13). Hay gran disputa sobre si ese mandato ha de cumplirse literalmente o solo de un modo figurado, pero lo que es claro es que esas palabras indican la gran importancia de la profecía, y la necesidad de darla a conocer a toda la nación (Hengstenberg, *Beiträge* II, 449).

Los pasajes que se aducen a favor de la interpretación literal (que la profecía se escribe de hecho sobre tablas), cf. Is 8, 1; Is 30, 8; Jer 30, 2, no son decisivos. En Jer 30, 2 el profeta manda que se escriban todas las palabras del Señor en un libro (*sēpher*); y lo mismo se dice en Is 30, 8, si כתבה על־לוח es sinónimo de על־ספר חקה. Pero, en otro sentido, en Is 8, 1 se evocan solo las palabras significativas que el profeta ha de escribir sobre una gran tabla, después de haber tomado testimonios, que solo son dos. En ninguno de estos casos hay que suponer que la palabra לֻחוֹת, *luchōth,* tablas, deba entenderse en el sentido de tablas de madera, reunidas en forma de libro, cosa que no se utilizaba entre los hebreos, de manera que no podemos identificar sin más lo que ha de escribirse en tablas y lo escrito en forma de libro. Por eso, preferimos entender el texto en sentido figurativo, como en el caso relacionado con Daniel, donde se le dice que selle la profecía (Dan 12, 4), pues la interpretación literal del mandamiento, especialmente en lo que toca a las últimas palabras, requeriría que la tabla se colocara o se pendiera en algún lugar público y esto no puede aceptarse en modo alguno. Las palabras expresan simplemente el pensamiento de que lo que se escribe ha de ser colocado en el corazón de todo el pueblo, por la gran importancia que tiene, y no solamente en el presente, sino también en el futuro. Sin duda alguna esto implica que el profeta muestra gran interés en poner por escrito la profecía, para que ella no se olvide.

2, 3. La profecía es למועד, es decir, para el tiempo determinado, es decir, está referida al período fijado por Dios para su realización, que todavía se encuentra lejos (עוד). La partícula ל en לַמּוֹעֵד indica una dirección hacia cierto punto, sea en el espacio, sea en el tiempo. La visión tenía una dirección hacia un determinado punto o meta que, aunque se hallaba colocado hacia adelante, se encontraba todavía en el futuro.

Esa meta era el fin (הקץ) hacia el que se apresuraba la profecía; era, pues, el último tiempo (מועד קץ, Dan 8, 19; y עת קץ, Dan 8, 17; 11, 35), la era mesiánica en el que se realizaría el juicio sobre el poder del mundo. "La verdadera profecía está como inspirada, animada, por un impulso que la lleva a cumplirse" (Hitzig).

יפח no es un adjetivo, como en Sal 27, 12, sino la tercera persona del imperfecto *hifil* de פוח, *pūăch*. Pues bien, la forma contracta (יפח en vez de יפיח), sin tener un carácter puramente "volitivo", tiene el mismo sentido que encontramos frecuentemente en un estilo literario elevado. Las palabras ולא יכזב, "y no engaña", indican que la profecía se cumplirá con seguridad. Si ella (la visión) tarda, es decir, si no se cumple inmediatamente, hay que esperar por ella, porque se cumplirá a su tiempo, con seguridad (el infinitivo absoluto בוא se utiliza aquí para añadir fuerza al cumplimiento de la profecía, como en 1 Sam 9, 6 y Jer 28, 9), asegurando que ella no fallará; אחר, permanecer atrás, no llegar (Jc 5, 28; 2 Sam 20, 5).

Los LXX han traducido la expresión כי בא יבא como ὅτι ἐρχόμενος ἥξει, una expresión que la carta a los Hebreos 10, 29 ha precisado aún más añadiendo el artículo y vinculándolo con μικρὸν ὅσον ὅσον (Is 26, 20, LXX), tomando así la profecía en sentido mesiánico, y aplicándola a la rápida venida del Mesías para el juicio.

Esa traducción de los LXX no responde al sentido original de las palabras en hebreo, pero recoge la idea fundamental del anuncio profético, porque la visión, cuyo cumplimiento cierto ha sido proclamado por Habacuc, predice el juicio sobre el poder del mundo, un juicio que el Mesías llevará a su culminación.

2, 4-5

⁴ הִנֵּה עֻפְּלָה לֹא־יָשְׁרָה נַפְשׁוֹ בּוֹ וְצַדִּיק בֶּאֱמוּנָתוֹ יִחְיֶה׃
⁵ וְאַף כִּי־הַיַּיִן בּוֹגֵד גֶּבֶר יָהִיר וְלֹא יִנְוֶה אֲשֶׁר הִרְחִיב
כִּשְׁאוֹל נַפְשׁוֹ וְהוּא כַמָּוֶת וְלֹא יִשְׂבָּע וַיֶּאֱסֹף אֵלָיו
כָּל־הַגּוֹיִם וַיִּקְבֹּץ אֵלָיו כָּל־הָעַמִּים׃

⁴ He aquí que está inflada el alma del que no es recto dentro de sí, mientras que por el contrario el justo vive por su fe. ⁵ Más aún, el vino es traidor, el hombre arrogante no continuará, aquel que ha abierto su garganta como el Sheol; será como la muerte y no se saciará. Reúne hacia él todas las naciones; congrega hacia él todos los pueblos.

Con estas palabras comienza la profecía como afirmación de un pensamiento fundamental, diciendo que el presuntuoso y orgulloso no continuará, sino que solo el justo vivirá. Ciertamente, estos versos contienen el pensamiento fundamental o, por así decirlo, son el encabezamiento del anuncio del juicio futuro sobre los caldeos; a pesar de eso, ellos no pueden tomarse como suma y sustancia de lo que el profeta ha de escribir sobre las tablas.

Sin duda, estas palabras ofrecen las características de dos tipos de hombres, con una breve descripción del destino de ambos. En esa línea, la descripción de la avaricia insaciable de los caldeos se vincula en 2, 4 a la visión de un pecador orgulloso, de manera que ambos rasgos (avaricia, orgullo) no pueden separarse. Esta visión se ofrece en una frase subordinada, que solo se completa con la aportación de 2, 6. La sentencia pronunciada contra los caldeos en 2, 4-5 forma simplemente la preparación introductoria de la respuesta real a la pregunta central del profeta.

2, 4. En este verso no se menciona el sujeto, pero puede ser inferido por la pregunta del profeta en 1, 12-17. Ciertamente se refiere al rey caldeo (como representante de los caldeos). Su alma está hinchada, envanecida. עפלה, perfecto *pual* de עפל, que aparece en *hifil* en Num 14, 44, y que es sinónimo de הזיד en Dt 1, 43. Por eso, y por el significado de la raíz עפל, una colina o hinchazón, podemos deducir que *el sentido de fondo de la expresión es envanecerse, gloriarse*, ser arrogante; en *hifil*, actuar de forma soberbia o presuntuosa, como expresión del gran pecado, que es la soberbia de aquel que quiere todo y destruye a los otros. El significado se explica e intensifica por לא ישרה, "su alma no tiene rectitud". ישר, ser recto, sin dobleces ni engaños, es decir, ser justo. בו no pertenece a נפשו (su alma en él, equivalente a la profundidad de su alma), sino que se vincula con los verbos de la frase.

Los antiguos traductores y comentaristas han tomado este hemistiquio de un modo diferente. Así lo dividen en prótasis y apódosis, y toman עֻפְּלָה como predicado o como sujeto . Lutero lo toma en el segundo sentido: "aquel que es de dura cerviz (orgulloso) no tendrá descanso en su alma". Burk lo traduce todavía de manera más fiable: *ecce quae effert se, non recta est anima ejus in eo* (he aquí que aquel que se enorgullece, su alma no es recta en él).

En ambos casos debemos suplir נפש אשר (el alma que...) después עפלה. Pero una elipsis como esa, en la que se omite no solo la palabra de relativo, sino el mismo nombre en el que se apoya el relativo, carece de analogía y resulta inadmisible, aunque solo fuera por la tautología fundada en el hecho de introducir un nuevo *nephesh*. Esto se aplica también a la visión hipotética de הנה עפלה, sobre la que se funda la traducción de la Septuaginta: ἐὰν ὑποστείληται, οὐκ εὐδοκεῖ ψυχή μου ἐν αὐτῷ (en caso de que se enorgullezca no complacerá mi alma en él).

Pero conforme a esa visión tampoco se podría omitir la palabra *nephesh* como sujeto de la prótasis, y בו no tendría un nombre al que referirse. Por eso, esa traducción no es más que una pura conjetura, por la que se confunde עפל con עלף, y נפשו se cambia נפשי. Esto no se puede probar en modo alguno por el hecho de que Hebr 10, 38 utilice las palabras de este verso conforme a esa traducción de los LXX, porque él (el autor de Hebreos) no acude al texto original, sino que lo utiliza simplemente para "revestir" su propio pensamiento con palabras de la Biblia que flotaban en su mente. De esa manera, con ese fin, transpone el sentido de un hemistiquio en el otro, logrando dar a las palabras un sentido verdadero, de acuerdo con la Escritura hebrea, cosa que apenas podía lograrse por medio de la versión alejandrina.

La segunda frase, וצדיק וגו, va unida adversativamente a la primera, y de alguna forma aparece como subordinada a la sentencia del primer hemistiquio:

"mientras que por el contrario el justo vive por su fe". Esa traducción contiene un pensamiento que es muy importante, que ratifica de un modo indirecto que el orgullo y falta de justicia llevará a la destrucción a los caldeos. באמונתו se vincula con יחיה (vivirá) no con צדיק.

El *tiphchah* bajo la palabra בֶּאֱמוּנָתוֹ no quiere mostrar que esa palabra está regida por *tsaddīq*, sino simplemente que es la que tiene el tono dominante de la sentencia, porque está colocada con énfasis delante de verbo (Delitzsch). אמונה no significa un carácter honorable, ni fidelidad a las propias convicciones (Hitzig), sino (como palabra que deriva de *'âman)* que ella tiene el sentido de ser firme de durar, como algo que posee firmeza (Ex 17,12).

En esa línea, como atributo de Dios, la palabra *emuna* significa fiabilidad, fidelidad constante en el cumplimiento de los compromisos (Dt 32, 4; Sal 33, 4; Sal 89, 34). Como atributo personal del hombre significa fidelidad en palabra y obra (Jer 7, 28; 9, 2; Sal 37, 3). Finalmente, en relación con Dios significa vinculación firme a Dios, una confianza total a las promesas divinas de la gracia, *firma fiducia et fides*, de forma que en la palabra *'ĕmūnâh* se combinan los significados fundantes de *ne'ĕmân* y de *he'ĕmîn*.

Esto resulta claro por el hecho de que Abrahán recibe el título de *ne'ĕmân* en Neh 9, 8, con referencia a lo que se dice de él en Gen 15, 6: האמין ביהוה, "confió o creyó en el Señor". Esto resulta también evidente en nuestro pasaje, dado que es imposible pasar por alto la relación entre nuestro pasaje, צדיק באמונתו יחיה, y Gen 15, 6, "él creyó (*he'ĕmîn*) en Yahvé, y Yahvé se lo reconoció *litsedâqâh*" (לוֹ צְדָקָה וְהֶאֱמִן בַּיהוָה וַיַּחְשְׁבֶהָ). Resulta también indudable a partir del contexto que nuestro pasaje trata de la relación entre el hombre y Dios, dado que las mismas palabras hablan de esperar (*chikkâh*) en el cumplimiento de la promesa del oráculo, cumplimiento que ha de ser precedido por un período de severo sufrimiento.

> ¿Qué es más natural que el hecho de que la vida o liberación de la destrucción deba ser prometida a la fe que se adhiere firmemente a Dios, que mantiene firmes las palabras de la promesa y que sigue esperando confiadamente en medio de la tribulación? Lo que está en más riesgo de perderse en medio de la tribulación no es la sinceridad, ni la fiabilidad, ni la integridad del hombre justo, a quien podemos mirar como virtuoso en sí mismo, sino, como podemos ver en el caso del mismo profeta, lo que corre más riesgo de perderse es la misma fe. Con esta fe se vincula la gran promesa expresada en esta palabra: vivirá, vive, היה (Delitzsch).

Además de eso, la *'ĕmūnâh* se opone al orgullo de los caldeos, que se exaltan a sí mismos por encima de Dios. Por eso, la fe no denota simplemente integridad del hombre en sí mismo, sino también una humilde sumisión a Dios, es decir, una firme confianza en Dios. Por eso, los comentaristas judíos han mantenido unánimemente aquí este significado, y los LXX han traducido la palabra de un modo bastante correcto como πίστις; pero, cambiando el sufijo, poniendo ἐκ πίστεώς μου en vez de ἐκ πίστεως αὐτοῦ (o más propiamente ἑαυτοῦ, como

Juicio sobre los malvados

hacen Aquila y las otras versiones griegas), los LXX han perdido o, mejor dicho, han pervertido su sentido.

El significado más profundo de estas palabras ha sido destacado en primer lugar, de un modo pleno, por el apóstol Pablo (Rom 1, 17; Gal 3, 11; cf. también Hebr 10, 38), quien omite el erróneo μου de los LXX, y presenta así la declaración ὁ δίκαιος ἐκ πίστεως ζήσεται, palabra que está en la base de la doctrina de la justificación por la fe del Nuevo Testamento.

2, 5. Este verso está íntimamente conectado con 2, 4, no solo por desarrollar aún más el pensamiento ya expresado, sino por aplicarlo a los caldeos. אף כי no significa "realmente si…" (Hitzig y otros), ni en Job 9, 14; 35, 14; Ez 15, 5 o 1 Sam 21, 6 (cf. Delitzsch sobre Job 35, 14), sino que significa siempre "aún más", o "así también…", ofreciendo de esa forma nuevas aplicaciones a las ya dadas. En esa línea se emplea para ratificar enfáticamente el sentido de algo, de manera que sirve para ratificar lo ya dicho. Todo esto se puede entender en sentido positivo: "y además de todo lo anterior…". O puede utilizarse también en sentencias negativas, en el sentido de "y mucho menos…" (cf. 1 Rey 8, 27).

En nuestro caso, las sentencias que siguen a אף כי en todo este verso (2, 5) sirven para añadir nuevos rasgos a lo ya dicho en 2, 4. "Y a todo eso se añade que el vino es traidor", es decir: para los que son adictos, el vino no añade fuerza y vida, sino que lleva por el camino de la ruina (para el pensamiento en sí mismo, cf. Prov 23, 31-32). Por el contexto, resulta evidente la aplicación a los caldeos.

Los antiguos escritores afirman con claridad que los caldeos eran adeptos al vino. Por ejemplo, Curtius dice (cf. Hab 2, 1): *Babylonii maxime in vinum et quae ebrietatem sequuntur effusi sunt* (los babilonios estaban muy dominados por el vino y por las cosas que derivan del vino). Resulta conocido el hecho (cf. Dan 5) de que Babilonia fue conquistada cuando el rey Baltasar y los grandes del reino estaban celebrando un banquete desordenado.

Las palabras siguientes, גבר יהיר, no son el objeto de בוגד, sino que forman una sentencia nueva, paralela a la anterior: un hombre arrogante no continúa (no sigue viviendo). Por su parte, ולא introduce la apódosis a גבר יהיר, que se escribe de un modo absoluto. La palabra יהיר solo aparece, además de aquí, en Prov 21, 24, donde se utiliza como paralelo de זד: ἀλαζών (LXX), fanfarrón, creído.

La alusión a los caldeos resulta evidente por la cláusula de relativo que sigue, y que Delitzsch interpreta bien como exegesis individualizante de גבר יהיר. Pero, mirando lo que sigue, esta sentencia constituye más bien una prótasis de Hab 2, 6, pues pone de relieve el hecho de que el hombre arrogante no podrá mantenerse. הִרְחִיב נַפְשׁוֹ, *hirchībh naphshō*, ensanchar el alma como el *Sheol* (כִּשְׁאוֹל), ampliar su deseo, en el sentido de *pâ'ar peh*, abrir la boca en Is 5, 14. Esta es una figura que se utiliza para indicar un deseo insaciable, כשאול, es decir, como el *Sheol* o Hades, que traga y consume todas las cosas vivientes (cf. Prov 27, 20; 30, 15-16). La comparación con la muerte tiene el mismo significado.

Habacuc 2, 6-20

ולא ישבע no se refiere a la muerte, מות, sino a los caldeos, que se apoderan de todo, de un modo insaciable, como en Hab 1, 6-7, y Hab 1, 15-17. El imperfecto consecuente (וַיֶּאֱסֹף אֵלָיו כָּל־הַגּוֹיִם), con la parte final de 2, 5, expresa la continua conquista de todas las naciones, que surge del insaciable deseo de los caldeos, que quieren devorarlo todo.

2, 6-20

La destrucción de los caldeos que ha sido ya proclamada ya en 2, 4.5, se afirma aquí en forma de un canto compuesto de sentencias amenazadoras, que incluye *cinco ayes* en estrofas sucesivas que constan de tres versos cada una de ellas. (1) Sobre la rapacidad y saqueo de los caldeos (Hab 2, 6-8); (2) Sobre el intento de establecer su dinastía sobre bases de violencia y engaño (2, 9-11); (3) Sobre sus formas malvadas de edificar (2, 12-14); (4) Sobre su forma de tratar a los pueblos subyugados (2, 15-17); (5) Sobre su idolatría (Hab 2, 18-20).

Las cinco estrofas están conectadas entre sí, de manera que forman dos grandes divisiones, por medio de un estribillo que cierra la primera y la cuarta estrofa, así como por la amenaza con la que terminan la tercera y la quinta estrofa. Hay, según eso, dos divisiones: la primera despliega una amenaza de juicio retributivo sobre los caldeos insaciables en tres ayes (2, 5); y la segunda despliega en dos ayes el juicio de retribución por el orgullo de los caldeos. A través del conjunto de esta profecía amenazadora, toda la nación caldea aparece condensada (lo mismo que Hab 2, 4.5) en la persona ideal de su gobernante[95].

---

95. La unidad de esta profecía amenazadora, que se expresa de un modo muy claro en su estructura formal, ha sido rota en piezas del modo más violento por Hitzig, partiendo del presupuesto de que el oráculo de Dios no incluye más que Hab 2,4-8, y que se le ha añadido una segunda parte en 2, 9-20, en la que el profeta expresa solo sus propios pensamientos y sentimientos, en primer lugar respecto del rey Joaquín (2, 9-14) y después respecto a los egipcios (2, 15-20). Esa hipótesis, de la que Maurer ha observado que *nulla unquam excogitata est infelicior* (ninguna puede ser más inexacta que esta), se apoya solo sobre un presupuesto dogmático, que es la negación de toda profecía sobrenatural. A juicio de Hitzig, eso significa que Habacuc no ha podido hablar de las edificaciones de Nabucodonosor antes de que ese rey las hubiera realizado o, al menos, antes de que estuviera realizándolas.

Pues bien, en contra de esa opinión de Maurer debemos afirmar que las dos estrofas de 2, 9-14 no contienen nada que no pudiera aplicarse de un modo más perfecto a los caldeos, o que no se pueda deducir de lo que precede y de lo que sigue (cf. Hab 2, 9 con 6b y 8a y 2, 10 con 5b y 8a). La estrofa de 2, 9-11 contiene el mismo pensamiento fundamental de Is 13, 2-14 en relación a los caldeos, es decir, evocando su gran orgullo, que se manifiesta en la construcción de ambiciosos edificios fundados sobre la ruina y destrucción de los extranjeros (Delitzsch). La semejanza entre el contenido de esa estrofa y los ayes pronunciados por Jer 12, 13-17 sobre Joaquín pueden explicarse por el hecho de que Joaquín era un tirano como los caldeos, un hombre que se ocupaba sobre todo de la construcción de grandes edificios y fortificaciones, aunque el exterminio de muchas naciones no se aplica en modo alguno a Joaquín.

Juicio sobre los malvados

2, 6-8. Primer ay: ¿hasta cuándo?

⁶ הֲלוֹא־אֵלֶּה כֻלָּם עָלָיו מָשָׁל יִשָּׂאוּ וּמְלִיצָה חִידוֹת לוֹ וְיֹאמַר הוֹי הַמַּרְבֶּה לֹא־לוֹ עַד־מָתַי וּמַכְבִּיד עָלָיו עַבְטִיט:
⁷ הֲלוֹא פֶתַע יָקוּמוּ נֹשְׁכֶיךָ וְיִקְצוּ מְזַעְזְעֶיךָ וְהָיִיתָ לִמְשִׁסּוֹת לָמוֹ:
⁸ כִּי אַתָּה שַׁלּוֹתָ גּוֹיִם רַבִּים יְשָׁלּוּךָ כָּל־יֶתֶר עַמִּים מִדְּמֵי אָדָם וַחֲמַס־אֶרֶץ קִרְיָה וְכָל־יֹשְׁבֵי בָהּ: פ

⁶ ¿No entonarán todos ellos contra él un proverbio y unos cantares de sarcasmo? Dirán: ¡Ay del que multiplicó lo que no era suyo! ¿Hasta cuándo seguirá acumulando prenda tras prenda? ⁷ ¿No se levantarán de repente tus deudores y se despertarán los que te harán temblar? Tú serás como despojo para ellos. ⁸ Por cuanto has despojado a muchas naciones, todos los otros pueblos te despojarán a ti, a causa de la sangre de los hombres, y de las violencias hechas a la tierra, a las ciudades y a todos los que en ellas habitaban.

2, 6. הלוא equivale, tanto aquí como en los demás lugares, a una afirmación. אֵלֶּה כֻלָּם, todos ello, es decir todas las naciones y los pueblos (que dirán refranes de condena contra los caldeos…). Sin embargo, aquí no se mencionan todas las naciones y todos los pueblos, sino simplemente los creyentes que viven en ellas, los que esperan que Yahvé realice el juicio contra los caldeos, esperando que por el juicio se revele la gloria de Dios; ellos son los que se reirán de los caldeos.

El refrán o proverbio (מָשָׁל) que sigue es de naturaleza profética, como los cantares o dichos burlescos (חִידוֹת) y puede aplicarse a todos los tiempos y naciones. En sí mismo, *mâshâl* es un poema sentencioso, como en Miq 2, 4 y en Is 14, 4, no un canto de burla, pero este sentido subordinado deriva del contexto, como en Is 14, 4.

Lo mismo sucede con *melîtsâh* que tampoco significa en sí un canto burlesco, ni un discurso oscuro y enigmático, sino que, como ha mostrado Delitzsch, partiendo del primero de los dos significados del לוץ, *lucere* y *lascivire* (brillar, suscitar el deseo), está evocando una *oratio splendida* (una oración o discurso brillante). En esa línea, מליץ se emplea para indicar un intérprete, alguien que habla de tal manera que su discurso resulta claro e inteligible.

חִידוֹת לוֹ está en aposición a מליצה y a מָשָׁל, añadiendo una definición más precisa de su sentido, mostrando así que esos dichos contienen enigmas relacionados con él, es decir, con el rey (y el pueblo) caldeo. El sentido enigmático del

---

Finalmente, no hay fundamento plausible para referir las dos últimas estrofas (2, 15-20) a los egipcios, porque la afirmación de que Habacuc no pudo haber guardado silencio sobre los egipcios (a no ser que él se decidiera a centrarse solo en los caldeos) es una pura petición de principio. Cualquiera que no tenga prejuicios podrá ver que la alusión a los caldeos en este verso ha sido ratificada por encima de toda duda posible por Is 14, 8, donde se le atribuye también al rey caldeo la devastación del Líbano, lo mismo que en el texto de Hab 2, 17 de nuestra profecía.

tema se expresa especialmente a través del doble significado de עבטיט en Hab 2, 6, de נשכיך en 2,7, y de קיקלון en 2, 16. לאמר se emplea, como en todos los demás lugares, como una introducción directa al discurso que sigue.

El primer "ay" (הוֹי הַמַּרְבֶּה, ¡ay del que multiplicó...!) pone de relieve la rapacidad insaciable de los caldeos, que multiplican lo que no es suyo (לֹא־לוֹ הַמַּרְבֶּה), que aumentan lo que no les pertenece, que se apoderan de una gran cantidad de posesiones de los otros. Ante eso pregunta Habacuc: עד־מתי ¿hasta cuándo será capaz de seguir haciendo eso con impunidad? no ¿durante cuánto tiempo ha hecho eso? (Hitzig).

Esas palabras no están indicando la alegría porque ha terminado la opresión, sino que son una señal añadida al "ay" para poner de relieve la duración interminable del saqueo por parte de los caldeos. Así se muestra el sentido más hondo de los "ayes", vinculados entre sí, de los que aumentan sus posesiones apoderándose de las posesiones de los pobres (הַמַּרְבֶּה en referencia a וּמַכְבִּיד).

וּמַכְבִּיד depende también del "ay" (הוֹי, hōi), pues el participio definido que está al principio del grito del "ay" viene seguido generalmente por participios indefinidos, como los primeros que abren el camino de los que siguen (cf. Is 5, 20 e Is 10, 1). Al mismo tiempo se pueden tomar como una declaración en sí mismas, aunque sigue estando bajo la influencia del הוֹי, hōi, de manera que debe suplirse mentalmente הוא lo mismo que וחוטא en Hab 2, 10. Pues bien, tomada así, la sentencia no es subordinada a la anterior, como piensa Lutero siguiendo a Rashi al traducir (y amontona muchas cosas empeñadas para sí mismo), sino que es una sentencia coordinada, como exige el paralelismo de las frases y el significado de עבטיט.

El ἄπ. λεγ. עבטיט se ha escogido probablemente por su semejanza de sonido con מכביד, aunque incluye un tipo de enigma difícil de resolver. Esa palabra está formada por עבט (dar un préstamo) con la repetición de la raíz, de forma que עבטיט significa la *última cantidad de préstamos* (*pignorum captorum copia*: Gesenius, Maurer, Delitzsch), no el simple monto de una deuda, ni en sentido literal ni en sentido simbólico-moral.

La inmensa cantidad de propiedades ajenas, que los caldeos habían acumulado aparece como una pesada y gran cantidad de préstamos, que ellos, los caldeos, han tomado de las naciones, como si fueran usureros sin misericordia (Dt 24, 10). Desde ese fondo se pone de relieve que los caldeos tendrán que devolverlos o pagarlos a su debido tiempo.

הכביד, de כבד, hacer gravoso, cargar una pesada deuda sobre una persona. Sin embargo, la palabra עבטיט, podría estar formada por dos personas, al menos en cuanto a su sonido: עב טיט, nube (es decir, masa) de basura, que ocasionará su ruina tan pronto como se descargue. Así ha entendido el siríaco esta palabra; y Jerónimo ha hecho lo mismo, observando: *considera quam eleganter multiplicatas divitias densum appellaverit lutum* (mira la forma tan elegante de indicar que las riquezas multiplicadas reciben el nombre de basura).

Jerónimo se sitúa, según eso, en una tradición judía, pues Kimchi, Rashi y Ab. Ezra toman la palabra como si fuera compuesta (עב טיט), aunque se distinguen por la forma de interpretar el término עב (nube, basura…). Tomada en sentido gramatical esta explicación resulta inaceptable, pues el hebreo no forma como apelativos *nomina composita,* es decir, nombres compuestos. De todas formas, la palabra resulta enigmática, porque, leída en voz alta, ella puede tomarse como si fueran dos palabras, en el sentido arriba indicado; y el sentido del conjunto es claro, pues indica la condena radical de unas riquezas conseguidas de un modo injusto.

2, 7 desarrolla aún más la amenaza. ¿No se levantarán tus deudores? נשכיך equivale a נשכתם אתך, aquellos que te muerden, los que te harán temblar. En esta descripción de los enemigos como víboras salvajes que pican (cf. Jer 8, 17) hay también algo enigmático, que tiene un doble sentido, que Delitzsch ha interpretado de un modo admirable:

> La palabra המרבה está relacionada con תרבית (interés). Esa última palabra, que presenta a los caldeos como usureros sin misericordia tiene un sentido que se concentra en עבטיט, y que se vincula con נשך, palabra que, a su vez, se vincula con תרבית, y que significa interés de usurero; y esto se relaciona, al mismo tiempo, con el sentido sorprendente de נשכתם, que son aquellos que han de descargar la retribución divina sobre los caldeos. El profeta ha seleccionado estas palabras para sugerir que han de venir en contra de los caldeos aquellos que exigen que se les pague con interés (*neshek*) el capital de aquello que les han robado injustamente, igual que han robado sin misericordia los dioses de las naciones, utilizando medios de usura y violencia para oprimir a los pueblos pobres.

La palabra יקצו, de יקץ, ellos despertarán, es decir, los מזעזעך, aquellos que te harán temblar, que te zarandearán. זעזע, *pilel* de זוע, como σείω, se utiliza en árabe del viento que zarandea el árbol. Desde ese fondo, como en este caso, puede emplearse para el gesto de robar o de quitar de una posesión, como han hecho con frecuencia los acreedores, tomando todos los bienes de los deudores (Hitzig, Delitzsch). משסות es un plural intensivo.

2, 8. Por lo que se refiere a esta amenaza contra los caldeos, ella ha sido ejecutada por los medos y los persas, que destruyeron el Imperio caldeo. Pero esa amenaza tiene una aplicación mucho más extensa. Esto resulta evidente, no solo por otras pruebas, sino por este mismo verso, según el cual todo el resto de las naciones han de aplicar el principio de retribución contra los caldeos, exigiendo que les paguen aquello que les han robado.

גּוֹיִם רַבִּים, *gōyīm rabbīm,* muchas naciones. Esta frase no ha de tomarse como una antítesis frente a *kol-haggōyīm* (todas las naciones) de Hab 2, 5, pues todas las naciones son en general muchas naciones, ya que *kol* no ha de tomarse en un sentido absoluto, sino simplemente en sentido relativo, en referencia a todas las naciones que se sitúan en el horizonte del profeta, las que han entrado en el escenario de la historia que conoce. A través de יְשָׁלּוּךְ, que aparece en la frase final, sin una cópula, se pone de relieve la fuerte antítesis respecto a שׁלּוֹת y de esa forma destaca con fuerza la idea de la justa venganza divina contra los caldeos por haber robado la riqueza de los pueblos.

כל־יתר עמים, todo el resto de los pueblos, no es "todos los otros pueblos", con la única excepción de los caldeos, pues *yether* se aplica siempre al resto que queda después de haber deducido una porción. No significa tampoco todo el resto de las naciones que no han sido subyugadas por los caldeos, como imaginan Hitzig y otros, apelando al hecho de que la destrucción de los caldeos fue realizada por naciones que no habían sido subyugadas por ellos.

Como ha puesto de relieve Delitzsch, esa visión iría en contra no solo del profeta Habacuc, sino de todo el mensaje de los profetas sobre el dominio mundial del rey caldeo Nabucodonosor. Según Hab 2, 5, los caldeos habían logrado para sí el dominio sobre todas las naciones, de manera que aquí no se puede hablar de pueblos que habrían quedado fuera del dominio de los caldeos. Más aún, el rey caldeo, es decir, Nabucodonosor, cabeza del reino caldeo, aparece en la profecía (cf. Jer 27, 7-8), lo mismo que en la historia (Dan 2, 38; 3, 31; 5, 19), de un modo general, como el gobernante del mundo, en su sentido más extenso, como aquel que ha subyugado a todas las naciones y reinos del entorno, obligándoles a servirle.

Estas naciones incluyen los medos y elamitas (persas), a quienes se atribuye la conquista futura de Babilonia en Is 13, 17; 21, 2; Jer 51, 11.28. Ellas aparecen también mencionadas en Jer 25, 25 entre las naciones a las que el profeta debe alcanzar la copa de la ira que viene de la mano de Yahvé. De un modo especial ha sido amenazado el reino de Elam en Jer 49, 34, con la destrucción de su poder, y la dispersión a los cuatro vientos.

Ciertamente, en esas profecías no se nombra expresamente a Nabucodonosor como ejecutor expreso del juicio de la ira, pero en Jer 25 eso puede inferirse claramente del contexto, en parte por el hecho de que según Jer 25, 9, Judá y todos sus habitantes, con las naciones del entorno, han de ser entregados en manos de Nabucodonosor, y en parte por el hecho de que en la lista de las naciones citadas en Jer 25, 18-26 se menciona a *Sesach* (es decir, a Egipto) como aquel que bebe la copa tras esas naciones (Jer 25, 26). La expresión *'achărēhem* (tras ellos) muestra claramente que el juicio previamente mencionado sobre las naciones y, por lo tanto, sobre los reyes de Elam y de Media, ha de ocurrir mientras continúa el dominio de los caldeos, es decir, que ha de ser ejecutado por esos caldeos.

Eso puede inferirse por lo que respecta a la profecía de Elam en Jer 49, 34, partiendo de la circunstancia de que las profecías de Jeremías en referencia a las naciones extranjeras, tal como aparece en Jer 46-51, son meras expansiones del anuncio sumario de Jer 25, 19-26. Eso se confirma también por Ez 32, 24, donde se menciona a Elam inmediatamente después de Asur, en la lista de los reyes y naciones que han sido conquistadas por los caldeos en las regiones del sur antes de Egipto.

Juicio sobre los malvados

Ciertamente, esta profecía tiene un sentido mucho más extenso, como la relacionada con Elam en Jer 49, 34, y la elegía sobre Egipto propia de Ezequiel, que él ha expandido y convertido en profecía amenazadora contra las naciones en general (cf. Kliefoth, *Ezech*. p. 303); pero ella, esta profecía de Hab 2, 8, presupone el cumplimiento histórico expresado en el juicio infligido por los caldeos sobre todas las naciones mencionadas, y tiene su fundamento y motivo principal en ese cumplimiento.

Cumplimiento histórico. La historia ratifica este anuncio profético. Los argumentos aducidos por Havernick (*Daniel*, p. 547 ss.) para probar que Nabucodonosor no extendió su conquista hasta Elam, ni sometió esa provincia, ni la de Media, no son probativos. El hecho de que tras la caída de Nínive, los conquistadores (Nabopolasar de Babilonia y Ciaxares rey de Media) dividieran entre ellos el reino de Asiria, de manera que el primero recibió las provincias del oeste y el segundo las del este, no excluye la posibilidad de que Nabucodonosor, fundador del Imperio caldeo, hiciera la guerra contra el reino de los medos y lo pusiera bajo su dominio.

Sin embargo, no hay testimonio histórico de la afirmación siguiente, según la cual Nabucodonosor se ocupó solo de extender su dominio sobre el oeste, y de que todas sus conquistas se hicieran en esa dirección, de manera que, estando tan ocupado con ellas, no pudo extender sus conquistas hacia la frontera del este. Eso no aparece expresamente en Estrabón, xvi. 1, 18[96], pero puede deducirse, como ha dicho M. v. Niebuhr (*Gesch. Assurs*, pp. 211-12), del hecho de que, según Jer 27-28, en el comienzo del reinado de Sedecías, y por lo tanto no mucho después de que Nabucodonosor hubiera conquistado Jerusalén, en el tiempo de Joaquín (restaurando el orden en la zona sur de Siria), de la manera más enérgica, los reyes de Edom, Moab, Amón, Tiro y Sidón entraron en negociaciones con Sedecías para realizar una expedición conjunta contra Nabucodonosor.

M. v. Niebuhr infiere de eso que en aquel tiempo se dieron momentos tormentosos para Nabucodonosor, y que aquel rápido cambio en los asuntos políticos estuvo conectado con la muerte de Ciaxares, pues Nabucodonosor, que le había jurado fidelidad, se negó a ofrecérsela a su muerte a su sucesor, porque la fidelidad que él había jurado a su suegro era de tipo intransferible y no se podía extender a su sucesor.

Babel era un reino demasiado poderoso como para aceptar una dependencia de eso tipo respecto de los medos. Y aunque Nabucodonosor no era un vasallo de

---

96. Ese pasaje ha sido citado por Hitzig (*Ezech*. p. 251), diciendo que Nabucodonosor hizo la guerra contra los asirios, y que además esa guerra, juzgando a partir de Jer 49, 34, no tuvo éxito. Pero Estrabón habla también de una guerra entre los elymeos (elamitas) y los babilonios y los de Susa, que M. v. Niebuhr (p. 210) sitúa con toda razón en el período de la alianza entre Media (que era la dueña de Susa) y Babilonia.

los persas, no se podía encontrar una ocasión mejor que aquella para liberarse de la soberanía de los medos, pues en oriente los reinos solían ser fácilmente sacudidos por la muerte de sus príncipes o reyes.

Por otra parte, no había falta de motivos para entrar en guerra con los medos. Así, por ejemplo, la situación de Elam, vinculada a la inquietud de sus habitantes, debía presentarse como una constante manzana de discordia. Esta combinación de elementos se vuelve muy probable por el hecho de que la profecía de Jeremías sobre Elam, en la que se amenaza a esa nación con la destrucción de su poder y con la dispersión de sus habitantes hacia los cuatro vientos de la tierra, debió ser proclamada al comienzo del reinado de Sedecías (Jer 49, 34), mientas que el resto de sus profecías en contra de las naciones extranjeras provienen de un período anterior, y solo la de Babel es posterior, es decir, del año 4 de Sedecías (Jer 51, 59), lo que parece mostrar que al comienzo del reinado de Sedecías estaban surgiendo en Elam problemas que podían desembocar en su ruina.

Así parece favorecerlo también el hecho de que en el libro de Judit se habla de una guerra entre Nabucodonosor y Media, que, conforme a la recensión de la Vulgata terminó con la victoria de Nabucodonosor, aunque este relato puede tener elementos de ficción. Estos testimonios proféticos e históricos parecen suficientes (dado el escaso material que ofrecen los griegos y romanos sobre la monarquía caldea), para atrevernos a asumir sin grandes dudas, como ha hecho M. v. Niebuhr, que entre el año 9 y el 20 de Nabucodonosor (es decir, al comienzo del reinado de Sedecías) el rey caldeo tuvo que mantener una guerra no solo contra Elam, sino también contra Media, y que en este contexto de guerra en oriente deben situarse las conmociones y problemas en Siria.

A partir de eso no es necesario explicar "todo el resto de las naciones" como si fueran aquellas naciones que no habían sido subyugadas por lo caldeos, sino como el resto (lo que se conservaba) de las naciones que habían sido saqueadas y subyugadas por los asirios (como supone los LXX, Teodoreto, Delitzsch y otros), que es la única explicación que responde al uso del lenguaje.

En Js 23, 12 *yether haggōyīm* se refiere a las naciones cananeas que habían sido "dejadas" (se habían conservado) tras la guerra de exterminio de la conquista israelita. Por su parte, en Zac 14, 2 *yether hâ'ām* significa el resto de la nación que había sido dejada después de la conquista previa de la nación, y de la deportación de la mitad de sus habitantes. En Sof 2, 9, *gōi* es sinónimo de עמי שארית, y nuestro יתר עמים es equivalente a שארית הגוים de Ez 36, 3-4. מדמי אדם: a causa de la sangre humana injustamente derramada, y a consecuencia de la maldad de la tierra (*chămas* con el genitivo de objeto, como en Joel 3, 19 y en Abd 1, 10.

Por su parte אֶרֶץ, *'erets* sin artículo (cf. חֲמַס־אֶרֶץ) no es la tierra santa, sino la tierra en general; y por su parte קִרְיָה, *qiryâh*, la ciudad, que depende todavía de *chămas*, no es Jerusalén, ni ninguna ciudad particular, sino que ha de entenderse en sentido general como "ciudades". Las dos frases son paralelas: Las ciudades y

Juicio sobre los malvados

sus habitantes corresponden a hombres y a tierras. El (rey) caldeo aparece como aquel que reúne hombres y naciones en su red (Hab 1, 14-17). Y de un modo semejantes, en Jer 50, 23 aparece como martillo de toda la tierra; y en Jer 51, 7 como uno que hace tambalearse (emborracharse) a todos; y en 51, 25 como aquel que destruye a toda la tierra.

2, 9-11. Segundo ay. Maldad de los caldeos por su ganancia impía

⁹ הוֹי בֹּצֵעַ בֶּצַע רָע לְבֵיתוֹ לָשׂוּם בַּמָּרוֹם קִנּוֹ לְהִנָּצֵל מִכַּף־רָע׃

¹⁰ יָעַצְתָּ בֹּשֶׁת לְבֵיתֶךָ קְצוֹת־עַמִּים רַבִּים וְחוֹטֵא נַפְשֶׁךָ׃

¹¹ כִּי־אֶבֶן מִקִּיר תִּזְעָק וְכָפִיס מֵעֵץ יַעֲנֶנָּה׃ פ

⁹ ¡Ay del que codicia injusta ganancia para su casa, para poner en alto su nido, para escaparse del poder del mal! ¹⁰ Tomaste consejo vergonzoso para tu casa, asolaste muchos pueblos y has pecado contra tu vida. ¹¹ Porque la piedra clamará desde el muro y la tabla del enmaderado le responderá.

2, 9. A la sed de robo y saqueo de los caldeos se añade de manera muy simple la avaricia por la que ellos procuran obtener fuerza y permanencia para su casa. בֹּצֵעַ בֶּצַע, conseguir ganancia, incluye la idea subordinada de ganancia injusta y de avaricia pecadora, בצע significa cortar o romper algo de la propiedad de otros, motivo que aquí se refuerza con el predicado רע, *mal* (ganancia mala).

ביתו (su casa) no es el palacio, sino la casa real de los caldeos, es decir, su dinastía, como muestra claramente 2, 10, donde בית indica evidentemente la familia del rey, incluyendo el rey mismo. La manera más precisa de indicar la forma en que él hace que בצע (su ganancia) sea su familia, se describe de manera más precisa por el hecho de poner en alto su nido, como lugar donde se guarda lo robado (cf. לָשׂוּם בַּמָּרוֹם קִנּוֹ).

Ese nido de los caldeos (קִנּוֹ) no es su capital, ni su palacio o castillo real, sino que es su alta guarida de la que salen para conquistar y robar a todos los pueblos. En ese sentido, el gesto de poner en lo alto su red es una figura que indica la forma de fundar su reino (su riqueza) y de asegurarlo en contra de los ataques de otros. Así como el águila edifica su nido en lo alto, para protegerlo de todos los daños (cf. Job 39, 27), así los caldeos quieren elevar y fortalecer su dominio a través del robo y del saqueo, a fin de que nadie lo pueda separar nunca de su familia.

En este contexto podemos pensar en los edificios erigidos por Nabucodonosor para la fortificación de Babilonia, y también en la edificación de su palacio real (cf. Beroso, citado por Josefo en. *C. Ap.* i. 19). De todas formas, no podemos limitar la expresión figurativa a esto, sino que debemos extenderla a todos los medios que emplearon los caldeos para establecer su dominio.

Este es el sentido de poner en lo alto su nido, para presentarlo como emanación de su orgullo y de los pensamientos soberbios de su corazón. Para la figura del nido, cf. Num 24, 21; Abd 1, 4; Jer 49, 16. Su intención al hacer esto es salvarse de la mano de la adversidad. רע no es masculino, sino neutro, la adversidad o el destino hostil, cuya última causa es Dios como algo inevitable e irreversible; se trataría pues de escapar del mismo destino malo, y en el fondo de Dios entendido como mal (cf. Delitzsch).

2, 10. Este versículo expone el resultado de haber recogido la ganancia mala, pues el rey caldeo ha meditado algo que es vergonzoso, tomando una resolución (cf. יעץ), que es negativa. En otras palabras, su determinación de establecer su casa y de lograr que sea firme y elevada a través de una ganancia injusta traerá vergüenza sobre ella, de manera que en vez de honor y gloria permanente recibirá solo ruina.

La palabra קְצוֹת, que ha sido traducida de diversas formas, no puede ser el plural del nombre קצה, "los finales de muchas naciones" (קְצוֹת־עַמִּים רַבִּים), porque es imposible atribuir un sentido inteligible a esas palabras. Se trata más bien del infinitivo de un verbo קצה, cuya existencia Hitzig solo puede negar por una alteración arbitraria del texto, en cuatro pasajes distintos en los que aparece, como equivalente de קצץ, cortar, expulsar fuera, que aparece en forma *piel* en 2 Rey 10, 32 y en Prov 26, 6, pero solo aquí en *kal*. El infinitivo constructo no aparece aquí en vez del absoluto, o en lugar de לִקְצוֹת, escindiendo (cortando), sino que se utiliza como substantivo y está gobernado por יעצת, que aún conserva su fuerza a partir de la frase anterior.

Este es el sentido de la frase: Tú has consultado (determinado) destruir (la destrucción) de muchas naciones. וחוטא, y pecas por tanto en contra de tu alma, suscitas el castigo en contra de ti mismo, destruyes tu propia vida. Sobre el uso del participio en el sentido de la segunda persona sin אתה, cf. *Comentario* a Hab 1, 5. חטא, con el acusativo de persona, como en Prov 20, 2 y 8, 36, en vez de בנפשו חטא. Se utiliza aquí el participio porque la referencia es a un presente que solo puede ser completado en el futuro (Hitzig y Delitzsch).

2, 11. La razón para ese uso y también para el *hōi* que está al principio de esta estrofa se da aquí (en 2, 11): la piedra del muro y la viga del maderamen gritarán a causa de la maldad que has practicado en relación con tus edificios 1, 2) o por venganza (cf. Gen 4, 10), porque han sido robadas o tomadas de algún otro que las ha robado. La expresión aparentemente proverbial de las piedras que gritan aparece de un modo distinto en Lc 19, 40.

קיר no significa aquí el muro de una habitación, sino la parte exterior de la muralla, mientras que עץ es el maderamen o conjunto de vigas de los edificios. El ἀπ. λεγ. כפיס, literalmente "aquello que ata", de כפס (en el siríaco y el tárgum), en el sentido de atar es, conforme a Jerónimo, la viga que se coloca en el centro de algunos edificios para mantener unidos los muros, y ella recibe entre los griegos el nombre de ἱμάντωσις. La explicación dada por Suidas es, δέσις ξύλων ἐμβαλλομένων ἐν τοῖς οἰκοδομήσασι, en el sentido de unión de las vigas en un edificio. יעננה responderá, es decir, a la piedra, juntándose ambas (viga y piedra) en los gritos (cf. Is 34, 14).

2, 12-14. Tercer ay. Edificar ciudades con sangre y riqueza de extranjeros

¹² הוֹי בֹּנֶה עִיר בְּדָמִים וְכוֹנֵן קִרְיָה בְּעַוְלָה׃
¹³ הֲלוֹא הִנֵּה מֵאֵת יְהוָה צְבָאוֹת
וְיִיגְעוּ עַמִּים בְּדֵי־אֵשׁ וּלְאֻמִּים בְּדֵי־רִיק יִעָפוּ׃
¹⁴ כִּי תִּמָּלֵא הָאָרֶץ לָדַעַת אֶת־כְּבוֹד יְהוָה כַּמַּיִם יְכַסּוּ עַל־יָם׃ ס

¹² ¡Ay del que edifica la ciudad con sangre, y del que establece la fortaleza con iniquidad! ¹³ ¿Acaso esto no proviene de Yahvé de los Ejércitos? Los pueblos habrán trabajado para el fuego, y las naciones se habrán fatigado para nada. ¹⁴ Porque la tierra estará llena del conocimiento de la gloria de Yahvé, como las aguas cubren el mar.

2, 12. El intento más serio de los caldeos de fundar su dinastía de manera permanente sobre una ganancia perversa se manifiesta también en la construcción de ciudades con la sangre y sudor de las naciones sometidas. עיר y קריה son sinónimos y se utilizan en singular con un sentido general como קריה en Hab 2, 8.

La preposición ב, unida con דמים y עולה, muestra los medios empleados para conseguir el fin, como en Miq 3, 10 y en Jer 22, 13. Estos medios eran asesinato, derramamiento de sangre, deportaciones y tiranías de todo tipo. כונן, *kōnēn*, no es un participio con el *mem* sincopado, sino un perfecto, de forma que el discurso que se ha abierto con un participio continúa con un verbo finito (cf. Ewald, 350, a).

2, 13. El discurso toma aquí un giro diferente al anterior, tal como se ha expresado en los ayes precedentes. En los casos anteriores el "ay" se expandía más plenamente en el verso central en el que se exponía lo malo de los hombres, aquí nos hallamos ante una afirmación de que Yahvé es el que lo hace, es decir, el que lo ordena, a fin de que las naciones se cansen ellas mismas por el fuego.

La ו antes de וייגעו introduce la declaración de aquello que viene de Yahvé. Las dos palabras, הלוא הנה (¿no es así? ¡mira!) están conectadas entre sí como en 2 Cron 25, 26, para poner de relieve lo que sigue como algo grande que estaba flotando ante la mente del profeta. בדי אש, literalmente, por la necesidad de fuego (cf. Nah 2, 13 e Is 40, 16). Ellos trabajan para el fuego, es decir, para que el fuego pueda devorar las ciudades que han sido construidas con severa imposición, que ha dejado rendidas las fuerzas de las naciones.

De todas formas, ellos se quejan en el fondo por vanidad, pues los edificios han de caer un día en ruinas, o serán destruidos. Jer 51, 58 ha aplicado muy bien estas palabras a la destrucción de Babilonia. Este cansarse a sí mismos por vanidad, ha sido determinado por Yahvé (Hb 2, 14) a fin de que la tierra quede llena con el conocimiento de la gloria de Yahvé. Esta es la causa por la que el Reino de este mundo, que es hostil al Señor y a su gloria, debe ser destruido. Esta promesa incluye, por tanto, una amenaza dirigida en contra de los caldeos. Su gloria usurpada ha de ser destruida, a fin de que la gloria de Yahvé *Sebaot*, que es el Dios del Universo, pueda llenar toda la tierra.

2, 14. El sentido de este verso está tomado, con pequeñas alteraciones en parte substanciales, y en parte solo formales, de Is 11, 9. La elección del *nifal* תפלא en vez del מלאה de Isaías se refiere al hecho actual (a lo que es y ha de ser) y se introduce en ambos pasajes por un diferente despliegue de pensamiento.

Así por ejemplo, en Isaías el pensamiento se cierra con la descripción de la gloria y de la bendición del reino mesiánico en su estado perfecto. La tierra se hallará entonces llena del conocimiento del Señor y habrá paz en el conjunto de la naturaleza, según la promesa antigua, como uno de los frutos del conocimiento de Dios.

En Habacuc, por otro lado, este conocimiento puede venir solamente a través de la destrucción del reino de este mundo y por lo tanto, solo de esa forma, la tierra se hallará llena de ese conocimiento, que es no solo el conocimiento de Yahvé, como en Isaías, sino el conocimiento de su gloria (כבוד יי), que se manifiesta en el juicio y superación de todos los poderes impíos (cf. Is 2, 12-21; 6, 3, comparado con el pasaje primario de Num 14, 21).

כבוד יי es "la δόξα de Yahvé, que incluye su derecho de majestad sobre toda la tierra" (Delitzsch). יכסו על־ים altera la forma, pero no el sentido de מכסים לים de Isaías; por su parte, יכסו ha de tomarse en forma de relativo, dado que כ se utiliza solo como preposición, antes de un nombre o de un participio, y no como conjunción, antes de toda una sentencia (cf. Ewald, 360 a y 337 c). לדעת es un infinitivo, no un nombre, con la preposición ל. Por su parte תִּמָּלֵא, de מלא, se construye con acusativo de realidad, y tiene el sentido de "la tierra quedará llena del conocimiento...". El agua del mar es signo de inmensa abundancia.

2, 15-17. Cuarto ay. Crueldad de los caldeos con las naciones conquistadas

¹⁵ הוֹי מַשְׁקֵה רֵעֵהוּ מְסַפֵּחַ חֲמָתְךָ וְאַף שַׁכֵּר לְמַעַן הַבִּיט עַל־מְעוֹרֵיהֶם׃
¹⁶ שָׂבַעְתָּ קָלוֹן מִכָּבוֹד שְׁתֵה גַם־אַתָּה וְהֵעָרֵל
תִּסּוֹב עָלֶיךָ כּוֹס יְמִין יְהוָה וְקִיקָלוֹן עַל־כְּבוֹדֶךָ׃
¹⁷ כִּי חֲמַס לְבָנוֹן יְכַסֶּךָּ וְשֹׁד בְּהֵמוֹת יְחִיתַן מִדְּמֵי אָדָם
וַחֲמַס־אֶרֶץ קִרְיָה וְכָל־יֹשְׁבֵי בָהּ׃ ס

¹⁵ ¡Ay del que da de beber a su prójimo! ¡Ay de ti, que le acercas tu hiel y lo embriagas para mirar su desnudez! ¹⁶ Te has llenado de deshonra más que de honra; bebe tú también y serás descubierto; el cáliz de la mano derecha de Yahvé vendrá hasta ti y convertirá en humillación tu gloria. ¹⁷ Porque la rapiña del Líbano caerá sobre ti y la destrucción de las fieras te quebrantará, a causa de la sangre de los hombres, y de las violencias hechas a la tierra, a las ciudades y a todos los que en ellas habitaban.

2, 15. Descripción figurativa, tomada de la vida ordinaria, en la que un hombre da de beber a otro hasta embriagarle, con el fin de utilizarle de forma desenfrenada, o de ponerle en vergüenza. Esto nos ayuda a explicar las palabras משקה רעהו, el que da de beber a su prójimo. Aquí se utiliza el singular, de un modo indefinido, o en sentido colectivo o, quizá mejor, en sentido distributivo.

Las dos frases siguientes tienen un sentido circunstancial, subordinado a הוי משקה, precisando mejor el sentido de la bebida. ספח no significa "derramar" (hacer beber), según el sentido del árabe *sfḥ*; porque esta, que es otra forma del árabe *sfk*, no responde al hebreo שׁפך, derramar (cf. שׁפך חמתו, derramar o vaciar su ira; cf. Sal 79, 6; Jer 10, 25), sino que tiene simplemente el sentido de añadir o asociar, con la única excepción de Job 14, 19, donde parece responder al árabe *sfḥ*. De un modo consecuente, cuando aquí se habla de beber, se está aludiendo a mezclar la ira con el vino empleado para beber (vino de ira).

Por medio de sufijo חמתך el ay se dirige directamente al rey caldeo, con un cambio de la tercera a la segunda persona, que iría en contra del genio de nuestro lenguaje (pero que se entiende bien en hebreo). El pensamiento queda precisado por ואף שׁכר, "y también, además, emborrachando" (*shakkēr*, inf. abs.). Mirar a su desnudez. Aquí se utiliza el plural מעוריהם porque רעהו tiene un sentido colectivo. La figura de un borracho postrado en el suelo es una representación figurativa de la destrucción de una nación conquistada (Nah 3, 11), y el hecho de que está desnudo muestra la ignominia que recae sobre él (Nah 3, 5; Is 47, 3). Esta alegoría, en la que la conquista y sometimiento de las naciones se representa haciéndoles tomar la copa de la ira, no se refiere a la violencia abierta con la que los caldeos esclavizan a las naciones, sino que expresa los artificios que utilizan para dominarles, los engaños que utilizaban para hacerles entrar en su alianza, y avergonzarles de esa manera (Delitzsch).

2, 16. Pero al actuar de esa manera, los caldeos han preparado la vergüenza para sí mismos, una vergüenza que recaerá sobre ellos. El perfecto בעת no se aplica proféticamente a un futuro que vendrá, sino, como en las estrofas anteriores, formadas de la misma manera (2, 8.10), está refiriéndose a aquello que los caldeos han realizado ya, por lo que el castigo mencionado recaerá sobre ellos, conforme a lo que sigue.

La vergüenza con la que los caldeos se han llenado a sí mismos, pensando hacerse gloriosos (cf. שָׂבַעְתָּ קָלוֹן מִכָּבוֹד), indica la gran vergüenza de su misma conducta. En esa línea, שׂבע, satisfacerse a sí mismo, tiene el mismo sentido que llenarse de vergüenza. מכבוד, lejos del honor, es decir, sin honor. מן tiene un sentido negativo, lo mismo que en Sal 52, 5, igual que ולא, partícula con la que alterna en Os 6, 6. Por haber hecho eso, los caldeos tienen que beber ahora la copa de la ira, de manera que caerán también borrachos, mostrando su incircuncisión (la piel de su prepucio, con הערל de ערלה). Yahvé les hará beber la copa de la ira.

תסוב, *tissōbh*, él convertirá. על significa aquí sobre, contra ello. Esto indica que Yahvé ha hecho beber a los caldeos la copa que ellos han hecho beber a otras naciones. Hasta ahora, las naciones han estado obligadas a beber de la mano de los caldeos. Ahora es su turno, y los caldeos tienen que beber de la mano de Yahvé (cf. Jer 25, 26). וקיקלון, será vergonzoso, vomitivo (con יהיה), contra tu honor, es decir, negará tu honor o gloria, te destruirá.

El ἄπ. λεγ. קיקלון está formado del קלקל de קלל, y matizado a partir de קלקלון, con el sentido de desprecio muy grande o máximo. De todas maneras, la elección de esta palabra está escogida a causa de su referencia (juego de palabras) respecto a קיא קלון, vomitando de vergüenza, *vomitus ignominiae* (Vulgata; cf. צאה קיא en Is 28, 8), y también a fin de que, cuando fuera escuchada de viva voz, la palabra pudiera recibir un sentido subordinado, sugerido del modo más natural, porque al mucho beber le sigue el vomitar (cf. Jer 25, 26-27).

2, 17. Este verso explica la amenaza anterior, con la afirmación de que la maldad practicada por los caldeos en el Líbano y con sus animales salvajes recaerá de nuevo sobre ellos. Muchos comentadores toman Líbano y sus bestias de un modo alegórico, como una representación figurativa de la tierra santa con sus habitantes.

Ciertamente, en apoyo de esa tesis puede citarse el hecho de que Jer 22, 6 ha tomado el Líbano y sus cumbres de bosques de cedros como símbolo de la familia real de Judea. Por su parte, en Jer 22, 23 el Líbano es una figura de Jerusalén y, por otra parte, en Is 37, 24 y probablemente en Zac 11, 1, las montañas del Líbano, que están en la frontera norte de Israel, se mencionan por sinécdoque como signo de todo Israel. En esa línea, la tala de los cedros y cipreses del Líbano puede tomarse como signo de la devastación de la tierra de Israel y de sus habitantes.

Pues bien, a pesar de ello, esos textos no se pueden tomar como evidencia conclusiva de esa visión (de que el Líbano signifique aquí Israel), dado que en Is 10, 33-34 el Líbano con sus bosques aparece también como figura del gran ejército de Asiria y de sus líderes. Por su parte, en Is 60, 13, la figura del Líbano se aplica a los grandes hombres de la tierra. Y en nuestro verso (Hab 2, 17) no hay nada que suponga, por su contexto, que el Líbano se refiera a Israel. En esa línea, una traducción en la que se dijera algo como esto: "la maldad cometida contra la tierra santa te cubrirá (te aplastará)..." no solo aparecería como insuficiente, sino como algo difícil de sostener dentro del contexto general de estos "ayes" contra Babel en Hab 2, 7-19.

Estos ayes no tratan del sometimiento y del mal trato dado por los caldeos al pueblo santo, sino que se centran en el hecho de que Babilonia ha saqueado muchas naciones. Para Habacuc, según estos ayes, el gran pecado de Babilonia es la ganancia que ha conseguido con el sudor y la sangre de los pueblos sometidos (cf. Hab 2, 8.10.13), un pecado que Dios castigará con su visita, retribución y destrucción.

En esa línea, de un modo consecuente, debemos tomar estas palabras de un modo literal, como refiriéndose a la maldad cometida por los caldeos en contra de la naturaleza y de los animales, que son expresión de la gloriosa creación de Dios, representada por los cedros y cipreses del Líbano, y por los animales que viven en esas montañas.

Juicio sobre los malvados

Los caldeos no se contentan con robar a hombres y naciones, con oprimirlas y maltratarlas, sino que cometen también sus maldades contra los cedros y cipreses, y contra los animales salvajes del Líbano, cortando la madera con fines militares y para la construcción de grandes edificios, de forma que los animales fueron exterminados sin piedad. Hay un texto paralelo a este en Is 14, 8, donde los cedros y cipreses del Líbano se regocijan de la caída de los caldeos, porque ya no los cortarán más.

וְשֹׁד בְּהֵמוֹת, *sōd behēmōth*, es la devastación sobre (entre) los animales (con genitivo de objeto, como en Is 22, 4 y Sal 12, 6). יְחִיתַן forma parte de una frase de relativo, cuyo sujeto es *shōd,* la devastación que aterra a los animales. La forma יְחִיתַן, en vez de יָחֵת, de חָת, *hifil* de חתת, es anómala, pues la sílaba con *dagesh* se convierte en una sílaba extendida, como הִתִּימָךְ por הִתַּמָּךְ en Is 33, 1; y el *tsere* de la sílaba final se cambia por un *pathach*, a causa de la pausa, como sucede, por ejemplo התעלם de Sal 55, 2 (cf. Olshausen, *Gramm.* p. 576). No hay necesidad de cambiar la palabra y poner יְחִיתֶךָ (Ewald y Olshausen, a partir de los LXX, siríaco y Vulgata), y además ese cambio debilita la idea de talión que está al fondo del texto. El segundo hemistiquio se repite en forma de estribillo en Hab 2, 8.

2, 18-20. Quinta y última estrofa

18 מָה־הוֹעִיל פֶּסֶל כִּי פְסָלוֹ יֹצְרוֹ מַסֵּכָה וּמוֹרֶה שָּׁקֶר כִּי
בָטַח יֹצֵר יִצְרוֹ עָלָיו לַעֲשׂוֹת אֱלִילִים אִלְּמִים׃
19 הוֹי אֹמֵר לָעֵץ הָקִיצָה עוּרִי לְאֶבֶן דּוּמָם הוּא יוֹרֶה הִנֵּה־הוּא
תָּפוּשׂ זָהָב וָכֶסֶף וְכָל־רוּחַ אֵין בְּקִרְבּוֹ׃
20 וַיהוָה בְּהֵיכַל קָדְשׁוֹ הַס מִפָּנָיו כָּל־הָאָרֶץ׃ פ

[18] ¿De qué sirve la escultura que esculpió el que la hizo, la estatua de fundición que enseña mentira, para que el artífice confíe en su obra haciendo imágenes mudas? [19] ¡Ay del que dice al palo: Despiértate; y a la piedra muda: Levántate! ¿Podrán acaso enseñar? Aunque está cubierto de oro y plata, no hay espíritu dentro de él. [20] Mas Yahvé está en su santo Templo: ¡calle delante de él toda la tierra!

2, 18. Esta estrofa conclusiva no empieza como las anteriores con el *hōi*, sino con el pensamiento que prepara el camino del *ay*, que llegará en el verso siguiente, y que se vincula a lo anterior antes de cortar y negar toda esperanza de ayuda de (y para) los caldeos. Como todo el resto de los paganos, los caldeos confiaban también en el poder de sus dioses. Esta es la esperanza que rechaza 2, 18 diciendo "de qué sirve", que equivale a decir, "los ídolos no sirven para nada" (cf. Jer 2, 11; Is 44, 9-10).

La fuerza de esta pregunta sigue influyendo todavía en מַסֵּכָה, "de qué sirven las imágenes fundidas". פֶּסֶל, *pesel*, es una imagen tallada de madera o piedra. Por el contrario, מַסֵּכָה es una imagen fundida de metal. הוֹעִיל es el perfecto que expresa una verdad fundada en la experiencia, como un hecho: ¿qué provecho ha podido ofrecer alguna vez?

מוֹרֶה שֶׁקֶר, *mōreh sheqer* (maestro de mentiras), no es el sacerdote o profeta de mentiras, como en Miq 3, 11 e Is 9, 14, pues eso no respondería a la frase explicativa siguiente, en la cual עליו (en él) remite precisamente a *mōreh sheqer*: "para que el hacedor (el יֹצֵר) de ídolos confíe en él" (en el maestro de mentiras). De un modo consecuente, el hacedor de mentiras (*mōreh sheqer*) debe ser el mismo ídolo al que se le designa así en contra del verdadero Dios que es el maestro de la verdad, en el sentido más profundo (cf. Job 36, 22). El ídolo es el maestro de mentiras en la medida en que suscita el engaño, en parte por sí mismo, y en parte por sus sacerdotes, presentándose como Dios y diciendo que él puede hacer aquello que los hombres esperan de Dios, pero en sí mismo, él no es más que una tonta no entidad (cf. אֱלִילִים אִלְּמִים, de *ĕlīl 'illēm*: εἴδωλα ἄφωνα, 1 Cor 12, 2).

2, 19. Por tanto "ay de aquellos que esperan la ayuda de parte de la madera o de la imagen de piedra que no tiene vida". עֵץ es un bloque de madera tallado en forma de ídolo. הָקִיצָה, *hâqîtsâh*, ¡despierta!, es decir, en mi ayuda, como aquello que dicen los fieles del Dios viviente (Sal 35, 23; 44, 24; 59, 6; Is 51, 9). הוּא יוֹרֶה es una pregunta de admiración ante un engaño semejante. Así lo requiere la sentencia siguiente: es una estatua que se encuentra incluso chapada de oro.

תָּפוּשׂ זָהָב, cubierto en oro, con *tâphas*, que generalmente significa "tomar", "coger", aquí se refiere a la estatua recubierta en nuestro caso de oro, *zâhâbh*, en acusativo. וְכָל־רוּחַ אֵין, no tiene dentro de sí ningún tipo de vida, de aliento o de respiración (cf. Jer 10, 14). Según eso, 2, 18-19 dirige un reproche fundamental contra la idolatría, en la línea de Is 44, 9-20, pero se han formado de un modo independiente, sin alusión alguna al pasaje de Isaías.

2, 20. Este verso traza el contraste entre los ídolos mudos, sin vida, y el Dios viviente, que está entronizado en su santo templo, no en el templo terreno de Jerusalén, sino en el templo celestial, es decir, en el templo de la gloria divina (Is 66, 1), como en Miq 1, 2, de donde Dios vendrá a mostrarse para juzgar el mundo y para manifestar su santidad sobre la tierra, destruyendo los poderes terrenos que se elevan contra él.

Este es el pensamiento implicado en las palabras "él está en su santo templo" (בְּהֵיכַל קָדְשׁוֹ), pues su santo templo es el palacio donde está entronizado como Señor y Gobernante de todo el mundo, observando la conducta de los hombres (Sal 11, 4). Por eso, toda la tierra, es decir, toda la población de la tierra, ha de mantenerse en silencio ante él, sometiéndose silenciosa y esperando su juicio. Cf. Sof 1, 7 y Zac 2, 13, donde aparece el mismo mandato de este pasaje, referido a la expectación del juicio. הס no puede ser un imperativo apocopado de הסה, sino más bien una interjección de la que se forma el verbo *hâsâh*. Si toda la tierra guarda silencio cuando él aparece como juez, así han de hacerlo también los caldeos, con toda su gloria y su poder.

HABACUC 3, 1-19.
ORACIÓN PARA OBTENER COMPASIÓN EN MEDIO DEL JUICIO

En este capítulo, que en el encabezado aparece como una oración, el profeta expresa los sentimientos que la revelación del juicio de Dios, descrito en Hab 1-2, ha excitado en su mente, y ha de excitar en la congregación de los creyentes, de manera que este salmo puede tomarse como un eco de las dos respuestas que el profeta ha recibido del Señor ante sus quejas en 1, 2-4 y en 1, 12-17 (cf. 1, 5-11 y 2, 2-20). Muy agitado como está por la revelación del juicio terrible que el Señor ejecutará ante todo sobre Israel, a través de la cruel y salvaje nación caldea, y después por el juicio de la misma nación caldea, porque ella ha deificado su propio poder, el profeta pide al Señor que realice su obra en este tiempo, y que en la revelación de su ira él se muestre misericordioso (Hab 3, 2).

Después de eso, el profeta comienza a describir en una majestuosa teofanía la venida del Señor para juzgar el mundo (3, 3-15), y para enviar su salvación para su pueblo y para su ungido; posteriormente, en 3, 16-19, el profeta describe el fruto de fe que su divina manifestación produce, un fruto que se expresa ante todo en forma de temor y temblor en el día de la tribulación (3, 16-17) y después como gozo y alegría en el Dios de la salvación (3, 18-19).

De un modo consecuente, podemos mirar Hab 3, 2 como un tipo de salmo, que se distribuye así en dos partes. (a) La primera (3, 3-15) es una oración para que se cumpla la obra anunciada (cf. 3, 2) por Dios en 1, 5, expresando en forma de descripción lírico-profética la venida del Señor para el juicio. (b) La segunda parte (3, 16-19) es la oración para recordar la misericordia de Dios en medio de la ira (cf. 3, 2), y que se expande aún más plenamente en forma de descripción de los sentimientos y del estado de la mente, excitada por esta oración, en el corazón de la Iglesia creyente.

3, 1

¹ תְּפִלָּה לַחֲבַקּוּק הַנָּבִיא עַל שִׁגְיֹנוֹת׃

¹ Oración del profeta Habacuc, sobre Sigionot.

La oración tiene un encabezamiento especial, al modo de los salmos, en la que se indica el contenido, el autor y el carácter poético del canto. El contenido aparece como תְּפִלָּה, *tephillâh*, oración, como Sal 17, 1-15; 86; 90; 102 y 142, 1-7, no meramente con referencia al hecho de que comienza con una oración a Dios, sino porque la palabra oración anuncia el contenido del canto desde la perspectiva del tema, de manera que todo el canto (la oda) es simplemente un desarrollo lírico de la oración.

Sin embargo, para destacar al mismo tiempo el carácter profético de la oración, para que no se tome como una simple efusión lírica de emociones subjetivas, de deseos y esperanzas de un miembro de la congregación, sino que pueda tomarse como producto del profeta, iluminado por el Espíritu de Yahvé, se ofrece el nombre del autor (Habacuc), al que se añade el predicado de "el profeta". Y a esto se añade על שגינות, para indicar el carácter poético-subjetivo, por el que se distingue de la profecía propiamente dicha.

La expresión עַל שִׁגְיֹנוֹת (sobre *sigionot*) no puede referirse al contenido o al objeto de la oda; porque, aunque *shiggâyōn*, conforme a su etimología *shâgâh*, que es la misma de *shâgag*, significa transgredir por equivocación, pecar, puede tener un sentido de transgresión en línea moral, y en consecuencia puede referirse a los pecados de los transgresores, sean judíos o caldeos, ese sentido se opone tanto al uso de *shiggâyōn* en el encabezamiento de Sal 7, como a la analogía entre nuestro *'al shigyōnōth*, y otros encabezamientos a los salmos como *'al haggittīth*, *'al negīnōth* y otras palabras introducidas con *'al*.

Mientras que *shiggâyōn* en Sal 7, 1 indica el tipo de género poético en el que está compuesto el salmo, todas las noticias de los encabezamientos de los salmos que están introducidos con *'al* se refieren a la melodía o al estilo en que los salmos han de ser cantados, o al acompañamiento musical con que ellos han de ser introducidos en la adoración de Dios. Este significado músico-litúrgico ha de ser retenido también aquí, como es evidente por la *subinscriptio* de 3, 19 y por la repetición del *selah* por tres veces (3, 3.9.13), indicando que el himno debía de ser utilizado con acompañamiento musical.

Pues bien, dado que *shâgâh*, errar, ir de un lado al otro, se aplica al mareo propio de la embriaguez y del amor (Is 28, 7; Prov 20, 1; 5, 20), *shiggâyōn* significa tambaleándose, un término que en el ámbito de la poesía se aplica a un canto de mareo o tambaleo, es decir, a un canto que se despliega en medio de una gran excitación, o con un movimiento rápido de cambio de emociones, una especie de ditirambo (cf. Clauss sobre *Salmo 7, 1*; Ewald, Delitzsch y otros). Según eso, על שגינות significa "según el estilo del ditirambo", es decir, en la línea de una oda tormentosa, marcial y triunfal (Schmieder).

3, 2

² יְהוָה שָׁמַעְתִּי שִׁמְעֲךָ יָרֵאתִי יְהוָה פָּעָלְךָ בְּקֶרֶב שָׁנִים חַיֵּיהוּ
בְּקֶרֶב שָׁנִים תּוֹדִיעַ בְּרֹגֶז רַחֵם תִּזְכּוֹר׃

Oración para obtener compasión en medio del juicio

² ¡Yahvé, he oído tu palabra, y he temido! ¡Yahvé, aviva tu obra en medio de los tiempos, en medio de los tiempos hazla conocer; en la ira acuérdate de la misericordia!

שִׁמְעֲךָ son las noticias o la palabra (ἀκοή) de Dios, que el profeta ha oído de parte de Dios; las noticias del juicio que Dios va a realizar sobre Judá a través de los caldeos, y después sobre los mismos caldeos. El profeta está alarmado por eso. La palabra (estoy alarmado, he temido) no nos obliga a tomar lo que el profeta ha escuchado como algo que se refiere simplemente al juicio que Dios ha de realizar sobre Judá a través de los caldeos.

Incluso allí donde el juicio de Dios se expresa en la destrucción de los poderosos caldeos, o del imperio del mundo, la omnipotencia de Dios se expresa de un modo tan terrible que este juicio no inspira solo alegría por la destrucción del enemigo, sino también alarma y temor por la omnipotencia del juez del mundo. La palabra que sigue, פָּעָלְךָ חַיֵּיהוּ, *aviva tu obra, realízala*, se refiere a ese doble juicio que Dios ha revelado al profeta en Hab 1-2.

פָּעָלְךָ, esta palabra colocada de un modo absoluto al principio del texto por razón del énfasis, remite a la palabra/obra (*pōʿal*) que Dios debía realizar (Hab 1, 5). Pero esta obra de Dios no está limitada al despliegue de la nación caldea, sino que incluye también el juicio que ha de recaer sobre los caldeos, después que ellos han ofendido a Dios (Hab 1, 11).

Este sentido no va en contra de חַיֵּיהוּ, porque la opinión de que חיה nunca significa llamar a la vida algo que no existe, sino que solo significa dar vida a un objeto inorgánico (Job 33, 4), o mantener en la vida a un ser vivo o (y este es el sentido más frecuente) dar vida a algo que ya ha muerto, no es correcta. Por eso, nuestro texto no tiene por qué referirse a "restaurar en la vida", en la línea del Sal 77 (conforme a la experiencia de la liberación de Egipto).

חיה no significa simplemente restaurar en la vida, o mantener en vida, sino también *dar vida y llamar a la vida*. En Job 33, 4, donde תְּחַיֵּינִי está en paralelo con עֲשָׂתְנִי, la referencia no es la de impartir la vida a un ser inorgánico, sino dar la vida en el sentido de crear. Así en Gen 7, 3 y y 19, 32, חיה זרע significa hacer que haya semilla de vida, o hacer que ella surja, es decir, llamar a la vida a una cosa que no existe. Esta es una imagen semejante a la que aparece en Sal 77, y en esa línea Habacuc está pidiendo que se renueven los primeros actos de la redención de Dios a favor de su pueblo, unos actos que no son ahora distintos, sino los mismos en todas las edades, pues los profetas en general estaban acostumbrados a describir las revelaciones futuras de Dios con imágenes de los actos de Dios en el pasado.

Hay un énfasis especial en el uso por dos veces de בְּקֶרֶב שָׁנִים, y en el hecho de que en ambos casos esas palabras están al principio de la frase. Este dato se ha explicado de diversas formas, pero aquí nos hallamos sin duda ante la respuesta divina evocada en Hab 2, 3, cuando se dice que el oráculo está dado para un tiempo determinado, etc. En esa línea, las palabras "en medio o dentro de los años" no pueden significar simplemente "dentro de un cierto número" o en un pequeño número de años, o dentro de un breve espacio de tiempo sin más (Gesenius, Rosenmüller y Maurer), sino que expresan la certeza de que Dios ha de realizar a su tiempo su obra.

Cuando el profeta dirige su vista hacia el objeto aún remoto del oráculo (cap. 2), cuyo cumplimiento se ha retrasado, aunque vendrá a cumplirse al fin con seguridad (2, 3), el intervalo entre el tiempo presente y el *mô'ēd* determinado por Dios (2, 3) aparece ante él como una larga serie de años, de manera que solo al final se cumplirá el juicio sobre los opresores de su pueblo, es decir, sobre los caldeos. Por eso, el profeta ruega a Dios diciéndole que no retrase demasiado la obra que él ha decidido realizar, o que no la realice solo al fin del tiempo determinado para ello, sino que en medio de los años, que pasarían sin más si el cumplimiento se retrasara, antes de la llegada del *mô'ēd*.

Gramaticalmente, בְּקֶרֶב שָׁנִים, *qerebh shânīm*, no puede ser el centro de los años del mundo, la línea de frontera entre los eones del Antiguo y del Nuevo Testamento, como suponía Bengel, que tomaba ese centro como el punto de partida para un cálculo cronológico de todo el curso del mundo. Pues bien, en oposición a esa visión y aplicación de las palabras debe contestarse que el profeta no tenía una conciencia clara de esa división de los tiempos, de manera que pudiera abarcar toda la historia con sus cálculos, y menos aún se puede esperar que ese cálculo se exprese en una oda de tipo lírico, que es una expresión cordial de la experiencia más honda de la congregación, una revelación de aquello que Dios ha manifestado al mismo profeta, conforme a las palabras de 2, 3.

A pesar de ello, la visión que está en el fondo de esta aplicación de nuestro pasaje, es decir, que la obra de Dios por cuya manifestación está rogando el profeta, cae en el centro de los años de este mundo, contiene una verdad profunda, pues por medio de ella se muestra la superación no solo del poder imperial de Caldea, sino de todos los poderes del mundo en general, con la liberación de Israel respecto de ese poder opresor. Esta visión nos sitúa ante el giro básico de la obra de Dios, con el que se cierra el eón antiguo y comienza la nueva época del mundo, de manera que con su cumplimiento llegará a su culmen la totalidad del desarrollo terreno del universo.

La repetición de בקרב שנים expresa claramente el intenso deseo con el que la congregación del Señor mira hacia el fin de la tribulación. El objeto de תודיע, que ha de tomarse en sentido optativo, responde al imperativo de la frase paralela, y puede suplirse fácilmente desde la frase anterior. A la oración por el acortamiento del período de sufrimiento se añade aquí, sin que se emplee la cópula *waw*, la plegaria siguiente: "En la ira acuérdate de la misericordia".

La ira (רֹגֶז, *rōgez*, como *râgaz* en Is 28, 21 y Prov 29, 9) en medio de la cual el Señor ha de acordarse de la misericordia, es decir, a favor de su pueblo Israel, no es solamente la ira que se ha manifestado en el castigo realizado a través de

Oración para obtener compasión en medio del juicio

los caldeos, sino también la ira que se desplegará en la destrucción de los caldeos. En el primer caso, Dios manifestará su misericordia moderando la crueldad de los caldeos; en el segundo caso la manifestará apresurando la destrucción de los caldeos, acelerando el fin de su tiranía. Esta oración viene seguida en 3, 3-15 por una descripción de la obra de Dios que ha de ser llamada nuevamente a la vida; en ella expresa el profeta la confianza de que su petición será escuchada y su deseo cumplido.

3, 3-15. Venida del Señor para juzgar a las naciones y redimir a su pueblo

La descripción de esta teofanía para juzgar a las naciones y redimir a su pueblo se apoya de un modo general sobre descripciones líricas anteriores de las revelaciones de Dios en tiempos más antiguos de Israel. La introducción (Hab 3, 3) se enraíza en el Canto de Moisés (cf. 33, 2), y el desarrollo posterior ofrece ecos de diferentes salmos: cf. Hab 3, 6 con Sal 18, 2; Hab 3, 8 con Sal 18, 10; Hab 3, 19 con Sal 18, 33-34; y también Hab 3, 5 con Sal 68, 25 y Hab 3, 8 con Sal 68, 5. 35.

Más intensos son aún los puntos de contacto de Hab 3, 10-15 con Sal 77, 17-21, de manera que Habacuc tiene sin duda este salmo en su mente (no a la inversa) de forma que el profeta ha reproducido de un modo original aquellos elementos del salmo que mejor se ajustaban a su propósito. Así se muestra no solo por el hecho de que la oración de Habacuc ha sido compuesta en general sobre la poesía de los salmos, sino también, de un modo aún más preciso, por el hecho de que Habacuc describe la próxima redención con figuras tomadas del pasado, a las que él se remite (mirando hacia atrás) desde sus propios tiempos tristes, consolándose a sí mismo con la visión de la liberación milagrosa de su pueblo desde Egipto (cf. Hengstenberg y Delitzsch sobre Sal 77).

Es evidente que Habacuc no describe los actos poderosos de Dios en tiempos pasados, con el fin de precisar mejor su oración por la liberación de Israel desde el exilio de Babilonia, como suponen muchos comentaristas antiguos, sino que está anunciando una aparición futura del Señor para juzgar a las naciones, como lo indica el simple hecho de que coloca el futuro (יבוא, Hab 3, 3) a la cabeza de su descripción, determinando así todo lo que sigue. De esa manera, se muestra, fuera de toda duda, la imposibilidad de interpretar la teofanía de un modo histórico, como si ella se estuviera refiriendo a una manifestación ya pasada de Dios.

3, 3-5

³ אֱלוֹהַ מִתֵּימָן יָבוֹא וְקָדוֹשׁ מֵהַר־פָּארָן סֶלָה כִּסָּה שָׁמַיִם הוֹדוֹ וּתְהִלָּתוֹ מָלְאָה הָאָרֶץ:
⁴ וְנֹגַהּ כָּאוֹר תִּהְיֶה קַרְנַיִם מִיָּדוֹ לוֹ וְשָׁם חֶבְיוֹן עֻזֹּה:
⁵ לְפָנָיו יֵלֶךְ דָּבֶר וְיֵצֵא רֶשֶׁף לְרַגְלָיו:

³ Dios viene de Temán; el Santo, desde el monte Parán. *Selah*. "Su gloria cubre los cielos, la tierra se llenó de su alabanza. ⁴ Su resplandor aparece como luz del sol, con rayos brillantes en sus manos y allí está escondido su poder. ⁵ Delante de su rostro va la plaga, y tras sus pies salen carbones encendidos.

3, 3. Así como el Señor Dios vino en otro tiempo a su pueblo en el Sinaí, cuando había redimido a los suyos sacándolos de Egipto, para establecer con ellos el pacto de su gracia, y les constituyó como reino de Dios, así aparecerá en el próximo tiempo en la gloria terrible de su omnipotencia, para liberarles de la esclavitud del poder de este mundo, y para destruir en pedazos a los malvados que quieren destruir a los pobres.

La introducción de esta descripción está íntimamente conectada con Dt 33, 2. Así como Moisés describe la aparición del Señor en el Sinaí como una luz que brilla desde Seír y Parán, así también Habacuc hace que el Santo aparezca desde allí en su gloria. Pero, dejando a un lado otras diferencias, Habacuc cambia el pretérito בא (Yahvé vino del Sinaí) en futuro: יבוא, es decir, el vendrá o viene para indicar desde el mismo comienzo que aquí no va a describirse un hecho pasado, sino una revelación futura de la gloria del Señor.

El profeta ve esto en forma de teofanía, que se despliega ante *su ojo mental*. Por eso, יבוא no describe algo futuro, como siendo absolutamente más allá, sino como algo que se está desplegando progresivamente, desde el presente, hacia adelante, algo que nosotros debemos expresar en un tiempo actual. Al Dios que viene se le llama אֱלוֹהַ *Eloah* (no Yahvé, como en Dt 33, 2, y en la imitación de Jc 5, 4). Esta es una forma del nombre *Elohim* que solo aparece en poesía, en los textos hebreos más antiguos, que encontramos por primera vez en Dt 32, 15, donde se habla de Dios como el creador de Israel, y también aquí para designar a Dios como el Señor y Gobernante de todo el mundo.

Eloah viene, sin embargo, como Aquel que es Santo (קָדוֹשׁ, *qâdōsh*), que no puede tolerar el pecado (Hab 1, 13), y que quiere juzgar el mundo y destruir a los pecadores (Hab 3, 12-14). Así como *Eloah* y *Qâdōsh* son nombres del Dios Uno, así "de Temán" y "de las montañas de Parán" son expresiones que indican no simplemente dos puntos de partida, sino dos localidades del único principio de su aparición, como el monte Seír y las montañas de Parán en Dt 33, 2.

En vez de Seír, aquí se utiliza Parán, nombre poético del país montañoso de los edomitas. Por otra parte, Temán aparece como sinécdoque para indicar toda la tierra de los idumeos, en general, como en Abd 1, 9 y Am 1,12. Las montañas de Parán no son las montañas de *Et-Tih*, que se encuentran en las fronteras de Parán, hacia el sur, sino que constituyen la alta tierra montañosa que formaba la mitad oriental de aquel desierto, una tierra cuya parte norte se llama ahora, por sus habitantes actuales, la montaña de *Azazimeh* (cf. *Comentario* a Num 10, 12).

Oración para obtener compasión en medio del juicio

Las dos localidades se encuentran una frente a la otra, y están separadas solo por la *Arabah* (que es el hondo valle del *Ghor*). No debemos entender estos nombres en el sentido de que Dios está viniendo de la *Arabah*, sino, conforme al pasaje original del Dt 33, 2, que el esplendor de la aparición divina se extiende sobre Temán y sobre las montañas de Parán, de forma que sus rayos se reflejan desde esas dos regiones montañosas.

La palabra סֶלָה, *selâh*, no forma parte del argumento del texto, pero muestra el sentido que aquí tiene la música, cuando el canto se realiza en el templo, insistiendo en el alto pensamiento de que Dios está viniendo, y que lo hace en forma de aparición majestuosa, ofreciendo su ayuda muy cercana. La palabra significa probablemente *elevatio,* elevación, de *sâlâh,* que es lo mismo que *sâlal*, y quiere poner de relieve el refuerzo del acompañamiento musical, con la introducción, como puede suponerse, de un toque de trompeta realizado por los sacerdotes. Es, por tanto, un signo que corresponde a la anotación musical de "forte" (fuerte). (Para mayores precisiones, cf. Havernick, *Einleitung in das AT*, III, 120 ss., y Delitzsch, *Comentario* a Sal 3, 1-8).

En 3, 3 la gloria de la venida del Señor destaca por su extensión. Por el contrario, en 3, 4 se pone de relieve su poder más intenso. Toda la creación queda cubierta con su esplendor. Cielo y tierra reflejan la gloria de Aquel que Viene. הוֹדוֹ, su esplendor o majestad se extiende sobre todo el cielo, y su gloria sobre la tierra. *Tehillâh* (וּתְהִלָּתוֹ, en 3, 3) no significa la alabanza de la tierra, es decir, de sus habitantes (cf. texto caldeo, Ab. Ezra, Rosenmüller y otros) porque no hay alusión a la forma en que la venida de Dios es recibida, mientras que en 3, 6 se dice que esa venida llena de temblor la tierra. La *tehillâh* indica el objeto de la alabanza, de la fama, es decir, la δόξα, como *hâdâr* en Job 40, 10 o como *kâbhôd* en Is 6, 3; 42, 8 y en Num 14, 21. Gramaticalmente, תְּהִלָּתוֹ está en acusativo, gobernada por מָלְאָה, mientras הָאָרֶץ es el sujeto.

3, 4. Un resplandor brilla o brota como la luz. תִּהְיֶה no remite a תְּהִלָּתוֹ, "su gloria será como el resplandor del sol" (Hitzig), sino que es el predicado de *nōgah* en el sentido de hacerse, de brotar. הָאוֹר es la luz del sol. Como la luz, como el brotar del sol, así cuando viene el Señor, se despierta o despliega una luz brillante, cuyos rayos emanan de dos formas, en dos lados.

קַרְנַיִם, en la línea de קֶרֶן en Ex 34, 29-30, ha de tomarse en el sentido de rayos, de forma que su significado se ha desarrollado a partir de la comparación con los primeros rayos del sol naciente, que estallan desde el horizonte como los cuernos de la gacela, por un lado y por otro (קַרְנַיִם, el dual de קֶרֶן), un tema que han puesto de relieve los poetas árabes.

מִיָּדוֹ, de su mano, pues la mano es lo que está a su lado (conforme a la analogía con מִימִינוֹ y con מִשְּׂמֹאלוֹ). Esta palabra (su mano) ha de entenderse en sentido general, como significando la mano, y no una mano concreta, la mano, por ambos lados, en una comparación que se completa con los "cuernos" de la gacela

(Delitzsch). Así como el disco del sol está rodeado por una espléndida radiación de luz, así la venida de Dios está rodeada de rayos de luz por ambos lados.

לוֹ se refiere a Dios. "Ese resplandor radiante (קרנים) rodeando a Dios está en el fondo de la visión de Moisés cuando viene tras haber visto la presencia de Yahvé, con su faz radiante o emitiendo rayos" (קרן, Ex 34, 29-30). Esta visión de las palabras se encuentra establecida más allá de toda duda no solo por el מימינו del pasaje original de Dt 33, 2, sino también por la expresión que sigue en Hab 3, 5, es decir, por לפניו (ante él) y por לרגליו (a sus pies, tras él).

Por eso, de un modo consecuente, no se puede aceptar la traducción "y rayos emanando de sus manos", como si tuviéramos que pensar en la idea de haces de luz brotando de las manos de Dios (Schnur., Rosenmüller, Hitzig, Maurer, etc.). Conforme a la visión hebrea, los rayos y las luces no proceden de las manos de Dios (en Sal 18, 9, que se suele citar en apoyo de esta explicación, tenemos más bien ממנו); y por su parte קרנים no aparece ni en árabe ni en hebreo posterior en el sentido de rayos de sol.

ושם חביון עזה, y allí (es decir con los rayos que de él emanan) está escondida su omnipotencia; es decir, él esconde allí su poder. De hecho, el esplendor forma como la cubierta del Dios todopoderoso en su venida, es la manifestación del Dios que es esencialmente invisible. La nube oscura (oscuridad de nube) aparece generalmente representada como cubierta de la gloria de Dios (Ex 20, 21; 1 Rey 8, 12), no solamente porque su venida está representada con los rasgos de una tormenta de la tierra (Sal 18, 12-13), sino porque Dios se manifestaba en el pilar de nube y fuego (Ex 13, 21) en la peregrinación de los israelitas por el desierto, donde solo en la noche la nube tomaba apariencia de fuego (Num 9, 15-16).

Aquí predomina, más bien, la idea del esplendor del sol naciente, conforme al cual la luz es como el vestido con el que Dios se cubre a sí mismo (Sal 104, 2, cf. 1 Tim 6, 16), respondiendo a su venida como el Santo (Hab 3, 3). La luz del sol en su autoiluminación esplendorosa constituye el elemento más apropiado para servir de símbolo a la pureza sin mancha del Santo, en el que no hay variación de luz y oscuridad (Sant 1, 17; cf. *Comentario* a Ex 19, 6).

La sustitución de וְשָׁם por וְשָׂם (él fundamenta o realiza el ocultamiento de su poder), que propone Hitzig según los LXX (con Aquila, Símaco y el texto sirio) ha de ser rechazada, pues en ese caso no se podría haber omitido el objeto del ocultamiento (cf. Sal 18, 12), y además ese pensamiento no es aquí apropiado en modo alguno, y ha sido introducido más bien en el texto a partir de la suposición de que Dios se muestra en una tormenta.

3, 5. Como el Santo, Dios viene a juzgar a todo el mundo (Hab 3, 5). Ante él marcha דֶּבֶר, *debher*, la plaga, y tras él, es decir, detrás de sus pies, va רֶשֶׁף, *resheph*, que es literalmente el fuego ardiente, la llama (cf. Sol 8, 6), que aquí tiene el sentido del calor de fiebre, como en Dt 32, 24. Plaga y peste, como procedentes de Dios, aparecen representadas como satélites en torno a un sol. La primera va ante él,

Oración para obtener compasión en medio del juicio

como si fuera el portador de su escudo (1 Sam 17, 7), es decir, su heraldo (2 Sam 15, 1); la segunda va detrás como su siervo (1 Sam 25, 42). Este verso prepara el camino para la descripción que comienza en 3, 6, presentando la impresión que produce la llegada de Dios sobre el mundo y sus habitantes.

3, 6-7

⁶ עָמַד׀ וַיְמֹדֶד אֶרֶץ רָאָה וַיַּתֵּר גּוֹיִם וַיִּתְפֹּצְצוּ הַרְרֵי־עַד
שַׁחוּ גִּבְעוֹת עוֹלָם הֲלִיכוֹת עוֹלָם לוֹ׃
⁷ תַּחַת אָוֶן רָאִיתִי אָהֳלֵי כוּשָׁן יִרְגְּזוּן יְרִיעוֹת אֶרֶץ מִדְיָן׃ ס

⁶ Se levanta y mide la tierra; mira, y se estremecen (tambalean) las naciones. Los montes antiguos se desmoronan, los collados antiguos se derrumban; pero sus caminos son eternos. ⁷ He visto las tiendas de Cusán bajo la aflicción; las tiendas de la tierra de Madián tiemblan.

3, 6. El Dios que viene de lejos se ha vuelto ahora cercano y se levanta para destruir a las naciones como un héroe guerrero (cf. Hab 3, 8.9.11.12). Así lo indica עמד, él se sitúa, se pone en pie (no "avanza" o aparece). Cuando Yahvé se pone en pie, tiembla la tierra y las naciones. ימדד no tiene el sentido de medir, pues no hay aquí ningún pensamiento referido a medir la tierra, y *mâdad* no puede entenderse en el sentido de medir con los ojos (Rosenmüller y Hitzig).

Por otra parte, en esa línea sería inexplicable la elección del *poel*, en vez del *piel*, y se rompería el paralelismo entre las frases. Debemos seguir por tanto la traducción y explicación del texto caldeo, de Gesenius, Delitzsch y otros que toman מדד como *poel* de מוד con el sentido de טוט, poner en marcha tambaleándose. Solo con esta interpretación se corresponden las dos frases paralelas, en lo que sigue, pues así יתר, *hifil* de נתר, hacer que se estremezca o tiemble, responde a ימדד, así tambiénולם … יתפצצו contiene la explicación de ארץ ימדד.

Las colinas eternas se derrumban (con יתפצצו de פוץ), es decir, se queman y se derriten, volviéndose polvo, y las montañas se hunden, pasan y se desvanecen (cf. una descripción semejante en Nah 1, 5 y en Miq 1, 4). הררי־עד (como קדם הררי, Dt 33, 15) en paralelismo con גבעות עולם, son las montañas primordiales, como los componentes más antiguos y firmes del globo, que han existido desde los comienzos (מני עד, Job 20, 4), y fueron formadas antes del surgimiento de la tierra (Sal 90, 2; Job 15, 7; Prov 8, 25).

הליכות עולם לו no ha de tomarse como relativo, en comparación con lo anterior, "del que son los caminos antiguos", como si las colinas de Dios fueran su caminos eternos (Hitzig), pues este sentido iría en contra de la armonía del contexto. Esta es más bien una frase substantiva y de tomarse por sí misma: para él hay caminos eternos; es decir, Dios marcha y camina ahora como caminó en los tiempos más antiguos.

הליכה, en el sentido de aquello que marcha, que avanza… son los caminos de Dios, como דרך עפולם, el curso el mundo primitivo (Job 22, 15). El profeta tiene en su mente, flotando, el Sal 68, 25, donde *hălĭkhōth 'ĕlōhīm* son los caminos de Dios con su pueblo, es decir, los caminos que Dios ha tomado desde tiempo inmemorial para guiar a su pueblo por ellos.

Así como Yahvé descendió en otro tiempo al Sinaí en la oscuridad de la nube, en el trueno, el relámpago y el fuego, para convertir a Israel en la nación de su pacto, de forma que las montañas entrechocaron (cf. Jc 5, 5); así también temblarán y se derretirán las montañas y colinas en su nueva venida. Y así como una vez avanzó delante de su pueblo, y las noticias de sus actos maravillosos en el mar Rojo llenaron a las naciones vecinas de miedo y desesperación (Ex 15,14-16), así también ahora, cuando el despliegue de Dios avance desde Temán al mar Rojo, las naciones de ambos lados se llenarán de terror.

3, 7. Entre esas naciones se citan dos en concreto, Cusán y Madián. Por Cusán no podemos entender aquí el reino mesopotámico llamado *Cusan Risataim*, que dominó sobre Israel a lo largo de ocho años, tras la muerte de Josué (Jc 3, 8), pues eso no responde ni al sentido de אהלי, ni al hecho de que en la frase paralela se cite a Madián. Esa palabra (כושן, Cusán), una forma alargada de *Cush*, es el nombre de los etíopes de África. Por su parte, los madianitas se citan como habitantes de la costa arábiga del mar Rojo, y son ellos los que aparecen aquí de un modo principal. Esa indicación se aplica a יריעות, que son literalmente las tiendas-cortinas de la tierra de Madián, es decir, las tiendas montadas en la tierra de Madián cf. יריעות ארץ מדין).

3, 8-9

⁸ הֲבִנְהָרִים֙ חָרָ֣ה יְהוָ֔ה אִ֤ם בַּנְּהָרִים֙ אַפֶּ֔ךָ אִם־בַּיָּ֖ם עֶבְרָתֶ֑ךָ
כִּ֤י תִרְכַּב֙ עַל־סוּסֶ֔יךָ מַרְכְּבֹתֶ֖יךָ יְשׁוּעָֽה׃
⁹ עֶרְיָ֤ה תֵעוֹר֙ קַשְׁתֶּ֔ךָ שְׁבֻע֥וֹת מַטּ֖וֹת אֹ֣מֶר סֶ֑לָה נְהָר֖וֹת תְּבַקַּע־אָֽרֶץ׃

⁸ ¿Te has airado, Yahvé, contra los ríos? ¿Contra los ríos te has airado? ¿Arde tu ira contra el mar cuando montas en tus caballos, en tus carros de salvación? ⁹ Tienes tu arco desnudo (preparado); con palabras has jurado un castigo de varas. *Selah*. Has hendido la tierra con los ríos.

3, 8. A la impresión producida sobre las naciones por la venida del Señor para juzgar el mundo, se añade aquí la descripción de la ejecución del juicio. Tomando un nuevo giro, el canto pasa de la descripción de la venida de Dios a una llamada a Dios mismo. Ante *el ojo mental* del profeta, Dios se presenta a sí mismo como juez del mundo, en la actitud amenazadora de un héroe guerrero, armado para el conflicto, de manera que él (el profeta) le pregunta por el objeto de su ira.

Oración para obtener compasión en medio del juicio

Esa pregunta es solo un giro poético dentro de una composición muy viva, que no espera respuesta, y que se introduce simplemente para poner de relieve la grandeza de la ira de Dios, de tal forma que en sustancia se trata de una afirmación. La ira de Dios se dirige sobre los ríos, su furia sobre el mar.

La primera frase de la pregunta está en imperfecto. Yahvé no es el sujeto, sino que está en vocativo, como aquel a quien se apela, dado que חָרָה, *chârâh*, cuando se predica de Dios está construido con לְ. El tema se mantiene en la doble frase en la que se divide la pregunta, en אפך en עברתך. Aquí, el primer בַּנְהָרִים que es indefinido se define por בַּנְהָרִים.

Estos *nehârîm*, no son unos ríos en particular, como pueden ser el Nilo en el Bajo Egipto o los ríos de Etiopía, el Nilo y el Astaboras, el *nahărē Khūsh* (cf. Is 18, 1; Sof 3, 10, cf. Delitzsch), sino los ríos de la tierra, en general; y por su parte el mar (*hayyâm*) no es el mar Rojo, sino el mar (los mares) del mundo, como en Nah 1, 4 (cf. Sal 89, 10; Job 38,8).

Ciertamente, esta descripción se apoya sobre dos milagros, la división del mar Rojo y la del río Jordán (Ex 15, 18; Sal 114, 3.4), pero ella se eleva a partir de estos dos casos y ofrece una descripción de Dios como juez del mundo, que puede destruir con su ira no solo el mar del mundo, sino todos los ríos de la tierra. עברה es más fuerte que אף, es la ira que pasa sobre, o que rompe toda barrera.

Kî, que, es el comienzo de la explicación (de la razón) de las preguntas anteriores. "Montar en tus caballos" no es cabalgar sobre ellos, sino avanzar en carros tirados por caballos como muestran claramente las palabras de explicación, tus carros (מרכבתיך), y como indica *râkhabh* (guiar, cabalgar) siempre que se aplica a Dios (cf. Dt 33, 26; Sal 68, 34; 104, 3).

La palabra יְשׁוּעָה, *Yeshū'âh*, aparece regida por *markebhōthekhâ*, con la libertad de construcción permitida en poesía, como en 2 Sam 22, 33; Sal 71, 7, a diferencia de la prosa, donde el nombre se repite generalmente en estado constructo (cf. Gen 37, 23, con Ewald, 291, b). *Yeshū'âh* significa salvación, incluso en este caso, y no victoria –un significado que esta palabra no tiene nunca, y que no es apropiado aquí, porque Hab 3, 13 interpreta *yeshū'âh* como לישע. Al describir los carros (carrozas) de Dios, con sus caballos celestes, como carros de salvación, el profeta está evocando el hecho de que ese despliegue de Dios en carroza tiene como objetivo la salvación o liberación de su pueblo.

3, 9. Dios ha desnudado ya el arco para disparar sus flechas contra su enemigo. תֵעוֹר, tercera persona del imperfecto *nifal* de עור, equivalente de ערר (Is 32, 11), es desnudar (de ערה). Para poner de relieve este pensamiento, el nombre עריה se escribe antes del verbo, en lugar del infinitivo absoluto (cf. Miq 1, 11).

El arco no se desnuda al disparar las flechas, sino al quitarle su cobertura (γωρυτός, *corytus*), a fin de utilizarlo como un arma. El tema alude al arco de guerra, que Dios lleva como guerrero, de forma que aquí no debemos pensar en el arco iris, aunque los carros pueden entenderse en la línea de las nubes, como en Is 19, 1 y Sal 104, 3, pues el arco iris es un signo de paz y de alianza, mientras que aquí Dios aparece atacando a sus enemigos.

La frase siguiente, שבעות מטות אמר, es muy oscura y no ha sido aún explicada de un modo satisfactorio. Dos son los sentidos que se pueden dar a *mattōth*: uno es ramas o varas, y el otro es las tribus del pueblo de Dios. El último sentido apenas puede utilizarse aquí, pues en ese caso *mattōth* debería hallarse definido por otra palabra, o por una frase subordinada. Por otra parte, el significado de vara o palo responde mejor bien al contexto (cf. la alusión al arco de guerra) y también a Hab 3, 14, donde *mattīm* significa de un modo indudable garrotes o lanzas.

De todas formas, el significado de espadas o dardos no puede deducirse ni de Hab 3, 14 ni de 2 Sam 18, 14, pero en ambos casos está al fondo el sentido de unas varas que pueden utilizarse como lanzas o armas. *Matteh* es una vara o bastón que se emplea para dar golpes, como instrumento de castigo, de forma que puede significar sin más castigo (cf. Is 9, 3; Is 10, 5), y así aparece en Miq 6, 9 como vara para castigar.

שבעות puede ser el plural constructo de שבוע, séptimo, heptada, o el plural de שבועה, un juramento, o el participio pasivo de שבע, haber jurado, como en שבעות שבעי en Ez 21, 23. No hay diferencia significativa entre las dos últimas posibilidades, de manera que en la decisión entre uno de esos dos significados resulta aquí decisivo el sentido que demos a la palabra אֹמֶר, que es propia del lenguaje poético, y que denota un discurso o una palabra, y en Job 22, 28 un asunto, la ocasión para una cosa, lo mismo que דבר.

Aquí, אֹמֶר significa sin duda el discurso o palabra de Dios, como en Sal 68, 12; 77, 9, y puede funcionar como genitivo dependiente de *mattōth* o como acusativo adverbial. La puntuación masorética, según la cual *mattōth* se separa de *'ōmer* con un *tiphchah* y *'ōmer* se une a *selâh* con *munach* (מַטּוֹת אֹמֶר סֶלָה), depende de la falsa visión rabínica de *selah* como eternidad (*in sempiternum*), cosa que es decididamente errónea y no puede tomarse en consideración.

Por su parte, la interpretación de שבעות como séptimo no se adecúa a ninguna de los dos posibles visiones de מַטּוֹת, de manera que escogemos el segundo significado: varas de castigos o castigos. Por su parte, אמר no puede ser un genitivo dependiente de *mattōth*, pues en este contexto no puede hablar de "castigo de palabra", ya que no es ese el tipo de castigo al que Dios se ha referido en este caso (a diferencia de lo que se dice en Is 11, 4, פיו שבט, donde se alude a un tipo de castigo por la boca, es decir, por la palabra). Por su parte, *'omer* ha de tomarse como acusativo adverbial, vinculado a שבעות, indicando el instrumento o medio que se emplea para el juramento: jurar con (o a través de) la palabra, como חרבך en Sal 17, 13 (para el uso del acusativo indicando la substancia o el medio instrumental de una acción, cf. Ewald, 282, c).

Por eso, שבעות no puede ser un nombre, sino un participio pasivo, en el sentido de algo que ha sido ya jurado. La expresión "varas de castigo" (=castigos) son juramentos proclamados ya por palabra, y evocan el juramento solemne por el que Dios promete tomar venganza de sus enemigos en Dt 32, 40-42, vengando así la sangre de sus siervos.

> Porque yo alzaré a los cielos mi mano, y diré: ¡Vivo yo para siempre! Cuando afile mi reluciente espada y mi mano empuñe el juicio, tomaré venganza de mis enemigos y daré su retribución a los que me aborrecen. Embriagaré de sangre mis flechas, y mi espada devorará carne; sangre de muertos y cautivos, cabezas de jefes enemigos (cf. Dt 32, 40-42).

Habacuc tiene en su mente esta promesa de venganza de Dios en contra de sus enemigos, una venganza ratificada por un juramento solemne. Este sentido es evidente si comparamos ברק חניתך en Hab 3,11 con ברק חרבי en Dt 32, 41, y si tenemos en cuenta la alusión de ראש מבית רשע y ראש פרזו en 3,13.14 a אויב פרעות ראש de Dt 32, 42. Desde esta perspectiva, las palabras tan enigmáticas de Hab 3, 9 reciben la luz necesaria para volverse inteligibles.

Gesenius (*Thes.* p. 877) ha explicado de forma semejante esas palabras del profeta: *jurejurando firmatae sunt castigationes promissae* (con juramento se ratifican los castigos prometidos, las varas de castigo, es decir, los castigos jurados), sin que ni siquiera sea necesario apelar a Dt 32, 40, texto sobre el que se fundan estas palabras.

Delitzsch fue el primero en llamar la atención a esa alusión de Dt 32, 40. Pero en su explicación (los dardos han sido jurados con su palabra de poder: *jurejurando adstricta sunt tela verbo tuo*) toma el juramento en un sentido que es ajeno al Deuteronomio, y que por tanto oculta la relación del texto de Habacuc con el pasaje original del Deuteronomio.

Ninguna de las otras explicaciones se puede aceptar. La visión rabínica que hallamos en la Vulgata (el juramento que juró a las tribus, *juramenta tribubus quae locutus*) no tiene base alguna, pues שבעות sin preposición no puede significar "por" o "según" el juramento, como se debería traducir y como ha hecho Lutero en su versión (como tú has jurado a tus tribus). La traducción de Ewald (los siete dardos de la palabra) no puede aceptarse pues la combinación de "dardos de la palabra", que está fuera de contexto. Conforme a nuestra explicación, este pasaje forma simplemente un paréntesis en la descripción del despliegue judicial de Dios, pero contiene un pensamiento muy adecuado, que se ajusta y da énfasis a todo el texto.

La última frase del verso sigue en la línea de lo ya indicado y describe el efecto producido por la intervención judicial de Dios en el mundo de la naturaleza. "Has hendido la tierra con los ríos". בקע se construye con un doble acusativo, como en Zac 14, 4, y la frase se puede entender en dos sentidos: (a) La tierra tiembla ante la ira del juez, y de esa forma se producen hendiduras por las que el agua discurre en la profundidad. (b) Ante el temblor de la tierra el mar hace que el agua llegue hasta la tierra, por la que fluye a través de los ríos. Los versos siguientes evocan un terremoto por el que cambia la forma de la superficie de la tierra.

3, 10-11

¹⁰ רָא֤וּךָ יָחִ֙ילוּ֙ הָרִ֔ים זֶ֥רֶם מַ֖יִם עָבָ֑ר נָתַ֤ן תְּהוֹם֙ קוֹל֔וֹ ר֖וֹם יָדֵ֥יהוּ נָשָֽׂא׃
¹¹ שֶׁ֥מֶשׁ יָרֵ֖חַ עָ֣מַד זְבֻ֑לָה לְא֤וֹר חִצֶּ֙יךָ֙ יְהַלֵּ֔כוּ לְנֹ֖גַהּ בְּרַ֥ק חֲנִיתֶֽךָ׃

¹⁰ Te ven los montes y temen; pasa la inundación; el abismo deja oír su voz y alza sus manos a lo alto. ¹¹ El sol y la luna se detienen en su lugar, a la luz de tus saetas que cruzan, al resplandor de tu refulgente lanza.

3, 10. El efecto de la venida de Dios sobre las montañas ha sido ya evocado en 3, 6, donde ellas se deshacen en ruinas, mientras que aquí tiemblan de terror. Esta diferencia se puede explicar por el hecho de que allí (3, 6) se quería destacar el efecto general de la omnipotencia de Dios sobre la naturaleza, mientras que aquí (3, 10-11) se describe el efecto especial que es producido a través del cumplimiento del juicio sobre las naciones.

Los perfectos que se utilizan aquí representan ese efecto, como algo que se desprende inmediatamente de la venida de Dios. Pero en la primera frase el perfecto רָאוּךָ viene seguido por el imperfecto יְחִילוּ, porque el temblor es algo duradero. La fuerza de la descripción queda ratificada por la omisión de la cópula antes de los objetos particulares. Los dos verbos de la primera frase están en relación de causa y efecto entre sí: cuando las montañas te han visto, ellas tiemblan de terror. La descripción que sigue no está fundada en la idea de una tormenta terrible, pues no hay referencia al trueno ni a los relámpagos, sino solo a las flechas (3, 11), que pueden explicarse por la idea de que Dios es un héroe guerrero, que avanza con el arco desnudo. Los diversos colores y rasgos de la descripción están tomados del juicio por el diluvio.

Así 3, 10 (a y b) remite a los diversos juicio de los tiempos antiguos, tanto de la llegada de la gran lluvia de agua (זֶרֶם מַיִם, cf. גֶּשֶׁם, *geshem*, en Gen 7, 12 y 8, 2, tema ratificado por *mayim*, análogo a *hammabbûl hâyâh mayim* en Gen 7, 6; con *'âbhar* como en Nah 3, 19; Sal 48, 5), como también al trueno, con נָתַן תְּהוֹם קוֹלוֹ (*nâthan tehōm qōlō*), *dio su voz el tehom*, es decir, se escuchó el estallido del abismo.

תְּהוֹם, *Tehōm*, es la masa de agua del abismo, no simplemente la del océano, sino también aquella de las aguas subterráneas (cf. Gen 49, 25; Dt 33, 13), el gran abismo (*tehōm rabbâh*), cuyas fuentes se rompieron por el diluvio (Genesis 7, 11), y no el océano del cielo, como Hitzig infiere erróneamente de Gen 7, 11; Gen 8, 2 y Prov 8, 27. A esta gran masa de agua, a la que se le llama *tehōm* por su profundidad inmensa, el profeta le atribuye una voz, que él se atreve a expresar, el alto y poderoso rugido de las aguas, tal como ellas lo elevan desde la tierra en trance de destrucción.

Como en el tiempo de diluvio, que fue el tipo del juicio final (Is 24, 18), se abrieron las ventanas de los cielos y las fuentes del abismo, así también, las aguas superiores e inferiores divididas por el firmamento, bramarán juntas de nuevo, y la tierra volverá a ser como había sido en el segundo día de la creación, de manera que se juntarán y se confundirán los ríos de la tierra y las fuentes de agua de los cielos, de manera que el abismo estallará con un inmenso bramido (Delitzsch).

Este bramido de la masa de aguas del corazón de la tierra quedará representado entonces por un gesto de elevación de las aguas al cielo, con referencia al hecho de que las olas de agua se elevan a la altura. En este caso, רוֹם, *rōm*, con el mismo sentido de *rūm* (Prov 25, 3; 21, 4), es un acusativo de dirección, como *mârōm* en 2 Rey 19, 22.

ידיהו, en lugar de ידיו, es una forma más sonora y extendida de la palabra, posiblemente para expresar, por el ritmo de grandeza del prodigio, la gran fuerza de los brazos que se alzan (Delitzsch). Esta elevación de manos no es un gesto de rebelión, ni es la expresión de un juramento, sino un involuntario movimiento de terror, desasosiego y angustia, con un gesto de oración de petición de ayuda (Delitzsch).

3, 11. La caótica condición en la que la tierra ha quedado se pone también de relieve por la oscuridad con que ella se reviste. El sol y la luna, que alumbran de día y de noche, se han escondido o entrado en sus habitaciones. זבול con ה local, es un lugar de habitación, aquel del que, conforme a una visión oriental, salían los astros y al que volvían al ponerse en el horizonte. Pero aquí no se dice que los astros "se pongan", es decir, que se oculten, sino que se oscurecen, lo cual no es efecto del inmenso peso de las nubes que desatan la lluvia sobre la tierra, sino que se debe al hecho de que el firmamento está lleno de las flechas de Dios (ל en לאור y en לנגה está indicando la causa u ocasión externa de ese oscurecimiento).

Eso no se debe, sin embargo, al hecho de que ellos empalidezcan a consecuencia del brillo superior de los relámpagos (Ewald), sino al hecho de que se retiran (se esconden) ante el gran miedo y terror que invade toda la naturaleza, y que se expresa en el temblor de las montañas, en el rugido de las aguas y en el oscurecimiento del sol y de la luna (Delitzsch). La idea de que este verso se refiere al hecho de que el sol y la luna se pararon ante la palabra de mandato de Josué 10, 12, a la que remiten gran parte de los comentaristas antiguos, resulta insostenible ya que עמד זבולה no puede significar quedar quieto en el cielo.

Las flechas y la lanza (*chănīth*, cf. חֲנִיתֶךָ) no son los relámpagos, como en Sal 77, 18-19; 18, 5, etc., pues esta teofanía no está vinculada a la idea de una tormenta, sino que son los dardos con los que Dios destruye a sus enemigos, dardos que brotan de aquel cuya venida, como la de la luz del sol, se expresa en forma de flechas que vuelan en todas las direcciones (cf. Hab 3, 4).

ברק חנית tiene el mismo sentido que en Nah 3, 3, son los rayos de luz como saetas desnudas y afiladas. Y así como no podemos entender la espada brillante de Nah 3, 3, como significando el estallido de los relámpagos, aquí tampoco podemos tomar esas flechas como relámpagos. יהלכו ha de entenderse en un sentido relativo (dardos que cruzan como disparados…).

3, 12-15

¹² בְּזַעַם תִּצְעַד־אָרֶץ בְּאַף תָּדוּשׁ גּוֹיִם:
¹³ יָצָאתָ לְיֵשַׁע עַמֶּךָ לְיֵשַׁע אֶת־מְשִׁיחֶךָ מָחַצְתָּ רֹּאשׁ מִבֵּית רָשָׁע עָרוֹת יְסוֹד עַד־צַוָּאר סֶלָה: פ
¹⁴ נָקַבְתָּ בְמַטָּיו רֹאשׁ (פְּרָזוֹ) [פְּרָזָיו] יִסְעֲרוּ לַהֲפִיצֵנִי עֲלִיצֻתָם כְּמוֹ־לֶאֱכֹל עָנִי בַּמִּסְתָּר:
¹⁵ דָּרַכְתָּ בַיָּם סוּסֶיךָ חֹמֶר מַיִם רַבִּים:

¹² Con ira pisas la tierra, con furor pisoteas las naciones. ¹³ Has salido para socorrer a tu pueblo, para socorrer a tu ungido. Has abatido la cabeza de la casa del impío, has descubierto el cimiento hasta su garganta. *Selah*. ¹⁴ Traspasaste con sus propios dardos las cabezas de sus guerreros (hordas), que como tempestad acometieron para dispersarme, regocijados como si fueran a devorar al pobre en secreto. ¹⁵ Caminas en el mar con tus caballos, sobre la mole de las muchas aguas.

3, 12-13. Sigue aquí una descripción del juicio sobre las naciones, para rescate del pueblo de Dios. El Señor, ante cuya venida tiembla y parece volver a su estado caótico primario toda la naturaleza, marcha sobre la naturaleza, y pisotea con furor bajo sus pies a las naciones (cf. una figura semejante del que pisa la prensa de uva en Is 63, 1-6). Pero no pisoteará a todas las naciones, sino solo a las que han sido hostiles contra él, porque él ha venido a salvar a su pueblo y a su ungido.

Los verbos en perfecto de 3, 13-15 son de tipo profético y describen en espíritu el futuro, como algo que ya hubiera ocurrido. יצא se refiere a la salida del Señor para luchar a favor de su pueblo, como en Jc 5, 4; 2 Sam 5, 24; Is 42, 13 etc. ישׁע, rescate, salvación, se construye la segunda vez con un acusativo, como un infinitivo constructo (cf. Ewald, 239, a). El ungido de Dios (מְשִׁיחֶךָ) no es la nación elegida, consagrada (Schnur., Ros., Hitzig, Ewald, etc.), porque a la nación de Israel no se le llama nunca la ungida (*hammâshīăch*) en virtud de su llamado para ser "un reino de sacerdotes" (*mamlekheth kohănīm*, Ex 19, 6), ni en Sal 28, 8 ni en Sal 84, 10; 89, 39.

Ni siquiera en Sal 105, 15 se llama a los israelitas, por parte de Dios, "mis ungidos" (*meshīchai*), sino solo a los patriarcas como príncipes consagrados por Dios (Gen 23, 6). Así también aquí, el מְשִׁיחֶךָ de Dios es el divinamente constituido rey de Israel, pero no este o aquel rey histórico (por ejemplo, Josías o Joaquín), sino solo el rey davídico en sentido absoluto, es decir, el Mesías, aquel en quien la soberanía de David se eleva a una duración eterna.

De esa forma, se entiende al Mesías como "rey universal", aquel en el que se condensa y culmina el reinado israelita, lo mismo que Hab 2 presenta al rey caldeo, en su vertiente opuesta, como rey universal de todas las naciones, de manera que el juicio sobre el rey de los caldeos aparece como juicio sobre (contra) todos los poderes imperiales contrarios a Dios. El Mesías, como hijo de David, se distingue de Yahvé, y como tal es objeto de la ayuda divina, lo mismo que en Zac 9, 9 donde aparece en este aspecto como el נושׁע, y así también en los salmos mesiánicos.

Dios concede esta ayuda a su pueblo y a su ungido destruyendo en pedazos la cabeza de la casa del malvado. El רָשָׁע, *râshâʻ* (el malvado) es el caldeo, pero no la nación en cuanto tal, de la que solo se habla por primera vez en Hab 3, 14, sino el rey caldeo, como jefe del poder imperial, que es hostil al reino de Dios. Pero, como mostrará claramente la frase siguiente, esta casa ha de entenderse en sentido literal, de manera que su "cabeza" (cabeza de la casa del impío: מִבֵּית רָשָׁע רֹאשׁ), como parte de la casa es su miembro superior (como el tejado).

El texto distingue entre esa cabeza del impío caldeo (רֹאשׁ רָשָׁע) y su *yeshōd* (יְסוֹד) o fundamento, hasta צַוָּאר, es decir, la garganta, que es como la parte central, mirando desde arriba hacia abajo. La destrucción del impío se realiza al mismo tiempo desde arriba (cabeza) y desde abajo (desde el fundamento), de manera que cabeza/tejado y fundamento quedan destruidos de un solo golpe, y lo mismo la garganta, que es el punto en la que la parte superior se une a la inferior, como si fueran las murallas.

עד se toma de un modo inclusivo (cf. עַד־צַוָּאר), incluyendo la parte mencionada como separación y frontera, aunque no de un modo total, de manera que quedan algún tipo de muros alzándose sobre las ruinas. Esta es una descripción alegórica, pues la casa representa la dinastía de los caldeos, la familia real, incluyendo al rey, pero no todo el reino excelso de los caldeos en toda su prosperidad (Hitzig). ערות, una forma rara de infinitivo absoluto, שׁתות en Is 22, 13 (cf. Ewald, 240, b), de ערה, desnudar, destruir desde el fundamento, con el infinitivo en sentido de gerundio, describiendo el modo de la acción.

3, 14. El conjunto de la nación guerrera de los caldeos sufrirá el mismo destino de su casa real. El sentido de la primera frase de este verso depende de la explicación que se ofrezca a la palabra פְּרָזוֹ, *keré* פְּרָזָיו, *perâzov*. No hay fundamento para decir que se trata de sus líderes o jueces, como se ha querido explicar *perâzīm* desde el tiempo de Schroeder y Schnur.

Conforme al uso hebreo, *perâzī* son los habitantes del llano (פְּרָזִי, Dt 3, 5; 1 Sam 6, 18), y *perâzōth* son los llanos, la tierra plana, como distinta de las ciudades amuralladas (Ez 38, 11). *Perâzōn* tiene el mismo sentido en Jc 5, 7.11. De un modo consecuente, Delitzsch deriva *perâzâv* de un nombre segolado *perez* o *pĕrez*, en el sentido de población asentada en una tierra abierta, habitantes de poblaciones campesinas; a partir de eso se ha dado a la palabra el sentido más amplio de multitud de pueblo, y aquí, dado que el sentido nos lleva a pensar en guerreros, podríamos hablar de hordas o compañías hostiles, lo que concuerda con el sentido que dan a la palabra el Targum, Rashi y Kimchi, cuando suponen que la palabra se refiere a soldados o tropas guerreras.

ראש, la cabeza de sus hordas, no puede ser el líder, en parte por lo que sigue (pues vienen muchos acometiendo como tempestad), lo que presupone que no será destruido solo el líder, sino también las hordas o guerreros, y en parte también por el verso precedente, en el que se anuncia la destrucción del rey (y en un texto como este no podemos suponer que el rey y el jefe de las hordas son distintos). Por eso, debemos tomar ראש en sentido literal, pero colectivo, es decir, como "cabezas". El profeta ha evocado así la figura poco usual de herir (atravesar) a la cabeza recordando el hecho de que Jael atravesó la cabeza de Sísara (Jc 5, 26).

Los sufijos de במטיו y פרזו remiten a רשע. La palabra מטי, palos, bastones, se utiliza en vez de lanzas o espadas, como en 2 Sam 18, 14. El sentido de las palabras es este: con la espada (bastón) del rey, Dios hiere la cabeza de las tropas guerreras. De esa forma, el profeta está indicando que las tropas enemigas se matarán unas a otras a consecuencia de la confusión, como se narra en 1 Sam 14, 20 y en 2 Cron 20, 23-24. En esa línea, según la profecía, el último poder hostil del mundo encontrará su ruina cuando ataque al reino de Dios (Ez 38, 21; Zac 14, 13).

יסערו להף ha de tomarse de un modo relativo: "que acometieron (con *sâ'ar*, aproximarse con rapidez y violencia) para destruirme". El profeta se incluye a sí mismo en (con) la nación, y utiliza la palabra *hēphîts* (cf. לַהֲפִיצֵנִי), retomando la figura de la dispersión de la paja por obra de un viento de tormenta (Is 41, 16; Jer 13, 24; 18, 17). עליצתם es por sí misma una cláusula de sustantivo: "su regocijo es", ellos se regocijan como si fueran a devorar (su regocijo se dirige a devorar al pobre en secreto).

Los enemigos quedan así comparados con asesinos o salteadores de caminos, que arremeten en las esquinas oscuras en contra de los caminantes que no tienen defensa, esperando con regocijo el momento en que puedan matarles. עני es la antítesis de רשע. Dado que los malvados son los caldeos, los pobres son la nación de Israel, es decir, la congregación de los justos, que son realmente el pueblo de Dios. Los malvados vienen para devorar al pobre (לֶאֱכָל עָנִי), es decir, para apoderarse con violencia de su vida y de sus posesiones, como en Prov 30, 14 y Sal 10, 8-10). Cuando se aplica a la nación significa destruirla (cf. Dt 7, 16 y Jer 10,25).

3, 15. A fin de que esos enemigos puedan ser totalmente destruidos, Dios pasa a través del mar. Esta descripción (Dios pasando por el mar con sus caballos...) conecta con la descripción de la venida judicial de Dios, que ha sido el tema precedente. El ropaje de este pensamiento está tomado de la destrucción del faraón y de su caballería en el mar Rojo (Ex 14). El mar, que aparece como

Oración para obtener compasión en medio del juicio

mole de muchas aguas, no ha de tomarse como expresión figurativa para evocar el ejército enemigo, sino de un modo literal. Así lo requiere דרכת בים, dado que דרך con ב, atravesar por un lugar o entrar en él (cf. Miq 5, 4; Is 59, 8; Dt 11, 24-25), no puede tomarse en sentido figurativo. Así lo exigen también los paralelos como Sal 77, 20 (בים דרכך), tema que flotaba por la mente del profeta, y Zac 10, 11.

Así como Dios pasó en otro tiempo por el mar Rojo, para dirigir a Israel y destruir el ejército de Egipto, así pasará también en el futuro, y hará lo mismo, cuando él venga a rescatar a su pueblo del poder de los caldeos. Ciertamente, el profeta no lo expresa de la misma forma, pero eso está implicado en lo que dice. סוסיך es un acusativo, pero no de instrumento, sino que tiene la finalidad de precisar lo dicho: tú, es decir, con tus caballos, como en Sal 83, 19; 44, 3 (אתה ידך); cf. Ewald, 281, c, y 293, c.

Los caballos han de tomarse, como en 3, 8, como uncidos a los carros; y ellos se mencionan aquí con referencia a los carros y jinetes del faraón, que fueron destruidos en el mar por Yahvé. חמר, *chōmer*, en el sentido de "montón", como en Ex 8, 10, no es un acusativo, pero aún depende de la ב de la frase paralela. La expresión "masa o montón de muchas aguas" (חֹמֶר מַיִם רַבִּים) sirve para redondear la imagen, como en Sal 77, 20.

3, 16-17

¹⁶ שָׁמַעְתִּי ׀ וַתִּרְגַּז בִּטְנִי לְקוֹל צָלֲלוּ שְׂפָתַי יָבוֹא רָקָב בַּעֲצָמַי וְתַחְתַּי אֶרְגָּז אֲשֶׁר אָנוּחַ לְיוֹם צָרָה לַעֲלוֹת לְעַם יְגוּדֶנּוּ׃
¹⁷ כִּי־תְאֵנָה לֹא־תִפְרָח וְאֵין יְבוּל בַּגְּפָנִים כִּחֵשׁ מַעֲשֵׂה־זַיִת וּשְׁדֵמוֹת לֹא־עָשָׂה אֹכֶל גָּזַר מִמִּכְלָה צֹאן וְאֵין בָּקָר בָּרְפָתִים׃

¹⁶ Oí, y se conmovieron mis entrañas; al oír la voz temblaron mis labios. Pudrición entró en mis huesos, y dentro de mí me estremecí. Tranquilo espero el día de la angustia que vendrá sobre el pueblo que nos ataca. ¹⁷ Aunque la higuera no florezca ni en las vides haya frutos, aunque falte el producto del olivo y los labrados no den mantenimiento, aunque las ovejas sean quitadas de la majada y no haya vacas en los corrales.

Hab 3,16-19 forma la segunda parte del salmo, en la que el profeta describe los sentimientos que produce en su interior la venida del Señor para juzgar a las naciones y para rescatar a su propio pueblo: en primer lugar, temor y temblor ante la tribulación (3, 16-17); después, gozo exultante, fundado en la ayuda confiada del día de la salvación (3, 18-19).

3, 16. שמעתי no se conecta con la teofanía descrita en 3, 3-15, pues esta no fue un fenómeno audible, sino un objeto de visión interior, un fenómeno que se presentó por sí mismo ante el ojo del profeta. Este "yo oí" corresponde al "he oído" de 3, 2, y como en el caso anterior se refiere al anuncio dado por Dios del juicio que se aproxima. Esta reflexión vuelve al punto de partida, para explicar la impresión que produce sobre el profeta y para poner de relieve cómo él se hallaba preocupado.

La inquietud penetra en todo su cuerpo, en su vientre y en sus huesos, en los componentes más suaves y más duros de su cuerpo. Labios y pies, es decir, parte superior e inferior del cuerpo quedan también afectadas. Los labios tiemblan לְקוֹל, *leqōl*, ante la voz que es el sonido de Dios que el profeta ha escuchado. *Tsâlal* (cf. צָלְלוּ) se utiliza en otros lugares solo para indicar el zumbido de los oídos (1 Sam 3, 11; 2 Rey 21, 12; Jer 19, 3), pero aquí se aplica a un tipo de chasquido que producen los labios, cuando chocan uno contra el otro, antes de gritar (no al crujir de dientes).

Esa inquietud penetra en los huesos como רָקָב, es decir, como pudrición, agotamiento, como un efecto de la inquietud y de la pena que paraliza todos los poderes y que destruye toda la firmeza del cuerpo (cf. Prov 12, 4; 14, 30). וְתַחְתַּי, *tachtai*, dentro de mí o, mejor, en mis partes bajas, rodillas y piernas, no como en Ex 16, 29; 2 Sam 2, 23, en el lugar donde yo me encontraba (cf. Ewald, 217, k). אֲשֶׁר אָנוּחַ puede significar "yo que iba a descansar", pero resulta más apropiado tomar *'ăsher* (אֲשֶׁר) como una conjunción de relativo, en el sentido de "de manera que yo", pues la frase pone de relieve el gran miedo que se había apoderado de él. אֲשֶׁר se utiliza de un modo semejante como una conjunción, con el verbo en primera persona, en Ez 29, 29. *Nūăch* (cf. אָנוּחַ), descansar, pero no en la tumba (Lutero y otros), ni permanecer quietamente o soportar (Gesenius, Maurer), sino esperar de un modo quieto y silencioso. No se trata, pues, de mantenerse quieto y en silencio, soportando de un modo pasivo el infortunio, una vez que ha sucedido, y ya no se puede evitar, sino de esperar de un modo silencioso y tranquilo, en anticipación constante, cuando aún no ha sucedido.

Se trata de esperar, aguardando la צָרָה, *tsârâh*, la gran tribulación que ha de llegar a los caldeos (es decir, a los atacantes) cuando se aproximen a la nación santa. לַעֲלוֹת no está subordinado a לְיוֹם צָרָה, sino en coordinación, y depende aún de אָנוּחַ y de יְגוּדֶנּוּ, como una frase de relativo: "yo espero tranquilo a aquel que ha de llegar para atacar a mi nación" (es decir, al caldeo).

לְעַם, al pueblo, *dativus incommodi*, es decir, un dativo que está indicando el daño que ha de recaer sobre aquel al que se refiere. En ese sentido, es equivalente a עַל עַם, en contra del pueblo. עַם, usado en absoluto, se refiere al pueblo de Israel, como en Is 26, 11; 42, 6. *Gūd* (cf. יְגוּדֶנּוּ), que nos oprime, que nos ataca, como en Gen 49, 19-20. Pues bien, en medio de la gran angustia que sobrevendrá contra Israel, el profeta se mantiene tranquilo, en calma, porque espera la ayuda de Dios.

3, 17 describe la angustia de ese día, y de esa forma destaca aún más la sensación de dolor al anticipar el período de calamidad que se acerca. En aquel momento, las plantaciones y los campos no producirán sus frutos. Los rebaños y los establos estarán vacíos, a causa de la devastación de la tierra por los ejércitos

Oración para obtener compasión en medio del juicio

hostiles y por sus saqueos: "Esta es una descripción profética de la devastación que se acerca sobre la tierra de los caldeos por medio de la guerra" (Delitzsch).

Aquí se mencionan higueras y viñas como los frutales más nobles de la tierra, como es normal en estos casos (cf. Joel 1, 7; Os 2, 14; Miq 4, 4). Aquí se añaden los olivos como en Miq 6, 15; Dt 6, 11; 8, 8, etc. מַעֲשֵׂה־זַיִת, *ma'asēh zayith*, no es el árbol, sino el fruto del olivo, en la línea de פְּרִי עֵשָׂה, llevar fruto. כָּחֵשׁ, *kichēsh*, no producir, defraudar la esperanza del fruto, como en Os 9, 2.

וּשְׁדֵמוֹת, *shedēmôth*, palabra que solo aparece en plural, son los campos de cereal. Esta palabra se construye aquí, lo mismo que en Is 16, 8, con el verbo en singular, porque (en lo que se refiere a su sentido) es casi equivalente a *sâdeh*, el campo (cf. Ewald, 318, a). *Gâzar*, cortar, se utiliza aquí en sentido neutro: ser cortado, no existir. מכלה, contraído de מכלאה: redil o paridera, lugar cercado para las ovejas. *Repheth*, ἅπ. λεγ., un tipo de "estante", aquí se emplea en el sentido de establo.

3, 18-19

¹⁸ וַאֲנִי בַּיהוָה אֶעְלוֹזָה אָגִילָה בֵּאלֹהֵי יִשְׁעִי׃
¹⁹ יְהוִה אֲדֹנָי חֵילִי וַיָּשֶׂם רַגְלַי כָּאַיָּלוֹת וְעַל בָּמוֹתַי יַדְרִכֵנִי לַמְנַצֵּחַ בִּנְגִינוֹתָי׃

¹⁸ Con todo, yo me alegraré en Yahvé, me gozaré en el Dios de mi salvación. ¹⁹ Yahvé, el Señor, es mi fortaleza; él me da pies como de gacela y me hace caminar por mis lugares altos. (Al director del coro, con mi instrumento de cuerda).

3, 18. Aunque temblando a causa de la gran tribulación que se aproxima, el profeta se gloría ante la cercana salvación. El cambio de sentido del discurso se introduce con ואני, como sucede con frecuencia en los salmos. Para esta exultación en medio de los sufrimientos de la vida, por la fe en Dios, cf. Sal 5, 8; 13, 6; 31, 15, etc.

עלז es una forma suavizada de עלץ, regocijarse en Dios (cf. Sal 5, 12), porque Dios es la fuente inextinguible e infinita de la alegría, porque él es el Dios de la salvación, y se levanta para juzgar a las naciones, concediendo la salvación a su pueblo (Hab 3, 13). בֵּאלֹהֵי יִשְׁעִי, *b'elōhē yish'î* (en el Dios de mi salvación), como en Sal 18, 47; 25, 5 (cf. en Miq 7, 7).

3, 19. Los pensamientos de este verso están también formados con reminiscencias del Sal 18. La primera frase (el Señor es mi fortaleza) viene de Sal 18, 33: "Dios me ha ceñido con poder", es decir, el Señor me da fuerza para superar todas las tribulaciones (cf. Sal 27, 1 y 2 Cor 12, 9). Las dos frases siguientes son del Sal 18, 34: "Dios hace mis pies como de cierva…", conforme a la comparación frecuente en hebreo de *pies ligeros* con *pies de ciervo o gacela*, con el valor que tienen unos pies ligeros para un hombre de guerra (cf. 2 Sam 1, 23; 1 Cron 12, 8), lo que permite atacar de repente al enemigo y perseguirle con fuerza.

Estas palabras contienen una expresión figurativa del fresco y gozoso poderío que adquiere y tiene el hombre en Dios, cuando afirma que Dios le eleva con alas de águila (Is 40, 29-31). Caminar sobre los lugares altos de la tierra era en principio una figura que ponía de relieve la posesión victoriosa y el gobierno de la tierra. Así aparece en Dt 32, 13 y Dt 33, 29, de donde David toma esa figura para el Salmo 18, aunque él ha cambiado "los lugares altos de la tierra" en "mis lugares altos" (*bâmōthai*). Estos eran los lugares altos en los que Dios le había colocado (a David, al creyente), concediéndole la victoria sobre los enemigos.

Por su parte, Habacuc utiliza esta expresión figurativa en el mismo sentido, con el simple cambio de יעמידני en ידרכני según Dt 33, 29, para poner en lugar de la victoria sobre el enemigo el "mantenimiento" de esa victoria, en la línea de las bendiciones de Moisés. Según eso, no podemos entender *bâmōthai* ni como los lugares altos de los enemigos, ni como los lugares altos propios de Israel, ni tampoco en sentido geográfico general. La figura ha de tomarse como un todo, y, según eso, ella indica simplemente la victoria final del pueblo de Dios sobre todas las opresiones que proceden del poder del mundo, con independencia de la ubicación local que el reino de Dios tenga sobre la tierra, sea al lado o en contra del reino del mundo.

El profeta ruega y habla a lo largo de todo este canto (Hab 3) en nombre de la congregación creyente. La pena de la congregación es su pena, la alegría de ella es su alegría. De un modo consiguiente, cierra el canto asumiendo para sí mismo y para todos los creyentes la promesa que el Señor ha concedido a su pueblo y a David su siervo ungido, asumiendo y manifestando la confianza segura en que el Dios de la salvación mantendrá y cumplirá esa esperanza ante el ataque ya próximo por parte del poder del mundo sobre la nación que ha sido purificada por el juicio de Dios.

Anotación musical; Al director del coro, con mi instrumento de cuerda. Las últimas palabras, למנצח בנגינותי, no forman parte del contenido de la oración (oda) suplicatoria en sí misma, sino que son una subscripción (sub-escrito) que responde al encabezamiento de 3, 1, y que se refiere al uso musical de la oda (canto) en el culto de Dios, aunque difiere en algo de los encabezamientos de למנצח בנגינות (al director del coro; cf. Sal 4, 1-8: 6, 1-10; 54, 1-52, 23 y 76, 1-12, por el uso del sufijo en בנגינותי (para mi acompañamiento con música de cuerda, es decir, con mi instrumento de cuerda).

La traducción de Hitzig resulta gramaticalmente falsa: "Para el director de mi obra musical", pues la ב no puede utilizarse como perífrasis para el genitivo, sino que, cuando está vinculada a una expresión musical, significa simplemente los medios empleados con o en el acompañamiento de la obra (con ה de instrumento o de correspondencia). Más aún, נגינות no significa una pieza de música, sino simplemente un canto, y el hecho de acompañar al canto con un instrumento de cuerda (o el instrumento de acompañamiento en sí mismo; cf. *Comentario* a Sal 4, 1-8).

La primera de estas traducciones no ofrece aquí un sentido apropiado, de manera que solo puede valer la segunda: "tocando sobre instrumentos de cuerda". Pero si el profeta, al utilizar esa fórmula, está estipulando que la oda ha de ser utilizada en el templo, con acompañamiento de un instrumento de cuerda, la expresión בִּנְגִינוֹתָי, *bingīnōthai,* con mi acompañamiento musical con un instrumento de cuerda, afirma simplemente que él acompañará el canto de la oda con su propia música de cuerda, lo que significa que él mismo, conforme a las disposiciones del culto israelita, estaba cualificado para tomar parte en la representación de esas piezas de música, que estaban adaptadas para el culto público, y que, por tanto, pertenecía al orden de los levitas a quienes se confiaba la realización de la obra musical en el templo.

SOFONÍAS

El profeta

El encabezamiento del libro cita a cuatro miembros de la familia de Sofonías, desde su bisabuelo Ezequías, de lo cual se ha deducido con justicia que su familia debía ser importante, pues por regla general la Biblia solo recuerda al padre de una persona, por lo cual se piensa que ese tatarabuelo debía ser el rey Ezequías. La historia bíblica anterior solo cita a otro Ezequías (*Yehizkiyâh*, el efraimita, 2 Cron 28, 12), que difícilmente pudo ser abuelo de nuestro Sofonías.

El hecho de que no se diga que ese Ezequías fuera el rey de Judá (no se le llama *hammelekh* ni *melekh Yehūdâh*) no es un argumento decisivo en contra de esa identificación, y ello se debe probablemente al hecho de que el predicado "rey de Judá", aparece muy pronto aplicado a Josías. Menos fuerza tiene todavía la objeción de que en la genealogía de los reyes solo transcurren dos generaciones entre Ezequías y Josías, mientras que Manasés reinó durante cincuenta y cinco años, es decir, durante casi dos generaciones.

El nombre de Sofonías (צְפַנְיָה, *tsephanyâh*), es decir "aquel a quien Yahvé esconde o protege, y no *speculator et arcanorum Dei cognitor* (aquel que especula y conoce lo secretos de Dios), como lo explica Jerónimo, conforme a una derivación equivocada de *tsâphâh* en lugar de *tsâphân*, aparece también como nombre de un sacerdote (Jer 21, 1; 29, 25, etc.), y como nombre de otras personas (cf. Zac 6, 10; 6, 14; 1 Cron 6, 21).

Los LXX escriben Σοφονίας, Sofonías, de acuerdo con su costumbre de transliterar la צ como σ, y de expandir el *sheva* en forma de vocal corta, regulada por la vocal larga que sigue. Ellos han cambiado también la "a" en "o", como en el caso de גְּדַלְיָה convertido en Γοδολίου (Sof 1, 1).

No sabemos nada más de la vida del profeta. La observación del Ps. Doroteo y del Ps. Epifanio, quienes afirman que descendía de la tribu de Simeón, de la montaña de *Sarabath* (en algunos manuscritos: *Baratha* o *Sabartharam*) no tiene valor alguno. La fecha de su vida está determinada por el encabezamiento del libro, donde se dice que profetizó en tiempo de Josías, hijo de Amós, que reinó del 641 al 610 a. C. Esto concuerda con el lugar asignado a su libro entre los profetas menores, es decir, entre Habacuc y Ageo, y también con el contenido de sus profecías.

Sof 2, 13, donde se predice la destrucción del reino de Asur y de la ciudad de Nínive, supone que en ese tiempo existía aún el Imperio de Asiria, y que Nínive no había sido aún conquistada, cosa que, conforme a nuestras discusiones en el *Comentario* a Nahún, no sucedió hasta los últimos años del reinado de Josías, y posiblemente solo después de su muerte. Más aún, su descripción sobre la depravación moral de Jerusalén coincide en muchos aspectos con la de Jeremías, cuya función profética comenzó en el año 13 del reinado de Josías.

Junto a la adoración de Yahvé (Sof 1, 5; cf. Jer 6, 20), él habla de idolatría (1, 4-5; cf. Jer 7, 17-18), de falso juramento por Yahvé y de juramento por los ídolos (Sof 1, 5; Jer 5, 2.7; 7, 9; 12, 16) y de mal uso de la *thorâh* (Sof 3, 4; Jer 8, 8-9), del poco fruto que habían dado todas las admoniciones anteriores dirigidas a Judá (Sof 3, 2; Jer 2, 30; 7, 28), y de la profunda perversión moral que se había extendido por todos los estamentos de la población: familia real, príncipe, profetas y sacerdotes (Sof 1, 4.8-9; 3, 3-4; cf. Jer 2, 8.26).

Sofonías describe a Israel como una nación sin vergüenza (Sof 2, 1; 3, 5; cf. Jer 3, 3; 6, 15; 8, 12) y a Jerusalén como una ciudad rebelde (מוראה, Sof 3, 1; cf. Jer 6, 17; 5, 23), manchada de sangre y de las abominaciones de la idolatría (Sof 3, 1; cf. Jer 2, 22-23.34), y como opresora de huérfanos y viudas, de manera que sus casas estaban llenas de posesiones injustas (Sof 3, 1 y 1, 9; cf. Jer 5, 27-28; 6, 6). El único punto de disputa es si la profecía de Sofonías surgió en la primera o en la segunda mitad de los treinta primeros años del reinado de Josías. Ewald supone que Sofonías escribió en un tiempo en que no se había preparado aún la reforma consecuente de la religión que Josías emprendió con tan buenos resultados en la segunda mitad de su reinado (2 Rey 22-23). Pero la mayor parte de los comentaristas, partiendo de Sof 1, 4, infieren que había comenzado ya la destrucción del baalismo, y que la reforma religiosa de Josías había comenzado también, de manera que el predominio externo de la idolatría había comenzado a cesar ya cuando Sofonías proclamaba sus profecías. El profeta no pudo haber hablado del "resto de Baal" antes de que comenzara realmente la abolición de la idolatría, que había sido introducida por Manasés y por Amón.

Ewald y Havernick replican que Sofonías habla de que tiene que desaparecer el resto de la religión de Baal, con su mismo nombre, y que nada de ella permanecerá, y que esto presupone que en el tiempo del profeta no solo existía un resto de la adoración de Baal, sino también la misma adoración de Baal. Pero, por muy correcta que sea la primera afirmación de Ewald, no hay fundamento para sacar la conclusión que él saca. La destrucción de Baal, incluso hasta su resto y nombre, no es garantía de que no existiera todavía, en aquel tiempo, un tipo de adoración latente de Baal, lo que se explica con la expresión "el resto de Baal". Si no se hubiera hecho todavía nada por la abolición de la idolatría, Sofonías hubiera hablado ciertamente de un modo distinto, y con más fuerza que la empleada en 1, 4-5, en referencia a la abolición de la idolatría. Si, por ejemplo, según 1, 5, aún se ofrecían sobre los tejados sacrificios al ejército de los cielos, también se supone la existencia de un culto a Yahvé por el reproche de 3,

4: "los sacerdotes profanan el santuario" y en la afirmación de que ellos "juran por Yahvé y por su rey" (1, 5).

Así se supone que existen, codo a codo, adoración de Yahvé e idolatría. No podemos aceptar, según eso, la afirmación de que "a lo largo de toda la profecía no hay ni rastro de alusión a la reforma de Josías". Conforme al relato más preciso que se ofrece en Crónicas, Josías comenzó la reforma del culto en el año 12 de su reinado (2 Cron 34, 3-7), y en el año 18 ya se había reparado el templo, cuando fue descubierto el libro de la ley, cuya lectura afectó tanto al rey que no solo instituyó una solemne pascua, sino que también destruyó completamente en Jerusalén y Judá todo resto de idolatría (2 Rey 23, 24).

Pues bien, dado que las profecías de Sofonías suponen el mantenimiento del culto del templo, hay que suponer que ellas han sido proclamadas tras la purificación del templo, suprimiendo la idolatría que se practicaba en sus atrios, de forma que debemos pensar con toda probabilidad que esas profecías surgieron después de la reparación del templo y de la celebración de la pascua solemne en el año 18 del reinado de Josías. Ese momento no puede determinarse de un modo más preciso.

La amenaza de 1, 8, según la cual el juicio caerá sobre los príncipes, e incluso sobre los hijos del rey, no nos obliga a sacar la conclusión de que los hijos del rey habían alcanzado ya la edad madura para ser castigados por los actos perversos que ellos mismos habían cometido, en un momento en que, de los hijos de Josías, Joaquín tenía solo seis años, Joacaz cuatro y Sedecías no había ni nacido. En aquel contexto "los hijos del rey" no eran solo, necesariamente, los hijos del soberano reinante, sino que entre ellos se incluían también los hijos de los reyes anteriores, Manasés y Amón. Esa amenaza de juicio y castigo en contra de los hijos del rey ha de aplicarse sin duda a todos los príncipes o personas de sangre real.

En esa línea, el carácter de las profecías de Sofonías no nos permite resolver el tema de si ellas se proclamaron antes del año 18 del reinado de Josías, o si fueron proclamadas más tarde. Se puede decir, por un lado, que las profecías de Sofonías podían haber servido como estímulo a favor de la reforma que debía iniciarse, como dice Havernick, pero también se puede decir, como Delitzsch (en Herzog, *Cyclopaedia*) que el profeta solo comenzó a proclamar su mensaje después que Josías había comenzado a exterminar el culto de Baal, pero sin haber logrado aún todos sus objetivos. En ese contexto se situaría el mensaje de Sofonías, en el que se anuncia el castigo de Dios para aquellos que siguen adorando a Baal, sin aceptar la reforma que el rey había comenzado.

Ciertamente, se podría decir con Delitzsch que en su forma actual, tal como aparece ante nosotros, el libro de Sofonías no es testimonio de una reforma que se está todavía realizando, sino de una reforma ya terminada, pero que está sin embargo sujeta al juicio de Dios. De todas formas, ese juicio podría aplicarse a una masa incorregible de pueblo, madura para el juicio, mientras que se puede añadir que había ya en Judá y Jerusalén un núcleo bueno, fiel a Yahvé, al que el profeta seguía exigiendo fidelidad a través del arrepentimiento, como indican estas palabras "buscad al Señor, buscad la humildad, quizá podáis ser liberados en el día de Yahvé" (Sof 2, 3).

Pero la nación se hallaba en ese estado (con necesidad de arrepentimiento) no solo tras el año 18 del reinado de Josías, sino también antes de ese año, y los esfuerzos del piadoso rey por exterminar la idolatría y por hacer que reviviera el culto de Yahvé, podían ir unidos al hecho de que algunos individuos concretos se liberaran y separaran de la masa corrompida, y se convirtieran, y fueran salvados de la corrupción. La medida del pecado, al que debía seguir de un modo inevitable la destrucción del reino de Judá, había sido ya llenada y cumplida por Manasés, de manera que la reforma de Josías solo podía tomarse como un "retraso" de la condena, pero no impedir que se cumpliera el juicio de condena que había sido ya amenazado (cf. 2 Rey 12, 10-16 con 2 Rey 23, 26-27).

El libro

El libro de Sofonías no consta de dos o tres discursos proféticos, sino que condensa en una larga profecía la quintaesencia de sus proclamaciones orales, comenzando con la amenaza de juicio (Sof 1), para pasar a una exhortación al arrepentimiento (2, 1–3, 8) y concluir con una promesa de salvación que se expandiría para el resto de Israel, tras la terminación del juicio (Sof 3, 9-20). Este argumento se distribuye, como se ha dicho, en tres secciones. La primera es Sof 1; la segunda Sof 2, 1–3, 8; la tercera Sof 3, 9-20.

Esta división está indicada tanto por el contexto como por la forma del mensaje. Por el contexto, pues las dos primeras partes contienen una amenaza de juicio, y ofrecen la razón para ello, mientras la tercera ofrece la promesa. Por la forma, pues el contenido de 1, 18 (toda la tierra será devorada por el fuego de su celo) se repite en forma de estribillo en 3, 8; y el *ay (hōi)* de 2, 5, se retoma en 3, 1, en el primer caso anunciando el juicio sobre las naciones, en el segundo el juicio sobre Jerusalén, apareciendo así como base de la llamada al arrepentimiento en 2, 4. Desde ese fondo, Sofonías proclama el juicio sobre toda la tierra, sobre todas las naciones paganas y sobre Judá y Jerusalén, en el orden siguiente:

– *En la primera parte* extiende su amenaza sobre toda la tierra (1, 2-7) y sobre Judá (1, 8-13), poniendo de relieve su carácter terrible.
– *En la segunda parte* (2, 1–3, 8) exhorta al pueblo al arrepentimiento y a los justos les pide que perseveren (2, 1-3), ofreciendo como razón para ello el anuncio de que Dios juzgará a las naciones paganas, tanto de cerca como de lejos, por la forma cómo han tratado a su pueblo, de manera que destruyendo su poder él les hará reverenciar su nombre

(2, 4-15), de manera que su justicia brille en Jerusalén y en Judá por la destrucción de los impíos (3, 1-8).
- *Entonces comenzará el anuncio de la salvación* (cf. 3, 9-10), pues las naciones paganas servirán con decisión a Yahvé, y llevarán a su tierra a los dispersos de Israel. El resto de Israel se convertirá en un pueblo humilde de Dios, tras la destrucción de los israelitas malvados. De esa manera, siendo protegida por Dios, la nación de Israel se regocijará en una felicidad sin mancha, y será exaltada, logrando un nombre y alabanza, entre todas las naciones de la tierra (2, 11-20).

La profecía de Sofonías tiene un carácter general y abraza tanto el juicio como la salvación en su totalidad, ofreciendo así un cuadro completo de la revelación de Dios. Ella comienza con el anuncio de un juicio universal sobre toda la tierra, en cuyo contexto se situará también el juicio contra Judá, que será castigado por sus pecados, y el juicio de las naciones del mundo por la forma en que han oprimido al pueblo de Yahvé. Toda la profecía trata según eso, en conjunto, del día grande y terrible de Yahvé, cuando el fuego de la ira de Dios consuma toda la tierra (Sof 1, 14-18; 2, 2; 3, 8).

De todas formas, el juicio, como revelación de la ira de Dios a causa de la corrupción general del mundo, no formará el centro de gravedad ni el único objetivo de la predicación de Sofonías, cuya finalidad y meta será más bien el establecimiento de la justicia de Dios sobre la tierra. En esa línea, el juicio será simplemente el medio y camino por el que vendrá a realizarse el desarrollo de la historia del mundo.

Así aparece con toda claridad en la segunda y tercera de las secciones del libro, donde se dice que Judá se manifestará de un modo terrible en contra de las naciones, para destruir a los dioses de la tierra, a fin de que todas las islas de las naciones puedan adorarle (2, 11). Al derramar su ira sobre naciones y reinos, Dios purificará a su pueblo, a fin de que tenga labios puros y pueda invocarle y servirle con limpio corazón (3, 8-9).

Los idólatras, los malvados y aquellos que desprecian a Dios serán destruidos de Judá y de Jerusalén, de manera que pueda expresarse plenamente la justicia de Yahvé (3, 1-7). En esa línea, los humildes, los que cumplen la justicia de Dios, han de buscar a Yahvé, esforzándose por vivir en rectitud y humildad, esperando al Señor, para el día en que se manifieste, buscando adoradores de su nombre entre las naciones, a través del juicio, reuniendo a su pueblo disperso, y convirtiendo al resto de Israel en un pueblo santificado y bendecido por Dios (3, 11-20).

Partiendo de ese carácter general de la profecía, comprendemos la razón por la que Sofonías no nombra, ni describe de un modo minucioso, a los ejecutores del juicio sobre Judá, e incluso, cuando describe el juicio que ha de recaer sobre las naciones paganas (2, 4-15), se limita a mantener la referencia a "todas las

Sofonías

naciones de la tierra", pero nombrando solo algunas más cercanas y más remotas del este y del oeste, del sur y del norte.

Sofonías no describe en particular este o aquel juicio, sino que se limita a presentar de un modo general el juicio por el que Dios establecerá su reino sobre el conjunto de la tierra. Esta peculiaridad de la profecía de Sofonías ha sido correctamente destacada por Bucero (comentario del 1528) cuando dice: "Si alguien quiere conocer todos los oráculos secretos de los profetas, en un breve compendio, lea el breve libro de Sofonías".

Sofonías vincula en muchos rasgos su profecía con la de otros profetas anteriores, tanto por el tema como por la forma de exponerlo; sin embargo, no lo hace retomando profecías que no han sido cumplidas, o no lo han sido plenamente en el tiempo del juicio de los asirios sobre las naciones, ni anunciando un cumplimiento nuevo y más perfecto de esas profecías a través de los caldeos, sino reproduciendo en forma de compendio los pensamientos fundamentales de juicio y salvación que son comunes a todos los profetas, por un método que sus contemporáneos conocían ya bien. Al actuar de esa manera, él utiliza y emplea palabras y expresiones pregnantes tomadas de sus predecesores, y las aplica a su propio pensamiento.

Así, por ejemplo, la expresión de 1, 7 está tomada de palabras anteriores de los profetas: "Mantente en silencio ante el Señor Yahvé (cf. Hab 2, 20), porque el día de Yahvé viene muy cerca" (cf. Joel 1, 15 y otros), pues Yahvé ha preparado una matanza sacrificial (Is 34, 6), y ha consagrado a sus invitados" (Is 13, 3). Para más aportaciones sobre este motivo, cf. mi *Lehrbuch der Einleitung*, p. 307.

En este sentido podemos decir que con Sofonías comienza la serie de los profetas menos originales del tiempo del juicio de los caldeos, que se apoyan más en temas y palabras de los profetas anteriores, siguiendo en la línea de su predecesor Habacuc que actuó ya como pionero de la nueva profecía de ese período.

Desde ese fondo, podemos decir que Ewald tiene una falsa visión de la naturaleza de la profecía en general, y en particular de las peculiaridades de Sofonías cuando dice: "Su libro debe haberse originado en medio de una gran conmoción entre las naciones, que puso a todos los reinos del entorno de Judá en un estado de alarma que era muy peligroso para Jerusalén". Ewald sitúa ese estado de excitación en relación con la invasión de Asia superior e interior por parte de los escitas, como dice Herodoto en i. 15, 103-6, iv. 10 ss.

Pues bien, en contra de eso, debemos decir que no hay en todo el libro de Sofonías ningún rastro de una gran conmoción especial entre las naciones. Las pocas alusiones a un ejército hostil que realizará el juicio sobre Jerusalén y Judá (cf. Sof 1, 12-13.16 y 3, 15) no presuponen nada de ese tipo. Y en las amenazas de juicio sobre Filistea, Moab y Amón, Cush y Asur (con Nínive) no se habla de enemigos humanos, sino solo de Dios como su ejecutor (2, 4-15).

Por otra parte, ni Herodoto ni los libros históricos del Antiguo Testamento mencionan una conquista de Jerusalén por los escitas. Además (siempre en la línea de lo que dice Herodoto) las hordas escitas no destruyeron Nínive, ni hicieron guerra contra los cusitas (de Etiopía), tal como lo habría predicho Sofonías (2, 12-15), si él estuviera pensando en ellos. Y finalmente, Jeremías, sobre cuyas profecías fundaban Ewald, Hitzig y Bertheau principalmente su hipótesis escita, no hace otra cosa que esperar y anunciar que el juicio sobre Judá y Jerusalén lo realizarán los caldeos (nunca los escitas).

Sofonías encontró la ocasión histórica para su profecía en la depravación moral de Judá y Jerusalén, en el hecho de que su pueblo había caído en una gran idolatría, y en su obstinada resistencia a todos los esfuerzos que los profetas y el piadoso rey Josías habían hecho para erradicar la corrupción, a fin de que no cayera sobre Judá la amenaza del juicio que habían anunciado Moisés y los profetas anteriores, con la dispersión de todo el pueblo entre los paganos.

Sobre la base de esta situación, y sobre el testimonio profético de sus predecesores, bajo el impulso del Espíritu Santo, Sofonías predijo la llegada próxima del día grande y terrible de Yahvé, que vendría sobre Judá y sobre las naciones paganas, de manera intensa y profunda, por manos de los caldeos. Fue Nabucodonosor el que puso el fundamento del imperio que devastó a Judá y destruyó a Jerusalén con su templo, y el que hizo que la degenerada nación del pacto tuviera que ser llevada al exilio.

Ese Imperio de Babilonia fue seguido y perpetuado por los persas, macedonios y romanos, que surgieron después y tomaron su lugar, y en sus manos siguió estando Judá, incluso después que una parte de los exilados volviera a la tierra de sus padres, y después de la restauración del templo y de la ciudad de Jerusalén, bajo el dominio persa. En esa línea, la Ciudad de Dios fue pisoteada por los paganos hasta el tiempo de su destrucción por los romanos.

De esa manera se produjo la desolación de la Tierra Santa, que continúa hasta el tiempo presente, de manera que se cumplió la dispersión de los judíos hacia los cuatro confines del globo, de forma que tierra y pueblo quedaron bajo una maldición, de la que Israel solo podrá ser liberada por su conversión a Jesucristo, el salvador de todas las naciones, de forma que por él (por Jesucristo), Salvador de todas las naciones, se cumplirán para Israel las promesas del Dios que es fiel a su alianza. Para bibliografía exegética sobre el tema, cf. mi *Lehrbuch der Einleitung*, pp. 305-6.

SOFONÍAS 1, 1-18
JUICIO SOBRE TODO EL MUNDO Y EN PARTICULAR SOBRE JUDÁ

El juicio vendrá sobre el mundo entero (1, 1-3) y destruirá a todos los idólatras y a todos los que desprecian al Dios de Judá y Jerusalén (1, 4-7); y caerá con todo su peso sobre los pecadores de cualquier tipo que sean (1, 8-13). El día terrible del Señor estallará de un modo irresistible sobre todos los habitantes de la tierra.

1,1-3

¹ דְּבַר־יְהוָה ׀ אֲשֶׁר הָיָה אֶל־צְפַנְיָה בֶּן־כּוּשִׁי
בֶּן־גְּדַלְיָה בֶּן־אֲמַרְיָה בֶּן־חִזְקִיָּה בִּימֵי יֹאשִׁיָּהוּ בֶן־אָמוֹן מֶלֶךְ יְהוּדָה׃
² אָסֹף אָסֵף כֹּל מֵעַל פְּנֵי הָאֲדָמָה נְאֻם־יְהוָה׃
³ אָסֵף אָדָם וּבְהֵמָה אָסֵף עוֹף־הַשָּׁמַיִם וּדְגֵי הַיָּם
וְהַמַּכְשֵׁלוֹת אֶת־הָרְשָׁעִים וְהִכְרַתִּי אֶת־הָאָדָם מֵעַל פְּנֵי
הָאֲדָמָה נְאֻם־יְהוָה׃

> ¹ Palabra que Yahvé dirigió a Sofonías hijo de Cusi hijo de Gedalías, hijo de Amarías, hijo de Ezequías, en días de Josías hijo de Amón, rey de Judá: 2Destruiré por completo todas las cosas de sobre la faz de la tierra, dice Yahvé. 3 Destruiré hombres y bestias, destruiré las aves del cielo y los peces del mar, haré perecer a los que ofenden con los malvados, y extirparé a los hombres de sobre la faz de la tierra, dice Yahvé.

1, 1, contiene el encabezamiento, que ha sido explicado en la introducción. Sigue el anuncio del juicio sobre toda la tierra, que sirve para poner de relieve la amenaza de destrucción sobre Judá y Jerusalén, pues, aunque Yahvé juzgará al mundo entero, castigará aún con más fuerza la apostasía de Judá. En esa línea, el juicio sobre la tierra entera forma una parte integral de la profecía de Sofonías, que trata de un modo más intenso de la ejecución del juicio en y sobre Judá, porque Judá se identifica con el reino de Dios que ha de ser purificado de su escoria por el juicio y dirigido hacia la meta de su divina llamada.

1, 2. Dado que Sofonías abre de esa forma el juicio que ha de recaer sobre Judá con un anuncio de juicio sobre el mundo entero, él ofrece aquí la razón para su exhortación al arrepentimiento (Sof 2, 1-15), mostrando que todas las naciones serán sometidas al juicio, para anunciar después en 3, 9, como fruto del juicio, la conversión de las naciones a Yahvé y la glorificación del reino de Dios.

El camino de la salvación se abre a través del juicio, no solo para el mundo con su enemistad en contra de Dios, sino también para la teocracia degenerada (de Judá). Solo a través del juicio podrá ser renovado y glorificado el mundo pecador. El verbo אָסֵף, que es *hifil* de *sūph* (סוּף), queda reforzado por el infinitivo absoluto אָסֹף, que está formado del verbo אָסַף, y que tiene un significado parecido. *Sūph* (סוּ) y הפאס (אָסַף), significan quitar, destruir, hacer que algo termine.

1, 3. *Kōl* (כֹּל), todo, está especificado y concretado en hombres y ganado, los pájaros del cielo y los peces del mar, con el verbo *'āsēph* que se repite antes de los dos miembros principales. Esta especificación se encuentra en una relación muy clara con la amenaza de Dios, que consiste en destruir todas las creaturas por la maldad de los hombres, desde los mamíferos hasta los reptiles, e incluso los pájaros del cielo (Gen 6, 7). Al insistir en esa amenaza, Sofonías pone de relieve el hecho de que el juicio que se aproxima será universal, sobre toda la tierra, un juicio tan terrible como el del diluvio.

Por este juicio, Dios reparará y destruirá todas las ofensas realizadas, destruyendo también a los pecadores. את delante de הרשעים no puede ser una partícula de acusativo, sino solo una preposición (con, junto con), dado que todos los objetos de אסף están introducidos sin el signo de acusativo. Y, además, en el caso de que אֶת־הָרְשָׁעִים, debiera entenderse como acusativo, no se habría omitido aquí la cópula w, *waw*.

הַמַּכְשֵׁלוֹת, *hammakhshēlôth,* no significa casas que están para caerse (Hitzig), pues ese sentido no responde al contexto, ni puede mantenerse gramaticalmente, ya que en Is 3, 6 *hammakhshēlâh* no es una casa en ruinas, sino la nación que cae en ruinas por el pecado del pueblo. Por su parte, מִכְשֵׁלָה, es aquello contra lo que una persona tropieza, de forma que puede caerse.

Makhshēlôth son todos los objetos de la idolatría más o menos refinada o burda, no simplemente las imágenes idolátricas, sino todas las obras de maldad, como τὰ σκάνδαλα en Mt 13, 41. El juicio, sin embargo, afecta básicamente a los hombres, es decir, a los pecadores, y de esa forma se menciona al final de la frase la causa de la destrucción de los hombres de la tierra. La creación irracional es simplemente sujeto de φθορά, en referencia y a causa del pecado de los hombres (Rom 8, 20).

1, 4-7

⁴ וְנָטִיתִי יָדִי עַל־יְהוּדָה וְעַל כָּל־יוֹשְׁבֵי יְרוּשָׁלָ͏ִם וְהִכְרַתִּי
מִן־הַמָּקוֹם הַזֶּה אֶת־שְׁאָר הַבַּעַל אֶת־שֵׁם הַכְּמָרִים עִם־הַכֹּהֲנִים׃
⁵ וְאֶת־הַמִּשְׁתַּחֲוִים עַל־הַגַּגּוֹת לִצְבָא הַשָּׁמָיִם

Juicio sobre todo el mundo y en particular sobre Judá

וְאֶת־הַמִּשְׁתַּחֲוִים הַנִּשְׁבָּעִים לַיהוָה וְהַנִּשְׁבָּעִים בְּמַלְכָּם:
⁶ וְאֶת־הַנְּסוֹגִים מֵאַחֲרֵי יְהוָה וַאֲשֶׁר לֹא־בִקְשׁוּ אֶת־יְהוָה וְלֹא דְרָשֻׁהוּ:
⁷ הַס מִפְּנֵי אֲדֹנָי יְהוִה כִּי קָרוֹב יוֹם יְהוָה כִּי־הֵכִין יְהוָה
זֶבַח הִקְדִּישׁ קְרֻאָיו:

⁴ Extenderé mi mano contra Judá y contra todos los habitantes de Jerusalén. Exterminaré de este lugar los restos de Baal y el nombre de los ministros idólatras junto con sus sacerdotes. 5 Exterminaré a los que sobre los terrados se postran ante el ejército del cielo, a los que se postran jurando por Yahvé y jurando por Milcom, ⁶ a los que se apartan de Yahvé, a los que no buscaron a Yahvé ni lo consultaron. ⁷ Calla en la presencia de Yahvé, el Señor, porque el día de Yahvé está cercano, porque Yahvé ha preparado un sacrificio y ha consagrado a sus convidados.

1, 4. El juicio que viene sobre el conjunto de la tierra con todos sus habitantes caerá de un modo especial sobre Judá y Jerusalén. Dios extiende su mano (יד) o su brazo (זרוע) para destruir con sus juicios a los impíos enemigos (cf. Sof 6, 6; Dt 4, 34; 5, 15, con Is 5, 25; 9, 11.16.20; 10, 4; 14, 26). Por medio de este juicio sobre Judá y Jerusalén, él destruirá שְׁאָר הַבַּעַל, el resto de Baal, es decir, todos los remanentes del juicio de Baal y de su idolatría, porque la idolatría de Baal recoge como en resumen todo tipo de idolatría (cf. Os 2, 10).

El énfasis está en "el resto" (שְׁאָר), es decir, en todo lo que queda aún del culto a Baal o de la idolatría, hasta su último residuo, lo que presupone que el exterminio ha comenzado ya, de manera que el culto de Baal no existe ya más en su forma y extensión primaria. Esto no debe limitarse, sin embargo, a la abolición completa de la idolatría externa o más grosera, sino que incluye también el exterminio de la más refinada. Que esas palabras deban entenderse así lo requiere la frase paralela en la que se habla de los servidores consagrados a Baal junto a sus sacerdotes.

כְּמָרִים, *kemârîm*, no son aquí los profetas de Baal sino, como en 2 Rey 23, 5 y Os 10, 5, los servidores instituidos por los reyes de Judá para el culto de los lugares altos y del culto idolátrico de Yahvé (para la etimología de la palabra, cf. 2 Rey 23, 5). Los כֹּהֲנִים, *kōhănîm,* o sacerdotes, en cuanto distinguidos de esos *kemârîm* o servidores, son sacerdotes puramente idólatras de Baal, en el sentido estricto de la palabra (es decir, aquellos que dirigen de un modo literal la idolatría).

Los nombres de ambos grupos, los *kemârîm*, que son servidores/sacerdotes de Yahvé, pero que realizan su culto de un modo idolátrico en los lugares altos, y los *kōhănîm*, sacerdotes idólatras de Yahvé, han de ser extirpados, de manera que no solo desaparezcan sus personas, sino incluso sus nombres (que no se oigan más). Junto a los ídolos y sus sacerdotes, han de ser destruidos también los adoradores de los ídolos.

1, 5-6. Así como el verso anterior distinguía dos tipos de sacerdotes/servidores, así 1, 5 distingue dos tipos de adoradores. (1) Los adoradores de los astros, sobre las terrazas de las casas. (2) Los que combinan la adoración de Yahvé con la de los ídolos, a los que se añade en 1, 6 un tercer tipo de personas.

La adoración a los astros fue en parte un tipo de baalismo, ya que el sol, luna y estrellas recibían adoración pues se mostraban como portadores de poderes de la naturaleza, adorada en los signos de Baal y Astarté (cf. *Comentario* a 2 Rey 23, 5). Este fue un tipo de "sabeísmo" o pura adoración astral, pues los astros se tomaban como fuente de todo crecimiento y de todo decaimiento en la naturaleza, como dirigentes y reguladores de las cosas del mundo sublunar (cf. *Comentario* a 2 Rey 21, 33).

La adoración se realizaba sobre los tejados, es decir, sobre altares erigidos sobre el techo plano de las casas, y consistía básicamente en quemar incienso (cf. Jer 19, 13), pero también en ofrendas de sacrificios (2 Rey 23, 11, cf. *Coment. ad locum*). "Ellos ofrecían los sacrificios sobre los tejados, que era el lugar desde donde mejor se podían ver las estrellas en el cielo" (Teodoreto).

Al lado de los adoradores de astros, como representantes de una idolatría literal, Sofonías menciona un segundo tipo de adoradores: los que juran en parte por Yahvé y en parte por su rey (o por *Malkam*), de manera que van así inclinándose hacia los dos lados (cf. 1 Rey 18, 21). בְּמַלְכָּם, *Malkâm*, su rey, es Baal, a quien se le llama "rey" en las inscripciones (cf. Movers, *Pöhnizier*, i. pp. 171-2), y no el rey terreno de la nación, como Hitzig ha dicho, interpretando de manera errónea el texto masorético, a consecuencia de lo cual propone leer *milkōm* (לְכֹם), es decir, Moloc.

נשבע con ל significa hacer un juramento a Yahvé, es decir, vincularse con un juramento a su servicio, mientas que נשבע con ב (jurar por una persona) significa apelar a esa persona como Dios al tomar o hacer un juramento. La diferencia entre las dos expresiones responde exactamente a la actitud religiosa de los hombres en cuestión, es decir, de aquellos que quieren ser adoradores de Yahvé y que, sin embargo, en cada momento toman en sus labios el nombre de Baal.

1, 6 no presenta dos nuevos tipos de personas, es decir, los viciosos y los irreligiosos, como supone Hitzig; sino que las personas a las que aquí se alude son de un mismo tipo, pues retirarse de Yahvé, darle la espalda, apartarse de él significa lo mismo que no buscarle, o no preguntar por él. Las personas a las que aquí se alude son aquellas que son religiosamente indiferentes, aquellos que no se preocupan de Dios, sino que le desprecian.

1, 7. El juicio de Dios llegará rápidamente. Con el mandamiento "mantente en silencio ante el Señor", formado a partir de Hab 2, 20, el profeta pide a sus oyentes que guarden humilde y silenciosa sumisión ante el juicio de Dios, confirmando la amenaza divina de Sof 1, 2-6. La razón para el mandamiento, con הַס (guarda silencio), viene dada por el hecho de que el Día de Yahvé está cerca, a la mano (cf. Joel 1, 15), pues Dios ha nombrado ya los ejecutores del juicio. Las últimas dos frases del verso están formadas con reminiscencias tomadas de Isaías.

Juicio sobre todo el mundo y en particular sobre Judá

La definición del juicio como un זֶבַח, *zebhach*, sacrificio, está tomada de Is 34, 6 (cf. Jer 46, 10 y Ez 39, 17). El sacrificio que Dios ha preparado es la nación judía y aquellos que están invitados al banquete sacrificial (los llamados, 1 Sam 9, 13) no son bestias ni pájaros de presa, como en Ez 39, 17, sino las naciones que Yahvé ha consagrado para la lucha, a fin de que puedan consumar a Jacob, culminar su sacrificio (Jer 10, 25). El uso extraordinario del verbo הִקְדִּישׁ, *hiqdiish* (consagrado) puede explicarse en este contexto desde Is 13, 3, donde las naciones determinadas para hacer la guerra en contra de Babel reciben el nombre de *mequddâshīm*, los santificados de Yahvé (cf. Jer 22, 7).

1, 8-13

El juicio recaerá con igual severidad sobre los idólatras y pecadores de todo tipo (Sof 2, 8-11), y nadie será capaz de liberarse de ese juicio en Jerusalén (1, 12.13). En tres dobles versos presenta Sofonías tres tipos de personas, que difieren por su estado civil, por su posición y también por su actitud ante Dios, siendo destruidos por el juicio:

- Los príncipes, es decir, la familia real y los servidores más altos del rey, que imitan las costumbres de los extranjeros y oprimen al pueblo (1, 8-9).
- Los mercaderes, que se han vuelto ricos por medio del comercio y la usura (1, 10-11).
- Los libertinos irreligiosos (1, 12-13).

1, 8-9

⁸ וְהָיָה בְּיוֹם זֶבַח יְהוָה וּפָקַדְתִּי עַל־הַשָּׂרִים וְעַל־בְּנֵי הַמֶּלֶךְ וְעַל כָּל־הַלֹּבְשִׁים מַלְבּוּשׁ נָכְרִי׃
⁹ וּפָקַדְתִּי עַל כָּל־הַדּוֹלֵג עַל־הַמִּפְתָּן בַּיּוֹם הַהוּא הַמְמַלְאִים בֵּית אֲדֹנֵיהֶם חָמָס וּמִרְמָה׃ ס

⁸ En el día del sacrificio de Yahvé castigaré a los príncipes, a los hijos del rey y a todos los que visten como extranjeros. ⁹ Asimismo castigaré en aquel día a todos los que saltan la puerta y a los que llenan las casas de sus señores de robo y de engaño.

1, 8. La enumeración de aquellos que están expuestos al juicio comienza con los príncipes, es decir, con los jefes de las tribus y familias, que naturalmente ocupaban los puestos más altos de la administración del estado. Son también los hijos del rey, no los de Josías, que aún era muy jóvenes (cf. Introducción), sino los de los reyes anteriores, los príncipes reales en general.

El rey en sí mismo no se nombra, porque él seguía los caminos del Señor, y a causa de su piedad y de su temor de Dios no aparece llamado a ver el estallido del juicio (cf. 2 Rey 22, 19-20; 2 Cron 34, 27-28). A los príncipes e hijos del rey se les amenaza con castigo, no a causa de la alta posición que ocupan en el estado, sino a causa de la disposición impía que ellos manifiestan.

Dado que en las frases que siguen no solo se mencionan distintas clases de hombres, sino que se aluden también a los pecados de las distintas clases, debemos esperar esto también para el caso de los príncipes e hijos del rey, y así debemos referir también a ellos los diversos tipos de vestidos, de origen extranjero, condenados en la segunda mitad del verso. En esa línea, la palabra "todos" ha de referirse también a aquellos que imitan sus formas de vida sin ser actualmente príncipes o hijos del rey.

מַלְבּוּשׁ נָכְרִי, *malbūsh nokhrī* (vestido extranjero), no se refiere a los vestidos que llevan los idólatras en su culto idolátrico (texto caldeo, Rashi, Jeremías), ni a los vestidos prohibidos por la ley, es decir, que las mujeres se vistan como los hombres, o los hombres con vestidos de mujeres (Dt 22, 5.11), como sostenía Grocio; ni son los vestidos robados a los pobres, o tomados en prenda de ellos, sino que, como *nokhrī* significa extranjero, así también aquí se alude a los vestidos extranjeros. A esto se ha referido Drusius y ha explicado el pasaje como sigue:

> Pienso que el texto se refiere a todos aquellos que muestran la poca consistencia de sus mentes llevando vestidos extranjeros. No hay duda de que en aquella edad algunos copiaban en su forma de vestir a los egipcios, otros a los babilonios, según prefirieran a unos o a otros. El profeta dice, por tanto, que aquellos que adoptan vestidos y hábitos de los extranjeros, y siguen la costumbre de la nación victoriosa del mundo, no serán eximidos del castigo.

La última alusión resulta ciertamente insostenible, y hubiera sido más correcto decir con Strauss: "Los profetas no se preocuparon de signos externos de ese tipo, pero es evidente que sabían que así como es el vestido así es el corazón del hombre". Los vestidos eran un testimonio de la estima en que tenían en su corazón las inclinaciones extranjeras.

1, 9. Muchos comentaristas encuentran aquí la condena de un uso idolátrico de las costumbres extranjeras, pensando que el gesto de "saltar sobre la puerta" era una imitación del gesto de los sacerdotes de Dagón que, según 1 Sam 5, 5, tenían la costumbre de saltar sobre el umbral de la puerta cuando entraban el templo del ídolo. Pero una imitación de ese tipo solo podía realizarse en lugares como el templo de Dagón, y parece perfectamente inconcebible que los judíos hubieran transferido esa costumbre al umbral del palacio del rey, a no ser que el rey fuera tomado como una encarnación de Dagón –una visión que nunca podría haber entrado en la mente de los idólatras israelitas, pues ni los reyes filisteos se tomaban a sí mismos como una encarnación de sus ídolos.

Si pasamos al segundo hemistiquio, vemos que el profeta condena el hecho de que los siervos llenan las casas de sus señores con violencia, y esto no se encuentra en ninguna relación concebible con la costumbre del salto de los sacerdotes de Dagón; y además la frase "que llenan..." aparece también como una expansión o explicación de la primera mitad del verso, dado que la segunda frase se añade a la primera sin la cópula *waw* y sin la repetición de la preposición עֹל. Si esta segunda frase tuviera que referirse a un pecado distinto del anterior, no se hubiera podido omitir la partícula *waw*.

Según eso, el gesto de saltar sobre los umbrales tiene que referirse a un asalto violento de las casas, para robar la propiedad de otros (de los extranjeros: Calvin, Rosenmüller, Ewald, Strauss y otros). Esta palabra se refiere, por tanto, a los siervos deshonestos del rey, que pensaban que podían servir mejor a su dueño extorsionando y robando los tesoros de sus súbditos con violencia y fraude (Ewald). אדניהם, de su señor, es decir, del rey, no de sus señores, pues se trata de un plural mayestático (*pluralis majestatis*), como en 1 Sam 26, 16; 2 Sam 2, 5, etc.

1, 10-11

¹⁰ וְהָיָה בַיּוֹם הַהוּא נְאֻם־יְהוָה קוֹל צְעָקָה מִשַּׁעַר הַדָּגִים
וִילָלָה מִן־הַמִּשְׁנֶה וְשֶׁבֶר גָּדוֹל מֵהַגְּבָעוֹת:
¹¹ הֵילִילוּ יֹשְׁבֵי הַמַּכְתֵּשׁ כִּי נִדְמָה כָּל־עַם כְּנַעַן נִכְרְתוּ כָּל־נְטִילֵי כָסֶף:

¹⁰ Así dice Yahvé: Habrá en aquel día voz de clamor desde la puerta del Pescado, aullido desde la segunda puerta y gran quebrantamiento desde las colinas. ¹¹ Aullad, habitantes de Mactes, porque todo el pueblo mercader ha sido destruido; extirpados han sido todos los que trafican con dinero.

1, 10. Tampoco los usureros escaparán del juicio. Para expresar la idea de que ningún grupo de la población escapará del juicio, Sofonías presenta la lamentación que se extenderá por todas partes de la ciudad. קוֹל צְעָקָה, voz de grito, un alto grito de angustia que se alzará o resonará.

La puerta del Pescado (שַׁעַר הַדָּגִים) estaba, según Neh 3, 3; 12, 39 (cf. 2 Cron 33, 14), en la parte oriental de la muralla, que rodeaba a la ciudad baja, hacia el norte (para más detalles cf. *Comentario* a Neh 3, 3). המשנה (lo mismo que משנה העיר, cf. Neh 11, 9), la segunda parte o distrito de la ciudad; era la parte baja de la ciudad, junto a la colina del Acra (cf. 2 Rey 22, 14).

וְשֶׁבֶר, *shebher*, fragor, no significa un grito de asesinato, sino el grito que acompaña al ruido de algo que se rompe, no solamente indicando la caída de unos edificios (como la *za'ăqath shebher* de Is 15, 5), sino el grito que brota ante el peligro amenazador de algo que se destruye totalmente. A fin de intensificar los terrores del juicio, aquí se añade el grito y aullido de los hombres, el tumulto causado por la conquista de la ciudad.

Desde las colinas, es decir, no desde Sión y el monte Moria, sino desde las colinas que rodean la parte baja de la ciudad, y que son Bezetha, Gareb (Jer 31, 39), y otras. Es evidente que el profeta está pensando en Sión, que es la ciudadela de Jerusalén, como el lugar desde donde se escucha el aullido de los hombres y el gran ruido de la devastación causada por el enemigo que está presionando desde el norte y noroeste de la ciudad.

1, 11. הַמַּכְתֵּשׁ, *hammakhtēsh*, el "mortero" (Prov 27, 22), es el nombre que Jc 15, 19 ha dado a una oquedad en una roca. Ese nombre se utiliza aquí para indicar un lugar de Jerusalén, posiblemente la depresión que corría entre el Acra en el oeste y Bezeta y Moria en el este, hasta la fuente de Siloé, y que según Josefo tomaba el nombre de *valle de los Queseros* (Tiropeon). Actualmente se le llama *el-Wâd*, es decir, el valle y también el valle del Molino.

El nombre "mortero" (הַמַּכְתֵּשׁ) ha sido probablemente acuñado por Sofonías, para indicar el hecho de que los mercaderes y los hombres de dinero vivían allí. Pues bien, esos que viven allí habrán de aullar, porque "todo el pueblo de Canaán ha sido destruido". Estos no son los mercaderes cananeos o fenicios, sino mercaderes judíos, que se parecen a los cananeos o a los fenicios en sus negocios generales (cf. *Comentario* a Os 12, 8), haciéndose muy ricos a través del comercio y de la usura. נְטִילֵי כָסֶף, son los *netîl keseph*, que trafican con plata, cargados de dinero.

1, 12-13

¹² וְהָיָה בָּעֵת הַהִיא אֲחַפֵּשׂ אֶת־יְרוּשָׁלִַם בַּנֵּרוֹת וּפָקַדְתִּי
עַל־הָאֲנָשִׁים הַקֹּפְאִים עַל־שִׁמְרֵיהֶם הָאֹמְרִים בִּלְבָבָם
לֹא־יֵיטִיב יְהוָה וְלֹא יָרֵעַ:
¹³ וְהָיָה חֵילָם לִמְשִׁסָּה וּבָתֵּיהֶם לִשְׁמָמָה וּבָנוּ בָתִּים וְלֹא
יֵשֵׁבוּ וְנָטְעוּ כְרָמִים וְלֹא יִשְׁתּוּ אֶת־יֵינָם:

¹² Acontecerá en aquel tiempo que yo escudriñaré a Jerusalén con linterna y castigaré a los hombres que reposan tranquilos como el vino asentado, los cuales dicen en su corazón: Yahvé ni hará bien ni hará mal. ¹³ Por tanto, serán saqueados sus bienes y sus casas asoladas; edificarán casas, pero no las habitarán, plantarán viñas, mas no beberán de su vino.

En general, los libertinos y los que producen motines no suelen quedar sin castigo. Por eso, Dios buscará por Jerusalén con candelas (בַּנֵּרוֹת) para poner ante la luz a los libertinos religiosos, sacándolos de los lugares donde se esconden en sus casas para castigarlos. Esa visitación la realizarán los enemigos que conquistarán Jerusalén. Así observa Jerónimo al comentar este pasaje:

> Nadie quedará sin castigo. Si leemos la historia de Josefo, encontramos allí escrito que los príncipes y los sacerdotes y los poderosos, fueron sacados de sus escondrijos

y de sus cuevas, de los pozos y las tumbas donde se habían escondido por miedo a la muerte.

Pues bien, aunque estas cosas se refieren a la toma de Jerusalén por Tito, es evidente que sucedieron escenas semejantes en la conquista de los caldeos. La frase "buscar con candelas" (cf. Lc 15, 8) es una expresión figurativa que indica la búsqueda minuciosa en casas y escondrijos, donde serán encontrados los que desprecian a Dios.

Estos aparecen descritos como hombres que se sientan juntos en torno al vino guardado en recipientes en los que se mantiene quieto, sin haber sido cambiado y depositado en otras vasijas, de manera que conserva su sabor y no pierde su olor (Jer 48, 11). Son hombres que se conservan de un modo constante (como el vino que no cambia, y se guarda indiferente: שְׁמָרֵיהֶם): "externamente quietos y sin cuidados, llenos de insensatez y de insensibilidad de espíritu, sin más ocupación que el poder y las posesiones, centrados en el placer del pecado, y en el peor tipo de lascivia" (Marck).

El buen vino, cuando permanece por un largo tiempo en sus cubas o vasijas se convierte en mejor y más fuerte, pero el malo se vuelve más agrio y peor. En esa línea, *shemârīm*, como las barricas de vino, no simboliza los pecados en los que el impío se encuentra casi perdido en su estupor (Jerónimo), ni es tampoco un tipo de "esplendor que priva a los hombres de su sensibilidad, de forma que no queda ya para él nada que sea puro o sincero" (Calvino), sino la impureza de los pecados, que estaba asociada en el caso de estos hombres con un tipo de apariencia de bondad externa (Marck).

Estos son los hombres que viven instalados en el reposo de su prosperidad terrena, y que así dicen en su interior que no hay Dios que dirija ni juzgue el mundo, sino que todo sucede por casualidad, conforme a un tipo de leyes materiales muertas. Ellos no niegan la existencia de Dios, pero en su carácter y conducta niegan la obra del Dios vivo en el mundo, colocando a Yahvé en el nivel de los ídolos muertos, de manera que él no hace ni bien ni mal (Is 41, 23; Jer 10, 5), con lo que de hecho niegan su realidad[97].

Pues bien, a esos Dios se les presentará como gobernante y juez del mundo, quitándoles sus bienes (חֵילָם, *chēlâm, opes eorum*), haciendo que queden en manos de los saqueadores, de tal forma que experimentarán la verdad de los castigos denunciados por su palabra (por la palabra de los profetas), en contra de los que

---

97. Ni la majestad de Dios, ni su gobierno o su Gloria consiste en algún tipo de esplendor imaginario, sino que esa majestad y gobierno de Dios se muestra en aquellos atributos que no pueden separarse de su esencia. Lo más propio de Dios es gobernar el mundo, cuidar de la raza humana, distinguir entre el bien y el mal, proteger a los oprimidos, castigar todos los crímenes, oponerse a la violencia injusta. Y si alguien pudiera privar a Dios de esas funciones ese le convertiría en un ídolo (Calvino).

desprecian el nombre de Dios (cf. Lev 26, 32-33; Dt 28, 30. 39, con las amenazas semejantes en Am 5, 11; Miq 6, 15).

1, 14-18

¹⁴ קָר֣וֹב יוֹם־יְהוָ֣ה הַגָּדוֹל֮ קָר֣וֹב וּמַהֵ֣ר מְאֹ֑ד ק֚וֹל י֣וֹם יְהוָ֔ה
מַ֥ר צֹרֵ֖חַ שָׁ֥ם גִּבּֽוֹר׃
¹⁵ י֥וֹם עֶבְרָ֖ה הַיּ֣וֹם הַה֑וּא י֧וֹם צָרָ֣ה וּמְצוּקָ֗ה
י֤וֹם שֹׁאָה֙ וּמְשׁוֹאָ֔ה י֥וֹם חֹ֙שֶׁךְ֙ וַאֲפֵלָ֔ה י֥וֹם עָנָ֖ן וַעֲרָפֶֽל׃
¹⁶ י֥וֹם שׁוֹפָ֖ר וּתְרוּעָ֑ה עַ֚ל הֶעָרִ֣ים הַבְּצֻר֔וֹת וְעַ֖ל הַפִּנּ֥וֹת הַגְּבֹהֽוֹת׃
¹⁷ וַהֲצֵרֹ֣תִי לָאָדָ֗ם וְהָֽלְכוּ֙ כַּֽעִוְרִ֔ים כִּ֥י לַיהוָ֖ה חָטָ֑אוּ וְשֻׁפַּ֤ךְ
דָּמָם֙ כֶּֽעָפָ֔ר וּלְחֻמָ֖ם כַּגְּלָלִֽים׃
¹⁸ גַּם־כַּסְפָּ֨ם גַּם־זְהָבָ֜ם לֹֽא־יוּכַ֣ל לְהַצִּילָ֗ם בְּיוֹם֙ עֶבְרַ֣ת יְהוָ֔ה
וּבְאֵשׁ֙ קִנְאָת֔וֹ תֵּאָכֵ֖ל כָּל־הָאָ֑רֶץ כִּֽי־כָלָ֤ה אַךְ־נִבְהָלָה֙ יַעֲשֶׂ֔ה
אֵ֥ת כָּל־יֹשְׁבֵ֖י הָאָֽרֶץ׃ ס

¹⁴ ¡Cercano está el día grande de Yahvé! ¡Cercano, muy próximo! Amargo será el clamor del día de Yahvé; hasta el valiente allí gritará. ¹⁵ Día de ira aquel día, día de angustia y de aprieto, día de alboroto y de asolamiento, día de tiniebla y de oscuridad, día de nublado y de entenebrecimiento, ¹⁶ día de trompeta y de alarido sobre las ciudades fortificadas y sobre las altas torres. ¹⁷ Llenaré de tribulación a los hombres, y ellos andarán como ciegos, porque pecaron contra Yahvé. Su sangre será derramada como polvo y su carne como estiércol. ¹⁸ Ni su plata ni su oro podrán librarlos en el día de la ira de Yahvé, pues toda la tierra será consumida con el fuego de su celo, porque él exterminará repentinamente a todos los habitantes de la tierra.

Este juicio no se retrasará. A fin de aterrorizar a los hombres que viven sin cuidado, despreocupados de sí mismos, Sofonías desarrolla el pensamiento ya evocado en 1, 7, poniendo de relieve el carácter cercano y terrible del juicio.

1, 14. El día de Yahvé se llama aquí *gran día* con referencia a sus efectos, como en Joel 2, 11. El énfasis se pone ante todo en la expresión קָרוֹב, *qârōbh* (está cerca), que ha sido repetida e intensificada por וּמַהֵר מְאֹד. Por su parte, וּמַהֵר no es un participio con la *mem* sincopada, sino una forma adjetival que ha que ha surgido del uso adverbial del infinitivo absoluto (cf. Ewald, 240, e).

El segundo hemistiquio pone de relieve el carácter terrible de ese día. קוֹל delante de יוֹם יְהוָה, *yōm Yehōvâh* (día de Yahvé), a la cabeza de una cláusula el adjetivo, ha venido a convertirse casi en una interjección (cf. *Comentario* a Is 13, 4). Los mismos héroes gritan amargamente, porque no pueden salvarse, y tienen que sucumbir ante el poder del enemigo. שָׁם, *shâm*, adverbio de lugar; no tiene aquí tampoco un significado temporal, sino que ha de ser explicado por el hecho de que, en relación con el día, el profeta está pensando en el campo de batalla, sobre el que mueren los héroes mientras luchan.

1, 15-16. A fin de expresar de un modo más completo el carácter terrible de ese día, Sofonías amontona en estos versos todas las palabras que le ofrece el lenguaje para describir los terrores del juicio. Él designa ante todo ese día como יוֹם עֶבְרָה, *yōm 'ebhrâh*, el día de la ira desbordante de Dios (cf. 1, 18); después, teniendo en cuenta el efecto que produce en los hombres el desbordamiento de esa ira, lo presenta como día de tristeza y angustia (cf. Job 15, 24), día de devastación (con שׁאה y מְשׁוֹאָה combinados, como en Job 38, 27; 30, 3), día de la nube más oscura, día del toque de la trompeta y del grito de guerra (יוֹם שׁוֹפָר וּתְרוּעָה), es decir, aquel día en que se escuchan todos los clamores de la trompetas de guerra sobre todas las fortificación y los castillos, como día en el que viene y ataca el enemigo, destruyendo los lugares fortificados en medio de sonido de trompetas (cf. Am 2, 2). פִּנּוֹת, *pinnōth* son los ángulos y zonas de refuerzo de los muros de las fortificaciones (2 Cron 26, 15).

1, 17. En medio de esta tribulación perecerán los pecadores, sin ningún tipo de ayuda. וַהֲצֵרֹתִי, llenaré de tribulación, recuerda la amenaza de Moisés en Dt 28, 52, a la que se aludía en 1, 16. Por su parte, en הלכו כעורים hay una alusión clara a Dr 28, 29. Está en el fondo la experiencia de caminar como ciegos, buscando una salida sin hallarla. Esta es la tribulación que Dios les envía, porque han pecado en contra de él, alejándose de él por la idolatría y por la transgresión de sus mandamientos, como se ha mostrado ya en 1, 4-12. Así el castigo será terrible. Su sangre será derramada como polvo.

El punto de comparación no es la cantidad de sangre como en Gen 13, 16, sino el hecho de que ella carece de valor, como el polvo, como en 2 Rey 13, 7 e Is 49, 23. No se dará valor a la sangre, como no se valora el polvo que se pisa bajo los pies. *Lechūm* (cf. וּלְחֻמָם), que aparece otra vez en Job 20, 23, significa "carne", como en árabe, no comida. El verbo *shâphakh* (cf. וְשֻׁפַּךְ), derramar, se toma por zeugma en conexión con esta frase, aunque no haya necesidad de asociar este tema con el de 2 Sam 20, 10, y tomar *lechūm* como referido a los intestinos. Para el hecho en sí, comparar el tema con 1 Rey 14, 10 y Jer 9, 21.

1, 18. Este verso se añade para quitar a los pecadores más ricos y distinguidos cualquier esperanza de liberación. Ni la plata ni el oro podrán liberar sus vidas. El enemigo no dará importancia a eso (cf. Is 13, 17; Jer 4, 30; Ez 7, 19) en el día en que el Señor descargará su ira para destruir toda la tierra con el fuego de su ira celosa (cf. Dt 4, 24).

Por כָּל־הָאָרֶץ, *kol-hâ'ârets*, podemos entender toda la tierra de Judá, si miramos a lo que precede inmediatamente. Pero si tenemos en cuenta el hecho de que la amenaza comenzaba con el juicio de la tierra entera (Sof 1, 2.3) y que el tema vuelve aquí a su punto de partida, no hay duda alguna de que el texto se refiere a la tierra en su totalidad.

Sofonías 1, 14-18

La razón para esta amenaza se encuentra en Is 10, 23, pero la expresión ha sido intensificada por el uso de אך־נבהלה en vez de ונחרצה, que es la palabra que se encuentra en Isaías. כָּלָה, *kâlâh:* el último golpe, como en Isaías, en el lugar citado (cf. *Comentario* a Nah 1, 8). אך, solamente, equivale a "no de otro modo que", es decir, con seguridad. נבהלה se utiliza como sustantivo, como sinónimo de *behâlâh,* destrucción repentina, cf. Is 65, 23. La construcción con אֶת, *'ēth,* y acusativo, como en Nah 1, 8.

SOFONÍAS 2, 1-3, 8.
EXHORTACIÓN AL ARREPENTIMIENTO ANTE EL JUICIO

Habiendo predicho en el capítulo anterior el juicio sobre toda la tierra, especialmente sobre Judá, que se hallaba más cerca, a la mano, Sofonías exhorta ahora al pueblo al arrepentimiento, y más especialmente a la justicia, para buscar al Señor y esforzarse por la rectitud y la humildad, a fin de que ellos puedan ser escondidos (liberados) en el día del Señor (2, 1-3). La razón para esta amonestación al arrepentimiento es doble:

- *Los filisteos, moabitas y amonitas serán destruidos,* mientras que Israel tomará posesión de su herencia (2, 4-10), pues todos los dioses paganos de la tierra serán destruidos y de todas las islas vendrán gentes para adorar al Señor, pues él destruirá a los cusitas, con el orgullo de Asur y de Nínive (2, 11-15).
- *También la sangrienta Jerusalén, con sus príncipes, jueces y profetas corruptos, tendrá que soportar un severo castigo.* Según eso, la llamada al arrepentimiento no está simplemente fundada en la amenaza repetida del juicio sobre los paganos y sobre los impíos de Judá, sino que en el fondo de esa amenaza se introduce el pensamiento de que, por medio del juicio, las naciones paganas serán conducidas también al reconocimiento del Señor, y el resto de Israel será rescatado para recibir la salvación prometida.

2, 1-3. Llamada a la conversión

¹ הִתְקוֹשְׁשׁוּ וָקוֹשּׁוּ הַגּוֹי לֹא נִכְסָף׃
² בְּטֶרֶם לֶדֶת חֹק כְּמֹץ עָבַר יוֹם
בְּטֶרֶם ׀ לֹא־יָבוֹא עֲלֵיכֶם חֲרוֹן אַף־יְהוָה
בְּטֶרֶם לֹא־יָבוֹא עֲלֵיכֶם יוֹם אַף־יְהוָה׃
³ בַּקְּשׁוּ אֶת־יְהוָה כָּל־עַנְוֵי הָאָרֶץ אֲשֶׁר מִשְׁפָּטוֹ פָּעָלוּ
בַּקְּשׁוּ־צֶדֶק בַּקְּשׁוּ עֲנָוָה אוּלַי תִּסָּתְרוּ בְּיוֹם אַף־יְהוָה׃

¹ Congregaos y meditad, nación sin pudor, 2 antes que tenga efecto el decreto y el día se pase como el tamo; antes que venga sobre vosotros el furor de la ira de Yahvé;

antes que el día de la ira de Yahvé venga sobre vosotros. 3Buscad a Yahvé todos los humildes de la tierra, los que pusisteis por obra su juicio; buscad justicia, buscad mansedumbre; quizá seréis guardados en el día del enojo de Yahvé.

2, 1. La llamada se dirige a todo Judá e Israel. El verbo *qōshēsh* (cf. הִתְקוֹשְׁשׁוּ), posiblemente un denominativo de *qash*, significa reunir paja (Ex 5, 7.12), y desde ese fondo, en general, reunir, recolectar, así por ejemplo, ramas de madera (Num 15, 32-33; 1 Rey 17, 10). En *hithpoel* es reunirse (centrarse) uno en sí mismo, tema que se aplica a la concentración espiritual, que lleva al autoconocimiento, y que es la primera condición de la conversión.

Los intentos de Ewald y Hitzig por probar (apelando a una dudosa combinación del árabe) que esta palabra (הִתְקוֹשְׁשׁוּ) tiene el significado de purificarse uno a sí mismo carece de fundamento. La forma en *kal* se combina aquí con el *hifil*, con la finalidad de insistir en el tema, como en Hab 1, 5 y en Is 29, 9. נִכְסָף, *nikhsâph*, es el perfecto *nifal* en pausa, y no un participio, en parte porque está delante לֹא (cf. sin embargo Ewald, 286, g), y en parte a causa de la omisión del artículo; en esa línea, *nikhsâph* ha de tomarse como un relativo: "que no se vuelve pálido, que no tiene rubor".

Desde aquí ha de entenderse el sentido de גּוֹי לֹא נִכְסָף, pueblo que no tiene rubor. La raíz *kâsaph* (de נִכְסָף) tiene el sentido de "alargar", tanto en *nifal* (cf., Gen 31, 30; Sal 84, 3) como en *kal* (cf. Sal 17, 12; Job 14, 15). Muchos afirman que este es también aquí su sentido. Así Jerónimo traduce: *gens non amabilis, i.e., non desiderata a Deo* (gente no amable, no deseada por Dios).

Otros traducen "gente que no tiene un deseo fuerte", y apelan a la paráfrasis del caldeo: "Un pueblo que no quiere ser convertido a la ley". Esta es en apariencia la visión de los LXX: ἔθνος ἀπαίδευτον (un pueblo que no quiere ser corregido). Pero aunque *nikhsâph* se utiliza para indicar el deseo que el alma tiene por Dios en Sal 84, 3, esta idea no se encuentra en la palabra en cuanto tal, sino simplemente en el objeto conectado con ella. Nosotros preferimos seguir a Grocio, Gesenius, Ewald y otros, y tomamos esa palabra en el sentido primario de volverse pálido por algo, volverse blanco de vergüenza (cf. Is 29, 22), acepción que está favorecida por Cant 3, 15.

2, 2, Aquí se ofrece la razón de lo anterior: la próxima llegada del juicio. El hecho se cumple cuando se realiza aquello que ha sido resuelto, decidido (para *yâlad*, cf. לֶדֶת, en este sentido figurativo, cf. Prov 27, 1). La figura se explica en el segundo hemistiquio. La frase siguiente, כְּמוֹץ וגו, no depende de בְּטֶרֶם, pues en ese caso el verbo debería estar al principio, con *waw* copulativo, sino que ella es un paréntesis que se incluye para intensificar la amonestación. El día viene como paja (כְּמוֹץ), es decir, se aproxima con la mayor rapidez, como tamo arrastrado por el viento.

No es que el tiempo pase como paja (Hitzig), pues no hay ningún otro caso en el que *yōm* se haya empleado en ese sentido. יוֹם, *yōm*, es el día del juicio mencionado en 1, 7. 14-15; y עבר no significa aquí pasar de largo, sino aproximarse, venir cerca, como en Nah 3, 19. Para la figura de la paja, cf. Is 29, 5. El segundo בטרם queda intensificado por el לא; y el חרון אף, la ira que arde de la última frase, se explica por יום אף יי, el día de la revelación de la ira de Dios.

2, 3. Pero, dado que el juicio estallará sobre ellos de un modo tan rápido, todos los piadosos, especialmente los עַנְוֵי הָאָרֶץ, *ʿanvē hāʾārets,* los quietos y humildes de la tierra, οι πραεῖς (Am 2, 7; Is 11, 4; Sal 37, 11), han de buscar al Señor. Los humildes (*ʿănâvīm*) aparecen aquí como aquellos que cumplen la justicia de Yahvé, los que buscan diligentemente el cumplimiento de aquello que ha prescrito Yahvé en su Ley. Según eso, buscar a Yahvé se concreta como buscar la justicia y la humildad.

El pensamiento es este: todos deben esforzarse con más celo en el cumplimiento de la justicia y de la humildad (cf. Dt 16, 20; Is 51, 1.7); solo así podrán ser escondidos, liberados, en el día de la ira, esto es, serán perdonados y salvados (cf. Am 5, 15). Esta advertencia queda reforzada a partir de 2, 4 con el anuncio de la llegada del juicio sobre los paganos, a fin de que el reino de Dios pueda cumplirse plenamente.

2, 4-7. Destrucción de los filisteos

⁴ כִּי עַזָּה עֲזוּבָה תִהְיֶה וְאַשְׁקְלוֹן לִשְׁמָמָה אַשְׁדּוֹד בַּצָּהֳרַיִם יְגָרְשׁוּהָ וְעֶקְרוֹן תֵּעָקֵר: ס
⁵ הוֹי יֹשְׁבֵי חֶבֶל הַיָּם גּוֹי כְּרֵתִים דְּבַר־יְהוָה עֲלֵיכֶם כְּנַעַן אֶרֶץ פְּלִשְׁתִּים וְהַאֲבַדְתִּיךְ מֵאֵין יוֹשֵׁב:
⁶ וְהָיְתָה חֶבֶל הַיָּם נְוֹת כְּרֹת רֹעִים וְגִדְרוֹת צֹאן:
⁷ וְהָיָה חֶבֶל לִשְׁאֵרִית בֵּית יְהוּדָה עֲלֵיהֶם יִרְעוּן בְּבָתֵּי אַשְׁקְלוֹן בָּעֶרֶב יִרְבָּצוּן כִּי יִפְקְדֵם יְהוָה אֱלֹהֵיהֶם וְשָׁב (שְׁבוּתָם) [שְׁבִיתָם]:

⁴ Porque Gaza será desamparada y Ascalón asolada; saquearán a Asdod en pleno día y Ecrón será desarraigada. ⁵ ¡Ay de los que moran en la costa del mar, del pueblo de los ceretos! Yahvé ha pronunciado esta palabra contra vosotros: ¡Canaán, tierra de filisteos, te haré destruir hasta dejarte sin morador! ⁶ La costa del mar se convertirá en praderas para que se instalen los pastores, en corrales de ovejas. ⁷ Será aquel lugar para el resto de la casa de Judá; allí apacentarán. En las casas de Ascalón dormirán de noche, porque Yahvé, su Dios, los visitará y levantará su cautiverio.

2. 4. Este cuarto verso está muy conectado por כִּי (*ki,* porque), con la exhortación al arrepentimiento, y sirve como introducción a la amenaza de juicio que comienza en 2, 5, con הוֹי, *hōi.* Al mencionar de un modo especial a cuatro de las capitales filisteas, cf. *Comentario* a Js 13, 3 (Gaza y Ascalón, Asdod y Ecrón) se está evocando de un modo conjunto a la totalidad del territorio y del pueblo de los filisteos, que aparecen así como representantes del mundo de los paganos, que rodeaban a Judá, y solo más tarde, al desarrollar la amenaza, se añaden en la enumeración otras naciones cercanas y remotas, para expresar de un modo más claro la idea del mundo pagano en su totalidad.

De entre los nombres de las ciudades filisteas, Sofonías hace un juego de palabras con dos de ellas, con Gaza y Ecrón, utilizando un método de paronomasia: (a) *'azzâh*, Gaza, será *'azûbhâh*, abandonada, desolada (עַזָּה עֲזוּבָה). (b) Por su parte *'Eqrōn*, Ecrón, será *tē'āqēr*, desarraigada, sacada del pueblo (וְעֶקְרוֹן תֵּעָקֵר). A las otras dos ciudades anuncia Sofonías su destino de un modo literal, de un modo paralelo: שְׁמָמָה, *shemâmâh*, la amenaza contra Ascalón, corresponde a אַשְׁדּוֹד, *ăzûbhâh*, y *gârēsh* (cf. יְגָרְשׁוּהָ) que se anuncia para Asdod, preparando el camino para el *tē'āqēr* de Ecrón.

בַּצָּהֳרַיִם, al mediodía, al utilizarse como antítesis a noche, puede significar "con plena violencia" (Jerónimo, Kimchi), pero dado que la expulsión de los habitantes no se realiza por ladrones en la noche, el tiempo del mediodía ha de entenderse, de un modo más probable, como lo entienden v. Clin y Rosenmüller, para poner de relieve aquel tiempo en que en los países cálidos los hombres descansan generalmente (en la siesta u hora sexta, cf. 2 Sam 4, 5), indicando la forma inesperada, insospechada, de la expulsión. Así puede verse también a partir de Jer 15, 8, donde la devastación al mediodía se interpreta como invasión repentina.

La omisión de Gat (quinta ciudad filistea) puede explicarse, lo mismo que en Am 1, 6-8, por el hecho de que el paralelismo de las frases solo permitía que se citaran cuatro ciudades. Y ese número de cuatro era suficiente para concretar el conjunto de la tierra filistea. Es lo mismo que hace Sofonías cuando enumera las naciones paganas, limitando el número a cuatro, en la línea de los cuatro puntos cardinales: filisteos al este (2, 5-7); moabitas y amonitas al este (2, 8-10); cusitas al sur (2, 11-12); y Asur con Nínive al norte (2, 13-15).

2, 5. El *ay* con que empieza la amenaza se aplica a toda la tierra y al pueblo de los filisteos. חֶבֶל, *chebhel*, es la medida, la parte de la tierra medida como una porción, como un lote (cf. *Comentario* a Dt 3, 4; 32, 9, etc.). La "medida del mar" es la zona de la tierra que está al lado del mar Mediterráneo, y que estaba ocupada por los filisteos (así חֶבֶל הַיָּם, *chebhel hayyâm*, se identifica con אֶרֶץ פְּלִשְׁתִּים, *'erets Pelishtīm*).

Sofonías llama a los habitantes de la tierra גּוֹי כְּרֵתִים, *gōi kerēthim*, nación de los cereteos-cretenses, por el nombre de uno de los grupos de los filisteos que se habían establecido en el sudoeste de Filistea, para presentarlo así mejor (por paronomasia, juego de palabras) como destinados a *kârath*, que es el exterminio.

El origen de ese nombre, que aparece aquí y en Ez 25, 16, está envuelto en oscuridad. Como he observado ya en el *Comentario* a 1 Sam 30, 14, no hay razón suficiente para derivar ese nombre (como hoy se hace, cf. Stark, *Gaza*, pp. 66 y 99 ss.), de la isla de Creta.

La frase דְּבַר יי עֲלֵיכֶם forma una sentencia independiente: "La Palabra de Dios viene sobre vosotros". La naturaleza de esa palabra se describe en la sentencia siguiente: Yo te destruiré… El nombre de כְּנַעַן, *Kena'an*, se aplica de un modo limitado a Filistea, y se escoge para indicar que filistea compartirá la suerte de Canaán, de manera que sus habitantes serán exterminados.

2, 6. La tierra así despoblada se convertirá en campo de pastos (נְוֹת, *nevōth,* estado constructo plural de *nâveh*), donde excavarán y se instalarán los pastores, construyendo cobertizos para protegerse del sol. Esta es la explicación más simple de la palabra כְּרֹת, *kerōth* (inf. de *kârâh,* cavar), y ella puede mantenerse gramaticalmente.

La "excavación de los pastores" se refiere a su forma de "cavar" el terreno para construir sus chozas. Bochart (*Hieroz.* i. p. 519, ed. Ros.) había dado ya esta explicación: *Caulae s. caulis repletus erit effossionis pastorum, i.e., caulae a pastoribus effossae in cryptis subterraneis ad vitandum solis aestum* (se refiere a cobertizos o cuevas, escavadas por los pastores, en forma de criptas, para evitar de esa manera el ardor del sol).

En otra línea, la derivación de la palabra del nombre *kērâh,* en el sentido de cisterna no puede ser sostenida, no hay prueba de que *kârâh* se aplique al hecho de escavar buscando fuentes. Menos probable es aún una derivación de יכר (árabe *wkr*), que Ewald utiliza para hablar de *kērōth* en el sentido de pequeñas casas o chozas de pastores. Por su parte, la alteración del texto que propone Hitzig, transformando la palabra כרת en כרים, pastos o huertos (para obtener así la tautología: "praderas de pastores") carece de todo fundamento.

2, 7. La palabra חֶבֶל, *chebhel,* se construía en 2, 6 como femenino *ad sensum,* con una alusión retrospectiva a *'erets pelishtīm.* Aquí en 2, 7, se construye como en todos los restantes casos, como masculino. Por otra parte, esa palabra *chebhel,* tal como aparece en este verso, sin artículo, no es el sujeto que debe ser suplido de 2, 6: la zona de tierra de los filisteos, junto al mar, se convertirá en zona de tierra para el pueblo de Dios, rescatado del juicio…

El plural עליהם no está aquí en lugar del neutro, sino que se utiliza como visión retrospectiva, en relación con נות רעים. El sujeto es por tanto: "aquellos que permanezcan de la casa de Judá". Ellos alimentarán sus ganados, y habitarán en las cabañas de Ascalón. En este contexto, a modo de explicación, el profeta añade que Yahvé su Dios les visitará. Aquí se emplea *pâqad* (cf. יִפְקְדֵם) como visitar, en sentido positivo (tomar bajo su cuidado, cuidar de…) como en la mayor parte de los casos en los que se construye con acusativo de persona. Solo en Sal 59, 6 se utiliza con acusativo de persona (en lugar de con על) en el sentido de castigar. שבות שוב como en Os 6, 11 y 9, 14. El *kere* שבית proviene de una mala interpretación del texto. Para el cumplimiento de la profecía véase lo que sigue.

2, 8-10. Juicio contra Moab y Amón

⁸ שָׁמַעְתִּי חֶרְפַּת מוֹאָב וְגִדּוּפֵי בְּנֵי עַמּוֹן אֲשֶׁר חֵרְפוּ
אֶת־עַמִּי וַיַּגְדִּילוּ עַל־גְּבוּלָם׃

⁹לָכֵ֣ן חַי־אָ֡נִי נְאֻם֩ יְהוָ֨ה צְבָא֜וֹת אֱלֹהֵ֣י יִשְׂרָאֵ֗ל כִּֽי־מוֹאָ֞ב כִּסְדֹ֣ם
תִֽהְיֶ֗ה וּבְנֵ֤י עַמּוֹן֙ כַּעֲמֹרָ֔ה מִמְשַׁ֥ק חָר֛וּל וּמִכְרֵה־מֶ֖לַח
וּשְׁמָמָ֣ה עַד־עוֹלָ֑ם שְׁאֵרִ֤ית עַמִּי֙ יְבָזּ֔וּם וְיֶ֥תֶר (גּוֹי) [גּוֹיִ֖י] יִנְחָלֽוּם׃
¹⁰ זֹ֥את לָהֶ֖ם תַּ֣חַת גְּאוֹנָ֑ם כִּ֤י חֵֽרְפוּ֙ וַיַּגְדִּ֔לוּ עַל־עַ֖ם יְהוָ֥ה צְבָאֽוֹת׃

> ⁸ He oído los insultos de Moab y las ofensas con que los hijos de Amón deshonraron a mi pueblo y se engrandecieron sobre su territorio. ⁹ Por tanto, vivo yo, dice Yahvé de los ejércitos, Dios de Israel, que Moab quedará como Sodoma, y los hijos de Amón como Gomorra: serán un campo de ortigas, una mina de sal, un lugar desolado para siempre. El resto de mi pueblo los saqueará y el resto de mi pueblo los heredará. ¹⁰ Esto les vendrá por su soberbia, porque afrentaron al pueblo de Yahvé de los ejércitos y se engrandecieron contra él.

2, 8. La amenaza pasa ahora de los filisteos del oeste a las dos tribus o pueblos no israelitas del este, es decir, a los moabitas y a los amonitas, que eran descendientes de Lot, y que por tanto eran parientes de sangre de los israelitas, contra los que manifestaban una gran hostilidad en toda ocasión posible. Ya en tiempos de Moisés, el rey moabita Balac quiso destruir a los israelitas por medio de las maldiciones de Balaán (Num 22), por lo que los moabitas fueron amenazados con el exterminio (Num 24, 17). En el tiempo de los jueces, ambos pueblos intentaron oprimir a Israel (Jc 3, 12 y 10, 7; cf. 1 Sam 11, 1-5 y 2 Sam 10-12), por lo que fueron severamente castigados por Saúl y David (1 Sam 14, 47 y 2 Sam 8, 2; 12, 30-31).

Esos insultos de Moab y las ofensas de los amonitas, que han llegado hasta Yahvé, no pueden referirse, como suponen Jerónimo, Rashi y otros, a las hostilidades de esas tribus en contra de los judíos, durante la catástrofe caldea, ni se limitan, como imagina Von Clin, a los reproches dirigidos a las diez tribus, cuando ellas fueron llevadas al cautiverio por los asirios, dado que no conocemos nada sobre esos reproches.

Esta acusación se refiere a la actitud asumida por ambas tribus en todos los tiempos hacia la nación de Dios, actitud que ellas mostraron de palabra y obra, tan pronto como Israel cayó en dificultades y quebrantos. Cf. Jer 48, 26-27. Sobre *giddēph* (cf. גִּדּוּפֵי), ofender con palabras y gestos, cf. Num 15, 30; Ez 20, 27. Para el hecho mismo, cf. observaciones sobre Am 1, 13-2, 3. יגדילו על גב, hicieron grandes cosas en contra de sus fronteras (de los israelitas, pues el sufijo de *gebhûlām*, su frontera, se refiere a *'ammī*, mi pueblo). Esas grandes cosas se refieren a violar la frontera de Israel, intentando apoderarse de territorio israelita (cf. Am 1, 13).

2, 9-10. A los moabitas y amonitas se les acusa, ya desde Isaías y Jeremías, de orgullo y altanería en contra de Israel como nación de Dios, destacando ese rasgo de su carácter (cf. Is 16, 6; 25, 11; Jer 48, 29-30). A consecuencia de eso, Moab y Amón serán totalmente exterminadas. La amenaza de castigo se anuncia

Exhortación al arrepentimiento ante el juicio

en Sof 2, 8 como irrevocable, con un juramento solemne, de forma que sucederá con ellas lo que sucedió con Sodoma y Gomorra.

Esta semejanza resulta muy natural a causa de la situación de ambos países en las vecindades del mar Muerto. Así se anuncia la destrucción total de las dos tribus, como muestra la descripción posterior. Su tierra ha de convertirse en posesión de zarzas, es decir, en un lugar en el que no crecen más que malezas (ni siquiera zarzas).

מִמְשַׁק, *mimshâq, hapax leg.*, de la raíz *mâshaq*, que no se ha utilizado, aunque de ella proviene *mesheq* en Gen 15, 2. חָרוּל, *chârūl*, son un tipo de ortigas (cf. en Job 30, 7), que solo crecen en terrenos devastados. מִכְרֵה־מֶלַח, *mikhrēh melach*, un lugar de pozos de sal, como en la costa del sur del mar Muerto, donde abundan las rocas de sal, lugar al que alude la maldición de Moisés en Dt 29, 22.

"Un desierto para siempre"; el énfasis se pone aquí en *'ad 'ôlâm* (para siempre). Pero el pueblo como tal, es decir, los moabitas y amonitas serán tomados como posesión del pueblo de Yahvé. Los sufijos que se unen a יבזום y ינחלום pueden referirse solo al pueblo de Moab y Amón, porque una tierra convertida en estepa de sal no podrá ser convertida en *nachălâh* (posesión) del pueblo de Dios.

El significado no es que ellos serán sus herederos, a través del saqueo, sino que los israelitas convertirán a los moabitas y amonitas en posesión suya, como esclavos (cf. Is 14, 2; 61, 5). גוי es גוי con sufijo de primera persona, pero solo se escribe una *yod*. La amenaza de castigo culmina en 2, 10, con la repetición de la culpa de los moabitas y amonitas, a la que sigue la declaración del juicio.

Cumplimiento del castigo. No se realiza a través de unos hechos históricos concretos, por los cuales esas dos tribus fueron subyugadas por los caldeos, y más tarde por los mismos judíos después de la cautividad, hasta que prácticamente desaparecieron de la escena de la historia, de forma que su tierra quedo desolada, como permanece todavía hasta el día de hoy. Esos acontecimientos solo pueden tomarse en cuenta como estadios preliminares de un cumplimiento que Sofonías ha pasado por alto, pues a él solo le interesa la última fase del juicio.

Al referirnos a esta profecía de Sofonías debemos recordar que ni los filisteos, ni los moabitas, ni los amonitas fueron tomados nunca como posesión permanente de los judíos. Por otra parte, los judíos como nación de Dios no tomaron a esos pueblos como posesión suya. Judá no ha entrado ni entrará en posesión de esas tierras (es decir, de esos pueblos) hasta que el Señor destruya la cautividad de Judá (cf. Sol 2, 7), es decir, no cuando se cumpla el primer retorno de la cautividad de Babilonia, sino cuando termine la dispersión total de Israel entre los gentiles, es decir, cuando esa cautividad acabe del todo, de forma que Israel, por su conversión a Cristo, recupere el privilegio de ser pueblo de Dios.

De aquí se sigue que el cumplimiento ha de darse todavía en el futuro, y que no se realizará de un modo literal, sino espiritual, cuando esas naciones a las que se define como paganas queden destruidas, lo mismo que los que se oponen al reino de Dios, de forma que en aquel tiempo del juicio se incorporen muchos de ellos al Dios vivo como ciudadanos del Israel espiritual.

Hasta esa eventual restauración de Israel, Filistea permanecerá como tierra deshabitada de pastores de ganado, y la tierra de los moabitas y amonitas será posesión de zarzales, un lugar de pozos de sal y un desierto, durante el tiempo en el que Israel será por su parte un pueblo aplastado por los gentiles. La maldición que ha recaído sobre esos lugares no será superada hasta el momento en que se complete el reino de Dios sobre la tierra. Veremos que esta visión es la correcta comentando el contenido de 2, 11, donde el profeta pasa al anuncio del juicio sobre las naciones del sur y del norte.

2, 11

¹¹ נוֹרָ֤א יְהוָה֙ עֲלֵיהֶ֔ם כִּ֣י רָזָ֔ה אֵ֖ת כָּל־אֱלֹהֵ֣י הָאָ֑רֶץ
וְיִשְׁתַּחֲווּ־ל֗וֹ אִישׁ֙ מִמְּקוֹמ֔וֹ כֹּ֖ל אִיֵּ֥י הַגּוֹיִֽם׃

¹¹ Terrible será Yahvé con ellos, porque destruirá a todos los dioses de la tierra, de manera que se inclinarán ante él, desde sus lugares, todas las islas de los gentiles.

Mientras que עליהם se refiere a lo que precede, el verso siguiente (2, 12) ofrecerá la razón del juicio sobre las restantes naciones. Por eso, este verso (2, 11) no puede tomarse como conclusión de la amenaza anterior (2, 10), ni como comienzo de la que sigue (2, 12), sino que es una especie de intermedio entre una cosa y la otra.

Aquí aparece Yahvé como aquel que es terrible cuando se revela en su majestad como juez del mundo. El sufijo final de עליהם no se refiere al עם יהוה, sino que remite a להם de 2, 10, refiriéndose a los moabitas y a los amonitas. Yahvé se muestra terrible con esos pueblos porque él ha decidido destruir a todos los dioses de la tierra.

רָזָה, *râzâh,* hacer leve, es decir, destruir. Al destruir a las naciones y reinos que confían en los dioses, Yahvé hace que esos dioses queden destruidos. De esa forma revela la nada de los dioses falsos, y hace que las naciones reconozcan su verdadera divinidad, la única que existe (Miq 5, 12). La caída de los falsos dioses conduce a la adoración del único Dios verdadero.

וישתחוו לו es la consecuencia o fruto y efecto del hecho de que Yahvé se manifiesta terrible antes las naciones y ante sus dioses. איי הגוים, islas de los gentiles, es un epíteto con el que se evocan las islas y costas de Europa, incluyendo así a todo el mundo pagano (cf. *Comentario* a Is 41, 1). El distributivo אִישׁ מִמְּקוֹמוֹ, cada uno en su lugar, se refiere a *haggōyīm* como idea principal, aunque no en el sentido de cada nación, sino en el de cada uno en la nación a la que pertenece.

Mimmeqōmō, viniendo de su lugar. El sentido es que las naciones adoren a Yahvé cada una en su propio lugar, a diferencia de Miq 4, 1 y Zac 14, 16 y de otros pasajes en donde se dice que las naciones irán en peregrinación al monte Sión (Hitzig); ciertamente, la ida a Jerusalén está implicada en el texto, a través del *mem* (מִמְּקוֹמוֹ), pero no está destacada, porque no es esencial en el contexto.

Con referencia al cumplimiento, Bucero ha comentado correctamente que "la adoración de Yahvé por parte de los gentiles no se consigue por medio de guerras sanguinarias, a fin de que el tipo o imagen no se confunda con el hecho, ni la sombra con la realidad del cuerpo…". Al contrario, el cumplimiento de la promesa en el reino de Cristo se presenta aquí en espíritu y en fe, mientras que en la edad futura se dará en toda su realidad, plenamente, con su fruición completa. En este campo, Teodoreto es algo unilateral pues piensa que la conversión de los gentiles se realiza únicamente por la predicación del evangelio. Esta profecía (dice) ha recibido su pleno cumplimiento a través de los santos apóstoles y de los cristianos que les siguieron. Esto no se cumple por Ley, sino por la predicación del evangelio.

2, 12-15

12 גַּם־אַתֶּם כּוּשִׁים חַלְלֵי חַרְבִּי הֵמָּה׃
13 וְיֵט יָדוֹ עַל־צָפוֹן וִיאַבֵּד אֶת־אַשּׁוּר וְיָשֵׂם אֶת־נִינְוֵה לִשְׁמָמָה צִיָּה כַּמִּדְבָּר׃
14 וְרָבְצוּ בְתוֹכָהּ עֲדָרִים כָּל־חַיְתוֹ־גוֹי גַּם־קָאַת גַּם־קִפֹּד בְּכַפְתֹּרֶיהָ יָלִינוּ קוֹל יְשׁוֹרֵר בַּחַלּוֹן חֹרֶב בַּסַּף כִּי אַרְזָה עֵרָה׃
15 זֹאת הָעִיר הָעַלִּיזָה הַיּוֹשֶׁבֶת לָבֶטַח הָאֹמְרָה בִּלְבָבָהּ אֲנִי וְאַפְסִי עוֹד אֵיךְ ׀ הָיְתָה לְשַׁמָּה מַרְבֵּץ לַחַיָּה כֹּל עוֹבֵר עָלֶיהָ יִשְׁרֹק יָנִיעַ יָדוֹ׃

[12] También vosotros, los de Etiopía, seréis muertos con mi espada, también ellos… [13] Luego extenderá su mano contra el norte y destruirá a Asiria, y convertirá a Nínive en un lugar desolado, árido como un desierto. [14] Rebaños de ganado se echarán en ella, y todas las bestias del campo; el pelícano y el erizo dormirán en sus dinteles, su voz resonará en las ventanas; habrá desolación en las puertas, porque su artesonado de cedro quedará al descubierto. [15] Esta es la ciudad alegre que estaba confiada, la que decía en su corazón: Yo, y nadie más. ¡Cómo fue asolada, hecha guarida de fieras! Todos los que pasen junto a ella se burlarán y sacudirán la mano.

2, 12. Tras haber afirmado la finalidad de los juicios de Dios (2, 11), Sofonías menciona como ejemplo otras dos poderosas naciones, para mostrar que el conjunto del mundo pagano ha de ser juzgado. Como representante de los paganos que habitan en el sur, Sofonías no menciona a Edom, el último pueblo del sur al que los hebreos conocían directamente, sino a los etíopes, que serán destruidos por la espada de Yahvé. El המה no aparece como cópula entre el sujeto y el predicado, como no lo era הוא en Is 37, 16 y en Esd 5, 11 (textos en los que se funda Hitzig para sostener su hipótesis, en contra de Delitzsch en su *Commnt.* a Is, l.c.), sino que es un predicado.

De esa manera, la profecía pasa directamente de la forma de discurso en segunda persona a la de narración, con una afirmación sobre los *cusitas o etíopes* (en tercera persona). Para otros ejemplos de transmisión repentina del discurso a la narración, cf. Sof 3, 18; Zac 3, 8; Ez 28, 22[98].

חַלְלֵי חַרְבִּי es una reminiscencia de Is 66, 16: "Muerto por Yahvé con su espada…". Sofonías no dice nada más sobre esta distante nación de los cusitas, que en aquel tiempo no había entrado en ningún enfrentamiento hostil con Judá, sino que solo menciona a este pueblo como ejemplo de que todas las naciones caerán bajo el juicio. El cumplimiento de esta amenaza comienza con el juicio sobre Egipto a través de los caldeos, tal como se muestra en Ez 30, 4.9, como puede verse en Josefo, *Ant.* X, 11, y continúa hasta la conversión de aquel pueblo de los etíopes al Señor, una conversión cuyo comienzo se recuerda en Hch 8, 27-38.

2, 13. El profeta se detiene más extensamente en el poder pagano del norte, *en el reino asirio,* cuya capital era Nínive, porque Asiria era entonces el poder imperial que intentaba destruir al reino de Dios en Judá. Eso explica el hecho de que el profeta desarrolle el anuncio de la destrucción de ese poder en forma de deseo, como muestran claramente las formas contractas *yēṭ* y *yāśēm* (וְיֵט y וְיָשֵׂם). Es evidente que Ewald está equivocado al suponer que ויט está en lugar de ויט, o que debería puntuarse así, a causa del tiempo histórico, pues en ese caso "el extendió su mano" estaría totalmente fuera de lugar. נטה יד (extender una mano), como en Sof 1, 4. עַל־צָפוֹן, *'al tsâphōn,* sobre (o contra) el norte.

El tema se centra en Asiria, con su capital Nínive. Es cierto que ese reino no se hallaba al norte, sino al nordeste de Judá, pero dado que los ejércitos asirios invadieron Palestina desde el norte, los profetas evocan desde allí la llegada de los asirios. Sobre Nínive como tal, cf. Jon 1, 2; y sobre la destrucción de esta ciudad y la caída del Imperio de Asiria, cf. Nah 3, 19.

לִשְׁמָמָה, *lishmâmâh* recibe más fuerza por la aposición צִיָּה כַּמִּדְבָּר, *tsiyyâh kammidbâr.* Nínive se convertirá primero en una estepa en la que pastarán los rebaños de animales domésticos (Is 27, 10), para convertirse después en un seco y desolado desierto, donde solo podrán poner su refugio los animales salvajes, como zona de aguas pantanosas. צִיָּה es el campo árido y seco, desierto desnudo de arena (cf. Is 35, 1).

2, 14. בתוכה, en medio de ella, de la ciudad hecha desierto, se encuentran rebaños, pero no de ovejas y cabras, צאן, cf. Sof 2, 6; Isa 13, 20, sino de todos los animales salvajes posibles (literalmente: כָּל־חַיְתוֹ־גוֹי). El significado solo puede ser "todo tipo de animales, en multitudes o en masa". גוֹי se utiliza aquí para la masa de animales, como en Joel 1, 6 para la multitud de las langostas, y como עם en

---

98. Calvino dice correctamente: El profeta comienza poniéndoles, en segunda persona, ante el tribunal de Dios, y entonces añade en tercera persona "ellos serán…".

Prov 30, 35-36 para lo que se opone al pueblo. En este contexto el genitivo ha de tomarse como aposición.

Esta es la mejor explicación. Las demás están opuestas a mayores objeciones y dificultades. Para la forma חיתו, cf. en Gen 1, 24. קִפֹּד y קָאַת, pelícanos y erizos pondrán sus nidos y madrigueras en los restos de los edificios arruinados (cf. en Is 34, 11, pasaje en el que se funda Sofonías para su descripción).

בכפתריה, sobre los dinteles y capiteles de los pilares de los palacios destruidos (para *kaphtōr*, cf. en Am 9, 1). La referencia al pelícano, que es un ave de las zonas pantanosas, no se opone a la del erizo, pues Nínive se hallaba al lado de corrientes de agua, que formaron zonas pantanosas tras la destrucción de la ciudad.

קול ישורר no puede traducirse "una voz canta", pues *shōrēr*, cantar, no se utiliza para entonar y responder, de formar que *yeshōrēr* ha de tomarse como relativo, y como subordinado a קול; la voz de aquel que canta se escuchará en la ventana. Jerónimo traduce bien: *vox canentis in fenestra* (la voz del que canta en la ventana). No es necesario pensar en el canto del búho o de la lechuza en particular, sino en general de los pájaros que hacen que su canto se escuche en las ventanas de las ruinas.

Esta visión de conjunto de la destrucción pasa de la aparición general de la ciudad en ruinas, hasta los altos capiteles de los pilares de las ventanas, para llegar a los umbrales de las ruinas de las casas. Sobre esos umbrales reina la חֹרֶב, *chōrebh*, es decir, la devastación (como basura), sin que haya ningún hombre vivo. Esta interpretación es perfectamente adecuada, de manera que no hay necesidad de dar a la palabra un significado arbitrario, o de alterar el texto, para que pueda significar algún tipo de cuervo o lechuza.

La descripción de 2, 14 se cierra con una sentencia explicativa: "porque el artesonado de cedro ha quedado desnudo…". Eso significa que palacios y edificios oficiales han quedado destruidos, de forma que los ricos paneles de madera de los muros y los artesonados han quedado expuestos a la destrucción. אַרְזָה, *'arzâh,* es una palabra de sentido colectivo que viene de *'erez*, obra de cedro, de manera que no hay razón ninguna para alterar el texto, como Ewald y Hitzig sugieren, para obtener una traducción trivial "maderas y muros en piezas" o la fría expresión "él destruye, deja desnudo".

2, 15 redondea la imagen: "esta es la ciudad, esto es lo que sucede a la exultante ciudad". עליזה, exultante, se aplica al gozoso tumultuoso causado por los hombres, una palabra favorita en Isaías (cf. 22, 2; 23, 7; 24, 8; 32, 13). Los predicados siguientes, de היושבת a עוד están tomados de la descripción de Babel en Is 47, 8, y expresan la autoseguridad y autodeificación de la poderosa ciudad imperial.

La *yod* en אַפְסִי, *'aphsī*, no es paragógica, sino que actúa como pronombre de primera persona. Por otra parte, *'ephes* no es una preposición, "además de mí", pues en ese caso no se podría haber omitido la negación (ninguno), sino que significa "no existencia", de forma que אֶפְסִי significa nadie más que yo, yo mismo, אֲנִי, yo soy absolutamente, no hay otro (cf. en Is 47,8).

Pero esa orgullosa autoidentificación ha quedado puesta en vergüenza. אֵיךְ es una expresión de admiración o de inversión trágica del destino. La ciudad que estaba llena del gozo exultante de los seres humanos se ha convertido en madriguera de bestias salvajes, y cada uno que pasa por allí expresa su gozo malicioso ante las ruinas. *Shâraq* (cf. יִשְׁרֹק), burlarse, manifestar el desprecio (cf. Miq 6, 16; Jer 19, 8). הֵנִיעַ יד, mover la mano, como diciendo: "Fuera con ella, ha merecido su destino".

3, 1-4

¹ הוֹי מֹרְאָה וְנִגְאָלָה הָעִיר הַיּוֹנָה:
² לֹא שָׁמְעָה בְּקוֹל לֹא לָקְחָה מוּסָר
בַּיהוָה לֹא בָטָחָה אֶל־אֱלֹהֶיהָ לֹא קָרֵבָה:
³ שָׂרֶיהָ בְקִרְבָּהּ אֲרָיוֹת שֹׁאֲגִים שֹׁפְטֶיהָ זְאֵבֵי עֶרֶב לֹא גָרְמוּ לַבֹּקֶר:
⁴ נְבִיאֶיהָ פֹּחֲזִים אַנְשֵׁי בֹּגְדוֹת כֹּהֲנֶיהָ חִלְּלוּ־קֹדֶשׁ חָמְסוּ תּוֹרָה:

¹ ¡Ay de la contaminada y opresora, la ciudad rebelde! ² No escuchó la voz ni recibió la corrección; no confió en Yahvé ni se acercó a su Dios. ³ Sus príncipes son, en medio de ella, leones rugientes; sus jueces, lobos nocturnos que no dejan ni un hueso para roer por la mañana. ⁴ Sus profetas son altaneros, hombres fraudulentos; sus sacerdotes contaminaron el santuario, falsearon la Ley.

Para dar más énfasis a la exhortación al arrepentimiento, el profeta vuelve de nuevo a Jerusalén, para presentar una vez más ante sus endurecidos pecadores las abominaciones de esta ciudad en la que Dios proclama cada día su derecho, y muestra la necesidad del juicio, como único camino que queda para asegurar la salvación para Israel y para el resto del mundo.

3, 1. Este *ay* (הוֹי) se aplica a la ciudad de Jerusalén. Esto es indudable por la explicación que sigue en 3, 2-4, como muestran el desarrollo de los predicados que en 3, 1 se aplican a la ciudad. Por la posición de los predicados indeterminados, מוראה y גאלה, antes del sujeto al que se refiere *hôi,* la amenaza recibe un énfasis mayor.

מוראה no es el *hofal* de ראה (ἐπιφανής, LXX, Cirilo, Cocceius), sino el participio *kal* de מרא con el mismo sentido de מרה o מרר, enderezarse y elevarse uno a sí mismo, enfrentando el propio yo al de los otros y apareciendo así como rebelde ante ellos (cf. Delitzsch, *Comentario a* Job 33, 2, nota). גאלה, manchada de pecados y de abominaciones (cf. Is 59, 3). *Yōnâh* (הַיּוֹנָה) no significa aquí paloma, sino ciudad "opresora" (como en Jer 46, 16; 50, 16; 25, 38); es un participio de *yânâh,* oprimir (cf. Jer 22, 3).

3, 2. Los predicados anteriores han sido explicados y ratificados en 3, 2-3, empezando por מוראה en 3, 2. Ella, la ciudad, no escucha la voz, es decir, lo que

Exhortación al arrepentimiento ante el juicio

Dios dice en la Ley y en las palabras de los profetas (cf. Jer 7, 28, donde קוֹל יהוה aparece en la repetición del primer hemistiquio). Lo mismo se dice en la segunda frase: "no recibió la corrección, no ha cambiado.

Estas dos sentencias describen la actitud asumida por Jerusalén frente a los contenidos legales de la palabra de Dios. Las dos siguientes describen la actitud que muestra hacia los contenidos evangélicos de la ley, es decir, hacia las divinas promesas. Jerusalén no tiene fe en esas promesas, y no permite que ellas le acerquen hacia Dios. Toda la ciudad es lo mismo, es decir, toda la población de la ciudad. Sus líderes civiles y espirituales no son mejores.

3, 3-4. Estos versos muestran que la ciudad es opresora y que está corrompida, cf. con la visión de los líderes en Miq 3, 1-12. Los príncipes son leones, que se abalanzan rugiendo contra los pobres y los humildes, para partirles en piezas y destruirles (cf. Prov 28, 15; Ez 19, 2; Nah 2, 12). Los jueces parecen lobos al atardecer (cf. Hab 1, 8), insaciables como lobos que no dejan ni un solo hueso sin acabar, de la pieza que han cazado ya cerca de la noche, hasta la mañana siguiente. El verbo *gâram* (cf. גָּרְמוּ) es un denominativo, de *gerem*, roer un hueso, en *piel* romperlo (Num 24, 8). No dejar un hueso para roerlo por la mañana es roerlo y comerlo todo en la misma tarde.

Por su parte, los profetas, es decir, aquellos que profetizan sin haber sido llamados por Dios (cf. Miq 2, 11; 3, 4.11), son פֹּחֲזִים), *pōchăzīm*, altaneros, orgullosos, de *pâchaz*, hervir, palabra que cuando se aplica al hablar significa un desbordamiento de palabras que son frívolas. בֹּגְדוֹת, *bōgedōth*, son por su parte, hombres de engaños, de la raíz *bâgad*, que es una forma clásica para hablar del adulterio, de la falta de fe o la apostasía respecto de Dios.

Los profetas muestran así que ellos hablan pensamientos que les brotan de su propio corazón pervertido, como si fueran revelaciones de Dios, manteniendo de esa forma al pueblo en su apostasía respecto de Dios. Finalmente, los sacerdotes profanan aquello que es santo (*qodesh*, toda cosa o acto que es santo), e imponen su violencia sobre la Ley, es decir, tratando lo que es santo como profano, y pervirtiendo los preceptos de la Ley sobre lo que es santo y profano (cf. Ez 22, 26).

3, 5-6

⁵ יְהוָה צַדִּיק בְּקִרְבָּהּ לֹא יַעֲשֶׂה עַוְלָה בַּבֹּקֶר בַּבֹּקֶר
מִשְׁפָּטוֹ יִתֵּן לָאוֹר לֹא נֶעְדָּר וְלֹא־יוֹדֵעַ עַוָּל בֹּשֶׁת׃
⁶ הִכְרַתִּי גוֹיִם נָשַׁמּוּ פִּנּוֹתָם הֶחֱרַבְתִּי חוּצוֹתָם מִבְּלִי עוֹבֵר נִצְדּוּ
עָרֵיהֶם מִבְּלִי־אִישׁ מֵאֵין יוֹשֵׁב׃

⁵ Yahvé es justo en medio de ella, no cometerá iniquidad; cada mañana, al despuntar el día, pone su justicia ante la luz, no falla; pero el perverso no conoce la vergüenza.
⁶ Hice destruir naciones, sus habitaciones están asoladas; he dejado desiertas sus

calles hasta no quedar quien pase. Sus ciudades han quedado desoladas, no ha quedado ni un hombre ni un habitante.

3, 5. Este verso está unido al anterior sin partícula alguna, en este sentido: y sin embargo Yahvé es justo בְּקִרְבָּהּ, *beqirbâh*, en medio de la ciudad llena de pecadores. Estas palabras recuerdan la descripción que Dt 32, 4 ofrece de la justicia divina, presentando a Yahvé como recto y sin mal, אֵין עָוֶל y יָשָׁר. A partir de aquí se sigue el hecho de que al llamar a Dios צַדִּיק, *tsaddîq*, no se alude a que deja sin castigar los pecados de la nación, sino al hecho de que él no comete nada malo. Por eso, לֹא יַעֲשֶׂה עַוְלָה es solo una paráfrasis negativa *tsaddîq*.

Dios pone ante la luz su justicia, es decir, la rectitud de su conducta, cada mañana (בַּבֹּקֶר בַּבֹּקֶר, *babbōqer babbōqer*), en sentido distributivo, como en Ex 16, 21; Lev 6, 5, etc.), y no lo hace recompensando la virtud y castigando la maldad (cf. caldeo, Hitzig, Strauss, Jerónimo, Teodoreto y Cirilo), según lo cual *mishpât* hubiera significado juicio, sino haciendo que su ley y su justicia se proclamen a la nación cada día, por medio de profetas, a quienes él utiliza para enseñar su ley a la nación, una función que ellos han ejercido de un modo diligente exhortando y amonestando al pueblo cada día, para que así dé buen fruto, pero siempre en vano (Rosenmüller, Ewald, etc.; cf. Os 6, 5).

Va en contra del contexto tomar esas palabras (pone su justicia ante la luz) como referidas a los juicios de Dios, de los que se habla primero en 3, 6. En esa línea, la correspondencia entre 3, 7 y 3, 8 muestra que no debemos mezclar los temas de 3, 5 y 3, 6 o interpretar 3, 5 desde 3, 6. Así como la amenaza de juicio se mantiene en 3, 8 porque el pueblo no ha aceptado la corrección, ni se ha dejado transformar por el temor de Yahvé, así también en 3, 5-6 el profeta demuestra la justicia de Dios por su doble administración: en primer lugar por el hecho de que él hace que su justicia se proclame al pueblo, a fin de que ellos puedan aceptar la corrección; y en segundo lugar insistiendo en el juicio sobre las naciones.

לֹא נֶעְדָּר desarrolla el tema de la "infalibilidad" de la obra de Dios. El sentido literal de las palabras es que no hay mañana en la que deje de aplicarse la justicia. Hitzig, Strauss y otros han traducido esas palabras de un modo inapropiado: "Dios no se permite estar ausente", es decir, no permanece ausente, en contra de la nación que está hundida en la injusticia y que no se avergüenza de ella, es decir, no tiene en cuenta sus malos hechos.

3, 6. Aquí aparece Yahvé como el que habla, para poner ante las naciones, de la manera más impresionante, los juicios en los que él ha manifestado su justicia. Los dos hemistiquios están formados de un modo uniforme, de manera que cada uno consta de dos frases, en las que se alterna el discurso directo con construcciones indefinidas de pasivo: yo he destruido naciones, sus edificios han quedado desolados...

Exhortación al arrepentimiento ante el juicio

גּוֹיִם, *gōyīm*, no son aquí aquellas naciones que han sido amenazadas con la ruina en 2, 4-5, ni los cananeos que han sido exterminados por Israel, sino en general las naciones que han sucumbido ante los juicios de Dios, sin ser identificados de un modo más preciso. *Pinnōth* (cf. פִּנּוֹתָם) son los ángulos de las fortificaciones de los muros de la fortaleza y de las torres (cf. 1, 16), que significan por sinécdoque los castillos mismos y las fortificaciones.

Por su parte, *chūtsōth* no son las calles de la ciudad, sino los caminos, y evocan por sinécdoque el país llano, como lo exige el paralelismo entre las dos frases, pues así como las ciudades corresponden a los castillos, así las *chūtsōth* corresponden a las naciones. נִצְדּוּ, *nitsdū*, de *tsâdâh*, no se toma aquí en el sentido de colocar/hacer el camino (Ex 21, 13; 1 Sam 24, 12), sino en el de devastar, siguiendo el idioma arameo, en la línea de *nâshammū*, para lo que Jer 4, 26 utiliza la palabra *nittetsū*.

3, 7-8

⁷ אָמַרְתִּי אַךְ־תִּירְאִי אוֹתִי תִּקְחִי מוּסָר וְלֹא־יִכָּרֵת מְעוֹנָהּ
כֹּל אֲשֶׁר־פָּקַדְתִּי עָלֶיהָ אָכֵן הִשְׁכִּימוּ הִשְׁחִיתוּ כֹּל עֲלִילוֹתָם׃
⁸ לָכֵן חַכּוּ־לִי נְאֻם־יְהוָה לְיוֹם קוּמִי לְעַד כִּי מִשְׁפָּטִי
לֶאֱסֹף גּוֹיִם לְקָבְצִי מַמְלָכוֹת לִשְׁפֹּךְ עֲלֵיהֶם זַעְמִי כֹּל
חֲרוֹן אַפִּי כִּי בְּאֵשׁ קִנְאָתִי תֵּאָכֵל כָּל־הָאָרֶץ׃

⁷ Me decía: Ciertamente me temerá, recibirá corrección y no será destruida su morada cuando yo la visite. Mas ellos se apresuraron a corromper todos sus hechos.
⁸ Por tanto, esperadme, dice Yahvé, hasta el día en que me levante para juzgaros, porque mi determinación es reunir las naciones, juntar los reinos para derramar sobre ellos mi enojo, todo el ardor de mi ira, hasta que el fuego de mi celo consuma toda la tierra.

3, 7. El profeta retoma en 2, 7-8 todo lo que ha venido diciendo en 3, 1-6, para así llevar hasta su fin la amonestación al arrepentimiento con el anuncio del juicio. Dios no ha permitido que falten instrucción y advertencia para impedir que llegue la destrucción sobre Judá. Pero el pueblo se ha ido haciendo peor y peor, de manera que ahora él (Dios) se siente obligado a cumplir su justicia sobre la tierra por medio de sus juicios.

אמרתי, no es "yo he pensado" sino "he dicho". Esto se refiere al esfuerzo que Dios ha realizado para desplegar su justicia de un modo claro, día tras día (3, 5), y alude también a las amonestaciones de los profetas para lograr que el pueblo se arrepienta. תיראי y תקחי son cohortativos, y se han escogido en lugar de imperativos para insistir en la petición de Dios presentándola en forma de admonición intensa, como una emanación de su amor.

Lâqach mūsâr (cf. תִּקְחִי מוּסָר) como en 3, 2. Estas palabras se dirigen a los habitantes de Jerusalén, personificados como hija de Sión (3, 11). Por su parte,

מעונה es su lugar de habitación en la ciudad de Jerusalén, no en el templo, al que se le llama sin duda *lugar en el que Dios mora*, pero nunca lugar de morada de la nación o de los habitantes de Jerusalén. La frase que sigue y que ha sido interpretada de maneras muy distintas, כל אשר פקדתי עליה, ha de entenderse en la forma en que lo ha hecho Ewald, es decir, tomando *kōl* como un acusativo de modo. Eso significa "según todo lo que yo he determinado o como yo he determinado todo en relación con ellos".

Resulta imposible conectar esto con lo anterior como asíndeton, porque la idea de יבוא no puede relacionarse con יכרת, de manera que deberíamos suplirla. Por su parte, *hikkârēth* no se vincula en modo alguno con אשר פקדתי, ya tomemos פקד על en el sentido de carga, mandato, nombramiento (como en Job 34, 13; 36, 23), o en el sentido más correcto de castigar.

La idea de que Dios negaría todo lo que había determinado para Israel resulta tan inaceptable como la idea de que él exterminará los pecados que han sido castigados en Jerusalén. Pues bien, en vez de arrepentirse, el pueblo se ha mostrado aún más celoso que antes en el cumplimiento de sus malas obras.

Hishkīm (cf. הִשְׁכִּימוּ), levantarse temprano; y en conexión con otro verbo, en sentido adverbial: levantarse temprano y lleno de celo. *Hishchīth* (cf. הִשְׁחִיתוּ) es actuar de un modo corrompido; con עֲלִילוֹת evoca una corrupción completa, con hechos corrompidos (cf. Sal 14, 1). Yahvé debe actuar, por tanto, con castigo.

3, 8. Con la llamada חַכּוּ־לִי, *chakkū lī*, espera por mí, el profeta vuelve al punto de partida de 3, 2-3, para así llevarlo a su pleno cumplimiento. Las personas a las que se dirige son *kol 'anvē hâ'ârets,* a los que el profeta ha dirigido su palabra en la exhortación al arrepentimiento (2, 3), para buscar al Señor y su justicia. El Señor les llama para que esperen en él.

La llamada no se puede dirigir aquí a la nación en cuanto tal, ni a aquellos que actúan de un modo corrompido, pues en ese caso hubiera sido necesario tomar חכו־לי en sentido irónico (Hitzig, Maurer); y esto hubiera ido en contra del uso del lenguaje, dado que la expresión *chikkâh layehōvâh* se utiliza solo en el sentido de esperar en el Señor en actitud creyente, esperando su ayuda (Sal 33, 20; Is 8, 17; 30, 18; 64, 3).

La partícula לי queda definida de un modo aún más preciso por ליום וגו, para el día en que yo me levante en contra de la presa. לְעַד no significa εἰς μαρτύριον como han traducido los LXX y Syr., o para testimonio (Hitzig), lo que no ofrece un sentido aceptable en la frase (además de que obliga a cambiar la puntuación), a no ser que unamos la funciones de testigo, acusador y juez (Hitzig) o, para hablar más correctamente, que convirtamos al testigo en juez.

Por otra parte, לְעַד no significa *in perpetuum*, como ha traducido Jerónimo, en la línea de algunos comentadores judíos, que han referido las palabras a la venida del Mesías, que vendrá como ellos esperan y que, como ellos dicen, devorará la tierra con el fuego de su celo, cuando las naciones se reúnan juntas y la furia del Señor se derrame sobre ellas.

Por eso, el surgimiento o levantamiento de Yahvé por siempre no puede referirse posiblemente a la venida del Mesías, ni se puede interpretar en la línea de la resurrección de Cristo, como supone Cocceius, aunque el juicio sobre las naciones vaya a ser realizado por medio del Mesías. לְעַד significa "para juzgaros", es decir, para haceros presa mía (tomaros como presa), aunque no sea en el sentido sugerido por Calvino: "Así como los leones apresan, desgarran en pedazos y devoran, así haré yo con vosotros, porque hasta ahora os he perdonado por mi mucha humanidad y cuidado paterno".

Pero esa interpretación no concuerda con la expresión חַכּוּ־לִי, ni con el sentido gramatical de la palabra, ni con los versos que siguen (3, 9-10), según los cuales el juicio que ha de venir (y que el Señor realizará sobre las naciones) no es de exterminio, sino de purificación, pues el Señor limpiará los labios de las naciones, de forma que puedan invocar su nombre.

La presa por la que Yahvé se alzará consiste solamente en el hecho de que, a través del juicio, él logrará que algunos de las naciones que desean la salvación se postrarán ante él, pidiendo su ayuda (comparar Is 53, 12 con 52, 15 y 49, 7). De todas formas, para conseguir esa victoria, será necesario exterminar por medio del juicio a los pecadores obstinados y endurecidos

"Porque mi justicia (derecho) es reunir a las naciones". *Mishpât* no significa aquí *judicium*, juicio; aún menos significa *decretum*, decreto, un significado que esa palabra no tiene nunca, sino que significa justicia o derecho, como en 3, 5. Mi justicia, es decir, la justicia que yo haré que salga a la luz, consiste en el hecho de que yo derramaré mi furia sobre todas las naciones, para exterminar a los malvados por el juicio, y para que los penitentes se conviertan a mí, de forma que así yo pueda preparar adoradores de entre todas las naciones.

לְשָׁפְךְ está gobernado por לֶאֱסֹף וגו. Dios reunirá a todas las naciones para cribarlas y convertirlas a través de severos juicio. A fin de poner de relieve el carácter terrible y la universalidad del juicio, el profeta repite aquí el pensamiento de 1, 18, diciendo que "toda la tierra será devorada por el fuego de su celo". Los versos que siguen insisten en la intención y fruto del juicio, a modo de introducción al anuncio de la salvación.

SOFONÍAS 3, 9-20
CONVERSIÓN DE LAS NACIONES, GLORIFICACIÓN DE ISRAEL

Aquellos que confiesen el nombre de Dios, a quienes el Señor recogerá para sí mismo de entre las naciones a través de su juicio, ofrecerán al Señor, como sacrificio, su misma nación dispersada entre los pueblos (3, 9-10). Y el resto rescatado de Israel, lleno de humildad, confiará en el Señor, y protegido por el cuidado pastoral de su Dios, no tendrá ya más enemigos a los que temer, sino que se regocijará en la comunión bendita de su Señor, siendo así muy favorecido y glorificado.

3, 9-10

⁹ כִּי־אָז אֶהְפֹּךְ אֶל־עַמִּים שָׂפָה בְרוּרָה לִקְרֹא כֻלָּם בְּשֵׁם
יְהוָה לְעָבְדוֹ שְׁכֶם אֶחָד: ¹⁰ מֵעֵבֶר לְנַהֲרֵי־כוּשׁ עֲתָרַי
בַּת־פוּצַי יוֹבִלוּן מִנְחָתִי:

⁹ En aquel tiempo devolveré yo a los pueblos pureza de labios, para que todos invoquen el nombre de Yahvé, para que le sirvan de común consentimiento. ¹⁰ De la región más allá de los ríos de Etiopía me suplicarán; la hija de mis esparcidos traerá mi ofrenda.

3, 9. Por medio del כִּי, *kî*, explicativo del comienzo, la promesa se conecta con la amenaza de juicio. El despliegue del pensamiento es este: los creyentes han de esperar el juicio, pero el juicio les llevará a la redención.

La primera frase se explica de diversas formas. Muchos comentaristas piensan que שָׂפָה בְרוּרָה, *sâphâh bherûrâh,* se aplica a los labios de Dios, que él dirigirá a las naciones a través de sus santos sirvientes. Conforme a esta visión, Lutero ha traducido así: "Entonces yo haré que a las naciones se las pueda predicar de otra manera, con labios amistosos, a fin de que ellas puedan invocar el nombre del Señor".

Pero esta visión, que ha sido defendida por Cocceius, Mark y Hofmann (*Schriftbeweis*, ii. 2, pp. 573-4), solo podría admitirse en el caso de que בְרוּרָה significara "amistosos, claros", un significado que Hoffmann ha puesto en la base de esta explicación: "Dios dirige a las naciones un lenguaje claro, fácilmente inteligible, a fin de que todas puedan responderle, e invocar el nombre de Yahvé y servirle todas a una".

Pero, prescindiendo de la inadmisible traducción de קרא בשם יי, esta explicación resulta errónea por el hecho de que *bârūr* no significa claro, inteligible, pues ni siquiera en Job 33, 3 tiene ese significado. Esa palabra significa simplemente puro, purificado, sin pecado. Por otra parte, שָׂפָה בְרוּרָה, *sâphâh bherūrâh*, es lo opuesto a טמא שפתים de Is 6, 5, y no puede aplicarse en modo algunos a los labios o lenguaje de Dios, sino simplemente a los labios de un hombre que han estado profanados por el pecado. De un modo consecuente, הפך אל ha de aplicarse como en 1 Sam 10, 9, pues el hecho de que aquí tengamos הפך ל no implica ninguna diferencia real en el significado.

La construcción de ambos pasajes es pregnante: Dios se vuelve a las naciones de labios impuros, purificando sus labios pecadores. Eso significa que Dios mismo convierte a las naciones, a fin de que ellas puedan invocarle con labios puros. La palabra labio no se aplica aquí al lenguaje, sino que se toma como el órgano de la palabra, por la que un hombre expresa los pensamientos de su corazón, de forma que la pureza de labios implica o presupone la pureza de corazón.

Los labios quedan profanados por los nombres de los ídolos a los que ellos han invocado (cf. Os 2, 19; 16, 4). El fruto de la purificación es este: que de ahora en adelante ellos invocan el nombre de Yahvé y le sirvan. Por su parte, cuando se aplica a los hombres, קרא בשם יי significa siempre invocar de un modo solemne o de corazón el nombre de Yahvé. Servir *shekhem 'echâd,* significa servir juntos o con unanimidad. Esta metáfora se aplica de aquellos que llevan juntos, sobre sus espaldas, una misma carga (cf. Jer 32, 39).

3, 10. Como ejemplo de este modo en que ellos querrán servir al Señor, este verso establece que ellos (los diversos pueblos) ofrecerán como sacrificio al Señor a los miembros de la comunidad israelita expandidos por doquier. Cf. Is 66, 20, donde este pensamiento se aplica a los paganos de las cuatro partes del mundo. Al expresar este tema, Sofonías lo ha hecho de un modo más breve, y ha tomado la expresión "más allá de los ríos de Cush" de Is 18, 1, con la finalidad de nombrar la más remota de las naciones paganas *instar ómnium* (en lugar de todas).

Los ríos de Cush (נַהֲרֵי־כוּשׁ) son el Nilo y el Astaboras, con sus diferentes tributarios. עתרי בת פוצי es el acusativo del objeto más cercano, מנחתי es el más remoto. *'Athâr* no significa fragancia, buen olor (Gesenius, Ewald, Maurer), sino adorador, de *'âthar,* rogar, invocar. Los adoradores se definen de un modo más preciso como *bath pūtsai,* la hija de mis dispersados (*pūts,* participio pasivo), es decir, la multitud o congregación formada por los dispersos del Señor, los miembros de la congregación israelita de Dios, dispersados por todo el mundo.

Ellos será presentados al Señor por los convertidos de los gentiles como *minchâh* (cf. מִנְחָתִי), ofrenda de comida, en el sentido de Is 66, 20, en la línea de la ofrenda de comida que los israelitas presentaban a Dios. Conforme al simbolismo de la adoración religiosa, la presentación de la ofrenda de comida era expresión de la gran diligencia de los creyentes en la realización de buenas obras, como fruto de justificación.

El significado del texto es, por tanto, el siguiente: la más remota de las naciones paganas demostrará que forma parte de los adoradores de Yahvé, llevándole los miembros dispersos de su nación, o convirtiéndose al Dios viviente. Aquí aparece, en lenguaje de Antiguo Testamento, el mismo pensamiento que expresa el apóstol san Pablo en Rom 11, es decir, que los gentiles han venido a convertirse en participantes de la salvación, de manera que ellos pueden incitar la emulación de los israelitas, que han abandonado la llamada de la gracia divina.

Las palabras del profeta tratan de la bendición que se acrecentará con la entrada de los gentiles en el reino de Dios, en el lugar de los israelitas que han sido rechazados a causa de su culpa, y se refiere no solo a la obra misionera de los cristianos entre los judíos en el sentido más estricto del término, sino que se aplica a cualquier cosa que se haga, de un modo directo o indirecto, a través del despliegue y extensión del cristianismo entre las naciones, para la conversión de los judíos al Salvador al que ellos en otro tiempo despreciaron. Pues bien, el cumplimiento completo de esta promesa solo se realizará cuando el pléroma de los gentiles haya entrado en la iglesia, es decir, cuando pueda superarse la πώρωσις, que ha dominado sobre Israel, de manera que todo Israel pueda salvarse (Rom 11, 25-26).

En otra línea, Mark, Hitzig y otros han tomado עֲתָרַי בַּת־פּוּצַי, *'athârai bath pûtsai,* como el sujeto y lo han referido a los paganos, que han escapado del juicio huyendo en todas las dirección hacia sus propios lugares, por ejemplo hasta Cush, de forma que, después, habiéndose convertido, ofrecen al Señor el don que le deben. Pero, dejando al lado el pasaje paralelo de Is 66, 20, que es el único que puede ser significativo en esa línea, esta visión resulta insostenible, pues no responde al sentido de *bath pûtsai,* la hija de mis dispersados.

El pensamiento de que Yahvé ha dispersado a los gentiles, en el juicio o por el juicio, es ajeno al conjunto del Antiguo Testamento, como parece haberlo sentido el mismo Hitzig cuando ha cambiado *pûts,* dispersar, en aquello que tiene un sentido plenamente opuesto: volver a la patria.

Por otra parte, el pensamiento de que Dios dispersa a su pueblo Israel entre todas las naciones, a causa de sus pecados, y de que después lo reunirá de nuevo, constituye una verdad que está expresada incluso en el canto de Moisés, una verdad que aparece proclamada en todos los profetas, de forma que cualquier oyente o lector de nuestro profeta pensará inmediatamente que "mis dispersados" (de Yahvé) se refiere a los israelitas dispersos entre las naciones. Con esto se priva de toda base la suposición de que solo se habla de Judá en Sof 3, 11 (Hitzig). Esa objeción carece de sentido pues los judíos han sido ya evocados por el profeta en Sof 3, 8, en la expresión חכּוּ לִי.

Conversión de las naciones, glorificación de Israel

3, 11-13

11 בַּיּוֹם הַהוּא לֹא תֵבוֹשִׁי מִכֹּל עֲלִילֹתַיִךְ אֲשֶׁר פָּשַׁעַתְּ בִּי כִּי־אָז אָסִיר מִקִּרְבֵּךְ עַלִּיזֵי גַּאֲוָתֵךְ וְלֹא־תוֹסִפִי לְגָבְהָה עוֹד בְּהַר קָדְשִׁי:
12 וְהִשְׁאַרְתִּי בְקִרְבֵּךְ עַם עָנִי וָדָל וְחָסוּ בְּשֵׁם יְהוָה:
13 שְׁאֵרִית יִשְׂרָאֵל לֹא־יַעֲשׂוּ עַוְלָה וְלֹא־יְדַבְּרוּ כָזָב וְלֹא־יִמָּצֵא בְּפִיהֶם לְשׁוֹן תַּרְמִית כִּי־הֵמָּה יִרְעוּ וְרָבְצוּ וְאֵין מַחֲרִיד: ס

¹¹ En aquel día no serás avergonzada por ninguna de las obras con que te rebelaste contra mí, porque entonces quitaré de en medio de ti a los que se alegran en tu soberbia, y nunca más te ensoberbecerás en mi santo monte. ¹² Y dejaré en medio de ti un pueblo humilde y pobre, el cual confiará en el nombre de Yahvé. ¹³ El resto de Israel no hará injusticia ni dirá mentira, ni en boca de ellos se hallará lengua engañosa, porque ellos serán apacentados y reposarán, y no habrá quien los atemorice.

3, 11. La congregación, que ha recibido de nuevo el favor divino, será limpiada y santificada por el Señor de todo pecado posible. Estas palabras están dirigidas al Israel reunido de la dispersión, como hija de Sión (cf. 3, 14). *En aquel día*… se refiere al tiempo del juicio antes mencionado, es decir, al día en que Dios se elevará para apoderarse de la presa (3, 8).

לא תבושי, no tendrás necesidad de avergonzarse por ninguna de tus culpas, pues como dice la frase explicativa que sigue, ellas no ocurrirán ya más. Este es el sentido de las palabras y no, como imagina Ewald, que Jerusalén no tendrá que inclinarse (avergonzarse) ya más por el recuerdo de los pecados. El perfecto אשר פשעת evoca, sin duda, los pecados de los tiempos anteriores, pero no para quedarse en ellos, sino para superarlos, pues el orgullo y los pecadores serán exterminados de la congregación.

עליזי גאוה procede de Is 13, 3, donde se refiere a los héroes llamados por Yahvé que se glorían con orgullo de la victoria conseguida; pero aquí la referencia se dirige a los jueces orgullosos, a los sacerdotes y profetas (cf. 3, 3-4) que se alegran de sus caminos pecadores. גבהה es una forma femenina de infinitivo, como *moshchâh* en Ex 29, 29, etc. (cf. Gesenius, 45, 1 b y Ewald, 236 a). גבה, ser orgulloso, como en Is 3, 16. El profeta menciona aquí el orgullo como raíz de todos los pecados. Mi santa montaña (הַר קָדְשִׁי) no es Canaán, país montañoso, sino la montaña del templo, como en el pasaje paralelo de Is 11, 9.

3, 12-13. El pueblo que ha sido guardado por el Señor (que no ha sido destruido por el juicio), y que ha sido reunido de nuevo de la dispersión será un pueblo humilde y pobre, עַם עָנִי וָדָל, *'ânî* y *dal*. Las dos palabras aparecen a veces unidas como si fueran sinónimas, como en Is 26, 6 y Job 34, 28.

עני no debe confundirse con ענו, que es el manso, sino que significa el abajado, el humillado, con un sentido de impotencia, aquel que es bueno y sabe que la liberación se debe solo a la gracia compasiva de Dios. Este manso es por tanto opuesto al orgulloso, que confía en su propia fuerza y se gloría de su propia "virtud".

El rasgo característico de los que están humillados es que confían en el Señor, este es el rasgo propio de su genuina piedad. Este resto de Israel, ἐκλογή del pueblo de Dios, no comete injusticia, ni practica la maldad ni el engaño, ni por obras ni con palabras, y de esa forma será una nación santa, respondiendo a la llamada de Dios (Ex 19, 6), lo mismo que Dios que no hace maldad (Sof 3, 5) y que el Siervo de Yahvé, que no tiene engaño en su boca (Is 53, 9).

Sin duda, esto que se dice aquí no puede referirse a todos aquellos que habían retornado de Babilonia, como supone Calvino, tomando las palabras de un modo comparativo, porque había muchos hipócritas entre los exilados, añadiendo que "Dios quería limpiar todas las impurezas de su pueblo, a fin de que la santidad pudiera aparecer en toda su pureza". Pero, con toda seguridad, ese anuncio profético se refiere al tiempo de la perfección, que comienza con la venida de Cristo y que se realizará completamente cuando él retorne para realizar el juicio.

De un modo certero, Strauss compara este pasaje con las palabras de Juan: "Todo aquel que nace de Dios no comete pecado" (1 Jn 3, 9). Sofonías explica esto añadiendo la seguridad de la bendición prometida en la ley, como recompensa para los fieles que cumplen los mandamientos del Señor. Esta razón se apoya en el convencimiento de que solo se regocijarán en la bendición prometida aquellos que caminan según los mandamientos de Dios.

En este sentido, el gozo de la bendición no puede aplicarse al engaño y a la maldad. Las palabras ירעו ורבצו pueden explicarse a partir de la comparación del resto de Israel con un rebaño, tal como aparece en Miq 7, 14 y Lc 12, 32 ("pequeño rebaño"; para el hecho mismo cf. Miq 4, 4). Esta bendición ha sido aún más desarrollada en lo que sigue, ante todo con una referencia a la superación de los juicios de Dios (Sof 3, 14-17), y en segundo lugar con la promesa por la que Dios afirma que serán removidos todos los obstáculos que impiden el gozo de las bendiciones de Dios (3, 18-20).

3, 14-17

¹⁴ רָנִּי בַּת־צִיּוֹן הָרִיעוּ יִשְׂרָאֵל שִׂמְחִי וְעָלְזִי בְּכָל־לֵב בַּת יְרוּשָׁלָ͏ִם׃
¹⁵ הֵסִיר יְהוָה מִשְׁפָּטַיִךְ פִּנָּה אֹיְבֵךְ מֶלֶךְ יִשְׂרָאֵל ׀ יְהוָה בְּקִרְבֵּךְ לֹא־תִירְאִי רָע עוֹד׃
¹⁶ בַּיּוֹם הַהוּא יֵאָמֵר לִירוּשָׁלַ͏ִם אַל־תִּירָאִי צִיּוֹן אַל־יִרְפּוּ יָדָיִךְ׃
¹⁷ יְהוָה אֱלֹהַיִךְ בְּקִרְבֵּךְ גִּבּוֹר יוֹשִׁיעַ יָשִׂישׂ עָלַיִךְ בְּשִׂמְחָה יַחֲרִישׁ בְּאַהֲבָתוֹ יָגִיל עָלַיִךְ בְּרִנָּה׃

¹⁴ ¡Canta, hija de Sión! ¡Da voces de júbilo, Israel! ¡Gózate y regocíjate de todo corazón, hija de Jerusalén! ¹⁵ Yahvé ha retirado su juicio contra ti; ha echado fuera

a tus enemigos. Yahvé es Rey de Israel en medio de ti; no temerás ya ningún mal. [16] En aquel tiempo se dirá a Jerusalén: ¡No temas, Sión, que no se debiliten tus manos! [17] Yahvé está en medio de ti. ¡Él es poderoso y te salvará! Se gozará por ti con alegría, estará en silencio de amor, se regocijará por ti con cánticos.

3, 14. La hija de Sión, el resto reunido de Israel, tiene que exultar y gritar de alegría por la salvación que ha sido preparada para ella. La fuerza de esa alegría está indicada por el amontonamiento de palabras que se emplean para indicar la exultación y el gozo. Cuanto mayor sea la exultación más grande ha de ser el objeto por el que los hombres exultan.

הריעו, arrancarse con un grito de alegría, está en plural, porque el Israel al que se dirige es una pluralidad. El restablecimiento del pacto de gracia ofrece la razón para esta exultación. Dios ha revocado los juicios y ha destruido a los enemigos que servían como ejecutores de esos juicios.

3, 15. פָּנָה, *pinnâh,* en *piel,* poner en orden (por ejemplo, una casa), expulsando o destruyendo aquello que estaba en desorden (Gen 24. 31; Lev 14, 36), y en esa línea "limpiar" o remover. ʿ*Oyēbh* (cf. אֹיֵב), con infinitivo, en general, todo enemigo. Ahora está de nuevo Yahvé en medio de la hija de Sión, como rey de Israel, pues a lo largo del tiempo en que Israel había sido entregado en manos del poder de su enemigo, él había cesado de ser su rey.

יְהוָה, *Yahvéh,* está en aposición a *melekj Yisrâ'ēl,* que se ha colocado primero, a causa del énfasis. El predicado es simplemente בְּקִרְבֵּךְ (en medio de ti). El acento se pone en el hecho de que Yahvé está en medio de su congregación, como rey de Israel (cf. Sof 3, 17). Por esta razón, Israel ya no verá (experimentará más) ningún mal (ראה como en Jer 5, 12; Is 44, 16 etc.), de manera que no tendrá ya más miedo ni angustia.

3, 16. Así dirán a Jerusalén "no temas". Habrá en ella tan poco miedo, que los hombres podrán llamarla "la sin miedo" (por eso, se le dirá אַל־תִּירָאִי). ציון es un vocativo de saludo. Es más simple tomarlo así que aplicar también aquí la ל de la frase anterior (לִירוּשָׁלַםִ). Las manos caídas son un signo de desesperación, de alarma y ansiedad (cf. Is 13, 7).

3, 17. Continúa el pensamiento anterior. Yahvé, el Dios de Sión, habita dentro de ella, como héroe que le ayuda y salva. Dios tiene su gozo en su pueblo rescatado y bendecido (cf. Is 62, 5; 65, 19). La expresión בְּאַהֲבָתוֹ יַחֲרִישׁ: parece inapropiada, pues no podemos pensar que ella pide que se haga silencio sobre los pecados que pueden darse (cf. Sal 50, 21; Is 22, 14), especialmente si pensamos que, según 3, 13, el resto de Israel no cometerá pecados.

Por eso, Ewald y Hitzig prefieren leer *yachădîsh,* y Ewald traduce la frase así: "Él volverá a ser joven", que Hitzig ha rechazado, pensando que va en contra del sentido del texto, pues en esa línea deberíamos tener יתחדש. Por eso, él toma *yachădîsh* como sinónimo de יעשה חדשות, él hará una cosa nueva (cf. Is 43, 19).

Pero tampoco esta traducción puede justificarse por el uso del lenguaje, y va en contra del sentido del contexto.

En contra de eso, debemos decir que "silencio en su amor" es una expresión que denota un amor internamente sentido, absorto en su objeto, con identificación plena de pensamiento y admiración (sin palabras externas). Esta quietud silenciosa, unida al regocijo de la exultación, será la demostración más alta de su amor[99].

Estas dos frases contienen simplemente una descripción que está sacada del modo humano de amar, y transferida a Dios, para poner de relieve la gran satisfacción que el Señor encuentra en su pueblo redimido, y son meramente un revestimiento poético de esa experiencia, "Él se regocijará en tu alegría". Pues bien, Dios querrá extender este gozo en su amor a todos los que están turbados y hundidos en la miseria.

3, 18-20

¹⁸ נוּגֵי מִמּוֹעֵד אָסַפְתִּי מִמֵּךְ הָיוּ מַשְׂאֵת עָלֶיהָ חֶרְפָּה׃
¹⁹ הִנְנִי עֹשֶׂה אֶת־כָּל־מְעַנַּיִךְ בָּעֵת הַהִיא וְהוֹשַׁעְתִּי אֶת־הַצֹּלֵעָה וְהַנִּדָּחָה אֲקַבֵּץ וְשַׂמְתִּים לִתְהִלָּה וּלְשֵׁם בְּכָל־הָאָרֶץ בָּשְׁתָּם׃
²⁰ בָּעֵת הַהִיא אָבִיא אֶתְכֶם וּבָעֵת קַבְּצִי אֶתְכֶם כִּי־אֶתֵּן אֶתְכֶם לְשֵׁם וְלִתְהִלָּה בְּכֹל עַמֵּי הָאָרֶץ בְּשׁוּבִי אֶת־שְׁבוּתֵיכֶם לְעֵינֵיכֶם אָמַר יְהוָה׃

[18] Como en día de fiesta apartaré de ti la desgracia; te libraré del oprobio que pesa sobre ti. [19] En aquel tiempo yo apremiaré a todos tus opresores; salvaré a la oveja que cojea y recogeré a la descarriada. Cambiaré su vergüenza en alabanza y renombre en toda la tierra. [20] En aquel tiempo yo os traeré; en aquel tiempo os reuniré, y os daré renombre y fama entre todos los pueblos de la tierra, cuando levante vuestro cautiverio ante vuestros propios ojos, dice Yahvé.

3, 18. La salvación que aquí se despliega ante el futuro para el resto de Israel, que ha sido refinado y liberado por el juicio, aparece todavía como muy distante en el tiempo de Sofonías. La primera cosa que esperaba la nación era el juicio por el que ella iba a ser dispersada entre los paganos, de acuerdo con el testimonio de Moisés y de todos los profetas, para ser refinada en el horno de la aflicción.

En esa línea, para ofrecer a los piadosos un firme consuelo de esperanza en el período de sufrimiento que les aguardaba, de manera que su fe pudiera mantenerse en medio de la tribulación, Sofonías menciona al final, en conclusión, la

---

99. Dios asume así la persona de un hombre mortal, porque, a no ser que él actúe de esa forma, no puede mostrar de un modo suficiente lo mucho que nos ama. Tu gloria estará por tanto tranquila en su amor, es decir, este amor será el mayor deleite de tu Dios, este será su mayor placer, cuando él te acaricie con su amor. Como un hombre acaricia a su mujer más querida, así hará Dios cuando repose quietamente en tu amor (Calvino).

reunión de todos los que sufren bajo la miseria y a distancia de Sión, que habían sido dispersados a lo largo y a lo ancho de la tierra, para asegurarles (incluso a ellos) su futura participación en la salvación prometida.

Cada frase de 3, 18 es difícil. נוּגֵי es un participio *nifal* de יגה, con ו en vez de י, como en Lam 1, 4, en el sentido de lamentarse o estar turbados. *Mōʿēd* (cf. מִמּוֹעֵד) es el tiempo de fiesta, cuando todo Israel se reunía para regocijarse ante Yahvé, como en Os 12, 10, con la diferencia de que aquí esa fiesta no se limita a la de los Tabernáculos, sino que puede extenderse a todas las fiestas de peregrinación que había.

La preposición *mem* (en מִמּוֹעֵד) ha sido entendida por muchos en el sentido de "lejos de", como supone Hitzig partiendo de Lam 1, 4. Pero este pasaje va en contra de esa interpretación, pues en él tenemos מבלי donde la *mem* indica causa. También en nuestro caso debemos retener ese sentido causal, como indica la íntima relación entre נוּגֵי y ממועד, según la cual la palabra dependiente tiene que indicar el objeto u ocasión de *nōgâh*.

Los que están turbados y sufren ante la reunión de la fiesta son aquellos que no pueden participar en ella, porque están desterrados en países lejanos. הָיוּ מִמֵּךְ, *mimmēkh hâyū*, ellos eran tuyos, es decir, habían sido tuyos (la *mem* indica descendencia u origen, como en Is 58, 12; Esd 2, 59; Sal 68, 27; y toda la frase contiene la razón del mensaje: ellos debían compartir la fiesta propia de los israelitas). La explicación de Anton y Strauss no se ajusta al texto, está forzada: "Ellos estarán separados de ti, es decir, alejados de ti, como afligidos".

En la última frase se discute a quien se refiere el sufijo de עליה. Strauss afirma que se refiere a Sión, pero eso es imposible, por el hecho de que la frase se dirige a la misma Sión, tanto en lo anterior, como en lo que sigue, y el despliegue del pensamiento no permite un cambio tan rápido de personas.

Resulta más normal referir ese sufijo a נוּגֵי, en cuyo caso el singular se utiliza en forma colectiva como neutro, como los femeninos de הצלעה y הנדחה. Y el significado es este: un peso sobre ellos, es decir, sobre aquellos que se apenan por las fiestas, en las que se sienten como esclavos entre los paganos (cf. 3, 19, al final). De esa forma, se añade una nueva razón para la promesa: que ellos han de ser nuevamente reunidos.

3, 19. עשה con את no significa ni "utilizar", en un sentido malo, ni conculcar, sino tratar o negociar con una persona, como en Ez 23, 25 y 17, 17, donde את, conforme al uso posterior del lenguaje, es una preposición y no un signo de acusativo. El tipo de definición más precisa del procedimiento o del tipo de negociación resulta evidente por el contexto: se refiere a un procedimiento punitivo, a una forma de tratar con ira. מעניך como en Sal 60, 14 son las naciones paganas que han subyugado a Israel. Lo que sigue está tomado, casi al pie de la letra, de Miq 4, 6, y la última frase remite a Dt 26, 19, donde se dice al pueblo que el Señor realizará la glorificación prometida al pueblo de su posesión, y hará que Israel sea un objeto de alabanza para toda la tierra. בְּכָל־הָאָרֶץ בָּשְׁתָּם, en todos los lugares donde han sufrido vergüenza. בָּשְׁתָּם, *boshtâm*, término epexegético de *hâ'àrets*; esto explica el uso del artículo con el *nomen regens* (cf. Ewald, 290, d).

3, 20. A fin de pintar la gloria de la salvación futura, con colores todavía más vivos ante los ojos del pueblo, el Señor termina repitiendo esta promesa una vez más, con un ligero cambio en las palabras: "En aquel tiempo yo os dirigiré…". El indefinido אביא se puede explicar desde el contexto, supliendo el lugar al que Dios quiere dirigirles, en la línea de pasajes como Is 14, 2; 43, 5. Pero es más natural tomar la frase (sacar fuera, introducir…) en la línea de Num 27, 17, y tomar אביא como una abreviación de והביא הוציא, (os sacaré, os introduciré…), destacando así la fidelidad pastoral con la que el Señor guiará a los redimidos.

Las siguientes palabras (קבצי אתכם) se sitúan en esa línea, cf. Is 40, 11, donde la reunión de los corderos se añade a la alimentación del rebaño, poniendo así de relieve el cuidado fiel de los pastores a favor de las ovejas débiles y sin ayuda. קבצי es infinitivo: el hecho de que yo os reúna tendrá lugar. La elección de esta forma se debe, como supone Hitzig, al intento de lograr un tipo de uniformidad entre las frases.

Una nueva razón de todo esto viene dada por la alusión posterior a la glorificación que se promete al pueblo de Dios sobre todas las naciones de la tierra, tema que va unido a la afirmación de que sucederá en el momento del fin de su cautividad, es decir, cuando Dios destruya la miseria de su pueblo y la convierta en salvación ("volver la cautividad", como en 2, 7).

"Delante de vuestros ojos" significa que vosotros mismos veréis la salvación, no vuestros hijos después de vuestra muerte (Hitzig), pues una antítesis de ese tipo resulta extraña al contexto. Esa frase significa que "ese cambio en los acontecimientos se está dando delante de vuestros ojos", en la línea de "vosotros mismos lo veréis con vuestros propios ojos (cf. Is 52, 8; Lc 2, 30). Esto sucederá ciertamente, pues Yahvé lo ha dicho.

Sobre el cumplimiento de esta promesa, Teodoreto observa que "estas cosas se dieron ante los que vinieron de Babilonia, y se siguen dando desde entonces para todos los hombres". Estas palabras evocan, ciertamente, ciertos rasgos de cumplimiento, pero el cumplimiento principal tiene un alcance mucho más amplio. La promesa retiene su validez perfecta en el caso de la Iglesia cristiana, que ha reunido gentes de entre los judíos y de entre los gentiles, y que recibirá su cumplimiento final cuando se complete el Reino de los Cielos fundado por Cristo sobre la tierra. En esa línea la alusión a los cristianos gentiles viene a situarse plenamente en el trasfondo de la visión de la salvación que se ofrece en Sof 3, 11-30, aunque los ojos del profeta se fijan de un modo directo en Israel y en la salvación reservada a la ἐκλογὴ τοῦ Ἰσραήλ ya rescatada.

Pero Sofonías no solo anuncia el juicio sobre toda la tierra, sino que predice la conversión de las naciones gentiles a Yahvé, que es el Dios viviente (Sof 3, 9-10). Por eso, no podemos restringir la salvación de 3, 11-10 solo al pueblo de Israel, a los descendientes carnales de Abrahán y al resto de ellos, sino que debemos mirar también a los gentiles, convertidos por Cristo al Dios viviente, como incluidos entre esos judíos salvados.

En esa línea, debemos afirmar que la salvación que el Señor realizará a través del juicio sobre la hija de Sión o sobre el resto de Israel comienza con la fundación de la iglesia cristiana para Judá y para todo el mundo, una salvación que se ha desplegado más y más a través de la extensión del nombre del Señor y de su adoración entre todas las naciones, y que se realizará plenamente con la segunda venida de Cristo para el juicio final y para el establecimiento perfecto de su reino a través de la nueva Jerusalén (Ap 21 y 22).

Ciertamente, el juicio y la salvación del resto de Israel que busca a Yahvé y espera el cumplimiento de su justicia comenzó incluso antes de Cristo, con la liberación de Judá, junto con todas las tribus y reinos que caían dentro del horizonte de la profecía del Antiguo Testamento, una liberación respecto del dominio de Nabucodonosor y de los poderes imperiales que le siguieron. Pero, desde la perspectiva de nuestra profecía, estos acontecimientos constituyen meramente los estadios preliminares y la preparación para los tiempos de la gran decisión, que comienzan con Cristo, no solo para los judíos, sino para todas las naciones.

AGEO

El profeta

No tenemos más información sobre Ageo (חַגַּי, *Chaggai*, "el hombre de la fiesta", nombre formado a partir de *âg*, con la terminación adjetival en *ai*: cf. Ewald, 164 c, y 273 e; LXX Ἀγγαῖος, Vulgata *Aggaeus*) que la ofrecida por el encabezamiento de sus discursos proféticos (Ag 1, 1; 2, 1.10. 20) y confirmada por Esd 5, 1. Según Esd 5, 1, Ageo comenzó su profecía en el año segundo de Darío Hystaspes y logró por ella que la edificación del templo, que había sido suspendida a causa de las maquinaciones de los cuteos (samaritanos), fuera retomada, de manera que con la colaboración de Zacarías, que comenzó su labor dos meses más tarde, esa obra pudo retomarse.

Los testimonios extrabíblicos sobre las circunstancias de su vida no ofrecen evidencia alguna para apoyar esos datos. Así por ejemplo el Ps. Doroteo y el Ps. Epifanio dicen que Ageo vino de Babilonia a Jerusalén, cuando era aún muy joven, y que sobrevivió a la edificación del templo, y que fue enterrado con honor cerca de los sepulcros de los sacerdotes.

No se puede tomar en serio la extraña opinión que corría en tiempos de Jerónimo y de Cirilo de Alejandría, que proviene de una mala interpretación de la palabra מלאך de 1, 13, según la cual Ageo habría sido un ángel que se apareció en forma humana. Por otra parte, la opinión de Ewald, según la cual Ageo habría podido ver de joven el templo de Salomón, aún no destruido, no se puede inferir de 2, 3. En ese caso él habría tenido en torno a los ochenta años cuando comenzó su función de profeta.

El libro

Contiene cuatro profecías proclamadas por el profeta en el año segundo del reinado de Darío Hystaspes, que tienen como objeto la reanudación de la edificación del templo, y que con toda probabilidad se limitan a reproducir el pensamiento básico de sus discursos orales.

- La primera profecía, proclamada el día de la luna nueva del sexto mes del año citado (Esd 1,1-15), condena la indiferencia del pueblo en relación con la edificación del templo, y presenta el fracaso de las cosechas, con la maldición que el pueblo está sufriendo, como castigo divino por el abandono de la obra. A consecuencia de sus amonestaciones se retomó la edificación. Las tres siguientes profecías de Ag 2 animan al pueblo a continuar la obra que habían comenzado.

- La segunda profecía, proclamado solo 24 días después de la primera (2, 1-9) consuela a aquellos que a causa de su pobreza no estaban colaborando en la edificación del nuevo templo diciéndoles que el Señor mantendría la promesa que había hecho al pueblo, cuando salió de Egipto, y que, sacudiendo al mundo entero y a todos los paganos, daría al nuevo templo mayor gloria que la que había tenido el templo anterior de Salomón.
- Las dos últimas profecías fueron proclamadas al pueblo en el día 24 del novena mes del mismo año. Ellas predecían en primer lugar el cese de la maldición anterior y el retorno de las bendiciones de la naturaleza que habían sido prometidas a la comunidad que había permanecido fiel a la alianza (2, 10-19); y en segundo lugar, la conservación del trono de Israel, representado en la persona y obra de Zorobabel, en medio de las tempestades que estallarían entre los reinos de este mundo, destruyendo su poder y su estabilidad (2, 20-23).

A fin de entender claramente el significado de estas profecías y promesas en relación con el desarrollo del reino de Dios del Antiguo Testamento, debemos tener en cuenta las circunstancias históricas bajo las que Ageo fue llamado por Dios para realizar su función de profeta. Él fue el primero que surgió después del exilio, en medio de la congregación de Judá, que había vuelto de Babilonia, para proclamar en ella la voluntad y el propósito salvador de Dios. Entre él y Sofonías quedaban setenta años de exilio y de trabajos de los grandes profetas Jeremías, Ezequiel y Daniel.

Todo lo que los últimos profetas (y en especial Jeremías) habían proclamado de un modo fundamental e impresionante (es decir, que el Señor entregaría a Judá en manos de los paganos, por su obstinada idolatría y por su resistencia a los mandamientos de Dios, siendo esclavizada por ello) se había cumplido. Como las diez tribus habían sido cautivadas por los asirios hacía mucho tiempo, también los habitantes de Judá y de Jerusalén habían sido llevados al exilio por los caldeos a través de Nabucodonosor. El Señor había dispersado a todo su pueblo y lo había entregado en manos de los paganos, pero él no les había condenado enteramente y para siempre.

Ciertamente, Dios había suspendido su alianza con Israel, pero no lo había destruido totalmente. Dios había renovado al pueblo que sufría en el exilio las antiguas promesas a través del profeta Ezequiel tras la destrucción del reino

El libro

de Judá, y de Jerusalén y de su templo, diciéndole que restauraría en su favor a la nación, cuando ella reconociera sus pecados, diciéndole que le redimiría del exilio y le llevaría de nuevo a su propia tierra, y le elevaría a una gran gloria. Más aún, Dios había proclamado por medio de Daniel el poder y duración de los reinos del mundo, añadiendo que serían destruidos por el advenimiento del reino de Dios, que viene de los cielos.

Los setenta años en los que la tierra de Judá había quedado devastada y la nación había tenido que servir a Babel (Jer 25, 11), habían pasado. El Imperio babilonio había caído y *Koresh* (Ciro), fundador del Imperio persa, había dado a los judíos el permiso para volver a su propia tierra el año primero de su dominio, y había ordenado que se reconstruyera el templo de Yahvé en Jerusalén. A consecuencia de eso, un número considerable de cautivos de Judá y de Benjamín (unos 42 360 hombres libres con 7 337 siervos y siervas), bajo la dirección de Zorobabel, príncipe de Judá, descendiente de David, que había sido nombrado gobernador de Judá, y bajo la dirección del sumo sacerdote Josué, habían retornado a sus hogares (Esd 1-2).

Tras haber llegado, ellos reconstruyeron el altar de las ofrendas sangrientas de Yahvé, en el séptimo mes del año, y restablecieron la adoración sacrificial prescrita por la ley. Ellos habían hecho además los preparativos para reedificar el templo, de forma que el segundo mes del año, segundo después del retorno, fueron capaces de poner solemnemente los fundamentos del nuevo templo (Esd 3, 1-13).

Sin embargo, tan pronto como habían comenzado la reconstrucción, llegaron los samaritanos con la petición de tomar parte en la edificación del templo, porque también ellos buscaban al Dios de los judíos. Pero los jefes de los judíos se negaron a darles ese permiso, pues ellos, los samaritanos, eran un pueblo mezclado, compuesto por los colonos paganos que habían sido trasplantados a la tierra del reino de las diez tribus y por unos pocos israelitas que habían quedado en la tierra, de manera que su culto a Dios estaba muy distorsionado por el paganismo (cf. *Comentario* a 2 Rey 17, 24-41). Por eso, los samaritanos comenzaron a poner impedimentos a la obra recién comenzada, impidiendo que ella se completara y terminara.

Los samaritanos se opusieran a la construcción del templo, como vemos en Esd 4, 4-5, amedrentando a los judíos mientras lo construían y comprando a consejeros que actuaran en contra de ellos, para frustrar su decisión, durante todo el tiempo del reinado de Ciro, e incluso durante el reinado del rey Darío de Persia, de manera que la construcción del templo quedó paralizada hasta el año segundo de ese rey (Esd 4, 24). De todas formas, aunque las maquinaciones de los samaritanos ofrecieron una ocasión exterior para la interrupción y suspensión de la obra que los judíos habían comenzado, no podemos pensar que esa fue la única y suficiente razón para el cese de la obra.

No se sabe que se hubiera dado una revocación del edicto de Ciro durante su reinado, e incluso si la carta *Artachsata*, conservada en Esd 4, 7, que alude

Ageo

según parece a la edificación del templo, con la respuesta del rey, que prohíbe la continuación de su edificación, procede del Pseudo Esmerdis, esto solo tuvo lugar durante el tiempo del segundo sucesor de Ciro, el año 12 después que se hubieran puestos los cimientos del nuevo templo. Lo que de hecho había sucedido es que los enemigos de Judá habían logrado apagar los ánimos de los judíos, frustrando su empresa, contratando o pagando a consejeros reales contrarios a ella[100].

De todas formas, hubiera sido imposible la suspensión de las obras si los judíos mismos hubieran decidido realizarlas, confiando en la asistencia de Dios… pero faltó esa decisión. Incluso en la ceremonia de poner la piedra angular, muchos de los sacerdotes antiguos, de los levitas y jefes de tribus, que habían visto el templo anterior, estropearon el gozo del pueblo a través de su llanto.

Ese llanto no puede explicarse solo por la memoria de las pruebas y sufrimientos de los últimos cincuenta años, que ellos recordaban involuntariamente en el momento de solemne regocijo, sino que estaba ocasionado, sin duda y principalmente, por la visión de las miserables circunstancias bajo las cuales la congregación emprendía esta obra, y por el convencimiento de que la ejecución de esta obra no correspondía a las esperanzas que ellos habían acariciado sobre la restauración de la casa de Dios.

Este pensamiento les impidió disfrutar del placer de edificar la casa de Dios, y tan pronto como se interpusieron en su camino las dificultades externas, ellos tuvieron dudas sobre si realmente había llegado el tiempo de realizar esta obra. De esa forma, se apagó en ellos el celo por construir la casa de Dios, de manera que renunciaron a realizarla, y empezaron a ocuparse de sus propias necesidades, estableciéndose de un modo confortable en la tierra de sus padres, en la medida en que lo permitieran las circunstancias (Ag 1, 4).

Esto resulta perfectamente comprensible, si añadimos el hecho de que, teniendo en cuenta el carácter natural del hombre pecador, había sin duda, entre los que habían retornado, muchos hombres a los que más que la fe viva en Dios y su palabra les interesaban las esperanzas de una prosperidad y confort en la tierra de sus padres. De esa forma, tan pronto como se encontraron frustrados en sus expectativas, ellos se volvieron negligentes e indiferentes en relación con la casa del Señor. En esa línea, los discursos de nuestro profeta muestran claramente que una de las razones de la suspensión de las obras del templo ha de buscarse en la falta de entusiasmo y en la indiferencia del pueblo.

---

100. Esto resulta evidente por el relato del libro de Esdras en lo referente a impedir la construcción del templo. El sentido más preciso de lo que ellos hicieron (es decir, si obtuvieron una orden del rey en la que se mandaba suspender la edificación) depende de la explicación que demos a la sección más precisa de Esd 4,6-23, tema en el que no debemos entrar de un modo más preciso, pues lo que nos importa es la explicación del libro de Ageo en cuanto tal, y para ello no es necesario decidir mejor el tema histórico de fondo.

El contenido y objeto de estos discursos de Ageo, es decir, la circunstancia de que ellos estén básicamente centrados en el mandamiento de edificar el templo, vinculando grandes promesas con la realización de esa obra, se expresaba, sin embargo, en el hecho de que la fidelidad de la nación por la obra de su Dios se mostraba en el celo por la casa de Dios. La explicación más honda y verdadera ha de buscarse en el significado que el templo tenía en relación con el reino de Dios en el Antiguo Testamento.

El pacto de gracia, realizado por el Dios del cielo y de la tierra con la nación de Israel, que él había escogido como su propiedad particular, requería una garantía y signo visible de la comunión real que Dios había realizado con su pueblo, con un "lugar y un "templo" especial en el que esa comunión pudiera visibilizarse. Por esa razón, directamente, después de la realización del pacto del Sinaí, Dios mandó que se erigiera el tabernáculo, como santuario en el que, como Dios del pacto, Yahvé pudiera habitar en medio de su pueblo, en un símbolo visible. Pues bien, como símbolo visible del cumplimiento de esa promesa, tanto en el momento de la dedicación del tabernáculo como en la consagración del templo de Jerusalén que ocupó su lugar, la gloria de Yahvé, en forma de nube, llenó el santuario que había sido construido para su nombre.

De esa forma, la continuación de la antigua alianza, es decir, del reino de Dios en Israel, estaba vinculada al templo. Con la destrucción del templo se había roto la alianza, y se había suspendido la continuación del reino de Dios. Por eso, si se quería reconstruir lo que se había roto y disuelto tras el exilio, si quería restablecerse el reino de Dios en la forma del Antiguo Testamento, la construcción del templo era el primero y más importante de los requisitos para ello. Por eso mismo, el pueblo como tal estaba obligado a edificar el templo con todo el celo necesario, para atestiguar así su deseo y disposición de retomar la comunión de la alianza que había sido interrumpida por un tiempo.

Según eso, después que los judíos hubieran cumplido su deber, edificando el templo, ellos podían esperar que, respondiendo a su fidelidad más honda, el Dios de la alianza restauraría la comunión antigua, en toda su plenitud, cumpliendo así las promesas de su pacto. En esto consiste el sentido y mensaje de las profecías de Ageo, en la medida en que ellas se centran en la exigencia de impulsar la obra de la edificación del templo. Y en esa línea, esas profecías lograron su objetivo. A consecuencia de sus amonestaciones, se retomó la construcción del templo, de manera que en cuatro años y medio pudo culminar, y así se hizo el año seis del reinado de Darío (Esd 6, 14-15).

Pero en su dedicación el templo no quedó lleno de la nube de la gloria de Yahvé. En esta nueva consagración faltó además el signo más esencial del pacto del Sinaí, es decir, el arca del testimonio, con las tablas de la ley que ningún hombre pudo restaurar, dado que ellas habían sido escritas por el mismo dedo de Dios. Por eso, la alianza antigua no pudo ser restaurada en su forma antigua, propia del

Sinaí, sino conforme a la promesa que había proclamado Jeremías (Jer 31, 31), según la cual el Señor haría una nueva alianza con la casa de Israel y de Judá: él pondría su ley en sus corazones y la escribiría en sus mentes. Sin embargo, el pueblo no estaba suficientemente preparado para ello.

Por eso, aquellos que habían retornado de Babilonia deberían continuar todavía bajo el dominio de los poderes paganos del mundo, hasta que llegara el tiempo del establecimiento de la nueva alianza, cuando el Señor viniera a su templo, y cuando el ángel de la alianza lo llenara con la gloria abierta también a los paganos. Por eso, el período del templo de Zorobabel fue para Judá un tiempo de vacío, un período de preparación para la venida del salvador prometido. Ese período debía servir para dar al pueblo un signo de cumplimiento futuro (posterior) de la alianza de gracia del Señor.

Por lo que toca a su forma, las profecías de Ageo no tienen la fuerza poética de los profetas antiguos. Ageo escribe de una forma retórica simple, y nunca se eleva por encima de la buena prosa, aunque da viveza a sus afirmaciones con el uso frecuente de interrogativos (cf. 1, 4.9; 2, 3.12-13.19) y tiene momentos de fuerte ritmo oratorio (cf. 1, 6.9-11; 2, 6-8.22).

Otra característica de Ageo en su descripción es un hecho que ha puesto de relieve Naegelsbach: tras una larga introducción, a veces repetitiva, Ageo formula su pensamiento de un modo muy conciso (cf. 1, 2.12; 2, 5.19). En esa línea se ha podido decir que él esconde las pequeñas y valiosas perlas de su revelación en una amplia y ancha concha. Su lenguaje está tolerablemente libre de arameísmos. Para la literatura exegética sobre sus profecías, cf. mi *Lehrbuch der Ein- leitung*, p. 308, a la que ha de añadirse Aug. Koehler*, Die Weissagungen Haggai's erklärt*, Erlangen 1860.

AGEO 1, 1-15
LA CONSTRUCCIÓN DEL TEMPLO

1,1

1 בִּשְׁנַת שְׁתַּיִם לְדָרְיָוֶשׁ הַמֶּלֶךְ בַּחֹדֶשׁ הַשִּׁשִּׁי בְּיוֹם אֶחָד לַחֹדֶשׁ הָיָה דְבַר־יְהוָה בְּיַד־חַגַּי הַנָּבִיא אֶל־זְרֻבָּבֶל בֶּן־שְׁאַלְתִּיאֵל פַּחַת יְהוּדָה וְאֶל־יְהוֹשֻׁעַ בֶּן־יְהוֹצָדָק הַכֹּהֵן הַגָּדוֹל לֵאמֹר׃

[1] En el primer día del mes sexto del segundo año del rey Darío, vino por medio del profeta Ageo la palabra de Yahvé para Zorobabel hijo de Salatiel, gobernador de Judá, y para Josué hijo de Josadac, sumo sacerdote, diciendo:

Este discurso comienza con una afirmación sobre el tiempo de la revelación de Dios y sobre la persona a la que fue dirigida. La palabra de Yahvé fue proclamada a través del profeta en el año segundo del rey Darío, el primer día del sexto mes. דריוש es el nombre de *Dâryavush* o *Dârayavush* que aparece en las inscripciones cuneiformes, y se deriva del zendo *dar* y del sánscrito *dhri*, contraído en *dhar*, y ha sido correctamente explicado por Herodoto (vi. 98) en el sentido de ἑρξείης, es decir, de *coercitor*, el valiente. Se escribe en griego Δαρεῖος (*Darius*).

Este es el nombre del rey de Persia (Esd 4, 5.24), el primero que se llamó de esa manera, es decir, Darío Hystaspes, que reinó del 521 al 486 a. C. Este es Darío Hystaspes y no Darío Notho, como resulta evidente por el hecho de que Zorobabel, el príncipe judío, y Josué, el sumo sacerdote, que habían dirigido a los exilados de Babilonia a Judea, en el reinado de Ciro, en el año 537 a. C. (Esd 1, 8; 2, 2), podían seguir estando todavía a la cabeza del pueblo que había retornado de Babel en el año segundo del reinado de Darío Hystaspes, es decir, el año 520 a. C., pero no en el reinado de Darío Notho, que no ascendió al trono hasta 113 años después del final de la cautividad.

Por otra parte, Ag 2, 3 supone que muchos de sus contemporáneos habían visto el templo de Salomón. Pues bien, dado que ese templo había sido destruido el año 588 o 587 a. C., ellos podían ser muy bien algunos ancianos que habían

La construcción del templo

visto en los antiguos tiempos el templo anterior; pero ese no podía ser el caso en el reinado de Darío Notho, que ascendió al trono de Persia el año 423 a. C. Ageo dirige su palabra a los líderes temporales y espirituales de la nación, al gobernador Zorobabel y al sumo sacerdote Josué.

El nombre זְרֻבָּבֶל puede haber sido formado por זרוי בבל, *in Babyloniam dispersus* (dispersado en Babilonia), pero, si el niño hubiera nacido antes de la dispersión en Babilonia, él no habría recibido ese nombre prolépticamente, de forma que debería haberse llamado más correctamente זרוע בבל, *en Babilonia crecido*, en cuyo caso la ע habría sido asimilada por la ב cuando las dos palabras se juntaran en una, y la ב habría recibido un *dagesh*. Sea como fuere, este Zorobabel/ *Zerubbabel* (LXX Ζοροβάβελ) era hijo de Sealtiel, שְׁאַלְתִּיאֵל, que se escribe de la misma forma en Ag 2, 23; 1 Cron 3, 17; Esd 3, 2 y Neh 12, 1, mientras que en Neh 12, 12.14 y Ag 2, 2, se contrae formando שַׁלְתִּיאֵל.

שְׁאַלְתִּיאֵל significa oración de Dios, o uno que ha sido pedido a Dios en oración. Pues bien, si según 1 Cron 3, 17, tomamos la palabra *'assīr* como apelativo este fue hijo de Jeconías (=Joaquín). Pero si la tomamos como nombre propio, fue hijo de un tal Jeconías y nieto de Joaquín. Por su parte, según 1 Cron 3, 19, Zorobabel fue hijo de *Pedaiah*, un hermano de *Shealtiel*. Y, finalmente, según la genealogía que se ofrece en el Nuevo Testamento Lc 3, 27, este *Shealtiel* no fue hijo de *Assir* ni de Jeconías, sino de Neri, un descendiente de David a través de su hijo Narán.

Según estas tres noticias divergentes, Zorobabel pudo ser: (1) hijo de *Shealtiel*; (2) hijo de *Pedaiah*, el hermano de *Shealtiel* y nieto de *Assir* o de Jeconías; (3) hijo de Neri. Estas referencias pueden armonizarse, si recordamos la profecía de Jeremías (32, 30), según la cual Jeconías no tendría hijos, de manera que no recibiría la bendición por la cual uno de sus descendientes se sentaría sobre el trono de David y reinaría sobre Judá.

Pues bien, dado que esta profecía de Jeremías se cumplió, según la tabla genealógica de Lucas, dado que el padre de *Shealtiel* no fue *Assir* ni Jeconías, un descendiente de David por la línea de Salomón, sino Neri, un descendiente de un hijo de David llamado Natán, se sigue que ninguno de los hijos de Jeconías mencionados en 1 Cron 3, 17-18 (Sedecías y *Assir*) tuvo un hijo, sino que el último tuvo solo una hija, que se casó con un hombre de la familia de la tribu de su padre, según la ley del levirato (cf. Num 27, 8; 36, 8-9), y ese hombre que se casó con la hija de Jeconías se llamaba Neri, que pertenecía a la tribu de Judá y a la familia de David.

De ese matrimonio nacieron *Shealtiel, Malkiram, Pedaiah* y otros. El mayor de estos tomó la propiedad del abuelo materno y fue reconocido por ley como su hijo (legítimo). Por eso, este *Shealtiel* puede aparecer de dos formas: (a) En 1 Cron 3, 17 aparece como el hijo de *Assir*, hijo de Jeconías. (b) Pero en Lucas aparece descrito, conforme a su ascendencia lineal, como hijo de Neri.

Pero parece también que *Shealtiel* murió sin posteridad, dejando solo una viuda, que tuvo que casarse por matrimonio de levirato con uno de los hermanos del marido muerto (cf. Dt 25, 5-10; Mt 22, 24-28). Según eso, tuvo que ser *Pedaiah*, el hermano segundo de *Shealtiel*, el que cumplió ese deber del levirato, siendo el que engendró a Zorobabel y *Shimei*, a través de su cuñada (cf. 1 Cron 3, 19). Pues bien, el primero de esos hijos, Zorobabel, fue el que entró en el registro de la familia de su difunto tío *Shealtiel*, apareciendo como su hijo y heredero legítimo, y continuando así su familia. Koehler (cf. su *Comentario* sobre Ageo 2, 23) mantiene esencialmente esta misma visión.

Zorobabel fue *pechâth* (פֶּחָה), gobernador persa. El significado real de esta palabra extranjera es todavía discutido[101]. Además de este nombre hebreo, Zorobabel tenía también otro caldeo, *Sheshbazzar*, pues era un oficial del rey persa, como podemos ver comparando Esd 1, 8.11; 5, 14.16 con Esd 2, 2; 3, 2.8; 5, 2.

Fue a este *Sheshbazzar* a quien el rey *Koresh*/Ciro hizo que se entregaran los vasos sagrados del templo que habían sido traídos de Jerusalén por Nabucodonosor, para que los llevara de nuevo de Babilonia a Jerusalén (Esd 1, 8.11; 5, 14), Fue él quien puso los cimientos de la casa de Dios según Esd 5, 16. Por su parte, en Esd 2, 2 se dice que Zorobabel fue líder de los que volvieron del exilio, de manera que no solo puso los fundamentos del templo, con Josué, el sumo sacerdote (cf. Esd 3, 2.8), sino que retomó la tareas de edificación del santuario, que había sido suspendida, y lo hizo en conexión con el mismo Josué durante el reinado de Darío.

El sumo sacerdote Josué (יְהוֹשֻׁעַ, nombre que en Esd 3, 2.8; 4, 3 ha sido contraído en *Yēshūă'*) era un hijo de *Jozadak*, que había sido llevado por los caldeos a Babilonia (Esd 1, 11), y nieto del sumo sacerdote *Seraiah*, a quien Nabucodonosor hizo que ejecutaran en Ribla, el año 588, tras la conquista de Jerusalén (2 Rey 25, 18-21; Jer 52, 24-27).

El tiempo (el mes sexto) se toma conforme al cómputo ordinario del año judío (cf. Zac 1, 7; 7, 1 y Neh 1, 1 con Neh 2, 1, donde se da el nombre del mes lo mismo que su número). El primer día era, por tanto, el día de la luna nueva, que se consideraba como día de fiesta, no solo por los sacrificios festivos que se

---

101. El Prof. Spiegel (en Koehler, *Coment*. Mal 1, 8) va en contra de la visión de Benfey, que ha sido aceptada por muchos diccionarios modernos, según la cual פֶּחָה viene del sánscrito *paksha*, compañero o amigo (cf. *Coment*. a 1 Rey 10, 15), partiendo de las siguientes razones: (a) En los vedas, esta palabra, *paksha*, significa ala, y solo más tarde ha recibido el sentido de lado, parte, apéndice, como en el período posterior. (b) Esta palabra no aparece en los idiomas iranios de los cuales debería haberse derivado necesariamente la que aparece en nuestro texto. Teniendo eso en cuenta, Spiegel propone vincular esa palabra con *pâvan* (de la raíz *pâ*, defender o preservar: cf. F. Justi, *Hdb. der Zendsprache*, p. 187), que aparece en sánscrito y el viejo persa (cf. *khsatrapâvan*, que es igual que *sátrapa*) al final de las palabras compuestas y en el Avesta como una palabra independiente, en su forma contracta de *pavan*. "Es muy posible que la forma dialectal *pagvan* (cf. en plural *pachăvōth* en Neh 2, 7.9) haya podido derivarse de aquí, como *dregvat* de *drevat* y *hvôgva* de *hvôva*". Según eso, *pechh* significaría un guardián del gobierno o del reino (Khsatra).

realizaban (cf. Num 28, 11), sino también porque se celebraba una asamblea religiosa en el santuario (cf. Is 1, 13, y los comentarios a 2 Rey 4, 23). Ese era un día en el que Ageo podía esperar que le escucharan de algún modo, pues era un día en que el pueblo debía ser doblemente consciente de que el templo de Yahvé se encontraba todavía en ruinas (Hengstenberg, Koehler).

1, 2-3

² כֹּה אָמַר יְהוָה צְבָאוֹת לֵאמֹר הָעָם הַזֶּה אָמְרוּ לֹא עֶת־בֹּא עֶת־בֵּית יְהוָה לְהִבָּנוֹת׃
³ וַיְהִי דְּבַר־יְהוָה בְּיַד־חַגַּי הַנָּבִיא לֵאמֹר׃

² Así ha dicho Yahvé de los Ejércitos: Este pueblo dice que aún no ha llegado el tiempo en que sea reedificada la casa de Yahvé. ³ Vino, pues, la palabra de Yahvé por medio del profeta Ageo, diciendo:

El profeta comienza echando en cara al pueblo su desinterés por la construcción de la casa de Dios. העם הזה, *iste populus*, este pueblo, no "mi pueblo", ni el pueblo de Yahvé, sino *hazzeh* (este) en sentido despreciativo. De entre las dos frases: (a) "no es tiempo de venir…", y (b) "el tiempo de la casa de Yahvé…", la última ofrece una definición más precisa de la primera, y de esa forma se explica el sentido de בא (venir) para expresar el tiempo en que ha de construirse la casa de Yahvé.

El sentido es simplemente este: el pueblo piensa que no ha llegado el tiempo de venir y edificar la casa de Yahvé. En ese contexto, la partícula לא significa "todavía no", como en Gen 2, 5; Job 22, 26. De esa forma se traza una distinción entre venir a la casa de Yahvé y construir la casa, como en Ag 1, 14.

En esa línea no hay razón para alterar el texto, como propone Hitzig, dado que el modo defectivo de escribir el infinitivo בא no es en modo alguno raro (cf. por ejemplo Ex 2, 18; 14, 48; Num 32, 9; 1 Rey 13, 28; Is 20, 1). No hay ninguna base para la absurda traducción de las palabras que ofrece Hitzig: "No es tiempo de haber llegado al tiempo de la casa de Yahvé…".

1, 4

⁴ הַעֵת לָכֶם אַתֶּם לָשֶׁבֶת בְּבָתֵּיכֶם סְפוּנִים וְהַבַּיִת הַזֶּה חָרֵב׃

⁴ ¿Es acaso para vosotros tiempo de habitar en vuestras casas artesonadas, mientras esta Casa está en ruinas?

La palabra de Yahvé se opone en Ag 1, 4 al discurso del pueblo (¡no es aún tiempo de edificar la casa de Yahvé…!), y a fin de dar más importancia a la antítesis se ha repetido en 1, 3 la fórmula "la palabra de Yahvé vino a Ageo el profeta así…", a fin de apelar a la conciencia del pueblo. De esa manera, la palabra de Dios en 1, 4 se opone al discurso del pueblo.

Con estas palabras (¿es para vosotros tiempo de habitar en casas artesonadas, mientras la Casa de Yahvé está en ruinas...?) Dios apela a la conciencia del pueblo. Para fortalecer el pronombre se añade אתם (cf. Gesenius, 121, 3). סְפוּנִים, *sephūnīm*, sin artículo se conecta con el nombre en forma de aposición: en vuestras casas que están "artesonadas", es decir, que están cubiertas con maderas costosas. Esas eran las casas de los ricos y de los hombres más distinguidos (cf. Jer 22, 14; 1 Rey 7, 7). Vivir en esas casas era, por tanto, un signo de lujo y de comodidad. והבית וגו es una frase circunstancial, que debería haberse concretado "mientas que esta casa...". Con esta pregunta, el profeta corta de raíz toda excusa sobre el tiempo oportuno y sobre la opresión que han sufrido, como si ello no les permitiera reedificar el templo. Si ellos vivían en casas confortables recubiertas de madera, su condición político social no podía ser tan opresora, de forma que no podían encontrar excusa suficiente para abandonar la edificación del templo.

Incluso si esa edificación hubiera estado prohibida por un edicto de Pseudo Esmerdis, como muchos comentaristas deducen de Esd 4, 8-24, el reinado de este usurpador solo duró unos pocos meses; y con su derrocamiento y el ascenso al trono de Darío Histaspes se había dado un cambio en las instancias del gobierno, y ese cambio podía haber inducido a los jefes de Judá a dar pasos ante el nuevo rey para asegurar la revocación de aquel edicto, y para así cumplir el mandamiento anterior de Ciro, si es que ellos tuvieran voluntad firme de reconstruir la casa de Dios, como la tuvo David (cf. 2 Sam 7, 2; Sal 132, 2-5).

1, 5-6.

⁵ וְעַתָּ֕ה כֹּ֥ה אָמַ֖ר יְהוָ֣ה צְבָא֑וֹת שִׂ֥ימוּ לְבַבְכֶ֖ם עַל־דַּרְכֵיכֶֽם
⁶ זְרַעְתֶּ֨ם הַרְבֵּ֜ה וְהָבֵ֣א מְעָ֗ט אָכ֤וֹל וְאֵין־לְשָׂבְעָה֙ שָׁת֣וֹ
וְאֵין־לְשָׁכְרָ֔ה לָב֖וֹשׁ וְאֵין־לְחֹ֣ם ל֑וֹ וְהַ֨מִּשְׂתַּכֵּ֔ר מִשְׂתַּכֵּ֖ר אֶל־צְר֥וֹר נָקֽוּב׃ פ

⁵ Pues así ha dicho Yahvé de los ejércitos: Meditad bien sobre vuestros caminos. ⁶ Sembráis mucho, pero recogéis poco; coméis, pero no os saciáis; bebéis, pero no quedáis satisfechos; os vestís, pero no os calentáis; y el que trabaja a jornal recibe su salario en saco roto.

1, 5. Tras haber refutado la insostenible razón de la excusa, Ageo llama la atención sobre la maldición con la que Dios ha maldecido y aún maldice a su pueblo por el olvido de su casa. שימו לבבכם es una fórmula favorita de Ageo (cf. 2, 7.15.18): poner el corazón sobre los propios caminos, es decir, considerar la conducta propia, y tomarla en serio. Los caminos son la conducta que se sigue, con sus resultados. Así lo ha indicado correctamente J. H. Michaelis: "vuestras decisiones y acciones, con sus consecuencias".

La construcción del templo

1, 6. Con sus acciones ellos no han alcanzado la bendición de Dios: han sembrado mucho, pero han recogido poco en los graneros. הבא, infinitivo absoluto: recoger lo cosechado o llevarlo a casa. Lo que aquí se dice no debe restringirse a las dos últimas cosechas que ellos han tenido durante el reinado de Darío, como supone Koehler, sino que se aplica, como dice 2, 15-17, a las cosechas de bastantes años, que han sido muy escasas.

El infinitivo absoluto, que se ha utilizado en el lugar del verbo finito y que está determinado por él, continúa influyendo en las frases que siguen, con אכול etc. El significado de esa frase no es que la pequeña cosecha no ha sido suficiente para alimentar y vestir de un modo suficiente al pueblo, de manera que ellos tuvieran suficiente comida y vestido, como suponen Maurer y Hitzig, sino que incluso en lo poco que tenían les había faltado la bendición de Dios, como es evidente no solo por las palabras en sí mismas, sino por lo que sigue diciendo Ag 1, 9[102].

Lo que comen y beben no les resulta suficiente para satisfacerlos. Los vestidos que ellos tejen no les dan calor, y los productos que han ganado con días intensos de trabajo se desvanecen inmediatamente, como si hubieran sido colocados en un saco sin fondo, lleno de agujeros (cf. Lev 26, 26; Os 4, 10; Miq 6, 14). לו tras לחם se refiere a las personas que se visten y no se calientan, y ha de explicarse desde la frase: חם לי, "me caliento" (1 Rey 1, 1-2, etc.).

1, 7-8

⁷ כֹּה אָמַר יְהוָה צְבָאוֹת שִׂימוּ לְבַבְכֶם עַל־דַּרְכֵיכֶם׃
⁸ עֲלוּ הָהָר וַהֲבֵאתֶם עֵץ וּבְנוּ הַבָּיִת וְאֶרְצֶה־בּוֹ (וְאֶכָּבֵד)
[וְאֶכָּבְדָה] אָמַר יְהוָה׃

⁷ Así ha dicho Yahvé de los ejércitos: Poned en vuestros corazones vuestros caminos.
⁸ Subid al monte, traed madera y reedificad la Casa; yo me complaceré en ella y seré glorificado, ha dicho Yahvé.

Tras la alusión a la visita de Dios, el profeta repite la amonestación anterior, exigiendo que los judíos "pongan en su corazón" (mediten) en el sentido de su conducta y escojan el camino que es agradable a Dios. En este caso, הָהָר, *hâhâr* (la montaña, 1, 8) no es una montaña particular, como podría ser la del templo (Grotius, Maurer, Rosenmüller), ni el Líbano (Cocceius, Ewald, etc.), pues el

---

102. Calvino y Osiander ven en 1, 6 una doble maldición. (a) Una porque Dios maldice a los hombres de dos formas. Una al privarles de sus bendiciones, pues la tierra está seca y el cielo no ha dado lluvia. (b) Y otra porque, aunque se haya dado una buena cosecha de frutos de la tierra, Dios les ha impedido que puedan disfrutarlos de un modo conveniente. Sucede a veces que los hombres recogen lo que hubiera sido suficiente para la comida, pero, a pesar de ello, se sienten siempre hambrientos. Esta maldición se expresa de un modo más claro cuando Dios priva al pan y al vino de su fuerza, de forma que por más que los hombres coman y beban carecen de fuerza.

artículo se emplea de un modo genético, de forma que *hâhâr* es simplemente el lugar en el que crece la madera (cf. Neh 8, 15).

Cortar madera para la edificación es una forma de concretar la exigencia de proveerse de materiales para la construcción, de manera que no se puede concluir, como han hecho algunos rabinos, diciendo que los muros del templo habían quedado intactos, de manera que solo había que renovar el maderamen. Esa inferencia va en contra no solo del hecho de que se diga que es preciso poner los fundamentos del templo (Ag 2, 18; Esd 3, 10), sino también en contra de la referencia expresa que se incluye en el informe que el gobernador provincial envía al rey Darío en Esd 5, 8, diciéndole que la casa del Dios Grande ha sido edificada con piedras cuadradas, y que las vigas han sido colocadas en los muros.

וְאֶרְצֶה־בּוֹ, *de esa forma me complaceré en ella (la casa)*, pues durante el tiempo en que yacía en ruinas Dios estaba enojado con ella. וְאֶכָּבֵד, y yo me glorificaré, es decir, en mi pueblo, haciendo que mi bendición fluya de nuevo hacia los judíos. El *kere* וְאִכָּבְדָה es una enmienda innecesaria, pues aunque pudiera utilizarse en este caso un modo "voluntativo" (cf. Ewald, 350, a), ello no se requería, y no ha sido bien empleado, pues no es necesario para ארצה, por la simple razón de que los verbos en לה no admiten fácilmente esa forma (Ewald, 228, a), y también porque no se emplea en otros casos, en circunstancias semejantes (cf. Zac 1, 3)[103]. Ewald y Hitzig proponen esta traducción, "para que yo me pueda sentir honrado", mientras que Maurer y Rückert traducen en pasiva "a fin de que yo pueda ser honrado". Pero esas traducciones no están en armonía con el contexto, pues de lo que aquí se habla es de que Dios volverá a gozarse una vez más con el pueblo y de que le ofrecerá de nuevo sus bendiciones. El carácter predominante de este pensamiento resulta evidente por la descripción más elaborada que sigue en 1, 9-11, con la visita de Dios, que se muestra en la escasez de las cosechas y en la sequía.

1, 9-11

⁹ פָּנֹה אֶל־הַרְבֵּה וְהִנֵּה לִמְעָט וַהֲבֵאתֶם הַבַּיִת וְנָפַחְתִּי בוֹ יַעַן מֶה נְאֻם יְהוָה צְבָאוֹת יַעַן בֵּיתִי אֲשֶׁר־הוּא חָרֵב וְאַתֶּם רָצִים אִישׁ לְבֵיתוֹ:
¹⁰ עַל־כֵּן עֲלֵיכֶם כָּלְאוּ שָׁמַיִם מִטָּל וְהָאָרֶץ כָּלְאָה יְבוּלָהּ:
¹¹ וָאֶקְרָא חֹרֶב עַל־הָאָרֶץ וְעַל־הֶהָרִים וְעַל־הַדָּגָן וְעַל־הַתִּירוֹשׁ וְעַל־הַיִּצְהָר וְעַל אֲשֶׁר תּוֹצִיא הָאֲדָמָה וְעַל־הָאָדָם וְעַל־הַבְּהֵמָה וְעַל כָּל־יְגִיעַ כַּפָּיִם: ס

---

103. Algunos talmudistas tardíos se han referido en esta caso a la letra ה (la quinta del alefato) como numeral, en el sentido de 5, para indicar que en el segundo templo había cinco cosas que faltaban: (1) el arca de la alianza con los querubines; (2) el fuego sagrado; (3) la *sekinah*; (4) el Espíritu Santo; (5) los *urim y tummim* (cf. Talmud de Babilonia, Joma 21b, con comentarios de Sal. ben Melech y Miclal Jophi sobre Ag 1, 8).

⁹ Buscáis mucho, pero halláis poco; lo que guardáis en casa yo lo disiparé con un soplo. ¿Por qué?, dice Yahvé de los ejércitos. Porque mi Casa está desierta, mientras cada uno de vosotros corre a su propia casa. ¹⁰ Por eso los cielos os han negado la lluvia, y la tierra retuvo sus frutos. ¹¹ Yo llamé la sequía sobre esta tierra y sobre los montes, sobre el trigo, sobre el vino, sobre el aceite, sobre todo lo que la tierra produce, sobre los hombres y sobre las bestias, y sobre todo trabajo de sus manos.

1, 9. El sentido es evidente por el contexto. El infinitivo absoluto פָּנֹה, *pānōh*, introduce un discurso lleno de emoción, en lugar del perfecto, y como muestra la frase que sigue ha de entenderse como segunda persona del plural: habéis deseado con fuerza, vuestros ojos se han dirigido hacia una rica cosecha, y והנה־למעט, mirad, habéis obtenido muy poco; habéis llevado a casa la cosecha, pero yo he soplado sobre ella, y mirad, ha sido como paja que lleva el viento, de forma que no ha quedado nada. Aquí estamos de nuevo ante una maldición doble, como la de 1, 6: en lugar de mucho solo se ha recogido muy poco, y lo poco que habéis recogido se ha disipado, sin lograr nada bueno.

A esta presentación de la maldición, el profeta añade la pregunta: יען מה ¿por qué? es decir ¿por qué ha sucedido eso? Y lo hace así para que el tema pueda dejar más impresión en sus mentes endurecidas. Por la misma razón, él inserta, una vez más, entre la pregunta y la respuesta, unas palabras (así dice Yahvé de los ejércitos) a fin de que la respuesta no se pueda confundir con una visión subjetiva, sino que llegue hasta el fondo de sus corazones como una declaración de Dios que gobierna el mundo.

La elección de la forma מֶה, en lugar de מָה, se debe probablemente al sonido gutural de la ע en יען, que está muy conectado con lo anterior, como lo muestra el uso análogo de עַל־מֶה עַל־מָה en Is 1, 5; Sal 10, 13 y Jer 16, 10, donde sigue una palabra que comienza con ע como en Dt 29, 23; 1 Rey 9, 8 y Jer 22, 8. Los primeros casos no han sido recogidos por Ewald en su *Lehrbuch* (cf. 182, b).

En la respuesta dada por Dios, las palabras "en cuanto a mi casa" (יַעַן בֵּיתִי, *yaʿan bēthī*) están colocadas al principio, a causa del énfasis, y sigue luego la explicación más precisa del tema. אֲשֶׁר הוּא, en el sentido de "porque él", no "para que ello". ואתם וגו es una frase circunstancial. לביתו ... רצים, no "cada uno corre a su casa", sino que se preocupa de su casa, con ל indicando la finalidad de ese ocuparse (correr), como en Is 59, 7 y Prov 1, 16. "Cuando se trataba de la Casa de Dios no se movían, pero lo hacían cuando se trataba de sus propias casas" (Koehler).

1, 10-11. Describe de un modo más preciso la maldición con la que Dios castiga a los que olvidan su Casa, con un evidente juego de palabras sobre los castigos con los que se amenaza a los transgresores en la ley (Lev 26, 19-20; Dt 11, 17 y 28, 23-24). עליכם no es un *dat. incommodi* (Hitzig), que nunca se emplea con על, pues על se utiliza en sentido de causa, "a causa de vosotros" (caldeo) o en sentido local, "sobre vosotros", en analogía con Dt 28, 23, שמיך אשר על ראשך, en el sentido de "los cielos se cerrarán sobre vosotros" (Rosenmüller, Koehler). Es imposible decidir con certeza entre esos dos sentidos.

En contra del primer sentido se puede objetar el hecho de que "a causa de vosotros" sería superfluo después del עַל־כֵּן. Pero esa objeción no tiene más fuerza que la propuesta por Hitzig en contra de la segunda, suponiendo que מֵעַל significa *super*, sobre. La primera explicación no es tautológica, pues la palabra עֲלֵיכֶם, escrita enfáticamente al comienzo, concede más intensidad a la amenaza: "a causa de vosotros", pues vosotros solo os preocupáis de vuestras propias casas, por eso, los cielos niegan su rocío a la tierra. Por lo que se refiere a la segunda explicación, מֵעַל solo se requeriría en el caso de que עֲלֵיכֶם se tomara como un objeto sobre sobre el que debería caer el rocío de arriba.

כָּלָא no es "cerrarse", sino que, en un sentido transitivo, tiene el significado derivado de rechazar o negar, de dejar fuera. Por su parte, מִטָּל, *mittâl,* no tiene el sentido partitivo de "quitar una parte del rocío", pues la *mem* tiene un sentido privativo: privar de rocío, que no haya más rocío. En esa línea es imposible tomar מִטָּל, *mittâl,* como un objeto, para dejar fuera el rocío, en analogía con Num 24, 11 (Hitzig), pues no tenemos aquí un acusativo de persona, y en la frase paralela כָּלָא se construye con un *accus. rei* (acusativo de realidad).

וָאֶקְרָא en 1, 11 sigue dependiendo de עַל־כֵּן. La palabra חֹרֶב, *chōrebh,* en el sentido de sequía, estrictamente hablando solo se aplica a la tierra y a los frutos del campo, pero ella se transfiere a los hombres y a las bestias, a causa de que la sequía, cuando viene sobre toda la vegetación, afecta también a los hombres y a las bestias, y por eso ella puede aplicarse a toda la vegetación, incluyendo hombres y bestias. Por eso, aquí puede entenderse en sentido general de devastación.

Esta palabra ha sido cuidadosamente escogida para expresar la idea del talión, *lex talionis*. Dado que los judíos han dejado *chârēbh* la casa de Dios, ellos serán castigados con *chōrebh.* Las últimas palabras tienen un sentido general: "todo trabajo de sus manos" se refiere al cultivo del suelo y a la preparación de las cosas que son necesarias para vivir.

1, 12-15. Resultado del reproche

¹² וַיִּשְׁמַ֣ע זְרֻבָּבֶ֣ל ׀ בֶּֽן־שַׁלְתִּיאֵ֡ל וִיהוֹשֻׁ֣עַ בֶּן־יְהוֹצָדָק֩ הַכֹּהֵ֨ן הַגָּד֜וֹל וְכֹ֣ל ׀ שְׁאֵרִ֣ית הָעָ֗ם בְּקוֹל֙ יְהוָ֣ה אֱלֹֽהֵיהֶ֔ם וְעַל־דִּבְרֵי֙ חַגַּ֣י הַנָּבִ֔יא כַּאֲשֶׁ֥ר שְׁלָח֖וֹ יְהוָ֣ה אֱלֹהֵיהֶ֑ם וַיִּֽירְא֥וּ הָעָ֖ם מִפְּנֵ֥י יְהוָֽה׃
¹³ וַ֠יֹּאמֶר חַגַּ֞י מַלְאַ֧ךְ יְהוָ֛ה בְּמַלְאֲכ֥וּת יְהוָ֖ה לָעָ֣ם לֵאמֹ֑ר אֲנִ֥י אִתְּכֶ֖ם נְאֻם־יְהוָֽה׃
¹⁴ וַיָּ֣עַר יְהוָ֡ה אֶת־רוּחַ֩ זְרֻבָּבֶ֨ל בֶּן־שַׁלְתִּיאֵ֜ל פַּחַ֣ת יְהוּדָ֗ה וְאֶת־ר֙וּחַ֙ יְהוֹשֻׁ֤עַ בֶּן־יְהוֹצָדָק֙ הַכֹּהֵ֣ן הַגָּד֔וֹל וְֽאֶת־ר֖וּחַ כֹּ֣ל שְׁאֵרִ֣ית הָעָ֑ם וַיָּבֹ֙אוּ֙ וַיַּעֲשׂ֣וּ מְלָאכָ֔ה בְּבֵית־יְהוָ֥ה צְבָא֖וֹת אֱלֹהֵיהֶֽם׃ פ
¹⁵ בְּי֨וֹם עֶשְׂרִ֧ים וְאַרְבָּעָ֛ה לַחֹ֖דֶשׁ בַּשִּׁשִּׁ֑י בִּשְׁנַ֣ת שְׁתַּ֔יִם לְדָרְיָ֖וֶשׁ הַמֶּֽלֶךְ׃

La construcción del templo

¹² Entonces Zorobabel hijo de Salatiel, y Josué hijo de Josadac, el sumo sacerdote, y todo el resto del pueblo oyeron la voz de Yahvé, su Dios, y las palabras del profeta Ageo, tal como le había encargado Yahvé, su Dios; y temió el pueblo delante de Yahvé. ¹³ Entonces Ageo, el enviado de Yahvé, habló por mandato de Yahvé al pueblo, diciendo: Yo estoy con vosotros, dice Yahvé. ¹⁴ Así despertó Yahvé el espíritu de Zorobabel hijo de Salatiel, gobernador de Judá, y el espíritu de Josué hijo de Josadac, el sumo sacerdote, y el espíritu de todo el resto del pueblo. Ellos fueron y comenzaron a trabajar en la casa de Yahvé de los ejércitos, su Dios. ¹⁵ Era el día veinticuatro del mes sexto del segundo año del rey Darío.

1, 12. Todo el resto del pueblo no significa toda la nación de Israel, en contra de lo que piensa Koehler, citando a su favor a Jer 39, 3 y a 1 Cron 12, 38, tanto al referirse a este pasaje como a Ab 1, 14 y 2, 2, pues ni Zorobabel como gobernador ni Josué como sumo sacerdote están incluidos bajo la idea de todo el pueblo (*'âm*), en general, sino que ellos aparecen como *she'ērīth*, un resto de Israel. Como en Zac 8, 6, el "resto del pueblo" es aquella porción de la nación que ha vuelto del exilio, como una especie de semilla de la nación, que antes había sido mucho más grande. שמע בקול, escuchar la voz, esto es, disponer el corazón para obedecer aquello que se ha escuchado. La expresión בקול יי se define de manera mucho más detallada por דברי וגו׳על־: "Y ciertamente de acuerdo con las palabras de Ageo, respondiendo al hecho de que Dios le había enviado". Esta última frase se refiere a דברי, es decir, a las palabras que él tenía que hablar, de acuerdo con el mandamiento de Dios (Hitzig); cf. Miq 3, 4.

1, 13-14. El primer fruto que produce la escucha de la palabra, mencionada en 1, 12, es el hecho de que el pueblo tema a Yahvé, tal como se menciona en 1, 14: el pueblo retoma la construcción del templo de Dios que había estado abandonado. El hecho de temer a Yahvé significa que ellos reconocieron su pecado contra Dios, y así confirmaron que la sequía era una consecuencia de haber abandonado a Dios.

El Señor respondió con su asistencia a esa actitud penitencial de parte del pueblo y de sus gobernantes, para potenciar su buena disposición y convertirla en determinación y realización, a través de la colaboración de Zorobabel y Josué. En 1, 13 al profeta se le llama מלאך que es "mensajero" (no "ángel," en el sentido más preciso de la palabra, como la entendieron muchos Padres de la Iglesia), es decir, enviado de Yahvé para el pueblo, para dar a conocer al pueblo la voluntad de Dios (cf. Mal 2, 7, donde se le aplica el mismo epíteto al sacerdote).

Como mensajero de Yahvé, Ageo habla por mandato de Yahvé, y no en su propio nombre, ni por su propio impulso. אני אתכם, yo estoy con vosotros, yo os ayudaré, de manera que removeré todos los obstáculos que se interpongan en el camino de la edificación del templo (cf. Ag 2, 4). Esta promesa de Yahvé se cumplió ante todo dando a Zorobabel, a Josué y al pueblo, la voluntad para realizar la obra. העיר רוח, despertar el espíritu en un hombre, es decir, darle el deseo y la alegría de realizar lo que ha resuelto (cf. 1 Cron 5, 26; 2 Cron 21, 16; Esd 1, 1.5).

1, 15. Llenos así de alegría, de coraje y fuerza, ellos comenzaron el trabajo el día... es decir, 23 días después de que Ageo hubiera proclamado su primer discurso. Ese intervalo de tiempo se gastó en deliberaciones y consejos, y en la preparación para comenzar la obra. En algunas ediciones y en unos pocos manuscritos (cf. en Kennicott, en la edición de los LXX de Tischendorf, en la Itala y en la Vulgata), Ag 1, 15 va unido al próximo capítulo. Pero eso es incorrecto, porque las afirmaciones cronológicas de Ag 1, 15 y 2, 1 son irreconciliables entre sí. Ag 1, 5 va tan unido a 1, 14 que podría tomarse como segunda parte de ese verso.

AGEO 2, 1-23.
GLORIA DEL NUEVO TEMPLO Y BENDICIÓN DEL PUEBLO

Este capítulo contiene tres palabras de Dios que Ageo proclamó ante el pueblo el mes 7 y el 9 del año segundo de Darío, para animar a los judíos en su celo por la edificación del templo, para evitar así todo desánimo. La primera de estas palabras (2, 1-9) se refiere a la relación en la que el nuevo templo ha de estar con el primero, y fue proclamada solo unas semanas después de comenzar las obras.

2, 1-9. La Gloria del nuevo templo

2, 1-2

בַּשְּׁבִיעִ֕י בְּעֶשְׂרִ֥ים וְאֶחָ֖ד לַחֹ֑דֶשׁ הָיָה֙ דְּבַר־יְהוָ֔ה בְּיַד־חַגַּ֥י הַנָּבִ֖יא לֵאמֹֽר׃ ¹
אֱמָר־נָ֗א אֶל־זְרֻבָּבֶ֤ל בֶּן־שַׁלְתִּיאֵל֙ פַּחַ֣ת יְהוּדָ֔ה וְאֶל־יְהוֹשֻׁ֧עַ ²
בֶּן־יְהוֹצָדָ֛ק הַכֹּהֵ֥ן הַגָּד֖וֹל וְאֶל־שְׁאֵרִ֥ית הָעָ֖ם לֵאמֹֽר׃

¹ En el mes séptimo, a los veintiún días del mes, llegó esta palabra de Yahvé por medio del profeta Ageo: 2 Habla ahora a Zorobabel hijo de Salatiel, gobernador de Judá, y a Josué, el sumo sacerdote, hijo de Josadac, y al resto del pueblo, y diles:

"Habla al resto del pueblo...", es decir, al conjunto de la congregación que ha vuelto del exilio. Mientras que la primera llamada se dirigía solo a Zorobabel y a Josué (cf. Introducción a 1, 1), aunque se aplicaba a toda la nación, esta segunda llamada se dirige directamente a todo el pueblo.

La primera vez, en el segundo año, tras la vuelta del exilio de Babilonia, cuando se pusieron los fundamentos del templo que debía ser reconstruido, durante el reinado de Ciro, muchos ancianos que habían visto el viejo templo de Salomón, antes de ser destruido, lloraban de tristeza al ver el nuevo (Esd 3, 10). De un modo semejante, también ahora parece que se extendió entre el pueblo y sus jefes un sentimiento semejante de tristeza y desesperación, durante el reinado de Darío, de forma que surgieron dudas sobre si el edificio era agradable a Dios y debía ser construido.

La ocasión para esa tristeza no debe buscarse, como Hitzgig supone, en el hecho de que se pusieran objeciones a la continuación del edificio (Esd 5, 3), y

Ageo 2, 1-2

en el hecho de que prevaleciera la opinión de aquellos que pensaban que las obras debían detenerse hasta que llegara la autorización del rey. Esta opinión no se apoya en modo alguno en nuestra profecía, ni en el relato del libro de Esdras, ni en el hecho de que el gobernador y sus consejeros, que habían hecho investigaciones sobre el mandato de construir el templo, no mandaran que se detuviera mientras enviaban un informe del tema al rey (Esd 5, 5).

Más aún, la conjetura de que el pueblo quedara dominado por un sentimiento de tristeza, cuando avanzaban las obras, cuando pudieron comparar el nuevo templo con el antiguo (Hengstenberg), no resulta suficiente ni convincente, pues eso no basta para explicar el cambio en los sentimientos del pueblo.

Por otra parte, en tres semanas y media, el edificio no podía hallarse tan avanzado como para que se pudieran hacer comparaciones con el antiguo (un tema al que se refiere Esd 3, 12). Ciertamente, pudo verse desde el principio que el nuevo edificio no tendría la gloria externa del antiguo, aunque se le pudiera comparar. La razón para el nuevo sentimiento parece provenir del hecho de que, terminado el primer entusiasmo por la obra que estaban realizando, llegó el momento en que pudieron contemplar con calma la marcha general del asunto, y les dominó el desencanto. Esta explicación viene sugerida por el tiempo en que el profeta proclamó ante la consagración la segunda palabra de Dios.

El día 21 del séptimo mes era el día séptimo de la fiesta de los Tabernáculos (cf. Lev 23, 34), gran festividad para el regocijo, un tiempo en que el pueblo tenía que dar gracias a Dios por la ayuda que le había ofrecido guiándole por el desierto, y por la bendición de los frutos del campo, que culminaban con la recolección de todos los frutos de los huertos y por la vendimia ya realizada, unidos a los numerosos sacrificios cruentos y a otros sacrificios que debían realizarse en el templo (cf. mi *Biblische Archologie*, i. p. 415 ss.).

Fue la celebración de esta fiesta, tras una cosecha muy miserable, lo que les llevó a pensar que la edificación del templo no parecía signo de una bendición de Dios, de manera que los israelitas sintieron tristeza al contemplar la situación actual de gran escasez con la situación de tiempos anteriores, cuando ellos podían reunirse en los patios de la casa del Señor, y se regocijaban con las bendiciones de su gracia, en medio de abundantes comidas sacrificiales.

En este momento ellos podían pensar, desde su gran escasez, que el templo nunca sería lugar de abundancia de comidas y de ofrendas sacrificiales. En esa situación ellos podían recordar las profecías en las que Isaías y Ezequiel habían prometido que la riqueza de nuevo templo y sus ofrendas serían mucho mayores que la del templo antiguo.

En esta situación de gran de gran escasez, ellos podían pensar que el nuevo templo no sería más que una miserable choza... Por eso fue necesario el nuevo celo profético de Ageo, a fin de que el ánimo de los nuevos constructores no se enfriara del todo. Por eso, el profeta les anunció la nueva palabra de Dios, con el

Gloria del nuevo templo y bendición del pueblo

fin de ofrecerles consuelo en este momento diciéndoles lo que sigue en los nuevos versos, que comienzan así en 2, 3-5.

2, 3-5

³ מִי בָכֶם הַנִּשְׁאָר אֲשֶׁר רָאָה אֶת־הַבַּיִת הַזֶּה בִּכְבוֹדוֹ
הָרִאשׁוֹן וּמָה אַתֶּם רֹאִים אֹתוֹ עַתָּה הֲלוֹא כָמֹהוּ כְּאַיִן בְּעֵינֵיכֶם:
⁴ וְעַתָּה חֲזַק זְרֻבָּבֶל ׀ נְאֻם־יְהוָה וַחֲזַק יְהוֹשֻׁעַ בֶּן־יְהוֹצָדָק
הַכֹּהֵן הַגָּדוֹל וַחֲזַק כָּל־עַם הָאָרֶץ נְאֻם־יְהוָה וַעֲשׂוּ כִּי־אֲנִי
אִתְּכֶם נְאֻם יְהוָה צְבָאוֹת:
⁵ אֶת־הַדָּבָר אֲשֶׁר־כָּרַתִּי אִתְּכֶם בְּצֵאתְכֶם מִמִּצְרַיִם וְרוּחִי
עֹמֶדֶת בְּתוֹכְכֶם אַל־תִּירָאוּ:

³ ¿Quién queda entre vosotros que haya visto esta Casa en su antiguo esplendor? ¿Cómo la veis ahora? ¿No es ella como nada ante vuestros ojos? ⁴ Pues ahora, Zorobabel, anímate, dice Yahvé; anímate tú también, sumo sacerdote Josué hijo de Josadac; cobrad ánimo, pueblo todo de la tierra, dice Yahvé, y trabajad, porque yo estoy con vosotros, dice Yahvé de los ejércitos. ⁵ Según el pacto que hice con vosotros cuando salisteis de Egipto, así mi espíritu estará en medio de vosotros, no temáis.

2, 3. Admitiendo la pobreza del nuevo edificio en comparación con el antiguo, el profeta les exhorta a continuar la obra con ánimo y les promete que el Señor estará con ellos, cumpliendo las promesas que había prometido. La promesa de 2, 3 se dirige a los más ancianos, que habían visto el templo de Salomón con toda su gloria. Debería haber aún muchos hombres como ellos, viviendo todavía, pues solo habían pasado 67 o 68 años desde la destrucción del primer templo.

הנשאר es el predicado del sujeto מי, y tiene artículo, pues está definido por la acción refleja de la frase de relativo que sigue (cf. Ewald, 277, a). La segunda pregunta es: ומה וגו אתם, *et qualem videtis*: ¿Y en qué condición la veis ahora? Esta pregunta establece la comparación respecto al templo anterior, en la gloria que tenía antes de su destrucción.

Sigue entonces la pregunta הלוא, que confirma y ratifica la diferencia entre las dos casas, con una frase, כמהו כאין, que ha sido interpretada de muy diversas formas, partiendo del doble uso que el כ puede tener en las comparaciones, doble uso común al que se puede responder a nuestra manera diciendo "¿no os parece cómo…? Pero en este caso, en la línea de Gen 18, 25 y 44, 18, debemos decir que el objeto de la comparación viene después, en este sentido: "En comparación a la anterior, así es esta casa: Como si no tuviera existencia", es decir: "Como no existiendo (como no siendo nada) así es esta casa ante vuestros ojos".

En esa línea, Koehler ofrece esta valiosa reflexión: si כמהו se entendiera según el modelo de Joel 2, 2, en el sentido de "es igual a una que no existiera" tendríamos el significado inaceptable de que lo que se compara a algo que es "nada" no es el templo como tal, sino algo que es como el templo. Incluso en Gen 44, 18, donde según Ewald tenemos una comparación muy parecida a la nuestra, no es un hombre como José el que se compara al faraón, sino que el que se compara es el mismo José. Eso significa que lo que se parece a "nada" no es algo como este templo que se está construyendo, sino el mismo nuevo templo, que en comparación con el antiguo parece que no es nada, que no tiene ni existencia.

2, 4. A pesar de ello, los constructores no tienen que descorazonarse, sino ser fuertes y confiar en lo que hacen. Por eso se repite por tres veces la palabra חֲזַק, que significa "ser fuertes", no perder el coraje, sino tener ánimo para continuar realizando la obra, como en Rut 2, 19 y Prov 31, 13. Se trata, pues, de continuar la obra de la construcción con todo ánimo, sin necesidad de suplir la palabra מלאכה de Ag 1, 14, porque Yahvé estará con ellos (cf. Ag 1, 13).

2, 5. Para confirmar su promesa, el Señor añade que el pacto (la palabra) que él mismo les ofreció al sacarlos de Egipto continuará con ellos, lo mismo que su espíritu. La palabra (אֶת־הַדָּבָר, *'eth-haddâbhâr*) no puede ser ni el acusativo de objeto del verso precedente, 2, 4 (עָשׂוּ, *'äsü*), ni el acusativo de ningún otro verbo que podemos escoger o suplir, con la preposición *'ēth*, con, o un acusativo de norma o medida (Lutero, Calvino y otros). Esa palabra no puede conectarse con *'äsü*.

Lo que ellos deben cumplir ahora no es la palabra que prometieron al Señor al realizar el pacto, sino la obra que han comenzado, es decir, la construcción del templo; eso es lo que han de seguir realizando. Es perfectamente arbitrario suplir el verbo *zikhrü*, recordar (Ewald y Hengstenberg), y entender al profeta como alguien que les "recuerda", diciendo: "no temas" (Ex 20, 17-20).

La palabra "no temas", con la que Moisés (no Dios) infundió coraje al pueblo, que estaba alarmado por los terribles fenómenos con los que Yahvé descendió al Sinaí no es tan importante y conocida como para que Ageo pudiera ponerla en el centro del texto, sin más introducción, para añadir que Yahvé había establecido con ellos su alianza, diciendo *no temáis* cuando vino sobre el Sinaí, tras la salida de Egipto.

La palabra que el Señor estableció como pacto con Israel cuando los sacó de Egipto solo puede ser la promesa de establecer con ellos una alianza, para cuyo cumplimiento Dios mismo se ligaba con el pueblo, es decir, la promesa de convertir a Israel en su propiedad entre todas las naciones (Ex 19, 5-6; Dt 7, 6; cf. Jere 7, 22-23 y 11, 4). Ciertamente, con esto podría concordar el hecho de tomar la palabra *'ēth* como acusativo de norma, y conectarla con el conjunto del texto como si fuera una preposición, pero solo en el caso de que ello estuviera de acuerdo con las normas del lenguaje hebreo. Pero aunque en hebreo se utiliza con frecuencia el acusativo, en un contexto de libre subordinación, para expresar de un modo más preciso la relación de medida y tamaño, de espacio y tiempo, de modo y manera (cf. Ewald, 204-206), resulta imposible encontrar en toda la

Biblia, en esa línea, un acusativo de norma, como el que aquí se presupone, y en especial, cuando tenemos un *'ēth* precediendo a ese acusativo.

En ese caso, si *'ēth* fuera una preposición en vez de אתכם, deberíamos encontrar aquí un עמכם, sobre todo teniendo en cuenta el hecho de que הדבר את־, como paralelo אתכם, convertiría al conjunto de texto en algo ininteligible, contrario al uso del lenguaje. El pensamiento que Ageo quiere evidentemente expresar requiere que הַדָּבָר, *haddâbhâr*, se sitúe en la misma línea que וְרוּחִי, *rūchī*, de forma que אֶת־הַדָּבָר, *'ēth-haddâbhâr* sea el sujeto de עֹמֶדֶת, *ōmedeth*, de forma que la partícula *'ēth* se utilice simplemente para vincular esta declaración con la precedente, y para situarla en relación con la que sigue, con el sentido de "por lo que respecta a", *quoad* (Ewald, 277, d, pp. 683-4).

Por eso, en este caso, la elección del acusativo puede explicarse como un tipo de "atracción relacional" (como en latín, *urbem quam statuo vestra est*, la ciudad que constituyo es vuestra), como supone Hitzig, o como medio para unir las dos construcciones, como afirma Koehler. En otras palabras, Ageo quiere escribir את־הדבר ורוחי העמדתי (y mi palabra y espíritu, que están en medio de vosotros...), pero tuvo que alterar la construcción a causa de la cláusula de relativo (וגו כרתי אשר) vinculándola a הדבר.

De un modo consecuente, en cuanto predicado, עֹמֶדֶת, *ōmedeth* no solo se vincula con *rūchī*, sino también con *haddâbhâr*, en el sentido de tener continuidad y validez. Más aún, conforme al uso posterior del lenguaje, עמד se utiliza en el lugar de קוּם, estar firme (comparar Is 40, 8 con Dan 11, 14). Eso significa que la "palabra", es decir, el pacto por el que Israel es propiedad de Yahvé, y por el que Yahvé es el Dios de Israel, mantiene toda su fuerza. Y no solo eso, esta frase de Ageo afirma que el Espíritu de Dios está actuando todavía en medio de Israel.

Rūăch, en paralelismo con palabra/pacto, contiene el fundamento de la alianza, y no es solo el Espíritu de profecía (caldeo, J. D. Michaelis), ni el Espíritu que llenó en otro tiempo a Besaleel y a sus compañeros (Ex 31, 1; 36, 1), capacitándoles para tallar (construir) el tabernáculo de un modo adecuado y que agradara a Dios (Luc., Osiander, y Koehler), pues ambas visiones son demasiado estrechas. *Rūăch* es aquí el poder divino que acompaña a la palabra de la promesa y que la realiza de un modo creativo, y no es solamente "un tipo de virtud que Dios infunde en sus almas a fin de que ellos no sean vencidos por las tentaciones de orgullo" (Calvino).

Se trata, pues, del Espíritu que actúa en el mundo, y que es capaz de remover todos los obstáculos externos que se opongan a la realización del plan divino de la salvación. Este Espíritu se encuentra todavía actuando en Israel (בְּתוֹכְכֶם, en medio de vosotros). Por eso, ellos no deben temer, a pesar de que el estado de cosas existente no corresponda a las expectativas humanas. La omnipotencia de Dios puede realizar todavía su obra y glorificar su templo. Y esto nos conduce a la promesa siguiente de 2, 6-9, y fundamenta la exhortación que sigue: אַל־תִּירָאוּ, "No temáis".

2, 6-9

⁶ כִּי כֹה אָמַר יְהוָה צְבָאוֹת עוֹד אַחַת מְעַט הִיא וַאֲנִי
מַרְעִישׁ אֶת־הַשָּׁמַיִם וְאֶת־הָאָרֶץ וְאֶת־הַיָּם וְאֶת־הֶחָרָבָה:
⁷ וְהִרְעַשְׁתִּי אֶת־כָּל־הַגּוֹיִם וּבָאוּ חֶמְדַּת כָּל־הַגּוֹיִם וּמִלֵּאתִי
אֶת־הַבַּיִת הַזֶּה כָּבוֹד אָמַר יְהוָה צְבָאוֹת:
⁸ לִי הַכֶּסֶף וְלִי הַזָּהָב נְאֻם יְהוָה צְבָאוֹת:
⁹ גָּדוֹל יִהְיֶה כְּבוֹד הַבַּיִת הַזֶּה הָאַחֲרוֹן מִן־הָרִאשׁוֹן אָמַר
יְהוָה צְבָאוֹת וּבַמָּקוֹם הַזֶּה אֶתֵּן שָׁלוֹם נְאֻם יְהוָה צְבָאוֹת: פ

⁶ Porque así dice Yahvé de los ejércitos: De aquí a poco yo haré temblar los cielos y la tierra, el mar y la tierra seca; ⁷ haré temblar a todas las naciones; vendrá lo más deseado (costoso) de todas las naciones y llenaré de gloria esta Casa, ha dicho Yahvé de los ejércitos. ⁸ Mía es la plata y mío es el oro, dice Yahvé de los ejércitos. ⁹ La gloria de esta segunda Casa será mayor que la de la primera, ha dicho Yahvé de los ejércitos; y daré paz en este lugar, dice Yahvé de los ejércitos.

2, 6. Se han dado diferentes interpretaciones de עוֹד מְעַט אַחַת הִיא. Lutero, Calvino y otros (hasta Ewald y Hengstenberg), siguen al texto caldeo y a la Vulgata, y toman אַחַת como artículo indefinido o como numeral: *adhuc unum modicum est* o *todavía un poco de tiempo de aquí en adelante*. Pero si אַחַת perteneciera a מְעַט como adjetivo numeral, en un sentido o en otro, conforme al orden seguido sin excepción en hebreo (pues אַחַת no es un adjetivo en Dan 8, 13), esa partícula no podría encontrarse delante, sino después de מְעַט.

La diferencia de género impide también esta combinación, dado que מְעַט no se construye nunca en femenino. Por eso, debemos tomar מְעַט הִיא como formando una frase por sí misma, es decir, como una definición más precisa de עוֹד אַחַת. Pero אַחַת, *'achath* no significa "uno" en el sentido de "un tiempo", o un corto espacio de tiempo (Burk, Hitzig, Hofmann). Ni recibe este significado a partir de la frase מְעַט הִיא; ni se puede interpretar de esa manera introduciendo arbitrariamente עֵת. *'Achath* se utiliza en el sentido de "una vez", como en Ex 30, 10; 2 Rey 6, 10; Job 40, 5 (cf. Ewald, 269, b). מְעַט הִיא, un poco, es decir, un corto tiempo, es equivalente a "pronto", es decir, dentro de un poco de tiempo sucederá (cf. Sal 37, 10). Los LXX han traducido correctamente como ἔτι ἅπαξ, pero lo han hecho dejando fuera מְעַט הִיא.

Las palabras "una vez más, de aquí a poco yo haré temblar los cielos" no tienen el sentido que les atribuye Koehler: "Una vez y solo una vez, Yahvé sacudirá los cielos y la tierra, porque en ese caso la partícula עוֹד que está a la cabeza no solo debería cambiar de lugar, sino que pierde el sentido de repetición, o de algo que continúa realizándose desde el presente hacia el futuro, sino que contiene solo una alusión al futuro. De esa forma, עוֹד queda privado de su auténtico significado.

Debemos recordar que, en hebreo, עוד no pierde nunca su sentido primario de repetición, o de algo que vuelve de nuevo, como en el alemán *noch* (aún, una vez más). Esa partícula, עוד, está evocando algo que sucederá en el futuro, pero siempre en referencia a algo anterior.

En esa línea, no se pueden citar textos como 2 Sam 19, 36 o 2 Cron 17, 6, con los que Koehler intenta fundar su visión, sin tener en cuenta que en esos pasajes עוד se utiliza en un sentido muy distinto, con el significado de *excepto* (2 Sam) o de "más aún" (2 Cron). Pues bien, en nuestro caso, esa palabra se utiliza en referencia a la sacudida anterior de la tierra, en el caso del descendimiento de Yahvé sobre el Sinaí, para establecer el pacto con Israel, como ha puesto de relieve correctamente Hebr 12, 26.

Por otra parte, la objeción de Koehler, según la cual el temblor del Éxodo no se extiende más allá del Sinaí y de la región sinaítica, no concuerda con el relato histórico de Ex 19,1 6-18, ni con la descripción poética de Jc 5, 4-5 y Sal 68, 8-9. No solo en las dos descripciones poéticas ya aludidas, sino en Hab 3, 6, la manifestación de Dios sobre el Sinaí viene representada por un temblor o sacudida de toda la tierra, un proceso en el que los poderes del cielo fueron puestos en movimiento y los cielos destilaron agua.

La próxima sacudida del mundo será mucho más violenta, y afectará a los cielos y a la tierra, en todas sus partes, al mar y a la tierra seca, con todas las naciones. Entonces se alterará la condición y forma de ser de toda la creación visible, con la forma de ser de todas las naciones. Esta sacudida del cielo y de la tierra, es decir, de todo el universo, se encuentra conectada con grandes agitaciones políticas, y ella es tan real como la sacudida de las naciones, y no solo la precede y causa (o va al lado de las sacudidas políticas de las naciones), de manera que ella forma parte de la sacudida y temblor de todo el mundo.

En esa línea, los terremotos y el movimiento de los astros/poderes del cielo son heraldos y anuncio de la venida del Señor para juzgar toda la tierra, de forma que no solo se altera la forma externa del mundo existente, sino que el mismo mundo actual quedará convertido al fin en ruinas (Is 24, 18-20), de manera que, a partir del mundo que así muere, serán creados un cielo nuevo y una nueva tierra (Is 65, 17; 66, 22; 2 Ped 3, 10-13).

Según eso, la sacudida del cielo y de la tierra implica una ruptura violenta de las condiciones existentes del universo. Pues bien, de un modo paralelo, la sacudida de todas las naciones solo puede significar que llegará el fin de las condiciones actuales del mundo de las naciones, a través de grandes convulsiones políticas, por las que, como dice Ag 2, 22, el Señor destruirá el trono de todas las naciones, aniquilará su poder y destruirá todos sus medios de guerra, de forma que uno morirá por la espada del otro, a través de guerras y de revoluciones, por las cuales se destruirá el poder del mundo pagano, quedando así aniquilado.

De esto se sigue, que la sacudida de las naciones paganas no puede interpretarse de un modo puramente espiritual, como si indicara solo "el impulso maravilloso y violento por el que Dios moverá a sus elegidos para que formen parte del rebaño de Cristo" (Calvino). No se tratará tampoco, simplemente, del movimiento que se producirá entre las naciones en sentido espiritual, por obra de la predicación del evangelio y de la cooperación del Espíritu Santo.

El impulso dado por la predicación del evangelio y la cooperación del Espíritu Santo, que hará que muchas almas de las naciones deseen la salvación que viene del verdadero Dios, constituye básicamente el fruto de la sacudida de las naciones paganas y no debe identificarse sin más con la venida del חֶמְדַּת כָּל־הַגּוֹיִם, *chemdath kol-haggōyīm*, pues la venida de ese חֶמְדַּת se introduce con וּבָאוּ con una *waw* consecutiva, como una consecuencia de la sacudida de las naciones.

2, 7. La mayoría de los comentaristas ortodoxos de la antigüedad han identificado al חֶמְדַּת כָּל־הַגּוֹיִם, *chemdath kol-haggōyīm* (lo más deseado de todas las naciones), con el Mesías, siguiendo el ejemplo de la Vulgata (*et veniet desideratus gentibus*: y vendrá el deseado de la gentes) y el del mismo Lutero (vendrá la consolación de los gentiles). Pero el plural בָּאוּ va en contra de esa interpretación. Si, por ejemplo, חֶמְדַּת, *chemdath,* fuera el sujeto de la frase, como piensan muchos comentaristas, deberíamos tener el verbo en singular: וּבָא.

Ciertamente, hay casos en los que, habiendo dos nombres en estado constructo, el verbo puede tomar el número no del sujeto, sino del nombre gobernado, pero eso se aplica solo en los casos en que el nombre gobernado contiene la idea principal, de forma que tendríamos una *constructio ad sensum*. Pero en nuestro caso la idea fundamental debería estar formada por *chemdath*, el *Deseado* o la *Consolación*, como nombre del Mesías, y no por *kol-haggōyīm*, como aquí. Teniendo esto en cuenta, Cocceius y Mack han tomado *chemdath* como acusativo de dirección: "a fin de que ellos (es decir, las naciones) puedan llegar al deseado de todas las naciones, es decir, al Cristo.

En contra de esa lectura no se puede objetar (como hace Koehler) que la designación de Cristo como el Deseado de todas las naciones hubiera sido imprecisa e imposible pues en el tiempo de Ageo solo unos pocos paganos conocían algo sobre la esperanza en el Mesías, cosa que era perfectamente ininteligible para sus contemporáneos, y más aún si el sentido del epíteto fuera que los paganos le esperarían en un tiempo futuro (pues ellos no conocían la esperanza de futuro).

Pero esta objeción de Koehler resulta insostenible, pues las profecías de Isaías y Miqueas afirmaban que todas las naciones fluirían a la montaña de la casa de Dios. Teniendo en cuenta esas profecías, no se puede afirmar que el pensamiento de que los paganos "amarían" un día al Mesías no se puede tomar como algo ininteligible para los contemporáneos de nuestro profeta (no se trata de que los paganos conocieran entonces y aceptaran al Mesías de Israel, sino que le conocerían al fin de los tiempos). En el año 520 a. C. (fecha de la profecía de

Ageo), cuando las diez tribus habían sido diseminadas entre los pueblos paganos a lo largo de 200 años, y los judíos por más de setenta, la esperanza mesiánica de Israel no podía ser ya algo totalmente desconocido para las naciones.

Pues bien, a pesar de lo anterior, conforme a su letra, este pasaje no alude a un Mesías como "deseado de las naciones", sino que se refiere más bien a aquello que los gentiles desean, es decir, sus bienes, sus posesiones. Según eso, el texto no dice que el Deseado de los genntiles (es decir, el Mesías) vendrá al templo, sino que los gentiles llevarán al templo de Jerusalén aquello que más desean, es decir, sus bienes más preciosos, para enriquecer con ellos el templo judío.

Ciertamente, puede estar en el fondo del texto el deseo mesiánico de los gentiles, esperando una posible llegada del Mesías. Pero de un modo directo el texto dice que los gentiles llevarán al templo de Jerusalén aquello que más desean. *Chemdâh* significa deseo (2 Cron 21, 20), y en concreto aquello en lo un hombre puede encontrar placer y gozo. Pues bien, eso será lo que los gentiles llevarán al templo de Jerusalén, lo mejor que ellos tienen.

Chemdath haggōyīm (חֶמְדַּת כָּל־הַגּוֹיִם) significa por tanto las posesiones valiosas de los gentiles, y más en concreto, en este caso (Ag 2, 8) su oro y su plata, sus riquezas (Teodoro de Mopsuestia, Capp., Hitzig), como riqueza que ellos llevarán al templo de Jerusalén. Por eso, *chemdath* no es acusativo de dirección, pues el pensamiento de que los gentiles vienen a los tesoros de todos los gentiles no ofrece un sentido que pueda aceptarse. חֶמְדַּת es más bien nominativo, es el sujeto, y está construido como una palabra colectiva, con el verbo en plural.

El pensamiento es, por tanto, como sigue: la gran sacudida del mundo irá seguida por este resultado (=producirá este efecto), y es que las posesiones valiosas de los gentiles afluirán hacia el templo de Jerusalén, llenándolo de gloria. Este es el pensamiento de Isa 60, 5, donde se dice (en la misma línea) que "las posesiones (riquezas) de los gentiles (*chēl gōyīm*) afluirán hacia ti", es decir, serán llevadas a Jerusalén (cf. también Isa 60, 11). Eso significa que Dios glorificará su templo con las posesiones más valiosas de los gentiles, llenándolo así de su כָּבוֹד.

Esta palabras (כָּבוֹד, sin artículo) significan la gloria que recibirá el templo con las riquezas que los gentiles irán a presentar allí. Muchos comentaristas han referido estas palabras a la glorificación del templo a través de la aparición de Jesús, por medio de él, y en esa línea apelan a Ex 40, 34-35; 1 Rey 8, 10-11; 2 Cron 5, 13-14. Esos pasajes indicarían que la gloria de Yahvé llenó el tabernáculo y el templo de Salomón, en el momento de su dedicación, identificando así, sin reserva alguna, *kâbhōd* (en el sentido de gloria) con *kebhōd Yehōvâh* (gloria de Yahvé). Pues bien, cuando Jesús entro en el templo vino como Gloria de Dios, llenándolo de su santidad.

Pero esta interpretación resulta insostenible, a pesar de que el profeta ha escogido la expresión *kâbhōd* por su referencia a esos acontecimientos mesiánicos, pues el cumplimiento de nuestra profecía comenzó con el hecho de que Yahvé vino de hecho a su templo en la persona de Jesucristo (Mal 3, 1).

2, 8-9. Yahvé puede llenar esta casa con Gloria (riqueza) pues a él le pertenece el oro y la plata que poseen las naciones. A través de su gesto de sacudir a todas las naciones, el Señor puede hacer que las naciones le presenten sus tesoros, para glorificar con ellos su casa (cf. 2, 8). De esa manera, la gloria de esta casa (que los retornados del exilio empiezan a construir) será mayor que la gloria de la primera (y con esto concluyen en 2, 9 todas la promesas anteriores).

הָאַחֲרוֹן, *hâachărōn*, puede tomarse como algo que pertenece a *habbayith hazzeh*, en el sentido de "la gloria de esta última casa", y así han entendido el pasaje la mayoría de los intérpretes, a partir de la la Itala, la Vulgata y la Peshita. Pero también se puede conectar esta palabra (הָאַחֲרוֹן, *hâachărōn*) con *kâbhōd*, en el sentido de "la última gloria de esta casa", pues, cuando un substantivo se conecta con otro en estado constructo, el adjetivo que viene después del *nomen regens* suele ir con artículo (cf. 2 Sam 23, 1; 1 Cron 23, 27; Ewald, 289, a).

Esta es la traducción adoptada por Michaelis, Maurer, Hitzig y otros, según los LXX. Conforme a la primera traducción, la distinción debería trazarse entre una casa primera y una última. Conforme a la segunda, la distinción se trazaría entre la gloria primera y la posterior de la misma casa (que es la que están construyendo los que vienen del exilio). La idea de fondo sería la de que, a través de todas las edades, solo hubo en Jerusalén una misma casa de Yahvé, existiendo en formas distintas.

Lo ya dicho sobre Ag 2, 3, resulta decisivo a favor de esta segunda perspectiva, pues en ella se compara la gloria anterior de esta casa (el templo de Salomón) con la construcción miserable de la actualidad. La gloria primera o antigua es la del templo de Salomón. La posterior o última es la del templo de Zorobabel.

De todas formas, la diferencia de opinión sobre la traducción de la palabras no tiene un influjo real sobre el tema en sí mismo, a no ser que se viera aquí una distinción sobre la identidad del "segundo templo", como algunos han visto, al afirmar que el segundo templo (el último) no sería construido por Zorobabel, sino el alterado y reformado por Herodes, que algunos han tomado erróneamente como un "tercer templo".

Pero desde la perspectiva de Ageo carece de sentido hablar de un segundo y de un tercer templo, pues él supone que este templo ha de durar para siempre, como indican las palabras finales de su promesa: "Y en este lugar yo daré paz" (וּבַמָּקוֹם הַזֶּה אֶתֵּן שָׁלוֹם). Este lugar no es el templo, sino Jerusalén, como lugar donde fue construido el templo. Y la paz a la que se alude no es una paz espiritual sino una paz externa, que incluye (ciertamente) un elemento espiritual, pero que tiene ante todo un sentido social, como indican los pasajes paralelos de Miq 5, 4; Joel 3, 17 e Is 60, 18.

Por lo que toca al cumplimiento de esta profecía, debemos tener en cuenta dos rasgos distintos, aunque muy vinculados entre sí: (a) La sacudida del cielo, de la tierra y de todas las naciones. (b) La consecuencia de esta sacudida, es decir, la venida de las naciones con sus posesiones, para glorificar así al templo.

En general, los comentadores antiguos afirmaban que esta profecía se cumplió a través del pacto de Cristo, y en eso tenían razón. Pero en general se equivocaron al referir la sacudida de las naciones y la glorificación prometida del templo, de un modo unilateral y exclusivo, a la venida de Cristo en la carne, a su enseñanza en el templo y al establecimiento del reino de los cielos a través de su predicación del evangelio. En esa línea, ellos se vieron obligados a introducir en la profecía un significado que es irreconciliable con las palabras como tales; por otra parte, ellos tuvieron que buscar el cumplimiento de esas palabras en algunos elementos o hechos especiales que tenían muy poca importancia.

Pues bien, la predicha cercanía del tiempo (de aquí a poco) no se adapta a la referencia exclusiva al establecimiento del nuevo pacto, o a la fundación de la Iglesia cristiana. El período de 520 años hasta el nacimiento de Cristo no puede llamarse tiempo corto o pequeño, como supuso Calovius "en comparación con el tiempo que pasó entre la promulgación de la ley o la promulgación del protoevangelio, teniendo además en cuenta que quinientos años no son pocos (מעט) en relación a mil quinientos años".

Por otra parte, en contra de eso, la propuesta de contar hacia atrás hasta el protoevangelio carece de sentido (o es simple prueba de perplejidad). Según eso, מעט היא, no puede explicarse afirmando que no se trata de un tiempo humano, sino de un tiempo divino, conforme al cual mil años son como un día, "pues quien habla a los hombres ha de hablarles empleando los métodos y formas del pensamiento humana o, en caso contrario, debe explicar lo que hace.

El profeta apela a la brevedad del tiempo con el fin de ofrecer consuelo a sus oyentes y solo aquello que es corto en sentido humano puede aplicarse en este caso (Hengstenberg). En esa línea, la sacudida del mundo de los paganos no comenzó con el nacimiento de Cristo, sino poco después del tiempo de Ageo. Ciertamente, bajo el mando de Darío Hystaspes, el Imperio persa siguió manteniéndose en la cumbre de su poder, pero la sacudida comenzó con sus sucesores, desde Jerjes, como se mostró claramente en la guerra en contra de Grecia.

> Ya en ese momento hubo indicios de que el tiempo del Imperio persa se terminaría pronto, y la rápida conquista de Alejandro dio cumplimiento a esos indicios. E incluso ese poder, que parecía destinado a durar para siempre, sucumbió muy pronto bajo el destino de todas las cosas temporales. Así dice Livio: *Inde morte Alexandri distractum in multa regna, dum ad se quisque opes rapiunt lacerantes viribus, a summo culmine fortunae ad ultimum finem centum quinquaginta annos stetit* (es decir, con la muerte de Alejandro, su reino se dividió en muchos reinos, aunque, de alguna forma, desde su principio a su fin pudo durar unos 150 años). Los dos reinos más poderosos que surgieron de la monarquía de Alejandro, es decir, el de los sirios y el de los egipcios, se destruyeron entre sí. Fue entonces cuando los romanos alcanzaron el dominio sobre el mundo. Pero, ya en el momento en que ellos parecían estar en la cumbre de su grandeza, estaba comenzando a incubarse su caída (Hengstenberg).

El hecho de que el profeta mencione la sacudida de los cielos y la tierra antes de la sacudida y caída de los paganos no puede tomarse como razón de peso para rechazar esas alusiones, ni puede obligarnos a pensar que las palabras deben tomarse tan solo como expresión de que habrá profundas sacudidas políticas, por las que el poder de los paganos quedará roto y su orgullo humillado, de manera que pueda evocarse entre ellos un tipo de salvación. Aunque las palabras del profeta pudieran entenderse como símbolo de posibles terremotos, aunque esos terremotos pudieran tomarse como mensajeros de la venida del fin del mundo, por la impresión que podían producir en los oyentes, todo esto no responde al tenor de las palabras del profeta, que no expresan una simple emoción subjetiva, sino que anuncian hechos reales.

La sacudida de los cielos y de la tierra, del mar y de la tierra firme, puede haberse producido por violentos terremotos y por poderosos signos de los cielos, expresándose en acontecimientos como el diluvio. Pero esas palabras del profeta solo pueden cumplirse cuando llegue a su término la ruptura total de las condiciones actuales del mundo, con la destrucción real de este cielo y de esta tierra.

De esa forma, al final de su discurso, el profeta menciona la obra más honda y definitiva de Dios, que consiste en destruir todos los impedimentos que existen para completar la llegada de su reino en gloria, para pasar después a la gran sacudida del mundo de las naciones, con la que se prepara el camino para este resultado que, como hace Miq 4, 1-13, pasa del más remoto futuro, al futuro menos remoto, y finalmente al inmediato.

Eso implica que la gran sacudida de las naciones por la que se destruye su poder, y se disuelve el paganismo, de manera que el poder impío del mundo quedará finalmente dañado, no alcanza su fin con la llegada de Cristo y con el establecimiento de la Iglesia cristiana. Eso significa que el reino del mundo mantiene su existencia al lado del reino de los cielos que ha sido establecido por Cristo en la tierra, hasta que vuelva nuestro Señor para el juicio.

En esa línea, la sacudida del paganismo y de los reinados de las naciones continuará hasta que sea destruido todo poder que se alce en contra del Dios todopoderoso y de su Cristo, de manera que el mundo que ha sido hundido en la confusión por el pecado de los hombres, siendo sometido por su causa a la corrupción, perezca al fin y surjan ya los nuevos cielos y la nueva tierra en los que reina la justicia que estamos deseando (2 Ped 3, 12-13)[104].

---

104. Aug. Koehler afirma también que el cumplimiento definitivo de nuestra profecía solo se realizará con la segunda venida de Cristo, aunque él piensa que, hablando de un modo general, ella no se realiza como el profeta habría pensado. Partiendo del supuesto de que los acontecimientos anunciados por Ageo y el cumplimiento del día de Yahvé se identifican, y añadiendo que según Mal 3, 1 y 4, 5, el día de Yahvé debía estar precedido por la venida de un mensajero que prepare la venida de Yahvé a su santuario, Koehler afirma que el cumplimiento de estas promesas se ha realizado ya con la llegada de Jesús de Nazaret para establecer como Mesías la nueva alianza. Pero,

Pero si la sacudida de los cielos comenzó antes de la venida de Cristo en la carne, y continuará hasta su segunda venida en la gloria, no podemos estrechar el cumplimiento de las consecuencias morales ya predichas de esa sacudida (limitándolas al hecho de que los gentiles vendrán y consagrarán sus posesiones al Señor para la glorificación de su casa, con la conversión de los paganos a Cristo y su entrada en la Iglesia cristiana). Esas profecías se aplican también al hecho de que el judaísmo hizo que surgiera un fuerte deseo de Dios en medio de un paganismo decaído, de forma que los judíos más piadosos, convertidos a Jesús, recrearon el judaísmo como anuncio de aquello que se cumpliría con la expansión del evangelio entre los gentiles.

El cumplimiento de esas profecías había comenzado a mostrarse ya con la presentación de ofrendas de dedicación de τῶν ἀλλυφύλων y de dones de los ἔξωθεν ἐθνῶν, con los que el templo se hallaba adornado, según Josefo, *Bell*.

---

dado que Israel no tenía aún la preparación moral necesaria para que la venida de Yahvé fuera una bendición, y dado que Israel rechazó a su Mesías, apareció de esa manera un acontecimiento que no solo impidió el cumplimiento de las profecías, cuya realización había comenzado ya con la venida de Jesús, sino que introdujo una modificación parcial de todo el proyecto.

Esta es su opinión: "La nueva alianza, establecida por el Señor en su encarnación, no fue una bendición para Israel, sino para el mundo pagano. En vez de establecer su reino sobre la tierra, con Sión como su centro, el Señor volvió al cielo, para tomar allí posesión de su trono, por encima de todos los tronos. Pero Israel fue sacudida por la condena de Dios, y quedó dispersada entre las naciones paganas. Los lugares sagrados (Jerusalén y su templo), que debían ser glorificados por los elegidos de todas las naciones, se volvieron impuros por el pecado de Israel, siendo así entregados a la destrucción".

Conforme a esa opinión de Koehler, debe haber todavía una venida de Yahvé en el futuro, de manera que él retornará nuevamente del cielo, pero solo cuando Israel se haya convertido a su mesías, al que ese mismo Israel había rechazado. Y así se cumplirán entonces las profecías de Ageo que no se cumplieron en la primera venida de Jesús, pero esto solo será posible porque los antiguos lugares santos de Israel han sido destruidos y porque los paganos han participado ya en la nueva alianza, de forma que ellos se han convertido en parte en el pueblo de Dios.

De un modo consecuente, los acontecimientos predichos por Ag 2, 6-9 no se han cumplido aún, porque las valiosas posesiones (riquezas) de los gentiles no se han puesto todavía al servicio de la glorificación del santuario de Yahvé, edificado por Zorobabel y no se ha creado allí todavía un lugar de paz, en medio de los juicios que han de caer sobre el mundo pagano. Pero la culpa de todo esto es solo de Israel, lo mismo que el hecho de que la sacudida del cielo y de la tierra, y de todos los paganos, que Ageo anunció como algo muy cercano (מעט היא) se haya pospuesto por más de 500 años (desde el anuncio de Ageo, hacia el 520 a. C., hasta el nacimiento de Cristo).

Esta es la visión de Koehler. Pero en el caso de que esta hubiera sido la visión de la Escritura, la culpa de que no se hubieran cumplido las profecías no residiría solo en la impenitencia de Israel, sino también en la Escritura, y en el mismo Dios, por no haber enviado a su Hijo en el tiempo justo, cuando hubiera llegado el momento oportuno, sino por haberlo enviado demasiado pronto, es decir, antes de que Israel se encontrara en unas condiciones morales oportunas, de manera que el envío del Hijo de Dios para el juicio no sucedió en el tiempo oportuno para Israel. Si Koehler hubiera tenido esto en cuenta hubiera pensado mejor las cosas, antes de fundar su visión sobre la base de una idea errónea del día del Señor, que conduce no solo a la negación de la presciencia o πρόγνωσιη τοῦ Θεοῦ, sino también al rechazo del carácter sobrenatural de la profecía del Antiguo Testamento.

Jud. ii. 17, 3, y también con los dones que Artajerjes de Persia y sus consejeros ofrecieron a Esdras, cuando volvió a Jerusalén, para presentarlos en el templo (Esd 7, 15)[105].

Incluso el edicto del rey Darío Hystaspes que sin duda llegó a Jerusalén después que hubiera sido proclamada nuestra profecía, no solo permitía que se continuara la obra de la Casa de Dios, sino que mandaba que se entregara a los ancianos de Judá lo que fuera necesario para la edificación y para la celebración del sacrificio diario, obteniéndolo del dinero de los tributos de la provincia del oeste del Éufrates (Esd 6, 6-10); pues bien, este mismo dato puede interpretarse como indicación de que se estaba cumpliendo la profecía de Ageo.

Ciertamente, no puede olvidarse este honor que los paganos y en especial los príncipes tributan al templo de Jerusalén, al ofrecerle dones para los sacrificios y para las ofrendas voluntarias, como indicación de que un día esta casa quedaría llena de las riquezas de los gentiles, sin embargo esta glorificación externa no puede interpretarse sin más como cumplimiento de nuestra profecía.

El verdadero contenido de la profecía se cumplió en primer lugar con la venida de Cristo, y no simplemente en su entrada en el templo, donde él enseñó y anunció su mensaje, llenándolo así con la gloria de Dios, que habitaba en él como *Logos*, por su misma esencia, pues en él habitaba la gloria de Dios, δόξα ὡς μονογενοῦς παρὰ πατρός.

Esta profecía se cumplió en el momento en que Cristo levantó (instituyó) el verdadero templo de Dios, que no ha sido edificado por mano humana, es decir,

---

105. No podemos incluir en esa línea los añadidos que el rey Herodes el Grande realizó para embellecer el templo de Zorobabel porque, aunque Herodes era un gentil por descendencia, no realizó su obra por amor al Señor, sino (como Calvino y Hengstenberg, *Christol.* iii. pp. 289- 90, han observado ya) con la intención de que se cumpliera la profecía de Ageo, impidiendo así la llegada del Reino de Dios, pues ese Reino pondría fin a su dominio en este mundo. Esa intención queda bien clara en un discurso en el que Herodes (cf. Josefo, *Ant.* xv. 11, 1) afirma que él quiere asegurar con ese plan la sumisión del pueblo. Tras haber dicho que el templo edificado tras el retorno del exilio era sesenta cubos más bajo que el de Salomón, cuyas dimensiones él quería recuperar, añadió lo siguiente: "Pero, dado que ahora soy vuestro gobernador por voluntad de Dios, y he mantenido la paz durante mucho tiempo, y he ganado riquezas y tengo muchos ingresos, y además (y esto es lo más importante) soy amigo de los romanos, y estoy bien mirado por ellos, que son, si así puede decirse, los dueños de todo el mundo...".

Como dice Hengstenberg, aquí resulta evidente la alusión a nuestra profecía, pues Herodes tiende a probar que se han cumplido todas las condiciones necesarias para la glorificación del templo. "Todas las naciones, para las que ha de promoverse la edificación del templo, se identifican a su juicio con los romanos, que son los gobernantes de todo el mundo. Por su parte, él, a quien Dios ha encargado el gobierno sobre los judíos tiene oro y plata suficientes, así se cumplen ahora las palabras de la profecía (Ag 2, 8-9), según las cuales Dios dará paz a su pueblo, en este lugar". De esa forma aplica Herodes a su reforma del templo las palabras de Ageo, a partir de Ag 2, 3, cuando afirma que él ha empleado para el templo unas sumas de dinero mayores que todas las anteriores, pues nadie ha adornado al templo con sumas de dinero mayores que las suyas.

la Iglesia (Jn 2, 19). Cristo edificó de esa manera el verdadero templo de Dios, que había sido anunciado como en sombra por el templo de piedra de Jerusalén.

Aquí debemos trazar una distinción entre la sustancia y la forma, entre la perla y la concha de la profecía. Como lugar en el que Dios habita en medio de su pueblo, el templo de Jerusalén era un símbolo visible de su presencia gratificante. Ese templo era como la sede y concentración del reino de Dios, que se manifiesta visiblemente en el templo, a lo largo del tiempo que duró la antigua alianza. En esa línea, la restauración del templo que había sido destruido fue una señal y garantía de la restauración del reino de Dios, que había sido destruido a través de la dispersión de los israelitas entre los paganos. En esa línea, la actitud de aquellos que volvían del exilio para reconstruir el templo era un signo de su actitud interna hacia el templo y su reino.

Por eso, si los ancianos que habían visto el templo anterior en su gloria, lloraban en el momento en que se colocaban los cimientos del nuevo, comparándolo así con el anterior, pensando que el nuevo era como nada en relación con el antiguo, este llanto no estaba ocasionado tanto por el hecho de que el nuevo templo no fuera tan hermoso y majestuoso como había sido el de Salomón, sino por el hecho de que la pobreza del nuevo edificio indicaba ante sus ojos la miserable condición del reino de Dios.

La razón verdadera o más profunda de su llanto venía dada por la relación de este nuevo templo con la glorificación futura del pueblo, con un templo que tendría más gloria que la gloria del primero (el de Salomón). No se trataba pues de la gloria limitada de este templo reconstruido por Zorobabel, sino de su relación con el nuevo y definitivo templo mesiánico, mucho más glorioso que el de Salomón, un templo al que las naciones paganas dedicarían su gloria y sus riquezas.

Pues bien, la verdadera glorificación de la casa de Dios comenzó con el comienzo de la llegada del reino de Dios, que Jesucristo predicó, poniendo sus cimientos en la Iglesia. Y de esa forma, mientras el templo de piedra de Jerusalén, edificado por Zorobabel y espléndidamente adornado por Herodes, cayó en ruinas, porque los judíos habían rechazado y crucificado a su Salvador, el verdadero templo de Dios se extendió con la expansión del Reino entre las naciones de la tierra, y será completado al fin del curso de este mundo. Esa plenitud final no se cumplirá, sin embargo, con la edificación de un templo más nuevo y glorioso en Jerusalén, sino con la fundación de la nueva Jerusalén, descendiendo del cielo a la nueva tierra, después de que sean destruidos todos los poderes del mundo que son hostiles a Dios.

Esta ciudad santa tendrá la gloria de Dios (ἡ δόξα τοῦ Θεοῦ equivale a יהוה כבוד) y recibirá la riqueza espiritual de todas las naciones, pero no tendrá templo, porque el Dios omnipotente y su cordero serán su verdadero templo, dentro de ella. A esta santa ciudad de Dios traerán su gloria y honor todos los reyes de la tierra, y hacia allí caminaran los paganos que han sido salvados (Ap 21, 10-11.

22-24). Entendida así, la promesa de Ageo cubre todo el desarrollo del reino de Dios hasta el fin de los días.

El autor de la carta a los Hebreos entendió de esta manera nuestra profecía (cf. 12, 26-27). En esa línea, a fin de dar más énfasis a su advertencia de no exponerse a castigos más fuertes, que los sufridos bajo el Antiguo Testamento, por haber rechazado una revelación incompleta de Dios, negando ahora la revelación mucho más perfecta de Dios en Cristo, Hebreos cita nuestra profecía, indicando (cf. Heb 1, 26) que en la fundación del Antiguo Testamento solo vino a darse un pequeño temblor de tierra, pero que los principios de la nueva alianza han sido precedidos por una sacudida no solo de la tierra, sino también de los cielos, indicando así que aquello que es movible ha de ser alterado, con esta finalidad: que lo inmutable permanezca.

De un modo consecuente, el autor de Hebreos pone de relieve el pensamiento fundamental de nuestra profecía, en la que viene a culminar y realizarse su cumplimiento, a fin de que todo lo que es móvil pueda ser sacudido y alterado, de manera que permanezca lo inmutable, es decir, la βασιλεία ἀσάλευτος, para que perezca toda la creación terrena, y el reino de Dios pueda mostrarse plenamente en su realidad inmutable.

Pues bien, la carta a los Hebreos no representa la sacudida del cielo y de la tierra como algo que pertenece todavía al futuro (como supone Koehler). En contra de eso hay que entender las palabras de Hebr 12, 28 (cf. 12, 22): "Por tanto, habiendo recibido un reino que no puede moverse, mantengamos la gracia...". Estas palabras muestran que el autor de Hebreos piensa que el gran cambio ha comenzado ya, de forma que mira todo el período que va desde la llegada de Cristo en la carne hasta su cumplimiento final en gloria como algo que está todo vinculado.

2, 10-19. Retorno de las bendiciones de la naturaleza

2, 10

¹⁰ בְּעֶשְׂרִים וְאַרְבָּעָה֙ לַתְּשִׁיעִ֔י בִּשְׁנַ֥ת שְׁתַּ֖יִם לְדָרְיָ֑וֶשׁ הָיָה֙
דְבַר־יְהוָ֔ה אֶל־חַגַּ֥י הַנָּבִ֖יא לֵאמֹֽר׃

¹⁰ A los veinticuatro días del noveno mes, en el segundo año de Darío, llegó esta palabra de Yahvé por medio del profeta Ageo:

El día 24 del noveno mes del mismo año, es decir, tres meses después de que la congregación había retomado la edificación del templo (Ag 1, 15), dos meses después de la segunda profecía (2, 1), vino una nueva palabra de Dios a través del profeta. Este era el tiempo propicio, pues el abatimiento que había caído sobre el pueblo unas semanas después de comenzar la edificación había sido superado por las palabras de consuelo del profeta (2, 6-9), de manera que la obra había sido

Gloria del nuevo templo y bendición del pueblo

retomada de un modo vigoroso. Era tiempo bueno para confirmar al pueblo en la fidelidad que ellos habían manifestado garantizándoles así el cumplimiento de las bendiciones que les habían sido antes negadas.

Este es el encargo que Ageo ha recibido, para proclamarlo al pueblo con toda claridad, diciéndoles que la maldición que había caído sobre ellos por despreocuparse del templo no había sido más que un castigo por su indolencia en la realización de la obra de Dios (la construcción de su templo), y que desde ahora el Señor les concedería de nuevo su bendición. El noveno mes (*khislēv*) corresponde con bastante precisión al período de tiempo que va de mediados de noviembre a mediados de diciembre, cuando ha terminado la siembra de la cosecha de invierno, que había comenzado tras la fiesta de los Tabernáculos, y habían comenzado a caer las lluvias otoñales (las primeras), pues una lluvia abundante era signo de bendición divina.

2, 11-14

כֹּה אָמַר יְהוָה צְבָאוֹת שְׁאַל־נָא אֶת־הַכֹּהֲנִים תּוֹרָה לֵאמֹר: [11]

הֵן יִשָּׂא־אִישׁ בְּשַׂר־קֹדֶשׁ בִּכְנַף בִּגְדוֹ וְנָגַע בִּכְנָפוֹ [12]

אֶל־הַלֶּחֶם וְאֶל־הַנָּזִיד וְאֶל־הַיַּיִן וְאֶל־שֶׁמֶן וְאֶל־כָּל־מַאֲכָל

הֲיִקְדָּשׁ וַיַּעֲנוּ הַכֹּהֲנִים וַיֹּאמְרוּ לֹא:

וַיֹּאמֶר חַגַּי אִם־יִגַּע טְמֵא־נֶפֶשׁ בְּכָל־אֵלֶּה הֲיִטְמָא וַיַּעֲנוּ [13]

הַכֹּהֲנִים וַיֹּאמְרוּ יִטְמָא:

וַיַּעַן חַגַּי וַיֹּאמֶר כֵּן הָעָם־הַזֶּה וְכֵן־הַגּוֹי הַזֶּה לְפָנַי [14]

נְאֻם־יְהוָה וְכֵן כָּל־מַעֲשֵׂה יְדֵיהֶם וַאֲשֶׁר יַקְרִיבוּ שָׁם טָמֵא הוּא:

[11] Así ha dicho Yahvé de los ejércitos: Pregunta ahora a los sacerdotes acerca de la Ley, y diles: [12] Si alguno lleva carne santificada en la falda de su ropa, y con el vuelo de ella toca el pan o la vianda, el vino o el aceite, o cualquier otra comida, ¿será santificada? Los sacerdotes respondieron diciendo que no. [13] Entonces Ageo continuó: Si uno que está impuro por haber tocado un cadáver, toca alguna cosa de estas, ¿quedará ella inmunda? Los sacerdotes respondieron: Inmunda quedará. [14] Ageo respondió: Así es este pueblo y esta gente que está delante de mí, dice Yahvé; asimismo es toda la obra de sus manos: todo lo que aquí ofrecen es inmundo.

2, 11. A fin de mover más seriamente los corazones del pueblo, al mostrarles que ellos mismos habían hecho que la cosecha fuera mala a causa de sus pecados (es decir, como castigo de Dios), el profeta propone dos cuestiones relacionadas con lo santo y lo puro, a fin de que los sacerdotes respondan y puedan aplicar esa respuesta a las condiciones morales de la nación. La palabra תּוֹרָה, *Tôrâh* sin artículo, se utiliza aquí en su sentido primario de instrucción, y está gobernada por שְׁאַל, como *accus. rei*: preguntar a una persona sobre algo, con el fin de pedir o solicitar algo de ella.

2, 12. La primera pregunta se refiere a la comunicación de la santidad de objetos sagrados a otros que se ponen en contacto con ellos. Si una persona lleva carne sagrada en la falda de su ropa[106] y si algún otro tipo de comida toca también la falda, ¿quedará santificada también esa carne?

הֵן, *hēn*, mira (considera), evocando una acción como posible, tiene casi el sentido de partícula condicional "si", como en Is 54, 15; Jer 3, 1 (cf. Ewald, 103, g). בְּשַׂר־קֹדֶשׁ, carne sagrada, es carne de animales sacrificados de un modo sacral, como en Jer 11, 15. נָזִיד, *nâzîd*, algo que ha sido cocido, carne cocida (Gen 25, 29; 2 Rey 4, 38).

Los sacerdotes contestan a la pregunta de un modo muy correcto, diciendo "no", pues, conforme a Lev 6, 20, la falda del vestido quedaba santificada por la carne sagrada, pero no podía comunicar ya esa santidad a otras comidas.

2, 13. La segunda pregunta se refiere a la expansión de la pureza legal. טמא נפש no es algo que es impuro en su alma, sino, como indica Lev 22, 4 , es sinónimo de טמא לנפש en Num 5, 2; 9, 10, "profanado por un alma", a modo de contracción de טמא לנרש אדם, o de טמא לנפש מת, en Num 9, 6-7, "profanado por (a causa) del alma de un muerto" (Num 6, 6; Lev 21, 11: cf. *Comentario* a Lev 19, 28), es decir, alguien que ha quedado impuro por el contacto con un cadáver.

Esta impureza por un muerto era una de las más fuertes, duraba siete días y solo podía ser removida purificándose dos veces con aspersión de agua, preparada con las cenizas de una novilla roja (cf. *Comentario* a Num 19). Los sacerdotes respondieron también correctamente a esta cuestión. Conforme a Num 19, 22, aquellos que habían quedado impuros por tocar un cadáver convertían en impuro todo aquellos que tocaban.

2, 14. El profeta aplica estas normas de ley a las relaciones éticas del pueblo con Yahvé. "Así es este pueblo para mí, dice Yahvé". הגוי es casi sinónimo de העם, como en Sof 2, 9, sin ningún sentido subordinado de carácter negativo, que podría vincularse a lo más con *hazzeh* (este), pero en ese caso tendría que aplicarse también a *hâ'âm*. Por su parte, la partícula *Kēn, ita*, así, se refiere al contenido de las cuestiones legales anteriores (de 2, 12-13), La nación, en su actitud ante la ley, se parece por una parte a un hombre que lleva carne sagrada en su falda y por otra parte a un hombre que se ha vuelto impuro por el contacto con un cadáver.

También Israel posee un santuario en medio de su tierra, es decir, el lugar que Dios ha escogido como su morada, para favorecerlo con muchas promesas gloriosas. Pero, lo mismo que la comida (ni pan ni verdura, ni vino ni aceite) no

---

106. Lutero traduce *in seines Kleides Geren* (en el *Geren* de su vestido). El *Gehren* o *Gehre* (en alto alemán medio *gre*, en antiguo alto alemán *kro*), es una pieza triangular, que forma como un "escudo" de un vestido o de una falda, y por ampliación un lugar en el que se inserta ese escudo, por debajo de la cintura. Esta palabra deriva probablemente del gótico *gais*, de una raíz conjetural *geisan* que puede significar confiar o luchar (cf, Weigand, *Deutsch. Wörterb.* 405 y 401 ss.)

queda santificada por el hecho de que un hombre la toque con su vestido santificado, de la misma forma, todas las cosas que están plantadas en el suelo de una tierra que rodea y encierra el santuario de Yahvé no quedan santificadas por eso. Pues, aunque la tierra es una tierra santa por contener el santuario, ella no puede comunicar su santidad a los que allí habitan, ni a las plantas que allí crecen.

Por eso, todo lo que Israel produce en su tierra santa (trigo, vino, aceite...) sigue siendo profano o común. Los frutos de esta tierra no reciben una bendición especial a causa de la santidad de la tierra para producir así necesariamente unos frutos santos; pero, de manera semejante, esa tierra no puede comunicarles tampoco ningún tipo de maldición. Pero si, como enseña la experiencia, hay una maldición en los productos de la tierra, ella se debe a que Israel ha plantado esos productos y los ha profanado con su mala conducta.

Pues bien, conforme a la palabra del profeta, Israel está muy impuro, porque ha descuidado la casa de Yahvé, como un hombre que se ha vuelto impuro por haber tocado un cadáver. Todo aquello que toca Israel, todo aquello sobre lo que posa sus manos, todo lo que planta y cultiva, queda afectado así por la maldición de la impureza. De un modo consecuente, incluso los sacrificios que ofrece sobre el altar de Yahvé se vuelven impuros (Koehler). שָׁם, *shâm*, allí, es decir, sobre el altar construido inmediatamente desde de la vuelta de Babilonia (Ed 3, 3).

2, 15-17

15 וְעַתָּה שִׂימוּ־נָא לְבַבְכֶם מִן־הַיּוֹם הַזֶּה וָמָעְלָה מִטֶּרֶם שׂוּם־אֶבֶן אֶל־אֶבֶן בְּהֵיכַל יְהוָה׃
16 מִהְיוֹתָם בָּא אֶל־עֲרֵמַת עֶשְׂרִים וְהָיְתָה עֲשָׂרָה בָּא אֶל־הַיֶּקֶב לַחְשֹׂף חֲמִשִּׁים פּוּרָה וְהָיְתָה עֶשְׂרִים׃
17 הִכֵּיתִי אֶתְכֶם בַּשִּׁדָּפוֹן וּבַיֵּרָקוֹן וּבַבָּרָד אֵת כָּל־מַעֲשֵׂה יְדֵיכֶם וְאֵין־אֶתְכֶם אֵלַי נְאֻם־יְהוָה׃

[15] Ahora, pues, meditad en vuestro corazón desde este día hacia atrás, antes que pusieran piedra sobre piedra en el templo de Yahvé. [16] Antes que sucedieran estas cosas, venían al montón de veinte efas, y solo había diez; venían al lagar para sacar cincuenta cántaros, y solo había veinte. [17] Os herí con un viento sofocante, con tizoncillo y con granizo en toda la obra de vuestras manos, pero no os convertisteis a mí, dice Yahvé.

El profeta explica las palabras anteriores en 2, 15-19, evocando el fracaso de la cosecha, que ha sido hasta ahora dominante, como un castigo de Dios por no haberse mantenido fieles al Señor (2, 15-17), y les promete que, desde este tiempo en adelante la bendición de Dios reposará sobre ellos (2, 18-19).

2, 15. El objeto al que se dirige su corazón (meditar en...) no debe ser suplido desde Ag 1, 5.7 (en vuestros caminos...; cf. Rosenmüller y otros), pues ese objeto se encuentra contenido esencialmente en 2, 16-17, y está también evocado en las palabras "antes de que sucedieran esas cosas...". Ellas nos invitan a pensar en lo que ha sucedido desde ese día en adelante.

וָמָעְלָה, literalmente *en adelante*, desde entonces. Aquí no se utiliza en sentido de futuro, sino (como indica la frase explicativa que sigue) en un sentido de vuelta al pasado. מִטֶּרֶם, *mitterem*, antes de que se pusieran, antes de que se colocara una piedra sobre otra en el cimiento del templo, antes de que se fueran colocando una sobre otra las piedras del templo; es decir, desde el momento que se retomó la construcción del templo hacia el pasado, pues מִן y מִטֶּרֶם solo pueden entenderse en paralelo con מִן־הַיּוֹם que precede en este verso y con מִהְיוֹתָם que sigue en el próximo verso.

2, 16. La objeción que eleva Koehler en contra de esto no puede sostenerse. מהיותם, desde su existencia (hacia atrás). Gran parte de los comentaristas modernos toman el sufijo como referido a un nombre, de manera que *yâmīm* (días) ha de suplirse desde 2, 15. Pero parece preferible tomar esa palabra como neutro, como hacen Marck y otros, en el sentido de "antes de que esas cosas fueran o fueran hechas" (es decir, antes de este día y de esta obra de colocar unas piedras sobre otras...). El sentido es claro, mirando hacia atrás: desde el tiempo en que se retomó la construcción del templo.

Con בא comienza una nueva sentencia, en la que se citan hechos que ellos han experimentado. El verbo בא se utiliza así de un modo condicional, y forma la prótasis, cuya apódosis viene dada por והיתה. Si uno iba al montón donde debía haber veinte *se'âhs* de cereal (esa palabra ha de suplirse, como en los LXX: σάτα) encontraba solo diez. Un monto de *se'âs* (con עֲרֵמַת, *'ărēmât* como en Rut 3, 7), del que podían esperarse veinte medidas de cereal no tenía más que diez, la mitad de lo esperado.

Ellos tenían la misma experiencia con la cosecha de uva. En vez de las cincuenta medidas de vino que esperaban, obtenían solo veinte. El יֶקֶב, *yeqebh*, era un tipo de utensilio o barrica en la que desembocaba el mosto cuando se exprimían las uvas. חשׂף (cf. *châsaph*) significa estar vacío, como en Is 30, 14; y finalmente פּוּרָה, *pūrâh*, cf. Is 63, 3, significa "prensar", y aquí se refiere a la medida de vino que se obtiene probablemente pisando una prensa de vino con uvas (LXX μετρητής).

2, 17 explica la razón por la que solo se obtenía una cantidad tan pequeña de trigo o de vino, de la era o del lagar: porque Dios castigó las plantas con granizo o con un tipo de "tizoncillo". Estas palabras son un recuerdo de Am 4, 9, y ese pasaje se refiere a las últimas palabras de este verso.

A la enfermedad del trigo se añade el granizo, que destroza las viñas, como en Sal 78, 47. אֵת כָּל־מַעֲשֵׂה, *'eth kol-ma'ăsēh*, todo el trabajo de las manos, es decir, todo lo que ellos habían cultivado con mucho esfuerzo. La construcción muy poco utilizada de אתכם אליאין no está en lugar de אין בכם א, *non fuit in vobis qui*

(Vulgata, en el sentido de "no había entre vosotros quien…".), ni אתכם se utiliza en lugar de אתכם, "con vosotros" pues אין־אתכם puede estar en lugar de אינכם (cf. Ewald, 262 d) o puede ser también un acusativo que se utiliza en lugar del sujeto.

Según eso, את ha de tomarse en el sentido de "por lo que se refiere a", *quoad* (Ewald, 277, p. 683): "Por lo que a vosotros se refiere, no hubo ninguno que se volviera hacia mí", con אלי, hacia mí, es decir, convirtiéndose; aquí no hay necesidad de suplir שבים, pues la idea está implicada en la palabra אל, como en Os 3, 3 y 2 Rey 6, 11.

2, 18-19

¹⁸ שִׂימוּ־נָא לְבַבְכֶם מִן־הַיּוֹם הַזֶּה וָמָעְלָה מִיּוֹם עֶשְׂרִים
וְאַרְבָּעָה לַתְּשִׁיעִי לְמִן־הַיּוֹם אֲשֶׁר־יֻסַּד הֵיכַל־יְהוָה שִׂימוּ לְבַבְכֶם:
¹⁹ הַעוֹד הַזֶּרַע בַּמְּגוּרָה וְעַד־הַגֶּפֶן וְהַתְּאֵנָה וְהָרִמּוֹן וְעֵץ
הַזַּיִת לֹא נָשָׂא מִן־הַיּוֹם הַזֶּה אֲבָרֵךְ: ס

¹⁸ Meditad, pues, en vuestro corazón, desde este día en adelante, desde el día veinticuatro del noveno mes, desde el día que se echó el cimiento del templo de Yahvé; meditad, pues, en vuestro corazón. ¹⁹ ¿Está la semilla todavía en el granero? Ni la vid, ni la higuera, ni el granado, ni el árbol de olivo ha florecido todavía; pero desde este día, yo os bendeciré.

Tras la llamada a poner el corazón en el tiempo pasado, durante el cual Dios había negado sus bendiciones, Ageo pide al pueblo que fije sus ojos en el tiempo que estaba comenzando aquel mismo día.

2, 18. El día 24 del noveno mes era el día en que Ageo proclamó este mensaje de Dios (2, 10). Por eso, la expresión ומעלה de 2, 18 ha de entenderse indicando la dirección hacia el futuro (Itala, Vulgata y muchos comentarios). Esto resulta evidente por dos cosas: (a) Porque solo en esa línea puede explicarse de un modo simple y natural la repetición de שימו לבבכם al fin del verso y el anuncio cuidadoso de la fecha (desde el día 24, etc.). (b) Por el hecho de que מִן־הַיּוֹם אֲשֶׁר־יֻסַּד no se explica aquí como el *min hayyōm hazzeh* de 2, 15, con una frase remitiendo al pasado (como *mitterem sūm*), sino simplemente con una noticia sucinta del día al que se refiere, mientras que en 2, 19 ese día se describe claramente como el comienzo de una nueva era.

No hay duda ninguna del que el מִן־הַיּוֹם הַזֶּה, *min hayyōm hazzeh*, de 2, 19 retoma el *terminus a quo* de 2, 18. Pero, aunque el tiempo mencionado en 2, 18 (מִן־הַיּוֹם אֲשֶׁר־יֻסַּד) contiene las dos primeras palabras de 2, 19, para recordar que no había más semilla en el granero, esa visión del tiempo centrado en el pasado no parece armonizar con esta visión de conjunto del futuro que empieza precisamente ahora.

A fin de precisar el tema, Rosenmüller, Maurer, Ewald y otros comentaristas han tomado למן־היום אשר־יסד como *terminus ad quem*, y lo han vinculado con el *terminus a quo* anterior: "observa el tiempo", que se remonta hasta el día presenta, el 24 del mes noveno, el día en que se puso el fundamento del nuevo templo, en el reinado de Ciro (Esd 3, 10). En esa línea, ellos han tomado למן en el sentido de ועד. Pero actualmente se toma como un hecho admitido que esto va en contra del uso del lenguaje, como lo admiten incluso Ewald y Gesenius (cf. Ewald, *Lehrbuch*, 218, b, y Gesenius, *Thes.* p. 807).

למן no equivale nunca a עד o a ועד, sino que indudablemente aparece como antítesis frente a lo anterior (cf. por ejemplo: Jc 19, 30; 2 Sam 7, 6 y Miq 7, 12). Pues bien, dado que *lemin hayyōm* no puede significar "hasta el tiempo que comienza con la fundación del templo", sino que debe significar "desde el día en que se puso la fundación del templo", Hitzig y Koehler han tomado וגו היום למן como una aposición explicativa de עשׂרים וגו מיום, indicando así que, por esa aposición, el día 24 del mes noveno, en el año segundo de Darío, se designa expresamente como el día en que se puso el fundamento para el templo de Yahvé.

Pero esta suposición no solo va directamente en contra de Esd 3, 10, donde se afirma que el fundamento del templo se había puesto bajo el reinado de Ciro, en el año 2 del retorno de Babilonia, sino que hace que el profeta Ageo se contradiga a sí mismo de una forma que resulta difícil de justificar como un simple *quid pro quo* que va en contra del uso del lenguaje, como indican las tres posibles soluciones del tema:

- Las palabras de Ag 2, 15 (cuando se puso piedra sobre piedra en el templo de Yahvé) que, según su sentido normal, no indican más que la continuación del trabajo de edificación, se podrían identificar, con el establecimiento de la piedra fundacional.
- La afirmación "ellos trabajaron en la casa de Yahvé el día 24 del mes sexto" (1, 14-15) se podría entender en el sentido de que ellos removieron los escombros y buscaron madera y piedra para la construcción, y no en el sentido más sencillo y normal de que retomaron la edificación sobre los cimientos ya establecidos.
- Las palabras אשר יסד וגו de 2, 19 se podrían explicar también como si significaran el comienzo de una fundamentación nueva de la obra, y en esa línea podría y debería entenderse el sentido de la partícula ל en למן. Estas suposiciones pueden parecer forzadas de manera que, si no fueran un intento de ofrecer una respuesta a la dificultad del texto, podríamos pensar más bien que ellas constituyen una corrupción del mismo texto.

Así se han puesto de relieve las dificultades del tema. Pero el tema en sí no es tan difícil como muchos suponen, siempre que observemos que la *lamed* de למן está indicando un comienzo nuevo. En primer lugar, debemos afirmar sin más que la

Gloria del nuevo templo y bendición del pueblo

opinión según la cual למן היום וגו es una aposición explicativa a מיום עשׂרים וגו no tiene fundamento alguno. El hecho de que se ponga el *athnach* en וָמָ֑עְלָה no ofrece ninguna prueba de ello. Ni puede sostenerse la opinión según la cual *lemin* es un sinónimo de *min*. En apoyo de esta visión, según la cual *lemin* solo difiere de *min* por su mayor énfasis, Ewald (218, b) se ha limitado a citar el pasaje de Ag 2, 18, donde algunos fundan esta opinión, para mostrar que ella no puede justificarse en modo alguno.

למן seguida por עד o ועד aparece en varias ocasiones de tal forma que algunos comentaristas han pensado que tiene el mismo sentido de *min*. Pero si estudiamos con más detención los pasajes (cf. Ex 11, 7; Jc 19, 30; 2 Sam 7, 6), descubrimos que la ל no es nunca superflua. En ese sentido, למן se utiliza simplemente en los casos en los que la definición así introducida no conecta sin más con lo anterior, sino que se introduce como una aserción independiente o como una definición adicional, de tal forma que en todos esos casos la ל tiene una fuerza especial, como indicando una breve alusión a algo que no puede pasarse por alto, como si ofreciera un rápido sumario de conjunto, como nuestras expresiones "en relación con" o "por lo que se refiere a" (latín: *quoad*).

Ese matiz de referencia a algo nuevo se expresa con ל del modo más suave, de manera que en nuestros lenguajes apenas se puede expresar con palabras, aunque su sentido es claramente perceptible (cf. Ewald, 310). En esa línea se utiliza למקצת en Dan 1, 18, mientras que en otros casos (como en למרחוק de 2 Sam 7, 19) indica la dirección hacia un lugar o hacia un objeto (Ewald, 218, b)[107].

En este verso, la partícula ל delante de מן (לְמִן־הַיֹּ֗ום) tiene el mismo sentido que en alemán *anlangend, betreffend*, es decir, *respecto a, relacionado con*, y en ese sentido se utiliza para indicar el tiempo en el que se pusieron los cimientos del templo, y se emplea para insistir en la novedad de lo que aquí comienza, excluyendo toda relación con el tiempo anterior.

En otras palabras, esa partícula (ל delante de מן) sirve para indicar que lo que sigue contiene un tema nuevo. La expresión שׂימו לבבכם, con la que se cierra la sentencia que comenzaba con למן היום, y que sería tautológica y superflua si el día en que se puso el cimiento del templo coincidiera con el día 24 del noveno mes, ha de entenderse también en esa línea.

2, 19. Pone de relieve el espacio de tiempo al que Ageo ha dado preeminencia con esas palabras, como tiempo que ellos han de considerar en su corazón: ¿Está la semilla todavía en el granero? Esta pregunta no ha de tomarse en el sentido

---

[107]. La objeción de Koehler a esta explicación de *lemērâchôq*, según la cual, con el verbo *dibber*, el objeto concerniente a una persona no es introducido nunca con la preposición ל, no tiene fundamento. "Con los verbos relacionados con el habla, la ל tiene el mismo doble significado que אל, conforme al contexto, es decir, puede referirse a la persona con la que se habla y a la persona o cosa de la que se habla (cf. Gen 21, 7; Num 23, 23; Is 5, 1; Miq 2, 6; Jer 23, 9; Sal 3, 3; 11, 1; 27, 8. Cf. también Ewald, 217, c).

de que ya es tiempo para sembrar las semillas que han de cosecharse en verano, que no se solían sembrar hasta enero, de forma que todavía se hallaban en el granero como supone Hitzig.

Así lo ha puesto de relieve Koehler, que observa también correctamente que el profeta ha recordado ante todo a sus oyentes el lamentable estado de cosas del pasado (no del presente como él dice), a fin de que ellos puedan apreciar bien la promesa del futuro, aunque la pregunta debiera responderse con un "no" (la semilla no está ya en el granero). El tema de fondo resulta claro, siempre que tengamos presente la intención básica del profeta, que es la de distinguir el tiempo pasado (antes de que se hubiera retomado la obra del templo) y el nuevo tiempo que empieza en el momento en que se comienzan las nuevas obras (un tiempo que será de bendición si los judíos mantienen su propósito de reconstruir el templo de un modo diligente).

Ciertamente, el profeta dirige la atención hacia al pasado, pero lo hace como un paréntesis que se establece desde למן היום en 2, 18 a לא נשׂא en 2, 19. Esto significa que el profeta quiere destacar ante sus oyentes la diferencia que existe entre el pasado (cuando se suspendió la obra del templo) y el futuro que ahora empieza, en este mismo día (con la decisión firme de reconstruir el templo), para así prometer la bendición de Dios de la que ellos gozarán en el futuro. En ese contexto, él dirige nuevamente la atención hacia el pasado, desde el tiempo en que se puso el fundamento del templo bajo el reinado de Ciro hasta su propio tiempo, recordando a sus oyentes la falta de bendición que ellos habían experimentado durante el tiempo en que habían abandonado las obras.

No puede sostenerse en ese campo la objeción de Koehler, cuando afirma que, según el profeta, los judíos tienen que identificar el nuevo día en el que se retoman las obras del templo con el día en que se puso su fundamento bajo Ciro, mirando así hacia atrás. Pero la expresión "desde el día en que se puso el cimiento del templo" no es más que una explicación más precisa de la definición anterior (sobre el día 24 del noveno mes). Aquello en lo que el profeta insiste es la novedad de la bendición de Dios, que está vinculada a la reanudación de las obras del templo.

Desde ese fondo se supera la segunda objeción que suele ponerse a nuestra interpretación del pasaje, pues observamos que, según el profeta, los judíos no fueron castigados por haber puesto los fundamentos de la casa de Yahvé al volver del exilio, sino porque, tras haber puesto esa primera piedra, ellos habían abandonado la construcción ulterior de esa casa, es decir, porque habían desistido, dejando de continuar la obra comenzada. Tanto Ageo como Esd 3, 10 (en referencia a Esd 4) muestran que las obras del templo se abandonaron poco después de haber puesto el fundamento, en el tiempo de Ciro, y así estuvieron abandonadas hasta el día 24 del año 2 de Darío, de tal forma que en ese tiempo los judíos no recibieron la bendición de Dios que se muestra en la buena cosecha.

En ese contexto promete el profeta la bendición inmediata que ha de venir sobre los judíos que retoman la obra del templo. El profeta les pregunta si tienen semilla en el granero, y deben responderle que "no", pues las cosechas anteriores (con la construcción del templo paralizada) han sido muy escasas y se han consumido del todo, sea para poder alimentarse (aunque de un modo miserable) o para sembrar los nuevos campos en el invierno en que se encuentran.

Ahora no hay semilla, pero la habrá muy pronto, pues llega la nueva bendición de Dios. La palabra זרע, semilla, no indica simplemente lo que se ha sembrado, sino aquello que producirá lo sembrado, es decir, la cosecha, como en Lev 27, 30; Is 23, 3; Job 39, 12. En ese contexto, בַּמְּגוּרָה, con *megūrâh,* equivale a *mammegūrâh* en Joel 1, 17: despensa o granero, de *gūr,* ἀγείρεσθαι, *congregari* (lugar donde se reúne la mies).

Las palabras siguientes, ועד־הגפן וגו, se añaden para insistir en el pensamiento contenido implícitamente en la primera frase: el trigo no ha brotado todavía, ni el vino, ni nada…; nada ha brotado aún, con נשא en sentido indefinido. Pero todo será diferente en el futuro, ahora que se han reiniciado las obras del templo.

A partir de este día, que es el 24 del mes noveno (a finales del año) Yahvé bendecirá de nuevo la tierra, concederá su bendición, y así comenzarán de nuevo las cosechas abundantes, de manera que los campos estarán llenos de fruto, una vez más. En ese contexto no es necesario poner expresamente un objeto definido a אֲבָרֵךְ, pues aparece claro el objeto de la bendición de Dios, una vez que se ha retomado la construcción del templo.

2, 20-23. Renovación de la promesa de salvación

²⁰ וַיְהִי דְבַר־יְהוָה ׀ שֵׁנִית אֶל־חַגַּי בְּעֶשְׂרִים וְאַרְבָּעָה לַחֹדֶשׁ לֵאמֹר׃
²¹ אֱמֹר אֶל־זְרֻבָּבֶל פַּחַת־יְהוּדָה לֵאמֹר אֲנִי מַרְעִישׁ אֶת־הַשָּׁמַיִם וְאֶת־הָאָרֶץ׃
²² וְהָפַכְתִּי כִּסֵּא מַמְלָכוֹת וְהִשְׁמַדְתִּי חֹזֶק מַמְלְכוֹת הַגּוֹיִם וְהָפַכְתִּי מֶרְכָּבָה וְרֹכְבֶיהָ וְיָרְדוּ סוּסִים וְרֹכְבֵיהֶם אִישׁ בְּחֶרֶב אָחִיו׃
²³ בַּיּוֹם הַהוּא נְאֻם־יְהוָה צְבָאוֹת אֶקָּחֲךָ זְרֻבָּבֶל בֶּן־שְׁאַלְתִּיאֵל עַבְדִּי נְאֻם־יְהוָה וְשַׂמְתִּיךָ כַּחוֹתָם כִּי־בְךָ בָחַרְתִּי נְאֻם יְהוָה צְבָאוֹת׃

[20] Ageo recibió por segunda vez esta palabra de Yahvé, a los veinticuatro días del mismo mes: [21] Habla a Zorobabel, gobernador de Judá, y dile: Yo haré temblar los cielos y la tierra; [22] trastornaré el trono de los reinos y destruiré la fuerza de los reinos de las naciones; trastornaré los carros y a los que en ellos suben; caballos y jinetes caerán bajo la espada de sus propios hermanos. [23] En aquel día, dice Yahvé de los ejércitos, te tomaré, Zorobabel hijo de Salatiel, siervo mío, dice Yahvé, y te pondré como anillo de sellar, porque yo te he escogido, dice Yahvé de los ejércitos.

2, 20-22. אני מרעיש no está en lugar de הנני מרעיש, pero la cláusula de participio ha de tomarse como circunstancial: Si hago temblar el cielo y la tierra… yo trastornaré el trono de los reinos (cf. Ewald, 341, c y d). Estas palabras remiten a la sacudida del mundo anunciada en 2, 6-7. Cuando se produzca esa sacudida, entonces será derribado el trono de los reinos, y su poder será destruido.

El trono es el símbolo de la monarquía o del gobierno (cf. Dan 7, 27), pero no en el sentido de que "el profeta miraba todos los reinos de la tierra como un poder combinado, en oposición al pueblo de Dios, o como un poder único, entronizado sobre el tiempo, sobre el trono de la tierra" (Koehler). No concuerda con eso el plural מַמְלָכוֹת, *mamlâkhôth*, según el cual cada reino tiene un rey y un trono.

La continuidad de ese trono se apoya sobre la fuerza (חֹזֶק, *chōqez*) de los reinos paganos, y esta a su vez sobre su poder militar, sobre sus carros de guerra, sus caballos y jinetes. Pues bien, todos estos poderes han de caer, y lo harán ciertamente por la espada de unos contra otros. Un reino hostil destruirá a otro reino, y en el último conflicto los poderes o ejércitos paganos se destruirán ellos mismos entre sí (cf. Ez 38, 21; Zac 14, 13). En aquel momento, cuando se haya colapsado y destruido el dominio de los paganos, Yahvé tomará a Zorobabel y lo pondrá como "anillo de sellar".

2, 23. El verbo *'eqqach* (cf. אֶקָּחֲךָ, yo te tomaré) sirve solo para introducir lo que sigue, como algo que es importante, por ejemplo en Dt 4, 20 y en 2 Rey 14, 21. El sentido de esta expresión figurativa, que consiste en convertir a Zorobabel en anillo de sellar, es evidente por la importancia que esos anillos tenían a los ojos de un rey oriental, que llevaba siempre con él su anillo, guardándolo como su posesión más preciada. Así aparece en Cant 8, 6: "Ponme como anillo de sellar sobre tu pecho, como anillo de sellar en tus brazos". Este es el sentido de la palabra de Dios a Joaquín en Jer 22, 24: "Aunque Coniah, el hijo de Joaquín, fuera anillo de sellar en mi mano derecha, es decir, una posesión de la cual yo no debería separarme, yo te arrojaré lejos de aquí".

Este es el pensamiento que se deduce de este pasaje: que en el día en que Yahvé destruya los reinos de las naciones convertirá a Zorobabel en una especie de anillo de sellar con el que se mantendrá conectado de forma inseparable, no le arrojará fuera, sino que le mantendrá unido a sí, como su posesión más valiosa. Esta es la explicación que ofrece Koehler (con Calvino, Osiander y otros), refutando otras opiniones.

Pero a fin de entender más claramente el sentido de esta promesa, debemos mirar el lugar que Zorobabel ocupaba en la comunidad de los israelitas que habían vuelto del exilio. En esa línea, podemos asumir que la promesa no se aplica a su persona particular, sino más bien al puesto oficial que ocupaba, porque se dice que esta promesa de Dios a Zorobabel no se cumplirá hasta que sea destruido el trono y el poder de todos los reinos de los paganos, algo que no pudo realizarse en el tiempo de Zorobabel, pues, aunque este y aquel reino particular pudieran ser destruidos en el tiempo de su vida, la destrucción de todos los reinos y la llegada de los paganos para llenar con sus posesiones el templo del Señor (2, 7), no pudo realizarse ciertamente en el tiempo de su vida.

Zorobabel era un gobernador de Judá (bajo los persas), y había sido seleccionado para ese oficio porque era príncipe de Judá (Esd 1, 8), hijo de Sealtiel y descendiente de la familia de David (cf. Ag 1, 8). De esa manera, la soberanía de David, en su forma existente de humillación, bajo la soberanía del poder imperial de Persia, estaba representada y preservada por su nombramiento como príncipe y gobernador de Judá, de manera que el cumplimiento de la promesa divina de la preservación eterna de la semilla de David y de su reino se hallaba asociada con Zorobabel, y se apoyaba sobre la preservación de su familia.

En esa línea, esta promesa indica el hecho de que cuando Yahvé destruya los reinos paganos, él mantendrá y cuidará la soberanía de David a través de la persona de Zorobabel, porque Yahvé le había escogido como su siervo. De esa manera, la promesa hecha a David fue transferida a Zorobabel y su familia, entre los descendientes de David, de forma que se cumpliría a través de su persona, igual que se mantendría la promesa hecha a los descendientes de David, de que Dios le haría el más grande entre los reyes de la tierra (Sal 89, 27).

El cumplimiento de esa promesa culmina en Jesucristo, el hijo de David y descendiente de Zorobabel (Mt 1, 12; Lc 3, 27), a través del cual Zorobabel fue de hecho el anillo de sellar de Yahvé. Jesucristo levantó de nuevo el reino de David su padre, y su reino no tendrá fin (Lc 1, 32-33). Aunque ese reino pudo aparecer oprimido y profundamente humillado en aquel tiempo, bajo el poder de los reinos de los paganos, ese reino no será nunca aplastado ni destruido, sino que romperá en pedazos todos los restantes reinos y les destruirá, mientras él mismo durará por siempre (Dan 2, 44; Heb 12, 28; 1 Cor 15, 24).

ZACARÍAS

El profeta

Zacarías, זְכַרְיָה, no significa μνήμη Κυρίου, *memoria Domini*, recuerdo de Dios (Jerónimo y otros), ni renombre de Dios, sino aquel a quien Dios recuerda (LXX: Ζαχαρίας; Vulgata: *Zacharias*). Es un nombre que aparece con frecuencia en el Antiguo Testamento.

Nuestro profeta, lo mismo que Jeremías y Ezequiel, fue de ascendencia sacerdotal, hijo de Baraquías y nieto de Iddo (Zac 1, 1.7), que era jefe de una de las familias sacerdotales que volvió del exilio con Zorobabel y Josué (Neh 12, 4). Siguió a su abuelo en ese oficio, bajo el sumo sacerdote Joaquín (Neh 12, 16), por lo que se ha podido concluir con certeza que volvió de Babilonia cuando era todavía joven, y que su padre murió joven. Esto sirve también para explicar probablemente el hecho de que se le llame bar 'Iddo', hijo (nieto) de Iddo (cf. Esd 5, 1; 6, 14) y que se pase por alto a su padre.

Comenzó su función profética el año 2 de Darío Hystaspes, solo dos meses más tarde que su contemporáneo Ageo, con el que tiene en común el hecho de haber promovido la edificación del templo (Esd 5, 1; 6, 14), y que eso lo hizo cuando era todavía joven, como se puede inferir en parte por el hecho arriba citado y en parte por el epíteto הנער הלז (el joven) que aparece en Zac 2, 8, que se refiere a él.

Por otra parte, una leyenda transmitida por los Padres de la Iglesia, que va en contra de los datos bíblicos, indica que volvió de Caldea a una edad avanzada y afirma (con poco fundamento) que había predicho a Josadac el nacimiento de su hijo Josué y a Sealtiel el nacimiento de Zorobabel, y que habría profetizado a Ciro su victoria sobre Creso y sobre Astiages, por medio de un milagro (Ps. Doroteo, Ps. Epifanio, Hesiquio y otros).

Resulta imposible determinar la duración de su labor profética. Simplemente sabemos, a partir de 7, 1, que en el año 4 de Darío anunció una revelación de Dios a su pueblo y que los últimos capítulos de su libro (Zac 9-14) caen dentro de un período posterior. Todo lo que los Padres de la Iglesia son capaces de decir sobre la parte final de su vida es que murió a una edad avanzada, y que fue enterrado cerca de Ageo. La afirmación contradictoria que aparece en el *Código de Epifanio*, donde se dice que fue asesinado bajo Joás, rey de Judá, entre el templo y el altar, nació de una confusión con el Zacarías mencionado en 2 Cron 24, 20-23.

El libro

Además de la breve palabra de Dios, que introduce su mensaje profético (Zac 1, 1-6), el libro de Zacarías contiene cuatro unidades proféticas que pueden dividirse de esta forma:

1. *Zac 1–6*. Contiene una serie de siete visiones, que Zacarías vio durante la noche el día 24 del mes 11, en el año segundo del rey Darío (Zac 1, 7-6, 8), con una escena simbólica que sirve de conclusión (6, 9-15).
2. *Zac 7–8*. Contiene la respuesta del Señor a una pregunta dirigida a los sacerdotes y profetas por ciertos judíos sobre el hecho de seguir celebrando un día determinado para conmemorar el incendio del templo y de Jerusalén por los caldeos, como día de fiesta. Esta parte está fechada en el año 4 de Darío.
3. *Zac 9–11*. Contiene una amenaza, es decir, una profecía de tono amenazador sobre la tierra de *Hadrach*, que es la sede del poder impío del mundo.
4. *Zac 12–14*. Contiene una amenaza sobre Israel, con la que culmina el libro, con un gran retablo de textos apocalípticos, que marcan la culminación de la historia de Israel.

Primera parte: las seis primeras visiones nocturnas (Zac 1–6) pueden tomarse como una continuación de lo que Ageo había profetizado dos meses antes, sobre la destrucción del poder de todos los reinos del mundo y sobre la preservación de Zorobabel en medio de aquella gran catástrofe (Ag 2, 20-23). Zacarías descubre y presenta así el futuro del reino de Dios, en sus rasgos principales, hasta su plenitud final en la gloria. Este es su contenido:

- La primera visión de Zacarías muestra que la sacudida de los reinos del mundo, predicha por Ageo, ocurrirá muy pronto, a pesar de que la tierra se encuentre todavía en su conjunto quieta y en descanso, y que Sión será redimida de su opresión, como sucederá realmente (1, 7-17). Las siguientes visiones explican la realización de esa promesa.
- La segunda (2, 1-4) anuncia la ruptura en pedazos de los reinos del mundo, a través de los cuatro herreros que cortan y destruyen los cuernos de las naciones.
- La tercera (2, 5-11) anuncia la expansión del reino de Dios sobre toda la tierra a través de la llegada del Señor a su pueblo.

El libro

- La cuarta (3, 1-10) habla de la restauración de la Iglesia que alcanza el favor de Dios a través de la reparación de sus pecados.
- La quinta (4, 1-14) anuncia la glorificación de la Iglesia a través de la comunicación de los dones del Espíritu Santo.
- La sexta (5, 1-11) muestra la expulsión de los pecadores del reino de Dios y la séptima (6, 1-8) el juicio por el que Dios refina y renueva el mundo pecador.

Finalmente, el gesto simbólico que sirve de final de las visiones (6, 9-15) proclama el cumplimiento del reino de Dios a través del *Renuevo* del Señor, que combina en su persona las funciones de sacerdote y rey. Y con esto pasamos a los oráculos de los capítulos finales.

La segunda parte (Zac 9-14) ofrece una descripción profética del futuro del reino de Dios en su conflicto con los reinos del mundo, una descripción más precisa de aquello que el profeta había visto en visiones nocturnas.

- En Zac 9-11 encontramos ante todo una visión del juicio que vendrá sobre los reinos del mundo, con el establecimiento del reino mesiánico, a través de la reunión de los miembros dispersos de la nación santa, y de su exaltación por la victoria sobre los paganos (Zac 9-10). Después viene una descripción minuciosa de la actitud del Señor hacia la nación de la alianza y el mundo pagano (Zac 11).
- En Zac 12-14 tenemos un anuncio del conflicto de las naciones del mundo con Jerusalén, con la conversión de Israel al Mesías, al que un día rechazó y condenó a muerte (Zac 12, 1-14; 13, 1-9). Al final del todo vendrá el ataque del mundo pagano contra la ciudad de Dios, con todas sus consecuencias: la purificación y transformación de Jerusalén para convertirse en lugar de habitación del Señor como rey sobre toda la tierra (Zac 14). De esa manera, estos dos últimos oráculos describen el desarrollo del reino de Dios del Antiguo Testamento hasta su culminación en el reino de Dios que abarca el mundo entero.

La parte intermedia (Zac 7-8), centrada en la continuación de los días de ayuno divide las dos partes del libro (Zac 1-6 y 9-14) de un modo cronológico y externo, pero internamente establece la línea de continuidad entre la parte primera y la final. En esa parte intermedia Dios muestra al pueblo la condición de la que depende el cumplimiento del futuro glorioso que aparece en las visiones nocturnas del principio (Zac 1-6) y así prepara a los creyentes para entender y superar el conflicto que Israel ha de mantener conforme al despliegue de Zac 9-14, hasta que se complete el reino de Dios en la gloria.

Zacarías

De esa forma se vinculan estrechamente todas las partes del libro y así puede superarse la objeción de los críticos modernos en contra de la unidad del libro, una objeción que no se funda en la naturaleza de los dos últimos oráculos más largos (Zac 9-11 y Zac 12-14), sino en un tipo de presupuesto racionalista, según el cual las profecías bíblicas no son más que producciones de un tipo de adivinación natural. Al plantear así el tema del libro, esos críticos muestran la incapacidad que ellos tienen para penetrar en la profundidad de la revelación divina y para captar la sustancia o forma de su desarrollo histórico[108].

La opinión corriente de esos críticos, según la cual los primeros capítulos provienen de un tiempo anterior a la cautividad, mientras que Zac 9-11 sería obra de un contemporáneo de Isaías y Zac 12-14 habría surgido en el último período de la historia de Judá, antes de la destrucción del reino de Judá (hacia el siglo IV-III a. C.), queda totalmente refutada por la circunstancia de que también en esos oráculos la condición de la nación de la alianza después de la cautividad constituye el fondo histórico y el punto de partida para la proclamación y la visión del desarrollo futuro del reino de Dios.

La nación de la alianza, dividida en dos reinos desde la ruptura de la unidad de Israel tras la muerte de Salomón, ha sido dispersada entre los paganos como un rebaño sin pastor (Zac 10, 2). Ciertamente, Judá ha retornado en parte a Jerusalén y a las ciudades de Judá, pero la *Hija de Sión* tiene todavía "prisioneros en esperanza", aguardando la liberación (cf. 9, 11-12 en comparación con 2, 10-11), y la casa de José o Efraín tiene que ser todavía reunida y salvada (10, 6-10).

Más aún, la ruptura entre Judá y Efraín, que dura desde la destrucción de ambos reinos, ha sido superada, pues los ojos de Yahvé se dirigen ahora a todos las tribus de Israel (9, 1), pues él quiere fortalecer a Judá y a Efraín para que consigan una victoria común contra los hijos de Javán (9, 13). El Señor su Dios garantiza como pastor la salvación de su rebaño (cf. 9, 16, con 8, 13), y el pastor de Dios alimenta a los dos pueblos como a un único rebaño, y solo destruye la hermandad entre Judá e Israel con la ruptura de la segunda (11, 14).

Según eso, la enemistad entre Judá y Efraín, cuya superación había sido esperada para el futuro por los profetas anteriores a la cautividad (cf. Is 11, 13; Os 2, 2; Ez 37, 15) ya no existe, y todo lo que queda de la división entre los dos reinos son solo los epítetos de casa de Judá o casa de Israel, que Zacarías utiliza no solo en 9-11, sino también en la llamada de 8, 13, donde no hallamos ninguna crítica en contra de esa división. Todas las tribus forman una nación, que habita en la presencia del profeta, en Jerusalén y en Judá, y así aparece en todas las partes del libro.

---

108. Sobre la historia de esos ataques en contra de la autenticidad de la última parte de Zacarías, y sobre la defensa de su genuinidad, con los argumentos a favor y en contra, cf. mi *Lehrbuch der Einleitung*, 103, y Koehler, *Zechariah,* II. p. 297 ss.

El libro

En la primera parte, Israel consta de Judá y Jerusalén (cf. 1, 19; 2, 12). De un modo semejante, en la segunda parte la acusación y llamada dirigida a Israel (12, 1) se aplica a Jerusalén y Judá (12, 2.5; 14, 2.14). Y así como, conforme a las visiones nocturnas, el poder imperial tiene su sede en la tierra del norte y en la del sur (6, 6), así en los últimos oráculos se dice que Asur (norte) y Egipto (sur) son tipos del mundo pagano (Zac 10, 10).

Y cuando el imperio del mundo que es hostil a Dios se define de un modo más preciso toma el nombre de Javán (Grecia), un epíteto tomado de Dan 8, 21 y que evoca del modo más claramente posible los tiempos que siguen a la cautividad, incluso cuando se dice que los tirios y los filisteos recibirán el castigo divino por haber vendido los prisioneros de Judá y de Jerusalén a los de Javán (cf. Joel 3, 6).

Por otra parte, las diferencias que prevalecen entre las dos primeras profecías de Zacarías y las dos últimas no son suficientes para atribuirlas a dos o tres profetas diferentes. Es cierto que en Zac 9-14 no hay ya más visiones, ni ángeles tomando una parte activa en la trama, ni aparece Satán, ni los siete ojos de Dios. Pero también Amós, por ejemplo, solo tiene visiones en la segunda parte, y ninguna en la primera de su profecía. Por el contrario, la primera parte de Zacarías contiene no solo visiones, sino que en 1, 1-6, con 7, 1-14 y en todo el capítulo 8 encontramos discursos proféticos, sin visiones, con acciones simbólicas, que aparecen no solo en Zac 6, 9-15, sino también en 11, 4-7, es decir, en la última parte del libro.

Los ángeles y Satán, que aparecen en las visiones se encuentran ausentes también en 7, 1-14 y en todo Zac 8, mientras que el ángel de Yahvé aparece mencionado en la última parte, en Zac 12, 8, y también los santos en 14, 5, que son ángeles. Los siete ojos de Dios se mencionan solo en dos visiones (3, 9 y 4, 10); y la providencia de Dios aparece en 9, 1.8 bajo el epíteto de ojo de Yahvé. Esto se aplica también a la forma de la descripción y al lenguaje empleado en las dos partes.

Las visiones se describen en simple prosa, que es el estilo más apropiado para esas descripciones. Por el contrario, las profecías se exponen en lenguaje oratorio, y están llenas de figuras y semejanzas. Esta diversidad en la forma de presentación de las profecías está ocasionada por la presencia de hechos e ideas especiales, con sus correspondientes expresiones y palabras. Pero no hay prueba alguna de que exista una diversidad en la forma en que se describen las cosas en las dos partes del libro, y además encontramos expresiones inusuales tanto en una parte como en la otra, así מעבר ומשׁב (en 7, 14 y 9, 8) y העביר en el sentido de remover (en 3, 4 y 13, 2).

Por otra parte, la ausencia de cualquier referencia temporal en los encabezamientos de 9, 1 y 12, 1 se puede explicar simplemente por el hecho de que estas profecías del futuro del reino no se encuentran tan directamente asociadas con el tiempo en que vive el profeta como las visiones, la segunda de las cuales describe la condición en que el mundo se encuentra en el año 2 de Darío.

La omisión del nombre del autor en el encabezamiento no va en contra del hecho de que ese autor sea Zacarías, quien vivió después de la cautividad, lo mismo que la omisión del nombre de Isaías en Is 15, 1; 17, 1 y 19, 1 no es en modo alguno una prueba de que Isaías no sea el autor de esos capítulos. Todos los restantes argumentos que se han aducido en contra de la integridad o de la unidad y autenticidad del libro se fundan en falsas interpretaciones y en malentendidos.

Por otra parte, la integridad del libro está colocada más allá de toda duda por el testimonio de la tradición, que ha de tomarse como cosa de gran valor en el caso de Zacarías, pues la colección de los escritos proféticos del canon de todo el Antiguo Testamento se completó menos de una generación después de la muerte de nuestro profeta.

La forma de profetizar de Zacarías presenta una gran variedad, conforme a la breve reflexión anterior. A pesar de ello la vinculación de las visiones no ha de tomarse como un rasgo propio de los tiempos que siguen a la cautividad, ni se puede detectar en ellas, en las visiones o en las descripciones proféticas, algún tipo de colorido babilonio o extranjero. La forma en que Zacarías aprende y retoma motivos de sus predecesores no es mayor que el que puede verse en los profetas anteriores a la cautividad.

Los discursos proféticos se encuentran de algún modo llenos de repeticiones, especialmente en 7, 1-14 y en cap. 8, pero en los dos últimos oráculos encontramos un despliegue audaz y muy original de visiones y figuras que son sin duda el producto de una imaginación viva y juvenil. Esta abundancia de figuras poco usuales, unida a la dureza de expresión y al hecho de que hallemos transiciones sin vínculos intermedios, hace que el trabajo de los comentaristas resulte difícil. En esa línea, tanto Jerónimo como los rabinos se lamentaron, aunque con exageración, de la oscuridad de este profeta.

En general, la dicción de Zacarías se encuentra libre de arameísmos, y está construida sobre el modelo de los escritores anteriores. Para pruebas de ellos, así como para la literatura exegética, cf. mi *Lehrbuch der Einleitung*, p. 310 ss.

ZACARÍAS 1, 1-6
INTRODUCCIÓN

1, 1

¹ בַּחֹ֙דֶשׁ֙ הַשְּׁמִינִ֔י בִּשְׁנַ֥ת שְׁתַּ֖יִם לְדָרְיָ֑וֶשׁ הָיָ֣ה דְבַר־יְהוָ֗ה
אֶל־זְכַרְיָה֙ בֶּן־בֶּ֣רֶכְיָ֔ה בֶּן־עִדּ֥וֹ הַנָּבִ֖יא לֵאמֹֽר׃

¹ En el octavo mes del año segundo de Darío, llegó esta palabra de Yahvé al profeta Zacarías hijo de Berequías, hijo de Iddo:

La primera palabra del Señor fue dirigida al profeta Zacarías en el mes 8 del año 2 del reinado de Darío, es decir, dos meses después de la primera profecía de Ageo, sobre el comienzo de la reedificación del templo, que aquel profeta quiso promover (comparar Zac 1, 1 con Ag 1, 1.15), y unas pocas semanas después de la profecía de Ageo sobre la gran gloria que recibiría el nuevo templo (Ag 2, 1-9). Así como Ageo animaba a los jefes y al pueblo de Judá para continuar animosamente la edificación que habían comenzado, con su anuncio de salvación, así también Zacarías abre su labor profética con una admonición para que los judíos vuelvan con sinceridad al Señor, a fin de que no caigan en el mismo castigo que sufrieron sus padres, a causa de sus pecados.

Esta exhortación al arrepentimiento, a pesar de que fue comunicada al profeta en forma de revelación especial de Dios, constituye de hecho una introducción a las profecías que siguen, en las que el profeta exige una conversión radical como condición para obtener la salvación deseada, poniendo, al mismo tiempo, ante los impenitentes e impíos, la amenaza de castigos más duros que los anteriores[109].

Las palabras בַּחֹ֙דֶשׁ֙ הַשְּׁמִינִ֔י; (*bachōdesh hasshemīnī*) no significan "en la octava luna nueva" (Kimchi, Chr. B. Michaelis, Koehler), porque *chōdesh* no

---

109. El profeta recibe así la instrucción de Dios para que, antes de presentar a la nación las ricas bendiciones de Dios, les ofrezca en forma de imágenes simbólicas, aquellas condiciones que deben cumplir para así recibir la gran abundancia de las riquezas de Dios (Vitringa, *Comm. in Sach.* p. 76).

Introducción

se utiliza nunca en sentido de día de luna nueva (o de primer día después de la luna nueva) en las notificaciones (cf. *Comentario* a Ex 19, 1). Queda sin definir el día concreto de ese mes, porque es menos importante para el contenido del discurso.

1, 2-4

² קָצַ֧ף יְהוָ֛ה עַל־אֲבֽוֹתֵיכֶ֖ם קָֽצֶף׃
³ וְאָמַרְתָּ֣ אֲלֵהֶ֗ם כֹּ֤ה אָמַר֙ יְהוָ֣ה צְבָא֔וֹת שׁ֥וּבוּ אֵלַ֖י נְאֻ֣ם
יְהוָ֣ה צְבָא֑וֹת וְאָשׁ֣וּב אֲלֵיכֶ֔ם אָמַ֖ר יְהוָ֥ה צְבָאֽוֹת׃
⁴ אַל־תִּהְי֣וּ כַאֲבֹֽתֵיכֶ֗ם אֲשֶׁ֨ר קָרְאֽוּ־אֲלֵיהֶ֥ם הַנְּבִיאִ֣ים
הָרִֽאשֹׁנִים֮ לֵאמֹר֒ כֹּ֤ה אָמַר֙ יְהוָ֣ה צְבָא֔וֹת שׁ֤וּבוּ נָא֙
מִדַּרְכֵיכֶ֣ם הָרָעִ֔ים (וּמַעֲלִילֵיכֶם) [וּמַֽעַלְלֵיכֶ֖ם] הָֽרָעִ֑ים וְלֹ֥א
שָׁמְע֛וּ וְלֹֽא־הִקְשִׁ֥יבוּ אֵלַ֖י נְאֻם־יְהוָֽה׃

² Se enojó mucho Yahvé contra vuestros padres. ³ Diles, pues: Así ha dicho Yahvé de los ejércitos: Volveos a mí, dice Yahvé de los ejércitos, y yo me volveré a vosotros, dice Yahvé de los ejércitos. ⁴ No seáis como vuestros padres, a quienes los primeros profetas clamaron diciendo: Así ha dicho Yahvé de los ejércitos: Volveos ahora de vuestros malos caminos y de vuestras malas obras; pero ellos no atendieron ni me escucharon, dice Yahvé.

1, 2-3. 1, 2 contiene al fundamento para la advertencia que sigue y que el profeta ha de dirigir al pueblo (pidiendo que se convierta) y por eso se coloca delante de וְאָמַרְתָּ en 1, 3. Dado que el Señor estaba muy enojado con sus padres, pues no se arrepintieron, sus hijos deben arrepentirse ahora con sinceridad de corazón. El nombre קֶצֶף se añade como objeto del verbo para darle más fuerza.

La nación ha experimentado el fuerte enojo de Dios en la destrucción del reino de Judá y de Jerusalén, con el templo, y también en el tiempo del exilio. La afirmación de 1, 15, donde se dice que Yahvé está enojado מְעַט, no va en contra de eso, porque מְעַט no se refiere a la fuerza de su ira, sino a su duración.

וְאָמַרְתָּ es el perfecto con *waw* consecutiva, y se usa en lugar del imperativo, porque el mandato del arrepentimiento sigue como una consecuencia necesaria del hecho que ha sido afirmado en 1, 2 (cf. Ewald, 342, b y c). אֲלֵהֶם no se refiere a los padres, como podría parecer gramaticalmente, sino a los contemporáneos del profeta, es decir, a la generación ahora existente de Judá. שׁוּבוּ אֵלַי no implica que el pueblo se ha separado precisamente ahora del Señor, una vez más, o que ha perdido el gozo de seguir realizando la obra de la edificación del templo, sino que el retorno al Señor no había sido suficientemente perfecto, pues no había existido una verdadera conversión de corazón.

El Señor se había vuelto de nuevo a su pueblo, y no solamente había hecho que cesaran los sufrimientos del exilio, sino que había prometido su ayuda a los que habían retornado (cf. אני אתכם en Ag 1, 13). Pues bien, cuando más sincera y completamente se volviera el pueblo hacia Dios, más fiel y gozosamente concedería Dios a su pueblo la gracia y salvación prometida.

1, 4. Esta amonestación aparece como extremadamente importante, por el hecho de que se repite por tres veces la frase אָמַר יְהוָה צְבָאוֹת, *lo dice el Señor Sebaot*, una frase reforzada aún más en 1, 4, con el aviso inverso de "no comportarse como los padres", que no hicieron caso a la amonestación de los profetas anteriores (רִאשֹׁנִים הַנְּבִיאִים הָ), que son los anteriores a la cautividad (cf. Zac 7, 7.12).

El predicado רִאשֹׁנִים indica el hecho de que se había dado un tipo de hueco entre Zacarías y sus predecesores, en el tiempo del exilio, de forma que se pasa por alto a Daniel y Ezequiel que habían vivido en el exilio: al primero porque sus profecías no son amonestaciones dirigidas al pueblo; al segundo porque gran parte de su ministerio había caído en el mismo principio del exilio.

Más aún, cuando alude a las amonestaciones de los profetas anteriores, Zacarías tiene en su mente no solo aquellos discursos en los que los profetas reprendían al pueblo, exigiendo arrepentimiento, con las palabras שׁוּבוּ וגו (e.g., Joel 2, 13; Os 14, 2-3; Is 31, 6; Jer 3, 12; Zac 7, 13, etc.), sino también las represiones, amenazas y reproches de los profetas anteriores en general (cf. 2 Rey 17, 13).

1, 5-6

⁵ אֲבוֹתֵיכֶם אַיֵּה־הֵם וְהַנְּבִאִים הַלְעוֹלָם יִחְיוּ׃
⁶ אַךְ ׀ דְּבָרַי וְחֻקַּי אֲשֶׁר צִוִּיתִי אֶת־עֲבָדַי הַנְּבִיאִים הֲלוֹא הִשִּׂיגוּ אֲבֹתֵיכֶם וַיָּשׁוּבוּ וַיֹּאמְרוּ כַּאֲשֶׁר זָמַם יְהוָה צְבָאוֹת לַעֲשׂוֹת לָנוּ כִּדְרָכֵינוּ וּכְמַעֲלָלֵינוּ כֵּן עָשָׂה אִתָּנוּ׃ ס

⁵ Vuestros padres ¿dónde están? Y los profetas, ¿acaso han de vivir para siempre? 6En cambio, mis palabras y mis ordenanzas, que yo mandé a mis siervos los profetas, ¿no alcanzarán a vuestros padres? Por eso ellos se volvieron y dijeron: Como Yahvé de los ejércitos había decidido tratarnos, conforme a nuestros caminos y conforme a nuestras obras, así nos ha tratado.

Estas palabras ofrecen una razón para entender la advertencia del profeta, cuando dice a los judíos que no rechacen las palabras del Señor, como hicieron los antepasados, con una alusión al destino que ellos sufrieron por su desobediencia. Las dos preguntas de 1, 5 han de tener una respuesta negativa y quieren anticipar la objeción que el pueblo puede haber elevado ante las admoniciones de 1, 4, recordando que no solo los padres, sino también los profetas anteriores habían muerto hace tiempo, para señalar que una alusión a las cosas que habían ya pasado hace mucho tiempo podría carecer de fuerza para la generación actual.

Zacarías responde a esa objeción diciendo: Vuestros padres han muerto sin duda hace tiempo, e incluso los profetas no viven o no pueden vivir para

Introducción

Siempre, sin embargo, las palabras de los antiguos profetas se han cumplido en el caso de los padres. Las palabras y decretos que Dios reveló por los profetas se han cumplido en vuestros padres, de manera que ellos, sus hijos, debían confesar que Dios había realizado su amenaza, es decir, había cumplido el castigo que los profetas anteriores les habían anunciado.

אך, sin embargo, solamente, en el sentido de limitación de algo que ha sido establecido (cf. Ewald, 105 d). דברי y חקי no son las palabras de 1, 4, que llamaban al arrepentimiento, sino las amenazas y decretos judiciales que los profetas anteriores habían anunciado en el caso de que no se arrepintieran. דברי como en Ez 12, 28; Jer 39, 16. חקי, decreto judicial de Dios, como *chōq* en Sof 2, 2. *Hissīg*, alcanzar, se aplica a los castigos amenazadores que persiguen al pecador, como mensajeros enviados tras ellos y que les sobrevienen (cf. Dt 28, 15; 28, 45).

Pueden encontrarse pruebas bíblicas de que incluso los mismos antepasados reconocieron que el Señor había cumplido sus amenazas en los salmos de lamentación escritos en el cautiverio (pero no exactamente en Sal 126, 1-6 y 137, 1-9, como supone Koehler), lo mismo que en Lam 2, 17 (עשׂה יהוה אשׁר זמם, texto que Zacarías parece evocar), y en las oraciones penitenciales de Daniel (9, 4) y de Esdras (8, 6), que expresan los sentimientos que prevalecían en la congregación.

ZACARÍAS 1, 7-6, 15
VISIONES NOCTURNAS

Tres meses después de su llamada profética, a través de la primera palabra que Dios le dirigió, Zacarías recibió una revelación de conjunto relacionada con el destino futuro del pueblo y del reino de Dios, en una serie de visiones que le fueron transmitidas en una sola noche y que fueron interpretadas por un ángel.

1, 7-17. Primera visión: Los jinetes

⁷ בְּיוֹם עֶשְׂרִים וְאַרְבָּעָה לְעַשְׁתֵּי־עָשָׂר חֹדֶשׁ הוּא־חֹדֶשׁ שְׁבָט בִּשְׁנַת שְׁתַּיִם לְדָרְיָוֶשׁ הָיָה דְבַר־יְהוָה אֶל־זְכַרְיָה בֶּן־בֶּרֶכְיָהוּ בֶּן־עִדּוֹא הַנָּבִיא לֵאמֹר׃

⁷ A los veinticuatro días del mes undécimo, que es el mes de Sebat, en el año segundo de Darío, llegó esta palabra de Yahvé al profeta Zacarías hijo de Berequías hijo de Iddo:

Esto sucedió exactamente cinco meses después de cuando se había retomado la construcción del templo (Ag 1, 15), hecho con el que esta revelación divina se hallaba sin duda en relación, y dos meses después de la última promesa que Dios dirigió al pueblo a través del profeta Ageo, diciendo que Dios bendeciría desde entonces a su nación y que la glorificaría en el futuro (Ag 2, 10-23).

A fin de expresar con imágenes esta bendición y glorificación, y de presentar los rasgos fundamentales del reino futuro de Dios fueron reveladas estas visiones, designadas en la introducción como "palabra de Yahvé", porque las visiones contempladas en espíritu, unidas a su interpretación, tenían el sentido y alcance de unas revelaciones verbales, y se explicaban después con la ayuda de palabras directas de Dios (cf. Zac 1, 14; 2, 10-13).

Estas visiones fueron reveladas al profeta una tras otra, en una sola noche, de manera que probablemente estaban separadas solo por pequeñas pausas. Ellas presentan una perspectiva sustancialmente vinculada al futuro de Israel, desde la perspectiva de aquel tiempo, y finalizaban con la apertura hacia la culminación completa del reino de Dios.

Visiones nocturnas

1, 8-10. Enviados para recorrer la tierra

⁸ רָאִיתִי הַלַּיְלָה וְהִנֵּה־אִישׁ רֹכֵב עַל־סוּס אָדֹם וְהוּא עֹמֵד
בֵּין הַהֲדַסִּים אֲשֶׁר בַּמְּצֻלָה וְאַחֲרָיו סוּסִים אֲדֻמִּים שְׂרֻקִּים וּלְבָנִים:
⁹ וָאֹמַר מָה־אֵלֶּה אֲדֹנִי וַיֹּאמֶר אֵלַי הַמַּלְאָךְ הַדֹּבֵר בִּי אֲנִי
אַרְאֶךָּ מָה־הֵמָּה אֵלֶּה:
¹⁰ וַיַּעַן הָאִישׁ הָעֹמֵד בֵּין־הַהֲדַסִּים וַיֹּאמַר אֵלֶּה אֲשֶׁר שָׁלַח

⁸ Tuve una visión durante la noche: Vi a un hombre que cabalgaba sobre un caballo alazán y estaba entre los mirtos que había en la hondonada, y detrás de él había caballos alazanes, overos y blancos. ⁹ Entonces pregunté: -¿Quiénes son estos, señor mío? Y el ángel que hablaba conmigo me respondió: -Yo te enseñaré quiénes son estos. ¹⁰ Y el hombre que estaba entre los mirtos dijo: -Estos son los que Yahvé ha enviado a recorrer la tierra.

1, 8. El profeta ve, durante la noche del día descrito en 1, 7 (הלילה es acusativo de duración), en una visión extática, no en un sueño, sino en condición despierta, a un jinete sobre un caballo rojo, en un seto de mirto, parado en una hondonada, y tras él a varios jinetes sobre caballos alazanes, overos y blancos (*sūsīm* son caballos con jinetes, y la razón por la que ellos, los jinetes, no se mencionan más en el curso de la visión es porque no tienen ya ninguna función, pues solo importa el color de los caballos).

Al mismo tiempo, el profeta ve también, cerca de él, a un ángel que interpreta la visión, y más alejado (1, 11) al Ángel de Yahvé, que está de pie, parado entre los mirtos, frente al hombre del caballo rojo al que los jinetes presentan su mensaje, diciendo que ellos han ido por la tierra, por mandato de Yahvé, y han encontrado toda la tierra quieta y en reposo. En ese contexto, el Ángel de Yahvé dirige a Yahvé su plegaria, pidiendo piedad sobre Jerusalén y sobre las ciudades de Judá, y recibe una respuesta consolatoria, que el ángel intérprete transmite al profeta, una respuesta que este proclamará públicamente en 1, 14-17.

El jinete del caballo rojo no se identifica con el Ángel de Yahvé, ni este con el ángel intérprete. Sin duda, muchos comentaristas piensan que el jinete del caballo rojo es el mismo Ángel de Yahvé, pues ambos se encuentran de pie, entre los mirtos (*'ōmēd,* de pie; cf. Zac 1, 8.10.11), pero todo lo que se deduce de ese dato es que el jinete parado junto al Ángel de Yahvé (es decir, frente a él), está allí con el fin de presentarle un reportaje sobre el estado de las cosas de la tierra, que él ha explorado con sus seguidores.

Esta circunstancia está más bien a favor de la diversidad de los dos personajes, teniendo en cuenta sobre todo que el jinete del caballo rojo era el líder de una compañía de jinetes, con mando sobre ellos como su portavoz y representante. Si el hombre del caballo rojo fuera el mismo Ángel de Yahvé, y si la tropa de jinetes hubiera venido solo para ofrecerle información, esa tropa no se encontraría detrás de él, sino que debería haber estado a su lado o enfrente de él.

Por otra parte, los diferentes epítetos aplicados a los dos son una prueba decisiva de que el Ángel del Señor y "el ángel que hablaba conmigo" no eran una misma persona. El ángel que da o que transmite al profeta la interpretación de la visión recibe sin cesar el nombre de "el ángel que hablaba conmigo", no solo en 1, 9, donde tenemos primero el saludo del profeta al ángel, sino también en 1, 13 y 1, 14, y en las visiones que siguen (2, 2.7; 4, 1.4; 5, 5.10; 6, 4), por lo que resulta perfectamente claro que הדבר בי está indicando la función que este ángel realiza en las visiones (*dibber be* significa el hecho de que Dios o un ángel habla con un hombre: Os 1, 2; Hab 2, 1; Num 2, 1; 16, 6.8). La función de este ángel consiste, por tanto, en interpretar al profeta las visiones, transmitiéndole las revelaciones divinas, de forma que él no es más que un *angelus interpres* o *colocutor*, ángel intérprete, el que habla.

Este ángel aparece en otras visiones en compañía de otros ángeles y recibe instrucciones para ello (2, 5-8), de manera que toda su actividad se limita a transmitir las instrucciones superiores al profeta, ofreciéndole una comprensión de las visiones, mientras que el Ángel de Yahvé ocupa el lugar de Dios o se identifica con él, de forma que a veces se identifica con Yahvé y otras se distingue de él (cf. observaciones sobre el tema en *Comentario* a *Génesis*, 3.ª ed. pág. 167 ss.).

En vista de eso, es imposible establecer la identidad de los dos con los argumentos que se han aportado a favor de ella. Esa identidad no se deduce en modo alguno de 1, 9, donde el profeta se dirige al mediador llamándole "mi señor", pues esas palabras se dirigen al Ángel del Señor, pues ni él ni el *angelus interpres* han sido previamente mencionados, y en un contexto de las visiones hay personas que se introducen de pronto sin haber sido mencionadas antes, de manera que solo podemos saber quiénes son por lo que ellas hacen o dicen.

Por otra parte, ni la circunstancia de que en 1, 12 el Ángel del Señor ha de presentar la petición ante el Dios supremo, a favor de la nación, ni el hecho de que en 1, 13 sea Yahvé mismo quien responda al *angelus interpres* de un modo favorable, con palabras de consuelo, ofrecen una prueba de que aquel que recibe la respuesta ha de ser el mismo que el intercesor. En ese contexto se puede responder, como ha hecho Vitringa, que Zacarías ha omitido simplemente el hecho de que la respuesta estaba ante todo dirigida al Ángel del Señor y de que a través de él fue transmitida al ángel mediador, porque el Ángel del Señor no había preguntado en su nombre, sino que lo había hecho simplemente con la finalidad de ofrecer consuelo por medio del ángel mediador primero al profeta y a través de él a toda la nación.

No hay duda de que en esta visión tanto la localidad en que se han colocado el jinete del caballo rojo con su tropa, como el Ángel del Señor, lo mismo que el color de los caballos tienen un significado preciso. Pero es un significado

Visiones nocturnas

difícil de interpretar. Incluso el sentido de מְצֻלָה, *metsullâh,* hondonada, resulta cuestionable. Algunos dicen que significa "lugar sombrío", de צֵל, sombra, pero en ese caso deberíamos tener la forma *metsillâh.* Parece preferible suponer que *metsullâh* es solo otra forma de *metsillâh,* que es la lectura que encontramos en muchos manuscritos, y que ordinariamente significa la profundidad del mar, como en Ex 15, 10 donde *tsâlal* significa hundirse en la profundidad. La Vulgata acepta esa lectura: *in profundo.*

Con toda probabilidad, esa palabra significa aquí un hueco profundo, posiblemente con agua, lugar donde abundan los mirtos, un tipo de suelo pantanoso, o a la rivera de un río (cf. Virgilio, *Georg.* ii. 112, iv. 124). El artículo en בַּמְּצֻלָה, *bammetsullâh* indica que se trata de la hondonada que el profeta ha visto en la visión, no el hueco de la fuente de *Siloah,* como Hofmann supone (*Weissagung u. Erfllung,* i. p. 333).

Esa hondonada no es aquí un símbolo del poder del mundo, o del poder abismal de los reinos del mundo (Hengstenberg y M. Baumgarten), como ha pensado evidentemente el autor de la paráfrasis caldea de *in Babele,* pues eso no puede probarse a partir de pasajes como Zac 10, 16; Is 44, 27 y Sal 107, 24. El seto o bosquecillo de mirtos es sin duda un símbolo de la teocracia, o de la tierra de Judá como tierra querida y estimada del Señor (cf. Dan 8, 9; 11, 16), pues el mirto es una planta ornamental muy estimada. Según eso, la hondonada en la que ahora aparece el mirto es signo de la profunda degradación en la que ha caído la tierra y el pueblo de Dios en ese tiempo.

Hay una gran diversidad de opiniones sobre el significado del color de los caballos, aunque todos los comentaristas concuerdan en el hecho de que el color es significativo, lo mismo que en Zac 6, 2 y en Ap 6, 3, afirmando que esta es la única razón por la que se distingue a los caballos (por sus colores), en vez de distinguirse por sus jinetes. Sobre dos de los colores no hay disputa אָדוֹם, rojo, es el color de la sangre; y לָבָן, blanco brillante, es el reflejo de la gloria celestial y divina (Mt 17, 2; 28, 3; Hch 1, 10), símbolo de una victoria gloriosa (Ap 6, 2).

Se disputa sobre el significado de שְׂרֻקִּים, *seruqqīm.* Los LXX han traducido ψαροὶ καὶ ποικίλοι, como ברדים אמצים en Zac 6, 3; la Itala y Vulgata han puesto *varii;* la Peshita, *versicolores.* En esa línea *sūsīm seruqqīm* correspondería a ἵππος χλωρός de Ap 6, 8. Esa palabra *seruqqīm* solo aparece otra vez en el Antiguo Testamento, en Is 16, 8, donde se aplica a los sarmientos y ramas de la viña, en la línea en que se utiliza en otros lugares *sōrēq* (Is 5, 2; Jer 2, 21) o *serēqâh* (Gen 49, 11). Por otra parte, Gesenius (*Thesaurus*) y otros afirman que esa palabra significa rojo, según el árabe *ašqaru,* caballo rojo, zorro, de *šaqira,* rojo brillante. En esa línea, Koehler traduce *sūsīm seruqqīm* como caballos bayos, de color rojo, como fuego brillante.

Pero no parece que este significado responda al uso hebreo, porque no es seguro que la rama de la viña se llame *sōrēq* por las uvas de color rojo (cf. Hitzig sobre Is 5, 2). Por otra parte, la inconsistencia de esta visión resulta evidente por el hecho de que en árabe *šaqira* no significa rojo oscuro, sino rojo brillante, de fuego. En esa línea, el traductor árabe ha traducido el griego πυρρός por *ašqaru* en Cant 5, 9. πυρρός responde más bien al hebreo אדום, y los LXX han traducido *sūsīm 'ădummīm* por ἵπποι πυρροί tanto aquí como en Zac 6, 2.

Si comparamos esto con Zac 6, 2, donde los carros van arrastrados por caballos rojos (*'ădummīm*, πυρροί), negros (*shechōrīm*, μέλανες), blancos (*lebhânīm*, λευκοί), y moteados (*beruddīm*, ψαροί), y con Ap 6, donde el primer jinete tiene un caballo blanco (λευκός), el segundo uno rojo (πυρρός), el tercero uno negro (μέλας) y el cuarto uno de color pálido/amarillo (χλωρός), no puede haber duda alguna de que tres de los colores de los caballos aquí mencionados aparecen de nuevo en los pasajes citados, añadiendo solo un último caballo de color negro. En esta lista, los *seruqqīm* corresponden a los *beruddīm* de Zac 6, 3 y al ἵππος χλωρός de Ap 6, 8. Eso indica que *sârōq* se utiliza para un tipo de gris, como mezcla de negro y de blanco, de manera que no es muy diferente *bârōd*, moteado, es decir, blanco con motas negras (Gen 31, 10; 31, 12).

Comparando entre sí estos pasajes, uno con otro, obtenemos una visión casi segura del significado de los diferentes colores, descubriendo que ellos no indican las tierras o naciones a las que han sido enviados los jinetes, como piensan Havernick, Maurer, Hitzig, Ewald y otros, ni tampoco los tres grandes reinos imperiales, como Jerónimo, Cirilo y otros quisieran probar. En esa línea, no hay fundamento ninguno para otras formas de entender los colores: el rojo para el sur, como lugar de la luz, o el blanco para el oeste, pues con eso no se indicarían los otros dos puntos cardinales.

Por otra parte, los jinetes mencionados han ido en compañía, todos unidos (cf. 1, 8-11), de forma que no se puede afirmar que unos han ido por un lado y los otros por otro, a diferentes países, según los colores de los caballos, de manera que los caballos blancos han ido también a las tierras del sur. Eso significa que el color de los caballos solo puede ir conectado con la misión que los jinetes deben realizar.

Así lo confirma Ap 6, donde se habla de la gran espada que se ha dado al jinete del caballo rojo, para quitar la paz de la tierra, de forma que se maten unos contra otros. Por su parte al jinete del caballo blanco se le concede una corona, de forma que vaya conquistando y para conquistar (Ap 6, 2); y el jinete que cabalga sobre un caballo de color pálido recibe el nombre de muerte, y se le concede el poder para matar a una cuarta parte de la tierra, con espada, hambre y peste (Ap 6, 8). De todas formas, a los jinetes de nuestro pasaje (de Zacarías) no se les atribuyen esos efectos, pero eso no implica una gran diferencia.

A la cuestión del profeta מָה־אֵלֶּה, *mâh-'ēlleh* (¿quiénes son estos, qué significan?), el *angelus interpres*, a quien el profeta saluda como "mi señor" (*'ădōnī*), responde: "Yo te mostraré quiénes son". Entonces, el jinete del caballo rojo, como líder del grupo, responde: "Estos son aquellos a los que Yahvé ha enviado para que vayan por toda la tierra".

Y entonces comienza a declarar al Ángel del Señor, lo que han descubierto en su misión: "Hemos ido por la tierra, y toda la tierra está en paz". Esta respuesta del hombre (וַיַּעַן, *vayya'an*, 1, 10) no está dirigida al profeta ni al *angelus interpres*, sino al Ángel del Señor (cf. 1, 11) a quien el ángel intérprete y los jinetes (por eso en plural: "respondieron"), han dado un informe de su misión.

1, 11-13. Opresión de Jerusalén: ¿hasta cuándo?

¹¹ וַיַּעֲנוּ אֶת־מַלְאַךְ יְהוָה הָעֹמֵד בֵּין הַהֲדַסִּים וַיֹּאמְרוּ הִתְהַלַּכְנוּ בָאָרֶץ וְהִנֵּה כָל־הָאָרֶץ יֹשֶׁבֶת וְשֹׁקָטֶת:
¹² וַיַּעַן מַלְאַךְ־יְהוָה וַיֹּאמַר יְהוָה צְבָאוֹת עַד־מָתַי אַתָּה לֹא־תְרַחֵם אֶת־יְרוּשָׁלִַם וְאֵת עָרֵי יְהוּדָה אֲשֶׁר זָעַמְתָּה זֶה שִׁבְעִים שָׁנָה:
¹³ וַיַּעַן יְהוָה אֶת־הַמַּלְאָךְ הַדֹּבֵר בִּי דְּבָרִים טוֹבִים דְּבָרִים נִחֻמִים:

¹¹ Entonces ellos hablaron a aquel ángel de Yahvé que estaba entre los mirtos, y le dijeron: -Hemos recorrido la tierra, y hemos visto que toda la tierra está tranquila y en calma. ¹² El ángel de Yahvé exclamó: -Yahvé de los ejércitos ¿hasta cuándo no tendrás piedad de Jerusalén y de las ciudades de Judá, con las cuales has estado enojado por espacio de setenta años? ¹³ Yahvé dirigió palabras buenas, palabras de consuelo, al ángel que hablaba conmigo.

1, 11. El verbo *'ânâh,* respondieron (1, 11), no se refiere a una pregunta concreta, sino a toda la conversación que habían mantenido el profeta y el ángel intérprete. En 1, 10-11, la tierra, הארץ, no es la tierra de Judá, ni ningún otro país de la tierra. La respuesta (toda la tierra está quieta y en paz: ישבת ושקטת) indica la condición pacífica y segura de toda la tierra y de sus habitantes, que viven sin perturbación ni miedo (cf. Zac 7, 7; 1 Cron 4, 40 y Jc 18, 27), y nos pone ante una situación como la que aparece en Ag 2, 7-8.22-23. Dios había anunciado hacía poco tiempo que todo el mundo y las naciones vendrían a llenar el templo de Jerusalén con su gloria. Pues bien, los jinetes enviados por Dios han vuelto y anunciado que la tierra no se encuentra en modo alguno sacudida, en movimiento, sino que todo el mundo está en paz y descanso.

Ciertamente, no podemos inferir por el relato de los jinetes que ellos habían sido enviados con el simple y exclusivo propósito de obtener información sobre el estado de la tierra, para comunicárselo al Señor, pues hubiera sido superfluo y sin sentido enviar una tropa entera de caballos de diversos colores con este exclusivo propósito. Su misión era más bien la de tomar parte activa en la agitación de las naciones (si es que ella no se daba ya), para guiar esa agitación, conforme a la idea divinamente ordenada, conforme al sentido de los colores de los caballos (según el simbolismo de Ap 6): en una línea de guerra y sangre (caballos rojos), en una línea del hambre (caballos grises o amarillos) y en una línea de peste y de otras plagas (caballos moteados), para desembocar finalmente en la línea de la victoria y la conquista del mundo (caballos blancos).

En el año 2 del reinado de Darío se extendía por el mundo una paz universal; todas las naciones del antiguo Imperio caldeo se encontraban en paz, gozando de una prosperidad no perturbada. Solo Judea, el hogar de la nación de Dios, se encontraba en su mayor parte devastada, y Jerusalén carecía de murallas, hallándose expuesta y sin defensa ante todos los insultos de los enemigos del judaísmo. Un estado de cosas como ese tendía a producir grandes conflictos en las mentes de los hombres más piadosos, confirmando a los frívolos en su indiferencia ante el Señor.

Mientras las naciones del mundo gozaban de una paz no disturbada, Judá no había experimentado una mejora esencial en su destino. Aunque Darío había concedido permiso para continuar la edificación del templo, los judíos se hallaban todavía bajo el cautiverio del poder del mundo, sin ninguna esperanza de realización de la gloria que había sido anunciada por los antiguos profetas (Jer 31; Is 40), una paz que debía haberse ya extendido tras la liberación del cautiverio de Babilonia.

1, 12. Por eso, el Ángel del Señor dirige a Yahvé su oración de intercesión:

¿Hasta cuándo estarás sin compadecerte de Jerusalén…? En otro tiempo, el Ángel del Señor había conducido al pueblo hacia la tierra prometida y había destruido ante Israel a todos sus enemigos; pues bien, el hecho de que ahora vuelva a manifestarse ese mismo Ángel constituye una fuente de consuelo para el pueblo. Su venida era un signo de que Yahvé no había olvidado a su pueblo, de manera que su intercesión podía servir para superar todas las dudas respecto al cumplimiento de las promesas divinas.

El hecho de que el Ángel de Yahvé dirija una oración intercesora a Yahvé a favor de Judá, no es una prueba de que ese Ángel se encuentre separado de Yahvé, lo mismo que en Jn 17 la oración de Jesús al Padre no constituye en modo alguno una negación de su divinidad. Las palabras "estabas enojado por espacio de setenta años" no indican que los setenta años de cautividad de Babilonia, predichos por Jeremías (25, 11; 29, 10) acababan de cumplirse entonces; esos setenta años se cumplieron el primer año del reinado de Ciro (2 Cron 36, 22; Esd 1, 1).

De todas formas no puede dejarse sin más a un lado la observación de Vitringa, Hengstenberg y otros, según la cual esos setenta años habían sido cumplidos ahora de un modo más preciso, pues pasaron casi setenta años entre la destrucción de Jerusalén y del templo por los caldeos y el año segundo del reinado de Darío. En esa línea, dado que el templo se encontraba aún en ruinas ese año 2 de Darío (a pesar del mandato de reedificarlo que había proclamado Ciro, Esd 1, 1-4), podría decirse que las tribulaciones del exilio no habían terminado en modo alguno. Bajo esas circunstancias, el deseo de que terminara la condición lamentable de Judá tenía que haber ido creciendo más y más, de forma que la oración pidiendo a Dios piedad debía sonar con más fuerza que nunca.

Visiones nocturnas

Pues bien, en esa situación Yahvé respondió con palabras buenas y consoladores a la intercesión del Ángel del Señor. דְּבָרִים טוֹבִים, *debhârîm tôbhîm*, son palabras que prometen algo bueno, que anuncian la salvación (cf. Js 23, 14; Jer 29, 10). En la medida en que ellas anuncian una mitigación de su dolor son נִחֻמִים, *nichummîm*, es decir, consolaciones.

Esa palabra, *nichummîm*, es un substantivo, y está en aposición a *debhârîm*. En algunos manuscritos, en vez del *qetib nichummîm*, el *kere* tiene la forma *nichumîm*, que es gramaticalmente más correcta, y que aparece así, de un modo más preciso, como *nichûmîm*, en algunos códices de Kennicott.

1, 14-17. Me vuelvo a Jerusalén con misericordia

¹⁴ וַיֹּאמֶר אֵלַי הַמַּלְאָךְ הַדֹּבֵר בִּי קְרָא לֵאמֹר כֹּה אָמַר יְהוָה צְבָאוֹת קִנֵּאתִי לִירוּשָׁלַםִ וּלְצִיּוֹן קִנְאָה גְדוֹלָה׃
¹⁵ וְקֶצֶף גָּדוֹל אֲנִי קֹצֵף עַל־הַגּוֹיִם הַשַּׁאֲנַנִּים אֲשֶׁר אֲנִי קָצַפְתִּי מְּעָט וְהֵמָּה עָזְרוּ לְרָעָה׃
¹⁶ לָכֵן כֹּה־אָמַר יְהוָה שַׁבְתִּי לִירוּשָׁלַםִ בְּרַחֲמִים בֵּיתִי יִבָּנֶה בָּהּ נְאֻם יְהוָה צְבָאוֹת (וְקָוֶה) [וְקָו] יִנָּטֶה עַל־יְרוּשָׁלָםִ׃
¹⁷ עוֹד ׀ קְרָא לֵאמֹר כֹּה אָמַר יְהוָה צְבָאוֹת עוֹד תְּפוּצֶינָה עָרַי מִטּוֹב וְנִחַם יְהוָה עוֹד אֶת־צִיּוֹן וּבָחַר עוֹד בִּירוּשָׁלָםִ׃

¹⁴ Entonces el ángel que hablaba conmigo me dijo: Proclama: Así ha dicho Yahvé de los ejércitos: Celé con gran celo a Jerusalén y a Sión. ¹⁵ Pero siento gran ira contra las naciones despreocupadas, pues cuando yo estaba un poco enojado, ellas se aprovecharon para agravar el mal. ¹⁶ Por tanto, así ha dicho Yahvé: Me vuelvo a Jerusalén con misericordia; en ella será edificada mi Casa, dice Yahvé de los ejércitos, y la plomada será tendida sobre Jerusalén. ¹⁷ Proclama también: Así dice Yahvé de los ejércitos: Aún rebosarán mis ciudades con la abundancia del bien; aún consolará Yahvé a Sión y aún escogerá a Jerusalén.

Las palabras anteriores, dirigidas al ángel intérprete, directamente o a través del Ángel de Yahvé, se expanden ahora en el anuncio que el Ángel de Yahvé ordena al profeta para que lo proclame con, קרא como en Is 40, 6. La palabra del Señor contiene dos cosas: (1) La seguridad de un amor fuerte de parte de Dios hacia Jerusalén (1, 14-15). (2) La promesa de que este amor se mostrará en la restauración y prosperidad de Jerusalén (1, 16-17).

1, 14-15. קנא, el hecho de ser o estar celoso, se aplica a los celos del amor de Dios en Joel 2, 18; Num 25, 11.13; etc., y aparece aquí resaltado en forma de קנאה גדולה o celo grande. El verbo está en perfecto, קנאתי, distinguiéndose así del participio קצף. El perfecto no se emplea solo en el sentido de "yo me he vuelto celoso", indicando el hecho de que Yahvé tenía un celo ardiente por Jerusalén (Koehler), sino que incluye el pensamiento de que Dios ha manifestado ya este celo, comenzando a ponerlo en acción, al liberar a su pueblo del exilio.

Sión, es decir, la montaña del templo, se menciona al lado de Jerusalén como lugar donde se hallaba el templo, de manera que Jerusalén en cuanto tal aparece aquí solo en su condición de capital del reino. Yahvé no se muestra solo celoso de Jerusalén, sino que manifiesta su enojo en contra de las naciones que viven en paz, celosas de sí mismas. El participio קֶצֶף, *qōtsěph,* evoca la ira de Dios en cuanto duradera. *Sha'ănân* (cf. הַשַּׁאֲנַנִּים), son las ciudades y reinos que confían en su poder y prosperidad y que ellas piensan que durará por siempre.

La siguiente partícula, אשר, *quod,* introduce la razón por la que Dios está enojado, es decir, porque estando él un poco enojado con Israel, las naciones han aprovechado esa circunstancia para hacer el mal contra Israel. מעט evoca la duración, no la grandeza del enojo de Dios (cf. Is 54, 8). עזרו לרעה, ellas ayudaron, de manera que el mal fue resultado de ello (לרעה como en Jer 44, 11).

Esas naciones no actuaron simplemente como instrumentos de la ira de Dios para el castigo de Judá, sino que lo hicieron de forma perversa, empeñándose en destruir totalmente a Israel (cf. Is 47, 6). Dado que el enojo de Dios contra Israel duró solo un tiempo corto, ello era una prueba de que Dios no quería destruir a su pueblo, sino lograr que se purificara. Las palabras עזרו לרעה no se refieren solo a la opresión y cautividad prolongada de Israel.

1, 16-17. Por eso (*lâkhēn*), Yahvé aparece como lleno de celo de amor por su pueblo y muy enojado con los paganos; por eso, ahora se vuelve lleno de compasión hacia Jerusalén. El perfecto שבתי no tiene solo un sentido profético, sino que describe el acontecimiento de la restauración de Israel como algo que ha comenzado ya y que seguirá continuando. Esta compasión se mostrará en el hecho de que la casa de Dios ha de ser edificada en Jerusalén, y la ciudad restaurada, y todos los obstáculos para ellos han de ser alejados, puestos fuera del camino de Israel.

La cinta de medida (es decir, la plomada) se colocará de nuevo sobre la ciudad, para marcar el espacio que ella ha de ocupar y el plan conforme al cual ha de ser construida. El *qetiv* קוה ha de leerse probablemente קָוֶה, y es una forma antigua que aparece también en 1 Rey 7, 23 y Jer 31, 39, y que acabó siendo desplazada por la forma contracta קַו que es el *keri.*

Pero la compasión de Dios no se restringe a eso, como el profeta debe proclamar (קְרָא ׀ עוֹד, 1, 17, refiriéndose al "grita" de 1, 14). Así proclama el profeta que las ciudades de Yahvé, es decir, de la tierra del Señor han de volverse desbordantes de riqueza y de prosperidad. *Pūts* (cf. תְּפוּצֶינָה), desbordar, como en Prov 5, 16, con תפוצנה en lugar de תפוצינה (cf. Ewald, 196, c). Las dos últimas frases completan la promesa. Cuando el Señor restaure el templo y la ciudad, entonces, Sión y Jerusalén comprenderán que él, el Señor, la conforta, escogiéndola de nuevo. El último pensamiento se repite en Zac 2, 1-13 y 3, 2.

Visiones nocturnas

Esta visión muestra al profeta, y por su medio al pueblo que, a pesar de que la condición actual del pueblo no parece ofrecer garantías del cumplimiento de la restauración y glorificación prometida de Israel, el Señor ha preparado ya los instrumentos de su juicio (los jinetes), y les ha enviado a inspeccionar las naciones de la tierra, que aún están viviendo en descanso y seguridad, y lo ha hecho para perfeccionar a Sión y cumplir sus promesas.

El cumplimiento de esta promesa de consuelo no puede transferirse para el fin del curso presente del mundo, como supone Hofmann (*Weiss. u. Erfll.* i. 335), que se apoya en Zac 14, 18-19, para apoyar su visión, ni puede limitarse solo a lo que Dios hará en un futuro inmediato, con la reedificación del templo y de la ciudad de Jerusalén, sino que ella, la promesa, abarca la totalidad del futuro del reino de Dios.

Ciertamente, los elementos inmediatos de la promesa se han cumplido en la edificación del templo, concluida en el año 6 del rey Darío, y en la restauración de Jerusalén por Nehemías, en el reinado de Artajerjes. Pero esos datos ofrecen solo el comienzo del cumplimiento, son como una promesa y anuncio de la glorificación plena de la nación y del reino de Dios, que fue predicha por los profetas anteriores y que se cumplirá con plena seguridad más tarde.

1, 18-21 (= 2, 1-4). Segunda visión: Cuatro cuernos y cuatro herreros

21 וָאֶשָּׂא אֶת־עֵינַי וָאֵרֶא וְהִנֵּה אַרְבַּע קְרָנוֹת׃
2 וָאֹמַר אֶל־הַמַּלְאָךְ הַדֹּבֵר בִּי מָה־אֵלֶּה וַיֹּאמֶר אֵלַי אֵלֶּה הַקְּרָנוֹת אֲשֶׁר זֵרוּ אֶת־יְהוּדָה אֶת־יִשְׂרָאֵל וִירוּשָׁלָ͏ִם׃ ס
3 וַיַּרְאֵנִי יְהוָה אַרְבָּעָה חָרָשִׁים׃
4 וָאֹמַר מָה אֵלֶּה בָאִים לַעֲשׂוֹת וַיֹּאמֶר לֵאמֹר אֵלֶּה הַקְּרָנוֹת אֲשֶׁר־זֵרוּ אֶת־יְהוּדָה כְּפִי־אִישׁ לֹא־נָשָׂא רֹאשׁוֹ וַיָּבֹאוּ אֵלֶּה לְהַחֲרִיד אֹתָם לְיַדּוֹת אֶת־קַרְנוֹת הַגּוֹיִם הַנֹּשְׂאִים קֶרֶן אֶל־אֶרֶץ יְהוּדָה לְזָרוֹתָהּ׃

[18] Después alcé mis ojos y miré; y vi cuatro cuernos. [19] Y pregunté al ángel que hablaba conmigo: - ¿Qué son estos? Me respondió: -Estos son los cuernos que dispersaron a Judá, a Israel y a Jerusalén. [20] Me mostró luego Yahvé cuatro herreros. [21] Pregunté: -¿Qué vienen estos a hacer? Él me respondió: -Aquellos son los cuernos que dispersaron a Judá, tanto que ninguno alzó su cabeza; pero estos han venido para hacerlos temblar, para derribar los cuernos de las naciones que alzaron el cuerno sobre la tierra de Judá para dispersarla.

Esta visión está estrechamente conectada con la anterior, y muestra la forma en que Dios descargará la fiereza de su enojo sobre las naciones paganas, seguras de sí mismas (cf. Zac 1, 15).

1, 18-19. El ángel mediador interpreta en primer lugar los cuatro cuernos como aquellos poderes que han dispersado a Judá, es decir, como las naciones que han levantado sus cuernos para dispersar a los habitantes de Judá. El cuerno es símbolo de dominio (cf. Am 6, 13), y simboliza aquí los poderes del mundo que se han levantado de un modo hostil contra Judá para herirla.

El número cuatro no es símbolo de los cuatro extremos del cielo, sino que indica a todos los paganos enemigos de Israel en todos los países del mundo (Hitzig, Maurer, Koehler y otros). Ese número no es signo de los puntos cardinales de la tierra, y no se puede deducir ese sentido de Zac 1, 10, ni tampoco del perfecto זרו como si en el tiempo de Zacarías solo hubiera cuatro naciones que se habían levantado en contra de Judá, pues en aquel tiempo todas las naciones del entorno de Judá se hallaban sometidas al Imperio persa, como en el tiempo anterior habían estado sometidas a Nabucodonosor de Babilonia.

Tanto el número cuatro como el perfecto *zērū* han de entenderse desde la perspectiva de la intuición interior del profeta, y se combinan así para formar una figura completa de los enemigos de Judá, sin tener en cuenta el tiempo o lugar de su aparición histórica. De un modo semejante, en Zac 6, 1-15 vemos los cuatro carros, todos juntos, aunque de hecho ellos actúan uno después del otros; de esa manera, en nuestro caso, los cuatro cuernos pueden aparecer simultáneamente, siendo sin embargo naciones que se suceden unas a las otras.

Esto aparece de un modo aún más claro en las visiones de Dan 2 y 7, donde no solo en la imagen colosal del sueño de Nabucodonosor (Dan 2), sino también en la figura de las cuatro bestias de Dan 7 aparecen unidos cuatro imperios que se han venido sucediendo unos a otros. A estos cuatro imperios se refieren los cuatro cuernos de nuestra visión, como han indicado correctamente Jerónimo, Abarbanel, Hengstenberg y otros, como indica también la representación de las naciones o imperios como cuernos en Dan 7, 7-8 y 8, 3-9.

Zacarías mira y ve a todos estos imperios en el pleno desarrollo de su poder destructivo, por el que ellos han oprimido y aplastado al pueblo de Dios (por eso está *zērū* en perfecto), y por el que ellos se destruirán a sí mismos. *Zârâh*, desparramar, evoca la destrucción de la unidad e independencia de la nación de Dios. En ese sentido, los cuatro imperios han destruido a Judá, aunque los persas y los griegos no expulsaron a Judá de su propia tierra.

La extraña combinación (אֶת־יְהוּדָה אֶת־יִשְׂרָאֵל וִירוּשָׁלָם, a Judá, Israel y Jerusalén), en la que ha de observarse la introducción del nombre de Israel entre Judá y Jerusalén, y el hecho de que la partícula de acusativo (אֶת) solo aparece delante de *Yehūdâh* y *Yisrâ'êl*, y no delante de *Yerūshâlaim*, no puede explicarse diciendo que Israel representa el reino de las diez tribus, Judá el reino del Sur y Jerusalén la capital del reino (Maurer, Umbreit y otros), porque en ese caso habría que haber puesto Israel delante de Judá, con un *'êth* también delante de *Yerūshâlaim*. Israel no puede significar tampoco la población rural de Judá (Hitzig) ni Judá la casa real de David (Neumann).

Por el hecho de que *'êth* se omite ante *Yerūshâlaim*, quedando solo una *waw*, Jerusalén queda conectada con Israel y separada de Judá; y por la repetición 'eth delante de *Yisrâ'ēl* y de *Yehūdâh*, Israel y Jerusalén quedan coordinadas con Judá. De aquí infiere Kliefoth que "los paganos han dispersado por un lado a Judá y por otro a Israel con Jerusalén", añadiendo que esto significa que en la misma nación de Dios se establece una separación, como la que existía antes entre Judá y el reino de las diez tribus. Así dice: "Cuando venga el mesías, una pequeña porción de Israel según la carne le recibirá, para constituir así el verdadero pueblo de Dios y el verdadero Israel, que es Judá; por el contrario la mayor parte de Israel según la carne rechazará primero al Mesías y después se endurecerá en la incredulidad, hasta que al final del tiempo se convierta también, para unirse al verdadero judaísmo, que es la cristiandad".

Pero esta explicación, según la cual Judá indica la porción creyente de la nación de las diez tribus, mientras que Israel y Jerusalén representan la parte no creyente, choca con una dificultad gramatical: la *waw* o ו copulativa no aparece delante de את־ישראל. Si se hubiera querido que los hombres de Judá y Jerusalén estuvieran coordinados unos a otros, como dos porciones diferentes de la nación de la alianza entendida como un todo, las dos partes deberían haber estado necesariamente conectadas entre sí por la *waw* copulativa.

Más aún, en los dos nombres coordenados, Judá e Israel, no es posible que uno se entienda en un sentido espiritual y el otro en un sentido carnal. La coordinación de אֶת־יְהוּדָה, *'eth-Yehūdâh*, con אֶת־יִשְׂרָאֵל, *'eth-Yisrâ'ēl*, sin la *waw* copulativa muestra que Israel es realmente equivalente de Jerusalén (que aparece así subordinada a Israel), y no contiene un segundo miembro o parte que deba añadirse a Israel. En otras palabras, Israel con Jerusalén son meramente una interpretación o una definición más precisa de *Yehūdâh*. En esa línea, Hengstenberg ha indicado la respuesta correcta cuando toma a Israel como nombre honorable de Judá, o de un modo más preciso de la nación de la alianza, tal como entonces existía en Judá.

Esta explicación no puede refutarse por la objeción de Koehler, según la cual, tras la separación de los dos reinos, la expresión Israel indica siempre el reino de las diez tribus o la posteridad de Jacob, sin tener en cuenta el hecho de que se hayan dividido en dos partes, pues esto no es cierto. El uso del nombre de Israel para Judá tras la separación de las tribus es algo que no puede cuestionarse, como indican 2 Cron 12, 1; 15, 17; 19, 8; 21, 2; 23, 2; 24, 5 etc.[110]

1, 20-21. Yahvé mostró después al profeta cuatro חָרָשִׁים, *chârâshīm*, o trabajadores, más concretamente herreros. A la pregunta "qué han de hacer estos..." se responde: "han de hacerles temblar...". Para el orden de palabras, באים לעשות

---

110. Gesenius ha observado correctamente en *Thesaurus*, p. 1339, que "desde aquel tiempo, es decir, desde la separación del reino, el nombre de Israel ha sido aplicado a la nación que entonces existía, siendo utilizado básicamente por los profetas Jeremías, Ezequiel y el Deutero(?)- Isaías, y tras la cautividad por Esdras y Nehemías. Por eso, en los Paralipómenos o Crónicas de Israel se identifica siempre con Judá, incluso antes de la separación de los reinos. De todas formas, las pruebas aducidas por Gesenius han de ser precisadas mejor.

מה אלה, en lugar de אלה באים מה לעשות, cf. Gen 42, 12; Neh 2, 12; Jc 9, 48. הקרנות אלה no es un nominativo absoluto, al comienzo de la sentencia, en el sentido de "estos cuernos", lo que debería escribirse הקרנות האלה, pues toda la sentencia está repetida de Zac 1, 2, y para ello la finalidad para la que han venido los cuatro herreros se añade aquí en forma de apódosis. "Éstos son los cuernos..., y ellos (los herreros) han venido..."

Por otra parte, la afirmación anterior sobre los cuernos se define de un modo más preciso con la frases כפי איש וגו, conforme a la medida..., es decir, de tal manera que ninguno levantará más su cabeza (con la que aplastaron a Judá). הַחֲרִיד, *hachărīd,* para hacerles temblar, como en 2 Sam 17, 2. A ellos (*ōthâm*): se refiere *ad sensum* a las naciones simbolizadas por los cuernos. יַדּוֹת, *yaddōth,* inf. *piel* de *yâdâh,* derribar, puede explicarse en referencia al poder de las naciones simbolizado por los cuernos. *'Erets Yehūdâh* (la tierra de Judá) evoca los habitantes de la tierra. Los cuatro herreros simbolizan, por tanto, los instrumentos de la omnipotencia divina, por medio de los cuales quedará superado el poder imperial en sus diversas formas (Kliefoth), o como lo expresa Teodoro de Mopsuestia: "Son los poderes que sirven a Dios y que ejecutan la venganza de Dios en sus diversas formas". Esta visión no indica los poderes que Dios utilizará para ese fin, sino que indica simplemente ante el pueblo que todos los poderes del mundo que se han levantado en contra serán juzgados y destruidos por Dios.

2, 1–13 (=2, 5–17). Tercera visión: El hombre con el cordel de medir

Mientras que la segunda visión presentaba la destrucción de los poderes hostiles a Israel, la tercera (2, 1-5) con su explicación profética (2, 6-13) muestra el desarrollo del pueblo y del reino de Dios hasta el tiempo de su gloria final. La visión en sí misma parece muy simple, y consta solo de unos pocos rasgos, pero en su brevedad contiene muchas dificultades de interpretación.

1, 1-5 (= 2, 5-9)

⁵ וָאֶשָּׂא עֵינַי וָאֵרֶא וְהִנֵּה־אִישׁ וּבְיָדוֹ חֶבֶל מִדָּה׃
⁶ וָאֹמַר אָנָה אַתָּה הֹלֵךְ וַיֹּאמֶר אֵלַי לָמֹד אֶת־יְרוּשָׁלַ͏ִם לִרְאוֹת כַּמָּה־רָחְבָּהּ וְכַמָּה אָרְכָּהּ׃
⁷ וְהִנֵּה הַמַּלְאָךְ הַדֹּבֵר בִּי יֹצֵא וּמַלְאָךְ אַחֵר יֹצֵא לִקְרָאתוֹ׃
⁸ וַיֹּאמֶר אֵלָו רֻץ דַּבֵּר אֶל־הַנַּעַר הַלָּז לֵאמֹר פְּרָזוֹת תֵּשֵׁב יְרוּשָׁלַ͏ִם מֵרֹב אָדָם וּבְהֵמָה בְּתוֹכָהּ׃
⁹ וַאֲנִי אֶהְיֶה־לָּהּ נְאֻם־יְהוָה חוֹמַת אֵשׁ סָבִיב וּלְכָבוֹד אֶהְיֶה בְתוֹכָהּ׃

¹ Alcé después mis ojos y tuve una visión. Vi a un hombre que tenía en su mano un cordel de medir. 2 Y le dije: - ¿A dónde vas? Él me respondió: -A medir a Jerusalén, para ver cuánta es su anchura y cuánta su longitud. 3 Mientras se iba aquel ángel que hablaba conmigo, otro ángel le salió al encuentro 4 y le dijo: Corre, háblale a

este joven y dile: A causa de la multitud de hombres y del ganado que habitará en medio de ella, Jerusalén no tendrá muros. 5 Yo seré para ella, dice Yahvé, un muro de fuego a su alrededor, y en medio de ella mostraré mi gloria.

2, 1-3. El hombre con la cuerda de medir en su mano no es un ángel intérprete (C. B. Michaelis, Rosenmüller, Maurer, etc.), pues su oficio no ha sido realizar las cosas, sino simplemente explicar al profeta las que ha visto. Por otra parte, este ángel se distingue claramente del hombre, porque él no sale (cf. Zac 2, 3) hasta que el hombre de la cuerda de medir (2, 2) ha ido a medir Jerusalén.

En esa línea, no podemos tomar al hombre de la medida, como una figura simplemente secundaria, porque todas las personas que aparecen en estas visiones son significativas. Pensamos con otros comentaristas que este hombre de la medida es el mismo Ángel de Yahvé, pero no podemos probarlo de un modo estricto. La tarea que se dispone a realizar (medir Jerusalén) nos lleva a decir que él es algo más que una simple figura simbólica. El hecho de medir la longitud y anchura de Jerusalén presupone que la ciudad existe ya, aunque esta expresión no se debe identificar con aquella en la que se habla de trazar las medidas de Jerusalén en 1, 15.

Trazar las medidas de un lugar tiene la finalidad de esbozar un plan para su estructura general o su reedificación. Pero la longitud y anchura de la ciudad solo pueden medirse si ella existe en realidad; y el objeto de la medición no es ver la longitud y anchura que ha de tener en el futuro, sino la que tiene ya en la actualidad. De eso no se sigue en modo alguno que la ciudad que ha de ser medida es la misma Jerusalén de aquel tiempo, sino, al contrario, la visión nos sitúa ante la futura Jerusalén, como una ciudad que existe ya en un plano superior, y que solo puede verse con los ojos del espíritu.

Mientras el hombre va a medir la ciudad, el ángel intérprete se va, pero no a la zona de los mirtos, pues ellos aparecen solo en la primera visión, sino que sale de la presencia del profeta, de manera que podemos suponer que sigue actuando como intérprete, y que por eso se va acompañando al hombre de la medida, para descubrir lo que él hace y decírselo luego al profeta.

Al mismo tiempo, hay otro ángel que viene en dirección del ángel intérprete, no del hombre de la medida. Viene, y habiéndole encontrado, este (el segundo ángel) le dice al ángel intérprete: "Corre y dile al hombre joven…". El sujeto de ויאמר, es decir, el que habla, solo puede ser el segundo ángel, no el ángel intérprete, porque la función del ángel intérprete no es dar órdenes o comisiones a otro ángel. No hay nada que impida que otro ángel revele un decreto de Dios al *angelus interpres*, para que él lo comunique al profeta, pues esto no va más allá de la función que el ángel intérprete realiza en otros casos (Kliefoth).

2, 4. Pues bien, este nuevo ángel no puede dar las instrucciones aquí referidas a no ser que él sea un ángel superior, es decir, el Ángel de Yahvé, o que haya recibido las instrucciones de lo que debe decir de parte del *hombre con la vara o cuerda de medida*, en cuyo caso este debe identificarse con el Ángel de Yahvé, como he supuesto ya. Entre esas dos posibilidades preferimos la última, por dos razones: (1) Porque si él mismo fuera el Ángel de Yahvé el texto tendría que haberlo dicho, llamándole מלאך יהוה. (2) Porque, por analogía con Ez 40, 3, el hombre de la medida debe ser el Ángel de Yahvé, pues en la línea de su identidad y categoría está la función de explicar su propósito al *angelus interpres*, por medio de un ángel inferior.

Una vez establecido esto, en la medida en que lo permite la brevedad del relato, el "hombre joven" no puede ser el que lleva la cuerda de medir, como piensan Hitzig, Maurer y Kliefoth. Algunos piensan que la única manera en la que puede explicarse este relato, en armonía con todos sus rasgos, está en decirle al hombre que lleva en la mano la cuerda de medir que Jerusalén no podrá ser medida en modo alguno, dado el gran número de sus habitantes y la magnitud de sus dimensiones (Teodoro de Mopsuestia, Teodoreto, Ewald, Umbreit, etc.). Pero Kliefoth ha respondido con toda razón que por grande que sea una ciudad si es ciudad debe tener unas medidas e incluso unas murallas.

Según eso, si el acto simbólico de medir, como admite incluso Kliefoth, quiere evocar la longitud y anchura que tendrá Jerusalén, y si Zac 2, 4-5 contiene la respuesta a esta cuestión, afirmando que Jerusalén tendrá una multitud tan grande de hombres y caballos que ellos tendrán que habitar en ella como פְּרָזוֹת, *perâzōth*, esa respuesta no puede estar dirigida al hombre que mide, sino expresamente al profeta, a fin de que él anuncie al pueblo la magnitud y la gloria futura de la ciudad, que el hombre del cordel ha podido verificar.

Desde ese fondo, con la mayoría de los comentaristas antiguos y modernos, debemos identificar al "joven" con el mismo profeta, a quien se le designa así a causa de su juventud, sin referencia alguna a su posible inexperiencia y cortedad de miras (Hengstenberg), ya que esas alusiones nos sitúan muy lejos del contexto, y ya que un hombre anciano y de mucha experiencia tampoco podría conocer nada de la gloria futura de Jerusalén, a no ser que recibiera una revelación de arriba.

הַלָּז, *hallâz*, como en Jc 6, 20 y 2 Rey 4, 25, es una contracción *hallâzeh*, y está formada por *lâzeh*, allí, de allí, y el artículo *hal*, referido al joven hombre que está allí (cf. Ewald, 103 a, y 183, b; Gesenius, 34, nota 1). Él ha de apresurarse y transmitir pronto este mensaje, porque es una buena noticia cuya realización comenzará pronto. El mensaje contiene una promesa doble y muy gozosa. Estos son sus dos momentos:

– Jerusalén estará habitada en el futuro como פְּרָזוֹת, *perâzōth*. Esta palabra no significa "sin murallas", ni *loca aperta* (lugares abiertos), sino, estrictamente hablando, *los llanos, en el sentido de lugares*

Visiones nocturnas

abiertos, en contraste con las ciudades fortificadas y rodeadas de murallas. Así, las *'ārē perâzōth* son ciudades del llano, en Es 9, 19, para distinguirlas de la capital que es Susa; por su parte, *'erets perâzōth* en Ez 38, 11, es la tierra llana, donde los hombres viven sin murallas, ni cerrojos, ni puertas. Por eso, los *perâzī* son los habitantes de la llanura, en contraste con los que habitan en las ciudades fortificadas con grandes murallas (cf. Dt 3, 5; 1 Sam 6, 18). Este es pues el pensamiento de fondo: en el futuro Jerusalén será como una país abierto, con ciudades y villas sin murallas; no será una ciudad rodeadas de murallas, y por eso se podrá alargar y ensanchar a causa de los hombres y animales que serán benditos en ella (cf. Is 49, 19-20; Ez 38, 11).

– Jerusalén no tendrá necesidad de murallas que la rodeen porque gozará de una protección superior. *Yahvé mismo será muralla de fuego a su alrededor,* y así la ciudad tendrá una protección segura, pues el muro de fuego de Dios consumirá a cualquier persona que se aventure a combatir contra ella (cf. Is 4, 5; Dt 4, 24). Yahvé será la Gloria de la ciudad, llenándola desde dentro con su gloria más alta (cf. Is 60, 19). Esta promesa se explica en las palabras proféticas que siguen, proclamadas por el Ángel de Yahvé, como en 2, 8.9.11. Según estos versos el que habla ha sido enviado por Yahvé a las naciones que han destruido a Israel, con el fin de destruir a esas naciones, y para hacer que ellas sean servidoras de los israelitas. Por esta razón, Israel ha de aprender que ha sido Dios quien le ha enviado.

El hecho de que según 2, 3.4 otro ángel hable al profeta puede entenderse fácilmente, pues, como hemos señalado, ese ángel fue enviado por el Ángel de Yahvé, de forma que habla según sus instrucciones, de manera que sus palabras aparecen de un modo claro como propias de aquel que le envía, como es muy frecuente en los profetas que pasan de la palabra propia a la de Dios. A fin de evitar esta conclusión, Koehler ha roto de un modo inaceptable la continuidad del discurso, separando las palabras de 2, 8.9 de las de 2, 11, en las que el ángel le dice que Yahvé le ha enviado.

2, 6-9. Comienzo de la profecía (=2, 10-13)

¹⁰ הוֹי הוֹי וְנֻסוּ מֵאֶרֶץ צָפוֹן נְאֻם־יְהוָה כִּי כְּאַרְבַּע רוּחוֹת
הַשָּׁמַיִם פֵּרַשְׂתִּי אֶתְכֶם נְאֻם־יְהוָה׃
¹¹ הוֹי צִיּוֹן הִמָּלְטִי יוֹשֶׁבֶת בַּת־בָּבֶל׃ ס
¹² כִּי כֹה אָמַר יְהוָה צְבָאוֹת אַחַר כָּבוֹד שְׁלָחַנִי אֶל־הַגּוֹיִם
הַשֹּׁלְלִים אֶתְכֶם כִּי הַנֹּגֵעַ בָּכֶם נֹגֵעַ בְּבָבַת עֵינוֹ׃

¹³ כִּי הִנְנִי מֵנִיף אֶת־יָדִי עֲלֵיהֶם וְהָיוּ שָׁלָל לְעַבְדֵיהֶם
וִידַעְתֶּם כִּי־יְהוָה צְבָאוֹת שְׁלָחָנִי: ס

⁶ ¡Eh, eh!, huid de la tierra del norte, dice Yahvé, pues por los cuatro vientos de los cielos os esparcí, dice Yahvé. ⁷ ¡Eh, Sión, tú que moras con la hija de Babilonia, escápate! ⁸ Porque así ha dicho Yahvé de los ejércitos: Tras la gloria me enviará él a las naciones que os despojaron, porque el que os toca, toca a la niña de mi ojo. ⁹ Yo alzo mi mano sobre ellos, y serán saqueados por sus propios siervos. Así sabréis que Yahvé de los ejércitos me envió.

2, 6-7. Este mandato de huir de Babilonia está dirigido a los israelitas que aparecen incluidos bajo el nombre de Sión en 2, 7, mostrando que el discurso que sigue no es una simple continuación de la promesa de Zac 2, 4.5, sino que quiere explicarla y dar razón de ella. Este discurso contiene la razón por la que los israelitas tienen que huir de Babilonia, porque el juicio está a punto de estallar sobre el opresor del pueblo de Dios.

Las palabras נֻסוּ, huid, con הִמָּלְטִי, sálvate o escapa, evocan el juicio del que se habla en 2, 9, un juicio dirigido a la tierra del norte que es Babilonia (cf. Jer 1, 14; 6, 22; 10, 22). La razón de este mandato (huye) viene dada en el mismo verso: "porque os he esparcido por los cuatro vientos", no "exilado", como ponen la Vulgata, C. B. Michaelis y Koehler. El verbo *pēres* (cf. פֵּרַשְׂתִּי) significa casi siempre esparcir y el significado de dispersar (mandar al exilio) no parece aquí suficiente (cf. Sal 68, 15 y Ez 17, 21); el pueblo de Israel no está simplemente cautivo en un exilio, sino dispersado entre todas las naciones.

Para explicar rectamente el texto debemos recordar que el perfecto פֵּרַשְׂתִּי, *pērastī*, se utiliza aquí proféticamente, para indicar el propósito de Dios, formado ya en su mente, aunque su realización será todavía en el futuro. Esparcir por los cuatro vientos es lo mismo que esparcirse como los vientos, por los cuatro ángulos del globo. Pues bien, dado que Dios ha resuelto esparcir su pueblo de esa forma, los israelitas tienen que huir de Babel, a fin de que ellos no sufran el destino de Babel. Esta razón está al fondo de los cuatro motivos que se asignan para este mandato en 2, 8-9.

2, 8-9. Sión es aquí el signo de los habitantes de Sión, es decir, del pueblo de Dios, que aún siguen habitando con la hija de Babel (יֹשֶׁבֶת בַּת־בָּבֶל, *yōshebheth bath Bâbel*). Así como Sión no significa la ciudad o fortaleza de Jerusalén, sino sus habitantes, así la "hija de Babel" no es la ciudad o país de Babilonia personificada, sino sus habitantes. Por su parte, ישב se construye con acusativo de persona, como en Sal 22, 4 y 2 Sam 6, 2. Lo que Yahvé establece como explicación de la doble llamada para huir de Jerusalén no comienza en 2, 9 (Ewald), o en כי הנגע en 2, 8 (Koehler), sino con אחר כבוד וגו.

La insuficiencia de las dos explicaciones anteriores puede verse ante todo en el hecho de que כי solo introduce un discurso en la línea de ὅτι, cuando viene inmediatamente después de una fórmula introductoria, pero no en un lugar como este, cuando en medio se introduce un largo paréntesis, sin que la introducción se reasuma con לֵאמֹר. Además, ninguna de esas explicaciones ofrece un significado aceptable. Si la palabra de Dios solo siguiera en 2, 9, el término עֲלֵיהֶם de la primera frase quedaría sin una referencia clara. Y si ella comenzara con כִּי הַנֹּגֵעַ (porque el que os toque o dañe), el pensamiento expresado por "aquel que os toque…" no aportaría razón alguna para la llamada a huir y salvarse.

Si Israel fuera (valiera) para Dios como la pupila de sus ojos, no habría necesidad de huir. Por otra parte, en esa línea, resulta imposible comprender el significado u objeto del paréntesis: "Tras la Gloria me enviará él…". Si esa frase tratara de la ejecución de la amenaza de castigo a los gentiles (Koehler), ella habría sido insertada en un lugar inadecuado, dado que la amenaza de castigo vendría solo después.

Todas estas dificultades desaparecen si las palabras de Yahvé comienzan en אַחַר כָּבוֹד, *'achar kâbhōd* (tras la gloria), en cuyo caso שְׁלָחַנִי, *shelâchanī* (él me ha enviado) puede explicarse simplemente a partir del hecho de que el discurso se introduce de un modo indirecto, no en forma directa: "Yahvé dice, él me ha enviado tras la gloria…". El que envía es Yahvé, y la persona a la que Yahvé envía no es el profeta, sino el Ángel del Señor, para realizar la obra de Dios.

אַחַר כָּבוֹד, *'achar kâbhōd,* tras Gloria, después de la Gloria, pero no en el sentido de "tras la gloria que va unida al éxito" (Hitzig, Ewald, etc.), ni menos aún "con una comisión gloriosa", sino de otra manera: Yahvé me ha enviado para llevar gloria a los paganos, es decir, para desplegar su gloria entre los paganos a través del juicio por el que queda roto el poder de los paganos, de forma que ellos (el mundo pagano) tendrá que servir al pueblo de Dios. La forma en que se vinculan las dos frases siguientes, que comienzan con *kī* (por), es la siguiente:

- *La primera* expresa el motivo subjetivo, es decir, la razón por la que Dios le ha enviado al mundo de los paganos, porque ellos han saqueado a su pueblo, hiriendo (tocando) de esa forma la niña de sus ojos. בְּבַת עַיִן, la niña del ojo (literalmente la puerta que abre el ojo, o quizá mejor, la pupila, como el objeto mejor resguardado del ojo). Esta es una imagen que se emplea para indicar la posesión mejor o más querida de Dios, un tema que encontramos ya en Dt 32, 10.
- *La segunda* frase explicativa (2, 9) añade los motivos prácticos para este envío "tras la Gloria". El que habla es todavía el Ángel del Señor, y su acción es la misma de Dios. Lo mismo que Yahvé, el Ángel extiende su mano sobre las naciones paganas que han saqueado a Israel (cf. Is 11, 15; 19, 16), a fin de que ellas (esas naciones) se conviertan (con וְהָיוּ en sentido consecutivo), es decir, para que ellas se vuelvan botín de los israelitas, a los que previamente han obligado a servirles (cf. Is 14, 2).

La forma en que las naciones paganas servirán a los israelitas se describe en 2, 11: por la ejecución de este juicio, Israel aprenderá que Yahvé ha enviado a su Ángel a fin de ejecutar sobre (contra) los gentiles su propósito de salvación a favor de Israel. Este es el significado de esas palabras, no solo aquí y en Zac 2, 11, sino también en Zac 4, 9; 6, 15.

2, 10-11

¹⁴ רָנִּי וְשִׂמְחִי בַּת־צִיּוֹן כִּי הִנְנִי־בָא וְשָׁכַנְתִּי בְתוֹכֵךְ נְאֻם־יְהוָה:
¹⁵ וְנִלְווּ גוֹיִם רַבִּים אֶל־יְהוָה בַּיּוֹם הַהוּא וְהָיוּ לִי לְעָם וְשָׁכַנְתִּי בְתוֹכֵךְ וְיָדַעַתְּ כִּי־יְהוָה צְבָאוֹת שְׁלָחַנִי אֵלָיִךְ:

¹⁰ Canta y alégrate, hija de Sión, porque yo vengo a habitar en medio de ti, ha dicho Yahvé. 11 Muchas naciones se unirán a Yahvé en aquel día, y me serán por pueblo, y habitaré en medio de ti, y entonces conocerás que Yahvé de los ejércitos me ha enviado a ti.

La hija de Sión ha de regocijarse por el envío del Ángel del Señor; ella es la Iglesia del Señor, liberada de Sión, y tiene que llenarse de alegría, porque su glorificación está comenzando ya. El Señor viene a ella a través de su Ángel, aquel en que habita su nombre (Ex 23, 21) y expresa su faz (33, 14), apareciendo así como el Ángel de su faz (Is 63, 9), que revela su naturaleza, para habitar en medio de ella (de *Sión*, de la Iglesia).

La morada de Yahvé o de su Ángel en medio de Sión (es decir, de la nueva comunidad mesiánica) es esencialmente diferente de la morada de Yahvé en el lugar más santo de su templo. Comienza con la venida del Hijo de Dios en la carne, y se completa con su retorno en gloria (Jn 1, 14; Ap 21, 3).

Entonces, muchas y/o poderosas naciones se unirán a Yahvé y se convertirán en su pueblo (cf. Za 8, 20-21; Is 14, 1). Este reino de Dios, que hasta ahora ha estado restringido a Israel, se expandirá y quedará glorificado por la recepción de las naciones paganas que están buscando a Dios (Miq 4, 2). La repetición de la frase "yo habito en medio de ti" (שָׁכַנְתִּי בְתוֹכֵךְ) sirve meramente para ratificar esta solemne promesa, y lo mismo se aplica a la repetición de וידעת וגו (y conocerás…). Cf. *Comentario* a 2, 13. Jerusalén recibirá entonces la expansión que se le ha prometido al profeta en 2, 4, y de esa manera (por la habitación de Dios en medio de su pueblo se cumplirá también la promesa de 2, 5). A esto aluden los versos que siguen.

2, 12-13

¹⁶ וְנָחַל יְהוָה אֶת־יְהוּדָה חֶלְקוֹ עַל אַדְמַת הַקֹּדֶשׁ וּבָחַר עוֹד בִּירוּשָׁלִָם:
¹⁷ הַס כָּל־בָּשָׂר מִפְּנֵי יְהוָה כִּי נֵעוֹר מִמְּעוֹן קָדְשׁוֹ: ס

¹² Yahvé poseerá a Judá, su heredad en la tierra santa, y escogerá de nuevo a Jerusalén. ¹³ ¡Que calle todo el mundo delante de Yahvé, porque él se ha levantado de su santa morada!

El primer hemistiquio de 2, 12 se apoya sobre Dt 32, 9, donde Israel como nación escogida recibe el nombre de *chēleq* y *nachălâ*h de Yahvé. Este nombramiento de Israel como posesión de Yahvé se realizará como verdad y realidad perfecta en el futuro, a través de la venida del Señor.

Yehūdâh es Judá en cuanto resto de toda la nación escogida. Ese resto, tras haber sido liberado de Babel y reunido, habitará en un suelo sagrado, es decir, en una tierra santa como posesión del Señor. Esa tierra santa es la tierra de Yahvé (Os 9, 3), pero ella no se puede identificar sin más con Palestina, al contrario, todo lugar en el que habita Yahvé es tierra santa (cf. Ex 3, 5). Por eso, incluso Palestina es tierra santa, siempre que el Señor habite en ella. De esta forma, en este pasaje no podemos identificar la tierra santa sin más con Palestina, porque la realidad de "pueblo de Dios" se expandirá hacia todas las naciones, de manera que no habrá para ellas lugar suficiente en Palestina, y de acuerdo con Dt 32, 4, Jerusalén no será ya una ciudad cerrada, separada de las otras, sino que tendrá sus puertas abiertas hacia todas las tierras y naciones del mundo.

La tierra santa se expandirá por las naciones que se han convertido en pueblo de Yahvé al añadirse a Judá, extendiéndose por la superficie de la tierra. Las palabras "y escogerá a Jerusalén de nuevo" ratifican y amplían la promesa, como en 2, 27. Pero aquí (en 2, 13) esta amonestación se añade para esperar con silencio reverencial la venida del Señor para el juicio, en la línea de Hab 2, 20, y la razón para ello es la certeza de que el juicio comenzará ya pronto.

נעור, *nifal* de עור (cf. Ewald, 140, a; Gesenius, 72, nota 9), despertar, levantarse del descanso (cf. Sal 44, 24). מעון קדשו, la santa habitación de Dios es el cielo, como en Dt 26, 15; 25, 30. El juicio contra el poder mundial pagano estallará dentro de muy poco tiempo. Cuando Babilonia se reveló contra el rey de Persia, bajo el reinado de Darío, se dio una gran masacre en la ciudad, después que fue reconquistada, y sus murallas fueron destruidas, de manera que la ciudad no pudo ya elevarse a su grandeza e importancia antigua.

Este es un tema que debe compararse con la reflexión ofrecida en el comentario de Ageo, en relación con la caída del Imperio persa y lo que después sucedió. Allí he mostrado la falta de fundamento de la hipótesis según la cual el cumplimiento de esta promesa fue interrumpido a causa del pecado de Israel, y que, a consecuencia de eso, el cumplimiento de la promesa se retrasó por siglos, incluso por milenios.

3, 1–10. Cuarta visión: El sumo Sacerdote Josué ante el ángel del Señor

3, 1-5

¹ וַיַּרְאֵנִי אֶת־יְהוֹשֻׁעַ הַכֹּהֵן הַגָּדוֹל עֹמֵד לִפְנֵי מַלְאַךְ יְהוָה וְהַשָּׂטָן עֹמֵד עַל־יְמִינוֹ לְשִׂטְנוֹ:

² וַיֹּ֨אמֶר יְהוָ֜ה אֶל־הַשָּׂטָ֗ן יִגְעַ֨ר יְהוָ֤ה בְּךָ֙ הַשָּׂטָ֔ן וְיִגְעַ֤ר יְהוָה֙ בְּךָ֔ הַבֹּחֵ֖ר בִּירוּשָׁלִָ֑ם הֲל֧וֹא זֶ֦ה א֖וּד מֻצָּ֥ל מֵאֵֽשׁ׃
³ וִיהוֹשֻׁ֕עַ הָיָ֥ה לָבֻ֖שׁ בְּגָדִ֣ים צוֹאִ֑ים וְעֹמֵ֖ד לִפְנֵ֥י הַמַּלְאָֽךְ׃
⁴ וַיַּ֣עַן וַיֹּ֗אמֶר אֶל־הָעֹמְדִ֤ים לְפָנָיו֙ לֵאמֹ֔ר הָסִ֛ירוּ הַבְּגָדִ֥ים הַצֹּאִ֖ים מֵעָלָ֑יו וַיֹּ֣אמֶר אֵלָ֗יו רְאֵ֨ה הֶעֱבַ֤רְתִּי מֵעָלֶ֙יךָ֙ עֲוֺנֶ֔ךָ וְהַלְבֵּ֥שׁ אֹתְךָ֖ מַחֲלָצֽוֹת׃
⁵ וָאֹמַ֕ר יָשִׂ֛ימוּ צָנִ֥יף טָה֖וֹר עַל־רֹאשׁ֑וֹ וַיָּשִׂימוּ֩ הַצָּנִ֨יף הַטָּה֜וֹר עַל־רֹאשׁ֗וֹ וַיַּלְבִּשֻׁ֙הוּ֙ בְּגָדִ֔ים וּמַלְאַ֥ךְ יְהוָ֖ה עֹמֵֽד׃

¹ Luego me mostró al sumo sacerdote Josué, el cual estaba delante del ángel de Yahvé, mientras el Satán estaba a su mano derecha para acusarlo. ² Entonces dijo Yahvé al Satán: ¡Yahvé te reprenda, Satán! ¡Yahvé, que ha escogido a Jerusalén, te reprenda! ¿No es este un tizón arrebatado del incendio? ³ Josué, que estaba cubierto de vestiduras viles, permanecía en pie delante del ángel. ⁴ Habló el ángel y ordenó a los que estaban delante de él: Quitadle esas vestiduras viles. Y a él dijo: Mira que he quitado de ti tu pecado y te he hecho vestir de ropas de gala. ⁵ Después dijo: Pongan un turbante limpio sobre su cabeza. Pusieron un turbante limpio sobre su cabeza y lo vistieron de gala. Y el ángel de Yahvé seguía en pie.

3, 1-3. En esta visión y en la siguiente se le muestra al profeta la futura glorificación de la Iglesia del Señor.

El sujeto de "me mostró" (ויראני) es Yahvé y no el ángel medidor (intérprete), porque su misión era explicar las visiones del profeta, y no introducirlas. No es tampoco el Ángel de Yahvé, porque él aparece en el curso de la visión, aunque en estas visiones aparece a veces como idéntico y otras como distinto de él. El mismo Yahvé es quien introduce y explica la visión.

La escena es la siguiente: Josué está de pie como sumo sacerdote, delante del Ángel del Señor, y Satán a su derecha (la de Josué) como su acusador. Satán (הַשָּׂטָן, *hassâtân*) es el espíritu bien conocido del libro de Job, el acusador constante de los hombres ante Dios (Ap 12, 10), y no *Sanballat* y sus compañeros (Kimchi, Drusius, Ewald). Él aparece aquí como enemigo y acusador de Josué, para acusarle en cuanto sumo sacerdote. Se trata, pues, de una escena judicial, y el sumo sacerdote no se encuentra en el santuario, el edificio cuya construcción ha comenzado, ni está ocupado en pedir misericordia por sí mismo o por el pueblo, como suponen Teodoreto y Hengstenberg.

Satán no se opone a Josué por algún tipo de ofensa personal, en su vida privada o doméstica, sino en cuanto sumo sacerdote, y por pecados conectados con su oficio o por ofensas que atañen a la nación (Lev 4, 3). El sacerdote no es un simple portador de los pecados del pueblo ante el Señor, pero va cargado con sus pecados propios y los del pueblo. Eso es lo que muestran sus vestidos sucios.

Pero Yahvé, es decir, el Ángel de Yahvé, rechaza al acusador con estas palabras: Yahvé te reprenda, Satán; Yahvé que ha escogido a Jerusalén[111].

Esas palabras se repiten para insistir en su sentido, y con la repetición se añade el motivo por el que Yahvé ha de rechazar al acusador: porque ha elegido a Jerusalén, y porque él mantiene íntegramente su elección (así lo implica el participio הַבֹּחֵר, *bōchēr*). Él reprende a Satán, quien esperaba que su acusación tendría el efecto de anular la elección de Jerusalén, deponiendo al sumo sacerdote. Porque si algún pecado particular del sumo sacerdote que inculpara a la nación fuera suficiente para justificar su remoción o deposición, su oficio de sumo sacerdote hubiera cesado totalmente, porque no hay hombre sin pecado. גער (cf. יִגְעַר) reprender, no significa meramente que la acusación carece de fundamento en general, sino reprobar por un motivo en especial. Y cuando esa palabra se aplica a Dios, ella implica un rechazo fáctico, tanto del acusador como de la acusación.

La acusación contra Josué como sumo sacerdote se expresa con estas palabras: ¿No es Josué un tizón sacado del fuego, es decir, alguien que no ha podido escapar apenas de la destrucción amenazada (cf. Am 4, 11)? Como acabo de indicar, no podemos referir estas palabras a Josué como individuo, ni restringirlas al hecho de que Josué ha sido traído de la cautividad e instituido de nuevo como sumo sacerdote. Estas palabras no se aplican a la persona individual, sino al oficio, es decir, al portador de la dignidad oficial, y en ese sentido Josué es un tizón sacado del fuego donde estaba ardiendo, hasta consumirse, si Dios no le hubiera rescatado.

El fuego del que Josué ha sido rescatado como un tizón no es algún mal que ha podido venir sobre Josué por haber sido negligente en la edificación del templo (Koehler), ni es el pecado de que sus hijos se casaran con mujeres extranjeras (Targum, Jerónimo, Rashi, Kimchi). En el primer caso, la acusación habría llegado demasiado tarde, dado que la reedificación del templo había comenzado ya hace cinco meses (Ag 1, 15, comparado con Zac 1, 7); en el segundo habría venido demasiado pronto, porque esos matrimonios mixtos no se produjeron hasta treinta años después. Y además, en general, una culpa que pudiera conducir a la ruina no podría interpretarse como fuego.

El fuego es una expresión figurativa de castigo, no de pecado. El fuego del que Josué había sido salvado como un tizón fue la cautividad, por la que tanto Josué como la nación habían llegado al límite de la destrucción. De ese fuego había sido rescatado Josué. Pero, como Kliefoth ha observado con razón:

---

111. La aplicación que hace Judas 1, 9 de esta fórmula (Yahvé re reprenda...), añadiendo que el arcángel Miguel no se atreve a ejecutar sobre Satán la κρίσις βλασφημίας, no nos impide llegar en nuestro caso a la conclusión de que el Ángel de Yahvé se sitúa a sí mismo bajo Yahvé con estas palabras. Las palabras "Yahvé te reprenda" son una formula constante que se emplea para invocar la amenaza del juicio divino, sin que por ello se puede sacar una conclusión sobre la relación en la que está con Dios la persona que la utiliza. Por otra parte, Judas no tiene en su mente este pasaje de Zacarías, sino algún otro acontecimiento que no ha sido conservado en las Escrituras canónicas.

Zacarías 3, 1-5

El sacerdocio de Israel estaba concentrado en el sumo sacerdote, lo mismo que el carácter de Israel como nación santa estaba concentrado en el sacerdocio. El sumo sacerdote representaba la santidad y el carácter sacerdotal de Israel, y ello no solo por el carácter oficial de algunos actos y funciones, sino por el hecho de ser un levita, un aaronita, de tal manera que, siendo por entonces el cabeza de la casa de Aarón, él representaba en su persona aquel carácter de santidad y dignidad sacerdotal que había sido gratuitamente concedido por Dios a la nación de Israel.

Esto sirve para explicar la forma en que el rechazo del sacerdote podía influir en la elección de Jerusalén, es decir, en el amor que Dios tenía por toda la nación. Pues bien, a pesar de todo, Dios perdona y escoge a Josué como sacerdote, ofreciéndole su promesa de ayuda. El perdón y la promesa de Dios no se aplican personalmente a Josué, sino a lo que él representaba por su función de sacerdote como representante de toda la nación, y esto de un modo especial en relación con los atributos vinculados al sumo sacerdocio, que son el carácter sacerdotal y la santidad. En esta línea no podemos encontrar palabras mejores que las de Kliefoth para explicar el significado de esta visión:

> El carácter de Israel como nación de Dios, santa y sacerdotal quedaba profanado por el pecado en general y por la culpa de la nación, por lo que Dios se había visto obligado a castigar con el exilio. Este pecado del pueblo, que destruía (negaba) el carácter sacerdotal y la santidad de Israel es lo que Satán presenta en su acusación ante el *Malak* o Ángel de Yahvé en contra del sumo sacerdote, representante de la nación. Una nación que es así de culpable y que ha sido castigada por ello no puede ser ya santa y sacerdotal; ni sus sumos sacerdotes podían ser ya sumos sacerdotes. Pero el *Malak* de Yahvé rechaza esta acusación, con la seguridad de que Yahvé, con su gracia y a causa de la elección, seguirá concediendo validez al sacerdocio de Israel, como ha manifestado ya al sacar a su pueblo de la condición penal del exilio.

3, 4. Tras el rechazo del acusador, Josué queda limpio de la culpa que se le había atribuido. Cuando estaba en pie ante el Ángel del Señor él tenía vestidos sucios. Ciertamente, los vestidos sucios no son para el derecho romano un signo de culpa (Drus., Ewald), pero los hebreos no conocían esta costumbre romana; para ellos, la suciedad es un signo del pecado, de manera que unos vestidos sucios son una señal de impureza, pecado y culpa (cf. Is 64, 5; 4, 4; Prov 30, 12; Ap 34; 7, 14).

Ciertamente, el Señor había purificado a la nación en el exilio, y con su gracia le había preservado de la destrucción, pero sus pecados no quedaron superados por eso. En lugar de una idolatría grosera, se estaba extendiendo un tipo de idolatría refinada, hecha de autojustificación, de egoísmo y de conformidad con el mundo. Y el representante de la nación aparecía así ante el Señor como manchado por esos pecados, que daban a Satán la ocasión de acusar al sumo sacerdote. Pero el Señor limpiará sus vestidos, y hará que Israel sea una nación santa y gloriosa.

Esto es lo que está simbolizado en 3, 4-5. El Ángel del Señor manda a los que están ante él (es decir, a los ángeles que le sirven) que quiten al sumo sacerdote sus vestidos sucios y que le pongan vestidos de fiesta. Y entonces añade, a modo de explicación, hablando a Josué: Mira, yo quito tu culpa, he perdonado tu pecado… (cf. 2 Sam 12, 13; 24, 10), poniéndole un vestido limpio.

El infinitivo absoluto הַלְבֵּשׁ, *halbēsh,* está, como sucede con frecuencia, en lugar de un verbo finito, dependiendo de העברתי (cf. *Comentario* a Ag 1, 6). Las últimas palabras pueden dirigirse a los ángeles auxiliares o, lo que es más probable, ellas se introducen en el mandato dirigido a ellos (que aparecen aquí por primera vez). מַחֲלָצוֹת, *machălâtsōth,* son vestidos costosos, que solo se ponían en ocasiones festivas (cf. Is 3, 22); no son símbolos de inocencia y rectitud (texto caldeo), cosas que se simbolizan más bien con vestidos limpios o blancos (Ap 3, 4; 7, 9); ni son una representación figurada de alegría (Koehler), sino que son más bien símbolos de gloria. El sumo sacerdote, y en él la nación, no han de estar solo limpios de pecado, y justificados, sino también santificados y glorificados.

3, 5. En este momento, el Ángel del Señor pide también que pongan un turbante limpio sobre la cabeza de Josué, cosa que se realiza inmediatamente. Esta petición parece superflua, pues se podría suponer que al poner a Josué vestidos limpios y de fiesta no se habrían olvidado del turbante. Pero el hecho de que esa petición se cumpla muestra que no era superflua. El significado de esta petición no era sin más que el sumo sacerdote pudiera tener vestidos limpios, desde la cabeza a los pies, como Hengstenberg supone, sino que está relacionado con el simbolismo del "turbante", entendido como un tipo de mitra.

צָנִיף, *tsânīph,* no es un turbante ordinario, como aquel que podía llevar cualquiera, (Koehler), sino un tipo de "ornamento" que príncipes y reyes se ponían sobre la cabeza (Job 29, 14; Is 62, 3), y es un sinónimo de *mitsnepheth*, palabra técnica que significa la tiara prescrita para el sumo sacerdote en la Ley (textos en Éxodo y Levítico), como podemos ver en Ez 21, 31, donde la diadema real que en Is 62, 3 se llama *tsânīph* (como en nuestro pasaje) recibe el nombre de tiara o *mitsnepheth*.

El turbante del sumo sacerdote era la parte de su vestimenta en la que se expresaba su oficio, sobre su cabeza. Y el limpio turbante era la base sobre la que se colocaba la corona de oro, de manera que al sumo sacerdote que llevaba ese turbante se le llama el santo del Señor, para añadir que él lleva los pecados de los hijos de Israel (Ex 28, 38). Esta petición (de colocar un tipo de mitra-tiara sobre su cabeza) está indicando que Josué, sumo sacerdote, no solo debe llevar vestidos espléndidos, sino que muestra que él es santo y que está calificado para realizar la expiación de los pecados del pueblo.

De esa forma, la pureza, como signo terreno de santidad, constituye el fundamento para la gloria. En ese gesto culmina la "investidura" sagrada de Josué, por sus vestidos y por su turbante en forma de tiara. Todo esto tuvo lugar en la presencia del Ángel del Señor, como indica la cláusula final, de tipo circunstancial: "Y el Ángel del Señor estaba allí de pie (organizando la nueva realeza sacral de Israel, representada por el sumo sacerdote, ratificando su autoridad y adornándolo con su presencia, C. B. Michaelis).

El texto no dice que el ángel se levantara en este momento, para hablar, cuando terminara la investidura expresada por la nueva y limpia vestidura de Josué, para hablarle entonces (como dirán los versos siguientes, 3, 6-10 y como afirman Hofmann y Koehler), sino que él seguía estando de pie. Las últimas palabras del verso, וּמַלְאַךְ יְהוָה עֹמֵד, no dicen que el Ángel del Señor se levantara, sino que seguía estando de pie.

3, 6-10

⁶ וַיָּ֙עַד֙ מַלְאַ֣ךְ יְהוָ֔ה בִּיהוֹשֻׁ֖עַ לֵאמֹֽר׃
⁷ כֹּה־אָמַ֞ר יְהוָ֣ה צְבָא֗וֹת אִם־בִּדְרָכַ֤י תֵּלֵךְ֙ וְאִ֣ם אֶת־מִשְׁמַרְתִּ֣י תִשְׁמֹ֔ר וְגַם־אַתָּה֙ תָּדִ֣ין אֶת־בֵּיתִ֔י וְגַ֖ם תִּשְׁמֹ֣ר אֶת־חֲצֵרָ֑י וְנָתַתִּ֤י לְךָ֙ מַהְלְכִ֔ים בֵּ֥ין הָעֹמְדִ֖ים הָאֵֽלֶּה׃
⁸ שְֽׁמַֽע־נָ֞א יְהוֹשֻׁ֣עַ ׀ הַכֹּהֵ֣ן הַגָּד֗וֹל אַתָּה֙ וְרֵעֶ֙יךָ֙ הַיֹּשְׁבִ֣ים לְפָנֶ֔יךָ כִּֽי־אַנְשֵׁ֥י מוֹפֵ֖ת הֵ֑מָּה כִּֽי־הִנְנִ֥י מֵבִ֖יא אֶת־עַבְדִּ֥י צֶֽמַח׃
⁹ כִּ֣י ׀ הִנֵּ֣ה הָאֶ֗בֶן אֲשֶׁ֤ר נָתַ֙תִּי֙ לִפְנֵ֣י יְהוֹשֻׁ֔עַ עַל־אֶ֥בֶן אַחַ֖ת שִׁבְעָ֣ה עֵינָ֑יִם הִנְנִ֧י מְפַתֵּ֣חַ פִּתֻּחָ֗הּ נְאֻם֙ יְהוָ֣ה צְבָא֔וֹת וּמַשְׁתִּ֛י אֶת־עֲוֺ֥ן הָאָֽרֶץ־הַהִ֖יא בְּי֥וֹם אֶחָֽד׃
¹⁰ בַּיּ֣וֹם הַה֗וּא נְאֻם֙ יְהוָ֣ה צְבָא֔וֹת תִּקְרְא֖וּ אִ֣ישׁ לְרֵעֵ֑הוּ אֶל־תַּ֥חַת גֶּ֖פֶן וְאֶל־תַּ֥חַת תְּאֵנָֽה׃

⁶ Después el ángel de Yahvé amonestó a Josué diciéndole: ⁷ Así dice Yahvé de los ejércitos: Si andas por mis caminos y si guardas mi ordenanza, entonces tú gobernarás mi Casa y guardarás mis atrios, y entre estos que aquí están te daré lugar. 8 Escucha pues, ahora, Josué, sumo sacerdote, tú y tus amigos que se sientan delante de ti, pues sois hombres de maravilla (como una señal profética): Yo traigo a mi siervo, el Renuevo. ⁹ Mirad la piedra que puse delante de Josué: es única y tiene siete ojos. Yo mismo grabaré su inscripción, dice Yahvé de los ejércitos, y quitaré en un solo día el pecado de la tierra. 10 En aquel día, dice Yahvé de los ejércitos, cada uno de vosotros convidará a su compañero, debajo de su parra y debajo de su higuera.

3, 6-7. Estos versos contienen el discurso profético del Ángel del Señor, describiendo la acción simbólica que acaba de realizarse, al revestir al sumo sacerdote, con el significado típico que tiene ese gesto en relación con la continuación y futuro del reino de Dios. Las palabras de 3, 7 no solo confirman al sumo sacerdote en su oficio, sino que le prometen la perpetuación y glorificación de sus funciones oficiales. Dado que Josué aparece aquí como portador de su oficio, esta promesa no se aplica tanto a Josué mismo como a su oficio sacerdotal, cuya continuidad aparece ciertamente ligada a la fidelidad de sus portadores.

La promesa de 3, 7 comienza en esa línea, dando preeminencia a la función de los sumos sacerdotes: "Si andas por mis caminos…". Andar en los caminos del Señor se refiere a la actitud personal de los sacerdotes respecto al Señor, es decir, a su fidelidad en sus relaciones personales con Dios, cumpliendo de un modo fiel los mandatos del Señor, con *shâmar mishmartī*, (cf. וְאִם־אֶת־מִשְׁמַרְתִּי תִשְׁמֹר, realizando de un modo fiel los deberes oficiales del sacerdocio (cf. *Comentario* a Lev 8, 35).

La apódosis comienza con וגם אתה, y no con ונתתי. Así lo requiere no solo el enfático *'attâh*, sino también las dos frases que comienzan con וְגַם, con el cambio de tiempo en *venâthattī* (y te daré lugar, te haré), con *tâdīn* y *tishmōr* como imperfectos, pues dado que se utiliza la partícula *wegam* (וְגַם) los verbos no podían vincularse simplemente con la *waw* narrativa y colocarse a la cabeza de la frase.

Tomadas en sí mismas, las frases con los verbos וְגַם תִּשְׁמֹר y תָּדִין (*tâdīn* y *wegam tishmōr*) pueden indicar un deber del sumo sacerdote, pero también un privilegio. Si se toman como apódosis indican una obligación, pero en ese caso parecerían superfluas, pues las obligaciones de los sumos sacerdotes aparecen ya expuestas en las frases anteriores. Pero si la apódosis comienza con esos verbos, entonces ellos han de entenderse más bien como promesa, como un privilegio que se pone ante el sumo sacerdote: el privilegio de seguir dirigiendo el servicio de la casa de Dios, que ha sido puesto en duda (o rechazado) por la acusación de Satán.

דִּין אֶת־בֵּיתִי (cf. תָּדִין אֶת־בֵּיתִי) significa "juzgar la casa de Dios", es decir, administrar el derecho en relación con la casa de Dios, es decir, con los deberes que han de realizar los sacerdotes en el santuario como tal, todo lo referente a la administración del servicio sagrado en el lugar santo y en el santo de los santos. En paralelo a esa función está la tarea de "guardar mis atrios" (es decir, los del templo), con la realización de todo lo referente al culto, manteniendo alejado de la casa de Dios todo culto de tipo idolátrico. Y a esto se le añade nueva e importante promesa: וְנָתַתִּי לְךָ מַהְלְכִים בֵּין.

El sentido de esta promesa depende de la forma en que se entienda la palabra מהלכים. Muchos comentaristas piensan que se trata de una forma caldea de participio *hifil* (cf. Dan 3, 25; 4, 34), y la entienden de forma intransitiva (como "aquellos que caminan": LXX, Peshita, Vulgata, Lutero, Hofmann, etc.) o de forma transitiva, como aquellos que conducen o guían a otros, los gobernantes (Gesenius, Hengstenberger, etc.). Pero, sin contar el hecho de que el *hifil* de הלך se escribe siempre en hebreo como הוליך o como היליך, y tiene siempre un sentido transitivo, no puede aplicarse aquí porque va acompañado de בין (cf. מַהְלְכִים בֵּין), mientras que debería ir con מבין o con מן, de manera que el significado de la frase solo puede ser: "Yo te daré dirigentes o guías (es decir, ángeles) entre los que están aquí", es decir, guías que vayan de un lado hacia otro, entre los que están aquí

(Hofmann) o, de un modo más simple, "yo te daré líderes o guías entre (de) los ángeles que están aquí (Hengstenberg).

En el primer caso, el sumo sacerdote recibiría la promesa de tener a su servicio ángeles que van de un lado para otro, entre él mismo y Yahvé, para llevar a Dios las oraciones, y para traer de Dios revelaciones y promesas de ayuda (Jn 1, 51; Hofmann). Este pensamiento sería adecuado en nuestro caso, pero no está implicado en las palabras, "porque los ángeles, incluso entre aquellos que están presentes en la escena no van y vienen entre Yahvé y Josué" (Kliefoth). En el segundo caso, el sumo sacerdote se limitaría a recibir una seguridad general en la asistencia de ángeles superiores, pero en ese caso las expresiones del texto resultan muy extrañas y la partícula בֵּין estaría utilizada de un modo incorrecto.

Por eso, debemos seguir a Calvino y a otros que toman la palabra מהלכין como un substantivo, formado a partir del singular מהלך, en la línea de palabras como מסמר, מזלג מחצב, o también a partir del plural מהלך, que toma la forma de מהלכים (Rosenmüller, Hitzig, Kliefoth). Según eso, estas palabras se añaden a la promesa anterior que garantizaba al pueblo la continuidad del sacerdocio y de las bendiciones vinculadas con él, este nuevo elemento: que el sumo sacerdote tendrá un acceso libre a Dios, un acceso que aún no se le había concedido por su oficio. Esto nos sitúa ante un tiempo en el que serán superadas las restricciones del Antiguo Testamento. Las nuevos discursos de 3, 8.9 anuncian la forma en que Dios hará que llegue este nuevo tiempo o futuro.

3, 8. Para mostrar la importancia de lo que sigue, a Josué se le pide que escuche. No es fácil precisar el momento en que comienza aquello que debe escucharse, porque el discurso pasa de un modo imperceptible de la exigencia de escuchar al contenido de aquello que ha de escucharse, y en esa línea los comentaristas han tenido dificultades para descubrir el comienzo del discurso.

Algunos exegetas y teólogos (texto caldeo, Jerónimo, Teodoro de Mopsuestia, Teodoreto, Calvino e incluso Hitzig y Ewald), suponen que el principio del discurso es כי הנני מביא (pues mira, yo he de traer...). Pero estas palabras son evidentemente una explicación de אנשי מופת המה (hombres de milagro...). El principio del discurso no es tampoco וּמַשְׁתִּי, ūmashtī, 3, 9 (y yo quitaré...), como supone Hofmann (*Weiss. u. Erfll.* i. 339), o "pues mira, la piedra..." (כִּי הִנֵּה הָאֶבֶן), como él mismo mantiene en su *Schriftbeweis* (ii. 1, pp. 292-3, 508-9).

La primera de estas interpretaciones no puede sostenerse no solo porque el discurso resultaría demasiado corto, sino también por la *waw* copulativa delante de וּמַשְׁתִּי, y la segunda por el hecho de que las palabras כִּי הִנֵּה הָאֶבֶן son indudablemente una continuación y explicación posterior de "mira, yo pongo a mi siervo" *Zemach*, en 3, 9. El discurso comienza, por tanto, con *tú y tus compañeros* (וְרֵעֶיךָ אַתָּה), porque los sacerdotes no podían oír, porque no estaban presentes en la escena.

Los compañeros de Josué, que están sentados ante él, son los sacerdotes que se sentaban en las reuniones sacerdotales, frente al sumo sacerdote, que era presidente de la asamblea, de manera que *yōshēbh liphnē* (cf. הַיֹּשְׁבִים לְפָנֶיךָ) corresponde a "vuestros asesores". El siguiente *kī* (en כִּי־אַנְשֵׁי מוֹפֵת) introduce la sustancia del discurso, y cuando el sujeto se coloca al principio, de un modo absoluto, se utiliza en un sentido aseverativo, en el sentido de: si, verdaderamente (cf. Gen 18, 20; Sal 118, 10-12; 128, 2, con Ewald, 330, b).

אַנְשֵׁי מוֹפֵת, *'anshē mōphēth,* hombres del milagro, es decir, hombres de un signo maravilloso, pues *mōphēth,* τὸ τέρας, *portentum, miraculum,* incluye la idea de אוֹת, σημεῖον (cf. Is 8, 18), hombres que atraen la atención hacía sí mismos por algo extraño y chocante, y que son tipos o figuras de lo que ha de venir, pues *mōphēth* corresponde realmente a τύπος τῶν μελλόντων (cf. *Comentario* a Ex 4, 21; 8, 18). המה está en lugar de אתם, pues las palabras pasan de la segunda a la tercera persona porque reasumen el tema, que ha sido colocado al principio de un modo absoluto, como en Sof 2, 12, y se refieren no solo a רעיך, sino a Josué y sus compañeros.

Ellos son hombres de un signo típico, pero no solamente a causa del oficio que realizan, es decir, a causa de que su mediación sacerdotal evocan el oficio de mediación y la obra de reparación del Mesías, como suponen la mayor parte de los comentaristas, por dos razones: (a) Porque esto se aplica en primer lugar no solo a Josué y a sus sacerdotes, sino en general al sacerdocio del Antiguo Testamento. (b) Porque no había nada milagroso en esta obra de mediación de los sacerdotes, como debía haber sido en el caso de que ellos fueran el *mōphēth.*

El milagro (la maravilla) que ha de verse en Josué y en sus sacerdotes consiste más bien en el hecho de que el sacerdocio de Israel está lleno de pecados, pero ha de ser absuelto o perdonado por la gracia de Dios, siendo aceptado de nuevo por Dios, como muestra la liberación del exilio. Por eso, Josué y sus sacerdotes son por la omnipotencia de la gracia de Dios ramas o tizones que han sido liberados del juicio que merecían (Kliefoth). Este milagro de gracia, que ha sido realizado por ellos evoca, más allá de sí mismo, el acto mejor y mayor de la gracia de Dios, que perdona los pecados, un acto que se sitúa todavía en el futuro.

A partir de aquí se entiende la frase siguiente: כִּי־הִנְנִי מֵבִיא אֶת־עַבְדִּי צֶמַח, porque yo traigo a mi siervo צֶמַח, el renuevo, una frase que explica la expresión anterior de *'anshē mōphēth* (hombres del milagro), con la que se vincula. Zacarías utiliza la palabra *Tsemach* simplemente como nombre propio del Mesías. Y la expresión עַבְדִּי צֶמַח, *'abhdī Tsemach* (mi siervo *Tsemach*) responde a *'abhdī Dâvid* (mi siervo David) en Ez 34, 23-24; 37, 24, o "mi siervo Job" en Job 1, 8, etc.

En contra de eso, Koehler afirma que *tsemach* es una definición más precisa de *'abhdī* (mi siervo), pues si aquí se quisiera hablar del Siervo de Yahvé y como nombre propio, debería haberse construido con artículo (הצמח), o en la línea de Zac 6, 12, tendríamos que tener la forma: עבדי צמח שמו. Pero esa es una objeción sin fundamento, pues cuando los poetas o profetas forman nombres propios lo hacen a su gusto, sin necesidad de ponerles un artículo, y lo hacen de tal forma que esos nombres adquieren pronto la categoría de nombres propios, como *bâgōdâh* y *meshūbhâ*h en Jer 3 (Ewald, 277 c).

En Zac 6, 2 el caso de שׁמו es diferente, pues la inclusión de *shemō* resulta necesaria, a causa del sentido, como en 1 Sam 1, 1 y Job 1, 1, y no sirve para designar la palabra anterior como nombre propio, sino simplemente para definir de un modo más preciso la palabra anterior mencionando su nombre. Zacarías ha formado la palabra צֶמַח, *Tsemach*, renuevo, raíz, primariamente a partir de Jer 23, 5 y 33, 15, donde se promete la llegada de un renuevo justo (*tsemach tsaddīq*), o se dice que en Jacob ha de surgir un renuevo de justicia.

Por su parte, Jeremías había tomado esta descripción figurativa del gran descendiente de David, que ha de crear justicia sobre la tierra, como un *tsemach* que Yahvé hará surgir o brotar de la raíz de Jacob, de Is 11, 1-2; 53, 2, de forma que el Mesías ha de brotar como una vara o renuevo de la raíz o tocón de Jesé, que había sido cortado, o como nuevo renuevo que brota del suelo seco.

Pues bien, en esa línea, *Tsemach* se refiere al Mesías, por su origen de la familia de David, que ha caído en humillación, como renuevo que crecerá de su estado original de humillación a la exaltación y gloria, conforme al despliegue de pensamiento de este pasaje, en el que el sacerdocio hondamente humillado viene a presentarse, por gracia de Dios, en su exaltación, como tipo del Mesías.

No podemos decidir de dónde proviene la designación de "mi siervo" que se aplica a ese *Tsemach* o renuevo, si viene de Is 52, 13 y 53, 13 (cf. Is 42, 1; 49, 3) o si está formado en la línea de David mi siervo (cf. Ez 34, 24; 37, 24), pero este es un tema de menor importancia en el conjunto. El hecho de que la remoción de la iniquidad, que es la obra peculiar del Mesías, se mencione en Ez 37, 9 no ofrece una razón satisfactoria para pensar que עַבְדִּי צֶמַח, *'abhdī tsemach*, proviene de un modo especial de Is 53, 1-12, pues en Zac 3, 9 la remoción de la iniquidad se menciona en un segundo plano, como explicación del propósito de Yahvé, de hacer que venga su siervo *Tsemach*.

3, 9-10. El tema principal del צֶמַח está vinculado a la piedra que Yahvé ha colocado ante Josué. La respuesta a la pregunta por el significado y la identidad de esa piedra depende de la forma en que entendamos עינים ... על אבן. La mayor parte de los comentaristas reconocen que estas palabras no forman un paréntesis (Hitzig, Ewald), sino que introducen una afirmación relacionada con הנה האבן. Según eso, las palabras הִנֵּה הָאֶבֶן אֲשֶׁר נָתַתִּי לִפְנֵי יְהוֹשֻׁעַ se colocan a la cabeza de la frase, de un modo absoluto, y se reasumen con על אחת אבן.

Esta afirmación puede entenderse de dos formas: (a) Sobre una piedra hay siete ojos (visibles, o que deben buscarse). (b) O hay siete ojos dirigidos hacia una piedra. En el segundo caso podríamos haber esperado אל en vez de על (cf. Sal 33, 18; 34, 16), pero שׂים עין על puede entenderse en el sentido de amor que cuida, se ocupa de (Gen 44, 21; Jer 39, 12; 40, 4).

En el caso de que los siete ojos debieran verse sobre la piedra, ellos deberían estar grabados o inscritos sobre ella. Pero lo que sigue, הנני מפתח וגו, no concuerda con esto, pues según el texto el grabar sobre la piedra es algo que debe suceder en el futuro, pues *hinnēh* seguido con un participio no expresa nunca algo que ya ha sucedido, sino siempre algo que debe suceder en el futuro.

Por esa razón, debemos afirmar que los siete ojos están dirigidos hacia la piedra, mirando hacia ella con cuidado protector. Pero esto va en contra de los comentaristas de la iglesia antigua, y de algunos como Kliefoth, que piensan que la piedra significa el Mesías, en la línea de Is 28, 16 y Sal 118, 2, una visión que concuerda difícilmente con la expresión נָתַתִּי לִפְנֵי יְהוֹשֻׁעַ, "que he puesto ante Josué", incluso en el caso de que se debiera pensar que Josué iba a ver con sus propios ojos, como algo ya presente, el hecho de que Dios está colocando la (una) piedra de fundamento.

Aún menos podemos pensar en la piedra de fundamento del templo (Rosenmüller, Hitzig), pues ella había sido puesta ya hace tiempo, y no es fácil comprender por qué ella debería recibir un grabado o inscripción; tampoco podemos pensar en una piedra que, según los rabinos, ocupaba el espacio vacío del arca de la alianza en el santo de los santos del segundo templo (Hofmann). No es tampoco la piedra preciosa del pectoral del sumo sacerdote.

Por todo eso debemos afirmar que esta piedra es más bien el símbolo del reino de Dios, añadiendo que la ha puesto el mismo Yahvé ante Josué, en el momento en que le ha confiado la regulación de su casa, y el mantenimiento de sus atrios (ante, *liphnē,* en sentido espiritual, como en 1 Rey 9, 6). Los siete ojos que miran con cuidado protector sobre esa piedra son una representación figurativa de la omnipotencia abarcadora de la providencia de Dios. Pero, en armonía con los siete ojos del Cordero, que son los siete espíritus de Dios (Ap 5, 6), y con los siete ojos de Yahvé (Zac 4, 10), ellos han de tomarse como siete irradiaciones del Espíritu de Yahvé (cf. Is 11, 2), que se expresan a través de su vigorosa acción sobre esta piedra, para preparar así su destino.

Esta preparación se designa con מְפַתֵּחַ פִּתֻּחָהּ, *pittēach pittuchâ*h, en armonía con la figura de la piedra (cf. Ez 28, 9.11): "Yo grabaré su grabado en ella", ya grabaré en ella, para así prepararla, de forma que sea una piedra hermosa y de gran valor. La preparación de esta piedra, es decir, la preparación del reino de Dios, establecido en Israel, por los poderes del Espíritu del Señor es un rasgo en el que se mostrará la llegada del *tsemach* o germen. El otro rasgo consiste en la expulsión (destrucción) de la iniquidad de esta tierra.

Mūsh (cf. וּמַשְׁתִּי) se utiliza en sentido transitivo, haré que salga, expulsaré (el pecado…). הָאָרֶץ הַהִיא (esta tierra) es la tierra de Canaán o Judá, que se extenderá en los tiempos mesiánicos sobre todo el universo. La definición del tiempo, בְּיוֹם אֶחָד, *beyōm 'echâd,* no puede significar, por supuesto, en un mismo y solo día, para indicar así que la comunicación de su verdadera naturaleza a Israel, es decir, una naturaleza que sea agradable a Dios, y la remoción del pecado de la tierra, sucederá simultáneamente (Hofmann, Koehler), pues la expresión "en un día" tiene sustancialmente el mismo sentido que ἐφάπαξ en Heb 7, 27; 9, 12; 10, 10, afirmando así que la remoción del pecado que realizará el Mesías (Tsemach) no se hará en un línea simbólica, siempre insuficiente y siempre repetida por los sacerdotes del Antiguo Testamento, sino que se hará para siempre, en una sola vez, en verdad plena.

Este día único es el día del Gólgota. Según eso, el pensamiento de este verso es el siguiente: Yahvé hará que venga su siervo *Tsemach,* pues él preparará su reino de un modo glorioso, y exterminará de una vez todos los pecados de su pueblo y de su tierra. A través de la destrucción de toda culpa e iniquidad, no solo de aquella que está vinculada a la tierra (Koehler), sino también de la iniquidad de los habitantes de la tierra, es decir, de toda la nación, quedará destruido todo el descontento y toda la miseria que brota del pecado, de forma que se garantizará un estado de paz para la Iglesia de Dios, ya purificada. Este es el pensamiento de 3, 10, verso formado a partir de Miq 4, 4 y de 1 Rey 5, 5, y con esto concluye la visión. La siguiente visión muestra la Gloria de la Iglesia purificada.

4, 1–14. Quinta visión: El candelabro con los dos olivos

4, 1-3

1 וַיָּשָׁב הַמַּלְאָךְ הַדֹּבֵר בִּי וַיְעִירֵנִי כְּאִישׁ אֲשֶׁר־יֵעוֹר מִשְּׁנָתוֹ׃
2 וַיֹּאמֶר אֵלַי מָה אַתָּה רֹאֶה (וָאֹמַר) [וָאֹמַר] רָאִיתִי וְהִנֵּה מְנוֹרַת זָהָב כֻּלָּהּ וְגֻלָּהּ עַל־רֹאשָׁהּ וְשִׁבְעָה נֵרֹתֶיהָ עָלֶיהָ שִׁבְעָה וְשִׁבְעָה מוּצָקוֹת לַנֵּרוֹת אֲשֶׁר עַל־רֹאשָׁהּ׃
3 וּשְׁנַיִם זֵיתִים עָלֶיהָ אֶחָד מִימִין הַגֻּלָּה וְאֶחָד עַל־שְׂמֹאלָהּ׃

¹ Volvió el ángel que hablaba conmigo, y me despertó como a un hombre a quien se despierta de su sueño. ² Y me preguntó: -¿Qué ves? Respondí: -Veo un candelabro de oro macizo, con un depósito arriba, con sus siete lámparas y con siete tubos para las lámparas que están encima de él. ³ Junto al candelabro hay dos olivos, el uno a la derecha del depósito y el otro a su izquierda.

4, 1. A las cuatro visiones anteriores sigue una quinta, probablemente tras un intervalo muy corto; el profeta que ha oído la interpretación maravillosa de esas visiones se encuentras tan sobrecogido por la impresión que le ha producido lo que ha visto y oído, que ha caído en un estado de agotamiento espiritual, parecido al sueño, como Pedro y sus compañeros, que fueron incapaces de mantenerse despiertos ante la transfiguración de Cristo (Lc 9, 32). La expresión וַיָּשָׁב (y volvió) indica que el *angelus interpres* ha dejado al profeta tras la terminación de las visiones anteriores, de forma que ahora vuelve nuevamente a él.

Visiones nocturnas

La nueva visión, que se despliega como una intuición espiritual, está descrita básicamente en 4, 2-3.

4, 2. El segundo ויאמר (*qetiv*) podría explicarse quizá de la forma propuesta por L. de Dieu, Gussetus y Hofmann, suponiendo que el ángel mediador no ha preguntado antes al profeta por aquello que ha visto, de forma que, sin esperar una respuesta, él sigue ofreciendo la descripción de lo que el profeta ha visto. Pero esa explicación va en contra de la analogía de todas las restantes visiones, que se encuentran siempre introducidas por ראיתי o por ואראה seguidas por un והנה (cf. 1, 8; 2, 1.5; 5, 1; 6, 1), un esquema que permanece constante. Por eso, debemos preferir el *kere* (וָאֹמַר) que ha sido aceptado por los traductores antiguos, en un muchos códices, como la mejor lectura, de forma que ויאמֶר ha de verse como un error del copista.

Sobre la combinación מנורת זהב כלה, donde las dos últimas palabras están construidas como cláusula de relativo, en subordinación a מְנוֹרַת, *menōrath*, cf. Ewald, 332 c. El candelabro de la visión, todo de oro, con sus siete lámparas, es sin duda una representación figurativa del candelabro de siete brazos, de oro, que se hallaba en el tabernáculo del templo, y que se distingue de este solo por tres añadidos propios de esta visión. Estos son los dos primeros:

- *El primer añadido* es *gullâh* (גלה por גלתה, con terminación femenina reducida, cf. Os 13, 2 y Ewald, 257, d), es decir con un depósito o vasija redonda, en la parte superior, para el aceite.
- *El segundo añadido son los siete* מוּצָקוֹת *o tubos*, uno para cada lámpara, es decir, siete tubos por los que el aceite de la *gullâh* descendía o era conducido a las lámparas, mientras que el candelabro del tabernáculo no tenía tubos, sino solo siete brazos (*qânīm*), que sujetaban las siete lámparas, y que en esta visión se omiten, pues su existencia resulta evidente por sí misma.

Puede discutirse el número de los tubos, pues שִׁבְעָה וְשִׁבְעָה puede tomarse como siete y siete, es decir, como catorce tubos, o como siete para cada una de las lámparas, lo que implicaría en total cuarenta y nueve. Ambas visiones son innecesarias y equivocadas, pues la repetición del número "siete" en forma distributiva (siete tubos, uno para cada lámpara) resulta normal en hebreo, con lo cual podemos suponer que no había ni 14 ni 49 tubos, sino solo siete, que llevaban el aceite desde el depósito superior hasta cada una de las lámparas.

4, 4-7

⁴ וָאַעַן וָאֹמַר אֶל־הַמַּלְאָךְ הַדֹּבֵר בִּי לֵאמֹר מָה־אֵלֶּה אֲדֹנִי׃
⁵ וַיַּעַן הַמַּלְאָךְ הַדֹּבֵר בִּי וַיֹּאמֶר אֵלַי הֲלוֹא יָדַעְתָּ מָה־הֵמָּה

אֵ֖לֶּה וָאֹמַ֑ר לֹ֥א אֲדֹנִֽי׃
⁶ וַיַּ֜עַן וַיֹּ֤אמֶר אֵלַי֙ לֵאמֹ֔ר זֶ֚ה דְּבַר־יְהוָ֔ה אֶל־זְרֻבָּבֶ֖ל לֵאמֹ֑ר
לֹ֤א בְחַ֙יִל֙ וְלֹ֣א בְכֹ֔חַ כִּ֣י אִם־בְּרוּחִ֔י אָמַ֖ר יְהוָ֥ה צְבָאֽוֹת׃
⁷ מִֽי־אַתָּ֧ה הַֽר־הַגָּד֛וֹל לִפְנֵ֥י זְרֻבָּבֶ֖ל לְמִישֹׁ֑ר וְהוֹצִיא֙
אֶת־הָאֶ֣בֶן הָרֹאשָׁ֔ה תְּשֻׁא֕וֹת חֵ֥ן חֵ֖ן לָֽהּ׃ פ

⁴ Proseguí y pregunté a aquel ángel que hablaba conmigo: -¿Qué es esto, señor mío? ⁵ Y el ángel que hablaba conmigo me respondió: -¿No sabes qué es esto? Le dije: -No, señor mío. ⁶ Entonces siguió diciéndome: Esta es palabra de Yahvé para Zorobabel, y dice: No con ejército, ni con fuerza, sino con mi espíritu, ha dicho Yahvé de los ejércitos. ⁷ ¿Quién eres tú, gran monte? Delante de Zorobabel serás reducido a llanura; él pondrá la piedra final entre aclamaciones de: ¡Gracia, gracia sea con él!

4, 4-5. La interpretación de esta visión ha de fundarse, según lo anterior, en el sentido del candelabro de oro, dentro del simbolismo del tabernáculo y en armonía con él. La pregunta que el profeta dirige al ángel intérprete (¿quiénes son esos? *mâh 'elleh*, la misma que hallamos en 2, 2) no se refiere a los dos olivos (Umbreit, Kliefoth), sino a todo lo que ha sido descrito en 4, 2-3.

Podemos suponer que el profeta, como todo israelita, conocía el significado del candelabro, con sus siete lámparas. Pero, aunque Zacarías conociera muy bien el significado del candelabro colocado en el lugar sagrado del templo, ese candelabro tenía en su visión otros signos, además de los dos olivos que no formaban parte del candelabro del templo, con el depósito superior y con los tubos para las lámparas, que podían dar un significado cuestionable al candelabro de la visión.

En esa línea, la contrapregunta del ángel en 4, 2, llena de admiración ¿no sabes qué es eso? responde a lo que estamos diciendo, porque el ángel supone que el sentido de las adiciones resulta tan claro que puede deducirse por sí mismo, de la visión del candelabro en cuanto tal. En esa línea responde el ángel a Zacarías: Esta es la palabra de Yahvé para Zorobabel: No por el poder...".

El ángel quiere decirle así al profeta que la visión tiene la finalidad de advertir a Zorobabel que la obra que él ha emprendido no ha de ser ejecutada a través de la fuerza humana, sino por el Espíritu de Dios, aunque por sí mismo el candelabro no es un signo de Dios en cuanto tal, sino de la obra de Dios, de su presencia en Israel y de un modo especial en la Iglesia, como iré indicando:

— *Las lámparas ardientes son un símbolo de la Iglesia o de la nación de Dios,* que hace que la luz de su espíritu o de su conocimiento de Dios brille ante el Señor y que se expanda a lo largo de toda la noche, en un mundo separado de Dios. Cuando los discípulos de Cristo fueron llamados, como luz del mundo (Mt 5, 14), a mantener sus lámparas ardiendo y a iluminar como candelabros sobre el mundo (Lc 12, 35; Flp 2, 15), para brillar con su luz ante los hombres (Mt 5, 16), así debía hacerlo también la Iglesia del Antiguo Testamento. En ese sentido ha de entenderse el pasaje de Ap 1, 20, donde las siete λυχνίαι, que Juan vio delante del trono de Dios son las siete ἐκκλησίαι, que representan al nuevo pueblo de Dios, es decir, a la Iglesia cristiana.

El candelabro como tal tiene aquí la función de ser soporte de las lámparas, a fin de que ellas puedan elevarse y brillar, y de esa manera la misma forma del candelabro, establecida por revelación divina, tenía la finalidad de actuar como soporte de las lámparas. En esa línea, el candelabro puede ser signo del reino de Dios en su forma externa, es decir, como organismo divinamente establecido para que se perpetúe la vida de la Iglesia. Pero las lámparas reciben el poder de quemar y de iluminar por medio del aceite, con el que ellas han de llenarse para poder alumbrar.

— *Por su parte, el aceite de los dos olivos es un signo del Espíritu de Dios.* El aceite, conforme a su capacidad de vigorizar el cuerpo y de aumentar la energía de los espíritus vitales, se utiliza en la Escritura como símbolo del Espíritu de Dios, pero no en su esencia trascendente, sino en la medida en que actúa en el mundo y en que habita en la iglesia, y no solamente el aceite de la unción, como supone Kliefoth, sino también el aceite de las lámparas, ya que los israelitas no tenían otro óleo o aceite que el de oliva, que servía para quemar y alumbrar y también para ungir[112].

---

112. La distinción entre aceite de lámpara y aceite de unción, sobre la que Kliefoth funda su interpretación del candelabro de la visión, y que él trata de desarrollar a partir del mismo lenguaje, diciendo que el aceite de unción se llama siempre *shemen*, mientras que el aceite de alumbrar (de lámpara) se llama *yitshâr*, resulta insostenible, por el simple hecho de que en la minuciosa descripción de la preparación del aceite de alumbrar para el candelabro sagrado, y en la repetida alusión a este aceite en el Pentateuco, no se utiliza nunca el término *yitshâr*, sino siempre *shemen*, aunque el Pentateuco conoce bien la palabra *yitshâr*, pues aparece en Num 18, 12; Dt 7, 13; 11, 14; 12, 17, y en otros pasajes.

Según Ex 27, 20, el aceite de lámpara para el candelabro debía prepararse con *shemen zayith zâkh kâthîth*, es decir, con aceite de oliva puro y "exprimido" (cf. también Lev 24, 2). Por su parte, según Ex 30, 24, para el aceite de ungir había que utilizar también *shemen zayith*, aceite de oliva. Según eso, el aceite de lámpara para el candelabro se llama *shemen lammâ'ōr* en Ex 25, 6; 35, 8.18 y también *shemen hammâ'ōr* en Ex 35, 14; 39, 37 y Num 4, 16; por su parte, el aceite de ungir se llama *shemen hammishchâh* en Ex 29, 7; 31, 11; 35, 15; 39, 38; 40, 9; Lev 8, 10.20 y en otros pasajes, como Ex 30, 25 se llama *shemen miwshchath-qōdesh*. A no ser en Zac 4, 14 y en nuestro pasaje *yitsh*âr no se utiliza nunca para el aceite de lámpara, sino solo cuando se enumeran los productos de la tierra, o de los diezmos y primicias, en conexión con *tīrōsh*, que es el mosto o vino nuevo (Num 18, 12; Dt 7, 13; 11, 14; 14, 23; 18, 4; 28, 51; 2 Cron 31, 5; 32, 28; Neh 5,11; 10, 39; 13, 12; Os 2, 9. 22; Joel

En el caso del candelabro, el aceite aparece y se utiliza como símbolo del Espíritu de Dios, de manera que no se puede tomar en cuenta la objeción de Kliefoth según la cual, dado que el aceite debía ser presentado por el pueblo ese aceite no podía representar el Espíritu Santo, con su poder y su gracia, como viniendo de Dios al hombre, sino que representaba más bien algo puramente humano, que venía a ser purificado por Dios a través del fuego de su palabra y de su espíritu, convirtiéndose así en una luz que brilla. En esa línea, debemos añadir que el Espíritu de Dios estaba simbolizado no solo por el aceite, sino también por las especias con las que se preparaba el aceite de la unción, que era ofrecidas también por el pueblo (Ex 25, 6).

– *El aceite del candelabro es, finalmente, un signo de la vida de gracia de los hombres, ofrecida al servicio de Dios.* El aceite, como rica grasa del fruto del árbol del olivo, era el resultado final de todo el proceso de vida del olivo, siendo así la quintaesencia de su naturaleza; podemos añadir que también el hombre crece y florece y da fruto como el árbol del olivo, de manera que el fruto de su naturaleza y de toda su vida se puede comparar con el aceite del olivo. Pero hay que añadir también (y esto es lo que Kliefoth ha olvidado) que el árbol del olivo solo ha podido crecer y dar fruto porque Dios le ha dado primero (y le ha comunicado) el poder de crecer y dar fruto, concediéndole también el agua de la lluvia y la luz del para fructificar.

De esa manera, para la producción del fruto espiritual de su vida, el hombre también necesita no solo el alumbramiento de sus frutos vitales por el fuego y el agua del Espíritu de Dios, sino también que el espíritu y la palabra de Dios concedan nutrimento y vigor a su vida, como sucede con las lámparas del candelabro, que tienen que ser encendidas con fuego y también alimentadas con un aceite que tenga la propiedad de quemar y de alumbrar. En esa línea, los añadidos que Zacarías ofrece a la visión del candelabro indican en general que la Iglesia del Señor necesita recibir y poseer los requisitos y las condiciones necesarias para

---

1, 10; 2, 19.24; Jer 31, 12; Ag 1, 11), pero nunca en conexión con *yayin* (vino fermentado), que se vincula con *shemen* (1 Cron 12, 40; 2, 14; 2 Cron 11, 11; Prov 21, 17; Jer 40, 10).

Según eso, es evidente que *yitshâr*, aceite de ungir, tiene la misma relación con *shemen*, aceite más espeso, que *tîrōsh*, mosto, tiene con *yayin*, vino. *Yitshâr* se aplica al aceite como "zumo" de la olivas, como producto de la tierra, por su color brillante, mientras *shemen* es el nombre que se da al aceite cuando está fuerte, espeso, y apto para ser utilizado. La opinión de Hengstenberg, según la cual *yitshâr* es el nombre poético o retórico para el aceite no puede aceptarse, pues *yitshâr* solo aparece una vez en los cuatro primeros libros del Pentateuco (Num 18, 12) mientras que *shemen* se emplea con mucha frecuencia; por su parte, en Deuteronomio *yitshâr* se utiliza con más frecuencia que *shemen*, es decir, seis veces (mientras *shemen* aparece solo cuatro veces).

arder y brillar perpetuamente; eso significa que a la hija de Sión no ha de faltarle nunca el Espíritu de Dios para que brille su candelabro (cf. *Coment.* a Zac 4, 14).

4, 6-7. No hay dificultad ninguna en reconciliar la respuesta del ángel en Zac 4, 6 con el significado del candelabro, así como lo hemos presentado, conforme a sus rasgos más significativos, sin necesidad de acudir al subterfugio de que la idea de 4, 6 presenta algo totalmente nuevo, sin relación con lo anterior, de manera que quede por un lado el signo del candelabro (en relación con Israel) y por otro la palabra que se le aplica a Zorobabel, diciéndole a él que no cumplirá nunca su vocación con un aumento de poder y con la exaltación de su fuerza, sino solo por su capacidad de dejarse llenar por el Espíritu de Yahvé.

El candelabro no indica aquí la meta hacia la que debe dirigirse el esfuerzo del Israel antiguo, sino que es el símbolo de la nueva Iglesia de Dios, que brilla con el esplendor de la luz que recibe a través del Espíritu Santo. El candelabro simboliza, por tanto, la gloria futura del pueblo de Dios, gloria que no se alcanza a través de un poder y de una acción humana, sino a través del Espíritu de Dios, Espíritu que capacitará a Zorobabel para cumplir la obra que ha comenzado.

Entendido así, Zac 4, 7 no contiene una nueva promesa para Zorobabel, sino que dice que si él asume de corazón la llamada de Israel y actúa de un modo consecuente, si rechaza la tentación de buscar la grandeza de Israel fortaleciendo su poder externo, las dificultades que ha encontrado para completar la edificación del templo se resolverán por sí mismas, por mandato y acción de Yahvé (Koehler). Lo que se dice aquí a Zorobabel es una continuación de lo dicho en 4, 6, en referencia a la gran montaña que se eleva ante Jerusalén, pero que se convertirá en llanura, no por medios de poder humano, sino por el Espíritu de Yahvé.

Este es el sentido que desarrolla el segundo hemistiquio de 4, 7: él (Zorobabel) pondrá la piedra final (angular de culminación). והוציא no es un pretérito (él ha puesto la piedra del cimiento), como supone Hengstenberg, sino que es un futuro: "él pondrá (como indica la *waw* consecutiva) la piedra final (angular) con la que se concluye el edificio del templo. הוציא se vincula como una consecuencia final al mandato anterior.

En esa línea, אבן הראשה no es la piedra del cimiento o del ángulo exterior del edificio, que se llama אבן פנה, literalmente piedra-ángulo (Job 38, 6; Is 28, 16; Jer 51, 26), ni ראש פנה, la piedra central del ángulo (Sal 118, 22), sino la piedra de arriba, la piedra final, piedra del aguilón o puntal, en la que se remata un edificio. Este es el sentido de הָרֹאשָׁה, con *raphe*, como forma femenina de רֹאשׁ, y en aposición a הָאֶבֶן (וְהוֹצִיא אֶת). Se trata, pues, de sacarla de la cantera de donde ha sido cortada y de poner (colocar) la piedra en el lugar adecuado y culminante de la obra del templo.

Esta figura expone, según eso, la obra final de la construcción del templo, como mostrará con toda claridad todo el verso 7, donde la gran montaña que se eleva delante de Zorobabel parece un signo de las enormes dificultades que

Zorobabel tendrá que superar para continuar y completar la edificación del templo. Esta es la visión de Koehler, con la mayoría de los comentaristas. Pero, a pesar de las razones que se pueden aducir a favor de ella, parece preferible la respuesta que ofrecen el texto caldeo, con Jerónimo, Teodoro de Mopsuestia, Teodoreto, Kimchi, Lutero y otros, quienes afirman que la gran montaña es un símbolo del poder de este mundo (del poder imperial), y que no tienen dificultad en admitir (a pesar de las dificultades que ha presentado Koehler) que el llano ha de ser un símbolo del reino de Dios (a pesar de Is 40, 4).

Conforme a todo lo que sigue, resulta evidente que este pasaje se refiere a algo que es más grande que la construcción del templo que ha sido ya indicada. En otras palabras, la construcción del templo de piedra y madera aparece aquí simplemente como un tipo o signo de la construcción del reino de Dios, como muestra claramente 4, 9. La verdadera obra de Zorobabel (la construcción del Reino) se enfrentaba con una gran dificultad, como una montaña, que simboliza el poder del mundo, es decir, el poder imperial; pues bien, Dios la nivela para convertirla en tierra llana.

Así como en la visión anterior, Josué aparecía como representante del sumo sacerdocio, así aquí, Zorobabel, príncipe de Judá, descendiente de la familia de David, no aparece ya como un individuo más, sino que, conforme a su rango oficial, aparece como representante del gobierno de Israel, que se encuentra ahora tan profundamente humillado por el poder imperial. Pues bien, el gobierno de Israel solo tiene realidad o existencia a través del gobierno de Yahvé, un gobierno por el que Dios elevará a la familia de David, concediéndole un nuevo poder y gloria real, a través del צֶמַח, al que Yahvé elevará como su siervo. Este siervo de Yahvé llenará de gloria la casa de Dios que Zorobabel ha edificado.

A fin de que esto pueda realizarse, Zorobabel debe edificar el templo, porque el templo es la casa en la que Dios habita en medio de su pueblo. Por razón de la importancia que el templo tenía en relación con Israel, los adversarios de Judá se empeñaban en poner obstáculos a su edificación, y estos obstáculos eran un signo y preludio de la gran oposición que el poder imperial del mundo elevaría sin cesar ante Zorobabel, como gran montaña, en contra del reino de Dios. Pues bien, esa montaña se convertirá en llanura.

Como gobernador de Judá, Zorobabel terminará de construir el templo del mundo que él había comenzado. Pues bien, de igual manera, el verdadero Zorobabel, que es el Mesías, el צֶמַח, el Siervo de Yahvé, construirá el templo espiritual, de forma que Israel sea el verdadero candelabro, con aceite que proviene de los dos árboles de olivo, de manera que las lámparas puedan alumbrar de un modo resplandeciente en el mundo.

En esa línea, la respuesta del ángel ofrece una explicación del sentido del candelabro de la visión. Según la economía del Antiguo Testamento, el candelabro de oro estaba colocado en el lugar santo del templo, ante la faz de Yahvé, y solo podía brillar allí; así también, la congregación mesiánica, que está simbolizada por el candelabro, necesita una casa de Dios, a fin de que ella pueda ser capaz de dar su brillo, es decir, su luz.

Esta casa en la que brilla la lámpara de la congregación es el reino de Dios, simbolizado por el templo, que debía ser construido por Zorobabel, no con fuerza o poder humano, sino con el Espíritu del Señor. En esta edificación encuentran su sentido completo y final las palabras del templo: "Él colocará la piedra final". Esa culminación del edificio se realizará תְּשֻׁאוֹת חֵן חֵן לָהּ, es decir, en medio de grandes gritos del pueblo, que dirá "gracia, gracia sea con él".

תְּשֻׁאוֹת es un acusativo que sirve para definir y precisar mejor las circunstancias de lo que sucede o se realiza (cf. Ewald, 204, a), y tiene el sentido de tumulto, griterío, aplauso, y viene de שׁוֹא que equivale a שׁאה, un grito alto (Job 39, 7; Is 22, 2). El sufijo לָהּ se refiere, en cuanto a su forma, a הָאֶבֶן הָרֹאשָׁה, pero en cuanto a su contenido a *habbayith*, es decir, a la casa o templo, ya terminado con su piedra angular, en la que concluye y se cierra el edificio. A esta "piedra" (que es símbolo de la culminación del Reino) dirigirá Dios su favor o gracia, de forma que el templo durará por siempre y no será nunca destruido.

4, 8-10

⁸ וַיְהִי דְבַר־יְהוָה אֵלַי לֵאמֹר: ⁹ יְדֵי זְרֻבָּבֶל יִסְּדוּ הַבַּיִת הַזֶּה וְיָדָיו תְּבַצַּעְנָה וְיָדַעְתָּ כִּי־יְהוָה צְבָאוֹת שְׁלָחַנִי אֲלֵיכֶם: ¹⁰ כִּי מִי בַז לְיוֹם קְטַנּוֹת וְשָׂמְחוּ וְרָאוּ אֶת־הָאֶבֶן הַבְּדִיל בְּיַד זְרֻבָּבֶל שִׁבְעָה־אֵלֶּה עֵינֵי יְהוָה הֵמָּה מְשׁוֹטְטִים בְּכָל־הָאָרֶץ:

⁸ Después me fue dirigida esta palabra de Yahvé: ⁹ Las manos de Zorobabel han colocado el cimiento de esta Casa, y sus manos la acabarán, y así conocerás que Yahvé de los ejércitos me envió a vosotros. ¹⁰ Porque ¿quién ha despreciado el día de las pequeñeces? Pero se alegrarán al ver la (piedra de la) plomada en la mano de Zorobabel. Estos siete son los ojos de Yahvé, que recorren toda la tierra.

4, 8-9. Los versos que siguen ofrecen una explicación aún más clara de la respuesta del ángel. Esta nueva palabra no está dirigida al profeta a través del *angelus interpres*, sino que viene directamente de Dios, como muestra claramente 4, 9, cuando se compara con 2, 9.11, a través del *Malak* o Ángel de Yahvé.

Aunque las palabras "las manos de Zorobabel han colocado los fundamentos de esta casa" (יִסְּדוּ הַבַּיִת הַזֶּה) se refieren sin duda al edificio del templo terreno, y anuncian que el mismo Zorobabel terminará de construir este edificio, la apódosis (que comienza con וְיָדַעְתָּ כִּי־יְהוָה צְבָאוֹת y sabrás que Yahvé *Sebaot*...) muestra que el sentido de la frase no se cierra en el edificio material, sino que ese edificio se cita aquí simplemente como un tipo del templo espiritual (cf. Zac 7, 12-13), de manera que la culminación del edificio terreno del templo ofrece una garantía o tipo de la culminación del verdadero templo, pues solo por la realización del reino de Dios (y no por la edificación del templo terreno) se podrá discernir que Dios le ha enviado.

4, 10. Así lo muestra también la razón asignada para esta promesa en Zac 4, 10, una promesa cuyo significado se ha expuesto de muy distintas formas. Muchos toman וְשָׂמְחוּ וְרָאוּ como apódosis y conectan esas palabras con כִּי מִי בַז como prótasis: "Pues los que menospreciaron el día de las pequeñas cosas verán con alegría..." (LXX, caldeo, Peshita, Vulgata, Lutero, Calvino y otros). Pero מִי no puede tomarse como un pronombre indefinido, pues eso va en contra de la introducción de la apódosis con una *waw*, y por otra parte no podemos encontrar ningún ejemplo claro del מִי seguido por un perfecto con *waw* consecutiva.

Por otra parte, la idea de que וְשָׂמְחוּ es el comienzo de una cláusula circunstancial, en el sentido de "mientras ellos ven con gozo..." (Hitzig, Koehler) resulta insostenible, pues en una frase circunstancial el verbo nunca va al principio, sino que al principio va siempre el sujeto; esta es una regla tan esencial que si el sujeto de una cláusula "menor" (o circunstancial) es un nombre ya mencionado en la cláusula principal, ese nombre tiene que repetirse, sea de un modo directo o a través de un pronombre (Ewald, 341, a), porque solo de esa forma se puede reconocer que se trata de una cláusula circunstancial. Eso significa que debemos tomar la partícula מִי como un pronombre interrogativo ¿quién ha despreciado el día de las pequeñas cosas...? Y entender la pregunta en sentido negativo: ¡Ninguno ha despreciado...!.

El perfecto בַז, de *būz*, expresa una verdad de experiencia, que se funda en hechos bien conocidos, al menos en el sentido en que aquí se pretende: que nadie que espera realizar algo grande o lo realiza, desprecie el día de las cosas pequeñas. יוֹם קְטַנּוֹת, *yōm qetannōth*, un día en que solo suceden cosas pequeñas (cf. Num 22, 18).

Esto no se refiere solo al día en que se colocó la piedra fundacional del templo, de manera que el edificio se encontraba solo en sus pequeños comienzos, de manera que el día en que el templo estuviera construido en todo su esplendor sería el día de las grandes cosas (cf. Koehler y otros); porque el tiempo en el que se concluyó el templo de Zorobabel, es decir, el año sexto de Darío, era ciertamente un tiempo tan miserable como aquel en el que se puso su fundamento y la construcción del edificio que había sido comenzada se reanudó de nuevo. Todo el período que va de Darío a la llegada del Mesías, que será el primero en cumplir grandes cosas, es un día de pequeñas cosas, de forma que todo lo que se hace para la edificación del reino de Dios parece muy poco, y es en realidad muy pequeño en comparación con la obra del Mesías, aunque lleva en sí el germen de las mayores cosas.

Los siguientes perfectos, וְשָׂמְחוּ וְרָאוּ, van precedidos por un *waw* consecutivo, y expresan la consecuencia, aunque no la consecuencia negativa que se funda en el hecho de haber despreciado el día de los pequeños comienzos, como imagina Koehler, sino la gran consecuencia que se seguiría si ellos no despreciaran al día de los pequeños principios. Si ellos tomaran en serio esta advertencia, los siete ojos de Dios (שִׁבְעָה־אֵלֶּה עֵינֵי יְהוָה) verían con deleite la piedra o plomo de la plomada final de la construcción en la mano de Zorobabel.

En la combinación וְשָׂמְחוּ וְרָאוּ, el verbo *sâmechû* toma el lugar de un adverbio (Gesenius, *Tes.* 142, 3, a). La הָאֶבֶן הַבְּדִיל no es una piedra suspendida de una cuerda sin más, sino una אֶבֶן (*'ebhen*) que está tendida, como en la cuerda con plomo (es decir, la plomada). Una plomada en la mano es el signo de que alguien está implicado en una tarea de construcción de un edificio, o que está actuando como superintendente de la construcción del edificio.

Entonces, los siete ojos de Dios mirarán con gozo o alegría la ejecución de la obra (שָׂמְחוּ וְרָאוּ), pero sabiendo que la obra final en la que Dios se complace no es la ejecución externa del templo de Zorobabel, porque él todavía es simplemente un tipo o anuncio del futuro Zorobabel (es decir, del Mesías) que construirá el verdadero templo de Dios, que es el Reino, y no el templo externo de Jerusalén. El sentido de la escena es el siguiente: entonces, los siete ojos de Dios ayudarán a realizar este edificio, que es el reino mesiánico de Cristo. Estos son los siete ojos mencionados en la visión anterior, que estaban dirigidos hacia la piedra mesiánica del templo de Cristo. Según 3, 9, esos ojos eran las siete irradiaciones u operaciones del Espíritu del Señor. Ellos, sigue diciendo aquí el Ángel del Señor, recorren y se extienden por toda la tierra, de forma que su influyo se extiende por toda ella.

Estas palabras reciben todo su significado solamente si suponemos que el Ángel de Yahvé está hablando de la edificación mesiánica de la casa o reino de Dios que se edificará por Jesucristo, en la Iglesia, pues los ojos de Dios no necesitan extenderse por toda la tierra con el fin de ver todo lo que puede surgir en el camino e impedir la edificación del templo de Zorobabel, pues esos ojos solo tendrían entonces la misión de vigilar a los oponentes de Judá en la vecindad inmediata, fijándose también en el gobierno del rey Darío. Por el contrario, estos siete ojos de Dios dirigen y fundamentan la construcción del reino mesiánico de Cristo.

4, 11-14

11 וָאַעַן וָאֹמַר אֵלָיו מַה־שְּׁנֵי הַזֵּיתִים הָאֵלֶּה עַל־יְמִין הַמְּנוֹרָה וְעַל־שְׂמֹאולָהּ׃
12 וָאַעַן שֵׁנִית וָאֹמַר אֵלָיו מַה־שְׁתֵּי שִׁבֲּלֵי הַזֵּיתִים אֲשֶׁר בְּיַד שְׁנֵי צַנְתְּרוֹת הַזָּהָב הַמְרִיקִים מֵעֲלֵיהֶם הַזָּהָב׃
13 וַיֹּאמֶר אֵלַי לֵאמֹר הֲלוֹא יָדַעְתָּ מָה־אֵלֶּה וָאֹמַר לֹא אֲדֹנִי׃
14 וַיֹּאמֶר אֵלֶּה שְׁנֵי בְנֵי־הַיִּצְהָר הָעֹמְדִים עַל־אֲדוֹן כָּל־הָאָרֶץ׃

[11] Hablé una vez más y le pregunté: -¿Qué significan estos dos olivos que están a la derecha y a la izquierda del candelabro? [12] Y aún le pregunté de nuevo: -¿Qué

significan las dos ramas de olivo que por los dos tubos de oro vierten su aceite dorado? ¹³ Él me respondió: -¿No sabes qué es esto? Yo dije: -No, Señor mío. ¹⁴ Y él me respondió: -Estos son los dos ungidos que están delante del Señor de toda la tierra.

4, 11-12. El ángel ha dicho ya al profeta que la casa (o reino) de Dios será edificada y terminada por el Espíritu de Yahvé, y que la Iglesia del Señor cumplirá su misión de iluminar de un modo brillante, como un candelabro. Pero hay un punto en la visión que no quedaba del todo claro, y el profeta pide por tanto una aclaración, que se le ofrece en 4, 11-14. El significado de los olivos a la derecha y a la izquierda del candelabro (con עַל, sobre, porque los dos olivos sobresalían por encima del candelabro, a cada uno de sus lados), no resulta plenamente claro para el profeta, y este es el sentido de la pregunta en 4, 11.

Respondiendo al profeta, y reconociendo que su aclaración está vinculada al significado de los שִׁבֳּלֵי הַזֵּיתִים, es decir, de las *shibbālē hazzēthīm*, las dos ramas de los olivos. En relación con las dos שֶׁה, la Masora observa que el *dagesh forte* de unión, que generalmente se encuentra después del pronombre interrogativo מַה, *mâh*, no aparece en la שׁ, y que ha sido probablemente omitido porque la שׁ no tiene una vocal entera, sino un *sheva*, mientras que la ה que sigue (en שֶׁה) tiene también un *dagesh*.

Estas ramas de olivo estaban בְּיַד, *beyad*, "a la mano de" (cerca de, como en Job 15, 23), es decir, junto a los dos צַנְתְּרוֹת, *tsanterōth*, por los que discurría el aceite de arriba en el depósito superior del candelabro. *Tsanterōth* (ἅπ. λεγ.) está testimoniado por Aben Ezra y por otros, en el sentido de "prensas de aceite"; pero la única razón que existe para dar ese significado a la palabra es la suposición de que los olivos solo podían transmitir su aceite al candelabro si es que las olivas se prensaban de un modo conveniente.

Los traductores antiguos traducen la palabra por "picos" o por "canales" (LXX μυξωτῆρες, Vulgata *rostra*, Peshita *narices*). Ese sentido se relaciona probablemente con la palabra *tsinnōr*, canal o caída de agua, que deriva *tsâmar*, comunicar. Eso significa que el aceite de las ramas del olivo desembocaba en un tipo de canal a través del cual pasaba el aceite de los olivos a los recipientes de aceite para el candelabro. Así lo implican las palabras הַמְרִיקִים, *hamerīqīm* etc., que vacían su aceite que viene de arriba en la parte inferior (en los candelabros).

Estrictamente, הַזָּהָב, *hazzâhâbh*, significa el "oro" que los *tsanterōth* vacían en el depósito del candelabro, y la mayoría de los comentaristas suponen que esa palabra significa aquí "aceite" (el aceite de color de oro). Hofmann (*Weiss. u. Erf.* i.-344-345) y Kliefoth piensan por su parte que se trata de oro real, que se destila y pasa de las ramas del olivo en el candelabro, que así se renueva (recrea su oro) constantemente.

Visiones nocturnas

Pero el candelabro no aparece en la visión como algo que tiene que renovarse sin cesar, sino que está representado como algo perfectamente terminado, y dado que el "oro" (הַזָּהָב) pasa de los olivos al candelabro tenemos que pensar que la palabra "oro" significa aquí aceite que brilla como el oro. Según eso, el aceite (que, como vimos, tiene el nombre de *yitsâr*, literalmente "brillante") se llama aquí *zâhâbh* en el sentido de "líquido áureo". Se trata, pues, de un juego de palabras: los conductos (de los olivos al candelabro) son de oro y ellos destilan el oro (aceite áureo) de los olivos en el candelabro (Hitzig y Koehler), y esto solo puede entenderse en referencia a la Iglesia.

4, 13-14. Tras haber expresado su admiración ante la ignorancia del profeta, lo mismo que en 4, 5, el ángel ofrece aquí su respuesta: estas dos ramas de los olivos (que son los olivos como tales) son los dos בְּנֵי־הַיִּצְהָר, *benē yitshâr*, hijos del aceite, que están dotados o cargados con aceite (cf. Is 5, 1), que se mantienen ante el Señor de toda la tierra, como sus siervos (sobre הָעֹמְדִים עַל, de *'âmad 'al*, evocando unos siervos colocados ante su señor, que está sentado, cf. *Coment.* a 1 Rey 22, 19 e Is 6, 2).

Esos dos "hijos del aceite" podrían ser los judíos y gentiles (Cirilo), o Israel y los gentiles como ramas llenas de fruto, es decir, como miembros creyentes de la Iglesia (Kliefoth), porque el candelabro es el símbolo de la Iglesia del Señor, formada por creyentes de Israel y también de los gentiles. Este sería el sentido de los dos olivos y del único candelabro al que conducen su aceite.

Otros piensan que esos dos olivos son los mismos profetas, Ageo y Zacarías (J. D. Mich., Hofmann, Baumgarten, etc.); aunque no pueda aceptarse la objeción de Koehler de que en ese caso habría en Israel dos tipos de profetas, los dos inspirados por el Espíritu del Señor… Pero esta explicación es claramente falsa, pues dos hombres mortales no pueden ofrecer el aceite del Espíritu de Dios a la Iglesia a lo largo de todas las edades.

Los dos hijos del olivo solo pueden ser los dos medios (mediadores), ungidos con aceite por los cuales los dones espirituales y gratuitos de Dios se transmitían a la Iglesia del Señor. Estos dos olivos son, por tanto, los representantes del gobierno sacerdotal y profético, que en aquel tiempo eran de hecho Josué y el príncipe Zorobabel. Estos se hallaban de pie ante el Señor de toda la tierra, como instrumentos divinamente constituidos por el Señor, para que su Espíritu fluyera a su congregación. Israel había poseído estos dos instrumentos desde el mismo principio, cuando fue adoptado como hijo de Yahvé, y los dos fueron instituidos para ese oficio a través de la unción.

El hecho de que los dos olivos (el ministerio sacerdotal y el profético) estuvieran a los lados del candelabro es algo que el profeta debía haber entendido e interpretado por sí mismo, y esta es la causa de la admiración expresada en la pregunta del ángel en Zacarías 4, 13. En ese sentido, la visión no intentaba representar un orden totalmente nuevo de cosas, sino simplemente mostrar el cumplimiento de aquello que estaba ya contenido y tipificado en la antigua alianza.

El candelabro de los siete brazos no era nada nuevo en sí mismo. Lo único nuevo en el candelabro de la visión de Zacarías era el "aparato" a través del cual se aportaba el aceite para que las lámparas pudieran alumbrar, es decir, la conexión entre los dos olivos, cuyas ramas tenían olivas y el candelabro que tenía un tipo de "apéndices" por los cuales entraba el aceite abundante, que pasaba a cada una de las siete lámparas a través de siete canales.

El candelabro del tabernáculo tenía que ser llenado del aceite necesario cada día, por la mano de los sacerdotes, y tenía que ser purificado según el mensaje de los profetas. Era la congregación la que (a través de los profetas y los sacerdotes) tenía que ofrecer cada día este aceite, y con esa finalidad había bendecido Dios la tierra, a fin de que los olivos tuvieran buena cosecha de aceitunas, de forma que hubiera aceite suficiente. Pero esa bendición había sido retirada del pueblo a causa de su pecado (cf. Joel 1, 10).

Pues bien, de ahora en adelante, el candelabro estaría surtido de aceite a través de los dos olivos, uno a cada lado, que producirían aceite suficiente para las lámparas, que lo recibirían a través de siete canales, de manera que nunca faltaría aceite para que las lámparas produjeran una luz plena y abundante. Esta es la novedad en el candelabro de la visión. Y este es su significado: que el Señor proveería en el futuro a su congregación con los órganos de su Espíritu, es decir, con sacerdotes y profetas, que se mantendrían en conexión directa con la misma congregación, de forma que ella sería capaz de que su luz brillara siempre con una luz y brillo séptuple.

5, 1-11. Sexta visión: El rollo volador y la mujer en la efa

Las dos figuras están de tal forma conectadas que han de tomarse como una única. El hecho de que entre la primera y la segunda visión se introduzca una pausa, en la que abandonan al profeta tanto la elevación extática como el ángel intérprete (de forma que en 5, 5 se dice que el ángel se fue) no ofrece razón suficiente para decir que estamos ante dos visiones diferentes. Por su parte, la figura de la *efa*, con la mujer sentada en ella, se divide también en dos visiones, pues el profeta ve ante todo a la mujer con el significado que ella tiene (5, 5-8) y después escucha el desarrollo de la visión, introducido con la fórmula "y levanté mis ojos y vi" (5, 9).

Ciertamente, la fórmula introductoria de 2, 1 y 2, 5 nos situaba ante dos visiones diferentes, pero aquí, la introducción de 5, 5 no exige en modo alguno que separemos la visión de la mujer con *efa* de la visión del rollo volador (de 5, 1-4), pues no hay nada en el contenido de la visión que nos obligue a realizar esa separación. Esas dos partes no se distinguen de manera que la primera nos sitúe ante el exterminio de los pecadores de la tierra santa y la segunda ante el exterminio

Visiones nocturnas

del pecado como tal (como supone Maurer), ni una visión trata del destino de los pecadores y la otra del cumplimiento de la medida del pecado, sino que la primera (la visión del rollo volador) prepara el camino e introduce el motivo de la visión del efa (5, 1-11), y la conexión entre las dos partes está indicada formalmente por el hecho de que el sufijo de עינם (5, 6)se refiere tanto a 5, 3 como a 5, 4.

5, 1-4. Visión del rollo volador

וָאָשׁוּב וָאֶשָּׂא עֵינַי וָאֶרְאֶה וְהִנֵּה מְגִלָּה עָפָה: ¹
וַיֹּאמֶר אֵלַי מָה אַתָּה רֹאֶה וָאֹמַר אֲנִי רֹאֶה מְגִלָּה עָפָה ²
אָרְכָּהּ עֶשְׂרִים בָּאַמָּה וְרָחְבָּהּ עֶשֶׂר בָּאַמָּה:
וַיֹּאמֶר אֵלַי זֹאת הָאָלָה הַיּוֹצֵאת עַל־פְּנֵי כָל־הָאָרֶץ כִּי ³
כָל־הַגֹּנֵב מִזֶּה כָּמוֹהָ נִקָּה וְכָל־הַנִּשְׁבָּע מִזֶּה כָּמוֹהָ נִקָּה:
הוֹצֵאתִיהָ נְאֻם יְהוָה צְבָאוֹת וּבָאָה אֶל־בֵּית הַגַּנָּב ⁴
וְאֶל־בֵּית הַנִּשְׁבָּע בִּשְׁמִי לַשָּׁקֶר וְלָנֶה בְּתוֹךְ בֵּיתוֹ וְכִלַּתּוּ
וְאֶת־עֵצָיו וְאֶת־אֲבָנָיו:

¹ De nuevo alcé mis ojos y tuve una visión: Vi un rollo que volaba. ² Me preguntó: -¿Qué ves? Respondí: -Veo un rollo que vuela, de veinte codos de largo y diez codos de ancho. ³ Entonces me dijo: -Esta es la maldición que se extiende sobre la faz de toda la tierra; porque todo aquel que roba (según está escrito en un lado del rollo) será destruido; y todo aquel que jura falsamente (como está del otro lado del rollo) será destruido. ⁴ Yo he enviado esa maldición, dice Yahvé de los ejércitos, para que entre en la casa del ladrón y en la casa del que jura falsamente en mi nombre; permanecerá en medio de su casa y la consumirá junto con sus maderas y sus piedras.

5, 1-2. La persona que llama la atención del profeta y que explica la visión es el *angelus interpres*. Esto no se menciona aquí, pero es obvio por todo lo anterior. El rollo (מְגִלָּה, *megillâh*, equivale al *megillath sēpher*, Ez 2, 9) aparece desenrollado y volando sobre la tierra, de manera que se puede ver su longitud y su anchura. El cálculo de la dimensión del rollo no ha de tomarse como una estimación general, como si fuera de un tamaño considerable (Koehler), sino que tiene un significado bien claro, pues corresponde al tamaño del pórtico del templo de Salomón (2 Rey 6, 3), y también a la dimensión del "santo" del tabernáculo, que era de veinte codos de largo y de diez de ancho.

Hengstenberg, Hofmann y Umbreit, siguiendo en la línea de Kimchi piensan que esas dimensiones se refieren al pórtico del templo, y suponen que el rollo tiene las mismas dimensiones del pórtico, para indicar que el juicio es una consecuencia de la teocracia, y que derivaba del santuario de Israel, donde se reunía el pueblo ante el Señor. El pórtico del templo era un símbolo de la teocracia, es decir, del poder de Dios, era el lugar donde el pueblo se reunía delante del Señor (no era un mero ornamento arquitectónico, sin ningún significado en relación con el culto).

El pueblo se reunía delante del Señor en el pórtico, para reconciliarse con Dios a través del sacrificio; o ese mismo pueblo entraba en el lugar santo en la persona de sus mediadores santificados, que eran los sacerdotes, en cuanto limpios del pecado, para aparecer allí ante Dios y realizar su adoración sin mancha. En esa línea, las dimensiones del rollo están tomadas del lugar santo del tabernáculo, en la línea de la visión anterior, donde el candelabro era el candelabro del tabernáculo, según la ley de Moisés.

A través de la semejanza de las dimensiones del rollo con las del lugar sagrado del tabernáculo no se está indicando que la maldición procede del lugar santo o del templo, porque en ese caso el rollo tendría que haber salido del santuario. Ciertamente, la maldición o juicio comienza en el santuario de Dios, pero no brota o proviene de esa casa de Dios.

Kliefoth ha indicado bien el significado del signo: "El hecho de que el escrito que lleva la maldición sobre todos los pecadores de la tierra, tiene las mismas dimensiones del tabernáculo, significa que la medida del castigo responde a la medida el lugar santo... La medida por la cual se mide esta maldición sobre los pecadores será la medida del lugar santo". Con esta medida serán medidos todos los pecadores, a fin de que ellos puedan ser cortados y separados de la congregación del Señor en el lugar santo.

5, 3. El vuelo del rollo simboliza la expansión de la maldición sobre toda la tierra. Hofmann, Neumann y Kliefoth afirman que aquí se dice עַל־פְּנֵי כָל־הָאָרֶץ, por toda la tierra para indicar la totalidad del mundo; cf. 4, 10.14 y 6, 5 (Kliefoth). Pero esos pasajes en los que se habla del Señor de toda la tierra no prueban nada en relación con nuestra visión, en la que כל־הארץ se limita de un modo inconfundible a la tierra de Canaán (Judá) en antítesis a 5, 11 (tierra de Senaar).

Si los pecadores que son destruidos por la maldición que se extiende por כל־הארץ han de ser llevados a la tierra de Senaar, la referencia a toda la tierra ha de concretarse en una tierra concreta (la de Israel) y no extenderse a todas las tierras del mundo. En contra de eso no se puede argumentar diciendo que el pecado de la tierra en la que se sitúa la casa de Dios y el verdadero sacerdocio fue destruido por expiación del templo, mientras que el pecado de todo el mundo sería destruido por el juicio, cuando llegara el momento de ello (completada la medida del mal), pues esta antítesis resulta ajena no solo a esta visión, sino al tema universal de las Escrituras. Las Escrituras no conocen nada de una distribución y juicio de pecados según las diferentes tierras, sino solo según el tipo de pecadores: si son capaces de penitencia o si están endurecidos.

Dando un paso más, el hecho de que כל־הארץ indique el conjunto de la tierra de Israel no prueba en modo alguno que nuestra visión trate de la "expulsión de Israel al exilio", cosa que ya había sucedido" (Rosenmüller), ni que evoque un exilio ya sucedido y otro que tendrá lugar (Hengstenberg), o que a la llegada del reino del milenio el pecado y los pecadores serán exterminados de la tierra santa, mientras que el pecado será arrojado de nuevo sobre el resto de la tierra, que se encuentra todavía bajo el dominio del poder del mundo (Hofmann).

Ciertamente, la visión se refiere al futuro remoto del reino de Dios, de manera que "toda la tierra" no puede restringirse a la extensión y fronteras de Judea o de Palestina, sino que se aplica a todo el Israel espiritual, es decir, a la Iglesia de Cristo extendida sobre la tierra; pero nuestra visión no alude en modo alguno al reino del milenio, ni a su establecimiento dentro de los límites de la tierra física de Canaán. La maldición recae sobre todos los ladrones y los que juran en falso.

5, 4. La palabra הנשבע de Zac 5, 3 se define de un modo más preciso en 5, 4, cuando se habla de jurar en falso, evocando de esa forma el perjurio, en el sentido más extenso de la palabra, es decir, toda forma de abuso del nombre de Dios a través de juramentos falsos y engañosos. Al lado de los que juran en falso se habla de los ladrones, como pecadores de la segunda tabla del decálogo (al lado de los que juran en falso y pecan contra la primera tabla del decálogo).

En esa línea se entiende la repetición de מזה כמוה; pues מִזֶּה, *mizzeh*, repetido en dos cláusulas correlativas se entiende como *hinc et illinc*, de aquí y de allí, de un lado y del otro (Ex 17, 12; Num 22, 24; Ez 47, 7), y solo puede referirse al hecho de que el rollo estaba escrito por ambos lados, de modo que esa expresión ha de vincularse a כָּמוֹהָ: a este lado y al otro, conforme a ello (es decir, al rollo), según la maldición de este y del otro lado del rollo escrito en su totalidad.

Tenemos que imaginar, por tanto, un rollo en el que por un lado se escribe la maldición en contra de los ladrones y al otro lado la maldición en contra de los perjuros. La suposición según la cual מִזֶּה, *mizzeh,* se refiere a כל־הארץ no puede aceptarse, por el hecho de que *mizzeh* no significa "de allí", es decir, de toda la tierra, sino que cuando se utiliza como adverbio referido a un lugar significa siempre "de aquí", y se refiere al lugar desde el que está hablando una persona determinada. Por otra parte, el doble uso de *mizzeh* va en contra de todo tipo de alusión a *hâ'ârets,* lo mismo que el hecho de que, si se vinculara al verbo, tendría que ir después de כמוה, antes o después del verbo.

נקה, *niqqâh,* en *nifal,* significa aquí ser limpiado de, como καθαρίζεσωαι en Mc 7, 19 (cf. 1 Rey 14, 10; Dt 17, 12). Esto se explica así en 5, 4: Yahvé hace que la maldición salga y entre en la casa de los ladrones y perjuros, de tal manera que ella pasará allí la noche, es decir, estará allí (con לָנֵה, *lâneh,* tercera persona del perfecto de *lûn,* de *lânâh,* consumir, como *zûreh* en Is 59, 5, con otras formaciones verbales). No permanecerá pues inactiva, sino que actuará allí destruyendo tanto la casa como los pecadores que están dentro de ella, de manera que vigas y piedras quedarán consumidas (cf. 1 Rey 18, 38).

El sufijo de כלתו (por כלתהו, cf. Gesenius, 75, nota 19) se refiere a la casa, incluyendo, evidentemente a sus habitantes. Los nombres siguientes, introducidos con ואת están en aposición explicativa: tanto vigas como piedras. Según eso, el rollo simboliza la maldición que ha de caer sobre los pecadores a través de toda la tierra, consumiéndolos con sus casas, barriendo así y destruyendo la misma nación de Dios.

5, 5-8

⁵ וַיֵּצֵא הַמַּלְאָךְ הַדֹּבֵר בִּי וַיֹּאמֶר אֵלַי שָׂא נָא עֵינֶיךָ וּרְאֵה מָה הַיּוֹצֵאת הַזֹּאת:
⁶ וָאֹמַר מַה־הִיא וַיֹּאמֶר זֹאת הָאֵיפָה הַיּוֹצֵאת וַיֹּאמֶר זֹאת עֵינָם בְּכָל־הָאָרֶץ:
⁷ וְהִנֵּה כִּכַּר עֹפֶרֶת נִשֵּׂאת וְזֹאת אִשָּׁה אַחַת יוֹשֶׁבֶת בְּתוֹךְ הָאֵיפָה:
⁸ וַיֹּאמֶר זֹאת הָרִשְׁעָה וַיַּשְׁלֵךְ אֹתָהּ אֶל־תּוֹךְ הָאֵיפָה וַיַּשְׁלֵךְ אֶת־אֶבֶן הָעֹפֶרֶת אֶל־פִּיהָ: ס

⁵ Salió aquel ángel que hablaba conmigo, y me dijo: -Alza ahora tus ojos y mira qué es esto que sale. ⁶ Pregunté: -¿Qué es? Él respondió: -Este es un efa que sale. Además dijo: -Este es su aspecto en toda la tierra. ⁷ Entonces levantaron la tapa de plomo, y una mujer estaba sentada en medio de aquel efa. ⁸ Y él dijo: -Esta es la Maldad. La arrojó dentro del efa y echó la masa de plomo en la boca del efa.

Empieza así la nueva visión de 5, 5-8 (y de todo 5, 5-11) que sigue presentando el destino de los pecadores que se han separado de la congregación de los santos.

5, 5-6. Cuando cesa la visión anterior desaparece también el *ángelus interpres*. Pero tras una corta pausa, él viene de nuevo y llama la atención del profeta, para que se fije en una nueva figura que emerge de la nube como nueva visión (הַזֹּאת הַיּוֹצֵאת), informando sobre su sentido: "Esta es una *efa* que sale". יצא, salir, y en otro sentido, ponerse ante la vista.

La הָאֵיפָה, *ephah*, era la mayor medida de capacidad que existía entre los hebreos para productos secos, y su dimensión era aproximadamente de un codo cuadrado, pues el *chōmer*, que contenía diez *efas*, parece que solo ha tenido una existencia ideal, y solo servía para hacer cálculos. El significado de esta figura se indica en general con las palabras זאת עינם כב, cuyo significado depende de la forma en que se entienda la palabra עֵינָם. El sufijo de la palabra solo puede referirse a los pecadores ya mencionados, es decir, a los ladrones y los perjuros, pues va en contra del uso hebreo suponer que las palabras se refieren a la expresión añadida, בכל־הארץ, que se referiría a todos los que habitan en la tierra (Koehler).

De un modo consecuente, עין no significa aquí ojo, sino aspecto, apariencia o figura, como en Lev 13, 55 y Ez 1, 4. Las palabras tienen este significado. La "efa" (es decir, el recipiente o tinaja de una *efa*) es la figura (la representación) de todos los pecadores de la tierra, después que el rollo de la maldición ha salido sobre la tierra; es decir, ella muestra la condición en que los pecadores han quedado a través de anatema (Kliefoth).

El punto de comparación entre la *efa* y el estado en que los pecadores han quedado a causa de la maldición no consiste en el hecho de que la *efa* es llevada fuera, lo mismo que los pecadores (Hofmann, Hengstenberg); el hecho de echar fuera a los pecadores no entra aquí en consideración, y no hay nada que se refiera al hecho de que los pecados hayan sido completados.

Ciertamente, conforme a lo que sigue, el pecado se asienta en la *efa*, como una mujer en el recipiente o ánfora, pero no hay nada que indique que la *efa* se encuentra completamente llena del pecado, de manera que no exista más lugar en ella, y además ese pensamiento está aquí fuera de lugar. El punto de comparación ha de verse más bien en la línea de la explicación que ha dado Kliefoth: "Lo mismo que en un recipiente se juntan todos los granos, así se hará un montón con los pecadores individuales de toda la tierra, cuando llegue sobre ella la maldición final". Aceptamos con gusto esta explicación de Klieforh, aunque en principio no entendamos הארץ como toda la tierra, pero sabiendo que cuando se cumpla la visión la tierra santa (Israel) se extenderá sobre el conjunto de la tierra (mundo entero).

5, 7-8. Inmediatamente después se le muestra al profeta de un modo más claro el contenido de la *efa*. Se levanta la cubierta de plomo (כִּכָּר, *kikkâr*, una placa circular), y entonces el profeta ve a una mujer sentada en la *ephah* (la palabra אַחַת, *'achath*, no es aquí un artículo indefinido, sino un numeral, de manera que los pecadores aparecen como un montón unido, como una unidad, es decir, como una personalidad viviente, en vez de aparecer como un montón de individuos, en forma de mujer (אִשָּׁה אַחַת).

Esta mujer no ha entrado ahora en la *efa* por primera vez, sino que estaba allí sentada, pero solo ha podido ser vista una vez que se ha levantado la tapa, de manera que el ángel la presenta como הָרִשְׁעָה, es decir, como la impiedad, como la maldad personificada, en la línea en que 2 Cron 24, 7 presenta a la impía Jezabel. Por eso, el ángel la arroja de nuevo al fondo de la *efa* (de la que ella se había levantado), y cierra encima de ella la tapa de plomo, para llevarla como muestra la visión siguiente a través de la tierra santa.

5, 9-11

⁹ וָאֶשָּׂא עֵינַי וָאֵרֶא וְהִנֵּה שְׁתַּיִם נָשִׁים יוֹצְאוֹת וְרוּחַ
בְּכַנְפֵיהֶם וְלָהֵנָּה כְנָפַיִם כְּכַנְפֵי הַחֲסִידָה וַתִּשֶּׂאנָה
אֶת־הָאֵיפָה בֵּין הָאָרֶץ וּבֵין הַשָּׁמָיִם׃

¹⁰ וָאֹמַר אֶל־הַמַּלְאָךְ הַדֹּבֵר בִּי אָנָה הֵמָּה מוֹלִכוֹת אֶת־הָאֵיפָה׃

¹¹ וַיֹּאמֶר אֵלַי לִבְנוֹת־לָהּ בַּיִת בְּאֶרֶץ שִׁנְעָר וְהוּכַן וְהֻנִּיחָה שָּׁם עַל־מְכֻנָתָהּ׃

⁹ Alcé luego mis ojos y tuve una visión: Aparecieron dos mujeres, y tenían alas como alas de cigüeña; el viento impulsaba sus alas, y alzaron el efa entre la tierra

y los cielos. ¹⁰ Pregunté al ángel que hablaba conmigo: -¿A dónde llevan el efa? ¹¹ Él me respondió: -Le van a edificar una casa en tierra de Sinaar; y cuando esté preparada, lo pondrán sobre su base.

El sentido de esta escena puede descubrirse con seguridad. Dos mujeres que vuelan con alas como de cigüeña llevan la *efa*, con la mujer dentro, a través del aire, entre la tierra y el cielo. La llevan mujeres, porque hay una mujer dentro; la llevan dos, porque dos son necesarias para llevar un recipiente tan grande y pesado, de forma que ellas lo agarran por cada uno de los lados (תִּשֶּׂנָה con la א apocopada; cf. Gesenius, 74, nota 4). Estas mujeres tienen alas, porque han de llevar la carga por el aire, y las alas son de cigüeña, porque las cigüeñas tienen grandes plumas, no porque sean animales de paso o pájaros impuros.

Las alas van cargadas de viento, a fin de que ellas puedan llevar la carga a gran velocidad a través del aire. Estas dos mujeres son los instrumentos o poderes que Dios emplea para sacar a los pecadores de su congregación, sin una alusión específica a esta o aquella nación histórica. En esa línea resulta significativa la afirmación de Zac 5, 11: "para edificar para ella una casa en la tierra de Sinar o Senaar".

El pronombre לָהּ con el sufijo suavizado en vez de לָהּ, como en Ex 9, 18; Lev 13, 4 (cf. Ewald, 247 d) se refiere gramaticalmente a הָאֵיפָה; pero *ad sensum* se refiere a la mujer sentada dentro de la *efa*, pues no se edifica una casa para un recipiente de medida, sino para que los hombres habiten en ella.

Esto se aplica también a la forma femenina וְהֻנִּיחָה y al sufijo de מְכֻנָתָהּ. el hecho de que se le construya una casa indica que la mujer ha de vivir allí de forma permanente, como indica de manera más clara el segundo hemistiquio de 5, 11.

הוּכַן se refiere a בַּיִת, y no ha de entenderse en sentido hipotético (tan pronto como se restaure la casa), sino como perfecto con *waw* consecutivo. Por su parte, וְהֻכַן, que es *hofal* de *kūn*, no ha de entenderse en sentido de restaurar, en correspondencia con *mekhunâh*, sino en el sentido de establecer firmemente una casa, sobre cimientos seguros. Por eso, מְכֻנָתָהּ indica una (la) casa firmemente establecida. De esa forma, la mujer del pecado es llevada a su descanso, fuera de la tierra sagrada, para habitar de forma permanente en la tierra de Senaar.

Este nombre (שִׁנְעָר, Senar, Senaar) no ha de identificarse con Babel, para sacar la conclusión de que se refiere a una renovación del exilio de Israel en Babilonia, sino que, en la línea de Gen 10, 10 y 11, 2, Senaar es la tierra en la que Nimrod fundó el primer imperio, y donde la raza humana edificó la torre de Babel que debía alcanzar hasta el cielo. El nombre no debe tomarse aquí de un modo geográfico, como un epíteto aplicado a Mesopotamia, sino como una definición real y de principio, según la cual la impiedad llevada fuera de la esfera del pueblo de Dios tendrá su residencia permanente en la esfera del poder imperial que es hostil a Dios.

Visiones nocturnas

La doble visión de este capítulo muestra, por tanto, la separación de los malvados, que quedan fuera de la congregación del Señor, con su destierro y con su concentración en el reino impío de este mundo. Esta distinción y separación comienza con la venida del Mesías y corre a través de todas las edades de la expansión y desarrollo de la Iglesia cristiana, hasta que, llegado el tiempo del fin esa separación se muestre ya de manera externa, de forma que el mal, habiendo sido expulsado por el poder judicial de Dios y de su Espíritu, se convierta en un tipo de Babel de los últimos días, como muestra claramente Ez 38-39, atreviéndose a iniciar la última batalla contra el reino de Dios, en la que será superado y destruido (el mal) en el último juicio.

6, 1–8. Séptima visión: Los cuatro carros

¹ וָאָשֻׁב וָאֶשָּׂא עֵינַי וָאֶרְאֶה וְהִנֵּה אַרְבַּע מַרְכָּבוֹת יֹצְאוֹת מִבֵּין שְׁנֵי הֶהָרִים וְהֶהָרִים הָרֵי נְחֹשֶׁת:
² בַּמֶּרְכָּבָה הָרִאשֹׁנָה סוּסִים אֲדֻמִּים וּבַמֶּרְכָּבָה הַשֵּׁנִית סוּסִים שְׁחֹרִים:
³ וּבַמֶּרְכָּבָה הַשְּׁלִשִׁית סוּסִים לְבָנִים וּבַמֶּרְכָּבָה הָרְבִעִית סוּסִים בְּרֻדִּים אֲמֻצִּים:
⁴ וָאַעַן וָאֹמַר אֶל־הַמַּלְאָךְ הַדֹּבֵר בִּי מָה־אֵלֶּה אֲדֹנִי:
⁵ וַיַּעַן הַמַּלְאָךְ וַיֹּאמֶר אֵלָי אֵלֶּה אַרְבַּע רֻחוֹת הַשָּׁמַיִם יוֹצְאוֹת מֵהִתְיַצֵּב עַל־אֲדוֹן כָּל־הָאָרֶץ:
⁶ אֲשֶׁר־בָּהּ הַסּוּסִים הַשְּׁחֹרִים יֹצְאִים אֶל־אֶרֶץ צָפוֹן וְהַלְּבָנִים יָצְאוּ אֶל־אַחֲרֵיהֶם וְהַבְּרֻדִּים יָצְאוּ אֶל־אֶרֶץ הַתֵּימָן:
⁷ וְהָאֲמֻצִּים יָצְאוּ וַיְבַקְשׁוּ לָלֶכֶת לְהִתְהַלֵּךְ בָּאָרֶץ וַיֹּאמֶר לְכוּ הִתְהַלְּכוּ בָאָרֶץ וַתִּתְהַלַּכְנָה בָּאָרֶץ:
⁸ וַיַּזְעֵק אֹתִי וַיְדַבֵּר אֵלַי לֵאמֹר רְאֵה הַיּוֹצְאִים אֶל־אֶרֶץ צָפוֹן הֵנִיחוּ אֶת־רוּחִי בְּאֶרֶץ צָפוֹן: ס

¹ De nuevo alcé mis ojos y tuve una visión. Vi cuatro carros que salían de entre dos montes; y aquellos montes eran de bronce. ² El primer carro iba tirado por caballos alazanes, el segundo carro por caballos negros, ³ el tercer carro por caballos blancos y el cuarto carro por caballos overos rucios rodados. ⁴ Pregunté entonces al ángel que hablaba conmigo: -Señor mío, ¿qué es esto? ⁵ El ángel me respondió: -Estos son los cuatro vientos de los cielos, que salen después de presentarse delante del Señor de toda la tierra. ⁶ El carro con los caballos negros sale hacia la tierra del norte, los blancos salen tras ellos y los overos salen hacia la tierra del sur. ⁷ Los alazanes salieron y se afanaron por ir a recorrer la tierra. Les dijo: -Id, recorred la tierra. Y recorrieron la tierra. ⁸ Luego me llamó para decirme: -Mira, los que salieron hacia la tierra del norte hicieron reposar mi espíritu en la tierra del norte.

El ángel intérprete explica el sentido de los carros, que son los cuatro vientos del cielo, que salen después de haberse presentado ante el Señor de toda la tierra, apareciendo ante él en actitud de siervos, para declararle lo que han visto y para recibir mandamientos de su parte (הַתְיַצֵּב עַל־אֲדוֹן כָּל־הָאָרֶץ, como en Job 1, 6; 2, 1). Esta adición muestra que la explicación no es una interpretación real. Esto significa que los carros no significan cuatro vientos, sino que la figura menos clara de los carros se explica a través de la figura más conocida de los vientos, que responden mejor a la realidad.

Dado que, según 6, 8, los carros aparecen llevando el Espíritu (*rūăch*) de Dios, ellos pueden compararse muy bien con los vientos (*rūăch*) del cielo, pues ellos ofrecen el sustrato terreno más apropiado para simbolizar la obra del Espíritu Divino (cf. Jer 49, 36; Dan 7, 2). El Espíritu, como actuador del juicio, ha de ser llevado por los carros a los lugares designados de un modo más preciso en la visión. Y esos carros salen de nuevo después de haberse presentado ante el Señor, ante las dos montañas entre las que ellos van y vienen, montañas que son el signo del lugar en el que habita Dios.

Pues bien, esas montañas son de bronce, de manera que no forman parte de la tierra, sino que son símbolos del poder de Dios que defiende a su Iglesia (Hengstenberg, Neumann), o son signos del lugar de habitación de Dios, que es inmutable e inalcanzable (Koehler), o símbolos del poder imperial del mundo y del reino de (Kliefoth), según el cual el poder del mundo sería tan inmutable como el reino de Dios.

Este símbolo tiene sin duda un elemento geográfico en su base. Como las tierras a las que van los carros se describen geográficamente como las tierras del norte y del sur, el punto de partida de los carros debe representarse también de un modo geográfico, de manera que debe ser un lugar o país que se encuentra entre las tierra del norte y del sur. Pues bien, esa tierra de la que salen los carros es la tierra de Israel o de un modo más específico Jerusalén, el centro del reino de Dios del Antiguo Testamento, el lugar en el que habita el Señor.

En esa línea, algunos piensan que esos dos montes son el monte Sión y el Moria (como piensan Osiander, Maurer, Hofmann y Umbreit), pero estos no se distinguen nunca en el Antiguo Testamento como montes distintos; por eso, tenemos que pensar más bien en el monte Sión y en el monte de los Olivos, que se oponen uno al otro, hacia el este de Jerusalén.

Ambos aparecen como lugares dónde (o de dónde) vendrá el Señor para juzgar la tierra: así el monte de los Olivos en Zac 14, 4 y Sión con mucha frecuencia, por ejemplo en Joel 3,16. El lugar entre las dos montañas es, por tanto, el valle de Josafat, donde, según Joel 3, 2 juzgará el Señor a las naciones. En nuestra visión, este valle forma simplemente el punto de partida de los carros que llevan el juicio de Dios desde el lugar donde habita Dios a las tierras del norte y del sur, que se mencionan como sede del poder imperial. Esas montañas son de bronce para indicar la firmeza inmutable del lugar donde habita el Señor y donde él ha fundado su Reino.

El color de los caballos por los que se distinguen los cuatro carros tiene el mismo significado que en Zac 1, 8, y dado que los colores son los mismos, su significado es también aquí el mismo. Tres colores son idénticos, dado que los בְּרֻדִּים, overos, no se distinguen de los *seruqqīm,* de color gris, blanco y negro mezclados (cf. *Coment.* a 1, 8). Aquí se añaden los caballos negros, del color de luto (cf. "negro, como el vestido hecho de pelo", Ap 6, 12). El jinete del caballo negro de Ap 6, 5, lleva en su mano el emblema de la carestía, que es una forma más suave de decir hambre.

De un modo consiguiente, los colores de los caballos indican el destino de los carros, que van a ejecutar el juicio sobre los enemigos del pueblo de Dios. Rojo es el color de la sangre, y evoca la guerra y el derramamiento de sangre; el color moteado (amarillento) evoca la peste y otras plagas fatales; y el negro es el color de la carestía y del hambre. Según eso, los tres últimos carros simbolizan los tres grandes juicios, guerra, peste y hambre (cf. 2 Sam 24, 11), unida a las cuales aparece también en Ez 14, 21 la "bestia ruidosa", como cuarto juicio. En nuestra visión, el cuarto carro es arrastrado por caballos blancos, para así poner de relieve las victorias gloriosas de los ministros del juicio divino.

La explicación de los carros de esta visión resulta más difícil por el hecho de que por un lado los caballos del cuarto carro no se llaman *beruddīm,* sino también אמצים (así se dice: סוּסִים בְּרֻדִּים אֲמֻצִּים); por otra parte, en el relato de la salida de los carros se omiten los caballos rojos, y los moteados se distinguen de los אמצים, en el sentido en que se dice que los primeros fueron hacia el país del sur, mientras que de los segundos se dice que ellos querían recorrer toda la tierra, y que la recorrieron con el consentimiento de Dios.

En esa línea, los comentaristas han intentado identificar de diversas formas los caballos האמשצים de 6, 7 con los אֲדֻמִּים de 1, 8. Hitzig y Maurer piensan que Zac 6, 6 ha omitido אמצים por equivocación, y que los אמצים de 6, 7 son un error del copista, en vez de דָמִּים, aunque no existe ninguna prueba textual que pueda aducirse a favor de ello. Por su parte, Hengstenberg y Umbreit suponen que el predicado אמצים, fuerte, de 6, 3 se refiere a todos los caballos de los cuatro carros, y que los caballos "fuertes" de 6, 7 han de interpretarse en el sentido de los caballos rojos del primer carro.

Pero si todos los caballos son fuertes no se puede decir solo de los rojos que ellos son fuertes, porque el artículo que está delante de los אמצים de 6, 7 se refiere también a los caballos de los tres restantes colores. Por otra parte, resulta gramaticalmente imposible que los אמצים de 6, 3 deban referirse a los cuatro grupos de colores, pues en ese caso deberíamos tener אמצים כלם (Koehler). Otros (como Abulw., Kimchi, Calvino y Koehler) han intentado probar que אמצים puede tener el mismo sentido de אדמים, mirando אמוץ como una forma suavizada de חמוץ, y explicando el tema en la línea de Is 61, 3, con el sentido de rojo brillante.

Pero, además del hecho de que es imposible ver la causa por la que una palabra tan inusual haya sido escogida en el lugar de la palabra inteligible *'ădummīm* para referirse al grupo de caballos rojos de 6, 7 (a no ser que אמצים fuera un error del copista en vez de *'ădummīm*), no hay razón satisfactoria que nos permita identificar אמץ con חמוץ, pues resulta imposible aducir ningún ejemplo claro del cambio de la ח por un א en la Escritura hebrea.

La afirmación de Koehler, de que el verbo caldeo אלם, *robustus fuit*, ser robusto, se identifica con el hebreo חלם en Job 39, 4, es incorrecta, porque encontramos חלם en el sentido de estar sano y fuerte también en siríaco y en hebreo talmúdico y, por su parte, el caldeo אלם es una forma suavizada de עלם y no de חלם. El hecho de que en 1 Cron 8, 35 encontremos תארע en lugar de תחרע de 1 Cron 9, 41, siendo el único ejemplo de intercambio de א y ח en hebreo, resulta insuficiente para probar la alteración en nuestro caso, en medio de la gran masa de lecturas diversas de las genealogías de Crónicas.

Además, *châmūts*, de *châmēts*, ser afilado, brillante, no significa lo mismo que *'âdōm*, sino un color brillante, como el griego ὀξύς. Por otra parte, incluso en Is 63, 1 esa palabra tiene simplemente ese significado (de color brillante), es decir, pone de relieve el carácter inusual del vestido, que no se parece a la púrpura de las túnicas reales, ni al color escarlata de *chlamys* (Delitzsch).

Es decir, hablando de un modo más correcto esa palabra está indicando meramente el color brillante que ha adquirido el vestido a través de unas manchas rojas que provienen del zumo rojo de la uva o de la sangre humana. Conforme a todo eso, debemos sacar la siguiente conclusión: aquí se omite la aparición (la presencia) del grupo de caballos rojos, de manera que el grupo de los caballos "manchados" se ha dividido en dos grupos, uno de color gris con manchas y otro de color negro.

Según eso, los cuatro colores no pueden servirnos para decir que los cuatro carros son el signo de las cuatro monarquías imperiales de Daniel, pues ni el hecho de que son cuatro ni el color de esos carros ofrece ningún fundamento sólido para ello. Esa comparación va también en contra del hecho de que los cuatro caballos son signo de los cuatro vientos, que apuntan a los cuatro puntos cardinales del mundo, lo mismo que en Jer 49, 36 y en Dan 7, 2, pero no saliendo uno después del otro (tomando el uno el lugar del otro), sino todos juntos, dominando sobre las mismas tierras, aunque cada uno con más dominio y poder que los anteriores. Por otra parte, el color de los caballos no solamente favorece, sino que se opone a cualquier referencia a los cuatro grandes imperios.

Omitimos ahora los argumentos ya aducidos en *Comentario* a 2, 8 en contra de esta interpretación. Pues bien, en este contexto, Kliefoth admite que, por lo que se refiere a los caballos y a sus colores, existe un fuerte contraste entre esta visión y la primera (1, 7-17): en la visión anterior, el color asignado a los caballos corresponde a los países del mundo a los que son enviados para recibir información sobre ellos, mientras que en nuestro caso los carros tienen que llevar el juicio de Dios a los reinos del mundo.

Pero esa distinción no ofrece una razón suficiente para interpretar el color de los caballos, en un caso desde la identidad de los diferentes reinos y en el segundo desde el juicio que se debía proclamar sobre ellos. Si la intención del texto fuera la de precisar el sentido de los reinos por sus colores, esos colores hubieran sido los mismos en ambos casos. Por otra parte, si el color estuviera determinado por la naturaleza y el objeto de la visión, esos colores no pueden indicar el carácter e identidad de los grandes imperios.

Si, en la línea de Hoffmann y Kliefoth, queremos combinar los colores de los caballos con los imperios, veremos que ese intento carece de base. Conforme a estos dos comentaristas, el ángel no dice nada sobre el carro con los caballos rojos porque el Imperio de Babilonia ha cumplido su misión de destruir el Imperio de Asiria. Pero el Imperio medo-persa ha cumplido también su misión de destruir al Imperio de Babilonia y según eso el "equipo" de los caballos negros debería haber quedado fuera de esta exposición de los cuatro carros y de su misión guiada por el Espíritu de Dios.

Por otra parte, Kliefoth apela al participio יצאים en 6, 6, en apoyo de su afirmación según la cual el carro con los caballos de la monarquía imperial medo-persa se dirige al país del norte, es decir, a Mesopotamia, la sede de Babel, para proclamar allí el juicio de Dios, añadiendo que el juicio se hallaba en aquel momento en proceso de ejecución y que el carro seguía por entonces cumpliendo su función.

Pero aunque la revuelta de Babilonia en el tiempo de Darío, con su resultado, ofrezca una prueba aparente de que el poder del Imperio de Babilonia no estaba todavía totalmente destruido en el tiempo de Zacarías, esa proclamación no puede realizarse con un participio en el que se expresa algo que está sucediendo en este mismo momento, por la simple razón de que en ese caso el perfecto יצאו que sigue debería afirmar algo que había sucedido ya, y de un modo consiguiente los caballos de la monarquía imperial de Macedonia no solo habrían ejecutado ya el juicio sobre el Imperio persa, sino que también los caballos moteados habrían cumplido su misión, porque de ambos se afirma el mismo יצאו.

El intercambio del participio con el perfecto no indica ninguna diferencia en el tiempo en el que ocurren los acontecimientos, sino que expresa solamente una distinción entre los hechos en un plano ideal. En la frase con יצאים la misión del carro se expresa a través de un participio, conforme a la idea de fondo. La expresión "los caballos negros están saliendo" es equivalente a "ellos están nombrados para salir, mientras que en las siguientes frases, en las que se utiliza יצא, la salida de expresa en forma de algo ya sucedido, de manera que nosotros, en nuestros idiomas, deberíamos utilizar el presente.

Una dificultad aún mayor para interpretar los colores de los caballos como expresión de los grandes imperios está en la forma de presentar el orden de salida de los grupos de caballos. Kliefoth encuentra la razón por la que no solo los caballos negros (monarquía medo-persa), sino también los caballos blancos (monarquía greco-macedonia) salen hacia el país del norte (Mesopotamia), sino la razón por la que el último va después del primero, en el hecho que de no solo el Imperio babilonio tenía allí su sede (en Mesopotamia), sino también el Imperio medo-persa. Pero ¿cómo concuerda con esto el hecho de que los caballos moteados se dirijan hacia el país del sur (Egipto).

Si el cuarto imperio responde al cuarto imperio de Daniel (es decir, al romano), dado que ese imperio ejecutó el juicio sobre la monarquía greco-macedonia, este carro debería haber salido por necesidad en contra de la sede de esa monarquía. Pero la sede de esa monarquía greco-macedonia no estaba en Egipto, el país del sur, sino en el Asia central o Babilonia donde murió Alejandro en medio de sus esfuerzos por dar un fundamento firme a su monarquía.

Con el fin de explicar la ida del cuarto carro, con los caballos moteados, hacia el país del sur, Hofmann inserta entre la monarquía greco-macedonia y la de Roma el imperio de Antíoco Epífanes, como un pequeño imperio intermedio, evocado por los caballos moteados, pero de esa forma hace que Zacarías entre en contradicción no solo con la descripción de los imperios de Daniel, sino también con las circunstancias históricas según las cuales, como ha observado ya Kliefoth, "Antíoco Epífanes y su poder no tenían la importancia de una monarquía imperial, como la greco-macedonia[113].

El intento de Kliefoth por superar esta dificultad ha fracasado también. Al identificar los fuertes caballos moteados con el Imperio romano, él explica la separación de los caballos moteados respecto a los caballos poderosos de la

---

113. Kliefoth (*Sacharoas,* p. 90) añade como argumento posterior en apoyo de lo dicho: "La forma en que Dan 8 introduce a Antíoco Epífanes está en perfecto acuerdo con estas circunstancias históricas. La tercera monarquía, la greco-macedonia, representada por un macho cabrío, destruye al Imperio medo-persa; pero su primer gran cuerno, que es Alejandro, se destruye en el centro de su carrera victoriosa, y así crecen cuatro cuernos en el Imperio greco-macedonio, y uno de los retoños del Imperio macedonio es Antíoco Epífanes, el rey osado y mañoso". Pero Zacarías no concordaría con esta descripción de Daniel, sino solo con su final, en el caso de que él hubiera querido identificar los caballos moteados con Antíoco Epífanes.

Pues bien, enumerando las cuatro monarquías imperiales, Zacarías no identifica los caballos moteados con el tercer carro, sino con el cuarto, y combina expresamente los caballos moteados con los poderosos que, incluso según Hofmann, se identifican con los romanos. En esa línea, si hubiera querido referirse a los romanos, tendría que haber conectado necesariamente los caballos moteados con el Imperio de Roma, de manera que si hubiera deseado identificar a los caballos moteados con Antíoco Epífanes, no podría haberle presentado como el retoño de la tercera monarquía, es decir, la greco-macedonia, sino como primer miembro de la cuarta monarquía, que es la romana, en contradicción directa con el libro de Daniel y con el orden histórico de los hechos.

interpretación del ángel a partir del carácter particular de la monarquía imperial de Roma por el hecho de que el Imperio romano quiere aparecer ante todo como un imperio fáctico y unido, pero que después se rompe en diez reinos, es decir, en una pluralidad de reinos de los que surgieron naciones tras la caída de Roma y que abarcan toda la tierra, para quedar finalmente englobados en el imperio total del Anticristo.

Según eso, los caballos moteados son los primeros que aparecen, y ellos llevan el espíritu de ira del país del sur, que es Egipto, cuando se eleva como reino de los ptolomeos, como el retoño más poderoso de la monarquía greco-egipcia, de la que brotó el mismo Antíoco Epífanes. Los poderosos caballos unidos al mismo carro de los caballos romanos son los que vienen después y se extienden por toda la tierra. Ellos son los reinos divididos de Daniel, que brotan del Imperio romano, que son llamados los poderosos, no solo a causa de que ellos van sobre toda la tierra, sino también porque el Anticristo con su reino proviene de ellos para así extender el juicio de Dios sobre toda la tierra.

Pero, por más inteligente que sea esta interpretación, ella fracasa por el hecho de que no logra explicar la marcha de los caballos moteados en la tierra del sur de una forma que corresponde al objeto y a las circunstancias históricas de la visión. Si la visión representa el juicio que cae sobre los imperios de forma que un reino cae sobre el anterior y lo destruye, los caballos moteados que representan al imperio unido de Roma, tendrían que desaparecer no meramente en el país del sur, sino también en el norte, porque el Imperio romano fue conquistado y destruido no solo por los descendientes del Imperio greco-macedonio, sino por todos los reinos que brotaron de aquel Imperio. En esa línea, no ha podido mostrar la razón por la que en este caso se aluda solo al brazo del sur de esta monarquía imperial.

El reino de los ptolomeos no fue destruido por los reinos que brotaron de la monarquía de Alejandro, pero tampoco pudo conquistarlos, de forma que no puede ser mencionado como *pars pro toto*, y no tiene tanta importancia en relación con la tierra santa y con la nación como la que supone esta profecía de Zacarías. Si el ángel hubiera querido mencionar solo un brote vigoroso del Imperio greco-macedonio, en vez de mencionarlo en su totalidad, él se habría fijado sin duda en el reino de los seléucidas que, en la figura de Antíoco Epífanes, desembocaron en un tipo de Anticristo, haciendo que sus caballos moteados fueran también hacia el norte, es decir, hacia Siria.

Esto se podría haber explicado partiendo de Daniel, pero no su marcha hacia el sur, que no está mencionada en Dan 11, 5, como supone Kliefoth, y además en la profecía de Daniel no se nombra solo el rey del sur, sino también el reino del norte, y se describe además el largo conflicto entre los dos, con las dañosas consecuencias que tuvo para la tierra santa.

Para obtener una explicación simple de esta visión debemos considerar, por encima de todas las cosas anteriores, que las interpretaciones del ángel no ofrecen

Zacarías 6, 1–8

una explicación completa de los detalles separados de la nación, sino solo unos apuntes o rasgos básicos de los cuales se puede deducir el sentido del conjunto. Este es aquí el caso. Todos los comentaristas han advertido que lo que 6, 8 dice de los caballos que van hacia el país del norte (y lo hacen con el Espíritu de Yahvé) se aplica también al resto de los grupos, es decir, que ellos llevan también consigo el Espíritu de Yahvé hacia el lugar al que se dirigen.

Resulta también claro que el ángel se limita a ofrecer algunos rasgos particulares, como es aquí el caso en lo referente a los dos países a los que van los carros: (a) La tierra del norte, es decir, el territorio cubierto por los países del Éufrates y del Tigris; (b) y la tierra del sur, es decir, Egipto. Ambos países se mencionan como los dos lugares principales del poder del mundo, en su hostilidad contra Israel: por un lado Egipto, y por otro Asur-Babel, que fueron los enemigos principales del pueblo de Dios, no solo antes, sino después de la cautividad, como lo muestran los conflictos entre Siria y Egipto por la posesión de Palestina (Dan 11).

Si observamos esta combinación, la hipótesis de que esta visión de Zacarías describe el destino de las cuatro monarquías imperiales queda privada de todo apoyo. Los cuatro carros se dirigen al país del norte, que es uno de los representantes del poder mundial pagano. Allí van ante todos los caballos negros, para llevar al hambre, que es una de las grandes plagas con las que se castiga a los impíos, una plaga que resulta más penosa en proporción al lujo y al exceso en que sus habitantes habían vivido previamente. Vienen después los caballos blancos, mostrando que el juicio dirigirá a la victoria completa sobre el poder del mundo. Hacia el país del sur, es decir, hacia Egipto, otro representante del poder pagano del mundo, va el carro con los caballos moteados, para llevar el múltiple juicio de la muerte por espada, hambre y peste, que está indicado por ese color.

Tras aquello que se ha dicho en relación con los caballos que van hacia el país del norte se deduce de hecho que este juicio ejecutará también la voluntad del Señor, lo que resulta suficiente para este carro. Por otro lado, es importante rechazar la opinión de aquellos que piensan que el juicio afectará solamente a los dos países nombrados en concreto, pues ellos son solo representantes de todo el mundo pagano, de forma que lo que se anuncia aquí se aplica también a todo el mundo enemigo de Dios. Esto se hace especialmente a través de la explicación de 6, 7, que trata de la salida de un cuarto grupo, que ha de pasar por toda la tierra.

Esta no es la misión de los caballos rojos, sino la de aquellos poderosos, es decir, los moteados que aparecen en la visión, indicando que los múltiples juicios representados por los caballos moteados pasarán sobre la tierra con toda su fuerza. Aquí no se menciona la salida de los caballos rojos, simplemente porque lo que se ha dicho en relación con los demás grupos resulta suficiente para descubrir y saber que los caballos rojos son símbolo del derramamiento de sangre. El objeto de la salida de los caballos es para llevar el Espíritu de Dios a cada una de las tierras indicadas.

הֲנִיחוּ אֶת־רוּחִי, para hacer que el Espíritu de Yahvé "repose", es decir, para ponerlo en el lugar, no es lo mismo que הניח חמתו, hacer que descargue su ira (Ez 5, 13; 16, 42). *Rūăch* no es equivalente a חמת, *chēmâh,* ira o furia; pues el espíritu de Yahvé es *rūăch mishpât* (Is 4, 4), un espíritu de juicio, que no solamente destruye lo que se opone a Dios, sino que fortalece y vigoriza lo que está relacionado con Dios. Esta visión no realiza la destrucción del poder del mundo, que es enemigo de Dios, sino que instituye el juicio por el que Dios purifica el mundo pecador, exterminando todo lo que es impío y renovando el mundo por su Espíritu.

Debemos observar también que 6, 6-7 ofrece una continuación del saludo del ángel, y no una explicación del profeta a lo que el ángel ha dicho en 6, 5. La construcción de 6, 6 incluye un anacoluto, de manera que los caballos aparecen como sujetos de יצאים, en vez de los carros con caballos blancos, pues la importancia de los carros reside en los caballos. El sujeto de ויאמר en 6, 7 es el Señor de todo el mundo (cf. 6, 5) que hace que salgan los caballos; pero en 6, 8 el que habla (cf. ויזעק אתי) es de nuevo el ángel intérprete. יזעק, literalmente él gritó (le llamó con fuerte voz), indica que el contenido de lo dicho es importante para la comprensión del conjunto.

6, 9-15. La corona sobre la cabeza de Josué

La serie de visiones se cierra con un gesto simbólico que está internamente conectado con la sustancia de las visiones nocturnas y pone ante los ojos la figura del mediador de la salvación que, en cuanto coronado como sumo sacerdote o rey sacerdotal, ha de edificar el reino de Dios, convirtiéndolo en un poder victorioso sobre todos los reinos de este mundo, con la finalidad de confortar y fortalecer a la congregación.

6, 9-11

⁹ וַיְהִי דְבַר־יְהוָה אֵלַי לֵאמֹר׃
¹⁰ לָקוֹחַ מֵאֵת הַגּוֹלָה מֵחֶלְדַּי וּמֵאֵת טוֹבִיָּה וּמֵאֵת יְדַעְיָה וּבָאתָ אַתָּה בַּיּוֹם הַהוּא וּבָאתָ בֵּית יֹאשִׁיָּה בֶן־צְפַנְיָה אֲשֶׁר־בָּאוּ מִבָּבֶל׃
¹¹ וְלָקַחְתָּ כֶסֶף־וְזָהָב וְעָשִׂיתָ עֲטָרוֹת וְשַׂמְתָּ בְּרֹאשׁ יְהוֹשֻׁעַ בֶּן־יְהוֹצָדָק הַכֹּהֵן הַגָּדוֹל׃

⁹ Me fue dirigida palabra de Yahvé, que decía: ¹⁰ Toma de entre los del cautiverio a Heldai, Tobías y Jedaías, e irás tú en aquel día y entrarás en casa de Josías hijo de Sofonías los cuales volvieron de Babilonia. ¹¹ Tomarás, pues, plata y oro, harás coronas y las pondrás en la cabeza del sumo sacerdote Josué hijo de Josadac.

6, 9-10. Por la introducción (me fue dirigida la palabra…) descubrimos que el gesto que sigue tiene una gran importancia simbólica. Sabemos por 6, 10 que han venido a Jerusalén mensajeros de los israelitas que habían en Babel, para ofrecer presentes de oro y plata, probablemente para financiar la erección del templo, y que han ido a casa de Josías, hijo de Sofonías. El profeta tiene que ir donde ellos, para recibir oro y plata, y fundir una corona para Josué, el sumo sacerdote.

La construcción de 6, 10-11 es algo abrupta, pues el infinitivo absoluto לקוֹחַ, que se utiliza en lugar del imperativo, carece de objeto, y la sentencia que ha comenzado se interrumpe en וּבָאתָ אַתָּה, de manera que el verbo con el que comenzaba (לָקוֹחַ, 6, 10) tiene que ser retomado en ולקחת de 6, 11, de manera que la sentencia termina al fin con la introducción del objeto (וְלָקַחְתָּ כֶסֶף־וְזָהָב) en 6, 11).

Esta es la interpretación más simple del texto, porque resulta menos probable tomar לקוֹחַ en sentido absoluto y suplir el objeto por el contexto, buscando alguna alteración en el texto (Hitzig). Así por ejemplo podríamos suplir el objeto de 6, 10 "toma lo que ellos están trayendo, no lo reúses", pero no tenemos ningún indicio de que podría haber alguna falta de voluntad para aceptar los dones.

Por otra parte, la alteración מחלדי en מחמדי, "mis joyas" carece de todo aporte crítico por la aparición de לחלם en 6, 14. Además, מאת הגולה no puede tomarse como objeto de לקוֹחַ, "toma algunos de la emigración o gola", porque en ese caso tendríamos introducirse un מאת (de entre). הַגּוֹלָה, *haggōlâh*, literalmente es la ida al exilio, es decir, aquellos que pertenecen a la emigración o al exilio, no meramente aquellos que están aún en el exilio, sino también, con frecuencia, aquellos que han vuelto ya del exilio.

Este es aquí el significado, lo mismo que en Esd 4, 1; 6, 19, etc. מֶחֶלְדַּי, *mecheldai* es una abreviación de מאת חלדי. Cheldai, Tobiyah y Yedahyah son las personas que han venido de Babilonia para traer los presentes, como indican las palabras אשר באו מב, de entre los venidos de Babilonia. אשר es un acusativo de lugar, que remite a בית.

No podemos interpretar los nombres de esos enviados de un modo simbólico o típico, sea por la circunstancia de que los nombres tienen un sentido de apelativo, como todos los nombres propios en hebreo, ni por el hecho de que *Cheldai* se escriba *Chēlem* en 6, 14, y de que en vez de Josías allí se diga aparentemente חֵן, *Chēn*. Pero *chēn* no es un nombre propio (cf. Coment. a 6, 14) y *chēlem*, es decir, fuerza, no es materialmente diferente de *Cheldai*, es decir, aquel que se mantiene, de manera que nos hallamos ante una simple variación del nombre, como sucede con frecuencia.

La precisión "en aquel día" solo puede remitir al día mencionado en 1, 7, el día en que Zacarías tuvo las visiones nocturnas, y de esa forma pone de relieve la vinculación cronológica que existe entre este gesto simbólico y aquellas visiones nocturnas. De esa manera, como ha puesto de relieve C. B. Michaelis, se trata de *dieisto quo scil. facere debes quae nunc mando* (es el día en que debes hacer lo que ahora ordeno). Por eso no se necesita una definición más precisa del día. Si Dios hubiera querido definir el día de un modo más preciso, el profeta lo hubiera recordado.

6, 11. Esos mensajeros tienen que dar a Zacarías el oro y la plata que necesite para hacer עֲטָרוֹת, *'ăṭārōth,* coronas En apariencia, el plural *'ăṭārōth* suponiendo que, al menos, han de hacerse dos coronas, como C. B. Michaelis y Hitzig han puesto de relieve. Pero lo que sigue no concuerda con esto, pues el profeta ha de poner las *'ăṭārōth* sobre la cabeza de Josué, y sobre la cabeza de un hombre no se suelen poner dos o más coronas, sino una.

Ante ese problema, por su propia autoridad, sin base crítica alguna, autores como Ewald, Hitzig y Bunsen interpolan las palabras "y sobre la cabeza de Zorobabel" (זרובבל ובראש) después de בראש. Pero ese cambio no tiene ningún tipo de base en el texto, y debe rechazarse por el hecho de que en lo que sigue solo se habla del portador de una corona, y en 6, 13, conforme a la mejor interpretación, no se traza ninguna distinción tajante entre el sacerdote y el mesías.

El plural *'ăṭārōth* indica aquí una única espléndida corona, que consta de varios círculos entrelazados de oro y de plata, o de varias coronas que se elevan una sobre la otra, como en Job 31, 36, formando un único conjunto. En esa línea, Ap 19, 12 dice que Cristo lleva diversas diademas (ἐπὶ τὴν κεφαλὴν αὐτοῦ διαδήματα πολλά), que no son diademas separadas, sino una única corona que consta de varias diademas, entrelazadas entre sí, como insignias de su dignidad real.

6, 12-15

¹² וְאָמַרְתָּ אֵלָיו לֵאמֹר כֹּה אָמַר יְהוָה צְבָאוֹת לֵאמֹר
הִנֵּה־אִישׁ צֶמַח שְׁמוֹ וּמִתַּחְתָּיו יִצְמָח וּבָנָה אֶת־הֵיכַל יְהוָה:
¹³ וְהוּא יִבְנֶה אֶת־הֵיכַל יְהוָה וְהוּא־יִשָּׂא הוֹד וְיָשַׁב וּמָשַׁל
עַל־כִּסְאוֹ וְהָיָה כֹהֵן עַל־כִּסְאוֹ וַעֲצַת שָׁלוֹם תִּהְיֶה בֵּין שְׁנֵיהֶם:
¹⁴ וְהָעֲטָרֹת תִּהְיֶה לְחֵלֶם וּלְטוֹבִיָּה וְלִידַעְיָה וּלְחֵן
בֶּן־צְפַנְיָה לְזִכָּרוֹן בְּהֵיכַל יְהוָה:
¹⁵ וּרְחוֹקִים׀ יָבֹאוּ וּבָנוּ בְּהֵיכַל יְהוָה וִידַעְתֶּם כִּי־יְהוָה
צְבָאוֹת שְׁלָחַנִי אֲלֵיכֶם וְהָיָה אִם־שָׁמוֹעַ תִּשְׁמְעוּן בְּקוֹל
יְהוָה אֱלֹהֵיכֶם: ס

¹² Y le dirás: Así ha hablado Yahvé de los ejércitos: Aquí está el varón cuyo nombre es el Renuevo; él brotará de sus raíces y edificará el templo de Yahvé. ¹³ Él edificará el templo de Yahvé, tendrá gloria, se sentará y dominará en su trono, y el sacerdote se sentará a su lado; y entre ambos habrá concordia y paz. ¹⁴ Las coronas servirán a Helem, a Tobías, a Jedaías y a Hen hijo de Sofonías, como memoria en el templo de Yahvé. ¹⁵ Los que están lejos vendrán y ayudarán a edificar el templo de Yahvé. Así conoceréis que Yahvé de los ejércitos me ha enviado a vosotros. Esto sucederá si escucháis obedientes la voz de Yahvé, vuestro Dios.

Estos versos declaran el sentido de los anteriores, y afirman dos cosas respecto a la corona. (1) Zac 6, 12-13 explican el sentido que tiene el gesto de poner la corona sobre la cabeza de Josué, el sumo sacerdote. (2) Zac 6, 14-15 explican la circunstancia de que la corona haya sido fundida con plata y oro presentados por los hombres de la cautividad.

La coronación de Josué, el sumo sacerdote, con una corona real que, propiamente hablando no pertenece al sumo sacerdote como tal, pues la prenda que cubría su cabeza no se llamaba corona *('ătârâh)*, ni formaba parte de las insignias propias de la dignidad y gloria del rey, tiene un significado típico. Ese signo está evocando a un hombre que se sentará sobre un trono en el que se combina la dignidad real con la sacerdotal.

6, 12. Y le hablarás a él (וְאָמַרְתָּ אֵלָיו)... Esta formulación indica que las palabras de Yahvé se dirigen solo a Josué (אליו está en singular), de manera que en 6, 11 no se puede interpolar el nombre Zorobabel junto al de Josué. El hombre al que Josué debe representar o tipificar llevando la corona sobre su cabeza está designado con el nombre de *Tsemach* (cf. 4, 8); y ese nombre queda explicado por וּמִתַּחְתָּיו יִצְמָח, palabras que no se pueden entender de un modo impersonal, en el sentido de "bajo él brotará" (LXX, Lutero, Calvino, Hitzig, Maurer y otros).

Esa aplicación no puede justificarse por el uso del lenguaje, por no añadir también que ella va en contra del contexto, pues aquí tenemos מִתַּחְתָּיו y no תחתיו (bajo él); y además el cambio de sujeto en יצמח y וּבנה sería intolerablemente duro. Por otra parte, según Jer 33, 15, el Mesías se llama *Tsemach,* porque Yahvé hará que crezca en justicia, de manera que se eleve en la línea de David, de forma que el *Tsemach* es aquel que brota, y no aquel que hace que otros broten.

וּמִתַּחְתָּיו, de debajo de sí mismo, es decir, desde su lugar (Ex 10, 23), desde su propio suelo o fondo. Así lo ha explicado correctamente Alting en Hengstenberg: "tanto en referencia a su nación como a su país, de la casa de David, de Judá y de Abrahán, a quienes se hicieron las promesas". Esa frase contiene además una alusión al hecho de que crece de abajo hacia arriba, desde la pequeñez a la eminencia. Este retoño edificará el templo del Señor. Es obvio que estas palabras no se refieren a la construcción del templo del Señor, hecho de piedra y madera, como suponen Rosenmüller y Hitzig, con los rabinos, de forma que el mismo Koehler ha abandonado su antigua opinión, para entender estas palabras como Hengstenberg, Tholuck y otros, en referencia al templo espiritual, del que el tabernáculo y los tempos de Salomón y de Zorobabel no eran más que símbolos.

Estas palabras se refieren al nuevo templo de la Iglesia de Dios, tras la venida y resurrección de Jesucristo (Os 8, 1; 1 Ped 2, 5 y Heb 3, 6). Zacarías no habla de ese templo de la Iglesia solo aquí, sino también en 4, 9, lo mismo que había hecho Ag 2, 6-9, quien nos permite entender la verdad de nuestra interpretación por encima de toda duda posible.

6, 13. La repetición de la idea anterior en 6, 13 no es inútil, sino que sirve lo mismo que el וְהוּא inicial enfático, con el que comienza este verso para resaltar la obra del *Tsemach* con el lugar que él ocupa, en otras palabras, para mostrar la

Visiones nocturnas

gloria del templo que él va a edificar. La dos frases (וְהוּא יִבְנֶה אֶת־הֵיכָל y הוּא־יִשָּׂא הוֹד) se vinculan de esta forma: "Aquel que edificará el templo… aquel tendrá gloria eminente". Aquí no hay antítesis entre la edificación del templo por Josué o Zorobabel, ni se puede decir que 6, 13 va en contra de 6, 12 (como supone Koehler), ni que 6, 13 interrumpe la explicación de lo que debe ser el retoño.

El retoño tendrá הוֹד, eminencia, en el verdadero sentido de majestad regia (cf. Jer 22, 18; 1 Cron 29, 25; Dan 11, 21). En su majestad, él se sentará sobre su trono y reinará, utilizando su dignidad y su poder real, para bien de su pueblo. Y será sacerdote sobre su trono, de manera que será al mismo tiempo sacerdote y rey sobre un mismo trono. La traducción "y será sacerdote sobre su trono" (Ewald y Hitzig) ha de rechazarse por la misma estructura de la frase, y aún más por la idea de fondo, pues la vocación de un sacerdote en relación con Dios y con el pueblo no es la de sentarse sobre un trono, sino la de estar de pie ante Yahvé (cf. Jc 20, 28; Dt 17, 12).

Incluso las últimas palabras de este verso "y entre ambos habrá concordia y paz" no nos obligan a introducir a un sacerdote sentado sobre el trono, al lado del *Tsemach* que reina sobre su trono. La palabra שניהם (cf. בֵּין שְׁנֵיהֶם) no puede tomarse como un neutro, en el sentido de "entre la dignidad real del mesías y su sacerdocio" (Capp., Rosenmüller), y no se refiere tampoco al *Tsemach* y a Yahvé, sino al *Mōshēl* (cf. וּמָשַׁל) y al *Kōhēn,* es decir, al gobernante y al sacerdote, que se sientan sobre un trono, como una única persona, en el *Tsemach*.

Entre esas dos figuras unidas en una misma persona habrá עֲצַת שָׁלוֹם, *'atsath shâlōm*. Esto no significa meramente que habrá la más perfecta armonía (Hofmann, Umbreit), porque eso se da por supuesto y no agota el significado de las palabras. *'Atsath shâlōm*, consejo de paz, no es una simple consulta pacífica y armoniosa en su trabajo, sino una consulta que tiene la paz como su objeto. El pensamiento de fondo es el siguiente: el mesías une en sí mismo la realeza y el sacerdocio, será consejero y promotor de paz para su pueblo.

6, 14-15. El verso anterior ha puesto de relieve el carácter simbólico de la coronación del sumo sacerdote Josué. Pero a eso se añade otro rasgo. La corona que ha sido colocada sobre la cabeza de Josué, para designarle como tipo del Mesías, ha de conservarse en el templo del Señor, tras la realización de ese gesto, como memorial para aquellos que han traído la plata y el oro de los exilados de Babilonia, y וּלְחֵן בֶּן־צְפַנְיָה, es decir, por el honor y gracia del hijo de Sofonías.

חֵן, *chēn*, no es aquí un nombre propio, ni otro nombre de Josías, sino un apelativo en el sentido de gracia, favor, disposición favorable, y se refiere al favor que el hijo de Sofonías ha mostrado hacia los emigrantes que han venido de Babilonia, al recibirles en su casa de un modo hospitalario. Como memorial para esos hombres, la corona ha de ser guardada en el templo de Yahvé.

El objetivo de ese gesto no es meramente el de guardar la corona en contra de su profanación, ni el perpetuar el recuerdo de los donantes (Kliefoth), sino que ese gesto tiene también un significado simbólico y profético, que aparece en 6, 15, en las palabras: "Vendrán extranjeros y ayudarán a edificar el templo del Señor". Aquellos judíos que han venido de la distante Babilonia son un tipo de las naciones distantes que vendrán y ayudarán a edificar el templo del Señor con sus posesiones y tesoros.

Este despliegue simbólico ofrece, por tanto, una confirmación de la promesa de Ag 2, 7, donde se dice que el Señor llenará su templo con el tesoro de todas las naciones. A través de la realización de lo que se indica en este despliegue simbólico, Israel percibirá que el profeta ha sido enviado a ellos por el Señor de los ejércitos, que ha enviado a su ángel (el Ángel de Yahvé) para revelar su acción a Zacarías.

Ciertamente, en lo anterior ha sido el profeta y no el Ángel de Yahvé el que ha aparecido actuando y hablando, pero (lo mismo que en 2, 13; 3, 2; 4, 9) de manera que las palabras del profeta aparecen de un modo imperceptible como palabras de Yahvé, así también aquí las palabras del profeta vienen a presentarse de un modo imperceptible como palabras del Ángel de Yahvé, cuando afirma que Dios mismo le ha enviado. Las palabras del profeta (que son palabras del Ángel de Yahvé) concluyen (5, 15, frase final) con la amonestación más seria a los oyentes, para que ellos escuchen la palabra de su Dios: "Esto sucederá si escucháis obedientes la voz de Yahvé, vuestro Dios...".

La sentencia comienza con וְהָיָה אִם־שָׁמוֹעַ, que no ha de entenderse como una aposiopesis. No hay razón para ello, pues este es un simple anuncio, que no muestra rasgos especiales de excitación, sino que וְהָיָה puede conectarse con el pensamiento anterior, *de forma que conozcáis...*, afirmando así que ellos solo discernirán que el Ángel de Yahvé ha sido enviado a ellos cuando presten atención a la voz de su Dios.

Aunque el reconocimiento del envío del Ángel del Señor implica participación en la salvación mesiánica, el hecho de que este reconocimiento está vinculada a la escucha de la palabra de Dios no supone que la venida del Mesías o la participación de los gentiles en su reino dependen de la fidelidad de la nación elegida, como supone Hengstenberg. Al contrario, estas palabras declaran simplemente que Israel no alcanzará el conocimiento del Mesías o de su salvación a no ser que escuche la palabra del Señor. Todos aquellos que voluntariamente cierren sus ojos serán incapaces de ver la salvación de Dios.

La pregunta de si el profeta realizó externamente las acciones simbólicas implicadas en 6, 10 no puede responderse con una afirmación o con una negación tajante. La aserción de 6, 11 de que el profeta (que no era un orífice) tenía que hacer la corona no es una prueba de que de hecho la fundió él mismo, ni el hecho de que el Talmud, *Middoth* III, cite el lugar del templo donde estaba colgada la corona es una prueba de que estuvo allí.

La palabra עשית de 6, 11 no exige que Zacarías hiciera por sí mismo la corona, sino que él pudo mandar hacerla; y la noticia talmúdica arriba recogida no implica ni prueba que esta corona estuviera de hecho colgada en el templo, sino simplemente que en el pórtico del templo había vigas extendidas de una pared a la otra y que había cadenas de oro atadas a esas vigas, añadiendo que los aspirantes al sacerdocio subían a esas vigas y veían coronas. Pues bien, en ese lugar del Talmud se cita nuestro texto con la fórmula שנ אמר como una confirmación de ello.

ZACARÍAS 7, 1–8, 23
RESPUESTA A LA PREGUNTA SOBRE EL AYUNO

Respondiendo a una pregunta dirigida a los sacerdotes y profetas en Jerusalén por los enviados de Betel, sobre si el día en que Jerusalén y el templo fueron reducidos a cenizas ha de ser celebrado como día de lamentación y ayuno (7, 1-3), el Señor declara al pueblo a través de Zacarías, diciendo que él no mira el ayuno como servicio que le agrada, sino que desea obediencia a su palabra (7, 4-7), y que él se ha visto obligado a dispersar a los israelitas entre las naciones a causa de su obstinada resistencia a cumplir sus mandamientos de justicia, de amor y de verdad (fidelidad) que les fueron revelados a través de los profetas (7, 8-14).

El texto añade que ahora Dios se volverá a Sión y a Jerusalén con un gran calor de amor, y que bendecirá a su pueblo con bendiciones abundantes, si es que ellos cumplen y realizan la verdad, el justo juicio, la fidelidad y el amor de unos hacia los otros (8, 1-17). Entonces, él convertirá los antiguos días de ayuno en días de alegría y deleite, y de esa manera se glorificará a sí mismo sobre Jerusalén, de tal forma que muchas y numerosas naciones vendrán para buscar y adorar allí al Señor de los ejércitos.

7, 1-14. Días de ayuno de Israel y obediencia a la palabra de Dios.

7, 1-3

וַיְהִי֙ בִּשְׁנַ֣ת אַרְבַּ֔ע לְדָרְיָ֖וֶשׁ הַמֶּ֑לֶךְ הָיָ֤ה דְבַר־יְהוָה֙ אֶל־זְכַרְיָ֔ה בְּאַרְבָּעָ֛ה לַחֹ֥דֶשׁ הַתְּשִׁעִ֖י בְּכִסְלֵֽו׃
² וַיִּשְׁלַח֙ בֵּֽית־אֵ֔ל שַׂר־אֶ֕צֶר וְרֶ֥גֶם מֶ֖לֶךְ וַאֲנָשָׁ֑יו לְחַלּ֖וֹת אֶת־פְּנֵ֥י יְהוָֽה׃
³ לֵאמֹ֗ר אֶל־הַכֹּֽהֲנִים֙ אֲשֶׁר֙ לְבֵית־יְהוָ֣ה צְבָא֔וֹת וְאֶל־הַנְּבִיאִ֖ים לֵאמֹ֑ר הַֽאֶבְכֶּה֙ בַּחֹ֣דֶשׁ הַחֲמִשִׁ֔י הִנָּזֵ֕ר כַּאֲשֶׁ֣ר עָשִׂ֔יתִי זֶ֖ה כַּמֶּ֥ה שָׁנִֽים׃ פ

¹ Aconteció que en el año cuarto del rey Darío, a los cuatro días del mes noveno, que es Quislev, llegó palabra de Yahvé a Zacarías. ² En aquel tiempo el pueblo de Betel había enviado a Sarezer, con Regem-melec y sus hombres, a implorar el favor de Yahvé, ³ y a preguntar a los sacerdotes que estaban en la casa de Yahvé de los

ejércitos, y a los profetas: ¿Lloraremos en el mes quinto? ¿Haremos abstinencia, como la hemos venido haciendo desde hace algunos años?

Este pasaje describe la ocasión para la palabra instructiva y consolatoria que Dios dirigió a Zacarías en el año cuarto de Darío, es decir, dos años después que había sido retomada la edificación del templo, y dos antes de su finalización, es decir, en un momento en que la construcción debía estar bastante avanzada y el templo mismo se hallaba terminado en lo fundamental.

7, 1. En la presentación del tiempo nos sorprende en primer lugar el hecho de que, conforme a la acentuación masorética y a la división de los versos, la afirmación sobre el tiempo se divide en dos mitades, y la noticia del año se coloca después de ויהי, mientras que la del mes no viene hasta después de היה דבר יהוה; y en segundo lugar nos sorprende el hecho de que la introducción de la problemática que conduce a la palabra de Dios se formula con el imperfecto, con *waw* de relación (*vayyishlach*), que debía estar en pluscuamperfecto, en contra de la regla general.

Por esa razón debemos abandonar la división masorética de los versos y conectar esta noticia del mes y el día de 7, 1 con lo que sigue (7, 2), pues 7, 1 contiene solo la afirmación general de que en el cuarto mes del rey Darío vino la palabra del Señor a Zacarías. Lo que sigue debe añadirse así: en el día 4 del noveno más, en Kislev, los de Betel enviaron… De esa manera, la definición más precisa del tiempo viene dada solo en conexión con lo que sigue, pues resulta evidente que la palabra de Dios fue dirigida al profeta a consecuencia de ese acontecimiento, pues no pudo serle dirigida antes de ello.

7, 2-3. La traducción de las palabras de 7, 2 resulta también discutida וישלח בית־אל, y (entonces) Betel envió… Betel puede significar la casa de Dios (el templo) o la ciudad, y puede tomarse como acusativo de lugar o como sujeto de la frase. En contra de la primera explicación, que está muy extendida: "enviaron a la casa de Dios de Betel a Sarezer…"; o "enviaron a la Casa de Dios a…". Pero en ese caso, para hacerse inteligible, el profeta debería haber escrito *'el Bēth-'ēl*, o haber colocado a *Bēth-'ēl* después del objeto, pero también el hecho de que *Bēth-'ēl* no puede haberse aplicado al templo de Jerusalén, pues no se podía ya adorar a Dios en Betel después de la cautividad.

Por esa razón, debemos tomar a Betel como sujeto, indicando la población de la ciudad de Betel, y no como nombre que se daba a la Iglesia del Señor, pues no existe ningún pasaje conclusivo en esa línea, pues para referirse a la Iglesia de Dios se utiliza solo la expresión *bēth Yehōvâh* (cf. *Coment.* a Os 8, 1). El texto supone que con Zorobabel habían retornado un número considerable de habitantes anteriores de Betel, como atestigua Esd 2, 28 y Neh 7, 32, y parece que según Neh 11, 31, la pequeña ciudad había sido pronto reedificada.

Los habitantes de Betel enviaron pues una embajada a Jerusalén, es decir a *Sarezer* y a *Rechem-Melech*, con sus hombres. La omisión de la nota de acusativo (את) se ha utilizado como objeción en contra de esta interpretación de los nombres como objeto, de forma que esos nombres se han podido tomar como sujeto, en aposición a Betel, de esta manera: Betel, es decir, *Sarezer*..., enviaron. De esa forma, los dos nombres se emplearían en conexión con Betel, como líderes de la embajada. Pero esta lectura resulta menos convincente, de manera que preferimos tomar los dos nombres como acusativos. El nombre *Sarezer* es evidentemente asirio (cf. Is 37, 38; Jer 39, 3.13), de forma que el hombre había nacido probablemente en Babilonia.

El objeto del envío de esos hombres viene dado antes que nada en términos generales: לְחַלּוֹת אֶת־פְּנֵי יְהוָה, *para implorar el favor de Yahvé*, una expresión antropomórfica que tiene un sentido afectivo (buscar el rostro, vincularse a, como en Sal 119, 58), y que se precisa luego en 7, 3, donde se dice que ellos fueron a preguntar a los sacerdotes y profetas, pidiendo a través de ellos una respuesta del Señor, sobre el tema de la lamentación y ayuno en quinto mes.

Por medio de la expresión אֲשֶׁר לְבֵית־יְהוָה, los sacerdotes aparecen como aquellos que pertenecen a la casa de Yahvé, aunque no en el sentido en el que supone Kliefoth, es decir, "porque ellos estaban destinados al servicio de la casa de Dios, con los levitas, en lugar de los primogénitos, que eran posesión de Yahvé" (Num 3, 41; Dt 10, 8-9). Aquí no hay ese tipo de alusión, sino que el sentido es simple: "como personal del templo que, en virtud de su servicio de mediación, eran capaces de obtener una respuesta de Dios, cuando se dirigían a él en oración".

En esa línea ha de entenderse su conexión con los profetas. La pregunta הַאֶבְכֶּה (si había que llorar...) viene definida por el infinitivo absoluto הִנָּזֵר, que consiste en llorar y lamentarse en conexión con la abstinencia de comida y bebida, es decir, ayunando. Sobre este uso del infinitivo absoluto, cf. Ewald, 280 a; הִנָּזֵר, abstenerse de (en relación a la comida y bebida) es sinónimo de צוּם en Zac 7, 5.

זֶה כַּמֶּה שָׁנִים, "estos cuántos años", es decir "tantos años" o estos últimos años. כַּמֶּה sugiere la idea de una duración larga, incalculable. En este y otros lugares semejantes, זֶה, con datos numéricos, ha adquirido el sentido de un adverbio, como ahora, ya (cf. Zac 1, 12; Ewald, 302, b). El sujeto de אבכה es la población de Betel, de la que vienen estos hombres como delegados. La pregunta se refiere, según esto, a un tema en el que está implicada toda la comunidad, de manera que la respuesta de Dios ha de estar dirigida a todo el pueblo (Zac 7, 5).

Por lo que se refiere a las circunstancias como tales, podemos ver en 7, 5 y 8, 19, que durante la cautividad los israelitas habían adoptado la costumbre de conmemorar los acontecimientos básicos de la catástrofe caldea guardando ayuno el día 5, 7, 8 y 10 del mes de *kislev*. En el mes quinto (Ab), el día 10, pues, según Jer 52, 12-13, ese era el día en que el templo y la ciudad de Jerusalén fueron

Respuesta a la pregunta sobre el ayuno

destruidos por el fuego, el año 19 de Nabucodonosor, aunque 2 Rey 25, 8-9 pone el día 7 de ese mes (cf. *Coment. in loc.*).

Según la costumbre judía, ellos ayunaban el día 3, a causa del asesinato del gobernador Godolías y de los judíos que habían sido dejados en la tierra (2 Rey 25, 25-26; Jer 51, 1). En el cuarto mes (*Tammuz*), ellos ayunaban el día 9 por la conquista de Jerusalén por Nabucodonosor, en el año 9 del reinado de Sedecías (Jer 39, 2; 52, 6-7). Y, finalmente, en el mes 10 se ayunaba el día 10 a causa del comienzo del asedio de Jerusalén por Nabucodonosor, en el año 9 de Sedecías (2 Rey 25, 1 y Jer 39, 1)[114].

7, 3. La cuestión planteada por los delegados se refiere simplemente al ayuno en el quinto mes, en conmemoración por la destrucción del templo. Y ahora que la reedificación del templo estaba llegando a su terminación, no parecía necesario seguir guardando ese día, dado que los profetas habían proclamado de parte de Dios que la restauración del templo sería un signo de que Yahvé había restaurado una vez más su favor con el resto de su pueblo. Si se dejaba a un lado el ayuno de este cuarto mes también se podrían abandonar los restantes días de ayuno. La cuestión de fondo es la de la oración para que el Señor continuara ofreciendo a su pueblo su favor, no solo por la restauración del templo, que había comenzado ya, sino también para que se cumpliera la glorificación de Israel, predicha por los profetas anteriores. A eso se refiere la respuesta ofrecida por Dios a través de Zacarías, dado que los sacerdotes y profetas del templo no podrían ofrecer por sí mismos, por su propia iniciativa, una respuesta sobre ello.

La respuesta se divide en dos partes: Zac 7, 4-14 y Zac 8. En la primera, Dios expone lo que él pide a su pueblo, y por qué se ha visto obligado a castigar a los israelitas con el exilio. En la segunda les promete restaurarles en su favor y ofrecerles la salvación prometida.

114. Los judíos posteriores guardaban el día 9 de *Ab*, como día en que se destruyeron por fuego, tanto el primero como el segundo templo. Por su parte, la Misná, *Taanit* iv. 6, enumera cinco desastres que habían caído sobre Israel en ese día: (1) la decisión de Dios de no dejar que los padres entraran en la tierra prometida; (2 y 3) la destrucción del primer y segundo templo; (4) la conquista de la ciudad de *Bether* en el tiempo de *Bar-Cochba*; (5) la destrucción de la ciudad santa, que Rashi explica según Miq 3, 12 y Jer 6, 18, pero que otros vinculan al hecho de que *Turnus Rufus* (o *Turannius Rufus*, o *T. Annius Rufus*: cf. Schttgen, *Horae hebr. et talm.* ii. 953 ss., y Jost, *Gesch. des Judenthums*, ii. 77) aró la tierra sobre los fundamentos del templo.

También se ayunaba el 17 del mes cuarto (*Tammuz*) porque, conforme a la Misná, *Taan.* iv. 6, ese día habían caído cuatro desastres sobre Israel: (1) la ruptura de las tablas de la Ley (Ex 32); (2) el cese del sacrificio diario en el primer templo, por la falta de corderos sacrificiales (cf. Jer 52, 6); (3) la brecha abierta en los muros de la ciudad; (4) la quema del libro de la Ley por *Apostemus*; (5) la colocación de la abominación, es decir, de un ídolo en el templo (Dan 11, 31; 12,13). Cf. Lundius, *Codex talm. de jejunio*, Traf. en el Rin, 1694, p. 55 ss.; y también en el resumen de la Misná, ed. Surenhus. ii. pp. 382-3.

Cada una de esas dos partes se divide a su vez en dos secciones: Zac 7, 4-7 y 7, 8-14; con 8, 1-17 y 8, 18-23. Cada una de esas secciones se abre con la fórmula: "La palabra de Yahvé (de los ejércitos) vino a mí (Zacarías) diciendo". La primera de esa secciones (7, 4-7) contiene una exposición de lo que puede ser incuestionable en la pregunta y en sus motivos, estando así abierto a la desaprobación de Dios.

7, 4-7

⁴ וַיְהִי דְּבַר־יְהוָה צְבָאוֹת אֵלַי לֵאמֹר׃
⁵ אֱמֹר אֶל־כָּל־עַם הָאָרֶץ וְאֶל־הַכֹּהֲנִים לֵאמֹר כִּי־צַמְתֶּם וְסָפוֹד בַּחֲמִישִׁי וּבַשְּׁבִיעִי וְזֶה שִׁבְעִים שָׁנָה הֲצוֹם צַמְתֻּנִי אָנִי׃
⁶ וְכִי תֹאכְלוּ וְכִי תִשְׁתּוּ הֲלוֹא אַתֶּם הָאֹכְלִים וְאַתֶּם הַשֹּׁתִים׃
⁷ הֲלוֹא אֶת־הַדְּבָרִים אֲשֶׁר קָרָא יְהוָה בְּיַד הַנְּבִיאִים הָרִאשֹׁנִים בִּהְיוֹת יְרוּשָׁלַם יֹשֶׁבֶת וּשְׁלֵוָה וְעָרֶיהָ סְבִיבֹתֶיהָ וְהַנֶּגֶב וְהַשְּׁפֵלָה יֹשֵׁב׃ פ

⁴ Recibí, pues, esta palabra de Yahvé de los ejércitos: 5 Di a todo el pueblo del país, y a los sacerdotes: Cuando ayunabais y llorabais en el quinto y en el séptimo mes durante estos setenta años, ¿habéis ayunado para mí? 6 Y cuando comíais y bebíais, ¿no comíais y bebíais para vosotros mismos? 7 ¿Acaso no son estas las palabras que proclamó Yahvé por medio de los primeros profetas, cuando Jerusalén estaba habitada y tranquila, y las ciudades de sus alrededores y el Negueb y la Sefela estaban también habitados?

7, 4-6. El pensamiento de fondo es que a Dios no le importa el ayuno externo en cuanto tal. El verdadero ayuno, que es agradable a Dios, no consiste en la abstinencia farisaica de comida y bebida, sino en el hecho de que los hombres observen la palabra de Dios, y vivan según ella, como habían proclamado ya los profetas anteriores al exilio.

De esa manera, ese pasaje rechaza la suposición de que los hombres pueden conseguir el favor de Dios ayunando, y deja al pueblo mismo que decida si es que quiere cumplir o no cumplir los días de ayuno anteriores; al mismo tiempo les muestra lo que Dios quiere de ellos para el caso de que deseen obtener las bendiciones prometidas.

Sobre el infinitivo absoluto cf. *Coment.* a Ag 1, 6. El ayuno del séptimo mes no era el día de ayuno prescrito por la Ley (Lev 23), sino que, como se ha señalado ya, ese ayuno se observa en conmemoración del asesinato de Godolías. En צַמְתֻּנִי el sufijo no es un sustituto del dativo (Gesenius, 121, 4), sino que ha de tomarse como un acusativo, expresando el hecho de que el ayuno está relacionado con Dios (Ewald, 315, b). El sufijo queda intensificado por אָנִי por razón del énfasis (צַמְתֻּנִי אָנִי; Gesenius, 121, 3).

7, 7. La forma de la sentencia es elíptica. En la frase הֲלוֹא אֶת־הַדְּבָרִים, se omite el verbo, pero no el sujeto, es decir זֶה, que muchos comentaristas han suplido, siguiendo a la LXX, Peshita y Vulgata ("no son estas las palabras que Yahvé anunció"), en cuyo caso את tendría que tomarse como *nota nominativi*. La sentencia contiene una aposiopesis, y ha de completarse supliendo un verbo, sea "¿no deberíais haber escuchado las palabras que...?" o "¿no conocéis las palabras...?". יֹשֶׁבֶת, como en 1, 11, en el sentido de sentándose o habitando, no en el sentido pasivo de "ser habitado", aunque el tema podría haberse expresado también así. שְׁלֵוָה es sinónimo de שֹׁקֶטֶת (Zac 1, 11). יָשַׁב, en el sentido indicado al final del verso, se construye en singular masculino, aunque se refiere a la pluralidad de los nombres anteriores (cf. Gesenius, 148, 2). En adición a Jerusalén, los siguientes lugares han sido nombrados como perífrasis de la tierra de Judá: (1) las ciudades de su entorno son aquellas que pertenecen a Jerusalén como capital, ciudades de la montaña de Judá, que dependían más o menos de Jerusalén; (2) los dos distritos rurales que pertenecían también al reino de Judá, es decir, הַנֶּגֶב וְהַשְּׁפֵלָה; el Neguev o país del sur, que Koehler identifica erróneamente con las montañas de Judá (cf. Js 15, 21.48); y la Sefela, o país bajo, a lo largo de la costa del Mediterráneo (cf. *Coment.* a Js 15, 33).

7, 8-14

La segunda palabra del Señor pone ante la mente del pueblo la desobediencia de los padres y sus consecuencias, es decir, el juicio del exilio, como un ejemplo amenazador. La introducción del nombre del profeta en el encabezamiento de 7, 8 no justifica la extraña opinión mantenida por Schmieder y Schlier, según la cual Zacarías estaría reproduciendo aquí las palabras de un profeta anterior, llamado también Zacarías, que habría vivido antes de la cautividad. Se trata, más bien, de un simple cambio en la forma de expresión.

7, 9-12

⁹ כֹּה אָמַר יְהוָה צְבָאוֹת לֵאמֹר מִשְׁפַּט אֱמֶת שְׁפֹטוּ וְחֶסֶד וְרַחֲמִים עֲשׂוּ אִישׁ אֶת־אָחִיו:
¹⁰ וְאַלְמָנָה וְיָתוֹם גֵּר וְעָנִי אַל־תַּעֲשֹׁקוּ וְרָעַת אִישׁ אָחִיו אַל־תַּחְשְׁבוּ בִּלְבַבְכֶם:
¹¹ וַיְמָאֲנוּ לְהַקְשִׁיב וַיִּתְּנוּ כָתֵף סֹרָרֶת וְאָזְנֵיהֶם הִכְבִּידוּ מִשְּׁמוֹעַ:
¹² וְלִבָּם שָׂמוּ שָׁמִיר מִשְּׁמוֹעַ אֶת־הַתּוֹרָה וְאֶת־הַדְּבָרִים אֲשֶׁר שָׁלַח יְהוָה צְבָאוֹת בְּרוּחוֹ בְּיַד הַנְּבִיאִים הָרִאשֹׁנִים וַיְהִי קֶצֶף גָּדוֹל מֵאֵת יְהוָה צְבָאוֹת:

⁹ Así habló Yahvé de los ejércitos: Juzgad conforme a la verdad; haced misericordia y piedad cada cual con su hermano; ¹⁰ no oprimáis a la viuda, al huérfano, al extranjero ni al pobre, ni ninguno piense mal en su corazón contra su hermano. ¹¹ Pero no quisieron escuchar, sino que volvieron la espalda y se taparon los oídos para no oír; ¹² endurecieron su corazón como diamante, para no oír la Ley ni las

palabras que Yahvé de los ejércitos enviaba por su espíritu, por medio de los primeros profetas. Por tanto, Yahvé de los ejércitos se enojó mucho.

כה אמר ha de tomarse aquí como pretérito, refiriéndose a lo que Yahvé había mandado que se proclamara al pueblo durante la cautividad. El núcleo de ese anuncio consiste en la llamada al pueblo para que cumpla los preceptos morales de la Ley, el verdadero amor al prójimo, en la vida pública y en la privada.

מִשְׁפַּט אֱמֶת, juicio verdadero (cf. Ez 18, 8), es una administración de la justicia que solo fija los ojos en las circunstancias reales de cada disputa, sin ninguna consideración personal, y decide de acuerdo con la verdad. Para el hecho mismo, cf. Ex 22, 20.21; 23, 6-9; Lev 19, 15-18; Dt 10, 18-19; 24, 14; Is 1, 17; Jer 7,5-6; 22, 3; Ez 18, 8; Os 12, 7, etc. רָעַת אִישׁ אָחִיו, injuria contra un hombre que es su hermano (como en Gen 9, 5); no "injuria de un hombre contra otro", pues eso hubiera exigido una transposición de palabras, como esta: איש רעת אחיו.

Zac 7, 11-12 describe la actitud del pueblo frente a esos avisos de Dios. *Nâthan kâthêph sōrereth* (cf. וַיִּתְּנוּ כָתֵף סֹרָרֶת): dar u ofrecer una espalda enemiga, como en Neh 9, 29. Esta figura parece fundarse en la actitud de un oso, que no permitiría que le pusiera un yugo encima de la espalda (cf. Os 4, 16). Poner oídos sordos (*hikhbîd*, cf. הִכְבִּידוּ), ajenos a la escucha, que no quieren oír (cf. Is 6, 10). Convertir el corazón en un diamante (*shâmîr*), endurecer el corazón.

El pecado es, pues, el endurecimiento, poner el corazón como una piedra (cf. Ez 11, 19). El relativo אשר antes de *shâlach* se refiere a los dos nombres anteriores, es decir, a la ley y a las palabra de Dios (אֶת־הַתּוֹרָה וְאֶת־הַדְּבָרִים), aunque en este caso no necesitamos tomar la palabra *tōrâh* en el sentido general de instrucción. A través de los profetas, Dios ha enviado la ley al pueblo, ha hecho que ellos la prediquen y la impriman en los corazones del pueblo. La consecuencia de este endurecimiento del pueblo fue que suscitó un gran enojo de Dios (קֶצֶף גָּדוֹל, cf. Zac 1, 2; 2 Rey 3, 27).

7, 13-14

וַיְהִי כַאֲשֶׁר־קָרָא וְלֹא שָׁמֵעוּ כֵּן יִקְרְאוּ וְלֹא אֶשְׁמָע אָמַר יְהוָה צְבָאוֹת׃ 13
וְאֵסָעֲרֵם עַל כָּל־הַגּוֹיִם אֲשֶׁר לֹא־יְדָעוּם וְהָאָרֶץ נָשַׁמָּה 14
אַחֲרֵיהֶם מֵעֹבֵר וּמִשָּׁב וַיָּשִׂימוּ אֶרֶץ־חֶמְדָּה לְשַׁמָּה׃ פ

[13] Y aconteció que, así como él clamó y no escucharon, también ellos clamaron y yo no escuché, dice Yahvé de los ejércitos, [14] sino que los esparcí como con un torbellino por todas las naciones que ellos no conocían, y la tierra fue desolada tras ellos, sin quedar quien fuera ni viniera; pues convirtieron en desierto la tierra deseable.

Así se describe la ira de Dios. En 7, 13 cambia la forma de la descripción: mientras en la prótasis el profeta está hablando todavía de Yahvé en tercera persona, en la apódosis introduce a Yahvé mismo hablando (ellos clamaron, pero yo…), de forma que anuncia el castigo que él infligirá sobre los rebeldes, castigo que se ha iniciado ya en el exilio. Este discurso de Dios en 7, 13 continúa en 7, 14, hasta וּמִשָּׁב.

La opinión según la cual el discurso termina con לֹא יְדָעוּם, y que en וְהָאָרֶץ comienza el relato del cumplimiento del propósito divino de castigar, no va solo en contra del propósito de castigar, sino también en contra de la circunstancia de que en ese caso las dos últimas frases de 7, 14 dirían esencialmente lo mismo, algo que según el sentido de אֶרֶץ־חֶמְדָּה לְשַׁמָּה no podría decirse, ni tomarse en cuenta como expresión del cumplimiento del propósito divino.

El perfecto נָשַׁמָּה en esa frase no impide que la conectemos con la anterior, sino que se emplea para indicar que la devastación es algo ya cumplido: la tierra será (no se volverá) devastación. El cumplimiento del castigo se expresa en 7, 13 como expresión de un talión divino. Dado que ellos no escucharon la voz de Dios, él tampoco les escuchará cuando le llamen desde su opresión (cf. Os 5, 15; Jer 11, 11), sino que los dispersará, como una tempestad entre las naciones. La forma אסערם es la primera persona del imperfecto *piel*, en vez del arameo אסערם o אסערם (cf. Gesenius, 52, 2, nota 2). Sobre las naciones que ellos no conocen, y que por tanto no tendrá piedad ni compasión por ellos, cf. Jer 22, 28; 16, 13. מֵעֹבֵר וּמִשָּׁב (cf. 9, 8), tierra desolada, por la que nadie va y vuelve (cf. Ex 32, 27). En וישׂימו וגו se pone de relieve la obstinación (la dura cerviz) de sus antepasados. Ellos convertirán la tierra escogida en un desierto (אֶרֶץ־חֶמְדָּה לְשַׁמָּה, como en Jer 3, 19 y Sal 106, 24), pues son ellos los que han causado todas las calamidades que ahora prevalecen sobre la tierra.

8, 1–23. Renovación y cumplimiento del pacto de gracia

En este capítulo hallamos la segunda parte de la respuesta del Señor a la pregunta concerniente a los últimos días, en la que el Señor promete al pueblo que le restituirá sus relaciones antiguas de gracia y que glorificará de nuevo a Israel, con la simple condición de que observe los preceptos morales de la ley. Esta doble promesa está contenida en dos declaraciones del Señor, cada una de las cuales se divide en una serie de dichos separados que ofrecen detalles de la fórmula כה אמר יי צ (así habla Yahvé de los ejércitos). La primera parte se divide en siete dichos: 8, 2; 8, 3; 8, 4-5; 8, 6; 8, 7; 8, 10; 8, 14-17.

En este contexto observa Jerónimo: A través de las diversas palabras y sentencias, en las que a Israel se le promete no solo prosperidad, sino una serie de bienes que son casi increíbles por su grandeza. El profeta declara: Así dice el Dios Omnipotente. De esa forma indica el profeta: No penséis que las cosas que yo digo provienen solo de mí, de forma que podáis desconfiar de mí, como de un hombre; lo que yo os transmito son promesas de Dios

8, 1-17. Restauración y culminación de la relación de pacto

8, 1-3

1 וַיְהִי דְבַר־יְהוָה צְבָאוֹת לֵאמֹר: ² כֹּה אָמַר יְהוָה צְבָאוֹת
קִנֵּאתִי לְצִיּוֹן קִנְאָה גְדוֹלָה וְחֵמָה גְדוֹלָה קִנֵּאתִי לָהּ:
³ כֹּה אָמַר יְהוָה שַׁבְתִּי אֶל־צִיּוֹן וְשָׁכַנְתִּי בְּתוֹךְ יְרוּשָׁלָםִ
וְנִקְרְאָה יְרוּשָׁלַםִ עִיר־הָאֱמֶת וְהַר־יְהוָה צְבָאוֹת הַר הַקֹּדֶשׁ:

¹ Recibí de Yahvé de los ejércitos esta palabra: ² Así ha dicho Yahvé de los ejércitos: Celé a Sión con gran celo, y con gran ira la celé. ³ Así dice Yahvé: Yo he restaurado a Sión y habitaré en medio de Jerusalén. Jerusalén se llamará ciudad de la Verdad, y el monte de Yahvé de los ejércitos, monte de Santidad.

8, 1-2. La promesa comienza con la declaración del Señor diciendo que él ha decidido expresar de un modo activo, una vez más, el calor de su amor hacia Sión. Los perfectos se utilizan aquí proféticamente para indicar aquello que Dios ha decidido realizar, y que ahora está decidido a cumplir. Sobre el hecho de fondo cf. Zac 1, 14-15.

8, 3. Aquí se manifiesta ese calor de amor de Dios hacia Sión, y de su ira en contra de las naciones que han sido hostiles a Sión. Cuando había entregado a Jerusalén en manos de sus enemigos, el Señor había abandonado su lugar de habitación en el templo. Así había visto Ezequiel cómo la gloria del Señor había salido del templo (Ez 8, 3; 10, 4.18; 11, 22-23). Ahora él está a punto de retomar su morada en Jerusalén, una vez más.

La diferencia entre esta promesa y la promesa semejante de Zac 2, 10-13 no está en el hecho de que en el último pasaje la habitación de Yahvé en medio de su pueblo ha de entenderse en un sentido ideal y absoluto, mientras que ahora se habla solo de su morada como de algo que había existido en un tiempo anterior, como supone Kohler. Eso no está implicado en la palabra שַׁבְתִּי, ni está en armonía con la afirmación de que Jerusalén ha de llamarse ciudad de la verdad, ni que la colina del templo se llame la santa montaña.

עִיר־הָאֱמֶת, *'ir haĕmeth*, no significa ciudad de la seguridad, sino ciudad de la verdad o la fidelidad, en la que encuentra su hogar la verdad o fidelidad ante el Señor. Por su parte, la montaña del templo se llamará montaña santa, es decir, que ella lo será y que será reconocida y conocida como tal, por el hecho de que Yahvé, el santo de Israel, santificará allí su morada.

Jerusalén no recibió ese carácter de santa en el período que siguió a la cautividad en el que, aunque no quedó manchada por un tipo de idolatría grosera, como en los tiempos anteriores a la cautividad, ella fue manchada por otras abominaciones de tipo moral, que no eran menores a las anteriores. Jerusalén se convertirá por vez primera en ciudad fiel a través del Mesías, y solo por él la montaña del templo se convertirá realmente en montaña santa.

La opinión según la cual no había nada en las promesas de Zac 8, 3-13 que no hubiera acontecido realmente en Israel en el período que va de Zorobabel a Cristo (Kliefoth, Koehler, etc.) resulta incorrecta tanto por las palabras de este verso como también por las de 8, 6-8 que vienen después. La simple restauración de la relación actual anterior no puede describirse en 8, 6 como algo que aparece como milagroso e increíble para la nación.

Ciertamente, esas promesas de Zac 8, 3–13 no se refieren de un modo exclusivo a los tiempos mesiánicos, sino también a los débiles momentos de la reedificación del templo tras el exilio y a la restauración de Jerusalén por Nehemías. Pero los dichos que siguen muestran que estos comienzos no agotan el sentido de las palabras que estamos comentando.

8, 4-8

⁴ כֹּה אָמַר יְהוָה צְבָאוֹת עֹד יֵשְׁבוּ זְקֵנִים וּזְקֵנוֹת בִּרְחֹבוֹת יְרוּשָׁלִָם וְאִישׁ מִשְׁעַנְתּוֹ בְּיָדוֹ מֵרֹב יָמִים׃
⁵ וּרְחֹבוֹת הָעִיר יִמָּלְאוּ יְלָדִים וִילָדוֹת מְשַׂחֲקִים בִּרְחֹבֹתֶיהָ׃ ס
⁶ כֹּה אָמַר יְהוָה צְבָאוֹת כִּי יִפָּלֵא בְּעֵינֵי שְׁאֵרִית הָעָם הַזֶּה בַּיָּמִים הָהֵם גַּם־בְּעֵינַי יִפָּלֵא נְאֻם יְהוָה צְבָאוֹת׃ פ
⁷ כֹּה אָמַר יְהוָה צְבָאוֹת הִנְנִי מוֹשִׁיעַ אֶת־עַמִּי מֵאֶרֶץ מִזְרָח וּמֵאֶרֶץ מְבוֹא הַשָּׁמֶשׁ׃
⁸ וְהֵבֵאתִי אֹתָם וְשָׁכְנוּ בְּתוֹךְ יְרוּשָׁלִָם וְהָיוּ־לִי לְעָם וַאֲנִי אֶהְיֶה לָהֶם לֵאלֹהִים בֶּאֱמֶת וּבִצְדָקָה׃ ס

⁴ Así ha dicho Yahvé de los ejércitos: Aún han de morar ancianos y ancianas en las calles de Jerusalén, cada cual con un bastón en la mano por lo avanzado de su edad. ⁵ Y las calles de la ciudad estarán llenas de muchachos y muchachas que jugarán en ellas. ⁶ Así dice Yahvé de los ejércitos: Si esto parece imposible a los ojos del resto de este pueblo en aquellos días ¿también será imposible para mí?, dice Yahvé de los ejércitos. ⁷ Así ha dicho Yahvé de los ejércitos: Yo salvo a mi pueblo de la tierra del oriente y de la tierra donde se pone el sol; ⁸ los traeré y habitarán en medio de Jerusalén. Ellos serán mi pueblo, y yo seré su Dios en verdad y en justicia.

8, 4-5. Una vida larga, hasta el extremo de la ancianidad, y un gran número de niños (descendientes) eran bendiciones teocráticas que el Señor había prometido en la Ley a su pueblo, en la medida en ellos fueran fieles a la alianza. De un modo consecuente, aquí no parece haber ningún elemento mesiánico en esta promesa. Pero si comparamos 8, 4 con Is 65, 20, veremos que una vida de largos años pertenecía a las bendiciones de los tiempos mesiánicos.

Pero, dado que Israel tuvo que sufrir intensamente por guerras y por otro tipo de calamidades, que llevaban a la muerte de muchos en una edad temprana, durante los tiempos que se extienden desde Zorobabel a Cristo (a pesar de la descripción de los prósperos tiempos de Israel bajo el gobierno de Simón, 1 Mac 14,4-15), esta promesa se cumplió solamente de un modo muy escaso, antes de la venida de Cristo, por lo que se refiere a Jerusalén.

8, 6. La segunda frase de este texto ha de tomarse como una pregunta con respuesta negativa, con גם por הגם, como en 1 Sam 22, 7, y el significado es el siguiente: si esto (lo prometido en 8, 3-5) puede aparecer maravilloso, es decir, increíble, para el pueblo en aquellos días en los que acontezca, ello no será maravilloso ni increíble para Yahvé, de forma que Dios hará que se cumpla de hecho lo que él ha prometido cumplir. Esto contiene una seguridad no solo de la grandeza de la salvación que ha de venir, sino también de la certeza de su realización. Para "el resto de la nación", cf. Ag 1, 12-14.

8, 7-8. La liberación del pueblo de Dios de las tierras paganas comenzó ciertamente con el retorno de un grupo de exilados de Babilonia, bajo la guía de Zorobabel, pero su liberación de todos los países de la tierra pertenece todavía al futuro. En lugar de todos los países se citan aquí los del oriente (este) y los del poniente (oeste) (cf. Sal 50, 1; 113, 3; Is 59, 19; Mal 1, 11). Pero esa liberación total se realizará por vez primera por medio del Mesías, como indican las palabras: "Yo los llevaré a Jerusalén". Por esa palabra no podemos entender la Jerusalén de la tierra, pues en ella no hay espacio para todos los judíos esparcidos por todo el mundo, sino la Jerusalén abierta y agrandada que se menciona en Zac 2, 8, es decir, el Reino mesiánico de Dios.

Entonces, todos los que han sido reunidos de todas las naciones de la tierra vendrán a convertirse de verdad en nación de Dios. Israel había sido la nación de Yahvé, y Yahvé había sido el Dios de Israel, desde el tiempo del antiguo pacto del Sinaí (Ex 24). Pues bien, esta relación ha de ser restaurada en el futuro en verdad y justicia. Este es el nuevo rasgo por el que el futuro ha de distinguirse del presente y del pasado. Las palabras "en verdad y en justicia" se vinculan con las dos frases: "ellos serán mi pueblo" y "yo seré Dios para ellos" (הָיוּ־לִי לְעָם וַאֲנִי אֶהְיֶה לָהֶם לֵאלֹהִים). Para el hecho de fondo, cf. Os 2, 21-22; y para la expresión Is 48, 1 y 1 Rey 3, 6.

8, 9-12

⁹ כֹּה־אָמַר יְהוָה צְבָאוֹת תֶּחֱזַקְנָה יְדֵיכֶם הַשֹּׁמְעִים בַּיָּמִים הָאֵלֶּה אֵת הַדְּבָרִים הָאֵלֶּה מִפִּי הַנְּבִיאִים אֲשֶׁר בְּיוֹם יֻסַּד בֵּית־יְהוָה צְבָאוֹת הַהֵיכָל לְהִבָּנוֹת׃
¹⁰ כִּי לִפְנֵי הַיָּמִים הָהֵם שְׂכַר הָאָדָם לֹא נִהְיָה וּשְׂכַר הַבְּהֵמָה אֵינֶנָּה וְלַיּוֹצֵא וְלַבָּא אֵין־שָׁלוֹם מִן־הַצָּר וַאֲשַׁלַּח אֶת־כָּל־הָאָדָם אִישׁ בְּרֵעֵהוּ׃
¹¹ וְעַתָּה לֹא כַיָּמִים הָרִאשֹׁנִים אֲנִי לִשְׁאֵרִית הָעָם הַזֶּה נְאֻם יְהוָה צְבָאוֹת׃
¹² כִּי־זֶרַע הַשָּׁלוֹם הַגֶּפֶן תִּתֵּן פִּרְיָהּ וְהָאָרֶץ תִּתֵּן אֶת־יְבוּלָהּ וְהַשָּׁמַיִם יִתְּנוּ טַלָּם וְהִנְחַלְתִּי אֶת־שְׁאֵרִית הָעָם הַזֶּה אֶת־כָּל־אֵלֶּה׃

Respuesta a la pregunta sobre el ayuno

⁹ Así ha dicho Yahvé de los ejércitos: Fortaleced vuestras manos, vosotros que oís en estos días estas palabras de la boca de los profetas, desde el día que se echó el cimiento a la casa de Yahvé de los ejércitos, para edificar el Templo. ¹⁰ Porque antes de estos días no ha habido paga de hombre ni paga de bestia, ni hubo paz para el que salía ni para el que entraba, a causa del enemigo, pues yo dejé que todos los hombres se enfrentaran unos con otros. ¹¹ Mas ahora no haré con el resto de este pueblo como en aquellos pasados días, dice Yahvé de los ejércitos. ¹² Porque habrá simiente de paz: la vid dará su fruto, la tierra, su cosecha, y los cielos, su rocío; y haré que el resto de este pueblo posea todo esto.

8, 9. Tras las promesas anteriores, el profeta amonesta al pueblo para que tenga ánimo, porque a partir de aquí el Señor les concederá su bendición. Fortalecer las manos es lo mismo que tener coraje para realizar una empresa (cf. Jc 7, 11; 2 Sam 2, 7 y Ez 2, 14). La frase no se refiere solo a una conducta valiente para continuar la edificación del templo, sino que tiene el sentido general de tener coraje para cumplir lo que significa la llamada y tarea de cada uno, como muestra 8, 10-13. Las personas a las que se dirige aquí la palabra son aquellos que escuchan las palabras de los profetas en estos días. Esto sugiere el motivo para tener coraje.

Dado que escuchan esas palabras, ellos han de mirar hacia el futuro con confianza, para hacer lo que requiere la llamada. Las palabras de los profetas son las promesas que Zacarías anunciaba en 8, 2-8, y su contemporáneo Ageo en el cap. 2. En plural, נביאים, no se refiere solo a Zacarías en un sentido intensivo, pues de lo contrario no hubiera habido más profetas en aquel tiempo fuera de Zacarías, él no podía haber hablado de profetas, en sentido general.

Para concretar esa frase, y precisar quiénes son aquellos profetas del tiempo de la reedificación del templo, ellos han de distinguirse de aquellos que había antes de la cautividad (cf. Zac 7, 7.12; 1, 4), de manera que esos profetas han de limitarse a Ageo y Zacarías, que profetizaron desde la vuelta de la cautividad en adelante. ביום no ha de tomarse en el sentido de מיום (Hitzig), pues *yōm* se utiliza aquí en sentido general, en referencia al tiempo en que sucede alguna cosa. Como definición más precisa de יום יסד se añade la palabra להבנות, para mostrar que el tiempo al que se refiere el texto es aquel en el que se pusieron los fundamentos del templo, en tiempos de Ciro, un tiempo que se extendió a lo largo de la edificación del edificio.

8, 10 ofrece una razón para la exigencia de actuar con buen ánimo, mostrando el contraste entre el presente y los tiempos anteriores. Antes de aquellos días, es decir, antes de que se reasumiera y se continuara la obra de la edificación del templo, los hombres no recibían paga por su trabajo, ni la recibían los animales de carga, porque el trabajo de los hombres y las bestias (trabajo de tipo agrícola) no daba resultados, o a lo más daba un resultado muy escaso, que no correspondía en modo alguno a la labor realizada (cf. Ag 1, 9-11; 2, 16.19).

El sufijo femenino añadido a אֵינֶנּוּ se refiere de un modo inexacto a la palabra siguiente, הבהמה, en vez de a la más lejana que es שׂכר (cf. Ewald, 317, c). Más aún, esa palabra se refiere tanto al salir como al entrar, es decir, en la realización de los trabajos ordinarios, pues los hombres podían caer en cualquier momento en manos de enemigos o adversarios, de forma que había una ausencia total de paz civil.

הצר no es un nombre abstracto (opresión, LXX, texto caldeo, Vulgata), sino un nombre concreto, "adversario", opresor, pero no se refiere solamente a los enemigos paganos, como muestra la frase final, sino que pueden ser también los enemigos de la propia nación. En ואשלח la *waw*, ו, no es una simple cópula, sino una *waw* consecutiva, que no está compensada en la palabra, como *wa'agaareesh* en Jc 6, 9 (cf. Ewald, 232, h); y שׁלח, enviar, que se utiliza para una nación hostil, se transfiere aquí a los ataques personales de parte de individuos.

8, 11-12. Pero a diferencia del tiempo pasado, Dios actuará de un modo distinto en relación con el resto del pueblo, y le bendecirá con una cosecha abundante de frutos del campo y del suelo. כי en 8, 12, tras una frase negativa, tiene el sentido de "pero". זרע השלום, no es semilla de seguridad (caldeo, Peshita), sino semilla de paz, es decir, de vida.

Esto se designa así no porque en la uva exista una *berâkhâh* (que existe, cf. Is 65, 8), sino porque la viña solo puede florecer en tiempos pacíficos, y no cuando la tierra se encuentra devastada por los enemigos (Koehler). Para las palabras que siguen, cf. Lev 26, 4; Sal 67, 7; Ag 1, 10; 2, 19. "La abundancia futura compensará a los israelitas por la sequía y escasez del pasado" (Jerónimo).

8, 13-17

13 וְהָיָה כַּאֲשֶׁר הֱיִיתֶם קְלָלָה בַּגּוֹיִם בֵּית יְהוּדָה וּבֵית יִשְׂרָאֵל כֵּן אוֹשִׁיעַ אֶתְכֶם וִהְיִיתֶם בְּרָכָה אַל־תִּירָאוּ תֶּחֱזַקְנָה יְדֵיכֶם:
14 כִּי כֹה אָמַר יְהוָה צְבָאוֹת כַּאֲשֶׁר זָמַמְתִּי לְהָרַע לָכֶם בְּהַקְצִיף אֲבֹתֵיכֶם אֹתִי אָמַר יְהוָה צְבָאוֹת וְלֹא נִחָמְתִּי:
15 כֵּן שַׁבְתִּי זָמַמְתִּי בַּיָּמִים הָאֵלֶּה לְהֵיטִיב אֶת־יְרוּשָׁלִַם וְאֶת־בֵּית יְהוּדָה אַל־תִּירָאוּ:
16 אֵלֶּה הַדְּבָרִים אֲשֶׁר תַּעֲשׂוּ דַּבְּרוּ אֱמֶת אִישׁ אֶת־רֵעֵהוּ אֱמֶת וּמִשְׁפַּט שָׁלוֹם שִׁפְטוּ בְּשַׁעֲרֵיכֶם:
17 וְאִישׁ אֶת־רָעַת רֵעֵהוּ אַל־תַּחְשְׁבוּ בִּלְבַבְכֶם וּשְׁבֻעַת שֶׁקֶר אַל־תֶּאֱהָבוּ כִּי אֶת־כָּל־אֵלֶּה אֲשֶׁר שָׂנֵאתִי נְאֻם־יְהוָה: ס

¹³ Y así como fuisteis maldición entre las naciones, casa de Judá y casa de Israel, así os salvaré y seréis bendición. ¡No temáis! ¡Cobrad ánimo! ¹⁴ Porque así ha dicho Yahvé de los ejércitos: Como pensé haceros mal cuando vuestros padres me provocaron a ira, dice Yahvé de los ejércitos, y no me arrepentí, ¹⁵ así en cambio he pensado hacer bien a Jerusalén y a la casa de Judá en estos días. No temáis. ¹⁶ Estas

son las cosas que habéis de hacer: Hablad verdad cada cual con su prójimo; juzgad según la verdad y según lo conducente a la paz en vuestras puertas. 17 Ninguno de vosotros piense mal en su corazón contra su prójimo, ni améis el juramento falso, porque todas estas son cosas que aborrezco, dice Yahvé.

8, 13. Toda la bendición de Dios se condensa en este verso. La expresión בִּנוֹיִם קְלָלָה, ser maldición entre las naciones, ha de entenderse en la línea de Jer 24, 9; 25, 9; 42, 18; 2 Rey 22, 19, en el sentido de ser objeto de maldición, ser golpeado por Dios en el sentido de servir como objeto de maldición.

En armonía con eso, וִהְיִיתֶם בְּרָכָה, ser objeto de bendición, equivale a ser empleado como fórmula de bendición (cf. Gen 48, 22; Jer 29, 22). Esta promesa se hace al resto de Judá y de Israel, es decir, a las doce tribus, que han de convertirse en portadoras de salvación futura en unidad indivisa (cf. Zac 9, 10.13; 11, 14). Según eso, Israel ha de mirar hacia el futuro sin miedo.

8, 14-17. El fundamento de la promesa anterior se da en 8, 14-15 y culmina en 8, 16-17, donde se ofrecen las condiciones en las cuales se cumplirá esa promesa. Así como el castigo del exilio recayó sobre Israel por decreto de Dios, ahora el decreto de Dios se mostrará como bueno para Judá.

En זָמַמְתִּי la palabra שַׁבְתִּי toma el lugar de la idea adverbial de "nuevamente". El pueblo no tendrá ya necesidad de temer, siempre que ellos sean diligentes en practicar la verdad, la justicia y el amor hacia su prójimo. Dios les pide lo mismo que pidió a sus padres (Za 7, 9-10).

מִשְׁפַּט שָׁלוֹם, *mishpat shâlôm*, es una administración de justicia que tiende a promover la paz y a establecer la concordia entre aquellos que están enfrentados. בְּשַׁעֲרֵיכֶם, En vuestras puertas, allí donde se imparte la justicia (Dt 21, 19; 22, 15, etc.). La את delante de כל־אלה en Zac 8, 17 se puede entender en la línea de un tipo de atracción verbal, dado que a través de la inserción de אשר el objeto de "todo esto" se separa del verbo, a causa del énfasis. כִּי אֶת־כָּל־אֵלֶּה אֲשֶׁר שָׂנֵאתִי, "porque todas estas son las cosas que yo odio". Un uso semejante de את en Ag 2, 5; cf. Ewald, 277 d.

8, 18-23

18 וַיְהִי דְּבַר־יְהוָה צְבָאוֹת אֵלַי לֵאמֹר: 19 כֹּה־אָמַר יְהוָה צְבָאוֹת צוֹם הָרְבִיעִי וְצוֹם הַחֲמִישִׁי וְצוֹם הַשְּׁבִיעִי וְצוֹם הָעֲשִׂירִי יִהְיֶה לְבֵית־יְהוּדָה לְשָׂשׂוֹן וּלְשִׂמְחָה וּלְמֹעֲדִים טוֹבִים וְהָאֱמֶת וְהַשָּׁלוֹם אֱהָבוּ: פ
20 כֹּה אָמַר יְהוָה צְבָאוֹת עֹד אֲשֶׁר יָבֹאוּ עַמִּים וְיֹשְׁבֵי עָרִים רַבּוֹת:
21 וְהָלְכוּ יֹשְׁבֵי אַחַת אֶל־אַחַת לֵאמֹר נֵלְכָה הָלוֹךְ לְחַלּוֹת אֶת־פְּנֵי יְהוָה וּלְבַקֵּשׁ אֶת־יְהוָה צְבָאוֹת אֵלְכָה גַּם־אָנִי:
22 וּבָאוּ עַמִּים רַבִּים וְגוֹיִם עֲצוּמִים לְבַקֵּשׁ אֶת־יְהוָה צְבָאוֹת בִּירוּשָׁלָםִ וּלְחַלּוֹת אֶת־פְּנֵי יְהוָה: ס

¹⁸ Recibí esta palabra de Yahvé de los ejércitos: ¹⁹ Así ha dicho Yahvé de los ejércitos: Los ayunos del cuarto, el quinto, el séptimo, y el décimo mes, se convertirán para la casa de Judá en gozo y alegría, y en fiestas solemnes. Amad, pues, la verdad y la paz. ²⁰ Así ha dicho Yahvé de los ejércitos: Aún vendrán pueblos y habitantes de muchas ciudades. ²¹ Vendrán los habitantes de una ciudad a otra y dirán: ¡Vamos a implorar el favor de Yahvé y a buscar a Yahvé de los ejércitos!. ¡Yo también iré! ²² Y vendrán muchos pueblos y naciones poderosas a buscar a Yahvé de los ejércitos en Jerusalén y a implorar el favor de Yahvé

8, 18-19. Las últimas palabras de Dios, en conexión con lo que precede, ofrecen la respuesta directa de Dios a la pregunta anterior sobre los días de ayuno, y lo hacen a través de tres dichos, 8, 19; 8, 20 y 8, 23, el segundo y tercero de los cuales explican de un modo más claro el sentido del primero. Por su parte, Zac 8, 18 dice lo mismo que Zac 8, 1.7.8.

Sobre los días de ayuno aquí mencionados, cf. lo dicho en exposición a 7, 3: Dios convertirá estos días de ayuno en días de gozo y días de fiesta muy intensa, pues en ellos ofrecerá Dios una plenitud de salvación, de tal forma que Judá olvidará la conmemoración de los acontecimientos antiguos de luto, y solo tendrá motivos para regocijarse ante la bendición y gracia que le concederá Dios; pero se cumplirá solo cuando se cumplan las condiciones puestas en 8, 16-17[115].

8, 20-22. Estos versos no anuncian una glorificación posterior o segunda, que Dios ha concedido a su pueblo, sino que indican simplemente la naturaleza y magnitud de la salvación preparada para Israel, a fin de que sus días de ayuno se vuelvan días de alegría. En el tiempo pasado, Israel había guardado días de tristeza y ayuno, a causa de la destrucción de Jerusalén y de su templo; pero en el futuro Dios glorificará a su ciudad y a su casa, de tal forma que no solo celebrará allí Israel sus días gozosos, sino que muchas otras fuertes naciones de paganos irán a la casa de Dios para buscar allí y adorar el Señor de los ejércitos.

עד se utiliza con énfasis, para iniciar de esa manera una nueva sentencia: יָבֹאוּ עַד אֲשֶׁר, "sucederá que vendrán...". Esta es la razón por la que se introduce el אֲשֶׁר de 8, 21.23, y no como introducción al dicho precedido enfáticamente por עד, por lo que Hitzig está equivocado al referirse aquí a Miq 6, 10. Para el hecho que está al fondo de estas expresiones, cf. Miq 4, 1; Is 2, 2; Jer 16, 19. Este pensamiento ha sido individualizado en 8, 21. Los habitantes de una ciudad llamarán a los de

---

115. Lutero observa justamente: "Cumplid solo lo que os mando, y dejaréis el ayuno. Si guardáis mis mandamientos, no solo podréis abandonar esos ayunos, de forma que ellos lleguen a su fin, sino que, yo concederé a Jerusalén tanto bien que todas las aflicciones por la que habéis elegido y cumplido esos ayunos las podréis olvidar, de tal forma que os llenaréis de gozo cuando recordéis vuestros ayunos pasados, y os olvidaréis de vuestra tristeza pasada, que era la razón de que ayunabais en otro tiempo...".

otra: נלכה הלוך, vayamos pidamos, y la población de la otra ciudad responderá a la petición diciendo: "Yo también iré". חלות את־פני, como en Zac 7, 2.

8, 23

²³ כֹּה אָמַר יְהוָה צְבָאוֹת בַּיָּמִים הָהֵמָּה אֲשֶׁר יַחֲזִיקוּ עֲשָׂרָה אֲנָשִׁים מִכֹּל לְשֹׁנוֹת הַגּוֹיִם וְהֶחֱזִיקוּ בִּכְנַף אִישׁ יְהוּדִי לֵאמֹר נֵלְכָה עִמָּכֶם כִּי שָׁמַעְנוּ אֱלֹהִים עִמָּכֶם: ס

²³ Así ha dicho Yahvé de los ejércitos: En aquellos días acontecerá que diez hombres de las naciones de toda lengua tomarán del manto a un judío, y le dirán: Iremos con vosotros, porque hemos oído que Dios está con vosotros.

Los paganos no afluirán solos a Jerusalén para buscar al Dios de Israel, sino que ellos se juntarán con Israel y Judá para que les reciban en comunión, para formar una sola nación. Diez hombres de las naciones paganas agarrarán a un judío, para que les lleve… así de grande será la presión de los paganos.

El número diez se toma aquí en un sentido indefinido para indicar una multitud grande y completa, como en Gen 31, 7; Lev 26, 26; Num 14, 22 y 1 Sam 1, 8. Para esa figura cf. Is 4, 1. La palabra והחזיקו retoma יחזיקו en forma de apódosis. La expresión poco frecuente de כל לשנות הגוים, "todas las lenguas de las naciones", está formada a partir de Is 66, 18 (הגוים והלשנות, "todas las naciones y todas las lenguas"), sobre la base Gen 10, 20 y Gen 10, 31. Para נלכה עמכם cf. Rut 1, 16 y para אלהים עמכם cf. 2 Cron 15, 9.

La promesa según la cual en el futuro el Señor cambiará los días de ayuno en días de fiesta gozosa y de regocijo, en el caso de que Israel ame la verdad y la paz (8, 20), tomada en conexión con lo dicho en 7, 5-6 sobre el ayuno, deja abierto en manos del pueblo el tema de si los días de ayuno debían ser abandonados o guardados.

No tenemos información histórica de lo que sucedió en este caso, y de lo que hicieron los habitantes de Jerusalén a partir de esta respuesta profética divina. Todo lo que sabemos es que, incluso en el día de hoy, los judíos observan los cuatro días de lamentación y ayuno por los desastres de su historia nacional.

La tradición talmúdica de *Rosh-hashana* (f. 18, a, b) afirma que los cuatro días de ayuno fueron abolidos a consecuencia de la respuesta de Yahvé, y que solo fueron restaurados a causa de la destrucción del segundo templo; pero esa tradición no es solo improbable, sino que es sin duda errónea, pues, aunque la restauración de los días de ayuno conmemorando la destrucción de Jerusalén y el incendio del templo podría explicarse sobre la base de que la destrucción del segundo templo aconteció el mismo día de la destrucción del primero, no es fácil explicar la restauración de los días de ayuno conmemorando acontecimientos que en sí mismos son distintos.

El tema se explica mejor de otra manera. Tras la recepción de esta respuesta verbal de Zacarías, el pueblo no se aventuró a abolir formalmente los días de ayuno antes de la aparición de la salvación prometida, sino que dejó que se siguieran observando, aunque no fuera de un modo estricto. Y después, en un período posterior, los judíos que rechazaron al Mesías, comenzaron a observar los ayunos con más rigor, tras la segunda destrucción del templo, y así lo siguen haciendo hasta el día presente, pero no "porque la profecía de la gloria que debía llegar para Israel (Zac 8, 18-23) no se ha cumplido todavía" (Koehler), sino porque "la ceguera sigue dominando en parte a Israel", pues los judíos no han descubierto el cumplimiento de la promesa, que ha comenzado con la aparición de Cristo sobre la tierra.

ZACARÍAS 9,1-14, 21
FUTURO DE LOS PODERES DEL MUNDO Y REINO DE DIOS

Las dos largas profecías que llenan la última parte del libro de Zacarías (9-11 y 12-14) muestran por sus encabezamientos y por su contenido, e incluso por su disposición formal que ellas dos son elementos vinculados de un gran todo. Los encabezamientos indican que las dos partes tienen el rasgo común de ser una profecía amenazadora o una proclamación del juicio, a través de la aplicación del mismo epíteto (מַשָּׂא דְבַר־יְהוָה: "peso" de la palabra de Yahvé), mientras que sus objetos: יִשְׂרָאֵל e בְּאֶרֶץ חַדְרָךְ (9, 1; 12, 1) están indicando un contraste o conflicto en el contenido de ambas partes.

Estos seis capítulos tratan de la guerra entre los paganos del mundo e Israel, aunque de modos distintos. En el primer oráculo (Zac 9-11) el juicio a través del cual se destruye el poder del mundo pagano sobre Israel, mientras que Israel recibe fuerza para superar a todos sus enemigos, constituye el pensamiento fundamental y el centro de gravedad de la descripción profética. En el segundo oráculo, el tema dominante es el juicio a través del cual Israel, o Jerusalén con Judá, se liberan de la guerra contra las naciones paganas, para convertirse en la nación santa de Dios, a través del exterminio de sus miembros impuros y espurios.

Por otra parte, en un sentido formal, los dos oráculos se parecen entre sí por el hecho de que en el centro de cada uno de los anuncios cambia de repente el tono, sin ningún tipo de preparación externa (Zac 11, 1 y 13, 7), de manera que aparentemente parece que nos hallamos ante el comienzo de una nueva profecía, y solo a través de un análisis más profundo del material descubrimos la conexión entre las dos partes de la profecía, comprendiendo que la segunda sección contiene una descripción más precisa de la forma en que han de realizarse los acontecimientos anunciados en la primera. En el caso de la profecía sobre la tierra de *Hadrach*, la primera sección la forman Zac 9-10 y la segunda Zac 11; en la profecía relacionada con Israel, la primera sección se extiende de Zac 12, 1 a Zac 13, 6, y la segunda de Zac 13, 7 al fin del libro.

9, 1-10, 12. Destrucción del mundo pagano y liberación y glorificación de Sión

Mientras que el juicio recae sobre la tierra de *Hadrach*, sobre Damasco y *Hamath*, y sobre Fenicia y Filistea, de manera que esos reinos quedan derribados y sus ciudades devastadas y sus habitantes incorporados a la nación de Dios (9, 1-7), Yahvé protegerá a su pueblo, y hará que su rey entre en Sión, para establecer un reino de paz sobre toda la tierra (9, 8-10).

Aquellos miembros de la nación de la alianza, que se encuentren todavía en cautividad, serán redimidos, y lograrán la victoria sobre los hijos de Javán (9, 11-17), y serán bendecidos por el Señor, su Dios, para derrotar con su fuerza a todos sus enemigos (10, 1-12). La unidad de estos dos capítulos, que forman la primera mitad de este oráculo, resulta evidente por la conexión substancial entre las dos secciones separadas. Las transiciones entre unos pensamiento a otros son tan ligeras que resulta difícil precisarlas, como en el caso de 10, 1 y 10, 2, para decidir si esos versos deben conectarse a Zac 9 o si han ponerse más bien en relación con 10, 4.

9, 1-10. Juicio sobre la tierra de Hadrach; el rey de la paz de Sión

9, 1

¹ מַשָּׂא דְבַר־יְהוָה בְּאֶרֶץ חַדְרָךְ וְדַמֶּשֶׂק מְנֻחָתוֹ כִּי לַיהוָה
עֵין אָדָם וְכֹל שִׁבְטֵי יִשְׂרָאֵל:

¹ Profecía. Palabra de Yahvé sobre la tierra de Hadrac y de Damasco en su descanso: Porque Yahvé pone un ojo a los hombres y sobre todas las tribus de Israel.

La verdadera interpretación de esta sección y de hecho de toda la profecía depende de la explicación que se dé al encabezamiento de este verso. Hay una gran divergencia de opinión sobre la tierra de חדרך. No podemos desarrollar aquí una refutación detallada de que *Hadrach* es el nombre del Mesías (como suponen algunos rabinos) o de que es el nombre de un rey sirio desconocido (Gesenius, Bleek), o algún dios del fuego de Asiria, como Adar o Asar (Movers), o una deidad del este de las tierras arameas (Babilonia), como opina Hitzig, dado que no existe ningún indicio de que existiera un rey o un dios de ese nombre. Por otra parte, el mismo Hitzig ha abandonado en este campo su propia interpretación.

Por otra parte, la visión de J. D. Michaelis y de Rosenmüller, según la cual *Hadrach* es el nombre de una antigua ciudad, situada no lejos de Damasco, carece también de toda base, dado que Hengstenberg (*Christol.* iii. p. 372) ha probado que todos los testimonios históricos aducidos en defensa de esta opinión se apoyan en una confusión respecto de una ciudad árabe de nombre *Dra, Adra*, la bíblica Edrei (Dt 1, 4).

Ese nombre, חַדְרָךְ, *Hadrach* o *Chadrach,* no aparece en ningún otro lugar, como ciudad que da nombre a un lugar, y aquí aparece en conexión con Damasco, Hamath, Tiro y Sidón. Lógicamente, una ciudad como esa no podría haber desaparecido de un modo tan completo, sin que aparezca en el testimonio de algún texto judío antiguo o de algún comentarista posterior. Según eso, debe tratarse de una denominación simbólica, formada por el mismo profeta (como defendió ya Jerónimo, apoyándose en una tradición judía), a partir de *Chad* (que significa duro, fuerte, valiente, preparado para la guerra, como en árabe *ḥdd, vehemens fuit, durus in ira, pugna:* vehemente, duro en la ira o batalla) y por *râkh*, que significa tierno, suave, en el sentido de *suave-duro, fuerte-tierno,* en analogía con otros nombres simbólicos, como *Dumah* por Edom, en Is 21, 11; *Sheshach* por Babilonia, en Jer 25, 26; 51, 41; *Ariel* por Jerusalén, en Is 29, 1-2.7.

Esta visión no puede rechazarse por la objeción de Koehler, diciendo que la interpretación del nombre es un objeto de disputa entre los comentaristas, siendo dudoso que el profeta pudiera haber escogido ese tipo de epíteto simbólico, ni tampoco por la opinión de algunos rabinos que interpretan ese nombre de un modo mesiánico, opinión que es evidentemente falsa y que ha sido rechazada hace ya tiempo por los comentaristas cristianos.

Hadrach es el nombre de una tierra o reino, como lo indica sin duda el hecho de que se vincula a una tierra (בְּאֶרֶץ חַדְרָךְ). Pero ¿qué tierra? Las afirmaciones que siguen no nos obligan en modo alguno a pensar en una provincia de Siria, como suponen Hitzig, Koehler y otros. Todas las ciudades y tierras que siguen se citan con sus nombres ordinarios, de forma que es imposible imaginar alguna razón para escoger aquí ese nombre simbólico para indicar algún otro distrito de Siria entre Damasco y Hamath.

Ese nombre simbólico parece estar evocando un tipo de territorio en el que de algún modo se incluyen Damasco, Hamath, Tiro, Sidón y Filistea. Así lo indica el hecho de que las palabras מַשָּׂא דְבַר־יְהוָה בְּאֶרֶץ חַדְרָךְ, que pueden traducirse "peso de la palabra de Yahvé sobre la tierra de *Hadrach,*" forma el encabezamiento del oráculo, en el que la ב (בְּאֶרֶץ) se utiliza como en la expresión משא בערב en Is 21, 13, y ha de explicarse en la línea de las palabras נפל דבר ב de Is 9, 7: la pesada o dura palabra cae, desciende, sobre la tierra de *Hadrach.*

La observación de Koehler en contra de eso, diciendo que esas palabras no son un encabezamiento, sino que forman el comienzo de la exposición de la palabra de Yahvé, a través del profeta, partiendo de que la siguiente frase empieza con ו, carece de todo fundamento. La frase de Is 14, 28 (en el año en que murió el rey Ahaz, vino esta profecía/amenaza…) es también un encabezamiento; y la afirmación de que la ו delante de דמשק no es una ו explicativa, sino un ו *conjunctionis* (de unión) se apoya sobre el supuesto de que las ciudades y regiones mencionados en el curso de esta profecía no han sido todas ellas incluidas en la afirmación חדרך ארץ –un supuesto que no está apoyado en ningún tipo de prueba.

En contra de eso, el hecho de que no se cite solo Damasco como ciudad de descanso de Yahvé, sino también Hamath y las capitales de Fenicia y Filistea prueba todo lo contrario. Esto significa que el "peso" (profecía) que ha de caer sobre la tierra de *Hadrach* afecta a todas esas ciudades y regiones.

La exposición del peso anunciado sobre la tierra de *Hadrach* comienza con ודמשׂק. Esta ciudad se añade al encabezamiento con la *waw*. Por otra parte, por lo que se refiere al sentido, מַשָּׂא, *massâ'*, es equivalente a "peso", algo que oprime como una carga. De todas formas, por lo que se refiere a la exposición, en lo que toca a Damasco y a Hamath, esta frase está indicando la "carga" que se impondrá sobre *Hadrach*, es decir, que se establecerá de un modo permanente sobre ella. (El sufijo en מנחתו se refiere a משׂא דבר יי.). Solo con las tierras que están en una relación más estrecha con Judá (es decir, con Tiro, Sidón y la provincias de Filistea) esa "masa" toma una forma ya más concreta de anuncio profético.

El contenido del encabezamiento queda ratificado por el pensamiento del segundo hemistiquio: "El ojo de Yahvé sobre los hombres y sobre todas las tribus de Israel". אדם significa el resto de la humanidad, es decir, el mundo pagano, como en Jer 32, 20, donde Israel y los hombres se oponen entre sí.

La frase explicativa según la cual el peso de Yahvé recae sobre la tierra de *Hadrach* y descansa sobre Damasco…, "porque los ojos de Yahvé miran sobre la humanidad y sobre todas las tribus de Israel" está indicando que su providencia se extiende sobre el mundo pagano lo mismo que sobre Israel lo que es suficiente para refutar la visión de Hofmann y Koehler, según la cual la tierra de *Hadrach* está indicando la tierra de Israel.

En contra de esa visión de Hofmann y Koehler tenemos que decir que, si el peso (es decir, el juicio de Dios) vendría a caer no solo sobre Hamath (como representante de la humanidad fuera de Israel), sino también sobre *Hadrach* (como representante de la tierra de las doce tribus), esto iría en contra de toda la exposición siguiente, donde se proclama el juicio sobre el mundo pagano, mientras que la salvación y la paz se proclaman para Israel. Por otra parte, resulta absolutamente imposible encontrar una razón por la que una palabra como *Hadrach* pudiera aplicarse a la tierra de Israel.

Conforme a la visión de Hofmann (*Schriftb*. ii. 2, p. 604), ארץ חדרך significa todo el territorio del reino de David, que recibe ese nombre porque "la tierra de Israel, aunque débil en sí misma, vino a convertirse por la fuerza de Dios en una tierra afilada y cortante, como la espada de un guerrero". Pero si ese juicio de destrucción que Hofmann encuentra en nuestra profecía se anunciara "a todas las naciones que habitan dentro de las fronteras de lo que fue antaño el reino de David", ese juicio recaería de igual forma sobre Israel (que era el núcleo de ese reino) y sobre las naciones a la que se extendió en su día el reino de David, de manera que Israel podría así presentarse como pueblo afilado y suave.

Por esa razón, Koehler ha modificado esta visión, indicando que el juicio de Yahvé recaería solo sobre las naciones paganas que habitaban dentro de los límites del reino davídico de las doce tribus, es decir, sobre las naciones paganas cuya tierra Dios prometió a su pueblo al tomar posesión de Canaán (Num 34, 1-12). Pero, dejando a un lado la suposición infundada de que *Hadrach* es el nombre de un distrito de Siria en el límite entre Damasco y Hamath, esta falsa construcción viene refutada por el hecho de que, según Num 34, 1, Hamath y Damasco no estaban incluidas entre las tierras cuya posesión Yahvé había prometido a Israel.

Según Num 34, 8, la frontera norte de la tierra de Israel debía extenderse hasta Hamath, es decir, hasta el territorio del reino de Hamath, y por su parte Damasco se encuentra muy alejada de la frontera oriental del territorio asignado a los israelitas (ver *Coment.* a Num 34, 1-12). Pues bien, si la tierra de *Hadrach*, Damasco y Hamath, no estaba incluida en las fronteras ideales de Israel, y si Hamath y *Hadrach* no pertenecían al reino israelita en el tiempo de David, las otras tierras o ciudades mencionadas en nuestro oráculo tampoco pueden ser amenazadas a causa de encontrarse dentro de las fronteras antiguas de Israel, o por haber estado sometidas a los israelita, sino que solo pueden ser mencionadas por ser tierras o ciudades enemigas de Israel, cuyo poder debía ser amenazado y destruido por el juicio.

Según eso, la tierra de *Hadrach tiene que referirse a una nación hostil al pueblo de Dios y solo puede ser un epíteto descriptivo del imperio medo-persa,* que viene a ser llamado fuerte-débil o afilado-suave a causa de los rasgos de su división interna, como han puesto de relieve Hengstenberg y Kliefoth. Ahora bien, por difícil que sea explicar de un modo satisfactorio la razón por la que Zacarías escogió este nombre simbólico para referirse a la monarquía medo-persa, hay algo que es cierto: la elección de un nombre figurativo se explica mucho mejor en el caso del imperio dominante de aquel tiempo que en referencia a algún pequeño país de las fronteras de Damasco y de Hamath.

Todas las ciudades y tierras nombradas tras la tierra de *Hadrach*, habiendo perdido en aquel tiempo su gloria, pertenecían a la monarquía medo-persa. Entre esas tierras el profeta se refiere simplemente a Damasco y Hamath en términos generales; y solo en el caso de las ciudades fenicias y filisteas el profeta se detiene a presentar su caída partiendo de su eminencia anterior, porque ellas se hallaban más cerca del reino de Israel y porque representaban el poder del reino de este mundo, y por su hostilidad con el reino de Dios, en parte por el desarrollo mundano de su propio poder, y en parte por su hostilidad a la nación de la alianza.

Esto resulta también evidente a partir del anuncio de salvación para Sión en 9, 8-9, por lo que podemos ver que el derrumbamiento de las naciones hostiles a Israel se encuentra en conexión íntima con el establecimiento del reino mesiánico. Esto queda también confirmado por la segunda parte de nuestro capítulo, donde la conquista del poder imperial por el pueblo de Dios viene a presentarse desde la perspectiva de las victorias de Judá y de Efraín sobre los hijos de Javán. Los diversos pueblos y ciudades que se mencionan por su nombre se introducen aquí simplemente como representantes del poder imperial, como resulta evidente por la distinción que se hace en este verso entre la humanidad (el resto de la humanidad) y las tribus de Israel.

9, 2-4

² וְגַם־חֲמָת תִּגְבָּל־בָּהּ צֹר וְצִידוֹן כִּי חָכְמָה מְאֹד:
³ וַתִּבֶן צֹר מָצוֹר לָהּ וַתִּצְבָּר־כֶּסֶף כֶּעָפָר וְחָרוּץ כְּטִיט חוּצוֹת:
⁴ הִנֵּה אֲדֹנָי יוֹרִשֶׁנָּה וְהִכָּה בַיָּם חֵילָהּ וְהִיא בָּאֵשׁ תֵּאָכֵל:

² También Hamat, que está en su frontera, y Tiro y Sidón, aunque sean muy sabias.
³ Tiro se edificó como fortaleza, y amontonó plata como polvo y oro como lodo de las calles, ⁴ pero el Señor la empobrecerá, hundirá en el mar su poderío y será consumida por el fuego.

9, 2. חֲמָת, *chămâth* va unida a Damasco con *wegam* (וְגַם, y también). תִּגְבָּל־בָּהּ, *tigbolbâh* ha de tomarse como cláusula de relativo, con *bâh* que se refiere *a chămâth*, y no a *'erets chadrâkh* (la tierra de *Hadrach*). También *Hamath*, es decir, la Ἐπιφάνεια posterior, sobre el Orontes, la actual Hamah (cf. *Coment.* a Gen 10, 18), que está en la frontera de Damasco, que tiene su territorio tocando al de Damasco, será un "lugar de descanso" del peso/juicio de Yahvé.

La cláusula de relativo conecta a Hamath con Damasco y la separa de los nombres que siguen. Damasco y Hamath representan a Siria. Tiro y Sidon, las dos capitales de Felicia, están conectadas por medio de la frase explicativa חָכְמָה מְאֹד כִּי. Aunque חכמה está en singular no puede referirse solo a Sión, porque Tiro se menciona de nuevo en el siguiente verso como sujeto, vinculándose al despliegue de su sabiduría.

El singular חכמה no puede entenderse de un modo distributivo, en el sentido de que ser sabio se aplica de igual manera a las dos ciudades (Koehler), pues los casos citados por Gesenius (146, 4) son de un tipo totalmente distinto, porque tienen sujeto en plural y están construidos con verbo en singular.

צידון se subordina aquí a צר, "Tiro con Sidón", de manera que Sidón aparece como un anejo de Tiro, respondiendo a la relación histórica entre las dos ciudades, pues en principio Tiro fue una colonia de Sidón, pero después sobrepasó a su ciudad madre, y vino a convertirse en capital de toda Fenicia (cf. *Coment.* a Is 23), de manera que incluso en Isaías y Ezequiel las profecías concernientes a Sión aparecen añadidas a las de Tiro, de forma que su mismo destino parece entretejido con el de Tiro (cf. Is 23, 4.12; Ez 28, 21).

Tiro solo aparece aquí, en **9, 3-4.** Esta ciudad mostró su sabiduría en el hecho de que estaba edificada como una fortaleza, amontonando plata y oro como polvo de las calles. Zacarías tiene aquí en su mente a Tiro insular, que había sido construida a tres o cuatro estadios de la tierra firme, y a unos treinta estadios al norte de la Paleo-Tiro. En Is 23, 4 se le llama מעוז הים, porque aunque era pequeña en extensión estaba rodeada por una muralla de 150 pies de algo y estaba tan bien fortificada que Salmanasar la sitió a lo largo de cinco años, sin poder conquistarla, y Nabucodonosor a lo largo de trece años, siendo también, aparentemente, incapaz de conquistarla (cf. Delitzsch, *Coment.* a Is 23, 18).

Esta fortificación se llamaba מָצוֹר, *mâtsōr*, y Tiro había almacenado allí inmensos tesoros. חָרוּץ, *chârūts,* es oro brillantes (Sal 68, 14, etc.); pero la sabiduría con la que Tiro ha adquirido tal poder y tales riquezas (cf. Ez 28, 4-5) no le servirá de ayuda, porque se trataba de una sabiduría de este mundo (1 Cor 1, 20), que se atribuye a sí misma la gloria que debe a Dios, buscando alimentar el orgullo que brota de ella. El Señor tomará la ciudad.

Hōrīsh (cf. יוֹרִשֶׁנָּה) no significa expulsar a la población, porque las dos frases siguientes muestran que no es la población (Hitzig), sino la ciudad misma la que es objeto del castigo, de manera que el mismo Señor tomará posesión de ella, es decir, la conquistará, como puede verse en Js 8, 7; 17, 12; Num 14, 24 (Maurer y Koehler).

Y arrojará al mar חילה, no sus baluartes sin más, como cuando se aplica a las fortificaciones, ni los muros de la ciudad, sino en sentido mucho más profundo, a todo su poder. Esta palabra supone e indica que Tiro ha adquirido por su sabiduría no solo un poder guerrero o militar (Koehler), sino un poder vinculado a su situación privilegiada y a su fortificación artificial, igual que a la riqueza de sus recursos para su defensa. Todo esto, todo su poder, vinculado a su sabiduría comercial y militar, será arrojado al mar, porque la misma Tiro estaba edificada sobre el mar, al que volvería siendo destruida, de forma que, finalmente, la ciudad entera será destruida por fuego.

9, 5-8

⁵ תֵּרֶא אַשְׁקְלוֹן וְתִירָא וְעַזָּה וְתָחִיל מְאֹד וְעֶקְרוֹן
כִּי־הֹבִישׁ מֶבָּטָהּ וְאָבַד מֶלֶךְ מֵעַזָּה וְאַשְׁקְלוֹן לֹא תֵשֵׁב׃
⁶ וְיָשַׁב מַמְזֵר בְּאַשְׁדּוֹד וְהִכְרַתִּי גְּאוֹן פְּלִשְׁתִּים׃
⁷ וַהֲסִרֹתִי דָמָיו מִפִּיו וְשִׁקֻּצָיו מִבֵּין שִׁנָּיו וְנִשְׁאַר גַּם־הוּא
לֵאלֹהֵינוּ וְהָיָה כְּאַלֻּף בִּיהוּדָה וְעֶקְרוֹן כִּיבוּסִי׃
⁸ וְחָנִיתִי לְבֵיתִי מִצָּבָה מֵעֹבֵר וּמִשָּׁב וְלֹא־יַעֲבֹר עֲלֵיהֶם
עוֹד נֹגֵשׂ כִּי עַתָּה רָאִיתִי בְעֵינָי׃ ס

⁵ Vea Ascalón y tema; Gaza también, y se dolerá mucho; asimismo Ecrón, porque su esperanza será puesta en vergüenza. Perecerá el rey de Gaza, y Ascalón no será habitada. ⁶ Habitará en Asdod un extranjero, y pondré fin a la soberbia de los filisteos. ⁷ Quitaré la sangre de su boca y sus abominaciones de entre sus dientes. Quedará también un resto para nuestro Dios; serán como capitanes en Judá, y

Ecrón será como el jebuseo. ⁸ Entonces montaré una tienda (una guardia) para mi Casa, para que ninguno vaya ni venga, de manera que no pase sobre ellos ningún opresor, porque ahora vigilo con mis propios ojos.

9, 5-6. De los fenicios pasamos a los filisteos. La caída de la poderosa Tiro llenará las ciudades de los filisteos con temor y temblor, porque quedan privadas de toda esperanza de liberación de la destrucción amenazadora, al no poder contar con la ayuda de Tiro (cf. Is 23, 5). תֵּרֶא es jusiva. El efecto que la caída de Tito producirá sobre las ciudades filisteas se presenta aquí como algo querido por Dios. La descripción se individualiza aplicándose a las diversas ciudades, pero de manera que lo que se dice de una de ellas se aplica también a las otras.

Ellas no solo temblarán de miedo, sino que perderán también su reinado, y serán devastadas. Aquí solo se mencionan las capitales de los filisteos, a excepción de Gat, como en Am 1, 6.8; Sof 2, 4 y Jer 25, 20. Ellas aparecen en el mismo orden que en Jeremías, cuya profecía tiene aquí en mente Zacarías. A la palabra ועזה debemos añadir תרא de la frase paralela; y a עקרון no solo תרא, sino Ecrón ותירא. La razón del miedo se menciona por primera vez en conexión con Ecrón, es decir, el hecho de que la esperanza será puesta en vergüenza (כִּי־הֹבִישׁ מִבָּטָהּ)

הוֹבִישׁ es *hifil* de בוש (Ewald, 122, e), en el sentido ordinario del *hifil*, "ser puesto en vergüenza". Para מִבָּטָהּ, cf. Ewald, 88 d, y 160 d, el objeto de la confianza o esperanza. Gaza pierde a su rey, מֶלֶךְ, *melekh*, sin artículo, refiriéndose a ningún rey en particular, sino al que reine en el momento del juicio. El sentido es el siguiente: desde entonces, "Gaza no tendrá ya rey", es decir, quedará destruida. Por su parte, Ascalón לֹא תֵשֵׁב, "no habitará", no vendrá a habitar, expresión poética para decir que no estará habitada (cf. Joel 3, 20).

La referencia al rey de Gaza no nos lleva a los tiempos anteriores a la cautividad, pues los emperadores babilonios y persas solían dejar que las naciones sometidas tuvieran sus reyes o sus príncipes, siempre que se sometieran como vasallos a su control superior. Por eso, esos reyes babilonios y persas se llamaban "reyes de reyes" (Ez 26, 7; cf. Herodoto iii. 15; Stark, *Gaza*, pp. 229, 230 y Koehler, *ad h. l.*).

En Asdod, בְּאַשְׁדּוֹד, habitará מַמְזֵר, un *mamzēr*. Esta palabra, cuya etimología es oscura (cf. Dt 23, 3, el único lugar en que aparece también), indica alguien que tiene algo vergonzoso en su nacimiento, algo que le distingue de los habitantes nativos de la ciudad o de la tierra. Por eso, Hengstenberg traduce la palabra de manera algo libre, pero no inapropiada por *gesinde*l (canalla, bastardo).

El hecho de que en Asdod habitará un bastardo no va en contra de que Ascalón no estará habitada, a pesar del carácter genérico de la descripción, según la cual lo que se dice de una ciudad puede aplicarse también a las otras, pues en el caso de Asdod solo se dice que la ciudad perderá a sus habitantes nativos, y así no tendrá ya el carácter de ciudad. El hecho de que en Asdod habiten bastardos o gente de la plebe expresa la intensa degradación de Filistea, que se anuncia en términos generales en el segundo hemistiquio de 9, 6.

Quedará así desarraigado el orgullo de los filisteos, de forma que ellos quedarán privados de todo aquello que fundaba su orgullo, es decir, su poder, sus ciudades fortificadas y su nación. "Estas palabras recogen todo el contenido de la profecía en contra de los filisteos, afirmando de toda la nación lo que se ha dicho de sus diversas ciudades" (Hengstenberg).

9, 7. Aquí se añade un rasgo nuevo e importante: se les quitará también su religión nacional, es decir, su idolatría. De esa manera, ellos serán incorporados a la nación de Dios a través de este juicio. La descripción de 9, 7 está fundada en una personificación de la nación filistea. Los sufijos en tercera persona singular y el pronombre הוא no se refieren a *mamzēr* (Hitzig), sino a פְּלִשְׁתִּים, *pelishtīm* (filisteos), la nación entera centrada en la unidad de una única persona, que aparece como un idólatra, que cuando ofrece la fiesta sacrificial tiene la sangre y la carne del animal sacrificado en su boca y entre sus dientes.

Dâmîm (cf. דָּמָיו) no es sangre humana, sino la sangre de los sacrificios; y *shiqqutsīm* (cf. וְשִׁקֻּצָיו) no son los ídolos, sino los sacrificios idolátricos, y en especial su carne. Quitar de su boca la carne de los sacrificios idolátricos no indica solo la interrupción de las comidas sacrificiales idolátricas, sino la abolición de la idolatría en general. Según eso, ella, la nación de los filisteos, tomada como una persona, será abandonada por su Dios (y dejada para nuestro Dios, el Dios de los judíos).

El *gam* (cf. גַּם־הוּא) no se refiere a los fenicios, ni a los sirios, antes mencionados, de quienes no se dice que haya queda alguno, sino a la idea de Israel, tal como se implica en לֵאלֹהֵינוּ, para Yahvé, nuestro Dios. Por eso, igual que quedará en Israel un resto de verdaderos confesores de Yahvé, cuando llegue el juicio, así quedará entre los filisteos un resto para el Dios de Israel. La actitud de ese resto hacia el pueblo de Dios se mostrará en las frases que siguen.

Las personas de ese resto serán en Judá un *'alluph* (cf. כְּאַלֻּף). Esa palabra, que en los libros anteriores de la Biblia solo se aplica a los príncipes de tribus de los edomitas y de los horitas (Gen 36, 15-16; Ex 15, 15; 1 Cron 1, 51), ha sido transferida por Zacarías a los príncipes de la tribu de Judá. Ella no significa literalmente un *filarca*, es decir, el cabeza de toda una tribu (*matteh*, φυλή), sino un *chiliarca*, es decir, el cabeza de un *'eleph*, una de las familias entre las cuales estaban divididas las tribus.

El significado de "amigo", adoptado por Kliefoth (cf. Miq 7, 5), no es aquí el apropiado, y la objeción de que no todos los individuos englobados en el término colectivo הוא pueden recibir el rango de príncipes de tribu en Judá (Kliefoth) no se aplica aquí, pues הוא no se refiere a un colectivo ordinario, sino que se aplica al resto de los filisteos, personificados como una persona. Pues bien, ese resto puede recibir en Judá la posición o puesto de un *chiliarca*.

Esta afirmación se completa con el añadido "y Ecrón", es decir, los ecronitas, "serán como los jebusitas". Los ecronitas quedan así individualizados en lugar de todos los filisteos. Jebusita no es un epíteto que se aplica a los habitantes de Jerusalén, sino que está en lugar de los antiguos habitantes de la ciudadela de Sión, que aceptaron la religión de Israel, después que su ciudadela fue conquistada por David, siendo así incorporados a la nación del Señor.

Esto resulta evidente por el ejemplo del jebusita Arauna, que vivió en medio de la nación de la alianza, conforme a 2 Sam 24, 16 y a 1 Cron 21, 15, como un distinguido propietario, que no solo vendió su era al rey David, como emplazamiento para el futuro templo, sino que le ofreció el regalo de los bueyes con los que había estado arando, lo mismo que el arado, para una ofrenda cruenta.

Por otra parte, por el modo convencional de la conversación entre Arauna y David en 2 Sam 24, cuando Arauna dice a David "tu Dios" y David responde diciendo "mi Dios", Koehler infiere que Arauna se mantuvo como un extranjero en relación con el Dios de Israel. Pero él está equivocado en esto.

Tampoco tiene fundamento la inferencia posterior del mismo Koehler, cuando afirma que los siervos de Salomón y los netineos aparecen vinculados en Esd 2, 58 y Neh 7, 60, en conexión con el hecho de que Salomón había contratado esclavos personales de entre los restos de la población cananea (1 Rey 9, 20), añadiendo en esa línea que los netineos reaparecen en los libros históricos posteriores, y que los contratados por David y por los príncipes judíos eran básicamente jebusitas según lo cual, al decir que Ecrón será como un jebusita equivale a decir que los restos de Ecrón no solo serán recibidos en la comunión nacional de Israel a través de la circuncisión, sino que serán destinados, como los jebusitas, al servicio del santuario de Yahvé.

En contra de eso, el pensamiento aquí implicado es simplemente este: los ecromitas se mezclaran con el pueblo de Dios, igual que los jebusitas se mezclaron con los judíos. En este contexto, Kliefoth observa también correctamente que lo que se dice en especial de los filisteos puede aplicarse al país de *Chadrach* y a Damasco, como supone la generalización de 9, 10. En la línea de lo que precede, la catástrofe que ha de extenderse a todas esas tierras y naciones, se describe especialmente para el caso de Tiro, de forma que aquí se predice de un modo especial la conversión de los filisteos.

Si preguntamos por el sentido y cumplimiento de esta profecía, parece lo más natural pensar que ella se aplica al juicio divino que cayó sobre esas tierras de Siria, Fenicia y Filistea a través de la invasión militar de Alejandro Magno de Asia Menor a Egipto. Tras la batalla de Isso en Cilicia, Alejandro mandó una división de su ejército con Parmenio a Damasco, para conquistar la capital de la Celesiria. En esta expedición tuvo que haber tocado y conquistado también Hamath. El mismo Alejandro marchó de Cilicia directamente a Fenicia, donde Sidón y las otras ciudades fenicias se rindieron de un modo voluntario; solo Tiro ofreció una resistencia muy seria, confiando en su propia seguridad, de forma que Alejandro solo pudo tomar la ciudad al asalto tras once meses de asedio con muchas bajas.

En su marcha posterior, la ciudad de Gaza ofreció también una resistencia prolongada, pero al fin ella fue igualmente tomada al asalto (cf. Arriano, ii. 15 ss.; Curtius, iv. 12, 13 y 2-4; Stark, *Gaza*, p. 237 ss.). Sobre la base de estos hechos, Hengstenberg ha observado (*Christol.* iii. p. 369), como han hecho otros antes que él, que no hay duda de que Zac 9, 1-8 está ofreciendo una descripción de la expedición de Alejandro, del modo más claro que uno podía hacerlo, teniendo en cuenta la diferencia que hay entre profecía e historia.

Pero Koehler ha respondido ya que la profecía de Zac 9, 7 no se cumplió en la campaña de Alejandro, pues ni el resto de los filisteos ni otros habitantes paganos que vivían en Israel se convirtieron a Yahvé a través de las calamidades conectadas con esa expedición de Alejandro. Siguiendo en esa línea, considera que la conquista de Alejandro fue solo el comienzo de un cumplimiento que se fue extendiendo a través de una serie de calamidades causadas por las guerras sucesivas, por los conflictos entre egipcios, sirios y romanos, hasta que ese proceso se completó por el hecho de que las naciones paganas del entorno de Israel desaparecieron gradualmente como tales tribus separadas, de forma que sus restos fueron recibidos en la comunidad de aquellos que confesaron al Dios de Israel y a su ungido. Pero aún podemos dar un paso más, y afirmar que el cumplimiento no ha llegado todavía a su meta, sino que se está realizando todavía, hasta que el reino de Cristo alcance la victoria completa sobre los paganos, tal como está prometida en Zac 9, 8 ss.

9, 8. Mientras el mundo pagano cae bajo el juicio de la destrucción y el resto de los paganos se convierten al Dios vivo, el Señor protegerá su casa, y hará que se muestre en Jerusalén el Rey, que extenderá su reino de paz sobre toda la tierra. *Chânâh* (cf. חָנִיתִי), acampar, poner una tierra. לְבֵיתִי, *dat. commodi*, dativo a favor de…: para mi pueblo, para bien de mi casa. En este contexto, la casa de Yahvé no es el templo, sino Israel, el reino de Dios o la Iglesia del Señor, como en Os 8, 1; 9, 15; Jer 12, 7, e incluso Num 12, 7; el texto que sigue no se refiere, por tanto, al templo, sino a la constitución nacional de Israel, a la casa entendida como familia.

No podemos, pues, pensar en el templo, por la simple razón de que el templo no era una calzada militar para ejércitos que estaban en marcha, tanto cuando se hallaba en pie, como cuando (como supone Koehler) se hallaba en ruina. Según la Masora, מִצָּבָה es una palabra compuesta, de מן־צבא, pero no en el sentido de "sin ejército", sino en el de "a causa de (o en contra de) un ejército", es decir, para proteger la casa de los ejércitos. Pero Boetticher, Koehler y otros proponen seguir el texto de los LXX y leer מצבה en el sentido de "puesto militar", en la línea de 1 Sam 14, 12, que es la lectura propuesta por C. B. Michaelis y Gesenius a מצבה.

Pero este sentido no responde a חנה (cf. וְחָנִיתִי, montaré, estableceré) porque un puesto militar (con מצבה en el sentido de algo que se eleva) se pone en pie como algo que está firme, bien elevado. El sentido de מצבה se define de un modo más preciso con מעבר ומשׁב, de los que van y vienen, es decir, de un ejército que pasa de un lado a otro (cf. Zac 7, 14). No vendrá más contra ellos (עליהם, *ad sensum*, referido a בית) נגשׂ, *nōgēs,* lit., un tipo de "alguacil", capataz o vigilante (Ex 3, 7), en esa línea, en general, un opresor de la nación. Esos opresores habían sido Egipto, Asur y Babilonia, y en el tiempo presente era el poder imperial de Persia. Esta promesa se explica en la última frase: ahora lo he visto (vigilo) con mis propios ojos. Falta el objeto, pero está implicado en la última frase: es la opresión bajo la que sufre la nación (cf. Ex 2, 25; 3, 7). *'Attâh* (ahora) se refiere al presente ideal de la profecía, realmente al tiempo en el que Dios se manifiesta con su ayuda. Por su parte, el perfecto ראיתי es profético.

9, 9-10

⁹ גִּילִי מְאֹד בַּת־צִיּוֹן הָרִיעִי בַּת יְרוּשָׁלִַם הִנֵּה מַלְכֵּךְ
יָבוֹא לָךְ צַדִּיק וְנוֹשָׁע הוּא עָנִי וְרֹכֵב עַל־חֲמוֹר וְעַל־עַיִר בֶּן־אֲתֹנוֹת׃
¹⁰ וְהִכְרַתִּי־רֶכֶב מֵאֶפְרַיִם וְסוּס מִירוּשָׁלִַם וְנִכְרְתָה קֶשֶׁת
מִלְחָמָה וְדִבֶּר שָׁלוֹם לַגּוֹיִם וּמָשְׁלוֹ מִיָּם עַד־יָם וּמִנָּהָר עַד־אַפְסֵי־אָרֶץ׃

⁹ ¡Alégrate mucho, hija de Sión! ¡Da voces de júbilo, hija de Jerusalén! Mira que tu rey vendrá a ti, justo y salvador, pero humilde, cabalgando sobre un asno, sobre un pollino hijo de asna. ¹⁰ Y quebraré los carros de Efraín y los caballos de Jerusalén; los arcos de guerra serán quebrados, y proclamará la paz a las naciones. Su señorío será de mar a mar, desde el río hasta los confines de la tierra.

9, 9. Dios concede su ayuda a su pueblo haciendo que su Rey venga a la hija de Sión. Para mostrar la magnitud de esta salvación, el Señor llama a la hija de Sión, es decir, a la población personificada de Jerusalén, como representante de la nación de Israel, es decir a los miembros creyentes de la nación, invitándoles a regocijarse.

Al precisar y decir מַלְכֵּךְ, tu Rey, aquel que ha de venir se describe como el Rey que ha sido instituido para Sión y prometido para la nación del pacto. Todos los comentadores, judíos y cristianos, con muy pocas excepciones, afirman que aquí se está evocando al Mesías, cuya venida ha sido predicha por Isaías (Is 9, 5-6), Miqueas (5, 1) y por otros profetas[116].

יָבוֹא לָךְ, no solo para ti, sino para tu bien. Él es צַדִּיק, *tsaddîq*, justo, es decir, no solo alguien que es recto, sino alguien que hace el bien, que hace lo que es bueno (Hitzig), no meramente alguien que es recto en carácter, respondiendo en todo a la voluntad de Yahvé (Koehler), sino alguien que está animado con la justicia, y que mantiene y ejerce en su gobierno esta primera virtud de gobernante (cf. Is 11, 1-4; Jer 23, 5-6; 33, 15-16, etc.).

---

116. Para la historia de la interpretación del tema, cf. Hengstenberg, *Christologie*.

Él es, también, נוֹשָׁע, no meramente σώζων, *salvator*, el que ayuda (LXX, Vulgata, Lutero), pues el *nifal* no tiene el sentido activo y transitivo del *hifil* (מוֹשִׁיעַ), ni es meramente un pasivo, como σωζόμενος, *salvatus*, liberado por el sufrimiento, sino que la palabra se utiliza en un sentido más general: alguien que está dotado con יֵשַׁע, es decir, con salvación, alguien que ayuda de parte de Dios, como en Dt 33, 29; Sal 33, 16, alguien que está provisto de lo necesario para realizar su gobierno.

Los otros dos predicados describen el carácter de su modo de gobernar. Es עָנִי, gentil, πραΰς (LXX y otros), siendo ענו, humilde, miserable, inclinado hacia abajo, lleno de sufrimiento. Esta palabra evoca la totalidad de la condición de abajamiento, de miseria y sufrimiento que ha sido expresada de un modo elaborado por Is 53, 1-12 (Hengstenberg).

La siguiente frase responde a eso, "montado sobre un asno, ciertamente sobre un pollino hijo de asna". La ו delante de על עִיר es epexegética (1 Sam 17, 40), para describir que el asno es un animal joven, que aún no ha sido montado, sino que corre todavía detrás de las asnas. La juventud del animal ha sido puesta aún más de relieve por la expresión añadida עִיר, esto es, בֶּן־אֲתֹנוֹת, es decir, un pollino, hijo de asna, para precisar así la especie, como en כְּפִיר אֲרָיוֹת, Jc 14, 5; שְׂעִיר הָעִזִּים, Gen 37, 31; Lev 4, 23).

La mayor parte de los comentaristas modernos suponen que el asno es un signo figurativo del carácter pacífico del rey, de forma que él establecerá un gobierno de paz, pues el asno es animal pacífico, en contra del caballo, porque a causa de su menor tamaño, fuerza, agilidad y velocidad está menos adaptado para moverse en medio de la batalla y de la matanza como el caballo. Pero en esa línea se debe poner también de relieve el otro elemento de la imagen del asno, que se expresa a través del añadido: "un pollino, hijo de asna. A partir de aquí han de hacerse tres observaciones:

- *Lo que es signo de paz, en un sentido fuerte, es el hecho de que se trata de un pollino de asno,* que no ha sido montado todavía. Hay que poner esto de relieve: se trata de un asno joven, no es un asno mayor, que ya ha sido montado con frecuencia. Esto va en contra de la afirmación de Ebrard, según la cual עַיִר (pollino) indica un asno de raza noble y que בֶּן־אֲתֹנוֹת indica que se trata de la más noble de todas las razas; pero esa afirmación es una fantasía sin fundamento, como ha mostrado Koehler. Pero tampoco es válido el intento del mismo Koehler que quiere deducir el significado de montar sobre un joven asno a partir de los preceptos relacionados con los sacrificios, concluyendo que el futuro Rey cabalgará al servicio de Israel y que por tanto está cumpliendo una misión que proviene de Yahvé, apelando para ello a los preceptos más heterogéneos (entre los cuales están los de Num 19, 2; Dt 21, 3 y 1

Sam 6, 7), donde se dice que para ciertos sacrificios expiatorios han de seleccionarse animales que nunca han sido puestos al yugo. En contra de eso, hay que decir que se trata de un asno joven, no acostumbrado al trabajo o la guerra.

— *En segundo lugar,* ciertamente es correcta la afirmación según la cual los asnos solo se han empleado para la guerra de un modo excepcional, cuando no había caballos a mano (cf. Bochart, *Hieroz.* i. p. 158, ed. Ros.); y también es correcto el hecho de que en oriente se considera al asno como un animal noble, y no es despreciado como entre nosotros; pero también es cierto el hecho de que entre los israelitas, en los tiempos más antiguos, las personas distinguidas solo montaban en asnos cuando ellas no poseían todavía caballos (cf. Jc 5, 10; 10, 4; 12, 14; 2 Sam 17, 23; 19, 27), mientras que en el tiempo de David los príncipes reales y los reyes utilizaban mulas para cabalgar, en vez de asnos (2 Sam 13, 29; 18, 9; 1 Rey 1, 33; 38, 44). Desde el tiempo de Salomón en adelante, cuando se introdujo la cría de caballos, no aparece ya ninguna persona real montando sobre un asno, aunque asnos y mulas se utilizaban constantemente para cabalgar y como bestias de carga.

— *Por otra parte, finalmente, tanto en los tiempos antiguos como en los modernos, en el este, el asno se situaba en un plano muy inferior en relación con el caballo,* mientras que en Egipto y en otros países (por ejemplo en Damasco) a los cristianos y a los judíos solo se les permitía (y en cierto sentido solo se les permite, todavía ahora) montar sobre asnos, y no sobre caballos, para mantenerlos así por debajo de los musulmanes (para pruebas de ello, cf. Hengstenberg, *Christologie,* iii. pp. 404-5). Consiguientemente, podemos quedar satisfechos con la explicación de que, de acuerdo con el predicado עני, el hecho de que el Rey de Sión montara sobre el pollino de un asno era un signo de abajamiento no de paz, como los mismos talmudistas han puesto de relieve al interpretarlo, "porque el asno no es un animal más pacífico que el caballo, sino incluso más violento" (Kliefoth).

9, 10. Así como la venida del Rey no contiene en sí misma ningún signo de poder y exaltación terrena, su reino tampoco se establecerá por medio de un poder mundano. Los carros de guerra y los caballos, en los que los reinos de este mundo fundan su poder, serán exterminados por Yahvé en Efraín y en Jerusalén (cf. Miq 5, 9). Y lo mismo sucederá con los carros de guerra, con los que se vinculan por sinécdoque los arcos de guerra. Efraín está indicando el antiguo reino de las diez tribus, y en lugar del reino de Judá se menciona Jerusalén, como su capital. Bajo el Mesías se unirán de nuevo los dos reinos antes divididos, y a través de la destrucción de su poder militar cambiará también su naturaleza, de manera que la nación de la alianza dejará de lado su carácter político y mundano, para convertirse en una nación o reino espiritual.

El gobierno de su Rey hablará también de paz a las naciones, es decir, no impondrá la paz a través de su palabra autoritaria (Hitzig, Koehler, etc.), pero hará que termine la lucha entre las naciones (Miq 4, 3). דִּבֶּר שָׁלוֹם, *dibbēr shâlōm,* no significa mandar (imponer) la paz, sino que es un modo de hablar que tiene como tema y contenido la paz, ofreciendo una seguridad de paz y de amistad; o también una forma de hablar de la paz con la finalidad de resolver y hacer que terminan las disputas (cf. Est 10, 3). Esto no se logra a través de mandatos autoritativos, sino transformando a las naciones a través del poder espiritual de su palabra, o estableciendo su reino espiritual en medio de los hombres.

Solo en este contexto, la afirmación relacionada con la extensión de su reino, armoniza con el resto del pasaje. Esta afirmación se apoya sobre Sal 72, 8 (de mar a mar…), como en Am 8, 12 y Miq 7, 12, es decir, desde el mar hasta los extremos del mundo donde empieza el mar de nuevo. Desde el río, es decir, desde el Éufrates, al que se refiere la palabra נָהָר, sin artículo, como en Miq 7, 12 y en Is 7, 20, que aquí se menciona como la frontera más remota de la tierra de Israel, en la línea de oriente, según Gen 15, 18; Ex 23, 31. Este río se entiende como *terminus a quo* al que se oponen los fines de la tierra, como opuestos, es decir, como *terminus ad quem.*

El pensamiento dominante en la promesa (9, 8-10) es por tanto el siguiente: cuando estalle la catástrofe sobre el Imperio persa, Israel gozará de una protección maravillosa de su Dios, y vendrá sobre Sión el rey prometido, dotado con justicia y salvación, pero en gesto de humillación externa, destruyendo los materiales de guerra que existan fuera de Israel y estableciéndose de un modo pacífico en el contexto de las naciones. De esa forma él establecerá un reino de paz que se extenderá sobre toda la tierra.

Sobre el cumplimiento de esta profecía nos enseña mucho la historia del evangelio, pues cuando hizo su último viaje a Jerusalén, Jesús organizó su entrada en la ciudad con el fin de que se cumpliera esta profecía (Zac 9, 9): "Decid a la hija de Sión, mira que tu rey viene…" (cf. Mt 2, 2; Mc 11, 2; Lc 19, 30 y Jn 12, 14). El acuerdo entre la forma de actuar de Jesús y nuestra profecía, con esa ocasión, resulta especialmente evidente en el relato de Mateo, según el cual Jesús mandó no solo que le trajeran un pollino de asno (πῶλον ὀνάριον), sobre el que entró en Jerusalén, como relatan Marcos, Lucas y Juan, sino que mandó que trajeran una asna y su pollino (Mt 21, 2.7) "a fin de que se cumpliera lo que había sido anunciado por el profeta" (21, 4), aunque él realmente solo podía cabalgar sobre un animal.

La asna madre tenía que ir detrás, a fin de que se cumpliera la descripción figurativa de Zacarías con mayor precisión, aunque por los relatos correspondientes de los otros tres evangelistas vemos que Jesús solo podía ir montado sobre el pollino. Juan, aunque cita nuestra profecía, solo se refiere al hecho de que Jesús iba montado sobre un pollino de asno (Jn 12,15), y entonces añade (Jn 12, 16) que la referencia de este acto de Jesús a la profecía del Antiguo Testamento solo fue entendida por sus discípulos después que Jesús fue glorificado.

Por esta forma de entrar en Jerusalén antes de su muerte, Jesús quiso mostrarse ante el pueblo como el rey anunciado por los profetas cuya venida en bajeza serviría para establecer su reinado a través del sufrimiento y de la muerte, para así neutralizar las expectaciones carnales del pueblo respecto del carácter mundano del reino mesiánico. Sin embargo, el cumplimiento que Jesús dio a nuestra profecía no ha de buscarse en la concordancia externa entre su gesto y las palabras del profeta. El acto de Jesús fue en sí mismo, simplemente una encarnación del pensamiento latente en la base de la profecía, es decir, que el reino del Mesías se desplegaría a sí mismo a través de la bajeza y del sufrimiento, que llevan al poder y a la gloria. Así se mostraría que el Mesías no conquistaría el mundo por la fuerza de las armas, para así elevar a su pueblo a la supremacía política, sino que él fundaría su reino por el sufrimiento y por la muerte, un reino que, no siendo de este mundo, desbordaría sin embargo este mundo.

El carácter figurativo de esta visión profética, según la cual el hecho de montar sobre un asno sirve meramente para concretar el sentido de עָנִי, poniendo así de relieve la bajeza del verdadero Rey de Sión, con una imagen apropiada, ha sido ya destacado por Calvino[117] y por Vitringa. Este último ha observado correctamente que la profecía se hubiera cumplido en Cristo aunque él no hubiera entrado en Jerusalén de esa manera[118]. Por su parte, Hengstenberg y Koehler destacan la misma visión.

De todas formas, esta entrada de Cristo en Jerusalén constituye el comienzo del cumplimiento de nuestra profecía, y eso no simplemente en la medida en que Jesús declaró por ella que él era el mesías y rey prometido de Sión, y así lo mostró a través de un símbolo viviente de la verdadera naturaleza de su persona y de su reino, en contraste con las falsas nociones de sus amigos y enemigos, sino todavía más por el hecho de que esa entrada en Jerusalén formó el comienzo del establecimiento de su Reino, dado que ella mostró de un modo ya pleno la resolución

---

117. Calvino dice "no tengo duda de que el profeta añadió esta frase (es decir: montando sobre un asno...) como un apéndice a la palabra עָנִי, lo que es tanto como decir: El rey sobre el cual yo hablo no será ilustre por su magnificencia y por su espléndido poder, como los príncipes de la tierra...". Ese rey no triunfará por su gran exaltación; ni será famoso por sus armas, riquezas y esplendor, por el número de sus soldados, ni por sus insignias reales, que son las que atraen la mirada del pueblo.

118. Vitringa dice, comentando Is 53, 4: "Ciertamente, en aquel pasaje de Zacarías, conforme a su sentido espiritual y místico, ese significado hubiera sido evidente incluso sin la entrada externa de Jesús en Jerusalén; pero, dado que Dios quiso poner todo el énfasis del que son capaces las palabras sobre las predicciones de los profetas, su misma providencia dispuso que ese gesto externo se realizara, a fin de que no faltara aquí nada del simbolismo mesiánico".

Futuro de los poderes del mundo y reino de Dios

de los gobernantes judíos de matarle; y su muerte fue necesaria para reconciliar al mundo pecador con Dios y para restaurar el fundamento de paz sobre el que su reino iba a ser edificado.

Con la extensión de su reino sobre la tierra (tema del que trata 9, 10) continúa el cumplimiento de esa profecía hasta que llegue la aniquilación de todos los poderes impíos, con lo que cesará toda guerra. Pero ese fin solo llegará a través de fuertes conflictos y victorias. Este es el tema de la sección que sigue.

9, 11–17. Redención de Israel y victoria sobre los paganos

9, 11-12

¹¹ גַּם־אַתְּ בְּדַם־בְּרִיתֵךְ שִׁלַּחְתִּי אֲסִירַיִךְ מִבּוֹר אֵין מַיִם בּוֹ:
¹² שׁוּבוּ לְבִצָּרוֹן אֲסִירֵי הַתִּקְוָה גַּם־הַיּוֹם מַגִּיד מִשְׁנֶה אָשִׁיב לָךְ:

¹¹ Tú también; por la sangre de tu pacto he sacado a tus presos de la cisterna en que no hay agua. ¹² Volveos a la fortaleza, prisioneros de la esperanza; hoy también os anuncio que os dará doble recompensa.

Esto se dirige a la hija de Sión, es decir, a todo Israel, que está formado por Efraín y Judá. Esto lo descubrimos por el contexto, pues ambas cosas se dicen de algo de antes (9, 10) o de algo de después (9, 13), pero resulta obvio por la expresión בְּדַם־בְּרִיתֵךְ, *bedam berīthēkh* (por la sangre de la alianza), dado que esa pertenecía al Israel de las doce tribus (Ex 24, 8).

9, 11. La expresión גַּם־אַתְּ, está al principio, de un modo absoluto, a causa del énfasis que recae en אַתְּ. Pero, dado que la frase siguiente, en vez de estar directamente vinculada a אַתְּ, está construida de tal forma que אַתְּ sigue estando presente con sufijos, surge la pregunta de si גַּם tiene un sentido referencial respecto a lo anterior o si es el principio de una antítesis. La respuesta se obtiene con facilidad si tenemos en cuenta cuál de las dos palabras con el segundo sufijo personal forma el objeto de la afirmación que se hace en toda la frase.

Ese objeto no viene dado por בְּדַם־בְּרִיתֵךְ, sino por אֲסִירַיִךְ: también tú (a ti), es decir, a tus prisioneros, yo he sacado (he liberado). Pero el énfasis por la posición en la que se encuentra גַּם־אַתְּ, no recae sobre los prisioneros de Israel (en contraste con otros prisioneros), sino en contraste con Israel y aquí se está hablando de los prisioneros Jerusalén, es decir, de la hija de Sión, a la que está viniendo el Rey.

De esa forma, aunque se vincule de hecho con אֲסִירַיִךְ, la partícula גַּם se refiere ante todo a la partícula אַתְּ con la que se vincula, y esto solo recibe su definición más precisa después, con אֲסִירַיִךְ. Y la alusión que se busca con גַּם resulta algo oscurecida por el hecho de que antes de la afirmación central se inserte בְּרִיתֵךְ־בְּדַם, con el fin de poner de relieve la promesa que se ofrece al pueblo, declarando el motivo que ha inducido a Dios a realizar esta nueva y fuerte manifestación de su gracia hacia Israel. Este motivo actúa también como una razón ulterior para colocar el pronombre אַתְּ al principio de todo, de un modo absoluto, en forma de saludo, como por ejemplo en Gen 49, 8.

בְּדַם־בְּרִיתֵךְ: literalmente, en la sangre de tu alianza, que ha sido rociada con ese fin, a través del proceso por el que Israel ha sido expiado y recibido en pacto con Dios (Ex 24, 8). "La sangre de la alianza, que todavía separa a la iglesia y al mundo, al uno del otro, fue por tanto un tipo de garantía y promesa de que la nación de la alianza sería liberada de toda perturbación, mientras ella, la nación de la alianza, no rompiera esa alianza violando las condiciones impuestas por Dios" (Hengstenberg).

El nuevo tema introducido por גַּם־אַתְּ en 9, 11 es, por tanto, el siguiente: el perdón de Israel no consistirá meramente en el hecho de que Yahvé enviará al Rey prometido a la hija de Sión, sino en el hecho de que él redimirá a los miembros de su nación que se encuentren aún en cautividad, sacándolos de su aflicción.

El perfecto שִׁלַּחְתִּי es profético. Liberarles del pozo sin agua es una figura que indica su liberación de la cautividad del exilio. Aquí tenemos una alusión evidente a la historia de José en Gen 37, 22, cuando él había sido arrojado a un pozo sin agua, que se empleaba también para cárcel (cf. Gen 38, 6). El cautivo no puede escaparse de ese tipo de pozo, donde perecerá de un modo inevitable si es que no lo sacan de allí.

9, 12. Lo opuesto al pozo es בִּצָּרוֹן, un lugar fortificado, no un lugar alto y empinado, aunque las ciudades fortificadas se edificaban generalmente sobre alturas. Los prisioneros han de volver a lugares donde ellos se encuentren seguros en contra de sus enemigos; cf. Sal 40, 3, donde la roca, como lugar donde puede ponerse el pie seguro, se opone pozo cenagoso. Por su parte, אֲסִירֵי הַתִּקְוָה, prisioneros de (la) esperanza es un epíteto que se aplica a los israelitas porque ellos poseen en su alianza la sangre que es esperanza de redención.

גַּם־הַיּוֹם, también hoy o incluso este día, a pesar de todas las circunstancias amenazadoras (Ewald, Hengstenberg). Yo os anuncio מִשְׁנֶה אָשִׁיב, una paga doble, es decir, según Is 61, 7, una doble medida de gloria, en lugar de los sufrimientos.

9, 13-15

¹³ כִּי־דָרַכְתִּי לִי יְהוּדָה קֶשֶׁת מִלֵּאתִי אֶפְרַיִם וְעוֹרַרְתִּי
בָנַיִךְ צִיּוֹן עַל־בָּנַיִךְ יָוָן וְשַׂמְתִּיךְ כְּחֶרֶב גִּבּוֹר:
¹⁴ וַיהוָה עֲלֵיהֶם יֵרָאֶה וְיָצָא כַבָּרָק חִצּוֹ וַאדֹנָי יְהֹוִה בַּשּׁוֹפָר יִתְקָע
וְהָלַךְ בְּסַעֲרוֹת תֵּימָן:
¹⁵ יְהוָה צְבָאוֹת יָגֵן עֲלֵיהֶם וְאָכְלוּ וְכָבְשׁוּ אַבְנֵי־קֶלַע וְשָׁתוּ
הָמוּ כְּמוֹ־יָיִן וּמָלְאוּ כַּמִּזְרָק כְּזָוִיּוֹת מִזְבֵּחַ:

¹³ Porque he tensado para mí a Judá como un arco, e hice a Efraín su flecha. Lanzaré a tus hijos, Sión, contra tus hijos, Grecia, y te haré como espada de valiente.

¹⁴ Yahvé será visto sobre ellos, y su dardo saldrá como relámpago; Yahvé, el Señor, tocará la trompeta y avanzará entre los torbellinos del sur. ¹⁵ Yahvé de los ejércitos los amparará; ellos devorarán y echarán al suelo las piedras de la honda. Beberán y harán ruido como si estuvieran bajo los efectos del vino; se llenarán como tazón, como los cuernos del altar.

9, 13. El pensamiento anterior se amplía y confirma en 9, 13 ss. con una visión de la gloria que se espera para Israel. La recompensa doble (מִשְׁנֶה, verso anterior) que el Señor dará a su pueblo consistirá en el hecho de que él no solo les liberará de la cautividad y de la prisión, haciéndoles una nación independiente, sino que les ayudará para conseguir la victoria sobre el poder del mundo, de tal forma que lo pisotearán y lo dominarán totalmente. La primera recompensa no está desarrollada con más extensión porque está contenida implícitamente en la promesa de retorno a un lugar fuerte; aquí se presenta con más extensión la segunda, es decir, la victoria sobre Javán.

La expresión, דָּרַכְתִּי (he tensado, he extendido) implica que el Señor dominará a los enemigos por medio de Judá y de Efraín, de manera que Israel vencerá este conflicto con el poder de Dios. La descripción figurativa es audaz: Judá es el arco, Efraín la flecha que Dios disparará contra el enemigo. קשת está ciertamente separado de יהודה por los acentos (יְהוּדָה קֶשֶׁת); pero los LXX, el Targum, la Vulgata y otros han interpretado las palabras de un modo más correcto al poner a קשת como aposición a יהודה, refiriéndose así al "arco de Judá", que Dios mismo llenará de flechas para luchar contra el enemigo y vencerlo.

מִלֵּאתִי ha de entenderse en el sentido de poner una flecha en el arco, y no puede explicarse a partir de 2 Rey 9, 24: "llenar la mano con el arco". Lo que se llena no es la mano, sino el arco de Judá, cargado de flechas para disparar contra los enemigos. En este contexto, Judá y Efraín aparecen como arco y flecha en la mano de Yahvé. Yo lanzaré (עוֹרַרְתִּי) a tus hijos como flechas (no "yo los balancearé como lanza", como suponen Hitzig y Koehler, porque si עורר tuviera ese significado no se podría haber omitido la lanza, חנית).

Los hijos de Sión son Judá y Efraín, el Israel indiviso, no los hijos de Sión que viven como esclavos en Javán (Hitzig). Los hijos de Javán son los griegos, como poder mundial, es decir, el Imperio greco-macedonio (cf. Dan 8, 21), contra el que el Señor hará que su pueblo sea espada de héroe. Esto comenzó a realizarse, de un modo discreto y pequeño en las guerras entre los macabeos y los seléucidas, a las que según Jerónimo atribuían esta profecía los judíos de su tiempo; pero esta profecía no debe restringirse a eso, como indica la descripción posterior de 9, 14-15, donde se supone el sometimiento total del poder imperial, de forma que, dirigido por la mano de Dios, el arco de Judá, lleno de las flechas de Israel, derrotará a todos los enemigos.

9, 14. Yahvé aparece de esa forma sobre ellos, es decir, viniendo del cielo como ayuda, para luchar a favor de ellos (los hijos de Sión), como un poderoso hombre de guerra (cf. Sal 24, 8). Su flecha sale como relámpago (כַּבָּרָק, con la כ *veritatis*, que expresa el sentido de la palabra; para el hecho, cf. Hab 3, 11). Marchando a la cabeza de su pueblo, Yahvé da la señal para la batalla בַּשׁוֹפָר, es decir con la trompeta (*shophar*), y ataca al enemigo con una violencia terrible y devastadora. Esta descripción se apoya sobre las visiones poéticas de la venida del Señor para el juicio, una venida cuyos rasgos están tomados de los fenómenos de la tormenta (cf. Sal 18 y Hab 3, 8). Las tormentas del sur son las más violentas, y ellas vienen del desierto de Arabia, que limita por el sur con Canaán (Is 21, 1; cf. Os 13, 15).

9, 15. Pero Yahvé no solo lucha a favor de los hombres de su pueblo, sino que es también para ellos como un escudo en la batalla, cubriéndoles de las armas de los enemigos, como se dice en יָגֵן עֲלֵיהֶם. Esta imagen se encuentra al fondo de la horrible visión de וְאָכְלוּ, y los devorarán (los comerán), como resulta evidente de Num 23, 24, pasaje que tenía en su mente Zacarías: "Este pueblo, como león se levanta, como león se yergue. No se echará a descansar hasta que devore la presa y beba la sangre de los muertos".

Según eso, el objeto de אכלו no es la posesión de los paganos, sino comer su carne. Por su parte, וְכָבְשׁוּ אַבְנֵי־קֶלַע no significa que ellos pisarán (someterán) a los enemigos como piedras de honda (LXX, Vulgata, Grotius), porque אַבְנֵי־קֶלַע no puede tomarse en sentido gramatical con el significado de instrumento, sino como acusativo de objeto, en el sentido de ellos arrojan al suelo piedras de honda. Piedras de honda se puede tomar por sinécdoque en el sentido de dardos que les disparan los enemigos, pero que ellos (los judíos) echan al suelo como perfectamente inofensivos (Kliefoth). Pero la comparación de los israelitas con piedras de una corona (9, 16) nos lleva a la conclusión de que las piedras de honda han de tomarse como una figura que está simbolizando a los enemigos, que ellos (los israelitas) pisan con los pies como si fueran piedras (Hitzig, Hengstenberg).

Sea como fuere, no podemos pensar que se trata de piedras de comer, como Koehler hubiera interpretado las palabras, pasando por alto el sentido de כבשו, apelando al miembro paralelo (ellos beberán, gritarán como con vino...) lo que en mi opinión mostraría que las piedras de honda deberían comerse. Pero aquí no se habla de comer y de beber, sino de pisar. Ciertamente, el vino y la sangre sacrificial parece referirse a la sangre de los enemigos, pero el vino entendido como sangre se podría beber, mientras que las piedras de honda no se pueden comer.

La descripción del enemigo como piedras de honda ha de explicarse desde la figura de 1 Sam 25, 29, en el sentido de arrojar (echar fuera, lejos) el alma del enemigo. En ese sentido se puede decir que los judíos vencedores beberán la sangre del enemigo hasta emborracharse, haciendo un gran ruido, como si se emborracharan de vino (כְּמוֹ־יַיִן), que es una comparación abreviada; cf. Ewald, 221, a, y

282, e), incluso hasta vomitar, quedando así llenos, como las vasijas sacrificiales que se llenaban con la sangre de los animales sacrificados, y como los ángulos del altar, rociados con sangre sacrificial. Este será el sacrificio de los vencedores de Israel derramando la sangre de los enemigos.

זָוִיּוֹת מִזְבֵּחַ son los ángulos, no los cuernos del altar. La sangre sacrificial no se rociaba sobre sobre los ángulos del altar, sino que ellos eran simplemente humedecidos con un poco de sangre aplicada con el dedo, en el caso de los sacrificios expiatorios. Conforme a la ley (Lev 1, 5. 11; 3, 2, etc.), la sangre debía ser rociada sobre el altar. Pues bien, según la tradición rabínica (Misná, Seb.; cf. 1 Sam 25, 4 y Rashi sobre Lev 1, 5), esto debía hacerse de tal manera que, utilizando dos rociaderas, se humedecían con sangre los cuatro lados del altar, lo cual solo podía lograrse balanceando los recipientes llenos de sangre, como si fueran a chocar contra los ángulos del altar.

9, 16-17

¹⁶ וְהוֹשִׁיעָם יְהוָה אֱלֹהֵיהֶם בַּיּוֹם הַהוּא כְּצֹאן עַמּוֹ כִּי אַבְנֵי־נֵזֶר מִתְנוֹסְסוֹת עַל־אַדְמָתוֹ:
¹⁷ כִּי מַה־טּוּבוֹ וּמַה־יָּפְיוֹ דָּגָן בַּחוּרִים וְתִירוֹשׁ יְנוֹבֵב בְּתֻלוֹת:

¹⁶ Yahvé, su Dios, los salvará en aquel día como rebaño de su pueblo, y como piedras de diadema brillarán en su tierra. ¹⁷ Porque ¡cuánta es su bondad y cuánta su hermosura! El trigo alegrará a los jóvenes y el vino a las doncellas.

9, 16. De esa forma, por la victoria sobre el poder del mundo, Israel alcanzará la gloria. הוֹשִׁיעַ (cf. וְהוֹשִׁיעָם) no significa aquí ayudar o liberar, pues eso sería muy poco, tras lo que se ha dicho ya. Después que Israel ha sido pisoteado por sus enemigos necesita más que una simple liberación; necesita salvación positiva, como indican las frases que siguen, pues "su pueblo es como un rebaño". Dado que Israel es su pueblo (de Yahvé), el Señor lo protegerá como un pastor a su rebaño. Las bendiciones que Yahvé concede a su pueblo han sido descritas por David en Sal 23, 1-6. El Señor actuará así porque ellos (los israelitas) son piedras preciosas de su corona, es decir, su pueblo escogido, que Yahvé hará que sea alabanza y gloria para todas las naciones (cf. Sof 3, 19-20). El predicado es אַבְנֵי־נֵזֶר, piedras de corona; el sujeto ha de ser הֵמָּה y puede suplirse fácilmente por el contexto, como por ejemplo מַגִּיד en Zac 9, 2. A este sujeto se añade מִתְנוֹסְסוֹת עַל־אַדְמָתוֹ, brillando en su tierra. En Sal 60, 6, que es el único lugar en que aparece también, este signo está vinculado a *nēs*, una bandera; pero aquí aparece en el sentido de *nâtsats,* brillar.

Aquí no se dice simplemente que los israelitas serán enaltecidos, sino que brillan, como piedras preciosas de una corona. Esta imagen de los israelitas como piedras preciosas que brillan sobre la tierra es la más alta que aquí puede emplearse. El sufijo de אַדְמָתוֹ se refiere a Yahvé, aunque recordando que aquí esa tierra de Yahvé no se identifica sin más con Palestina (sino que es el nuevo reino de Dios).

9, 17. La aplicación de ese honorable epíteto a Israel se justifica ahora con una alusión a la excelencia y bondad que los israelitas alcanzarán. Los sufijos de יָפְיוֹ y טוּבוֹ no puede referirse a Yahvé, como han propuesto Ewald y Hengstenberg, sino a עַמּוֹ, el pueblo de Yahvé. יָפְיוֹ no se puede aplicar a Yahvé, pues esta palabra solo aparece en conexión con los hombres y con el rey mesiánico (Sal 45, 3; Is 33, 17); e incluso si se pudiera aplicar a Yahvé aquí está fuera de lugar, porque, aunque la prosperidad de una nación es ciertamente una prueba de la bondad de Dios, no se puede decir que sea una prueba de su belleza.

Mâh (que se repite en מַה־יָפְיוֹ y מַה־טּוּבוֹ) es una exclamación de asombro, en la línea de ¡qué grande! (Ewald, 330 a). טוּב, cuando se aplica a una nación, no indica una grandeza moral, sino una apariencia buena, y es sinónimo יְפִי, belleza, como en Os 10, 11. Esta prosperidad procede de las bendiciones de la gracia que el Señor hará que fluyan para su pueblo. Trigo y vino nuevo se mencionan como tales bendiciones, con la finalidad de concretar la bendición, como frecuentemente se hace (cf. Dt 33, 28; Sal 72, 16), y se distribuyen retóricamente entre muchachos jóvenes y doncellas.

10, 1-12. Redención completa del pueblo de Dios

Este capítulo no contiene nuevas promesas, sino solo una expansión de la sección precedente, y menciona ya en la introducción las condiciones por las cuales puede obtenerse la salvación (cf. 10, 1-2); después, especialmente a partir de 10, 6 expone de un modo más elaborado la participación de Efraín en la salvación. Los comentaristas disputan sobre el sentido de 10, 1-2, pues unos afirman que esos versos pertenecen al capítulo anterior, mientras otros piensan que forman el comienzo de un nuevo discurso.

Esta es la respuesta que ha de darse a esa discusión: la petición por el agua (10, 1) está ocasionada, sin duda, por el pensamiento final de 10, 17, pero no debe incluirse en el capítulo anterior, no puede tomarse como una parte integral de ese capítulo; por su parte, el versículo 10, 2 no puede separarse de 10, 2, a no ser que sea con violencia. La estrecha conexión entre Zac 10, 2 y 10, 3 muestra que con 10, 1 comienza un nuevo discurso de pensamiento, cuya preparación aparecía ya en 9, 17.

10, 1-2

¹ שַׁאֲלוּ מֵיהוָה מָטָר בְּעֵת מַלְקוֹשׁ יְהוָה עֹשֶׂה חֲזִיזִים
וּמְטַר־גֶּשֶׁם יִתֵּן לָהֶם לְאִישׁ עֵשֶׂב בַּשָּׂדֶה׃
² כִּי הַתְּרָפִים דִּבְּרוּ־אָוֶן וְהַקּוֹסְמִים חָזוּ שֶׁקֶר וַחֲלֹמוֹת הַשָּׁוא יְדַבֵּרוּ הֶבֶל
יְנַחֵמוּן עַל־כֵּן נָסְעוּ כְמוֹ־צֹאן יַעֲנוּ כִּי־אֵין רֹעֶה׃ פ

¹ Pedid a Yahvé lluvia en la estación tardía. Yahvé hará relámpagos, y les dará lluvia abundante y hierba verde en el campo a cada uno. ² Porque los ídolos han dado vanos oráculos y los adivinos han visto mentira, predicen sueños vanos y vanos es su consuelo. Por eso el pueblo vaga como un rebaño y sufre porque no tiene pastor.

10, 1. La invitación a pedir no es una mera consecuencia del discurso en el que se expresa la prontitud de Dios para dar (Hengstenberg), sino que ha de tomarse con plena seriedad, como muestra 10, 2. La Iglesia del Señor ha de pedir a Dios las bendiciones que necesita para alcanzar prosperidad, y no ha de poner su confianza en los ídolos, como han hecho los rebeldes de Israel (Os 2, 7).

La oración por la lluvia, de la que depende el éxito en el cultivo de los frutos de la tierra sirve simplemente para concretar la oración en la que se piden las bendiciones de Dios, para mantener tanto la vida temporal como la espiritual, en la línea de 9, 17 donde la fecundidad del campo y el florecimiento de la nación son expresiones concretas de todo el despliegue de la salvación que Dios quiere conceder a su pueblo (Kliefoth).

Esta visión, que responde al carácter retórico de la exhortación, es muy diferente de la alegoría. Aquí se menciona el tiempo de la lluvia tardía porque era indispensable para la maduración de la cosecha, mientras que en otros lugares la lluvia temprana y la tardía aparecen unidas (cf. Joel 2, 23; Dt 11, 13-15).

Los relámpagos aparecen como signos portadores de lluvia (cf. Jer 10, 13; Sal 135, 7). מְטַר־גֶּשֶׁם, *metar geshem*, lluvia de aguacero, lluvia copiosa (cf. Job 37, 6, donde se transponen las palabras). Con לָהֶם, *lâhem* (a ellos) el discurso pasa a la tercera persona, es decir, a cada uno que pide. עֵשֶׂב es la hierba como alimento de los animales, lo mismo que en Dt 11, 15, donde se menciona en conexión con el trigo y los frutos del campo, que los incluye, como en Gen 1, 29 y Sal 104, 14, donde se distingue de חָצִיר, *châtsīr*.

10, 2. La exhortación para pedir a Yahvé las bendiciones necesarias para conseguir la prosperidad aparece aquí ratificada por una alusión a la inutilidad de la confianza en los ídolos y a la miseria que la idolatría, con sus consecuencias, que son la falsa adivinación y profecía, han causado en la nación. Los תְּרָפִים, *terâphīm*, eran divinidades domésticas y oraculares, a las que se veneraban como dadoras y protectoras de las bendiciones de la prosperidad de la tierra (cf. *Coment*. a Gen 31, 19). Con ellas se mencionan los וְהַקּוֹסְמִים o adivinos, que hundieron a la nación en la miseria a través de sus profecías vanas y engañosas.

חלמות no es el sujeto de la frase porque en ese caso llevaría artículo, lo mismo que הַקּוֹסְמִים, sino que es el objeto, de forma que הקוסמים es el sujeto de יְדַבֵּרוּ y de יְנַחֵמוּן. "Por lo tanto...", es decir, porque Israel ha confiado en los *terafim* y en los adivinos, los israelitas tendrán que ir al exilio.

נָסְעוּ, quitar, romper, se aplica a la retirada de los soportes, para desmontar y enrollar la tienda; por eso incluye ya la idea de peregrinar, y de marchar al exilio.

Por esa razón se utiliza el perfecto נָסְעוּ, al cual se vincula de un modo consecuente el imperfecto יַעֲנוּ, porque su opresión, es decir, el sometimiento que sufre Israel por parte de los paganos continúa todavía.

Estas palabras se aplican naturalmente a todo Israel (Efraín y Judá); cf. Zac 9, 13; 10, 4.6. Israel está inclinado porque no tiene pastor, es decir, no tiene rey que guarde y cuide al pueblo (cf. Num 27, 17; Jer 23, 4), tras haber perdido la monarquía davídica, cuando el reino fue destruido.

10, 3-4

³ עַל־הָרֹעִים חָרָה אַפִּי וְעַל־הָעַתּוּדִים אֶפְקוֹד כִּי־פָקַד יְהוָה צְבָאוֹת אֶת־עֶדְרוֹ אֶת־בֵּית יְהוּדָה וְשָׂם אוֹתָם כְּסוּס הוֹדוֹ בַּמִּלְחָמָה׃
⁴ מִמֶּנּוּ פִנָּה מִמֶּנּוּ יָתֵד מִמֶּנּוּ קֶשֶׁת מִלְחָמָה מִמֶּנּוּ יֵצֵא כָל־נוֹגֵשׂ יַחְדָּו׃

³ Contra los pastores se ha encendido mi enojo, y castigaré a los jefes. Pero Yahvé de los ejércitos visitará su rebaño, la casa de Judá, y los pondrá como su caballo de honor en la guerra. ⁴ De él saldrá la piedra angular, de él la clavija, de él el arco de guerra, de él también todos los jefes.

10, 3. A lo anterior se añade aquí la promesa de que Yahvé tomará posesión de su rebaño y lo redimirá de la opresión de los malos pastores. Cuando Israel perdió a sus propios pastores cayó bajo la tiranía de los malos pastores, que eran los gobernantes paganos y los tiranos. En contra de eso se encendió la ira de Yahvé, de forma que él los castigará. No hay diferencia material entre רֹעִים, pastores, עַתּוּדִים, machos cabríos, palabra que significa también dirigentes, como en Is 14, 9.

La razón por la que los malos pastores han de ser castigados es la de que Yahvé visita (כִּי־פָקַד) a su rebaño. El perfecto פָּקַד, *pâqad,* se utiliza proféticamente para indicar aquello que Dios ha decidido hacer, lo que de hecho realizará. *Pâqad* con acusativo personal significa visitar, es decir, asumir el cuidado de, y se distingue de *pâqad* con *'al* de persona, en el sentido de visitar para castigar (cf. *Coment.* a Sof 2, 3).

En Zac 10, 3 solo se menciona la casa de Judá, pero no en cuanto opuesta a Efraín (cf. Zac 10, 6), sino como símbolo y centro de la nación de la alianza, con la que Efraín se unirá una vez más. El cuidado de Dios por Judá no se limitará a su liberación de la opresión de los malos pastores, pues Yahvé hará que Judá sea una nación victoriosa. Este es el sentido de la imagen כְּסוּס הוֹדוֹ, como un caballo de honor, es decir, un caballo de guerra espléndido y ricamente adornado, como aquellos en los que cabalgaban los reyes. Esta imagen no es más chocante que la de Judá y Efraín como arco y flecha (9, 13).

10, 4. Se describe aquí el equipamiento de Judá como poder guerrero que vence a sus enemigos (10, 4a), con elementos tomados de una casa bien provista de todo lo necesario, que a partir de 10, 4b se presentan con palabras más literales. El verbo יֵצֵא de la cuarta frase no puede tomarse como verbo que pertenece a la palabra מִמֶּנּוּ de las tres primeras frases, porque יצא no es aplicable a *pinnâh* ni a *yâthēd* (פִּנָּה y יָתֵד). Por eso tenemos que suplir יהיה. De él surgirá la פִּנָּה, *pinnâh*, piedra de ángulo, como en Is 28, 16, sobre la que se apoya y se afirma todo el edificio, de manera que sea edificado con seguridad (esta es una figura apropiada para el fundamento firme y seguro que Judá ha de recibir). A eso se añade יָתֵד, *yâthēd,* la clavija.

Esta figura ha de explicarse por la disposición de las casas de oriente, en las que el muro interior está provisto de una hilera de grandes clavos o clavijas que se emplean para colgar los utensilios domésticos. La clavija es por tanto una figura apropiada para indicar los soportes o portadores de toda la constitución política, un símbolo que Is 22, 23 aplica a las personas. El arco de guerra se emplea por sinécdoque para referirse a las armas de guerra y el poder militar. De todas formas, se discute si el sufijo de מִמֶּנּוּ, *mimmennū* (del cual) se refiere a Judá o a Yahvé, aunque la opinión de Hitzig y de otros, según la cual se refiere a Yahvé va en contra de la expresión מִמֶּנּוּ יֵצֵא כָל־נוֹגֵשׂ (de él saldrán todos los jefes) de la última frase.

Ciertamente, podemos decir que Judá recibirá en él (en Yahvé) su fundamento, su fortaleza interna y su fuerza militar; pero la expresión según la cual "todo comandante militar saldrá o surgirá de Yahvé" resulta desusada y va en contra de la Escritura. En el Antiguo Testamento no se dice ni siquiera que el Mesías sale de Dios, aunque se afirma que proviene de toda la eternidad (Miq 5, 1), y él mismo recibe el nombre de *El Gibbōr*, Dios fuerte (Is 9, 5). Aún menos se puede afirmar eso de todo gobernante, כָל־נוֹגֵשׂ, *kol-nōgēs*, de Judá. Por eso, en esta frase, מִמֶּנּוּ debe referirse a Judá, y debe tomarse en el mismo sentido de las tres primeras frases (de Judá provienen la piedra angular, la clavija y el arco de guerra).

Sobre יצא מן, cf. Miq 5, 1. La palabra *nōgēs,* opresor o capataz, no se aplica aquí a un dirigente o gobernante en el buen sentido de la palabra, como tampoco en Is 3, 12 y 60, 17 (cf. *Coment.* a esos textos). El hecho de que el *Negus* sea en etíope el nombre que se da al rey (Koehler) no prueba nada en relación con el uso hebreo.

Esa palabra tiene, también en este caso, el sentido subordinado de opresor, de gobernante despótico, pero esa idea de despotismo o dureza no se aplica aquí a la nación de la alianza, sino a sus enemigos (Hengstenberg), en antítesis a lo que se dice en Zac 9, 8, donde se afirma que Israel no caerá ya más bajo el poder de un *nōgēs* o gobernante enemigo; en contra de eso, aquí, en 10, 4, se asegura que el gobernante de Israel será un *nōgēs* o déspota para sus enemigos (Kliefoth). נוגש כל־ viene reforzado por יחדו: de Judá saldrán todos los jefes juntos, en oposición a sus enemigos.

10, 5-7

וְהָי֣וּ כְגִבֹּרִ֗ים בּוֹסִ֛ים בְּטִ֥יט חוּצ֖וֹת בַּמִּלְחָמָ֑ה וְנִ֨לְחֲמ֜וּ כִּ֤י יְהוָה֙ עִמָּ֔ם וְהֹבִ֖ישׁוּ רֹכְבֵ֥י סוּסִֽים׃
⁶ וְגִבַּרְתִּ֣י ׀ אֶת־בֵּ֣ית יְהוּדָ֗ה וְאֶת־בֵּ֤ית יוֹסֵף֙ אוֹשִׁ֔יעַ וְהוֹשְׁבוֹתִים֙ כִּ֣י רִֽחַמְתִּ֔ים וְהָי֖וּ כַּאֲשֶׁ֣ר לֹֽא־זְנַחְתִּ֑ים כִּ֗י אֲנִ֛י יְהוָ֥ה אֱלֹהֵיהֶ֖ם וְאֶעֱנֵֽם׃
⁷ וְהָי֤וּ כְגִבּוֹר֙ אֶפְרַ֔יִם וְשָׂמַ֥ח לִבָּ֖ם כְּמוֹ־יָ֑יִן וּבְנֵיהֶם֙ יִרְא֣וּ וְשָׂמֵ֔חוּ יָגֵ֥ל לִבָּ֖ם בַּיהוָֽה׃

⁵ Serán como valientes que en la batalla pisotean (al enemigo) en el lodo de las calles; pelearán, porque Yahvé estará con ellos, y los que cabalgan en caballos serán avergonzados. ⁶ Yo fortaleceré la casa de Judá y salvaré la casa de José. Los haré volver y habitar, porque de ellos tendré piedad; serán como si no los hubiera desechado, porque yo soy Yahvé, su Dios, y los oiré. ⁷ Será Efraín como valiente y se alegrará su corazón como con el vino; sus hijos lo verán y también se alegrarán, su corazón se gozará en Yahvé.

10, 5. Así equipado para la batalla, Judá aniquilará a sus enemigos. בּוֹסִים *bōsīm*, precisa el sentido de כְגִבֹּרִים, *kegibbōrīm*, y el sujeto de la sentencia es la casa de Judá (10, 3). Ellos serán como héroes, es decir, pisotearán con fuerza a los enemigos en el polvo de las calles. בּוֹסִים, *bōsīm*, es participio *kal*, y se suele emplear en sentido intransitivo, pero aquí se construye con acusativo de objeto: pisoteando sobre el polvo significa pisoteando el polvo. El objeto que ellos pisotean o aplastan en piezas se expresa con los término בְּטִיט חוּצוֹת, como polvo de las calles. En esa línea, no puede completarse la sentencia diciendo que pisotearán "todo lo que se les opone" (C. B. Michaelis y Koehler).

Pero "pisotear" sobre (como) el polvo no se puede concretar diciendo que pisotearán sin más como valientes (Hitzig), pues el polvo de las calles ha de tomarse aquí en sentido figurado, en la línea de la fuerte figura de pisotear a los enemigos en (como) el polvo de las calles (Miq 7, 10; 2 Sam 22, 43), como en el pasaje anterior donde se dice que los pisotearán como a piedras de honda (Zac 9, 15). Aquí se mencionan los רֹכְבֵי סוּסִים, los que cabalgan en caballos, con el fin de concretar a los enemigos, porque la fuerza principal de los gobernantes asiáticos se concretaba en la caballería (cf. Dan 11, 40). הוֹבִישׁ (cf. וְהֹבִישׁוּ), intransitivo, como en 9, 5.

10, 6-7. Esta fuerza para el conflicto victorioso no está confinada a Judá, sino que la compartirá también Efraín. Las palabras וְאֶת־בֵּית יוֹסֵף אוֹשִׁיעַ, y a la casa de José la dotaré de salvación, ha sido interpretada por Koehler en el sentido de que "Yahvé liberará a la casa de José concediéndole la victoria en el conflicto contra sus enemigos y también contra los de José", pero este no es el tema de esta frase.

Como podemos ver por 10, 7, Efraín (=Judá) luchará como un héroe, lo mismo que Judá en 10, 5, de manera que אוֹשִׁיעַ no significa meramente que ayudaré o liberaré a José, sino que le ofreceré salvación, como en 9, 16. El hecho de que en el curso de este capítulo, por lo menos desde 10, 7, solo se habla de la liberación y restauración de Efraín prueba únicamente que Efraín recibirá la misma salvación que Judá, y no que será liberada por la casa de Judá.

La forma inusual de וְהוֹשַׁבְתִּים ha sido tomada por muchos, siguiendo a Kimchi y a Aben Ezra, como una *forma composita,* compuesta por הוֹשַׁבְתִּי y הֲשִׁיבוֹתִי: "Yo les haré habitar y les haré volver". Pero eso queda excluido por el hecho de que hacer volver tendría que ir antes de hacer habitar, y además no existe ninguna analogía para ese tipo de palabras compuestas (cf. Jer 32, 37). Esa forma ha de entenderse más bien como una confusión de los verbos en עו y en פי, y es el *hifil* de ישׁב en lugar de הוֹשַׁבְתִּים (LXX, Maurer, Hengstenberg; cf. Olshausen, *Grammat.* p. 559), y no un *hifil* de שׁוב, en la línea de la formación propia de los verbos en פו (Ewald, 196 b, nota 1; Targum, Vulgata, Hitzig y Koehler).

El sentido de esta palabra no puede reducirse a hacerles volver ni habitar sin más. וְהוֹשַׁבְתִּים tiene aquí el sentido de que ellos serán como si no hubieran sido expulsados, pues no solo nos encontramos ante ישׁב sin ninguna otra especificación, en el sentido de habitar de un modo pacífico y feliz (como en Miq 5, 3), sino que aquí se indica también la forma de habitar con la frase añadida, כַּאֲשֶׁר לֹא־זְנַחְתִּים, como si antes no los hubiera expulsado (cf. Ez 36, 11).

וַאֲעֶנֵם no ha de tomarse como si se refiriera a las oraciones que Efraín dirigía a Yahvé desde su desamparo y desde su cautividad (Koehler), sino que ha de tomarse en un sentido mucho más general, como en Zac 13, 9; Is 59, 8 y Os 2, 23. Lo mismo que Judá, Efraín se convertirá también en un héroe, y se regocijará como con vino, es decir, luchará como un héroe gozoso, fortalecido con vino (cf. Sal 78, 65-66). Este regocijo lo verán los hijos, y se gozarán en consecuencia, de manera que todo será una fiesta sin fin.

10, 8-10

⁸ אֶשְׁרְקָה לָהֶם וַאֲקַבְּצֵם כִּי פְדִיתִים וְרָבוּ כְּמוֹ רָבוּ׃
⁹ וְאֶזְרָעֵם בָּעַמִּים וּבַמֶּרְחַקִּים יִזְכְּרוּנִי וְחָיוּ אֶת־בְּנֵיהֶם וָשָׁבוּ׃
¹⁰ וַהֲשִׁיבוֹתִים מֵאֶרֶץ מִצְרַיִם וּמֵאַשּׁוּר אֲקַבְּצֵם וְאֶל־אֶרֶץ גִּלְעָד וּלְבָנוֹן אֲבִיאֵם וְלֹא יִמָּצֵא לָהֶם׃

⁸ Yo los llamaré con un silbido y los reuniré, porque los he redimido; serán multiplicados tanto como lo fueron antes. ⁹ Pero yo los esparciré entre los pueblos, y aun en lejanos países se acordarán de mí; vivirán con sus hijos y volverán. ¹⁰ Porque yo los traeré de la tierra de Egipto y los recogeré de Asiria; los traeré a la tierra de Galaad y del Líbano, y no les bastará.

10, 8-9. Estos versos describen de un modo más preciso la liberación de Efraín. Bien interpretadas, estas palabras no tratan de una nueva y distinta dispersión de

Israel, ni representan algo que ha de suceder solo en el futuro (Hitzig). La reunión de los dispersos (10, 8) se nombra aquí antes de la siembra y dispersión (10, 9), expresándose con formas verbales semejantes (אשרקה y אזרעם), con la intención de explicar y exponer con más claridad lo que ha sido ya anunciado en los versos anteriores de Zac 10, 6-7.

El perfecto פדיתים es profético, como רחמתים en Zac 10, 6. La promesa posterior (וְרָבוּ, y se multiplicarán) no puede referirse ni a la multiplicación de Israel en el presente (Hengstenberge, Koehler, etc.), ni solo a la multiplicación futura, tras la reunión de Judá y Efraín. Conforme a la posición en que se encuentran las palabras entre אקבצם y אזרעם, ellas han de incluir tanto la multiplicación en el tiempo de la dispersión, como la de después de la reunión.

El perfecto כְּמוֹ רָבוּ evoca esta multiplicación que experimenta Israel en el tiempo antiguo, bajo la opresión de Egipto (Ex 1, 7.12). Esta multiplicación, prometida en Ez 36, 10-11, la efectúa Dios sembrándoles y expandiéndoles entre las naciones. זרע no significa dispersar sino sembrar, sembrar de un modo expansivo (como en Os 2, 23). Según eso, no puede referirse a una dispersión de Israel por castigo.

Esta siembra implica una multiplicación (cf. Jer 31, 27), y no ha de interpretarse, en la línea de Neumann y Kliefoth, en el sentido de que los efraimitas han de ser dispersados como semilla de trigo entre las naciones para expandir así el conocimiento de Yahvé entre las naciones. Ese pensamiento es ajeno a nuestro contexto, e incluso la expresión "en tierras lejanas me recordarán" no trata de eso. Esas palabras han de conectarse más bien con lo que sigue: porque recuerdan al Señor en tierras lejanas ellos vivirán y volverán con sus hijos.

10, 10. Describe de un modo más preciso la reunión y retorno de Israel, como algo que se realizará desde la tierra de Asur y la de Egipto. El hecho de que se mencionen estas dos tierras, por el que algunos críticos modernos han pensado que la profecía ha surgido antes de la cautividad, no puede explicarse "por la circunstancia de que en el tiempo de Tiglatpileser y de Salmanasar muchos efraimitas hubieran huido a Egipto" (Koehler y otros), porque la historia no sabe nada de esa huida, de forma que esa suposición constituye un círculo vicioso para escapar de la dificultad. Pasajes como Os 8, 12; 9, 3.6; 11, 11; Miq 7, 12; Is 27, 13, no ofrecen ninguna evidencia de ello.

Incluso si algunos efraimitas hubieran huido a Egipto, ellos no podrían hallarse referidos en este retorno o reunión de los judíos y efraimitas (israelitas) de Egipto y Asiria, porque ese anuncio supone que los efraimitas habrían sido transportados a Egipto en un número tan grande como a Asiria, algo que no puede afirmarse ni en relación con los tiempos anteriores ni posteriores a la cautividad. Como hemos indicado ya en *Coment.* a Os 9, 3 (cf. Zac 8, 13), Egipto se introduce aquí simplemente como tipo de la tierra de cautividad, a causa de haber sido el país donde Egipto vivió en el tiempo antiguo, bajo la opresión del mundo pagano.

Futuro de los poderes del mundo y reino de Dios

Y Asur se introduce también de la misma forma, como tierra donde habían sido exiladas después las diez tribus.

Este significado simbólico aparece fuera de toda duda en Zac 10, 1, dado que la redención de Israel de los países nombrados aparece como tipo de la liberación de Israel del cautiverio de Egipto, bajo la guía de Moisés (cf. Delitzsch sobre Is 11,11). Los efraimitas han de volver a la tierra de Galaad y al Líbano, que son representantes del territorio antiguo de las diez tribus, al este del Jordán (Galaad) y al oeste (Líbano, cf. Miq 7, 14), וְלֹא יִמָּצֵא לָהֶם, y esas tierras no serán suficientes para ellos (tendrán necesidad de más territorio, como en Js 17, 16).

10, 11-12

¹¹ וְעָבַר בַּיָּם צָרָה וְהִכָּה בַיָּם גַּלִּים וְהֹבִישׁוּ כֹּל מְצוּלוֹת יְאֹר
וְהוּרַד גְּאוֹן אַשּׁוּר וְשֵׁבֶט מִצְרַיִם יָסוּר׃
¹² וְגִבַּרְתִּים בַּיהוָה וּבִשְׁמוֹ יִתְהַלָּכוּ נְאֻם יְהוָה׃ ס

¹¹ Y él pasará a través del mar de la aflicción y herirá en el mar las olas y se secarán todas las profundidades del río. La soberbia de Asiria será derribada y se perderá el cetro de Egipto. ¹² Yo los fortaleceré en Yahvé, y caminarán en mi nombre, dice Yahvé.

10, 11. El sujeto es Yahvé. Él va en la columna de nube, como el ángel del Señor en tiempos de Moisés, a través del mar de la aflicción. La palabra צרה, que se ha interpretado de diversas maneras, la tomamos como aposición a ים, pero no en un sentido permutativo ("a través del mar, es decir, de la aflicción", C. B. Michaelis, Hengstenberg), sino en el sentido de "el mar de la aflicción", es decir, el mar que causa opresión y confinamiento; por esa razón, צרה no va unida con ים (cf. צָרָה בַּיָּם) en estado constructo, sino como aposición, para que el mar no aparezca como un mar cerrado en sí mismo, como mar de ansiedad.

Esta aposición está evocando en la mente del profeta el hecho de que en el tiempo de Moisés los israelitas se hallaban cerrados de tal forma por el mar Rojo que ellos pensaron que estaban ya perdidos (Ex 14, 10). La objeción presentada por Koehler en contra de esta visión (que צרה como nombre no se utiliza nunca con el sentido de cierre local o confinamiento) es falsa, como muestran Jon 2, 3 y Sof 1, 15.

Todas las restantes explicaciones de צָרָה, *tsârâh,* resultan antinaturales, como la sugerencia de Koehler, que quiere tomar la palabra como una exclamación: ¡oh angustia! También es gramaticalmente insostenible la traducción de Maurer y Kliefoth, según el uso caldeo: *él divide…* Ciertamente, la división de las olas del mar puede ser una referencia a la división de las aguas en el paso de los israelitas por el mar Rojo (Ex 14, 16.21; cf. Js 3, 13; Sal 77, 17; 114, 5). Pero el texto evoca una cosa distinta, como indica el impulso y la atadura de las aguas (en las que mueren los egipcios), o el hecho de que ellas se sequen, como en החרים (cf. Is 11, 15).

Aquí solo se mencionan las olas del Nilo (יְאוֹר) porque el tema predominante es la alusión a la esclavitud de Egipto, de forma que la redención de los israelitas de todas las tierras de las naciones está representada en la línea de la liberación de la casa de la esclavitud de Egipto. El hecho de que se sequen las profundidades del agua del Nilo es, por tanto, una figura que indica la caída del poder imperial en todas sus formas históricas.

Asur y Egipto se mencionan por su nombre en la última frase, respondiendo a la declaración de Zac 10, 10. La tiranía de Asur se encuentra caracterizada por su גָּאוֹן, orgullo, enaltecimiento (cf. Is 10, 7) y la de Egipto por la vara o שֵׁבֶט de sus capataces.

10, 12. La promesa para Efraín culmina con el pensamiento general de que los efraimitas recibirán la fuerza del Señor, y caminarán bajo el poder de su nombre. Con וְגִבַּרְתִּים, *y los fortalece*, el discurso vuelve a su punto de partida (Zac 10, 6). בַּיהוָה en lugar de בִּי, para evocar enfáticamente al Señor en quien el pueblo de Dios tiene su fuerza. Caminar en el nombre del Señor (בִּשְׁמוֹ), como en Miq 4, 5, no se refiere a la actitud de Israel hacia Dios, o a la autafirmación de Israel (Koehler), sino al resultado, es decir, a poder caminar con la fuerza del Señor. Si retomamos los motivos principales desde 9, 11 hasta 10, 12, encontramos que hay dos pensamientos dominantes.

- Que los miembros del pueblo de la alianza que están dispersos entre los paganos serán redimidos de su miseria, para ser reunidos en el reino del Rey que viene a Sión, es decir, el Mesías.
- Que el Señor dotará a su pueblo con poder, para que pueda liberarse, habitar en su tierra y conquistar las tierras de los paganos.

Pues bien, esos motivos solo se cumplieron de un modo muy débil en los tiempos que siguieron a Zacarías, hasta la venida de Cristo, a través del retorno de muchos judíos desde la cautividad hasta la tierra de los padres, especialmente cuando Galilea fue intensamente (re)poblada por israelitas; y también por la protección y cuidado con el que Dios ayudó a su pueblo en medio de la lucha de los poderes del mundo por la supremacía sobre Palestina. El cumplimiento principal de esa promesa se realiza de un modo espiritual, por la reunión de los judíos en el reino de Cristo, que comenzó en el tiempo de los apóstoles y que continuará hasta que el resto de Israel se convierta a Cristo, su Salvador.

11, 1-17. Israel bajo el Buen Pastor y el Pastor Loco

En la segunda parte de la "masa" o juicio sobre el poder del mundo, que se contiene en este capítulo se desarrolla de un modo más preciso el pensamiento de 10, 3 (que la ira de Yahvé se enciende sobre los pastores, cuando él visita su rebaño, que es la casa de Judá) y se anuncia la forma en que el Señor visita a su pueblo… y lo rescata de después de las manos de los poderes del mundo, que intentan destruirlo.

Dios visita a su pueblo porque ese pueblo ha respondido con ingratitud a su fidelidad como pastor bueno, y lo entrega en manos de malos pastores, que quieren destruirlo, pero también estos, los malos pastores, recibirán el juicio de Dios. El esbozo sobre el futuro de Israel, ofrecido por 9, 8-9 y 9, 12, se completa y amplía de esa forma por la descripción del juicio al que acompaña al fin la salvación.

Pues bien, para poner más de relieve aquello que se opone al anuncio de salvación de 10, 1-12, se destaca aquí la amenaza del juicio (11, 1-3), sin nada que explique el paso de un tema al otro; y solo después se describe con más extensión la actitud del Señor hacia su pueblo y hacia el mundo pagano, de la que surgió la necesidad del juicio. A partir de aquí, este capítulo se divide en tres secciones: amenaza del juicio (11, 1-3); descripción del buen pastor (11, 4-14); y un esbozo sobre el pastor enloquecido (11, 15-17).

11, 1–3. Devastación de la tierra santa

¹ פְּתַח לְבָנוֹן דְּלָתֶיךָ וְתֹאכַל אֵשׁ בַּאֲרָזֶיךָ׃
² הֵילֵל בְּרוֹשׁ כִּי־נָפַל אֶרֶז אֲשֶׁר אַדִּרִים שֻׁדָּדוּ הֵילִילוּ אַלּוֹנֵי בָשָׁן כִּי יָרַד יַעַר (הַבָּצוּר) [הַבָּצִיר]׃
³ קוֹל יִלְלַת הָרֹעִים כִּי שֻׁדְּדָה אַדַּרְתָּם קוֹל שַׁאֲגַת כְּפִירִים כִּי שֻׁדַּד גְּאוֹן הַיַּרְדֵּן׃ ס

¹ ¡Líbano, abre tus puertas, y que el fuego consuma tus cedros! ² Aúlla, ciprés, porque el cedro cayó, porque los árboles magníficos son derribados. Aullad, encinas de Basán, porque el bosque espeso es derribado. ³ Voz de aullido de pastores, porque su magnificencia es asolada; estruendo de rugidos de cachorros de leones, porque la gloria del Jordán es destruida.

Estos versos no son el comienzo de una nueva profecía, sin conexión con la anterior, sino que ofrecen simplemente un nuevo giro de la profecía anterior, como lo muestra no solo la omisión de todo encabezamiento, o de algún tipo de rasgo que pueda indicar el comienzo de una nueva palabra de Dios, sino también el hecho de que la alusión al Líbano y a Basán y a las espesuras de Judá evocan de un modo inconfundible la tierra de Galaad y del Líbano (10, 10), trazando así la conexión entre Zac 11 y 10, 1-12.

De todas formas, estas indicaciones no pueden llevarnos a la conclusión de que Zac 11, 1-3 forma solo una conclusión de 10, 1-12, porque, sea cual fuere la manera en que interpretemos los elementos figurativos de este pasaje, una cosa es clara: que el texto tiene un carácter amenazador y que, como amenaza, no solo forma una antítesis con el anuncio de la salvación de 10, 1-12, sino que está conectado con la destrucción que ha de sobrevenir a las ovejas destinadas a la matanza, de forma que sirve como de preludio del juicio anunciado en 11, 4-7.

La relación innegable en que están el Líbano, Basán y el Jordán con los distritos israelitas de Basán y del Líbano nos ofrece también una clave para interpretar el texto. En esa línea, el Líbano que es la frontera norte de la tierra santa y Basán que es la parte norte del territorio de los israelitas, al este del Jordán, son términos que evocan, por sinécdoque, la misma tierra santa en sus dos mitades, de forma que los cedros, los cipreses y las encinas de esa partes de la tierra no pueden ser representaciones figurativas de los gobernantes paganos (como suponen el Targum, Epifanio, el texto siríaco y Kimchi, etc.), sino que, si esos términos se refieren a hombres poderosos y tiranos, ellos tendrían que aludir a los gobernantes y poderosos de la nación de Israel (Hitzig, Maurer, Hengstenberg, Ewald, etc.).

Pero esta interpretación alegórica de los cedros, cipreses y encinas, por antigua y extendida que sea, resulta discutible, de tal forma que podríamos decir con Kliefoth: "Las palabras como tales no nos permiten encontrar en ellas un anuncio de la devastación de la tierra santa".

Las palabras en sí mismas solo dicen que la misma existencia de cedros, cipreses, encinas, pastores y leones está en peligro, de manera que si ellos desaparecieran, el Líbano ardería presa del fuego, los bosques de Basán caerían y las espesuras del Jordán serían devastadas. Es decir, a través de la devastación de los cedros, encinas, etc., la tierra en la que esos árboles crecen queda también devastada. Esta es una visión dramática. Para anunciar la devastación del Líbano se le pide que abra sus puertas, para que entre el fuego y devore sus cedros.

11, 2-3. Los cipreses, que ocupan el segundo lugar entre los célebres árboles del Líbano, son invitados a lamentarse por la caída de los cedros, no tanto por simpatía como por el hecho de que les espera el mismo destino. Las palabras שְׁדְדוּ אֲשֶׁר אַדִּרִים contienen una segunda frase explicativa. אשר es una conjunción (porque), como en Gen 30, 18; 31, 49. *'Addīrīm* no son las cosas gloriosas o elevadas entre el pueblo (Hengst., Kliefoth), sino las gloriosas entre aquellas de las que trata el contexto, es decir, los árboles nobles, cedros y cipreses.

También se dice que gritan de dolor las encinas de Basán, porque caerán igualmente, como la selva inaccesible, es decir, los cedros del Líbano. El *kere* הַבָּצִיר es una corrección innecesaria de הַבָּצוּר, porque el artículo no nos obliga a tomar la palabras como un sustantivo. Si el adjetivo es realmente un participio, el artículo se le añade solo a él, y se omite en el nombre (cf. Gesenius, 111, 2, a).

קוֹל יְלָלַת, voz de aullido, en el sentido de un aullido fuerte. Los pastores gritan porque אַדַּרְתָּם, *'addartâm,* su magnificencia o gloria está devastada. No se trata del rebaño, sino del pastizal, como muestra el paralelo גאון הירדן y también el pasaje paralelo de Jer 25, a 26; por eso gritan los pastores, porque están devastados sus pastos.

Pues bien, lo que son los pastos buenos de la tierra de Basán para los pastores, eso son las espesuras orgullosas del Jordán (גְּאוֹן הַיַּרְדֵּן) para los jóvenes leones, es decir, los bosquecillos y cañaverales que crecen con fuerza en las riberas del Jordán y que ofrecen lugar de seguridad y alimento para los leones (cf. Jer 12, 5; 49, 9; 50, 44). Zac 11, 3 anuncia así en términos distintos una devastación del suelo de la tierra.

De aquí se sigue que los cedros, cipreses y encinas son de alguna forma representantes de aquellos que gobiernan en la tierra. En esa línea, Is 10, 34 compara el poderoso ejército de Asiria con el Líbano; y por su parte Jer 22, 6 presenta la cumbre del bosque de cedros como símbolo de la casa real de Judá, y ellos aparecen en Jer 22, 23 como símbolo de Jerusalén (cf. Hab 2, 17).

Los cedros y cipreses del Líbano y las encinas de Basán son simples figuras que indican algo que es elevado, glorioso y poderoso en el mundo de la naturaleza y de la humanidad, y solo se pueden referir a personas por su alta y elevada posición De un modo consiguiente, aquí podemos resumir el pensamiento de esos versos como sigue: la tierra de Israel, con sus poderosas y gloriosas creaturas, quedará devastada.

Ahora bien, dado que la desolación de una tierra implica también la desolación del pueblo que habita en ella, con sus instituciones, la destrucción de los cedros, cipreses, etc. incluye de hecho la destrucción de todo lo que es elevado y exaltado en la nación y en el reino. En ese sentido, la devastación del Líbano constituye una representación figurativa de la destrucción del reino de Israel o la devastación de la existencia política del antiguo reino de la alianza.

Este juicio fue ejecutado sobre la tierra y sobre el pueblo de Israel a través del poder imperial de Roma. Esta referencia histórica resulta evidente por la descripción de los hechos en los que se cuenta el cumplimiento de la catástrofe.

11, 4-14

Esta sección contiene un acto simbólico. Por mandato de Yahvé, el profeta asume el oficio de pastor del rebaño y lo alimenta, hasta que es obligado por su ingratitud a romper su vara de pastor, entregando el rebaño a la destrucción. Este acto simbólico no es una ficción poética, sino que ha de ser tomado al pie de la letra, como una experiencia interna de carácter visionario y de importancia profética, que sirve para simbolizar y mostrar el cuidado fiel del Señor por su pueblo.

11, 4-6

4כֹּה אָמַר יְהוָה אֱלֹהָי רְעֵה אֶת־צֹאן הַהֲרֵגָה׃
5 אֲשֶׁר קֹנֵיהֶן יַהֲרְגֻן וְלֹא יֶאְשָׁמוּ וּמֹכְרֵיהֶן יֹאמַר בָּרוּךְ יְהוָה וַאעְשִׁר וְרֹעֵיהֶם לֹא יַחְמוֹל עֲלֵיהֶן׃
6 כִּי לֹא אֶחְמוֹל עוֹד עַל־יֹשְׁבֵי הָאָרֶץ נְאֻם־יְהוָה וְהִנֵּה

אָנֹכִי מַמְצִיא אֶת־הָאָדָם אִישׁ בְּיַד־רֵעֵהוּ וּבְיַד מַלְכּוֹ
וְכִתְּתוּ אֶת־הָאָרֶץ וְלֹא אַצִּיל מִיָּדָם:

[4] Así ha dicho Yahvé, mi Dios: Apacienta las ovejas destinadas a la matanza, [5] a las cuales matan sus compradores sin sentirse culpables; y el que las vende dice: Bendito sea Yahvé, porque me he enriquecido. Ni aún sus pastores tienen piedad de ellas. [6] Por tanto, no tendré ya más piedad de los habitantes de la tierra, dice Yahvé. Entregaré a los hombres, a cada uno en manos de su compañero y en manos de su rey. Ellos asolarán la tierra y yo no los libraré de sus manos.

11, 4-5. La persona que recibe este mandato de alimentar al rebaño es el profeta. Esto queda claro por la expresión "mi Dios" (Zac 11, 5; cf. 11, 7) y también por 11, 15, según lo cual él tiene que tomar los instrumentos (la forma de actuar) de un pastor enloquecido. Ese último verso muestra claramente que el profeta no realiza esos actos a nombre propio, sino que él representa a otro, y que, según 11, 8.12.13, hace cosas que ningún otro profeta ha realizado nunca, sino solo Dios a través de su Hijo, que en 11, 10 se identifica con Dios, pues aquí quien rompe la vara es el profeta y la persona que ha realizado el pacto con las naciones es Dios.

Estas afirmaciones van en contra de la visión de Hofmann, según la cual en esta acción simbólica Zacarías representa el oficio de profeta, y es también irreconciliable con la visión de Koehler, según la cual el profeta representa un oficio de mediador. Pero, sin tener en cuenta el hecho de que ese tipo de nociones abstractas son ajenas al anuncio del profeta, ellas van en contra del hecho de que el oficio profético o de mediador que realiza Zacarías no puede identificarse con Dios. "La destrucción de los tres pastores o poderes del mundo (11, 8) no ha sido realizada a través de una palabra u oficio profético" como el de Zacarías, sino por el mismo Dios, es decir, por su Mesías (Kliefoth). Este pastor más alto, representado por el profeta, solo puede ser el mismo Yahvé o el Ángel del Señor, que es de la misma naturaleza de Dios, es decir, el Mesías. Pero, dado que el Ángel de Yahvé que aparece en las visiones no está mencionado en nuestro oráculo y dado que la venida del Mesías se anuncia también en otros lugares como la venida de Yahvé a su pueblo, en este caso debemos identificar al pastor representado por el profeta con el mismo Yahvé.

El mismo Yahvé visita a su rebaño, como afirman Za 10, 3 y Ez 34, 11-12. Según eso, el que cuida al rebaño verdadero, destruyendo a los pastores perversos es el mismo Dios. La distinción entre el profeta y Yahvé no se puede aducir como argumento en contra de esto, porque ello pertenece a la representación simbólica del tema, según la cual, Dios comisiona al profeta para que realice aquello que él mismo quiere hacer, y de esa forma quiere sin duda cumplirlo.

La definición más precisa de aquello que aquí se realiza depende de la respuesta que se dé a esta pregunta: ¿quiénes forman parte de ese rebaño para la matanza que el profeta se propone alimentar? ¿Se trata de toda la raza humana, como supone Hofmann, o de la nación de Israel como piensan la mayor parte de los comentaristas?

צֹאן הַהֲרֵגָה es el rebaño destinado a la matanza, conforme a una expresión que puede aplicarse tanto al rebaño que ha de ser sacrificado, como a un individuo destinado a ser sacrificado en el futuro. En apoyo de esta última opinión, Kliefoth arguye que durante el tiempo en que las ovejas están siendo alimentadas ellas no pueden haber sido ya sacrificadas, ni pueden estar en disposición de ser sacrificadas; por su parte, Ez 34, 6 afirma expresamente que los hombres a los que se les presenta como rebaño destinado a la matanza serán sacrificados en el futuro, cuando se ha cumplido ya el tiempo de preparación, siendo tratadas en la forma descrita en Ez 34, 5.

Pero el primero de estos argumentos no prueba nada pues, aunque alimentar no equivale a sacrificar, como es claro, un rebaño que ha de ser sacrificado por sus propietarios puede ser transferido a otro pastor para que lo alimente, liberándole así del capricho de sus propietarios que le quieren sacrificar. El segundo argumento se apoya en el falso supuesto de que los יֹשְׁבֵי הָאָרֶץ (11, 6) se identifican con el rebaño que ha de ser sacrificado.

El epíteto צֹאן הַהֲרֵגָה, es decir, literalmente, rebaño del estrangulamiento, pues *hârag* no significa sacrificar (matar), sino estrangular, se explica en Ez 34, 5. El rebaño lleva ese nombre porque sus dueños presentes lo están estrangulando, aunque no tengan culpa, para así venderlo, con el propósito de enriquecerse a sí mismos, y los pastores lo tratan así, de un modo despiadado. Por su parte, Zac 6 no da la razón por la que el rebaño recibe al nombre de rebaño del estrangulamiento o de la matanza, sino la razón que Yahvé da al profeta para alimentarlo.

לֹא יֶאְשָׁמוּ no afirma que aquellos que están estrangulando al rebaño piensen que ellos mismos son inocentes (esto se expresa de un modo diferente en Jer 1, 7); ni que supongan que no incurren en ninguna falta al hacerlo, o que no se arrepientan de ello, porque Dios entrega el rebaño en manos del profeta, para que lo alimente, porque no quiere que sus poseedores lo estrangulen; por su parte, לֹא יֶאְשָׁמוּ se refiere al hecho de que esos hombres se han mantenido hasta ahora sin recibir castigo, de tal forma que ellos continúan prosperando. Pero, por otra parte, *'âshēm* significa llevar o expiar la culpa, como en Os 5, 15; 14, 1 (Gesenius, Hitzig, Ewald, etc.).

Lo que sigue concuerda también con esto: que los vendedores solo se ocupan de su propia ventaja, y dan gracias a Dios porque les hace ricos. El singular יֹאמַר se utiliza de un modo distributivo: "cada uno de ellos dice así". וָאַעְשִׁר, una forma sincopada (cf. Ewald, 73, b), con una ו consecutivo: para que yo me enriquezca a mí mismo (cf. Ewald, 235, b). רֹעֵיהֶם son los pastores anteriores. Los imperfectos no tienen aquí el sentido de futuros, sino que expresan la manera en que el rebaño estaba acostumbrado a ser tratado. Pues bien, Dios pondrá un futuro a este modo caprichoso de tratar al rebaño, mandando al profeta que lo alimente.

11, 6. Aquí viene dada la razón del discurso anterior: Porque yo no perdonaré ya más a los habitantes de la tierra. ישבי הארץ no pueden ser simplemente los habitantes de la tierra, es decir, aquellos que han sido descritos como "rebaño para la matanza o el estrangulamiento" en 11, 4, porque en ese caso "alimentar" hubiera sido equivalente a matar, o estar dispuesto a matar. Aunque el rebaño esté eventualmente destinado a la matanza, no ha sido preparado solo con esa finalidad, sino para ofrecer un provecho a su dueño.

Por otra parte, en la Escritura la expresión "alimentar" no se utiliza nunca en el sentido de preparar para la destrucción, sino que implica siempre un gesto de cuidado, de preservación de algo. Y en el caso que nos ocupa el pastor alimenta al rebaño que se le ha encomendado matando a los tres malos pastores. Y solo cuando el rebaño se ha cansado del cuidado del pastor, este pastor rompe su cayado y abandona el oficio pastoril para entregar a las ovejas a la destrucción.

De un modo consecuente, los ישבי הארץ son diferentes del צאן ההרגה; son aquellos en medio de los cuales está viviendo el rebaño, o aquellos en cuya posesión o poder se encuentra. Ellos no pueden ser, por tanto, los habitantes de la tierra, pues dado que ellos tienen reyes (en plural), como muestra claramente la expresión "cada uno en manos de su rey", tienen que ser los poderes del mundo. De aquí se sigue que el rebaño para la matanza no puede ser tampoco la raza humana en su conjunto, sino el pueblo de Israel, como veremos claramente por lo que sigue, especialmente por 11, 11-14.

Israel queda así entregada por Yahvé en manos de las naciones del mundo o de los poderes imperiales, para que le castiguen por su pecado. Pero dado que esas naciones abusan del poder que se les ha confiado, y procuran destruir con toda fuerza a la nación de Dios, a la que ellos debían solo castigar, el Señor tomará cuidado de su pueblo, como su pastor, porque él no quiere perdonar ya más a las naciones del mundo, no quiere que ellas sigan tratando con violencia a su pueblo, sin recibir el castigo por ello. El hecho de que termine ese tiempo de perdón se muestra en el hecho de que Dios hará que esas naciones se destruyan a sí mismas en guerras civiles y sean aplastadas por reyes tiránicos.

מַמְצִיא בְּיַד־רֵעֵהוּ, hacer que uno caiga en manos de otro, es decir, entregarle bajo su poder (cf. 2 Sam 3, 8). האדם es la raza humana; מלכו, el rey de cada uno, el rey al que cada uno está sujeto. El sujeto de כתתו es רעהו y מלכו son los hombres y los reyes que tiranizan a los otros. Así unos despedazan a otros, devastando la tierra en guerras civiles y tiranías, sin que Dios intervenga para rescatar a los habitantes de la tierra, o a las naciones que están fuera de los límites de Israel, fuera de su mano, sin que Dios ponga ningún límite sobre la tiranía y autodestrucción de los hombres.

11, 7-8a

⁷ וָאֶרְעֶה֙ אֶת־צֹ֣אן הַהֲרֵגָ֔ה לָכֵ֖ן עֲנִיֵּ֣י הַצֹּ֑אן וָאֶקַּֽח־לִ֞י שְׁנֵ֣י
מַקְל֗וֹת לְאַחַ֞ד קָרָ֤אתִי נֹ֙עַם֙ וּלְאַחַד֙ קָרָ֣אתִי חֹֽבְלִ֔ים וָאֶרְעֶ֖ה אֶת־הַצֹּֽאן׃
⁸ וָאַכְחִ֛ד אֶת־שְׁלֹ֥שֶׁת הָרֹעִ֖ים בְּיֶ֥רַח אֶחָ֑ד

⁷ Apacenté, pues, las ovejas destinadas a la matanza, esto es, a los pobres del rebaño. Tomé para mí dos cayados: a uno le puse por nombre Gracia, y al otro, Ataduras. Apacenté las ovejas, ⁸ y en un mes destruí a tres de los pastores,

11, 7. De Zac 11, 7 en adelante se describe el mantenimiento del rebaño. La difícil expresión לָכֵן (literalmente: *y por ello*, siendo así…) se utiliza sin duda en el sentido que tiene en Is 26, 14; 61, 7; 2, 33, etc., es decir, aquello que sucede *eo ipso*, es decir, al mismo tiempo que los otros acontecimientos narrados. Cuando el pastor cuida el rebaño para la matanza, él, al mismo tiempo (por tanto), alimenta a las ovejas malvadas.

עֲנִיֵּי הַצֹּאן no son las peores del rebaño, como צעירי הצאן en Jer 49, 20; 50, 45 no son tampoco las más pequeñas y débiles del rebaño. עניי הצאן forman por tanto una porción de צאן ההרגה, como seguiré mostrando, pues si se refiriera sin más a las ovejas pobres toda la frase sería una pura tautología, porque el pensamiento de que el rebaño se hallaba en un estado miserable había sido expresado ya de un modo bastante claro en el predicado הרגה, y en su explicación en 11, 5. Esta visión se encuentra confirmada por Zac 11, 11, donde queda claro que עניי הצאן es solo una parte del rebaño.

A fin de guiar y alimentar al rebaño, el pastor toma dos cayados, a los que les pone nombres que quieren indicar las bendiciones que el rebaño recibe a través de la buena actividad del pastor. Como veremos, esos dos bastones o cayados no son distintos, lo que muestra que el pastor no pastorea a una parte del rebaño con un cayado y a la otra parte con el otro. Conforme a 11, 7, él pastorea a todo el rebaño con, en el sentido del primer cayado que es gracia; y la destrucción que ha de realizarse, según 11, 9, cuando él abandone su oficio viene a quedar solamente clara cuando él destruye los dos cayados.

El profeta se provee de dos cayados con el simple propósito de expresar la salvación que se concede a la nación a través del cuidado del buen pastor. Al primer cayado le llama נֹעַם, es decir, gracia, amabilidad y favor (cf. Sal 90, 17). La palabra se utiliza aquí en el sentido de favor, pues este cayado de pastor muestra aquello que Yahvé concederá a su pueblo. El segundo cayado (conexión, atadura) se llama חֹבְלִים, palabra que es un participio pasivo de חבל. De los dos significados seguros que este verbo tiene en *kal*, es decir *atar* (de donde proviene *chebhel*, una cuerda o soga) y *maltratar* (cf. Job 34, 31), el segundo, del que proviene la traducción "maldición del cayado", no responde al sentido que en 11, 14 se da a la ruptura del cayado. El único sentido apropiado es aquí el primero, el de atadura, como en el sentido de conexión.

A través del cayado נֹעַם, *nō'am* (favor), se garantiza al rebaño la protección, la garantía de que no será dañado por las naciones extranjera. Y a través del cayado חֹבְלִים, *chōbhelīm*, las ovejas malvadas reciben la bendición de la unidad o atadura fraternal que ellas pueden alcanzar, uniéndose con las otras (Zac 11, 14). Con la repetición de las palabras וָאֶרְעֶה אֶת־הַצֹּאן se está indicando la idea de un buen pastoreo (cuidado del pastor).

11, 8a. La primera cosa que este nuevo pastor nombrado por Dios hace por el rebaño es destruir a tres pastores, que destruían al rebaño. וָאַכְחִד, *hifil* כחד, significa ἀφανίζειν, aniquilar, destruir (como en Ex 23, 23). אֶת־שְׁלֹשֶׁת הָרֹעִים se puede traducir los tres pastores (τοὺς τρεῖς ποιμένας, LXX) o tres de los pastores, en el caso de que el artículo se refiera solo al genitivo, como en Ex 26, 3. 9; Js 17, 11; 1 Sam 20, 20; Is 30, 26, como sucede con frecuencia cuando los dos nombres vienen conectados en estado constructo (cf. Gesenius, 111, nota).

Coincidimos con Koehler en afirmar que esa última es la única traducción que se puede admitir aquí, pues en todo lo anterior solo se ha hablado en general de pastores, sin hablar de tres en concreto. Estos pastores malos, de los que aquí se dice que Dios destruirá a tres, son aquellos que han destruido el rebaño, según Zac 11, 5, y que han de recibir por tanto la muerte para que el rebaño quede liberado de su tiranía.

Pero ¿quiénes son esos tres pastores? Se ha dado una opinión antigua muy extendida, que hallamos en Teodoreto, Cirilo y Jerónimo, según la cual esos pastores se refieren a tres tipos de gobernantes judíos, es decir, a los príncipes (reyes), sacerdotes y profetas. Pero, además del hecho de que en los tiempos que siguen a la cautividad, a los que se refiere nuestra profecía, el oficio de profetizar y la misma profecía se había extinguido, y del hecho de que en la visión de 4, 14, Zacarías solo menciona dos clases de autoridad, representada por el príncipe Zorobabel y por el sumo sacerdote Josué, esta visión va en contra de las mismas palabras del texto en el que se nos habla de "destruir la destrucción", es decir, de impedir el influjo de esos pastores sobre el pueblo, pues esto es suficiente para impedir o destruir su oficio (que ha sido oficio de destrucción).

Lo que Hengstenberg afirma en defensa de esto (es decir, que aquí no se puede hablar de un exterminio físico, pues los pastores vuelven a aparecer inmediatamente después aún como vivos) se funda en una falsa interpretación de la segunda mitad del texto. De todas formas, resulta incuestionable que aquí no tenemos que pensar en un exterminio o matanza de tres individuos concretos[119], y

---

119. Los intentos que han hecho los comentaristas de tipo racionalista por probar que los tres pastores son tres reyes del reino de las diez tribus resultan totalmente fallidos, por el hecho de que, de los tres reyes (Zacarías, Salum y Menahem: 2 Rey 15, 14), Salum solo reino un mes, de forma que la explicación de Hitzig, que va totalmente en contra de una lectura textual de אֶחָד בְּיֶרַח, según la cual esas palabras se refieren al tiempo de reinado de esos reyes, y no a su destrucción,

eso no solo porque no hay pruebas de que tres gobernantes o cabezas de la nación fuera destruidos en el tiempo de un mes, ni antes ni después de la cautividad, sino porque los personajes a los que alude esta visión no son individuos, sino clases de gente. Más aún, como reconocen de un modo unánime los comentaristas modernos, dado que los números definidos no pueden utilizarse en forma de pluralidad indefinida, *es natural que aquí pensemos en tres gobernantes imperiales* en cuyas manos cayó Israel, es decir, no en tres gobernantes de un mismo imperio sino en gobernantes de tres imperios distintos. La afirmación temporal "en un mes" no indica que los tres fueron pastores solo durante un mes, como supone Hitzig, sino que los tres fueron destruidos en un mismo mes, pero teniendo en cuenta que se trata de un cálculo simbólico, y de que la duración del tiempo (un mes) ha de interpretarse también simbólicamente.

No hay duda ninguna de que "un mes" significa comparativamente, un espacio breve de tiempo. Pero, dicho eso, no se puede negar que esa interpretación de "en un mes" tampoco resulta satisfactoria, dado que en sentido puramente temporal hubiera sido preferible decir "en una semana". Por otra parte, la expresión "en un año" hubiera sido demasiado larga para simbolizar el exterminio de los tres pastores. En esa línea, tampoco se puede aceptar la visión de Hofmann, según la cual un mes (בְּיֶרַח אֶחָד), que equivale a 30 días, ha de interpretarse sobre la base de Dan 9, 24, como un período profético de 30 por 7, igual a 210 años, y de que esta duración se refiera al hecho de que los imperios de Babilonia, el de los medo-persas y el de los macedonios fueron destruidos en 210 años.

No hay ninguna razón para calcular los días de un mes conforme a los períodos sabáticos, pues no hay conexión entre la יֶרַח, *yerach,* de este verso y los שבעים de Daniel, sin fijarnos ahora en el hecho de que el tiempo que pasó entre la conquista de Babilonia y la muerte de Alejandro Magno no fue de 210 sino de 215 años. La única forma en que la expresión "en un mes" puede interpretarse simbólicamente es la propuesta por Kliefoth y Koehler, es decir, la de dividir el mes como un período de 30 días en tres tiempos de diez días, según el número de los pastores, tomando esos diez días como el tiempo empleado para la destrucción de un pastor.

Diez es el número de "plenitud" o de la perfección de cualquier acción o suceso de la tierra. Si, por lo tanto, cada pastor fue destruido en diez días, y la destrucción de los tres se realizó en un mes, es decir, en el espacio de tres tiempos de diez días, uno siguiendo al otro, de esta forma se indican dos cosas: (a) que la destrucción de cada uno de esos pastores vino directamente después de la destrucción de otro; (b) y que esto sucedió después que se cumplió el tiempo determinado para el reinado de cada pastor.

---

carece totalmente de sentido. Por otra parte, las opiniones de Maurer, Bleek, Ewald y Bunsen, que buscan un tercer rey usurpador, carece de toda base.

La razón por la que el profeta no habla de tres tiempos de diez días, ni tampoco de treinta días, sino de un mes, condensando los treinta días en un mes, es que él no quiere decir simplemente que el tiempo determinado para la duración de las tres monarquías imperiales es un tiempo breve, sino que quiere poner también de relieve el tipo rápido de la actividad de cada pastor, que se indica mejor con la expresión "un mes" que por "treinta días".

11, 8b-11

8 וַתִּקְצַ֤ר נַפְשִׁי֙ בָּהֶ֔ם וְגַם־נַפְשָׁ֖ם בָּחֲלָ֥ה בִֽי׃
9 וָאֹמַ֕ר לֹ֥א אֶרְעֶ֖ה אֶתְכֶ֑ם הַמֵּתָ֣ה תָמ֗וּת וְהַנִּכְחֶ֙דֶת֙ תִּכָּחֵ֔ד וְהַ֨נִּשְׁאָר֔וֹת תֹּאכַ֕לְנָה אִשָּׁ֖ה אֶת־בְּשַׂ֥ר רְעוּתָֽהּ׃
10 וָאֶקַּ֤ח אֶת־מַקְלִי֙ אֶת־נֹ֔עַם וָאֶגְדַּ֖ע אֹת֑וֹ לְהָפֵיר֙ אֶת־בְּרִיתִ֔י אֲשֶׁ֥ר כָּרַ֖תִּי אֶת־כָּל־הָעַמִּֽים׃
11 וַתֻּפַ֖ר בַּיּ֣וֹם הַה֑וּא וַיֵּדְע֨וּ כֵ֜ן עֲנִיֵּ֤י הַצֹּאן֙ הַשֹּׁמְרִ֣ים אֹתִ֔י כִּ֥י דְבַר־יְהוָ֖ה הֽוּא׃

⁸ Y mi alma se impacientó contra ellos, y su alma también se hastió de mí. 9 Entonces dije: ¡No os apacentaré más! ¡La que prefiera morir, que muera; la que quiera perderse, que se pierda! ¡Las que queden, que se coman unas a otras! ¹⁰ Tomé luego mi cayado Gracia y lo quebré, para romper el pacto que había concertado con todos los pueblos. ¹¹ El pacto quedó deshecho ese día, y así conocieron los malvados del rebaño que me observaban que aquella era palabra de Yahvé.

11, 8b-9. Aquí se sigue exponiendo la actividad del pastor y se describe la actitud que asume el rebaño en relación con el servicio que a favor de ellos realiza ese pastor. La forma en que 11, 8a y 11, 8b se vinculan en el texto masorético (בְּיֶרַח אֶחָד ... וַתִּקְצַר נַפְשִׁי בָּהֶם) ha hecho que muchos comentaristas, entre ellos Hengstenberg, Ebrard y Kliefoth, tomen la afirmación de 11, 8b como referida también a los pastores.

Pero eso resulta gramaticalmente imposible, porque el imperfecto con *waw consecutiva* (וַתִּקְצַר) no se puede tomar en el sentido de pluscuamperfecto en este contexto en el que hallamos las mismas formas verbales antes y después, expresando una misma secuencia de tiempo y de pensamiento. Y ese es el sentido en el que esas palabras deberían tomarse, si estuvieran relacionadas con los pastores, porque la impaciencia del profeta con los pastores, y el disgusto de los pastores por el profeta debería haber precedido necesariamente a la destrucción de los pastores.

Por otra parte, es evidente, como el mismo Hitzig admite, que según Zac 11, 9, "el profeta no se disgustó con los tres pastores, sino con su rebaño, lo que desembocó en el hecho de abandonarlo a su suerte". Dado que el sufijo אֶתְכֶם de 11, 9 ha sido tomado por todos los comentaristas (excepto por Kliefoth) como referido al rebaño, así los sufijos de בהם y נפשם en 11, 8 deben remitir igualmente al rebaño (הצאן, Zac 11, 7).

תִּקְצַר נַפְשִׁי, mi alma se volvió impaciente, como en Num 21, 4. Por su parte, בָּחֲלָה, que solo aparece, además de aquí en Prov 20, 21, en el sentido del árabe *bchl*, estar celoso, se utiliza con el significado que tiene en siríaco, de estar hastiado, disgustado, herido. A consecuencia de la experiencia que el pastor del Señor ha tenido, conforme a Zac 11, 8, él determina entregar (dejar) el cuidado del rebaño, y abandonarlo a su destino, lo que se expresa y desemboca en 11, 9 en el hecho de que perezcan y se destruyan las ovejas, unas a las otras.

Los participios, מתה כחדת y נשארות son de presente: lo que es destruido (perece) y no permanece; por su parte, los imperfectos תכחד, תמות y תאכלנה no son yusivos, pues no mandan lo que deber hacerse, sino que expresan aquello que puede suceder o sucederá (Ewald, 136, d, b).

11, 10. Como signo de esto, el pastor rompió un cayado en piezas, es decir, el cayado נֹעַם, *nōʿam,* que significa gracia o favor, para mostrar así que los bienes que el rebaño había recibido hasta ahora por ese cayado le serían negados; eso significa que el pacto que Dios había realizado con todas las naciones iba a ser rechazado o destruido.

Este no es el pacto realizado con Noé como progenitor de todos los hombres tras el diluvio (Kliefoth), sino un tipo de relación o pacto establecido por Yahvé, según la cual todas las naciones podrían prosperar, mientras el pastor siguiera destruyendo a los pastores que destruían su rebaño (Hofmann, *Schriftbeweis*, ii. 2, p. 607).

— *Por lo que respecta al pacto con Noé,* aunque se prometiera la continuidad de la vida en esta tierra, y se aseguraba que no se repetiría otro diluvio para destruir a todos los vivientes, no había garantía de protección respecto a la muerte o destrucción de algunos grupos, ni prometía que no habría guerras civiles; por otra parte, la historia no recuerda ningún pacto que Yahvé hubiera hecho con las diversas naciones, prometiéndoles prosperidad y liberación de la opresión de otros.
— *El pacto que Dios hizo con todas las naciones* se refiere, conforme al contexto de este pasaje, a un pacto que Dios hizo con ellas, a favor de su propio rebaño, que era la nación de Israel, un pacto que es análogo al que Dios había hecho con las bestias, conforme a Os 2, 20, según el cual ellas no dañarían a su pueblo. Esta pacto es semejante al tratado que Dios hizo con las piedras y bestias del campo (Job 5, 23, cf. Ez 34, 25).

Este pacto de Dios con todos los pueblos (cf. אֶת־בְּרִיתִי אֲשֶׁר כָּרַתִּי אֶת־כָּל־הָעַמִּים) consistía en el hecho de que Dios impuso a todas las naciones de la tierra la obligación de no dañar a Israel o destruirla, a consecuencia del favor que Dios mostraba hacia su pueblo. Al ser abrogado este pacto, Israel queda entregado en manos de las naciones, de forma que ellas puedan tratar a Israel en la forma que se describe en Zac 11, 5.

Ciertamente, Israel no quedó por eso inmediatamente entregado en manos de la destrucción prometida en 11, 9, ni esa destrucción se cumplió sin más con el hecho de romper en pedazos el primer cayado (el del favor), sino que ella se realizará cuando se rompa también el otro cayado (el de la conexión), momento en que el pastor abandona totalmente el cuidado del rebaño. Mientras que el pastor continúe alimentando (cuidando) al rebaño con el otro cayado se mantendrá alejada la destrucción total, aunque con la ruptura del *cayado favor* se niega ya a Israel la protección respecto a las naciones del mundo.

11, 11. Por la abrogación de este pacto, los malvados de entre las ovejas percibieron que esto era palabra de Yahvé. כֵּן, así, es decir, a consecuencia de esto. Las ovejas malvadas se describen como הַשֹּׁמְרִים אֹתִי, es decir, aquellas que me observaban. אֹתִי se refiere al profeta, que actúa en el nombre de Dios, y según eso se refiere al mismo acto de Dios. Lo que aquí se afirma no se aplica solo a una porción de los malvados, sino a todos, a los עֲנִיֵּי הַצֹּאן, de forma que ha aplicarse a los miembros del pueblo de la alianza que atienden a la palabra de Dios.

Lo que estos hombres de Dios reconocen como Palabra de Yahvé resulta evidente por el contexto, es decir, no meramente por la amenaza evocada en 11, 9 y expresada en el hecho de que el pastor ha roto el cayado *Favor*, sino en general, por todos los actos simbólicos del profeta, incluyendo el cuidado del pueblo con los cayados, y el hecho de haber roto uno de ellos. Los dos cayados unidos eran una expresión de la palabra de Yahvé; y el hecho de que esa palabra haya sido así "observada" (descubierta) por los fieles está indicando el efecto producido sobre Israel por la ruptura del cayado *Favor*. Los israelitas descubren así las consecuencias que derivan del hecho de que Dios haya retirado la obligación que había impuesto sobre las naciones paganas, impidiéndoles que dañaran a Israel.

11, 12–13

¹² וָאֹמַר אֲלֵיהֶם אִם־טוֹב בְּעֵינֵיכֶם הָבוּ שְׂכָרִי וְאִם־לֹא ׀ חֲדָלוּ וַיִּשְׁקְלוּ אֶת־שְׂכָרִי שְׁלֹשִׁים כָּסֶף׃
¹³ וַיֹּאמֶר יְהוָה אֵלַי הַשְׁלִיכֵהוּ אֶל־הַיּוֹצֵר אֶדֶר הַיְקָר אֲשֶׁר יָקַרְתִּי מֵעֲלֵיהֶם וָאֶקְחָה שְׁלֹשִׁים הַכֶּסֶף וָאַשְׁלִיךְ אֹתוֹ בֵּית יְהוָה אֶל־הַיּוֹצֵר׃

¹² Yo les dije: Si os parece bien, dadme mi salario; y si no, dejadlo. Entonces pesaron mi salario: treinta piezas de plata. ¹³ Yahvé me dijo: Échalo al tesoro. ¡Hermoso precio con que me han apreciado! Tomé entonces las treinta piezas de plata y las eché en el tesoro de la casa de Yahvé.

11, 12. Con la ruptura del cayado *Favor*, el pastor del Señor había abandonado una parte de su cuidado pastoral sobre el rebaño al que había cuidado hasta entonces, pero su conexión con él no ha quedado totalmente destruida. Esto sucederá solo a partir de 11, 12, cuando el rebaño le recompensa con ingratitud por su servicio.

Por lo que se refiere a la construcción gramatical, אֲלֵיהֶם (a ellos) puede dirigirse a los desdichados del rebaño, que han sido mencionados hace poco. Pero cuando recordamos que el pastor ha comenzado a alimentar no solo a las ovejas desdichadas, sino a todo el rebaño, y al romper el cayado él no ha abandonado a ninguna parte del rebaño, nos vemos obligados a sacar la conclusión de que estas palabras están dirigidas a todo el rebaño, de forma que la petición de un salario ha de entenderse solo en el sentido de que él quiere dar al rebaño una oportunidad para que explique si está dispuesto a reconocer la "alimentación" y cuidado que ha recibido.

El hecho de que el profeta pide un salario a las ovejas puede explicarse simplemente por el hecho de que las ovejas son aquí hombres a los que el pastor pide un "salario", es decir, un reconocimiento. La petición de un salario no ha de entenderse en el sentido de que el pastor quiere abandonar su oficio tan pronto como le paguen sus servicios, porque en ese caso él habría pedido el salario antes de romper el primer cayado. Pero que él solo pida el salario más tarde, y pregunte a los hombres que le digan si están dispuestos a pagarlo o no (אִם־טוֹב בְּעֵינֵיכֶם, si parece bien ante vuestros ojos), está indicando solo que el quiere saber si los hombres de su rebaño (con los otros pastores inferiores) reconocen sus servicio y quieren que lo continúe ofreciendo.

Por el salario han entendido los comentaristas ante todo el arrepentimiento y la fe, o la piedad de corazón, con la obediencia humilde y cordial, y el amor agradecido. Estos son los únicos "salarios" con los que los hombres pueden pagar su deuda a Dios. Pero ellos (con los pastores inferiores) pesaron el importe del salario y lo calcularon como treinta *sekels* de plata (sobre la omisión de *sheqel* o *keseph*, cf. Gesenius, 120, 4, 2).

"Treinta" no implica el salario por un mes o por treinta días (es decir, para darle un *sekel* por día por su servicio: Hofmann, Kliefoth), pues el texto no dice que el pastor les haya alimentado solo durante un mes, y aquí no se alude al *sekel* como paga mínima por un día de trabajo, como se supone en 11, 13. Ellos le pagan más bien 30 *sekels* como alusión al hecho de que esta era la suma por la que se compensaba por un esclavo herido (Ex 21, 32), de manera que era el precio por el que podía comprarse un esclavo (cf. Os 3, 2).

Al pagarle treinta *sekels* ellos dan a entender que no estiman su servicio como algo más caro o mejor que el servicio de un esclavo comprado. Ofrecer ese salario resultaba más ofensivo que negarse directamente a dar algún salario (Hengstenberg). Yahvé describe por tanto esa cantidad de un modo irónico como un "hermoso precio" (11, 13).

11, 13. Como el pastor había alimentado al rebaño en nombre de Yahvé, Yahvé toma para sí mismo el salario que pagan al pastor, como cantidad en la que valoran su trabajo a favor del pueblo. Por eso, Yahvé manda al profeta que arroje esa miserable suma de dinero y que la eche a la casa del "alfarero" (o herrero).

La palabra הַיּוֹצֵר, *hayyōtsēr*, significa el "alfarero, herrero", con una forma secundaria, *yōtsēr*, que puede entenderse como error del copista, en vez de אוֹצָר, que sería el tesoro del templo, aunque la misma palabra הַיּוֹצֵר podría entenderse en sentido figurado como "caja del herrero" (caja de hierro, hecha por el herrero, donde se recogen las limosnas o dinero del templo).

La expresión ha de entenderse en sentido figurado. Probablemente, Dios no pudo decir al profeta: el salario pagado por mi servicio es en verdad miserable, pero, a pesar de todo, échalo al tesoro del templo (a la "caja" del herrero), pues eso es, al menos, más que nada. Pues bien, en contra de eso, la expresión "arrójalo a la casa del alfarero/herrero" (para el uso de אַשְׁלִיךְ אֹתוֹ, con *'el* de persona, cf. 1 Rey 19, 19) constituye aparentemente una expresión proverbial que evoca un tratamiento despreciativo, aunque no tenemos medios para trazar de un modo satisfactorio el origen de la frase.

Según Hengstenberg, la frase "échalo al alfarero" está indicando un lugar impuro, bajo la suposición de que el alfarero/herrero que trabajaba para el templo tenía su taller en el valle de la *Gehenna* (de *Ben-Hinnom*), que habiendo sido en otro tiempo el lugar donde se celebraba el abominable culto de *Moloc*, un lugar que había sido profanado en tiempo de Josías (2 Rey 23, 10), viniendo a convertirse después en matadero de la ciudad. Pero de Jer 18, 2; 19, 2 no se deduce en modo alguno que el alfarero viviera en el valle de la Gehenna, mientras que Jer 19, 1-2 nos llevan más bien a la conclusión opuesta.

Así, por ejemplo, si Dios dice allí a Jeremías "vete y compra una vasija de alfarero" (Jer 19, 1) y vete de allí (sal) al valle de *Ben-Hinnom*, que está frente a la puerta del alfarero (Jer 19, 2), de ahí se sigue casi con certeza que la alfarería en cuanto tal (es decir, aquella en la que Jeremías compra la vasija) estaba dentro de las puertas de la ciudad. Pero incluso si el alfarero tenía su taller en el valle de *Ben-Hinnom*, que era tomado como impuro, Jeremías no se convertiría sin más en impuro, por haber ido a su taller de forma que la expresión "ir al alfarero" no podía entenderse en el sentido en que hoy se tomaría "ir al matadero" para quedar por ello impuro. Por otra parte, si Jeremías hubiera quedado impuro por ir a la casa del alfarero no podría haber trabajado para el templo, ni las vasijas fabricadas en la casa del alfarero podrían después emplearse como utensilios para servicio del templo, es decir, para cocer la carne de los sacrificios.

Las explicaciones que han dado, por su parte, algunos otros, como Grotius y Hofmann son igualmente insatisfactorias. El primero supone que arrojar algo ante el alfarero resulta equivalente a arrojarla a la basura. Pero el alfarero no se ocupaba solo de hacer vasijas, y además la arcilla del alfarero no era simple polvo o basura de la calle.

Más satisfactoria resulta la explicación de Koehler, quien afirma que esa cantidad (30 *sekels*) es suficiente para pagar al alfarero por los jarros y utensilios que le ha fabricado, y que son de tan poco valor que se sustituyen o cambian con facilidad cuando uno de ellos se rompe. Pero esta explicación no hace justicia al sentido de *hishlīkh* (cf. אַשְׁלִיךְ), pues los hombres no arrojan al suelo las monedas que pagan al alfarero por su trabajo, sino que se las ponen en la mano.

La palabra אַשְׁלִיךְ, arrójalo, échalo, implica una idea de desprecio, y los utensilios hechos de barro eran cosas de valor insignificante. La ejecución de ese mandato (y yo arrojé אֹתוֹ, *ōthō*, el salario que me habían pagado, las 30 monedas en la casa de Yahvé al alfarero) no puede entenderse en el sentido de que Jeremías debía arrojar el dinero en el templo de Yahvé para que después se lo dieran al alfarero (Hengstenberg). Si este fuera el sentido de la frase se debería haber expresado con más claridad.

En sentido estricto, esas palabras solo pueden entenderse en el sentido de que el alfarero se hallaba en la casa de Yahvé cuando se echaron ante él las monedas, sea que él tuviera que realizar allí algún trabajo, sea que él hubiera ido para llevar algunas vasijas para las cocinas del templo (Zac 14, 20). Esta circunstancia es sin duda significativa, y su sentido no es solo el de mostrar que el profeta Jeremías era un siervo del Señor, o que hizo esto en nombre y por mandato de Yahvé, en vez de conservar la moneda (Koehler), pues en ese caso Zacarías lo podía haber explicado de un modo más claro en dos o tres palabras.

Aquí se cita más bien la casa de Yahvé como el lugar donde el pueblo se ponía en presencia de su Dios, sea para recibir o para solicitar de su parte las bendiciones de la alianza. Lo que tuvo lugar en el templo (lo de las treinta monedas), fue hecho ante la presencia de Dios, a fin de que Dios pudiera llamar a cuentas a su pueblo por ello.

11, 14

¹⁴ וָאֶגְדַּע אֶת־מַקְלִי הַשֵּׁנִי אֶת הַחֹבְלִים לְהָפֵר אֶת־הָאַחֲוָה בֵּין יְהוּדָה וּבֵין יִשְׂרָאֵל׃ ס

[14] Quebré luego el otro cayado, Ataduras, para romper la hermandad entre Judá e Israel.

A consecuencia de ese pago vergonzoso por ese servicio, el pastor del rebaño rompe su segundo cayado, y lo hace como signo que él no alimentará ya más a la nación ingrata, dejándola en manos de su destino. La rotura del cayado se interpreta, de acuerdo con su nombre, como ruptura o destrucción de la hermandad entre Judá e Israel. Con estas palabras, que están escogidas en referencia a la división anterior de la nación en dos reinos hostiles, se indica la disolución de la unidad fraterna de la nación, y el hecho que la nación viene a romperse en partes que se oponen y destruyen una a la otra aparece como resultado de un decreto divino.

Hofmann, Ebrard (*Offenbarung Johannis*) y Kliefoth han supuesto erróneamente que esto se refiera a la división del pueblo de la alianza en dos partes, de las cuales una (respondiendo a la antigua Judá) recibiría a Cristo, permaneciendo así como pueblo de Dios, mientras que la otra (respondiendo así a Efraín o al Israel de los tiempos que siguen a Salomón) rechazaría a Cristo, cayendo así en el endurecimiento y en el juicio.

Conforme al sentido evidente de la representación simbólica, todo el rebaño pagó al buen pastor su salario, lo que significaba que rechazó el cuidado pastoral de Dios, siendo así rechazado por él, de forma que dividiéndose en partes se destruyó a sí mismo, de manera que, como indicaba 11, 9, cada parte devoraba a la otra. Esto no va en contra del hecho de que, a través de este proceso de autodestrucción, no todos perecieron, sino que las ovejas más pobres, que escucharon al Señor, es decir, que le descubrieron como salvador del rebaño, las que aceptaron a Jesucristo como Mesías, fueron salvadas.

Pero esto queda en el fondo de nuestra descripción, que trata del destino de toda la nación en cuanto tal, como por ejemplo en Rom 9, 31; 11, 11-15, porque el número de los creyentes formaba solo una pequeña minoría en comparación con toda la nación. Pero la división de la nación en partidos distintos vino a manifestarse de un modo terrible poco después del rechazo de Cristo, acelerando su ruina en la guerra contra Roma.

Hay, sin embargo, otra diferencia en la interpretación que se ha dado a esta profecía simbólica, en lo que se refiere a la alusión histórica o al cumplimiento de ella, tal como lo han entendido diversos expositores que creen en la revelación y piensan que ella se refiere a los tiempos del segundo templo: (a) Algunos piensan que esta profecía se refiere al conjunto de la conducta de Dios hacia la nación de la alianza, bajo el segundo templo. (b) Otros, en cambio, piensan que ella ha de tomarse meramente como símbolo de un único intento de salvar a la nación, cuando ella se encontraba en el borde de la ruina, a través del oficio pastoral de Cristo.

Hengstenberg, con muchos de los comentaristas antiguos, se ha inclinado por la segunda visión. Pero todo lo que aduce en prueba de ella no toca al hecho mismo, sino que se limita a responder a un tipo de argumentos débiles con los que la primera interpretación ha sido defendida por sus partidarios antiguos. Pues bien, el argumento fundamental que Hengstenberg deduce de Zac 11, 8, para mostrar que la acción simbólica del profeta está indicando un acto único de fidelidad pastoral del Señor, que se cumplirá en un espacio relativamente breve de tiempo, se apoya sobre una falsa interpretación del verso en cuestión.

Como he mostrado al tratar de Zac 11, 8, los tres pastores que el Pastor de Yahvé ha destruido en un mes, no son tres tipos de gobernantes judíos, sino tres gobernantes imperiales (de Babilonia, Persia del imperio greco-romano), bajo cuyo poder siguió existiendo Israel desde la cautividad de Babilonia hasta el tiempo de Cristo. Pues bien, la suposición de que esta sección se refiere exclusivamente a la obra de Cristo para la salvación de Israel durante el tiempo de su vida sobre el mundo resulta totalmente irreconciliable con esto.

La única conclusión que podemos sacar de esto, es que la primera visión, que ha sido defendida por Calvino y por otros, y en los tiempos más recientes por Hofmann, Klieforh y Koehler, es la correcta, aunque no tenemos necesidad de asumir con Calvino que el profeta "representa en su propia persona a todos los profetas bajo cuya mano ha gobernado Dios al pueblo", ni pensar, como hace Hofmann, que el Pastor del Señor es meramente una representación del orden profético, o añadir con Koehler (en la misma línea) que ese Pastor del Señor es el representante de la mediación de los profetas en la obra la obra de la salvación, entre los cuales Daniel fue el primero, viniendo después por un lado Ageo y Zacarías y por otro Zorobabel y sus sucesores, como gobernantes civiles de Israel, también por otro lado Josué y aquellos sacerdotes que retomaron tras él los deberes de su oficio.

El exterminio o destrucción de los tres gobernantes o poderes imperiales no fue realizado o llevado a cabo por los profetas nombrados, ni tampoco por los gobernantes civiles y los sacerdotes de Israel. La destrucción fue realizada, más bien, por Yahvé, sin la intervención de profetas, sacerdotes o autoridades civiles de los judíos; y lo que Yahvé realizó en ese sentido como pastor de su pueblo, lo realizó a través de la revelación por la que él preparó su venida, que culmina en la encarnación de Jesucristo, como Ángel de Yahvé, aunque esta forma no ha sido indicada de un modo más preciso en la acción simbólica descrita en este capítulo de Zacarías.

En aquella acción del pastor, a quien le ofrecen como paga treinta monedas de plata, él no aparece como distinto de Yahvé, pues el mismo Yahvé aparece hablando de ese salario, como precio por él que ha sido valorado por su pueblo, y solo por los evangelios descubrimos que no ha sido Yahvé en sí mismo, como el Dios supraterreno, sino el Hijo de Dos, encarnado en Cristo, es decir, el Mesías, el que ha sido traicionado y vendido por un precio de treinta monedas.

Cita del evangelio de Mateo. Lo que el evangelista Mateo observa en relación con el cumplimiento de Zac 11, 12-13, presenta varias dificultades. Tras haber descrito en Mt 26, 1 la traición de Jesús por Judas, el prendimiento de Jesús y su condena a muerte por el gobernador romano Poncio Pilato, por instigación del sumo sacerdote y de los ancianos de los judíos, tras haber descrito después que Judas, sintiendo remordimientos por la condena de Jesús, fue a devolver a los sumos sacerdotes y ancianos las treinta monedas de plata que le habían pagado por haberles entregado a Jesús, confesando que él había entregado sangre inocente, el evangelio de Mateo afirma que él (Judas), habiendo arrogado las monedas en el templo, fue y se ahorcó, por lo que los sumos sacerdotes decidieron emplear ese dinero para comprar el campo del alfarero como cementerio para peregrinos, añadiendo en Mt 27, 9-10: "Y entonces se cumplió lo que había sido anunciado por el profeta Jeremías diciendo: Y ellos tomaron las treinta monedas de plata, el precio por el que fue tasado, por el que los hijos de Israel le valoraron, y lo empleó para comprar el campo del alfarero, como el Señor me mandó".

La primera dificultad de este texto viene dada por el hecho de que, según la profecía, las treinta monedas fueron tomadas como salario para el pastor, mientras que según el cumplimiento (Mateo) esas monedas se le pagaron a Judas por haber traicionado a Jesús. Pero en el momento en que vamos de la profecía a la idea que está en su fondo se superan las diferencias y se logra armonizar los textos. Conforme al anuncio profético de Zacarías, el pago del salario al pastor es simplemente una forma simbólica de poner de relieve la ingratitud de la nación ante el amor y la fidelidad del pastor, y el signo de que ellos no le tendrán ya más como su pastor; ese pago es por tanto el signo de la más negra ingratitud del pueblo y de la dureza de su corazón ante el amor que el pastor les ha mostrado.

Pues bien, esa misma ingratitud y esa misma dureza de corazón se manifiesta en la resolución de los representantes de la nación judía, los sumos sacerdotes y los ancianos, cuando condenan a Jesús su salvador a muerte, y le toman como prisionero pagando para ello un dinero al que le traicionó. El pago de las treinta monedas de plata al traidor fue de hecho el salario que la nación judía pagó a Jesús por lo que él había hecho por la salvación de Israel; y la suma despreciable que los jefes de la nación pagaron al traidor fue una expresión del desprecio profundo que ellos sentían por Jesús.

Las diferencias no son tampoco muy grandes ante el hecho de que el profeta arrojó las monedas en la casa de Yahvé, para el alfarero, mientras que, según el relato de Mateo, Judas arrojó las monedas de plata en el templo, y el sumo sacerdote no las introdujo en el "tesoro divino", porque ellas eran precio de sangre, sino que las empleó para comprar un campo del alfarero, que recibió desde entonces el nombre de campo de sangre.

Según eso, la profecía no solo se cumplió de manera casi literal, sino que, por lo que toca a su sentido, ella se cumplió de un modo tan exacto, que todos pudieron ver que era el mismo Dios que había hablado a través del profeta, disponiendo así las cosas, por la acción secreta de su poder omnipotente, que se extiende incluso sobre los impíos. Eso significa que Judas arrojó las monedas en el templo, para ponerlas así ante el rostro de Dios, como monedas de sangre, para así suscitar la venganza de Dios sobre la nación, de tal forma que el sumo sacerdote compró con ese dinero el campo del alfarero, que recibió a consecuencia de ello el nombre de "campo de sangre, hasta el día de hoy" (Mt 27, 8), perpetuando de esa forma el memorial del pecado que él había cometido en contra del Mesías.

Mateo lo indica añadiendo las palabras "como el Señor me lo había mandado", que corresponden a las de Zac 11, 13 (וַיֹּאמֶר יְהוָה אֵלַי). Sobre eso ha observado

H. Aug. W. Meyer de un modo correcto: las palabras "como el Señor me había mandado" expresan el hecho de que la aplicación del dinero de la traición para comprar el campo del alfarero tuvo lugar "de acuerdo con el propósito de Dios", cuyo mandato el profeta había recibido. De esa manera se cumplió la palabra que Dios había dirigido al profeta (LXX y evangelio de Mt: μοι), indicándole la forma en que debía proceder con las treinta monedas de plata.

Los otros puntos en los que la cita de Mateo difiere del texto original (pues los LXX habían seguido un texto totalmente distinto) pueden explicarse por el hecho de que el pasaje fue citado de memoria (*memoriter*), y por el hecho de que la alusión al modo de cumplimiento histórico del hecho, por la acción de Judas, ha ejercido alguna influencia en la elección de las palabras.

Esta alusión involuntaria al hecho histórico de Judas aparece en la forma de reproducir el sentido de וָאֶקְחָה שְׁלֹשִׁים, y "tomé las treintas piezas de plata y las arrojé al alfarero", poniendo en su lugar "ellos tomaron las treinta monedas de plata… y las dieron para el campo del alfarero". Por su parte, "el precio por el que él había sido valorado…" ha de tomarse como una traducción libre de הַיְקָר אֶדֶר (precio hermoso) y finalmente las palabras "de los hijos de Israel" son una expresión de מֵעֲלֵיהֶם.

La única dificultad real e importante del texto está en el hecho de que Mateo cita las palabras de Zacarías diciendo "lo que está escrito por Jeremías profeta", siendo que lo que él cita está tomado solo del profeta Zacarías. La lectura Ἰερεμίου en Mateo es críticamente segura, y la suposición de que Mateo se refiere a alguna escritura perdida, o a un dicho de Jeremías que ha sido transmitido por tradición oral u otras suposiciones de ese tipo son afirmaciones arbitrarias, que no pueden tomarse en consideración.

En esa línea, los intentos que se han hecho para explicar la introducción del nombre de Jeremías en lugar de Zacarías partiendo del supuesto de que los rasgos principales de nuestra profecía son simplemente un resumen de la profecía de Jer 19, 1–15 o de que Zacarías anuncia un segundo cumplimiento de esa profecía (Hengstenberg), o de que ese pasaje se apoya en Jer 18, donde se introduce también el tema del alfarero, y de que su cumplimiento va más allá de la profecía de Zacarías, en aquellos rasgos en los que se separa de las palabras de Zacarías, de manera que en ella se cumple también, al mismo tiempo, el anuncio profético de Jer 18–19 (Kliefoth), no pueden ni deben tomarse en serio.

Según eso, no se puede decir que Mateo quiso poner de relieve ese trasfondo del texto de Jeremías, para atribuirle a él la profecía en vez de a Zacarías. Nosotros apoyaríamos sin reserva esta visión, pero solo si nos mostrara que puede haber una conexión entre nuestra profecía y las profecías de Jer 18 y Jer 19, 1–5. Pero la prueba aducido por Hengstenberg, diciendo que nuestra profecía responde a la palabra y texto de Jer 18 se apoya solo en dos observaciones que no son ciertas. (a) Que el alfarero al que Jeremías compró una vasija (Jer 19, 1–15) para romperla en el valle de *Ben–Hinnom*, tenía su taller en ese valle, que solía mirarse con rechazo, como si fuera impuro. (2) Que Zacarías tenía que arrojar el mal salario en el valle del *Ben–Hinnom*, precisamente en el lugar donde se hallaba el taller del alfarero.

Pero en nuestra exposición sobre Zac 11, 13 hemos mostrado ya que Jeremías no compró su vasija en el valle de *Ben–Hinnom*, sino al alfarero que habitaba dentro de las puertas de la ciudad; y también que las palabras de Zacarías (yo la arrojé dentro de la casa de Yahvé, al alfarero) no afirman que el profeta arrojó el dinero del salario que le habían pagado en el valle de *Ben–Hinnom*. Pues bien, dado que esas suposiciones son falsas, la visión que se apoya en ellas (es decir, que la profecía de Zacarías está tomada de la de Jeremías) pierde todo su fundamento. La acción simbólica que se le encarga a Jeremías y que él realiza (es decir, arrojar las piezas rotas de la vasija que ha comprado al alfarero de la ciudad, echándolas en el valle de *Ben–Hinnom*), no tiene ninguna relación apreciable con la palabra del Señor (del Dios Pastor) a Zacarías, pidiéndole que arroje el salario que se le ha pagado al alfarero, en la casa de Yahvé. Según eso, no podemos tomar esta palabra de Zacarías como un cumplimiento (o una culminación) de la profecía de Jeremías. Así parece haberlo sentido también Kliefoth, quien ha abandonado la idea de encontrar la prueba de que nuestra profecía se apoya en la profecía misma de Jeremías. Él, por tanto, se limita a decir que Mt 27, 9 no hace mas que citar nuestro pasaje como palabra de Zacarías, pero atribuyéndosela a Jeremías, porque él pensaba que era de Jeremías.

Eso significa que, de hecho, según Mateo, este pasaje ha de ser completado o explicado a partir de Jeremías, aunque no de Jer 19, 1–15, sino a partir de Jer 18, donde el alfarero que hace una vasija y que la rompe en piezas, porque le ha salido mal, representa a Dios, que está haciendo lo mismo con Israel, que es una vasija que le ha salido mal. De un modo consiguiente, también en Zacarías debemos suponer que el alfarero, a quien el profeta arroja el salario en el templo, es el mismo Yahvé, que habita en el templo

Según eso, si es imposible encontrar algún tipo de conexión entre nuestra profecía y las profecías de Jeremías, no hay más salida o solución que seguir el ejemplo de Lutero, diciendo: (a) o que la atribución de esta profecía a Jeremías proviene de un fallo de la memoria de Mateo en 27, 9; (b) o pensar que se trata de un error muy antiguo de un copista, de manera que no conservamos ningún texto del evangelio que tenga una lectura distinta[120].

---

120. En su *Comentario a Zacarías*, del año 1528, Lutero dice: "Este capítulo plantea la cuestión de por qué atribuyó Mateo ese pasaje de las treinta monedas de plata a Jeremías, mientras que él pertenece a Zacarías. Esta y otras cuestiones semejantes no me turban mucho, porque ellas tienen poca importancia para el tema de fondo. Y Mateo hace ya bastante citando una determinada escritura, aunque no sea correcto al citar al autor, pues él cita dichos proféticos en otros lugares y en ellos a veces no pone las palabras tal como ellas están en la Escritura. Eso mismo puede ocurrir

11, 15-17. El pastor loco

¹⁵ וַיֹּ֣אמֶר יְהוָה֮ אֵלַי֒ ע֣וֹד קַח־לְךָ֔ כְּלִ֖י רֹעֶ֥ה אֱוִלִֽי׃
¹⁶ כִּ֣י הִנֵּֽה־אָנֹכִ֞י מֵקִ֥ים רֹעֶה֙ בָּאָ֔רֶץ הַנִּכְחָד֤וֹת לֹֽא־יִפְקֹד֙ הַנַּ֣עַר לֹֽא־יְבַקֵּ֔שׁ וְהַנִּשְׁבֶּ֖רֶת לֹ֣א יְרַפֵּ֑א הַנִּצָּבָה֙ לֹ֣א יְכַלְכֵּ֔ל וּבְשַׂ֤ר הַבְּרִיאָה֙ יֹאכַ֔ל וּפַרְסֵיהֶ֖ן יְפָרֵֽק׃ ס
¹⁷ ה֣וֹי רֹעִ֤י הָֽאֱלִיל֙ עֹזְבִ֣י הַצֹּ֔אן חֶ֥רֶב עַל־זְרוֹע֖וֹ וְעַל־עֵ֣ין יְמִינ֑וֹ זְרֹעוֹ֙ יָב֣וֹשׁ תִּיבָ֔שׁ וְעֵ֥ין יְמִינ֖וֹ כָּהֹ֥ה תִכְהֶֽה׃ ס

¹⁵ Yahvé me dijo: Toma ahora los aperos de un pastor insensato; ¹⁶ porque yo levanto en la tierra a un pastor que no visitará las perdidas, ni buscará la pequeña, ni curará la perniquebrada, ni llevará la cansada a cuestas, sino que comerá la carne de la gorda y romperá sus pezuñas. ¹⁷ ¡Ay del pastor inútil que abandona el ganado! ¡Que la espada hiera su brazo y su ojo derecho! ¡Que se le seque del todo el brazo y su ojo derecho quede enteramente oscurecido!.

11, 15. Después que ha obligado al buen pastor a abandonar su oficio de pastor, a consecuencia de su propio pecado, Israel no queda abandonado a sí mismo, sino que él es entregado en manos de un pastor loco que le destruirá. Este es el pensamiento que se expresa en la acción simbólica de la que se habla ahora.

Por medio de עוֹד, "de nuevo (ahora) toma los instrumentos…", esta acción queda conectada con la anterior (Zac 11, 4), porque עוד implica que el profeta ha tomado ya en su mano, en un momento anterior, los instrumentos de un profeta. Esos instrumentos son la dotación del pastor y el hecho de tomarlos en sus manos constituye una representación figurativa de la alimentación (del cuidado) del rebaño. Esta vez ha de tomar los instrumentos de un pastor loco, es decir, ha de realizar la acción de un pastor loco. Si el instrumental que utiliza un pastor loco es distinto del que utiliza un buen pastor es algo que aquí no importa, porque es indiferente para el simbolismo que aquí se utiliza.

11, 16. Aquí se ofrece la causa de este mandato divino. En el Antiguo Testamento, la locura es sinónimo de impiedad y de pecado (cf. Sal 14, 1). La razón para ese mandato divino se indica aquí a través de una afirmación sobre el significa de la nueva acción simbólica. Dios pondrá sobre la tierra un pastor que no se ocupará de su rebaño, ni lo protegerá, ni tendrá cuidado del rebaño, sino que lo destruirá. Por el contexto, evidente que no podemos identificar aquí a ese pastor loco con todos los gobernantes nativos de la nación judía, tomados de un modo colectivo, como supone Hengstenberg.

---

ahora, y si el hecho de que las palabras no han sido citadas exactamente no afecta al sentido ¿cuál es el daño que proviene del hecho de que no se cite correctamente al autor, dado que las palabras son más importantes que el nombre del autor?".

Si el buen pastor, representado por el profeta en Zac 11, 4-14, no es otro que Yahvé en su gobierno sobre Israel, el pastor loco, que se eleva sobre la tierra en lugar del buen pastor, que ha sido despreciado y rechazado, solo puede ser el posesor del poder imperial, bajo cuyo poder ha sido entregada la nación, tras el rechazo del buen pastor enviado en Cristo; ese mal pastor solo puede ser el Imperio romano que destruyó el estado judío. El gobierno de ese pastor loco está aquí representado no solo como totalmente pervertido, sino como un poder que devora al rebaño, como en Ez 34, 3-4 y Jer 23, 1-2.

Él no buscará, es decir, no se preocupará de las ovejas que perecen y se pierden (הַנִּכְחָדוֹת לֹא־יִפְקֹד) (cf. Jer 23, 9). Ni buscará a las perdidas: הַנַּעַר לֹא־יְבַקֵּשׁ; aquí הנער no pueden ser las ovejas débiles o jóvenes, no solo porque *na'ar*, joven, no se aplica a los animales, sino también porque cuando se aplica a los hombres no tiene el sentido de tiernos o débiles. Esa palabra es una formación sustantiva de *nâ'ar*, golpear o dispersar, que se utiliza en sentido de *dispulsio*, con el término abstracto empleado como concreto: las ovejas dispersas y desparramadas, como tradujeron los comentaristas antiguos.

Por su parte, וְהַנִּשְׁבֶּרֶת, *hannishbereth*, es la oveja que se rompe, la que está herida o tiene fracturada una pierna. Lo opuesto a *nishbereth* es הנצבה, aquella oveja que está sobre sus pies, y que por tanto es aún fuerte. Pero ese pastor loco no solo se despreocupará de las ovejas, sino que se elevará en contra de ellas y las consumirá, no solo devorando la carne de las gordas, sino rompiendo a trozos las pezuñas de las ovejas.

Eso no lo hará solo llevándolas por caminos escarpados y pedregosos (Tarn., Ewald, Hitzig), porque eso no produce gran daño a las ovejas, sino porque cuando devora a las ovejas, rompe y desgarra en piezas sus pezuñas, para devorar el último trozo de carne o grasa que tengan. Pero este tirano recibirá también el castigo por ello. El juicio que ha de caer sobre él responde a la figura y tarea del pastor, que perderá su ojo y su mano derecha. El profeta menciona estos dos miembros, porque con la mano él debía haber cuidado y alimentado a las ovejas, y con el ojo debía haberlas vigilado.

11, 17. La *yod* de רֹעִי y de עֹזְבִי no es el sufijo de primera persona, sino la así llamada *yod campaginis* que se emplea en el estado constructo (cf. en Os 10, 11). הָאֱלִיל es un substantivo, como en Job 13, 4, y no significa solo falta de valor sino de utilidad. Un pastor inútil es aquel que se opone a lo que debía ser un buen pastor; es uno que no alimenta al rebaño, sino que lo abandona y deja que perezca (עֹזְבִי הַצֹּאן). Las palabras que van de חֶרֶב a יְמִינוֹ son una sentencia en forma de proclamación.

Aquí se llama a la חֶרֶב, espada, para que actúe contra el brazo y el ojo derecho del pastor inútil, para que corte su brazo y vacíe su ojo derecho. La amenaza siguiente, por la que se pide que el brazo y el ojo se sequen parece que está en armonía con eso. Pero la espada se menciona simplemente como instrumento de castigo, y el hecho de que se mezclen aquí dos diferentes clases de castigo sirve simplemente para mostrar la dureza y la terrible naturaleza del castigo. Con esta amenaza concluye de forma adecuada la palabra amenazadora en contra del poder imperial del mundo (Zac 9-11), y con esto la profecía vuelve a su punto de partida.

12, 1-13, 6. Victoria de Israel, conversión y santificación

Esta sección forma la primera mitad de la segunda profecía de Zacarías, referida al futuro de Israel y de las naciones del mundo, es decir, de Zac 12-14, que constituye una pieza complementaria de Zac 9-11, y que trata del juicio por el que Israel, la nación de Dios, será refinada, elevada y llevada a su perfección a través del conflicto con las naciones del mundo.

Esta primera sección anuncia la forma en que el conflicto contra Jerusalén y Judá llevará a la destrucción de las naciones del mundo (12, 1-4). Yahvé dotará a los príncipes de Judá y a los habitantes de Jerusalén con una fuerza maravillosa para superar a sus enemigos (12, 5-9), y derramará sobre ellos su espíritu de gracia, de forma que ellos se arrepentirán amargamente de la muerte del Mesías (12, 10-14) y se purificarán de su impiedad.

12, 1

¹ מַשָּׂא דְבַר־יְהוָה עַל־יִשְׂרָאֵל נְאֻם־יְהוָה
נֹטֶה שָׁמַיִם וְיֹסֵד אָרֶץ וְיֹצֵר רוּחַ־אָדָם בְּקִרְבּוֹ: פ

¹ Profecía. Palabra de Yahvé acerca de Israel. Dice Yahvé, que extiende los cielos, funda la tierra y forma el espíritu del hombre dentro de él.

Este encabezamiento, que abre toda la profecía de Zar 12-14, corresponde en forma y contenido a 9, 1. La profecía (מַשָּׂא, peso) de Yahvé sobre Israel aparece en paralelo con la profecía de Yahvé sobre la tierra de *Hadrach*, que era la sede del poder pagano del mundo. Y la razón asignada para ello es que el ojo de Yahvé mira hacia la humanidad y hacia las tribus de Israel, y eso último es lo que se despliega aquí, como alusión a la omnipotencia creadora de Yahvé.

Pero en este encabezamiento no hay nada que responda a las palabras "y Damasco es su descanso", que se añadían a la explicación del nombre simbólico de *Hadrach* en 9, 1, porque Israel, como nombre de la nación del pacto no necesita explicación. Las otras diferencias formales son de poca consideración. עַל responde sustancialmente a la בְּ (cf. בְּאֶרֶץ, Zac 9, 1), y, a pesar de que מַשָּׂא, *massa'*, suele ser una palabra amenazadora, aquí no se dice que esa palabra va en contra, sino sobre (cf. עַל, con מַשָּׂא אֶל יִשׂ de Mal 1, 1). La razón para ello está en el hecho de que la *massa'* aquí anunciada se da en forma de aposición, de manera que נְאֻם־יְהוָה viene al principio como encabezamiento, como en Sal 11, 1; 2 Sam 23, 1; Num 24, 3.15.

Los predicados de Dios (...נֹטֶה שָׁמַיִם וְיֹסֵד אָרֶץ) son los de Is 42, 5 (cf. Am 4, 13), y le describen como creador del universo y formador de los espíritus de todos los hombres, para superar así todas las dudas posibles sobre la realización de las cosas maravillosas que se predicen en lo que sigue. Las palabras וְיֹצֵר רוּחַ־אָדָם (y formador del espíritu en el hombre...) no se refieren a la creación de las almas de los hombres una vez por todas, sino que indican la formación creadora continua y la guía del espíritu humano por el Espíritu de Dios.

De un modo consecuente, no podemos restringir la formación de los cielos y la fundación de la tierra a la creación del universo como un acto que se cumplió ya una vez en el principio y para siempre (Gen 2, 1), sino que debemos aplicar esas palabras al despliegue del mundo como una obra de la providencia creadora constante de Dios. Conforme a la visión bíblica (Sal 104, 2-4), "Dios extiende cada día los cielos y pone cada día los fundamentos de la tierra, de forma que si su poder no lo sostuviera todo, todo saldría de sus órbitas y caería en la ruina" (Hengstenberger).

12, 2-4

² הִנֵּה אָנֹכִי שָׂם אֶת־יְרוּשָׁלַ͏ִם סַף־רַעַל לְכָל־הָעַמִּים סָבִיב
וְגַם עַל־יְהוּדָה יִהְיֶה בַמָּצוֹר עַל־יְרוּשָׁלָ͏ִם:
³ וְהָיָה בַיּוֹם־הַהוּא אָשִׂים אֶת־יְרוּשָׁלַ͏ִם אֶבֶן מַעֲמָסָה לְכָל־הָעַמִּים
כָּל־עֹמְסֶיהָ שָׂרוֹט יִשָּׂרֵטוּ וְנֶאֶסְפוּ עָלֶיהָ כֹּל גּוֹיֵי הָאָרֶץ:
⁴ בַּיּוֹם הַהוּא נְאֻם־יְהוָה אַכֶּה כָל־סוּס בַּתִּמָּהוֹן וְרֹכְבוֹ בַּשִּׁגָּעוֹן
וְעַל־בֵּית יְהוּדָה אֶפְקַח אֶת־עֵינַי וְכֹל סוּס הָעַמִּים אַכֶּה בַּעִוָּרוֹן:

² Yo pongo a Jerusalén como una copa de temblor para todos los pueblos de alrededor; también contra Judá, cuando se ponga sitio a Jerusalén. ³ En aquel día yo pondré a Jerusalén como una piedra pesada para todos los pueblos; todos los que intenten cargarla serán despedazados. Y todas las naciones de la tierra se juntarán contra ella. ⁴ En aquel día, dice Yahvé, heriré con pánico a todo caballo, y con locura al jinete; pero pondré mis ojos sobre la casa de Judá y a todo caballo de los pueblos heriré con ceguera.

12, 2. Los versos que siguen aluden a un ataque por parte de las naciones en contra de Jerusalén y de Judá, que terminará en daño y destrucción para los atacantes. El Señor hará a Jerusalén "copa de temblor" (cuba de enrollar) para todas las naciones en su entorno. סַף no significa aquí "límite" (umbral), sino copa o cuba, una gran copa, como en Ex12, 22. רַעַל es aquí el equivalente de תרעלה en Is 51, 17 y Sal 60, 5, es decir, temblar, tambalearse.

En lugar de copa, el profeta habla aquí de cuba, porque en ella pueden poner su boca al mismo tiempo muchas personas, bebiendo de ella (Schmieder). La copa de temblor, es decir, la copa con bebida embriagadora, es una figura que se emplea con mucha frecuencia para indicar el juicio divino, que intoxica/

emborracha a las naciones, de manera que ellas se vuelven incapaces de mantenerse por más tiempo, de forma que caen el suelo y perecen (cf. Is 51, 17).

En esta línea, el Sal 60, 2 ha sido interpretado de maneras muy distintas. Conforme a una visión antigua y muy extendida, las palabras "y también contra Judá…" expresan la participación de Judá en el asedio de Jerusalén. Tanto el texto caldeo como Jerónimo han aceptado esta interpretación, diciendo que en el asedio contra Jerusalén, las naciones enemigas obligaron a Judá a participar en el asedio de la capital de su tierra. La razones gramaticales que se aducen para defender esta visión son: (a) que debemos unir a היה con על en el sentido de obligación (este será también el deber de Judá: Michaelis, Rosenmüller, Ewald); (b) o que debemos suplir סף־רעל como sujeto de יהיה: la copa de temblor vendrá también contra Judá.

Pero ambas explicaciones resultan forzadas. Según la primera, no podría haberse omitido להלחם o algún otro infinitivo. Según la segunda, en vez de על, delante de יהודה, debería estar la preposición ל. Además, en todo lo que sigue no hay indicación alguna de que Judá haya hecho causa común con los enemigos en contra de Jerusalén. Por el contrario, Judá y Jerusalén han estado unidas en contra de las naciones, y los príncipes de Judá han luchado unidos con los habitantes de Jerusalén (Sal 60, 5), y han destruido a los enemigos para salvar a Jerusalén (cf. también 60, 6).

Más aún, solo a través de una falsa interpretación uno puede encontrar en 14, 4 un conflicto entre Judá y Jerusalén. Por eso, de un modo general, es incorrecto designar la actitud de Judá hacia Jerusalén en estos versos como "oposición"; algo que Ebrard (*Offenbarung Joh*) y Kliefoth han defendido diciendo que aquí nos hallamos ante una visión maravillosa, por la que Jerusalén con sus habitantes y la casa de David han de tomarse como la parte no creyente de Israel, mientras que Judá con sus príncipes representa el cristianismo, es decir, el verdadero pueblo de Dios, formado por los israelitas creyentes, a los que se unen los creyentes gentiles,

Judá no se opone a Jerusalén, sino que simplemente se distingue de ella, en la línea en la que el reino y pueblo de Judá aparece designado por los profetas como Jerusalén y Judá. La partícula גם no separa, sino que une, y no puede implicar aquí una idea de oposición. De un modo consecuente, a través de las palabras וְגַם עַל־יְהוּדָה descubrimos que a Judá le espera el mismo destino que a Jerusalén, como han visto e indicado Lutero, Calvino y otros muchos, siguiendo a la Peshita.

Según eso, יִהְיֶה עַל tiene el sentido de acontecer, algo que le sucede a una persona. En ese sentido, la cuestión de fondo es ¿qué palabra debemos suplir nosotros aquí como sujeto? La mejor solución es probablemente tomar el sujeto de la frase anterior (pondré también así a Judá, lo mismo que a Jerusalén), pues la propuesta de Koehler que consiste en suplir a *mâtsōr* como sujeto no puede mantenerse, por la circunstancia de que *mâtsō*r (asedio o sitio) solo puede aplicarse a una ciudad o fortaleza (cf. Dt 20, 20) y no a una tierra como Judá.

12, 2-4. Ese pensamiento queda ratificado por 12, 3, donde se dice que Jerusalén se convertirá en una piedra pesada para todas las naciones, añadiendo que ella produce contusiones y heridas a todos los que intentan levantarla o llevarla lejos ("sin sufrir daño en sí misma, ella causa gran daño en sus enemigos", Marck). Esta figura está fundada sobre la idea del trabajo vinculado a la construcción de un edificio, y no sobre la costumbre, que Jerónimo cita como muy común en aquel tiempo entre los jóvenes de Palestina, de probarse unos a otros y de mostrar su fuerza levantando piedras pesadas.

Hay una gradación en el pensamiento, tanto en la figura de la piedra pesada, que produce heridas en aquellos que quieren levantarla, a diferencia del vino que solo hace que uno quede sin poder e incapaz de emprender cualquier tarea, como en la descripción de los objetos, es decir, de todas las naciones del entorno de Jerusalén (12, 3) y de todos los pueblos y naciones de la tierra. Solo en la última frase de 12, 3 se describe de manera más minuciosa la opresión de Jerusalén, que está indicada en esas dos figuras, mientras que en 12, 4 se presenta su destrucción con la ayuda de Dios.

El Señor llenará la mente y el espíritu (las fuerzas militares) de los enemigos con tal confusión que, en vez de dañar a Jerusalén y a Judá, esas fuerzas se dañarán ellas mismas, produciendo su propia destrucción. Caballos y jinetes expresan las fuerzas militares de los enemigos. Los jinetes, heridos de locura, volverán su espada en contra de sus propios camaradas en la guerra (cf. Zac. 14, 3; Jc 7, 22; 1 Sam 14, 20). Por otra parte, Yahvé dirigirá sus ojos hacia Judá para protegerla (1 Rey 8, 29; Neh 1, 6; Sal 32, 8). Esta promesa queda intensificada por la repetición del castigo que se infligirá sobre los enemigos. El Señor herirá sus caballos no solo con terror, sino también con ceguera.

Tenemos un ejemplo de ello en 2 Rey 6, 18, donde el Señor castigó a los enemigos con ceguera, respondiendo a la oración de Elías, es decir, con una ceguera mortal, de forma que ellos, en voz de agarrar al profeta cayeron en manos de Israel. Las tres plagas que aquí se citan, עִוָּרוֹן, שִׁגָּעוֹן, תִּמָּהוֹן, *timmâhōn, shiggâ'ōn* e *'ivvârōn,* son aquellas con las que se amenaza a los rebeldes israelitas en Dt 28, 28. La casa de Judá es la nación de la alianza, la población de Judá con los habitantes de Jerusalén, como podremos ver en lo que sigue.

12, 5-7

⁵ וְאָמְרוּ אַלֻּפֵי יְהוּדָה בְּלִבָּם אַמְצָה לִי יֹשְׁבֵי יְרוּשָׁלַםִ
בַּיהוָה צְבָאוֹת אֱלֹהֵיהֶם:
⁶ בַּיּוֹם הַהוּא אָשִׂים אֶת־אַלֻּפֵי יְהוּדָה כְּכִיּוֹר אֵשׁ בְּעֵצִים
וּכְלַפִּיד אֵשׁ בְּעָמִיר וְאָכְלוּ עַל־יָמִין וְעַל־שְׂמֹאול
אֶת־כָּל־הָעַמִּים סָבִיב וְיָשְׁבָה יְרוּשָׁלַםִ עוֹד תַּחְתֶּיהָ בִּירוּשָׁלָםִ: פ
⁷ וְהוֹשִׁיעַ יְהוָה אֶת־אָהֳלֵי יְהוּדָה בָּרִאשֹׁנָה לְמַעַן לֹא־תִגְדַּל

תִּפְאֶרֶת בֵּית־דָּוִיד וְתִפְאֶרֶת יֹשֵׁב יְרוּשָׁלַם עַל־יְהוּדָה׃

⁵ Entonces dirán los capitanes de Judá en su corazón: La fuerza de los habitantes de Jerusalén está en Yahvé de los ejércitos, su Dios. ⁶ En aquel día pondré a los capitanes de Judá como brasero de fuego entre la leña y como antorcha ardiendo entre gavillas; consumirán a diestra y siniestra a todos los pueblos alrededor, mientras los habitantes de Jerusalén otra vez vivirán en su propia ciudad. ⁷ Yahvé librará las tiendas de Judá primero, para que la gloria de la casa de David y del habitante de Jerusalén no se engrandezca sobre Judá.

12, 5. Los príncipes de Judá se mencionan como líderes del pueblo en guerra. Lo que ellos dicen es aquello de lo que está convencida toda la nación (אַלֻּפֵי, cf. *'allūph,* como en Zac 9, 7). אַמְצָה (que en esta forma es ἅπ. λεγ.) es un sustantivo, igual que אֹמֶץ, fuerza (Job 17, 9). El singular לִי, *lî* (para mí) indica que cada individuo dice o piensa esto, como en la expresión "yo debería llorar" de Zac 7, 3.

Los príncipes de Judá reconocen la fuerza o poder de los habitantes de Jerusalén, pero no en el sentido de que Judá confía en la fuerza de la ciudad y en la asistencia de sus habitantes para luchar en contra de sus enemigos, como piensan Hofmann y Koehler, "porque el hecho de que todos los habitantes se hayan cerrado en la ciudad (o que se hayan apiñado ante las murallas de Jerusalén, siendo defendidos por ella) es una pura invención (Koehler), algo que no tiene fundamento en el texto. El sentido de la frase es este: los habitantes de Jerusalén son fuertes por la fuerza de su Dios, es decir, por el hecho de que Yahvé ha escogido Jerusalén, y porque, en virtud de esa elección, salvará a la ciudad (comparar Zac 10, 12 con Zac 3, 2; 1, 11 y 2, 12).

12, 6–7. Dado que los príncipes de Judá ponen su confianza en la elección divina de Jerusalén, el Señor les convierte en brasero de fuego, con la leña encendida, de forma que ellos destruirán a todas las naciones del entorno, como llamas de fuego, de manera que Jerusalén permanecerá sin ser conquistada, sin ser destruida, en su propio lugar, como ciudad de Dios. Se repite aquí dos veces el nombre de Jerusalén. La primera vez aparece como una población personificada en forma de mujer, la segunda, como ciudad poblada por muchos habitantes.

Dado que Jerusalén queda conservada, por la victoria de los príncipes de Judá en contra de sus enemigos, resulta evidente que esos príncipes de Judá son los representantes de toda la nación, y de que toda la nación de la alianza (Judá con Jerusalén) queda así incluida en la casa de Judá en 12, 4. En ese contexto puede entenderse bien Zac 12, 7.

El hecho de que el Señor "salvará primero las tiendas de Judá, a fin de que el esplendor de la casa de David no se eleve sobre Judá" contiene el simple pensamiento de que ninguna parte de la nación tendrá ocasión para elevarse sobre las otras partes, y eso porque la salvación no se realiza por obra de algún poder humano, sino solo por la omnipotencia de Dios.

Las tiendas de Judá (es decir, sus cabañas) aparecen así como antítesis frente a los espléndidos edificios de la capital y probablemente (¿) evocan también la condición de que el conjunto de Judá, que a diferencia de Jerusalén, carece de defensas o fortificaciones, de forma que solo puede poner su confianza en la ayuda de Dios (Hengstenberg)[121].

תִּפְאֶרֶת es el esplendor de la gloria no el orgullo. La casa de David es descendencia regia que fue continuada por Zorobabel y su familia, y que culminó en Cristo. Su esplendor consiste en la glorificación prometida en Zac 4, 6–10; 4, 14 y Ag 2, 23. Y el esplendor de los habitantes de Jerusalén es la promesa que la ciudad recibió por su elección y por ser la ciudad de Dios, aquella en la que Yahvé sería entronizado en su santuario, y que recibiría la glorificación futura, predicha a consecuencia de ello (Zac 1, 16–17; 2, 8.12, etc.).

La antítesis entre Jerusalén y casa de David por un lado y tiendas de Judá por otro, no sirve para expresar el pensamiento de que los fuertes serán salvados por los débiles, para que pueda surgir el verdadero equilibrio entre los dos (Hengstenberg), porque Judá no puede representar a los débiles, dado que sus príncipes consumen a los enemigos con llamas de fuego, sino que indica la colaboración de todos.

El pensamiento de fondo es simplemente este: al ser liberada del ataque del enemigo, Jerusalén no tendrá preeminencia sobre Judá, pues las promesas que Jerusalén y la casa de David han recibido beneficiarán de igual manera a Judá, es decir, a toda la nación de la alianza. Este pensamiento se expresa de la siguiente manera: la tierra sin defensa (Judá) será liberada antes que la bien defendida capital, a fin de que la última no se eleve a sí misma sobre la primera, sino que ambas puedan reconocer humildemente que "la victoria viene del Señor en ambos casos" (Jerónimo); y en esa línea, según 12, 8, Jerusalén recibirá la medida más plena de la salvación de Dios.

12, 8–9

⁸ בַּיּוֹם הַהוּא יָגֵן יְהוָה בְּעַד יוֹשֵׁב יְרוּשָׁלַם וְהָיָה הַנִּכְשָׁל
בָּהֶם בַּיּוֹם הַהוּא כְּדָוִיד וּבֵית דָּוִיד כֵּאלֹהִים כְּמַלְאַךְ יְהוָה לִפְנֵיהֶם:
⁹ וְהָיָה בַּיּוֹם הַהוּא אֲבַקֵּשׁ לְהַשְׁמִיד אֶת־כָּל־הַגּוֹיִם הַבָּאִים עַל־יְרוּשָׁלָם:

⁸ En aquel día Yahvé defenderá al habitante de Jerusalén; el que entre ellos sea débil, en aquel tiempo será como David, y la casa de David será como Dios, como el ángel de Yahvé que va delante de ellos. ⁹ En aquel día yo procuraré destruir a todas las naciones que vengan contra Jerusalén.

---

121. Calvino observa: En mi opinión, el profeta aplica el término "tiendas" a las chozas que no pueden proteger a los que viven en ellas. Aquí tenemos un tácito contraste entre chozas y ciudades fortificadas.

En el conflicto con las naciones paganas, el Señor dotará a los habitantes de Jerusalén con fuerza maravillosa con la que destruirán a todos los enemigos. La población de Jerusalén aparece aquí dividida en dos clases. (a) El hombre débil aparece nombrado como הַנִּכְשָׁל, *hannikhshâl*, vacilante, aquel que no puede mantenerse firme sobre sus pies (1 Sam 2, 4). Pues bien, esos mismos débiles serán como David, el más bravo de los héroes de Israel (cf. 1 Sam 17, 34; 2 Sam 17, 8). (b) Los fuertes aparecen nombrados como "casa o familia de David" y son como *Elohim*, no como ángeles, sino como el mismo Dios, la Deidad, es decir, como seres sobrehumanos, (cf. Sal 8, 6), como el mismo Ángel de Yahvé que es esencialmente igual a Yahvé (cf. *Coment*. a Zac 1, 8).

El punto de comparación radica en el poder y la fuerza, no en la semejanza moral con Dios, como supone Kliefoth, que toma a *Elohim* como equivalente a Yahvé y que le identifica con el Ángel de Yahvé, como hicieron ya algunos de los comentaristas antiguos, identificando a *Elohim* con el Ángel de Yahvé, que es la aparición de Dios en forma humana; pero en ese caso la expresión es לִפְנֵיהֶם.

Esta expresión muestra más bien que el Ángel de Yahvé aparece aquí simplemente en conexión con su aparición en la historia de Israel, cuando iba a la cabeza de Israel a la salida de Egipto, destruyendo a los egipcios y a todos los enemigos de Israel (Ex 23, 20; Js 5, 13.). Esto resulta evidente por la antítesis de 12, 9: mientras Yahvé dota a los habitantes de Jerusalén con fuerza sobrenatural, él buscará la manera de destruir a todas las naciones que ataquen a Jerusalén. אֲבַקֵּשׁ, de *biqqēsh*, seguido con un infinitivo con *lamed*, esforzarse por algo, como en Zac 6, 7. הַבָּאִים עַל־יְרוּשָׁלָ͏ִם, de בוא על, se aplica al avance de un enemigo en contra de una ciudad (como עלה על, Is 7, 1).

12, 10

¹⁰ וְשָׁפַכְתִּי עַל־בֵּית דָּוִיד וְעַל ׀ יוֹשֵׁב יְרוּשָׁלַ͏ִם רוּחַ חֵן וְתַחֲנוּנִים וְהִבִּיטוּ אֵלַי אֵת אֲשֶׁר־דָּקָרוּ וְסָפְדוּ עָלָיו כְּמִסְפֵּד עַל־הַיָּחִיד וְהָמֵר עָלָיו כְּהָמֵר עַל־הַבְּכוֹר׃

¹⁰ Pero sobre la casa de David y los habitantes de Jerusalén derramaré un espíritu de gracia y de oración, y me mirarán a mí, a quien traspasaron, y llorarán como se llora por el hijo unigénito, y se afligirán por él como quien se aflige por el primogénito.

Pero el Señor hará aún más que esto por su pueblo, pues los renovará derramando sobre ellos su espíritu de gracia, de tal forma que ellos adquirirán el conocimiento de la culpa en la que han incurrido por haber rechazado al Salvador, y se arrepentirán amargamente de su pecado. Esta nueva promesa se añade simplemente al verso anterior con una *waw* consecutiva: וְשָׁפַכְתִּי, y (pero) derramaré…

Por esta forma de vincularse a lo anterior, deben dejarse a un lado un tipo de conexiones como las sugeridas por Kliefoth (pero ese tipo de *Gloria* solo puede ser recibida y aceptada por el rebelde Israel cuando se convierta, reconozca y se lamente por aquel a quien ha rechazado), pues van en contra del texto. El texto no alude en modo alguno a la conversión entendido como una condición para alcanzar la gloria de la que se habla en los versos anteriores (12, 3-9). Por el contrario, la conversión aparece aquí como un fruto que deriva del hecho de que Dios ha derramado el Espíritu de gracia sobre la nación, como muestra bien el pasaje desde su primera palabra, וְשָׁפַכְתִּי, y derramaré, que corresponde a אבקש de Zac 12, 9, como un nuevo rasgo de la salvación, que ha de añadirse a la promesa de la destrucción de las naciones que luchan en contra de Jerusalén.

Aquí solo se citan los habitantes de Jerusalén y no los de Judá, y ello se debe al hecho de que, como han visto correctamente los comentaristas, la capital aparece como representante de toda la nación. Eso se deduce, *eo ipso*, del hecho de que también en Zac 12, 8 la expresión "habitantes de Jerusalén" es un epíteto que se aplica a toda la nación. Pues bien, así como en 12, 8 se menciona la casa de David, de un modo enfático, como representante de la familia real y de las clases dominantes de la ciudad, así también aquí, en 12, 10, se pone de relieve el hecho de que la salvación ha de ser gozada y recibida por toda la nación, en todos sus estamentos, desde el primero hasta el último.

La efusión del Espíritu remite a Joel 3, 1, pero, mientras que allí se habla en general del Espíritu de Yahvé, aquí se habla más bien del Espíritu de gracia y de súplica. חֵן, *chēn,* no significa oración, ni emoción, ni bondad o amor (Hitzig, Ewald), sino simplemente gracia o favor. Y así aquí, como en Zac 4, 7, significa la gracia de Dios, no en su objetividad sin más, sino como principio que actúa en la mente humana.

El Espíritu de gracia es aquel que produce en la mente del hombre la experiencia de la gracia de Dios, una experiencia que suscita en el alma de los pecadores el conocimiento del pecado y de la culpa, y la oración por el perdón de los pecados, en forma de súplica. Este es el espíritu que despierta tristeza y arrepentimiento.

וְהִבִּיטוּ אֵלַי, y ellos mirarán hacia mí. *Hibbīt* se aplica tanto a la mirada corporal como a la espiritual (cf. Num 21, 9). El sufijo אֵלַי, a mí, se refiere al que habla, que, según Zac 12, 1, es el mismo Yahvé, el creador del cielo y de la tierra. אֲשֶׁר־דָּקָרוּ אֵת, no "aquel a quien ellos atravesaron", sino simplemente "a quien atravesaron". אֵת, en el sentido de "es decir", no está gobernado por *hibbītū* como segundo objeto, sino que se refiere simplemente a אֵלַי, a mí, a aquel que atravesaron. אֲשֶׁר אֵת, se escoge aquí, como en Jer 38, 9, en lugar de simple אשר, para así poner más de relieve el acusativo, porque el simple אשר sin más podría traducirse también como "aquel que atravesaron" (cf. Gesenius, 123, 2, nota 1).

Dâqar (cf. דָּקָרוּ) no significa ridiculizar, reírse de, sino atravesar, cortar y matar por algún tipo de muerte (cf. Lam 4, 9). Y el contexto muestra que aquí significa matar. Con referencia a la explicación propuesta por Calvino (al que ellos habían acosado con insultos), Hitzig ha observado con mucha razón: "Si no fuera más que eso ¿de dónde pueden haber brotado esas lamentaciones sobre él, lamentaciones con ספד, con על, de tipo personal, y las semejanzas empleadas, en el sentido de lamentaciones por un muerto? Es evidente que no tenemos que pensar en un asesinato de Yahvé, como creador de cielos y tierra, sino en el asesinato del *Malak* (*Maleach*) de Yahvé, quien siendo de la esencia de Dios, se hizo hombre en persona en Jesucristo.

Como Zacarías presenta repetidamente la venida del Mesías como venida de Yahvé en su *Maleach* a su pueblo, conforme a esa imagen, él pudo describir el asesinato del *Maleach* (*Malak*) de Yahvé como asesinato del mismo Yahvé. Y, por su parte, Yahvé, habiendo reconocido el pecado, pudo lamentar amargamente este hecho.

עָלָיו no significa aquí *por ello*, es decir, por su crimen, sino que se utiliza de un modo personal, *"sobre aquel"* a quien habían atravesado. En esa línea, el paso de la primera persona (אלי) a la tercera (עליו) está indicando el hecho de que la persona asesinada, aunque sea esencialmente una con Yahvé, es personalmente distinta del Dios Supremo. La lamentación por el hijo único (יָחִיד, *yâchīd:* cf. Am 8, 10) y por el primogénito (הַבְּכוֹר) es el más profundo y amargo de los duelos. El infinitivo absoluto הָמֵר, *hâmēr,* que se utiliza aquí en lugar del verbo finito, significa hacer amargo, amargar, a lo que debe añadirse מִסְפֵּד, *mispēd,* de la sentencia anterior (cf. מספד תמרורים, Jer 6, 26).

El cumplimiento histórico de esta profecía comienza con la crucifixión del Hijo de Dios, que ha venido en la carne. Las palabras וְהִבִּיטוּ אֵלַי אֵת אֲשֶׁר־דָּקָרוּ se citan en el Evangelio de Juan (Jn 19, 37), según la traducción griega: ὄψονται εἰς ὅν ἐξεκέντησαν, que probablemente no viene de los LXX, sino de Aquila, Teodoción o Símaco, como cumplidas en Cristo por el hecho de que un soldado atravesó su costado con una lanza, cuando estaba colgando de la cruz (cf. Jn 19:34).

Si comparamos esta cita con el hecho mencionado en Jn 19, 36 (no rompieron ninguno de sus huesos) no puede haber duda de que Juan cita este pasaje aplicándolo a las circunstancias especiales de Jesús, aunque no debamos inferir de ello el hecho de que el evangelista pensara que el sentido de la profecía se había cumplido solo y totalmente en la referencia a la lanza del costado de Jesús.

El hecho de atravesar el costado con la lanza aparece en el evangelio de Juan solamente como el clímax de todos los sufrimientos mortales de Cristo. Y aunque en Zacarías ese gesto de "atravesar" se toma simplemente como alusión a la condena a muerte, el instrumento utilizado y el tiempo de muerte de Jesús fueron de gran importancia.

Esto resulta evidente por una comparación de nuestro verso con Zac 13, 7, donde se cita la espada como instrumento utilizado, mientas que *dâqa*r evoca más bien una lanza. Lo que hemos observado en referencia al cumplimiento de Zac 9, 9, en la entrada de Cristo en Jerusalén, se aplica también a este cumplimiento particular, es decir, al hecho de que el cumplimiento en el plano de las circunstancias externas solo servía para poner de relieve la concatenación de la profecía con su realización histórica, de manera que ni los incrédulos podían negarla.

Lc 23, 48 indica el comienzo del cumplimiento de ese "mirar al que traspasaron" con estas palabras: "Y todo el pueblo que vino a juntarse para ver, contemplando las cosas que pasaban empezó a darse golpes en sus pechos" (para darse golpes en los pechos, cf. Is 32, 12, ספד על שדים). La muchedumbre que antes había estado gritando "fuera, crucifícale", ahora golpea su pecho, sobrecogida por las pruebas de la exaltación sobrehumana de Jesús, lamentándose por la crucifixión y por su culpa en ella (Hengstenberg).

El comienzo verdadero y pleno del cumplimiento se muestra, sin embargo, en los hechos que sucedieron tras la predicación de Pedro, el primer día de Pentecostés, es decir, en el hecho de que tres mil personas se arrepintieron en su corazón y lo mostraron con un llanto penitencial, a causa de la crucifixión de su salvador, siendo bautizados en el nombre de Jesucristo, para perdón de los pecados (Hch 2, 37-41), y en los resultados posteriores que siguieron a la predicación de los apóstoles, por la conversión de Israel (Hch 3-4).

Ese cumplimiento ha continuado realizándose, aunque con resultados menos llamativos, a lo largo de todo el período de la Iglesia cristiana, en las conversiones de entre los judíos. Y ello no terminará hasta que el resto de Israel vuelva como pueblo de Jesús al mismo Jesús Mesías, a quien sus padres hicieron crucificar. Por otra parte, aquellos que continúan permaneciendo obstinadamente en la incredulidad le verán al final cuando vuelva en las nubes del cielo, y gritarán con desesperación (cf. Ap 1, 7; Mt 24, 30).

12, 11-14

¹¹ בַּיּוֹם הַהוּא יִגְדַּל הַמִּסְפֵּד בִּירוּשָׁלִַם כְּמִסְפַּד הֲדַדְ־רִמּוֹן בְּבִקְעַת מְגִדּוֹן׃
¹² וְסָפְדָה הָאָרֶץ מִשְׁפָּחוֹת מִשְׁפָּחוֹת לְבָד מִשְׁפַּחַת בֵּית־דָּוִיד לְבָד וּנְשֵׁיהֶם לְבָד מִשְׁפַּחַת בֵּית־נָתָן לְבָד וּנְשֵׁיהֶם לְבָד׃
¹³ מִשְׁפַּחַת בֵּית־לֵוִי לְבָד וּנְשֵׁיהֶם לְבָד מִשְׁפַּחַת הַשִּׁמְעִי לְבָד וּנְשֵׁיהֶם לְבָד׃
¹⁴ כֹּל הַמִּשְׁפָּחוֹת הַנִּשְׁאָרוֹת מִשְׁפָּחֹת מִשְׁפָּחֹת לְבָד וּנְשֵׁיהֶם לְבָד׃ ס

¹¹ En aquel día habrá gran llanto en Jerusalén, como el llanto de Hadad-rimón en el valle de Meguido. ¹² Esta tierra se lamentará, familia por familia; la familia de la casa de David por su lado, y sus mujeres aparte; la familia de la casa de Natán por su lado, y sus mujeres aparte; ¹³ la familia de la casa de Leví por su lado, y sus mujeres aparte; la familia de Simei por su lado, y sus mujeres aparte; ¹⁴ y así todas las otras familias, cada una por su lado, y sus mujeres aparte.

12, 11. Los versos que siguen describen la magnitud y universalidad de ese llanto, empezando por la hondura y amargura de la pena a causa del asesinato del Mesías comparado con el llanto de *Hadad-rimón*. En relación con esto dice Jerónimo: "*Hadad-rimón* es una ciudad del norte de Jerusalén y que antiguamente se llamaba de esa forma, pero que ahora se llama *Maximianopolis*, en el campo de Meguido, donde el rey Josías fue herido por el faraón Necao". Esta afirmación de Jerónimo queda confirmada por el hecho de que el antiguos nombres cananeo o hebreo de la ciudad ha sido conservado en *Rmuni*, una aldea pequeña que está a tres cuartos de hora al sur de Lejun (que es Legio, como Megiddo; cf. *Coment.* a Js 12, 21 y V. de Velde, *Reise,* i. p. 267).

El llanto de *Hadad-rimón* es, por lo tanto, el llanto que realizó Israel junto a *Hadad-rimón*, por la muerte del rey Josías que había sido mortalmente herido en el valle de Meguido, según 2 Cron 35, 22, de manera que él entregó muy pronto su espíritu a causa de ello. La muerte de este rey, de los más piadosos de Judá, fue sentida de un modo muy amargo, en especial por los miembros más justos de la nación, de manera que el profeta Jeremías no solo compuso una elegía con esa ocasión, sino que otros hombres y mujeres, compusieron por esa ocasión unas elegías que fueron reunidas en una colección de cantos de tipo elegía, y conservados en Israel hasta después de la cautividad (2 Cron 35, 25).

Zacarías compara la lamentación por la muerte del Mesías con aquel gran luto nacional. Todas las restantes explicaciones que se han dado de esas palabras son tan arbitrarias que no son dignas de mención. Esa lamentación ha podido aplicarse, por ejemplo, a la idea mencionada por la traducción caldea, que se refiere a la muerte del malvado Ajab. Por su parte, Hitzig ofrece la hipótesis de que *Hadad-rimón* era un nombre del dios Adonis, y en esa línea sigue Movers, sin más fundamento que este pasaje para afirmar que había en aquel tiempo un ídolo de este nombre.

Sea como fuere, un profeta de Yahvé no pudo haber comparado la gran lamentación de los israelitas por la muerte del Mesías con el lamento de algunos por la muerte de Ajab, el impío rey de Israel, o con la lamentación por un ídolo de Siria. Por otra parte, la lamentación no se confinaría a Jerusalén, pues la tierra (הָאָרֶץ, hā'ārets), es decir, toda la nación, se lamentaría también (12, 12).

12, 12-14. Este carácter universal de la lamentación se concretiza en 12, 12–14, y lo hace de esa forma para mostrar que todas las familias y estirpes de la nación se lamentarían, y no solo los hombres, sino también las mujeres. Con este fin, el profeta menciona cuatro familias importantes y secundarias, para añadir, como conclusión: "Todo el resto de las familias, con sus mujeres".

De las varias familias hay dos que pueden determinarse con certeza, es decir, la familia de la casa de David (es decir, la posteridad del rey David) y la familia de la casa de Leví (esto es, la posteridad del patriarca Leví). Por lo que toca a las otras dos familias hay diversidad de opiniones. Los escritores rabínicos suponen que Natán es el bien conocido profeta de ese nombre, y de la familia de *Shimei*, de la tribu de Simeón se dice en las leyendas rabínicas que de ella surgieron diversos maestros de la nación[122].

Pero esta última opinión queda superada, aparte de otras razones, por el hecho de que el patronímico de Simeón no se escribe, como en nuestro caso מִעֵי הַשׁ, sino שמעני, en Js 21, 4; 1 Cron 27, 16. Este no puede ser tampoco, y con menos razón, el simeonita *Shimei*, que maldijo a David (2 Sam 16, 5). Por su parte, משפחת השמעי es el nombre que se da en Num 3, 21 a la familia del hijo de Gerson, el nieto de Leví (Num 3, 17). Esta ha de ser la familia aquí evocada, y en armonía con ello, el Natán aquí citado no puede ser el profeta de ese nombre, sino el hijo de David del que descendió Zorobabel.

Lutero adoptó esta explicación: "Se enumeran aquí cuatro familias: dos de línea real, bajo el nombre de David y Natán, y dos de línea sacerdotal, como son las de Levi y *Shimei*; en ellas se incluye todo el pueblo". De cada una de las dos tribus, él menciona una familia dirigente y una subordinada, para mostrar que aquí no se evoca solamente a las familias importantes, sino también a las ramas secundarias, unidas en el mismo lamento, con todos los brazos separados de esas familias. De esa forma, la palabra מִשְׁפָּחוֹת, *mishpâchaôt,* se utiliza aquí, como en otros muchos casos, en un sentido más amplio y también en otro más restringido, refiriéndose a las familias dirigentes y a las subordinadas.

13, 1–6

La súplica penitencial de Israel desemboca en una renovación completa de la nación, pues el Señor abrirá a los penitentes la fuente de su gracia, para limpieza de los pecados y santificación de la vida.

13, 1

¹ בַּיּוֹם הַהוּא יִהְיֶה מָקוֹר נִפְתָּח לְבֵית דָּוִיד וּלְיֹשְׁבֵי יְרוּשָׁלָ͏ִם לְחַטַּאת וּלְנִדָּה׃

¹ En aquel tiempo habrá un manantial abierto para la casa de David y para los habitantes de Jerusalén, para el pecado y la inmundicia.

Así como el Señor derrama el espíritu de oración para Israel, él ofrece también los medios de purificación por el pecado. Una fuente se abre cuando la corriente de agua brota desde el fondo de la tierra (cf. Is 41, 18; 35, 6). El agua que brota de la fuente abierta por el Señor es el agua que se asperje para remoción del pecado y de la inmundicia.

---

122. Jerónimo ofrece así la visión judía. En David se incluye la tribu real, es decir, Judá. En Natán está representado el orden profético. Leví evoca a los sacerdotes, de los cuales surgió el sacerdocio. En Simeón están representados los maestros, pues las escuelas de maestros surgieron de esta tribu. Él no dice nada de otras tribus, pues ellas no tenían privilegios especiales de dignidad.

Esta figura se toma en parte del agua que se utiliza para la purificación de los levitas en su consagración, agua que se llama מי חטאת, *agua del pecado* o de la absolución (cf. Num 8, 7), y también se toma del agua de la aspersión preparada con las cenizas sacrificiales de la novilla roja de purificación de la impureza de muerte, agua que se llama מי נדה, o *de la impureza*, agua que remueve la impureza en Num 19, 9.

Así como la impureza del cuerpo es una figura que se utiliza para indicar la impureza espiritual, es decir, la mancha del pecado (cf. Sal 51, 9), así también el agua de la aspersión en este mundo es un símbolo del agua espiritual por la que se remueve y limpia el pecado. Por esa agua entendemos no solo la gracia en general, sino el agua de aspersión espiritual, que se prepara a través de la muerte sacrificial de Cristo, a través de la sangre que él ha derramado por el pecado, y que se asperje sobre nosotros, para purificación del pecado, el agua gratificante del bautismo.

De esa forma, la sangre de Cristo nos limpia de todos los pecados (1 Jn 1, 7; cf. 1 Jn 5, 6). En este contexto, la casa de David y los habitantes de Jerusalén representan aquí toda la nación, como en Zac 12, 10. Esta limpieza irá seguida por una nueva vida en comunión con Dios, pues el Señor removerá y destruirá todo aquello que pueda impedir la santificación. Esta renovación de vida y esta santificación se describe en los versos que siguen.

13, 2–6

² וְהָיָה בַיּוֹם הַהוּא נְאֻם׀ יְהוָה צְבָאוֹת אַכְרִית אֶת־שְׁמוֹת הָעֲצַבִּים מִן־הָאָרֶץ וְלֹא יִזָּכְרוּ עוֹד וְגַם אֶת־הַנְּבִיאִים וְאֶת־רוּחַ הַטֻּמְאָה אַעֲבִיר מִן־הָאָרֶץ׃
³ וְהָיָה כִּי־יִנָּבֵא אִישׁ עוֹד וְאָמְרוּ אֵלָיו אָבִיו וְאִמּוֹ יֹלְדָיו לֹא תִחְיֶה כִּי שֶׁקֶר דִּבַּרְתָּ בְּשֵׁם יְהוָה וּדְקָרֻהוּ אָבִיהוּ וְאִמּוֹ יֹלְדָיו בְּהִנָּבְאוֹ׃
⁴ וְהָיָה׀ בַּיּוֹם הַהוּא יֵבֹשׁוּ הַנְּבִיאִים אִישׁ מֵחֶזְיֹנוֹ בְּהִנָּבְאֹתוֹ וְלֹא יִלְבְּשׁוּ אַדֶּרֶת שֵׂעָר לְמַעַן כַּחֵשׁ׃
⁵ וְאָמַר לֹא נָבִיא אָנֹכִי אִישׁ־עֹבֵד אֲדָמָה אָנֹכִי כִּי אָדָם הִקְנַנִי מִנְּעוּרָי׃
⁶ וְאָמַר אֵלָיו מָה הַמַּכּוֹת הָאֵלֶּה בֵּין יָדֶיךָ וְאָמַר אֲשֶׁר הֻכֵּיתִי בֵּית מְאַהֲבָי׃ ס

² Y en aquel día, dice Yahvé de los ejércitos, quitaré de la tierra los nombres de las imágenes, y nunca más serán recordados; también exterminaré de la tierra a los profetas y al espíritu de inmundicia. ³ Y acontecerá que si alguno continúa profetizando, le dirán el padre y la madre que lo engendraron: Tú no vivirás, porque has hablado mentira en el nombre de Yahvé. Y el padre y la madre que lo engendraron lo traspasarán cuando profetice. ⁴ Sucederá en aquel tiempo, que todos los profetas se avergonzarán de su visión cuando profeticen; nunca más vestirán el manto velloso para mentir. ⁵ Cada cual dirá: No soy profeta; labrador soy de la tierra, pues he estado en el campo desde mi juventud. ⁶ Y si alguien le

pregunta: ¿Qué heridas son estas en tus manos?, él responderá: Las recibí en casa de mis amigos.

13, 2-3. La nueva vida de justicia y santidad ante Dios se concretiza de un modo particular en el exterminio de los ídolos y de los falsos profetas, expulsándolos de la tierra santa, porque la idolatría y la falsa profecía fueron las dos formas principales en las que se manifestaba la impiedad en Israel.

La alusión a los ídolos y a los falsos profetas no se refiere en modo alguno a los tiempos anteriores a la cautividad. Ciertamente, la idolatría más burda y la falsa profecía no se habían extendido ya más entre los judíos después de la cautividad. Pero algunos pasajes como Neh 6, 10 muestran la existencia de profetas falsos, y que incluso algunos sacerdotes contraían matrimonio con mujeres cananeas y paganas, de las que nacían niños que no podían hablar ni siquiera el lenguaje hebreo (Esd 9, 2 ss. y Neh 13, 23), indicando así que el peligro de recaer en un tipo de idolatría grosera no era tan remoto.

Más aún, el tipo más refinado de idolatría de la autojustificación farisaica y de la santificación por las obras empezó a tomar el lugar de la idolatría anterior más grosera, y los verdaderos profetas como Zacarías condenaban lo que sería la idolatría del judaísmo futuro con imágenes y formas tomadas del pasado. Cortar los nombres de los ídolos significa destruirlos totalmente.

Los profetas a los que aquí se alude son falsos profetas, que tomaban los pensamientos de sus propios corazones como inspiración divina, aunque se encontraran bajo el influjo demoníaco del espíritu de la oscuridad. Esto resulta evidente no solo por el hecho de que se les asocia con los ídolos, sino también con el espíritu de impureza. En esa línea, lo que se opone al espíritu de gracia (Zac 12, 10) es el mal espíritu que culmina en Satán, y en las obras de los falsos profetas inspirados por el espíritu de la mentira (1 Rey 22, 21-23; Ap 16, 13-14).

El completo exterminio de este espíritu impuro queda descrito así en Zac 13, 3-6, donde se dice que Israel no tolerará nunca más un profeta en medio suyo (13, 3), sino que incluso los mismos profetas quedarán avergonzados de su llamada (13, 4,6). El primer caso se explica a partir de la ley de Dt 13, 6-11 y 18, 20, según la cual un profeta que lleva al pueblo a la idolatría y uno que profetiza en su propio nombre o en nombre de dioses falsos ha de ser condenado a muerte. Este mandamiento ha de ser cumplido por los mismos padres sobre cualquiera que profetice en el futuro. Ellos le declararán digno de muerte, como alguien que dice mentiras, declarando sobre él la pena de muerte (con *dâqar*, cf. וּדְקָרֻהוּ, como condena a muerte, cf. 12, 10).

Este caso (que un hombre se tome como falso profeta y que sea castigado en consecuencia, simplemente porque profetiza), se apoya sobre el supuesto de que en aquel tiempo no había ya más profetas, y de que Dios no elevaría ya más profetas, ni los enviaría. Este supuesto concuerda con la promesa de que Dios concertará una nueva alianza con su pueblo, y perdonará sus pecados, de forma que nadie tendrá que enseñar más a otro para que conozca al Señor, sino que todos, grandes y pequeños, le conocerán, de forma que todos serán enseñados por Dios (cf. Jer 31, 33-34; Is 54, 13). Esta es la enseñanza de las Escrituras, según la cual la profecía del Antiguo Testamento llegó hasta Juan el Bautista y alcanzó su plenitud y meta en Cristo (cf. Mt 11, 13; Lc 16, 16; Mt 5, 17).

13, 4-6. En ese momento, aquellos que tengan algo que ver con la falsa profecía no pretenderán ser ya profetas, ni asumirán la apariencia de profetas, ni se pondrán el vestido peludo de los antiguos profetas, como Elías, sino que dirán que son trabajadores del campo, y responderán a quienes les pregunten que las marcas de las heridas que ellos mismos se han hecho al profetizar en el culto de los falsos dioses son cicatrices de heridas que han recibido haciendo otras cosas (Zac 13, 4-6).

בוש מן (cf. יֵבֹשׁוּ מֶחֶזְיֹנוֹ, 13, 4) significa avergonzarse a causa de las visiones o profecías (cf. Is 1, 29). La forma בְּהִנָּבְאתוֹ, en 13, 4, en vez de הנבאו puede explicarse por el hecho de que los verbos en לא y לה toman con frecuencia prestadas las formas, unos de los otros (Gesenius 75, 20-22). Sobre אדרת שער, cf. 2 Rey 1, 8. למען כחש, a fin de mentir, es decir, para ofrecer ellos mismos la apariencia de ser profetas, engañando de esa manera al pueblo. El sujeto de ואמר en 13, 5 es איש de 13, 4; y la explicación dada por el hombre no ha de tomarse como una respuesta a la pregunta que otro ha realizado, sobre el origen de las heridas, pues la aclaración no procede de ninguna pregunta, sino de una confesión realizada de un modo espontáneo, con el intento de rechazar así su antigua vocación de profeta.

El verbo הקנה (cf. הקנני, 13, 5), no es un denominativo de מקנה, *servum facere, servo uti* (hacer a uno siervo, utilizar a un siervo, cf. Maurer, Koehler y otros), porque no significa esclavo, sino algo que ha sido adquirido, una adquisición. Es más bien un simple *hifil* de *qânâh* en el sentido de adquirir por compra, no de vender.

Que esta afirmación no es verdadera resulta evidente a partir de 13, 6, cuyas dos partes han de tomarse como afirmación y réplica, como pregunta y respuesta. Alguien le pregunta al profeta cómo ha logrado liberarse del servicio en una granja, o de dónde le han venido las marcas (מַכּוֹת, *makkōth,* señales, cicatrices) que lleva en sus manos, y el responde que las ha recibido en la casa de sus amigos.

אֲשֶׁר הֻכֵּיתִי, ἅς (πληγάς) ἐπλήγην, cf. Gesenius, 143, 1. El que hace la pregunta se ha fijado en las marcas o heridas (marcas de heridas) que un hombre se ha infligido a sí mismo, marcas que él mismo se ha hecho profetizando, como sucede entre los profetas de Baal como muestra 1 Rey 18, 28 (cf. *Coment.* al texto). La expresión "entre las manos" ha de entenderse en relación con las palmas de las manos y en su continuación, es decir, en los brazos, pues conforme al testimonio de los escritores antiguos (cf. Movers, *Pöhniz.* i. p. 682), en las automutilaciones vinculadas con las formas de culto de los frigios, sirios y capadocios, solían cortarse con frecuencia los brazos con espadas y cuchillos.

El sentido de la respuesta ofrecida por la persona a la que se hace la pregunta depende de la forma en que entendamos la palabra מְאַהֲבָי. Esta palabra suele aplicarse generalmente a los "amantes", y Hengstenberg piensa que también aquí tiene ese sentido, dando así la siguiente explicación del pasaje: la persona interrogada confiesa que ella ha recibido las heridas en el culto de los templos de los ídolos, en los que ha participado con amor adúltero, de forma que así admite su locura anterior con la más profunda vergüenza. Pero el contexto parece indicar que esta respuesta no es más que un tipo de evasión, de forma que la persona acusada afirma solo que las marcas son cicatrices de las heridas que él recibió como castigo, cuando era niño, en casa de sus mismos parientes o de otras relaciones amistosas.

13, 7-14, 21. Purificación de Israel, glorificación de Jerusalén

El profeta realiza en 13, 7 un giro y anuncia el juicio a través del cual Israel será refinada de la ganga que se le ha adherido para transformarse en el pueblo verdaderamente santo del Dios exterminando a sus miembros espurios y corruptos. Esta nueva profecía forma la parte final del libro de Zacarías (Zac 12-14), que constaba, como vimos al comienzo del cap. 12 de dos partes, y esta, que es la segunda (13, 7-14, 21), es una expansión de la anterior (12, 1-13, 6).

- *La primera* (12, 1-13, 6) anunciaba la forma en que el Señor protegerá a Israel y a Jerusalén en contra de las presiones de los poderes del mundo, la forma en que destruirá a los enemigos y no solo le dotará con un poder maravilloso para asegurarle la victoria, sino también derramando sobre él su Espíritu de Gracia, dirigiéndole al conocimiento del pecado que ha contraído matando al Mesías, de forma que ha podido arrepentirse y renovar su vida.
- *La segunda parte* (13, 7-14, 21) despliega el juicio que sobrevendrá sobre Jerusalén, a fin de separar a los impíos de los justos, de exterminar a los primeros sacándolos de la tierra del Señor, y de purificar y preservar a los últimos, de manera que, completando esa separación, podrá perfeccionarse su reino en la gloria. Esta segunda parte se puede dividir en dos secciones: la primera (13, 7-9) ofrece un sumario de los contenido; y la segunda (cap. 14) lo expande en forma detallada.

13, 7-9. Hiere al pastor

⁷ חֶ֣רֶב ע֤וּרִי עַל־רֹעִי֙ וְעַל־גֶּ֣בֶר עֲמִיתִ֔י נְאֻ֖ם יְהוָ֣ה צְבָא֑וֹת
⁸ הַ֣ךְ אֶת־הָרֹעֶ֗ה וּתְפוּצֶ֙יןָ֙ הַצֹּ֔אן וַהֲשִׁבֹתִ֥י יָדִ֖י עַל־הַצֹּעֲרִֽים:
וְהָיָ֤ה בְכָל־הָאָ֙רֶץ֙ נְאֻם־יְהוָ֔ה פִּי־שְׁנַ֣יִם בָּ֔הּ יִכָּרְת֖וּ יִגְוָ֑עוּ וְהַשְּׁלִשִׁ֖ית יִוָּ֥תֶר בָּֽהּ׃

⁹ וַהֲבֵאתִ֤י אֶת־הַשְּׁלִשִׁית֙ בָּאֵ֔שׁ וּצְרַפְתִּים֙ כִּצְרֹ֣ף אֶת־הַכֶּ֔סֶף
וּבְחַנְתִּ֖ים כִּבְחֹ֣ן אֶת־הַזָּהָ֑ב ה֣וּא ׀ יִקְרָ֣א בִשְׁמִ֗י וַאֲנִי֙ אֶעֱנֶ֣ה אֹת֔וֹ
אָמַ֙רְתִּי֙ עַמִּ֣י ה֔וּא וְה֥וּא יֹאמַ֖ר יְהוָ֥ה אֱלֹהָֽי׃ ס

> ⁷ ¡Levántate, espada, contra el pastor y contra el hombre que me acompaña!, dice Yahvé de los ejércitos. Hiere al pastor y serán dispersadas las ovejas; yo tornaré mi mano a favor de los pequeñitos. ⁸ Y acontecerá en toda la tierra, dice Yahvé, que dos tercios serán exterminados y se perderán, mas el otro tercio quedará en ella. ⁹ A este tercio lo meteré en el fuego, lo fundiré como se funde la plata, lo probaré como se prueba el oro. Él invocará mi nombre, y yo lo oiré. Yo diré: Pueblo mío. Él dirá: Yahvé es mi Dios.

13, 7–8. El mandato se dirige a la espada, para que se despierte y destruya, como forma poética de decir que la matanza se realiza según la voluntad de Dios. Para una personificación semejante de la espada, cf. Jer 47, 6.

רֹעִי es el pastor de Yahvé, porque el mandato proviene de Yahvé. La forma en que la persona que ha de ser matada recibe el nombre de pastor de Yahvé y podemos verlo por la frase: וְעַל־גֶּבֶר עֲמִיתִי, y el hombre que me acompaña. La palabra עמית, que solo aparece en el Pentateuco y en Zacarías (que la toma del mismo Pentateuco) se utiliza solo como sinónimo de אח (cf. Lev 25, 15) en el sentido concreto de *el más cercano*. Y este es el sentido que tiene en el pasaje que comentamos, donde el estado constructo expresa la relación de aposición, como por ejemplo en איש חסידך (Dt 33, 8; cf. Ewald, 287 e), el hombre que es el más cercano a mí.

El pastor de Yahvé, a quien Yahvé describe como un hombre que es el más cercano a él (su próximo), no puede ser en modo alguno un mal pastor, que es contrario a Dios y que destruye el rebaño, o el pastor loco de 11, 15–17, como suponen Grotius, Umbreit, Ebrard, Ewald, Hitzig y otros. La expresión "el hombre que está más cerca de mí" implica mucho más que alguien que comparte sin más una misión, o alguien que debe alimentar al rebaño como Yahvé. Ningún dueño o señor de un rebaño puede llamar "mi עֲמִיתִי, *ʼāmīth*" a un puro asalariado.

Dios no podría haber aplicado este epíteto a un puro hombre, piadoso o impío, a quien él hubiera nombrado pastor sobre una nación. La idea del más cercano (o compañero) implica no solo una semejanza en vocación, sino también una comunidad en origen físico o espiritual, según la cual, aquel a quien Dios llama su "prójimo" (su más cercano) solo puede ser alguien que participe de su naturaleza divina, es decir, que sea esencialmente divino. El pastor de Yahvé, a quien la espada debe matar, no puede ser por tanto ningún otro que el Mesías, que se identifica con Yahvé en Zac 12, 10, o el Buen Pastor que dice de sí mismo "yo y mi Padre somos uno" (Jn 10, 30).

13, 8–9. La forma masculina הַךְ, que se emplea en el mandato dirigido a la espada, a pesar de que חרב sea femenino, puede explicarse por el hecho de que la espada está personificada; cf. Gen 4, 7, donde el pecado (חטאת, femenino) ha sido personificado como una bestia salvaje, y construido como masculino. La espada se introduce aquí meramente como un arma que se utiliza para matar, sin que se precise mejor el modo de esa muerte.

Según eso, la destrucción del pastor se menciona aquí simplemente con el propósito de expresar las consecuencias que seguirían para el rebaño. El pensamiento es meramente este: Yahvé hará que Israel o su nación se disperse, matando al pastor. Esto significa que él lo expondrá a la miseria y destrucción a la que está expuesto un rebaño sin pastor. Nosotros no podemos deducir de esto que el pastor mismo deba ser acusado de maldad; por otra parte, el hecho de que la muerte del pastor esté representada como ejecución de un mandato divino no implica necesariamente que esa muerte provenga de un modo directo de Dios, como mandato suyo.

Conforme a la visión bíblica, también Dios trabaja, y hace de un modo profundo aquello que hacen los hombres de acuerdo con su consejo y voluntad, e incluso aquello que es realizado por el pecado de los hombres. Así en Is 53, 10, los sufrimientos de muerte del Mesías se describen como algo que el mismo Dios le ha causado, aunque ha sido él, el Mesías, el que ha entregado su alma a la muerte por cargar con el pecado del pueblo, y aunque de hecho han sido solo los hombres los que le han matado.

En esta profecía que tenemos ahora ante nosotros, se cita la muerte del pastor en cuanto produce una dolorosa calamidad sobre Israel, y se pasa por alto el hecho de que Israel ha suscitado esta dolorosa calamidad sobre sí mismo por su ingratitud hacia el pastor, al que matan en realidad los mismos israelitas (cf. Zac 11, 8.12). El rebaño que será dispersado a consecuencia de la muerte del pastor es la misma nación de la alianza, es decir, no es la raza humana, ni es la Iglesia cristiana como tal, sino el rebaño de Israel que el pastor ha alimentado según Zac 11, 4. Al mismo tiempo, Yahvé no apartará totalmente su mano de las ovejas dispersas, sino que cuidará nuevamente de un modo especial de las más pequeñas.

La frase השיב יד על (cf. וַהֲשִׁבֹתִי יָדִי עַל־הַצֹּעֲרִים), poner la mano de nuevo sobre una persona (cf. 2 Sam 8, 3), es decir, convertirla de nuevo en objeto de su cuidado activo, se utiliza para expresar el uso de la mano (es decir de la propia acción) en relación con otra persona, sea para juicio, sea para salvación. Así ocurre en el último sentido en Is 1, 25, en relación con la gracia que el Señor manifestará hacia Jerusalén, purificándola de sus impurezas; y aquí se utiliza en el mismo sentido, como en Zac 13, 8-9, donde se indica que la dispersión impuesta sobre Israel solo será causa de ruina para la mayor parte de la nación, mientras que para el resto será causa de salvación.

Estos versos explican el sentido del gesto de poner la mano sobre las ovejas más pequeñas. צֹעֲרִים (literalmente un participio de צער, que solo aparece aquí) es sinónimo de צעיר o צעור (Jer 14, 3-4, *chetib*), las más pequeñas, en un sentido figurado, aquellas que en Zac 11, 7 aparecen como עֲנִיֵּי הַצֹּאן (las ovejas pobres). De esto se deduce naturalmente, que צערים no se identifica con todo el rebaño, sino simplemente con una porción pequeña de él, es decir "de los pobres y justos de la nación, de aquellos que sufren injusticia" (Hitzig). "La afirmación de que el rebaño ha de ser dispersado, pero que Dios volverá de nuevo su mano a los pequeños implica evidentemente que los pequeños se encuentran incluidos como un porción del rebaño entero, para los que Dios preparará un destino diferente de la gran mayoría, que está para ser dispersada" (Kliefoth).

Sobre el cumplimiento de este verso leemos en Mt 26, 31-32 y en Mc 14, 27 que el gesto de volver de nuevo la mano del Señor sobre los pequeños se realizó ante todo en el caso de los apóstoles. Tras la institución de la Cena del Señor, Cristo dijo a sus discípulos, en la misma noche, que ellos se escandalizarían de él, porque está escrito: "Heriré al pastor, y las ovejas del rebaño serán dispersadas; pero tras haber resucitado yo os precederé a Galilea".

Esta es una cita tomada libremente del texto original, de manera que el mandato a la espada (para que ella disperse al rebaño…) se formula diciendo "yo dispersaré". El escándalo de los discípulos se realizó cuando Jesús fue hecho prisionero y todos ellos huyeron. Esta huida estuvo precedida por la dispersión del rebaño a la muerte del pastor. Pero el Señor puso de nuevo su mano sobre sus discípulos.

La promesa "pero tras mi resurrección yo os precederá a Galilea" es una prueba práctica de ese poner de nuevo la mano sobre los pequeños, y esa promesa muestra que esa expresión (poner la mano sobre…) ha de entenderse aquí en un sentido positivo, y que ella comenzó a cumplirse en toda la nación de Israel, hecho al que volveremos después. El sentido más general de las palabras ha venido a ponerse más allá de toda duda en Zac 13, 8-9.

Zac 13, 8 expone la miseria que la dispersión del rebaño trae para Israel. Y 13, 9 muestra la forma en que se realizará en el resto de la nación la promesa de poner la mano sobre los pequeños. La dispersión del rebaño entregará a dos tercios de la nación en manos de la muerte, de manera que solo un tercio permanecerá vivo. כָּל־הָאָרֶץ no es toda la tierra (el mundo entero), sino toda la tierra santa, como en 14, 9-10. Por su parte, הארץ, en 12, 12 es la tierra donde habita el rebaño que es alimentado por los pastores del Señor, es decir, la nación de Israel.

La expresión פִּי־שְׁנַיִם está tomada de Dt 21, 17, como en 2 Rey 2, 9, y se utiliza aquí para indicar la doble porción heredada por el primogénito. Ella se utiliza en este caso para indicar los dos tercios, como es evidente por שְׁלִישִׁית. Como dice Hengstenberg, aquí se introduce la totalidad de la nación como una herencia dejada por el pastor que ha sido condenado a muerte, pues su herencia ha sido dividida en tres partes, con dos partes para los privilegiados y el resto para una, una división semejante a la que David hizo en el caso de los moabitas (cf. 2 Sam 8, 2).

Aquí se añade יְגִוֻעוּ a יִכָּרְתוּ para definir más precisamente el sentido de יִכָּרְתוּ, que no significa meramente que serán cortados (separados) de la tierra a través de un exilio (cf. Zac 14, 2), sino que serán cortados de la vida (Koehler). גוע, expirar, se aplica tanto a la muerte natural como a la violenta (sobre ese último significado, cf. Gen 7, 21; Js 22, 20). El tercio remanente ha de ser refinado a través de aflicciones severas, a fin de purificarlo de todo tipo de naturalezas pecadoras, para convertirlo en una verdadera nación santa de Dios. Para la figura de fundir y refinar, cf. Is 1, 25; 48, 10; Jer 9, 6; Mal 3, 3; Sal 66, 10. Para la expresión de Zac 13, 9, cf. Is 65, 24; y para el pensamiento de todo el verso, cf. Zac 8, 8; Os 2, 23; Jer 24, 7 y 30, 22.

La separación de los dos tercios de Israel comenzó en la guerra judía en contra de Vespasiano y Tito, y en la guerra por la supresión de la rebelión dirigida por el pseudo-mesías Bar Kojba. De todas formas, no se puede limitar a esos dos acontecimientos, sino que ha continuado en las persecuciones contra los judíos que se han venido produciendo a sangre y fuego en los siglos siguientes.

El refinamiento del tercio restante puede aplicarse a los sufrimientos de la nación judía durante todo el período de la dispersión actual, como supone C. B. Michaelis, pero no de un modo general a las tribulaciones que son necesarias para entrar en el reino de Dios, a los duros conflictos que el verdadero Israel que es la Iglesia cristiana ha de sufrir, perseguido en primer lugar por los dos tercios restantes del judaísmo y después, de un modo más especial, por las diez persecuciones de los paganos (romanos) (cf. Zac 12, 1-9; 12, 14).

En contra de eso, Hengstenberg ha dicho de un modo muy apropiado que la visión de Michaelis no puede mantenerse porque en ese caso la porción incrédula del judaísmo debería ser considerada como la única continuación legítima de Israel; en contra de eso, hay que añadir también que no se puede identificar el tercio del judaísmo fiel tan solo con la Iglesia cristiana, pues eso va en contra de la pervivencia de los judíos y de la entrada unánime de todo Israel en el reino de Cristo, como ha enseñado el apóstol Pablo. Por eso, ambas visiones (la de Hengstenberg y la de Michaelis) contienen elementos de verdad, pero han de ser combinados y completados como indicaré a continuación.

14, 1-21. Triunfo de Dios en Jerusalén

Todas las naciones serán reunidas por el Señor para luchar en contra de Jerusalén, y tomarán la ciudad y la saquearán, y llevarán a la mitad de sus habitantes a la cautividad (14, 1-2). El Señor entonces se hará cargo de su pueblo, y aparecerá sobre el monte de los Olivos y dividiendo en dos esa montaña preparará un camino seguro para rescatar al resto y vendrá con todos los santos (14, 3-5) para completar su reino.

Y brotará de Jerusalén una corriente de salvación y de bendición sobre toda la tierra santa (14, 6-11). Y todos los enemigos que han venido en contra de Jerusalén serán milagrosamente destruidos y se matarán unos a los otros (14, 12-15). Sin embargo, el resto de las naciones se volverán al Señor y vendrán cada año a Jerusalén para celebrar la fiesta de los Tabernáculos (14, 16-19); y Jerusalén se convertirá en totalmente santa (14, 20-21). Esta breve descripción de su temática, muestra de forma clara que este capítulo contiene simplemente una nueva expansión del anuncio sumario del juicio de Israel y de su refinamiento (Zac 13, 7-9).

Zac 14, 1-2 muestra cómo el rebaño es dispersado, y cómo en gran parte perece. Zac 14, 2-5 muestra cómo el Señor pone de nuevo su mano sobre los pequeños. Zac 14, 6-21 muestra cómo el resto rescatado de la nación viene a ser dotado con la salvación, y cómo se completa el reino de Dios con la recepción de los creyentes de las naciones paganas. No hay diferencia esencial en el hecho de que la nación de Israel sea el objeto de la profecía en 13, 7-9, mientras que en Zac 14 lo sea Jerusalén, como capital del reino, sede de Israel, nación de Dios. Lo que le sucede a Jerusalén le sucede a todo el pueblo y a todo el reino de Dios.

14, 1-2

¹ הִנֵּה יוֹם־בָּא לַיהוָה וְחֻלַּק שְׁלָלֵךְ בְּקִרְבֵּךְ׃
² וְאָסַפְתִּי אֶת־כָּל־הַגּוֹיִם ׀ אֶל־יְרוּשָׁלִַם לַמִּלְחָמָה וְנִלְכְּדָה הָעִיר וְנָשַׁסּוּ הַבָּתִּים וְהַנָּשִׁים (תִּשָּׁגַלְנָה) [תִּשָּׁכַבְנָה] וְיָצָא חֲצִי הָעִיר בַּגּוֹלָה וְיֶתֶר הָעָם לֹא יִכָּרֵת מִן־הָעִיר׃

¹ Viene el día de Yahvé, y en medio de ti serán repartidos tus despojos. ² Porque yo reuniré a todas las naciones para combatir contra Jerusalén. La ciudad será tomada, las casas serán saqueadas, y violadas las mujeres. La mitad de la ciudad irá al cautiverio, pero el resto del pueblo no será sacado de la ciudad.

Viene un día que se llama *del Señor* (יוֹם־בָּא לַיהוָה), no tanto porque él haga que venga, sino más bien porque el día le pertenece a él, dado que Dios manifiesta por él su gloria (cf. Is 2, 12). En un primer momento, este día traerá calamidad o destrucción sobre Israel; pero esta calamidad ofrecerá ocasión para que el Señor despliegue su divino poder y su gloria, destruyendo a los enemigos de Israel y salvando a su pueblo. En el segundo hemistiquio de 14, 1, la palabra se dirige a Jerusalén: *tus despojos*, es decir, el botín que los enemigos toman en Jerusalén.

El profeta comienza directamente con el hecho principal, describiéndolo de un modo vivo (14, 1), para ofrecer más tarde su explicación, en 24, 2. La *waw* consecutiva de וְאָסַפְתִּי tiene también un sentido explicativo. El Señor reúne a todas las naciones para luchar en contra de Jerusalén, y entrega la ciudad en poder de las naciones, a fin de que ellas la conquisten, y descarguen contra ella toda su barbarie, saqueando las casas y violando a las mujeres (cf. Is 13, 16, donde se dice lo mismo sobre Babilonia).

Así como en la conquista caldea el pueblo fue obligado a marchar al destierro, así sucederá ahora, pero no tendrá que marchar todo el pueblo, sino solo la mitad de la población. La otra mitad restante no será separada de la ciudad, es decir, no será sacada de ella, como sucedió en el caso antiguo, cuando incluso el resto de la nación fue llevado al exilio (cf. 2 Rey 25, 22). Resulta según eso bien claro que estas palabras no se refieren a la destrucción de la ciudad por los romanos, como han supuesto Teodoreto, Jerónimo y otros.

14, 3–5. Llegará el tiempo del Señor en ayuda de su pueblo

³ וְיָצָא יְהֹוָה וְנִלְחַם בַּגּוֹיִם הָהֵם כְּיוֹם הִלָּחֲמוֹ בְּיוֹם קְרָב׃
⁴ וְעָמְדוּ רַגְלָיו בַּיּוֹם־הַהוּא עַל־הַר הַזֵּיתִים אֲשֶׁר עַל־פְּנֵי יְרוּשָׁלַ͏ִם מִקֶּדֶם וְנִבְקַע הַר הַזֵּיתִים מֵחֶצְיוֹ מִזְרָחָה וָיָמָּה גֵּיא גְּדוֹלָה מְאֹד וּמָשׁ חֲצִי הָהָר צָפוֹנָה וְחֶצְיוֹ־נֶגְבָּה׃
⁵ וְנַסְתֶּם גֵּיא־הָרַי כִּי־יַגִּיעַ גֵּי־הָרִים אֶל־אָצַל וְנַסְתֶּם כַּאֲשֶׁר נַסְתֶּם מִפְּנֵי הָרַעַשׁ בִּימֵי עֻזִּיָּה מֶלֶךְ־יְהוּדָה וּבָא יְהֹוָה אֱלֹהַי כָּל־קְדֹשִׁים עִמָּךְ׃

³ Después saldrá Yahvé y peleará contra aquellas naciones, como peleó en el día de la matanza. ⁴ En aquel día se afirmarán sus pies sobre el monte de los Olivos, que está en frente de Jerusalén, al oriente. El monte de los Olivos se partirá por la mitad, de este a oeste, formando un valle muy grande; la mitad del monte se apartará hacia el norte, y la otra mitad hacia el sur. ⁵ Y huiréis al valle de los montes, porque el valle de mis montañas llegará hasta Azal. Huiréis de la manera que huisteis a causa del terremoto en los días de Uzías, rey de Judá. Y vendrá Yahvé, mi Dios, y con él todos los santos.

14, 3. En contra de esas naciones que han conquistado Jerusalén vendrá el Señor para luchar (כְּיוֹם הִלָּחֲמוֹ) como el día de su matanza, es decir, como el día de su lucha a favor del verdadero Israel. El significado no es "conforme al día en que él luchó, en el día de la guerra", como suponen Jerónimo y otros muchos, que aplican estar batallas al conflicto entre Yahvé y los egipcios en el mar Rojo (cf. Ex 14, 14), pues no hay aquí nada que permita apoyar esa alusión.

Según los relatos históricos del Antiguo Testamento, Yahvé salió más de una vez a luchar a favor de su pueblo (cf. Js 10, 14.42; 23, 3; Jc 4, 15; 1 Sam 7, 10; 2 Cron 20, 15). Por eso, esa imagen ha de tomarse en el sentido más general, sabiendo que él, Dios, está acostumbrado a luchar en el día de la batalla y de la matanza, de forma que aquí se está aludiendo a todas las guerras del Señor a favor de su pueblo.

14, 4–5. Aquí se ofrece en primer lugar una descripción de aquello que el Señor hará para salvar al resto de su pueblo. Él aparece sobre el monte de los Olivos, de forma que en el momento en que sus pies tocan la montaña ella se parte en dos, de manera que en medio se abre un gran valle. Esta rotura de la montaña es el efecto del terremoto que se produce bajo los pies de Yahvé, ante quien tiembla la tierra cuando él la toca (cf. Ex 19, 18; Jc 5, 5; Sal 68, 8; Nah 1, 5, etc.). La información más precisa sobre la situación del monte de los Olivos (delante de Jerusalén, por el este) no se introduce aquí con una finalidad geográfica (es decir, para distinguir esa montaña de otras donde también crecen los olivos), sino que está vinculada con los medios que el Señor emplea para salvación de su pueblo, para el que el mismo Dios abre un camino de huida, rompiendo en dos la montaña. La montaña se parte así מֶחֱצִיוֹ מִזְרָחָה וָיָמָּה, por la mitad (es decir, por el medio) del este y del oeste, de tal forma que se abre en ella una gran hondonada, tanto al este como al oeste.

Eso significa que la montaña se rompe de un modo lateral, de forma que, para aclararlo mejor, se dice que una mitad se mueve hacia el sur y la otra hacia el norte, abriéndose un gran valle entre las dos partes, de manera que por ese valle huirá la mitad de la nación que se encuentra aún en Jerusalén.

Y huiréis por el valle de los montes, גֵּיא־הָרַי, con acusativo de dirección (Lutero y otros han traducido el texto de un modo incorrecto: antes del valle de los montes). Este no es el valle del *Tyropeon*, o el valle entre el Moria y Sión (Jerónimo, Drusius, Hofmann), sino el valle que se ha formado por la división del monte de los Olivos; y Yahvé llama a las dos montañas que se han formado por obra de su poder, a partir del monte de los Olivos, "mis montañas". Este valle no se encuentra tampoco conectado con el valle de Josafat, pues la opinión de que ese valle recientemente formado no es más que una extensión del valle de Josafat no tiene fundamento en el texto, y no concuerda con la dirección del nuevo valle, que irá de este a oeste.

La frase explicativa que sigue, "porque ese valle nuevamente formado entre las montañas alcanzará o llegara אֶל־אָצַל, hasta *'Atsal*, indica que la huida del pueblo a través del valle no se limitará a ofrecer a los fugitivos un camino llano para escapar, sino que permitirá que ellos encuentren un lugar seguro de protección en el valle. Esa palabra, אֶל־אָצַל, *'El 'Atsal*, ha sido tomada por algunos comentaristas, siguiendo a Símaco y Jerónimo, en un sentido apelativo, con el significado de "hasta muy cerca", lo que, según Koehler, significaría que el valle conduciría hasta el lugar de donde eran los fugitivos. Esto implicaría que ese valle conducía a Jerusalén, porque de allí eran los fugitivos.

אָצַל es una forma pausativa en lugar de *'âtsēl*, como podemos ver comparando 1 Cron 8, 38 y 9, 44 con 1 Cron 8, 39 y 9, 43 (cf. Olsh. Gramm. 91, d), solo aparece además de aquí en la forma de אָצֵל, no solamente como preposición, sino también como nombre, en בית־האצל, y aquí como nombre propio, como han visto la mayor parte de los comentaristas, como una forma contracta de בית־האצל, dado que בית se omite con frecuencia el nombre de lugares construidos con esa palabra (cf. Gesenius, Thes. p. 193).

Este lugar ha de buscarse, conforme a Miq 1, 11 (בֵּית הָאֵצֶל) en el entorno de Jerusalén y, según este pasaje de Zacarías que estamos estudiando, al este del monte de los Olivos, como afirma Cirilo, aunque solo por "rumores": κώμη δὲ αὕτη πρὸς ἐσχατιαῖς, ὡς λόγος τοῦ ὄρους κειμένη. El hecho de que Jerónimo no mencione ese lugar no es prueba de que no existiera. Debe tratarse de un pequeño lugar, al otro lado del monte de los Olivos, que puede haber desaparecido de la tierra mucho antes de que Jerónimo viviera.

La comparación de la huida con la del día terremoto, en el tiempo del rey Ozías, a que se hace referencia en Am 1, 1 se introduce aquí no solamente para indicar la rapidez y universalidad de la huida, sino también su causa, es decir, que ellos no se limitan a huir del enemigo, sino que huyen también del temor del terremoto que precede a la venida del Señor. En la última frase de 14, 5 se indica el tema de la venida del Señor. Él no ha ido solo a luchar contra el enemigo de Jerusalén, para liberar a su pueblo, sino que viene con sus santos ángeles, para culminar su reino por medio del juicio y para glorificar así a Jerusalén.

Esta venida no es materialmente diferente de su ida para la guerra (14, 3); ella no es otra una venida diferente, una segunda venida de Dios, sino simplemente la manifestación visible de su realidad, su venida definitiva. Los creyentes esperan esa venida de Dios, porque ella les trae redención (Lc 21, 28). Esta gozosa espera se expresa en su palabra "Yahvé mi Dios" (יְהוָה אֱלֹהַי). Estos santos (כָּל־קְדֹשִׁים) que vienen con él son los ángeles (cf. Dt 33, 2-3; Dan 7, 9-10; Mt 25, 31), no simplemente "creyentes", sino más bien creyentes con ángeles. En lo que sigue, Zacarías describe primero la plenitud que se logra con la venida del Señor (14, 6-11) y después el juicio sobre el enemigo (14, 12-15), con sus frutos y sus consecuencias (14, 16-21).

14, 6-11. Salvación completa

14, 6-7

⁶ וְהָיָה בַּיּוֹם הַהוּא לֹא־יִהְיֶה אוֹר יְקָרוֹת (יִקְפָּאוּן) [וְקִפָּאוֹן]:
⁷ וְהָיָה יוֹם־אֶחָד הוּא יִוָּדַע לַיהוָה לֹא־יוֹם וְלֹא־לָיְלָה וְהָיָה לְעֵת־עֶרֶב יִהְיֶה־אוֹר:

⁶ Acontecerá que en ese día no habrá luz, las gloriosas desaparecerán como fundidas.
⁷ Será un día único, solo conocido por Yahvé, en el que no habrá ni día ni noche, pero sucederá que al caer la tarde habrá luz.

14, 6. La venida del Señor producirá en la tierra un cambio. La luz de la tierra desaparecerá. La forma en que debe entenderse לֹא־יִהְיֶה אוֹר se indica de un modo más preciso por יְקָרוֹת יִקְפָּאוּן. Sin embargo, esas palabras se han interpretado desde tiempo inmemorial de formas distintas. La diferencia de género en la combinación del femenino יְקָרוֹת con el masculino יִקְפָּאוּן, y la poquísima frecuencia con que aparecen esas palabras han contribuido a que se ponga el *kere* וְקִפָּאוֹן por lo que

יְקָרוֹת se ha tomado como una formación sustantivada de קרר, o la lectura וקרות con *waw* copulativa se ha entendido en el sentido de "frío" mientras que קִפָּאוֹן (contracción, rigidez) se ha entendido como hielo.

Toda la cláusula ha podido entenderse así como una antítesis de la precedente: no habrá luz, sino (es decir, habrá) frío y hielo (así el Targum, la Peshita, Símaco, Itala, Lutero y muchos oros), o en el sentido de "no habrá luz, ni frío, ni hielo, es decir, no habrá alternancia de luz, frío y hielo" (Ewald, Umbreit, Bunsen). Pero hay algo inaceptable en esas dos visiones: (a) en la primera por la inserción de יהיה sin negación, con el propósito de obtener una antítesis; (b) en la segunda, porque la combinación de luz, frío y hielo es ilógica y no tiene paralelo en la Escritura, ni se puede justificar apelando a Gen 8, 22, porque luz no es equivalente a día, y porque frío y hielo no equivalen tampoco a escarcha y calor o a verano e invierno.

Debemos seguir por tanto a Hengstenberg, Hofmann, Koehler y Kliefoth, que prefieren el *qetiv* יִקְפָּאוּן y lo entienden como imperfecto *kal* de קפא en el sentido de congelar, de cuajarse, como en Ex 15, 8 donde las aguas se amontonan como si fueran masas sólidas.

יקרות, las cosas espléndidas o costosas son las estrellas, según Job 31, 26, donde se presenta a la luna como la que יקר הולך, camina en esplendor. Esas palabras indican, por tanto, la desaparición u ocultamiento del brillo de las estrellas brillantes, en respuesta al anuncio profético, de forma que aquel día del juicio el sol, la luna y las estrellas perderán su brillo o se convertirán en oscuridad (cf. Joel 3, 15; Is 13, 10; Ez 32, 7-8; Mt 24, 29; Ap 6, 12).

14, 7. Aquí se describe ese día de un modo aún más preciso: primero como solitario y después como maravilloso, un día en que la luz se pone en todo momento, sin desaparecer. Las cuatro frases de este verso contienen solo dos pensamientos, cada uno de ellos expresado en dos cláusulas, de las cuales la segunda explica la primera.

יוֹם אֶחָד, *unus dies,* un día, no es equivalente a *tempus non longum,* un tiempo no largo (Cocceius, Hengstenberg); no es "solo un día", ni dos ni más (Koehler), sino un día solitario en su clase, sin paralelo ni semejanza con ningún otro, porque nunca habrá otro semejante (para el uso de אֶחָד, 'echâd, en ese sentido, cf. Zac 14, 9; Ez 7, 5; Cant 6, 9). Esa palabra se cita, a causa de la frase siguiente: Será un día conocido por Yahvé. No se trata de que sea un día distinto en la serie de los días (Hitzig y Koehler), ni de que sea un día que se encuentra bajo la supervisión y guía del Señor, de tal forma que viene de un modo inesperado o que interfiere con sus planes (Hengstenberg), pues ninguna de esa cosas está al fondo de נודע. Se trata, más bien, de que es un día conocido por el Señor, conforme a su verdadera naturaleza y que por tanto es distinguido por encima de todos los restantes días.

La siguiente expresión לֹא־יוֹם וְלֹא־לַיְלָה (no día y no noche) no significa que se trata de una mezcla turbia de día y de noche, en la que prevalecerá una situación mestiza de misterio, un entreluz horrible de oscuridad (Koehler). En contra de eso, no se parecerá ni al día ni a la noche porque las luces del cielo que regulan el día y la noche han perdido su brillo, de forma que al atardecer no viene la oscuridad, sino la luz. De esa forma se invierte el orden de la naturaleza: el día se parece a la noche, y la tarde es portadora de luz. En el momento en que, conforme al curso natural de los acontecimientos, debía llegar la oscuridad amanecerá una luz de mañana. Expresamente no se dice aquí que cesará la alternancia de noche y día (Jerónimo, Neumann, Kliefoth); pero ello puede inferirse de la comparación con Ap 21, 23.25.

14, 8-11

⁸ וְהָיָה ׀ בַּיּוֹם הַהוּא יֵצְאוּ מַיִם־חַיִּים מִירוּשָׁלַ͏ִם
חֶצְיָם אֶל־הַיָּם הַקַּדְמוֹנִי וְחֶצְיָם אֶל־הַיָּם הָאַחֲרוֹן בַּקַּיִץ וּבָחֹרֶף יִהְיֶה׃
⁹ וְהָיָה יְהוָה לְמֶלֶךְ עַל־כָּל־הָאָרֶץ בַּיּוֹם הַהוּא יִהְיֶה יְהוָה אֶחָד וּשְׁמוֹ אֶחָד׃
¹⁰ יִסּוֹב כָּל־הָאָרֶץ כָּעֲרָבָה מִגֶּבַע לְרִמּוֹן נֶגֶב יְרוּשָׁלָ͏ִם
וְרָאֲמָה וְיָשְׁבָה תַחְתֶּיהָ לְמִשַּׁעַר בִּנְיָמִן עַד־מְקוֹם שַׁעַר
הָרִאשׁוֹן עַד־שַׁעַר הַפִּנִּים וּמִגְדַּל חֲנַנְאֵל עַד יִקְבֵי הַמֶּלֶךְ׃
¹¹ וְיָשְׁבוּ בָהּ וְחֵרֶם לֹא יִהְיֶה־עוֹד וְיָשְׁבָה יְרוּשָׁלַ͏ִם לָבֶטַח׃

⁸ En aquel día saldrán de Jerusalén aguas vivas, la mitad de ellas hacia el mar oriental y la otra mitad hacia el mar occidental, en verano y en invierno. ⁹ Y Yahvé será rey sobre toda la tierra. En aquel día, Yahvé será único, y único será su nombre. ¹⁰ Toda esta tierra se volverá como llanura desde Geba hasta Rimón, al sur de Jerusalén; será enaltecida y habitada en su lugar, desde la puerta de Benjamín hasta el lugar de la puerta primera y hasta la puerta del Ángulo, y desde la torre de Hananeel hasta los lagares del rey. ¹¹ Morarán en ella y no habrá nunca más maldición, sino que morarán confiadamente en Jerusalén.

14, 8-9. El agua sale de Jerusalén y fluye y se extiende sobre la tierra, en las dos direcciones, por un lado hacia el este, que es el mar Muerto, y por otro lado hacia el poniente que es el occidente, el mar Mediterráneo (cf. *Coment*. a Joel 2, 20). Esta es, según Joel 3, 18 y Ez 47, 1-12, una representación figurativa de la salvación y de la bendición que fluirá de Jerusalén, entendida como el centro del reino de Dios, sobre la Tierra Santa, y de esa forma el agua que fluye producirá una vida abundante a ambos lados del templo.

Zacarías añade que esto sucederá en verano y en invierno, lo que significa que el agua fluirá sin interrupción a lo largo de todo el año, mientras que en Palestina los torrentes naturales de agua suelen secarse en verano. A esta bendición se añade aquí la bendición espiritual más alta, según la cual Yahvé será rey sobre la tierra, de forma que solo su nombre será mencionado y reverenciado.

כָּל־הָאָרֶץ no significa la tierra entera sino, como en 14, 8.10, el conjunto dela tierra de Canaán o de Israel, que está rodeada por el mar Muerto y por el mar

Mediterráneo. Pero de eso no se sigue en modo alguno que Zacarías habla aquí simplemente de la glorificación de Palestina, pues Canaán, o la tierra de Israel es un tipo del reino de Dios en el amplio sentido de la palabra, tal como sucederá en los últimos días, que son los que aquí se mencionan.

Ese reino de Yahvé no se refiere al reino de la naturaleza, sino al reino de la gracia, es decir, a la plena realización de la soberanía de Dios, para la que la antigua alianza preparaba el camino, una soberanía que en Israel se hallaba impedida por la rebeldía continua contra el hecho de que Yahvé fuera rey, tanto por su pecado como por su idolatría. Esta rebeldía, es decir, la apostasía de la nación contra Dios cesará entonces, y solo el Señor será Rey y Dios de la nación redimida, siendo reconocido por ella. Solo su nombre será mencionado, y no los nombres de los ídolos a su lado.

14, 10-11. La misma tierra del reino de Dios experimentará entonces un cambio. Toda la tierra quedará allanada, convertida en llanura, y Jerusalén se elevará a consecuencia de ello; será exaltada y restaurada en el más pleno sentido de la palabra. יסב (imperfecto *kal*, no *nifal*; cf. Gesenius, 67, 5) significa cambiar haciéndose una llanura, cambiar convirtiéndose en llano. עֲרָבָה no es un llano más, en cuyo caso el artículo debería haberse utilizado de un modo general, sino el llano por excelencia, es decir, κατ᾽ ἐξοχήν, el llano del Jordán o el *Ghor* (cf. *Coment.* a Dt 1, 1). La expresión "de Geba a Rimmon" no se vincula con כערבה (Umbreit, Neumann, Kliefhot.), sino con כל־הארץ, pues no había un llano entre Geba y Rimmon, sino solamente un país elevado de montañas o colinas.

Geba es la presente *Jeba*, una localidad a unas tres horas hacia el norte de Jerusalén (cf. *Coment.* a Js 18, 24), ciudad que era entonces de la frontera norte del reino de Judá (2 Rey 23, 8). Por su parte, este Rimmon se distingue de Rimmon de Galilea (que es la presente *Rummaneh* al norte de Nazareth, cf. Js 19, 13), y de la roca de Rimmon, la presente aldea de *Rummon*, unas quince millas al norte de Jerusalén (cf. Jc 20, 45). Esta esa la Rimmon que está "al sur de Jerusalén, en la frontera de Edom, en una tierra que fue dada por la tribu de Judá a los simeonitas (Js 15, 32; 19, 7), probablemente en el lugar de las ruinas actuales de *Um er Rummanim*, cuatro horas al norte de Bersheba (cf. *Coment.* a Js 15, 32).

El sujeto implícito de וְרָאֲמָה וְיָשְׁבָה debe ser Jerusalén, que ha sido mencionada precisamente antes. רָאֲמָה es probablemente una forma expandida de רמה que viene de רום, como קאם en Os 10, 14. Toda la tierra será abajada, a fin de que solo Jerusalén pueda elevarse en la altura. Por supuesto, esto no ha de entenderse en forma de elevación física, causada por la depresión del resto del país, pues la descripción es solo de tipo figurativa, como la exaltación de la montaña del templo sobre todas las montañas en Miq 4, 1. Jerusalén, como ciudad del Dios–Rey es el centro del reino de Dios, de forma que en el futuro ella debe elevarse sobre toda la tierra.

Esta descripción figurativa se funda en la situación natural de Jerusalén, que se hallaba sobre el alto de una cadena de montañas, y rodeadas también de montañas, que eran más bajas que la ciudad (cf. Robinson, *Palestina*). Ese tipo de elevación física es una representación figurativa de la elevación y gloria que ella ha de recibir. Por otra parte, Jerusalén ha de habitar en su antiguo lugar (תחתיה ישב, como en Zac 12, 6). El significado de esto no es solo que la exaltación de la ciudad se realizará en el mismo lugar que antes tenía (Koehler), sino que esa exaltación superará todas las formas de vida anterior de la ciudad. Una comparación con Jer 31, 38 mostrará claramente que la ciudad será restaurada y reedificada en su extensión anterior, de forma que se recuperará totalmente de la ruina en que había caído por la conquista y el saqueo anterior, pero de una forma mucho más excelsa (Zac 14, 1).

Los límites de la ciudad que aquí se mencionan no pueden determinarse con total certeza. Las primeras expresiones se refieren a la extensión de la ciudad de este a oeste. El punto de partida (para el uso de לְמִשַּׁעַר cf. Ag 2, 18) es la puerta de Benjamín, en la muralla norte, de donde salía el camino que llevaba a Benjamín y desde allí a Efraín, de forma que es, sin duda, la misma puerta de Efraín mencionada en 2 Rey 14, 13 y en Neh 8, 16. Por otra parte, el *terminus ad quem* resulta dudoso, es decir, "el lugar de la puerta primera y la puerta del ángulo".

Conforme a la construcción gramatical, עַד־שַׁעַר הַפִּנִּים está aparentemente en aposición a עַד־מְקוֹם שַׁעַר הָרִאשׁוֹן o es una descripción más precisa de la posición de la primera puerta, y en ese sentido han tomado las palabras Hitzig y Kliefoth. Pero no podemos ver ninguna razón por la que debería haberse introducido aquí la afirmación "hasta el lugar de la primera puerta" en el caso de que la otra afirmación (la puerta del ángulo) describa el mismo punto terminal, y lo haga de un modo más claro. Debemos asumir, por tanto, como lo han hecho la mayoría de los comentaristas, que las dos expresiones se refieren a dos puntos (puertas) terminales.

En otras palabras, esas expresiones definen la extensión de la ciudad hacia el este y hacia el oeste, desde la puerta de Benjamín, que se hallaba cerca del centro de la muralla norte. La puerta del ángulo (שַׁעַר הַפִּנִּים, *sha'ar happinnīm*) es sin duda la misma que la *sha'ar happinnâh* de 2 Rey 14, 13 y de Jer 31, 38), y se encontraba en el ángulo occidental de la muralla del norte. Suponemos que la "primera puerta" se identifica con la שער הישנה, la puerta de la vieja (ciudad), en Neh 3, 6 y 12, 39, y su lugar se hallaba en el ángulo noreste de la ciudad. Las expresiones que siguen ofrecen la extensión de la ciudad de norte a sur. Según eso, debemos suplir מן delante de מגדל.

La torre de *Hananeel* (Jer 31, 38; Neh 3, 1; 12, 39) se hallaba en el ángulo noreste de la ciudad (cf. Neh 3, 1) y los lagares del rey se encontraban sin duda en los jardines de la parte sur de la ciudad (Neh 3, 15). En la ciudad así glorificada habitan sus moradores (ישבו en contraste con aquellos que van y vienen como cautivos o fugitivos, Zac 14, 2.5), y eso como nación santa que no sufrirá ya más ningún destierro. El destierro presupone pecado, y viene seguido por el exterminio como juicio (cf. Js 6, 18). Pero, en contra de eso, la nueva ciudad y sus habitantes no estarán ya más expuestos a la destrucción, sino que habitarán con seguridad, y no tendrán que temer ya más ataques hostiles (cf. Is 65, 18 y Ap 22, 3).

14, 12–15. Castigo de las naciones enemigas

¹² וְזֹאת׀ תִּהְיֶה הַמַּגֵּפָה אֲשֶׁר יִגֹּף יְהוָה אֶת־כָּל־הָעַמִּים אֲשֶׁר צָבְאוּ עַל־יְרוּשָׁלָ͏ִם הָמֵק׀ בְּשָׂרוֹ וְהוּא עֹמֵד עַל־רַגְלָיו וְעֵינָיו תִּמַּקְנָה בְחֹרֵיהֶן וּלְשׁוֹנוֹ תִּמַּק בְּפִיהֶם׃

¹³ וְהָיָה בַּיּוֹם הַהוּא תִּהְיֶה מְהוּמַת־יְהוָה רַבָּה בָּהֶם וְהֶחֱזִיקוּ אִישׁ יַד רֵעֵהוּ וְעָלְתָה יָדוֹ עַל־יַד רֵעֵהוּ׃

¹⁴ וְגַם־יְהוּדָה תִּלָּחֵם בִּירוּשָׁלָ͏ִם וְאֻסַּף חֵיל כָּל־הַגּוֹיִם סָבִיב זָהָב וָכֶסֶף וּבְגָדִים לָרֹב מְאֹד׃

¹⁵ וְכֵן תִּהְיֶה מַגֵּפַת הַסּוּס הַפֶּרֶד הַגָּמָל וְהַחֲמוֹר וְכָל־הַבְּהֵמָה אֲשֶׁר יִהְיֶה בַּמַּחֲנוֹת הָהֵמָּה כַּמַּגֵּפָה הַזֹּאת׃

¹² Esta será la plaga con que herirá Yahvé a todos los pueblos que pelearon contra Jerusalén: su carne se corromperá cuando aún estén con vida, se les consumirán en las cuencas sus ojos y la lengua se les desharán en la boca. ¹³ En aquel día habrá entre ellos un gran pánico enviado por Yahvé; cada uno agarrará la mano de su compañero, y levantarán la mano unos contra otros. ¹⁴ Judá también peleará en Jerusalén. Entonces serán reunidas las riquezas de todas las naciones de alrededor: oro, plata y ropas de vestir, en gran abundancia. ¹⁵ Así también será la plaga de los caballos, de los mulos, de los camellos, de los asnos y de todas las bestias que estén en aquellos campamentos.

14, 12-13. A la descripción de la salvación se añade aquí como reverso la ejecución del castigo sobre los enemigos, que antes solo se había evocado en general (en 14, 3). Las naciones que habían hecho guerra en contra de Jerusalén serán destruidas, en parte por un tipo de putrefacción de sus cuerpos, cuando se hallaban todavía vivos (14, 12) y en parte por la mutua destrucción entre ellos, y también por la lucha y victoria de Judá en contra de ellos (14, 14).

Para expresar la idea de esa dura destrucción se evocan aquí de forma unitaria todo tipo de plagas y de heridas por las que las naciones pueden ser destruidas. En un primer momento hallamos dos tipos muy fuertes de golpes o heridas infligidos sobre ellos por Dios. הַמַּגֵּפָה, *maggēphâh,* indica siempre una plaga o castigo enviado por Dios (Ex 9, 14; Num 14, 37; 1 Sam 6, 4). הָמֵק, como infinitivo absoluto *hifil* va en lugar del verbo finito: "Él, Yahvé, hará que su carne se pudra cuando todavía se mantiene sobre sus pies", es decir, Dios hace que se vaya pudriendo, cuando todavía el cuerpo está vivo.

Los sufijos singulares han de tomarse de un modo distributivo: la carne de cada nación, o de cada enemigo. Para poner más de relieve la amenaza se añade que se les pudren los ojos con los que espiaban la desnudez de la ciudad de Dios, y también las lenguas con las que blasfemaban en contra de Dios y de su pueblo (cf. Is 37, 6).

La otra cara de la destrucción viene dada por un terror de pánico, que lleva a los enemigos a la más grande confusión, de forma que unos levantan sus armas en contra de otros, y se destruyen mutuamente, una situación que aparece varias veces en la historia israelita (cf. Jc 7, 22, 1 Sam 14, 20, y especialmente en 2 Cron 20, 23, durante el reinado de Josafat, a la que está aludiendo aquí el profeta). En este caso, el tomar uno la mano del otro es también un signo hostil, pues su finalidad es levantar la mano contra el otro y golpearle hasta la muerte.

14, 14-15. Lutero y muchos otros traducen 14, 14, según el Targum y la Vulgata, diciendo que "Judá luchará contra Jerusalén", fundándose en el hecho de que נלחם ב (תִּלָּחֵם בִּירוּשָׁלָ͏ם) significa generalmente "luchar contra una persona". Pero ese sentido no responde aquí al contexto, pues aquellos que luchan en contra de Jerusalén son "todos los paganos" (Zac 14, 2), y no se dice nada de una oposición entre Jerusalén y Judá. ב se utiliza aquí más bien en un sentido local, como en Ex 17, 8, con נלחם, de modo que el pensamiento es este: no solo destruirá Yahvé a los enemigos de un modo milagroso, con plagas y confusión, sino que Judá tomará también parte en el conflicto en contra de ellos, y combatirá contra ellos en Jerusalén, ciudad que ellos han tomado.

Judá significa aquí la totalidad de la nación de la alianza y no simplemente los habitantes del país, en cuando distintos de los habitantes de la capital. De esa forma compartirá Judá como botín las costosas posesiones de los paganos, y de esa forma se vengará con fuerte retribución por el saqueo de Jerusalén (Zac 14, 2). Y la destrucción de los enemigos será tan completa que incluso las bestias de carga empleadas en la guerra, con todo el ganado, serán destruidas por la misma plaga que los hombres; como en el caso del *herrem*, no solo los hombres, sino también los animales serán condenados a muerte. (cf. Js 7, 24).

Resulta claro que esta descripción constituye una aplicación retórica amplificada del pensamiento según el cual los enemigos del reino de Dios han de ser totalmente destruidos, es decir, aquellos que no abandonan su hostilidad y se vuelven al Señor. Los versos que siguen muestran de manera muy clara que la amenaza del castigo se refiere solamente a esos.

14, 16-19. Conversión de los paganos

¹⁶ וְהָיָ֗ה כָּל־הַנּוֹתָר֙ מִכָּל־הַגּוֹיִ֔ם הַבָּאִ֖ים עַל־יְרוּשָׁלָ֑͏ִם וְעָל֞וּ מִדֵּ֧י שָׁנָ֣ה בְשָׁנָ֗ה לְהִֽשְׁתַּחֲוֺת֙ לְמֶ֙לֶךְ֙ יְהוָ֣ה צְבָא֔וֹת וְלָחֹ֖ג אֶת־חַ֥ג הַסֻּכּֽוֹת׃
¹⁷ וְ֠הָיָה אֲשֶׁ֨ר לֹֽא־יַעֲלֶ֜ה מֵאֵ֨ת מִשְׁפְּח֤וֹת הָאָ֙רֶץ֙ אֶל־יְר֣וּשָׁלַ֔͏ִם

לְהִשְׁתַּחֲוֺת לְמֶלֶךְ יְהוָה צְבָאוֹת וְלֹא עֲלֵיהֶם יִהְיֶה הַגָּשֶׁם:
18 וְאִם־מִשְׁפַּחַת מִצְרַיִם לֹא־תַעֲלֶה וְלֹא בָאָה וְלֹא עֲלֵיהֶם תִּהְיֶה הַמַּגֵּפָה
אֲשֶׁר יִגֹּף יְהוָה אֶת־הַגּוֹיִם אֲשֶׁר לֹא יַעֲלוּ לָחֹג אֶת־חַג הַסֻּכּוֹת:
19 זֹאת תִּהְיֶה חַטַּאת מִצְרָיִם וְחַטַּאת כָּל־הַגּוֹיִם אֲשֶׁר לֹא
יַעֲלוּ לָחֹג אֶת־חַג הַסֻּכּוֹת:

¹⁶ Todos los que sobrevivan de las naciones que vinieron contra Jerusalén, subirán de año en año para adorar al Rey, a Yahvé de los ejércitos, y para celebrar la fiesta de los Tabernáculos. ¹⁷ Y acontecerá que si alguna familia de la tierra no sube a Jerusalén para adorar al Rey, a Yahvé de los ejércitos, no habrá lluvia para ellos. ¹⁸ Y si la familia de Egipto no sube ni viene, no habrá lluvia para ellos, sino que vendrá la plaga con que Yahvé herirá a las naciones que no suban a celebrar la fiesta de los Tabernáculos. ¹⁹ Esta será la pena del pecado de Egipto y del pecado de todas las naciones que no suban para celebrar la fiesta de los Tabernáculos.

14, 16-17. No todos los paganos serán destruidos por el juicio, sino que una parte de ellos se convertirá. Esa parte se llama כָּל־הַנּוֹתָר מִכָּל־הַגּוֹיִם הַבָּאִים עַל־יְרוּשָׁלִָם, es decir, todos los que queden de aquellos que marcharon en contra de Jerusalén (con בוא על como en 12, 9). Ellos se convertirán así a la adoración al Señor.

La construcción de este verso está en forma de anacoluto: al principio se pone כָּל־הַנּוֹתָר, con su definición posterior, mientras que el predicado se añade en forma de apódosis con וְעָלוּ. La entrada de los paganos en el reino de Dios se describe así bajo la figura de una peregrinación festiva al santuario de Yahvé, que ha de repetirse año tras año. Entre las fiestas que ellos deben celebrar cada año (sobre מִדֵּי, cf. Delitzsch en *Coment.* a Is 66, 23) destaca aquí la de los Tabernáculos, no porque caiga en otoño, y otoño sea el mejor tiempo para viajar (Teodoro de Mopsuestia, Teodoreto, Grotius, Rosenmüller), o porque fuera la mayor de las fiesta de regocijo de los judíos, o por alguna otra razón externa, sino simplemente a causa de su significado interno, que no debemos buscar (como hace Koehler) en su importancia agraria, como fiesta de acción de gracias por la terminación de la cosecha y la recolección del fruto, sino más bien por su referencia histórica como fiesta de agradecimiento por la protección gratuita que Dios ofreció a Israel en su peregrinación por el desierto, y por su introducción en la tierra prometida, con la abundancia de gloriosas bendiciones con las que se evoca y anticipa la bendición que disfrutarán en el reino de Dios (cf. mi *Archeologie*, i. p. 414 ss.).

Esta fiesta será guardada por los paganos que han empezado a creer en el Dios viviente, para dar gracias al Señor por su gracia, porque él les ha permitido pasar de las peregrinaciones de esta vida a las bendiciones de su reino de paz. Con esta visión del significado de la fiesta de los tabernáculos puede armonizare también el castigo amenazado en Zac 14, 17 por el descuido en celebrar esta fiesta —es decir que la lluvia no caerá sobre la tierra de las familias y de las naciones que se ausentan de esta fiesta y no la comparten.

En este caso, la lluvia es una concretización simbólica de la bendición de Dios, y se menciona aquí con referencia al hecho de que sin lluvia no pueden darse los frutos del campo, sobre cuyo gozo se funda la felicidad de los hombres. El sentido de la amenaza es por tanto este: que aquellas familias que no vengan a adorar al Señor serán castigadas por él, de manera que no recibirán las bendiciones de su gracia.

14, 18-19. Los egipcios se mencionan de nuevo a modo de ejemplo como aquellos sobre los que recaerá el castigo, en el caso de que no vengan a adorar a Dios en Sión. Por lo que se refiere a la construcción de este verso (14, 18), aquí se añade וְלֹא בָאָה para ratificar el sentido de לֹא־תַעֲלֶה, y por su parte וְלֹא עֲלֵיהֶם contiene la apódosis de la cláusula condicional introducida con אִם, y en ese contexto se suple fácilmente וְלֹא עֲלֵיהֶם יִהְיֶה הַגֶּשֶׁם del verso anterior (14, 17). La frase positiva que viene después se añade como asíndeton: ello (el hecho de que la lluvia no venga) será la plaga, etc.

El profeta menciona, en este caso, especialmente a Egipto no porque este país deba su fertilidad a las crecidas del Nilo y no a la lluvia (un tema que ha dado lugar a interpretaciones muy forzadas), sino porque es la nación que ha mostrado la mayor hostilidad en contra de Yahvé y en contra de su pueblo en el tiempo antiguo, y para mostrar que también esta nación (Egipto) podrá alcanzar una participación final en las bendiciones de la salvación otorgada a Israel (cf. Is 19, 19). Zac 14, 19 añade en forma de conclusión el castigo que recaerá sobre aquellos que no adoren al Dios de Israel (en Egipto y en otros países). Eso significa en el fondo que dentro de la esfera del reino de Dios no habrá entonces ya lugar para el paganismo. A eso se añade en 14, 20-21 el pensamiento de que todo lo impuro será expulsado de aquel reino.

14, 20-21

²⁰ בַּיּוֹם הַהוּא יִהְיֶה עַל־מְצִלּוֹת הַסּוּס קֹדֶשׁ לַיהוָה וְהָיָה הַסִּירוֹת בְּבֵית יְהוָה כַּמִּזְרָקִים לִפְנֵי הַמִּזְבֵּחַ׃
²¹ וְהָיָה כָּל־סִיר בִּירוּשָׁלַם וּבִיהוּדָה קֹדֶשׁ לַיהוָה צְבָאוֹת וּבָאוּ כָּל־הַזֹּבְחִים וְלָקְחוּ מֵהֶם וּבִשְּׁלוּ בָהֶם וְלֹא־יִהְיֶה כְנַעֲנִי עוֹד בְּבֵית־יְהוָה צְבָאוֹת בַּיּוֹם הַהוּא׃

²⁰ En aquel día estará grabado sobre las campanillas de los caballos: Consagrado a Yahvé; y las ollas de la casa de Yahvé serán como los tazones del altar. ²¹ Toda olla en Jerusalén y Judá será consagrada a Yahvé de los ejércitos; todos los que ofrezcan sacrificios vendrán y las tomarán para cocinar en ellas. En aquel día no habrá más mercader en la casa de Yahvé de los ejércitos.

El significado de este verso no se agota con la explicación dada por Michaelis y Ewald que dicen que incluso los caballos estarán consagrados para el Señor. Las palabras קֹדֶשׁ לַיהוָה estaban grabadas sobre la placa de oro de la tiara del sumo sacerdote, con caracteres que se utilizaban para grabar sobre un sello (Ex 28, 36). Pues bien, si esas palabras estaban (debían estar) sobre las campanillas de los caballos, esas campanillas debían tener la misma santidad que la tiara del sumo sacerdote[123].

Esto no significa solamente que toda la ley ceremonial será abolida, sino también que cesará la distinción entre lo sagrado y lo profano, dado que las cosas más externas, y sin conexión ninguna con el culto, serán tan santas como los objetos más sagrados dedicados al servicio de Yahvé por una consagración especial. De esa forma se supera de un modo radical la distinción gradual entre las cosas que eran más o menos santas.

Las ollas del santuario, que se utilizaban para cocinar la carne sacrificada, se tomaban como menos santas que las ollas sacrificiales en las que se recibía la sangre de los animales sacrificados, que se utilizaba para rociar el altar, o que se derramaba sobre el altar. Pues bien, en el futuro, las ollas para cocer la carne serán tan santas como las ollas sacrificiales, y no solo las ollas para cocer carne en el templo, sino también las ollas normales de cocer comidas en Jerusalén y en Judá, que hasta ahora habían sido limpias, pero no santas, de manera que de ahora en adelante se podrán utilizar, según parezca bien, para cocer la sangre sacrificial.

Así se dice que en el reino perfecto de Dios no solo será santo todo, sin excepción, sino que todo será santo de la misma manera (tendrá el mismo grado de santidad). De esa forma, la distinción entre lo santo y lo profano cesará entonces, cuando sea totalmente superado y rechazado el pecado, con la impureza moral que estaba presente en el fondo de esta distinción, con la necesidad de que las cosas que se utilizaban para el servicio de Dios se pusieran aparte y recibieran una consagración especial. Al final cesará esa distinción, de manera que todo será santo. El objeto de las instituciones sagradas establecidas por Dios era superar esa distinción entre lo sagrado y lo profano, limpiando el pecado y santificando una vez más aquello que el pecado había manchado. Con este fin fue separada Israel de las naciones de la tierra, para así crecer como nación santa, y con ese fin se le dio una ley en la que se fue trazando la distinción entre lo santo y lo profano a lo largo de todas las relaciones de la vida. Pues bien, el pueblo de Dios logró alcanzar este fin, y el pecado con todas sus consecuencias fue expulsado y destruido por el juicio. Así se dice en la última frase, afirmando que ya no habrá ya más cananeos en la casa de Yahvé (וְלֹא־יִהְיֶה כְנַעֲנִי עוֹד בְּבֵית־יְהוָה).

---

123. De este pasaje se sigue que era costumbre israelita colgar campanillas como ornamentos sobre caballos y mulas, y quizá también con otros propósitos, como sucede aún entre nosotros. Esta era una costumbre común en la antigüedad (cf. pruebas que han sido recopiladas cuidadosamente en Dougtaei, *Analecta sacr.* p. 296 ss.).

Aquí no se habla de cananeos en el sentido de mercaderes, como en Sof 1, 11; Os 12, 8 (como suponen el Targum de Jonatán, Aquila y otros testimonios), sino en el sentido de pueblo cargado por el pecado y la maldición (Gen 9, 25; Lev 18, 24; Dt 7, 2; 9, 4, etc.), pueblo que ha sido exterminado por el juicio. En este sentido, como supone la expresión וְלֹא עוֹד, el término cananeo se emplea para evocar a los miembros impíos de la nación de la alianza, que venían al templo con sacrificios, pero con una autojustificación puramente externa.

Dado que עוֹד presupone que en ese tiempo del profeta había cananeos en el templo de Yahvé, esa referencia no puede aludir a cananeos de raza, pues la misma ley les prohibía la entrada en el templo, sino israelitas que eran cananeos de corazón. Cf. Is 1, 10, donde los príncipes de Judá reciben el nombre de príncipes de Sodoma (Ez 16, 3; 44, 9). La casa de Yahvé es el templo, como en el verso anterior, y no la Iglesia de Yahvé, como en Zac 9, 8, aunque en el momento de la culminación de Dios habrá cesado ya la distinción entre Jerusalén y el templo, de manera que toda la ciudad santa y, más aún, todo el reino de Dios será transformado por el Señor y convertido en Santo de los Santos (cf. Ap 21, 22. 27).

De esa forma, nuestra profecía culmina con la esperanza del cumplimiento del reino de Dios en la gloria. Todos los comentaristas creyentes concuerdan diciendo que este cumplimiento final de Zac 14, 20-21 queda retomado en Ap 21, 27 y 22, 15, y que, en esa línea, Zac 12, 1-14 no se refiere ni a la catástrofe caldea ni a las guerras de los macabeos, sino a los tiempos mesiánicos, por más que ellos puedan diferir unos de otros en relación con los acontecimientos históricos que la profecía predice.

Hofmann y Koehler, lo mismo que Ebrard y Kliefoth, parten del supuesto de que la profecía de Zac 12-14 se refiere a los acontecimientos con los que culmina Zac 9-11, es decir, al tiempo que comienza cuando el auténtico Israel fue entregado bajo el poder del cuarto imperio a causa de su rechazo del buen pastor, que se manifestó en Cristo. Pues bien, dado que Hofmann y Koehler piensan que Israel significa aquí solo el pueblo de la antigua alianza, es decir, la nación judía, y que Jerusalén es la capital de su nación en Palestina, ellos encuentran esta profecía en Zac 12, 1-14: que cuando Yahvé haga que se cumpla el castigo del mal pastor, es decir, del poder imperial con su hostilidad hacia Dios, él reunirá nuevamente a los miembros de las naciones de la tierra, para luchar en contra de la Jerusalén terrena y en contra de Israel, que habrá retornado de nuevo de su exilio en todo el mundo para ocupar de nuevo la tierra santa (Palestina). Entonces, los pueblos enemigos sitiarán la ciudad santa, pero que ellos serán destruidos por Yahvé y perderán su poder sobre la tierra santa.

Esos comentaristas piensan que, en aquel tiempo, Yahvé hará que terminen las tribulaciones anteriores de Israel, de manera que Israel vea (descubra) su pecado en contra del Salvador a quien ha condenado a muerte, para así convertirse. Pero tienen opiniones distintas sobre Zac 14.

- Algunos como *Koehler* afirman que este capítulo se refiere a un futuro que se encuentra aún muy distante, y de esa forma alude a un asedio y conquista de Jerusalén que tendrán lugar después de la conversión de Israel, de forma que entonces Yahvé se aparecerá de un modo personal, con todos los efectos con que esa presencia personal inmediata ha de hallarse acompañada. Según *Hofmann* (*Schriftbeweis*, ii. p. 610 ss..), este verso, Zac 14, 1 se refiere al mismo acontecimiento de 12, 2, con esta simple diferencia: que en 12, 1-14 el profeta declara lo que sucederá con el pueblo de Dios aquel día en que la totalidad de las naciones atacarán a Jerusalén, mientras que en cap. 14 indicará hasta qué extremo sucederán esas cosas.
- Por su parte, *Ebrard y Kliefoth* piensan que Israel, con su capital Jerusalén y la casa de David (cf. 12, 1-13, 6), representa el judaísmo rebelde después del rechazo del Mesías, mientras que Judá y sus príncipes son el cristianismo. Según eso, en esta sección, el profeta anuncia las calamidades que tendrá que sufrir el Israel según la carne (un Israel que se ha vuelto rebelde por el rechazo del Mesías) desde la primera venida de Cristo en adelante, hasta su última conversión, después que la plenitud de los gentiles se haya convertido a Cristo[124]. Según eso, la sección de Zac 13, 7-9 (la muerte del pastor) no se refiere a la crucifixión de Cristo, porque esto no condujo a las consecuencias indicadas en Zac 13, 8, por lo que toca a toda la tierra, sino al rechazo del Mesías, predicho en Dan 9, 26, a la gran apostasía que forma el principio del fin, según Lc 17, 25; 2 Tes 2, 3; 1 Tim 4, 1-2 y 3, 1, un rechazo por el que (según la descripción de Ap 13, 17), Cristo es de tal forma cortado de la vida histórica, que él no puede hacer ya nada en la tierra. Finalmente, Zac 14 trataría del fin del mundo y del juicio final.

No podemos aceptar ninguna de estas dos visiones, porque, en primer lugar, el supuesto común del que ellas parten es erróneo e insostenible, es decir, que la

---

124. De un modo consecuente, Kliefoth afirma que el asedio de Jerusalén, predicho por Zac 12, 2, se cumplió en el tiempo de la toma de la ciudad por Tito. Las naciones que sitiaban a la ciudad bebieron entonces la copa del pavor y la borrachera, porque el sometimiento de Judá fue el último acto de la victoria del Imperio romano sobre los macedonios. Roma llegó entonces al culmen de su grandeza imperial, y desde ese momento comenzó a vacilar y a perder poder. Este debilitamiento fue de hecho preparado y realizado por la Iglesia cristiana, pero fue precisamente ese asedio de Jerusalén el que hizo que el centro de la Iglesia pasara de Jerusalén al Imperio romano. El cumplimiento de Zac 12, 3 ha de encontrarse en las cruzadas, en la cuestión de oriente, en las altas finanzas y la emancipación de los judíos. De esa forma, Jerusalén se ha convertido en una piedra pesada para todas las naciones.

profecía de Zar 12 ss. comienza precisamente allí donde termina la anterior de 9-11, y que por tanto 12-14 es una continuación directa de 9-11. Este supuesto no solo va en contra de la relación en que se encuentran las dos profecías, como lo indica la correspondencia de sus encabezamientos (como hemos comentado en Zac 12, 1-2), sino que va también en contra de la esencia de la profecía, que no es una predicción concreta de los acontecimientos futuros en un despliegue sucesivo, sino simplemente una intuición espiritual, desarrollada por inspiración, según la cual solo se revela un rasgo esencial para expresar la forma que asumirá en el futuro el reino de Dios, y eso con figuras tomadas del presente y del pasado. Por otra parte, esas dos visiones solo pueden sostenerse forzando los textos.

Si la profecía de 12, 1-14 comenzara con el período en que Israel cayó bajo el dominio del Imperio romano, tras el rechazo del Mesías, ella no podría saltar de un modo tan abrupto hasta los últimos días, como suponen Hofmann y Koehler, para comenzar con la descripción de un conflicto victorioso de Israel en contra de todas las naciones del mundo, que estaban sitiando Jerusalén, sino que tendría que haber predicho no solo la destrucción de la nación judía por los romanos (algo que queda meramente evocado en Zac 11), sino los acontecimientos fundamentales de la historia de los judíos, que fueron dispersados por los romanos sobre todo el mundo, para volver de nuevo a Palestina y a Jerusalén, antes que fuera posible un ataque de las naciones del mundo en contra de Israel. En esa línea debemos rechazar las visiones de Hofmann y Koehler que aplican tanto el pasaje de Zac 12, 1-9 como el de 14, 1-5 al fin de los tiempos, pues esa aplicación va en contra del sentido de esos textos.

- *Koehler* afirma que, tras la reunión de Israel (tras la dispersión del exilio), las naciones del mundo iniciarían su ataque contra Jerusalén, un ataque en el que los judíos serían vencidos. Solo entonces, tras esta nueva derrota, por vez primera, Israel reconocería su culpa por haber matado a Cristo. Pero esta visión va en contra de toda la profecía y la enseñanza, tanto del Antiguo como del Nuevo Testamento. Conforme al testimonio del Antiguo y Nuevo Testamento, Israel no se reunirá de la dispersión entre las naciones hasta que se vuelva con arrepentimiento a Yahvé al que ha rechazado.
- *Por otra parte, las afirmaciones de Hofmann* sobre la relación entre esos dos acontecimientos (conversión de Israel y retorno a la Tierra Santa) son tan breves y oscuras que más que aclarar las cosas las confunden aún más. Ciertamente, Hofmann tiene razón cuando observa que la referencia a Israel en el encabezamiento de Zac 12, 1 solo puede aplicarse al pueblo de Dios, en oposición al mundo de las naciones que se ha separado de Dios. Pero eso no puede aplicarse a los judíos incrédulos, que han sido entregados bajo el poder el último imperio

(el romano) a causa de su rechazo de Cristo, ni el Israel según la carne, porque ese Israel ha sido rechazado por Dios.

Pues bien, en contra de todo eso, debemos afirmar que tras el rechazo de Cristo, el pueblo de Dios solo existe en el cristianismo, que ha sido formado por los judíos creyentes y por los cristianos creyentes, es decir, en la iglesia del Nuevo Testamento, cuyo punto de partida y cuyo núcleo se encuentra en aquella porción de Israel que ha aceptado de un modo creyentes al Mesías, cuando él se ha aparecido, de forma que los creyentes gentiles han sido aceptados en su seno.

Ebrard y Kliefoth tienen por tanto toda la razón cuando rechaza el quiliasmo judío de Hofmann y Koehler. Pero ellos se equivocan después cuando piensan que el Israel del encabezamiento de Zac 12-14, que se concreta en 12, 1-9, se refiere solo al Israel incrédulo y carnal; y se equivocan también cuando piensan que Zac 14 trata del Israel creyente que se ha convertido a Cristo, y cuando introducen en Zac 12, 1-9 una antítesis entre Israel y Judá, de forma que después afirman que Jerusalén y la casa de David de Zac 12, 1-14 son los judíos endurecidos, mientas que Judá se refiere al cristianismo; y se equivocan también cuando piensan finalmente que Jerusalén y Judá de Zac 14 son los judíos creyentes y los gentiles creyentes, pues ya en *Comentario* a Zac 12, 10 hemos mostrado que estas distinciones son forzadas y arbitrarias.

Nuestra profecía trata en dos partes de Israel, el pueblo de Dios (12, 1-13, 6 y 13, 7-14, 1), y también trata del pueblo de la nueva alianza, que se ha formado y ha crecido a partir de los israelitas que han creído en Jesús y de los creyentes de las naciones paganas que se han incorporado a ese pueblo. Pues bien, en esa línea, esta profecía se refiere no solo a la Iglesia de la nueva alianza del fin de los tiempos, cuando el viejo Israel sea liberado por la gracia de Dios del endurecimiento que ha tenido, para ser recibido de nuevo en el reino de Dios, formando su punto central (Vitringa, C. B. Mich., etc.), sino que esa trata al mismo tiempo del desarrollo total de la Iglesia de Cristo desde su comienzo hasta su cumplimiento en la segunda venida de Cristo, como Hengstenberg ha descubierto y observado de un modo básico.

Así como el Israel del encabezamiento (Zac 12, 1) está indicando al pueblo de Dios en cuanto distinto de los pueblos del mundo, los habitantes de Jerusalén, con la casa de David, y Judá, con sus príncipes, como representantes de Israel, son epítetos del carácter típico que se aplican a los representantes y miembros de las dos naciones antiguas del pueblo de la alianza, que pueden aplicarse a la Iglesia cristiana, así también Jerusalén y Judá son tipos de las sedes y territorios del cristianismo.

Pues bien, en ese contexto, nuestro oráculo expone el desarrollo de la nación de la nueva alianza, en conflicto con el mundo pagano, y con la ayuda del Señor y del Espíritu Santo, hasta su culminación completa. Pero ese desarrollo no aparece a modo de proceso histórico sucesivo, sino de un modo distinto:

– *La primera mitad* anuncia la forma en que la Iglesia del Señor vence a los ataques del mundo pagano por obra de la ayuda milagrosa del Señor; de un modo consecuente, a través de esa victoria, que lleva al crecimiento de la Iglesia, el Israel endurecido va reconociendo cada vez más su pecado, para creer en el Mesías, al que llevó a la muerte, incorporándose así en su Iglesia.

– *La segunda mitad* indica la forma cómo, a consecuencia de la muerte del mesías, recayó sobre la nación de la alianza un juicio por el que dos tercios de su población fueron exterminados, y el resto fue probado y refinado por el Señor, de manera que, aunque muchos cayeron y perecieron en los conflictos con las naciones del mundo, el resto fue preservado y en el último conflicto será milagrosamente liberado, a través de la manifestación del Señor, que vendrá con sus santos, para completar su reino en la gloria, por la destrucción de los enemigos de ese reino, y por la transformación y renovación de la tierra.

La mirada penitencial creyente a aquel a quien traspasaron (12, 10) no tendrá lugar por primera vez en el momento de la conversión final de Israel, al final de los días, sino que comenzó ya en el día del Gólgota, y continúa a lo largo de los siglos de la Iglesia cristiana; de un modo semejante, el asedio de Jerusalén por todas las naciones (Zac 12, 1-9), es decir, el ataque de las naciones paganas en contra de la Iglesia de Dios comienza ya en los días de los apóstoles (cf. Hch 4, 25), y continúa a lo largo de toda la historia de la Iglesia cristiana hasta el último gran conflicto que precederá inmediatamente a la vuelta del Señor para el juicio.

Y así como la dispersión del rebaño tras la muerte del pastor, con el arresto y muerte de Cristo y su retorno comenzó con la venida del Señor sobre los pequeños creyentes tras la resurrección de Cristo, esos mismos acontecimientos se han repetido en cada edad de la Iglesia de Cristo. De esa manera, con cada nueva y poderosa exaltación del paganismo anticristiano en contra de la Iglesia de Cristo, aquellos que eran débiles en la fe han huido y se han dispersado; pero tan pronto como el Señor se les ha mostrado vivo otra vez en su Iglesia, ellos han dejado que el Señor les reúna de nuevo. Y eso continuará realizándose, conforme a la palabra del Señor en Mt 24, 10, hasta el fin de los tiempos, cuando Satán venga a engañar a las naciones en los cuatro ángulos de la tierra, para reunir a *Gog* y a *Magog*, para luchar contra el campamento de los santos y contra la ciudad santa, pero entonces el Señor del cielo destruirá al enemigo y culminará su reino en la Jerusalén celestial (Apocalipsis).

Por eso, en lo que toca a la relación entre Zac 12, 2-9 y 14, 1-5, resulta evidente que estos dos pasajes no tratan de dos ataques diferentes en contra de la Iglesia del Señor, por obra del poder imperial, realizándose en tiempos distintos, sino que mientras Zac 12, 1-4 presenta el ataque constantemente repetido en su despliegue sucesivo, Zac 14 describe el ataque hostil conforme a su éxito parcial y a su desenlace final, que se expresa en la destrucción de los poderes hostiles a Dios. Este acontecimiento se realizará, sin duda, al fin del curso de este mundo, con el retorno de Cristo para el juicio final, pero el hecho de que Jerusalén será conquistada y saqueada y la mitad de su población llevada al cautiverio prueba de un modo indisputable que el asedio de Jerusalén, predicho en Zac 14 no debe restringirse al último ataque del anticristo sobre la Iglesia del Señor, sino que puede aplicarse a todos los ataques hostiles del mundo pagano en contra de la ciudad de Dios, como centrados en ese asedio de Jerusalén.

En el ataque de *Gog* y *Magog* en contra de Jerusalén (conforme al testimonio Ez 36–39 y de Ap 20, 7–9), la ciudad no será conquistada ni saqueada, sino que el enemigo será destruido por interposición inmediata del Señor, sin que los enemigos hayan tomado la ciudad santa. Pero este sumario ideal de los conflictos y victorias de las naciones del mundo se añade a la visión de la destrucción final de los poderes impíos del mundo y a la glorificación del reino de Dios. De esa manera, en Za 14 (en especial 14, 6–21) se predice en formas de Antiguo Testamento el cumplimiento del reino de Dios que el apóstol Juan vio y describió en el Apocalipsis del Nuevo Testamento, bajo la figura de la Jerusalén celestial.

MALAQUÍAS

El profeta

Las circunstancias de la vida de Malaquías (מַלְאָכִי) son de tal forma desconocidas que resulta discutido incluso el hecho de si el nombre מכלאכי, que aparece en el encabezamiento (Mal 1, 1) es nombre de persona, o es simplemente un seudónimo ideal que se ha dado al profeta que anuncia el envío del mensajero de Yahvé (מלאכי, 3,1), de manera que su verdadera identidad no ha sido conservada.

Los LXX han traducido la expresión ביד מלאכי del encabezamiento por ἐν χειρὶ ἀγγέλου αὐτοῦ, de manera que han visto (o conjeturado) en el original la forma מלאכו. Por su parte, el Targum de Jonatán, que añade a ביד מלאכי *cujus nomen appellatur Esra scriba* (cuyo nombre se llamaba Esdras el Escriba), ha tomado también מלאכי como un pseudónimo ideal, añadiendo que ha sido Esdras escriba el autor profético de nuestro libro, como una conjetura fundada en el espíritu y contenido de la profecía.

Esta conjetura de que Malaquías es solo un nombre de oficio aparece también en muchos Padres, y ha sido defendida en los tiempos más recientes por Hengstenberg, que sigue en esto a Vitringa, mientras Ewald la mantiene como una verdad ya establecida. Pero los argumentos que Hengstenberg aduce en su *Christologie* no son en modo alguno concluyentes, especialmente el hecho de que el encabezamiento "no contenga ninguna otra descripción de la persona del autor, ni el nombre de su padre, ni el lugar de su nacimiento".

Pues bien, esa ausencia de nombre de padre y de patria no es chocante pues la hallamos también en los libros de Abdías y de Habacuc, que en su encabezamiento solo contienen el nombre del profeta, sin ninguna otra descripción personal. Ciertamente, es un hecho significativo que tanto los LXX como el targumista hayan tomado el nombre como apelativo. Pero de eso no se sigue en modo alguno que la tradición no supiera nada de un personaje histórico de nombre Malaquías, sino simplemente que no se ha transmitido nada cierto sobre las circunstancias de su vida como profeta.

Por otra parte, el recuerdo de las circunstancias relacionadas con la historia personal del profeta (el nombre de su padre, su lugar de nacimiento, la fecha en que profetizó…) se podían haber olvidado fácilmente durante el período de los 150 o 200 años que pasaron entre la vida del profeta y la versión alejandrina del Antiguo Testamento, sobre todo en el caso de que su vida no tuviera nada significativo, de manera que solo importaban las profecías contenidas en su libro. Por otra, Jonatán, autor del Targum que identifica a Malaquías con Esdras, vivió por lo menos 400 años después de Malaquías y es normal que no recuerde nada concreto de su vida.

Además, no es cierto que se perdieran todos los recuerdos de la persona de Malaquías, como es evidente por la noticia del Talmud, según la cual Malaquías fue uno de los hombres de la gran sinagoga, tras la vuelta del exilio, como Ageo y Zacarías, y además por la afirmación del Pseudo Doroteo, de Epifanio y de otros Padres, que decían que era un levita de la tribu de Zabulón, que nació en *Supha*, Σοφά o Σοφιρά (cf. los pasajes de Koehler, *Malachias*. pp. 10, 11), aunque todas estas afirmaciones muestran que no se sabía nada cierto de las circunstancias de su vida.

De todas formas, más que el hecho de que no se transmitan noticias de la familia y del tiempo de su vida, influye quizá el hecho de que el mismo nombre Malaquías puede ser un nombre simbólico, adoptado por el profeta para encabezar este libro. En esa línea, Hengstenberg insiste en el carácter del mismo nombre, es decir, en el hecho de que no está formado por מלאך y יה (que equivale a יהוה) y porque, además, no puede explicarse como un nombre angélico aplicado a una persona, lo que significaría que se trata de un nombre ficticio y simbólico, no real, no nombre de persona. Pero ni una ni otra razón pueden tomarse como conclusivas.

La formación de nombres propios añadiendo la terminación en יה o en ־י (que aparece así como contracción de Yahvé) a unas palabras de tipo apelativo no es en modo alguno excepcional, como ha mostrado claramente la larga lista de ejemplos con palabras así formadas que ofrece Olshausen (*Heb. Gramm*. 218, b). Por otra parte, la observación de que este tipo de formaciones solo se emplean para indicar linajes u oficios (como piensa Hengstenberg) no resulta convincente, porque no se aplica a nombres como זכרי, גרמי, y otros.

Según eso, es muy posible la interpretación del nombre מַלְאָכִי como una contracción de מלאכיה, mensajero de Yahvé, y entenderlo así como nombre propio de una persona que realmente existió. Tenemos un ejemplo incuestionable de una contracción de ese tipo en 2 אבי Rey 18, 2, comparado con אביה de 2 Cron 29, 1. Y así como se omite la terminación יה en אבי, así se omite también la otra terminación teófora (אל) en פלטי, que es el nombre de una persona real que aparece en 1 Sam 25, 44 y que en 2 Sam 3, 15 recibe el nombre de פלטיאל. Esta omisión del nombre de Dios no es rara. "Los hebreos reducen con frecuencia los nombres de Dios al final de los nombres propios" (Simonis, p. 11).

La formación de un nombre como מַלְאָכִי sería perfectamente análoga a esos casos, y no se puede poner ninguna objeción en contra de ese tipo de nombre real de una persona, dado que ־י no necesita tomarse como un sufijo de primera persona (mi mensajero es Yahvé), sino que puede ser una *Yod compa- ginis*, como en el nombre יחזקיה formado con יחזקי (de יחזק) y יה, en el sentido de "mensajero de Yahvé." Este nombre podía haber sido dado por los padres a un hijo que Dios les ha dado o enviado como cumplimiento de sus deseos. En esa línea puede entenderse el juego de palabras que hallamos en הנני שלח מלאכי (he aquí que envío a mi mensajero, Mal 3, 1), y también la forma griega de ese nombre que aparece en el encabezamiento de la versión de los LXX: Μαλαχίας.

Según todo eso, dado que no hay argumento válido que puede aducirse en contra de la utilización personal de un nombre como ese, debemos pensar que se trata del nombre propio (¡no puramente simbólico!) de un profeta real, pues la otra explicación carece de toda analogía en los otros profetas. Todos los demás profetas cuyos nombres han llegado hasta nosotros en el canon han puesto sus propios nombres en el encabezamiento de sus libros, nombres que ellos recibieron en su nacimiento, y lo mismo sucede con los nombres de los otros profetas que aparecen en los libros históricos del Antiguo Testamento (Caspari, *Micha*, p. 28). También en nuestro caso, el nombre de Malaquías debe ser el nombre real de un profeta real, de los tiempos posteriores al exilio.

Incluso en el caso de los nombres de Agur (Prov 30, 1) y de Lemuel (Prov 31, 1), que Hengstenberg cita como analogías de nombres puramente simbólicos, resulta dudoso que Agur, hijo Jakeh, no sea un nombre histórico. Pero incluso en el caso de que los nombres de esos dos sabios fueran ideales, puramente simbólicos, no se puede sacar de ellos ninguna conclusión para aplicarla a un escrito profético (y no a una colección de proverbios, como la de esos casos). Una colección de proverbios es una obra poética, cuya verdad ética y religiosa no depende de la persona del poeta. Por el contrario, el profeta es alguien que ofrece la garantía de la divinidad de su misión y de la verdad de su profecía por medio de su propio nombre y de su propia personalidad.

También se discute el período en que Malaquías realizó su misión, aunque todos concuerdan en que vivió y profetizó después de la cautividad. De su profecía podemos deducir no solo que él comenzó su labor profética después de Ageo y de Zacarías, dado que según Mal 1, 6; 3, 10 el templo había sido reconstruido y su culto había sido restaurado hacía un tiempo considerable, sino también, como Vitringa ha mostrado en su *Observ.* ss. ii. lib. 6, que profetizó después de la primera llegada de Nehemías a Jerusalén, es decir, después del año 32 de Artajerjes Longimano.

La razón principal para esa datación ha de fundarse en la concordancia entre lo que dice Malaquías y el tema del libro Nehemías (cap. 13) en la cuestión del reproche a causa de los abusos corrientes entre el pueblo, e incluso entre los sacerdotes, es decir, en su matrimonio con mujeres paganas (cf. Mal 2, 11 y Neh 13, 23) y en la negligencia en el pago de las primicias (cf. Mal 3, 8-10 con Neh 13, 10-14).

Ciertamente, el primero de esos abusos (es decir, el hecho de que muchos sacerdotes y levitas tenían mujeres paganas) se extendió en el pueblo ya en el tiempo de la primera venida de Esdras a Jerusalén, que tuvo éxito en abolir ese abuso a través de medidas rigurosas, de tal modo que todo Israel abandonó sus mujeres paganas en tres meses (Esd 9-10). Pero resulta evidentemente imposible referir la condena del mismo abuso en Malaquías a ese caso particular de Esdras, porque, tanto la exhortación a ser cuidadosos con la ley de Moisés (Mal 3, 22), como el conjunto del libro de Malaquías (que se funda en la autoridad de la ley) responden mejor al tiempo en que Esdras había realizado ya su esfuerzo por restaurar la autoridad de la ley (Esd 7, 14.25-26), es decir, a los tiempos de la segunda venida de Nehemías.

En esa línea, la ofrenda de animales inadecuados (Mal 1, 7) y la infidelidad en el pago de los diezmos y de las ofrendas voluntarias (Mal 3, 8) solo se puede explicar en el supuesto de que fueran los israelitas los que debían financiar las necesidades del templo y sostener a las personas encargadas del culto, pues en tiempos de Esdras y en los inmediatamente siguientes a su llegada, igual que en el tiempo de Darío (Esd 7, 15-17.20-24), era la corona la que financiaba los costes del culto del templo israelita. Por otra parte, tras la primera abolición de los matrimonios de israelitas con mujeres paganas, y tras las obras de reforma en conjunto, tales violaciones de la ley no podían haberse extendido una vez más entre el pueblo, en el corto período de tiempo entre la venida de Esdras y la primera venida de Nehemías, incluso si Esdras no hubiera continuado realizando su función hasta ese tiempo, como resulta evidente por Neh 8-10.

Según eso, si Malaquías condena y amenaza con el castigo de Dios los mismos abusos que Nehemías encontró en Jerusalén en el tiempo de su segunda venida, queriendo exterminarlos de un modo muy enérgico, Malaquías debe haber profetizado en ese mismo tiempo, impulsando por tanto la obra de reforma de Nehemías en su segunda venida a Jerusalén. Pero, dicho eso, no se puede determinar si lo hizo inmediatamente antes de la segunda venida de Nehemías a Jerusalén, o durante su presencia allí, a fin de apoyar con su testimonio profético las labores de reforma de Nehemías.

Lo que Malaquías dice en 1, 8 en relación con la actitud del pueblo hacia el gobernador persa no presupone necesariamente que hubiera un vicegobernante no israelita, sino que se puede aplicar también a los tiempos de Nehemías, dado que las palabras del profeta pueden entenderse como relacionadas con los dones y presentes voluntarios para el templo, mientras que Nehemías (cf. 5, 14-15) dice simplemente que él no ha exigido al pueblo los tributos que podía cobrar como gobernador, y que no ha impuesto tasas sobre nadie.

Sin embargo, la circunstancia de que Nehemías encuentre y critique en su segunda venida los abusos indicados por Malaquías nos hace pensar que ambos (Malaquías y Nehemías) realizaron su función al mismo tiempo, de manera que se puede afirmar que la obra de Malaquías se relacionó con la de Nehemías de la misma forma que las obras de Ageo y de Zacarías se relacionaron con las de Zorobabel y Josué. En esa línea podemos añadir que las labores de reforma de Nehemías, que eran básicamente de tipo externo, estuvieron acompañadas en el plano interno por las palabras de Malaquías, como ha sido muy frecuente en la historia de Israel; así, por ejemplo, en el caso de Isaías y Ezequías y en el Jeremías y Josías (cf. Hengstenberg, *Christologie*, iv. p. 157).

El libro

Contiene una sola profecía, cuyo carácter es en gran parte condenatorio. Comenzando con el amor que el Señor ha mostrado a su pueblo (1, 2-5), el profeta prueba que los sacerdotes no solo mancillan el nombre del Señor con su modo indigno (profano) de realizar el servicio del altar (1, 6; 2, 9), sino que el pueblo desprecia también su llamada divina, a través de los matrimonios con paganos y de divorcios frívolos (Mal 2, 10-16), y por su forma de murmurar contra el retraso del juicio.

Pues bien, en contra de eso, el Señor se revelará a sí mismo muy pronto como justo juez, y precediendo a su venida enviará a su mensajero, el profeta Elías, para acusar a los impíos y para llevarles al arrepentimiento. Y entonces, rápidamente, Elías entrará en el templo de Dios, como el ángel esperado de la alianza, para refinar a los hijos de Levi, para castigar a los pecadores que habían roto su alianza, para exterminar a los malvados y para bendecir a los justos con la salvación y la justicia, haciendo que los hijos de Israel se conviertan en hijos de su posesión (es decir, la posesión de Dios: 2, 17-4, 6).

El contenido de este libro se distribuye en esa línea en tres sección: 1, 6-29; 2, 10-16; 2, 17-4, 6, que contienen probablemente solo los pensamientos centrales de los discursos dirigidos por el profeta al pueblo, discursos combinados aquí, en el libro, hasta formar un único gran tema. En esa línea, a lo largo de todo el libro encontramos ya el "espíritu" que se desarrolló entre los judíos después de la cautividad, asumiendo las formas concretas del fariseísmo y del saduceísmo.

El tipo más externo y grosero de idolatría se había vuelto en conjunto poco satisfactorio para el pueblo, entre los sufrimientos del exilio. Pero en su lugar surgió un tipo de idolatría más refinada, centrada en la justicia de las obras muertas, y en la confianza en el cumplimiento externo de la letra de los mandamientos divinos, sin confesión más profunda del pecado, sin verdadera humillación penitencial bajo la palabra y la voluntad de Dios.

Dado que no había llegado la plenitud de salvación que los profetas anteriores habían proclamado ante el pueblo, diciendo que esa plenitud implantaría cuando los judíos fueran redimidos de la cautividad muchos comenzaron a murmurar en contra de Dios, llegando a tener dudas de la justicia de la administración divina, deseando que el juicio cayera sobre los gentiles, sin tener en cuenta que el juicio debería comenzar en la casa de Israel (Am 3, 2; 1 Ped 4, 17).

Malaquías se opone a esa murmuración de los judíos y resulta claro el influjo del tiempo en que lo hace por la forma en que ataca a los adversarios. Su estilo se distingue del tipo de discurso oratorio adoptado por los profetas anteriores, aunque con cierta frecuencia se eleva hasta una dicción lírico-dramática de gran intensidad, por su forma de utilizar métodos convencionales de instrucción, según los cuales el pensamiento que ha de ser discutido se expone en forma de verdad general bien establecida, para desarrollarse después en formas alternativas de exposición y de réplica.

En este modo de desarrollo de su pensamiento podemos percibir el influjo de los discursos más "escolares", relacionados a la ley, que fueron introducidos por Esdras. Pero no podemos criticar sin más el tipo de instrucción dialogada del profeta, pues esa forma de instrucción proviene de un tiempo en que se había extinguido ya el antiguo espíritu de la profecía; y además esa instrucción corresponde exactamente a las necesidades prácticas de su tiempo, sin la altura espiritual de los profetas anteriores. En esa línea podemos decir que la profecía no murió por agotamiento espiritual, sino que se fue extinguiendo de acuerdo con la voluntad y el consejo de Dios, tan pronto como ella había cumplido su misión.

Teniendo en cuenta el período tardío en el que Malaquías vivió y trabajó, su lenguaje es aún vigoroso, puro y fuerte. Como dice Nägelsbach en Herzog, *Cyclopaedia*, "Malaquías es como un final de la tarde, en la que culmina un largo día; pero es también la aurora de la mañana, que lleva en su vientre un día glorioso". Para la literatura exegética, cf. mi *Lehrbuch der Einleitung*, p. 318, y también Aug. Koehler, *Wiessagungen Maleachi's erklärt*, Erlangen 1865.

MALAQUÍAS 1, 1–2, 9
EL AMOR DE DIOS Y EL DESPRECIO DE SU NOMBRE

El Señor ha mostrado su amor por Israel (Mal 1, 2-5), pero Israel se ha negado a responderle con agradecimiento, pues los sacerdotes desprecian su nombre, ofreciéndole sacrificios imperfectos, teniendo así la ilusión de que Dios no puede existir sin sacrificios (cf. Mal 1, 6-14). El pueblo será, por tanto, castigado con la adversidad, y los sacerdotes perderán su identidad sagrada (2, 1-9).

1, 1. Encabezamiento

1מַשָּׂא דְבַר־יְהוָה אֶל־יִשְׂרָאֵל בְּיַד מַלְאָכִי׃

¹ Profecía. Palabra de Yahvé contra Israel, por medio de Malaquías:

Este verso contiene el encabezamiento, del que hemos hablado en la introducción, con la palabra מַשָּׂא, que puede traducirse como peso o profecía (cf. Zac 9, 1; 12, 1). Sobre *massa'* (peso), cf. Nahún 1, 1. En 1, 2, el profeta empezará mostrando el amor por el que Israel debería dar gracias a su Dios, y que lo hace para mostrar así mejor la ingratitud del pueblo hacia su Dios, 1, 2-5.

1, 2-4

² אָהַבְתִּי אֶתְכֶם אָמַר יְהוָה וַאֲמַרְתֶּם בַּמָּה אֲהַבְתָּנוּ
הֲלוֹא־אָח עֵשָׂו לְיַעֲקֹב נְאֻם־יְהוָה וָאֹהַב אֶת־יַעֲקֹב׃
³ וְאֶת־עֵשָׂו שָׂנֵאתִי וָאָשִׂים אֶת־הָרָיו שְׁמָמָה וְאֶת־נַחֲלָתוֹ לְתַנּוֹת מִדְבָּר׃
⁴ כִּי־תֹאמַר אֱדוֹם רֻשַּׁשְׁנוּ וְנָשׁוּב וְנִבְנֶה חֳרָבוֹת כֹּה אָמַר
יְהוָה צְבָאוֹת הֵמָּה יִבְנוּ וַאֲנִי אֶהֱרוֹס וְקָרְאוּ לָהֶם גְּבוּל
רִשְׁעָה וְהָעָם אֲשֶׁר־זָעַם יְהוָה עַד־עוֹלָם׃

² Yo os he amado, dice Yahvé. Pero vosotros dijisteis: ¿En qué nos amaste? ¿No era Esaú hermano de Jacob? dice Yahvé; sin embargo, amé a Jacob 3 y a Esaú aborrecí; convertí sus montes en desolación y abandoné su heredad a los chacales del desierto. 4 Edom dice: Nos hemos empobrecido, pero volveremos a edificar lo arruinado;

pero así ha dicho Yahvé de los ejércitos: Ellos edificarán y yo destruiré; los llamarán territorio de impiedad y pueblo contra el cual Yahvé está indignado para siempre.

Estos cuatro versos no forman ni un discurso independiente, ni son meramente la primera parte del discurso que sigue, sino la introducción y fundamento de todo el libro. El amor que Dios ha mostrado hacia Israel debería formar el motivo y modelo de la conducta de Israel hacia su Dios. אהב (cf. אֲהַבְתִּי אֶתְכֶם, os he amado) indica amor en su expresión o manifestación práctica.

La pregunta planteada por el pueblo "en qué nos has mostrado tu amor" puede explicarse por las peculiaridades del estilo de Malaquías, conforme al carácter de sus discursos, en los que introduce la discusión del tema. El profeta prueba el amor de Yahvé hacia Israel a partir de la actitud de Dios hacia Israel y hacia Edom. Jacob y Esaú, los padres tribales de ambas naciones, habían sido hermanos gemelos. Por eso, se podría suponer que Dios habría tratado de igual forma a la posteridad de ambos patriarcas, a los israelitas y a los edomitas. Pero eso no fue lo que pasó. Incluso antes de haber nacido, Jacob fue el escogido; y Esaú o Edom fue el inferior, aquel que debía servir a su hermano (Gen 25, 23, cf. Rom 9, 10-13). De un modo consecuente, Jacob vino a convertirse en heredero de la promesa, y Esaú perdió su bendición.

Esa actitud de parte de Dios hacia Jacob y hacia Esaú, y hacia las naciones que brotaron de ellos, ha sido descrita por Malaquías con estas palabras: yo he amado a Jacob y he odiado a Esaú. Los verbos אהב, amar, y שנא, odiar, no deben dulcificarse diciendo amar más y amar menos, para evitar el peligro de caer en la doctrina de la predestinación. שנא, odiar, es lo opuesto a amar, y este significado debe retenerse aquí, pero hay que hacerlo sin olvidar que toda arbitrariedad es imposible en Dios, y que aquí no se ofrece ninguna explicación de las razones que determinan sus acciones.

Malaquías no afirma expresamente de qué forma se mostró el amor de Dios a Jacob (es decir a Israel), pero esto queda indicado indirectamente en lo que se afirma sobre el odio hacia Edom. Mal 1, 3 no se refiere sin más al hecho de que a Edom le haya tocado una tierra desolada, como suponen Rashi, Ewald y Umbreit, sino solo al hecho de que la tierra ha quedado totalmente devastada en las montañas del oeste, mientras que no se ha convertido en totalmente estéril en los valles y laderas del este (cf. *Coment.* a Gen 27, 39). De un modo consecuente, el texto supone que la tierra de Edom ha sido devastada por algún tipo de violencia, convirtiéndose en parte en morada de chacales.

תַּנּוֹת, *tannōth,* es un una forma femenina plural de *tan,* en el mismo sentido de *tannīm* (Miq 1, 8; Is 13, 22, etc.), palabra que según la versión siro-aramea ha de ser entendida como chacal. El significado de *lugares habitados,* que Gesenius y otros han dado a esa palabra *tannōth,* siguiendo a los LXX y a la Peshita, se apoya en una derivación muy improbable (cf. Roediger en Gesenius, *Thesaurus,* p. 1511).

לִתְנוֹת מִדְבָּר, *para chacales del desierto*, ha de referirse a lugares donde habitan estas bestias de tierras áridas (cf. Is 34, 13). Se disputa cuándo se produjo esta devastación, y de qué pueblo procedía. Jahn, Hitzig y Koehler opinan que proviene de un tiempo reciente, pues de lo contrario los edomitas se habrían vengado ya de esa injuria, cosa que según 1, 4 no parecen haber hecho. Pues bien, Mal 1, 4 supone que los edomitas no serán capaces de reparar la injuria que ha llevado a la devastación de su territorio.

Por otra parte, Mal 1, 2-3 contiene claramente el pensamiento de que mientras Jacob se ha recuperado, a causa del amor de Yahvé, del golpe que ha caído sobre su tierra (a través de los caldeos), el territorio de Esaú se hallaba todavía en ruinas, causadas por el mismo "golpe", a consecuencia del odio de Dios (cf. Caspari, *Obad.* p. 143). De eso se sigue que la devastación de Idumea se produjo por obra de los caldeos. Por otra parte, la objeción de que los edomitas parecen haberse sometido voluntariamente a los babilonios, formando una alianza con ellos, no aclara las cosas, pues no podemos decir exactamente cómo ocurrieron las cosas. De todas formas, a partir de Jer 49, 7, en comparación con 25, 9.21 podemos inferir, con la máxima probabilidad, que los edomitas fueron también subyugados por Nabucodonosor (como lo fueron los judíos). La opinión de Maurer, según la cual Edom fue devastada por los egipcios, amonitas y moabitas, en contra de los cuales marchó Nabucodonosor en el año 5 después de la destrucción de Jerusalén es perfectamente falsa. La amenaza de Mal 1, 4, según la cual, si Edom intenta reedificar sus ruinas, el Señor destruirá de nuevo lo que Edom construye, indica que Edom no recuperará nunca su prosperidad y su poder antiguo. Esto se cumplió bien pronto, pues la independencia de los edomitas fue destruida, y su tierra se convirtió en un desierto eterno, especialmente desde los tiempos de los macabeos en adelante.

La construcción de אדום como femenino, con תאמר, puede explicarse a partir del hecho de que la tierra suele ser mirada como madre de sus habitantes, y se utiliza como sinécdoque para indicar su población. Los hombres les llamarán (להן, a ellos, los edomitas) גְּבוּל רִשְׁעָה, territorio o tierra de maldad, pues verán su devastación permanente y la incapacidad por parte de la nación para elevarse de nuevo y será una prueba práctica de que la ira de Dios había recaído para siempre sobre el pueblo y sobre la tierra, a causa de los pecados de Edom.

1, 5

⁵ וְעֵינֵיכֶם תִּרְאֶינָה וְאַתֶּם תֹּאמְרוּ יִגְדַּל יְהוָה מֵעַל לִגְבוּל יִשְׂרָאֵל׃

⁵ Vuestros ojos lo verán, y diréis: Se ha engrandecido Yahvé más allá de los límites de Israel.

Ese deseo ineficaz por parte de Edom de recuperar de nuevo su poder o su grandeza lo verá siempre Israel con sus ojos, y entonces reconocerá que Yahvé se está mostrando grande sobre la tierra de Israel. מֵעַל לִגְבוּל יִשְׂרָאֵל no significa "más allá de la frontera de Israel" (Drusius, Hitzig, Ewald y otros). Pues מעל ל no significa más allá, sino simplemente *sobre,* por encima (cf. Neh 3, 28; Ecl 5, 7).

יִגְדַל no indica un simple deseo de que Yahvé sea engrandecido, sino una confesión de la grandeza de Dios. No es que "sea" engrandecido, sino que "se ha" engrandecido, como en Sal 35, 27; 40, 17, etc. La expresión מעל לגבול י no está indicando un deseo, sino una afirmación de la soberanía de Dios. Yahvé es grande cuando él da a conocer su grandeza a los hombres a través de los actos de poder de su gracia.

1, 6–9

בֵּן יְכַבֵּד אָב וְעֶבֶד אֲדֹנָיו וְאִם־אָב אָנִי אַיֵּה כְבוֹדִי 6
וְאִם־אֲדוֹנִים אָנִי אַיֵּה מוֹרָאִי אָמַר ׀ יְהוָה צְבָאוֹת לָכֶם
הַכֹּהֲנִים בּוֹזֵי שְׁמִי וַאֲמַרְתֶּם בַּמֶּה בָזִינוּ אֶת־שְׁמֶךָ׃
מַגִּישִׁים עַל־מִזְבְּחִי לֶחֶם מְגֹאָל וַאֲמַרְתֶּם בַּמֶּה גֵאַלְנוּךָ 7
בֶּאֱמָרְכֶם שֻׁלְחַן יְהוָה נִבְזֶה הוּא׃
וְכִי־תַגִּשׁוּן עִוֵּר לִזְבֹּחַ אֵין רָע וְכִי תַגִּישׁוּ פִּסֵּחַ וְחֹלֶה אֵין 8
רָע הַקְרִיבֵהוּ נָא לְפֶחָתֶךָ הֲיִרְצְךָ אוֹ הֲיִשָּׂא פָנֶיךָ אָמַר יְהוָה צְבָאוֹת׃
וְעַתָּה חַלּוּ־נָא פְנֵי־אֵל וִיחָנֵּנוּ מִיֶּדְכֶם הָיְתָה זֹּאת הֲיִשָּׂא 9
מִכֶּם פָּנִים אָמַר יְהוָה צְבָאוֹת׃

⁶ El hijo honra al padre y el siervo a su señor. Si, pues, yo soy padre, ¿dónde está mi honra?; y si soy señor, ¿dónde está mi temor?, dice Yahvé de los ejércitos a vosotros, sacerdotes, que menospreciáis mi nombre y decís: ¿En qué hemos menospreciado tu nombre? 7 En que ofrecéis sobre mi altar pan inmundo. Y todavía decís: ¿En qué te hemos deshonrado? En que pensáis que la mesa de Yahvé es despreciable. 8 Cuando ofrecéis el animal ciego para el sacrificio, ¿acaso no es malo? Asimismo, cuando ofrecéis el cojo o el enfermo, ¿acaso no es malo? Preséntalo, pues, a tu príncipe; ¿acaso le serás grato o te acogerá benévolo?, dice Yahvé de los ejércitos. 9 Ahora, pues, orad por el favor de Dios, para que tenga piedad de nosotros. Pero ¿cómo podéis agradarle, si hacéis estas cosas?, dice Yahvé de los ejércitos.

1, 6. Aquí comienza la condena de aquel desprecio del Señor que los sacerdotes muestran ofreciendo animales enfermos o dañados para los sacrificios. Este reproche se dirige simplemente contra los sacerdotes, pero se aplica a toda la nación, pues en los tiempos que siguen a la cautividad los sacerdotes formaban el alma de la vida de la nación. A fin de impresionar con este reproche el profeta comienza con una verdad reconocida, según la cual sacerdotes y pueblo podían y debían medir su actitud ante la Ley.

La afirmación de que el hijo honra al padre y el siervo a su dueño no ha de tomarse como una exigencia moral. יְכַבֵּד no es yusivo (Targum, Lutero, etc.), pues en ese caso debilitaría el argumento del profeta, sino que es imperfecto y expresa aquello que ocurre en general, con excepciones que pueden pasarse por alto. Malaquías no apela ni siquiera a la ley de Ex 20, 2, que pide a los hijos que honren a los padres, ley que implica también la reverencia de los siervos hacia sus dueños, sino que presenta una ley general que nadie pone en duda. A esa verdad general se añade también una verdad que todos admitirán, sin contradicción, que Yahvé es el padre y señor de Israel.

Yahvé es nombrado padre de Israel en el canto de Moisés (Dt 32, 6), pues él ha creado y educado a Israel para que sea la nación de su alianza (cf. Is 63, 16, donde se dice que Yahvé es padre de Israel siendo su redentor; cf. también Jer 31, 9 y Sal 100, 3). Como Padre, Dios es también Señor (con אֲדוֹנִים, *ădōnīm*: plural de majestad) de la nación, que ha tomado como posesión suya. Si él es Padre a él se le ha de dar el honor que un hijo debe tributar al padre, el temor que un siervo ha de mostrar a su señor.

Los sufijos añadidos a מוֹרָאִי y כְּבוֹדִי se utilizan en sentido objetivo, como en Gen 9, 2 y Ex 20, 17, etc. A fin de mostrar ahora que los sacerdotes se oponen a esto de la manera más intensa, el profeta sigue diciendo que ellos hacen lo opuesto, y les llama "despreciadores" del nombre de Yahvé, para añadir, en contra de su posible defensa, que ellos muestran su desprecio hacia Dios en la realización del servicio del altar. En relación con la construcción de las frases en los últimos miembros de Mal 1, 6-7, el participio מגישים ha de entenderse como paralelo de בוזי שמי, y la contestación de los sacerdotes a la acusación en contra de ellos se introduce en dos frases de participio a través de la expresión "y vosotros decís". En esa línea, la antítesis aparece más clara por medio de la elección de un tiempo finito, en vez del participio que se podría haber empleado

1, 7-8. No es una respuesta a la pregunta de los sacerdotes "¿en que hemos despreciado tu nombre...?", pues la respuesta no debería haberse formulado en participio. Aunque la frase comienza con מַגִּישִׁים, ella no responde a la condena anterior (¡han despreciado el nombre de Yahvé!), y ni siquiera admite que eso sea cierto. Esa frase no ofrece, por tanto, una respuesta, sino una simple referencia a la conducta de los sacerdotes. La respuesta se añade con באמרכם en 1, 7 y se explicita en 1, 8 con una alusión a la naturaleza del sacrificio de los animales, sin que se añada una contestación por parte de los sacerdotes, porque el hecho evocado no puede negarse.

El desprecio que los sacerdotes muestran por el nombre de Yahvé, es decir, el desprecio que ellos manifiestan en Israel por la gloria de Dios se expresa en el hecho de que ofrecen sobre el altar de Yahvé comida impura. לֶחֶם, *lechem*, pan o comida, no se refiere al pan de la proposición, que no se ofrecía sobre el altar, sino a la carne sacrificial, que en Lev 21, 6.8.17 se llama comida (*lechem*) de Dios (sobre la aplicación de ese epíteto a los sacrificio, cf. *Coment.* a Lev 3, 11.16).

El profeta dice que la comida es מגאל, impura, defectuosa, no tanto por su referencia al hecho de que los sacerdotes ofrecían el sacrificio en un estado de mente hipócrita o impuro (Ewald), sino porque, según Mal 1, 8, los animales sacrificados estaban afectados por alguna tacha (*mūm*), o tenían alguna parte enferma (*moshchâth*) en ellos (cf. Lev 22,20-25).

La respuesta "en qué te hemos deshonrado" ha de explicarse desde la certeza de que tocar o comer algo impuro deshonra a una persona. En ese sentido, la ofrenda impura que ofrecen a Dios hace que el mismo Dios se vuelva impuro, despreciable. El profeta responde: porque pensáis que la mesa de Dios es algo despreciable. La mesa de Dios es el altar sobre el que se colocaban los sacrificios, es decir, la comida de Dios.

נבזה tiene aquí un sentido de adjetivo: algo despreciable. De esa forma, ellos piensan que el altar es despreciable no tanto por las palabras o discursos que allí se dicen, sino por la actuación de los sacerdotes: porque sus ofrendas son malas, animales despreciables, llenos de defectos, cojos o ciegos o enfermos, que no son adecuados para los sacrificios por sus defectos, según la ley de Lev 22, 20.

Las palabras אין רע no han de tomarse como una pregunta, sino que han sido utilizadas por el profeta en el mismo sentido en que las dicen los sacerdotes, en forma de amarga ironía. רע, malo, imperfecto, como una calumnia que se eleva en contra de Yahvé. A fin de mostrarles el mal que hacen, de la manera más chocante, el profeta les pregunta si el gobernador (פחה: cf. *Coment.* a Ag 1, 1) aceptaría tales regalos.

1, 9. Aquí se saca la conclusión de que Dios tampoco escucharía las oraciones de los sacerdotes por el pueblo. El profeta insiste en su conclusión pidiendo a los sacerdotes que busquen el rostro de Yahvé (חלה פני: cf. en Zac 7, 2), a fin de que Dios tenga compasión del pueblo. Pero, al mismo tiempo, les sitúa ante la pregunta de si, en estas circunstancias, la intercesión ante Dios tendría algún valor.

Aquí se utiliza פני אל en lugar de פני יהוה para así poner más énfasis sobre la antítesis entre Dios y el hombre (el gobernador). Si el gobernador no hubiera aceptado con agrado unos dones sin valor ¿cómo podrían esperar que Dios respondiera a sus oraciones si es que le ofrecían así dones manchados?

El sufijo de יחננו se refiere al pueblo, en el que el profeta se incluye a sí mismo. La frase que tiene el sentido de "con vuestras manos habéis hecho esto" (habéis ofrecido unos sacrificios reprensibles: מִיֶּדְכֶם הָיְתָה זֹּאת cf. Is 50, 11) se introduce entre la petición de orar a Dios y el recuerdo de que sus ofrendas son impuras, para así poner más de relieve la infidelidad de su conducta.

La pregunta הֲיִשָּׂא מִכֶּם se añade a la frase principal חַלּוּ־נָא, y por su parte מִכֶּם פָּנִים no está aquí en lugar de פניכם: ¿elevará Dios vuestro rostro, os mostrará su favor? Al contrario, מכם tiene aquí un sentido causal: "A favor vuestro", (Koehler): ¿Podrá Dios mostraros su favor, actuar a vuestro favor, cuando pedís su compasión, cuando vosotros actuáis de esa manera? En esa línea, lo que sigue indica que sería mejor que el templo estuviera cerrado, pues Dios no necesita sacrificios.

1, 10-13

¹⁰ מִי גַם־בָּכֶם וְיִסְגֹּר דְּלָתַיִם וְלֹא־תָאִירוּ מִזְבְּחִי חִנָּם
אֵין־לִי חֵפֶץ בָּכֶם אָמַר יְהוָה צְבָאוֹת וּמִנְחָה לֹא־אֶרְצֶה מִיֶּדְכֶם׃
¹¹ כִּי מִמִּזְרַח־שֶׁמֶשׁ וְעַד־מְבוֹאוֹ גָּדוֹל שְׁמִי בַּגּוֹיִם וּבְכָל־מָקוֹם מֻקְטָר מֻגָּשׁ
לִשְׁמִי וּמִנְחָה טְהוֹרָה כִּי־גָדוֹל שְׁמִי בַּגּוֹיִם אָמַר יְהוָה צְבָאוֹת׃
¹² וְאַתֶּם מְחַלְּלִים אוֹתוֹ בֶּאֱמָרְכֶם שֻׁלְחַן אֲדֹנָי מְגֹאָל הוּא וְנִיבוֹ נִבְזֶה אָכְלוֹ׃
¹³ וַאֲמַרְתֶּם הִנֵּה מַתְּלָאָה וְהִפַּחְתֶּם אוֹתוֹ אָמַר יְהוָה צְבָאוֹת
וַהֲבֵאתֶם גָּזוּל וְאֶת־הַפִּסֵּחַ וְאֶת־הַחוֹלֶה וַהֲבֵאתֶם
אֶת־הַמִּנְחָה הַאֶרְצֶה אוֹתָהּ מִיֶּדְכֶם אָמַר יְהוָה׃ ס

¹⁰ ¿Quién hay entre vosotros que cierre las puertas, para que no pueda alumbrar sin fin alguno mi altar? Yo no me complazco en vosotros, dice Yahvé de los ejércitos, ni de vuestra mano aceptaré ofrenda. ¹¹ Porque desde donde el sol nace hasta donde se pone, es grande mi nombre entre las naciones, y en todo lugar se ofrece a mi nombre incienso y ofrenda limpia. Grande es mi nombre entre las naciones, dice Yahvé de los ejércitos; ¹² pero vosotros lo profanáis cuando decís: Inmunda es la mesa de Yahvé, y cuando decís que su alimento es despreciable. ¹³ Además, habéis dicho: ¡Qué fastidio es esto!, y me despreciáis, dice Yahvé de los ejércitos. Trajisteis lo robado, o cojo, o enfermo, y me lo presentasteis como ofrenda. ¿Aceptaré yo eso de vuestras manos?, dice Yahvé.

1, 10. La construcción מי בכם ויסגר (¿quién hay entre vosotros que cierre…?) ha de explicarse en la línea de Job 19, 23, y la pregunta ha de tomarse como expresión de un deseo, como en 2 Sam 15, 4; Sal 4, 7, etc. ¿Habrá alguien entre vosotros que cierre…?. El pensamiento queda intensificado por גַם, *gam*, que no solo afecta a בכם, sino a toda la frase: ¡Oh si alguno cerrara…!

Las puertas cuyo cierre se desea son las puertas plegables del patio interior, en el que se hallaba el altar de las ofrendas cruentas; y el objeto del deseo es que el altar no pueda ser ya alumbrado más con lámparas que indiquen el fuego sacrificial que arde sobre el altar impuro. חִנָּם, en vano, sin fin alguno, es decir, sin objeto o finalidad ninguna, pues Yahvé no se complace en esos sacerdotes, o en tales sacrificios sin valor alguno.

וּמִנְחָה, *minchâh*, no es aquí la ofrenda de comida vegetal en cuanto distinta de la ofrenda sacrificada, sino todo sacrificio en general, como en 1 Sam 2, 17; Is 1, 13; Sof 3, 10, etc. Dios no desea tales sacrificios, porque su nombre es grande por sí mismo entre todas las naciones de la tierra, pues a él le son ofrecidos sacrificios puros en todo lugar.

1, 11. De esa forma se establece la conexión entre 1, 10 y 1, 11, en perfecta armonía con las palabras. La objeción de Koehler, según la cual esta línea de argumentación presupone que Dios necesita sacrificios que el hombre le ofrezca en su honor, y que solo por el hecho de que su nación (Israel) desprecia los sacrificios se alude aquí a otras naciones que ofrecen sacrificios mejores, no puede sostenerse, porque la expresión "a mi nombre" no puede entenderse en el sentido de que los sacrificios "alimentan" a Dios (hacen posible que él exista), pues no es eso lo que dice el texto ni la explicación que sigue.

Ciertamente, Dios no necesita sacrificios para que se mantenga su existencia, y él no los pide con esa finalidad, sino que los pide solo como signo de la dependencia de los hombres respecto a él, o como reconocimiento de parte de los hombres, que muestran así la deuda que tienen con Dios por la vida y por todas las restantes cosas, debiéndole ofrecer así, en retorno, honor, alabanza y acción de gracias.

Solo en ese sentido necesita Dios sacrificios, pues sin ellos él no sería Dios para los hombres en la tierra; y desde este punto de vista, el argumento de que Dios no necesita recibir los sacrificios reprensibles de los sacerdotes israelitas, viene a vincularse al hecho de que a él se le ofrecen sacrificios en todas las naciones de la tierra y en todos los lugares, de forma que su nombre es y sigue siendo grande, a pesar de que lo profane gran parte de Israel. Con este argumento rebate el profeta la ilusión de aquellos judíos que piensan que Dios necesita sus sacrificios para mantenerse divino.

Esa es la ilusión de los sacerdotes israelitas (que pensaban que todo sacrificio, incluso el de animales enfermos era bueno para Dios); pues bien, en contra de ese pensamiento de los sacerdotes judíos, está argumentando Malaquías, no a través de reflexiones teóricas, sino con los hechos. La suposición de Koehler, quien piensa que Mal 1, 11 es solo un paréntesis, y que la respuesta a 1, 10 solo aparece en 1, 12-13 se opone a la estructura de la sentencia, pues ella necesitaría la inserción de una palabra en el sentido "aunque" después del כי de 1, 11.

Es difícil decidir si 1, 11 trata de aquello que estaba sucediendo en el tiempo del mismo profeta (como suponen Hitzig, Maurer y Koehler, siguiendo a los LXX, a Efrén, Teodoro de Mopsuestia y otros) o si está anunciando algo que sucederá en el futuro, cuando los gentiles sean recibidos en el reino de Dios tras el rechazo de Israel y en su lugar (Cirilo, Teodoreto, Jerónimo, Lutero, Calvino y otros, hasta Hengstenberg y Schmieder). Las dos interpretaciones son admisibles desde un punto de vista gramatical, pues Gen 15, 14 y Joel 3, 4 muestran claramente que el participio se utiliza también con sentido de futuro.

Si tomamos esas palabras como referidas al presente, ellas solo pueden significar que los paganos, con la adoración y sacrificios que ofrecen a sus dioses, adoran de hecho, aunque con ignorancia, y lo hacen en el sentido más profundo, al Dios vivo y verdadero (Koehler). Pero este pensamiento no lo expresa ni siquiera el apóstol Pablo, de un modo tan preciso y general, ni en Rom 1, 19-20 (donde él enseña que los paganos pueden discernir al Dios invisible por sus obras), ni en Hch 17, 23, en su discurso de Atenas, donde infiere que la inscripción sobre un altar diciendo "al Dios desconocido", a quien los atenienses adoraban como a un desconocido, era el Dios verdadero que había hecho los cielos y la tierra.

Ese pensamiento no aparece tampoco contenido en nuestro verso. Malaquías no habla de un "Dios desconocido", a quien todas las naciones adoran, desde la salida del sol hasta el ocaso, es decir, sobre toda la tierra, sino que dice que el nombre de Yahvé es grande entre las naciones de toda la tierra. Y ese nombre de Yahvé solo será grande entre los gentiles cuando Yahvé haya probado ser un gran Dios, de manera que esas naciones hayan discernido la grandeza del Dios vivo a través de sus obras maravillosas, y hayan aprendido así a temerle (cf. Sof 2, 11; Sal 46, 9-11; Ex 15, 11.14-16).

Esta experiencia de la grandeza de Dios forma el sustrato para la ofrenda de sacrificios en todo lugar, dado que esa ofrenda no se menciona como consecuencia del hecho de que el nombre de Yahvé sea grande entre las naciones, pues esa ofrenda de todas las naciones depende de la manifestación futura del mismo Yahvé, como ha puesto de relieve Koehler. Según eso, la idea de que el incienso que se quema y el sacrificio que se ofrece al nombre de Yahvé en todo lugar se refieren al sacrificio que los paganos ofrecen ahora en todos los lugares a sus dioses resulta inadmisible.

En el tiempo de Malaquías el nombre de Yahvé no era grande desde la salida del sol hasta su acaso, ni se ofrecía en todo lugar incienso y sacrificios a su nombre, de forma que Hitzig puede afirmar que la expresión וּבְכָל־מָקוֹם "dice demasiado". Eso significa que debemos entender esa palabra de un modo profético, como algo que se refiere a la expansión futura del reino de Dios entre todas las naciones, con lo que comenzará en todo lugar la adoración al verdadero Dios. וּבְכָל־מָקוֹם forma una antítesis al "lugar único" del templo de Jerusalén, al que se limitaba la adoración y el culto en el tiempo de la antigua alianza (Dt 12, 5-6).

מקטר no es un participio nominal, en el sentido de incienso, resina olorosa que se quema ante el altar, porque esa palabra no puede aludir a la ofrenda quemada (ofrenda sacrificial) en cuanto distinta de la ofrenda vegetal de comida (*minchâh*), sino que es un participio verbal e indica no el hecho de quemar la carne sacrificial sobre el altar, sino la ofrenda del incienso humeante sobre la brasa. Pues si tuviera otro sentido, מֻגָּשׁ tendría que estar necesariamente delante de מקטר, pues la presentación del incienso es anterior al hecho de quemarlo haciendo que humee sobre el altar.

Los dos participios están conectados en forma de asíndeton, sin ningún sujeto definido (cf. Ewald, 295, a). Ciertamente, וּמִנְחָה טְהוֹרָה, *minchâh tehōrâh*, depende actualmente מֻגָּשׁ, *muggâsh*, como sujeto, pero unido con un *waw* explicativo: una ofrenda es presentada a mi nombre, y ciertamente como don sacrificial (*minchâh* abarca todo sacrificio, como en 1, 10). El énfasis se pone en *tehōrâh*, ofrenda *pura*, es decir, según las exigencias de la ley, a diferencia de los sacrificios impuros de animales defectuosos, tales como ofrecían los sacerdotes de aquel tiempo[125].

En la alusión a la ofrenda que habían de elevar todas las naciones al nombre del Señor hay un anuncio de que el reino de Dios será tomado de los judíos que desprecian al Señor y dado a las naciones que buscan a Dios. Este anuncio forma la base de la maldición que Mal 1, 14 presenta en contra de todos los que desprecian a Dios, mostrando que "el reino de Dios no perecerá cuando el Señor venga y destruya la tierra con su maldición" (Mal 4, 6), sino que esa muerte aparente es el medio y camino que lleva a la verdadera vida (Hengstenberg).

1, 12-13. A esa alusión a la actitud que los paganos asumirán hacia Yahvé cuando él les revele su nombre añade el profeta como antítesis estos dos versos, que son una repetición del reproche dirigido a los sacerdotes de Israel porque profanan el nombre del Señor despreciando su nombre, ofreciendo en sacrificio animales defectuosos.

1, 12 es solo una repetición del reproche de 1, 7. Por su parte, חלל equivale realmente a שם בזה y a גאל en 1, 6-7; y מגאל equivale a נבזה en 1, 7, y así aparece en 1, 12 como sinónimo de esa palabra. Las palabras adicionales וניבו וגו sirven para dar más fuerza a la opinión expresada por los sacerdotes sobre la mesa del Señor. AbàynIw> aparece de un modo absoluto, con el sentido básico de אכלו. ניב, *proventus*, lo producido, la ganancia. El sufijo se refiere a שֻׁלְחַן אֲדֹנָי (la mesa del Señor).

La ganancia o producto de la mesa del Señor, es decir, del altar, se identifica con los sacrificios ofrecidos sobre él, que se llaman también su comida. En contra de lo que algunos piensan, esta sentencia no contiene un pensamiento como el que sigue: "La ganancia que sacan los sacerdotes del altar, es decir, la carne sacrificial que les corresponde, era despreciable". Según esa sentencia los sacerdotes aparecerían aquí diciendo que ellos mismos no podían comer la carne de los sacrificios ofrecidos, porque era impura… Es evidente que aquí ellos no pueden aparecer hablando de esa forma, ya que ellos mismos eran los que administraban los sacrificios de animales. Si los sacerdotes pensaran que la carne de los ciegos, cojos o

---

125. La Iglesia romana ha visto en Mal 1, 11 un fundamento bíblico para su doctrina de los sacrificios incruentos del Nuevo Testamento, es decir para el Santo Sacrificio de la misa (cf. *Canones et decreta concilii Tridentini*, sess. 22), entendiendo por *minchâh* el sacrificio de comida vegetal, en cuanto distinto de los sacrificios cruentos. Pero incluso aunque hubiera algún fundamento para esa explicación de la palabra (cosa que no existe), ello no ofrecería base alguna para hablar del sacrificio de la misa porque, sin contar el hecho de que el sacrificio de la misa tiene un fundamento totalmente distinto de la ofrenda de comida del Antiguo Testamento, la interpretación literal de la palabra está excluida por el paralelo "incienso ardiente". Si el incienso ardiente era un símbolo de la oración, como admite incluso Reincke, la ofrenda sacrificial solo puede indicar la entrega espiritual del hombre a Dios (Rom 12, 1).

enfermos era demasiado mala para que la comieran, ellos no habrían admitido esos animales, ni los habrían ofrecido como sacrificio a Dios (Koehler).

Ese pensamiento tampoco aparece en 1, 13. מתלאה es una contracción de מה־תלאה (cf. Gesenius, 20, 2, a): ¡Qué fastidio es este! El hecho de que digan que este es un asunto pesado y molesto solo puede inferirse de la expresión que sigue: וְהִפַּחְתֶּם אוֹתוֹ, *vehippachtem 'ōthō*. En este caso, *hippēach* significa arrancar, lo mismo que הפיח ב en Sal 10, 5, que aparece radicalmente conectado con ello, en el sentido de tratar de manera despreciativa.

El sufijo de אוֹתוֹ no se refiere a אכלו, sino a שֻׁלְחַן יי: la mesa de Yahvé (es decir, su altar) tratado con desprecio. De un modo consecuente, el servicio del altar es un peso, una molestia para ellos, mientras que debería ser mirado como un honor y un privilegio. Jerónimo piensa que אותי, que aparece en un gran número de códices, ha de tomarse como un texto equivocado, como uno de los textos a los que después se llamará *Tikkune Sopherim* (cf. observaciones a *Coment.* a Hab 1, 12). Pero, en contra de eso, también en este caso, esa lectura es evidentemente original y correcta: ellos manifiestan su desprecio por el altar ofreciendo un sacrificio que ha sido robado... (cf. Mal 1, 8).

El primer הבאתם ha de entenderse como referido al hecho de poner animales sobre el altar; por su parte, וַהֲבֵאתֶם אֶת־הַמִּנְחָה ha de interpretarse así: "Y habiendo llevado tales animales defectuosos para el sacrificio, vosotros después ofrecéis el don sacrificial". Ciertamente, en la Ley no hay ninguna prohibición expresa en contra de los sacrificios que han sido גָּזוּל, *gâzūl,* es decir, robados. Pero esos animales quedan fuera de la clase de animales admisibles para los sacrificios por el simple hecho de que el robo es castigado por la Ley como un crimen. Este reproche concluye con la pregunta que se repite a partir de 1, 8 (cf. 1, 10): ¿puede aceptar Dios contento tales sacrificios? Entonces, el profeta eleva su maldición en nombre de Dios en contra de todos los que ofrecen sacrificios malos e inadecuados.

1, 14

¹⁴ וְאָרוּר נוֹכֵל וְיֵשׁ בְּעֶדְרוֹ זָכָר וְנֹדֵר וְזֹבֵחַ מָשְׁחָת לַאדֹנָי
כִּי מֶלֶךְ גָּדוֹל אָנִי אָמַר יְהוָה צְבָאוֹת וּשְׁמִי נוֹרָא בַגּוֹיִם׃

¹⁴ Maldito el que engaña, mientras tiene en su rebaño un animal macho, aquel que promete y sacrifica a Yahvé lo que está dañado. Porque yo soy Gran Rey, dice Yahvé de los ejércitos, y mi nombre es temible entre las naciones.

Este verso no va unido adversativamente a 1, 13, sino que la *waw* inicial es una simple cópula, pues la pregunta de 1, 13 tenía un sentido negativo, o debía responderse con un "no". A esa respuesta se añade aquí la maldición sobre todos los israelitas que ofrecen a Dios unos sacrificios que no tienen las características requeridas por la ley. Aquí se mencionan dos casos.

En primer lugar, se expone el hecho de que, aunque según la ley ha de ofrecerse a Dios un animal macho, el oferente presenta el sacrificio de una hembra, es decir, un animal de menos valor, bajo la pretensión de que no tiene o no ha podido procurarse un macho. El profeta dice que esto es *nâkhal* (cf. נוֹכֵל), un engaño. El segundo caso se refiere a los sacrificios votivos, para los que podían utilizarse *zebhach shelâmîm* (Lev 22, 21), tanto animales machos como hembras, pero solo aquellos que estaban libres de faltas, pues los animales que tuvieran algún tipo de מָשְׁחָת, *moshchâth* aparecen en Lev 22, 25 como inaceptables.

Conforme a la puntuación masorética *Moshchâth* es el femenino del participio *ofal* משחתת, como משרת de משרתת en 1 Rey 15 (cf. Ewald 188, b y Olshausen, p. 393), por lo cual debemos pensar que se trata de un animal hembra en malas condiciones. Sin embargo, esta puntuación está probablemente conectada con la visión aún defendida por Ewald, Maurer y Hitzig, según la cual las palabras וְזֹבֵחַ וְנֹדֵר son una continuación de la frase circunstancial ויש וגו, de forma que 1, 14 se refiere solo a los sacrificios votivos: "Maldito aquel engañador que tiene en su rebaño y macho, pero promete y sacrifica una hembra defectuosa".

Pero esta visión se opone evidentemente al significado de las palabras. Si לונדר formara parte de una frase circunstancial deberíamos esperar que pusiera נדר והוא. Más aún, dado que también los animales hembras podías admitirse para los sacrificios votivos, el hecho de prometer y ofrecer un animal hembra no es algo que sea en sí mismo rechazable, y, según eso, lo que fue represible a los ojos del profeta no era que se prometiera y ofreciera en sacrificio un animal hembra, sino el hecho de presentar un animal defectuoso, en vez de uno que no tuviera falta, que fuera *tâmîm*.

Según eso, debemos seguir a los traductores antiguos y a muchos comentaristas que leen *moshchâth* (en masculino), por lo que la maldición se pronuncia contra cualquiera que haya hecho voto de ofrecer un sacrificio y que después "redima" (es decir, cumpla) su voto ofreciendo un animal defectuoso e inadecuado. Un animal era *moshchâth,* defectuoso, cuando tenía alguna falta que le hacía inadecuado para un sacrificio. La razón para la maldición se explica recordando la grandeza de Dios. Dado que Yahvé es un gran rey y su nombre es temido entre las naciones, ofrecerle un animal corrompido en sacrificio constituye una gran ofensa contra su majestad.

2, 1-9

A la condena dirigida a los sacerdotes por sus malas acciones, sigue un anuncio del castigo que ellos suscitarán sobre sí mismos en el caso de que no respondan a la admonición, y no rindan al Señor la reverencia debida a su nombre, cuando realicen los deberes de su oficio.

2, 1-4

¹ וְעַתָּ֗ה אֲלֵיכֶ֛ם הַמִּצְוָ֥ה הַזֹּ֖את הַכֹּהֲנִֽים׃
² אִם־לֹ֣א תִשְׁמְע֡וּ וְאִם־לֹא֩ תָשִׂ֨ימוּ עַל־לֵ֜ב לָתֵ֧ת כָּב֣וֹד לִשְׁמִ֗י אָמַר֙ יְהוָ֣ה צְבָא֔וֹת וְשִׁלַּחְתִּ֤י בָכֶם֙ אֶת־הַמְּאֵרָ֔ה וְאָרוֹתִ֖י אֶת־בִּרְכֽוֹתֵיכֶ֑ם וְגַ֣ם אָרוֹתִ֔יהָ כִּ֥י אֵינְכֶ֖ם שָׂמִ֥ים עַל־לֵֽב׃
³ הִנְנִ֨י גֹעֵ֤ר לָכֶם֙ אֶת־הַזֶּ֔רַע וְזֵרִ֤יתִי פֶ֙רֶשׁ֙ עַל־פְּנֵיכֶ֔ם פֶּ֖רֶשׁ חַגֵּיכֶ֑ם וְנָשָׂ֥א אֶתְכֶ֖ם אֵלָֽיו׃
⁴ וִֽידַעְתֶּ֕ם כִּ֚י שִׁלַּ֣חְתִּי אֲלֵיכֶ֔ם אֵ֖ת הַמִּצְוָ֣ה הַזֹּ֑את לִהְי֤וֹת בְּרִיתִי֙ אֶת־לֵוִ֔י אָמַ֖ר יְהוָ֥ה צְבָאֽוֹת׃

¹ Ahora, pues, sacerdotes, para vosotros es este mandamiento. ² Si no escucháis y si no decidís de corazón dar gloria a mi nombre, ha dicho Yahvé de los ejércitos, enviaré maldición sobre vosotros y maldeciré vuestras bendiciones; y ya las he maldecido, porque no os habéis decidido de corazón. ³ Yo os dañaré el brazo, os echaré al rostro el estiércol, el estiércol de vuestros animales sacrificados, y seréis arrojados juntamente con él. ⁴ Así sabréis que yo os envié este mandamiento, para que ello (mi propósito) pueda ser mi pacto con Leví, ha dicho Yahvé de los ejércitos.

2, 1. Introduce la amenaza del profeta como הַמִּצְוָה, *mitsvâh*, un mandamiento, no como comisión o encargo que recibe el profeta, sino como palabra directa del mismo Yahvé, pues él es quien habla, y no como instrucción, admonición o advertencia, porque *mitsvâh* no tiene ese significado. *Mitsvâh* ha de explicarse más bien partiendo de *tsivvâh* en Nah 1, 14. El término mandamiento se aplica aquí a aquello que el Señor ha determinado imponer a una persona, en la medida en que la ejecución o cumplimiento de ese mandato se hace a través de unos instrumentos humanos, en virtud de una orden divina.

2, 2-3. Aquí sigue la amenaza de castigo, que se realizará solo en el caso de que los sacerdotes no escuchen y pongan el corazón en aquello que el Señor les ha manifestado a través de Malaquías (cf. 1, 6–13), y santifiquen su nombre a través de su servicio. En caso de que no lo hagan, Dios enviará la maldición en contra de ellos, y eso de dos formas.

En primer lugar, Dios maldecirá sus bendiciones. De hecho él lo ha realizado ya así. Esas בִּרְכוֹתֵיכֶם (bendiciones de ellos) no son obviamente los ingresos de los sacerdotes, las primicias, el dinero del rescate y las porciones de los sacrificios (L. de Dieu, Ros., Hitzig), sino más bien las bendiciones pronunciadas por los sacerdotes del pueblo, en virtud de su oficio. Dios hará que esas bendiciones queden inefectivas, o se conviertan en lo opuesto. ארותיה וגם no es una simple repetición enfática, sino que ארותי es un perfecto que afirma que la maldición ha surtido ya su efecto. El וְגַם enfático (y también) lo requiere así. El sufijo ה añadido a ארותי ha de tomarse distributivamente: "Cada bendición particular".

En segundo lugar, Dios reprenderá (maldecirá) la sementera, אֶת־הַזֶּרַע, es decir, la semilla. Pero dado que los sacerdotes no practican la agricultura, resulta imposible ver cómo la maldición de la semilla, que causa la pérdida de la cosecha, puede ser un castigo especial para los sacerdotes. Por eso debemos seguir a los LXX, a Aquila, a la Vulgata, Ewald y a otros, dejando la lectura ordinaria de זֶרַע, semilla, del TM, y adoptar la lectura זְרוֹעַ, es decir, el brazo.

Maldecir el brazo no significa exactamente "dejar a uno manco, ni manifestar el propio enfado contra el brazo, que los sacerdotes debían emplear para bendecir (Koehler), pues no era el brazo sino la mano la que bendecía (cf. Lev 9, 22; Lc 24, 50), y maldecir significa algo más que mostrar un simple desagrado. En este contexto debemos recordar que el brazo de un hombre es el que realizado los trabajos y deberes de su oficio o vocación.

En ese sentido, maldecir el brazo significa, por tanto, hacer que los sacerdotes sean incapaces de realizar sus deberes del altar y el santuario. Es más, Dios les tratará del modo más despreciable, arrojando basura (estiércol) en sus rostros, la basura de sus fiestas. *Chaggīm*, fiestas (cf. חַגֵּיכֶם), se utiliza metonímicamente para indicar los sacrificios de las fiestas, o los animales matados de los sacrificios en los días de fiesta (cf. Sal 118, 27).

La basura de los animales sacrificados debía ser llevada fuera del templo a un lugar impuro, fuera del campamento, para ser allí quemada, en el caso de las ofrendas por el pecado, en un montón de basura (Lev 4, 12; 16, 27; Ex 29, 14). Arrojar pues estiércol en el rostro era un signo y una descripción figurativa del tratamiento más ignominioso. Por la expresión "la basura de vuestros sacrificios festivos", los mismos sacrificios festivos ofrecidos por esos sacerdotes se describen como basura.

El pensamiento de fondo es este: el desprecio al Señor que ellos muestran ofreciendo animales ciegos y disminuidos se expresa en el hecho de que los mismos sacerdotes aparecen así como despreciables. El Señor les restituirá el mal que hacen entregándoles a ellos mismos en manos de la mayor ignominia.

Esta amenaza queda reforzada por la frase וְנָשָׂא אֶתְכֶם אֵלָיו que ha sido interpretada de diversas maneras. La Vulgata, Lutero ("y la basura quedará pegada a vosotros"), Calvino y otros piensan que פֶּרֶשׁ, *peresh*, es el sujeto de נשׂא: "La basura se apoderará de los sacerdotes, de forma que ellos mismos serán basura". Pero נשׂא no tiene ese significado, y por eso debemos dejar el sujeto como indefinido: "ellos" (los hombres) os llevarán fuera, os arrojarán, es decir, os tratarán como basura. Cuando sean tratados de esa forma ignominiosa, entonces, ellos percibirán que la amenaza ha venido del Señor.

2, 4. Esta mandamiento (הַמִּצְוָה, *mitsvâh*) es el mencionado por Mal 2, 1. La frase de infinitivo que sigue anuncia la finalidad que tiene Dios al hacer que esto suceda. Pero la misma explicación de esas palabras resulta discutida, dado que podemos tomar בְּרִיתִי, *berîthî* (mi pacto) como sujeto, o suplir הַמִּצְוָה, *hammitsvâh* (el mandamiento) de la frase anterior. En el primer caso (a fin de que mi mandamiento pueda ser con Leví), el significado sería: "a fin de que mi pacto con Leví continúe". Pero aunque *hâyâh* signifique ciertamente existir no significa sin más continuar o mantenerse. Por eso debemos tomar *hammitsvâh* como sujeto, como han hecho Lutero, Calvino y otros: a fin de que ello (mi propósito) pueda ser mi pacto con Leví.

Koehler adopta esta segunda traducción y la explica correctamente: "Ellos percibirán así que Yahvé ha regulado su conducta con Leví conforme a los términos de su alianza, que fue realizada en el tiempo de su salida de Egipto, de forma que él (Yahvé) seguirá actuando de ahora en adelante según los términos del decreto de castigo que él había resuelto aplicar, de forma que el decreto de castigo viene a ponerse en vigor, como si fuera, partiendo de la antigua alianza".

לֵוִי, *Lēvī*, es aquí la tribu de Leví, que vino a ser ratificada para el sacerdocio. La actitud de Dios hacia los sacerdotes recibe aquí el nombre de alianza, pues Dios les puso en una relación especial consigo mismo, al escogerles para el servicio del santuario, que no solamente les aseguraba unos derechos y promesas, sino que también les imponía unos deberes, de cuyo cumplimiento dependía la recepción de los dones de la gracia divina (cf. Dt 10, 8-9; 33, 8-10; Num 18, 1; 25, 10).

2, 5-7

⁵ בְּרִיתִ֣י ׀ הָיְתָ֣ה אִתּ֗וֹ הַֽחַיִּים֙ וְהַשָּׁל֔וֹם וָאֶתְּנֵֽם־ל֥וֹ מוֹרָ֖א וַיִּֽירָאֵ֑נִי וּמִפְּנֵ֥י שְׁמִ֖י נִחַ֥ת הֽוּא׃
⁶תּוֹרַ֤ת אֱמֶת֙ הָיְתָ֣ה בְּפִ֔יהוּ וְעַוְלָ֖ה לֹא־נִמְצָ֣א בִשְׂפָתָ֑יו בְּשָׁל֤וֹם וּבְמִישׁוֹר֙ הָלַ֣ךְ אִתִּ֔י וְרַבִּ֖ים הֵשִׁ֥יב מֵעָוֺֽן׃
⁷ כִּֽי־שִׂפְתֵ֤י כֹהֵן֙ יִשְׁמְרוּ־דַ֔עַת וְתוֹרָ֖ה יְבַקְשׁ֣וּ מִפִּ֑יהוּ כִּ֛י מַלְאַ֥ךְ יְהוָֽה־צְבָא֖וֹת הֽוּא׃

⁵ Mi pacto con él fue de vida y de paz. Se las di para que me temiera, y él tuvo temor de mí y ante mi nombre guardaba reverencia. 6 La ley de verdad estuvo en su boca, iniquidad no fue hallada en sus labios; en paz y en justicia anduvo conmigo, y a muchos hizo apartar de la maldad. 7 Porque los labios del sacerdote han de guardar la sabiduría, y de su boca el pueblo buscará la Ley; porque es mensajero de Yahvé de los ejércitos.

Para explicar y mostrar la razón del pensamiento anterior, Mal 2, 5-7 describe la naturaleza real del sacrificio de Leví, para mostrar después, en 2,8-9, cómo los sacerdotes han rechazado la naturaleza de ese pacto, olvidando el camino de sus padres, de manera que Dios se ha visto obligado a actuar con ellos de un modo diferente, entregándolos en manos de la vergüenza e ignominia.

2, 5. הַחַיִּים וְהַשָּׁלוֹם son los nominativos del predicado: "Mi pacto fue para él vida…"; es decir, mi pacto consistía en esto: que a través de él se garantizaba vida y salvación para los sacerdotes. La forma elíptica de explicar ese pensamiento (mi alianza fue alianza de vida y salvación) ofrece el mismo sentido, pero no hay ningún ejemplo por el que se pueda justificar aquí esta elipsis, dado que pasajes como Num 25, 12; Gen 24, 24 y Os 14, 3, que Hitzig aduce en su apoyo, tienen carácter o significado diferente.

שָׁלוֹם, *shâlōm*, salvación (paz) es la suma de todas las bendiciones requeridas para el bienestar de las personas. Yahvé garantiza vida y salvación para Leví, es decir, para el sacerdocio, para que mantenga el temor de Dios. Y Leví, es decir, el sacerdocio de los tiempos antiguos, respondió a esa intención divina. Él me temió (tuvo temor de mí). נִחַת, es el *nifal*, pero no de *nâchath*, él descendió, es decir, se humilló a sí mismo (Ewald, Reincke), sino de *châthath*, tuvo temor, es decir, tembló ante mí, un significado que ese término tiene con frecuencia (cf. Dt 31, 8; Js 1, 9; Jer 1, 17). Os 14, 5 y Os 14, 6 ratifican la forma en que Leví conserva ese temor de Dios, tanto en su acción oficial como en su vida.

2, 6. תּוֹרַת אֱמֶת, *Tōrath 'ĕmeth* (análoga a *mishpat 'ĕmeth* en Zac 7, 9) es la instrucción de la ley, que consiste en la verdad, que tiene sus raíces en la ley de Yahvé, que marca no solo la conducta de Yahvé, sino también la instrucción que los sacerdotes tienen que ofrecer al pueblo (cf. Mal 2, 7). Lo opuesto a אֱמֶת, *'ĕmeth,* es עַוְלָה, *'avlâh,* perversidad, una conducta que no está regulada por la ley de Dios, sino por el egoísmo o por el propio interés egoísta. En sentido gramatical, el femenino *'avlâh* no es el sujeto de נִמְצָא, sino que está construida como objeto: "Ellos no encontraron perversidad" (cf. Gesenius, 143, 1, b; Ewald, 295, b). Por eso, Leví como sacerdote caminaba en paz (salvación) e integridad ante Dios.

בְּשָׁלוֹם, *beshâlōm,* no es simplemente un estado de paz, ni de pacificación, ni es incluso equivalente 2) בלבב שלם Rey 20, 3), sino que en la línea de Mal 2, 5, implica "estar equipado con la salvación que le ha sido concedida por Dios". La *integritas vitae* o integridad de vida se afirma con וּבְמִישׁוֹר הָלַךְ אִתִּי: anduvo conmigo en rectitud. Andar con Yahvé indica el contacto más íntimo con Dios, como si fuera caminar al lado de Dios (cf. *Coment.* a Gen 5, 22). A través de este cumplimiento fiel de los deberes de su vocación, Leví (es decir, el sacerdocio) hizo que muchos se convirtieran de su culpa y de su iniquidad, llevando a muchos del camino del pecado al recto camino, es decir, al temor de Dios (cf. Dan 12, 3).

2, 7. Pero Leví solo hizo aquello que requerían el estado y vocación del sacerdocio, porque los labios del sacerdote deben preservar el conocimiento, que se dice דַעַת, conocimiento de Dios y de su voluntad, tal como se revela por la ley. Esto es lo que deben conservar los labios del sacerdote, para instruir en ellos al pueblo, pues de la boca del sacerdote buscan los hombres la instrucción, es decir, la תּוֹרָה, *tōrâh,* la ley, como instrucción en la voluntad de Dios, de forma que el sacerdote es el ángel o mensajero de Dios para el pueblo.

En esa línea, el término מַלְאָךְ, que se aplica constantemente a los ángeles, como mensajeros celestes de Dios, se aplica aquí a los sacerdotes, como en Ag 1,

13 a los profetas. Mientras que los profetas eran mensajeros extraordinarios de Dios, que proclamaban al pueblo la voluntad y consejo de Dios, los sacerdotes debían serlo en virtud de su oficio, apareciendo así como mensajeros ordinarios de Dios por su mismo oficio. Pero los sacerdotes de aquel tiempo se habían vuelto totalmente infieles a su vocación.

2, 8-9

⁸ וְאַתֶּם סַרְתֶּם מִן־הַדֶּרֶךְ הִכְשַׁלְתֶּם רַבִּים בַּתּוֹרָה שִׁחַתֶּם
בְּרִית הַלֵּוִי אָמַר יְהוָה צְבָאוֹת:
⁹ וְגַם־אֲנִי נָתַתִּי אֶתְכֶם נִבְזִים וּשְׁפָלִים לְכָל־הָעָם כְּפִי
אֲשֶׁר אֵינְכֶם שֹׁמְרִים אֶת־דְּרָכַי וְנֹשְׂאִים פָּנִים בַּתּוֹרָה: פ

⁸ Pero vosotros os habéis apartado del camino; habéis hecho tropezar a muchos en la Ley; habéis corrompido el pacto de Leví, dice Yahvé de los ejércitos. ⁹ Por eso yo os he hecho despreciables, viles ante todo el pueblo, porque no habéis guardado mis caminos y hacéis acepción de personas al aplicar la Ley.

הדרך es el camino descrito en 2, 6-7, por el que los sacerdotes debían haber caminado. הִכְשַׁלְתֶּם בַּתּוֹרָה no significa "habéis hecho que caigan por instrucción" (Koehler), porque en primer *hattôrâh* (con artículo) no es la instrucción o enseñanza de los sacerdotes, sino la Ley de Dios; y el segundo lugar la *beth*, ב, con כשל indica el objeto contra el que un hombre choca, haciéndole caer.

Hitzig ha ofrecido la correcta interpretación del texto: habéis hecho que la Ley sea para muchos un מכשול, tropiezo, en vez de ser un camino, por vuestro ejemplo y por vuestra falsa enseñanza, como si la Ley permitiera o mandara cosas que en realidad son pecados. De esa forma, ellos han corrompido o arrojado por el suelo el pacto con Leví.

Empleado así, con artículo, el nombre הלוי no se refiere al patriarca Leví, sino a su posteridad, es decir, al sacerdocio, como centro de vida de los levitas. Por eso, Yahvé no está ya más atado por ese pacto, sino que retira de los sacerdotes aquello que él había concedido a Leví, que había sido fiel al pacto, es decir, a la vida y salvación (cf. 2, 5), pues ellos se han hecho despreciables y proscritos con todo el pueblo. Esta es simplemente una justa retribución por el hecho de que los sacerdotes se han alejado de los caminos de Dios, y han respondido a los caminos de los hombres. בַּתּוֹרָה, *battôrâh*, en la ley, es decir, en la administración de la ley, que ellos aplican y cumplen con parcialidad. Sobre el hecho mismo, cf. Miq 3, 11.

MALAQUÍAS 2, 10-16
CONDENA DE LOS MATRIMONIOS CON MUJERES PAGANAS Y DE LOS DIVORCIOS

Esta sección no está unida en modo alguno con la precedente. Ella no ofrece un ejemplo del escándalo o choque con la ley, al que alude 2, 8, ni habla de la violación del pacto con los antepasados (2, 10), tema que iba unido al rechazo del pacto de Leví por parte de los sacerdotes, de lo que hablaban 2, 4.8.

No hay en estos versos (2, 10-18) ningún indicio de que los sacerdotes aplicaran en modo alguno su mala enseñanza a las rupturas de la ley que aquí se condenan. La violación del pacto de los padres y la del pacto del matrimonio no tiene relación con la violación del pacto de Leví de la que trataba la sección anterior (Koehler).

En contra de eso, a partir de 2, 10, el profeta introduce en un tema perfectamente nuevo, es decir, la condena de los matrimonios con mujeres paganas (2, 10-12), y la condena de la disolución frívola de los matrimonios con mujeres israelitas, que era una consecuencia natural de lo anterior (2, 13-16). El pecado de los sacerdotes en todo esto se expresaba solo en el mal ejemplo que ellos habían dado al pueblo con su tratamiento poco respetuoso con la Ley, que podía haber llevado fácilmente al desprecio del ordenamiento divino del matrimonio.

2, 10–12

¹⁰ הֲלוֹא אָב אֶחָד לְכֻלָּנוּ הֲלוֹא אֵל אֶחָד בְּרָאָנוּ
מַדּוּעַ נִבְגַּד אִישׁ בְּאָחִיו לְחַלֵּל בְּרִית אֲבֹתֵינוּ׃
¹¹ בָּגְדָה יְהוּדָה וְתוֹעֵבָה נֶעֶשְׂתָה בְיִשְׂרָאֵל וּבִירוּשָׁלָ͏ִם
כִּי ׀ חִלֵּל יְהוּדָה קֹדֶשׁ יְהוָה אֲשֶׁר אָהֵב וּבָעַל בַּת־אֵל נֵכָר׃
¹² יַכְרֵת יְהוָה לָאִישׁ אֲשֶׁר יַעֲשֶׂנָּה עֵר וְעֹנֶה מֵאָהֳלֵי יַעֲקֹב
וּמַגִּישׁ מִנְחָה לַיהוָה צְבָאוֹת׃ ס

¹⁰ ¿Acaso no tenemos todos un mismo Padre? ¿No nos ha creado un mismo Dios? ¿Por qué, pues, somos desleales los unos con los otros, profanando el pacto de nuestros padres? ¹¹ Prevaricó Judá; en Israel y en Jerusalén se ha cometido abominación, porque Judá ha profanado el santuario de Yahvé, santuario que él amó, al casarse con la hija de un dios extraño. ¹² Yahvé arrancará de las tiendas de Jacob

al hombre que haga esto, al que vela, al que responde y a cualquier hombre que presente ofrendas por un hombre de ese tipo a Yahvé de los ejércitos.

2, 10. Malaquías utiliza aquí la misma maldición que en la condena anterior, y comienza con una frase general de la que se deduce la maldad de los matrimonios con mujeres extranjeras y de los divorcios frívolos que de eso se sigue. El padre único que todos tienen no es Adán, el progenitor de todos los hombres, ni es Abrahán, el padre de la nación israelita, sino Yahvé que se presenta a sí mismo como padre de la nación (Mal 1, 6).

Dios es el padre de Israel como su creador, pero no en un sentido general, según el cual él hizo que Israel fuera el pueblo de su posesión. Por las dos frases colocadas en el encabezamiento no quiere insistir tanto en la ascendencia común de todos los israelitas, en virtud de la cual ellos forman una familia unida, en contraste con los paganos, sino que quiere decir que todos los israelitas son hijos de Dios, y que como tales son todos hermanos y hermanas espirituales.

De un modo consiguiente, toda violación de la relación fraterna, como en el caso de un israelita que se hacía culpable casándose con una mujer pagana, o expulsando a su mujer israelita, era también una ofensa contra Dios, una profanación de su alianza. La idea de que "un padre" (אָב אֶחָד) se refiere a Abrahán como el antepasado de la nación (Jerónimo Calvino y otros) ha de rechazarse por el hecho de que no solo son hijos de Abrahán los israelitas, sino también los ismaelitas y los edomitas; y aquí no se puede pensar en Jacob, pues, aunque él ha dado su nombre a Israel, no aparece nunca como su antepasado.

נִבְגַּד, *bibhgad*, es primera persona plural del imperfecto *kal*, a pesar del hecho de que en otros casos el verbo *bâgad* se escribe en imperfecto con *cholem*; pero este es el único caso en que este verbo aparece con *nifal*. Los israelitas son infieles con sus hermanos en los dos casos: cuando se casan con mujeres paganas; y cuando expulsan a las mujeres israelitas, profanando así la alianza con los padres, es decir, la alianza que Yahvé cuando él les escogió de entre las naciones, y les adoptó haciéndoles miembros de su nación de la alianza (Ex 19, 5-6; 24, 8).

2, 11. Aquí se da la razón para la condena anterior, en una afirmación por la que se describe aquello que ha pasado. Para presentarlo de un modo más preciso como algo detestable, se repite aquí la palabra בָּגְדָה (cf. נִבְגַּד, del verso anterior), en el sentido de actuar de forma traidora, y se aplica a toda la nación. La palabra *Yehûdâh* (Judá) se construye como femenino, y se aplica al país personificado en sus habitantes.

En ese contexto, lo que ha pasado se describe como תועבה, que es abominación, como la idolatría, la hechicería y otros pecados graves (cf. Dt 13, 15; 18, 9), en el contexto de Israel, que así aparece aquí de un modo intencionado como nombre sagrado de la nación, para indicar el contraste entre la vocación sagrada de Israel y su conducta pervertida. Además de Israel, como nombre nacional (en el sentido de Judá), aquí se menciona también Jerusalén, como sucede con frecuencia, como capital y centro de la nación.

Lo que ha ocurrido es una abominación, porque Judá se ha profanado a sí misma; no ha profanado (cf. חִלֵּל יְהוּדָה) simplemente la santidad de Yahvé o alguno de sus atributos divinos, ni el templo o el santuario, ni el "santo estado del matrimonio" (que nunca se designa así en el Antiguo Testamento), sino que Israel se ha profanado a sí misma, como nación amada por Dios. Israel aparece como קֹדֶשׁ יְהוָה, un santuario o cosa santa, como עם קדוש, que Yahvé ha escogido entre todas las naciones, para ser su posesión particular (Dt 7, 6; 14, 2; Jer 2, 3; Sal 114, 2; Esd 9, 2 : cf. Targum, Rashi, Ab. Ezra, etc.).

A través del pecado que ha cometido, Judá, es decir, la comunidad que ha vuelto del exilio, se ha profanado a sí misma como santuario de Dios, se ha destruido a sí misma como comunidad santa, escogida y amada por Yahvé (Koehler). A eso se añade, pero solo en la última frase otra abominación: la de que Judá, en sus miembros individuales, se ha casado con las hijas de un Dios extranjero (cf. Esd 9, 2; Neh 13, 23). Con la expresión אל נכר בת la persona mencionada aparece como una idólatra (*bath*, hija, implica dependencia respecto al padre, que es el dios pagano). Eso implica la profanación de la llamada divina de la nación. Ciertamente, en la ley solo se prohíben expresamente matrimonios con mujeres cananeas (Ex 34, 16; Dt 7, 3), pero la razón que se da para esa prohibición muestra que todos los matrimonios con mujeres paganas, que no han abandonado la idolatría, quedan rechazados y prohibidos como irreconciliables con la llamada de Israel cf. *Coment.* a 1 Rey 11, 1–2). Dios castiga expulsando de Israel a quien comete ese pecado.

2, 12. La amenaza de castigo se aplica ciertamente solo en forma de deseo, pero ese deseo ha sido creado por impulso del Espíritu Santo. Se han dado explicaciones muy distintas y poco satisfactorias de la expresión עֵר וְעֹנֶה, *aquel que camina* (con ער como participio de עוּר) y *aquel que le responde* (de עָנָה, responder), una descripción proverbial del hombre malvado, formada por la combinación de opuestos (sobre la costumbre de expresar la totalidad por los opuestos, cf. Dietrich, *Abhandlung zur hebr. Gramm.* p. 201 ss.), en la que sin embargo sigue siendo materia de disputa el sentido de la palabra ער.

La explicación rabínica, que ha sido seguida por Lutero, es decir, *maestro y alumno*, está fundada sobre el sentido de *excitare* dado el término עוּר, suponiendo así que el *excitans* (el que excita) es el maestro, que estimula a los alumnos al hacerles preguntas y al ofrecerle amonestaciones. Pero dejando a un lado otras razones que hablan en contra de esta explicación, debemos reconocer que ella no responde a su contexto, pues aquí no hay ninguna razón para pensar que el profeta habla solo de sacerdotes, que han tomado mujeres extranjeras. Por el contrario, el profeta acusa a Judá y a Jerusalén, y por lo tanto al pueblo en general, diciendo que es culpable de este pecado. Más aún, en Israel no había ningún castigo para aquel que no hiciera que su hijo fuera rabino o maestro.

Sea como fuere, las palabras han de tomarse en un sentido más general que ese. El sentido mejor establecido es el de *vigil et respondens* (el vigilante y aquel que le responde), en el que ער se toma de un modo transitivo, como en Job 41, 2 (*qetiv*), y en el caldeo, como *vigilante* (Dan 4, 10-13 y 4, 14-17), en el sentido de alguien que está vivo y activo. En ese caso, la frase proverbial puede tomarse como aplicada a un vigilante nocturno (J. D. Michaelis, Rosenmüller, Gesenius, *Thes.* p. 1004).

No se puede objetar a eso el hecho de que las palabras que vienen después (וּמַגִּישׁ מִנְחָה) siguen en la misma línea de ער וענה y han de formar parte del mismo conjunto, de forma que ער וענה no pueden aplicarse a todo el conjunto del texto. Pero esa conclusión no es en modo alguno necesaria. Si las dos expresiones se refirieren a partes distintas del mismo conjunto ellas no podrían estar separadas una de otra por medio de מאהלי יעקב.

Más aún, la limitación de ער וענה a la infancia se funda sobre una interpretación artificial que quiere darse esas dos palabras. Conforme a la visión de Koehler, ער se aplica al niño en el primer estadio de su crecimiento, en el que su vida se manifiesta solo de un modo ocasional, cuando se despierta de su estado habitual de un sueño que parece cercano a la muerte, mientras que ענה sería el niño algo mayor que es ya capaz de hablar y de responder a las preguntas.

Pero ¿cómo se podría decir que un niño es un *despierto* en las primeras semanas de su vida, cuando él está más tiempo dormido que despierto? Más aún, el sueño de un niño es una forma profunda de dormir, parecida a la de un muerto. Las palabras "fuera de las tiendas de Jacob" (es decir, de las casas de Jacob) pertenece a יכרת.

La última frase añade el anuncio posterior de que quienquiera que cometa tales abominaciones no tendrá nadie que ofrezca por él dones sacrificiales al Señor. Estas palabras no han de referirse a la casta sacerdotal, como supone Hitzig. Jerónimo ha dado aquí el sentido correcto: "Y cualquiera que desee ofrecer un don sobre el altar para hombres de ese tipo…". El significado de todo este verso es el siguiente: "que Dios arranque y deje fuera de las casas de Israel a cualquier descendiente de un pecador de ese tipo, y a cualquiera que quiera ofrecer por él un sacrificio, en expiación por su pecado".

2, 13–16

¹³ וְזֹאת֙ שֵׁנִ֣ית תַּעֲשׂ֔וּ כַּסּ֤וֹת דִּמְעָה֙ אֶת־מִזְבַּ֣ח יְהוָ֔ה בְּכִ֖י וַאֲנָקָ֑ה מֵאֵ֣ין ע֗וֹד פְּנוֹת֙ אֶל־הַמִּנְחָ֔ה וְלָקַ֥חַת רָצ֖וֹן מִיֶּדְכֶֽם׃

¹⁴ וַאֲמַרְתֶּ֖ם עַל־מָ֑ה עַ֡ל כִּי־יְהוָה֩ הֵעִ֨יד בֵּינְךָ֜ וּבֵ֣ין׀ אֵ֣שֶׁת נְעוּרֶ֗יךָ אֲשֶׁ֤ר אַתָּה֙ בָּגַ֣דְתָּה בָּ֔הּ וְהִ֥יא חֲבֶרְתְּךָ֖ וְאֵ֥שֶׁת בְּרִיתֶֽךָ׃

¹⁵ וְלֹא־אֶחָ֣ד עָשָׂ֗ה וּשְׁאָ֥ר ר֙וּחַ֙ ל֔וֹ וּמָה֙ הָֽאֶחָ֔ד מְבַקֵּ֖שׁ זֶ֣רַע אֱלֹהִ֑ים וְנִשְׁמַרְתֶּם֙ בְּרֽוּחֲכֶ֔ם וּבְאֵ֥שֶׁת נְעוּרֶ֖יךָ אַל־יִבְגֹּֽד׃

Condena de los matrimonios con mujeres paganas y de los divorcios

¹⁶ כִּי־שָׂנֵא שַׁלַּח אָמַר יְהוָה אֱלֹהֵי יִשְׂרָאֵל וְכִסָּה חָמָס
עַל־לְבוּשׁוֹ אָמַר יְהוָה צְבָאוֹת וְנִשְׁמַרְתֶּם בְּרוּחֲכֶם וְלֹא תִבְגֹּדוּ: ס

¹³ Pero aún hacéis más: Cubrís el altar de Yahvé de lágrimas, de llanto y de clamor; así que no miraré más la ofrenda, ni la aceptaré con gusto de vuestras manos. ¹⁴ Mas diréis: ¿Por qué? Porque Yahvé es testigo entre ti y la mujer de tu juventud, con la cual has sido desleal, aunque ella era tu compañera y la mujer de tu pacto. ¹⁵ ¿No hizo él un solo ser, en el cual hay abundancia de espíritu? ¿Y por qué uno? Porque buscaba una descendencia para Dios. Guardaos, pues, en vuestro espíritu y no seáis desleales para con la mujer de vuestra juventud. ¹⁶ Porque dice Yahvé, Dios de Israel, que él aborrece el repudio y al que mancha de maldad su vestido, dijo Yahvé de los ejércitos. Guardaos, pues, en vuestro espíritu y no seáis desleales.

2, 13. En estos versos, el profeta condena una segunda transgresión moral de parte del pueblo, es decir, la expulsión de sus mujeres (mujeres de su pueblo). Por שֵׁנִית (una segunda cosa, por segunda vez) este pecado recibe la misma importancia que el antes condenado. Aquí también se presenta primero la responsabilidad moral del pecado antes que el pecado mismo. Ellos cubren el altar de Yahvé de lágrimas, es decir, obligando a las mujeres que han sido expulsadas a poner su dolor ante Dios en el santuario.

El infinitivo constructo presenta una definición más precisa de זאת; por su parte, בכי ואנקה constituye una aposición complementaria a דמעה, que se añade para dar más fuerza a su significado. מֵאֵין עוֹד פְּנוֹת, de manera que no es ya posible que Dios se vuelva al sacrificio, es decir, que acepte de un modo gratuito *vuestro* sacrificio (cf. Num 16, 15). El infinitivo que sigue (וְלָקַחַת) depende también de מאין, pero a causa de las palabras intermedias, viene unido con un *lamed* (ל). רצון es la buena satisfacción, y se utiliza como *abstractum pro concreto* para indicar el sacrificio agradable.

2, 14. Las personas a las que se dirigen estas palabras no quieren reconocer su pecado y así preguntan por la causa por la que Dios no acepta de un modo gratuito sus sacrificios, por lo que el profeta presenta sus pecados del modo más claro posible.

עַל־כִּי tiene el mismo sentido que עַל־אֲשֶׁר, como en Dt 31, 17; Jc 3, 12, etc. Las palabras עַל כִּי־יְהוָה הֵעִיד בֵּינְךָ וּבֵין אֵשֶׁת נְעוּרֶיךָ, "porque Yahvé fue testigo entre ti y entre la mujer de tu juventud", no pueden entenderse como hacen Gesenius, Umbreit y Koehler, a partir de Mal 3, 5, en el sentido en que Yahvé se ha interpuesto entre ellos como un juez vengador, pues en ese caso העיד debería construirse necesariamente con unas ב, sino que han de entenderse como referidas al hecho de que el matrimonio se realizó ante la faz de Dios, o con el consentimiento de Dios. Y la objeción de que no se conoce nada de una bendición religiosa del matrimonio o de un voto mutuo de fidelidad es meramente un *argumentum a silentio*, que no prueba nada.

Si el matrimonio era un *berīth 'Elōhīm* (un pacto de Dios), como se describe en Prov 2, 17, eso significa que ha sido realizado también ante el rostro de Dios, y de que Dios fue testigo del matrimonio. Con la expresión "mujer de mi juventud" (אֵשֶׁת נְעוּרֶיךָ) el profeta apela al corazón del marido, haciéndole que se fije en el amor de su juventud, con el matrimonio entonces iniciado. De esa manera se introduce también la cláusula circunstancial por la que se pone de relieve el tratamiento infiel con su mujer, al expulsarla. "Sí, ella ha sido tu compañera, con la que has compartido alegría y tristeza, es la mujer de tu pacto, con la que has hecho un pacto para siempre".

2, 15. El profeta destaca aún con más fuerza el carácter reprensible del divorcio, mostrando que la referencia a la conducta de Abrahán con Agar resulta inaplicable. La verdadera interpretación de este hemistiquio, que ha sido explicado de maneras muy distintas, e incluso de formas muy fantasiosas, resulta bastante clara, si tenemos en cuenta que se trata de una frase subordinada.

Por su misma posición en el conjunto, y por las palabras en sí mismas, לֹא וּשְׁאָר רוּחַ solo puede contener una definición más precisa del tema de la frase principal. La afirmación de que "un resto del Espíritu era (estaba) en él" no se aplica a Dios, sino solo a los hombres, como L. de Dieu ha observado correctamente. *Rūăch* indica aquí, lo mismo que en Num 27, 18; Js 5, 1; 1 Rey 10, 5, no tanto inteligencia y reflexión, como el mayor poder que Dios ha inspirado en el hombre, y que determina la vida moral y religiosa a la que estamos acostumbrados a dar el nombre de virtud.

Según eso, por אֶחָד, *'echâd* (uno) no podemos entender a Dios, sino solo a un hombre. En esa línea, el sujeto de la frase es לֹא אחד (no uno cualquiera), mientras que el objeto de עשׂה ha de suplirse desde la sentencia anterior: "Ningún hombre que tenga al menos un resto de razón o de sentido para lo justo y lo injusto puede hacerlo", es decir, puede aceptar lo que estáis haciendo al expulsar infielmente a la mujer de vuestra juventud.

A eso se añade una objeción, וּמָה הָאֶחָד ¿y qué hizo aquel uno?, una objeción que puede estar fundada en una posible excepción, pero que aquí se aduce con la finalidad de refutarla. Esas palabras (וּמָה הָאֶחָד) forman una elipse, que puede suplirse muy bien desde la frase anterior, con el verbo עשׂה (cf. Ecl 2, 12). Ese האחד no es *unus aliquis*, uno cualquiera, sino aquel bien conocido "uno" en quien se podía pensar naturalmente cuando la cuestión debatida era la de expulsar a una mujer. Este es, sin duda, Abrahán que expulso a Agar, de la cual había engendrado a Ismael y que era por tanto también su mujer (Gen 21).

Pues bien, en este contexto, el profeta responde diciendo que Abrahán quería conseguir la semilla (descendencia) que le había ofrecido Dios, pues Dios le prometió la deseada posteridad, no por Ismael, a través de su sierva Agar, sino a través de Sara, que dio a luz a Isaac, de manera que al obrar así él (Abrahán) no quería más que obedecer a la palabra de Dios (Gen 21, 12), de manera que su ejemplo no se puede aplicar a los israelitas actuales. Tras responder a esa posible objeción, Malaquías advierte a sus contemporáneos que se guarden de la infidelidad y que no expulsen a sus mujeres.

La *waw* delante de וְנִשְׁמַרְתֶּם, *nishmartem,* es una *waw* de relación, por la que el perfecto recibe el sentido de un cohortativo, como deducción de los hechos a los que se está refiriendo, como en עשׂית en 1 Rey 2, 6 (cf. Ewald, 342, c). En esa línea, ברוחו נשמר (cf. וְנִשְׁמַרְתֶּם בְּרוּחֲכֶם) es sinónimo de נשמר בנפשו en Jer 17, 21, y equivale así a נשמר לנפשו en Dt 4, 15 y Js 23, 11. La visión instrumental de la ב ("por medio del espíritu", según Koehler) resulta así inadmisible.

"Guardaos pues en vuestro espíritu", es decir, guardaos de perder vuestro espíritu. Aquí no debemos tomar *rūăch* en un sentido que sea diferente al utilizado en la cláusula anterior, pues perdiendo la *vis vitae* (la fuerza de la vida) espiritual y moral, que los hombres han recibido de Dios, su vida misma perece. Lo que los hombres han de guardar se ratifica en la última frase, que se une a lo anterior con la simple cópula *waw* (וּבְאֵשֶׁת נְעוּרֶיךָ), con la que el discurso pasa de la tercera a la segunda persona a fin de que lo que se dice pueda aplicarse a cada persona.

Este intercambio del "tú" (la mujer de tu juventud) al "el" (en יבגד) en la misma frase viene a presentarse como extraño a nuestro pensamiento y lenguaje, pero no carece de analogías en hebreo (cf. Is 1, 29; Ewald, 319, a), de manera que no tenemos razón alguna para cambiar יבגד en תבגד, dado que las versiones antiguas y las lecturas de ciertos códices no ofrecen autoridad crítica suficiente para realizar tal cambio. El sujeto de יבגד ha de tomarse como un indefinido: alguno, cualquiera.

2, 16. Este verso ha de entenderse desde el aviso anterior, empezando por la afirmación de que *Dios odia el divorcio* (שָׂנֵא שַׁלַּח). שׁלח es infinitivo constructo *piel*, y objeto de שׂנא: "el hecho de enviar fuera a una mujer" (divorcio). שׂנא es un participio, con el sujeto pronominal omitido, como en *maggîd* (Zac 9, 12), porque puede inferirse fácilmente desde las palabras que siguen. אמר יי (dice el Señor de los ejércitos). Este pensamiento no va en contra de Dt 24, 1, donde se permite la expulsión de una mujer (de una esposa), porque esa expulsión fue permitida por la dureza de sus corazones, mientras que Dios desea que un matrimonio pueda mantenerse como sagrado (cf. Mt 19, 3 y el *Coment.* sobre Dt 24, 1-5).

Una segunda razón para condenar el divorcio aparece en חָמָס עַל־לְבוּשׁוֹ וְכִסָּה, que no depende de כִּי שָׂנֵא, sino que forma una sentencia coordenada con ella. Podemos traducir esas palabras de dos formas: "aquel que expulsa a su mujer cubre su vestido con pecado; o el pecado cubre su vestido…". El significado es en ambos casos el mismo, es decir, que la iniquidad se adherirá de forma inseparable a ese hombre. La expresión figurativa puede explicarse desde la idea de que el vestido refleja la parte interior de un hombre, de manera que un vestido manchado es símbolo de la impureza del corazón (cf. Zc 3, 4; Is 64, 5; Ap 3, 4; 7, 14). Con una repetición del aviso de mantener la fidelidad este tema llega a su conclusión.

MALAQUÍAS 2, 17–4, 6
EL DÍA DEL SEÑOR

En esta sección las palabras del profeta se dirigen en contra del espíritu de descontento y de murmuración que prevalecían entre el pueblo, que había perdido la fe en todas las promesas de Dios, porque la esperada manifestación de la gloria del Señor para bien de su pueblo no había acontecido aún, de manera que en su desesperación ellos comenzaban a negar también la venida del Señor para juzgar el mundo. El profeta deja que se expresen los sentimientos del pueblo en 2, 17, con el propósito de que puedan ser respondidos con el anuncio del día del Señor en Mal 3–4.

Antes de su venida, el Señor enviará un mensajero, para preparar su camino. Y entonces él mismo vendrá repentinamente, para refinar a su pueblo con el fuego del juicio y para exterminar a los pecadores (3, 1–5). Es el pueblo el que está retrasando la revelación de la salvación prometida a través de su infidelidad a Dios (3, 7–12), y preparando así la destrucción para sí mismo a través de su murmuración impaciente, porque en el día del juicio nadie encontrará misericordia, sino solo los justos; de esa forma, el juicio pondrá de manifiesto la distinción entre los justos y los malvados (3, 13–18), de forma que traerá la destrucción para los malvados y la salvación para los justos (4, 1–3).

En ese momento, el profeta cierra su amonestación, pidiendo a los israelitas que pongan su corazón en la ley de Moisés, anunciando que el Señor enviará al profeta Elías, antes del día de su venida, para llamar al arrepentimiento a la nación degenerada, a fin de que, cuando él aparezca, la tierra no sea *destruida* con la maldición (4, 4–6).

2, 17

¹⁷ הוֹגַעְתֶּ֤ם יְהוָה֙ בְּדִבְרֵיכֶ֔ם וַאֲמַרְתֶּ֖ם בַּמָּ֣ה הוֹגָ֑עְנוּ בֶּאֱמָרְכֶ֞ם
כָּל־עֹ֨שֵׂה רָ֜ע ט֣וֹב ׀ בְּעֵינֵ֣י יְהוָ֗ה וּבָהֶם֙ ה֣וּא חָפֵ֔ץ א֥וֹ אַיֵּ֖ה אֱלֹהֵ֥י הַמִּשְׁפָּֽט׃

¹⁷ Habéis hecho cansar a Yahvé con vuestras palabras. Y preguntáis: ¿En qué lo hemos cansado? En que decís: Cualquiera que hace mal, agrada a Yahvé; en los tales se complace; o si no: ¿Dónde está el Dios de justicia?

Las personas que aparecen introducidas aquí como hablando no son ni los piadosos israelitas, que se hallaban no solo oprimidos por el peso de sus duras aflicciones, sino también indignados por la prosperidad de su paisanos impíos, sintiéndose así impulsados a expresar sus quejas desesperadas y sus dudas por la justicia de Dios (Teodoreto).

Estos que hablan así no formaban un tipo de clase intermedia entre los verdaderamente piadosos y los totalmente impíos, integrada por aquellos que se sentían impulsados por un tipo de instinto que quería adaptar su fe heredada de los padres y cumplir los mandamiento de la ley moral de Dios, pero no tenía fundamentos de su fe y piedad bastante profundos para someterse humildemente bajo los caminos maravillosos de Dios, de manera que, cuando surgía cualquier tipo de acción de Dios que no correspondía a sus expectativas, ellos perdían su fe en él y le daban la espalda (Koehler). Estos que así preguntan no son justos tentados que preguntan a Dios desde su perplejidad (como Job), sino más bien malvados.

Estos que murmuran son como sus antepasados, que se habían separado de la ley de Dios y le habían defraudado con sus diezmos y sus ofrendas voluntarias, aquellos con los que se contraponen los temerosos de Dios en 2, 16. En esa línea, el reproche que se eleva en contra de ellos en 2, 17 (cansáis a Dios con vuestras palabras…) y en 3, 13 (vuestras palabras me molestan…), muestra que ellos no pertenecen a los justos quienes, mientras se inclinan bajo el peso de la tentación, parecen elevar unas quejas semejantes, como las que leemos por ejemplo en Sal 37, etc., sino que son verdaderamente impíos.

Todo lo que sigue nos lleva a negar la existencia de tres tipos de personas, los justos, los impíos y finalmente los intermedios (de los que hablaba Koehler). El texto no ofrece ninguna indicación de que aquellos que murmuran han intentado cumplir los mandamientos morales de la ley de Dios.

La respuesta del Señor a sus murmuraciones se dirige a toda la nación de Israel, como una nación que se ha separado de los mandamientos de Dios y que le ha defraudado con los diezmos y los sacrificios (3, 7-8). El juicio que ellos querían ver debería recaer, según 3, 5, sobre los hechiceros, los adúlteros y otros tipos de grandes pecadores. Por otra parte, en 3, 26-18, las únicas personas que se distinguen de estas son los justos verdaderos, que recuerdan el nombre del Señor. De eso se sigue que los sentimientos expresados en 2, 17 y 3, 13 provenían de la nación entera, sin excepción alguna, una nación representada por la gran masa del pueblo, en contraste con un pequeño puñado de hombres fieles, que formaban una minoría que corría el riesgo de desaparecer ante el ataque dirigido en contra de ellos por la tendencia predominante de la nación.

Esta forma de pensar se expresa en las mismas palabras: "Ellos piensan que cualquiera que hace el mal es bueno ante los ojos de Dios, Yahvé se complace en los malvados". Por עשׂה רע los murmuradores no aluden a los pecadores notorios que hay en medio de ellos, sino a los paganos que disfrutan de una prosperidad no disturbada. Para dar razón a este pensamiento, ellos preguntan: ¿dónde está el Dios del juicio? אִו, *o*, es decir: si esto no es así, como se dice en Job 15, 3; 22, 11 ¿por qué no castiga Dios a los impíos paganos? ¿Por qué no actúa él como juez, si él no se complace en los malvados? A unas preguntas como estas el profeta las presenta como una forma de "cansar" (הוֹגַעְתֶּם) a Dios (cf. Is 43, 23-24).

3, 1. Venida del Señor para el juicio

הִנְנִי שֹׁלֵחַ מַלְאָכִי וּפִנָּה־דֶרֶךְ לְפָנָי וּפִתְאֹם יָבוֹא
אֶל־הֵיכָלוֹ הָאָדוֹן ׀ אֲשֶׁר־אַתֶּם מְבַקְשִׁים וּמַלְאַךְ הַבְּרִית
אֲשֶׁר־אַתֶּם חֲפֵצִים הִנֵּה־בָא אָמַר יְהוָה צְבָאוֹת:

¹ He aquí que yo envío mi mensajero para que prepare el camino delante de mí. Y vendrá súbitamente a su Templo el Señor a quien vosotros buscáis; y viene ya el ángel del pacto, a quien deseáis vosotros, ha dicho Yahvé de los ejércitos.

A la pregunta ¿dónde está o permanece el Dios del juicio? el Señor mismo responde diciendo que el vendrá de repente a su templo, pero que antes de su venida enviará un mensajero para que prepare su camino. El anuncio de este mensajero se apoya en la profecía de Is 40, 3, como lo muestra claramente la expresión וּפִנָּה־דֶרֶךְ que está tomada de ese pasaje.

La persona cuya voz oía Isaías llamando para preparar el camino de Yahvé en el desierto, a fin de que la gloria del Señor se revele a toda carne, se describe aquí como מלאך (cf. מַלְאָכִי), aquel a quien Yahvé enviará delante de él, es decir, antes de su venida. Pues bien, este que viene no es un mensajero celeste, o un ser espiritual (Rashi, Kimchi), ni es el ángel del Señor κατ' ἐξοχήν, que se mencionará después con el nombre de *maleakh habberîth,* sino un mensajero terrestre del Señor, y ciertamente aquel a quien Malaquías 4, 5 llamará Elías; por tanto no es una persona ideal, ni todo el coro de los mensajeros divinos, que preparan el camino para la llegada de la salvación, abriendo la puerta para la gracia futura (Hengstenberg), sino una persona concreta, un mensajero que fue realmente enviado a la nación en la persona de Juan Bautista, antes de la venida del Señor.

La visión idealizada de ese personaje queda excluida no solo por el hecho de que, en el período entre Malaquías y Juan Bautista, no surgió ningún profeta, sino también por el contexto de este mismo pasaje, según el cual el envío del mensajero debería realizarse inmediatamente antes de que el Señor viniera al templo. Ciertamente, en Mal 2, 7 al sacerdote se le llama mensajero de Yahvé, pero la expresión הִנְנִי שֹׁלֵחַ (mira que yo envío) impide que entendamos el término מַלְאָךְ, *maleâkh/ malâkh* como referido a los sacerdotes, o incluso incluyéndolos, pues el envío no se aplica a los sacerdotes en cuanto mediadores constantes entre el Señor y su pueblo. Más aún, precisamente porque los sacerdotes no cumplieron su deber como embajadores ordinarios de Dios, el Señor iba a enviar a un mensajero extraordinario.

Preparando el camino (con פַּנָּה־דֶּרֶךְ, una expresión peculiar de Isaías; cf. Is 40, 3; 57, 14 y 62, 10), es decir, para apartar los impedimentos del camino, evocando la remoción de todo lo que retarda la venida del Señor a su pueblo: superando la enemistad entre Dios y los impíos, por la predicación del arrepentimiento y la conversión de los pecadores. El anuncio de este mensajero implica por tanto que, en su condición de moralidad actual, este pueblo no se encuentra todavía preparado para la recepción del Señor, de manera que no tiene razón alguna para murmurar por el retraso de la gloria divina, sino que debería murmurar más bien de su propio pecado y de su alejamiento de Dios.

Cuando el camino se encuentre preparado, el señor vendrá de pronto, פִתְאֹם, que no significa sin más de inmediato (Jerónimo), sino de forma inesperado. Este carácter repentino se repite en todos los actos y juicios del Señor de la Gloria, que viene siempre como un ladrón en la noche para aquellos que duermen en sus pecados (Schmieder). El Señor (הָאָדוֹן, *hâ'âdōn*) es Dios, como es evidente que viene a su templo, es decir, al templo de Yahvé, y también por la cláusula de relativo que dice "a quien vosotros buscáis", que nos sitúa de pronto en el centro de la pregunta: ¿Dónde está el Dios del juicio? (2, 17).

El Señor viene a su templo (cf. *hēkhâl*, הֵיכָלוֹ, literalmente su "palacio"), como Dios-Rey de Israel para habitar allí por siempre (cf. Ez 43, 7; 37, 26-27). Y viene como Ángel de la Alianza, al que el pueblo está esperando. La identidad del Ángel de la Alianza (וּמַלְאַךְ הַבְּרִית) con el Señor Yahvé (הָאָדוֹן, *hâ'âdōn*) está fuera de toda duda por el paralelismo de las cláusulas, de manera que queda así refutada la suposición de que ese Ángel de la Alianza se identifica con la persona previamente nombrada como mi ángel, מלאכי (Hitzig, Maurer, etc.).

Esta identidad de Dios con el Ángel de la alianza no excluye una distinción de personas, pero excluye una diferencia entre los dos, o la opinión de que ese Ángel de la Alianza es el mediador prometido por Is 42, 6, como antitipo de Moisés e impulsor humano de una nueva, perfecta y eternamente duradera relación de alianza entre Dios e Israel (Hofmann, *Schriftbeweis*, i. p. 183). Porque lo que el pueblo estaba esperando no era la llegada de un segundo Moisés, ni del mediador de una nueva alianza, sino la llegada de Dios para el juicio.

La venida del Señor a su templo está representada como una venida del Ángel de la Alianza, con la referencia al hecho de que Yahvé había revelado en otro tiempo su gloria a través de su *Malakh* de una manera perceptible a los sentidos, y de que, a través de su revelación, él había no solo redimido a Israel de la mano de Egipto (Ex 3, 6), sino que había caminado delante del ejército de Israel (Ex 14, 19), dirigiendo a Israel a través del desierto hasta Canaán (Ex 23, 20; 33, 14).

Ese ángel, que es de la misma esencia de Yahvé, recibe aquí el nombre de Ángel de la Alianza. Esta no es simplemente la alianza prometida por Jer 31, 31, sino la alianza por la que Yahvé habita en medio de Israel y manifiesta su presencia de gracia bendiciendo a los justos y castigando a los impíos (cf. Ex 25, 8; Lev

25.11-12; Dt 4, 24; Is 33, 14) (Koehler). Las palabras "he aquí que él, el ángel de la alianza viene" (cf. הִנֵּה־בָא מַלְאַךְ הַבְּרִית) sirven para asegurar esa promesa, y están reforzadas por אָמַר יְהוָה צְבָאוֹת (dice el Señor de los Ejércitos).

Esta promesa se cumplió en la venida de Cristo (el Ángel de la Alianza, el *Logos* hecho carne) y en el envío de Juan Bautista, que preparó su camino (cf. también lo que se dirá sobre Mal 4, 6).

3, 2-4

² וּמִי מְכַלְכֵּל אֶת־יוֹם בּוֹאוֹ וּמִי הָעֹמֵד בְּהֵרָאוֹתוֹ
כִּי־הוּא כְּאֵשׁ מְצָרֵף וּכְבֹרִית מְכַבְּסִים׃
³ וְיָשַׁב מְצָרֵף וּמְטַהֵר כֶּסֶף וְטִהַר אֶת־בְּנֵי־לֵוִי וְזִקַּק אֹתָם
כַּזָּהָב וְכַכָּסֶף וְהָיוּ לַיהוָה מַגִּישֵׁי מִנְחָה בִּצְדָקָה׃
⁴ וְעָרְבָה לַיהוָה מִנְחַת יְהוּדָה וִירוּשָׁלָ͏ִם כִּימֵי עוֹלָם וּכְשָׁנִים קַדְמֹנִיּוֹת׃

² ¿Pero quién podrá soportar el tiempo de su venida? o ¿quién podrá estar en pie cuando él se manifieste? Porque él es como fuego purificador y como jabón de lavadores. 3 Él se sentará para afinar y limpiar la plata: limpiará a los hijos de Leví, los afinará como a oro y como a plata, y traerán a Yahvé ofrenda en justicia. 4 Entonces será grata a Yahvé la ofrenda de Judá y de Jerusalén, como en los días pasados, como en los años antiguos.

Con la venida del Señor comenzará también el juicio sobre los paganos, un juicio que está anhelando la nación impía como salvación para todos, pero que será venida de juicio sobre los miembros impíos de la nación de la alianza.

3, 2. La pregunta "quién soportará el día" tiene una respuesta negativa, como el מִי de Is 53, 1: nadie lo soportará (para el hecho mismo cf. Joel 2, 11). El profeta está hablando a los impíos. La razón de ello aparece en el segundo hemistiquio. El Señor viene como fuego de fundidor, que quema y destruye todos los ingredientes corrompidos que se han mezclado con el oro y la plata (cf. Zac 13, 9), o como la lejía o la sal alcalina con la que se limpian de su suciedad los vestidos.

3, 3. Esa doble figura solo tiene un significado, pero ella ha sido desarrollada aquí con detalle, con una imagen algo diferente, porque el Señor no se compara ya con el fuego, sino que está representado como un orfebre que purifica el oro y la plata, separándolos de la ganga que se les ha adherido; así refinará el Señor a los hijos de Leví, por quienes se entienden principalmente los sacerdotes.

La palabra יָשַׁב, *yâshabh* (se sienta) se emplea como descripción pictórica, como *'âmad* (se puso en pie) en Miq 5, 3. Los participios מְצָרֵף וּמְטַהֵר, *metsârēph wmetahēr*, describen la autoridad y finalidad con la que se sienta, es decir, como fundidor y purificador de plata. זקק, purificar, refinar; se emplea en relación a los metales, porque en el proceso de fundición y refinamiento sale a la luz el metal puro, de manera que los ingredientes de tierra queda fuera en el crisol (Sal 12, 7; Job 28, 1, etc.).

El hecho de que se nombren aquí los hijos de Leví, como efecto de la acción refinadora del Señor, ha de explicarse por lo dicho en Mal 1, 6, sobre su degeneración. Ellos eran los defensores y promotores de la vida religiosa de la nación, pero estaban muy corrompidos, por eso, la renovación de la vida de la nación debía comenzar con su purificación.

Sin embargo, esta purificación no consiste meramente en el hecho de que los individuos que no placen a Dios sean cortados y arrojados fuera (Koehler), ni solo en el hecho de que sean limpiados de sus pecados y de los crímenes que se les han pegado (Hitzig), sino que tiene ambos aspectos, de forma que los que pueden ser corregidos mejoran y los incorregibles son expulsados. Esto se encuentra implicado en la idea de purificación y queda confirmado por el resultado de la obra refinadora del Señor, tal como ha sido presentada al final del verso.

Ellos han de venir al Señor, convirtiéndose en oferentes de sacrificios en justicia. En esa línea, בִּצְדָקָה, *bitsedâqâh,* no se refiere a la naturaleza de los sacrificios, es decir, a su rectitud, tal como corresponde a la ley, sino al carácter moral de los oferentes, de forma que realicen la ofrenda del sacrificio en un estado puro de corazón, como se dice en Sal 4, 6. וְהָיוּ לַיהוָה מַגִּישֵׁי es una construcción perifrástica, que indica la permanencia de la acción (cf. Ewald, 168 c). El *tsaqeph-qaton* encima de לַיהוָה no nos obliga a separar esa palabra de la anterior (cf. por el contrario, por ejemplo Gen 1, 6).

3, 4. Entonces, es decir, cuando los sacerdotes ofrezcan de nuevo sacrificios en justicia, los sacrificios de toda la nación serán agradables al Señor, como sucedía en los tiempos antiguos. Los días de los tiempos antiguos y los días del pasado son los tiempos de Moisés, los primeros años de la peregrinación por el desierto (Jer 2, 2), y posiblemente también los tiempos de David y los primeros años del reinado de Salomón, mientras que ahora, en el tiempo de Malaquías, los sacrificios de la nación displacen a Dios, no meramente a causa de los pecados del pueblo (Mal 2, 13), sino principalmente por la maldad de los sacerdotes sacrificadores (Mal 1, 10.13).

A pesar de ello no podemos inferir de eso que Malaquías imaginara que la adoración sacrificial seguiría realizándose en los tiempos mesiánicos, sino que estas palabras han de explicarse desde la costumbre que tienen los profetas de utilizar las formas de adoración del Antiguo Testamento para simbolizar la reverencia de Dios que caracterizará la Nueva Alianza.

3, 5–6

⁵ וְקָרַבְתִּי אֲלֵיכֶם לַמִּשְׁפָּט וְהָיִיתִי עֵד מְמַהֵר בַּמְכַשְּׁפִים
וּבַמְנָאֲפִים וּבַנִּשְׁבָּעִים לַשָּׁקֶר וּבְעֹשְׁקֵי שְׂכַר־שָׂכִיר אַלְמָנָה

וְיָתוֹם וּמַטֵּי־גֵר וְלֹא יְרֵאוּנִי אָמַר יְהוָה צְבָאוֹת:
⁶ כִּי אֲנִי יְהוָה לֹא שָׁנִיתִי וְאַתֶּם בְּנֵי־יַעֲקֹב לֹא כְלִיתֶם:

⁵ Vendré a vosotros para juicio, y testificaré sin vacilar contra los hechiceros y adúlteros, contra los que juran falsamente; contra los que defraudan en su salario al jornalero, a la viuda y al huérfano, contra los que hacen injusticia al extranjero, sin tener temor de mí, dice Yahvé de los ejércitos. ⁶ Porque yo, Yahvé, no cambio; por esto, hijos de Jacob, no habéis sido consumidos.

3, 5. La transformación que el Señor realizará en su venida no se limitará a los sacerdotes, sino que será un juicio sobre todos los pecadores. La amenaza del juicio se dirige en contra de aquellos que desean que venga el juicio de Dios, según 2, 17. A esos el Señor los llevará cerca de su tribunal, y se levantará como juez rápido contra todos aquellos que no le temen.

La palabra קרבתי no implica que el juicio anunciado comenzará de repente. El acercamiento del juicio acontece en el día de su venida (Mal 3, 1), y está precedido por el envío del mensajero para preparar su camino. Esas palabras no dicen nada sobre el tiempo de su venida, porque eso no fue revelado al profeta. Tampoco hay ninguna referencia a ellos en la palabra ממהר, sino simplemente el anuncio de que el Señor vendrá con rapidez inesperada, en contraste con la murmuración del pueblo que habla del retraso del juicio (2, 17).

מְמַהֵר responde esencialmente al מִשְׁפָּט de Mal 3, 1. Dios viene como testigo de hecho en contra de los malvados, convenciéndoles de su culpa y castigándoles. Los pecados particulares mencionados aquí son pecados considerados graves a los ojos de la ley, de manera que en algún sentido estaban castigados con la muerte, cf. Ex 22, 17; Lev 20, 10; Dt 22, 22. La hechicería era un pecado muy común entre los judíos después de la cautividad, como resulta evidente por pasajes como Hch 8, 9; 13, 6 y varios de Josefo, como *Ant.* xx. 6; *Bell. Jud.* ii. 12, 23. Por su parte, la frecuencia del adulterio se puede inferir de la condena de los matrimonios con mujeres paganas en Mal 2, 10-16. Sobre el juramento en falso cf. Lev 19, 12.

La expresión oprimir el salario del trabajador (וּבְעֹשְׁקֵי שְׂכַר־שָׂכִיר, defraudar) resulta poco usual, porque el único pasaje en el que עשק se construye con un objeto neutro es Miq 2, 2, y en todos los demás casos se aplica a personas. Para עשק שכיר cf. Lev 19, 13 y Dt 24, 14-15, al que este reproche alude. ויתום אלמנה no son genitivos dependientes de שכר, sino nuevos objetos de עשקי.

Sobre el hecho en sí cf. Ex 22, 21-23; Dt 24, 17; 27, 19. A מטי גר no hay que suplir משפט, según Dt 24, 17 y 27, 19, sino que הטה se utiliza aquí de personas, lo mismo que en Am 5, 12: aplastar al extranjero, oprimirle de un modo injusto. Las palabras "y no temerme" evocan la fuente de la que manan todos los pecados aquí mencionados.

3, 6. Esta amenaza de juicio se desarrolla en una cláusula doble: Yahvé no cambia, de forma que los hijos de Israel no deben perecer. Dado que Yahvé no cambia en sus propósitos, y los hijos de Israel no deben perecer, por eso, Dios exterminará a los malvados de Israel, por medio del juicio, a fin de refinar al pueblo y darle una forma que responda a su llamada.

Aquí se utilizan verbos en perfecto, para establecer una verdad permanente. El hecho de que Dios sea incambiable está expresado en el mismo nombre "Yahvé", aquel que es, el que es absolutamente independiente, el único que existe de un modo absoluto (cf. Gen 2, 4). Para el hecho mismo, cf. Num 23, 29; 1 Sam 15, 29; Sant 1, 17.

Yahvé está en aposición a אֲנִי y no es un predicado en el sentido de "Yo soy Yahvé" (Lutero, Hengstenberg, etc.). Esto es evidente por el paralelo con וְיַעֲקֹב בְּנֵי יעק (y vosotros los hijos de Jacob), palabras en las que nadie piensa que וְאַתֶּם בְּ (hijos de Jacob) pueda ser un predicado.

Kâlâh (cf. כְלִיתֶם) es alcanzar el fin, ser destruidos, como en el pasaje paralelo de Jer 30, 22, que debía estar en la mente del profeta cuando proclamaba estas cosas. El nombre "hijos de Jacob" (poéticamente: hijos de Israel) se utiliza enfáticamente para referirse a los miembros verdaderos del pueblo de Dios, que llevan justamente el nombre de Israel. Estos no perecen, porque su existencia se apoya sobre la promesa de un Dios inmutable (cf. Rom 11, 28-29).

3, 7-9

⁷ לְמִימֵי אֲבֹתֵיכֶם סַרְתֶּם מֵחֻקַּי וְלֹא שְׁמַרְתֶּם שׁוּבוּ אֵלַי וְאָשׁוּבָה אֲלֵיכֶם אָמַר יְהוָה צְבָאוֹת וַאֲמַרְתֶּם בַּמֶּה נָשׁוּב׃
⁸ הֲיִקְבַּע אָדָם אֱלֹהִים כִּי אַתֶּם קֹבְעִים אֹתִי וַאֲמַרְתֶּם בַּמֶּה קְבַעֲנוּךָ הַמַּעֲשֵׂר וְהַתְּרוּמָה׃
⁹ בַּמְּאֵרָה אַתֶּם נֵאָרִים וְאֹתִי אַתֶּם קֹבְעִים הַגּוֹי כֻּלּוֹ׃

⁷ Desde los días de vuestros padres os apartáis de mis leyes y no las guardáis. ¡Volveos a mí y yo me volveré a vosotros!, ha dicho Yahvé de los ejércitos. Pero vosotros decís: ¿En qué hemos de volvernos? ⁸ ¿Robará el hombre a Dios? Pues vosotros me habéis robado. Y aún preguntáis: ¿En qué te hemos robado? En vuestros diezmos y ofrendas.
⁹ Malditos sois con maldición, porque vosotros, la nación toda, me habéis robado.

Tras haber anunciado al pueblo murmurador que Dios hará que se acerque de inmediato el juicio sobre los malvados, él viene a explicar la razón por la que ha negado hasta ahora su bendición y su salvación. La razón por la que Israel espera en vano el juicio y la salvación que llega con ese juicio, no ha de buscarse en Dios, sino en el pueblo, en el hecho de que, desde tiempo inmemorial, ellos han transgredido los mandamientos de Dios (cf. Is 43, 27; Ez 2, 3; Os 10, 9), aunque ellos se miran a sí mismos más bien como justos.

Ellos replican a la llamada al arrepentimiento diciendo בַּמֶּה נָשׁוּב: ¿en qué, es decir, de qué manera tenemos que convertirnos? El profeta les muestra por tanto su pecado, ellos hacen aquello que ningún hombre debería hacer: defraudan a Dios en los diezmos y en las ofrendas voluntarias, no pagándolas en modo alguno, o no pagándolas como debería hacerse en la casa de Dios. קבע, un término que solo aparece aquí y en Prov 22, 23, significa defraudar, engañar. הַמַּעֲשֵׂר וגתר es un acusativo de libre subordinación, a no ser que suplamos la preposición ב tomándola de la misma pregunta.

Sobre los diezmos cf. *Coment.* a Lev 27, 30; Num 18, 20 y Dt 14, 22 (cf. también mi *Bibl. Ant.* i. pp. 337 ss. Por su parte, para las ofrendas voluntarias (*terūmâh*), de las que se separa una parte para utilizarla para la adoración divina, cf. también mi *Bibl. Ant.* i. p. 245. Y ellos actúan así a pesar de que Dios les ha visitado ya con severos castigo, es decir, con la maldición de la infecundidad y la pérdida de la cosecha. Podemos ver por Mal 3, 10-12 que la maldición por la que ellos habían sido castigados consiste en esto. יאתי es adversativo: y a pesar de ello me defraudáis, y lo hace toda la nación, y no algunos individuos particulares.

3, 10-12

¹⁰ הָבִיאוּ אֶת־כָּל־הַמַּעֲשֵׂר אֶל־בֵּית הָאוֹצָר וִיהִי טֶרֶף בְּבֵיתִי וּבְחָנוּנִי נָא בָּזֹאת אָמַר יְהוָה צְבָאוֹת אִם־לֹא אֶפְתַּח לָכֶם אֵת אֲרֻבּוֹת הַשָּׁמַיִם וַהֲרִיקֹתִי לָכֶם בְּרָכָה עַד־בְּלִי־דָי:
¹¹ וְגָעַרְתִּי לָכֶם בָּאֹכֵל וְלֹא־יַשְׁחִת לָכֶם אֶת־פְּרִי הָאֲדָמָה וְלֹא־תְשַׁכֵּל לָכֶם הַגֶּפֶן בַּשָּׂדֶה אָמַר יְהוָה צְבָאוֹת:
¹² וְאִשְּׁרוּ אֶתְכֶם כָּל־הַגּוֹיִם כִּי־תִהְיוּ אַתֶּם אֶרֶץ חֵפֶץ אָמַר יְהוָה צְבָאוֹת: ס

¹⁰ Traed todos los diezmos a la casa del tesoro y haya alimento en mi casa: Probadme ahora en esto, dice Yahvé de los ejércitos, a ver si no os abro las ventanas de los cielos y derramo sobre vosotros bendición hasta que sobreabunde. ¹¹ Reprenderé también por vosotros al devorador, y no os destruirá el fruto de la tierra, ni vuestra vid en el campo será estéril, dice Yahvé de los ejércitos. ¹² Todas las naciones os dirán bienaventurados, porque seréis tierra deseable, dice Yahvé de los ejércitos.

El énfasis se empieza poniendo en כָּל, *kol*: hay que traer el templo todos los diezmos (כָּל־הַמַּעֲשֵׂר) y no meramente una porción de ellos, defraudando así al Señor. Ese diezmo se pagaba a Yahvé para sus siervos los levitas (Num 18, 24). Se entregaba al menos desde el tiempo de los últimos reyes, en el santuario, donde se habían edificado almacenes con esa finalidad (cf. 2 Cron 31, 11; Neh 10, 38-39; 12, 44; 13, 12).

טֶרֶף, *tereph*, significa aquí comida, aquello que se consume, como en Prov 31, 15; Sal 111, 5. בָּזֹאת, a través de esto, es decir, por el hecho de dar a Dios aquello que tenían obligación de darle; de esa forma ellos probarán a Dios, viendo si su actitud es santa y recta (Mal 2, 17; 3, 6).

El día del Señor

De esa forma aprenderán y verán que Dios hace que las bendiciones fluyan, con rica abundancia para aquellos que guardan sus mandamientos. אם לא no es aquí una partícula que se emplea en los votos o juramentos (Koehler), sino que introduce una pregunta indirecta: si no…Abrir las ventanas o esclusas del cielo es una imagen que denota la entrega abundante de bendiciones, de manera que fluyan como lluvia de los cielos (como en 2 Rey 7, 2). עַד־בְּלִי־דָי, hasta que no haya más necesidad, es decir, en superabundancia.

Este pensamiento se concreta en 3, 11: Dios exterminará todo aquello que pueda dañar los frutos del campo. גער (cf. וְגָעַרְתִּי) rechazar prácticamente, reprender, impedir que actúe. אכל, el devorador, es aquí la langosta, con su insaciable voracidad. *Shikkēl* (cf. תְּשַׁכֵּל), destruir, se aplica aquí a la viña, cuando tiene ya una buena cantidad de racimos, que se pierden o caen antes de madurar. A consecuencia de esas bendiciones, todas las naciones dirán que Israel es bienaventurado (3, 12), porque su tierra será objeto de riqueza y plenitud para cada uno (cf. Zac 7, 14; 8, 13.23).

3, 13-18. La impaciente murmuración de la nación

3, 13–15

¹³ חָזְקוּ עָלַי דִּבְרֵיכֶם אָמַר יְהוָה וַאֲמַרְתֶּם מַה־נִּדְבַּרְנוּ עָלֶיךָ׃
¹⁴ אֲמַרְתֶּם שָׁוְא עֲבֹד אֱלֹהִים וּמַה־בֶּצַע כִּי שָׁמַרְנוּ מִשְׁמַרְתּוֹ וְכִי הָלַכְנוּ קְדֹרַנִּית מִפְּנֵי יְהוָה צְבָאוֹת׃
¹⁵ וְעַתָּה אֲנַחְנוּ מְאַשְּׁרִים זֵדִים גַּם־נִבְנוּ עֹשֵׂי רִשְׁעָה גַּם בָּחֲנוּ אֱלֹהִים וַיִּמָּלֵטוּ׃

¹³ Vuestras palabras contra mí han sido violentas, dice Yahvé. Y todavía preguntáis: ¿Qué hemos hablado contra ti? ¹⁴ Habéis dicho: Por demás es servir a Dios. ¿Qué aprovecha que guardemos su Ley y que andemos afligidos en presencia de Yahvé de los ejércitos? ¹⁵ Hemos visto que los soberbios son felices, que los que hacen impiedad no solo prosperan, sino que tientan a Dios, y no les pasa nada.

Después que el Señor ha revelado al pueblo la causa por la que no le ha ofrecido sus bendiciones, él les vuelve a mostrar que su murmuración en contra de él es injusta, y que el día próximo del juicio mostrará claramente la distinción entre los malvados y aquellos que temen a Dios.

3, 13. חזק con על, ser duro con una persona, no significa ser simplemente poco educado o pesado, sino hacerle violencia, imponerse sobre ella (cf. Ex 12, 33; 2 Sam 24, 4, etc.). El *nifal* de *nidbar* en מַה־נִּדְבַּרְנוּ עָלֶיךָ tiene un sentido recíproco, de conversar entre sí (cf. Ez 33, 30).

3, 14. Las conversaciones que ellos mantienen entre sí, avanzan en esa línea: ¡Es inútil servir a Dios, porque los justos no tienen ventaja sobre los pecadores! Para שָׁמַרְנוּ מִשְׁמַרְתּוֹ cf. *Coment*. a Gen 26, 5. Las palabras *hâlakh qedōrannîth* (cf.

הָלַכְנוּ קְדֹרַנִּית) significan ir sucio o de luto, por llevar vestidos sucios o de penitencia y lamentación (*saq*), como signo de tristeza, aquí de ayuno o de lamentación por el pecado (cf. Sal 35, 13-14; 38, 7; Job 30, 28; 1 Mac 3, 48).

מִפְּנֵי יהוה, por temor a Yahvé, por el cual ellos reparan algunos pecados contra Dios. El texto no se refiere, por tanto, a los días de ayuno, prescritos por la Ley, sino al ayuno voluntario, que se consideraba como un signo especial de piedad. Lo reprensible en esta forma de pensar no es tanto el lamento porque su piedad no les garantizaba ninguna ventaja (esos lamentos aparecen también en almas creyentes, en sus horas de tentación, cf. Sal 73, 13) como la ilusión de que una piedad meramente externa y mala, conforme a lo que hemos venido afirmando, era la auténtica adoración que Dios debía reconocer y recompensar. Esta forma de valorar el ayuno como puro *opus operatum* ha sido condenada por Is 58, 1-15, pero tras la cautividad siguió creciendo, hasta alcanzar su culminación en el fariseísmo.

3, 15. La diferencia entre las personas que hablan aquí y las almas creyentes en un momento de tentación, que apelan también a su justicia, cuando llaman a Dios desde su angustia, resulta especialmente clara por las palabras de 3, 15. Dado que Dios no recompensa su ayuno con bendiciones y prosperidad material, ellos comienzan a recordar a los pecadores orgullosos, que son felices y tienen éxito, siendo bendecidos.

וְעַתָּה es una partícula de inferencia. El participio מְאַשְּׁרִים tiene aquí el sentido de *futurum instans* (cf. Ewald, 306, d), indicando aquello que los hombres se preparan para hacer. זֵדִים, *zēdīm*, soberbios u orgullosos, son los paganos como en Is 13, 11, que en la frase siguiente se llamarán: עֹשֵׂי רִשְׁעָה, es decir, los que actúan de un modo impío.

Las dos frases siguientes aparecen en relación recíproca entre sí, con עֹשֵׂי גַם גַם, *gam ... gam* (cf. Jer 12, 16-17; Ex 1, 21), indicando que, a pesar de que han tentado a Dios, esos impíos son liberados cuando caen en una gran necesidad. בָּחֲנוּ אֱלֹהִים, *bâchanû Elohim*, han puesto a prueba a Dios, han invocado su juicio, a pesar de su maldad.

3, 16-18

¹⁶ אָז נִדְבְּרוּ יִרְאֵי יְהוָה אִישׁ אֶת־רֵעֵהוּ וַיַּקְשֵׁב יְהוָה וַיִּשְׁמָע
וַיִּכָּתֵב סֵפֶר זִכָּרוֹן לְפָנָיו לְיִרְאֵי יְהוָה וּלְחֹשְׁבֵי שְׁמוֹ:
¹⁷ וְהָיוּ לִי אָמַר יְהוָה צְבָאוֹת לַיּוֹם אֲשֶׁר אֲנִי עֹשֶׂה סְגֻלָּה וְחָמַלְתִּי
עֲלֵיהֶם כַּאֲשֶׁר יַחְמֹל אִישׁ עַל־בְּנוֹ הָעֹבֵד אֹתוֹ:
¹⁸ וְשַׁבְתֶּם וּרְאִיתֶם בֵּין צַדִּיק לְרָשָׁע בֵּין עֹבֵד אֱלֹהִים לַאֲשֶׁר לֹא עֲבָדוֹ

¹⁶ Entonces los que temían a Yahvé hablaron entre sí. Yahvé escuchó y oyó, y fue escrito ante él un memorial de los que temen a Yahvé y honran su nombre. ¹⁷ Serán para mí especial tesoro, dice Yahvé de los ejércitos, en el día en que yo actúe. Los perdonaré como un hombre perdona al hijo que lo sirve. ¹⁸ Entonces os volveréis

El día del Señor

y discerniréis la diferencia entre el justo y el malo, entre el que sirve a Dios y el que no le sirve.

3, 16. El profeta pone de relieve el contraste de los malvados con aquellos que de verdad temen a Dios, insistiendo en la bendición que deriva de su piedad. נִדְבְּרוּ אָז, entonces hablaron… אָז, entonces, indica que la conversación entre aquellos que temen a Dios ha sido ocasionada por las palabras de los impíos.

La sustancia de esta conversación no se describe de un modo más minucioso, pero puede deducirse del contexto, por la forma de entender la manera en que Dios se manifiesta ante aquellos que fortalecen su fe en Yahvé, el Dios santo y justo juez, que sancionará en su debido tiempo, tanto a los malvados como a los justos, conforme a las obras que han realizado, insistiendo en la perdición de una gran masa, a causa de sus palabras blasfemas.

De esa manera, la descripción de la conducta de los piadosos sirve como amonestación indirecta para el pueblo, al que quiere mostrar lo que debe ser su actitud ante Dios. Aquello que han hecho los que temen a Yahvé debería tomarse como modelo para toda la nación, que invoca a Yahvé como su Dios.

Yahvé no solo tomó nota de estas conversaciones, sino que las ha escrito en un libro de memoria o memorial (סֵפֶר זִכָּרוֹן), para recompensar a los justos a su debido tiempo. Escribir en un libro de "memorias" nos hace recordar la costumbre que tenían los persas de escribir en un libro los nombres de aquellos que habían servido bien al reino, destacando sus méritos, a fin de que pudieran ser recompensados en su tiempo (Est 6, 1). Pero esa costumbre se funda en una idea todavía mucho más antigua, según la cual los nombres y las acciones de los justos están escritos en un libro ante Dios (cf. Sal 56, 9; Dan 7, 10).

Este libro se escribía לְפָנָיו, ante Yahvé, es decir, no en su presencia, sino con la finalidad de que pudiera estar delante de Yahvé, recordándole los nombres y las obras de los justos. לְיִרְאֵי es un dativo de afirmación (*dativum commodi*): "Para aquellos que temen a Dios", es decir, para su bien. חֹשְׁבֵי שֵׁם, para considerar o valorar el nombre del Señor (cf. Is 13, 17; 33.8).

3, 17. Este escrito se había hecho para que el Señor reconociera a los justos como suyos en el día de su venida, mostrándoles así misericordia. לַיּוֹם, *layyōm*: para el día, es decir, en el día. El *lamed* indica el tiempo, como en Is 10, 3; Gen 21, 2, etc. El día en que Yahvé "hace" es el día del juicio que se vincula a su venida. סְגֻלָּה, *segullâh,* no es el objeto de '*ōseh*, como podríamos suponer conforme a los acentos, sino de *hâyū*: ellos serán mi posesión en el día que yo crearé. Esto es evidente, en parte por una comparación con Mal 4, 3 donde reaparecen las palabras יוֹם אֲשֶׁר אֲנִי עֹשֶׂה, y en parte por el pasaje original de Ex 19, 5: vosotros seréis mi סְגֻלָּה, *segullâh,* es decir, una posesión muy valiosa (cf. *Coment.* a Es 1, 5). Entonces, los justos serán posesión de Yahvé, porque aquel día se revelará ante todos la Gloria de los hijos de Dios, y el Israel de Dios alcanzará la medida y plenitud de su llamada celestial (cf. Col 3, 4). El Señor les liberará en el juicio, como el padre libera al hijo que le sirve.

3, 18. El profeta reta a los murmurados para que consideren lo que se ha dicho en relación con los justos, diciéndoles que ellos verán entonces la diferencia entre los justos que sirven a Dios y los malvados que no le sirven, es decir, les enseñara que es siempre provechoso servir a Dios.

שבתם ante de ראיתם ha de tomarse de un modo adverbial. La expresión "de nuevo" que muestra la diferencia entre aquellos que temen a Dios y los impíos tendría que haberse descubierto previamente, y que el Señor ya la ha manifestado a través de sus juicios anteriores. Este ha sido el caso de Egipto, cuando el Señor decidió trazar ya esa separación (Ex 11, 7).

Estas palabras no implican que las personas a las que se dirige este discurso han tenido previamente una opinión distinta del tema (Koehler). ראה בין no significa "mirar entre" (Hitzig), pues בּ se utiliza en un sentido de sustantivo, indicando aquello que está entre los dos puntos, es decir, la diferencia entre los dos. La palabra בין ha sido originalmente un nombre, como es evidente por el dual הבינים en 1 Sam 17, 4.23.

4, 1-3 (= 3, 19-21).

כִּי־הִנֵּה הַיּוֹם בָּא בֹּעֵר כַּתַּנּוּר וְהָיוּ כָל־זֵדִים וְכָל־עֹשֵׂה ¹⁹
רִשְׁעָה קַשׁ וְלִהַט אֹתָם הַיּוֹם הַבָּא אָמַר יְהוָה צְבָאוֹת אֲשֶׁר
לֹא־יַעֲזֹב לָהֶם שֹׁרֶשׁ וְעָנָף:
וְזָרְחָה לָכֶם יִרְאֵי שְׁמִי שֶׁמֶשׁ צְדָקָה וּמַרְפֵּא בִּכְנָפֶיהָ ²⁰
וִיצָאתֶם וּפִשְׁתֶּם כְּעֶגְלֵי מַרְבֵּק:
וְעַסּוֹתֶם רְשָׁעִים כִּי־יִהְיוּ אֵפֶר תַּחַת כַּפּוֹת רַגְלֵיכֶם בַּיּוֹם ²¹
אֲשֶׁר אֲנִי עֹשֶׂה אָמַר יְהוָה צְבָאוֹת: פ

¹ Ciertamente viene el día, ardiente como un horno, y todos los soberbios y todos los que hacen maldad serán estopa. Aquel día que vendrá, los abrasará, dice Yahvé de los ejércitos, y no les dejará ni raíz ni rama. ² Mas para vosotros, los que teméis mi nombre, nacerá el sol de justicia y en sus alas traerá salvación. Saldréis y saltaréis como becerros de la manada. ³ Y hollaréis a los malos, los cuales serán ceniza bajo las plantas de vuestros pies, en el día que yo hago, ha dicho Yahvé de los ejércitos.

4, 1. La amonestación anterior a los impíos se explica con una visión de la separación que se realizará en el día del juicio, que será para ellos como un horno ardiente. "El fuego en el horno quema más que al aire libre" (Hengstenberg). Los impíos se parecerán entonces a la paja que el fuego consume (cf. Is 5, 24; Sof 1, 18; Abd 1, 18, etc.). זדים y עשה רשעה remiten a Mal 3, 15.

Aquellos a quienes la nación de los murmuradores llamaba bienaventurados serán consumidos por el fuego, como la paja que se quema, y con ellos todos los malvados y por tanto los mismos murmuradores. אשר antes de לא יעזב es una conjunción, *quod*; y el sujeto no es Yahvé, sino el día que viene. La expresión "raíz y rama" está tomada del árbol: el árbol que es la masa impía del pueblo (cf. Am 2, 9), indicando una destrucción total, de manera que no quedará nada de los impíos.

4, 2-3. Para los justos, en cambio, saldrá el sol de justicia (שֶׁמֶשׁ צְדָקָה).

Tsedâqâh aparece aquí como genitivo epexegético de aposición. Desde Justino en adelante, casi todos los comentaristas antiguos, identificaron al sol de justicia con Cristo, a quien se supone que están describiendo como un sol creciente, como Yahvé en Sal 84, 12 e Is 60, 19. Ciertamente, esta visión es verdadera, porque el Cristo que viene trae justicia y salvación. Pero en su contexto esta palabra, aquí, no puede entenderse en sentido personal, sino que indica simplemente la idea que la justicia en sí misma viene a interpretarse como un sol.

Por su parte, צְדָקָה, *tsedâqâh,* no es aquí la justificación, ni el perdón de los pecados, como han supuesto Lutero y otros, pues en el día del juicio no habrá perdón de los pecados, pues Dios recompensará o castigará a cada hombre de acuerdo con sus obras. La *tsedâqâh* es aquí, como frecuentemente en Isaías (cf. Is 45, 8; 46, 13; 51, 5, etc.), la justicia en sus consecuencias y efectos, la suma y substancia de la salvación.

Malaquías utiliza esa palabra *tsedâqâh,* justicia, en lugar de ישע, salvación, con una alusión al hecho de que los impíos se lamentaban de la ausencia del juicio de la justicia de Dios, es decir, de la justicia que no solamente castiga a los impíos, sino que recompensa y premia a los buenos con felicidad y salvación. El sol de la justicia lleva מרפא, salvación, en sus alas.

Esas alas del sol son sus rayos, es decir, los rayos de los que está rodeado y no una expresión indicando velocidad o rapidez. Así como los rayos del sol expanden luz y calor sobre la tierra, para crecimiento y maduración de las plantas y de las creaturas vivas, de esa forma, el sol de justicia ofrecerá la curación de todos los golpes y heridas que el poder de la oscuridad ha infligido a los justos.

Y entonces ellos saldrán de las oquedades y de las cuevas en las que se han protegido durante la noche del sufrimiento, y donde han estado escondidos, para saltar como novillas que estaban atados al establo, siendo conducidos a los campos de pastoreo (cf. 1 Sam 28, 24). Sobre *pûsh,* saltar (cf. וּפִשְׁתֶּם) cf. *Coment.* a Hab 1, 8. Y los que temen al Señor no solo serán liberados de toda opresión, sino que adquirirán poder sobre los impíos. Ellos pisotearán a los impíos, que se habrán convertido entonces en cenizas, yaciendo como cenizas en el suelo, tras haber sido completamente destruidos por el fuego del juicio (cf. Is 26, 5-6).

4, 4-6 (= 3, 22-24). Admonición conclusiva

² זִכְרוּ תּוֹרַת מֹשֶׁה עַבְדִּי אֲשֶׁר צִוִּיתִי אוֹתוֹ בְחֹרֵב
עַל־כָּל־יִשְׂרָאֵל חֻקִּים וּמִשְׁפָּטִים׃

Malaquías 4, 4-6 (= 3, 22-24)

²³ הִנֵּ֨ה אָנֹכִ֜י שֹׁלֵ֣חַ לָכֶ֔ם אֵ֖ת אֵלִיָּ֣ה הַנָּבִ֑יא
לִפְנֵ֗י בּ֚וֹא י֣וֹם יְהוָ֔ה הַגָּד֖וֹל וְהַנּוֹרָֽא׃
²⁴ וְהֵשִׁ֤יב לֵב־אָבוֹת֙ עַל־בָּנִ֔ים וְלֵ֥ב בָּנִ֖ים עַל־אֲבוֹתָ֑ם
פֶּן־אָב֕וֹא וְהִכֵּיתִ֥י אֶת־הָאָ֖רֶץ חֵֽרֶם׃

⁴ Acordaos de la ley de Moisés mi siervo, al cual encargué en Horeb ordenanzas y leyes para todo Israel[126]. ⁵ He aquí, yo os envío a Elías el profeta, antes que venga el día de Yahvé grande y terrible. ⁶ Él convertirá el corazón de los padres a los hijos, y el corazón de los hijos a los padres: no sea que yo venga, para herir la tierra con la destrucción (=con el anatema).

4, 4. La amonestación "recordad la ley de Moisés..." forma la conclusión no solo esta sección (Mal 3, 13-4, 3), sino de todo el libro de Malaquías y no puede conectarse con 4, 3, en el sentido de "recuerda lo que Moisés ha escrito en la Ley en relación a Cristo o a la venida del juicio" como pensaba Teodoro de Mopsuestia y otros autores; pero tampoco puede restringirse al tiempo previo a la venida del Mesías con la interpolación de *Interim,* mientras tanto (cf. Sal. von Til y Michaelis).

Esta es más bien una admonición perfectamente general: la de recordar y observar o cumplir la Ley. Pues bien, esto se proclama aquí "no conforme a su forma casual y transitoria, sino conforme a su esencia, como expresando la santidad de Dios, igual que en Mt 5, 17 (Hengstenberg). De esa forma, el libro de Malaquías se cierra mostrando al pueblo cuál es el deber que ellos deben cumplir, a fin de librarse en el día del juicio de la maldición con la que se amenaza a los transgresores de la ley, a fin de participar así de la salvación tan generalmente deseada y prometida a aquellos que temen a Dios. Por la expresión מֹשֶׁ֣ה עַבְדִּ֑י (de Moisés mi siervo) la ley remite a Dios como a su autor; al revelar o dar la Ley, Moisés es solamente el siervo de Yahvé.

אֲשֶׁר֩ צִוִּ֨יתִי אוֹתוֹ֙ no debe traducirse "a quien (אֲשֶׁר אוֹתוֹ) yo encargué los estatutos y derechos para todo Israel" (Ewald, Bunsen), porque aquí no esperamos ninguna explicación ulterior de la relación en la que Moisés estuvo ante la ley, sino "la que

---

126. Los LXX han colocado este verso (Mal 4, 4) al final del libro, no para llamar la atención sobre su gran importancia, sino probablemente por la misma razón por la que la Masora observa al final de nuestro libro que en las יתקק, es decir, en los libros de Isaías, los Doce Profetas, las Lamentaciones y Eclesiastés el verso anteúltimo de esos libros debía ser repetido cuando se leyera en la sinagoga, y esto porque el último verso tenía un sonido demasiado duro. Es difícil que nos hallemos ante una transposición, pues la promesa de 4, 5 y 4, 6 no concuerda con la idea expresada en 4, 2-3, sino solo con la de 4, 4. Según la Masora, la letra ו de זְכְר֕וּ debía escribirse con mayúsculas, a pesar de que en muchos códices se escribía con las letras normales. Y tampoco esto se hacía para mostrar la gran importancia del verso, porque las indicaciones masoréticas tienen generalmente un sentido diferente, sino con toda probabilidad para indicar simplemente que este era el único pasaje de los Doce Profetas en el que la palabra se pronunciaba זְכְר֕וּ (cf. זְכְר֕וּ en Os 12, 6; 14, 8), mientras que en los otros libros, con la excepción de Job 18, 17, esta es la única pronunciación que encontramos.

El día del Señor

yo (=la Ley que yo) le mandé para todo Israel". *Tsivvâh* (cf. צִוִּיתִי) se construye con un doble acusativo, y también con על aludiendo a la persona a la que se refiere el mandato, como en Esd 8, 17; 2 Sam 14, 8; Est 4, 5.

Las palabras חֻקִּים וּמִשְׁפָּטִים, *chuqqīim ūmishpâtīm*, ofrecen una definición epexegética de אשר: "que yo mandé como ordenanzas y normas" en las que se concreta la Ley. Esas palabras remiten a Dt 4, 1; 8, 14, donde Moisés urge al pueblo a la observancia de la ley, y menciona también el Horeb como lugar donde la Ley fue dada. El conjunto de esta admonición forma una antítesis de la crítica de Mal 4, 4, en la que se dice que desde los días de sus padres ellos han desobedecido las ordenanzas de Yahvé. Ellos han de recordar que deben observarlas, para que el Señor cuando venga no destruya la tierra con su anatema.

4, 5. A fin de alejar esta maldición de Israel, el Señor enviará al profeta Elías, antes de su venida, con el propósito de promover un cambio en el corazón de la nación. La identidad del profeta Elías con el mensajero mencionado en 4, 1, a quien el Señor enviará delante de él, se reconoce de un modo universal. Pero hay opiniones distintas sobre la cuestión de quién es el Elías aquí mencionado. Había una visión muy antigua y muy extendida ente los rabinos y Padres de la Iglesia, según la cual, el profeta Elías, que había sido elevado al cielo reaparecería de nuevo, él mismo, en persona (cf. historia de la exposición de este versículo en Hengstenberg, *Christologie,* III, p. 648).

Los LXX piensan de esa forma, y traducen אליה הנביא por Ἠλίαν τὸν Θεσβίτην; así lo hizo también Ben Siraj (Eclo 48, 10), y lo mismo los judíos en tiempos de Cristo (Jn 1, 21; Mt 17, 10), como siguen haciendo Hitzig, Maurer y Ewald en tiempos más recientes. Pero esta visión resulta errónea por pasajes como Os 3, 5; Ez 34, 23; 37, 24 y Jer 30, 9, donde se promete el envío del rey David como verdadero pastor de Israel.

Pues bien, igual que en esos pasajes no podemos pensar en el retorno o resurrección del mismo David, quien había muerto hace ya tiempo, sino que se piensa en un rey que reinará sobre la nación de Dios con el espíritu y poder de David, así también aquí el Elías que ha de ser enviado solo puede ser un profeta con el espíritu y poder de Elías el Tesbita, pero siendo en persona distinto de Elías.

El segundo David debía nacer ciertamente de la familia de David, porque a la semilla de David se le había prometido la posesión eterna del trono. Por el contrario, la llamada profética no era de tipo hereditario en la familia del profeta, sino que se apoyaba solo sobre la elección divina y la emisión del Espíritu de Dios. Por eso, de un modo consecuente, por Elías no debemos pensar un descendiente lineal de Tesbita, sino simplemente un profeta en el que reviviera el espíritu y poder de Elías, como han pensado, Efrén el Sirio, Lutero, Calvino y la mayoría de los comentaristas protestantes.

Pero debemos seguir pensando en la razón por la que se nombra aquí al profeta Elías, no solo porque Elías fue llamado a su obra como reformador de Israel en un período en el que no había fe, ni verdadero temor de Yahvé, un tiempo que precedía inmediatamente a la llegada de un juicio terrible (Koehler), sino también y de un modo más especial por el poder y energía con la que Elías se levantó para dirigir de nuevo a la generación impía de su propio tiempo para que se convirtiera al Dios de los padres. Pero una cosa no excluye la otra, sino que la incluye. Cuanto mayor fuera la apostasía, mayor debía ser el poder para superarla, para rescatar de esa manera a los que estaban dominados por ella, antes de que estallara el juicio para rescatar a los endurecidos. Para Mal 4, 5 cf. Joel 3, 4.

4, 6. Este Elías tendrá la tarea de dirigir de nuevo el corazón de los padres hacia los hijos, y el de los hijos hacia los padres. El significado de eso no es que él quiera resolver disputas de familia, o restaurar la paz entre padres e hijos, porque el problema básico de la nación en el tiempo de nuestro profeta no lo formaban las disputas de familia sino el alejamiento de Dios.

Los padres son más bien los antepasados de la nación israelita, los patriarcas, y en general, los antepasados piadosos, tales como David y los hombres temerosos de Dios de su tiempo. Los hijos son los descendientes degenerados del propio tiempo de Malaquías y de las edades posteriores. "Los corazones de los piadosos padres y de los hijos impíos están separados unos de los otros. Falta el lazo de unión de ambos, es decir, el amor de Dios. Los padres están avergonzados de sus hijos, los hijos de sus padres" (Hengstenberg). Elías tiene que llenar el abismo que se abre entre ambos grupos.

Volver los corazones de los padres hacia los hijos no significa simplemente dirigir el amor de los padres hacia los hijos, una vez más, sino restaurar el corazón de los padres en los hijos. O dar a los hijos la disposición y sentimientos de los padres. Entonces, el corazón de los hijos volverá a ser como el de sus padres, se volverá hacia ellos, de manera que ellos tengan los mismos pensamientos de los piadosos padres. De esa forma preparará Elías el camino del Señor para su pueblo, de manera que en su venida Dios no tendrá que exterminar la tierra con el anatema.

El anatema implica exterminio. Cualquiera o cualquier cosa que cayera bajo el anatema sería destruido (cf. Lev 27, 28-29; Dt 13, 16-17; y mi y *Bibl. Archol.* i. 70). Esta amenaza nos hace recordar el destino de los cananeos, que fueron destruidos con el anatema (Dt 20, 17-18). Si Israel se parece por su carácter a los cananeos, también los israelitas compartirán la misma suerte de aquel pueblo antiguo exterminado por Dios (cf. Dt 12, 29).

El Nuevo Testamento nos ofrece una explicación suficiente de la alusión histórica o cumplimiento de esta profecía. El profeta Elías a quien el Señor enviará antes de su propia venida, fue enviado de hecho en la persona de Juan Bautista. Incluso antes de su nacimiento, él fue anunciado a su padre por el ángel Gabriel, como el prometido Elías, al declarar que él haría que muchos hijos de Israel volvieran al Señor su Dios, afirmando que él iría delante del Señor con el Espíritu y poder de Elías, para volver los corazones de los padres a su hijos, y para que los incrédulos volvieran a la sabiduría de los justos (Lc 1, 16-17).

Estas palabras del ángel ofrecen, al mismo tiempo, una explicación auténtica de Mal 4, 5-6, como destacan algunos de sus rasgos. Tanto al omitir "y el corazón de los hijos hacia sus padres", como algo que está implicado en la vuelta del corazón de los padres hacia los hijos, y en las palabras explicativas "y de los impíos a la sabiduría de los justos", que aparecen ahora en el primer plano; y en toda la obra de Juan, que debía ir delante del Señor en el espíritu y poder de Elías, Juan viene a presentarse como aquel que prepara al pueblo para el Señor.

La aparición y ministerio de Juan Bautista respondió a este anuncio del ángel y queda así descrito en Mt 3, 1-12; Mc 1, 2-8 y Lc 3, 2-18, de manera que la alusión a nuestra profecía y al pasaje original de Is 40, 3 resulta evidente desde el principio. Incluso por su apariencia externa y por su vestido, Juan se presentó a sí mismo como el profeta prometido, el verdadero Elías, quien por la predicación de arrepentimiento y por el bautismo fue preparando el camino del Señor, que vendría después de él, con el bieldo, para limpiar la era y reunir el trigo en su granero, pero que quemaría la paja en el fuego inextinguible.

Cristo mismo no solo aseguró al pueblo (en Mt 11, 10; Lc 7, 27) que Juan era el mensajero anunciado por Malaquías, que él era Elías, que debía volver, sino que enseñó también a sus discípulos (Mt 17, 1; Mc 9, 1) que el mismo Elías, que debía venir primero y restaurar todas las cosas, había ya venido, aunque el pueblo no le había reconocido.

Incluso Jn 1, 21 va en la misma línea de estas afirmaciones. Cuando los mensajeros del Sanedrín vinieron a Juan Bautista para preguntarle si él era Elías, y él respondió "no lo soy", él mismo dio una respuesta negativa a su pregunta, interpretada en el sentido de una reaparición personal de Elías el Tesbita, pues en ese sentido le preguntaban. Y en esa línea, él vino a presentarse a sí mismo como el precursor prometido del Señor, aplicando a su propia misión la profecía de Is 40, 3. Y como el profeta Elías a quien Malaquías había anunciado apareció en Juan Bautista, de esa forma vino también el Señor a su templo a través de Jesucristo. La opinión ampliamente extendida entre los Padres de la Iglesia y los comentaristas católicos, que ha sido adoptada también por muchos teólogos modernos protestantes (e.g., Menken y H. Olshausen), según la cual nuestra profecía solo se cumplió provisionalmente en la venida de Juan Bautista y en la encarnación del Hijo de Dios en Jesucristo, de manera que su verdadero cumplimiento solo tendrá lugar en la segunda venida de Cristo para juzgar el mundo, cuando Elías resucitado aparezca precediéndole, no solo va en contra de las afirmaciones del Señor en relación con Juan Bautista, que han sido ya citadas, sino que no pueden fundarse en nuestra misma profecía.

De un modo general, los profetas del Antiguo Testamento no aluden a ninguna segunda venida del Señor a su pueblo. El día del Señor que ellos anuncian

Malaquías 4, 4-6 (= 3, 22-24)

como el día del juicio comienza con la aparición en la tierra de Cristo, el *Logos* encarnado; y Cristo mismo ha declarado que él ha venido al mundo para juicio (Jn 9, 39; cf. Jn 3, 19 y 12, 40), es decir, para separar a los creyentes de los impíos, para dar vida eterna a los que creen en su nombre, y para traer la muerte y la condena a los impíos.

Este juicio ha caído sobre la nación judía no mucho después de la ascensión de Cristo. Israel rechazó a su Salvador, y fue destruida con el anatema de la destrucción de Jerusalén en la guerra de los romanos; y de esa forma pueblo y tierra cayeron bajo el anatema hasta el día de hoy. Y así como ese juicio comenzó en aquel tiempo por lo que se refiere a Israel, así ha comenzado también en relación con todos los pueblos y reinos de esta tierra con la primera predicación de Cristo entre ellos, y de esa forma continua a lo largo de los siglos en los que el reino se extiende sobre la tierra, hasta que se complete en el juicio universal, en la segunda venida del Señor para el último día.

Con esta llamada al recuerdo de la ley de Moisés y a su predicción, añadiendo que el profeta Elías sería enviado antes de la venida del mismo Señor, llega a su culminación y se cumple la profecía del Antiguo Testamento. Tras Malaquías no surgió en Israel ningún otro profeta, de forma que se cumplió con él el tiempo anunciado, cuando aquel Elías que él había predicho apareció en Juan Bautista, e inmediatamente después vino el Señor a su templo, es decir, vino el Hijo de Dios a su posesión, a fin de que todos los que le reciban sean hijos de Dios, la *segullâh* del Señor. De esa manera, la Ley y los profetas dan testimonio de Cristo, y Cristo vino no para destruir la ley y los profetas, sino para cumplirlos.

Sobre el monte de la transfiguración de Cristo aparecieron por tanto los dos: Moisés, el fundador de la ley y mediador de la antigua alianza, y Elías el profeta como restaurador de la ley en Israel, para hablar con Jesús sobre sobre la pascua que él debía cumplir en Jerusalén (Mt 17, 1; Mc 9, 1; Lc 9, 28), para darnos así un testimonio práctico a los apóstoles y a todos nosotros, de que Jesucristo, que entregó su vida por nosotros, para llevar así nuestro pecado y para redimirnos de la maldición de la ley, era el Hijo amado del Padre, a quien nosotros tenemos que escuchar, de manera que creyendo en su nombre podamos ser hijos de Dios y herederos de la vida perdurable.

www.ingramcontent.com/pod-product-compliance
Lightning Source LLC
Chambersburg PA
CBHW071417300426
44114CB00013B/1285